教育心理学
第 10 版

EDUCATIONAL PSYCHOLOGY
DEVELOPING LEARNERS
（10TH EDITION）

珍妮·爱丽丝·奥姆罗德（Jeanne Ellis Ormrod）

[美] 埃里克·M. 安德曼（Eric M. Anderman） 著

林莉·H. 安德曼（Lynley H. Anderman）

龚少英 译

人民邮电出版社

北 京

图书在版编目（CIP）数据

教育心理学：第10版 /（美）珍妮·爱丽丝·奥姆
罗德（Jeanne Ellis Ormrod），（美）埃里克·M.安德曼
(Eric M. Anderman)，（美）林莉·H.安德曼
(Lynley H. Anderman) 著；龚少英译. -- 北京：人民
邮电出版社，2023.3
　ISBN 978-7-115-60262-6

Ⅰ．①教… Ⅱ．①珍… ②埃… ③林… ④龚… Ⅲ．
①教育心理学 Ⅳ．①G44

中国版本图书馆CIP数据核字(2022)第229240号

内 容 提 要

　　这是一本内容丰富、趣味盎然、富有意义且发人深省的教育心理学著作，其实用性、可读性与趣味性在同类图书中独树一帜。

　　作者将教育心理学理论与教学实践紧密结合，力图涵盖与学生发展和教师教学相关的所有领域，包括认知发展和语言发展、个人发展和社会性发展、个体差异和群体差异、思维和记忆、动机和情感、教学策略和学习环境，以及课堂评估策略等内容。本书设计的"个案研究""亲身体验""走进课堂""应用大脑研究""创设富有成效的课堂环境""教师资格考试练习"等专栏，可以帮助读者更好地理解书中知识，并将其应用到实际的课堂情境和问题中。与前面的版本相比，本版在保留了深受教师和学生欢迎的特点的基础上，还对整体框架做了较大调整，并增加了新的研究成果和教学实践示例，确保了本书的时效性与实用性。

　　本书适合教育工作者、心理学或教育学专业的学生、对学校教育感兴趣的父母，以及想了解教育心理学有关知识的大众阅读。

◆　著　　[美]珍妮·爱丽丝·奥姆罗德（Jeanne Ellis Ormrod）
　　　　　　[美]埃里克·M.安德曼（Eric M.Anderman）
　　　　　　[美]林莉·H.安德曼（Lynley H.Anderman）
　　　译　　龚少英
　　责任编辑　黄海娜
　　责任印制　彭志环
◆人民邮电出版社出版发行　　北京市丰台区成寿寺路 11 号
　　邮编 100164　电子邮件 315@ptpress.com.cn
　　网址 https://www.ptpress.com.cn
　　涿州市京南印刷厂印刷
◆ 开本：889×1194　1/16
　　印张：40.25　　　　　　　　　　　　　2023 年 3 月第 1 版
　　字数：800 千字　　　　　　　　　　　2023 年 3 月河北第 1 次印刷
　　著作权合同登记号　图字：01-2021-0085 号

定　价：178.00 元
读者服务热线：(010) 81055656　印装质量热线：(010) 81055316
反盗版热线：(010) 81055315
广告经营许可证：京东市监广登字 20170147 号

珍妮·爱丽丝·奥姆罗德（Jeanne Ellis Ormrod）在布朗大学获得心理学学士学位，在宾夕法尼亚州立大学获得教育心理学硕士和博士学位。她通过在天普大学和科罗拉多大学博尔德分校的博士后工作获得了学校心理学家执照，并曾担任中学地理教师和学校心理学家。她曾是北科罗拉多大学的教育心理学教授，直到1998年，她回到了故乡新英格兰。她出版了大量有关认知与记忆、认知发展、教学及相关主题的图书，其中最著名的是本书和其他四本书：《学习心理学》（*Human learning*，目前已出版第8版）、《教育心理学精要》[*Essentials of Educational Psychology*，与布雷特·D. 琼斯（Brett D. Jones）合著，目前已出版第5版]、《儿童发展与教育》[*Child Development and Education*，与特蕾莎·麦克德维特（Teresa McDevitt）合著，即将出版第7版]，以及《实证研究》[*Practical Research*，与保罗·利迪（Paul Leedy）合著，目前已出版第12版]。

埃里克·M. 安德曼（Eric M. Anderman）在塔夫茨大学获得心理学和西班牙语的学士学位，在哈佛大学获得教育硕士学位，在密歇根大学获得教育心理学博士学位。在完成硕士学位后，他在高中和初中学校任教数年，随后重返研究生院。他目前是俄亥俄州立大学的教育心理学教授和教育研究部主任。他的研究集中在青少年的学习动机、作弊和风险行为等方面。他曾担任《教育心理学学报》（*Journal of Educational Psychology*）的副主编，目前是《理论与实践》（*Theory into Practice*）杂志的主编。他还作为合著者出版了多部著作：与林莉·H. 安德曼合著了《课堂动机》（*Classroom Motivation*，目前已出版第2版），与艾莉森·瑞安（Alison Ryan）和蒂姆·厄丹（Tim Urdan）合著了《写给教育工作者的青少年发展》（*Adolescent Development for Educators*），与林恩·科诺（Lyn Corno）合著了《教育心理学手册》（*Handbook of Educational Psychology*）的第3版，与约翰·哈蒂（John Hattie）合著了《学生成就的国际指南》（*The International Guide to Student Achievement*），等等。

林莉·H. 安德曼（Lynley H. Anderman）在新西兰奥克兰大学获得教育学学士学位和（荣誉）硕士学位，在密歇根大学获得教育与心理学联合项目博士学位。她毕业于新西兰奥克兰市的北岸师范学院，曾在奥克兰市的中小学任教多年。目前她是俄亥俄州立大学的教育心理学教授。她发表了大量关于学习动机，尤其是关于课堂教学和社会关系特征（这些特征促进学生的动机与投入，包括学生的归属感、师生关系和同伴关系）的论文和报告。她还发表了有关教育心理学在教师实际工作中的作用的研究论文。她曾任《实验教育学报》（*Journal of Experimental Education*）的主编和《理论与实践》的副主编。她与埃里克·M. 安德曼合著了《课堂学习心理学》（*Psychology of Classroom Learning*）和《课堂动机》。

在美国，珍妮·爱丽丝·奥姆罗德所著的《教育心理学》是一本很受欢迎的教育心理学教材，北卡罗来纳大学教堂山分校、俄亥俄州立大学等名校的教育心理学课程都在使用本书的英文版。《教育心理学》的最近几版是珍妮·爱丽丝·奥姆罗德与埃里克·M. 安德曼和林莉·H. 安德曼合作的，三位作者都曾在中小学从事教学工作，对基础教育实践有切身体验，后来又都从事教育心理学的教学和研究工作，他们丰富的教学和研究经历赋予了本书独特的风格。

完整的内容体系

本书主题广泛，涵盖了教育心理学的经典主题，且各部分内容之间紧密相关。除了介绍教学和教育心理学的关系的第 1 章之外，本书还包括三个部分：第一部分是学生的发展和多样性，涵盖认知发展与语言发展、个人发展与社会性发展、群体差异、个体差异与特殊教育需要等内容；第二部分是学生的学习和动机，涵盖学习、认知与记忆，复杂认知过程，情境中的学习与认知，行为主义学习观、社会认知学习观，动机与情感等内容；第三部分是教师的课堂策略，涵盖教学策略、营造建设性的学习环境、促进学习的课堂评估策略、总结学生的成就与能力等内容。本书的整体逻辑是从发展到学习，再到评估，将发展和多样性作为教育教学的起点，在第二部分和第三部分的各章贯彻了针对个体发展的多样性和群体差异性进行适应性教育教学、评估的原则，每一章都关注青少年的发展趋势和差异性，提出具有针对性的教育教学建议，充分体现了因材施教、促进全体学生的学习和发展的理念。

鲜明的实践导向

本书吸引人的另一个方面是理论密切联系实际。第一，作者在书中提供了大量的个案、示例、真实作品和儿童日记，帮助读者将理论和真实的课堂生活联系起来。例如，作者在每一章的开篇都呈现了一个真实的个案研究，将本章内容置于真实的场景中，非常有吸引力。作者会通过开篇的个案研究引导读者带着问题学习，并在后面解释重要概念和理论时又回到该案例，引导读者将理论与案例中展示的教育实践联系起来，进行深度理解。第二，作者在每一章都设计了"亲身体验"练习，让读者体验各种与发展、学习和评估有关的情境和问题，观察、评估自己的表现，主动思考，从而把抽象的概念和理论与具体的情境联系起来，促进读者对本书内容的深度理解和建构。第三，本书在每一章都提供了将理论应用于教育教学实践的具体建议。例如，"走进课堂"和"创设富有成效的课堂环境"专栏可以帮助教师将理论应用于教学实践；在"认知发展与语言发展"这一章，本书设计了"应用大脑研究——考虑大脑的发育变化"专栏来介绍大脑在学习和发展中的作用，帮助一线教师将平时很少关注的有关大脑发育的知识应用于日常教学，最大限度地促进儿童和青少年的学习和发展。上述举措都可以帮助读者将理论直接与课堂实践相关联，建立对教育心理学的深度理解，也有助于读者将书中的概念和理论迁移到真实的课堂实践上。

轻松的写作风格

本书的很多内容都采用了对话式的写作风格，语言简洁而清晰，仿佛在与读者交流，让读者感觉十分轻松；本书采用了读者易于理解的方式解释复杂的概念和理论，确保了它的可读性；本书还以非常易懂的风格给读者提供了大量支持和"脚手架"，例如，提供了大量的个案、示例和真实作品帮助读者理解，通过"走进课堂"和"创设富有成效的课堂环境"等专栏帮助读者将理论与实践相联系，提高了读者在真实课堂应用知识的能力，使其投入其中，流连忘返。

及时的资料更新

《教育心理学》大约每三年修订一次，作者会对原有内容进行更新或调整，以反映教育心理学的新进展，以及教育实践的新变化。第一，主题扩展。本书对主题进行了与时俱进的扩展更新，在每一章都增加了一些内容。例如，随着信息技术在教育中的应用日益普及，本书与时俱进，在大部分章或节都增加了与信息技术相关的内容，引导教师将信息技术用于改进和提高日常教学效果，关注如何将信息技术用于改变学生的课堂生活。第二，资源更新。本书保持了对新近研究的开放态度，及时引用了许多新近的研究作为支持。例如，本书的第 2 章纳入了新的研究来说明儿童发展某些认知策略的时间要比研究者所认为的时间更早；第 11 章引用了关于学业情绪的新近研究来阐明情感及其作用。第三，实践更新。本书增加了一些反映理论的新应用或新的课堂实践。例如，在第 11 章增加了短期动机干预一节。

本书的翻译工作是由我和我的学生共同完成的，各章的初译者分别为：前言、第 1 章、第 7 章和第 8 章、术语表，龚少英；第 3 章、第 14 章和第 15 章，徐希铮；第 5 章、第 6 章和第 9 章，郭晓荣；第 2 章和第 13 章，王静；第 4 章和第 10 章，姜甜甜；第 11 章，郭江南；第 12 章，吴婉婉。初译稿完成后，我参照原文对其全部内容逐章逐节地进行了细致的审读和修改，字斟句酌，并对全书的格式进行了统一。在此感谢所有参与《教育心理学》第 10 版翻译的学生。

自从《教育心理学》第 6 版的中文译本出版以来，我一直将此书作为教育心理学课程的重要参考资源。希望这样一本颇具影响力又独具特色的教育心理学教材能够帮助教育领域的研究者、教育实践者更加深入地理解教育心理学，更有效地应用教育心理学，共同创造更好的教育。

龚少英

华中师范大学心理学院

2023 年 1 月 30 日

本版更新内容

本版保留了许多前几版深受教师和学生欢迎的特点，包括对话式的写作风格、"亲身体验"练习、组织性的图表、对发展和多样性的关注，以及对课堂应用的持续重视。然而，本版也有一些重大改变。

首先，我们对整本书进行了梳理，并努力确保所有的解释都是清晰的、对话式的；因此，我们删除了一些与实际教学无关的细节（如研究结果）。与每一次的改版一样，我们将 15 章的内容都进行了更新，以反映研究、理论和课堂实践的最新进展。其次，我们还努力讨论了技术问题，我们既关注教师如何使用新技术来提高教学质量，也关注技术如何改变学生的课堂生活。在每一章，读者都可以适时地将他们所学的知识应用到实际的和假设的课堂情境和问题中。在这一版的《教育心理学》中，珍妮·爱丽丝·奥姆罗德修订了第 1 章、第 6 章、第 7 章、第 8 章和第 9 章；埃里克·M. 安德曼和林莉·H. 安德曼修订了第 2 章、第 3 章、第 4 章、第 5 章、第 10 章、第 11 章、第 12 章、第 13 章、第 14 章和第 15 章。

以下是有关本版更具体的补充和改动内容。

第 1 章 重新组织了本章的主要内容；增加了"反思你关于学习与教学的所知"部分；在"有效学习"部分增加了关于自我检查的建议。

第 2 章 增加了新的导入场景，重点关注不同的幼儿在概念理解方面的差异；增加了关于学前经验的质量和接触多样性影响认知发展的新研究，纳入的新研究表明，儿童发展某些认知策略的时间要比研究者所认为的时间更早；增加了有关技术在认知发展中的作用的讨论；扩充了对双语教育的讨论。

第 3 章 扩展了有关埃里克森的同一性发展理论与教育者的关联性的讨论；增加了关于技术及其在同伴关系中的作用的新信息；增加了关于自主支持型养育方式的积极作用的信息。

第 4 章 加入了新的内容，包括在本章开头的有关交叉性的讨论，并将这一概念贯穿全章；增加了文化能力的定义和示例；增加了对教材中的文化偏见的讨论；增加了针对移民的内容；扩充了有关群体间差异和群体内差异的教育含义的讨论。

第 5 章 增加了关于多层次支持系统的信息；更新了积极行为干预和支持以及学校范围的积极行为干预和支持的

内容；新增了"药物治疗和注意缺陷/多动障碍"部分；减少了有关卡特尔和卡特尔 – 霍恩 – 卡罗尔的智力理论的讨论；增加了有关通用设计的讨论和描述；增加了关于改善听力丧失学生的学习环境的观点。

第6章　缩短了表6.1中对理论观点的描述；新增了"利用技术促进意义学习"部分；增加了关于明确反对深夜学习（"熬夜学习"）的新建议。

第7章　增加了一个新的段落，说明自我调节能力在策略性学习中的重要性；新增了一节内容，说明如何使用基于计算机的模拟技术来促进迁移；将上一版中关于问题解决和创造力的部分整合为"问题解决与创造力"，纳入了一个关于模拟和游戏的部分（之前在第12章），并对内容进行了重大更新；扩充了"批判性思维"部分，包括作为关键术语的论据分析、人们经常不进行批判性思维的原因、流行媒体中"假新闻"的盛行，以及批判性思维能力的评估。

第8章　扩充了对学习者共同体的讨论，并将知识建构的概念纳入其中；扩充了"作为情境的文化"部分，纳入了文化随着时间（特别是当它们与其他文化接触时）产生变化的观点；将上一版的"作为背景的社会和技术"部分分成了两节；纳入了一个新的示例，说明与当地社区的合作；对有关技术的讨论进行了大幅修订和重组，新增了关于在线学习的部分。

第9章　减少了对早期行为主义观的特征的讨论；增加了关于使用响片的信息；将鼓励恰当行为、阻止不恰当行为的策略整合到一部分；增加了"反思你有意或无意施加的结果"部分；扩充了有关学校范围的积极行为干预和支持的讨论（建立在第5章的内容之上）。

第10章　增加了一个比较处于不同发展水平的学生的新场景；增加了有关使用技术示范运动再现技能的讨论；增加了教师可以用来提高学生自我效能感的策略；增加了两个"亲身体验"练习；增加了"在线学习环境中的自我调节"部分。

第11章　更新了关于工作回避目标的内容；增加了"短期动机干预"部分；增加了一个新的表格（表11.3），描述了短期动机干预的实施和结果；对期望和价值观（作为学生的动机及未来学业和职业选择的决定因素）的重要性进行了补充讨论。

第12章　更新了使用网站的有关信息；增加了"帮助学生学会如何学习"部分；删除了使教学实践与美国国家核心标准相一致的具体建议；更新了使用当今技术的示例（如在地理课上使用 Google Earth、谨慎使用 YouTube）。

第13章　增加了关于欺凌和网络欺凌的内容；新增了"识别微攻击"部分；增加了有关营造归属感的重要性的讨论，以及一些需要考虑的注意事项；扩充了有关家长参与的讨论，包括阻碍某些家长如愿参与的财政和工作方面的一些限制。

第14章　增加了一个关于如何提供有效反馈的表格；增加了一个新的"亲身体验"练习，以说明测量的信度概念；更新了关于使用数字技术进行评估以反映当前的信息、技术和术语的部分。

第15章　增加了有关《让每个学生都成功法案》的影响的讨论；增加了教师在考虑努力对学生成绩的作用时的注意事项；将关于常模参照测验的信息与第11章中关于学生动机的讨论联系起来。

本书的基本原理

作为教师，我们在儿童和青少年的生活中发挥着关键作用。我们可以帮助学生学习阅读和写作，通过对科学、数学、地理、历史、外语或文学的探索，帮助学生了解他们的物理环境和社会环境，通过身体运动、视觉艺术或音乐来表达自己。教师也可以教授学生一些具体的技能，这些技能（如汽车机械、烹饪或新技术）是学生将来作为成年专业人士所需要的。无论我们教的是什么科目，我们都可以帮助后代成为有知识、有自信、有作为的公民。

在我们的心中，教师是最有价值的职业。然而，它也是具有挑战性的职业。学生并不总是渴望学习。教师怎样才能帮助他们发展自身所需的知识和技能，使他们成为有生产力的成年人？我们可以用什么样的策略来激励他们？什么样的任务和教学材料适合处于不同发展水平的学生？我们使用的教学方法是否对学生的多样性足够敏感？多年来，研究者和实践者一直在努力回答这些问题。总体而言，我们很幸运地能够从这些专家提供的许多见解中获益。

我们三个人都从事了多年的教育心理学的教学工作，我们非常喜欢作为教师的每一刻。儿童和青少年是如何学习和思考的，他们在成长和发展过程中是如何变化的，他们为什么会做他们所做的事情，他们为何彼此之间各不相同——我们对这些事情的理解对课堂实践和年轻人的生活有着巨大影响。因为我们希望教育心理学能像它吸引我们那样吸引你，所以我们努力使本书变得有趣、有意义、发人深省、信息量大且有时效性。

帮助读者学习和应用教育心理学

你可以从学习教育心理学中收获更多，当你：

- 注重该学科的核心概念和原理；
- 在你自己的学习和实践中理解这些原理；
- 使用这些原理理解儿童和青少年的学习和行为；
- 坚持将这些原理应用于课堂实践。

你会发现本书有许多专栏可以帮助你完成这些事情。我们希望你能从本书所提供的内容中学到很多，不仅是关于你可能要教的学生的，也是关于你自己的。

注重核心概念和原理

本书不是表面性地探讨教育心理学的各个方面，而是将重点放在对课堂实践有广泛适用性的基本概念和原理上。在整本书中，核心概念都以粗体字呈现。在每一节中，核心原理都用粗体标题明确指出。

在学习和实践中理解概念和原理

本书的核心目标一直是帮助读者发现更多关于自己作为思考者和学习者的信息。因此，我们在整本书中都加入了"亲身体验"练习——这些练习说明了诸如建构过程、工作记忆、自我意识、社会认知、种族刻板印象，以及评估中的保密性等概念。所有这些练习的目的正如其名称所暗示的那样：帮助读者在自己身上观察教育心理学的原理。

理解儿童和青少年的学习和行为

在本书中，我们不断敦促读者仔细观察并尝试理解儿童和青少年的言行。每一章的开篇都有个案研究，将本章内容置于现实生活的场景中。我们还经常使用儿童的日记和学校作业等真实作品来说明行为中的概念和原理。

研究发展趋势

本书的独特之处在于每一章都关注儿童和青少年的发展。例如，大多数章都有一个或多个有关发展趋势的表格，总结了 4 个年级水平（K～2、3～5、6～8 和 9～12）的典型年龄特征，呈现了具体的示例，并为每个年级水平提供了课堂实践的建议性策略。

将教育心理学的核心观点应用于课堂实践

在本书中，心理学的概念和原理始终适用于课堂实践。我们还提供了"走进课堂"和"创设富有成效的课堂环境"专栏，建议并说明了与教师关注的特定领域有关的策略。

本书因其对实践应用的强调而受到一致好评。我们在整本书的文本和图表中都标明了建议策略。

帮助你为教师资格考试做准备

每一章的结尾都有"教师资格考试练习"。这些练习为读者提供了使用学到的内容来回答单项选择题和建构反应题的机会，这些问题与许多教师资格考试中出现的问题类似。

目录
Contents

15 第 15 章
总结学生的成就与能力 / 575

01

第 1 章

教学与教育心理学

学习成果

1.1 反思和评估你现有的关于人类学习和有效教学实践的知识和信念

1.2 使用有效策略进行阅读和学习

1.3 制订获得教师专长的长期计划

1.4 根据各种研究得出恰当的结论

1.5 描述收集学生数据的几种策略

个案研究

"无 D" 新规

安妮·史密斯是一名有着 10 年教学经验的 9 年级英语教师，大家一致认为她是一名优秀的教师。即便如此，在过去的数年里，她的学生并没有在写作任务上投入充分的时间和精力，学生看起来也没有因在她所教授的课程上取得不好的成绩而受到影响。为了让这一届学生能更多地投入到功课中，史密斯女士做了一些努力。她通过启用两项新规定来开始秋季学期。第一项是学生必须至少获得 C 才能通过她的课程，她不会给任何人 D 作为最后的课程成绩。第二项是学生有多次机会修改和重新提交作业。她会为学生提供所需的反馈，如有必要，她也会提供一对一教学，帮助学生提高他们的写作能力。她向学生征集关于两项新规定的问题和担忧，这种"试试新的方法"获得了学生的一致同意。她还让他们就 A、B、C 三个等级的作业质量的具体特征进行讨论。然后，随着学期的推进，她会定期做简单的调查，问一些诸如"你觉得'无 D'的规定怎么样""你认为你的成绩是对你学习的准确反映吗""还有其他建议吗"之类的问题，以获取学生关于这一创新的反馈。

学生对调查的反应非常积极。他们提到自己在写作上获得了非常显著的进步，也越来越相信自己能掌控自己的学习和成绩。而且，他们开始用一种新的眼光来看待史密斯女士，将她看作"一个帮助他们把任务做到最好的人，而不只是一个给他们成绩的人……一个像教练一样鼓励他们沿着学习的长长跑道前进的人"。最后，学生的成绩也确证了新规的价值：更高比例的学生获得了 C 或更好的成绩，这在过去几年已经成为现实（Action research project described in A. K. Smith，2009）。

- 高效教师并不只是向学生传授新信息和新技能，也要努力帮助学生掌握这些信息和技能。在上述案例中，史密斯女士使用了哪些策略来促进学生写作能力的发展？

教育他人，尤其是教育我们的后辈，可能是地球上最有价值的事情。教师也是一种非常复杂的、具有挑战性的职业。有效的教学包括使用学生能理解和掌握的方式呈现一个主题或一种技能。有效的教学也包括许多其他事情。例如，教师必须激发学生想要学习课堂主题的愿望，必须帮助学生识别真正的学习实际上包括什么，而且，为了能有效地进行个性化教学，教师必须评估每个学生在学习和发展上的进展。此外，好的教师还需要创建一个环境，在这个环境里，学生相信他们可以通过努力学习、获得合理的支持，来获得高水平的成就。在前面的个案研究中，安妮·史密斯做了上述所有事情。

对教师来说，掌握教学的多维特点需要时间和实践，也需要关于人类学习、动机、发展趋势、个体差异和群体差异，以及有效教学实践的大量知识。这些主题都属于教育心理学（educational psychology）的领域。本书将帮助你理解儿童和青少年——他们怎样学习和发展，他们如何彼此相似又各不相同，在教室里什么样的主题和活动会让他们投入进去。本书也会为计划和执行教学、创建维持学生学习动机和完成学习任务的环境，以及评估学生的进步和成就的策略提供工具箱。

反思你关于学习与教学的所知

1.1　反思和评估你现有的关于人类学习和有效教学实践的知识和信念

你已经成为一名学生多年了，毋庸置疑，在此过程中你已经学会了大量关于儿童如何随着时间的发展而变化的知识，以及关于教师怎样促进儿童的学习和发展的知识。但你到底知道多少呢？为了帮助你了解真相，我们设计了一个简短的测试——奥姆罗德的心理调查（Ormrod's Own Psychological Survey，OOPS）。

亲身体验

奥姆罗德的心理调查

判断下面的各个陈述是对还是错。

对 / 错

_____ 1. 有些儿童主要是左脑思维者，而其他儿童主要是右脑思维者。

_____ 2. 儿童的人格形成主要是家庭环境的结果。

_____ 3. 当教学适合儿童的个人学习风格时效果最好。

_____ 4. 学习和记忆一个新事实的最佳方法是一遍又一遍地重复它。

_____ 5. 学生经常对他们关于一个主题知道多少做出错误的判断。

_____ 6. 焦虑有时有助于学生在课堂上学得更好，表现更佳。

_____ 7. 玩视频游戏可以促进儿童的认知发展，提高其学习成绩。

_____ 8. 教师评价学生学习的方式会影响学生实际学了什么和怎样学。

下面是每个陈述的答案及对每个陈述对或错的解释。

1. **有些儿童主要是左脑思维者，而其他儿童主要是右脑思维者。** 错。随着近年来新的医学技术的发展，研究者已经获得了大量关于大脑怎样工作，以及大脑的哪些部位专管人类思维的哪些方面的知识。大脑的两半球确实在某种程度上有不同的特性，但它们在处理哪怕是最简单的日常生活任务时都在不断地进行沟通与合作。客观地说，没有专门的左脑思维者和右脑思维者（Bressler，2002；M. I. Posner & Rothbart，2007；D. J. Siegel，2012）。

2. **儿童的人格形成主要是家庭环境的结果。** 错。很显然，儿童的家庭环境在一定程度上塑造着他们的行为。但教师和家庭之外的其他人也对儿童的典型行为方式发挥着重要作用（Morelli & Rothbaum，2007）。遗传特质对儿童的人格也有显著影响。从出生开始，婴儿就在一定程度上各不相同，他们安静或易怒、害羞或外向、胆小或冒险、非常专心或容易分心。婴儿在气质上的这些差异显然有其生物和遗传根基，而且会持续存在于整个儿童期直至成年期（Kagan & Snidman，2007；Keogh，2003；Rothbart，2011）。

3. **当教学适合儿童的个人学习风格时效果最好。** 错。与流行观点相反，大多数所谓的"学习风格"只是反映了学生自我报告的偏好，让教学适应这种偏好并不见得能提高学生的学习成绩或学业成就（Kirschner & van Merriënboer，2013；Pashler，McDaniel，Rohrer，& Bjork，2008；Rogowsky，Calhoun，& Tallal，2015）。教师将教学实践建立在与学生怎样思考和学习有关的认知过程的知识上要重要得多。

4. **学习和记忆一个新事实的最佳方法是一遍又一遍地重复它。** 错。虽然多次重复信息比什么都不做要好，但重复具体的信息是一种相对无效的学习方法。如果学生把信息与他们已经知道的事情联系起来，他们学习信息将更容易，记得也将更长久。一种特别有效的策略是精细加工（elaboration）：利用先前的知识以某种方式扩展或修饰一个新观念，可能是从某个历史事实进行推论，进而确定一个科学概念的新示例，或者思考一个数学方程可能有用的情况（J. R. Anderson, 2005; McNamara & Magliano, 2009; Graesser & Bower, 1990）。

5. **学生经常对他们关于一个主题知道多少做出错误的判断。** 对。成年人和儿童经常会对他们知道什么和不知道什么做出误判。例如，许多学生认为，如果他们已经花了足够长的时间学习课本知识，他们一定会非常了解这些内容。然而，如果他们无效地花费了大部分的学习时间，如只是"阅读"而不是思考，或者不动脑子地复制定义，那么他们知道的可能远比自己认为的少得多（N. J. Stone, 2000; Thiede, Griffin, Wiley, & Redford, 2009）。

6. **焦虑有时有助于学生在课堂上学得更好，表现更佳。** 对。许多人认为焦虑是不好的。实际上，一点点焦虑能够促进学生的学习和表现，尤其是当学生认为一项任务是他们可以通过付出合理的努力完成的时候。例如，轻微且可管理的焦虑可以激励学生认真完成任务，为考试而学习（Cassady, 2010b; N. E. Perry, Turner, & Meyer, 2006; D. J. Siegel, 2012）。

7. **玩视频游戏可以促进儿童的认知发展，提高其学习成绩。** 对，但更准确地说，应当是有时如此。将大量时间花费在玩视频游戏而不是阅读、做作业或从事其他学校相关的活动上肯定会损害儿童长期的学业成就。但有些视频游戏可能是促进重要的认知能力发展的有力工具。例如，在过去的 20 年里，一些教育技术专家设计了能高度激发儿童学习动机的视频游戏，这些游戏模拟真实世界的问题，能提高儿童的复杂问题解决的能力（D. B. Clark, Tanner-Smith, & Killingsworth, 2016; Granic, Lobel, & Engels, 2014; Plass, Homer, & Kinzer, 2015）。

8. **教师评价学生学习的方式会影响学生实际学了什么和怎样学。** 对。我们在本章开篇的个案研究中可以看到这一原理：当安妮·史密斯的"无 D"和多次提交作业的规定传递了这样的一个信号，即学生不能通过应付性的作业通过课程时，学生更有可能寻求关于他们作业的反馈，并从错误中获益，进而提高写作能力。对高质量的学习来说，好的评估会促进非常重要的认知过程。例如，如果学生期待评估活动需要这种综合，他们更有可能将课程材料变成一个整合的、有意义的整体；如果他们认为评估将会涉及应用任务，他们更有可能重视将所学知识应用到新的情境中（Carpenter, 2012; Lundeberg & Fox, 1991; Pan, Gopal, & Rickard, 2016; Schraw & Robinson, 2011）。

你回答对了多少个 OOPS 的陈述？是否有些错误的陈述看起来非常有道理以至于你将它们标记为"对"？是否有某个或某几个正确的陈述与你的信念相悖？如果有上述任何一种情况存在，那么你要知道你并不是第一个这样回答的人。大学生经常把那些实际上部分或完全错误的陈述看作"对"的（Gage, 1991; L. S. Goldstein & Lake, 2000; Woolfolk Hoy, Davis, & Pape, 2006）。

人们容易被"常识"说服，并且认为看起来有逻辑的事物必定是对的。然而，常识和逻辑并不总是能告诉我们关于人们实际上怎样学习和发展的真实情况，它们也不会总是给我们提供关于怎样最好地帮助学生在课堂上取得成功的正确信息。因而，我们关于学习和教学的许多知识必须来自可信的、经过重复验证的研究发现，以及这些研究发现所支持的一般原理和理论。

有效学习

1.2　使用有效策略进行阅读和学习

当你学到了更多教育心理学的知识，尤其是当你了解了人类的思维和学习的特征时，你将会获得许多关于怎样帮助学生更有效地学习你想教给他们的知识的洞见。同时，我们也希望你能获得关于你自己怎样能更好地学习和记忆课程资料的洞见。我们建议使用如下策略。

- **在阅读或学习时为自己设定一个或多个目标。** 在开始学习前，先决定你在这段时间内想完成什么目标，并且要具体，例如，决定你想在这段时间内阅读多少新材料、复习或练习多少你已经学过的内容，以及用什么方式，或者二者兼有。你在每一章的开头及后续章中看到的学习成果将给你一些设定恰当目标的指导。

- **将你阅读的内容及你已经知道的知识与先前经验联系起来。** 例如，将新的概念和原理与你记忆中的童年事件、以前学习的课程，或者关于人类及其行为的一般知识联系起来。一般来说，当人们进行**意义学习**（meaningful learning），即当人们将新信息和新观点与他们已学会的事物联系起来时，学习和记忆事物就会更容易、更有效。在这个过程中，我有时会通过让你反思你以前的经验、知识，以及与某个主题相关的信念来帮助你。

- **对你阅读的内容进行精细加工，超越它或给它增加信息。** 精细加工过程——使用先前的知识扩展新信息——会提高人们对新信息的学习和记忆效果。因此，请设法思考你读到的信息之外的东西；从已呈现的观点进行推论，生成有关概念的新例子；识别你自己对各种学习理论、发展理论和动机理论的教育应用。

- **主动思考某些新信息是怎样与你现有的信念相矛盾的。** 就如前面的 OOPS 可能已经展示给你的那样，你现在"知道"和相信的一些东西可能有几分正确但不完全正确甚至完全错误。人们的现有信念有时会遭到新的学习内容的摧毁。例如，许多上教师教育课程的学生会拒绝与他们的个人信念和经验明

显不一致的研究发现（Fives & Gill，2015；Gregoire，2003；Richardson，2003）。那么，当你阅读和学习本书时，请思考有些观点和研究发现与你先前学习的"知识"是怎样互相矛盾的。当你遇到迷惑的或看似"错误"的观点和研究发现时，我们希望你保持开放的心态，尤其是要考虑那些观点和研究发现怎样及为何有效、有价值。理想的情况是，有效的学习者会经历**概念转变**（conceptual change）：通过修改已有的观念来适应新的、矛盾的信息。

- **将抽象的概念和原则与具体的例子紧密联系起来。** 随着年龄的增长，儿童会变得越来越能够思考抽象的概念，但只要各个年龄阶段的人将抽象概念与具体对象或事件联系起来，都能更容易理解和记忆抽象概念。涉及真实儿童和教师的简短示例和更长的个案研究，或者像 OOPS 一样的"亲身体验"这一类的练习，都能提高你对新概念的理解和记忆，并帮助你在与儿童和青少年的工作中识别它们。

- **定期进行自我检查，确保你理解和记住了你所读过的内容。** 即使是最勤奋的学生，也有无法将注意力集中在他们所阅读的内容上的时候——他们虽然盯着书本，实际上他们正在思考其他事情。因此在阅读本书时，请每隔一会儿停下来一次（可能每隔 2 ~ 3 页一次），以确保你已经真正理解和学会了你正在读的内容。你可以尝试总结材料，问自己问题，确保每一件事都对你具有逻辑意义。当你读完一章的内容时，你可以通过完成分布在每一章的各种活动来进一步检查你对各种概念的掌握情况。毕竟，你学习教育心理学的总体目标不应该是记住很多事实并获得好的测验成绩。相反，你的目标应该是尽可能地成为一名好教师，同时也是好的学习者。在你渴望进入教学职业之际，我们希望你相信，随着时间的推移和实践，你会对儿童和

青少年的学习和发展有更坚实的理解，掌握各种教学策略，并对每个学生的兴趣了然于心，这样你就能对年轻人的生活产生切实的影响。

教师发展

1.3　制订获得教师专长的长期计划

作为一名新教师，你可能会在从业第一年发现你的角色有点难以承受。实际上，任何课堂都需要你持续关注、保持警觉，因为总是有很多事情需要思考。

如果你已加入教师教育计划，你应该将你的计划看作成为一名高效教师的良好开端（Bransford，Darling-Hammond，& LePage，2005；Brouwer & Korthagen，2005）。然而，这只是一个开始。在包括教学在内的任何领域发展真正的专长，都需要多年的经验，但即使是一个年头的教学经验也能带来很大影响（Berliner，2001；Clotfelter，Ladd，& Vigdor，2007；Henry，Bastian，& Fortner，2011）。请对你自己有点耐心，并且记住，偶尔缺乏信心或犯错都是正常的。一旦你获得经验，你就能够逐渐对常规情况和问题做出快速而有效的决策，并有时间和精力去创造性地、灵活地思考怎样才能最好地进行教学（Borko & Putnam，1996；Bransford，Derry，Berliner，& Hammerness，2005；Feldon，2007）。

接下来，我们要给你提供几个建立在教师有效性研究之上的好策略，帮助你提高教学专长。值得一提的是，大多数公立学校和私立学校都要求教师通过此类策略来展示持续的专业成长。

- **紧跟当前的研究发现和教育创新。**额外的大学课程学习和所在学校的在职培训是两种提升教学有效性的好方法（Desimone，2009；Hattie，2009；McDonald，Robles-Piña，& Polnick，2011）。此外，高效教师一般会订阅一种或多种专业期刊，如果时间允许，他们也会偶尔参加所在领域的专业会议。

- **尽可能多地学习你所教的科目。**当我们观察高效的教师，如那些教学方法灵活的、帮助学生透彻理解课堂主题的、对教学的任何内容都表现出极大热情的教师时，我们一般会发现他们对所教的主题非常了解（Borko & Putnam，1996；Cochran & Jones，1998；H. C. Hill et al.，2008）。

- **尽可能多地学习你所教科目的具体策略。**除了了解一般的教学策略以外，了解你所教主题特有的策略，也就是被统称为**教学法内容知识**（pedagogical content knowledge）的策略，也是很有用的。高效的教师通常有许多用来教具体的主题和技能的策略。而且，他们通常能够预期和处理学生在掌握技能和大量知识的过程中可能会遇到的困难及可能会犯的错误（Baumert et al.，2010；Krauss et al.，2008；P. M. Sadler，Sonnert，Coyle，Cook-Smith，& Miller，2013；L. S. Shulman，1986）。

- **尽可能多地了解你工作所在的社区的文化。**当学校课程和班级环境考虑学生的文化背景时，学生更有可能在学校表现良好（Brayboy & Searle，2007；Moje & Hinchman，2004；Tyler，Uqdah，et al.，2008）。了解不同的文化肯定非常有益。但更完美的是，如果你参与当地的社区活动，经常与社区成员进行交流，你就能够更好地了解学生的文化信念和文化实践（Castagno & Brayboy，2008；McIntyre，2010）。

同时，我们要提醒你不要对任何特定文化群体的成员或任何学生群体形成刻板印象。是的，有时考虑**群体间差异**（between-group difference）——各种文化群体、经济群体或不同性别成员在某些特征或行为上表现得有点不同的方面——是有帮助的。然而，你应该更多地了解**群体内差异**（within-group difference），因为任何特定群体中的成员都在许多方面表现出独特的个性和行为。

■ **不断反思并批判性地检验你的假设、推论和教学实践。** 在本章开篇的个案研究中，安妮·史密斯通过反思过去数年学生的表现，实施了她认为更能激发学生的新的评估方法。像安妮·史密斯一样，高效教师会进行反思性教学（reflective teaching）：他们会不断检验和批评自己的假设、推论和教学实践；面对新的事实，他们也会定期调整自己的信念和策略（Hammerness, Darling-Hammond, & Bransford, 2005; T. Hogan, Rabinowitz, & Craven, 2003; Larrivee, 2006）。

■ **与同事交流合作。** 高效教师很少孤立地工作。相反，他们经常与自己学区、全国甚至其他国家的同事进行交流。而且，为了提高整个学校学生的学习能力和个人幸福感，他们经常协同努力（Bransford, Darling-Hammond et al., 2005; Raudenbush, 2009; Ronfeldt, Farmer, McQueen, & Grissom, 2015）。教师休息室、电子邮箱、群组短信、互联网，以及博客，都提供了交流的途径，教师可以在范围广泛的主题上提供课程计划和教学活动的观点和建议。例如，你可以访问史密森尼教育（Smithsonian Education）、可汗学院（Khan Academy）或开放教育资源（Open Educational Resources）这三个网站。你也应该看看与你的领域相关的专业组织的网站，美国数学教师理事会（National Council of Teachers of Mathematics）和美国社会研究理事会（National Council for the Social Studies）就是其中的两个网站。你还需要牢记的是，即使是经验最丰富的教师也曾经是作为新手开始他们的教学生涯的，他们可能带着和你一开始时同样的担忧和不确定感进入人生第一个课堂。大多数经验丰富的教师很乐意在你遇到挑战时给你提供建议和支持。实际上，他们常常会夸赞你提的问题！理想的情况是，

一所学校的教师和管理者会创建一个**专业学习共同体**（professional learning community），在那里他们会分享学生学习和成就的共同愿景，为所有学生达成预期的结果进行合作，并定期就他们的策略和进展进行交流（DuFour, DuFour, & Eaker, 2008; P. Graham & Ferriter, 2009; Raudenbush, 2009）。

■ **相信你能对学生的生活产生重大影响。** 一般来说，当人们具有高**自我效能感**（self-efficacy），即人们相信他们能够执行某一行为或实现某一目标时，他们就可以通过努力获得高水平的成就。如果学生相信他们能够学会某些东西，换句话说，如果他们有高自我效能感，他们就更有可能努力学习。但是，你也必须有高自我效能感。相信自己能够成为一名好教师会带给你尝试新策略的信心，并帮助你在遇到暂时的困难时坚持不懈。高成就学生的老师可能就是这样的人，即那些对自己在课堂上的单独教学活动，以及与同事合作的优秀表现都有信心的人（Holzberger, Philipp, & Kunter, 2013; Skaalvik & Skaalvik, 2008; Zee & Koomen, 2016）。最终，教师在课堂上的行为在短期和未来数年内都对学生有重大意义（Hattie, 2009; Konstantopoulos & Chung, 2011）。

理解与解释研究发现

1.4 根据各种研究得出恰当的结论

作为专业人士，教师是决策者，他们必须在许许多多可能的帮助学生学习和发展的策略中进行选择。当然，教学在一定程度上也是一门艺术：好的教师具有创造性和创新性，他们会添加许多富有想象力的绝技来提高课程和活动的质量。但这样的艺术必须以人类如何学习，以及教师如何能有效地帮助学生这样坚实的研究发现为基础。换句话说，它

必须建立在学习科学和教学科学之上。好的教学包括循证实践（evidence-based practice），也就是教学要使用大量研究都一致表明能给学生的发展和学业成就带来显著收获的教学方法和其他课堂策略。

许多研究包含量化研究（quantitative research）：它们使用数量来反映与特定特征或现象相关的百分比、频次或均数。例如，一项量化研究可能提供关于学生成就测验的分数、学生对等级评定问卷的反应，或者学区对学生出勤率和早退率的记录。

另一些研究包含质性研究（qualitative research）：它们使用非数量化数据——可能是以言语报告、书面文档、图片、视频或地图的形式呈现的数据——捕获复杂情境的许多方面。例如，一项质性研究可能是对学生进行一对一访谈，让他们描述对未来的希望，或者是针对紧密联结的青春期女孩团体内人际关系进行一项详细的案例研究，抑或是对几位创建不同班级心理氛围的教师进行深度观察。

本章开篇的个案研究是量化研究：安妮·史密斯将学生对许多调查问题的反应制成表，并计算最终成绩。但当她收集完整的调查数据时，她也会密切关注学生的具体评价和建议这样的质性信息。

当然，并不是所有关于学习和教学的研究都是好的研究。而且，人们有时甚至会从最好的研究中得出不合适的结论。因此，教师理解各种研究可能和不可能告诉他们的关于学习和教学的内容是非常重要的。

量化研究

事实上，不同的量化研究差异很大，但你可以将它们归入四类大的研究范畴：描述性研究、相关研究、实验研究和准实验研究。这四类研究可以获得不同类型的信息，为不同类型的结论提供基础。

描述性研究

描述性研究（descriptive study）正如它的名称一样：它描述一种情形。描述性研究可能给我们提供关于学生、教师或学校特点的信息，也可能给我们提供关于某些事件或行为发生频率的信息。描述性研究允许我们就事物现在的情形下结论。

相关研究

相关研究（correlational study）探索两个或多个变量之间可能的关系。例如，它可能告诉我们各种人类特征如何彼此关联，或者告诉我们某些人类行为与特定环境条件联系在一起时发生的一致性方面的信息。一般来说，相关研究使我们能够做出相关性（correlation）的结论：两个特征或现象可能在多大程度上一起出现或一起变化。当一个变量随着另一个变量的增加而增加（正相关），或者一个变量随着另一个变量的增加而减少（负相关）时，这两个变量就是相关的。在统计学上，相关性通常用相关系数（correlation coefficient）进行数量化描述。

有时相关系数包括比较在诸如年龄、性别或背景等特定特征上不同的两个或多个组。例如，一项相关研究可能比较的是男孩和女孩的成就测验平均分数，或者调查的是在家经常接触阅读材料的年幼儿童是否比无此种经历的儿童在进入学校后更快学会阅读。

两个变量之间的相关性允许我们在知道一个变量的情形下预测另一个变量。例如，如果我们发现15岁的学生比10岁的学生更会抽象思维，也就是如果年龄和抽象思维能力相关，我们就可以预测高中学生将比小学4年级的学生从民主政府的抽象讨论中获益更多。如果我们发现当儿童有许多在家接触书本的经验时更容易学会阅读，我们就可以采取主动措施提高无此经验儿童的早期读写能力。然而，无论我们的预测再怎么精确，也会有不同于常规结论的例外情况存在。例如，一般来说，即使15岁的学生有明显的思考抽象观点的能力，他们中的一些人也会经常在抽象主题上遇到困难。

相关研究的明显局限是，它虽然表明相关关系的存在，但不能告诉我们为什么会有相关关系。相关研究也不会告诉我们什么因素——先前的学习经验、人格、动机，或者我们没有想到的其他因素——是我们所看到的相关关系的原因。换句话说，相关并不一定意味着因果。

实验研究和准实验研究

描述性研究和相关研究描述的是事物在环境中自然存在或曾经自然存在的状态。相反，实验研究（experimental study）或实验（experiment）的研究者有意改变或操纵环境（通常被称为"自变量"）的一个或多个方面，然后测量这种变化对其他事物的作用。在教育研究中，受到影响的"其他事物"（通常被称为"因变量"）通常是学生行为的某些方面——可能是期末考试成绩、尝试解决数学难题的坚持性，或者与同伴恰当交往的能力。在一个好的实验中，研究者会分离和控制变量，探测当保持其他有潜在影响的变量恒定时，某个自变量的可能作用。

实验研究经常包括接受不同处理的两个或多个组。下面的例子展示了多组设计。

- 研究者使用两种不同的教学方法教授两组学生阅读理解（教学方法是自变量）。然后研究者评估学生的阅读能力（因变量），并比较两组学生的平均阅读能力分数。

- 研究者对一组学生进行旨在提高学习能力的集中训练，对另一组学生不进行训练，或者对其训练与学习能力无关的项目（学习能力的训练与否是自变量）。然后研究者评价学生学习能力的水平，并得到他们的平均成绩（两个因变量），看训练计划是否有效。

上述两个例子都包括一个或多个实验组（treatment group），他们是有计划的干预的接受者。第二个例子还包括一个不接受任何干预或接受不太可能影响相关因变量的安慰剂干预的控制组（control group）。在许多实验研究中，被试都被随机分配到各组，如通过从帽子中抽名字的方式。这种随机分配适合那些在年龄及可能影响因变量的其他可获得变量（如已有能力水平、人格特征、动机）方面大致相当的组。

然而，随机分组并不总是可能的或实际的，尤其是在真实的学校或班级做研究时。例如，当研究一种新的教学技术或治疗干预可能的好处时，研究者可能无法完全控制哪些学生接受实验处理，哪些学生不接受，或者某种具体的处理或干预可能对所有学生都有益。在此种情况下，研究者经常进行准实验研究（quasi-experimental study），这样他们就可以考虑但不完全控制其他因素的影响。下面是两个例子。

- 一位研究者在一所高中实施了一项新的家庭作业项目，并找了另一所匹配的高中作为控制组不实施此项目。研究者分别在两所学校获得了项目实施前后的学业成就测验数据，两所学校在项目开始前的平均测验成绩应该是相同的，但在项目实施后应该是不同的。

- 三位研究者想研究安全教学对学生的操场行为的影响。研究者首先对 1 年级学生实施了一周的教学干预，接下来的一周是对 2 年级学生进行干预，然后是对学前班和 3 年级学生进行干预。研究者在干预前、干预中和干预后分别监测学生在操场上的行为，以确定每个年级组的危险行为是否在干预后立即减少（Heck，Collins，& Peterson，2001）。

在例举的每项研究中，学生在干预后表现的提高可能都是干预的结果。但我们不能完全排除其他可能的解释。例如，在家庭作业项目一例中，那所被实施新家庭作业项目的学校，而且仅那所学校，可能正好同时开始使用更有效的教学方法，而这种教学方法才是学生成就分数提高的真正原因。在操场行为一例中，四个年级在接受安全教学时，可能正好有某些其他事情发生了，而那些事情才是儿童行为改变的真正原因。

当实验研究及准实验研究经过精心设计和实施时，我们就能够得出关于行为为什么发生的因果关系的结论。然而，因为实际原因或伦理原因，教育中的许多重要问题不容易通过精心操纵和控制其他可能的影响变量来实施。例如，我们可以合理地假设如果儿童接受个别指导，他们就能够更好地掌握困难的数学概念，但是大多数公立学校系统不能提供这种奢侈的指导，而且为某些学生提供指导，同时拒绝对有同样需要的其他学生给予指导也是不公平的。当然，通过有意地将儿童置于暴力环境中研究攻击的影响也是非常不道德的。因而，一些重要的教育问题只能使用描述性研究或相关研究进行探讨，即使这种研究不能帮助我们获得精确的因果关系。

表 1.1 的第 2、3、4 列对比了描述性研究、相关研究、实验研究和准实验研究，并给出了每种类型的研究可能探查的问题类型的示例。

质性研究

不同于探查与数量有关的问题，也就是关于多少或多经常的问题，研究者有时想深入探查某些特征或行为的本质。例如，想象一名研究者想了解高成就学生经常使用什么类型的学习策略。一种方法就是简单地问学生一些问题，如"你会做什么来帮助自己记住你所读过的教材内容""你如何为某课程的考试做准备"。学生对这类开放式问题的回答常常各不相同，有时聚焦于各种行为（如记笔记、做练习题），有时聚焦于各种心理过程（如努力理解篇

表 1.1　对比各种类型的研究

	量化研究			质性研究
	描述性研究	相关研究	实验研究和准实验研究	
一般特征和目的	• 捕捉与真实问题有关的事件的现有状态	• 识别特征、行为和/或环境条件之间的联系 • 能够根据对一个变量的程度或数量的了解，对另一个变量做出预测 • 当实验操作不符伦理或不可能实现时，提供一种选择	• 操纵一个变量（自变量），目的是观察它对另一个变量（因变量）可能产生的影响 • 可以排除对观察结果的其他可能的解释，尤其是当对实验研究进行了仔细控制时 • 能够做出因果关系的结论	• 描述人类行为的复杂、多面的本质，尤其是在真实的社会情境中
局限	• 既不能就一个变量是否建立在另一个变量上做出预测，也不能做出因果关系的推论	• 只能做出不精确的预测，因为观察到的一般关系有许多例外情况 • 不能做出因果关系的推论	• 不能完全排除对观察结果的其他解释（对准实验研究来说尤其如此） • 某些情况（如人为的实验室条件）和真实的学习环境不同（严格控制的实验室研究也如此）	• 不能做出因果关系的预测或推论
可以研究的问题的示例	• 在流行的儿童文学中，性别刻板印象有多普遍 • 学校里有哪些类型的攻击行为发生，发生的频率如何 • 学生在最近一次全美国标准成就测验中表现如何	• 好的读者是否也是好的写作者 • 如果学生经常在家或家附近看到暴力行为，他们在学校是否会更具有攻击性 • 学生的学业成绩在多大程度上与他们在成就测验上的得分相关	• 在两个阅读干预项目中，哪个项目在阅读理解上产生了更大的收益 • 哪种方法对减少攻击行为最有效——强化适当的行为、惩罚攻击行为，还是将两者结合起来 • 不同类型的测验（如多选题和论述题）是否鼓励学生使用不同的方法进行学习	• 当高成就学生阅读和学习课本时，他们会就他们在"大脑中"所做的说些什么 • 那些团体成员之间既意气相投又相互尊重的高中学校有什么显著特征 • 当教师的工作和薪酬取决于学生在成就测验中取得的分数时，他们的教学实践会以什么样的方式发生改变

章、生成有关概念的新例子）。虽然研究者可以对学生的反应进行归类并计算归入每类的个数（进而得到一些量化数据），但他们可能也想通过逐词报告访谈摘录来保留学生反应的多面性。

质性研究经常被用来探查诸如在特定的社会群体、课堂或文化等社会环境中人类行为的复杂特征。例如，深度质性研究以非常重要的方式促进了我们对影响来自不同背景的学生的学业和社会成功的学校特征的了解（Hemmings，2004；McIntyre，2010；Ogbu，2003）。

像描述性研究一样，质性研究描述事情的现状，而且不适合用于做出严格的相关关系或因果关系的结论。表1.1的最右边一列呈现了通过质性研究能得到的最好回答的问题示例。

混合方法研究

你不应该将量化研究和质性研究看作非此即彼的类型。就像本章开篇的个案研究中的安妮·史密斯那样，许多教育研究者通过将量化研究和质性研究的要素结合起来对他们的研究问题进行最佳探索，这就是混合方法研究（mixed-methods study）。例如，1999年，在《美国教育研究学报》（*American Educational Research Journal*）描述的一项研究中，梅莉萨·罗德里克（Melissa Roderick）和埃里克·坎伯恩（Eric Camburn）追踪了27 000多名芝加哥公立学校系统的学生，研究当他们从年龄相对较小的小学或中学阶段进入年龄较大的高中阶段时的学业进步情况，他们发现，许多学生在高中第一年（即9年级）的成绩急速下降。在9年级第一学期，超过40%的学生（尤其是男生）至少挂了一门课程，而那些在高中阶段取得低水平成就的学生在毕业前更有可能辍学。

这些令人苦恼的研究发现是量化研究的例子，但研究者也获得了质性的信息来帮助我们理解这些数字。例如，他们描述了一个名叫安娜的学生，她之前在附近的中学表现非常好，已经具备了顺利应对高中课程所需的基本技能，然而，其9年级第一学期的最终成绩却出现了几个D和F。在一次与访谈者的交流中，她给出了如下解释。

谈到地理成绩，她说"我得了一个比较低的成绩的原因是我有一次忘了交作业，由于我必须完成另一份报告，因此，我忘记了那次作业"。有关英语成绩，她说"英语我得了C……因为我们被要求定期写日志，而我老是忘记，因为我没有带锁的柜子。现在我有了，但跟我一起使用柜子的人让她的表妹使用它，我的两本书放在那里丢了……我忘了要买一个笔记本，我会把它们记在一页一页的纸上，然后我又会把它们弄丢"。有关生物成绩，她说"至于生物，我挂科的原因是我把文件夹弄丢了……那里面有我需要的每一样东西。因此，我必须重新做。到我不得不交新文件夹的时候，老师说已经太迟了"（Roderick & Camburn，1999）。

此外，访谈者也发现安娜认为大多数学校教职员工不关心学生、对学生的困难不在乎、评估学生的成就时缺少灵活性。

如果安娜的行为、体验和知觉是常见的——很明显就是如此——那么它们表明当从一个人与人之间联系紧密的小学或初中进入一个缺乏人情味的高中时，学生需要教职员工提供更强大的支持。这种支持可能不仅仅包括情绪上的，也包括学业上的。例如，它很可能包括在有组织的技能和有效的学习习惯方面的教学和指导。然而，我们进行这样的推论时必须谨慎。要记住，质性数据本质上是描述性数据：它们告诉我们事情是怎样的，而不是什么导致了什么。从质性数据得出的任何关于因果关系的假设仅仅是假设，理想的做法还是应该通过实验研究或量化研究得到验证。

解释研究结果：一个忠告

当我们审视一项研究的结果时，只有剔除了对我们观察到的结果的所有其他可能的解释，我们才可以确定一个特定条件或干预导致了一个特定结果，即它们之间存在因果关系。例如，霍梅顿学区想要找出两个阅读训练计划——"阅读真好"（Reading Is Great，RIG）和"阅 读 与 你"（Reading and You，RAY）——中哪一个会让3年级学生更好地阅读。学区要求每个3年级教师从中选择一个训练计划，并在整个学年使用它。然后学区会在学年末时比较在RIG和RAY两种训练计划下学生的成就测验分数，研究发现，RIG学生的阅读理解分数显著高于RAY学生。我们可能会很快得出结论：RIG比RAY能更好地促进学生的阅读理解。换句话说，因果关系存在于教学方法和阅读理解之间。但事实果真如此吗？

并不必然如此。事实是学区没有剔除对学生阅读理解差异的所有其他可能的解释。记住，3年级教师选择了适合他们个人习惯的教学训练计划。选择了RIG的教师是否在某些方面不同于选择了RAY的教师？例如，RIG教师是否对于使用新的方法更加开明和热情？他们是否对学生有更高的期望，还是他们把更多的时间用于阅读？或者RIG教师可能会让阅读成绩比较好的学生首先开始接受训练？如果RIG课堂和RAY课堂在这些方面的任何一项都互不相同，或者可能在我们没有想到的其他方面互不相同，那么学区就不能排除RIG学生比RAY学生获得了更好的阅读能力的其他解释。研究阅读训练对阅读理解的因果影响的一种更好的方法是将3年级班级随机分配到RIG和RAY中，从而使两个组在学生能力和教师特征等方面更为相近。

当你阅读研究发现的描述时——无论他们是来自专业期刊、大众纸质媒体、电视，还是来自互联网——要注意不要过快得出关于什么因素影响了学生在特定情境中的学习、发展和行为的结论。请仔细审查研究报告，并始终在头脑中思考如下问题：研究者分离和控制了可能影响结果的其他变量吗？他们排除了对结果的其他可能的解释吗？只有当这些问题的答案是不可否认的"是"时，你才可以得出因果关系的结论。

从研究到实践：原理和理论的重要性

研究结果中的一致模式让心理学家就学生的学习和发展做出了许多一般化的结论，包括能有效提高学生学业成就，以及个人和社会幸福感的课堂策略的结论。有些一般结论以原理（principle）的形式出现。这些原理识别出了影响学生学习或发展的因素，并描述了这些因素对学生学习和发展的独特效果。例如，请思考下面这一原理：

> 一个伴随着令人满意的事物——奖励——的行为比一个没有伴随着奖励的行为更有可能再次发生。

在这一原理中，一个特定的因素（奖励）被识别为有特定的作用（导致行为频率的增加）。该原理能在许多情境中被观察到，下面就是两个例子。

- 当我们因学生以尊重和合作的方式与同伴进行互动而给予表扬时，学生的人际交往能力有所提高（这里的奖励就是表扬）。
- 一旦我们开始根据学生现有的能力水平布置作业，学生就会因此经常在作业上获得好成绩，而后学生会更加勤奋地完成数学作业（这里的奖励就是成功的体验）。

当原理适用于许多不同的情境时最有效。"奖励"原理——许多心理学家使用"强化"这一术语来代替它——就是具有这种广泛应用性的一个例子：它适用于许多不同类型的学习和各种各样令人愉快的结果。

原理告诉我们什么因素对人类的学习和发展重要，而理论（theory）则告诉我们为什么某些因素重要。更具体地说，理论为涉及人类学习或发展的潜在机制提供了可能的解释，对我们为什么能一致地观察到一些因果现象给出观点，这可以帮助我们最大限度地创设促进学生的学习、发展和成就的环境。

让我们思考一个例子。一个关于人们怎样学习的著名理论——信息加工理论——提出注意是学习过程中的一个重要成分。更明确一点，如果一个学习者注意到新信息，新信息就会从人类记忆系统的第一个成分（感觉登记）进入第二个成分（工作记忆）。如果学习者没有注意到新信息，新信息就会迅速地从记忆系统中消失，就如俗话所说的，信息"从一只耳朵进，从另一只耳朵出"。注意在信息加工理论中的重要性意味着引起和维持学生注意的策略——可能是提供有趣的阅读材料或呈现引人入胜的真实问题——有可能会促进学生的学习。这一理论也警告我们，如果因学习新东西而给予的有形奖励总是吸引学生的注意离开学习活动，那么这种奖励就可能有害（而不是有益）。

你可能会认为原理是反映与人们的学习和发展有关的相对持久的因果关系结论。原理往往会随着时间的推移保持稳定：研究者多次观察到相同的因素反复不断地产生影响。相比之下，心理学理论却很少一成不变（即使曾经有过）。随着更多数据的发现，它们会不断地得到扩展和修改，甚至在某些情况下，一种理论可能会被抛弃，研究者转而去赞成另一种能更好地解释某个特定现象的理论。而且，不同的理论关注人类功能的不同方面，心理学家还没有将它们整合成一个单一的、能合理解释构成人类存在的所有不同的现象和经验的"大型理论"。

虽然心理学理论在未来必定会发生变化，但就现在的未完成形式而言，它们依然是十分有用的。它们帮助我们将数以千计的研究整合成对儿童怎样学习和发展的简洁理解，使我们能推论和预测学生在特定课堂情境中会怎样做、怎样达成目标。一般而言，理论能帮助我们解释和预测人类行为，从而为我们提供大量关于怎样促进学生在学校学习和取得社会成功的观点。

在本书中，你将接触到许多理论，它们与人类功能的各个方面相关，但它们并不总是导向关于人类思考和行为的相同结论。然而，我们坚定地相信，我们介绍的每种理论都会提供独特的见解，从而对学生的课堂学习和表现具有重要意义。我们希望读者采取同样的开放心态。根据理论的有用性而不是根据"这是最后真理"的完整性和精确性来考虑心理学理论对课堂决策是最有帮助的。

收集学生的数据并得出结论

1.5 描述收集学生数据的几种策略

当然，收集和解释量化数据和质性数据并不是只限定在大学或研究实验室工作的受过专门训练的研究者。实际上，实践中的教师会通过正式或非正式地评估学生的书面作业或课堂行为来持续收集和解释学生的数据。而且，许多教师设计和执行他们的研究可以帮助他们更好地理解学生和学校，这是一个被称作行动研究（action research）的过程。

评估学生成就并解释他们的课堂行为

大多数教师可能以作业、项目、口头汇报或基于技术的展示，以及小测验的形式对他们的学生知道什么和会做什么进行定期评估。但是高效教师并不会将他们自己局限于这些正式的、计划好的评估中。他们在各种各样的情景中——不仅在教室里，也可能在走廊上、在自助食堂里、在操场上、在课外活动中、在家长－教师会上——不断地观察学生可能在想什么、相信什么、感受到什么和学习什么。学生的意见、问题、身体语言、学习习惯，以及与朋友和同学的交往可以为我们提供关于他们的学习、发展和动机的颇有价值的见解。

为了亲身体验评估的过程，请阅读我们呈现在图1.1中的7岁的贾斯汀的短诗"来吃晚餐的宠物"。当你阅读时，请想象你可能会就贾斯汀的写作得出什么样的结论？同时也请考虑你会就贾斯汀的家庭生活进行什么样的推论？

正如你所看到的，贾斯汀已经学会了怎样拼写一些单词（如晚餐、来），但还没有学会拼写另一些单词（例如，他将"once"写成"owans"，将"started"写成"stor did"）。总体来说，他知道哪些字母代表言语中的哪些声音，但有时他会将字母"d"反过来以至于它看起来像"b"，他偶尔也会在拼写单词时漏掉一个发音（例如，他将"drink"的拼写以"b"开头，还漏掉了"n"的发音）。贾斯汀已经在常见的拼写模式（如动词的进行时后缀"-ing"）及使用句号和撇号上取得了进步。他已经学会了讲述一个简单的故事，但也就是列举一系列看似不相关的事件，他还没有学会故事的标题应该单独一行出现在一页的顶端中间。

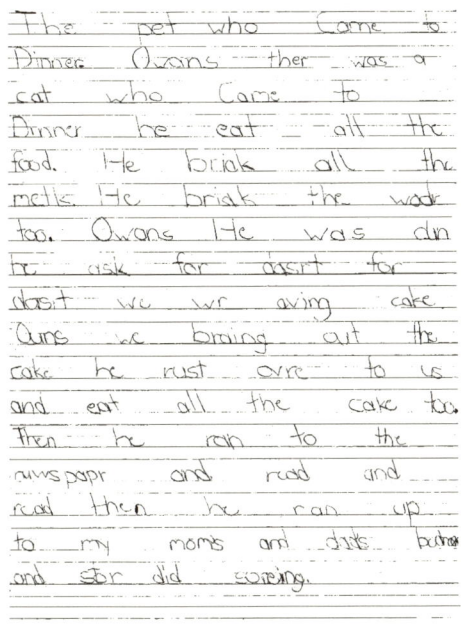

图 1.1　7 岁的贾斯汀的故事 "来吃晚餐的宠物"

注：图中内容翻译为："有一只猫来吃晚餐，它吃掉了所有的食物，喝光了所有的牛奶和水。它还要吃，我们准备了蛋糕，它跑过来把蛋糕也吃光了。接着，它又跑去看报纸了，读啊读，读啊读，然后又跑到爸爸妈妈的床上玩了。"

贾斯汀的故事也提供了少许关于其家庭生活的迹象。例如，贾斯汀与父母生活在一起，他谈到宠物阅读报纸（"nuwspapr"），表明阅读是其家庭熟悉的一项活动。关于贾斯汀的这些推论准确吗？不一定。如研究者建构的关于学习和发展的理论那样，我们得出的关于学生的推论只是基于对手头证据的合理猜测。我们必须将这种推论看作试探性的假设并做进一步检验，而不是看作无可争辩的事实。

进行行动研究

就像本章开篇的个案研究中的安妮·史密斯那样，有时教师也怀疑现有的研究发现并不能提供完备的答案。在行动研究中，教师会对他们自己学校中的问题进行系统研究，其目的在于寻求与学生一起工作的更有效的策略。例如，一项行动研究可能

包括检验一种新的教学技术的有效性、寻求学生关于一项新的课堂政策的观点（正如史密斯女士所做的那样），或者确定许多学生很少完成家庭作业的原因。

行动研究一般包括如下步骤（Mills，2018）。

1. **确定关注领域**。教师 - 研究者从一个问题开始，可能通过阅读相关的书籍或期刊论文、上互联网搜索，或者与同事、学生讨论，收集有利于阐明问题的初步信息。然后，教师 - 研究者会识别一个或多个具体问题，设计研究方案（数据收集的方法、必需的资源、时间表等）来回答这些问题。在这一点上，教师也从学校管理者和任何其他有关部门那里获得进行研究的许可。根据研究的性质，父母的许可可能也是必要的。

2. **收集数据**。教师 - 研究者收集与研究问题相关的数据。这类数据可能要通过问卷、访谈、成就测验、学生的日志或档案袋、现有的学校记录（如出勤特点、学校停学率）、观察，或者任何这些方法的结合来获得。

3. **分析、解释数据**。教师 - 研究者寻找数据的模式。有些时候，分析包括计算特定的统计量（如百分比、平均值、相关系数），这就是量化研究。另一些时候，分析包括对数据进行深度的、非数量化的检查，这就是质性研究。在上述任何一种情况下，教师 - 研究者都将研究发现与最初的研究问题联系起来。

4. **发展一个行动计划**。最后这个步骤将行动研究与本章前面介绍的更加传统的研究区分开来，尤其是教师 - 研究者使用收集到的信息采取行动，如改变教学策略、学校政策或班级环境。

现在，许多学院和大学会提供行动研究的课程。你也可以找到关于这一主题的并不昂贵的纸质图书。

最后，好的教师是见多识广的教师，我们不仅要了解循证实践，也要了解学生现有的能力、需要、观点和进步。带着这一点，我们欢迎你进入教育心理学的领域。

你学到了什么

本章开头列举了五个学习成果，也就是你在阅读和学习本章时应该完成的五类一般事情。现在让我们回到这些成果，识别与每一类相关的要点。

1.1　反思和评估你现有的关于人类学习和有效教学实践的知识和信念

作为教师，我们必须做出数不清的日常决策，这些决策涉及在课堂上如何与学生互动、怎样教学、如何指导学生。虽然我们有时能够使用简单的常识做出决策，但这种常识有时会导致我们做出无根据的甚至是错误的结论。当我们将决策建立在现有的研究发现、整合了这些研究发现的学习和发展的当代理论上时，我们最有可能做出好的决策。

1.2　使用有效策略进行阅读和学习

成功的学习是主动的策略性学习。几种简单的策略就能极大地提高你对所读和所学内容的学习和记忆。我们尤其鼓励你：（1）在每一个部分设定一个或多个你想实现的目标；（2）将新的概念和原理与你已经知道的事物联系起来；（3）对你所学习的概念和原理进行精细加工，可能是进行推论或思考可能的应用；（4）当新信息让你怀疑已有的信念时，重新思考并修改已有的信念；（5）将抽象的观点与具体的例子紧密联系起来；（6）定期自我检查，以确保你理解和记住了所阅读的内容，如总结所学内容、自我提问。

1.3　制订获得教师专长的长期计划

高效教师也是终身学习者。为了最大化教师的发展，我们必须对我们的设想、信念，以及课堂策略进行反思和批判性思考。当获得与职业相关的新信息时，我们也必须不断修正我们的想法和做法。这种信息来自各种途径，包括正式的课程作业、在职培训、专业期刊和会议、互联网、与同事和团队成员的合作等。

1.4　根据各种研究得出恰当的结论

来自量化研究和质性研究的知识能极大地提高我们的教学有效性，但不同类型的研究适合不同类型的问题和结论。质性研究和描述性研究可能获得大量关于事情在当时是怎样的信息。相关研究使我们能得出什么变量与其他什么变量有关系的结论。但只有仔细控制的实验研究及范围更小的准实验研究，才可以获得关于什么影响什么的可靠结论。在某些情况下，研究者有效结合了量化研究和质性研究两种研究方法，对他们的研究问题进行了更完整的探索。

1.5　描述收集学生数据的几种策略

为了成为高效教师，我们必须定期收集关于学生的数据，有时是通过对他们实施预先计划好的评估，有时是通过观察他们在课堂上、操场上或其他地方的行为和互动。此外，我们可能经常会发现，为了解决特定学生的问题，或者局部的问题和担忧，进行行动研究是非常有帮助的。

教师资格考试练习

新软件

　　古尔特里先生是一名高中数学教师，他在某个星期一上课一开始就宣布："我们学校刚刚为计算机实验室买了一个教学软件，我们可以在教室的平板电脑上使用它。这个被称作'问题 - Excel'的软件将给你们提供一些练习，这些练习会用到今年我们将要学习的数学概念和步骤。我强烈支持你们在空闲时间使用该软件，以便在可能有困难的知识点上获得额外的教学和练习。"

　　古尔特里先生坚信，新的教学软件将帮助他的学生更好地理解和应用这一年的数学课程中的某些概念。为了检验他的假设，他记录了哪些学生使用了该软件，哪些学生没有使用。然后他观察了两组学生在他下一次课堂测验中的表现。令他惊讶的是，他发现那些使用了该软件的学生的得分低于那些没有使用该软件的学生。"这怎么可能？"他迷惑不解，"难道教学软件的坏处多于好处？"

1. 建构反应题

　　古尔特里先生怀疑教学软件实际上对学生有害而不是有益。假设软件是由经验丰富的教育者精心设计的。古尔特里先生的课堂测验也是检验他的学生对一直在学的材料学得怎样的一个好的测验。

　　（1）解释为什么古尔特里先生不能从他已经有的证据得出因果关系的结论。将你的解释建立在教育研究的原理上。

　　（2）对古尔特里先生已经得到的结果提出另一种可能的解释。

2. 单项选择题

　　下面结果中的哪一个将为"问题 - Excel"软件提高学生数学成绩提供最有说服力的证据？

　　A. 纽约市有 10 所高中购买了"问题 - Excel"软件，学生可以自由使用。这些高中里的学生比没有购买这个软件的另外 10 所高中里的学生获得了更高的数学成绩。

　　B. 1 所高中购买了"问题 - Excel"软件，但是 8 名数学教师中只有 4 名决定让学生使用它。这 4 名教师的学生的数学成绩显著高于其他 4 名教师的学生。

　　C. 在 1 所大型高中，所有 10 年级学生在 9 月参加了一次数学测验，在接下来的两个月，他们每个人花了 20 个小时使用"问题 - Excel"软件。在 12 月，所有学生都参加了同样的数学测验，平均而言，这些学生的得分显著高于他们 9 月的成绩。

　　D. 1 所高中的学生被随机分配到两个组。一组使用"问题 - Excel"软件学习，另一组使用一个用来教写作技能的写作软件学习。"问题 - Excel"组在后续的数学测验中的得分显著高于写作软件组。

02

第 2 章

认知发展与语言发展

学习成果

2.1 描述儿童发展的四个一般原则，以及遗传和环境在影响儿童发展中的交互作用

2.2 解释大脑及其发育如何影响儿童的思维和学习

2.3 将皮亚杰的认知发展理论应用于课堂实践

2.4 将维果茨基的认知发展理论应用于课堂实践

2.5 描述儿童在校期间的语言的发展变化，解释如何调整教学以适应具有不同语言能力和需要的儿童

个案研究

胡萝卜

本宁顿太太正在教 1 年级学生一个有关植物的简短单元。当她要求学生针对他们见过的植物举一些例子时，凯莎回答："我们在花园里种胡萝卜，所以我们有胡萝卜这种植物。"本说："胡萝卜是食物，不是植物。"凯莎说："胡萝卜既是

植物，又是食物。"本很困惑，他似乎不明白为什么胡萝卜既是植物，又是食物。

- 本宁顿太太应该怎样帮助本理解胡萝卜"既是植物，又是食物"这一事实呢?

在本宁顿太太的课堂上出现的这种情况实际上是 1 年级课堂经常发生的现象。有些儿童能明白表面上显而易见的事情，而另一些儿童则难以理解这些事情。本宁顿太太可以用几种策略来帮助本理解。她可能会觉得，这一事实对现在的本来说难以理解，所以不会试图推进这个话题。然而，她也可能决定把学生分成几个小组，帮助他们探索那些能生产食物的植物。

当你思考这个场景时，你可能会看到凯莎能够理解胡萝卜"既是植物，又是食物"这一事实。她可以看到同一个对象可以用两种不同的方式进行分类。然而，本似乎还不能理解为什么胡萝卜既可以是植物，又可以是食物。本宁顿太太面临着一种非常典型的情况，即在同一个课堂上教授处于不同认知发展水平的学生。

课堂教学必须考虑特定年龄的学生可能具备的身体、认知、个人和社会方面的特征及能力，以及学生之间的差异。在本章，我们将研究发展的基本原则，关注儿童的认知发展（cognitive development）——即思维、推理和言语的发展变化。当我们在后面的内容中看到这些主题时，我们将更好地理解本宁顿太太的困境。

人类发展的基本原则

2.1 描述儿童发展的四个一般原则，以及遗传和环境在影响儿童发展中的交互作用

作为教师，我们需要时刻意识到，虽然班级内学生的年龄可能相仿，然而就学习的意愿和与他人交流的技能而言，他们可能处于不同的发展水平。本章侧重于认知发展，下一章侧重于发展的社会层面。实际上，有四个一般性原则描述了儿童发展的各个方面（即身体发展、认知发展、个人发展和社会性发展）。

- **发展序列在某种程度上是可以预测的。** 儿童往往以可预测的方式发展。尽管儿童生活在不同的环境和文化中，但他们表现出的发展成就的顺序通常是相同的。随着儿童年龄的增长，他们会达到各种 **发展里程碑**（developmental milestone）——以可预测的顺序出现新的、在发展上更高级的行为。例如，儿童常常在学会坐和爬后，才能学会走。他们只有在学会数数和处理整数后，才能理解分数。

- **每个儿童的发展速度不同。** 并非每个儿童到了平均年龄，都能达到特定的里程碑；他们有些发展得早一些，有些发展得晚一些。因

此，我们很可能会看到学生在任何一个年级水平的发展成就都有相当大的差异。作为教师，我们永远都不应该仅仅根据年龄就贸然断定某些学生能做什么或不能做什么。例如，本宁顿太太班上的一些学生似乎能够理解物体有时可以按多种方式分类（例如，胡萝卜既是植物，又是食物），而这个概念对其他学生来说可能有点难以理解。

■ **发展通常以在较慢的成长期（平台期）之间出现的相对快速的增长（爆发）为标志。** 发展并不必然以恒定的速度进行。例如，蹒跚学步的孩子可能在数月之内只会用有限的词汇和"单字句"说话，而大约在第二个生日时，其语言的使用量会出现爆发式增长，如仅几周的时间内，他们所掌握的词汇量就会快速扩展，使用的句子也会越来越长。许多青少年看似在身高方面停滞不前，但在一年左右的时间里，他们会迅速长高几厘米，甚至十几厘米。有时，儿童的发展甚至会暂时倒退，这显然是因为他们正在改进特定的身体技能或认知技能，并且即将实现重大飞跃（Gershkoff-Stowe & Thelen，2004；Morra，Gobbo，Marini，& Sheese，2008）。

研究者认为，这种不均衡的增长模式反映了截然不同的发展时期或发展阶段；在本章我们讨论皮亚杰的理论时会提到一个例子。其他研究者认为，发展的大多数方面都反映了一般趋势，这种趋势不能被分离成单个的阶段。无论哪种方式，早期的发展进步几乎都可以明确地为后来的发展阶段奠定基础——因此，发展具有可以预测顺序的阶段性特征。

■ **遗传和环境对发展的影响存在交互作用。** 儿童的基因直接或间接影响发展的许多方面。例如，在出生后不久，儿童就开始表现出遗传倾向或气质，这使他们倾向于以某种方式对事物和社会事件做出反应——平静的或易

怒的、外向的或害羞的、开朗的或恐惧的。然而，并非所有遗传特征都会这么早表现出来。遗传通过**成熟**（maturation）的方式持续引导儿童的发展——一种渐进的、由基因驱动的更先进的身体功能和神经功能的获得，这些能力会影响儿童和青少年发展的认知及社会方面。例如，走、跑和跳等运动技能的发展主要是神经发育、力量增加和肌肉控制能力提高的结果——这些变化大部分是由遗传的生理指令决定的。

然而，环境因素也对发展起到了重大作用。例如，尽管身高和体格主要是由遗传特征决定的，但是良好的食物营养和定期的体育锻炼也会影响儿童最终的身高和体格。尽管儿童的行为和社交部分是由遗传的气质特征决定的，但周围环境鼓励儿童以某种方式做出某种行为，也同样具有重大影响，有时甚至比遗传影响更大。例如，研究表明，儿童在家和在学前班的体验的质量会影响其语言发展和认知发展（Hall et al.，2013；Justice，Jiang，Khan，& Dynia，2017；Lin，Justice，Paul，& Mash-burn，2016；Logan，Piasta，Justice，Schatschneider，& Petrill，2011；Votruba-Drzal，Coley，Koury，& Miller，2013）。当儿童上优质幼儿园时（例如，在这样的学校里，教师会积极地使用促进儿童的概念和语言发展的策略），儿童的语言能力和识字能力也会有所提高。

历史上，许多研究者考查了人的哪些特征是由遗传决定的，哪些特征是环境影响的结果——这个问题被称为"天性和教养的关系"。但越来越多的心理学家意识到，遗传和环境以一种我们尚未解开的方式相互作用（S. W. Cole，2009；W. Johnson，2010；Spencer et al.，2009）。首先，基因要发挥其作用，就需要环境的支持。例如，一个儿童具有长高个子的基因，但还需要后天的营养支持才能真正长高。此外，一些由基

因驱动的成熟过程似乎具有 敏感期（sensitive period）——与年龄相关的时间阶段，在此阶段某些环境条件对正常发育尤其重要（我们将在接下来的有关大脑和语言发展的部分看到示例）。而且，儿童的遗传特征可能会导致其他人以特定的方式对待他们。例如，一个长得漂亮的儿童通常比一个没有吸引力的儿童更容易被同伴接纳，而一个脾气暴躁的儿童可能比一个文静的儿童更容易受到粗暴的管教。最后，儿童在一定程度上可以选择他们的环境，特别是随着年龄的增长，他们倾向于选择与他们的遗传气质和能力相匹配的环境。儿童和青少年几乎不是所处环境的被动接受者。他们积极地、有意识地思考环境并对其采取行动，并在这个过程中以重要的方式改变环境及环境对他们的影响（Brant et al., 2013；Mareschal et al., 2007；Nettles, Caughy, & O'Campo, 2008；Nuemi, 2008）。

多层次的环境影响：生态系统和文化的重要性

当考虑到环境可能以各种方式影响儿童发展时，我们必须注意不要将我们的想法局限于儿童的直接环境。事实上，正如发展学家尤瑞·布朗芬布伦纳（Urie Bronfenbrenner）在他的 生态系统理论（bioecological systems theory）中所指出的那样，任何大型社会都包含几个环境"层"，它们会对儿童的发展产生重大影响，并且反过来直接或间接地受到其他层及儿童自身的影响（Bronfenbrenner, 2005；Bronfenbrenner & Ceci, 1994；Bronfenbrenner & Morris, 1998）。

图 2.1 进一步描述了布朗芬布伦纳提出的各种影响层。

1. 儿童的某些特征（如独特的气质和生理特征）和与年龄相关的发展能力（如认知能力和人际交往能力），会影响他们在任何特定情况下

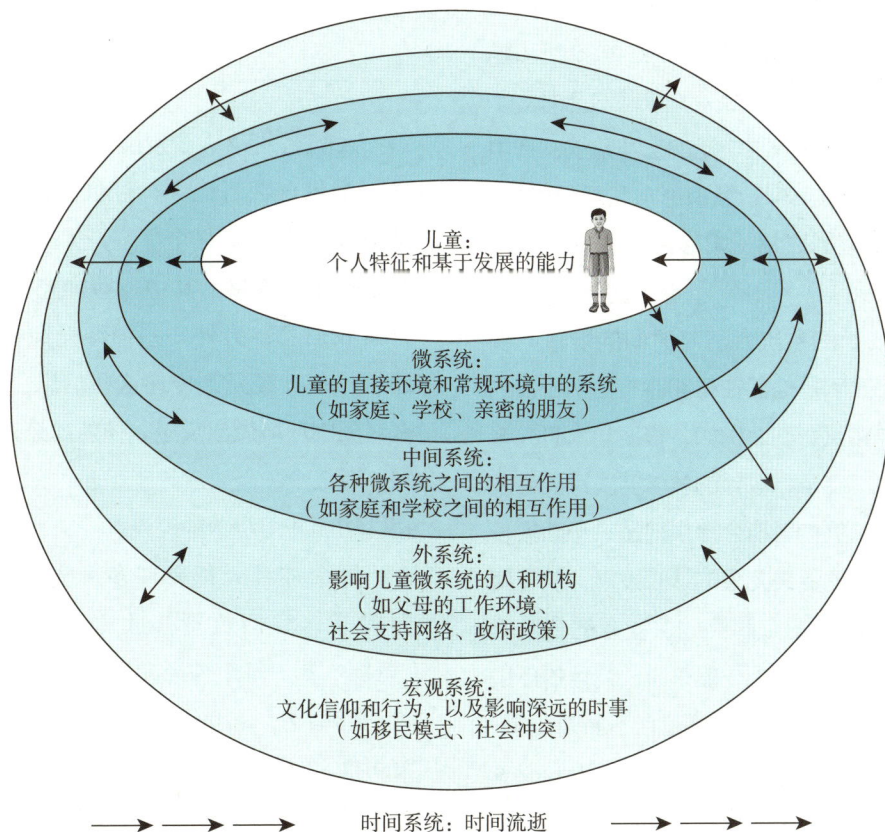

儿童：
个人特征和基于发展的能力

微系统：
儿童的直接环境和常规环境中的系统
（如家庭、学校、亲密的朋友）

中间系统：
各种微系统之间的相互作用
（如家庭和学校之间的相互作用）

外系统：
影响儿童微系统的人和机构
（如父母的工作环境、
社会支持网络、政府政策）

宏观系统：
文化信仰和行为，以及影响深远的时事
（如移民模式、社会冲突）

时间系统：时间流逝

图 2.1　在布朗芬布伦纳的生态系统理论中，成长中的儿童会影响多个相互嵌套并随时间变化的系统，并受其影响

的行为。

2. 儿童经常沉浸在某些微系统中——日常环境（如家庭、学校、友谊）会影响儿童的特征和行为，其反过来也受儿童的特征和行为的影响。

3. 儿童生活和成长的各种微系统在布朗芬布伦纳所说的中间系统中相互影响。例如，一个脾气暴躁的儿童最初可能会在学校（一个微系统）受到严厉的纪律处分，但关怀他的父母（另一个微系统）可能会积极地联系他的老师，并提出替代性策略，使他的行为转化为有效活动。

4. 包含儿童的生活、学习和玩耍的日常环境是一个更广泛的外系统，其中包括通过对各种微系统的影响来间接影响儿童发展的人和机构。例如，父母工作的性质会影响他们为家人提供足够的生活空间、营养和医疗保健的能力，而良好的社会支持网络可以在充满挑战的情境下为父母提供建议、帮助和情感支持。同时，政府机构及其政策可能会影响教师和学校培养儿童认知发展和社会幸福感的能力。

5. 儿童的外系统会融入更广泛的宏观系统，其中包括社会的普遍信仰、意识形态和行为模式，以及影响深远的时事（如移民模式、正在发生的社会冲突）。

6. 儿童及其成长的系统会随着时间的推移而变化——部分原因是他们在布朗芬布伦纳所说的时间系统中相互影响。例如，根据学术研究者报告的新研究结果，教师的教学实践可能会发生变化，政府机构可能会提供网站来帮助家长和教师更有效地促进儿童的认知发展，随着两个或多个子群体的定期互动，社会的普遍信仰和实践会发生变化。一般来说，儿童的环境是动态系统，这个动态系统包含不断变化的、相互影响的变量（C. D. Lee，2010；Perone & Simmering，2017；Thelen & Smith，1998）。

越来越清楚的是，影响这些系统的一个关键因素是儿童的文化（culture）——行为和信念系统，象征了儿童任何可能长期所属的社会群体。文化渗透进了儿童所处的家庭环境的许多方面，如父母和其他家庭成员鼓励的行为，父母使用的纪律管教，儿童接触到的书籍、电视节目、社交媒体等。文化也会影响更广泛的环境背景，例如，通过提供某些休闲场所（如篮球场）、端午节等文化庆祝活动或春节庆祝活动，以及提倡或劝阻某些活动（如寻求大学学历、兼职、参加学校运动队）。归根结底，文化是一种内在事物，也是一种外在世界的事物：它提供了一个总体框架，儿童能靠它逐渐决定什么事情是正常的或不正常的、真实的或虚假的、合理的或不合理的、好的或坏的（M. Cole，2006；Shweder et al.，1998）。

大脑在学习和发展中的作用

2.2 解释大脑及其发育如何影响儿童的思维和学习

大脑是儿童认知发展的一个关键参与者。大脑是一个包含数万亿个神经细胞的相当复杂的器官，其中大约有 1000 亿个神经元（neuron），它们的尺寸很小且相互连接。其中一些神经元从身体的其他部分接收信息，另外一些神经元综合与解释该信息，还有一些神经元则传递这些信息，并告诉身体该怎么对周围环境做出反应。伴随神经元的可能是 1 万亿到 5 万亿个神经胶质细胞（glial cell），它们具有多种特殊功能并围绕着神经元。

每个神经元都有许多分支状结构，我们称其为树突，它们负责接收来自其他神经元的信息（见图 2.2）。每个神经元也有一个轴突，这是一个长臂状的结构，它负责把信息传递给其他神经元。轴突可能会多次出现分叉，其分支的末端有终扣，其中含有某些化学物质。对于某些（但不是全部）神经元而言，大部分轴突具有白色的叫作"髓鞘"的脂质覆盖物。

当神经元的树突被其他神经元**激活**（activation）时——这些神经元可能在大脑中，也可能从身体的其他部位延伸出来——树突就会带上电荷。如果电荷达到一定水平，神经元就会被激活，把神经电脉冲沿其轴突发送到终扣。如果轴突有髓鞘，脉冲传递的速度就会很快，因为它会从髓磷脂的一个间隙跳跃到另一个间隙，就像青蛙跳跃一样。如果轴突没有髓鞘，脉冲传递的速度就会很慢。

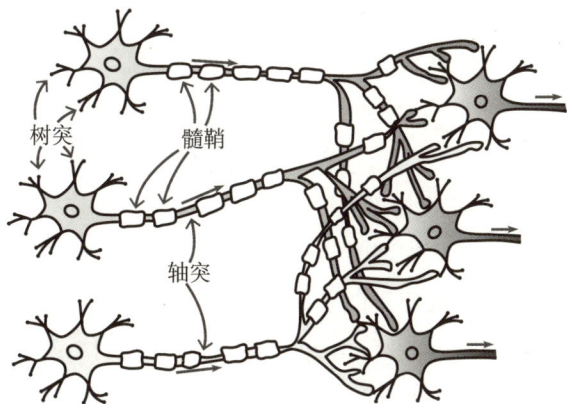

图 2.2　神经元及其相互联系

实际上，神经元与神经元之间并不是相互接触的。相反，它们通过被叫作**突触**（synapse）的细小空间向"邻居"传递化学信号。当电脉冲沿着神经元的轴突运动时，它会向终扣发出信号，释放被称为**神经递质**（neurotransmitter）的化学物质，这些化学物质会穿过突触并激活邻近的神经元。任何单个神经元都可能与数百甚至数千个其他神经元有突触联系（Goodman & Tessier-Lavigne，1997；Lichtman，2001）。

了解了大脑的基础知识后，我们就可以讨论有关大脑的四个重要观点，以及大脑在认知发展中的作用了。

■ **大脑的各个部分有不同的专长，但它们彼此密切合作。** 大脑下部和中部的结构对基本生理过程（如呼吸）、习惯性身体运动（如骑自行车）和基本感知技能（如把注意力转向对生命具有潜在威胁的刺激）具有特异性。复

杂的、有意识的思维活动主要发生在大脑**皮层**（cortex），它位于大脑的顶部和侧面，就像一个厚实的、块状的假发。位于前额后面的皮层部分被称为"前额叶皮层"，主要负责人类特有的各种活动，包括持续性注意、计划、推理、决策、复杂活动的协调、创造力，以及对多余想法和行为的抑制。皮层的其他区域会积极地参与到解释视觉信息和听觉信息、识别物体和事件的空间特征，以及理解客观世界的一般知识的过程中。

在某种程度上，大脑皮层的左右两半球也有一些不同的特点。对大多数人来说，左半球主要负责语言和逻辑思维，而右半球在视觉和空间任务中更占优势（Byrnes，2001；Ornstein，1997；Siegel，2012）。然而，与人们的普遍观念相反，人们很少只在一个半球内思考。真的没有"左脑"或"右脑"思维之类的东西：大脑两半球在日常任务中经常协同发挥作用。事实上，对任何事物的学习和思考，哪怕是看起来很简单的任务，都是分布在大脑的多个部位的（Bressler，2002；Gonsalves & Cohen，2010；Haxby et al.，2001）。

■ **学习和认知发展涉及突触、神经元和神经胶质细胞的改变。** 很多研究者认为，学习涉及增强神经元之间的已有突触或形成新的突触。然而，有时在一些情况下，取得进步实际上包含着消除突触。有效的学习要求人们不仅需要思考和做某些事情，还需要不去想或做某些事情——人们要抑制以特定方式思考或行动的倾向（C. N. Davidson，2011；Lichtman，2001；Merzenich，2001）。此外，大量的学习似乎涉及新神经元或神经胶质细胞的形成（Koob，2009；Spalding et al.，2013）。脑成像研究表明，大脑不同区域之间的连接密度与传统上测量的智力之间存在正相关（Seidlitz et al.，2017）。

■ **大脑的发展变化使个体能产生日益复杂和高**

效的思维。一个人在出生前，其神经元就开始形成突触，出生后不久，突触形成的速度会急剧增加。在人生的头两三年内，神经元会萌发朝向各个方向的新的树突，并且与周围的许多神经元建立联系。这种早期的突触发生（synaptogenesis）大多是由基因驱动的，而不是学习经验的结果。由于突触的发生，小学生比成年人具有更多的突触（Bruer，1999；C. A. Nelson，Thomas，& de Haan，2006）。

当儿童在日常生活中遇到不同的刺激和经历时，一些突触就开始发挥作用，并被反复使用；其他突触大多是无用的，并通过被叫作突触修剪（synaptic pruning）的遗传驱动过程逐渐消退。这一过程贯穿个体小学和中学阶段，直至个体成年。大多数突触修剪是好事——不是坏事——因为它们消除了那些与周围的典型环境和行为模式不一致的"令人讨厌的"突触。突触修剪可能是大自然让大脑更高效的方式（Bruer & Greenough，2001；Bryck & Fisher，2012；Huttenlocher & Dabholkar，1997）。

大脑中另一个重要的发展过程是髓鞘化（myelination）。当神经元第一次生长时，它们的轴突是没有髓鞘的。随着时间的推移，当轴突获得了这种髓磷脂后，它们的放电速度会更快，从而大大提高大脑的整体效率。尤其是在大脑皮层中，髓鞘化贯穿个体整个童年期、青春期和成年早期（Giedd et al.，2012；Merzenich，2001；Paus et al.，1999）。

此外，青春期开始的标志是激素水平的显著变化，它会影响大脑结构的继续成熟，并且可能影响神经递质的产生和效力（Kolb，Gibb，& Robinson，2003；Shen et al.，2010；E. F. Walker，2002）。这种变化可能会对青少年在许多领域的功能，如注意、计划和冲动控制，产生影响。在某种程度上，青少年的学习和适当反应的能力可能会暂时下

降，直到大脑功能恢复稳定为止（McGivern，Andersen，Byrd，Mutter，& Reilly，2002；Shen et al.，2010；Steinberg，2009）。

■ 大脑终生都保持适应性。认知发展的某些方面似乎有敏感期，在此期间某些种类的环境刺激至关重要。例如，如果婴儿没有正常地暴露于光照模式下，他们就会丧失正常的视觉能力（如先天性白内障会使儿童失明）；如果儿童在其生命的前几年里都没有听到过人们说话，那么他们就很难习得复杂的精细语法（本章后面将详细介绍这一点）。然而，看到光和听到人们说话是正常的经历，而不是特殊的情况。没有证据表明，传统的学科，如阅读和数学，存在敏感期。

从生理学的观点来看，大脑进行自我重组以适应不断变化的环境的能力——即它的可塑性（plasticity）——毕生都在持续发展（Chein & Schneider，2012；Kolb et al.，2003；C. A. Nelson et al.，2006）。确实，人生早期对个体发展是很重要的，但以后的岁月同样重要。对大多数课程和技能来说，没有单一的"最好"或"唯一"的学习时间（Bruer，1999；Byrnes & Fox，1998；Geary，1998，2008）。大脑永远不会进入锁定模式。

随着研究者逐渐明确大脑是如何工作和发育的，他们也开始获得有关如何最好地促进儿童和青少年的认知发展的线索。"应用大脑研究——考虑大脑的发育变化"专栏基于研究提出了三项建议。即便如此，现代脑生理学知识还不能告诉我们怎样才能最好地促进学生的学习和认知发展（Anderson，2014；Byrnes，2007；G. A. Miller，2010；Varma，McCandliss，& Schwartz，2008）。如果想理解人类学习和认知发展的本质，我们必须首先关注心理学家而非神经学家的研究发现。两种早期的理论——让·皮亚杰（Jean Piaget）和列夫·维果茨基（Lev Vygotsky）的理论——在塑造当代儿童学习和发展的

应用大脑研究　➡➡➡ 考虑大脑的发育变化

请注意，许多最近发布的关于"大脑研究的使用"和"基于大脑的学习"歪曲或误用了研究者对大脑发育的研究发现。以下三项建议与目前有关大脑及其如何随年龄变化的知识相一致。

- 为幼儿提供合理的刺激，不要因为害怕他们"失去突触"而给他们提供新的信息和活动。一些好心的教育家提出，在幼儿园和小学早期，新突触的激增表明了大脑的发育处于敏感期。因此，他们力劝家长在这个时期应该最大限度地丰富儿童的教育经验，如给幼儿提供阅读指导，让幼儿上小提琴课程、艺术课程等。在你也得出这样的结论之前，请考虑一下：尽管充足的营养和日常的刺激对正常的大脑发育至关重要，但没有证据表明，早年丰富的信息和非常熟练的经验从长远来看增强了大脑的能力（Bruer，1999；R. A. Thompson & Nelson，2001）。

- 请记住，青少年的大脑尚未完全成熟。突触修剪和髓鞘化——两个提高大脑效率的发育过程——在个体整个青春期及以后会

持续存在。青少年的大脑不同于成年人的大脑，尤其是在前额叶皮层中——控制持续性注意、计划、推理、冲动控制、创造力和其他对独立学习和负责任行为等非常重要的能力的大脑部分（Kleibeuker，De Dreu & Crone，2016；Reyna，Chapman，Dougherty，& Confrey，2012；Steinberg，2009）。因此，许多初中生和高中生需要足够的结构和指导，才能走上学业成功的道路。

- 请乐观地认为所有年龄阶段的学生都能获得广泛的新主题和新技能。对于某些内容领域——如音乐和外语方面——幼儿园或小学早期的教育对大脑的塑造似乎与学校后期的教育有所不同（K. L. Hyde et al.，2009；P. K. Kuhl et al.，2005）。此外，不同年龄阶段的儿童在学习新信息和新技能时，可以借鉴不同水平的先前知识和经验。但归根结底，我们必须牢记人类大脑的可塑性：通过合理的努力、实践和支持，任何年龄阶段的学习者都可以掌握很多东西。

观点方面都特别有影响力。

皮亚杰的认知发展理论

2.3　将皮亚杰的认知发展理论应用于课堂实践

你认为自己是一个有逻辑头脑的人吗？你的逻辑性如何？在下面的练习中试试你的逻辑推理能力吧。

亲身体验

珠子，人和篮球

花点时间解决以下三个问题。

1. 上面有 12 个木制的珠子：10 个是花色的，2 个是白色的。花色珠子多还是木制珠

子多？

2. 如果所有儿童都是人，并且所有人都是活的生物，那么所有儿童一定都是生物吗？

3. 如果所有儿童都是篮球，并且所有篮球都是软糖，那么所有儿童一定都是软糖吗？

毫无疑问，你发现第一个问题是很容易的；当然，木制珠子比花色珠子多。当你读到第二个问题时，你可能会很快得出结论，是的，所有儿童一定都是生物。第三个问题就有点棘手了：如果我们沿着第二个问题的思路进行推理，那么我们显然会得出所有儿童都是软糖的结论，这显然和实际知识是相矛盾的。

20 世纪 20 年代早期，瑞士生理学家让·皮亚杰开始研究儿童对此类问题的反应。他使用了一种被称为临床方法（clinical method）的手段，在这种方法中，成年人会提出一个问题，并就该问题向儿童提出一系列问题，然后根据儿童对先前问题的回答修改后面的问题。例如，让我们看看皮亚杰实验室的研究者在向一个 6 岁的儿童提出木珠问题时发生了什么，在此我们把这个儿童叫作布莱恩[①]。

成年人：木制珠子多还是花色珠子多？

布莱恩：花色珠子更多，因为木制珠子只有两个白色的。

成年人：白色珠子是用木头做的吗？

布莱恩：是的。

成年人：那花色的呢？

布莱恩：也是。

成年人：所以花色珠子多还是木制珠子多？

布莱恩：花色珠子多（Dialogue from Piaget, 1952a）。

在进一步的询问中，布莱恩仍然回答花色珠子的

数量超过了木制珠子。为了帮他看清情况，研究者让他画了两条项链，一条是用花色珠子做的，另一条是用木制珠子做的。布莱恩为花色珠子项链画了一些黑环，为木制珠子项链画了一些黑环和两个白环。

成年人：好。现在哪条更长，带花色珠子的还是带木制珠子的？

布莱恩：那条带花色珠子的更长。

皮亚杰认为，像布莱恩这样的年幼儿童在类包含（class inclusion）任务上存在困难，在这些任务中，他们认为一个物体同时属于一个类别和这个类别的一个子类别——在这种情况下，他们会同时认为珠子既是花色的又是木制的。皮亚杰发现，许多 4 岁和 5 岁的儿童在解决诸如木珠问题的课堂融入任务上存在困难，但 7 岁和 8 岁的儿童几乎总是能正确地应对此类任务。他还发现，10 岁的儿童更容易解决涉及现实世界现象的逻辑问题（如生物的分类和亚分类），而不是涉及假设和与事实相反的想法的问题（如软糖儿童），许多青少年则可以有效地处理这两类问题。我们详细讨论的这些观察结果对儿童的教育有重要启示。

通过各种各样发人深省的问题和任务，皮亚杰和他的同事发现了很多关于儿童如何看待周围世界的思想（Inhelder & Piaget, 1958; Piaget, 1929, 1952b, 1959, 1970, 1980）。皮亚杰将他的发现整合到了认知发展理论中，该理论对理解当代儿童的学习和发展做出了重大贡献。

皮亚杰的基本假设

皮亚杰引入了许多思想和概念来描述和解释他在儿童和青少年身上所观察到的逻辑思维变化。

■ 儿童是主动的和有动机的学习者。皮亚杰认为，儿童是想要学习的！儿童天生对周围世界充满好奇心，并且会主动寻找信息以便理解周围世界。他们喜欢用新事物做实验，尝

[①] 皮亚杰通常在他的研究中使用字母缩写来识别特定的儿童。在这个案例中，他使用了字母缩写 "BRI"，但为了便于讨论，我们给孩子起了个名字。

试新想法。

■ **儿童构建而不是吸收知识。** 作为一名准教师，你可能会认为学习是一个单向过程：教师"教"学生。然而，正如皮亚杰所观察到的，儿童不只是把他们学到的孤立的事情收集到一起，而是把自己的经验整合进看待世界运转的整体看法中。虽然教师可以为学生提供精彩的经验和信息，但学生会通过综合这些不同的经验来构建自己的知识。例如，儿童会通过观察发现，当把事物、玩具和其他物体从手里松开时，它们会向下掉落。这时，儿童开始构建对重力的初步理解。通过和家庭宠物互动、参观农场和动物园、看图画书等，他们会逐渐发展出对动物的更复杂的理解。因为皮亚杰提出儿童从经验中构建自己的信念和理解，所以他的理论有时被称为建构主义理论，或者**建构主义**（constructivism）。

用皮亚杰的术语来说，儿童能够处理和知道的事情被组织成**图式**（scheme）——一组相似的动作或思想，儿童会对其进行重复利用以应对周围环境。最初，儿童的图式在本质上主要是行为的，但随着时间的推移，图式会逐渐变成心理的，最终变成抽象的。例如，一个婴儿可能开始拥有把东西放到嘴里的图式，他们可能会用这样的方式将其应用于各种物体，包括她的拇指、饼干和玩具。一个 7 岁的儿童可能拥有辨识一条蛇的图式，蛇是体长身细、无腿而光滑的。一个 13 岁的儿童可能拥有上流社会构成的图式，借此他能把同伴分成令人尊敬的或愚蠢的。

随着时间的推移，儿童的图式会不断被经验修正，并相互整合。例如，儿童会开始考虑它们之间的层级关系：他们知道贵宾犬、金毛猎犬和德国牧羊犬都是狗，狗、蛇、鸟都是动物，动物和植物都是活的有机体。越来越有组织化的知识体系和思维过程使儿童能够以更为复杂和符合逻辑的方式去思考，并通过学校学习越来越复杂的信息。

■ **儿童通过两个互补的过程——同化和顺应——不断学习新事物。** 同化（assimilation）是指采用与当前的思维方式（即与现有方案）一致的方式响应或思考对象或事件。例如，一个婴儿可能采用把东西放到嘴里的图式来对待泰迪熊玩具。一个 7 岁的儿童可能会很快地把花园里一种新的、滑溜溜的生物看作一条蛇。一个 13 岁的儿童可能会习惯为同学的衣服和发型贴上时髦或过时的标签。

但是，儿童有时很难用他们现有的图式来解释和响应新的对象或事件。在这种情况下，他们需要调整目前的思维方式，来更好地理解这些新学到的信息。这个过程被称为顺应（accommodation）。顺应可以通过两种方式发生：儿童修正当前图式来解释新对象或新事件，或者儿童形成全新的图式以理解新对象或新事件。例如，一个婴儿可能不得不张大嘴巴以适应容纳泰迪熊的肥爪。一个 13 岁的儿童可能不得不根据目前流行的或不流行的东西来修正他当前关于时尚的图式。一个 7 岁的儿童在遇到一个又长又滑的四条腿的动物时，可能会意识到她不能对其应用蛇的图式（因为蛇没有腿），因此，经过一番探索后，她可能会对这种动物形成一种"这是火蝴蝎"的新图式。

在儿童发展知识和理解周围世界的过程中，同化和顺应是联合发挥作用的。儿童在现有的知识（图式）范围内去解释每一个新事物，同时可能修正并形成关于新事物的新知识（顺应）。没有同化也很难产生顺应，因为儿童只有能把经验与现有的知识和信念联系起来时，才能从新经验中获益或产生顺应。随着同化和顺应的发生，儿童思维的这些调整会促进其认知发展（Miller，2011）。

■ **儿童与物理环境和社会环境的互动对其认知发展是非常重要的。** 按照皮亚杰的观点，儿童主动地以物理世界为对象进行实验这一行为，对其认知发展是很重要的。儿童会依靠探索和操纵周围物体来理解更复杂、更抽象的概念，如玩弄沙子和水、用球和球棒进行游戏，以及在科学实验室里做实验等（Sim & Xu，2017）。儿童玩沙子和水可以帮助其看到侵蚀的影响，这是一个相当复杂的概念；儿童玩球和球棒有助于其发现与重力和引力有关的原理。

依照皮亚杰的观点，社会互动对认知发展同样是很重要的。频繁的互动，包括愉快的互动（如和朋友的正常交流）及不愉快的互动（如在分享和公平比赛中出现的冲突），使儿童逐渐意识到每个人都以不同的方式看待事物，他们自己关于世界的观点并不一定是完全正确的或符合逻辑的。随着儿童年龄的增长，关于复杂问题的讨论和分歧可以帮助他们认识并重新审视自己的推理中与他人不一致的地方。

■ **平衡化过程促进儿童的思维逐渐复杂化。** 皮亚杰提出，儿童经常处于平衡（equilibrium）状态。他们能够使用已有的图式很舒适地解释新事物并做出反应。随着年龄的增长和视野的扩大，儿童有时会在解释遇到的新事物时出现知识和技能不足的情况。这种情况被称为**不平衡**（disequilibrium），这种心理的不舒适，会促使儿童试图理解所观察到的事物。通过替代、重组或整合原有图式（即顺应），儿童最终能够理解和解释以前令他们困惑的事情。这个从平衡到不平衡，再到平衡的过程，被叫作**平衡化**（equilibration）。在皮亚杰的理论中，平衡化和儿童获得平衡的内在愿望，会促使儿童的思维和知识达到更复杂的发展水平。

让我们再回到布莱恩对木珠问题的反应。回想一下，研究者让布莱恩画了两条项链，一条是用花色珠子做的，一条是用木制珠子做的。研究者大概是希望布莱恩在画一条比全花色项链还长的花色和白色相间的项链后，会注意到自己的画与自己所说的花色珠子更多的说法不一致。不一致可能会导致布莱恩经历不平衡，甚至修改自己的结论。然而，在这种情况下，布莱恩显然没有注意到不一致，他保持了平衡，因此他不需要修改自己的结论。

■ **不同年龄阶段的儿童以本质上不同的方式进行思维，其部分原因是脑的成熟变化。** 研究者很早就了解到大脑如何随着儿童年龄的增长而变化，皮亚杰推测大脑确实随着儿童年龄的增长而出现了显著的变化，而且这种变化使得复杂的思维过程成为可能。他提出，主要的神经系统变化发生在童年时期。这些变化允许新的能力出现，儿童会通过一系列阶段进一步反映其思维的逐渐复杂化。众所周知，从出生到青春期，大脑的确在持续发展，但这种变化是否与皮亚杰所说的认知发展有特定的关系，还是一个有待解决的问题。

皮亚杰的认知发展阶段

如前文提到的那样，一些发展理论家认为，发展发生在可预测的阶段，这些阶段可以用特定的发展里程碑来描述。皮亚杰的理论就是这样一种阶段理论。皮亚杰提出，由于大脑的成熟、儿童在物理环境和社会环境中的经验，以及儿童对理解和适应世界的自然渴望，其认知发展会经历四个不同的阶段，后三个阶段是根据儿童的成就构建的（Piaget，1971）。因此，这些阶段是有等级的——每一个阶段都建立在前一个阶段完成的基础上——儿童会按照特定的顺序发展。

表2.1总结了皮亚杰提出的认知发展的四个阶段，并提供了儿童在每个阶段获得的能力的示例。当你查看此表时，请记住三件事：第一，当儿童从一个阶段过渡到下一个阶段时，他们可能会同时表现出两个相邻阶段的特征；第二，随着儿童获得与

表 2.1　皮亚杰的认知发展阶段

阶段	年龄范围 *	一般描述	获取的能力举例
感觉运动阶段	从出生开始	图式主要基于动作和知觉，尤其是在这个阶段的早期，儿童无法思考不在他们面前的事物，所以他们专注于此刻正在做的和看到的	• 对实物进行反复试验，大多是探索和操纵 • 客体永久性：认识到客体即使在视野中消失也继续存在 • 允许将实物和事件表征为心理实体的象征性思维（符号）
前运算阶段	2 岁出现	符号思维能力的快速发展使儿童能够思考和谈论超越他们直接经验的事物	• 词汇和语法结构的快速扩展 • 广泛的假装游戏 • 直觉思维：有一些逻辑思维（尤其是在 4 岁之后），但主要基于直觉和直观思维
具体运算阶段	6 岁、7 岁出现	出现类似于成年人的逻辑，但只能局限于具体现实的推理	• 区分自己的观点和他人的观点，认识到人们的想法和感受可能互不相同 • 类包含：能够将物体同时分类为两个或多个类别 • 守恒：意识到无论事物看起来如何，只要不添加或删除任何内容，数量都将保持不变
形式运算阶段	11 岁、12 岁出现 **	逻辑推理过程适用于抽象的想法及具体的对象或情况，出现了许多对科学和数学中的高级推理必不可少的能力	• 对没有物理现实基础的事物进行抽象、假设和反事实观点的逻辑推理 • 比例推理，如理解分数、百分比、小数和比例 • 对可能的因果关系形成多重假设 • 分离和控制变量以检验假设 • 理想主义：设想替代当前社会和政治实践的能力，有时是不切实际的

注：* 表中提到的年龄是一个平均值，有些儿童发展到某个阶段可能早一些，而另一些儿童可能晚一些。而且，儿童有时处在从一个阶段到另一个阶段的过渡中，所以可能会同时表现出两个相邻阶段的特征。

** 研究者发现，青少年在何时开始表现出与皮亚杰的形式运算阶段一致的推理过程上存在相当大的差异。此外，并非所有文化都重视或培养形式运算逻辑，这可能是因为这种能力在很大程度上与这些文化群体中人们的日常生活和任务无关。

更高阶段相关的能力，他们不一定会留下在前一阶段获得的特征；第三，许多研究者，包括皮亚杰自己，都认为这四个阶段更好地描述了儿童和青少年在任何特定的年龄阶段是如何思考的，而不是他们总是如何思考的（Flavell，1994；Halford & Andrews，2006；Klaczynski，2001；Tanner & Inhelder，1960）。

前运算阶段、具体运算阶段和形式运算阶段都发生在儿童和青少年上学期间，因此我们将具体介绍这三个阶段。

前运算阶段（2 岁至 6 岁、7 岁）

在前运算阶段（preoperational stage）早期，儿童的语言能力会迅速发展，词汇量的快速增加使他们可以表征和思考更广范围内的物体和事情。然而，

前运算思维也有一定的局限性，特别是与后面出现的具体运算思维相比。例如，皮亚杰提出这个阶段的儿童会表现出前运算自我中心主义（preoperational egocentrism），他们没有足够的推理能力来从别人的角度看待问题。因此，学龄前儿童可能会一起玩游戏而不会确认他们是否使用了同一套规则。

幼儿的想法有时不太合逻辑，至少从成年人的角度来看是这样。我们已经看到年幼的儿童在课堂融入问题上有多么困难（回想一下布莱恩坚持认为花色珠子比木制珠子多）。此外，他们容易在守恒（conservation）问题上遇到困难：他们没有意识到，只要不添加或删除任何内容，无论一种物质或一组对象看起来如何变化，其数量都将保持不变。作为

例证，请思考当我们向 5 岁的内森提出两项守恒任务时会发生什么。

液体守恒：给 5 岁的内森三个杯子（见图 2.3），问他 A 杯里的水是否和 B 杯里的水一样多。他会自信地回答"一样多"。然后，我们把 B 杯里的水倒入 C 杯，再问他 A 杯里的水是否和 C 杯里的水一样多，内森却回答："不，那个杯子（指着 A 杯）里的水多，因为它比较高。"

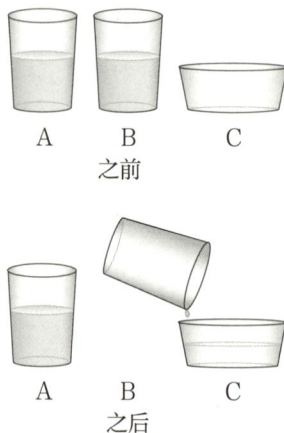

图 2.3　A 杯里的水和 C 杯里的水一样多吗

数字守恒：接下来，我们向内森展示两排便士，就像这样。

内森数了数每一行的便士，并认为这两行便士的数量相同。我们将第二行展开，看起来像这样。

当我们问内森这两行是否仍然有相同数量的便士时，他回答道："不，这一行（指着下面一行）的便士更多，因为它更长。"

儿童到了前运算阶段后期，也就是四五岁时，会表现出一些成年人逻辑思维的早期征兆。例如，他们有时会对类包含问题（如木珠问题）和守恒问题（如水杯问题）得出正确的结论，但他们依据的

是预感和直觉，而不是对潜在逻辑原理的有意识觉知，他们也不能解释为什么他们的结论是正确的。

具体运算阶段（6 岁、7 岁至 11 岁、12 岁）

皮亚杰提出，儿童进入**具体运算阶段**（concrete operations stage）后，其思维过程会被组织成"运算"这种更大的心理加工系统，从而使他们能比过去以更加符合逻辑的方式进行思考。他们会意识到，自己的观点和感受，别人不一定也有，而且这些观点和感受可能反映的只是个人看法而非现实。他们还表现出诸如类包含和守恒之类的逻辑推理能力。例如，他们应该很容易得出结论，就像你在前面的亲身体验练习中所做的那样，在一组花色和白色的木珠中，木制珠子的数量一定比花色珠子多。

儿童要想把新获得的思维能力精细化还要花很多年。例如，一些守恒形式，如液体守恒和数量守恒，会在儿童六七岁时出现，其他形式的守恒则要到晚些时候才出现。请思考图 2.4 中的问题。一个成年人使用天平给儿童演示，两个泥球一样重。然后他把一个小球拿下来，压成饼状。那么，这个饼状

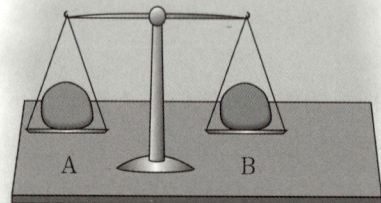

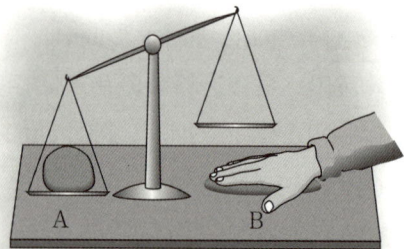

图 2.4　重量守恒：A 球和 B 球最初的重量是相同的，当 B 球被压成饼状后，它和 A 球相比，哪个重

体和原来那个球是一样重还是不一样重呢？儿童还没有获得重量守恒，他们直到 9 岁时才能意识到球变成扁平的饼状后仍和之前的圆球一样重（Morra et al.，2008）。尽管有这些指导方针，然而最近的研究表明，事实上，儿童在比皮亚杰假设的更小的年龄时就可以理解守恒原则（Sophian，2013）。稍后我们将对此进行更详细的讨论。

在具体运算阶段，儿童也培养了将物体分类为多个类别的能力。还记得本章开篇关于本宁顿太太班上学生的案例吗？凯莎能够理解胡萝卜既是植物，又是食物，而本却不能。这个年龄阶段的儿童的老师需要意识到儿童这些正在发展的能力，老师需要明白，虽然这些儿童的年龄可能都差不多，但他们不一定都能清楚地理解一些概念。

尽管表现出具体运算思维的儿童会显示出一些逻辑思维的迹象，但他们的认知发展还没有完成。例如，他们很难理解抽象概念，在涉及分数和其他比例的问题上可能也存在困难。

形式运算阶段（11 岁、12 岁至成年）

作为教师，我们经常会忍不住让学生思考一些非常有趣但又有些抽象的概念。然而，皮亚杰的理论表明，儿童在达到第四阶段，也就是形式运算阶段（formal operations stage）之前，无法对抽象概念进行真正复杂的思考。一旦学生从具体运算阶段进入形式运算阶段，他们就可以思考在具体现实中几乎没有或没有基础的概念，如抽象概念、假设性想法和与事实相反的陈述。因此，他们开始在谚语中找到潜在的含义，如"距离产生美""闪光的未必都是金子"。他们还可以认识到，逻辑上的内容可能与现实世界中的真实情况不同。例如，请回忆前面的儿童 - 篮球 - 软糖问题：如果所有儿童都是篮球，而所有篮球都是软糖，那么形式运算思维者可以从逻辑上得出结论——所有儿童都必须是软糖，即使在现实世界中儿童并不是软糖。

想想为什么这对教师很重要——你可能不想向学生展示远远超出他们当前认知能力的课程！例如，从皮亚杰的观点来看，学生的形式运算思维一旦得

到发展，其数学能力就有可能提高。由此，解决抽象数学问题应该变得更容易。同时，学生应该能够理解诸如负数、π、虚数，以及无穷大等概念。虽然学生可能很难理解在具体操作中如何使温度低于 0℃，但一旦他们能发展形式运算思维，他们就应该能够更好地理解这些问题。他们还应该能够更好地理解几何原理（如两条平行线永远不会相交）。此外，由于学生现在可以理解比例，因此他们在解决问题时可以更好地使用分数、小数和比例。

形式运算思维的发展也促进了科学推理能力的发展。表 2.1 中列出的三种形式运算能力，即关于假设想法的逻辑推理、形成和检验假设，以及分离和控制变量等，使得许多青少年能够使用科学的方法，提出有关观察对象可能的解释，并采用系统的方法进行检验。请看下面的练习，并在练习中思考钟摆问题。

亲身体验

钟摆问题

在缺少其他引力的情况下，由一根绳子悬挂着的物体（即钟摆）以恒定的速率摆动（悠悠球和游乐场秋千是两个日常示例）。有些钟摆来回摆动得很慢，而有些钟摆来回摆动得很快。钟摆的什么特征决定了它摆动速率的快慢？写出至少三个有关影响钟摆摆动速率的变量的假设。

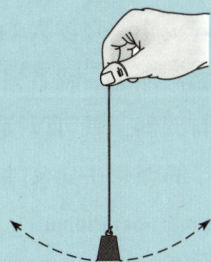

现在，请收集一些小而重的物体（如回形针、房间钥匙或重的螺栓）和一段绳子。把物体系到绳子的尾端，并让你的"钟摆"摆动起来。做一个或几个实验来检验你的假设。

你能得出什么结论？什么变量会影响钟摆摆动的速率？

你提出了什么假设？有关影响钟摆摆动速率的假设变量有四个：物体的重量，绳子的长度，施加于钟摆的推动力和摆锤放下时的高度。你是否采用了系统的方式检验每一种假设？能进行形式运算思维的学生能够分离和控制这些变量，即在某一时间内保持其他变量恒定，而只检验其中一个变量。例如，如果你要检验重量是影响钟摆摆动速率的变量的假设，你就要保持绳长、推动钟摆的力度和释放钟摆的高度恒定，从而检验不同重量的物体是否会导致钟摆摆动速率的不同。同样，如果你假设绳长是影响钟摆摆动速率的重要因素，你就可以改变绳子的长度，同时保持使用同样一个物体，并使钟摆以一致的方式进行运动。如果你仔细控制和分离了各个变量，你就可以得出正确的结论：只有绳的长度会影响钟摆摆动的速率。

抽象思维和假设性思维的另一个结果是人们能够想象世界可能与实际情况有什么不同。在某些情况下，青少年会设想一个比他们所生活的世界更好的世界，他们对社会和政治问题表现出相当大的关注和理想主义。许多青少年开始投身于地方性问题或全球性问题，如水污染、移民和动物权利。可是，他们对改变现状所提供的建议，表面上似乎是合乎逻辑的，在现实世界中却是不切实际的。例如，一个十几岁的青少年提出，只要人们互相爱护，种族主义就会在一夜之间消失，或者只要一个国家解散军队，并销毁所有武器，就可以换来世界和平。皮亚杰认为，青少年的理想主义反映了形式运算的自我中心主义（formal operational egocentrism），即不能把自己的逻辑抽象概念与他人的观念和实际的意义分离开。只有经验才能告诉青少年，在一定的时间范围内和有限的资源条件下，什么才是可能的，这样他们才能开始调和自己的乐观主义和现实主义。

对皮亚杰理论的批判

皮亚杰的一些关键观点经受住了时间的考验，包括儿童会构建他们自己的关于世界的知识、儿童必须把新经验与他们已有的知识建立联系，以及令人迷惑不解的现象能够激发儿童修正自己的理解等观点。

可是，皮亚杰对推动发展过程的描述，特别是有关同化、顺应和平衡化的概念，是不清楚的（M. Chapman，1988；diSessa，2006；Klahr，2001）。与物理环境互动或许是有价值的，但可能没有皮亚杰所认为的那么重要。例如，有严重身体残障的儿童，虽然不能主动地对自己周围的物体进行实验，但完全依靠观察周围发生的事情也能学会很多知识（Bebko，Burke，Craven，& Sarlo，1992；Brainerd，2003）。

对皮亚杰阶段论的再思考

皮亚杰关于认知发展分阶段进行的想法引发了大量的后续研究。总的来说，研究结果支持皮亚杰关于不同的能力是以序列方式出现的观点，但不一定支持它们出现的年龄。皮亚杰可能低估了学龄前儿童和小学生的思维能力。例如，在某些情况下，学龄前儿童具有理解类包含和守恒的能力，有一定的理解抽象且反事实想法的能力（S. R. Beck，Robinson，Carroll，& Apperly，2006；Goswami & Pauen，2005；McNeil & Uttal，2009；Rosser，1994）。许多一二年级学生可以理解和使用简单的比例（如 1/3、1/4、1/5），前提是他们能够将比例与日常物品和情况联系起来（Empson，1999；Van Dooren，De Bock，Hessels，Janssens，& Verschaffel，2005）。如果任务以某种方式被简化，一些年龄较大的小学生也可以分离和控制变量（Lorch et al.，2010；Metz，1995；Ruffman，Perner，Olson，& Doherty，1993）。

然而，皮亚杰可能高估了青少年的能力。形式运算思维过程的出现要比皮亚杰假定的晚一些，甚至高中生和成年人也不一定能有规律地使用形式运算思维（Flieller，1999；Kuhn & Franklin，2006；Morra et al.，2008；Tourniaire & Pulos，1985）。很多青少年似乎在抽象的观点伴随着具体的例子和材料时才能更好地理解这些观点（Blair & Schwartz，2012；Kaminski & Sloutsky，2012）。而且，学生可能在某个内容领域表现出形式运算思维，而在另外一个内容领域用具体的运算方式进行思考（Lovell，1979；Tamburrini，1982）。图 2.5 是一项语言艺术活动的示例，已经掌握了具体运算的学生可以准确地完成这项活动；然而，它还需要学生使用一些形式运算的逻辑推论。因此，6 年级教师可能会发现，有些学生比其他学生更容易完成这项活动。

明确的训练和其他结构化的经验有助于儿童在比皮亚杰所认为的更早的年龄获得推理能力（Brainerd，2003；Kuhn，2006；Lutz & Sternberg，1999；Protzco，Aronson，& Blair，2013）。例如，四五岁的儿童在有了守恒任务的经验后，就开始表现出守恒能力，特别是在他们自己操作这些守恒实验的材料，并和已经表现出守恒能力的其他人讨论后（Halford & Andrews，2006；Siegler & Chen，2008；Siegler & Lin，2010）。类似地，具体材料或图形材料的指导可以帮助儿童和青少年更好地理解如何使用分数和其他比例（Fujimura，2001；Jitendra，Star，Rodrigues，Lindell，& Someki，2011；Sarama & Clements，2009）。在小学高年级，当儿童有很多需要他们分离和控制变量的经历时，他们会变得越来越能够分离和控制变量；如果他们被教授相关的问题解决策略，他们就可以更容易地解决涉及假设性观念的逻辑问题（Kuhn & Pease，2008；S. Lee，1985；Lorch et al.，2014；Schauble，1990）。

虽然皮亚杰提出了一个相当结构化的、普遍的认知发展顺序，但最近的研究表明，随着时间的推移，儿童的思维能力发展存在更多的差异，这种差异在某些方面可归因于环境。例如，最近的研究表明，认知发展尤其受到孕妇和新生儿饮食（即儿童的认知能力似乎受到特定膳食的积极影响）、早期教育干预、互动阅读，以及学龄前教育的影响（Protzco et al.，2013）。

鉴于这些证据，大多数研究者认为，皮亚杰所描述的逻辑思维能力是以渐进的、类似趋势的（而不是以离散的）方式出现的。然而，正如你很快就会看到的，一些理论家提出了基于阶段的理论，来

姓名：_____　　　日期：_____

字里行间

推理是你根据文本中的论证和证据得出的结论。请阅读下面的每一段话并回答后面的推理问题。

哈罗德走进屋子时哼了一声。他怀里抱着四个纸袋，每一个都装得满满当当。突然，他被绊倒了，其中一个袋子掉了下来，橙子、一袋面包和两根黄油洒在了地板上。"至少我没有把鸡蛋掉在地上！"他惊呼道。	• 哈罗德回家之前在哪里？ • 你是怎么知道的？
每天上班前，蕾妮都会穿上她的褐色制服和结实的工作靴。她必须早点上班，因为很多动物，无论大小，都指望着她吃早餐。每天晚上，她都要将动物睡觉的地方收拾干净。有时她会在工作时弄脏衣服，但她喜欢看到所有前来拜访的人，在她工作时透过栅栏和窗户偷看她。	• 蕾妮在哪里工作？ • 你是怎么知道的？
帕特里克笑着从学校回到家。他穿过前门跑进客厅，看到用闪亮的纸包着的盒子和绑在椅子上的气球。柜台上放着一个巧克力蛋糕，上面插着 11 根蜡烛。他伸手想挖一口糖霜，他的妈妈吼道："唱完生日歌后才能吃蛋糕！"	• 帕特里克在庆祝什么？ • 你是怎么知道的？
露西蜷缩成一团，舔着自己的皮毛，高兴地呼了口气。在阳光下躺了一个下午后，它很高兴地依偎在柔软的床上。它闭上眼睛满足地咕哝着，准备睡一会儿。突然，它听到了嗡嗡声。它的眼睛猛地睁开，耳朵抽搐着。它发现附近落了一只苍蝇。它仔细地看了一会儿，然后，猛扑过去！它抓住了苍蝇！	• 露西是谁？ • 你是怎么知道的？

图 2.5　字里行间：这项活动是否适合处于具体运算阶段或形式运算阶段的儿童

解释儿童在特定技能领域或内容领域的逻辑推理。

从皮亚杰理论的角度考虑多样性

作为一名在瑞士工作的研究者，皮亚杰对特定人群——瑞士儿童——进行了研究。然而，认知发展的过程似乎在不同的文化群体中有所不同，这可能是因为不同的文化提供了不同的体验（Liu, Wellman, Tardiff, & Sabbagh, 2008）。例如，在手工编织复杂的花卉、动物和几何图案方面有丰富经验的墨西哥儿童，在新的编织问题上比同龄的美国儿童更快地表现出前运算能力和具体运算能力。即使美国儿童接受了墨西哥编织技术的培训，这种差异仍然存在（Maynard & Greenfield, 2003）。以制作陶器为生的墨西哥家庭的儿童比同龄的其他墨西哥家庭的儿童更早掌握守恒技能，这可能是因为制作陶器需要儿童经常判断所需黏土的数量，而不管黏土的形状如何（Price-Williams, Gordon, & Ramirez, 1969）。

形式运算推理技能——如对假设性想法进行推理及分离和控制变量——也因文化而异（Flieller, 1999; Norenzayan, Choi, & Peng, 2007; Rogoff, 2003）。西方主流文化会通过科学、数学、文学和社会研究等学术内容领域的正式教学积极地培训这些技能。然而，在其他一些文化中，这些技能可能与人们的日常生活几乎没有关系（M. Cole, 1990; J. G. Miller, 1997; Norenzayan et al., 2007）。

即使在一个单一文化群体中，逻辑推理能力也会因人而异，部分原因是人们对特定主题的背景知识存在差异。例如，青少年（也包括成年人）经常将形式运算思维应用于他们非常熟悉的主题，将具体运算思维应用于他们不熟悉的主题（Girotto & Light, 1993; M. C. Linn, Clement, Pulos, & Sullivan, 1989; Schliemann & Carraher, 1993）。作为说明，在史蒂文·普罗斯（Steven Pulos）和 M. C. 林恩（M. C. Linn）的一项研究中（Pulos & Linn, 1981），他们向一些 13 岁的儿童展示了一张类似于图 2.6 的图片，并告诉他们："这四个孩子每周都去钓鱼，其中一个孩子赫伯总是钓到最多的鱼。其他孩子不知道为什么会这样。"如果你看到这张图片，你会发现赫伯在几个方面与其他孩子不同，包括他的位置、他使用的诱饵，以及他的钓鱼竿长度。与之前提出的钟摆问题相比，在这种情况下，钓过鱼的学生会更有效地分离和控制变量，而对钓鱼经验很少的或没有钓鱼经验的学生而言，情况刚好相反。

图 2.6 赫伯比其他人钓到更多鱼的原因可能是什么

资料来源：Based on image created by Steven Pulos. Adapted with permission.

多样化的经验也可以促进认知发展，尤其是对年龄较大的青少年而言。许多大学注重提供多样化的课程作业和工作坊，这些确实促进了批判性思维和抽象思维的发展。然而，与不同种族的同龄人之间的社会互动可能也有助于促进批判性思维和抽象思维的发展（Bowman, 2010; Page, 2017）。

皮亚杰理论的当代扩展与应用

尽管皮亚杰的理论存在缺陷，但它对当今有关认知发展和课堂实践的思考依然产生了相当大的影响。一些当代的新皮亚杰理论将皮亚杰理论的元素与当前的思维和学习理论相结合。此外，教育工作者发现，皮亚杰的许多观点在教学环境中非常有用。我们将研究他的三个观点——临床方法、对实际操作经验的重要性的强调，以及不平衡概念。"走进课堂——皮亚杰理论的应用"专栏为将皮亚杰的观点转化为课堂实践提供了额外的指导。

走进课堂 ● ● ●

皮亚杰理论的应用

■ 可以使用皮亚杰的阶段作为不同年级学生可以做什么的粗略指南，但不要太按照理论的字面意思进行教学。根据研究和一名 1 年级教师自身的经验，六七岁的儿童可以在熟悉的情况下理解简单的比例，于是，这名 1 年级教师要求她的学生解决一个问题："两个孩子想要分五个纸杯蛋糕，使每个孩子都得到相同数量的蛋糕。请问每个孩子可以得到多少蛋糕？"当一些学生提出每个孩子可以吃两个纸杯蛋糕时，她指着第五个纸杯蛋糕说："他们也想分这个。怎么分这个呢？"

■ 当幼儿表现出以自我为中心的思维时，表达你的困惑或向幼儿解释其他人有不同的想法。一个幼儿园小朋友问教师一个在其视野之外的物体："这是什么？"教师回答："什么？我看不到你正在看的东西。"

■ 将抽象的、假设的想法与具体的对象和可观察到的事件联系起来。为了帮助学生理解诸如空气等看似失重却有质量和重量的物质，一名 8 年级教师将一个气球充气后，把它放在了天平的一端。然后她将一个未充气的气球放在天平的另一端。充了气的气球使天平的那一端向下倾斜，表明它比未充气的气球重。

■ 要求学生解释他们对物理现象的推理，并挑战不合逻辑的解释。课上的合作小组在学习钟摆问题时，会用三个变量（钟摆的重量、绳子的长度和钟摆下落的角度）进行实验来观察哪个或哪些变量决定了钟摆摆动的速率。其中一个四人小组中的三个人认为，钟摆的重量会影响其摆动速率，然后教师提出了一系列问题，最终让这组学生意识到他们在实验中同时改变了钟摆的重量和绳子的长度。

■ 利用青少年的理想主义来让他们参与公共服务项目和其他慈善事业。在一个关于非洲的单元中，几名 9 年级社会研究课的学生表达了他们对一些非洲人生活在极端贫困中的恐惧。这时，教师提到他的一个朋友下个月要去卢旺达旅行，这个朋友想要用几个大手提箱装一些旧童装捐给特别贫穷的卢旺达村庄。在接下来的几天里，这些学生跑去找父母和邻居进行捐款，并收集了许多有用的物品让教师的朋友带去卢旺达村庄。

资料来源：Empson，1999；C. L. Smith，2007.

新皮亚杰理论

新皮亚杰理论（neo-Piagetian theory）呼应了皮亚杰的信念，即认知发展在某种程度上取决于大脑的成熟过程。例如，一些新皮亚杰理论家认为，人类记忆系统中被称为"工作记忆"的组成部分对认知发展尤为重要。具体来说，工作记忆是一种基于大脑的机制，它使人们能够暂时保存和思考少量的新信息。儿童的工作记忆容量会随着年龄的增长而增加，因此他们同时思考几件事的能力也会随之提高（Case & Mueller，2001；Fischer & Bidell，2006；Lautrey，1993）。

新皮亚杰理论家拒绝皮亚杰认为儿童的整体认知发展以一系列单一阶段为特征的观点。然而，他们推测特定内容领域的认知发展——如在理解数字或空间关系方面——通常具有阶段性（Case，1985；Case & Okamoto，1996；Fischer & Immordino-Yang，2002）。儿童进入特定阶段的标志是获得新的能力，随着时间的推移，儿童会练习并逐渐掌握这些能力。最终，他们将这些能力整合到更复杂的结构中，这标志着他们过渡到了下一个阶段。因此，正如皮亚杰的理论那样，这些阶段是分层的，每个阶段都由前一阶段儿童获得的能力构成。

然而，即使在特定的学科领域，认知发展也不一定是一系列单一的阶段，儿童通过这些阶段取得进步，就好像他们在梯子上攀登一样。在某些情况下，发展可能被更好地描述为沿着"多链条"技能的发展，这些技能偶尔会以类似网络的方式相互连接、整合或分离（Fischer & Daley，2007；Fischer & Immordino-Yang，2002）。从这个角度来看，儿童可以通过几种途径中的任何一种在特定领域获得更高级的能力。例如，随着阅读能力的提高，儿童可能会逐渐发展出各种单词解码和阅读理解技能，并在阅读一本书时将这些技能全部进行利用。然而，不同的孩子掌握每项技能的速度各不相同。

皮亚杰的临床方法作为评估工具

前面我们提到了皮亚杰的临床方法，在这种方法中，成年人会通过一系列单独定制的问题来探究儿童对特定任务或问题的想法（回想一下成年人与布莱恩关于木珠问题的对话）。通过展示涉及具体运算思维技能或形式运算思维技能（如变量的守恒、分离和控制）的各种皮亚杰式任务，并要求学生解释他们的想法，我们可以获得他们对逻辑推理能力的宝贵见解（diSessa，2007）。然而，我们不需要坚持传统的皮亚杰式推理任务。举例来说，教师可能会展示各种地图（如西班牙的路线图、洛杉矶的航空图、山区的三维立体图），并要求学生解释他们所看到的。小学低年级的学生很容易用具体运算思维解释地图，也许他们认为用来分隔州和国家的线实际是画在地球上的。他们可能难以理解地图的比例，认为一条线不可能是一条路，因为"它不够宽，不够两辆车走"，或者认为地图上的凸起所描绘的山并不是真正的山，因为"它不够高"（Liben & Myers，2007）。理解地图的比例概念需要比例推理——这种能力要到青春期后才会完全显现——因此，幼儿会觉得难以理解也就不足为奇了。

实际操作经验

皮亚杰建议，对物理环境的探索在很大程度上应该由儿童发起并以儿童为导向。幼儿当然可以从他们与沙子、水和其他自然物质的非正式互动中学到很多东西（Hutt，Tyler，Hutt，& Christopherson，1989）。在小学和中学，有机会操作实物或实物在计算机屏幕上的虚拟对等物，可以增强学生对基本的数学概念和科学概念的理解（M. C. Brown，McNeil，& Glenberg，2009；Lorch et al.，2010；Sarama & Clements，2009；Sherman & Bisanz，2009）。

然而，研究者发现，实际操作经验与帮助学生从观察中得出适当结论的指导相结合时通常更有效（Fujimura，2001；Hardy，Jonen，Möller，& Stern，2006；R. E. Mayer，2004；Fujimura，2001；Hardy，Jonen，Möller，& Stern，2006；R. E. Mayer，2004）。在没有教师指导和引导性问题的情况下，学生可能仅根据他们的所见所感做出推断——例如，错误地推断出一小块聚苯乙烯泡沫塑料一定没有任何重量——而且他们可能无法在实验中分离和控制变量（M. C. Brown et al.，2009；Lorch et al.，2014；C. L. Smith，2007）。此外，利用现成的技术资源（如网站或视频）为学生提供虚拟动手操作体验可能很诱人，这些资源可以是强大的教育工具，但教师需要记住，学生可能没有获得可以充分利用技术的必要的认知技能。例如，教师可能会发现一个与他们当前的科学主题相关的网站，然而，一些学生可能仍然需要通过具体示例进行动手操作的体验，而不是从网站上进行抽象学习。

创造不平衡：社会认知冲突的价值

如前所述，与同龄人的互动可以帮助儿童意识到其他人看待世界的方式往往与他们不同，而且他们自己的想法并不总是完全合乎逻辑的或准确的。

此外，与同龄伙伴的互动——涉及社会认知冲突（sociocognitive conflict）的互动——涉及试图解决相互矛盾的观点，这会造成不平衡，促使儿童重新评估并修改他们现有的理解。儿童可能会毫不犹豫地接受成年人的想法，而有些儿童可能会不同意并挑战同伴的想法（D. W. Johnson & Johnson，2009b；Lampert，Rittenhouse，& Crumbaugh，1996；M. C. Linn，2008）。

归根结底，社会互动——不仅是与同龄人的互动，还有与成年人的互动——对于儿童的认知发展可能比皮亚杰意识到的更重要。我们现在转向维果茨基的理论，它描述了与人类同伴互动促进认知发展的其他方式。

维果茨基的认知发展理论

2.4 将维果茨基的认知发展理论应用于课堂实践

在皮亚杰看来，儿童可以在很大程度上控制自己的认知发展。例如，他们开始与环境中的物体进行互动，并对所观察到的事物形成自我建构的理解。相比之下，发展主义者列夫·维果茨基认为，社会中的任何成年人都会以某种系统的方式有意地促进儿童的认知发展。因为维果茨基强调了成年人的教学和指导对于促进儿童认知发展的重要性——更广泛地说，因为他强调了社会和文化因素对儿童认知发展的影响——他的观点被称为社会文化理论（sociocultural theory）。

从 20 世纪 20 年代到 1934 年维果茨基因肺结核过早去世之前，维果茨基和他的学生一直都在做有关儿童思维的研究。维果茨基并没有确定儿童可以自己成功完成的任务类型（如皮亚杰所做的），他经常考察儿童只有在成年人的帮助下才能完成的任务类型。例如，他描述了两个假想的孩子，他们可以在没有帮助的情况下做典型的 8 岁孩子可能会做的事情。他会给每个孩子的任务逐步增加难度，并提供

一些帮助，也许是提出一个引导性问题或建议合理的第一步。有了这样的帮助，两个孩子几乎都可以处理那些自己无法处理的更困难的任务。然而，这两个孩子在帮助下所能完成的任务范围可能大不相同，一个孩子能扩展他或她的能力来成功地完成典型的 12 岁水平的任务，而另一个孩子只能完成典型的 9 岁水平的任务（Vygotsky，1934/1986）。

直到 20 世纪的最后几十年，维果茨基的著作由俄语被译成英语，西方心理学家才对他的研究有所了解（Vygotsky，1934/1986，1978，1997）。尽管维果茨基没有机会充分发展他的理论，他的思想在许多当代理论家关于学习和发展的讨论中依然清晰可见，并且在指导教师课堂实践方面越来越有影响力（Jovanović，2015）。正如你将看到的，维果茨基的理论为教师积极参与支持学生的学习和发展，进而促进学生认知能力的提高提供了理论依据。

维果茨基的基本假设

维果茨基认可生理因素——如大脑的成熟过程——在认知发展中的作用（Ghassemzadeh，Posner，& Rothbart，2013）。儿童带着特定的品质和性格来应对他们所遇到的情况，他们的反应也会相应地有所不同。此外，部分受遗传特征影响的儿童行为也会影响儿童的特定经历（Vygotsky，1997）。然而，维果茨基的主要关注点是社会和文化环境在促进儿童认知发展方面的作用，尤其是在培养人类作为一个物种所独有的复杂心理能力方面。以下是维果茨基理论的核心观点和概念。

■ 通过非正式的交谈和正规的学校教育，成年人将他们对世界的文化解释及对世界做出反应的方式传递给儿童。维果茨基提出，当成年人和儿童进行互动时，他们实际上是在与儿童分享关于物体、事件或更一般的人类经验的意义。在这个过程中，成年人改变或调节着儿童遇到的情境，通过包括语言（口头语言、写作等）、数学符号、图形展示、美术，以及音乐等在内的各种机制，将意义传

递给儿童。

非正式的交谈也是很普遍的方法，成年人利用这种方法传递与文化相关的解释情境的方式。但更重要的是通过正规的教育，教师可以系统地传授各门学科中用到的思想、概念和术语（Vygotsky，1934/1986）。尽管维果茨基像皮亚杰一样看到了让儿童自己去发现的价值，但他也认识到了由成年人来传承前几代人的发现的价值（Vygotsky，1934/1986）。

■ **每种文化都传递物理工具和认知工具，这使日常生活更具成效和效率**。成年人不仅教给儿童解释经验的方法，也传递特定的工具，帮助儿童处理他们遇到的各种任务和问题。一些工具属于物理工具，如剪刀、缝纫机和计算机；另一些工具既包括物理属性又包括符号属性，如写作系统、地图和电子制表软件；还有一些工具则没有一点物理的基础，如形容词的概念。按照维果茨基的观点，获得那些在本质上至少部分是符号或心理的**认知工具**（cognitive tool），可以极大地增强儿童的思维和功能。

■ **思维和语言在个体生命的早期逐渐变得相互依赖**。一种很重要的认知工具是语言。对成年人而言，思维和语言紧密地联系在一起。我们经常使用语言提供的特定词汇进行思考。例如，当我们想到宠物时，我们的思维中就会包含猫和狗等词汇。当我们和其他人交谈时，我们通常是在表达我们的思想，换句话说，是在说出我们的想法。

维果茨基提出婴儿和幼儿的思维和语言的功能是分离的。在个体幼年，思维是独立于语言而出现的，而且当语言刚出现时，它主要是作为一种交流的手段而不是思维的机制。但在个体大约2岁时，思维和语言会逐渐交织在一起：儿童开始在说话中表达他们的思想，并开始用词来思考。

当思维和语言开始融合时，儿童会经常跟自己谈话，这种现象叫作**自我对话**（self-talk，你可能也会看到"自言自语"这一术语）。维果茨基认为，自我对话在认知发展中发挥了重要功能。通过跟自己交谈，儿童学会了指导和引导自己的行为，并采用成年人之前指导他们的方式，去完成困难的任务和复杂的操作。自我对话提供了进入年幼儿童思维过程的一扇窗（Nelson，2015）。虽然自我对话在私下或他人在场时都会发生，但研究表明，自我对话更有可能在他人在场时发生（McGonigle-Chalmers，Slater，& Smith，2014）。自我对话最终会发展成**内部言语**（inner speech），即儿童是在心理上而不是出声地跟自己交谈。他们会继续用言语指引自己完成任务和活动，其他人则看不到或听不到（Vygotsky，1934/1986）。换句话说，自我对话和内部言语都有助于儿童进行自我调节。

■ **复杂的心理过程始于社会活动，并逐渐演变成儿童可以独立使用的内部心理活动**。维果茨基提出，许多复杂的思维过程都有其社会互动的根源。当儿童与成年人及有知识的人谈论物体、事件、任务和问题时，他们会逐渐把周围的人谈论和解释世界的方式融合进自己的思维中，并使用词语、概念、符号和策略等这些在他们的文化下典型的认知工具。社会活动发展为内部心理活动的过程叫**内化**（internalization）。刚刚描述的从自我对话到内部言语的发展就说明了这个过程：随着时间的推移，儿童会逐渐内化成年人的指导，以便最终给自己指导。

并不是所有的心理过程都出现在儿童和成年人的互动中，有些心理过程也出现在儿童与同伴的互动中。例如，儿童会经常就许多事情与同伴争论，如怎样更好地开展一项活动、玩什么游戏、谁对谁做什么等。根据维果茨基的观点，争论有助于儿童发现看待同一种事物可以有多种方式。维果茨基提出，最终，儿童将内化这种争论过程，并发展出从不同角度看待问题的能力。

■ **儿童以他们自己独特的方式使用他们的文化工具。** 儿童不一定能准确地内化他们在社会环境中的所见所闻，相反，他们经常会改变想法、策略和其他认知工具以适应自己的需求和目的——因此，维果茨基的理论具有建构主义的成分。**挪用**（appropriation）一词通常用于指代这种内化过程，但也用于指代改变某个人文化中的思想和策略以供自己使用。

■ **在更先进的、更有能力的人的帮助下，儿童可以完成更困难的任务。** 维果茨基区分了代表儿童在任何特定发展阶段的技能特征的两种能力。儿童的**实际发展水平**（actual developmental level）是他或她无需其他人的帮助可以独立完成任务的上限。儿童的**潜在发展水平**（level of potential development）是他或她在更有能力的人的帮助下可以完成任务的上限。为了真正了解儿童的认知发展，维果茨基提出我们不仅应该在学生单独完成任务时评估他们的能力，也应该在有人帮助学生完成任务的情况下评估他们的能力——当代教育者称之为"动态评估策略"。

正如前面提到的，维果茨基发现儿童与成年人合作时通常可以完成比他们单独作业时更困难的事情。例如，当成年人帮助儿童

定位键盘上的某些音符或提供有关使用哪个手指的建议时，儿童可以演奏更有挑战性的钢琴作品。当教师帮助学生确定关键问题的组成部分和可能富有成效的问题解决策略时，学生可以解决更困难的数学问题。学生通常可以在学校的阅读小组中阅读更复杂的散文，而在家独立阅读时，他们却很难做到。

■ **具有挑战性的任务极大地促进了儿童的认知发展。** 儿童不能独自完成，但可以在他人帮助和指导下完成的任务范围，被维果茨基称为**最近发展区**（zone of proximal development, ZPD；见图 2.7）。儿童的最近发展区包括刚刚开始出现和发展的学习和问题解决能力。

维果茨基提出，儿童从他们能独立完成的任务中学到的东西很少。相反，他们的发展主要依靠尝试完成那些只有在他人的帮助和支持下才能完成的任务。也就是说，在尝试完成最近发展区内的困难任务时儿童才能得到发展。因此，是生活中的挑战而不是容易获得的成功促进了认知发展。然而，如果挑战性任务是有益的但属于不可能完成的任务，甚至是在大量的帮助和指导下也难以完成的任务，那么其对儿童的发展来说无论如何都是无益的（Vygotsky，1987）。例如，让一个大约 5 岁的儿童在代数方程中求解 x 是没有意义的。一般来说，儿童的最近发展区会限制他或她的认知学习能力。

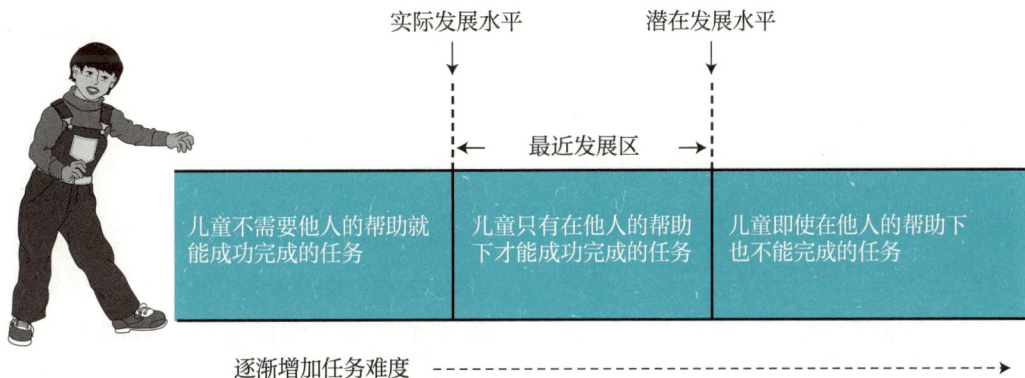

图 2.7　在维果茨基看来，儿童最近发展区的任务能最大限度地促进学习和认知发展

作为教师，我们应该给学生安排一些只有在他人支持下才可以完成的任务。在某些情况下，这种支持来自我们或其他更有能力的个体。在另一些情况下，我们可以让能力相仿的几个学生一起完成这些困难的任务，在共同的努力下，每个学生都能做出自己独有的贡献。有时，精心挑选的技术资源可能会提供指导学生完成复杂任务时所需的支持。随着学生获得独立完成复杂任务的能力（尤其是在小学早期），他们将开始有意识地练习这些任务所涉及的技能（Society for Research in Child Development，2017）。

无论我们所提供的支持的性质如何，我们都必须记住，每个学生的最近发展区都会随着时间发生变化。随着学生对某些任务的掌握，更复杂的任务将显现出来以取代它们。此外，不同学生的最近发展区的"宽度"可能会有很大差异。一些学生在帮助下可能会比他们的实际（独立）发展水平高出几年，其他学生可能能够处理比他们目前自己可以完成的任务稍微困难一些的任务。在某些情况下，具有不同最近发展区的学生将需要个性化的任务和作业，以使每个人都可以面临挑战，从而更好地促进个人的认知发展。

■ **游戏有助于儿童扩展自己的认知能力。** 儿童喜欢玩，无论在学校还是在家。维果茨基指出，游戏在儿童的认知发展中起着重要作用（Vygotsky，1987）。我们中的一位作者回忆道，她5岁的孩子杰夫和他的朋友斯科特有时会一起玩餐馆游戏。在地下室的一角，他们用几张儿童桌椅创造出了一个用餐区，还用玩具水槽和火炉制造出了一个餐馆厨房，里面备了一些塑料碟子、餐具和"食物"。他们还创建了菜单，有时他们会问她如何拼写单词，但更多时候他们会猜着拼写出单词。有一次，他们邀请了双方父母来"吃饭"，当父母到达时，两个孩子在纸板上写下了每个

人的用餐订单，然后急忙跑到厨房组装所需的物品。最终，他们带着"饭菜"（汉堡包、炸薯条和饼干——都是塑料的——加上一杯想象中的牛奶）回来了，父母则津津有味地"吃"着和"喝"着。

在这个餐馆游戏中，两个孩子扮演了成年人的角色（如餐馆管理人员、服务员和厨师），并演习了各种成年人的行为。在实际生活中，这些当然是不可能的。一个5岁的孩子没有开餐馆所需的做饭、阅读、写作、数学或组织等技能。但在模拟环境中，这些都是孩子能完成的任务。用维果茨基的话说，就是"在游戏中，儿童总是大于他的实际年龄，其行为也高于实际日常生活水平；在游戏中，儿童好像成为比自己高大的人"（Vygotsky，1978）。

儿童在游戏中的行为要符合一定的标准或期望。在小学早期，儿童经常在游戏中表现得像一个爸爸、老师或服务员所做的那样。在以后的一些有组织的小组游戏和活动中，儿童还要遵循某些特定的规则。经历了遵循这些行为规则的限制，儿童学会了提前计划、在行动前思考，以及成功地参与成人世界必要的自我约束能力（Coplan & Arbeau，2009；A. Diamond，Barnett，Thomas，& Munro，2007；Lillard，2017；Pellegrini，2009）。

游戏并不是浪费时间。相反，它为成人世界提供了一种有价值的训练场所，也许正是因为这个原因，游戏在全世界各种文化下都广泛存在着。

对维果茨基理论的批判

维果茨基更多地关注儿童发展的过程，而不是特定年龄阶段的儿童可能表现出的特征。他描述了发展的阶段，但只用最一般的术语来描绘它们（Vygotsky，1997）。此外，维果茨基对发展过程的描

述往往是含糊的和推测性的（Gauvain，2001；Haenan，1996；Moran & John-Steiner，2003）。由于这些原因，维果茨基的理论对研究者来说很难检验，也很难验证或反驳。

尽管如此，当代理论家和教育家发现维果茨基的思想很有见地，也很实用（Portes & Salas，2011；Smagorinski，2013）。最重要的是，他的理论指出了文化影响认知发展的多种方式。一个社会的文化确保了新一代的人受益于前几代人积累的智慧。任何文化都通过鼓励儿童注意特定的刺激（而不是其他刺激）和参与特定的活动（而不是其他活动）来引导儿童朝着特定方向发展。此外，社会文化为儿童提供了一个透镜，使他们能够以符合文化的方式观察和解释自己的经验。我们在许多儿童的日常活动中看到了文化的明显影响，包括他们阅读的书籍、在假装游戏中扮演的角色、从事的课外活动等。但我们必须记住文化也渗透进了他们无法观察的思维过程中。请记住，从维果茨基的角度来看，当儿童来到学校时，他们的思维过程是由他们的文化塑造的。因此，一些学生可能会在学校遇到困难，因为他们的思维过程是由互动和传统塑造的，这些互动和传统可能与你任教学校的做法不一致。

此外，一些研究支持维果茨基关于自我对话和内部言语的发展和作用的观点。在学龄前和小学早期，儿童有声的自我对话的频率会下降，但这种下降首先伴随着低声的喃喃自语和无声的嘴唇运动的增加，大体上反映了自我对话向内部言语的转变

（Bivens & Berk，1990；Winsler & Naglieri，2003）。当儿童执行更有挑战性的任务时，其自我对话会增加，因为在这种任务中，他们必须付出相当大的努力才能成功（Berk，1994；Schimmoeller，1998）。正如你从自己的经历中所了解的那样，即使是成年人，在面临新挑战时也会偶尔进行自我对话。自我对话在体育运动中十分有用——实际上，进行积极的自我对话的成年人和青少年可以提高自己的表现（Tod，Hardy，& Oliver，2011）！

从维果茨基理论的角度考虑多样性

与皮亚杰的理论相比，维果茨基的理论使我们期望儿童和青少年的认知发展具有更大的多样性。正如我们所看到的，任何一个年龄阶段的孩子都可能有不同的最近发展区：对一些孩子来说很容易的任务，对另一些孩子来说可能非常具有挑战性或几乎不可能完成。此外，特定文化群体在一定程度上传递了独特的观念、思想和信仰，不同文化背景下的孩子获得的知识、技能和思维方式也会有所不同。例如，如果孩子在社区和家庭生活中经常接触地图（如道路、地铁系统、购物中心），他们更有可能获得地图阅读技能（Liben & Myers，2007）。

维果茨基理论的当代扩展与应用

"走进课堂　维果茨基理论的应用"专栏给出了教师应该如何应用维果茨基理论的具体示例。在接下来的部分，我们会考虑现代理论家和教育者在维果茨基理论基础上建立的方法。

走进课堂 ●●●●

维果茨基理论的应用

■ **为学生提供可以用来思考和处理新任务的认知工具。**一名高中化学老师将三个大小相同的充气气球放入三个盛水的烧杯中，一个烧杯被加热到近 100℃，一个烧杯保持室内温度，一个烧杯里装着

刚融化的冰。所有学生都认为放在较热的水里的气球膨胀得更快。然后老师介绍了查尔斯定律，以此来确定气态物质（如空气）的体积会随着温度的变化而变化的程度。

■ **鼓励学生在困难任务中出声思考。**当学生做 $x=2(4 \times 9)^2 \div 6 + 3$ 这样的复杂数

学方程时，一名初中数学老师教给学生一种记忆方法（**Please excuse my dear Aunt Sally**）①，他们在解决这种性质的问题时可以重复这句话，以帮助自己记住进行各种运算的顺序（括号、指数、乘法和除法、加法和减法）。

■ 提供一些学生只有在别人的帮助下才能成功完成的任务。当一名五年级老师给学生布置第一次研究论文的任务时，他将整个过程分解为几个独立的步骤，并在每个步骤中提供大量的指导。

■ 提供足够的支持或脚手架，使学生能够顺利完成具有挑战性的任务；当学生对任务比较熟练后，逐渐撤回这种支持。一名小学体育老师通过演示向前滚动的慢动作并实际引导学生完成正确的动作来教授前滚翻。随着学生对动作越来越熟练，老师会站在垫子后面，给学生以怎样改进动作的言语反馈。

■ 让学生以小组为单位完成复杂的、需要从多方面考虑的任务。一名中学美术老师让他的学生以四人或五人为一组设计并制作一些描绘各种生态系统（热带雨林、淡水湿地、草原、沙漠和苔原），以及生活在其中的各种植物和动物物种的大型壁画。

■ 给幼儿时间，让他们在游戏中练习成年人的角色和行为。一名幼儿园教师用许多家居用品（如漂亮的衣服、炊具、玩具电话等）装饰了教室，以便学生能在自由活动的时间里玩"过家家"游戏。

意义的社会建构

当代心理学家详细阐述了维果茨基的建议，即成年人帮助儿童为周围的物体和事件赋予意义。通常，成年人会通过与儿童一起讨论共同经历的一种现象或事件，来帮助他们理解周围的世界（Feuerstein, Feuerstein, & Falik, 2010; P. K. Murphy, Wilkinson, & Soter, 2011）。这种互动有时被称为中介学习经验（mediated learning experience），它鼓励儿童用特定的方式思考某一现象或事件，如给现象或事件贴上标签，认识到其潜在的原理，并从中得出一定的结论等。例如，请思考下面的例子，这个5岁的男孩正在和他的妈妈谈论自然历史博物馆里的史前动物展览。

男孩：哇，太棒了！看，多大的牙齿。妈妈，你看它的牙齿多大啊。

妈妈：看起来像剑齿，你认为它吃肉还是植物？

男孩：妈妈，看它的牙，看它嘴里的牙，多大啊。

妈妈：看起来是剑齿，不是吗？你认为它吃肉还是植物？

男孩：哟！哟！（指着锋利的牙齿）

妈妈：你认为它吃肉还是植物？

男孩：肉。

妈妈：你是怎么知道的？

男孩：因为它有锋利的牙齿（发出咆哮的声音）（Ash, 2002）。

即使没有妈妈的帮助，这个男孩也肯定能从博物馆的展览中学到一些关于剑齿虎的特征。不过妈妈的帮助让他更好地理解了他正在参观的东西。例

---

① 编者注：各种运算名称的英文单词首字母与"**Please excuse my dear Aunt Sally**"一致，即PEMDAS为"**p**arentheses, **e**xponents, **m**ultiplication and **d**ivision, **a**ddition and **s**ubtraction"的首字母。

如，妈妈使用"剑齿"这个概念，并帮助男孩把牙齿特征和对食物的选择联系起来。请注意，妈妈一直在坚持让男孩把牙齿和食物联系起来。她在交谈中不断询问关于吃肉还是植物的问题，直到男孩最终正确地推论出剑齿虎一定是一种肉食动物。

除了与成年人共同构建事件的意义外，儿童和青少年也经常通过谈论来增进他们对自己经验的理解。学校为学生提供了一种理想的环境，学生可以互相谈论并交换想法，最后就如何最好地解释和理解一个复杂的问题达成一致——也许是关于一个具有挑战性的数学问题，也许是与同龄人之间令人苦恼的人际关系，也许是没有简单的正确或错误答案的道德两难问题。

与成年人的互动和与同龄人的互动可能在儿童的发展中扮演着不同的角色。成年人通常比儿童的同龄人拥有更多的经验和专业知识，而且他们往往是更有技巧的。因此，当儿童试图掌握复杂的新任务和新程序时，成年人通常是首选的合作伙伴（Gauvain，2001；Radziszewska & Rogoff，1988）。与同龄人合作另有其优势。第一，正如我们之前在对皮亚杰理论的讨论中所提到的，听到同龄人表达的观点与儿童自己的观点截然不同可能会使儿童体验到社会认知冲突，这会促使他们重新评估自己的理解。第二，正如维果茨基所提出的，与同龄人互动提供了一个社会背景，在其中儿童可以练习并最终内化复杂的认知过程，如有效的阅读理解和辩论技巧（Andriessen，2006；Chinn，Anderson，& Waggoner，2001；P. K. Murphy et al.，2011）。第三，当儿童与同龄人一起完成认知任务时，他们会学习有价值的社交行为，包括如何计划协作项目及如何协调不同的角色（Gauvain，2001）。

脚手架

回想一下维果茨基的观点，即儿童最有可能受益于只有在更有能力的人的帮助和支持下才能顺利完成的任务和活动——即在他们最近发展区域内的任务。当代理论家已经确定了各种技术——统称为**脚手架**（scaffolding）——来帮助学生在教学环境中完成具有挑战性的任务。例如：

- 用学生容易模仿的形式来演示任务的正确操作方式；
- 把一项复杂的任务分解成一些小而简单的任务；
- 为学生完成任务提供具体的指导；
- 提供计算器、计算机软件（单词处理程序、电子制表软件等）或其他使任务的某些方面变得更容易的技术；
- 让学生的注意力集中在任务的关键方面；
- 提出问题或提供提示，鼓励学生以有效的方式思考任务；
- 经常针对学生的进展提供反馈（A. Collins，2006；Gallimore & Tharp，1990；Jordan，2015；Rogoff，1990；van de Pol，Volman，& Beishuizen，2010；Smagorinski，2013；D. Wood，Bruner，& Ross，1976）。

根据学生特定的知识和能力水平，不同年级的学生可能需要不同类型的脚手架来支持他们成功地完成任务。随着学生越来越擅长执行一项新任务，理想的情况是修改脚手架以培养新出现的技能。随着时间的推移，教师可以逐渐减少脚手架——这个过程被称为"衰退"——直到学生可以独立完成整个任务。事实上，提供过多的、超出学生需要的脚手架会使他们不知所措并被分散注意力（van Merriënboer & Sweller，2005）。

指导性参与具有挑战性的新活动

小时候，你会帮助父母或年长的哥哥姐姐在厨房里烤东西吗？在你做这些事情的时候，他们会让你倒东西，测量和混合不同的食品成分吗？会给你指导和建议吗？这些经历就是**指导性参与**（guided participation）的例子，在这些经历中，儿童会通过与成年人或更有经验的同伴密切合作来完成复杂的、有意义的任务，获得新的技能。随着儿童获得更多的能力，他们会逐渐在活动中发挥更核心的角色，直到最终成为成熟的参与者（Rogoff，2003；Rogoff et al.，2007）。从维果茨基的角度来看，指导性参与使儿童能够在他们的最近发展区内投入行为技能和思维技能。它还有助于儿童将新获得的技能和思维能力与它们以后可能会被用到的特定环境联系起来。

教学环境中的指导性参与可以有多种形式。例如，我们可能会让学生参与科学调查，给政府官员写信，或者在互联网上搜索信息，并总是为学生顺利完成这些任务提供支持。在让学生参与这些活动时，我们也可以使用一些成年人在类似活动中频繁使用的语言。例如，当学生做科学实验时，我们应该使用假设、证据和理论等词汇，来帮助他们评估自己的程序和结果（Perkins，1992）。

学徒制

学徒制（apprenticeship）是指导参与的一种特别集中的形式，在这种形式中，新手会和专家一起工作很长时间，学习怎样完成某一领域的复杂任务。在这个过程中，专家会为新手提供很多结构和指导，当新手的能力提高后，专家会逐渐减少脚手架，让新手担负更多的责任（A. Collins，2006；Rogoff，1990，1991）。许多文化都使用学徒制的形式，逐渐将成年人社会中的一些特殊技能和手艺传授给儿童，如编织、裁剪和演奏乐器等（D. J. Elliott，1995；Lave & Wenger，1991；Rogoff，1990）。

在一个好的学徒制中，学生不仅可以学会如何完成一项任务，还可以学会怎样思考一项任务——这就是认知学徒制（cognitive apprenticeship；J. S. Brown，Collins，& Duguid，1989；A. Collins，2006；Dennen & Burner，2008）。例如，一个学生可能会与生物学家一起收集某个生态系统中各种各样的植物样本，或者一个学生可能会与有经验的木匠一起设计和建造一个橱柜。在对有关任务和问题的各方面进行讨论的过程中，教师会和学生一起分析手头的问题，找到要采用的最佳方法，教师还可以在思考或加工情境的有效方法上为学生提供示范。

尽管不同情境下的学徒制会有所差异，但它们大致都具有如下特征（A. Collins，2006；A. Collins，Brown，& Newman，1989）。

- **示范：**教师演示完成任务的过程，同时大声说出思维过程，学生负责观察和听讲。
- **教练：**当学生完成任务时，教师会频繁给出建议、暗示和反馈。
- **支架：**教师为学生提供各种形式的支持，如简化任务，把任务分解成较小的、可以处理的成分，或者提供不太复杂的仪器。
- **阐释：**学生解释自己在做什么，为什么那样做，并允许教师检验他们的知识、推理和问题解决策略。
- **反思：**教师要求学生将自己完成任务的情况与专家进行比较，或者与完成这项任务的理想模式进行比较。
- **增加任务的复杂性或多样性：**当学生比较熟练地完成任务后，教师提供更复杂的、更有挑战性的和多样化的任务让学生完成。
- **探索：**教师鼓励学生自己提出问题的框架，并扩展和精细化已经获得的技能。

因为学徒制明显具有劳动强度大的特点，所以其在班级中的应用并不总是很实际。即便如此，我们也要应用学徒制的一些形式，帮助学生发展较为复杂的技能。我们可以提供这样的提示，促使学生像专家一样进行写作，如"为了使这些更生动，我要……""我可以通过……把它们联系在一起"。这些提示为学生提供了专业作家可能会提供的相同种类的脚手架，从而帮助学生发展出更高级的写作策略（S. L. Benton，1997；Scardamalia & Bereiter，1985；Wong，Hoskyn，Jai，Ellis，& Watson，2008）。

皮亚杰理论和维果茨基理论的比较

皮亚杰和维果茨基都对当代的学习、思维和认知发展的理论观点有着深远的影响。皮亚杰和维果茨基的理论在一定程度上相互弥补，前者帮助我们理解儿童如何推理，后者为我们提供了成年人如何帮助儿童更有效地进行推理的思想。如果超越他们各自的术语，我们可以从这两个角度看到一些共同的主题。首先，两位理论家都认为，随着年龄的增长和经验的增加，儿童会获得越来越复杂的思维过程。其次，二者都主张挑战的重要性，挑战可能以令人困惑的新信息的形式（皮亚杰的不平衡）出现，也可能以只有在他人支持的情况下才能完成任务的形式（维果茨基的最近发展区）出现。再次，在发展的任何一个时刻，儿童都在认知上为某些经历做好了准备，而没有对另外一些经历做好准备。在皮亚杰看来，只有当儿童能在某种程度上将新的事物吸收到现有图式中时，儿童才能适应它们——也就是说，"新"和"旧"之间必须有一些重叠。从维果茨基的角度来看，一些具有挑战性的新任务可能处在儿童的最近发展区内，因此，他们可以通过指导和支持来完成这些任务，但其他任务他们可能暂时无法完成。

尽管如此，皮亚杰和维果茨基的理论在一些重要方面还是有所区别的。一方面，皮亚杰认为，儿童的认知发展在很大程度上取决于他们自己的努力，如他们对实物的非正式实验及他们在面对令人费解的事件时试图恢复平衡。相比之下，维果茨基比较重视成年人和其他更有能力的个体的作用，他们可以在具有挑战性的活动中让儿童产生新经验并提供所需的支持。因此，二者的区别之一在于自我探索和发现（皮亚杰）与引导式探索和指导（维果茨基）。

第二个关键的区别是儿童在成长过程中所处文化的潜在影响。皮亚杰认识到文化差异可能会有影响，但他没有系统地在儿童的思维过程上考虑这些影响。然而，在维果茨基的理论中，文化对于塑造儿童所获得的特定思维技能至关重要——布朗芬布伦纳在描述环境对儿童发展的多层次影响上呼应了这一观点。越来越多的当代研究者也得出了同样的结论：儿童所处的文化环境会对儿童学什么及怎样发展产生巨大影响。

最后，两位理论家对语言如何影响儿童发展提供了不同的观点。对皮亚杰来说，语言肯定会促进认知发展：它提供了许多标签（符号），帮助儿童在心理上表征他们的世界，这是儿童获得他人对各种情境和主题的不同观点的主要手段。对维果茨基来说，语言对认知发展是非常重要的。儿童的思维过程在本质上是社会互动的内化版本，而社会互动在本质上主要是言语的。而且，儿童在和成年人的谈话中，学会了自己所处的文化所赋予的特定事件的意义，所以他们逐渐以文化特异性的方式解释世界。此外，通过两种基于语言的现象——自我对话和内部言语——儿童开始采用他人以前指导他们的方式来指导自己的行为。

考虑到这些好处，许多当代理论家都认同皮亚杰和维果茨基的观点，即语言习得是认知发展的一个重要的——也许是最重要的——因素（Newcombe，2017；Pinker，2007；Premack，2004；Spelke，2003）。当我们对语言发展也有所了解时，我们就能更好地理解认知发展。

语言发展

2.5 描述儿童在校期间的语言的发展变化，解释如何调整教学以适应具有不同语言能力和需要的儿童

获得一个人所处文化的语言是一项极其复杂和具有挑战性的工作。为了有效地理解和使用一种语言，儿童必须掌握该语言的四个基本组成部分。第一，他们必须掌握自己语言的语音，即知道单词是如何发音的，并能够产生构成任何给定单词的声音序列。第二，他们必须掌握语义，即数千个单词的意思。第三，他们必须很好地掌握语法，知道单词如何适当地组合以形成可理解的短语和句子。第四，他们必须掌握该语言的语用学——能够与他人有效沟通的社会习俗和语言策略。

对任何儿童而言，掌握语言的这四个基本组成部分都是一项了不起的成就，但在儿童上幼儿园之前，他们中的大多数人就已经获得了足够的语言能力，可以与周围的人进行富有成效的对话。他们的语言发展会持续整个童年期和青春期，这部分是非正式社会互动的结果，部分是正式教学的结果（见表 2.2 ）。

表 2.2　儿童在不同年级水平的语言特征和能力

年级水平	典型年龄特征	示例	建议策略
K ~ 2	• 6 岁时掌握 8000 ~ 14 000 个单词，但只能部分理解某些单词 • 难以理解冗长而复杂的句子 • 对良好的"聆听者"有肤浅的理解 • 按字面意思解释信息和要求 • 以口头和书面形式讲故事的能力提高 • 对不规则单词（sheeps, goed, gooder）偶尔使用规则单词词尾（-s, -ed, -er） • 掌握谈话的基本礼节（如轮流说话、回答问题）	当两名警察去 1 年级的班级讨论每天如何安全地往返学校时，所有学生都安静且恭敬地听着，然而，在访问结束后，他们几乎都不记得警察告诉过他们什么事情了	• 让学生阅读适龄的故事书以增加词汇量 • 当学生用词不准确时，温和地给予纠正性反馈 • 训练学生的听力技能 • 问后续问题，确保学生准确理解了重要信息 • 要求学生对最近发生的事情进行描述（如"给我讲讲上周末你们野营旅行的事"）
3 ~ 5	• 关于不规则词形的知识不全面 • 能维持一个具体话题的谈论 • 逐渐增加了在解释某件事时考虑听话者已有知识的能力 • 用情节和因果关系构造一个故事 • 语言的创造性和文字游戏（如押韵游戏、字词游戏）	3 年级的学生喜欢玩关于文字的老套笑话和谜语，如很多人觉得"饼干为什么要去看医生"（"因为它觉得自己很容易碎"）很好笑	• 明确地教授不规则的单词形式 • 在课程中增加小组讨论和讲故事（及写作）环节 • 鼓励学生使用双关语或同音异义词（即声音相似的单词）来讲笑话、作诗 • 如果学生的发音问题在小学高年级持续出现，可以咨询言语–语言特教专家
6 ~ 8	• 对在各门学科中使用的术语知道得越来越多 • 出现了理解字面外意义的能力，如简单的谚语、讽刺 • 元语言意识逐渐增强，即反思语言的潜在本质的能力逐渐提高 • 对说明性（非小说类）写作越来越熟练，特别是在教师提供脚手架时	6 年级的学生在教师给他们明确的指导后，可以写出更有说服力的文章，包括表达自己的观点、支持性证据、其他潜在的观点及其无效的原因	• 继续教授新的词汇表，包括在特定内容领域使用的术语 • 和学生进行结构化的辩论来探讨有争议的问题 • 让学生思考常见谚语的深意 • 让学生探索词汇和语言作为一种实体本身的性质 • 经常要求学生写一些主题文章，为学生的有效写作提供指导，并针对其所写的内容提供频繁的反馈
9 ~ 12	• 掌握了许多与特定学科相关的词汇 • 句法的精细化（主要是正式教学的结果） • 理解修辞性语言的一般能力（如隐喻、谚语、夸张） • 说明性写作的能力显著提高，特别是当经验和建设性的反馈增加时	当一个 9 年级的班级读罗伯特·弗罗斯特（Robert Frost）的诗《未选择的路》(*The Road Not Take*) 时，大多数学生都能意识到，这首诗在更深的层次上写的是各种道路的选择	• 经常使用与各门学科相关的术语 • 帮助学生区分相似的抽象词（如天气和气候） • 与学生一起探索复杂的语法结构 • 让学生思考诗歌和小说背后的意义和信息 • 当学生使用方言而不是标准语时，鼓励他们在非正式的交谈和创造性的写作中使用方言，而在更正式的场合下使用标准语

资料来源：Adger, Wolfram, & Christian, 2007; Byrnes, 1996; Capelli, Nakagawa, & Madden, 1990; S. Carey, 1978, 1985; Ferretti MacArthur, & Dowdy, 2000; C. A. Grant & Gomez, 2001; K. R. Harris, Graham, & Mason, 2006; K. R. Harris, Santangelo, & Graham, 2010; Karmiloff-Smith, 1979; Maratsos, 1998; T. M. McDevitt & Ford, 1987; T. M. McDevitt, Spivey, Sheehan, Lennon, & Story, 1990; Nippold, 1988; O'Grady, 1997; Owens, 2008; Reich, 1986; Stanovich, 2000; Thelen & Smith, 1998.

在学校期间,语言发展的某些方面反映了学生对物理现象和社会现象的抽象思维能力的提高。例如,抽象思维使儿童能够有意识且主动地反思语言的一般性质和功能——这是一种被称为元语言意识(metalinguistic awareness)的习得(Owens, 2008; Yaden & Templeton, 1986)。有了这种意识,人们就能够认识到词语的比喻本质——谚语的非字面意义、诗歌和文学中的象征意义等。与此同时,儿童不断扩展的语言能力可能也有助于他们进行抽象的思考(K. Nelson, 1996; Pinker, 2007),并使他们能够更好地撰写故事、诗歌和非虚构作品。

语言发展的理论观点

儿童的直接环境在其语言发展中起着重要作用。儿童听到的语言越丰富——周围的人说的词汇种类越多样,句法越复杂——他们的词汇发展就越快(Hoff, 2003; Jones & Rowland, 2017; Raikes et al., 2006; Risley & Hart, 2006)。可是儿童并非简单地吸收他们听到的语言。相反,他们使用所听到的语言来建构自己对语言的理解,包括词汇的意义、词汇与词汇联结成有意义句子的规则等(Cairns, 1996; Cromer, 1987; Karmiloff-Smith, 1993)。所以,在语言发展中,我们能看到皮亚杰所说的有关建构的知识。

大多数发展理论家都同意,遗传也在一定程度上影响语言发展。人类具有比地球上的其他物种掌握更复杂语言的能力。可是,在关于人类遗传了什么使他们学会一种语言上,存在相当大的争议。至少,儿童继承了几个关键的前提条件,如对人类声音的偏好和在众多声音中听出非常细微的差异的能力,这些条件使语言的学习成为可能(DeCasper & Fifer, 1980; Juszczyk, 1995; P. K. Kuhl, 2004; J. L. Locke, 1993)。此外,一些理论家认为,我们基因遗传的一部分就是语言获得装置,语言特异性学习机制(又被称为“普遍语法”),使人类婴儿和幼儿能在相当短的时间内掌握复杂的语言(Chomsky, 1972, 2006; M. Gopnik, 1997; Karmiloff-Smith,

1993; Yang, Crain, Berwick, Chomsky, & Bolhuis, 2017)。而其他理论家认为,儿童学习语言的方式与学习环境和文化中的其他事物相同,即他们是通过探测和利用从社会环境中输入的常规模式来学习的(Gentner & Namy, 2006; Pelucchi, Hay, & Saffran, 2009; Saffran, 2003)。

一些研究证据确实表明,儿童至少在语言学习的某些方面存在语言特异性发展机制(Lai, Fisher, Hurst, Vargha-Khadem, & Monaco, 2001; Maratsos, 1998; Trout, 2003)。所有文化下的儿童都能很快地学会语言,并获得复杂的语法结构,即使这种结构对有效交流来说不是必要的。此外,有关大脑的研究显示,左半球的某些部分似乎在生物学上倾向于专门理解或产生语言(Aitchison, 1996; J. L. Locke, 1993)。

其他支持遗传影响的研究表明,语言发展的某些方面可能存在敏感期。早期很少或没有接触任何语言的儿童,以后也难以获得复杂的语言,即使是接受密集的语言教学(Curtiss, 1977; Newport, 1990)。而且,在学习第二语言时,如果人们在童年期或青春期早期沉浸在这种语言中,他们就更容易掌握正确的发音、各种动词时态和复杂的语法结构(Bialystok, 1994; Bortfeld & Whitehurst, 2001; Bruer, 1999; Norman & Bylund, 2016; M. S. C. Thomas & Johnson, 2008)。可能这种敏感期反映了学习语言的生物学内置时间框架。或者,对学习语言的特定方面来说,预先确定的“最佳”时间似乎只是大脑倾向于很快适应其早期听觉环境所呈现的各种形式的结果(P. K. Kuhl, 2004; P. K. Kuhl, Conboy, Padden, Nelson, & Pruitt, 2005)。

语言发展的多样性

语言发展的多样性似乎是生物学的结果。例如,患有特定语言障碍(specific language impairment)的儿童在除语言外的所有方面都发育正常。这些儿童难以对口语的特定方面进行感知和心理加工——也许是特定语音的质量、音高、持续时间或强度。尽管并不总是如此，但障碍的来源通常可以追溯到遗传或特定的大脑异常（Bishop, 2006；Bishop, McDonald, Bird, & Hayiou-Thomas, 2009；Corriveau, Pasquini, & Goswami, 2007；Spinath, Price, Dale, & Plomin, 2004）。

文化因素也在语言多样性中起着一定的作用。例如，不同的文化群体可能会培养不同的方言（描述特定种族群体或地理区域的不同语言形式）及人类对话的不同社会惯例（即不同的语用技能）（Adger et al., 2007；Kitayama & Cohen, 2007；Tyler, Uqdah, et al., 2008）。文化还与语言的接触有关。与幼儿的语言互动在某些文化中可能比在其他文化中更不常见（Weber, Fernald, & Diop, 2017）。一个文化群体或民族群体会专门培养语言发展的某些方面。例如，许多美国中心城区的非裔美国人社群在其日常谈话、笑话和故事中大量使用修辞性语言，如明喻、暗喻、夸张等（C. D. Lee, 2005；H. L. Smith, 1998；Smitherman, 2007）。下面的故事说明了这一点。

> 有一次妈妈从教堂回来，我问她："妈妈，这是一次很好的布道吗？"她回答："孩子，当牧师停止布道时，男人都在哭，女人都跪在地上（H. L. Smith, 1998）。"

有如此丰富的口语表达传统，也难怪许多美国中心城区的非裔美国青年如此擅长使用和理解修辞性语言了（Ortony, Turner, & Larson-Shapiro, 1985；H. L. Smith, 1998；Smitherman, 2007）。

第二语言的学习和英语语言学习者

如前所述，在儿童期或青春期早期接触第二语言可能在某些方面对于获得完美无缺的发音和某些语法尤其重要。如果第二语言与第一语言大不相同，那么儿童在早期接触第二语言似乎是最有利的。例如，一个以英语为母语的人，在早期学习阿拉伯语或纳瓦霍语会比在早期学习西班牙语或德语获益更多（Bialystok, 1994；Strozer, 1994）。除了这些提醒之外，第二语言的学习似乎没有明确的"最佳"时间（P. K. Kuhl et al., 2005；G. Stevens, 2004）。

然而，儿童在早期开始进行第二语言的学习还有其他值得注意的优势。首先，学习第二语言似乎有助于儿童在其他学习领域（如阅读、词汇和语法学习）中获得成功（Diaz, 1983；Reich, 1986）。外语教学也能使儿童对世界的国际化和多文化性质更敏感。那些在小学就开始学习第二语言的学生会对说某种语言的人表现出更积极的态度，也更有可能在高中修读外语课程（Reich, 1986）。

双语

世界上至少有一半的儿童是通晓双语的——即他们能流利地讲两种或两种以上的语言（Hoff-Ginsberg, 1997）。世界上很多地方的人都在说一种以上的语言，尽管这在美国不那么典型（Diamond, 2010）。虽然在双语环境中长大的儿童最初在每种语言上可能拥有更有限的词汇量，但研究表明，双语可能具有长期优势（Bialystok, 2017；Timmer, Grundy, & Bialystok, 2017）。双语儿童似乎在发展元语言意识方面处于领先地位（Adesope, Lavin, Thompson, & Ungerleider, 2010；Bialystok, 2001）。例如，在小学低年级，双语儿童有更强的语音意识（phonological awareness）——意识到单个声音或音素组成口语单词——这种意识可以使他们在学习阅读方面有一个良好的开端（X. Chen et al., 2004；Rayner, Foorman, Perfetti, Pesetsky, & Seidenberg, 2001；Reljić, Ferring, & Martin, 2015）。此外，当儿童真正精通两种语言时，他们往往在需要集中注意力和需要灵活的创造性思维的任务上表现得更好（Adesope et al., 2010；Bialystok, Craik, Green, & Gollan, 2009）。他们在这些任务上的卓越表现可能部分是由于大脑某些区域的更好的发展（Espinosa, 2008；Mechelli et al., 2004）。此外，一些证据表明，双语能略微改善工作记忆（即能够在短时间内让一小部分新获得的信息在个体的思想中保持活跃，见第 6 章；Grundy & Timmer, 2017）。尽管有这些优势，但小学生和中学生的英语知识仍然有限，他们很容易在完成以英语为基础的课堂作业上存在困难（Kieffer, 2008；Padilla, 2006；Slavin & Cheung,

2005；Valdés，Bunch，Snow，& Lee，2005）。

双语学生的数量正在急剧增加。根据最近的数据，美国的双语学生人数在近些年稳步增加，其中以西班牙语为第二语言的双语学生比例最高，其次是阿拉伯语、中文和越南语。双语学生大部分生活在城市，而不是郊区和农村地区（U.S. Department of Education，2017）。其他说英语的国家中也有很多学生不把英语作为主要语言。例如，英国有六分之一的小学生使用英语以外的语言作为主要语言（National Association for Language Development in the Curriculum，2017）。

双语者也会有文化优势和社会优势。当然，在任何一个说英语的国家，掌握口头英语和书面英语，对于取得长期的教育成就和职业成功而言都非常重要。但是，当该国家的一个居民属于一个使用不同语言的文化群体时，要在该文化中维持社会关系，就需要他了解该文化所用语言方面的知识了（McBrien，2005b）。例如，美国的波多黎各儿童经常在家里说西班牙语，以表示对长辈的尊敬（Torres-Guzmán，1998）。此外，在一些移民家庭中，学龄儿童可能是其家庭中说英语最流利的人，并在支持其家庭成员与社区的互动方面扮演着重要角色。最后，在学校里，当一间教室里的不同学生每人只说两种不同语言中的一种时（有些可能只说英语，有些可能只说西班牙语），教学生两种语言可以增加学生间的互动和跨文化理解（A. Doyle，1982；Padilla，2006）。

当教师认可并欣赏说双语的学生时，学生就会体验到社会和认知方面的益处。学生在课堂上和在家里使用第二语言时会感觉更自在。在一项研究中，研究者对比了在家里会说土耳其语或德语的荷兰双语儿童。在家里说德语的儿童比在家里说土耳其语的儿童更倾向于认为他们的老师欣赏德语。这说明教师对德语的积极看法与德 – 荷儿童的认知优势有关。具体来说，在家里说德语的儿童在非语言工作记忆（即图像记忆能力）方面表现出优势（Goriot，Denessen，Bakker，& Droop，2016）。

第二语言的教学

西方说英语的国家中的大多数孩子在达到学龄之前只接触一种语言。这种单一的语言可能是英语，也可能不是英语。那些母语流利但英语不流利的学龄儿童通常被称为**英语学习者**（English language learner，ELL）。由于中小学生的英语知识有限，他们很容易在英语课堂上遇到困难（Kieffer，2008；Padilla，2006；Slavin & Cheung，2005；Valdés，Bunch，Snow，& Lee，2005）。

就像非常小的孩子通常通过非正式的日常接触来学习母语一样，如果他们经常且持续地接触两种语言，他们也可以同时学习这两种语言。图 2.8 是一个完全用西班牙语进行的 2 年级数学测验的例子。这个测验是在一所学校实施的，从幼儿园开始，这所学校便对只接触过英语的儿童进行西班牙语和英语的教学。你可以看到，到 2 年级时，他们已经非常精通西班牙语了。然而，当他们在较晚的年龄开始学习第二种语言时，可能是在小学甚至更晚，只要他们的语言学习经验结构合理，他们往往会学得更快（Dixon et al.，2012；Strozer，1994）。

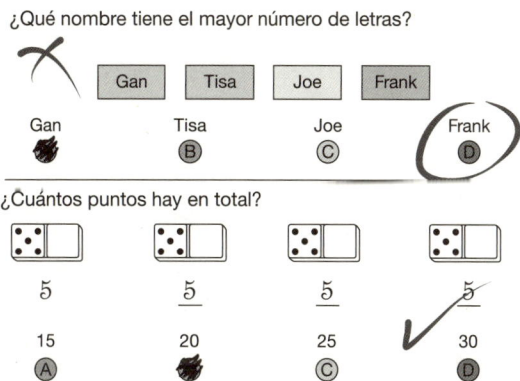

图 2.8　对从幼儿园开始每天定期学习西班牙语的儿童进行的 2 年级数学测验

注：图中第一个问题的翻译为："哪个名字有最多字母？"第二个问题的翻译为："下图中共有多少个圆点？"

然而，每天教 45 分钟的第二语言——就像高中通常做的那样——很难促进学生对语言的掌握。另外两种更密集的方法，即沉浸式教育和双语教育，在不同情况下都非常有效。为了简化讨论，我们假设一些学生生活在一个说英语的国家。如果这些学生的母语为英语，那么完全沉浸（immersion）在第二语言中——在学校课堂上专注地听和说——似乎是更有效的方法。这种方法的一个变式是双沉浸式教育，其中一些主题专门用英语进行教授，另一些主题则专门用第二语言进行教授。对于生活在以英语为母语的国家的学生来说，部分或完全地沉浸于某种语言环境能帮助他们比较快地精通第二语言，而这对其他领域课程的任何不良影响似乎都是很短暂的（Bialystok et al., 2009; Collier, 1992; Genesee, 1985; Padilla, 2006）。

相比之下，生活在说英语国家的英语学习者在双语教育（bilingual education）中通常表现得更好，他们会在学习其他学科的同时接受集中的英语教学。他们不仅在双语教育方面成绩最好，对学校也有更好的态度（Dixon et al., 2012; Garcia & Jensen, 2009; Marsh, Hau, & Kong, 2002; Tong, Lara-Alecio, Irby, Mathes, & Kwok, 2008; Wright, Taylor, & Macarthur, 2000）。最佳的双语教育项目通过逐步的英语教学进行，教学顺序如下。

1. 学生参加英语母语者的课程，这些课程领域（如艺术、音乐、体育）不太依赖语言技能。他们会用母语学习其他学科领域，也开始以英语作为第二语言（ESL）上课。

2. 在学生的英语稍微熟练一些后，开始进行一两门额外学科（也许是数学和科学）的英语教学。

3. 当学生可以用英语顺利地学习步骤2中的学科时，他们就可以和说英语的同学一起参加这些学科的常规课堂。

4. 最终，学生能非常熟练地使用英语来加入所有学科领域的主流课堂，所以他们可能不再需要ESL课程了（Krashen, 1996; Padilla, 2006; Valdés et al., 2005）。

在理想情况下，从学生的母语教学到英语教学的转变应在数年的时间里逐步进行。简单的英语会话知识——统称为基本的人际沟通技能（basic interpersonal communication skill, BICS）——对于学习纯英语课程是不够的。最终，学生必须掌握足够的英语词汇和语法，才能很容易地理解和学习英语教材和课程。换句话说，他们必须有认知学术语言能力（cognitive academic language proficiency, CALP）。对这种英语的掌握需要相当长的时间才能实现——一般是5~7年（Carhill, Suárez-Orozco, & Páez, 2008; Cummins, 2000, 2008; Dixon et al., 2012; Padilla, 2006）。

为什么沉浸式教育对一些学生有效，而双语教育又对另一些学生更有用呢？正如我们所知，语言是认知发展的重要基础，它提供了在心理上表征世界的符号，使儿童能与他人交换意见，帮助他们内化复杂的认知策略。在一个说英语的国家里，学生在学校会沉浸在不同的语言中，但是当他们在家、和朋友在一起，以及在社区时，他们还有许多机会继续使用和发展他们的英语。但相比之下，母语不是英语的人只有很少的机会在家以外的地方使用母语。如果学校只对他们进行英语教学，在熟练掌握英语之前，他们很可能已经失去熟练使用母语的能力——这种现象被称为消减性双语（subtractive bilingualism）——在这个过程中，他们的认知发展也会受到损害。在这种情况下，旨在促进英语和母语发展的双语教学，更有可能同时促进学生的认知发展和英语水平（Pérez, 1998; Tse, 2001; Winsler, Díaz, Espinosa, & Rodriguez, 1999）。

我们必须记住，学生的母语是他们的身份认同——即理解自己是谁——的重要组成部分（Nieto, 1995; Tatum, 1997）。一名叫作玛利索尔的高中学生是如此叙述这一点的。

> （作为一名波多黎各人）我很骄傲。我想说西班牙语的时候就说西班牙语。我曾经和一位老师有许多矛盾，因为她不让我们在课上讲西班牙语，我觉得那是一种侮辱，你明白吗（Nieto, 1995）？

把儿童的文化背景和他们的母语一起融入课程，有利于促进他们的学业成功（Igoa, 1995, 2007; U.S. Department of Education, 1993）。"走进课堂——与英语学习者合作"专栏中的策略就考虑到了语言、身份认同和文化因素的共同作用。

走进课堂 • • •

与英语学习者合作

■ **用学生的母语教授早期阅读技能。** 在教授最近从墨西哥移民过来的学生时，1 年级老师会教授他们基础的字母 – 发音关系及西班牙语词的解码技能（如 "dos"，即词 "two"，其发音可以分解为 "duh" "oh" 和 "sss"）。

■ **如果你自己不说学生的母语，那就招募和培训家长、社区志愿者或其他学生来帮助你提供该语言的教学。** 一个幼儿园的男孩说粤语，这是美国一些亚裔移民社区使用的语言。他的老师招募了一个 4 年级学生，这个学生可以给男孩读英文图画书并将其翻译成粤语。因为这个男孩在生活中从未见过睡莲，有一次，老师指着书页上的睡莲，让这个 4 年级学生用粤语给男孩描述睡莲。

■ **使用双语软件。** 使用关键词 "双语的" "教育的" 和 "软件" 在 Google 上进行快速搜索，一名教师发现许多教育软件程序（包括一些很容易下载到教室计算机上的免费程序）有英语和西班牙语选项。

■ **使用英语交流时比使用其他语言交流时说得慢一些，并且清晰地发出每一个字音。** 一名 3 年级老师总是说 "going to"，而不是 "gonna"，说 "want to" 而不说 "wanna"。

■ **使用视觉辅助工具来补充言语解释。** 一名高中历史老师使用她从互联网上下载的照片来解释她对古埃及的言语描述。她也给学生提供了一页介绍该节课主要观点的提纲。

■ **在小组学习活动中，鼓励使用相同语言的学生用其母语交流。** 一名高中科学老师让学生形成几个合作小组来学习重量、长度和推力怎样影响钟摆摆动的速率，她把三个母语是中文的学生分到一个小组，并建议他们做实验时可以用英语也可以用中文进行交流。

■ **鼓励，但不要强迫学生用英语参与课堂讨论；理解最初不愿意参与的学生。** 高中社会研究课的老师经常将班级分成几个小组来讨论有争议的社会问题和政治问题。他有意将两个新移民来的学生安排在可能会愿意支持他们的同龄人中，因为这两名英语学习者努力想要与他人交流。

■ **让学生结对学习，理解课本材料。** 两个中学生正在读地理课本中的一节，其中一个中学生会大声读书中的内容，另一个中学生则仔细听并做笔记。他们会不时地停下来讨论所读的材料，并互换角色。

■ **让学生阅读、撰写和报告他们祖国的事情；同时，让他们创作描绘他们祖国和文化的各个方面的艺术作品。** 一名中学社会研究课的老师让学生研究自己的祖国。学生制作了海报来展示他们学到的东西，并在一个班级主办的由各个班级参加的国际日上展示他们的海报。

资料来源：Strategies are based on research and recommendations by Carhill et al., 2008；Comeau, Cormier, Grandmaison, & Lacroix, 1999；Duff, 2001；Egbert, 2009；Espinosa, 2007；García, 1995；Herrell & Jordan, 2004；Igoa, 1995, 2007；Janzen, 2008；Krashen, 1996；McClelland, 2001；McClelland, Fiez, & McCandliss, 2002；Padilla, 2006；Slavin & Cheung, 2005；Solórzano, 2008；Tong et al., 2008；Valdés et al., 2005；Walshaw & Anthony, 2008.

你学到了什么

为了总结本章对发展的讨论，现在我们将回到本章开头时确立的学习成果。

2.1　描述儿童发展的四个一般原则，以及遗传和环境在影响儿童发展中的交互作用

儿童以一种可预测的顺序发展技能和能力，但他们并不都以相同的速度发展这些技能和能力，他们在任何特定领域的发展都倾向于在增长较慢的时期偶尔出现爆发式增长。在某种程度上，儿童的身体、认知、个人和社会特征取决于成熟，也就是说，取决于由遗传驱动的生理发展。但一个培养和支持儿童获得新知识和新技能的环境同样重要。正如尤瑞·布朗芬布伦纳的生态系统理论中所主张的，儿童在多层次环境的影响下长大，其中一些环境直接影响他们（家庭和学校环境就是如此），另外一些环境对他们的发展有间接影响（父母的工作环境和一般政府政策就是如此）；每一层环境都反映了一个或多个文化群体的特定实践和信仰。与此同时，儿童也会改变他们所处的环境——因此也会改变环境对他们的影响——部分是通过引发他人做出某些类型的行为，部分是通过在他们遇到的各种机会和活动中做出选择。

2.2　解释大脑及其发育如何影响儿童的思维和学习

大脑在人类的整个童年期、青春期和成年早期都会发生显著的变化，这部分是环境经验的结果，部分是突触发生、突触修剪和髓鞘化等基因驱动过程的结果。虽然大脑的不同部分有不同的专长，但它们紧密相连，共同工作以支持复杂的人类活动。大脑具有相当大的可塑性，也就是说，它几乎可以在个体的任何年龄阶段学习大量新事物。作为教师，我们应该乐观地认为，学生可以在小学和中学阶段获得各种各样的知识和技能。然而，我们必须记住，即使在高中阶段，许多学生的大脑还不够成熟，不足以支持计划、推理、冲动控制，以及其他对独立学习和负责任的行为而言非常重要的能力。

2.3　将皮亚杰的认知发展理论应用于课堂实践

瑞士心理学家皮亚杰提出，儿童在本质上有内在动机去理解他们的世界，并通过同化和顺应这两个互补的过程自我构建对世界越来越复杂的理解。他的认知发展四阶段让我们粗略地了解了各种逻辑思维能力何时出现；然而，大多数当代发展理论家认为，儿童的发展进程可以被更好地描述为

渐进趋势，这些趋势至少在一定程度上取决于儿童特定的非正式经验和正式教学。

皮亚杰的理论对课堂实践有很多启示。例如，他的临床方法为深入探索儿童的推理过程提供了思路。他提出，抽象思维直到个体青春期时才会出现，这鼓励我们在学生的小学和中学阶段充分利用具体的实践经验。他的不平衡概念表明，通过挑战学生的不合逻辑的推理，我们有时可以刺激他们修改不完整的理解，并以更复杂的方式进行思考。

2.4　将维果茨基的认知发展理论应用于课堂实践

与皮亚杰相反的是，心理学家维果茨基认为儿童在很大程度上控制着自己的认知发展，他提出，儿童的认知发展是一项非常具有社会性的事业。特别是，成年人和其他能力更高的人可以通过传达他们的文化所赋予的物体和事件的意义，传递使日常任务和问题更容易的物理工具和认知工具，并帮助儿童完成其在最近发展区内的任务，促进儿童的认知发展。在维果茨基看来，社会活动往往是复杂心理过程的前提和基础：儿童最初在与成年人或同龄人互动的过程中使用新技能，并慢慢地内化和改变这些技能，以供自己独立使用。

根据维果茨基的理论，教师应该帮助学生理解他们的经验（例如，通过将他们的观察与特定的科学概念和原理联系起来），给他们分配需要他们扩展现有能力的活动，支持他们完成具有挑战性的新任务，并让他们偶尔以小组形式学习并解决需要多角度思考的问题。

2.5　描述儿童在校期间的语言的发展变化，解释如何调整教学以适应具有不同语言能力和需要的儿童

儿童到了上幼儿园的年龄时，他们中的大多数就已经对母语相当熟练了。然而，他们的语言发展会持续整个上学期间。例如，除了获得不断扩大的词汇量外，儿童还能越来越有效地倾听，就特定的主题进行持续的对话，并理解修辞性语言的潜在意义。

遗传和环境因素都会影响儿童的语言发展。当然，一个重要的环境变量是儿童在家里和社区中所讲的特定语言。研究者已经确定了掌握两种或两种以上语言的许多优势，包括更高级的元语言意识、更多的创造性思维和更强的跨文化理解。在不同的情况下，我们推荐采用不同的方法来促进双语。在说英语的社区中，以英语为母语的学生可以通过在学校完全或部分地沉浸在第二语言中来获得流畅的第二语言，但在家里说英语以外的语言的学生通常会在双语教育项目中达到更高的语言水平。

教师资格考试练习

漂浮的石头

一天午饭后，1 年级教师福克斯先生把他的学生叫到地毯区，并称要给他们看一件"神奇的东西"。等所有学生都坐好并将注意力集中在他身上后，他就在他们面前放了一个大鱼缸并装满水。然后，他从夹克的口袋里拿出一块比高尔夫球小一点的花岗岩，并把它放在一个碗里。

"如果我把这块石头扔进水中，会发生什么呀？"他问学生，"你们认为它会像船一样漂起来吗？"

几个学生喊道："不，它会沉下去的！"福克斯先生把石头扔进水中，果然，它下沉了。

"你们说得对，"福克斯先生说，"嗯，我口袋里还有一块石头。"他拿出一块大得多的浮岩（冷却的熔岩），里面充满了微小的气孔。"去年夏天旅行时，我在一座旧火山的山脚下发现了这块石头。你们认为这块石头会像那块石头一样下沉吗？"

学生说它肯定会沉下去的。福克斯先生把它扔进了水中，浮岩立即下沉，然后又浮到了水面上。"嗯，刚才发生了什么？"他好奇地看着学生说道。

许多学生都大吃一惊。一个名叫科拉的女孩坚持说："你做得不对！"福克斯先生取出浮岩并将其再次放入水中，结果还是一样。"不不不，这不可能！"科拉喊道，"石头总是下沉的，总！"她揉了揉脑袋，好像有点不高兴（Case based on similar lesson described by Hennessey & Beeth, 1993）。

1. 建构反应题

当科拉看到浮岩漂起来时，她很惊讶，甚至有点困惑。

（1）用皮亚杰的认知发展理论的一个或多个概念来解释，为什么科拉看到浮岩漂起来时，会做出如此强烈的反应。

（2）利用皮亚杰的理论解释，为什么福克斯先生要有意呈现会令孩子们惊讶的现象。

2. 单项选择题

假设你给高中的学生而不是 1 年级的学生做同样的演示。如果遵循维果茨基的认知发展理论，你准备采用下列哪种方法帮助学生理解漂浮的岩石？

A. 在进行演示前，让学生画出鱼缸和两块石头。

B. 在把两块石头放入鱼缸前，把一些轻的东西（如一根羽毛、一片纸或一小块海绵）放入水中。

C. 教授密度的概念，并解释一个物体相对于水的平均密度大小决定了它会沉下去还是浮上来。

D. 表扬那些能正确预测较大石头会浮起来的学生，即使他们在开始时给出的解释是不正确的。

03

第 3 章

个人发展与社会性发展

学习成果

3.1 描述儿童的气质和人格特质的本质和起源，解释如何调整课堂实践以适应学生的多样化人格

3.2 解释学生的自我意识如何影响他们的行为，以及如何帮助学生发展健康的自我知觉

3.3 应用同伴关系和社会认知的知识，找出促进学生发展的有效社交技能及解决学生攻击问题的策略

3.4 描述儿童和青少年的道德发展与亲社会发展，找出学校教育中能促进道德发展与亲社会发展的策略

个案研究

隐藏的宝藏

6 岁的鲁佩塔大部分时间都和她的奶奶一起生活在墨西哥，但最近她回到了在美国做移民工人的父母身边，并且现在成了派迪拉女士所教的幼儿园班上的一名安静又有礼貌的学生。因为她明显缺乏学业技能，派迪拉女士极少提问她并打算让她留级。然而，一段研究视频捕捉到了派迪拉女士没有注意到的一面。有一次，鲁佩塔快速地完成了她的西班牙语作业并开始在空闲时间里做拼图。一个男孩走过来，开始和鲁佩塔玩一盒玩具。一名教师助理问这个男孩是否完成了作业，并暗示他应该回到座位上去完成作业，但是这个男孩并没有听明白教师助理话里的含义。鲁佩塔温和地劝说那个男孩去完成他的作业，然后继续玩她的拼图游戏。有两个同学在拼图游戏中遇到了困难并请求鲁佩塔的帮助，鲁佩塔耐心地向他们展示了如何通过合作来组装这些拼图块。

派迪拉女士看到视频后感到很惊讶。她欣然地承认："我把她还有其他三个学生写得一无是处，因为他们已经符合我对他们'成绩差'的期望，我都不想再寻找关于他们的其他任何东西了。"之后，派迪拉女士和她的助手开始与鲁佩塔亲密合作，以提高鲁佩塔的学业技能并经常让鲁佩塔在小组活动中担任领导角色。在学期末，鲁佩塔的考试成绩显示了她在语言和数学方面具有非凡的能力，她顺利考入了 1 年级（Based on case described by Carrasco，1981）。

- 鲁佩塔表现出了哪些独特的人格特征和社会技能？其中哪些有可能促进她在课堂上的成功？哪些有可能干扰她在课堂上的成功？
- 如果鲁佩塔的许多优点没有被发现，会发生什么事情？

鲁佩塔在课余时间的行为表现表明她是一个有责任心的、具有很强的领导能力和教学技能的、善于社交的儿童。但是，可能由于她天生文静、矜持的特点或她的家庭背景，派迪拉女士最初认为她并不具备进入 1 年级所需要的知识和技能。如果研究视频没有捕捉到鲁佩塔的社会技能及她在拼图游戏中的熟练和坚持，她可能会在这一学年中的大部分时间里都被忽视，得到很少的学业帮助，也很少有机会去利用自己的积极品质。因此，派迪拉女士对鲁佩塔的低期望可能导致了她不能获得 1 年级所需要的知识和技能——这是一个自证预言。

学生要想在学校获得成功，需要的不仅仅是认知技能和语言技能。作为教师，我们需要知道学生也在发展对于自己是谁及如何与他人互动的理解。本章将探索这些领域。首先，我们将聚焦于学生的**个人发展**（personal development）。通过个人发展，儿童和青少年得以继续发展他们初现的人格特质及作为个体对自己是谁的理解。然后，我们再来讨论**社会性发展**（social development），通过社会性发展，学生可以更好地理解他们的同伴，发展出有效的社交技能和良好的人际关系，并逐渐内化同伴的行为的社会标准。

在开始之前，请回想一下我们在第 2 章开头时讨论过的人类发展的基本原则，请记住，这些原则也适用于个人发展和社会性发展。因此，尽管不同儿童的发展速度可能会有所不同，但是他们的人格和社会互动会以一种可以预测的模式相互作用。此外，一些人格特质和社会技能会飞速发展，但随后可能需要很长一段时间才会产生后续的发展。最后，与认知发展一样，遗传和环境都会影响儿童的个人发展和社会性发展。

人格发展

3.1 描述儿童的气质和人格特质的本质和起源，解释如何调整课堂实践以适应学生的多样化人格

所有人都有一些独特的品质让自己不同于周围的其他人。我们与众不同的行为、思考和感受方式组成了我们的人格（personality）。例如，鲁佩塔安静且有礼貌，她的一些同学则可能吵闹而好动。此外，尽管鲁佩塔对完成作业很有责任心，但我们也能合理地推测出她的一些同学很容易分心，必须通过督促才能继续做作业。儿童的人格是遗传因素——尤其是以气质的形式表现出来的特点——和环境因素共同作用的结果。就像你将看到的，遗传和环境经常在影响儿童人格形成的过程中相互作用。

气质

一个儿童的气质（temperament）是他或她以独特的方式回应和应对环境事件时所体现的一般倾向。儿童似乎从出生起就有不同的气质类型。研究者已经识别了很多生命早期出现的、相对稳定的气质类型，包括适应性、自我控制、坚持性、冒险性、外向性、害羞、胆怯、易怒性，以及注意力分散性等。大多数心理学家都认为，这些气质差异有生物学和遗传学基础，并且这些差异在某种程度上会持续至个体的青春期和成年期（Else-Quest, Hyde, Goldsmith, & Van Hulle, 2006；Gatstein et al., 2017；Keogh, 2003；Martin, Nejad, Colmar, & Lien, 2013；Rothbart, 2011；A. Thomas & Chess, 1977）。

儿童和青少年的日常互动和活动所形成的环境会受到他们气质的影响，相应地，那些日常事件也能影响他们的个人发展与社会性发展的其他方面（N. A. Fox, Henderson, Rubin, Calkins, & Schmidt, 2001；Rothbart, 2011；Strelau, 2008）。例如，那些精力充沛的、具有冒险性的儿童会比那些安静且内敛的儿童寻求更为丰富的体验。而且，与安静且害羞的儿童相比，天生活泼且外向的儿童通常会有更多的机会学习社会技能并建立良好的人际关系——包括和教师的良好关系。

此外，很多气质特征会影响学生如何从事课堂活动及如何对其做出反应，从而间接影响学生的学业成绩（Keogh, 2003；A. J. Martin, Nejad, Colmar, & Liem, 2013；Saudino & Plomin, 2007）。例如，如果学生具有坚持性并能够忽略细小的干扰，他们就更有可能取得好成绩。如果学生能够表现出友好的行为、与老师和同学建立良好的关系，那么他们也能够取得更好的学业成就。因为这些老师和同学能够增强他们的自信心，支持他们努力学习。气质中与学业成就特别相关的一个方面就是努力控制（effortful control）——学生为有效地思考和行动而抑制即时冲动的一般能力（Rothbart, 2011；Valiente, Lemery-Chalfant, & Swanson, 2010）。例如，一个学生可能想要在数学课上偷偷用手机给朋友发信息，但另一个学生则能够控制这种冲动并集中精力听课，所以这个学生会在数学课上学到更多知识。

环境对人格发展的影响

气质的遗传差异只代表了某种行为方式的倾向，而环境条件和经验则将具有相同倾向的儿童指向了不同的方向。影响人格发展的两个最主要的环境因素是家庭动力系统和对行为的文化期待。

家庭动力系统

父母和其他家庭成员（如爷爷、奶奶、哥哥、姐姐）与新生儿的亲切互动，也会持续、可靠地满足婴儿的生理需要和心理需要。当婴儿接收到持续的关心和爱护时，看护者与婴儿之间通常会形成一种强有力

的、充满情感的联结，即依恋（attachment）。这种早期的关系能够帮助婴儿学习如何信任他人（Ainsworth, Blehar, Waters, & Wall, 1978）。在生命早期与父母或其他看护者形成紧密的依恋关系的婴儿倾向于成长为友善、独立、自信的儿童和青少年。他们容易适应新的学校和课堂环境，与老师和同学建立富有成效的关系，并拥有指导自己行为的内在良心。相反，在生命早期没有与父母或看护者形成紧密的依恋关系的婴儿可能会成长为不成熟、依赖、不受欢迎、容易产生破坏行为和攻击行为的儿童和青少年（J. P. Allen, Porter, McFarland, McElhaney, & Marsh, 2007；Kochanska, Aksan, Knaack, & Rhines, 2004；Mikulincer & Shaver, 2005；Lewis-Morrarty et al., 2015；S. Shulman, Elicker, & Sroufe, 1994；Sroufe, Carlson, & Shulman, 1993）。

在抚养孩子的过程中，许多父母和看护者都倾向于采用一致的教养方式。在西方主流文化中，对大多数儿童来说最好的教养方式似乎是权威型教养（authoritative parenting）。这种教养方式将对孩子的感情和尊重与对孩子行为的合理限制结合起来。权威型父母提供了一个充满爱和支持的家，对孩子的表现持有较高的期望和标准，他们会向孩子解释为什么一些行为是可以接受或不可以接受的，并坚持实施家庭规则，让孩子参与决策，提供与孩子的年龄相称的自主支持。提供自主支持的教养方式可能会在提高孩子的学业成就方面特别有效（Duineveld, Parker, Ryan, Ciarrochi, & Salmela-Aro, 2017）。有研究指出，在孩子 3 岁前，提供自主支持的教养方式可以促进儿童用来集中注意力和行为的认知技能的发展，这些技能会预测他们在小学和中学阶段的高学业成就（Bindman, Pomerantz, & Roisman, 2015）。来自权威型家庭的孩子通常快乐、有活力、自信、可爱，他们很容易交到朋友，自我控制能力强，并且能够关心他人的权利和需要。权威型父母的孩子能适应环境的部分原因是他们的行为很符合西方主流文化所信奉的价值观。他们尊重他人，遵守行为

规则，能独立完成作业，学习努力（Barber, Stolz, & Olsen, 2005；Baumrind, 1989, 1991；Bradley, 2010；M. R. Gray & Steinberg, 1999；Carlo, White, Streit, Knight, & Zeiders, 2017；J. M. T. Walker & Hoover-Dempsey, 2006）。鉴于这些好处，权威型教养为教师如何管理课堂提供了一种良好的模式。

然而，权威型教养也并不总是"好的"。例如，权威型教养与学业成就的关系在非西班牙裔白人家庭中比在亚裔少数族裔家庭中要强（Pinquart & Kauser, 2018）。的确，其他一些特定的教养方式可能更适合特定的文化和环境。例如，在专制型教养（authoritarian parenting）中，父母期望孩子完全和立刻的服从，他们既不与孩子商量也不向孩子解释为什么父母要求他们这样做。在一些（并不是全部）亚裔美国家庭和西班牙裔家庭中，高服从的要求通常是在紧密、支持的父母与孩子的关系中发生的。控制的信息下隐含着更为重要的信息："我爱你并想让你做好，但是你为家庭和集体利益而行动也同样重要（X. Chen & Wang, 2010；Halgunseth, Ispa, & Rudy, 2006；Rothbaum & Trommsdorff, 2007）。"专制型教养在贫穷的经济环境中也更加常见。当一个家庭生活在充满危险的低收入中心城区时，父母对孩子严格要求并指导他们的行为可能会更好（Hale-Benson, 1986；McLoyd, 1998）。

一定程度的父母指导和管教似乎对儿童的个人发展和社会性发展很重要。父母太放任（permissive）孩子，如让孩子随心所欲地来去，不让孩子对其不恰当的行为承担后果等，容易导致孩子不成熟、冲动、在校表现差及对同伴表现出攻击行为（Aunola & Nurmi, 2005；Joussemet et al., 2008；Lamborn, Mounts, Steinberg, & Dornbusch, 1991）。然而，我们要小心、谨慎地对待父母的教养方式，不能对他们如何教育孩子横加指责和评判。因为其中一些父母是从他们的父母或监护人那里学到的这些无效的教养方式，另外一些父母则可能在生活中遭遇困境，如婚姻问题或经济问题，这些问题阻碍了他们发展养育和支持孩子的能力。

还有一点需要我们特别注意，那就是大部分关于教养方式的研究都是相关研究，这些研究只是揭示了父母的教养方式和孩子特征之间的联系，二者并不一定是因果关系。少量实验研究结果表明，特定的教养方式可能真的会在一定程度上影响孩子的人格（Bakermans-Kranenburg, van IJzendoorn, Pijlman, Mesman, & Juffer, 2008；W. A. Collins, Maccoby, Steinberg, Hetherington, & Bornstein, 2000）。但是，在一些案例中，父母的教养方式有可能是孩子行为的结果而不是原因。例如，天生活泼好动或爱冒险的孩子通常要比安静的孩子需要更多来自父母的控制（J. R. Harris, 1998；Rothbart, 2011；Stice & Barrera, 1995）。

作为教师，我们当然可以为家长提供有效的教养策略方面的信息。但我们需要记住，教养方式在孩子的人格形成中最多起到了中等程度的作用。尽管不同的看护者有着不同的教养方式，但只要他们没有进行严重的忽视或虐待，这些儿童和青少年还是能茁壮成长的。例如，具有适应性、外向、自我约束能力等气质特点的孩子在面对困难的家庭情况时似乎特别有韧性（Bates & Pettit, 2007；Belsky & Pluess, 2009；D. Hart, Atkins, & Fegley, 2003；Rothbart, 2011）。

儿童虐待

在少数不幸的例子中，父母对孩子的行为已经构成了儿童虐待（child maltreatment）。当父母没有给孩子提供营养丰富的一日三餐、充足的衣物，以及其他基本的生活必需品时，儿童忽视就发生了。另外一种情况是，父母或其他家庭成员对孩子进行身体虐待、性虐待或情感虐待。忽视或虐待的可能信号是：长期饥饿、在寒冷的天气中缺少保暖的衣服、疾病没有得到治疗、遭受频繁或严重的身体伤害（如瘀伤、烧伤、骨折），以及遭受特殊的性伤害等。

父母的忽视和虐待对孩子的个人发展与社会性发展有特别不利的影响。一般来说，经常被虐待或忽视的儿童有着较低的自尊水平、较差的社交技能，以及较低的学业成就。许多孩子形成了易怒、攻击或挑衅他人等人格特质，另外一些儿童则表现出抑郁、焦虑、社会退缩，甚至自杀倾向（Crosson-Tower, 2010；J. Kim & Cicchetti, 2006；Maughan & Cicchetti, 2002；Miller, Esposito-Smythers, Weismoore, & Renshaw, 2013；R. A. Thompson & Wyatt, 1999）。

无论在法律上还是在道德上，教师都有责任向有关部门（如校长或儿童保护机构）报告任何疑似儿童虐待或忽视的事件。

文化期望和社会化

正如我们所知，不同的文化群体通过他们所在的文化所鼓励的教养方式来间接地影响儿童的人格发展。文化还会通过社会化（socialization）过程来直接影响儿童的个人发展与社会性发展。这种社会化是指一个文化群体的成员努力帮助儿童接受这个群体所珍视的行为和信仰。儿童通常从父母或其他家庭成员那里最早学到他们的文化所期望的行为。父母或其他家庭成员会教他们一些简单的礼貌用语（如说"你好""谢谢"），并鼓励他们在学校努力学习等（W.-B. Chen & Gregory, 2008；Eccles, 2007）。当儿童到了入学年龄，教师也会成为重要的社会化代理。例如，在西方主流社会，教师通常期望并鼓励如下行为：尊重权威人物、遵守规则和指示、控制冲动、独立学习，以及在需要时寻求帮助（Manning & Baruth, 2009；Wentzel & Looney, 2007）。全球文化都鼓励上述大部分行为，但不一定赞同所有的行为。例如，许多墨西哥裔的孩子更习惯于像鲁佩塔那样安静而不引人注目地观察事物，而不是向成年人寻求解释和帮助（Correa-Chávez, Rogoff, & Mejía Arauz, 2005；Gutiérrez & Rogoff, 2003）。

研究者还发现了社会化活动中的另外一些文化差异。例如，很多欧裔美国家庭鼓励儿童独立思考并坚定地表达自己的需要和意见，但是来自其他一些国家（如墨西哥、印度）的家庭更喜欢鼓励儿童克制、服从，以及尊重长者（Goodnow, 1992；

Joshi & MacLean，1994；Morelli & Rothbaum，2007）。美国文化鼓励儿童外向、积极地表达情感，亚洲文化则鼓励儿童在情感上含蓄且矜持（X. Chen，Chung，& Hsiao，2009；Huntsinger & Jose，2006；Morelli & Rothbaum，2007）。尽管如此，任何文化内部依然存在相当大的多样性，不同的父母、教师和其他成年人也会鼓励不同的行为和信仰。

当学校所期望的行为与家庭所期望的行为不同时，儿童最初可能会经历一些文化冲击（culture shock）。至少在上学的头几天或头几周，儿童会感到困惑、容易分心。一些适应能力不强或具有易激惹气质的儿童会变得愤怒或抗拒（Rothbart，2011；C. Ward，Bochner，& Furnham，2001）。

作为教师，我们当然需要鼓励那些对儿童的长远发展和成功有利的行为，如遵守规则、听从教诲、独立学习。同时，当学校期望与家庭或文化期望相冲突时，学生也需要我们的指导、支持和耐心。

"大五"人格特质

随着年龄的增长，儿童的先天气质和后天成长环境之间会发生许多相互作用，使儿童形成独特且相对稳定的人格特质。针对儿童和成年人的研究都发现了五种一般性的人格特质，它们之间相互独立，似乎涉及不同的脑区。你可以用"海洋"这个词（英文大写为"OCEAN"）来帮助自己记忆这五种人格特质：

- 开放性（O）：个体对世界的好奇心及对新体验和新观点的接受程度；
- 尽责性（C）：个体细心、有条理和自律的程度，以及对计划和承诺的执行程度；
- 外倾性（E）：个体外向和寻求刺激的程度；
- 宜人性（A）：个体在社会交往中表现得令人愉快、善良和合作的程度；
- 神经质（N）：个体容易产生负面情绪（如焦虑、愤怒、抑郁）的程度（Caspi，1998；

DeYoung et al.，2010；Lehmann，Denissen，Alleman，& Penke，2013；A. J. Martin et al.，2013；G. Matthews，Zeidner，& Roberts，2006）。

学生的人格特质导致了他们在行为上的某些一致性，但不是完全的一致性（Hampson，2008；Mendoza-Denton & Mischel，2007）。当环境发生很大变化时，可变性尤其常见。例如，一个学生在好朋友面前可能非常外向和爱交际，但在不太熟悉的人面前却显得害羞和不合群。或者，如果给学生一些关于如何把作业安排在"待办事项"清单中的指导，那么这个学生就更有可能认真完成作业。

气质、人格及拟合优度

一般来说，认真对待作业、对新经验持开放态度的学生往往会取得好成绩（Hattie，2009；A. J. Martin et al.，2013；M. C. O'Connor & Paunonen，2007）。但是，不存在一个能够最大化地提高学生的适应性和成就的最佳气质类型或人格类型。相反，当儿童的自然倾向和典型行为与课堂活动及期望之间存在拟合优度（goodness of fit）时，他们最容易在学校取得成功，反之则不容易成功（A. Thomas & Chess，1977）。例如，当教师想让学生积极参与全班讨论时，精力充沛且外向的学生就会表现得好，但是安静的学生（像鲁佩塔）可能会感到焦虑或害怕。当教师要求很多独立完成的课堂作业时，安静的学生通常会做得很好，而一些活跃的学生可能会显得具有扰乱性（Keogh，2003；Rothbart，2011）。

作为教师，我们必须记住，学生在课堂上独特的行为方式、精力水平、社交能力、冲动性等并不是完全在他们的控制范围之内的。"创设富有成效的课堂环境——适应学生多样化的气质和人格特质"专栏为调整教学和课堂管理策略以适应学生的个人行为风格提供了几项建议。

创设富有成效的课堂环境　● ● ●

适应学生多样化的气质和人格特质

■ **尽量减少精力充沛的学生的休息时间。** 为了让一个整天不安静的 3 年级学生在学校期间释放被压抑的能量，他的老师让他做一些琐事（如擦黑板、削铅笔、清洁美术用品），并教他如何安静地完成杂务，以免打扰同学。

■ **为好交际的学生提供许多与同学互动的机会。** 在学习美国殖民地时期的课程单元时，一名 5 年级教师布置了一个项目。在该项目中，学生必须以某种方式描绘一个典型的殖民村庄（如写一篇研究论文、在海报板上画一张地图、创建一个微型的三维模型）。学生可以选择独自完成项目，也可以和一到两名同学一起完成项目，但条件是与同学一起完成的学生必须比独自完成的学生承担更复杂的项目。

■ **对害羞的学生要特别温暖和关注，为他们寻找能让他们与同学舒服地进行互动和开放地表达自己观点的情境。** 一名 9 年级学生中途转学加入了一名教师的班级。这名学生每天独自上学，并且课前和课后都不参与同学间的交流。有一天，教师看到她一个人在吃午饭，就坐到了她旁边与她谈论以前的学校和同学。在接下来的几天里，教师安排了一个合作学习项目小组，学生将在接下来的两周内定期进行学习。每个合作小组都由三四名学生组成，并且教师把这名女生和两名他确保一定会对她提供友好帮助的学生安排在一起。

■ **当学生在适应环境方面存在困难时，提前让他们了解一些不一样的活动，并为他们提供额外的资源和帮助。** 一名幼儿园教师发现，当学校生活按部就班和可预测时，有两名学生就会在课堂上表现良好，但当课堂偏离常规时，他们经常会变得焦虑不安。为了让学生为周五去消防站实地考察做准备，教师从周一就开始谈论这次实地考察，并向学生解释在参观期间全班将做什么和看什么。他还招募了一名有焦虑倾向的学生的父亲在那天担任家长助理。

■ **如果学生受到吵闹、嘈杂环境的影响，要为他们安排或创造一个更加安静的环境。** 有几名中学生觉得学校的自助餐厅很嘈杂。他们的数学老师就把教室作为学生偶尔吃饭的地方。有时候，老师会和学生一起吃饭；其他时候，她会坐在课桌前批改试卷。但这几名学生知道，如果他们有什么问题，她会很乐意停下来和他们交谈。

■ **向冲动型的学生教授自我控制策略。** 一名高中生经常在历史课上大声说出自己的观点。一天，老师把她叫到一边并温和地解释道，她这种行为妨碍了其他学生参与讨论。为了让学生意识到这个问题，老师让她每天记录下她不举手就发言的次数。一周后，二人再次见面，老师给这名学生提供了一种"安静的自言自语"策略，这可以帮助学生积极参与讨论，而不是自己主导讨论。

资料来源：M.-L. Chang & Davis，2009；Keogh，2003.

自我意识的发展

3.2　解释学生的自我意识如何影响他们的行为，以及如何帮助学生发展健康的自我知觉

随着符号思维和（最终）抽象推理能力的发展，成长中的儿童开始对自己是一个什么样的人得出结论。作为一个例子，来试试下面的练习。

> **亲身体验**
>
> 描述你自己
>
> 在一张纸上，列出至少 10 个描述你是一个什么样的人的词或短语。

你会如何描述你自己？你是聪明的、友好的、开放的、外貌有吸引力的，还是易怒的？你的回答为了解你的人格的一个关键组成部分，即自我意识（sense of self）——你对自己是谁的看法、信念、判断和感觉——提供了一扇窗口。很多心理学家区分了自我意识的两个方面：自我概念（对自己的个性、优点和缺点的评价）和自尊（对自己的重要性和价值的判断和感受）。这两个术语在日常应用中有很大重叠，也经常被相互交替使用（Bracken，2009；Byrne，2002；McInerney，Marsh，& Craven，2008）。

在总体的自我评价方面，年幼的儿童倾向于区分两个一般领域：他们在日常任务（包括学校任务）上的能力如何，以及他们的家人和朋友有多喜欢他们。随着年龄的增长，他们在自我评价方面所进行的区分也越来越细致。例如，他们意识到自己在学业、体育活动、课堂行为、同伴接纳和外貌吸引力方面都可能或多或少地有能力或表现"良好"（Arens，Yeung，Craven，& Hasselhorn，2011；Davis-Kean & Sandler，2001；Harter，1999；Pinxten et al.，2015）。上述每一个领域都可能或多或少地影响学生的整体自我意识。对一些学生来说，学业成就可能是高于一切的因素，对其他学生来说，外貌吸引力或在同伴中的受欢迎程度可能更重要（Crocker & Knight，2005；D. Hart，1988；Harter，1999）。

儿童和青少年的行为方式往往反映出他们对自己的信念（M. S. Caldwell，Rudolph，Troop-Gordon，& Kim，2004；Marsh & O'Mara，2008；Valentine，DuBois，& Cooper，2004）。例如，如果他们把自己看作好学生，他们就更倾向于专注、坚持不懈地解决难题，参加具有挑战性的课程。如果他们认为自己很友好、擅长社交，他们就更有可能寻求与同学结伴，或者争取进入学生会。

就像对世界的信念一样，学生对自己的信念大部分是自我建构的。因此，他们的自我评价可能准确也可能不准确。当学生对自己的评价很准确时，他们就能很好地选择适合他们年龄的任务和活动（Baumeister，Campbell，Krueger，& Vohs，2003；Harter，1999）。稍微夸大的自我评价同样有益，因为它能够激励学生努力追求具有挑战性且有可能实现的目标（Bjorklund & Green，1992；Pajares，2009）。然而，过分夸大的自我评价可能会给一些学生带来一种轻视同学的、毫无根据的优越感。这会导致他们欺负同伴或以其他攻击性的方式对待同伴（Baumeister et al.，2003；Baumeister，Smart，& Boden，1996；Menon et al.，2007）。你能够猜到，过分低估自己能力的学生容易回避很多可能促进他们的认知发展和社会性发展的挑战（Schunk & Pajares，2004；Zimmerman & Moylan，2009）。

影响自我意识的因素

学生经常从自己在某一领域的成功和失败的经历中初步了解自己在该领域的一般能力（Chiu，2012；Marsh & O'Mara，2008）。例如，他们会发现自己可以轻易地解决（或很难解决）简单的数学问题。或者，他们可能会发现自己比同伴跑得更快或更慢。通过这些经验，学生获得了一种自我效能感，即学生对自己能够在多大程度上成功地完成某项活动或某种目标的预期。随着时间的推移，学生对不

同任务和活动的特定自我效能感会促使他们形成更为普遍的自我意识（Bong & Skaalvik，2003；McInerney et al.，2008）。

不幸的是，低自我意识经常导致低成效的行为，进而导致较少的成功，这反过来又使自我意识维持在低水平上。但是，仅仅告诉学生他们是好学生，是聪明的、受欢迎的或特别的，并不能打破这种循环（Brummelman，Thomaes，Orobio de Castro，Overbeek，& Bushman，2014；McMillan，Singh，& Simonetta，1994；Pajares，2009）。相反，我们必须保证学生有很多机会进行自我提升并逐渐在学业、社交、体力任务上取得成功，这些任务不是每个人都能做到的、显而易见的简单任务，而是能够真正反映成就感的具有挑战性的任务。当我们呈现这种挑战时，我们当然必须保证学生具备成功所需的必要的先前知识和脚手架（Bouchey & Harter，2005；Dunning，Heath，& Suls，2004；Leary，1999）。

然而，学生个人的成功或失败并不是影响其自我意识的唯一因素。另一个重要因素是学生所处的社会环境，具体来说，是他人的行为，这种行为至少能在两个方面影响学生的自我知觉。一方面，学生如何评估他们的自我知觉在一定程度上取决于如何将自己的表现与同伴的表现相比较。例如，那些看到自己比同班同学取得更高成绩的学生比那些总是发现自己达不到目标的学生更容易形成积极的自我意识（R. Butler，2008；Liem，Marsh，Martin，McInerney，& Yeung，2013；Trautwein，Gerlach，& Lüdtke，2008）。因此，当高能力的学生与同样高能力的学生一起参加相同的课程时，同伴比较会削弱他们的自我意识（Chiu，2012；Seaton，Marsh，& Craven，2010）。

此外，学生的自我知觉也受他人如何对待自己的行为的影响。同伴之间会就其他同龄人的社会能力和体育能力进行交流，也许是找出某个人的伙伴，也许是当着其他人的面取笑某个人（M. S. Caldwell et al.，2004；Crosnoe，2011；Rudolph，Caldwell，& Conley，2005）。成年人也会影响儿童的自我知觉。

这种影响部分是通过他们对儿童的表现持有的各种期望来实现的，部分是通过对儿童在各种活动表现得好或不好的注意来实现的（M. J. Harris & Rosenthal，1985；O'Mara，Marsh，Craven，& Debus，2006；Pajares，2009）。作为教师，我们当然应该实事求是地向学生传达对成就的高期望，并对他们做得好的具体事情给予积极的反馈。当发现不得不给予学生消极的反馈时，我们在这样做的同时还应该向他们传递对未来表现的乐观态度和策略，以支持他们未来的成功。例如，我们可以指出犯错是学习过程中很自然的一部分，也应该就学生如何进行提升提供具体的建议。

还有一个影响学生自我概念的重要因素是他们在成功群体中的成员身份（Harter，1999；Thorkildsen，Golant，& Cambray-Engstrom，2008；Wigfield，Eccles，& Pintrich，1996）。如果回想你自己上学的时候，也许你会想起你为全班同学一起完成的某件事而感到自豪，或者为在课外俱乐部完成的社区服务项目而感到高兴。学校团体不是影响学生自我意识的唯一团体。例如，一些文化鼓励儿童不要为自己的成就而自豪，而要为家族的成就而自豪（Banks & Banks，1995；P. M. Cole & Tan，2007）。正如我们将在本章的后面看到的，学生在某些种族群体中的成员身份也可以是一种骄傲。

自我意识的发展性变化

我们已经了解了自我知觉随着时间变化的一种方式：渐渐地，儿童会在自己的许多方面（学业方面、社会性方面、外貌特征方面等）发生变化。但是，儿童和青少年对自我的信念和感觉也会以其他方式发生变化。埃里克·埃里克森（Erik Erikson）指出，人类的人格和自我意识在其一生中会按照可预测的社会心理阶段顺序不断进化（见图3.1）。

作为教育者，了解埃里克森提出的阶段论是非常有用的，因为它提供了关于你的学生（和成年人）在不同的人生阶段可能会遇到的一些"重大问题"的信息。然而，在接下来的内容中，我们的重点将

埃里克森的发展阶段论概述

埃里克森（Erikson，1963，1972）提出，人的一生会经历八个不同的阶段。每个阶段都有一项独特的发展任务，一个人如何处理它会影响她或他的总体心理健康和随后阶段的发展。

信任对不信任——婴儿期。埃里克森指出，婴儿期的主要发展任务是了解其他人，特别是主要照顾者是否有规律地满足自己的基本需求。如果照顾者始终是食物和安慰的来源，婴儿就会相信他人是可靠的和可信赖的。如果照顾者疏忽或虐待婴儿，婴儿就会产生不信任感，即认为这个世界是不可靠的、不可预测的，甚至可能是危险的。

自主对羞怯和怀疑——学步期。随着身体协调性和动作能力的发展，儿童会变得能够满足自己的部分需要。他们开始给自己喂食、穿衣、上厕所。如果照顾者鼓励上述自给自足的行为，儿童就会发展出自主感——一种能自己处理很多问题的感觉。但如果照顾者要求过高、过急，或者拒绝让儿童做他们能做的任务，又或者嘲笑他们早期尝试的自给自足的行为，儿童就会发展出对自己能力的羞怯感和怀疑。

主动对内疚——学前期。随着独立性的发展，学前儿童会逐渐出现许多可以追求的选择和活动。如果家长和学前教师鼓励和支持孩子的努力，同时帮助他们做出现实的和适当的选择，儿童就会在计划和开展活动中发展主动性（独立性）。但是，如果成年人不鼓励儿童追求独立的活动，或者认为这些活动很愚蠢、很烦人，儿童就会对自己的需求和欲望产生负罪感。

勤奋对自卑——学龄期。小学为儿童提供了很多机会，他们通过创作绘画、写短篇故事等活动来获得教师、家长和同伴的认可。如果鼓励儿童做事情并表扬他们的成就，他们就会开始表现出勤奋的品质，努力追求和坚持某些任务，经常把学习放在快乐之前。相反，如果儿童因为自己的努力而受到惩罚，或者发现自己无法达到别人的期望，他们就会对自己的能力产生自卑感。

同一性对角色混乱——青春期。青少年开始思考他们在成人世界中可能扮演的角色。最初，他们容易经历一些角色混乱，即关于他们融入社会的具体方式的复杂想法和感受，并可能尝试各种行为和活动（如修理汽车、照顾邻居的孩子、归属于某些团体）。埃里克森提出，大多数青少年最终会对他们是谁，以及他们的生活走向产生认同感。

亲密对孤立——成年早期。埃里克森认为，一旦年轻人建立了自我同一性，他们就会开始对他人做出长期承诺，获得亲密感和发展互惠关系，并愿意因这种关系所需做出妥协和自我牺牲。相反，那些无法建立亲密关系的人（因为他们无法牺牲自己的需求）可能会产生孤独感。

繁殖对停滞——成年中期。在成年中期，个体主要的发展任务是对社会做贡献和协助引导下一代。当一个人在这段时间做出贡献时，他或她会产生繁殖感——一种创造性和成就感。相反，一个以自我为中心、不能或不愿意帮助社会前进的人会产生停滞感——一种对缺乏繁殖感的不满。

完善对绝望——退休后。当人们到了退休的年龄时，他们会回顾自己的生活和成就。如果他们相信自己过着幸福且富有成效的生活，就会获得满足感和完善感。但如果他们回顾的是一段充满失望和未实现目标的生活，可能就会产生绝望感。

对埃里克森理论的批判

埃里克森的理论提醒我们发展是毕生的过程：成年人和儿童一样有新的事情要学习，有新的挑战要迎接。同时，他的理论也有缺点。第一，埃里克森的观点主要来自个人轶事，而不是系统的研究（Crain，2005）。第二，他的阶段论主要建立在男性经验的基础上；对许多女性来说，对亲密感的需求要么出现在对同一性的需求之前，要么与对同一性的需求同时出现（Josselson，1988）。第三，埃里克森没有考虑文化在发展中的作用。许多文化有意不鼓励幼儿的自主性、主动性和自信心，这样做有时是为了保护幼儿免遭环境中的真实危险的伤害（X. Chen et al.，2009；Harwood，Miller，& Irizarry，1995；G. J. Powell，1983）。

作为教师，我们应该牢记，个体完成埃里克森八阶段发展任务的年龄范围可能比埃里克森揭出的要宽。例如，大多数人可能不会像埃里克森所建议的那样过早或轻易地获得同一性（参见"青春期晚期"一节中关于同一性的讨论）。尽管如此，前五个阶段对教师依然有重要启示，我们必须努力做到以下几点：

- 教师作为可靠的情感和支持（信任）来源，帮助学生克服早期在信任、自主性或主动性方面的困难，并给学生提供适合其年龄阶段的独立任务（自主）及进行自主选择的活动（主动）的机会；
- 通过让学生参与有意义的任务和完成有价值的项目来促进其勤奋感；
- 为青少年探索他们在成年人社会中可能扮演的各种角色提供机会，帮助青少年寻找自己的同一性。

图 3.1 埃里克森的社会心理发展八阶段

放在当代研究者对儿童和青少年自我意识的发展性变化的了解上。

童年期

小学儿童倾向于根据具体的、容易观察到的特征和行为来思考自我，如他们的年龄、性别和喜爱的活动（D. Hart, 1988; Harter, 1983）。在种族和文化多元化的社区中，不同的肤色、语言和习俗是显而易见的，儿童也可能把自己归类为属于一个或另一个种族或民族群体（Phinney, 1990; Sheets, 1999）。例如，在2年级的时候，7岁的蒂娜给自己画了一幅自画像，如图3.2所示。作为一个有着美洲原住民和西班牙血统的女孩，她清楚地意识到自己的头发和肤色比大多数同学都要黑。

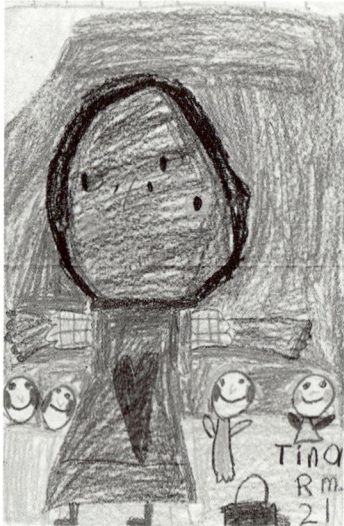

图3.2　早在小学阶段，来自不同种族社区的学生就对自己属于某一种族群体有一定的认识（注意7岁的蒂娜是如何把自己的头发和皮肤的颜色描绘成比她身后的同学更黑的）

大部分幼儿都有一个积极的自我意识。有时他们相信自己比实际上更有能力，并且能够轻易地克服最初的失败（R. Butler, 2008; Lockhart, Chang, & Story, 2002; Robins & Trzesniewski, 2005）。随着儿童进入小学，他们有更多的机会将自己与同伴进行比较，随着他们在认识上越来越有能力做出这种比较，他们的自我评价也会变得越来越现实（R. Butler, 2008; J. W. Chapman, Tunmer, & Prochnow, 2000; Davis-Kean et al., 2008）。他们也开始将对自己的许多观察汇总起来，归纳出自己是一个什么样的人——友好的、擅长运动的、聪明的或沉默的——并且这种归纳会导致越来越稳定的自我概念的发展（D. A. Cole et al., 2001; Harter, 1999）。

青春期早期

当学生进入青春期，并获得更强的抽象思维能力时，他们会越来越多地用更加普遍的、稳定的特质来看待自己。来看一下12岁的蒂娜在6年级时的描述：

> 我很酷，我很棒。我12岁了，我很有吸引力。我在布伦特伍德中学读书。我很受同伴欢迎。我会拉中提琴。我最好的朋友是琳赛，我收养了一只叫"泰姬"的沙鼠。我很漂亮。

尽管蒂娜列出了几个具体的特征，但很明显她已经发展出了相当抽象的自我认知。她关注的是酷、受欢迎和漂亮，而不是智力或学业成就（或者，我们可以加上一个词，谦虚），这是非常典型的表现：社会认可和外表对许多青少年来说比学业和能力重要得多（D. Hart, 1988; Harter, 1999）。

当学生从小学过渡到初中时，他们的自我概念和自尊水平往往会下降，而女孩自尊水平的下降更为明显（D. A. Cole et al., 2001; Harter, 1999; Robins & Trzesniewski, 2005）。青春期的生理变化可能是一个原因：许多男孩和女孩认为一旦进入青春期，自己就不那么有吸引力了（S. Moore & Rosenthal, 2006; Stice, 2003）。学校环境的改变，诸如破裂的友谊、更肤浅的师生关系，以及更严格的学业标准，也可能产生消极影响。

学生在青春期早期也出现了预示自我意识的两种新的现象。首先，学生能够更有能力思考他人如何看待自己（Harter, 1999）。他们一开始可能会走向一个极端，认为在任何社会场合下，所有人的注意力都会聚焦在自己身上——一种被称为假想观众（imaginary audience）的现象（Elkind, 1981; R. M. Ryan & Kuczkowski, 1994; Somerville, 2013）。因为他们认为自己是注意的中心，十几岁的青少年

（尤其是女孩）经常沉浸在自己的外表中并进行苛刻的自我批评。在某种程度上，这种高度关注他人如何看待自己的现象可能与某些特定脑区的成熟变化相关，包括构成诸如羞愧和尴尬等自我关注情绪的基础脑区（Somerville et al.，2013）。

青春期早期的第二个值得注意的现象是**个人神话**（personal fable）的出现，青少年经常认为自己完全不同于其他人（Elkind，1981；Lapsley，1993）。例如，他们可能会认为没有其他人——当然也没有父母和老师——经历过像他们那样在面对目标受阻或不愉快的关系时所感受到的强烈情感。此外，有些人会有一种刀枪不入、永生不死的感觉，认为自己对生活中常见的危险"免疫"。因此，他们可能会冒险做一些愚蠢的事，如尝试吸毒或喝酒、进行无保护的性行为，以及高速驾驶（DeRidder，1993；Dodge et al.，2009；Galván，2012；Nell，2002）。然而，重要的是要知道，即使青少年不认为自己能够"免疫"危险，他们也易于尝试危险的行为。其中原因你可以在"应用大脑研究——理解和应对青少年的冒险行为"专栏中找到。

青春期晚期

大多数年龄较大的青少年都能从青春期及不断变化的学校和社会环境的双重打击中充分恢复过来，享受积极的自我概念和全面的心理健康（Harter，1999；S. I. Powers，Hauser，& Kilner，1989）。假想观众和个人神话现象会慢慢减少，尽管其在整个高中时期仍有残余。

年龄较大的青少年会越来越多地反思自己的特点和能力，并开始与他们的自我认知中看似不一致的部分做斗争，正如下面一名 9 年级学生所解释的那样：

> 我真的不明白自己的情绪怎么就变化得这么快：从和朋友们在一起时的开心，到回到家时的焦虑，再到和父母在一起时的沮丧和讽刺，哪一个才是真正的我（Harter，1999）？

最终，也许在 11 年级左右，大多数学生会将他们各种各样的自我认知整合成一个复杂的、多方面的、调和了明显的矛盾的自我意识。例如，认识到他们在不同场合下不一致的行为是一种"灵活"的表现（Harter，1999）。

随着年龄更大的青少年将自我的各个部分整合在一起，他们中的许多人开始形成一种总体的**同一性**（identity）：对他们是谁、他们认为什么事情重要，以及他们想在生活中实现什么目标等的一种自我建构的定义。在寻找长期身份的过程中，青少年最初可能会选择暂时的身份，与某个特定的同龄人群体保持一致，坚持某种着装风格，或者在 Snapchat、Instagram 等社交媒体上不断更新自我描述和照片（Alemán & Vartman，2009；Greenhow，Robelia，& Hughes，2009；Seaton，Scottham，& Sellers，2006）。青少年还会在不同的情境中拥有不同的身份，这取决于他们在每个情境中所扮演的传统角色（Eccles，2009；Greeno，2006；Vadeboncoeur，Vellos，& Goessling，2011）。例如，一个学生可能在学校里是失败者，但在校外活动中却是明星或团体的领袖。

埃里克森指出，大多数人在青春期晚期会获得一种整体的统合感。相反，很多当代发展心理学家相信，同一性的形成一直是一个过程，直到个体成年，特别是当个体进入新的和不同的生活环境时（Arnett，2016；Bandura，2008；Becht et al.，2017；Sinai，Kaplan，& Flum，2012；Vadeboncoeur et al.，2011）。J. E. 马西娅（J. E. Marcia）描述了四种不同的行为模式（Marcia，1980，1991），这些模式可能是一个年轻人寻求同一性的特征。

- **同一性扩散**。个体没有对某个特定的生涯道路或意识形态体系进行承诺，可能会出现一些有害信仰或角色的行为，但个体还没有真正开始认真探讨有关自我定义的问题。
- **同一性早闭**。个体对一项职业、一套特定的信仰，或者以上二者都做出了坚定的承诺。这些承诺大多基于他人（尤其是家长）的指定，个体没有认真地探索其他的可能性。
- **同一性延缓**。个体没有对特定生涯或某套信

应用大脑研究 ⟹ 理解和应对青少年的冒险行为

在整个青春期和成年早期，大脑继续以重要的方式逐渐成熟。随着青春期的到来，大脑中负责寻求快乐的区域会发生显著变化，潜在地增强了对愉快活动和即时回报的渴望。直到后来，也许是在20岁左右的时候，支持理性决策和自我约束的前额叶皮层区域才完全成熟（Qu，Galvan，Fuligni，Lieberman，& Telzer，2015；V. F. Reyna，Chapman，Dougherty，& Confrey，2012；Somerville，Jones，& Casey，2010；Steinberg，2009）。此外，年轻人在这些重要区域的大脑活动水平上表现出了显著的个体差异——这些差异的原因是，他们一方面有寻求存在潜在的危险刺激的倾向，另一方面又较为谨慎（Gianotti et al.，2009；Hollenstein & Lougheed，2013；Joseph，Liu，Jiang，Lynam，& Kelly，2009）。

由于这些原因，许多青少年很难提前做计划和控制他们的冲动（Shulman，Harden，Chein，& Steinberg，2016；Spear，2007；Steinberg，Cauffman，Woolard，Graham，& Banich，2009）。此外，他们倾向于基于情感（"这会很有趣"）而不是逻辑（"这很有可能会有不好的结果"）做出选择（Casey & Caudle，2013；Luna，Paulsen，Padmanabhan，& Geier，2013；V. F. Reyna et al.，2012）。因此，在一些社会情境中，

青少年的冒险行为非常常见，在这些情境中，娱乐通常是被优先考虑的，而且青少年很容易被同龄人的所作所为或建议冲昏头脑。

考虑到上述研究结果，我们提出两点建议。

- 将青少年的冒险倾向引导至安全的活动上。许多青少年喜欢尝试新鲜的、不同的、可能有点冒险的事情；如果有适当的保障措施，那么这些活动是合理的。团队运动为冒险和社会交往提供了一个出口。在传统的高风险时期进行有计划、有组织的活动也是有益的。例如，西方许多国家的高中会在毕业舞会后举办通宵派对，以确保学生保持清醒和安全，否则他们可能会酒后驾车。

- 为学生提供使他们能够安全、有效地获得与同龄人的平等地位的途径。有时青少年会从事危险的行为——如饮酒、吸毒和性交——来试图展示一个成年人的形象或装"酷"（J. P. Allen & Antonishak，2008；Blanton & Burkley，2008；Crosnoe，2011）。其实，显示一个人的社会地位还有很多更健康的方式，我们可以在学校提供这些支持，如让学生在各种艺术活动、学生会和社区服务中获得能力和声望。这只是众多可能性中的一小部分。

仰形成强烈的承诺，但正在积极探索和考虑各种职业和意识形态。

■ 同一性获得。经过同一性延缓后，个体开始有明确的职业选择、对特定的政治或宗教信仰形成承诺，或者以上二者都具备。

对大多数人来说，理想的情况似乎是经过一段

暂停和探索的时期（这一时期可能持续到成年），最终形成一种明确的同一性，这种同一性可以随着生活环境的变化而灵活地改变（A. Kaplan & Flum，2012；Luyckx et al.，2008；Sinai et al.，2012）。

表3.1展示了儿童和青少年自我意识的发展变化，并为作为教师的我们如何在不同年级水平上提

高儿童和青少年的自我意识提供了建议。

自我意识的多样性

你从自己的经历中就能知道，学生在自尊和总体自我意识水平上存在很大差异。有时，这些差异是由生物因素间接导致的。例如，在外表上有较多吸引力的学生要比有较少吸引力的学生拥有更积极的自我概念（Harter，Whitesell，& Junkin，1998）。一般而言，有认知、社交或身体障碍的学生的自尊水平要比他们的同学低（T. Bryan，1991；Marsh & Craven，1997；Martinez & Huberty，2010；Novita，2016）。

性别差异

对大多数年轻人来说，性别是自我意识的一个核心要素，并且性别在青春期会变得越来越重要。因此，很多儿童和青少年喜欢从事那些与自己性别"相称"的行为和活动。例如，在某种程度上，男孩认为在学校取得好成绩是"女孩做的事"，所以他们对课堂活动和作业没什么兴趣（Elmore & Oyserman，2012）。

一些研究者在总体自尊水平上发现了性别差异，即男孩要比女孩更高地评价自己，尤其是在青春期。许多学生的自我认知倾向于与刻板印象一致，即男性或女性应该擅长什么。例如，即使实际能力水平相同，男孩往往在数学和体育方面给自己的评价更

表 3.1　不同年级水平的儿童和青少年的自我意识

年级水平	典型年龄特征	示例	推荐策略
K ~ 2	• 自我描述侧重于可观察到的、具体的特征，以及对个性特质和特征的认识的出现 • 一些儿童倾向于高估自己的能力和未来成功的机会，特别是在之前很少或没有经验的领域	当我们要求 6 岁的杰夫描述自己时，他说，"我喜欢动物，我喜欢做东西，我在学校表现很好，我很快乐，我有蓝眼睛、黄头发和浅色皮肤"；他没有提到自己的害羞、幽默感、独立学习和玩耍的能力，而这些特点需要相当多的自我反思和抽象思考才能被确定	• 鼓励学生通过处理他们认为能够完成的具有挑战性的任务来扩展他们的能力 • 给学生提供足够的支持使其在不同领域的成功成为可能 • 对学生做得好的事情给予表扬，表扬要具体
3 ~ 5	• 逐渐意识到并能够区分特定的优点和缺点 • 将诸如骄傲、羞怯等情绪和各种自我知觉联系起来	当凯伦上 5 年级时，尽管在阅读和拼写方面有个性化的指导，但他的成绩还是迅速下降了。有一天，妈妈回到家发现他蜷缩在桌子底下，并哭着说："我再也不能这样做了！"妈妈吓坏了，带他去看了专家，凯伦被诊断患有严重的阅读障碍。凯伦的父母最终找到了一所能为有学习障碍的学生提供结构和脚手架的学校。在那里，凯伦几乎在每一个课程领域都表现出了显著的进步，他的自尊水平也迅速提升了	• 让学生关注自己的进步 • 鼓励学生为个人成就和团体成就而骄傲，但要注意，一些民族的学生可能更喜欢只对团体成就给予表彰 • 只有当每个学生都有骄傲的资本时，才让他们看到别人的努力
6 ~ 8	• 自我概念逐渐抽象化 • 对许多儿童（尤其是女孩）而言，升入初中后自尊水平会下降 • 对他人关于自己的知觉和评价非常敏感（假想观众） • 过分相信自己的独特性，有时会有冒险行为，并认为自己不易受一般危险的伤害等想法（个人神话）	梅根描述了最近她在 8 年级代数课上发生的一件事："我很想咳嗽，但我知道如果我咳嗽，每个人都会盯着我，认为我很愚蠢。所以我屏住呼吸，直到我的脸变红，眼泪从我的眼角流下，最后我还是咳嗽了，然后每个人都注意到了，这太可怕了"	• 在学生升入中学后，要对他们的能力和成功的潜力持支持和乐观的态度 • 尽量减少学生将自己的缺点与他人的长处进行比较的机会 • 当学生表现出过于乐观的自我意识时，要对他们有耐心；提供一些策略，让他们在别人面前更好地展示自己

（续表）

年级水平	典型年龄特征	示例	推荐策略
9~12	• 寻找"真实的我"和成年人身份，探索各种可能的同一性 • 逐渐将不同的自我认知整合成一个全面的、多层次的自我意识 • 自尊水平逐渐提升 • 继续冒险行为（尤其是男孩）	16岁的凯拉经常修改她的社交媒体资料，并定期更新出现在那里的照片。照片有时展现的是快乐的凯拉，有时则是悲伤的凯拉；在早期的一张照片中，她穿着篮球服，而在后期的一张照片中，她穿着暴露的派对礼服	• 让学生有机会审视和尝试各种成年人的角色 • 鼓励学生探索并为自己的文化和民族遗产感到自豪 • 当讨论危险行为的潜在后果时，陈述事实，但不要让学生感到焦虑不安，以致他们不能有效地学习和记忆信息（如避免恐吓战术）

资料来源：Arens & Jansen，2016；Bracken，2009；R. Butler，2008；Cimpian，Hammond，Mazza，& Corry，2017；Davis-Kean et al.，2008；Dweck，2000；Elkind，1981；Figner & Weber，2011；Greenhow，Robelia，& Hughes，2009；Harter，1999；Liem，Marsh，Martin，McInerney，& Yeung，2013；Lockhart et al.，2002；Marcia，1980，1991；T. M. McDevitt & Ormrod，2007；Nell，2002；Nuemi，2008；O'Mara et al.，2006；Orenstein，1994；Pajares，2009；Robins & Trzesniewski，2005；Seaton et al.，2006；Sinai，Kaplan，& Flum，2012；Somerville et al.，2013；Spear，2007；Tatum，1997；Whitesell et al.，2006.

高，而女孩往往在语言和读写能力方面给自己的评价更高（Bracken，2009；D. A. Cole et al.，2001；Herbert & Stipek，2005；Joët，Usher，& Bressoux，2011）。

文化和种族差异

儿童和青少年的自我知觉差异也受文化和种族的影响。例如，美国青少年更倾向于用社会变量来描述自己，如"我是善良的"（Setoh，Qin，Zhang，& Pomerantz，2015）。此外，在很多美洲原住民、中东和远东国家，儿童和青少年会将他们的群体成员身份及与群体内其他个体的联系看作自己是谁的核心部分（Kağitçibaşi，2007；M. Ross & Wang，2010；Whitesell，Mitchell，Kaufman，Spicer，& the Voices of Indian Teens Project Team，2006）。此外，很多年轻人有一种强烈的族群认同（ethnic identity）：他们既了解自己的民族并为自己的民族感到自豪，也愿意接受一些群体行为（Kiang，Witkow，& Champagne，2013；Phinney & Ong，2007）。有时，学生的族群认同能够让他们拒绝西方主流价值观。在一些少数族裔群体中，同伴可能会指责成绩优异的学生"装得像白人"，这个标签在本质上意味着"你不是我们中的一员"（Bergin & Cooks，2008；Cross，Strauss，& Fhagen-Smith，1999；Ogbu，2008a）。但是，在大多数情况下，有着强烈而积极的族群认同的学生在学业和社交方面都表现得很好，也更愿意去探索、实现并最终接受这种认同感（Altschul，Oyserman，& Bybee，2006；Hamm，Hoffman，& Farmer，2012；Smokowski，Buchanan，& Bacalleo，2009；Yip，2014）。此外，对自己族群身份的自豪感和高学业成就可以作为情绪缓冲，以应对他人带有偏见的侮辱和歧视（L. Allen & Aber，2006；P. J. Cook & Ludwig，2008；DuBois，Burk-Braxton，Swenson，Tevendale，& Hardesty，2002）。

并非所有来自少数群体的学生都与他们的文化和民族群体有强烈的联系。有些学生，特别是具有多种族或文化背景的学生，其族群认同的强弱取决于具体情境（Hitlin，Brown，& Elder，2006；Y.-Y. Hong，Wan，No，& Chiu，2007；Yip & Fuligni，2002）。此外，年龄较大的青少年可能会尝试不同形式的族群认同。例如，一些青少年可能会在一开始采取一种相当激烈的、僵化的、也许是充满敌意的族群认同，但最终会达到一种更放松的、开放的和富有成效的族群认同（Cross et al.，1999；Nasir，McLaughlin，& Jones，2009；Seaton et al.，2006）。

同伴关系与人际理解的发展

3.3 应用同伴关系和社会认知的知识，找出促进学生发展的有效社交技能及解决学生攻击问题的策略

对许多学生来说，与同龄人互动并以某种方式获得同龄人的认可比课堂上的学习和成就更重要（Crosnoe，2011；Dowson & McInerney，2001；LaFontana & Cillessen，2010）。然而，社交上的成功和学业上的成功并不是非此即彼的。事实上，在学校里与同龄人关系良好的学生更有可能取得好成绩（Gest，Domitrovich，& Welsh，2005；Patrick，Anderman，& Ryan，2002；Pellegrini & Bohn，2005）。

同伴在儿童发展中的作用

同伴关系，尤其是友谊在儿童和青少年的个人发展与社会性发展中至少有四个功能。第一，同伴关系为学习和体验各种社交技能，包括协商、劝解、合作、妥协、控制情绪和解决冲突提供了场所（J. P. Allen & Antonishak，2008；Granic，Lobel，& Engels，2014；Larson & Brown，2007）。第二，年轻人可以在课堂作业上互相帮助，并互相教授有价值的运动技能和认知技能，如玩滑板或计算机编程，而父母和身边的其他成年人很少有或根本没有这方面的专业知识（Barron，2006；Hickey，2011；Ladd，Kochenderger-Ladd，Visconti，& Ettekal，2012）。

第三，同伴还能提供陪伴、安全感和情感支持，如图 3.3 所示。他们会组成一个群体，一起吃午饭，远离校园欺凌，在遇到麻烦或感到困惑时成为彼此可以依靠的肩膀（Jordan，2006；Laursen，Bukowski，Aunola，& Nurmi，2007；Wentzel，2009）。许多青少年（尤其是女孩）会向朋友透露他们内心深处的想法和感受（Levitt，GuacciFranco，& Levitt，1993；Patrick et al.，2002；A. J. Rose et al.，2012）。当其他人看起来一无所知时，青少年往往能理解同伴的观点，如对外表的过分关注和对恋爱的过分关注。

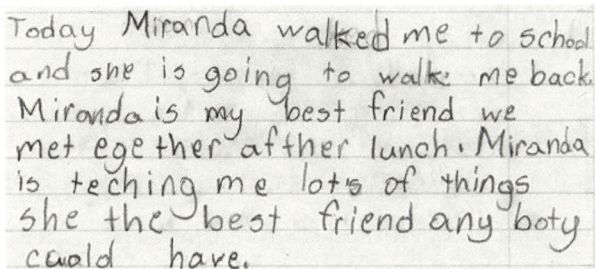

Today Miranda walked me to school and she is going to walk me back. Miranda is my best friend we met egether affther lunch. Miranda is teching me lots of things she the best friend any boty cwold have.

图 3.3　在这个范文中，一个 7 年级学生描述了她是多么珍惜和米兰达的友谊

注：图片中的内容翻译为："今天，米兰达和我一起步行去上学，她走在我后面。米兰达是我最好的朋友，我们一吃完午饭就在一起。米兰达会教我很多东西。她是我最好的朋友。"

同伴在个人发展与社会性发展中的第四个作用是：他们作为社会化的代理，直接或间接地鼓励某些行为方式（M. H. Jones，Audley-Piotrowski，& Kiefer，2012；A. M. Ryan，2000；Wentzel & Watkins，2011）。同伴为休闲时间明确了各种选择，如组成学习小组、玩电子游戏，或者在教学楼后面抽烟。同伴作为榜样，为可接受的行为提供标准，展示什么是可能的，什么是值得钦佩的，什么是酷的。同伴也会因为逾越了可接受的界限而互相惩罚，如嘲笑、诋毁或排斥。在传统上，这种影响被称为同伴压力，但更恰当的描述是同伴感染（peer contagion），即某些行为通过各种方式从一个儿童或青少年"传播"到另一个儿童或青少年身上（B. B. Brown，Bakken，Ameringer，& Mahon，2008，Dishion & Tipsord，2011；Sandstrom，2011）。

大多数顺应他人标准和期望的压力实际上来自个体内心，而非外界。特别是，大多数儿童和青少年在进行自我社会化（self-socialization）时，会给自己施加压力，并采取他们认为别人会接受的行为（B. B. Brown，1990；Bukowski，Velasquez，& Brendgen，2008；Crosnoe，2011；Juvonen，2006）。这种自我压力在青春期早期表现得最为强烈。例如，12 岁的马瑞尔解释了 5 年级时，来自两所不同小学的学生升到了同一所中学时发生的事情：

当你上中学的时候，你遇到了从另一所学校来的同学，你会想："哦不，如果他们不喜欢

我怎么办？"所以你会试着装酷。但你似乎永远也赶不上他们。他们总是先你一步。

我们常常误以为同伴的影响总是一件坏事，但事实上，影响是好坏参半的。许多同伴鼓励努力学习、善待他人、参与社区服务等可取的品质。然而，也有的同伴鼓励逃课、欺负同学、酗酒或吸毒，或者其他一些消极的行为（Altermatt, 2012; Mayeux, Houser, & Dyches, 2011; Prinstein & Dodge, 2008; Spinrad & Eisenberg, 2009; Wentzel & Watkins, 2011）。

尽管同伴的行为和价值观确实会对个体产生影响，但这种影响可能被高估了。大多数儿童和青少年从他们的家庭中获得了一套强有力的价值观和行为标准，他们不一定会在同伴的压力下放弃这些价值观和标准（B. B. Brown, 1990; W. A. Collins et al., 2000; Galambos, Barker, & Almeida, 2003）。此外，他们倾向于选择在学业成就、休闲活动和长期目标等方面与自己相似的朋友（Kindermann, 2007; Prinstein & Dodge, 2008; A. M. Ryan, 2001）。在某些情况下，他们可能过着"双重生活"，在保持同辈认可的同时取得学业成就（Grimes, 2002; Hemmings, 2004; Juvonen, 2006; Mac Iver, Reuman, & Main, 1995）。例如，尽管他们会上课，认真地做作业，但他们可能会假装对学术活动不感兴趣，用笑话或愚蠢的行为扰乱课堂，并对自己得到高分表示惊讶。此外，他们可能会在公共场合表现得比较强硬，而把自己温柔的一面留给私人场合，正如下面的这名6年级学生的反思所展示的那样：

> 你还是不得不保持你的坏态度。你必须表演——就像电影一样。你不得不去表演。回到家时，你是一个守规矩的孩子，你不做坏事或别的什么。但是当在朋友身边时，你就得机灵点，如把所有人都推来推去（Juvonen & Cadigan, 2002）。

重要的是要记住，儿童或青少年的自我社会化

包括接纳一些行为，他们认为这些行为对获得重要同伴的青睐至关重要。例如，许多学生认为他们的同伴会看不起他们，因为他们在学校努力学习，取得好成绩，在其他方面很"聪明"，而事实上，他们的同伴可能在私下里很欣赏这些行为（Hamm et al., 2012）。无论如何，随着大脑——特别是相对理性的前额叶皮层——在青春期晚期继续成熟，个体对取悦同伴的担忧似乎会有所消散（Albert, Chein, & Steinberg, 2013）。

作为教师，我们可以通过各种方式帮助学生保持良好的公众形象。例如，我们可以帮助他们学会更好地展示自己的技能——可能是通过教授公众演讲技巧、培养艺术才能，或者巧妙地建议个人卫生策略。我们可以安排小组项目，让每个学生都可以表现自己独特的天赋。当被自己重视的同学嘲笑学业成就时，我们可以让学生私下（而不是在课堂上）展示他们的成就（如通过书面作业或一对一对话）。

青少年总是努力让自己在同伴眼中看起来很酷，11岁的马尔奇的这幅画就说明了这一点。

童年期和青春期常见的社会群体

研究者对年轻人生活中各种类型的社会群体进行了区分，包括友谊、小团体、集群、亚文化群、帮派和浪漫关系，这些群体在支持学生的社会发展和长期幸福感方面发挥着不同的作用。

友谊

亲密的朋友会找到对彼此都有意义且愉快的活

动，随着时间的推移，他们会获得一系列共同的经历，这些经历使他们能够分享自己对生活的看法（Gottman，1986；Suttles，1970）。因为朋友通常会在彼此的关系中投入感情，所以他们会努力地从对方的角度来看待情况，解决可能会让他们分开的争端。因此，他们培养了更强的换位思考和解决冲突的技能。图 3.4 是由一个 10 岁的孩子创作的。要注意的是，他已经理解并学会了如何去处理和其中一个朋友之间发生的冲突。亲密的、支持性的友谊也能培养自尊和总体幸福感（Basinger，Gibbs，& Fuller，1995；Berndt，1992；Bukowski，Motzoi，& Meyer，2009；Newcomb & Bagwell，1995）。互惠的友谊和同伴的普遍接受对孩子的社会幸福感很重要（Parker & Asher，1983）。

图 3.4 在这幅漫画中，10 岁的雅各布描述了如何解决与朋友之间发生的冲突

小团体、集群和亚文化群

随着年龄和经验的增长，许多学生会形成更大的社会群体，他们经常聚在一起或分享共同的价值观。在青春期早期，**小团体**（clique）——由 3～10 个个体组成的相对稳定的群体——为大多数主动的社会互动提供了环境。小团体往往是相当严格和排外的——有些人是"自己人"，而其他人是"外人"——而且各种小团体的成员关系往往会影响学生的社会地位（B. B. Brown，2011；Crockett，Losoff，& Peterson，1984；Goodwin，2006；Kindermann，

McCollam，& Gibson，1996）。下面是 14 岁的考特尼对她 8 年级班上的一个特别排外的受欢迎的小团体的描述：

> 午餐时，我们会形成一个个小组，我的小组给其他所有小组起了名字，最受欢迎的那组人，我们叫他们"沙丁鱼"。他们在自己的小圈子里，不让任何人进入他们的圈子。他们靠得太近了，你不会单独见到他们中的任何一个。就好像他们其中一个是"电视"，剩下的是"小遥控器"一样地跟着她。

集群（crowd）比小团体大得多，没有小团体的紧密联系和严格划分的界限。集群中的成员往往有某些共同的特征和行为（如好学、运动活跃）、对学业成就的态度，以及（偶尔）种族背景（B. B. Brown，2011；Steinberg，1996）。个体加入集群可能是自愿的，也可能不是。例如，加入一个所谓的"流行群体"，既取决于学生的声誉，也取决于他或她与某些同龄人交往的实际努力（B. B. Brown et al.，2008；Juvonen & Galván，2008）。集群成员的僵化倾向于在中学左右达到顶峰，学生在高中时会发现更多的自由以"调整"自己（Kinney，2007）。

有时一个集群会以**亚文化群**（subculture）的形式出现——通过采用一种截然不同的生活方式来抵制强势的主流文化群体（J. S. Epstein，1998）。一些亚文化群相对良性。例如，一些青少年可能一直穿着宽松的裤子，称呼同伴为"老兄"，并花大量时间掌握玩滑板的新技巧。其他亚文化群则令人担忧，如那些支持种族主义和反犹太行为的亚文化群。当青少年感到与主流文化——也许是他们的学校或更普遍的社会——格格不入，并想在某些方面将自己与它区分开来时，他们就更有可能与麻烦的亚文化群联系（Crosnoe，2011；J. R. Harris，1998）。

到了高中高年级，较强的抽象思维能力使许多青少年把他人更多地看作独特的个体，而不是刻板的类别成员。他们还可能发现自己与来自不同背景的同龄人有共同特征。也许是这些变化让他们与特

定社会群体的联系趋于消失，群体间的敌对情绪趋于缓和，学生在选择友谊时也会变得更加开放（B. B. Brown, Eicher, & Petrie, 1986；Gavin & Fuhrman, 1989；Shrum & Cheek, 1987）。

帮派

帮派（gang）是一种有凝聚力的社会群体，其特征是入会仪式、独特的颜色和符号、对特定领土的"所有权"及与一个或多个敌对团体的宿怨。在通常情况下，帮派会有严格的行为规范，违反规范的成员会被给予严厉的惩罚。青少年加入帮派的风险特别高，尤其是当其家里的其他人也属于帮派、其社区中有很多反社会行为，或者其朋友也有反社会行为的情况下（Gilman, Hill, Hawkins, Howell, & Kosterman, 2014）。年轻人会由于各种原因加入帮派：有些人是为了向家人、朋友或邻居表示忠诚，有些人是寻求帮派成员带来的地位和威望，还有些人学习成绩不佳，认为帮派活动是获得认可的另一种方式。许多帮派成员与家人关系不佳，或者一直被同龄人拒绝，因此他们才向帮派寻求在其他地方找不到的情感支持（Dishion, Piehler, & Myers, 2008；Kodluboy, 2004；Petersen, 2004；Simons, Whitbeck, Conger, & Conger, 1991）。

作为教师，我们绝对可以改变班上任何帮派成员的生活（S. G. Freedman, 1990；Parks, 1995）。首先，我们必须向这些学生表明，我们真心关心他们和他们的幸福。例如，我们可以在他们有麻烦时成为愿意倾听的人，为帮派成员提供获得学业和社会成功所需的支持。我们还必须对学生的背景加以了解，如他们的家庭动力系统、经济环境和文化价值观，这样我们就能更好地理解他们可能正在处理的问题。我们必须积极主动地与同事合作，尽量减少学校里的暴力帮派活动。

浪漫关系

早在小学低年级阶段，儿童就开始谈论男朋友或女朋友的话题，而在整个小学阶段，异性都是一个令人感兴趣的话题。随着青春期的开始，个体的生理变化带来了新的、时常令人不安的感觉和性欲。因此，在初中和高中阶段，浪漫成为一个频繁的话题也就不足为奇了。中学生也开始定期给潜在的男女朋友发短信，以探索双方是否有共同的兴趣（Christopher, McKenney, & Poulsen, 2016）。青少年的浪漫想法还可能包括对遥不可及的人的迷恋，如喜欢的老师或电影明星（B. B. Brown, 1999；Eckert, 1989；B. C. Miller & Benson, 1999）。

从5岁的伊莎贝尔的作品中我们可以看出，很多孩子很早就有了浪漫的想法。

最终，很多青少年会开始约会，尤其是当他们的朋友也开始约会的时候。早期青少年对约会对象的选择往往基于外貌吸引力或社会地位，约会可能只涉及有限的和肤浅的互动（B. B. Brown, 2011；Furman, Brown, & Feiring, 1999；Pellegrini, 2002）。随着青少年进入高中，他们中的一些人会建立更强烈的、深情的、长期的关系，这些关系往往（但不总是）导致性亲密行为（J. Connolly & McIsaac, 2009；Furman & Collins, 2009）。

从发展的角度来看，浪漫关系有明确的好处：它可以满足年轻人对陪伴、情感和安全的需要，并提供了一个试验新的社交技能和人际行为的机会（Davila, 2008；Furman & Simon, 2008；B. C. Miller & Benson, 1999）。与此同时，浪漫也会严重破坏青少年的情绪稳定性。青少年的情绪波动比年幼儿童或成年人更极端，对许多青少年来说，这种不稳定可能部分源于谈恋爱或没谈恋爱时的兴奋或沮丧（Davila, 2008；Furman & Collins, 2009；Larson, Clore, & Wood, 1999）。

随着学生进入高中（有时会更早），他们中的很少一部分人会发现自己被同性吸引，而不是被异性吸引，或者除了被异性吸引之外，自己也被同性吸引。对于那些质疑自己性取向的人来说，青春期可能是一个特别令人困惑的时期。有些人由于很难理解自己的性取向，可能会出现相当严重的抑郁情绪。然而，还有许多人拥有良好的心理健康状况，特别是当他们的家庭和学校环境表达了对不同性取向的接受时（Darwich，Hymel，& Waterhouse，2012；Espelage，Aragon，Birkett，& Koenig，2008；Savin-Williams，2008）。

作为教师，我们与学生讨论性的程度，在一定程度上必须由学校政策和我们所在社区的价值观决定。与此同时，我们必须意识到浪漫关系和性关系（特别是如果我们教青少年），无论是真实的还是想象的，都是学生兴奋、挫折、困惑和分心的一个相当大的来源。对于那些寻求我们的建议和支持的学生，我们必须给予富有同情心的倾听和开放的态度。

受欢迎和社会孤立

当本书的其中一位作者的女儿上初中时，她有时会说："没有人喜欢受欢迎的孩子。"尽管她的话自相矛盾——她的妈妈总是这么告诉她——但这与研究结果是一致的。当学生被要求说出他们最受欢迎的同学时，他们说的都是那些在学校里社会地位优越的同学（也许是那些属于享有声望的社会群体的同学），这些同学在很多情况下是咄咄逼人的或傲慢的（Cillessen，Schwartz，& Mayeux，2011；W. E. Ellis & Zarbatany，2007；Hawley，2014）。例如，当14岁的考特尼被问及受欢迎的孩子是什么样的时候，她说了这样的话：

> 没有人喜欢受欢迎的孩子。我们都认为他们令人讨厌，他们很坏。他们受欢迎的唯一原因是他们会在公交车后面和别人亲热……他们不属于任何人。他们有自己的小团体，里面只有和他们一样的人，他们无法扩展自己的圈子。

然而，与考特尼的描述相反的是，真正受欢迎的学生（popular student）——那些被许多同学选为想要一起做事的人——可能有也可能没有很高的地位，但他们是善良的、值得信赖的、容易相处的，就像本章开篇的个案研究中的鲁佩塔那样。他们也倾向于对他人表现出真诚的关心，如与同伴分享、合作，以及同情同伴（Asher & McDonald，2009；Cillessen & van den Berg，2012；Mayeux et al.，2011）。

与受欢迎的学生相反，被排斥的学生（rejected student）是那些被同学看作最不受欢迎的人。他们缺乏社交技能。例如，那些冲动的或具有攻击性的学生通常会遭遇同龄人的拒绝（Asher & McDonald，2009；Pedersen，Vitaro，Barker，& Borge，2007；Rubin，Cheah，& Menzer，2010）。那些明显超重的学生及那些看起来像同性恋者、双性恋者或变性人的学生，也经常成为嘲笑、骚扰和拒绝的目标，一些种族和少数族裔群体的成员也容易遭到同伴的拒绝（Graham & Hudley，2005；Swearer，Espelage，Vaillancourt，& Hymel，2010）。长时间的同伴排斥——心理学家称之为"社会边缘化"——会给学生带来相当大的心理困扰和羞耻感。为了应对这种感觉并试图保持积极的自我意识，这些学生可能会从心理上脱离学校生活，但这会危及他们的学业成就、社交发展和情绪健康。他们中的一些人会开始与其他被边缘化的同龄人交往，这些同龄人可能会鼓励也可能不会鼓励那些从长远来看会有成效的态度和行为（Bellmore，2011；Ladd et al.，2012；Loose，Régner，Morin，& Dumas，2012）。

第三种是有争议的学生（controversial student），他们引起了不同的反应，有些同学真的喜欢他们，有些同学真的不喜欢他们。这些学生可能像一些被排斥的学生一样相当有攻击性，但他们也有良好的社交技能，这使他们至少在一些同龄人中很受欢迎（Asher & McDonald，2009；Cillessen & van den Berg，2012；Mayeux et al.，2011）。许多被同学称为"受欢迎"的学生实际上就属于这一类。

研究人员还描述了第四种类型，即被忽视的学生（neglected student）。同龄人很少选择他们作为最喜欢或最不喜欢一起做事的人（Asher & Renshaw，1981）。这些看似被忽视的学生，有的喜欢独处，有的很害羞或不知道如何开始互动，还有的则满足于只有一两个亲密朋友（Gazelle & Ladd，2003；Guay，Boivin，& Hodges，1999；McElhaney，Antonishak，& Allen，2008）。偶尔被忽视是一种暂时的情况，但一些学生几乎没有什么朋友，在社会上被长期边缘化——这通常是新移民和残障学生的情况——这些学生患抑郁症的风险高于平均水平（Gazelle & Ladd，2003；Igoa，2007；Yuker，1988）。

特别是在初中和高中阶段，大多数学生都很清楚同龄人中哪些人的社会地位高，哪些人的社会地位低，他们中的一些人会做一些并不符合自己或他人的最佳利益的事情，如为了获得或维持一个"受欢迎"群体的成员资格而滥用药物或做出随意的性亲密行为（Cillessen et al.，2011；Crosnoe，2011）。例如，他们可能会嘲笑和欺负那些他们认为古怪的或书呆子式的同龄人。他们也可能会突然放弃可能会损害自己形象的友谊，就像14岁的考特尼在描述一个由5个女孩组成的亲密团体发生的事情时透露的那样：

> 我们5个人会一起出去玩，坐在同一张午餐桌旁。然后，杰米和另一群人成了好朋友。他们会开派对，变得很受欢迎，所以杰米离开了我们。她曾是麦琪最好的朋友，所以麦琪伤心欲绝。杰米不和我们说话，甚至在走廊里都不和我们打招呼。

在这幅自画像中，10岁的萨拉将自己描述为一个"书呆子"。也就是说，她觉得自己不像同龄人那样"酷"。

特别是在中学阶段，学生可能想要结交那些被认为很酷的同学，并且经常避免结交那些被认为社会地位低的同学（Dikjstra，Cillessen，& Borch，2013）。并不是所有追求地位的学生都能成功地爬到社会等级的顶端。当然，如果他们不能做到这一点，他们就会感到被孤立、沮丧，对学业成绩不感兴趣（Cillessen et al.，2011；Crosnoe，2011；Somerville，2013）。

作为教师，我们要阻止他们这种不恰当的寻求地位的方式。一种可能的方法就是充当神话的终结者，明确地展开关于什么才是真正受欢迎的对话。例如，我们可以让学生先想几个他们真正喜欢的同学，然后再想几个他们真正不喜欢的同学。这些名单必须只能在学生自己的脑海里（不应该说出来），但通过让学生思考"在你的第一份名单上的人有什么共同特征"及"为什么你不喜欢第二份名单上的人"这样的问题，诸如"善良""值得信赖""高傲""卑鄙"等品质可能会被曝光。

我们也可以通过对被社会孤立的学生特别热情、给予关注来帮助抵消同伴拒绝或忽视可能带来的痛苦感受（Crosnoe，2011；Wentzel，1999）。事实上，当我们表现出喜欢某些特定的学生时，他们的同学也更有可能接受他们并积极地对待他们（L. Chang，2003；L. Chang et al.，2004；Hendrickx，Mainhard，Oudman，Boor-Klip，& Brekelmans，2017）。我们还可以在人际交往技巧方面提供帮助。因为被社会孤立、被排斥和被忽视的学生很少有机会发展他们迫切需要的社会技能（Coie & Cillessen，1993；McElhaney et al.，2008；Vitaro，Boivin，Brendgen，Girard，& Dionne，2012）。

社会认知

为了有效地处理人际关系，学生必须发展其社会认知（social cognition）：他们必须考虑周围的人可能如何思考、行动和对各种情况做出反应。那些经常考虑他人想法和感受的人往往具有社交技巧，容易交到朋友（Bosacki，2000；P. L. Harris，2006；

Izard et al.，2001）。一些心理学家提出，社会认知是一种独特的人类能力，他们称之为"情绪智力"。另一些人则认为，它只是人们的一般智力和社会功能的一个组成部分（J. D. Mayer，Salovey，& Caruso，2008；Waterhouse，2006；Zeidner，Roberts，& Matthews，2002）。无论如何，大脑中的某些结构似乎确实是专门负责这些事的（Spunt & Lieberman，2013）。

观点采择

社会认知的一个重要元素是观点采择（perspective taking），或者我们可以说，从他人的角度看世界。下面的场景提供了一个示例。

亲身体验

最后的选择

请思考下面这个场景。

肯尼和马克是足球队的联合队长。他们只能再选一个人加入球队。马克什么也没说，朝肯尼眨了眨眼睛，又看了看汤姆，汤姆是剩下的替补队员之一。马克回头看着肯尼，笑了。肯尼点点头，选择汤姆加入他们的队伍。汤姆看到了马克和肯尼互相眨眼、微笑的一幕。他通常是团队运动中最后一个被选中的人，他想知道为什么肯尼想让他加入球队。

- 马克为什么对肯尼笑？
- 肯尼为什么点头？
- 肯尼为什么选择汤姆加入球队？你是怎么知道的？
- 你认为汤姆知道肯尼为什么选择汤姆加入球队吗？你是怎么知道的？
- 你觉得汤姆感觉如何？

资料来源：Bosacki，2000.

要回答这些问题，你必须分别从这三个男孩的角度来看情况。例如，如果你站在汤姆的立场上，你可能会怀疑他的感情很复杂。如果他喜欢足球，那么他可能会很高兴有机会踢球，但他也可能想知道，其他两个男孩的非言语信号是否代表了一种恶意，让他在足球场上看起来很愚蠢。当然，汤姆也可能会因为一直是最后一个入选球队的孩子而感到尴尬或沮丧（因此，我们一般不建议让一些学生选择同学参加团队游戏）。

最近对大脑的研究表明，在某种程度上，我们可能天生就会像从自己的角度看问题那样，从他人的角度看问题。特别是大脑中的某些神经元——被称为镜像神经元（mirror neuron）——会在一个人做出某种特定行为或在看到他人做出某种特定行为时被激活。其中一些镜像神经元既参与感受某些情绪，如厌恶或痛苦，也参与观察他人的面部表情（Gallese，Gernsbacher，Heyes，Hickok，& Iacoboni，2011；Rizzolatti & Sinigaglia，2008）。

然而，真正有效的观点采择还包括积极的、有意识的思考和对人类一般精神和心理状态的了解。随着年龄的增长，大多数儿童会发展并不断完善他们的心理理论（theory of mind）—— 一种对自己和他人的思想、信念、感受和动机的自我构建的理解。心理理论的发展既与儿童遇到的经历类型有关，也与大脑前额叶皮质的成熟程度有关。前额叶皮质是大脑的一部分，它会在个体童年期和青春期持续成熟（Liu，Sabbagh，Gehring，& Wellman，2009；Liu，Wellman，Tardiff，& Sabbagh，2008；Steinberg，2009）。

经验、认知发展和大脑逐渐成熟的结果是，随着年龄的增长，儿童对人类的思维过程和情感会有越来越复杂的理解，这使他们能够越来越有效地与他人互动。

童年期

与我们对认知发展的了解一致，年幼的儿童倾向于关注他人具体的、可观察的特征和行为。然而，他们确实对他人的内心世界有一定的了解。早在 4 岁或 5 岁时，他们就意识到他们所知道的可能与其他人所知道的不同（Wellman，Cross，& Watson，2001；Wimmer & Perner，1983）。年幼的儿童也有推断他人心理和情感状态的能力，如推断以某种方式行动的人有某种意图或感受（P. L. Harris，2006；Schult，2002；Wellman，Phillips，& Rodriguez，2000）。随着儿童在小学阶段的进步，他们也逐渐开始明白人们的行为并不总是反映其思想和感受。例如，一个看上去快乐的人实际上可能感到悲伤（Flavell，Miller，& Miller，2002；Gnepp，1989；Selman，1980）。研究表明，儿童的经历会影响他们理解他人行为的能力的发展。一些低收入家庭的儿童的心理理论的发展速度不如富裕家庭的儿童快，这可能会抑制他们理解学校教师角色的能力，进而对他们在学校的成绩产生不利影响（Cavadel & Frye，2017）。

青春期早期

大多数青少年都意识到，人们对事件和他人会有复杂的感受（Donaldson & Westerman，1986；Flavell & Miller，1998；Harter & Whitesell，1989）。他们也会变得具有**递归思维**（recursive thinking）能力（Oppenheimer，1986；Perner & Wimmer，1985），也就是说，他们可以考虑他人对他们的看法，并最终通过多次迭代反映他人对他们的看法（如"你认为我觉得你是这样想的……"）。

然而，这并不是说青少年（或成年人）总是使用这种能力。与我们之前对"假想观众"的讨论一致，主要关注自己的想法仍是青春期早期的普遍现象（Tsethlikai & Greenhoot，2006；Tsethlikai，Guthrie-Fulbright，& Loera，2007）。

青春期晚期

在高中阶段，青少年可以从各种社会经验中获得丰富的知识。因此，他们中的大多数人变得越来越善于推断人们的心理特征、意图和需求（Eisenberg，Carlo，Murphy，& Van Court，1995；Paget，Kritt，& Bergemann，1984；Van der Graaff et al.，2014）。此外，他们更能适应影响行为的复杂动态情境，不仅是思想、感受和当前情况，还有过去的经历（C. A. Flanagan & Tucker，1999；Selman，1980）和同伴的行为（Conson，Salzano，Frolli，& Mazzarella，2017）。因此，我们在高中阶段看到的是崭露头角的"心理学

家"：这些人能够相当敏锐地解读和解释他人的动机和行为。

促进观点采择

事实上，所有课堂都提供了很多观点采择的机会。一个策略是经常谈论人们的想法、感受和动机（Ruffman，Slade，& Crowe，2002；Wittmer & Honig，1994；Woolfe，Want，& Siegal，2002）。在这个过程中，我们当然必须使用适合儿童和青少年年龄的语言。对于1年级学生，我们可能会使用像"想""想要"和"悲伤"这样的词汇。对于5年级学生，我们可能会谈论"误解""沮丧"和"复杂的感受"。大多数高中生都有认知和社会推理能力，能够理解相当抽象且复杂的心理术语，如"被动攻击"和"内在的道德指针"。

促进观点采择的另一个策略是利用人们对某一情况有不同观点和信念的情境。例如，在出现分歧或发生冲突时，学生和教师都能从设身处地为对方着想中获益（Adalbjarnardottir & Selman，1997；Gehlbach，Brinkworth，& Harris，2012）。当两个或两个以上的学生在教室或学校的其他地方发生冲突时，一种有效的方法是同伴调解，即经过专门训练的同伴引出他们的不同观点，并帮助他们达成一个公平的解决方案（Deutsch，1993；D. W. Johnson & Johnson，1996，2006）。

有关学术主题的课程中也会出现观点采择的机会。例如，在讨论时事时，教师可能让不同的学生（或通过互联网让来自不同学校的同年级班级）从不同国家的角度探讨重大的世界问题，如气候变化或军备控制（Gehlbach et al.，2008）。

社会信息加工

儿童和青少年在考虑他人的想法、感受和行为时，有很多东西要考虑。人们对社会事件进行理解和反应时的各种心理过程被统称为**社会信息加工**（social information processing）（Burgess，Wojslawowicz，Rubin，RoseKrasnor，& Booth-LaForce，2006；Fontaine，Yang，Dodge，Bates，& Pettit，2008；E. R. Smith & Semin，2007）。社会信息加工包括关注社

会情境中的某些行为，并试图解释和理解这些行为。例如，当学生与同学互动时，他们可能会专注于某些言论、面部表情和肢体语言，并试图弄明白一个同学轻率的评论所表达的真正意思。学生还会考虑他们在互动中希望实现的一个或多个目标——可能是保持友谊或给他人一个教训。然后，考虑到学生的理解和目标，他们会利用以前的知识和经验来确定一系列可能的反应，并选择他们认为富有成效的行动。正如你将在下一节看到的，理解社会信息加工尤其有助于解释为什么一些学生通常对他们的同伴具有攻击性。

攻击

攻击（aggression）是一种故意伤害他人身体或心理的行为。这个词通常会让人想到某种形式的身体攻击（physical aggression，如击打、推搡），这些行为都可能导致身体伤害。攻击这个词也可能涉及心理攻击（psychological aggression），即一种企图引起精神痛苦或降低自尊水平的行为。在某些情况下，心理攻击的具体目的是破坏友谊和其他的人际关系——可能是通过散播谣言或排斥某个有价值的社会群体的成员——这种情况也被称为关系攻击（relational aggression）。一般来说，攻击行为从童年期到青春期会逐渐减少，但会在学生从小学过渡到初中后短时间内增加（Bradshaw, Waasdorp, & O'Brennan, 2013; Pellegrini, 2002）。

研究者已经确定了两类具有不同攻击性的学生（Crick & Dodge, 1996; Poulin & Boivin, 1999; Vitaro, Gendreau, Tremblay, & Oligny, 1998）。那些采取主动性攻击（proactive aggression）的学生会故意发起攻击，作为达成预期目标的一种手段。那些采取反应性攻击（reactive aggression）的学生主要是在遇到挫折或挑衅时才会采取攻击行为。在这两组学生中，表现出主动攻击的学生更有可能难以维持良好的友谊（Hanish, Kochenderfer-Ladd, Fabes, Martin, & Denning, 2004; Poulin & Boivin, 1999）。那些对特定同伴有很多攻击行为的学生，无论其攻

击行为是身体上的还是心理上的，都被称为欺凌者（bully）。不成熟的、焦虑的、被社会孤立的学生，以及性少数学生和残障学生，经常成为受害者（Hamovitch, 2007; J. P. Robinson & Espelage, 2012; M. W. Watson, Andreas, Fischer, & Smith, 2005）。

有些儿童和青少年在基因上比他们的同龄人更倾向于攻击他人，而另一些儿童和青少年可能由于神经异常而表现出更强的攻击性（Brendgen et al., 2008; Raine, 2008; van Goozen, Fairchild, & Harold, 2008）。环境因素也可以培养具有攻击性的行为。许多好斗的学生生活在不正常的家庭环境中，这些环境可能包含频繁的冲突、严厉地惩罚或虐待儿童的情况，或者缺乏情感和适当的社会行为（Christenson, 2004; Maikovich, Jaffee, Odgers, & Gallop, 2008; Pettit, 2004）。此外，经常接触社区暴力或各种媒体（如电视、音乐、社交媒体）中的暴力似乎会增加年轻人的攻击行为（C. A. Anderson et al., 2003; Guerra, Huesmann, & Spindler, 2003; Huesmann, Moise-Titus, Podolski, & Eron, 2003; Prot et al., 2014）。

值得注意的是，许多经常在家或其他地方接触暴力的儿童和青少年并不特别具有攻击性（Margolin & Gordis, 2004; M. J. Pearce, Jones, Schwab-Stone, & Ruchkin, 2003）。某些认知和动机因素可能是攻击行为的基础，这些因素包括如下几个方面。

- 缺少观点采择能力。具有高攻击性的学生往往无法从他人的角度看待问题或同情受害者（Coie & Dodge, 1998; Damon & Hart, 1988; Marcus, 1980）。

- 对社交线索的误解。对同伴表现出攻击性的学生倾向于将他人的行为解读为具有敌意的，尤其是当这些行为含义模糊的时候。这种敌意归因偏差（hostile attributional bias）在易发生反应性攻击的儿童和易发生关系攻击的青少年中尤为普遍（Bukowski, Brendgen, & Vitaro, 2007; Crick, Grotpeter, & Bigbee, 2002; Dodge et al., 2003; Kokkinos,

Karagianni, & Voulgaridou, 2017）。

■ **普遍的自我服务目的。** 对大多数学生来说，建立和维持人际关系是他们的首要任务。然而，对具有攻击性的学生来说，实现更自私的目标，如保持自我膨胀的形象、寻求报复，或者获得权力和支配地位，往往是被优先考虑的事情（Baumeister et al., 1996；Cillessen & Rose, 2005；Menon et al., 2007；Pellegrini, Roseth, Van Ryzin, & Solberg, 2011）。

■ **无效的社会问题解决策略。** 具有攻击性的学生通常不知道如何说服、谈判或妥协。相反，他们倾向于采取打人、推搡、闯入游戏活动，以及其他无效的策略（Neel, Jenkins, & Meadows, 1990；D. Schwartz et al., 1998；Troop-Gordon & Asher, 2005）。

■ **相信攻击行为的适当性和有效性。** 许多具有攻击性的学生认为，暴力和其他形式的攻击行为是可以接受的解决冲突和报复他人的不良行为的方式（Paciello, Fida, Tramontano, Lupinetti, & Caprara, 2008；M. W. Watson et al., 2005；Zelli, Dodge, Lochman, & Laird, 1999）。那些表现出高主动性攻击的学生也倾向于相信攻击行为会产生积极的结果，如它会提高他们在学校的社会地位或恢复一个家庭或社会团体的荣誉（R. P. Brown, Osterman, & Barnes, 2009；Mayeux et al., 2011；Pellegrini & Bartini, 2000）。毫无疑问，具有攻击性的儿童倾向于走在一起，从而证实彼此的信念，即攻击行为是适当的（Crick, MurrayClose, Marks, & Mohajeri-Nelson, 2009；Espelage & Swearer, 2004）。

攻击的发起者和接受者通常都会在之后出现问题。除非成年人积极地进行干预，否则，许多具有攻击性的学生（尤其是那些表现出主动性攻击的学生）随着年龄的增长，会持续表现出攻击和暴力模式，而这种模式会导致这些学生长期的适应不良及与同龄人的相处困难（Dodge et al., 2003；Ladd & Troop-Gordon, 2003；Swearer et al., 2010）。与此同时，经常被欺凌的儿童可能会变得焦虑和抑郁，有时会自杀，可能经常逃学，甚至完全辍学（Cornell, Gregory, Huang, & Fan, 2013；Hoglund, 2007；Ladd et al., 2012）。他们也可能觉得有必要带武器到学校。通常，与欺凌相关的心理攻击——嘲笑、辱骂、公然排斥社交活动等——比任何伴随的身体攻击造成的长期伤害都要大（Bradshaw et al., 2013；Doll, Song, & Siemers, 2004；Goodwin, 2006）。此外，被欺凌的受害者有时会觉得有必要带武器到学校（Pham, Schapiro, John & Adesman, 2017）。

即使是无辜的旁观者，也会受到其在学校看到的攻击行为的影响。在教师和学生能观察到更多欺凌现象的学校里，辍学率往往更高（Cornell, Gregory, Huang, & Fan, 2013）。当学生看到一个同学欺负另一个同学时，他们在学校的安全感就会降低（M. J. Mayer & Furlong, 2010；Rivers, Poteat, Noret, & Ashurst, 2009）。此外，如果他们看到欺凌和其他攻击行为没有受到惩罚，他们可能就会认为这些行为是完全可以接受的（E. J. Meyer, 2009；D. T. Miller & Prentice, 1994）。

作为教师，当看到有学生伤害他人时，我们必须进行干预，并密切关注今后发生的其他身体或心理上的攻击事件。经常被攻击的人需要来自教师和同学的社会支持和情感支持。有些人可能还需要与学校辅导员进行一次或多次辅导，以解决脆弱感和抑郁感，或者提高学习技能以减少未来的受害事件（Espelage & Swearer, 2004；R. S. Newman, 2008；Veenstra, Lindenberg, Huitsing, Sainio, & Salmivalli, 2014；Yeung & Leadbeater, 2007）。

发动攻击的人也需要被干预。当然，他们必须为自己的行为承担后果，但他们也应该获得帮助以学会适当地行事。教师应根据学生的攻击行为背后的思想和动机制定具体的干预策略。鼓励换位思考、帮助学生更准确地解释社会情境、教授有效的社会问题解决技巧等策略，都可能有助于学生减少攻击行为和其他破坏性行为（Cunningham & Cunningham，2006；Frey，Hirschstein，Edstrom，& Snell，2009；Guerra & Slaby，1990；Horne，Orpinas，Newman-Carlson，& Bartolomucci，2004；Hudley & Graham，1993）。将学生置于必须明确帮助他人而不是伤害他人的情境中也可能是有益的，如让他们辅导年纪较小的孩子（J. R. Sullivan & Conoley，2004）。最终，如果学校向所有成员（包括教师和学生）传达友善和尊重的重要性，那么对具有攻击性的学生来说，这种干预可能是最有效的（Espelage & Swearer，2004；E. J. Meyer，2009；Parada，Craven，& Marsh，2008；S. W. Ross & Horner，2009）。

科技与同伴关系

由于无线技术（如智能手机）的发展，大多数学生现在可以与他们的同龄人进行频繁且即时的交流（Crosnoe，2011；Greenhow et al.，2009；Valkenburg & Peter，2009）。例如，在美国，92% 的青少年每天都上网，56% 的青少年每天上网好几次（Lenhart，2015）。此外，大多数青少年使用不止一种社交软件（如 Facebook 和 Snapchat），来自社会经济地位较低家庭的青少年经常使用 Facebook，而来自中高收入家庭的青少年更多地使用 Instagram 和 Snapchat（Lenhart，2015）。

社交媒体在当今学生的社交生活中扮演着重要角色。例如，57% 的青少年表示他们通过数字技术开始了一段新的友谊，8% 的青少年与他们在网上认识的人进行了约会（Lenhart，Anderson，& Smith，2015）。尽管很多通过技术进行的交流只发生在两个人之间，但聊天室和 Snapchat 等多用户应用程序允许人们就几乎任何话题进行群组讨论。明智地使用这种机制可以提高学生的自尊水平、与同伴联系的质量、社会问题的解决能力和一般的心理健康水平（Ellison，Steinfield，& Lampe，2007；Greenhow et al.，2009；Gross，Juvonen，& Gable，2002；Valkenburg & Peter，2009）。

遗憾的是，无线技术和互联网也为网络欺凌（cyberbullying）提供了载体，欺凌者会通过电子方式传播敌对信息、散播令人尴尬的信息，或者以其他方式造成某人严重的心理痛苦。例如，一个学生可能会在 YouTube 上上传羞辱性的视频，在 Instagram 上传播恶意（可能是虚假的）信息，或者建立一个网站，让其他同学可以在上面投票选出他们班上"最失败的人"或"最放荡的人"（Shariff，2008；Valkenburg & Peter，2009；Willard，2007）。网络欺凌尤其有害，因为几乎任何发布在互联网上的信息都会留下数字足迹（digital footprint）。因此，某个青少年为了欺凌别人而上传的令人尴尬的照片可能会在多年后被发现，即使上传者随后将其删除。网络欺凌可能比面对面欺凌更有害，其中一部分原因是作恶者通常是匿名的（因此无法被对抗），另外一部分原因是高度诽谤性的材料可以像野火一样在一大群同龄人中传播（Kowalski & Limber，2007；Rivers，Chesney，& Coyne，2011）。同性恋者、双性恋者、跨性别者或问题青少年特别容易成为网络欺凌的受害者（Abreu & Kenny，2018）。尽管研究发现，所有类型的欺凌都与一些青少年的自杀想法有关，但网络欺凌与自杀意念的关系比传统欺凌更密切（Gini & Espelage，2014；Selkie，Fales，& Moreno，2016）。不幸的是，网络欺凌似乎不会随着青少年的成长而减少（Bradshaw et al.，2013）。

作为教师，我们必须与其他教师和学校管理人员一起，与学生讨论如何明智且适当地使用现代技术，我们必须毫不含糊地解释，任何形式的网络欺凌——无论是嘲弄、威胁、谣言，还是任何其他可能对他人造成心理伤害的东西——都是完全不可接受的。当然，我们还必须监控学生在课堂上使用互联网的情况。

同伴关系和社会认知的多样性

一些残障学生的社会认知发展迟滞，因此，他们在人际关系上经常出现问题。例如，在整体认知发展上显著迟滞的学生（即智力障碍儿童）通常对社交场合中的适当行为理解有限（S. Greenspan &

Granfield，1992；Leffert，Siperstein，& Millikan，2000）。此外，一些看似认知能力正常的学生在社会认知方面存在特定缺陷。在轻度自闭症谱系障碍中，学生可能表现出平均水平或高于平均水平的学业成就，但他们很难从他人的行为和肢体语言中得出准确的推论，这显然是由脑部异常导致的（G. Dawson & Bernier，2007；Hobson，2004；Tager-Flusberg，2007）。此外，许多患有慢性情绪和行为障碍的学生的观点采择能力和社会问题解决能力都很差，因此他们可能没什么朋友（Espelage，Mebane，& Adams，2004；Harter et al.，1998；Webber & Plotts，2008）。

性别差异

人际行为中存在性别差异。男孩倾向于和一大群人一起出去玩，女孩则倾向于和亲密的朋友进行规模较小的、更亲密的聚会（Maccoby，2002）。而且，女孩似乎更善于解读他人的肢体语言，她们也会更努力地维持团队和谐（Benenson et al.，2002；Bosacki，2000；Rudolph et al.，2005）。此外，攻击性在男孩和女孩中的表现形式不同，男孩倾向于进行身体上的攻击，而女孩倾向于进行关系上的攻击，如破坏友谊和诋毁他人的声誉（Card，Stucky，Sawalani，& Little，2008；Crick et al.，2002；Pellegrini，2011；Pellegrini & Archer，2005）。

文化和种族差异

人与人之间的行为也因文化而异。例如，一些文化群体（如加拿大北部和南太平洋的一些群体）经常使用看似反社会的行为，特别是戏弄和嘲笑，来教孩子保持冷静和应对批评（Rogoff，2003）。相比之下，许多美洲原住民、西班牙裔和某些非裔美国人社区特别强调人际关系和群体和谐，许多亚洲群体强烈反对攻击行为。来自这些背景的儿童可能特别擅长谈判和缔造和平（Gardiner & Kosmitzki，2008；P. Guthrie，2001；Halgunseth et al.，2006；Leonard & Martin，2013；Rubin et al.，2010；Witmer，1996）。

促进健康的同伴关系

作为教师，我们在评估学生在社会环境中的思考和行为方行式，以及帮助他们更有效地与他人互动方面处于非常有利的地位。以下是一些研究证明有效的策略。

- **定期提供社会互动和合作的机会。**就其本质而言，一些教学策略需要大量的学生互动。要求学生通过合作来实现共同目标的作业和活动可以培养学生的领导能力，以及帮助同伴和获得同伴帮助的意愿（Certo，2011；Ladd et al.，2014；Y. Li et al.，2007）。需要学生在网上进行交流的活动，如在班级网站上发布他们的想法和有关课堂话题的问题，对于害羞的学生或在同龄人中以更公开的方式进行交流感到不舒服的学生来说，尤其有价值（Hewitt & Scardamalia，1998；Redekopp & Bourbonniere，2009）。

  一个典型的学校日也可以包括许多让学生能进行非正式互动的场合。例如，在课间或休息期间，学生的游戏活动可以促进合作、分享、观点采择和解决冲突的技能（Coplan & Arbeau，2009；Creasey，Jarvis，& Berk，

课外活动可以促进有益的同伴关系和普遍的团队精神。对于那些在学业上挣扎的学生来说，它们也可以是成功的源泉。7岁的丹尼有学习障碍，他表达了对棒球的热爱。

1998；Jarrett，2002）。在上课前和上课期间，学生会经常与坐在附近的同学交谈和开玩笑。因此，我们可以经常改变座位安排，以便学生更好地了解其他同学，让他们发现彼此之间共同的兴趣（van den Berg，Seters，& Cillessen，2012）。

■ **帮助学生准确、有效地解释社会情境。** 当学生在与同龄人相处方面一直存在困难时，明确的社会认知训练可以发挥作用。有效的干预措施可能包括一系列（有时需要很长一段时间的）培训课程。通过角色扮演和类似的活动，学生可以练习如何推断他人的意图和确定适当的行动路线。学生还可以学习一些策略来提醒自己在不同的情况下应该如何表现，如"当我没有信息来分辨他的意思时，我应该表现得好像那是一场意外一样"（Hudley & Graham，1993）。这种干预可以显著降低学生对他人的敌意的感知程度，或者对同龄人行为的攻击性报复的认可程度（Dodge，Godwin，& The Conduct Problems Prevention Research Group，2013；Hudley & Graham，1993）。

■ **教授具体的社会技能，为学生提供实践的机会，并给予反馈。** 绝大多数儿童和青少年都想要和他们的同龄人进行积极的互动，并与同龄人交朋友（Ladd et al.，2012；A. M. Ryan & Shim，2008）。因为教师会花很多时间在成长中的学生身上，所以我们有很好的机会教授他们社交技巧，包括如何与他人合作，如何委婉地说"不"，如何友好地解决冲突。我们可以通过明确的口头指示和示范期望的行为，教学生与他人互动的恰当方式。当我们在要求学生练习他们新学到的社会技能（也许是通过角色扮演）并就他们做得如何提供具体反馈时，这样的指导尤其有效（Bierman & Powers，2009；Leaf et al.，2012；S. Vaughn，1991；Watkins & Wentzel，2008）。

■ **促进不同群体间的理解、沟通和互动。** 即使学生有良好的社会技能，他们中的许多人几乎也只在小的、紧密的团体中进行互动，少数人仍然处于社会孤立状态。例如，学生在吃午饭和在校园里进行互动时，他们经常按照种族来划分自己。事实上，一旦学生升入中学，种族隔离就会加剧。当来自少数族裔群体的青少年开始仔细审视并反省种族主义和民族身份问题时，他们经常会发现将自己的经历和观点与其他群体成员进行比较是有帮助的。种族刻板印象和偏见也会造成这种自我强加的隔离（B. B. Brown et al.，2008；G. L. Cohen & Garcia，2008；Ogbu，2008b；Tatum，1997）。

然而，当来自不同群体的学生经常互动，尤其是当他们以平等的身份聚在一起，朝着一个共同的目标努力，并将自己视为同一个团队的成员时，他们更容易接受并重视彼此的不同（Hodson，2011；Oskamp，2000；Pfeifer，Brown，& Juvonen，2007）。"创设富有成效的课堂环境——鼓励不同的个体和群体间的积极互动"专栏为扩大学生的友谊网络提供了一些策略。

■ **解释什么是欺凌及为什么不能容忍欺凌。** 学生和教师好像都对欺凌有一些误解。例如，他们可能认为欺凌总是涉及身体上的攻击，尽管心理上的攻击，如辱骂、性骚扰、故意的社会排斥、社交媒体上的诽谤帖和恶意短信也构成了欺凌。另一个常见的误解是，受害者在某种程度上是罪有应得，也许是因为他们表现出不成熟的行为，或者需要"坚强起来"，学会保护自己。因此，许多学生会容忍欺凌，并充当施暴者的支持者（Salmivalli & Peets，2009；Swearer et al.，2010）。当教师看到或听到欺凌和骚扰时，他们可能会拒绝干预，这样做间接地传递了一个信息：这种行为是可以接受的（Buston & Hart，2001；Juvonen & Galván，

2008；Veenstra，Lindenberg，Huitsing，Sainio，& Salmivalli，2014）。

在这一章的前面，我们敦促读者要注意欺凌事件。这说起来容易做起来难，因为许多欺凌事件的发生超出了学校教师的监控范围（K. Carter & Doyle，2006；Swearer et al.，2010）。因此，重要的是，让学生了解欺凌可能采取的多种形式及它对受害者造成的有害影响。一个简单的策略是使用"PIC 记忆法"来描述欺凌涉及的内容：

- 有意图的行为（P）——"他是故意的"；
- 不平衡（I）——"这不公平，他比我大"；
- 持续性（C）——"我不敢进教室，因为她老是找我麻烦"（Horne et al.，2004）。

我们也可以教学生，当他们被欺负时可以使用的策略（例如，他们可能会走开或以幽默的方式回应），或者当他们看到别人受到伤害时可以使用的策略（例如，他们可能会说"住手，你这是不尊重他人"，并护送受害者离开现场）（Juvonen & Galván，2008；S. W. Ross & Horner，2009）。总的来说，通过我们的学校政策和日常行动，所有学生都必须认识到欺凌是永远不可接受的，参与或鼓励欺凌事件将会有严重的后果（Ansary，Elias，Greene，& Green，2015；Thapa，Cohen，Guffey，& Higgins-D'Alessandro，2013）。

■ **帮助改变曾经的反社会学生的名声。**不幸的是，学生的坏名声往往会在他们的行为变好后长期存在，所以他们的同学可能会继续讨厌和拒绝他们（Bierman，Miller，& Stabb，1987；Caprara，Dodge，Pastorelli，& Zelli，2007；Juvonen & Weiner，1993）。因此，当我们努力改善具有攻击性的学生和其他反社会学生的行为时，我们也必须努力提高他们的声誉。例如，我们可以鼓励他们积极参与课外活动，或者让他们参加有组织的合作学习小组，在那里他们可以使用他们新发展的社会技能。我们也应该通过言语和行动来表明我们喜欢和欣赏他们，因为我们的态度可以感染他们（L. Chang，2003；L. Chang et al.，2004）。

作为教师，我们的行为应该传达这样一个信息：任何人都可以变得更好。例如，如果学生知道曾经的欺凌者的行为并不是天生的恶意或其他永久性的人格缺陷的反映，而是由于一些暂时的因素（这些因素现在已经得到了解决），他们就更容易原谅曾经的欺凌者（Yeager & Dweck，2012）。无论如何，我们都必须帮助学生发现，曾经的反社会同学已经改变了，值得我们更好地去了解。

■ **营造尊重他人的氛围。**有效培养学生互动和友谊的教师也应传递一个更普遍的信息：作为人类，我们都必须同情和尊重彼此。高中职业教育教师费尔南多·阿里亚斯（Fernando Arias）曾说过这样的话：

我们学校的哲学是，你希望别人怎样对待你，你就怎样对待别人……我们的学校是一个特殊的场所，我们既有怀孕的年轻女士，也有接受特殊教育的孩子。我们有正常的孩子，还有退学恢复计划……我们每个人都是平等的。我们都有平等的机会。我们学校的每一个团体都有成员，但他们几乎从来不打架，我们的城市里有近 300 个团体。我们都相处得很好，就像一个大家庭一样（Turnbull，Pereira，& Blue-Banning，2000）。

同情和尊重彼此的权利和需求是学生道德和亲社会发展的重要方面，这正是我们接下来要讨论的领域。

创设富有成效的课堂环境

鼓励不同的个人和群体间的积极互动

- 建立能让学生形成跨群体友谊的环境。为了帮助学生更多地了解同伴，一名初中科学老师在教室里给他们指定座位，并每月更新一次座位表。她还规定学生如何组队参加每周的实验活动。

- 减少或消除社交障碍。教师让 3 年级的学生学习手语的基本单词和短语，这样他们就可以和聋哑人一起学习和玩耍了。

- 鼓励和促进学生参与课外活动，并采取措施确保在任何特定的活动中，没有一个团体在成员数量或领导地位方面占主导位置。在为 8 年级的班级年度布景表演委员会招募成员时，委员会的指导教师鼓励"受欢迎的"和"不受欢迎的"学生都参与。后来，他把课业分配成这样一种方式：彼此不了解的学生必须紧密合作。

- 设置一堂课，让学生讨论群体间的敌对行为的不良后果。一名住在贫民区的高中英语老师用莎士比亚的《罗密欧与朱丽叶》（Romeo and Juliet）发起了一场关于社区内两个敌对种族帮派之间持续不断的冲突的讨论。老师就莎士比亚的戏剧问学生："你不认为这种家庭不和很愚蠢吗？"当学生同意她的观点时，她继续说："凯普莱特家族就像拉丁帮派，而蒙太古家族就像亚洲帮派……你不认为拉丁帮派和亚洲帮派互相残杀很愚蠢吗？"学生立即抗议，但当她敦促他们为自己的想法进行辩护时，他们逐渐开始承认，这种甚至连起源都不记得的长期竞争毫无意义。

- 培养非残障学生对残障学生的理解，前提是学生和他们的父母可以分享那些可能是秘密的信息。在一个被广泛宣传的案例中，因输血而感染艾滋病的男孩瑞安·怀特在返回附近的学校时遇到了相当大的阻力，因为家长和学生都认为他可能会把艾滋病传染给其他人。怀特一家搬到另一个学区后，学校的工作人员积极地向社区宣传艾滋病不会通过日常接触传播的事实。瑞安在新学校受到的待遇非常好。后来，瑞安描述了他上学第一天的情景：当我走进教室或自助餐厅时，几个同学立刻喊道："嘿，瑞安！和我坐在一起！"

资料来源：Certo，Cauley，& Chafin，2003；D. J. Connor & Baglieri，2009；Dilg，2010；Feddes，Noack，& Rutland，2009；Feldman & Matjasko，2005；Freedom Writers，1999；Mahoney，Cairns，& Farmer，2003；A. J. Martin & Dowson，2009；Schofield，1995；K. Schultz，Buck，& Niesz，2000；Sleeter & Grant，1999；Tatum，1997；M. Thompson & Grace，2001；van den Berg et al.，2012；R. White & Cunningham，1991.

道德发展与亲社会发展

3.4 描述儿童和青少年的道德发展与亲社会发展，找出学校教育中能促进道德发展与亲社会发展的策略

在本章开篇的个案研究中，鲁佩塔帮助一位同学解释教师助手的微妙信息，并帮助另外两位同学解答他们的难题。这些行为都是亲社会行为（prosocial behavior）的例子，其目的是造福他人而不是自己。亲社会行为加上诚实、公平、关心他人的权利和福祉等特征属于道德（morality）范畴。总的来说，以道德和亲社会的方式思考和行动的学生会从教师和同伴那里获得更多的支持，因此，从长远来看，他们会在学业和社会上取得更大的成功（Caprara，Barbaranelli，Pastorelli，Bandura，& Zimbardo，2000；Spinrad & Eisenberg，2009）。

道德和亲社会行为是复杂的实体，似乎涉及大脑的多个部分。当然，前面提到的镜像神经元也参与其中，因为它在一定程度上奠定了人们从他人的角度看问题的能力。但道德行为和亲社会行为的组成部分也涉及明显不同的大脑区域，包括情感（如对他人的喜爱和关心）、复杂的推理能力（例如，从逻辑上确定某种行为在道德上是正确的或错误的），以及内隐价值观和信念（例如，立即知道一个人的行为在道德上是错误的，但没有一个好的解释）（Dinh & Lord，2013；Gallese et al.，2011；Moll et al.，2007；Young & Saxe，2009）。

道德与亲社会行为的发展趋势

随着年龄的增长，大多数儿童都会表现得更加道德和亲社会。表 3.2 描述了道德和亲社会行为在不同年级水平上的表现形式。表格中的一些条目反映了如下发展趋势。

- **即使是年幼的儿童也会使用内在标准来评估行为。**早在 1 岁生日之前，儿童就会表现出他们重视亲社会行为而不是反社会行为。耶

鲁大学的研究人员设计了一项聪明的实验，他们让婴儿观看卡通片或木偶剧，在卡通片或木偶剧里，一个角色会对另一个角色表现得友善或不友善。通过多项研究，他们发现当婴儿看到这些角色时（如以玩具或洋娃娃的形式），婴儿通常会向"友善"的玩具伸手（Hamlin & Wynn，2011；Scola，Holvoet，Arciszewski，& Picard，2015）。研究人员表示，即使是婴儿也会表现出对友善之人的偏好，而不是那些看起来不友善的人（Hamlin & Wynn，2011）。到 3 岁时，儿童已经可以理解造成身体伤害或心理伤害的行为是不恰当的（Helwig，Zelazo，& Wilson，2001），到 4 岁时，大多数儿童都会明白，不管权威人士告诉他们什么，也不管某些行为可能会或不会带来什么后果，对他人造成伤害都是错误的（Laupa & Turiel，1995；Smetana，1981；Tisak，1993）。

- **儿童对他人受到的伤害和痛苦的情感反应能力随着上学年限的增加而增加。**在生命最初的两三年里，两种对道德发展至关重要的情绪会出现（Kochanska，Gross，Lin，& Nichols，2002；M. Lewis & Sullivan，2005）。首先，儿童偶尔会表现出内疚（guilt）——当他们知道自己伤害了别人或给别人带来了痛苦或苦恼时，会有一种不舒服的感觉。当他们没有达到自己或他人的道德行为标准时，他们也会感到羞耻（shame）——一种感到尴尬或丢脸的感觉。虽然内疚和羞耻都是不愉快的情绪，但它们都代表了好的迹象，即儿童正在发展对与错的意识，并努力纠正自己的错误（Eisenberg，1995；Harter，1999；Narváez & Rest，1995）。

表 3.2 不同年级水平的道德推理与亲社会行为

年级水平	典型年龄特征	示例	建议策略
K ~ 2	· 意识到造成身体伤害或心理伤害的行为在道德上是错误的 · 对造成明显伤害或损伤的不良行为感到内疚和羞愧 · 对处在困境中的人表达共情，并试图安慰 · 对公平需要的理解	当杰克把奥蒂斯从滑梯上推下来时，几个孩子都吓坏了。一个孩子一边喊着"这样做不对"，一边和其他三个孩子冲到奥蒂斯身边，以确保他没有受伤	· 清楚地制定行为标准 · 当学生行为不当时，关注他们对他人造成的伤害和痛苦 · 鼓励学生在他人遇到困难时安慰他人 · 示范同情反应 · 请记住，一些自私的行为在这个年龄阶段是典型的，当它发生的时候，鼓励观点采择和亲社会行为
3 ~ 5	· 知道什么是符合社会习俗的恰当行为 · 越来越欣赏合作和妥协 · 逐渐认识到公平并不一定意味着平等 · 将帮助他人作为自身目标的愿望增强	在 3 年级教师的建议下，8 岁的艾伦成为汉克的一个特别的朋友。汉克患有严重的身体和认知障碍，每周有 2 ~ 3 天在班级上课。汉克不会说话，但艾伦会给他可以感受和操作的东西，只要课堂活动允许对话，艾伦就和汉克说话。这两个男孩午饭时经常坐在一起，艾伦说，"做让汉克开心的事，我也会开心"	· 重视课堂上的亲社会行为（如分享、帮助他人） · 跟学生解释如何在帮助他人的同时满足自己的需求 · 赞美利他行为时，使用亲社会形容词（如善良的、有帮助的）
6 ~ 8	· 越发意识到一些规则和习俗是武断的，有时还伴随着对这些规则和习俗的抵制 · 对取悦和帮助他人感兴趣，但倾向于过分"简化"助人的要求 · 倾向于认为需要帮助的人应对他们自己的命运负责	寒假过后，13 岁的布鲁克带着几个大大的鼻环回到学校，她的头发被梳成长长的、垂直的穗状。校长告诉她，她的打扮不合适，并坚持让她回家打扮得更得体一些。布鲁克拒绝了，并声称"我有权随心所欲地表达自己"	· 讨论规则是如何使课堂和其他团体运行得更顺利的 · 让学生参与有益于学校或社区的小组项目 · 当对违背道德的行为实施惩罚时，要同时解释其所造成的伤害
9 ~ 12	· 越来越关注履行职责和遵守社会规则，而不是简单地取悦某些权威人物 · 认识到大多数规则和习俗都是有用的 · 真心同情身处困境的人 · 相信社会有义务帮助有需要的人	一些高中生成立了国际特赦组织的学校分会，这是一个致力于维护人权的组织，该组织邀请了来自不同国家的知识渊博的演讲者，并举办了几场筹款活动，以帮助打击对妇女的虐待行为	· 探索社会研究、科学和文学中的道德问题 · 鼓励社区服务，以使学生产生帮助他人的责任感，请学生在课堂上反思自己的经历 · 让学生阅读自传和其他形式的文学作品，这些作品描绘了那些积极帮助有需要的人的英雄人物

资料来源：Eisenberg, 1982; Eisenberg & Fabes, 1998; Farver & Branstetter, 1994; C. A. Flanagan & Faison, 2001; Gibbs, 1995; Gummerum, Keller, Takezawa, & Mata, 2008; D. Hart & Fegley, 1995; Hastings et al., 2007; Helwig & Jasiobedzka, 2001; Helwig et al., 2001; Hoffman, 2000; Kohlberg, 1984; Krebs & Van Hesteren, 1994; Kurtines, Berman, Ittel, & Williamson, 1995; Laupa & Turiel, 1995; M. Lewis & Sullivan, 2005; Nucci, 2009; Nucci & Weber, 1995; Rothbart, 2011; Rushton, 1980; Smetana & Braeges, 1990; Spinrad & Eisenberg, 2009; Turiel, 1983, 1998; Wainryb, Brehl, & Matwin, 2005; Yates & Youniss, 1996; Yau & Smetana, 2003; Youniss & Yates, 1999; Zahn-Waxler, Radke-Yarrow, Wagner, & Chapman, 1992.

内疚和羞耻是做错事的结果。相比之下，**共情**（empathy）——与身处不幸境遇的人有相同的感受——出现在没有过错的情况下。虽然前面提到的镜像神经元可能在某种程度上是人类共情能力的基础，但这种能力在整个童年期和青春期都在持续发展（Eisenberg et al.，1995；Rizzolatti & Sinigaglia，2008；Spinrad & Eisenberg，2009）。当共情也能唤起**同情**（smpathy）时，儿童不仅会假设他人的感受，还会关心他人的健康，这往往会激发亲社会行为（Batson，1991；Eisenberg & Fabes，1998；Malti，Gummerum，Keller，& Buchman，2009）。

```
hopes
goals
dreams
happiness
    broken
    destroyed
    eliminated
    exterminated
no steps forward
no evolution
no prosperity
no hope
But
maybe
perhaps
except
if we
help
together
we stand
a chance.

In this poem, Matt, a middle
school student, shows
empathy for victims of the
Holocaust.
```

在这首诗中，中学生马特表达了对大屠杀受害者的同情。

注：图中内容翻译为："希望，目标，梦想，欢乐，破灭，消失，消灭。没有前进的脚步，没有进化，没有繁荣，没有希望。但是，也许可能有例外。如果我们，互相帮助，我们就有机会。"

■ **儿童越来越能区分道德违背和习俗违背。**几乎每一种文化都不鼓励某些**道德违背**（moral transgression）行为，因为它们会造成损害或伤害、侵犯人权，或者违反平等、自由或正义的基本原则。一个文化群体通常也不鼓励某些**习俗违背**（conventional transgression）行为——虽然这些行为不是不道德的，但它们违反了人们普遍持有的关于一个人应该如何行事的理解（例如，孩子不应该反驳大人或在吃饭时打嗝）。习俗违背行为通常是特定文化背景下所特有的。相比之下，许多道德违背行为是跨文化普遍存在的（Nucci，2009；Smetana，2006；Turiel，2002）。

儿童对社会习俗的意识在小学阶段不断增强（Helwig & Jasiobedzka，2001；Laupa & Turiel，1995；Nucci & Nucci，1982）。尤其是当儿童进入青春期时，他们在哪些行为构成道德违背、哪些行为属于习俗领域，以及哪些行为只是个人选择等问题的思考上，并不总是和成年人一致。因此，许多青少年会抵制他们认为侵犯了个人自由的规则，如关于服装、发型和在课堂上讲话的规则（Nucci，2009；Smetana，2005）。

■ **随着年龄的增长，儿童关于道德问题的推理变得越来越抽象和灵活。**为了探究儿童对道德问题的思考，研究人员有时会提出**道德两难**（moral dilemma）问题，即两个或多个人的权利或需求可能发生冲突，并且没有明确的正确或错误答案的情况。下面的练习是道德两难问题的一个示例。

亲身体验

马丁的困境

假设你是一个9年级学生。你在学校的走廊里快步走着去上数学课。这时，你看到三个来自所谓的"人气组合"的男孩把一个名叫马丁的社交能力低下的小男孩挤到了角落。三个男孩首先取笑马丁的厚眼镜和过时的衣服，然后开始辱骂他，叫他"呆子"和"弱智"。你会怎么做?

1. 你看向别处,装作什么也没听到,然后赶紧去上课。如果你停下来帮忙,这三个男孩可能也会嘲笑你,这只会让情况更糟。

2. 你同情地看了马丁一眼,然后去上课,以免迟到。之后,你匿名向校长办公室报告了这一事件,因为你知道这三个男孩的行为违反了学校的反欺凌政策。

3. 你停下来说:"嘿,你们这些混蛋,别闹了!马丁是个很好的人,不应该被你们贴上侮辱性的标签。来吧,马丁,我们走。我们可能要迟到了,所以我们得快点。"

如果在这种情况下寻找道德制高点,你很可能会选择选项3。但如果你是一个9年级

学生,可能还在努力融入同龄人群体,你真的会这么做吗?

劳伦斯·科尔伯格(Lawrence Kohlberg)在他早期关于道德发展的开创性研究中,给儿童和成年人提供了各种道德两难问题,并问他们会怎么做,以及为什么这么做。根据科尔伯格获得的数百个回答,他提出,随着儿童年龄的增长,他们会构建越来越复杂的道德观。在科尔伯格看来,道德推理的发展有六个阶段,这些阶段被分为三个普遍的道德水平:前习俗道德、习俗道德和后习俗道德(见表3.3)。具有前习俗道德(preconventional morality)的儿童还没有采纳或内化关于事情对错的社会习俗,而是主要关注某些行为可能给他们带来的外部后果,如练习中的选项1所示。第二个水平是习俗

表 3.3　科尔伯格道德发展理论中的道德推理的三个水平和六个阶段

水平	年龄范围	阶段	道德推理的本质
水平一:前习俗道德	见于学龄前儿童、大部分小学生、部分初中生,以及少数高中生	阶段一:惩罚-回避或服从	人们做决定基于什么对自己是最好的,而不考虑他人的需要或感受;他们只遵守由更有权势的个人制定的规则;如果不太可能被抓住,他们可能会不服从;他们认为错误的行为是会受到惩罚的行为
		阶段二:利益互换	人们认识到别人也有需要;如果能同时满足自己的需要,他们可能也会试图满足别人的需要(如"你帮助我,我也会帮助你");他们继续以对自己造成的后果来定义对错
水平二:习俗道德	在一些年龄较大的小学生、一些中学生和许多高中生中出现(阶段四通常在高中之前不会出现)	阶段三:好男孩/好女孩	人们做决定的依据是什么行为会让别人高兴,特别是权威人物(如教师、受欢迎的同龄人);他们关注通过分享、信任和忠诚来维持关系,会在做决定时考虑他人的观点和意图
		阶段四:法律和秩序	人们把社会作为一个整体来指导自己的是与非;他们知道规则是保持社会平稳运行的必要条件,相信遵守规则是他们的责任;然而,他们认为规则是不灵活的,他们不一定能意识到社会需要改变,规则也应该改变
水平三:后习俗道德	大学之前很少见(阶段六即使在个体成年期也极为罕见)	阶段五:社会契约	人们认识到规则代表了许多人对恰当行为的共识;规则被看作维护社会秩序和保护个人权利的有用机制,而不是仅仅因为它们是法律就必须服从的绝对命令;他们也开始认识到规则的灵活性,认为不再为社会最大利益服务的规则能够也应该被改变
		阶段六:普遍的伦理原则	阶段六是一个假设的、很少有人能达到的理想阶段;处于这一阶段的人遵循一些抽象的、普遍的原则(如人人平等、尊重人的尊严、致力于正义),这些原则超越了具体的规范和规则;他们有强烈的内在良知,愿意违背与自己的道德原则不一致的法律

资料来源:Colby & Kohlberg, 1984;Colby, Kohlberg, Gibbs, & Lieberman, 1983;Kohlberg, 1976, 1984, 1986;Reimer, Paolitto, & Hersh, 1983;Snarey, 1995;Van de Vondervoort & Hamlin, 2017.

道德（conventional morality），其特征是对权威人物的命令或既定规则和规范的普遍的、经常是毫无疑问的服从，即使不服从不会带来任何后果。练习中的选项2就是一个例子：你向校方报告这三个男孩违反校规，但你不想上课迟到，因为这将违反另一条校规，而且你的行为不会危及你与那些所谓的受欢迎的男孩之间的任何良好的关系。

与前习俗道德有些僵化的本质相比，在第三个水平——后习俗道德（postconventional morality）中，人们认为规则是一种有用的、可变化的机制，在理想状态下可以维护一般的社会秩序，保护人权和安全。规则不是必须毫无疑问地遵守的绝对命令。这些人会根据自己关于对与错的抽象原则生活，可能会违反一些与这些抽象原则不一致的规则。练习中的选项3有一种后习俗道德成分：你更关心保护马丁的身体和心理安全，而不是准时上课。

大量关于道德发展的研究紧随科尔伯格的研究。其中一些研究支持科尔伯格提出的顺序：一般来说，人们似乎是按照科尔伯格提出的顺序发展的（Boom, Brugman, & van der Heijden, 2001；Colby & Kohlberg, 1984；Snarey, 1995；Stewart & Pascual-Leone, 1992）。正如科尔伯格所言，道德发展来自儿童自己的、自我构建的信念，他们经常会随着时间的推移重新审视和修正这些信念。然而，他的理论有几个缺点。首先，科尔伯格低估了儿童，正如你在之前发现的，他们早在达到上学年龄之前就获得了一些关于对与错的内在标准。其次，科尔伯格的阶段包含了一系列道德问题（如造成伤害）和社会习俗（如制定规则来帮助社会平稳地运行），但正如我们所看到的，儿童对这两个领域进行了区分，他们对每个领域的观点可能会在不同的时间以不同的方式发生改变（Nucci, 2001, 2009）。再次，科尔伯格的理论很少关注道德的第二个重要方面：对他人表示同情和给予帮助。该理论主要关注推理，而很少考虑人们的道德行为（Gilligan, 1982, 1987；P. L. Hill & Roberts, 2010；J. G. Miller, 2007）。最后，科尔伯格在很大程度上忽略了年轻人在特定环境下做出道德上的是非判断时所考虑的情境因素（稍后我们会详细讨论这些因素）。

许多当代发展心理学家认为，道德推理涉及的是总体趋势，而不是不同的阶段。儿童和青少年似乎逐渐构建了几种不同的标准，以指导自己在各种情况下的道德推理和决策。这些标准包括处理个人利益的需要、考虑他人的需要和动机、遵守社会规则和习俗的愿望，以及最终对关于人权和社会总体需要的抽象理想的认识（Killen & Smetana, 2008；Krebs, 2008；Rest, Narvaez, Bebeau, & Thoma, 1999）。随着年龄的增长，年轻人会运用越来越高级的标准，但不顾他人而满足自己的需要——有时也会成为优先考虑的事情（Rest et al., 1999；Turiel, 1998）。

■ 随着年龄的增长，儿童的行为越来越符合他们自我建构的道德标准，但其他因素也开始发挥作用。一般而言，具有更高级的道德推理和心理理论的儿童和青少年会表现出更道德、更亲社会的行为方式（Blasi, 1980；Imuta, Henry, Slaughter, Selcuk, & Ruffman, 2016；P. A. Miller, Eisenberg, Fabes, & Shell, 1996；Paciello et al., 2008）。然而，道德推理和道德行为之间的相关性并不特别强。青少年的观点采择能力和情绪（如羞愧、内疚、共情、同情）也会影响他们是否会做出道德行为的决策（Batson, 1991；Damon, 1988；Eisenberg, Zhou, & Koller, 2001）。虽然年轻人可能真的想做正确的事情，他们也可能会担心特定情况下的后果，如会涉及多少人的牺牲，以及有多少不同的行为将获得其他人的认可或尊重（Batson & Thompson, 2001；Cillessen et al.,

2011；Hawley，2014；Narváez & Rest，1995；Wentzel，Filisetti，& Looney，2007）。

最后，自我意识似乎是影响一个人做出道德的和亲社会的行为倾向的一个重要因素。年轻人必须相信他们确实有能力帮助他人，换句话说，他们必须对自己"产生影响"的能力有高度的自我效能感（Narváez & Rest，1995）。此外，在青春期，一些人开始把对道德价值的承诺融入他们整体的自我同一性：他们认为自己是有道德的、有爱心的人，把他人的权利和福祉放在第一位（Blasi，1995；Hastings，Utendale，& Sullivan，2007；Thorkildsen et al.，2008）。

影响道德发展与亲社会发展的因素

在某种程度上，高级的道德推理有赖于认知发展。它既取决于同时思考多个问题的能力（例如，思考在同一种情况下不同的人的动机和意图），也取决于理解诸如正义和基本人权等抽象理想的能力。道德发展也与个体在童年期和青春期大脑的持续发育有关（Lahat，Helwig，& Zelazo，2013）。然而，认知发展并不能保证道德发展。一个人很有可能会对一个学术主题进行抽象思考，但同时仍会以自我为中心的、前习俗的方式进行道德推理（Kohlberg，1976；Nucci，2006，2009；Turiel，2002）。

儿童所处的社会文化环境对其道德和亲社会发展有重大影响（Ball et al.，2017；Chiu Loke，Heyman，Itakura，Toriyama，& Lee，2014）。例如，当儿童看到大人或同龄人慷慨大方、关心他人时，他们往往也会这样做（Hoffman，2000；Rushton，1980；Spinrad & Eisenberg，2009）。当他们观看强调观点采择和亲社会行为的电视节目时，他们也更倾向于自己表现出这种行为（Christakis et al.，2013；Dubow，Huesmann，& Greenwood，2007；Hearold，1986；Singer & Singer，1994）。亲社会电子游戏似乎也有积极影响（Greitemeyer，2011；Prot et al.，2014）。在理想情况下，社会上的亲社会信息必须通过他人的行为进行一致的传达。儿童在道德推理和行为上的进步并不会仅仅通过听成年人鼓吹某种道德价值观（如通过一个短期的"品德教育"课程）来实现（Higgins，1995；N. Park & Peterson，2009；Turiel，1998）。

当成年人持续使用引导（induction）的方法，让儿童思考自己的一些行为给他人造成的伤害和痛苦时，儿童也倾向于在道德和亲社会发展方面有所收获（Hoffman，2000；Ramaswamy & Bergin，2009；Rothbart，2011）。引导是以受害者为中心的：它帮助年轻人关注他人的痛苦，并认识到他们自己是造成他人痛苦的原因。持续使用引导来管教孩子，尤其是在对不良行为进行轻微惩罚的情况下（例如，坚持让孩子为自己的错误做出补偿），似乎能促进他们遵守规则，并促进他们的共情、同情心和利他主义的发展（G. H. Brody & Shaffer，1982；Hoffman，1975；Nucci，2001；Rushton，1980）。

然而，另一个明显促进道德和亲社会发展的因素是不平衡，特别是当儿童遇到无法用当前的道德标准和观点解决道德困境和争论的情况时。例如，对有争议的话题和道德问题的课堂讨论可以促进更多的观点采择，并逐步过渡到更高级的推理（DeVries & Zan，1996；Power，Higgins，& Kohlberg，1989；Schlaefli，Rest，& Thoma，1985）。正如科尔伯格所建议的，儿童构建（而不是吸收）他们的道德信念，不平衡会促使他们修正自己的信念，使他们能够考虑日益复杂的道德问题。

道德发展与亲社会发展的多样性

当然，在道德和亲社会发展方面的一些差异是不同的儿童所处的环境不同的结果，但生物学因素似乎也发挥了作用。例如，在其他条件相同的情况下，在婴儿期表现出某种恐惧、焦虑气质的儿童，在小学早期往往比那些不那么焦虑的儿童表现出更多的内疚和共情。随着儿童年龄的增长，他们表现出努力控制的程度——一种抑制自私和其他负性冲动的能力——似乎是他们获得道德良心的一个因素（Eisenberg，Spinrad，& Sadovsky，2006；Kochanska，Tjebkes，&

Forman，1998；Rothbart，2011）。

基因上的缺陷也发挥了作用。例如，某些人类基因似乎导致了大脑的异常发展，而这些异常会使个体容易做出反社会行为（Raine，2008；Viding & McCrory，2012）。

性别差异

研究者在道德和亲社会发展方面发现了细微的性别差异。例如，平均而言，女孩比男孩更有可能感到内疚和羞愧，部分原因是她们更愿意为自己的过错承担责任。女孩也更有可能对处于困境中的人感同身受（Alessandri & Lewis，1993；Lippa，2002；A. J. Rose，2002；Zahn-Waxler & Robinson，1995）。

历史上，研究者在道德问题推理程度的性别差异上一直存在分歧。在对大学生的研究中，科尔伯格发现男性的推理水平略高于女性（Kohlberg & Kramer，1969）。对此，心理学家卡罗尔·吉利根（Carol Gilligan）认为，科尔伯格划分的各个阶段并不能充分地描述女性的道德发展（Gilligan，1982，1987；Gilligan & Attanucci，1988）。她认为，科尔伯格的阶段论反映了一种正义取向——强调公平和平等的权利——这是男性道德推理的特征。与此相反，女性在社会化后会对道德问题采取关怀导向，即关注人际关系，为他人的幸福负责。为了解这两个方向可能产生的不同结果，请尝试下面的练习。

亲身体验

豪猪的两难困境

请思考以下场景：

一群勤劳而节俭的鼹鼠花了整个夏天的时间挖了一个地洞准备过冬。一只懒惰又缺乏远见的豪猪没有准备过冬庇护所，于是它走近鼹鼠，请求和它们共享洞穴。鼹鼠很同情豪猪，同意让它进来。不幸的是，鼹鼠没有预料到豪猪尖锐的刺会刺到它身边的物体。一旦豪猪进入，鼹鼠就经常会被刺伤。

你觉得鼹鼠该怎么做？为什么？

根据吉利根的说法，男性倾向于认为这个问题涉及侵犯他人的权利：鼹鼠拥有地洞，因此可以合法地驱逐豪猪。相比之下，女性更有可能表现出同情心，这或许意味着鼹鼠会用毯子盖住豪猪，这样它的刺就不会刺到任何鼹鼠了（Meyers，1987）。

吉利根提出了一个很好的观点：男性和女性的社会化往往非常不同。此外，通过对他人的同情和对他人权利的考虑，吉利根拓宽了我们关于道德的概念（L. J. Walker，1995）。但事实上，大多数研究并没有发现道德推理的显著性别差异（Eisenberg，Martin，& Fabes，1996；Nunner-Winkler，1984；L. J. Walker，1991）。正如吉利根自己所承认的那样，男性和女性在他们的推理中通常都表现出对正义和同情心的关注（L. M. Brown，Tappan，& Gilligan，1995；Gilligan & Attanucci，1988；Turiel，1998）。

文化和种族差异

世界上几乎所有的文化都承认个人权利和公平（反映了正义的取向），以及对他人的同情（反映了关怀的取向）的重要性。然而，直到最近，研究人员还在很大程度上忽视了某些价值观，这些价值观可能是某些文化中道德的关键组成部分：

- 对自己的群体忠诚，有"人人为我，我为人人"的意识，可能伴随着对其他群体的敌意；
- 尊重和服从权威人物，愿意接受在社会决策阶层中的从属地位；
- 认同某些生物、物体或一般生命的神圣性，以对这些事物坚定不移的尊敬和奉献；
- 自由，保护每个人的个人选择和决策优先于更大群体的任何需要（Haidt，2012）。

人们不可能同时在所有这些方面都是"道德的"。例如，对权威人物的服从有时会与个人自由相冲突，对自己群体的忠诚有时会削弱对其他群体的权利的尊重。因此，这些不同的元素在不同的文化群体中的优先次序有些不同（Haidt，2012；J. G. Miller，2007）。例如，在北美洲的大部分地区，帮助他人（或不帮助他人）被认为是一种自愿的选择，反映了对个人自由的尊重，但在其他一些社会中（如在许多亚洲和阿拉伯国家），帮助有需要的人是一个人的道德责任。这种责任感往往与对家庭和社区的强烈忠诚相结合，并导致相当多的亲社会行为（X. Chen et al.，2009；Markus & Kitayama，1991；Rubin et al.，2010）。

不同的文化群体在什么是道德违背行为及什么是习俗违背行为上也存在一些差异（Haidt，2012；Nucci，2001，2009）。例如，在西方主流文化中，一个人的穿着在很大程度上是一个习俗和个人选择的问题。然而，在一些虔诚的宗教团体中，某些形式的服饰（如头巾）被视为道德上的义务。另一个例子是，在西方主流文化中，说谎以避免因不良行为受到惩罚被认为是不道德的，但在其他某些文化中，说谎是一种合法的保全面子的方式（Triandis，1995）。因此，作为教师，我们必须记住，学生对道德上适当的和不适当的行为的看法有时可能与我们自己的截然不同。与此同时，我们绝不能接受违反平等、尊重他人权利和福祉等基本原则的行为。

鼓励学校中的道德与亲社会行为的发展

作为教师，我们在帮助儿童和青少年获得信念、价值观和行为等方面扮演着重要角色，这对他们有效地参与到一个民主和富有同情心的社会中至关重要。在这个社会中，每个人的权利都应得到尊重，每个人的需求都会得到考虑。以下是一些基于研究结果的一般性建议。

- **鼓励换位思考、共情和亲社会行为。**教师努力促进学生的观点采择、共情，以及诸如分享和帮助他人等亲社会技能，似乎确实能提高他们的道德和亲社会发展（Chernyak & Kushnir，2013；Nucci，2009；Spinrad & Eisenberg，2009）。在学术课题的研究中，教师也应该鼓励学生采取观点采择和共情技能（Brophy，Alleman，& Knighton，2009；Davison，2011）。

  例如，图 3.5 显示了在关于美国内战前奴隶制的历史课上创建的两个写作示例。左边的答卷是 10 岁的查曼写的，她在上 5 年级的

根 II：在去美国的船上

我能感觉到昆塔·肯特的痛苦，当我在海里被纸割伤的时候，它比马蜂的刺痛更痛，那只是纸而已。我甚至无法想象晚上的痛苦，昆塔·肯特从他的农场和家里被带走，他的父母发现他们的第一个儿子被当作奴隶，他们的儿子刚刚变成了一个男人。我也撒了谎，说他们如何对待女人。

玛斯·安格里

我的日记

1700 年 7 月 1 日

今天天气很热。我无法忍受，甚至热得不能工作。奴隶们看起来很热。我甚至能感受到他们。这也影响了我的烟草。这个季节不应该这么热。烟草植株长得也不够快。我只能期望下雨了。今天，罗伯特·史密斯邀请我两天后去他家参加舞会。五天后我要举行我的化装舞会。我们两天前就把邀请函发出去了。我的妻子贝丝和我想到了举办化装舞会的好主意。我们将雇佣自己的乐队。

1700 年 7 月 2 日

这是另一个炎热的天气。我希望天气能凉快下来。我觉得奴隶们承受不了了。看起来有些人要晕倒。我让他们多喝点水。晚些时候，吹来一阵微风，然后我让他们休息了一天。今天我们还计划去里士满旅行……

1700 年 7 月 5 日

今天我们必须在太阳升起之前醒来。吃完有蛋糕、鸡蛋和香肠的早餐后，我们就回家了。我们在上午快结束时到达了那里。当我回来时，天气非常非常热。其中一个奴隶晕倒了，因为担心他会反抗，所以我让他休息了一天。我还给了他们额外的食物和水。这让我觉得他们也是人。我知道这是前所未有的想法，但它确实让我思考。

图 3.5　两个与美国内战前奴隶制有关的观点采择示例

时候一直在看《根》(*Roots*)，这是一部关于一个年轻的非洲人（昆塔·肯特）被俘并被带到美国做奴隶的迷你剧。查曼承认她不能完全理解昆塔·肯特身体上的疼痛。尽管如此，她还是谈到了他的"痛苦"和"恐惧"，谈到了他的父母因失去第一个儿子而受到的"伤害"，她也被一些殖民者认为非洲妇女不过是"养蜂人"的观点激怒了。右边的日记是 14 岁的克雷格写的，他 9 年级的历史老师要求他们班写日记，记录南方种植园主的生活。请注意，克雷格试图想象自己是种植园主——并接受其他人（那些奴隶）的观点。这种双层视角类似于递归思维，但在这种情况下涉及的想法是"我认为你觉得其他人是这样想的……"。

■ **给出为什么有些行为是不可接受的理由。**虽然对不道德的和反社会的行为施加影响是很重要的，但是惩罚本身常常把儿童的注意力集中在他们受到的伤害和痛苦上。为了促进道德和亲社会发展，我们必须在惩罚和引导的同时，让学生关注自己的行为给他人造成的伤害和痛苦（Hoffman，2000；Nucci，2009；M. Watson，2008）。例如，我们可以描述一种行为是如何在身体上（被人揪头发真的很痛苦）或情感上（"当你那样叫约翰的时候，你伤害了他的感情"）伤害了他人的。我们还可以向学生展示他们是如何给他人造成不便的（"因为你毁了玛丽的夹克，她的父母让她在家里干活来挣钱买一件新的"）。还有一种方法是解释他人的观点、意图或动机（"你刚刚嘲笑的这个科学项目可能不像你的项目那么奇特，但我知道杰克花了很多时间在这上面，他为自己所做的事情感到自豪"）。

■ **让学生参与与学术主题相关的道德问题的讨论。**社会和道德困境经常出现在学校的课程中。请思考以下在关于学术话题的讨论中可能出现的问题。

- 如果对恐怖主义行为的军事报复涉及杀害无辜的人，那么这是合理的吗？
- 实验鼠应该被用来研究抗癌剂的作用吗？
- 哈姆雷特为报杀父之仇而杀死克劳迪斯是正当的吗？

上述这样的困境并不总是有明确的正确答案或错误答案的。作为教师，我们可以鼓励学生以如下几种方式来讨论这些问题：

- 创设一个彼此信任的无威胁的课堂氛围，让学生可以表达他们的信念，而不用害怕被指责或感到尴尬；
- 帮助学生识别困境的各个方面，包括不同个体的需求和观点；
- 鼓励学生探索他们思考的原因，即澄清和反思他们的判断所依据的道德原则（Reimer，Paolitto，& Hersh，1983）。

■ **让学生积极参与社区服务。**正如我们所看到的，当学生在帮助他人方面具有较高的自我效能感，并且将道德理想的承诺融入整体同一性时，他们更有可能坚持强烈的道德原则。当然，这种自我认知并不是凭空出现的。当儿童获得成功开展亲社会活动所需的指导和支持时，他们对亲社会活动的自我效能感更强。理想情况甚至是在他们到达青春期之前，当他们积极地参与服务他人的活动时，他们更有可能将道德的和亲社会的价值观融入他们的整体自我意识（Hastings et al.，2007；Nucci，2001；Youniss & Yates，1999）。通过持续的社区服务活动，中小学生能了解他们有技能和责任去帮助处于困境中的人，并以其他方式使世界变得更美好。在这个过程中，他们也开始认为自己是有关怀心、同情心且有道德的公民，有义务帮助那些比自己不幸的人。有时这些活动被称为**服务学习**（service learning），特别是当志愿活动发生在社区并同时纳入学术课程时（J. P. Allen & Antonishak，

2008；Kahne & Sporte，2008；Thorkildsen et al.，2008）。

■ 有一种行为是我们必须明确且一致反对的，那就是各种形式的作弊，无论是提交从网上下载的研究论文（即剽窃），抄袭其他学生的测验或家庭作业的答案，还是不公平地提前告诉朋友考试题。可悲的是，学生并不总是认为作弊是违反道德标准的（L. H. Anderman，Freeman，& Mueller，2007；Honz，Kiewra，& Yang，2010）。他们会说自己是想帮助朋友，或者他们认为这项任务是在浪费时间或完全超出了他们的能力范围。作弊不仅阻碍了学生的课堂学习（学生从抄袭别人的作业中收获很少），也是不诚实的表现，因此它是不道德的。有几种策略可以潜在地阻止学生作弊。

• 用明确、具体的术语解释什么是作弊。例如，作弊不仅包括将他人的作品视为自己的作品，还包括不公平地让某些同学获得比他人更大的优势。

• 与作弊相比，合理的合作可以让每个人都能学到一些东西，在这种情况下提交的作业才是真实的，是所有人共同努力的结果。

• 单独核实可疑的作弊行为（例如，在互联网上搜索你认为可能是学生抄袭的文章）。

• 提供足够的指导和支持，使学生能够合理地完成分配给他们的任务（L. H. Anderman et al.，2007；Bellanca & Stirling，2011；Honz et al.，2010；Lenski，Husemann，Trautwein，& Lüdtke，2010）。

■ 让学生接触许多道德和亲社会行为的榜样。当儿童和青少年看到其他人（包括他们的老师）做出道德的行为而不是不道德的行为时，他们更有可能表现出道德的、亲社会的行为。你还可以给予简单的提醒，提醒学生在学校所做的所有事情都要进行亲社会的选择（见图 3.6）。道德行为的有力榜样也可以在文学作品中找到，如一些适合儿童阅读的图书，包括哈珀·李（Harper Lee）的《杀死一只知更鸟》（*To Kill a Mockingbird*）和纳撒尼尔·霍桑（Nathaniel Hawthorne）的《红字》（*The Scarlet Letter*）等经典作品。小说尤其有可能产生这种有益的效果，它们可以让读者很好地了解各种人物在想什么和感受什么，从而提高心理理论（Ellenwood & Ryan，1991；Kidd & Castano，2013；Nucci，2001）。

图 3.6　一个简单的提醒示例，你可以在课堂上张贴出来，以鼓励亲社会行为

你学到了什么

现在让我们回到本章开头列出的学习成果，并找出与每个成果相关的关键思想。

3.1 描述儿童的气质和人格特质的本质和起源，解释如何调整课堂实践以适应学生的多样化人格

在上学之前，儿童就表现出鲜明的个性——在各种各样的情况下表现出一致的行为方式。在某种程度上，儿童的人格反映了他们的气质——他们的基因倾向是活跃或压抑，外向或害羞，冒险或害怕等。然而，环境因素也会影响人格：父母与子女情感纽带的质量（反映在依恋上）、照顾者养育方式的本质，以及总体的文化规范和期望，都在塑造孩子的典型行为方式中发挥作用。

当学生的气质和人格特质与课堂活动及作业相适应时，学生最有可能茁壮成长并取得成功。例如，性格安静且自我控制的学生能很好地完成独立的纸笔任务，有活力的学生可能在动手活动中更有效率，冲动控制能力差的学生可能需要比一般人更多的指导和监督。

3.2 解释学生的自我意识如何影响他们的行为，以及如何帮助学生发展健康的自我知觉

随着个体在童年期和青春期的成长，他们构建并不断修正自己的自我意识——知觉、信念、判断和对自己的感受。儿童从他们自己的经历（如成功和失败）、他人的行为，以及他们所属的社会和种族群体的成就中获得自我概念。随着儿童进入青春期，他们的自我意识越来越多地包含一些抽象的品质，并最终形成一种普遍的同一性，即他们是谁、他们认为什么事情重要，以及他们希望实现什么目标。随着青春期的到来，个体对于他人如何看待自己（假想观众现象）的关注也会增加，对自己相对于他人的独特性的信念也会增强（个人神话现象）。个人神话现象和大脑发育的不完全，导致许多青少年愚蠢地冒着风险从事危险的活动。作为教师，我们必须为学生提供成功所需的支持，并给予反馈，使他们对未来的成就感到乐观。我们还可以提供一些个人活动或团队活动，将青少年对风险和社会地位的渴望导向安全、有效的行为。

3.3 应用同伴关系和社会认知的知识，找出促进学生发展的有效社交技能及解决学生攻击问题的策略

富有成效的同伴关系（尤其是友谊）有以下几个重要功能：（1）为社交技能的展现提供了一个试验场；（2）向儿童介绍新的身体技能和认知技能；（3）在困难或不确定的时候提供情感支持；（4）在理想情况下，促进社会和文化上的恰当行为。在初中和高中，许多学生会成为更大的社会群体（如小团体、集群、亚文化群或帮派）的成员，并发展浪漫关系。然而，一些学生总是被他们的同学拒绝或忽视，这些学生可能特别需要教师的友谊和支持。

大多数儿童和青少年会积极地尝试理解他们的社会世界。随着年龄的增长，这种社会认知会变得越来越复杂和深刻，使他们能够与成年人和同龄人有效互动。但一些学生在正确理解社会线索方面存在困难，也可能缺乏有效的社交技能。此外，一些学生会对某些同龄人进行身体或心理上的攻击，这也许是为了在自己的社会群体中获得声望和地位。因此，作为教师，我们有时需要对学生的人际交往进行监督和引导。例如，我们必须解释心理欺凌（例如，在社交媒体上发布诽谤性的信息）和身体攻击一样有害和不恰当。我们还应积极采取措施，促进来自不同背景和拥有不同能力的个体和群体之间的沟通和互动。

3.4 描述儿童和青少年的道德发展与亲社会发展，找出学校教育中能促进道德发展与亲社会发展的策略

随着儿童升入高年级，他们中的大多数对是非的判断能力会越来越强。这种发展进步是许多因素共同作用的结果，包括抽象思维能力和共情能力的发展、对人权和他人福祉的逐渐理解，以及不断遇到道德困境和问题。然而，即使是在高中阶段，学生也并不总是走道德高尚的道路，因为个人需求和自我利益总是会进入他们的道德决策。

作为教师，我们可以帮助学生发展更高级的道德推理和越来越多的亲社会行为，向他们解释为什么某些行为是不可接受的，鼓励他们认识到他人在各种情况下的感受，让他们接触道德行为的榜样，用道德困境挑战他们的思维，并为他们提供社区服务和其他亲社会活动的机会。

教师资格考试练习

《红字》

索瑟姆女士的高二英语班一直在阅读纳撒尼尔·霍桑的《红字》。这部小说里的故事发生在17世纪的波士顿，主要讲述了两个人物进行的不正当的恋情：海丝特·普林是一个有两年没收到丈夫音信的年轻女人；阿瑟·丁梅斯代尔是一个虔诚且受人尊敬的当地牧师。当海丝特怀孕时，她因通奸罪入狱，不久就生下了孩子。班上现在正在讨论这部小说的第3章。在第3章中，州长和镇上的领导人，包括丁梅斯代尔，都逼迫海丝特说出孩子父亲的名字。

索瑟姆女士：孩子的父亲……你怎么知道是丁梅斯代尔……阿瑟·丁梅斯代尔牧师吗？第三章中有哪些线索？妮可……

妮可：他表现得很孤僻。他根本不想被牵扯到这件事里。他想让另一个人问她，因为他不想正视她，问她他的名字。

索瑟姆女士：好的，还有别的吗？

学生：那个孩子。

索瑟姆女士：那个孩子怎么了？

学生：她开始哭，目光跟随着他。

索瑟姆女士：这是我最喜欢的霍桑风格之一（索瑟姆朗读了一段关于丁梅斯代尔的段落，然后让学生写下对他的看法。她在教室里走来走去，观察学生在做什么，直到他们写完了为止）。

索瑟姆女士：如果你要导演一部电影《红字》，你会如何理解这个人？

迈克：我脑子里没有人，只有特征。个子大约1米78，短发，头发梳理得很整齐，穿着得体。他看起来真的很紧张而且很缺乏经验。他脸上露出了内疚的表情。总是紧张，颤抖。

索瑟姆女士：他脸上露出了内疚的表情。他的嘴唇总是在颤抖，总是在颤抖。

麦克：他对自己很不自信。

马特：出汗很严重，总是像这样（他展示了丁梅斯代尔是如何擦他的前额的），他有……他有手帕……

索瑟姆女士：事实上，我们没有看到他在擦他的额头，但我们看到他在做什么？是什么样的动作？你们还记得吗？他会用手捂着胸口，好像他正在忍受着某种痛苦。

学生：金属框眼镜……我不知道为什么。他就像……

迈克：他有点像书呆子……穿着短裤。

索瑟姆女士：但与此同时……我不知道是这个班的同学还是另一个班的同学……这个同学说："嗯，她确实值得。"他的意思是值得拿牧师不朽的灵魂冒险……显然，她有罪，但他也有罪，对吗？如果她值得这么做，难道我们不应该认为他值得她为这牺牲灵魂吗？

学生：也许他的性格很好……

索瑟姆女士：他显然是一个迷人的牧师。他确实能吸引观众。

学生：是他的眼睛。是的，眼睛。那双棕色的、忧郁的眼睛。是的，那双忧郁的棕色眼睛。绝对是。

1. 建构反应题

在这个课堂对话中，索瑟姆女士和她的学生推测小说中的人物——特别是阿瑟·丁梅斯代尔——可能在想什么和感受什么。换句话说，他们在从事社会认知。

（1）找出两个显示社会认知的学生陈述的例子。

（2）对于每个你确定的例子，解释它揭示了说话者的什么样的社会认知。

2. 单项选择题

索瑟姆女士做了几件有助于提高学生换位思考能力的事情。下面哪一个是最好的例子?

A. 她表现出对小说的热情（这是我最喜欢的霍桑风格之一）。

B. 当学生写下他们对丁梅斯代尔的看法时，她在教室里走来走去。

C. 她指出丁梅斯代尔用手捂着胸口，好像他正在忍受着某种痛苦。

D. 她同意迈克对丁梅斯代尔的描述，认为丁梅斯代尔脸上露出了内疚的表情。

教育心理学

EDUCATIONAL

PSYCHOLOGY

04

第 4 章

群体差异

学习成果

4.1 描述不同文化和民族群体的群体间差异和群体内差异，以文化回应式教学为基础描述教师的态度和策略

4.2 描述学龄儿童和青少年典型的性别差异的本质和起源，解释教师如何在课堂中最好地适应这些差异

4.3 识别低收入家庭的学生经常面临的挑战，找出几种可以促进他们的适应能力并帮助他们在学校取得成功的策略

4.4 解释如何识别那些面临学业失败和辍学风险的学生，找出帮助这些学生走上学业成功和社会成功之路的策略

个案研究

杰克为什么不去上学

　　杰克是一名 7 年级的美洲土著学生，居住在美国西南部的纳瓦霍部落。他喜欢上学，学习也很刻苦，并且与同学相处融洽，但是杰克已经整整一周没有来学校了。事实上，他也没有在家里，他的家人（他家里没有电话）并不知道他到底去了哪里。

　　唐娜·黛丽是一名与杰克相识多年的老师，杰克的英语老师向她这样描述道：

　　那名 7 年级学生已经离家 5 天了，而他的父母对此毫不关心。这周，我的所有纳瓦霍族的学生中几乎有三分之一的人没有来上课，他们的父母不支持他们接受教育。当他们不在班里时，我怎么上课？

　　几天后，杰克的姐姐道出了她的父母终于开始寻找杰克的原因："他和朋友一起去看了《第一滴血 2》（Rambo II）后，就再也没有回家。如果他有麻烦，我们会知道的。但是现在，家里需

要他明天去放羊。春天来了，这个季节是每个家庭种植庄稼和修剪羊毛的时间，并且所有的家庭成员都要帮忙。"杰克的行踪很快被发现了，全家人顺道来到唐娜家，告诉了她这个消息。

　　杰克的爸爸说："我们找到他了。"杰克的母亲转向杰克，并挖苦他道："现在上学可能看起来会更容易一些。"杰克在家待了几天，帮着家里灌溉玉米地，然后他决定回学校上学了（Deyhle & LeCompte，1999）。

- 你能按照英语老师的思路来解释杰克为什么逃学，并得出是"因为他的父母不关心他的教育"这样的结论吗？如果能，你自己的文化背景是如何影响你的结论的？
- 如果杰克的父母和大多数父母一样，非常关心他在学校的成绩和生活状况。有没有其他原因可以解释他们在这种情况下的行为？

　　为了真正了解杰克的家庭发生了什么事情，我们需要了解一下纳瓦霍文化。纳瓦霍人非常重视个体自主性：即使是孩子也必须自给自足，自己做决定（Deyhle & LeCompte，1999）。从这一角度来看，好的父母并不意味着要求孩子去做某些事情或以某种方式行动；相反，纳瓦霍族的父母经常会给孩子提供建议和指导，可能会通过较为温和的挖苦形式（"现在上学可能看起来会更容易一些"），促使孩子做出有效的选择。但除了个体自主性，纳瓦霍人还重视合作和相互依靠，他们相信团体成员应该为了共同的利益而合作，因此，杰克的首要任务是帮助家人。我们在其他美洲土著部落中也可以发现对个体

自主性的尊重和合作相依（Frankland，Turnbull，Wehmeyer，& Blackmountain，2004；Rogoff，2003；Tyler et al.，2008）。

　　杰克的英语老师的态度似乎令人有些不安。她认为，纳瓦霍族学生的父母"不支持他们的教育"，这似乎只是基于假设，而不是通过了解他们父母的实际价值观得出的结论。我们会看到，如果教师持有这样的信念，他们就会区别对待一些学生，进而导致这些学生产生心理和行为问题（Galliher，Jones，& Dahl，2011）。

　　在本章，我们将深入研究群体差异（group difference）——不同文化、种族、性别和社会经济背

景的学生的平均差异。在此，我们必须牢记四个要点。第一，任何群体内部都存在许多个体差异。我们将研究不同群体内学生的平均表现，尽管一些学生可能与平均水平相差甚远。第二，两个群体之间通常存在许多重叠部分。以语言能力的性别差异为例，许多研究都发现，平均而言，女孩的语言能力略高于男孩（Halpern & LaMay，2000）。这种差异往往具有统计学上的显著性，也就是说，这种差异并不是由1%的偶然事件表现出来的。但是女孩和男孩在总体语言能力上的平均差异是非常小的，他们之间有很大程度上的重叠。图4.1表明了女孩和男孩在一般言语能力测量上的典型重叠。你可以注意到，尽管女孩具有平均优势，但仍然有一些男孩（那些分数落在曲线最右边的男孩）的言语能力比大多数同龄女孩要强。

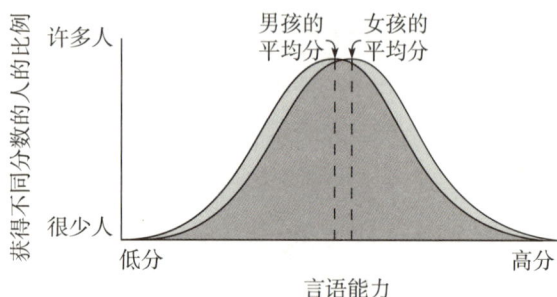

图 4.1　男孩和女孩在一般言语能力测验上的典型"差异"

第三，我们也需要意识到，不应该总是从表面上看待群体差异。如果经过更严格的调查，媒体经常报道的一些差异实际上会更加复杂。让我们来看看美国西班牙裔和欧裔学生之间的成绩差异。总体而言，欧裔美国学生在数学和阅读方面的成绩往往高于西班牙裔学生，但实际上，美国各州学生之间的成绩存在很大差异。例如，一些州（如佛罗里达州、乔治亚州、肯塔基州）的成绩低于全国平均水平，而其他州（如加利福尼亚州、康涅狄格州、罗德岛州）的成绩则高于全国平均水平（Hemphill，Vanneman，& Rhaman，2011）。

第四，我们需要认识到，每当我们谈论学生的群体间差异（如男孩和女孩的差异）和群体内差异（如男孩写作能力的差异）时，这些分类的差异只代表了学生特征的一小部分。作为教师，我们需要始终意识到，每个学生都可以用多种方式来进行描述：他们的性别、社会经济地位、种族、性取向（至少对青少年而言），以及他们的生活和社会环境的许多其他方面。这种对每个学生特征的复杂性和多样性的考虑被称为**交叉性**（intersectionality）（Beck，2016；Jones & Wijeyesinghe，2011；Romero，2018）。作为教师，如果我们发现自己参与了一场关于某个学生的群体态度的讨论，我们需要记住，学生的态度和能力不是由他们的特征的任何一个方面来定义的。

请记住，差异的形式有很多种，而不仅仅是本章所提到的这些。我们在职业生涯中会遇到许多类型的差异。我们需要意识到这些可能性，并将独特各异的学生的存在作为学习、尊重和欣赏所有学生多样性的机会，包括父母是同性别的学生、在国内或国际上被收养的学生、艾滋病毒或肝炎呈阳性的学生，或者有特殊文化背景的学生（如最近从冰岛搬到这里的一名学生）。

要想最大限度地促进所有学生的学习和发展，我们必须意识到那些可能影响他们课堂表现的群体差异。我们所面临的挑战是要记住这些差异，而不是将我们自己的文化中的基本假设强加在他们的行为上，或者假设一个特定群体的所有成员都符合典型的群体模式，又或者忘记这些差异仅代表了学生特征的其中一个方面。实际上，我们对不同学生表现的偏见可能会增加这些学生之间的差异（de Boer，Bosker，& van der Werf，2010；Rubie-Davies，Hattie，& Hamilton，2006；Sirin & Ryce，2010；van den Bergh，Denessen，Hornstra，Voeten，& Holland，2010）。

文化差异与种族差异

4.1　描述不同文化和民族群体的群体间差异和群体内差异，以文化回应式教学为基础描述教师的态度和策略

文化这一概念包含着行为体系和信仰体系，它

体现着具有悠久历史的社会群体的特征。文化影响着我们生活的方方面面。文化背景不但影响着我们所获得的看法和价值观，还影响着我们所发现和掌握的重要技能，以及我们所渴望扮演的成年人角色。文化同样引导着我们的语言和沟通技能的发展，我们的情绪表达和调节，以及我们的自我意识的形成。有时候，我们使用文化这个词来表示那些在广大地理区域内被广泛共享的行为和信仰。例如，西方主流文化包括很多北美和西欧人所共有的行为、信仰和价值观。然而，北美或西欧的任何一个国家（事实上，几乎地球上的每个国家）的境内都有相当大的文化差异。这种国内差异在一定程度上是人们在特定地理区域、宗教团体或社会经济环境中成长的结果。

此外，大多数国家都有来自不同种族的公民。一般来说，**民族群体**（ethnic group）是一群具有共同文化的个体，具有以下特征。

- 它的根先于它所定居国家的创建或是在所居住国家之外。它可能由相同的种族、民族起源或宗教背景的人组成。

- 它的成员有一种相互依赖感——一种生命紧密联系在一起的感觉（NCSS Task Force on Ethnic Studies Curriculum Guidelines，1992）。

民族群体常常与种族群体相混淆。种族的定义和概念化差异很大（Spencer et al.，2012），作为教师，我们需要意识到，许多学生和家长对种族的态度是不同的。种族群体通常是根据群体之间的生理差异来划分的，而这些生理上的差异通常源于基因。因此，一个学生可能属于亚洲种族群体，但也可能属于几个民族群体（如学生可能认为自己是天主教徒和泰国人）。

文化不是静态的实体，相反，随着人们吸收新的思想、方法和思维方式，以及与其他文化互动，文化也会随着时间而变化（Kitayama，Duffy，& Uchida，2007；O. Lee，1999；Rogoff，2003）。此外，在特定的文化中，成员间的态度和行为有很大差异；个别成员可能会接纳某些文化价值观和社会习俗，而拒绝另一些文化价值观和社会习俗（Goodnow，2010；Markus & Hamedani，2007）。例如，你可能会遇到一个学生，在他的文化中，人们禁止吃某些食物，男性和女性也没有平等的权利。然而，你可能会注意到，这个学生接受有关饮食的文化规范，但拒绝性别不平等的观念。

当人们触及一种与自己的文化截然不同的文化时（如移民到一个新的国家），他们中的许多人，尤其是儿童，会逐渐经历**文化适应**（acculturation），接受这种新文化的价值观和习俗。在新的文化环境中，文化适应是成功的关键，但快速的文化适应可能不利于儿童的社会和情感健康。在大多数情况下，儿童所处的文化群体给了他们一个支持网络和一套稳定的价值观，使他们在学校表现良好，在面对歧视和其他挑战时维护自己的自尊（Deyhle，2008；Matute-Bianchi，2008；Sam & Berry，2010）。

我们了解学生的文化背景和民族群体身份的一个最佳方法是了解他们参加过和持续参加各种文化和民族活动的程度（Gutiérrez & Rogoff，2003）。例如，一些墨西哥裔美国学生生活在小而紧密的社区，他们讲西班牙语，传统的墨西哥习俗和信仰渗透进他们的日常生活中，而另一些学生可能生活在文化更加多元的社区，在那里墨西哥传统可能被抛弃，以便他们有时间参加美国的主流活动。学生可能会积极参与两种或两种以上的文化，发生这种情况可能是因为他们从一个国家移民到另一个国家，或者

节日家庭传统

每年我都会做一个姜饼屋，与我所有的朋友和表兄弟一起开派对。

不同的文化之间存在着相当大的差异。例如，7 岁的艾玛会在节日期间做姜饼屋，但她所在的文化中有很多人不做姜饼屋。

是因为他们的父母来自明显不同的民族或种族背景（Herman，2004；A. M. Lopez，2003；Mohan，2009）。一般来说，加入一个特定的文化或民族群体是一种或多或少的现象，而不是非此即彼的情况。在这个跨文化交流日益增多的时代，许多学生不能轻易地被归类。

在家庭和学校中探索不同的文化

许多学生在刚踏入学校时会经历文化冲击，他们对在这个新的环境中应该有的行为感到困惑。这种文化冲击在一些学生身上体现得格外强烈。在北美和西欧，大多数学校接受西方主流文化的规范和价值观，因此具有这种文化背景的学生往往能很快地适应课堂环境。相比之下，那些来自不同文化群体的学生（他们具有截然不同的规范和价值观）可能会经历家庭和学校之间的 文化失调（cultural mismatch）。特别是，他们可能会发现学校是一个混乱的地方，在这里他们不知道自己应该期望从别人那里得到什么，或者别人期望他们怎么做。家庭文化和学校文化的显著差异可能会影响学生对学校环境的适应，并最终影响他们的学业成绩（Phelan，Yu，& Davidson，1994；Turner，2015；Tyler et al.，2008；Ward，Bochner，& Furnham，2001）。

随着学生对学校文化有更多的了解，他们会逐渐意识到教师和同龄人对他们的行为和思维方式的期望，许多学生最终会在从家到学校再回到家的过程中熟练地转换他们的优势文化（Y. Hong，Morris，Chiu，& Benet-Martínez，2000；LaFromboise，Coleman，& Gerton，1993；Matute-Bianchi，2008）。以下是一个墨西哥裔美国学生的回忆。

> 在家里跟我的父母和祖父母在一起的时候，我只能说西班牙语，事实上，这是他们唯一能理解的语言。所有事情都是墨西哥式的，但同时他们又希望我能讲流利的英语……但是在学校里，我感觉很不一样，因为每个人，包括我在内，都是美国人。然后下午放学回家之后，

我又是墨西哥人了（Padilla，1994）。

并不是所有学生都能很容易地适应学校文化。有些学生会极度抗拒适应学校文化，这可能是因为他们认为它与他们自己的文化背景或文化认同不一致——甚至是相矛盾的（Cross，Strauss，& Fhagen-Smith，1999；Gay，2010；Irving & Hudley，2008；Phelan et al.，1994）。还有一些学生虽然会努力适应学校生活，但他们发现家庭和学校的差异是难以解决的问题，正如你将在下面的一段文字中看到的，这是一名教师写的报告，他的学生包括来自巴基斯坦和阿富汗的移民儿童。

> 在准备斋月的日子里，孩子和大人一起斋戒……他们（在天亮前）吃了早饭，然后又回去睡觉，一直睡到该去上学的时候。在学校里，他们不吃不喝——甚至一滴水也不沾——直到日落。到了中午，尤其是在暖和的天气里，他们有点情绪低落……他们会谈及自己有每天祷告5次的义务。他们的文章中流露着矛盾：
>
> 我总是想到我的祖国。我想有一天我会去那里，看看她并在毫无问题的情况下实践我的信仰……日出之前，我可以和家人一起祷告。但是在学校里，我不能对老师说："求求你，老师，我需要祷告（Igoa，1995）。"

作为教师，我们需要尽可能多地了解来自不同文化背景的学生之间彼此不同的生活方式。只有拥有了这种知识，我们才能够做出合理的调整，帮助学生适应学校，并在班级里健康成长。

文化能力

有影响力的教师会不断努力提高自己的文化能力。美国国家教育协会对文化能力的定义如下。

> 文化能力是认识到自己的文化认同和对差异的看法，以及了解和巩固不同学生及其家庭的文化和社会规范的能力。正是这种理解群体内差异的能力使每个学生与众不同，同时颂扬

群体间差异使我们的国家成为一幅锦绣画卷。这种理解力启发并扩展了具有文化能力的教育工作者的课堂教学实践（National Education Association，2018）。

非裔美国人、西班牙裔美国人、亚裔美国人、印第安人、欧裔美国人和许多其他群体之间存在着巨大的文化差异。因此，我们必须留意不要对任何群体形成刻板印象。同时，对文化差异的了解，有时可以帮助我们更好地理解学生为什么会那么做，并变得更有文化能力。

语言和方言

一种明显的文化差异是语言。虽然美国大多数学生在学校讲英语，但他们在校外可能会经历不同的语言环境。在美国，5～14 岁的儿童中有 21.8% 的人在家里说英语以外的语言（U.S. Census Bureau，2013）。对于英语或其他语言的使用情况，学生的家庭内部也存在很大差异（Branum-Martin, Mehta, Carlson, Francis, & Goldenberg, 2014）。在一些家庭中，整个家族几乎在所有时间里都讲另一种语言，而在另一些家庭中，父母中的一方可能在大部分时间里都讲英语。但是，即使儿童在家里说英语，他们所说的也有可能与学校所认可的标准英语（standard English）有所区别。更具体地说，他们可能说不同的方言（dialect），这是一种特殊的语言形式，包括一些独特的发音、习语和语法结构。方言往往与特定的地区或特定的种族和文化群体相联系。有时儿童在家里和在学校里说的语言是不一样的，如儿童在家里说方言，但在学校里说标准英语。这种有意转换语言使用的现象被称为语码转换（code-switching；O'Neal & Ringler，2010）。

不同家庭之间的文化和民族差异影响着儿童的语言和读写能力的发展。作为教育工作者，我们必须记住，种族内儿童的语言技能的差异通常要比种族间的差异大得多。意识到这些发展差异是有帮助的。例如，生活在只讲西班牙语的家庭的儿童，接触英语的机会不如生活在讲英语的家庭的同龄人多。

如果学校用英语授课，那么这些儿童一开始可能处于不利地位，需要双语教育的支持（Lonigan, Farver, Nakamoto, & Eppe，2013）。

被研究者最为广泛地研究的民族方言可能要算非裔美式英语（African American English）了（你可能看到术语黑人英语方言"Black English Vernacular"和黑人英语"Ebonics"），这种方言实际上是一组方言，各地略有不同，其特点是某些说话方式与标准英语截然不同［如"He got ten dollar"（"他得到了 10 美元"）、"Momma she mad"（"妈妈她生气了"）、"He be talkin"（"他 在 说 话"）］（Hulit & Howard，2006；Owens，1995）。研究者曾经认为，非裔美国人的方言代表了一种相对于标准英语而言不那么复杂的语言形式，因此他们力劝教育者教会学生尽快"正确地"说话。但研究者现在意识到，非裔美国人的方言实际上是一种非常复杂的语言体系，拥有可预测的句子结构。另外，这些方言和标准英语一样，可以促进交流和复杂的思维过程（Alim & Baugh，2007；Fairchild & Edwards-Evans，1990；Hulit & Howard，2006；Spears，2007）。

许多儿童和青少年将他们的方言视为他们的民族认同必不可少的一部分。此外，当地方方言被该社区居民作为优势语言时，它便会成为人们在面对面交流和发送短信时最有效的沟通方式。

然而，不熟悉标准英语会阻碍儿童的阅读和写作能力的发展，而且在随后的几年里，他们使用独特地区或文化的方言可能会导致其他人低估或怀疑他们的能力。因此，许多专家建议所有英语国家的学生都应该掌握标准英语。最终，当他们同时掌握了标准英语和方言时，他们可以在合适的场合最有效地使用它们。例如，尽管我们鼓励在大多数书面工作或正式口头报告中使用标准英语，但我们会发现方言非常适用于文学创作或非正式的课堂讨论（Adger et al.，2007；DeBose，2007；Ogbu，1999，2003；Smitherman，1994）。总的来说，意识到和适应学生在语言使用上的文化差异，可以提高我们教育这些来自不同语言背景的学生的能力（Bailey，

Osipova，& Reynolds-Kelly，2015）。

健谈和言语自信

相对而言，西方主流文化是一种喜欢交谈的文化。即使没什么可交流的，人们也经常会互相交谈，闲聊成为维持人际关系的一种方式（Gay，2010；Trawick-Smith，2003）。一些非裔美国人社区也是如此，人们都很健谈，并且常常精力充沛、热情高涨（Gay，2006；Tyler et al.，2008）。然而，某些其他文化可能认为"沉默是金"（Norenzayan，Choi，& Peng，2007；Trawick-Smith，2003）。例如，许多来自东南亚国家的人相信有效的学习最好是通过认真听而不是通过说来实现的（J. Li，2005；J. Li & Fischer，2004；Volet，1999）。

一些崇尚交谈的文化同时也是自信的文化，因为人们乐于说出自己的观点，即使这么做可能会打断别人讲话。例如，许多非裔美国人、欧裔美国人和夏威夷人就是这样。来自比较安静的文化的人，如许多亚裔美国人，在表达自己的观点时往往比较含蓄和犹豫。他们可能会在句子的开头说"我不确定，也许……"，而且他们在谈话时也不太可能透露自己的情绪（Gay，2010；Morelli & Rothbaum，2007；Tyler et al.，2008；Ward et al.，2001）。

此外，对于儿童在大人面前应该有多自信的问题，不同的文化和种族群体有不同的观点。在西方主流文化中，人们普遍认为，当儿童有意见或问题时，他们会大声说出来。然而，在世界上的许多地方，儿童被期望主要通过近距离地、安静地观察成年人来学习，而不是通过提问题或打断成年人正在做的事情来学习（Correa-Chávez，Rogoff，& Mejía Arauz，2005；Gutiérrez & Rogoff，2003；Kağitçibaşi，2007）。在一些文化中——如许多墨西哥裔美国人社区、东南亚人社区，以及一些非裔美国人社区——儿童在很小的时候就知道，他们只有在被要求开口时才能与成年人交谈（Delgado-Gaitan，1994；C. A. Grant & Gomez，2001；Ochs，1982）。

作为教师，我们需要对这些交谈的差异性保持敏感，尤其是当学生刚从另一个国家来的时候。如果一个学生刚从一个要求儿童和青少年在课堂上保持安静的文化环境中搬出来，他可能会发现西方课堂的语言环境混乱且失礼。这类学生的家长可能特别担心他们的孩子会被忽视，得不到教师足够的关注（Mizuochi & Dolan，1994）。

目光接触

对许多人来说，看着对方的眼睛表明我们在专心交流或认真地听对方在说什么。但是在许多美洲土著人、非裔美国人、墨西哥裔美国人、波多黎各人和波利尼西亚人的社会中，儿童直视成年人的眼睛是不尊重的表现。在这些社会中，儿童会被告知在大人面前要向下看（Jiang，2010；McCarthy，Lee，Itakura，& Muir，2006；Tyler et al.，2008）。

下面的例子说明了教师对学生关于目光接触的认识会产生的影响。

　　一名教师是这样描述一名美洲土著学生的："他从来不说话，甚至当我跟他打招呼时也是如此。"一天，他走进来，教师看着别的地方说："你好，吉米。"他友好地答道："你好，雅克布斯小姐。"教师发现，如果她看着书本或墙壁，他就可以一直谈下去，但是当她看着他时，他就变得害怕了（Gilliland，1988）。

个人空间

在一些文化中，如在一些非裔美国人和西班牙人的社会中，人们在交谈时彼此会靠得很近，可能还会时不时地碰触对方。相反，欧裔美国人和东亚裔美国人往往会与他人保持适当的距离——保持一定的**个人空间**（personal space）——特别是当他们彼此不太熟悉时（Slonim，1991；Trawick-Smith，2003；Ward et al.，2001）。作为教师，我们必须对学生的个人空间保持敏感，以使从不同文化环境来的学生在和教师或同学交流时感到舒适。

回答问题

在许多西方课堂上，交流通常是一个 **IRE 循环**（IRE cycle）：教师通过提一个问题来发起互动，学生回答教师所提的问题，然后教师对这个回答做出评价（Mehan，1979）。在中等收入的欧裔美国家庭的亲子关系中也经常有类似的交流。例如，当我们中的一位作者的孩子在学步期或学前期的时候，作者经常问他们这样的问题："你几岁了？""母牛怎么叫？"当他们答对时，作者就会夸奖他们。但是在其他文化群体中长大的孩子，在刚进学校时对这种"提问 – 回答"的谈话方式并不熟悉。而且，当教师所提的问题是他们已经知道答案的问题时，一些孩子可能会感到困惑（Adger et al.，2007；Crago，Annahatak，& Ningiuruvik，1993；Heath，1989；Rogoff，2003，2007）。在一些文化中，儿童会被告知，不要回答陌生人所提出的关于个人和家庭生活的问题，如"你叫什么名字""你住在哪里"（Heath，1982，1989）。

因此，问题不是儿童不习惯被提问，而是他们以前很少经历这种类型的提问。而且，其他教师很可能像下面这名教师一样误解儿童的沉默：

> 最简单的问题是，他们上课时不回答问题，但在操场上，他们可以毫不费力地解释一个球类游戏的规则，或者描述一个有趣的东西。因

此，我知道他们并不像在我的课堂上表现得那样沉默寡言（Heath，1983）。

在回答对方问题之前应该等待多长时间？这个问题也存在文化差异。在某些文化中，人们会等待一段较长的时间然后回答问题，以表示尊重，就像北夏安族人所描述的那样。

> 即使我能很快回答你的问题，我也不会马上回答，因为那意味着你的问题不值得思考（Gilliland，1988）。

当教师希望他们的问题能得到即时的回答时——延迟 1 秒或更少的时间——来自这些文化的学生可能没有足够的时间在回答时表示尊重。要警惕将这种延迟解释为缺乏能力或投入。这类学生在教师提问或其他学生发言后，会有几秒的沉默时间，如果教师延长等待时间，这类学生就更有可能参与课堂并回答问题（Castagno & Brayboy，2008；Tharp，1989）。

公共表现和个人表现

在许多课堂上，学习是一件非常公开的事情。

教师经常问学生一些教师自己已经知道答案的问题，但并不是所有学生都熟悉这种被称为"IRE 循环"的、用来评估学生的知识水平的策略。

学生经常被期望能在全班人的目光中回答问题或展示技能，教师也会鼓励他们在不明白的时候提问。许多教师所采用的这些理所当然的方式可能会使某些民族的学生感到困惑，甚至产生疏离感（García，1994）。例如，许多美洲土著儿童会在私底下练习一种技能，并且只有在已经熟练掌握这种技能的情况下在众人面前展示（Castagno & Brayboy，2008；Suina & Smolkin，1994）。在一些美洲土著文化和夏威夷文化中，儿童会觉得一群同龄人一起回答大人的问题要比单独面对大人更轻松（K. H. Au，1980；L. S. Miller，1995）。

对嘲弄的看法

尽管一些人认为，嘲弄是粗俗的、不恰当的行为，但在一些文化中，嘲弄是一种普遍的社会交往形式。例如，在本章开篇的个案研究中，杰克的母亲挖苦他说："现在上学可能看起来更容易一些。"如果使用得当，在特定的文化群体中，嘲弄可以有许多功能——它可以提供消遣、提高语言创造力、给予人适当的压力来从事更有效的行动，还可以帮助儿童学会如何从容地应对批评（Adger et al.，2007；P. M. Cole，Tamang，& Shrestha，2006；Rogoff，2003）。作为教师，我们需要特别注意来自不同文化背景的学生相互嘲弄的情况。虽然来自特定文化群体的学生互相取笑是可以接受的，但当来自该文化群体之外的学生参与取笑时，界限可能就会被跨越。

合作与竞争

在传统的西方课堂上，当学生取得高水平的个人成绩时，他们就会得到奖励。例如，在某些情况下，当教师根据曲线分布评分或在公告板上张贴最好的作文时，学生必须互相竞争才能取得成功。

然而，在一些文化中，包括许多美洲土著人、墨西哥裔美国人、非洲人、东南亚人，以及太平洋岛屿社区，团体成就所受到的重视要高于个人成就。从这些文化中来的学生通常更习惯合作，更加追求集体利益而不是个人利益，并且更谦逊地看待个人成就（X. Chen，Chung，& Hsiao，2009；Mejía-Arauz，Rogoff，

Dexter，& Najafi，2007；Tyler et al.，2008）。

当教师要求学生与同学竞争时，来自合作文化的学生可能会有所抵触，正如16岁的玛利亚所解释的那样。

> 我喜爱体育，但不是竞技体育。（我的兄弟们）也是如此。我想我们是从父母身上学到这一点的。他们想通过某种方法让我们家的每个人都是胜利者，没有人会为了什么而去竞争（Pipher，1994）。

当这些学生因为帮助别人完成作业或因分享答案而受到教师的责备时，他们可能会表现得很困惑，当他们所取得的个人成绩被大家知晓时，他们也会表现得不自在。强调合作而不是竞争的团体活动常常能够提高这些学生的学业成绩（Deyhle & Margonis，1995；Lipka，1998；L. S. Miller，1995；Rogoff，2003）。

家庭关系与期望

在一些群体中，家庭纽带和家庭成员之间的关系非常重要，扩展家庭成员之间通常住得很近。在这种文化中长大的学生，往往会认为自己对家庭的幸福负有责任，并且对其他家庭成员有强烈的忠诚感。他们也会尽力让父母高兴。当受此种文化熏陶的学生的家庭需要帮助时，他们就会经常为此离开学校，就像本章开篇的个案研究中的杰克所做的那样（Banks & Banks，1995；Fuligni，1998；Kağitçibaşi，2007；McIntyre，2010）。

在大多数文化中，孩子在校的成绩很受重视，父母会鼓励孩子在学校中好好表现（Monzó，2010；R. R. Pearce，2006；Spera，2005）。但某些文化群体对其他成就的重视程度更高。例如，在为孩子上学做准备时，许多西班牙家庭特别强调适当的社会行为，如尊重成年人和与同龄人合作（Greenfield et al.，2006；Tyler et al.，2008）。在一些文化群体中，即使准妈妈很年轻或还没有读完高中，早孕也是一件令人高兴的事情（Deyhle & Margonis，1995；McMichael，2013；Stack & Burton，1993）。

我们必须对这种情况特别留意：我们所认为的重要成就在某些学生的家庭中并不受重视。无论何时，我们要让学生知道，学校环境和班级活动如何与他们的文化背景和他们自己的生活目标相关联（Brayboy & Searle，2007；Lipman，1995；Moje & Hinchman，2004）。我们还必须与父母保持联系。因为有些父母，特别是少数族裔学生的父母，可能会害怕学校的工作人员，教师往往需要在建立有效的父母－教师关系中迈出第一步。当教师和父母认识到，家庭和学校都希望学生在班级中取得成功时，他们更有可能通过合作来提高学生的成绩（Anderman & Anderman，2014；Edwards & Turner，2010；Reschly & Christenson，2009）。

时间观念

许多人都把他们的生活时间表安排得井井有条：他们会准时赴约、参加社交活动和按时吃饭。然而，并非所有文化都强调"准时"。例如，许多西班牙裔群体和美洲土著群体并不严格遵守时间表（Tyler et al.，2008；Ward et al.，2001）。毫无意外，来自这种文化背景的儿童可能会上学迟到，也可能对按时完成作业的要求不太理解。

大多数西方文化都倾向于强调未来的时间——明天做什么、明年夏天的计划，或者未来 10 年的目标。然而，并不是所有的文化都强调未来：我们需要意识到，与其他学生相比，一些学生可能没有那么关注未来。例如，研究结果表明，说阿拉伯语的人对过去的关注比对未来的关注更多（de la Fuente，Santiago，Román，Dumitrache，& Casasanto，2014）。因此，来自某些文化或语言背景的学生可能会比其他学生更倾向于谈论和重视过去。

为了在西方主流社会取得成功，学生最终都需要学会遵守时间。同时，我们必须认识到，并不是所有的学生都会在第一次进教室的时候注意到钟表上的时间。当然，我们希望学生能按时上课、按时交作业。但是当他们还没有立即养成这种习惯时，我们必须有耐心，并理解他们。

世界观

到目前为止已经发现的文化和种族差异以这样或那样的方式反映在学生的行为上。但是我们对文化的界定既包括了行为，也包括了能够表现社会群体特征的信仰体系。我们关于世界的一般信仰和假设——统称为世界观（worldview）——是我们日常思维的一部分，我们认为它们是天经地义的，以至于没有清晰地意识到它们（Koltko-Rivera，2004；Losh，2003）。有些信仰渗透进传统的西方学校中，但是它并不被大家所共享。看看下面这些例子。

- 飓风横扫南佛罗里达之后，许多四五年级的学生认为这次飓风是由自然原因导致的，但是一些有少数族裔文化背景的学生从各种地方听到并且相信人的行为或超自然的力量在飓风的产生及破坏中也起了作用（O. Lee，1999）。

- 来自梅诺米尼文化群体（一个美洲土著群体）的 4 年级学生经常能在科学课上取得好成绩，但是到 8 年级的时候，他们的成绩就会出现相当大的滑坡。梅诺米尼文化教育儿童，他们是自然的一部分，而不关心如何掌控自然，因此儿童会越来越发现学校的科学课与这种观点不一致（Atran，Medin，& Ross，2005；Medin，2005）。

- 当美国高中生读报纸，读到"在公立学校进行祷告是否恰当"这篇文章时，他们中的一些人把不进行祷告的趋势看作向更大的宗教自由迈进的标志。但其他一些虔诚的基督教家庭可能认为，这种趋势是一种衰落，反映了该国的宗教传统被抛弃（Mosborg，2002）。

如你所见，学生的世界观很可能会影响他们对时事和课堂内容的理解（Kağitçibaşi，2007；Keil & Newman，2008）。

创造一个文化包容的班级环境

显然，我们必须意识到不同文化和种族群体的学生可能以不同的方式进行思考和行动，并对此保持敏感。同样重要的是，我们要帮助学生发展这种敏感性，使他们成为学校社区和日益多元化的社会中有价值的成员。以下是一些建议。

- **审视自己的文化透镜和偏见。**当教师对来自不同文化背景的学生抱有消极的看法时，他们与这些学生的互动就会受到影响。例如，当教师对少数族裔学生有负面的信念（如相信一些少数族裔学生可能比大多数学生对学习更不感兴趣）时，他们在某种程度上更有可能使用重点关注学生之间的能力差异的教学实践（Kumar，Karabenick，& Burgoon，2015）。在本章开篇的个案研究中，杰克的英语老师抱怨"他的父母毫不关心"，并且认为纳瓦霍族的父母"不支持他们（孩子）的教育"（Deyhle & LeCompte，1999）。这个老师用"非纳瓦霍人"的视角来看待父母的行为。我们自己的文化中的所有假设和世界观——如认为好的父母要积极指导和控制孩子的行为——是如此地深入到我们的生活中，以至于我们认为这些都是常理，甚至是事实，而不是信仰。这些信仰成为一种文化透镜，我们通过它来看待这个世界，并且认为其他文化是非理性的，是低我们一等的。

  具有文化能力的教师能够有效地与来自不同背景的学生合作，他们会敏锐地意识到自己的文化信仰只是一种信仰。他们会齐心协力，不去评判与自己截然不同的文化习俗和信仰，而是试图理解其他文化群体的人为什么会那样思考和行动（Banks et al.，2005；Rogoff，2003）。

  承认我们自己的文化假设，并对他人的观点发展出一种欣赏的态度需要时间和努力。事实上，这可能是一个毕生的过程。有意识地努力与来自其他文化的个体进行互动、阅读文学作品、参加其他群体的文化活动，以及偶尔置身于某种让我们自己是少数族裔的情境中，都能帮助我们反思自己的个人观点和偏见。有影响力的教师会让自己沉浸在学生的日常生活和文化中——与学生谈论他们的兴趣和活动、了解学生的家庭、光顾当地的企业等（Castagno & Brayboy，2008；Ladson-Billings，1995a；Moje & Hinchman，2004）。与学生在兴趣上有潜在的相似之处对于你与学生建立关系尤其有帮助（尽管你们的文化背景不同）。师生之间总会有一些重叠，识别出兴趣上的这种相似之处可以极大地提高师生关系的质量（Gehlbach et al.，2016）。我们也可以从观察其他与来自不同文化背景的学生成功合作的教师的行为中获益（Whitaker & Valtierra，2018）。只有沉浸在一个非常不同的文化环境中，我们才能真正开始理解我们是自己文化的产物，并意识到在一个非常不同的文化中成长的潜在好处（Banks et al.，2005；Rogoff，2003）。

- **对新近移民可能经历的文化冲击保持敏感。**近年来，移民数量急剧增加，这在美国和其他地方也已成为一个高度政治化的话题。图4.2中的数据显示，在过去的20年里，美国的移民数量急剧增加（Pew Research Center，2018）。无论我们自己对这个话题的政治观点如何，我们都必须认识到，所有学生都值得我们的指导和支持，并获得他们未来在成人世界中的成功所需的知识和技能。新近移民学生可能缺乏非移民学生所掌握的一些技能和知识，这可能会对他们的学业成就造成不利影响（Martin，Liem，Mok，& Xu，2012）。不同的移民学生之间在入学准备方面也有很大的差异（Koury & Votruba-Drzal，2014）。此外，媒体对世界其他地区的报道可能会使一些移民比其他移民更难转型。例如，当西方国家和中东国家之间的关系高度紧张时，从中东国家移民到西方国家的学生在学校可能会面临特殊的挑战，如被其他学生嘲笑或排斥（Kumar，Warnke，& Karabenick，2014）。

对新近移民来说，教师的指导和支持可能不仅包括额外的学术帮助，还包括对新文化的典型做法和习俗（即事情应该怎么做）的明确指导（Vang，2010；Ward et al.，2001）。此外，一些学生可能会因他们的宗教信仰而需要住宿。例如，我们可能会谨慎地给虔诚的中东学生一个私人的地方，让他们在下午的早些时候祷告，我们可能会谅解他们因在斋月期间禁食而不能进行剧烈的体育锻炼（Sirin & Ryce，2010）。某些移民学生可能在参加某些考试时需要住宿，最近的一些研究表明，移民学生尤其可能受益于被允许使用基于计算机的平台完成考核，前提是该考核对所有学生都是公平且公正的（Sonnleitner，Brunner，Keller，& Martin，2014）。

■ **将许多文化观点和传统融入课程。** 真正的**多元文化教育**（multicultural education）并不仅仅是烹饪民族食品、庆祝五月五日节，或者在黑人历史月中了解著名的非裔美国人。相反，它应该在整个课程中整合众多文化群体的观点和经验，并使所有学生都有理由以自己的文化传统为荣。当来自不同背景的学生

认为学校课程和课堂活动与他们自己的文化相关时，他们可能更有动力做好，并且真正地做好（Brayboy & Searle，2007；Gay，2010；Moje & Hinchman，2004；Tyler et al.，2008）。通过整合这些内容，教师可以帮助学生体验到与学校更强大的联结感。这种联结感与积极的长期结果有关，如学生从高中毕业的可能性更大，尤其是在种族多样化的学生中（Niehaus，Irvin，& Rogelberg，2016）。每个学年一开始，班上总会有大量不说英语的儿童，如何将学生多样的文化背景融入教学，一名小学教师是这样描述的：

我们试图将一年中的所有文化——开斋节、排灯节、春节等囊括在教学中。教育这个年龄阶段的儿童的可爱之处在于，他们对不同国籍和宗教的差异的态度仍然很天真，所以他们能接受所有东西（Eustice，2012）。

重要的是要认识到，接触新奇文化对大多数学生而言也是有益的。例如，幼儿园和一年级的儿童如果与母语为非英语的儿童（及正在学习说英语的儿童）同在一间教室，他们往往比那些处在英语学习者较少的课堂

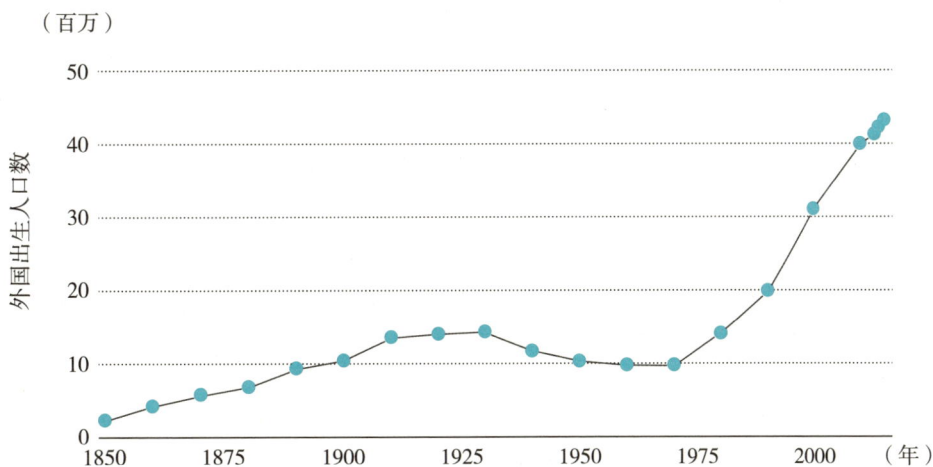

（百万）

外国出生人口数

图 4.2　居住在美国的外国出生人口增长数

资料来源：U.S. Census Bureau population estimates and Pew Research Center tabulations of 2010，2013–2015 American Community Surveys(IPUMS). Pew Research Center.

中的儿童有更少的行为问题和更好的社交技能（Gottfried，2014）。

作为教师，我们也需要意识到可能学生中普遍存在的文化误解和误传。我们甚至可以让学生参与讨论这些偏见。例如，一些教育家注意到，不同的历史教科书呈现阿拉莫战役的方式各不相同。一些研究人员最近主要研究了来自美国中西部的白人学生和居住在墨西哥城的墨西哥学生，这些学生参与了一个项目，在这个项目中，他们研究了各种教科书讨论这场战争的方式。在项目结束时，这些学生意识到了其中的一些偏见。一个学生评论道："通过这个项目，我了解到我们接受的教育方式和墨西哥学生接受的教育方式有很大不同（Seeberg & Minick，2012）。"另一个学生说："我没发现不同的学校对阿拉莫战役的讨论有多么不同。例如，在美国的教科书中，桑塔·安纳（Santa Anna）是一个恶棍；在墨西哥的教科书中，既没有恶棍，也没有英雄（Seeberg & Minick，2012）。"

作为老师，我们可以将来自不同文化的内容整合到学校的许多课程中。例如：

- 在语言艺术课上，学习来自不同种族的作家和诗人的作品（如学习嘻哈流行歌曲的歌词）；
- 在数学和科学课上，利用学生在社区建筑、狩猎、农业和烹饪实践方面的经验；
- 在社会研究课上，研究不同的宗教信仰及其对人们行为的影响；
- 在历史课上，从不同的角度来看待战争和其他历史事件（例如，从美洲原住民的视角看待欧洲定居者的西迁，从西班牙人的视角看待西班牙 – 美国战争，从日本人的视角看待第二次世界大战）；
- 在音乐课上，探究世界上不同地区音乐的音调和节奏差异；
- 在历史和当代时事课上，考虑诸如歧视

和压迫等问题（J. M. Hughes，Bigler，& Levy，2007；J. Kim，2011；Lipka，Yanez，Andrew-Ihrke，& Adam，2009；McIntyre，2010；NCSS Task Force on Ethnic Studies Curriculum Guidelines，1992；K. Schultz，Buck，& Niesz，2000）。

在探讨文化多样性时，我们应该既看到差异，也看到它们的共同之处。例如，在小学阶段，我们可以研究不同国家的人是如何庆祝儿童的生日的。在中学阶段，探索所有文化背景下的青少年所面临的共同问题——获得长辈的尊重、形成相互信任的同伴关系、找到一个有意义的社会位置——也是有益的。多元文化教育的一个重要目标是传达这样的信息：在这一切的背后，人的共性大于差异（Brophy，Alleman，& Knighton，2009；Ulichny，1996）。

教师应该鼓励学生为多元文化课程做贡献，如从家里带来照片和最喜欢的食物，表达他们不同的经历和观点，而不必害怕被嘲笑或被指责（Gollnick & Chinn，2009；Jiang，2010）。最后，教师要帮助学生认识到，多种多样的文化群体之间需要相互学习。例如，学生可能会惊讶地发现，许多民主政府的一些基本实践——派出代表特定群体的委员，只允许一人在管理委员会上发言一次，将政府和军事机构分离——采纳的就是 18 世纪美洲原住民的治理方法（Rogoff，2003；Weatherford，1988）。

■ **以学生的长处为基础，对教学方式进行调整以适应他们偏好的学习和行为方式。**建立在学生现有知识、技能、学习和行为习惯基础上的课堂策略被统称为 **文化回应式教学**（culturally responsive teaching）。例如，如果学生经常在家里和社会中与他人合作，我们就应该经常使用合作小组活动（Castagno & Brayboy，2008；Hurley，Allen，& Boykin，2009；Ladson-Billings，1995a）。如果在与同伴的非正式交流中，学生习惯在交谈的同时阐述彼此的想法，我们就应该要求他们一起回答问题而不是单独回答问题（K. H. Au，1980）。如果学生的家庭环境是高能量的，经常同时进行多种活动——就像非裔美国人和西班牙裔美国人的家庭那样——我们就应该创造一个类似的高能量的、多活动的课堂环境（Tyler et al.，2008）。

教育工作者还需要记住，学生的文化背景会影响他们的行为和信念。当教师忽视文化对学生的强大影响时，他们往往会低估学生的智力潜力、学业成就和语言能力（Hilliard，1992；Tyler，Boykin，& Walton，2006）。例如，一些非裔美国学生可能对教育的经济价值心存疑虑（Mickelson，1990）。意识到这些学生有这种感受可以帮助教师了解为什么学生可能会脱离学业。

■ **努力打破学生对某一民族群体的刻板印象。** 尽管教师和学生确实应该意识到不同民族群体之间的真实差异，但是持有刻板印象（stereotype）——一种固有的、简单的、而且必然也不准确的印象——则是不利的。就算是思想最开放的人有时也可能持有民族刻板印象，你可能会在下面的练习中发现。

亲身体验

第一印象（1）

想想从下面这三个地方来的人，记下每个人在你脑海出现的第一印象。

- 荷兰
- 墨西哥
- 夏威夷

现在，用"是"或"否"来回答以下问题。

- 荷兰人穿木鞋吗？
- 墨西哥人戴宽边帽吗？
- 夏威夷人穿草裙或戴花冠吗？

如果你的答案中有"是"，你的一个或几个印象就反映出了民族刻板印象。大多数荷兰人、墨西哥人或夏威夷人并不穿木鞋，戴宽边帽，或者穿草裙、戴花冠。

在前面的练习中，你的刻板印象只涉及表面的品质。然而，人们的刻板印象也包括关于典型人格特征和行为的观点。一些刻板印象——如认为某一群体愚蠢、懒惰或好斗——是贬义的，当然不利于有效的跨群体互动。

研究者已经发现了几种起反作用的刻板印象的来源。在某些情况下，家庭成员、朋友或大众媒体通过带有偏见的言论、做法、避免眼神接触和讽刺漫画来传达刻板印象（Branch，1999；Castelli，De Dea，& Nesdale，2008；Nesdale，Maass，Durkin，& Griffiths，2005；Theobald & Herley，2009）。在另一些情况下，两个群体之间的冲突和仇恨历史可以使儿童认为，对立群体中的人拥有令人不快的品质（Pitner，Astor，Benbenishty，Haj-Yahia，& Zeira，2003）。偶尔，刻板印象会出现在课程材料和课堂教学中。例如，当美国儿童在第一个感恩节玩角色扮演时，他们会穿纸袋"动物皮"，脸上涂颜料，头上戴羽毛（Bigler & Liben，2007；Brayboy & Searle，2007）。有时，学生对一个与自己的文化群体截然不同的文化群体几乎一无所知。例如，当一个中东女孩戴着头巾上学时，一个粗心的同学可能会问："你的头发有什么问题吗（McBrien，2005a；Sirin & Ryce，2010）？"

贬损的刻板印象会导致不同的文化群体成员之间的误解。如果不加以纠正，它们也会导致明显的歧视和恶意行为——种族笑话、种族嘲弄、社会排斥等（Killen，2007；Pfeifer，Brown，& Juvonen，2007）。我们还需要考虑作为教师的我们可能持有的刻板印象，并考虑这些刻板印象会如何影响我们与学生之间的互动。例如，一些教师会对少数族裔学生提供不同的反馈，即比起多数学生，给予少数族裔学生更少的批评和更多的表扬（Harber et al.，2012）。虽然这可能是出于好意，但我们需要意识到，当反馈不同时，我们可能向学生传达了不同的信息：对小成就的过多赞扬会传达出我们对学生的期望过低的想法。经常被他人的误解和偏见伤害的学生比他们的同龄人更容易患上慢性疾病或抑郁症（Allison，1998；G. H. Brody et al.，2006；Tatum，1997）。消极的刻板印象也会转向个体内部，这是一种被称为**刻板印象威胁**（stereotype threat）的现象：学生在他们的群体刻板印象中表现较差的领域变得过度焦虑，从而导致他们的表现比正常情况差（J. Aronson & Steele，2005；Walton & Spencer，2009）。

■ **将文化多样性带到文化同质的课堂中**。当学生只与文化背景相似的同龄人一起上学时，他们可能会对其他文化和种族持有特别幼稚的、可能起反作用的刻板印象（McGlothlin & Killen，2006；Pfeifer et al.，2007）。在这种情况下，我们可能要将学生带出学校的围墙，要么从身体上，要么从心灵上。例如，我们可以让学生从事社区活动项目，为在幼儿园、疗养院或城市文化中心的特定种族群体提供服务（Sleeter & Grant，1999）。或者，我们可以发起姐妹学校项目，让从两个不同种族社区来的学生进行定期交流，交换信件或电子邮件、照片、故事或当地新闻（Koeppel & Mulrooney，1992）。

■ **培养民主思想，让学生有能力带来有意义的改变**。任何多元文化教育项目必须包括诸如尊严、平等、正义等各种民主观点，以及对不同观点的欣赏（Gay，2010；Gollnick & Chinn，2009；NCSS Task Force on Ethnic Studies Curriculum Guidelines，1992）。事实上，每个国家都包含了多种文化，这种多样性提供了丰富的观点和思想，而这些观点和思想必将形成一个更加富有创造力的社会，当我们帮助学生理解了这些，我们就为学生在一个民主社会中有效地行动做了更好的准备。这种理解反映在图 4.3 的写作样例中，该文章是由一名来自新罕布什尔州的一所文化同质的农村高中的学生写的。他的文字是真诚的，获得高中文凭后，他在巴西农村一个文化环境非常不同的社区待了两年，然后去上了大学。

对我来说，多样性不仅是生活中的事实，也是生活。差异性和独特性使人们过着充实的生活。学习和赞美其他人的不同之处可能是进入生活的一把钥匙，没有它，很多门将会关闭，将你排除在外，使你无法获得成功。一个地方的"多数"在另一个地方可能就是"少数"，认识到这一点可以帮助我们开阔视野，帮助我们应对各种情况。

图 4.3 16 岁的兰迪在美国历史课上写的一篇短文表明了他对文化差异的欣赏

教育学生尊重多元视角并不意味着我们要对所有的信仰一视同仁地接受。例如，我们当然不应该接受一种明显侵犯基本人权的文化。尊重，确实意味着我们和学生应该尝试设身处地地在那种文化的信仰和假设背景下理解这一文化群体的行为。

走进课堂 ● ● ●

解决学生的刻板印象和偏见

■ 使用能代表所有文化和种族群体的课程

材料，使其成为主流社会中有能力且合法的参与者，而不是生活在另一个世界的异域怪人。一名历史老师仔细阅读历史教科书，以确保它以非刻板的方式描绘了所有种族的成员。他通过使用一些强调不同种族成员在历史上扮演的重要角色的读物来补充课文的内容。

■ **使用描述来自不同文化背景的同龄人的文学作品。**作为英国一项研究计划的一部分，几名小学老师给学生读了一系列故事，内容涉及英国儿童和来自其他国家的难民之间的亲密友谊。经过实验干预后，学生对难民儿童的态度比没有听过这些故事的对照组学生更积极。

■ **探索各种方言的特征和复杂性。**一所高中的语言艺术课考察了当地非裔美国人方言的一些独特特征，包括动词 "to be" 的各种形式。例如，非裔美国人解释道，"is" 这个词通常在简单的描述句中被省略（如 "He a handsome man"），"be" 这个词有时用来表示一个不变的或经常出现的特征（如 "He be talking" 的意思是这个人很健谈）。

■ **就学校和当地社区存在的偏见和种族主义进行课堂讨论。**美国城郊社区的一所中学创建了许多种族混合焦点小组，学生会定期聚集在一起，分享他们对学校中跨种族关系的看法。尽管一些具有欧洲血统的美国学生在一开始与他们的少数族裔同龄人谈论这个话题时会感到不舒服，但打破僵局后，他们之间产生了更好的跨文化理解和交流。

■ **让学生接触具有不同民族背景的成功榜样。**一名教师邀请了几位来自少数族裔的成功专业人士给她的学生讲述他们的职业生涯。当一些学生似乎对其中一个或多个职业特别感兴趣时，她会安排学生在这些专业人士的工作场所与他们相处。

■ **布置小组合作计划，具有不同背景的学生必须将他们独特的才能结合起来才能达成共同的目标。**一名 4 年级教师让小型合作小组设计并实施一个全校范围内的调查，来征集其他学生对各种话题的意见（如对学校筹款活动的想法、对餐厅菜单品种的偏好）。这名教师有意识地创建了文化异质的小组，让小组成员利用不同的友谊网络来寻找志愿者做调查。此外，他还确保团队中的每个成员在调查设计或数据分析方面都能提供独特的贡献——可能是会用文字处理软件、有艺术天赋或数学技能。

■ **强调一些人属于两个或更多文化群体，任何一个群体的成员在行为、信仰和价值观上往往都各不相同。**在世界主要宗教的地理单元中，一名中学教师经常指出，不同宗教的成员往往有非常不同的习俗。例如，他说："一些中东妇女的穿着和这个国家的妇女差不多；其他人除了穿常规的现代服装外，还戴着头巾；还有一些人穿着罩袍，遮住除手以外的所有身体部位。通常，妇女会围上围巾或罩袍，以示对自己身体的谦卑。事实上，一些犹太女性也会戴头巾以表示谦卑，但也有很多女性不戴头巾。"

资料来源：Adger et al.，2007；Barbarin, Mercado, & Jigjidsuren，2010；Boutte & McCormick，1992；L. Cameron, Rutland, Brown, & Douch，2006；Dovidio & Gaertner，1999；Gutiérrez & Rogoff，2003；Hulit & Howard，2006；Mohan，2009；Oskamp，2000；Pfeifer et al.，2007；K. Schultz et al.，2000；Tatum，1997.

在理想情况下，民主也为学生提供了一个可以带来有意义变化的环境。教师应该鼓励学生挑战现状，争取社会公正，如住房质量不达标、某些社区的投票率低、学校安全，或者自然资源滥用等问题（Ladson-Billings，1995a；Lipman，1995）。例如，佛罗里达州的帕克兰发生校园枪击事件后，学生发起的建立更安全校园的运动引起了全美国的关注，并改变了该州的法律。学生积极发起运动并参与社区事务，似乎注入了一种"我能做"的精神和乐观主义，即所有公民都可以对自己和他人的生活产生重大影响（Eccles，2007；Kahne & Sporte，2008；Tate，1995）。

性别差异

4.2　描述学龄儿童和青少年典型的性别差异的本质和起源，解释教师如何在课堂中最好地适应这些差异

在学习能力方面，男孩和女孩之间的相似性可能比你想象中的更大。但在其他方面，他们之间的差异可能也比你想象中的要大。

关于性别差异的研究发现

研究者已经发现，男女之间在体格、认知、人格和社会性方面有许多差异。

体育活动和运动技能

平均而言，男孩比女孩更加好动。因此，他们更不容易长时间坐着不动，也不太喜欢久坐的活动，如阅读（W. O. Eaton & Enns，1986；Newkirk，2002）。青春期前，男孩和女孩可能在体育和心理运动技能成长方面有着相似的潜力，尽管女孩在精细动作技能方面（如手写）有微弱的优势。然而从总体上看，通过有组织的体育活动，男孩的体育和运动技能会有更大的发展。青春期后，男孩在身高和肌肉力量方面就有了生理上的优势，即他们会更高，而且因为雄性荷尔蒙的作用，他们也会更强壮（Halpern，2006；Hyde，2005；J. R. Thomas & French，1985）。

在促进学生的身体健康时，这些差异并不能作为哪一性别更好的依据。体育课程和运动项目应该为男孩和女孩提供同等的机会和鼓励，最大限度地提高他们的身体健康水平和运动技能。

认知和学业能力

平均而言，男孩和女孩在一般智力测试中的表现相似，部分原因是编制测验的专家剔除了那些只适用于某一个群体的项目（Halpern & LaMay，2000）。然而，研究人员确实在一些特殊的认知能力上发现了性别差异。最为一致地观察到的性别差异是视觉空间能力（visual-spatial ability），即对二维图形和三维图形进行想象和心理操作的能力。作为这种能力的一个示例，请尝试下面的练习。

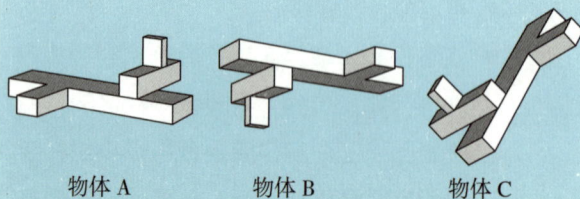

亲身体验

心理旋转

这里显示的三幅画是代表了同一物体的不同旋转角度，还是代表了两个或更多不同的物体？

物体 A　　　物体 B　　　物体 C

要正确回答这个问题，你必须在头脑中"旋转"这个物体。如果你在心里把物体 B 旋转 180 度，你会看到它代表着和物体 A 相同的三维结构。但如果你把物体 C 的右侧向下旋转一点，并向你的方向旋转，你会发现它和物体 A 不一样；相反，它是物体 A 的镜像。因此，物体 A 和物体 B 是同一对象，物体 C 是不同的。平均而言，男性在视觉空间思维方面表现得更熟练，甚至在婴儿期也是如此（Gallagher & Kaufman，2005；Quinn & Liben，2008）。相比之下，女性似乎在某些语言技能上更有优势。例如，平均而言，女孩有更大的词汇量，能更快地想出表达其

思想所需的词汇（Halpern，2004，2006；Halpern &
LaMay，2000；Lippa，2002）。

　　然而，大多数特殊的认知能力的性别差异往往
都很小，两个群体之间有相当大的重叠（Hattie，
2012）。另外，男孩有时会在认知能力上比女孩表现
出更大的变异性，导致更多的男孩表现出相对于他
们的同龄人过高或过低的能力水平（Halpern et al.，
2007；Halpern & LaMay，2000；Valla & Ceci，
2011）。教学可能会抵消这些相对较小的差异。例
如，当女孩接受关于如何选择合适的策略来解决各
种空间问题的指导时，视觉空间能力的性别差异与
成绩的关系就减弱了（Stieff，Dixon，Ryu，Kumi，&
Hegarty，2014）。

　　即使能力水平相似，女孩在学校中往往可以得
到比男孩更高的成绩等级（Halpern et al.，2007；
Halpern & LaMay，2000；Voyer & Voyer，2014）。如
果用成就测验而不是用等级来测量学业成就，研究
结果就是不一致的。研究发现的差异有：女孩通常
在阅读和写作方面有优势，在青春期后，男孩往往
在解决复杂数学问题上占上风（Halpern，2006；
Halpern & LaMay，2000；Kim，Al Otaiba，
Wanzek，& Gatlin，2015；Lindberg，Hyde，
Petersen，& Linn，2010；J. P. Robinson & Lubienski，
2011；Reilly，Neumann，& Andrews，2015；Spinath，
2014；Valla & Ceci，2011）。视觉空间能力、口语表
达能力和数学能力上的性别差异不仅很小，而且有研
究发现这些差异在近些年变得越来越小。换句话说，
男孩和女孩在学业表现上越来越相似（Hyde，
Lindberg，Linn，Ellis，& Williams，2008；Leaper &
Friedman，2007；Spelke，2005）。因此，总的来说，
我们应该期待男孩和女孩在不同的课程领域有相似的
学术能力。

　　然而，研究表明，数学上的一些性别差异可归
因于这样一个事实：女孩比男孩更容易担心并体验
到焦虑，这些感受会干扰女孩的关注点及有效思考
复杂数学问题的能力（Ganley & Vasilyeva，2014）。
此外，最近的一项研究表明，当女孩在进行言语测

验之前立即进行数学测验时，她们在数学测验中的
表现往往比男孩差；然而，当他们都先进行言语测
验时，女孩在数学测验中的表现会与男孩一样好或
比男孩更好（Smeding，Dumas，Loose，& Régner，
2013）。发生这种情况可能是因为女孩在先进行数学
测验时经历了刻板印象威胁，从而影响了她们的表
现。因此，我们应该意识到性别差异可能由许多原
因造成，包括一些看似无关紧要的教学决策。

使用技术的经验

　　随着世界各地越来越多的人使用计算机和无线
技术，男孩和女孩都越来越精通这些技术，例如，
他们习惯于通过智能手机发短信和照片，通过
在社交网站上发布信息与同龄人保持密切联系
（Greenhow，Robelia，& Hughes，2009；Valkenburg &
Peter，2009）。总的来说，男孩花在科技上的休闲时
间似乎比女孩更多。男孩更有可能对科技抱有积极
的态度，他们更有可能玩电子游戏，这种消遣可能
会妨碍他们的阅读和写作能力的发展，但会提高他
们的视觉空间能力，可能还会提高他们使用计算机
的舒适度和有关计算机的专业知识（Cai，Fan，&
Du，2017；Feng，Spence，& Pratt，2007；Ivory，
2006；Lucas & Sherry，2004；Weis & Cerankosky，
2010）。在学校使用教育技术时，男孩最初可能会更
自信，因为他们可能有更多使用类似技术的经验；
然而，女孩也会适应得很好，同样能从教育技术中
获益（Nietfeld，Shores，& Hoffmann，2014）。

学业活动动机

　　一般来说，女孩会更多地参与课堂活动，更加
勤奋地完成学校的作业，并且更有可能从高中毕业
（H. M. Marks，2000；Marsh，Martin，& Cheng，
2008；McCall，1994；J. P. Robinson & Lubienski，
2011）。另外，女孩比男孩对接受大学教育更感兴趣，
在许多国家，获得大学学位的女性多于男性（Halpern
et al.，2007；National Science Foundation，2007）。 然
而，对于追求学业成就的这种热情会使得女孩喜欢那
些她们知道可以取得成功的任务，并且有些女孩认为
学业失败是巨大的打击。平均而言，男孩更愿意接受

学术挑战和冒险，并且更有可能从容地应对失败（Dweck，2000；Yu，Elder，& Urdan，1995）。

自我意识

从小学高年级或初中开始，男孩似乎会比女孩表现出更积极的自我意识。这种性别差异的部分原因似乎是男孩倾向于高估自己的能力，或者女孩倾向于低估自己的能力（Hyde，2007；Lundeberg & Mohan，2009；Pajares，2005）。男孩和女孩的自我知觉也往往与关于男性和女性擅长什么的刻板印象相一致，尤其是在青春期。男孩往往在数学和体育方面给自己较高的评价，而女孩则在阅读和社会研究方面给自己较高的评价。即使男孩和女孩的实际能力水平是一样的，这种自我知觉的性别差异仍然存在（D. A. Cole，Martin，Peeke，Seroczynski，& Fier，1999；Herbert & Stipek，2005；Leaper & Friedman，2007；Wigfield，Byrnes，& Eccles，2006）。

人际行为和人际关系

最常被观察到的性别差异之一是攻击性。在幼儿期和整个中小学阶段，男孩比女孩有更多的身体上的攻击，二者在无端攻击方面的差异尤其大（Card，Stucky，Sawalani，& Little，2008；Hyde，2007；Pellegrini，2011）。然而，女孩也会通过非身体的方式表现出同样的攻击性，如传播谣言或冷落同伴（Crick，Grotpeter，& Bigbee，2002；French，Jansen，& Pidada，2002；Pellegrini & Archer，2005）。她们的一些受害者可能会因为这样的遭遇而精神崩溃（Rudolph，Caldwell，& Conley，2005）。女孩也比男孩更有可能参与网络欺凌（Connell，Schell-Busey，Pearce，& Negro，2013）。

男孩和女孩在人际行为和人际关系上也存在一贯的差异。男孩往往会加入一些大型群体，如参与一些打斗游戏、有组织的团体游戏和身体冒险活动（Maccoby，2002；Pellegrini，Kato，Blatchford，& Baines，2002；A. J. Rose & Smith，2009）。一般来说，他们喜欢竞争，能够相当自信地努力实现自己的目标（Benenson et al.，2002；Eisenberg，Martin，& Fabes，

1996；Maccoby，2002）。他们可能经常试图在社交场合隐藏自己的真实情绪，摆出一副强硬的"没有什么能影响我"的样子（Lippa，2002；Pollack，2006）。

男孩倾向于竞争，女孩则倾向于团结合作。因此，女孩往往会与教师形成更密切的关系，当课堂活动需要合作而不是竞争时，女孩往往表现得更好（Inglehart，Brown，& Vida，1994；Wentzel，Battle，Russell，& Looney，2010）。当使用教学软件时，即使是与计算机生成的角色互动，女孩也更喜欢与她们的虚拟教师建立关系，而这些关系可能有助于改善她们在某些科目（如数学）上的态度和动机（Kim & Lim，2013）。女孩似乎更能适应他人的心理状态，并且对他人传递的微妙的非言语信息——身体语言——更加敏感（Bosacki，2000；Deaux，1984）。女孩在大部分的闲暇时间里都会与一两个亲密好友在一起，与她们分享内心的想法和感受（Leaper & Friedman，2007；A. J. Rose & Smith，2009）。虽然女孩在表达自己的意愿时很果断，但她们往往也关心如何解决冲突和维护团体和谐，因此她们有时可能会将自己的需求置于他人的需求之下（Benenson et al.，2002；Leaper & Friedman，2007；Rudolph et al.，2005）。

课堂行为

男孩在课堂上更有可能表现不佳，部分原因是他们往往比女孩更活跃（Altermatt，Jovanovic，& Perry，1998；Gay，2006；Sadker & Sadker，1994）。男孩更喜欢说话，更喜欢提问题，有时甚至不被点到就回答问题。他们往往喜欢支配小组讨论和工作会议。通常，女孩在课堂上更沉默寡言。她们不太愿意在公共场合主动表达想法和提问题，可能是害怕自己看起来很愚蠢，也可能是担心如果自己看起来太聪明会降低受欢迎的程度（Jovanovic & King，1998；Sadker & Sadker，1994；Théberge，1994；Wentzel，2009）。女孩倾向于在小组（而不是大组）讨论中表达自己的观点，她们更有可能在同性小组中担任领导者的角色（从而培养有价值的领导能力）（Fennema，1987；MacLean，Sasse，Keating，

Stewart，& Miller，1995；Théberge，1994）。

职业抱负

从历史上看，男孩比女孩有更远大的职业抱负。然而，近年来，许多女孩——尤其是西方国家的女孩——也开始将目光投向具有挑战性的职业。虽然在过去男孩比女孩更渴望从事 STEM（科学、技术、工程和数学）领域的职业，但在健康科学领域，性别差异已经大大减少，而在数学、物理、工程和计算机领域，男性的人数仍然超过女性（Eccles & Wang，2016）。通常，男孩和女孩都专注于那些符合他们性别的职业，部分原因是他们对自己可以在这些职业中取得成功的能力有更大的自信（Bandura，Barbaranelli，Caprara，& Pastorelli，2001；Leaper & Friedman，2007；Weisgram，Bigler，& Liben，2010）。学生的总体生活目标也会成为他们职业选择的一部分：女孩比男孩更有可能考虑她们的职业选择是否符合她们与人（而不是物体）合作和抚养家庭的愿望（Diekman，Brown，Johnston，& Clark，2010；Eccles，2009）。

某些性别差异在特定年龄阶段特别普遍。表 4.1 列出了在不同的年级水平上经常可以看到的差异，并提供了适应这些差异的相关课堂策略。

性别差异的起源

显然，遗传决定了男女之间基本的生理差异（有些是出生时就有的，有些是青春期时发展出来的）。由于性激素的遗传差异——尤其是女孩的雌激素和男孩的雄激素的差异——女孩会较早进入青春期，男孩最终会变得更高、更强壮。激素也可以解释某些非生理性的性别差异。身体攻击方面的性别差异似乎与雄激素水平有关（Lippa，2002；S. Moore & Rosenthal，2006）。视觉空间能力和口语能力方面微弱的性别差异，也可能是受激素的影响，它影响了不同脑区的神经发育（Valla & Ceci，2011；

表 4.1　不同年级水平的性别特征

年级水平	典型年龄特征	示例	建议策略
K ~ 2	• 在身体能力、一般智力和许多特殊的认知能力上，男孩和女孩大致相同 • 女孩的自制力比男孩强，女孩更容易适应课堂环境 • 对性别适当行为有僵化的刻板印象并遵从这些刻板印象 • 游戏群体基本上按性别划分，在幻想游戏中有不同的主题（例如，男孩描绘英雄主义，女孩描绘浪漫主义），男孩比女孩更积极、更有力地参加活动	在 1 年级的小组阅读课上，大多数女孩都是坐着不动的，但有些男孩会变得烦躁不安、心烦意乱；在阅读小组中，如果男孩能把他们读的故事用肢体表演出来，他们就更有可能集中注意力	• 在所有学业课程中，期望并鼓励男孩和女孩取得同等的成功 • 给学生任何他们可能需要的结构，帮助他们坚持完成任务，并获得基本技能，但也给他们机会释放被压抑的能量 • 为广泛的游戏活动提供素材（如家居用品、积木、球） • 监控游戏活动中潜在的危险行为，提供关于哪些行为是安全的和哪些行为是不安全的指导
3 ~ 5	• 在数学能力方面，男孩给自己的评价往往比女孩更高，尽管男孩和女孩的数学成绩相当 • 游戏群体基本上按性别划分，有组织的大型集体游戏在男孩中更为常见 • 男孩比女孩更具竞争性、攻击性和冒险精神 • 女孩更早进入青春期（平均年龄 10 岁） • 一些早熟的女孩往往感到自己与同龄人不同步，这种倾向使她们更容易抑郁	在课间休息时，许多 4 年级的男孩会组织一场棒球或足球比赛，会有几个女孩加入进来，但大多数女孩都站在一边，和一两个朋友聊天	• 让学生相信男孩和女孩在所有学业课程中都有相同的潜力 • 为游戏行为确立并强化合理的限制，以保证学生的人身安全 • 对女孩出现的青春期迹象保持格外的敏感并提供支持（如允许她们去休息室）

（续表）

年级水平	典型年龄特征	示例	建议策略
6~8	• 男孩较晚进入青春期（平均年龄11岁半） • 男孩比女孩有更强的体育能力，也更多地参与体育运动 • 在自尊及对外表的吸引力和运动能力的评估等方面出现了性别差异，男孩的自我评价更高，女孩更关注外表 • 对哪些行为是性别适当行为的看法更加灵活，尤其是对女孩而言 • 男孩的社会群体更大，但其亲密程度不如女孩 • 当人际关系恶化时，女孩会有更多的情感困扰，男孩倾向于试图隐藏悲伤和痛苦的感觉	一个名叫杰森的学生解释道，他经常在学校隐藏自己的情感："如果有什么事情发生在你身上，你不得不说，没什么大不了的，即使你真的很受伤……我这辈子打过很多储物柜，这并不好笑，当我回到家时，我就会哭"	• 在体育课或课后运动中，当学生必须换衣服或洗澡时，尊重学生的腼腆和隐私需要 • 鼓励学生在有异性刻板印象的领域获得技能（如分别教男孩和女孩烹饪和木工） • 鼓励男孩和女孩参加课外体育活动和所有的体育竞赛 • 在适当的情况下，教授良好的仪容习惯和其他向他人展示自己的技巧 • 向男孩传达这样的信息：偶尔流露出自己的情感和脆弱是一种具有男子汉气概的、健康的表现
9~12	• 女孩对外表吸引力的自我评价逐渐提高 • 女孩比男孩对上大学更感兴趣 • 男孩对科技类课程更感兴趣 • 男孩比女孩更容易逃避学业 • 男孩渴望更多的实践职业（如与工具和机器工作），女孩渴望更多的社会或艺术职业（如教学、咨询） • 女孩的亲社会行为比男孩多，尽管他们的亲社会行为能力相同 • 药物滥用和随意性交在男孩中更常见 • 抑郁和饮食紊乱在女孩中更常见	高中服务俱乐部的大部分成员都是女孩，该俱乐部计划今年进行两项社区服务计划：进行每月一次的课后当地养老院之旅，并在全校范围内为低收入儿童筹集捐款以购买节日礼物	• 鼓励学生在选课时打破常规（例如，女生选修高等数学，男生选修创意写作） • 提供信息说明高等教育的益处（例如，邀请来自相似文化群体的大学毕业生分享他们的大学经历） • 通过客座讲座、到社区企业和机构参观等方式让学生接触各种职业，避免在教室里张贴描绘性别刻板印象的海报或图片 • 与同事和家长一起努力解决不健康的、危险的校外行为 • 当你怀疑学生有滥用药物、严重抑郁、饮食紊乱或其他潜在的威胁生命的情况存在时，提醒学校辅导员

资料来源：E. M. Anderman，2012；Benenson & Christakos，2003；Binns，Steinberg，Amorosi，& Cuevas，1997；Bussey & Bandura，1992；Card，Stucky，Sawalani，& Little，2008；D. A. Cole et al.，2001；Crouter，Whiteman，McHale，& Osgood，2007；Davenport et al.，1998；Davila，2008；Eisenberg et al.，1996；Evans-Winters & Ivie，2009；Fabes，Martin，& Hanish，2003；M. E. Ford，1996；Grusec & Hastings，2007；Halpern，2004，2006；Halpern et al.，2007；Hankin，Mermelstein，& Roesch，2007；M. S. Hardy，2002；J. R. Harris，1995；Harter，1999；Hayward，2003；Herbert & Stipek，2005；Hyde，2005；Hyde & Durik，2005；Leaper & Friedman，2007；Liben & Bigler，2002；Lippa，2002；Maccoby，2002；Master，Cheryan，& Meltzoff，2016；Matthews，Ponitz，& Morrison，2009；T. M. McDevitt & Ormrod，2013；S. Moore & Rosenthal，2006；Passolunghi，Rueda Ferreira，& Tomasetto，2014；Pollack，2006；Ponitz，Rimm-Kaufman，Brock，& Nathanson，2009；M. Rhodes & Gelman，2008；Rogoff，2003；A. J. Rose & Smith，2009；Rudolph et al.，2005；R. M. Ryan & Kuczkowski，1994；Sadker & Sadker，1994；SeiffgeKrenke，Aunola，& Nurmi，2009；Skoog & Stattin 2014；J. R. Thomas & French，1985；Wigfield，Byrnes，& Eccles，2006；Wigfield，Eccles，& Pintrich，1996；Zambo & Brozo，2009.

Vuoksimaa et al., 2010）。激素似乎也影响着儿童对男性刻板行为和女性刻板行为的偏好（Auyeung et al., 2009；Hines et al., 2002）。

然而，环境因素显然也发挥了作用——通常是通过与现有的基于生物学的性别差异相互作用，并放大这种差异（Lippa, 2002；Nuttall, Casey, & Pezaris, 2005）。几乎每一种文化都会告诉儿童，有些行为更适合男性，有些行为更适合女性，下面的练习可能会告诉你这一点。

亲身体验

第一印象（2）

在头脑中对下面的每一个个体描绘一幅画卷。记下每一个个体进入头脑的第一印象。

- 秘书
- 科学家
- 银行行长
- 时尚模特
- 小学老师
- 建筑承包商

你认为哪些人是男性，哪些人是女性？

如果你和大多数人一样，那么你头脑中的秘书、小学老师和时装模特可能是女性，而银行行长、科学家和建筑承包商则可能是男性。性别刻板印象在我们的社会中持续存在，甚至学龄前儿童都能意识到它们的存在（Bornholt, Goodnow, & Cooney, 1994；Eisenberg et al., 1996；Nosek & Smyth, 2011）。

社会中的许多方面都会教给儿童遵从性别刻板印象。例如，许多成年人相信并传达这样的信息：男孩天生擅长某些领域（如数学），女孩天生擅长其他领域（如阅读），即使在成绩方面并没有这样的性别差异存在（Bleeker & Jacobs, 2004；Eccles, 2009；Herbert & Stipek, 2005；Tomasetto, Mirisola, Galdi, & Cadinu, 2015）。儿童得到的玩具也经常是专门针对男孩和女孩的。最近的一项研究表明，在迪士尼网店上销售的玩具颜色差异很大，面向男孩的玩具颜色通常较为大胆（如红色、黑色、棕色、灰色），而面向女孩的玩具颜色通常较为柔和（如粉

红色、紫色）（Auster & Mansbach, 2012）。这种具有性别刻板印象的玩具和游戏也会造成影响：女孩经常玩的玩偶和棋盘游戏有助于培养她们的语言和社交技能，而男孩经常玩的积木和足球更容易培养他们的视觉空间技能（Feng et al., 2007；Frost, Shin, & Jacobs, 1998；Liss, 1983；Lytton & Romney, 1991）。图4.4是一名4年级学生描述的学校操场的情景。你是否已经发现了其中的性别刻板印象呢？

图4.4 4年级学生画的在操场上的课间休息场景

男孩和女孩的个性特征在一定程度上也是社会化的产物。特别是在支持传统性别角色的文化群体中，男孩经常被成年人和同龄人强化为自信和好斗，而女孩则被鼓励克制和养育（Leaper & Friedman, 2007；Manning & Baruth, 2009；Rothbart, 2011）。类似地，电视和电子游戏也经常把男性描绘成具有进攻性的领导者和成功的问题解决者，而女性则经常被描绘成端庄、顺从的追随者（Furnham & Mak, 1999；Leaper & Friedman, 2007；M. K. Miller & Summers, 2007；T. L. Thompson & Zerbinos, 1995）。

随着年幼的儿童越来越多地意识到男孩、女孩、男人及女人的典型特征和行为，他们会逐渐把这些知识整合在一起，形成关于男性和女性如何不同的自我构建的理解或**性别图式**（gender schema）。反过来，这些性别图式会成为他们自我意识的一部分，并指导他们的选择和行为。当儿童到了上学的年龄，

他们按照性别"恰当"行事的压力会更多地来自自我而不是他人（Bem，1981；Eccles，2009；Ruble，Martin，& Berenbaum，2006）。

学生性别图式的内容因个体而异（Liben & Bigler，2002）。例如，在青春期，一些女孩会将流行媒体（如电影、时尚杂志、网站）中不现实的美丽标准纳入她们的女性图式中。当她们用这些标准测量自己时，她们总是觉得比不过别人，这样她们对外表吸引力的自我评价就会降低。为了拥有她们所认为的理想的苗条身材，她们可能会罹患饮食紊乱症（Attie，Brooks-Gunn，& Petersen，1990；Weichold，Silbereisen，& Schmitt-Rodermund，2003）。同样，一些十几岁的男孩也会为了达到自己建构的男性行为标准，在学校摆出一副硬汉的样子，并吹嘘（可能是真实的，但更多的时候不是）自己有很多性伙伴（Pollack，2006；K. M. Williams，2001a）。

当然，并不是所有的学生都有苛刻的或是不现实的关于自己性别的刻板印象。事实上，随着学生年龄的增长，许多人开始对男女"应该"做什么的看法越来越有灵活性。拥有更加灵活的性别图式的人更有可能持有反刻板印象的兴趣及追求反刻板印象的职业道路（Liben & Bigler，2002；C. L. Martin & Ruble，2004）。

我们的一些学生，尤其是青少年，可能正在探索他们发展中的性别认同。性别流动性（gender-fluidity）是指性别认同的灵活性（Katz & Luckinbill，2017）。一些学生可能在某一天认为自己是男性，而在另一天认为自己是女性。近年来，美国的学校和其他公共场所（如商店、电影院、商场）开始提供不分性别的厕所，任何人都可以使用。

为性别差异做出适当调整

尽管教师最希望公平对待男女学生，但微妙差异仍然存在。例如，教师往往给予男孩更多的关注，部分原因是男孩会提更多的问题，也会表现出更多的纪律问题。教师给男孩的反馈（表扬和批评）也比给女孩的多（Altermatt et al.，1998；Eisenberg et al.，1996；Gay，2006；Halpern et al.，2007；S. M. Jones & Dindia，2004）。教师也倾向于高估男孩的能力，而低估女孩在某些学科领域（如数学）的能力（American Friends of Tel Aviv University，2015）。

为了公平地促进两性的学习和发展，"走进课堂——促进性别平等"专栏提供了几个一般性建议。与此同时，性别差异有时确实让我们有必要区别对待女孩和男孩。例如，如果我们让女孩经常参与需要视觉空间思维的活动，她们的视觉空间能力就有可能提高（B. M. Casey et al.，2008；Gallagher & Kaufman，2005）。在数学教学中使用的计算机程序里加入女性角色，并为用户提供帮助选项时，女孩更能从中获益（Arroyo，Burleson，Tai，Muldner，& Woolf，2013）。此外，如果我们允许男孩在阅读和写作的同时追求典型的男孩兴趣（如运动、冒险），他们更有可能提高自己的读写能力（Newkirk，2002）。近年来，一些教育家提倡建立单性别学校。这样的环境或许会带来一些社会效益。然而，数学和科学课程的成绩似乎不会受到学生是否就读于单

走进课堂 •••

促进性别平等

■ 利用你对典型性别差异的了解，为男性和女性创造更大的平等，不要形成男性和女性在不同活动中可能表现得如何的期望。一名小学体育老师认识到，她班上的大多数女孩在投掷棒球或垒球方面的经验可能不如男孩多，因此她给女孩安排了额外的指导和练习。

■ 在计划课程和教学策略时，考虑男孩和女孩的典型兴趣和活动水平。6年级的数学老师和学校的信息技术老师组对创

建了一个为期 1 个月的单元练习，让学生学习如何使用 Game Maker。Game Maker 是一种利用各种动画人物、图形和背景音乐设计简单电子游戏的软件。然后，他们让学生以小组形式设计可以帮助他们练习特定的数学概念或技能的游戏。在练习结束时，每个小组要向全班展示自己的游戏，老师会将游戏发布到班级网站上，这样学生就可以在家里玩这些游戏。

■ 使用积极而有力地代表两性的课程材料，包括那种描绘两种性别能够胜任反刻板印象的行为的材料。一名英语老师提供了哈珀·李的小说《杀死一只知更鸟》。文中一名叫作艾迪克斯·芬迟的律师被描述成彬彬有礼的、充满爱心的、富有同情心的男人，而他 8 岁的女儿斯考特被描述成勇敢的、富有冒险精神的女孩。老师还提供了卓拉·尼奥·赫斯特（Zora Neale Hurston）的文章，文中一位非裔美国妇女从一个依赖别人来满足需要的十几岁女孩成长为一个自食其力的女人。

■ 监督自己，看看自己是否在无意中以限制某一性别的学习机会的方式来对待男孩和女孩。一名化学老师决定统计一下他在课堂上叫男孩和女孩的次数。他发现，他叫男孩的次数是女孩的 3 倍多，部分原因是男孩举手的次数较多。为了避免这种习惯，他制定了新的程序：当他点名时，他会实行男孩女孩交替点名，有时他会叫那些没举手的学生。

性别学校的影响（Pahlke，Hyde，& Mertz，2013）。

我们还应该让学生认识到，性别刻板印象只是刻板印象，并没有限制男性和女性可以做什么和应该做什么。例如，我们可以：

· 让学生接触那些通常在与异性相关的职业中表现出色的同性成年人和同龄人；

· 谈论所有学科对学生未来成功的重要性；

· 解释刻板印象的历史根源，对男性和女性的不同期望是时代遗留下来的，在那个时代，户外的工作需要强壮的体魄（更适合男性），而室内的工作则容易与母乳喂养结合在一起（因此更适合女性）；

· 考虑交集，不要忽视每个学生的特点，记住，你的每个学生还有许多其他身份（如学生的种族、宗教、年龄）；

· 让学生参与讨论刻板的性别角色带来的负面影响，如坚持这种刻板的性别角色会限制人们的选择，导致人才的大量浪费（Bem，1983，1984；Evans-Winters & Ivie，2009；Fennema，1987；Huguet & Régner，2007；A. Kelly & Smail，1986；Pollack，2006）。

社会经济差异

4.3　识别低收入家庭的学生经常面临的挑战，找出几种可以促进他们的适应能力并帮助他们在学校取得成功的策略

社会经济地位（socioeconomic status，SES）这个概念包含一系列变量，包括家庭收入、父母的受教育程度和父母的职业。一个家庭的社会经济地位的高、中或低，可以让我们了解家庭成员在社区中的身份：他们住在什么样的社区，他们对政治决策有多大影响，他们可以获得什么样的教育机会，他

们在家里有什么样的资源。

学生的学校表现与他们的社会经济地位相关：拥有高社会经济地位的学生往往有较高的学业成就，而拥有低社会经济地位的学生往往有更大的辍学风险（Crook & Evans, 2014; Curan, 2017; J.-S. Lee & Bowen, 2006; Sirin, 2005; Tucker-Drob, 2013）。随着年龄的增长，来自低社会经济地位家庭的学生与来自高社会经济地位家庭的学生的差距会越来越大（American Psychological Association, 2012; Farkas, 2008; Jimerson, Egeland, & Teo, 1999）。社会经济地位较低的学生通常居住在经济和教育资源较少的社区，二者都导致了这些学生的学业成就较低（Dupere, Leventhal, Crosnoe, & Dion, 2010）。研究者发现，来自不同种族的学生的学业成绩之间存在差异，然而造成这种差异的原因似乎更多的是学生的社会经济地位差异而不是文化差异（Byrnes, 2003; N. E. Hill, Bush, & Roosa, 2003; Murdock, 2000）。

然而，来自高社会经济地位家庭的学生的生活也不是十全十美的（Luthar, 2006; Luthar & Latendresse, 2005）。部分拥有高收入的父母对子女的成绩期望过高，导致子女出现严重的焦虑和抑郁症状。生活在高收入家庭中的学生为了成功和跟上同龄人的步伐，往往会因感受到过多的压力而作弊（Anderman, 2018; Galloway, 2012）。另外，一些拥有高收入的父母可能从事对自身要求很高的工作，这使得他们在身体和情感上与孩子保持一定的距离，从而限制了他们给孩子提供指导和支持。但是最终，那些来自贫困——特别是长期贫困——家庭的孩子在获得学业成功和个人幸福时会面临最大的障碍。

亲身体验

网上作业

想象一下，你正在一所小学教 5 年级学生，这所小学已经完全采用了线上形式的数学课程。

学校有充足的技术资源，你的学生每天都可以在学校使用计算机进行学习。此外，所有的家庭作业都是在网上完成的。

辛迪是你班上的一名学生，她走近你说："我家里没有网络。我甚至没有计算机，我的家人说我们买不起。"

你应该怎么做？

不幸的是，这种情况并不少见。随着越来越多的学校仅提供线上课程，上网变得越来越重要。然而，社会经济地位较低的学生获得这种机会的可能性比较小。对一些家庭来说，唯一的选择是带孩子去当地图书馆做作业，并使用那里的计算机。然而，每天晚上带孩子去图书馆做作业可能是非常有压力的，特别是对于那些全职工作或没有交通工具的父母而言。作为教师，我们可以为像辛迪这样的学生提供替代性资源。例如，我们可以为这些学生打印作业，并将纸质副本寄到他们家里。

与贫困相关的挑战

许多儿童在贫困中长大。截至 2016 年，美国 18 岁以下的儿童中有 41% 的人生活在低收入家庭。更具体地说，19% 的儿童生活在联邦贫困线以下的家庭中，22% 的儿童生活在接近贫困的家庭中（即家庭收入为联邦贫困线的 100%～199%）（National Center for Children in Poverty, 2018）。其中一些儿童住在市中心，但另一些儿童住在农村地区或富裕郊区的普通公寓里。有些儿童来自刚好能够满足基本生活必需品（如食物、保暖衣物和适当住所）的家庭，但这些家庭几乎没有闲钱来购买奢侈品。还有许多儿童生活在极端贫困的家庭中，这些儿童最容易处在学业失败的风险中，因此最需要我们的关注和支持。

上述这些因素会导致来自低社会经济地位家庭的学生的学业成绩普遍较低。那些只面临其中一两个挑战的学生通常在学校表现得很好，而那些面临许多或全部挑战的学生，遭遇学业失败和其他负面结果的风险很高（Becker & Luthar，2002；Gerard & Buehler，2004；Grissmer，Williamson，Kirby，& Berends，1998）。

营养不良和健康问题

低收入家庭没有足够的财政资源来确保子女获得充足的营养和护理。生命早期（包括出生前的 9 个月）的营养不良会导致个体的注意力、记忆力和学习能力等方面的损伤（Aboud & Yousafzai，2015；Noble，Tottenham，& Casey，2005）。营养不良对学业成绩的影响既可能是直接的（如阻碍早期大脑发育），也可能是间接的（如让儿童在课堂上无精打采和注意力不集中）（Ashiabi & O'Neal，2008；Sigman & Whaley，1998）。此外，缺乏健康保健，意味着影响出勤率和学业表现的一些情况会随之而来，如哮喘和听力问题（Berliner，2005）。

住房空间不足和频繁搬家

许多贫穷儿童住在狭小的空间里，他们可能与其他家庭成员共用一两间卧室（Hawkins，1997；Hernandez，Denton，& Macartney，2008）。此外，经常搬家的儿童势必会经常转学。在这个过程中，他们会失去现有的社会支持网络（教师和同学），并可能会落下一些涉及重要学业技能的功课（Croninger & Valli，2009；Gruman，Harachi，Abbott，Catalano，& Fleming，2008；Hattie，2009）。

接触有毒物质

那些生活在贫穷城区的贫困儿童，他们周围的环境可能会让他们接触过量有毒物质，这些物质会严重危害他们的健康和大脑发育（HubbsTait，Nation，Krebs，& Bellinger，2005；Koger，Schettler，& Weiss，2005）。例如，在旧的、缺少维护的建筑中，儿童可能会暴露在油漆老化所产生的灰尘中。另外，这些地方的城市供水里可能含有农药或工业废物，当地的空气也可能被发电厂和工业焚化炉污染。

不健康的社会环境

一般来说，低社会经济地区和社区会有更多的社区暴力和破坏行为、更高的酗酒和滥用药物的发生率，以及更大数量的反社会同伴。此外，在那里，有益的休闲场所——图书馆、娱乐中心和体育社团等——也很少，积极的成年人榜样也较少。这些因素似乎是贫困学生学业成绩较低的部分原因（Aikens & Barbarin，2008；T. D. Cook，Herman，Phillips，& Settersten，2002；Duncan & Magnuson，2005；Leventhal & Brooks-Gunn，2000；Milam，Furr-Holden，& Leaf，2010；Nettles，Caughy，& O'Campo，2008）。

情绪压力

尽管来自所有收入水平家庭的儿童都经历过压力情境，但是从贫困家庭走出的儿童所经历的压力情境会更多。平均而言，低社会经济地位的家庭比富裕家庭更加混乱和不可预测。儿童可能在想下一顿饭从何而来？或者如果交不上房租的话，房东什么时候会赶走他们？他们可能与对非法物质（如阿片类药物）上瘾的家庭成员生活在一起。在低社会经济地位的家庭中，单亲家庭占多数，并发挥了消极作用：单亲家庭要同时承担多重责任和个人问题，因此很难提供一致的情感和管教。由于这些因素，来自低社会经济地位家庭的儿童出现抑郁和其他情绪问题的比例要高于平均水平（Crosnoe & Cooper，2010；G. W. Evans，Gonnella，Marcynyszyn，Gentile，& Salpekar，2005；Foulds，Wells，& Mulder，2014；Joynt et al.，2013；King，Fraser，Boikos，Richardson，& Harper，2014；Morales & Guerra，2006；Parke et al.，2004）。有时，长期的压力也会对儿童的身体发育造成不利影响，而这又会进一步阻碍他们的认知发展（G. W. Evans & Schamberg，2009）。

当然，并非所有来自低收入家庭的儿童都长期生活在压力中，有些家庭可以提供一贯的支持、指导和规范，这些家庭中的儿童一般都有良好的心理健康状况（N. E. Hill et al.，2003；M. O. Wright & Masten，2006）。然而，我们应该持续关注那些表明学生在家中经历不寻常压力的迹象，然后给予他们力所能及的支持。在某些情况下，有效的支持可能仅仅是做一个愿意倾听的人。在其他情况下，我们可能需要咨询学校辅导员、学校心理学家或社会工作者，了解学校里可能的支持系统和当地社区的资源。

背景知识的缺乏

一些来自低收入家庭的学生在入学时缺乏一些基本的知识和技能（如关于字母和数字的知识），而在学校取得学业上的成功往往有赖于这些知识和技能（Aikens & Barbarin，2008；BrooksGunn，Linver，& Fauth，2005；Siegler，2008）。要想获得培养这些技能的早期教育机会——如书籍、计算机、去动物园和博物馆等——在某种程度上需要依靠家庭的经济资源。此外，有些家长自己几乎没有基本的学习技能可以与孩子分享。在拥有低社会经济地位的家庭中，父母通常必须花很多时间工作，因此他们与孩子相处的优质时间有限。这有时会导致孩子没有足够的机会参与对话，进而导致语言技能的延迟发展，而语言技能与随后孩子在学校的成功有关（Romero et al.，2018）。然而，我们必须注意不要一概而论。一些低收入家庭的父母受过良好的教育，有能力为他们的孩子读书，并提供其他丰富的教育经验（Goldenberg，2001；Raikes et al.，2006；Sidel，1996）。

质量较差的学校

不幸的是，最需要好学校的学生往往最不可能进入好学校。低收入地区和社区的学校往往得到的资金较少，因此，学校的教学设备通常很差，维护也不好。这些学校的教师流动率很高，惩戒措施往往更严厉，效果也更差。此外，与富裕的学校相比，这些学校的一些教师对学生的期望往往较低，课程难度较小，布置的作业较少，所提供的培养高级思维能力的机会也较少（G. W. Evans，2004；McLoyd，1998；Pianta & Hamre，2009；Raudenbush，2009）。

当然，低收入地区的学校不一定都是如此。事实上，即使在最贫穷的学校，教师也能够在儿童的教育品质上创造巨大的差异。来看下面这名教师（研究者称其为 A 女士）的例子（E. Pedersen，Faucher，& Eaton，1978）。

A 女士在北美一座大城市的 Ray 小学任教。

这所学校被修建得像个堡垒。窗户上有铁棍，因此该学校并不受欢迎。它附近的建筑包括一些旧的出租房、一家废品堆放场和一家妓院。学校中仅有不到十分之一的学生最终可以完成高中学业。

尽管如此，A 女士和她的 1 年级学生还是创造了奇迹。她对他们表现出了明显的喜爱，并且坚持举止得体，从不发脾气，还把自己的午餐分给没有带饭的学生。她不断强调学习和教育的重要性，并对学生取得成就抱有很高的期望。她会确保学生学会阅读，当他们需要额外的帮助时，她会在放学后陪伴他们。

A 女士的学生比其他班的学生获得了更高的成绩，不仅在他们的第一年，几年之后仍是如此。他们的平均智商分数在 3～6 年级之间有所增长（其中一个女孩的智商分数从 93 上升到了 126），但 Ray 小学的其他大多数学生的智商分数反而下降了。多年之后，当研究者追踪 A 女士的一些学生时，他们发现这些学生与典型的 Ray 小学毕业生相比，不管是在经济上还是在职业上都更为成功，并且他们每个人都记得 A 女士的名字。

培养适应能力

许多来自低收入家庭的学生尽管历经艰难，但还是取得了学业成功，这在一定程度上要归功于像 A 女士这样的教师。有些适应性强的学生（resilient student）学到了一些行为方式和应对技巧，这可以帮助他们战胜不利的环境。作为一个群体，适应性强的学生拥有招人喜爱的人格、积极的自我意识和雄心勃勃的目标，他们相信成功来自努力学习和良好的教育（S. Goldstein & Brooks，2006；Schoon，2006；Werner & Smith，2001）。

研究者已经发现了很多可以培养具有挑战性背景的学生的适应能力的因素。根据他们的发现，我们提出以下建议。

■ 成为学业和情感支持的可靠来源。适应性强的学生通常有一个或几个可以信任的或在遇到困难可以求助的人（Masten, 2001; McLoyd, 1998; Werner, 1995, 2006）。例如，适应性强的学生经常提及他们的老师，这些老师关心他们，并且对他们的学业成功有所帮助（McMillan & Reed, 1994; D. A. O'Donnell, Schwab-Stone, & Muyeed, 2002）。作为教师，我们要表现出对学生的喜爱和尊重，能够并乐于倾听他们的心声，对他们的表现保持高度的期望，无论是在课堂内还是在课堂外都要给予他们成功所需的鼓励和支持，这样做最能提高拥有低社会经济地位的学生的适应能力（Kincheloe, 2009; Masten & Coatsworth, 1998; Milner, 2006; Schoon, 2006）。特别是，我们需要意识到自己对拥有低社会经济地位的学生的期望，因为这些期望会影响我们与这些学生的互动和对他们的评估（Westphal et al., 2016）。

■ 利用学生的优势。尽管有些来自低社会经济地位家庭的学生可能在基本的学业技能上落后于他人，但是他们往往会将许多其他优点带到课堂上。例如，这些学生经常很擅长用日常物品即兴创作。如果他们利用兼职来帮助家里实现收支平衡，那么他们可能更理解劳动世界。如果他们是单亲家庭的子女，并且父（母）是上班族，那么他们可能更熟悉做饭、打扫房间和照顾弟弟妹妹。这些经历可能会导致他们有更高水平的成熟和个人责任感。他们自己缺少的资源很可能已经让他们向其他处于困境中的人表达了真正的共情和慷慨（Freedom Writers, 1999; Kraus, Piff, & Keltner, 2011; Lareau, 2003）。

作为教师，我们必须记住，来自贫困家庭的孩子可能在某些方面比来自富裕家庭的孩子具有更多的知识和技能。这些知识和技能可以为教学提供基础（Schoon, 2006; Varelas & Pappas, 2006）。那些愿意谈论他们所面临的挑战的学生可以使他们的同学对当今社会中存在的严重不公平现象更加敏感。

■ 识别并提供那些对学业成功很重要的缺失资源和经验。有些来自贫困家庭的学生可能缺乏基本的生活必需品，如营养膳食、保暖衣物、适当的医疗保健和学校用品等，这些必需品对于他们的学业成功是至关重要的。许多政府项目和社区机构能够帮助提供这些必需品。学校社区为那些来自低收入家庭的儿童提供免费的和低价的膳食计划，有些学校甚至在暑期学校不上课的时候也提供这些。慈善组织经常分发从每年的服装募捐活动中收集来的温暖冬衣。许多社区都有低价的医疗诊所。一些办公用品商店和大型折扣连锁店会将学习用品捐赠给有需要的儿童。

除了将来自低收入家庭的学生和家庭与社区资源联系起来，我们还应该确定贫困学生可能还不具备的基本经验。去动物园、农场、山区或海洋实地考察对他们是很合适的。当然，我们应该确定并教给学生所缺乏的基本技能，而不管是什么原因导致了他们缺乏这些技能。此外，有时拥有低社会经济地位的学生在学习策略方面需要额外的支持，这些策略（如学会如何独立学习和学会如何组织）对学生在学校的成功而言至关重要（Robinson, 2013）。当我们这么做时，我们很可能会看到学生在表现上的显著改善（S. A. Griffin, Case, & Capodilupo, 1995; G. Phillips, McNaughton, & MacDonald, 2004; Siegler, 2009）。然而，我们必须注意不能仅仅关注基本技能，特别是当这样做意味着大量的操练和练习时。从长远来看，如果学生不能经常参与复杂而有趣的学习任务，如为理解而阅读、掌握新技术、解决现实问题等，他们的学业进步将受到影响（Cazden, 2001; Reis, McCoach, Little, Muller, & Kaniskan, 2011）。

帮助无家可归的学生

与来自低收入家庭的学生相比，无家可归的学生通常面临着更多挑战。许多学生有慢性身体疾病、有限的社会支持网络、严重的心理健康问题，并会做出一些不恰当的行为。有些学生因为家里没有洗澡设施和合适的衣服，可能不愿意来上学，有些学生甚至可能是离家出走的人。有些学生可能会由于频繁转学，而使其学习技能大大落后于他人（Coe,Salamon, & Molnar, 1991；McLoyd, 1998；P. M.Miller, 2011；Polakow, 2007）。

作为教师，我们在教育那些无家可归的学生时，也会面对不寻常的挑战。为了让他们可以在学业和社会交往方面取得成功，教育家提出如下建议（Pawlas, 1994）：

- 将新学生与可以提供指导和帮助的学生进行配对，如给新学生介绍和解释学校的规章制度；
- 提供笔记本、夹板或其他便携式"课桌"，让学生可以用它们在收容所做作业；
- 寻找成年或青少年志愿者在收容所当辅导老师；
- 在收容所（而不是在学校）与父母会面；
- 与收容所的工作人员分享家庭作业的布置情况、校历和时讯等。

然而，在使用这些策略时我们必须注意到，有些学生和家庭可能会因无家可归这一状况而感到窘迫。这些父母正在处理其他许多严重的问题（Polakow, 2007；Wu, Slesnick, & Murnan,2018）。因此，尊重他们的隐私和自尊是首要的事情。如果你认为学生可能离家出走，可以联系学校的专业人员（如社会工作者、学校辅导员或学校心理学家），他们可能会帮助学生找到适当的资源。有时这些学生可以被收容到专为无家可归或离家出走的青少年设立的临时机构，这些机构可以为他们提供短期的帮助（Slesnick, Dashora, Letcher, Erdem, & Serovich, 2009）。

有风险的学生

4.4　解释如何识别那些面临学业失败和辍学风险的学生，找出帮助这些学生走上学业成功和社会成功之路的策略

有些基本技能是走上成年人社会后获得成功必不可少的，但是有些学生很有可能无法掌握这些技能，这些学生就是有风险的学生（student at risk）。许多面临退学风险的学生高中没毕业就辍学了，而很多毕业生也缺乏基本的阅读或数学技能（Boling &Evans, 2008；Laird, Kienzl, DeBell, & Chapman,2007；U.S. Department of Education, 2015）。在过去的 25 年里，美国的辍学率有所下降，从 1990 年的12.1% 降至 2015 年的 5.9%。尽管辍学率在总体上有所下降，但非裔和西班牙裔学生的辍学率仍然高于白人学生（Institute of Education Sciences, 2016），虽然这些差距正在逐渐缩小（DePaoli et al., 2015）。有些学生比其他学生辍学更早。一项针对 2009 学年全美 9 年级学生的研究指出，这些学生中有 2.7% 的人在本该上 11 年级的时候辍学了。

一个常见的假设是：辍学在很大程度上是由学生自己造成的（V. E. Lee & Burkam, 2003）。但是，正如我们将看到的，学校的特点也发挥了重要作用。有些学校被称为"辍学工厂"（American PsychologicalAssociation, 2012）。这些学校的辍学率非常高，而且许多学校位于高度贫困地区。有数据显示，在美国，大约有 2000 所高中的至少 40% 的 9 年级学生在应该上高中毕业班的时候辍学了（Balfanz & Legters,2004）。

有风险的学生的特点

有风险的学生可能来自不同社会经济阶层的家庭，但是穷人家的孩子、单亲家庭的孩子更容易在高中毕业前辍学。男孩比女孩更容易辍学，非裔美国人、西班牙裔和美洲原住民比欧裔美国人和亚裔美国人更容易辍学，尽管这一差距正在缩小。此外，

大城市和农村地区的学生比郊区的学生更有可能辍学，一些大城市学生的毕业率低于40%（C. Chapman，Laird，& Kewa-lRamani，2010；DePaoli et al.，2015；Hardré & Reeve，2003；L. S. Miller，1995；National Research Council，2004）。

有风险的学生，特别是那些最终辍学的学生，通常具有以下部分或全部特征。

- **学业失败的经历。** 一般而言，辍学学生的阅读和学习技能较差，成绩水平较低，对自己的学业能力缺乏信心，并且比其他学生更容易留级。持续的低成就模式可能早在 3 年级时就出现了（Christle，Jolivette，& Nelson，2007；Fan & Wolters，2012；Hattie，2009；Korhonen，Linnanmäki，& Aunio，2014；Suh，Suh，& Houston，2007）。

- **情绪和行为问题。** 潜在的辍学者往往比成功的同学自尊水平更低。他们也更有可能在学校内外表现出严重的行为问题（如打架、滥用药物）。他们的亲密朋友往往是低成就的，甚至有些还是反社会者（Battin-Pearson et al.，2000；Garnier，Stein，& Jacobs，1997；Jozefowicz，Arbreton，Eccles，Barber，& Colarossi，1994；Suh et al.，2007）。

- **缺乏对学校的心理依恋。** 学业失败的有风险的学生更不容易认同他们的学校，也不会认为自己是学校必不可少的一员。例如，他们较少参加课外活动，并且通常会表现出对学校的不满（Christenson & Thurlow，2004；Hymel，Comfort，Schonert-Reichl，& McDougall，1996；Rumberger，1995）。

- **逐渐脱离学校。** 辍学并不是一个全或无的事情。事实上，许多高中辍学的学生在正式离校之前就已经表现出一些较小形式的辍学迹象。将来会辍学的学生会比其他学生更频繁地逃学，甚至在小学低年级时就表现出这种迹象。此外，他们更有可能被停学，或者表现出一种长期的循环模式，即辍学、返校、再辍学（Christenson & Thurlow，2004；Suh et al.，2007）。

然而，上述特征并不是判断哪些学生会辍学的绝对指标。例如，一些辍学者来自中等收入的双亲家庭，还有一些学生在辍学前一直积极地参与学校活动（Hymel et al.，1996；Janosz，Le Blanc，Boulerice，& Tremblay，2000）。

学生为什么辍学

学生辍学的原因有很多，而且并不总是学业原因。有些学生是因为缺少来自家庭和同伴对其在校成功的鼓励和支持；有些学生是因为不利的生活环境，如他们可能有健康问题、为了帮助家里而打工、抑郁或怀孕。许多学生辍学仅仅是因为对学校不满意：他们发现学校环境不欢迎自己或有危险、认为课程枯燥且与自己无关、自己成为戏弄或欺凌的受害者、经常缺课，或者怀疑自己能否通过毕业所依赖的高风险成就测验（Balfanz，Herzog，& Mac Iver，2007；Brayboy & Searle，2007；Cornell，Gregory，Huang，& Fan，2013；Hardré & Reeve，2003；Hursh，2007；Quiroga，Janosz，Bisset，& Morin，2013）。

遗憾的是，教师的行为也会造成影响。例如，教师可能会明确或含蓄地表达对学生成就的低期望（例如，告诉学生他们通过考试的机会很小、拒绝在指定任务上为他们提供帮助）。教师和管理人员有时会忘记与在学业上可能面临危险的学生交谈和关心他们的重要性。一个学生说他退学是因为如下原因：

> 老师不在乎，校长也不在乎……我告诉了辅导员和一些老师，但他们不关心，我不想告诉他们……你知道从他们经常来找我的方式上看……他们并不想跟我交谈（America's Promise Alliance，2018）。

当学生认为教师并没有兴趣帮助他们取得成功时，他们更有可能辍学（Becker & Luthar，2002；Farrell，1990；Suh et al.，2007）。

支持有风险的学生

因为那些有学业失败风险的学生来自不同的群体，拥有不同的需要，所以没有单一的策略可以帮助他们所有人都待在学校直到高中毕业（Christenson & Thurlow，2004；Janosz et al.，2000）。

然而，有效的学校和课堂实践将有助于这些学生在学业成功和高中毕业的道路上走得更远。以下是根据研究结果提出的几点建议。

■ **尽早识别有风险的学生。** 我们在小学的时候就能发现一些辍学的迹象，如学业成就低和缺勤率高。而其他一些迹象——如破坏性行为和不参与学校活动——往往在学生正式辍学的前几年就会出现。因此，教师在学生学习生涯的早期就要识别那些有风险的学生，并在困难变得不可逾越之前采取措施来干预或矫治他们在学业上的困难。学校可以在他们的数据系统中整合识别这些有风险的学生的方法，这样每个学生随着时间变化的进步都可以被很容易地追踪。对有风险的学生来说，预防、早期干预和长期支持比后期的短暂努力更有效（Brooks-Gunn，2003；Christenson & Thurlow，2004；Institute of Education Sciences，2008；Smieth et al.，2016；Williams et al.，2016）。

■ **创造温暖的、支持性的学校和课堂氛围。** 那些在对有风险的学生的教育中卓有成效的教师和学校往往关心、照顾学生，并且高度尊重学生（Christenson & Thurlow，2004；Hamre & Pianta，2005；Pianta，1999）。特别有用的方法是为有风险的学生提供一名成年指导者，这些指导者是被分配给有风险的学生的特殊人员。学生与这些指导者发展的关系可以在识别满足学生短期和长期需要的资源方面发挥有效作用（Institute of Education Sciences，2008）。

■ **做出长期而系统的努力，让学生参与到学业课程中。** 如果学生认为课程值得他们花时间和精力，他们更有可能留在学校，更有可能学习并取得好成绩（L. W. Anderson & Pellicer，1998；Institute of Education Sciences，2008；S. M. Miller，2003；Ramey & Ramey，1998；Suh et al.，2007）。"走进课堂——让有风险的学生参与学业课程"专栏提供了几个具体的例子，告诉我们可以做些什么。

■ **鼓励和促进学生对学校的认同。** 如果学生对学校有情感上的依恋，并相信自己是学校团体中的重要成员，他们就更有可能留在学校（Christenson & Thurlow，2004；Fredricks，Blumenfeld，& Paris，2004）。以下是研究人员发现的几种有效策略。

  · 鼓励学生参加体育活动、课外活动和学生会。在某些情况下，这可能意味着提供额外支持以允许他们参与，如提供交通支持或补足校服费用。这种策略对那些有学习困难的学生而言特别重要，因为这提供了另一种方式来让他们体验学业成功。

  · 让学生参与制定学校政策和管理决策。

  · 赋予学生管理学校活动的权利。

  · 监督学生的出勤率，当学生经常缺勤时，与学生讨论缺勤情况，并与他人（如学校辅导员）进行商讨，在必要时进行干预（Eccles，2007；Finn，1989；Garibaldi，1992；Newmann，1981；M. G. Sanders，1996）。

总之，对有风险的学生而言，最有效的方案是那些对任何学生都理想的方案。

走进课堂 ●●●

让有风险的学生参与学业课程

■ **使学生对刺激的活动感兴趣。**在学习物理课的声音单元时，一名中学科学老师向学生展示了声音的基本原理如何在流行音乐中显现。有一次，老师带来了一把吉他，并解释为什么在琴颈的不同位置按住琴弦会产生不同的频率，从而弹奏出不同的音符。

■ **将课程与学生的生活和需要相关联，如通过服务学习活动。**在市中心的一所中学里，一名数学老师一直鼓励学生去发现并解决社区里的问题。她班上的一名学生对学校附近的许多卖酒的商店及这些商店吸引的可疑顾客和毒品贩子表示担忧。这名学生使用标尺和地图来计算每家商店与学校的距离，收集有关分区限制和其他城市法规方面的信息，识别潜在的违规行为，与当地的报纸编辑会面（他发表了一篇描述这种情况的社论），并最终与立法者和市议会会面。结果，警方开始更密切地监控酒类商店，并发现了重大违规行为（导致两家商店关闭），此后，市议会规定在学校200 米的范围内饮酒属非法行为。

■ **创建学习者社区——学生和教师通过合作来增进每个人的理解的课堂。**在高中科学课的天气单元中，学生被分成小组专攻不同的主题（如湿度、风、气压）。每个小组要在图书馆和互联网上对自己的主题进行研究，并准备一节课，把学到的知识教给其他小组的同学。

■ **利用学生的优势促进其积极的自我意识。**在市中心的一所低收入小学里，工作人员组建了一个学生可以加入的歌唱团体。这个团体在各种各样的社区活动中进行表演，因此学生的才华被大家看到。后来小组成员表现出了更强的自信心，在其他科目上的成绩也有所提高，他们还发展出了更强的团队合作和领导能力。

■ **传递对短期和长期学业成功的高期望。**一所城市高中的数学老师招募学生参加数学强化课程。老师和学生会在晚上、周六和假期进行学习，后来所有学生都通过了大学先修课程的微积分考试。

■ **为学生的学业成功提供额外的支持。**每天放学后，学生可以在 103 教室的书架上找到他们的作业。学生要按照特定的步骤来完成每一项任务（收集材料、让别人检查他们的作业等），教师会使用检查表来确保他们不会跳过任何步骤。一开始，指导老师会密切监督学生的行为，但随着时间的推移和不断的练习，学生只需要很少的帮助和指导就能完成他们的作业。

资料来源：J. P. Allen & Antonishak，2008；E. M. Anderman & L. H. Anderman，2014；L. W. Anderson & Pellicer，1998；Belfiore & Hornyak，1998；Christenson & Thurlow，2004；Cosden，Morrison，Albanese，& Macias，2001；Evans-Winters & Ivie，2009；L. S. Fuchs，D. Fuchs，et al.，2008；Jenlink，1994；Kincheloe，2009；Ladson-Billings，1994a；Mathews，1988；Suh et al.，2007；Tate，1995.

你学到了什么

现在让我们回顾本章的学习成果，并确定与每个成果相关的重点。当我们这样做时，我们必须记住本章描述的群体差异的三个关键原则：任何群体中都有相当大的个体可变性，任何两个群体之间都有大量重叠，以及跨地区的额外可变性。

4.1 描述不同文化和民族群体的群体间差异和群体内差异，以文化回应式教学为基础描述教师的态度和策略

文化和种族差异可以体现在语言和方言、健谈和言语自信、目光接触、个人空间、回答问题、对公共表现的舒适度、对嘲弄的看法、对合作与竞争的态度、对技术的使用、家庭关系与期望，以及时间观念和世界观上。对于来自不同文化和与民族的学生来说，家庭和学校环境往往存在一定程度的文化错位，教师对学生行为的误解会加剧这种错位。当我们增进对文化和民族差异的了解，并促进不同学生之间的社会互动时，所有学生都将获益。

4.2 描述学龄儿童和青少年典型的性别差异的本质和起源，解释教师如何在课堂中最好地适应这些差异

平均而言，男性和女性的学业能力相似，但在体育活动水平、技术经验、动机、自我意识、人际关系、课堂行为和职业抱负方面有所不同。生物学差异可以解释一些性别差异，但社会化（可以放大微小的生物学差异）是许多其他差异的根源。作为教师，我们可能偶尔需要根据男孩和女孩的独特特点来调整教学策略。然而，在一般情况下，我们应该对男孩和女孩抱有同样高的期望，并确保二者在学校课程的所有领域都有平等的发展机会。

4.3 识别低收入家庭的学生经常面临的挑战，找出几种可以促进他们的适应能力并帮助他们在学校取得成功的策略

许多因素都可能导致来自低收入家庭的学生的成绩普遍较低，包括营养不良和住房空间不足、不健康的物质环境和社会环境、情绪压力、较差的学校质量、基本知识和技能方面的差距，以及无家可归。尽管面临这样的挑战，许多来自低收入家庭的儿童有积极的自我意识，在学校表现良好；这些适应性强的学生往往在生活中有一个或多个可以信任的、在困难时期可以求助的人。作为教师，我们可以通过巩固他们的优势、提供学业和情感支持来帮助他们克服环境的不利影

响，进而帮助他们取得成功。

4.4 解释如何识别那些面临学业失败和辍学风险的学生，找出帮助这些学生走上学业成功和社会成功之路的策略

有风险的学生是那些在成人世界中很有可能无法获得成功所必需的最低学业技能的学生，他们可能还没有学会读写就从高中毕业了，也可能还没毕业就辍学了。为了帮助这些学生在学校取得成功，我们应该尽早识别他们，使课程与他们的需要和兴趣相关，与他们沟通对学业成功的高期望，尽可能指派一名指导者与学生进行合作，提供足够的支持，使学生的成功成为可能，并鼓励学生参与学校活动。

教师资格考试练习

主动和被动

斯图尔特女士注意到只有少数学生积极地参加她的中学科学课。当她提出一个问题，特别是一个需要学生从课堂上提供的信息中进行推理的问题时，总是有同样的手举起来。她思考了这个问题，并发现所有积极的参与者都是欧美血统，而且其中大多数是男孩。

她在学生参与实验活动时发现了同样的模式。当她为了特定的实验任务组建小组时，小组总是由同一群学生（尤其是欧美男孩）负责。女孩和少数族裔的男孩则扮演着更被动的角色，要么为组长提供帮助，要么只是袖手旁观。

斯图尔特女士坚信，学生在课堂上和实践活动中会学到更多的科学知识。因此，她担心她的许多学生参与度不够，并怀疑他们是否真的关心科学。

1. 建构反应题

高效教师高度重视公平，也就是说，他们会确保自己的课堂实践不会偏向于提高某些学生的成绩。在这种情况下，相比于其他学生，欧裔美国男孩似乎从教育中获益更多。利用你对群体差异的了解，找出至少三个少数族裔学生不积极参与课堂教学的可能原因。

2. 单项选择题

斯图尔特女士班上的男孩比女孩参与得多的原因有以下选项中的三项。哪一项与性别差异的研究结果相矛盾？

A. 一般来说，男孩更有动力取得好成绩

B. 一般来说，男生在课堂上更活跃

C. 一般来说，男孩往往对自己的能力更有信心

D. 一般来说，男孩更有可能在没有被要求的情况下畅所欲言

3. 建构反应题

描述三种不同的策略，用这些策略来增加斯图尔特女士班上的女孩和少数族裔学生的参与度。

05

第 5 章

个体差异与特殊教育需要

学习成果

5.1 描述关于智力本质的各种观点，确定几种培养学生智力的方法

5.2 解释学生的认知风格与倾向如何影响他们的课堂表现

5.3 了解美国《残障人教育法案》（IDEA）对教师工作的影响

5.4 解释如何调整教学和课堂实践，以适应不同的残障学生的独特优势和限制

5.5 解释如何培养那些表现出特殊天赋和才能的学生

个案研究

提姆

在小学阶段，尽管提姆的阅读理解能力有限，但他的成绩还算不错。虽然他经常在课堂活动中发呆，但在总体上还是举止得体的。进入中学阶段后，他的成绩开始下滑，老师反映他"迷糊"且有做白日梦的倾向。提姆很难专注于任务，而且做事杂乱无章，所以很少完成作业。当提姆上高中时，他无法满足老师对学生的独立性的要求，以至于他 10 年级的几门课都不及格。

现在，提姆是一名 17 岁的 11 年级学生，他在大学的诊所接受了深入的心理评估。他的智力测验的得分为 96 分，这说明他的智力、社交能力和情绪调节能力都处于平均水平。但是，提姆的注意力测验结果表明，他的注意力很难维持。

他说自己很容易受周围分心物的影响，只能在非常安静的地方做作业。而且，即使是在安静的环境中，他也经常需要反复读几遍文字才能理解其中的意思（Based on Hathaway, Dooling-Litfin, & Edwards，2006）。

- 提姆的注意力问题显然已经影响到他的学业成绩。但是如果你仔细观察案例中呈现的内容，你会发现提姆也具有教师可以帮助其发挥的优势。那么，什么特质会有利于提姆的发展呢？
- 作为一名教师，你将如何调整教学策略和课堂环境以应对提姆的独特需要？

临床诊断小组最终给出的结论是，提姆患有注意缺陷 / 多动障碍（attention-deficit hyperactivity disorder, ADHD；像提姆一样被确诊患有 ADHD 的学生会表现出注意力问题，但没有多动的行为）。该小组猜测学习障碍可能是此问题的根源，但没有足够精确的诊断技术来证明这一点。好的一面是，提姆想在学校有好的表现：他在课堂上表现良好，会寻找安静的地方学习，而且会把一些东西反复读几遍来努力理解它。通过适当调整教学指导和环境——如教提姆一些基本的组织技能、把一项复杂的任务分解成几项短而简单的小任务、提供一个安静的地方让他阅读和学习——提姆可以更容易将注意力集中在几项小任务上，并最终完成整个任务（Barkley，2006；Meltzer，2007）。

教师负有多种责任，满足像提姆这样的学生的需要可能会让未来的教师有些焦虑。正如我们将看到的，学生会在不同领域表现出显著的个体差异（individual difference），包括认知能力、人格和身体技能等。在本章，我们将观察个体在智力、认知风格和倾向上的差异。然后我们将考虑有特殊需要的学生——像提姆一样的学生，他们与同伴有着很大的差异，需要有针对性的课程材料和教学实践，或者二者兼而有之。随着时间的推移，我们会发现最有效的教学应该是差异化教学（differentiated instruction），即根据每个学生当前的知识、技能和需要因材施教。

智力

5.1　描述关于智力本质的各种观点，确定几种培养学生智力的方法

教师、家长和其他人讨论关于学生智力的话题是很常见的。然而，谈论智力有很多不同的方式——这是一个复杂的话题。正如我们将要讨论的，对智力进行测量可能是有用的，但如果对所得分数

进行过度解读就会对学生造成伤害。理论家以不同的方式对智力进行定义，以下五个特点被大多数人认可：

- 智力具有适应性：它可以被灵活地用来应对各种情境和问题；
- 智力与学习能力有关：在特定领域具有智力优势的人比在这些领域没有智力优势的人能够更快且更容易地学习这一领域的新信息和新技能；
- 智力包含使用先前知识有效地分析和理解新情境；
- 智力包含许多不同心理过程之间的复杂互动和协调；
- 智力具有文化特异性，在一种文化中被认为是聪明的行为在另一种文化中不一定是聪明的行为（Dai，2010；Laboratory of Comparative Human Cognition，1982；J. Li，2004；Neisser et al.，1996；Saklofske，van de Vijver，Oakland，Mpofu，& Suzuki，2015；Sternberg，1997，2004，2007；Sternberg & Detterman，1986）。

综合以上五个特点，我们提出一个广义的智力（intelligence）的定义：个体灵活地运用先前知识和经验来完成具有挑战性的新任务的能力。

对大多数教育工作者来说，智力与一个人实际学到的东西（如由学校成绩反映出来的东西）是有差别的。而且，个体的思维及行为建立在先前学习的基础上。所以说，智力并不是永久的、一成不变的特征，它可以通过新的经验和学习得以改变。

关于智力的理论

一些心理学家认为，智力是一种单一的、一般的能力，不同的人在不同程度上具有这种能力并将其应用于广泛的活动中。另外一些心理学家不同意这种观点，他们的证据表明，在不同的发展阶段、不同的环境下，以及不同的任务上，相同的人会表现出智力上的差异。我们在本节介绍的智力理论体现了关于智力的不同观点。

斯皮尔曼的 g 因素

想象一下，你给一大群学生做了各种各样的测验——有些测量语言技能，有些测量视觉空间思维，还有一些测量数学问题解决能力。测验成绩在某种程度上可能相互关联：在其中一项测验中得分高的学生在其他测验中往往得分也高。非常相似的能力测验之间的相关性很强，那些明显不同的能力测验之间的相关性比较弱。例如，一个在词汇测验中得分很高的学生可能在其他语言能力的测验中得分也很高，但在数学解决问题上可能只得到中等成绩（McGrew，Flanagan，Zeith，& Vanderwood，1997；Neisser et al.，1996；Spearman，1904）。

查尔斯·斯皮尔曼（Charles Spearman）基于以上发现提出（Spearman，1904，1927），智力既包括普遍的、单一的推理能力（一般因素），也包括特殊的、具体的能力，如问题解决能力和抽象推理能力（特殊因素）。当我们参与各种任务时，一般因素和与任务有关的特殊因素会同时起作用。

许多心理学家认为，他们有充分的证据支持斯皮尔曼关于智力的一般因素的概念——通常简称为斯皮尔曼 g 因素（g）。他们认为，它可能以一种快速且有效地处理信息的一般能力为基础（Bornstein et al.，2006；Coyle，Pillow，Snyder，& Kochunov，2011；Haier，2003），同时包括控制和引导思维的一般能力（Cornoldi，2010；H. L. Swanson，2008）。

卡特尔的流体智力和晶体智力

雷蒙德·卡特尔（Raymond Cattell）在斯皮尔曼的创新性工作的几十年后，发现了一般智力 g 存在两种截然不同的成分的证据（Cattell，1963，1987）。第一，人们在流体智力（fluid intelligence）方面存在差异，流体智力是个体快速获取知识、进行抽象推理，以及有效适应新环境的能力。第二，人们在晶体智力（crystallized intelligence）方面也存在差异，晶体智力是个体从经验、学校教育和文化中积累的知识和技能。流体智力对于新的、不熟悉的任务，特别是那些需要快速决策和涉及非语言内容的任务而言更为重要。而晶体智力对于熟悉的任务而言更为重要，尤其是那些特别依赖语言和先前知识的任务。

下面两个问题中的其中一个问题评估的是流体智力，另一个问题评估的是晶体智力。你能分辨出来吗？

亲身体验

晶体智力和流体智力

请思考以下两个问题（Roberts & Lipnevich, 2012）。

1. 根据规律，下面这个序列接下来的两个数字是什么？

1 2 1 4 1 6 1 8

2. "peripatetic" 这个单词的含义是什么？

问题 1 评估的是流体智力——学生必须推理出上面序列中的下一个数字；问题 2 评估的是晶体智力，因为要理解 "peripatetic" 一词的含义一定是学生已经学过相关的知识，这个问题无法通过推理进行解答。[1] 虽然这两种类型的智力有很大差异，但它们有同等重要的价值。

卡特尔－霍恩－卡罗尔的认知能力理论

一些心理学家在卡特尔的贡献的基础上提出智力可能包含 3 个层次（Ackerman & Lohman, 2006; Carroll, 1993, 2003; D. P. Flanagan & Ortiz, 2001; Horn, 2008）。卡特兰－霍恩－卡罗尔的认知能力理论认为，智力由 3 个层次组成。智力的顶层是一般智力或 g 因素。中间一层是 9 个或 10 个更具体的能力（包括晶体智力和流体智力）。最后，在这些能力之下的底层包括 70 多种非常具体的能力，如阅读速度。卡特兰－霍恩－卡罗尔的认知能力理论是从事

学龄儿童和青少年工作的研究者关注最多、接受最广泛的智力理论，目前使用的许多 IQ 测验都基于这一理论（J. J. Evans, Floyd, McGrew, & Leforgee, 2001; Kyllonen, 2015; Phelps, McGrew, Knopik, & Ford, 2005; Proctor, 2012; B. E. Proctor, Floyd, & Shaver, 2005）。

加德纳的多元智力理论

霍华德·加德纳（Howard Gardner）提出（Gardner, 1983, 1999, 2011; Gardner & Hatch, 1990），人至少拥有 8 种截然不同的能力或多元智力，它们彼此相对独立（见表 5.1）。在加德纳看来，可能还有第 9 种智力（存在智力），是关于哲学和精神问题的智力（例如，我们是谁、为什么我们会死）。然而，由于这方面的证据不足（Gardner, 1999, 2000a, 2003），因此我们未列入表中。

加德纳提出了一些证据来支持这些十分不同的智力的存在。例如，他描述了在某一领域非常熟练的人，如在作曲方面十分优秀的人，在其他领域可能能力一般。他还指出，脑损伤病人有时会丧失主要限定在某一种智力的能力。例如，一个人可能主要存在语言方面的缺陷，而另一个人可能在需要空间推理的任务上有困难。

心理学家对加德纳理论的评价褒贬不一（Kaufman, Kaufman, & Plucker, 2013; Roberts & Lipnevich, 2012）。一些心理学家认为，加德纳的证据不足以令人信服地支持多元智力这一主张（N. Brody, 1992; Corno et al., 2002; Sternberg, 2003; Waterhouse, 2006）。另一些心理学家认为，人们可能有各种相对独立的能力，但他们的主张不同于加德纳的观点。还有一些人认为，个体在某些领域的能力不属于"智力"，如音乐能力或身体运动能力（Bracken, McCallum, & Shaughnessy, 1999; Sattler, 2001）。

尽管研究者对加德纳的理论反应平平，但许多教育工作者乐于接受它，因为它对人类的潜能

---

① 注：问题 1 中接下来的两个数字是 1 和 10；"peripatetic" 的意思是漫游或旅行（当作形容词时），以及漫游或旅行的人（当作名词时）。

表 5.1　加德纳的多元智力

智力的种类	相关行为示例
语言智力： 有效使用语言的能力	• 发表说服性言论 • 写诗歌或博客 • 注意到不同单词的意义之间的细小差别
逻辑－数理智力： 进行逻辑推理的能力，特别是在数学和科学方面	• 快速解决数学问题 • 生成数学证据 • 对观察到的现象形成假设并进行检验[*]
空间智力： 注意到所见事物的细节及在心理上对视觉对象进行想象和操作的能力	• 创造心理表象 • 操纵心理表象 • 绘制一个物体的视觉相似物 • 区分不同视觉相似物之间的细小差别
音乐智力： 创造、理解和欣赏音乐的能力	• 演奏乐器 • 创作音乐作品 • 理解音乐的潜在结构
身体动觉智力： 熟练运用身体的能力	• 跳舞 • 打篮球 • 表演哑剧
人际智力： 能够注意到他人行为的微妙方面的能力	• 读出他人的心情 • 觉察他人潜在的意图和愿望 • 运用关于他人的知识来影响他人的思想和行为
内省智力： 能够意识到自己的情绪、动机和愿望的能力	• 明白引导自己行为的动机 • 使用自我知识与他人更有效地建立关系
自然智力： 识别自然界的模式，以及各种不同的生命形式和自然物体间的差异的能力	• 鉴别特定的植物或动物物种的成员 • 对自然形态（如岩石、山脉的类型）进行分类 • 把一个人关于自然的知识应用于农业、绿化或动物训练等活动

注：[*]这个例子可能让你想起皮亚杰的认知发展理论。皮亚杰描述的许多特定阶段的特征属于逻辑－数理智力领域。

资料来源：Gardner，1983，1999.

持乐观态度。加德纳的观点鼓励我们使用各种不同的教学方法，这样我们就可以根据学生的不同能力来帮助他们学习和理解课堂主题（L. Campbell，Campbell，& Dickinson，1998；Gardner，2000b；Kornhaber，Fierros，& Veenema，2004）。

无论学生是否有 8 种或更多不同的智力，当我们鼓励他们以两种或更多不同的方式思考一个特定的主题（如同时使用词汇和心理表象）时，他们肯定会获益（R. E. Mayer，2011b；Moreno，2006）。然而，教育者不能只是指导学生的优势能力，还必须给学生布置一些任务，鼓励他们完成这些任务以加强他们的薄弱领域（Sternberg，2002）。

斯滕伯格的成功智力理论

罗伯特·斯滕伯格（Robert Sternberg）推测（Sternberg，2004，2010；2012；Sternberg et al.，2000），人们可能在 3 个不同的领域有不同程度的智力。他的理论关注人们在这些领域的技能和能力如何帮助他们实现短期目标和长期目标。分析性智力包括理解、分析、对比，以及对常见于学习情境和智力测验中的信息和问题的评估。创造性智力包括在新环境下想象、创造和综合各种想法。实践性智力包括有效地应用知识和技能来管理和应对日常问题与社会情境。最近，斯滕伯格提出了智力的第 4 个领域：智慧（wisdom）。智慧包括为了自己和他人的利益综合使用自己的各种技能的能力（Sternberg，2015）。斯滕伯格认为，传统的智力观仅关注个体的学业和成绩，忽视了智力在日常生活中的作用。

此外，斯滕伯格提出，智力行为包括以下 3 个因素的相互影响，而且它们因场合而异（Sternberg，1985，1997，2003）。

- **行为发生的环境**。在不同的文化中，不同的行为或多或少具有一定的适应性和有效性。例如，在工业化社会中，学会阅读是一种适应性反应，但在其他某些文化中，阅读与适应性并无关系。

- **先前经验与特定任务的相关性**。先前经验可以通过两种方式提高智力。一种方式是对特定任务进行充分练习，它可以使学生完成任务的速度越来越快、效率越来越高，即学生的自动化程度更高。例如，随着儿童练习更多的两位数乘法运算（如 32×55），他们解决这类问题的速度和效率就会有所提高。另一种方式是，学生能够利用他们在以前的任务中获得的经验来帮助他们完成新的任务。例如，学生可以将在数学课上学到的代数原理应用到物理问题中。

- **认知过程**。智力行为包括很多认知过程：分离重要信息和无关细节、确定可能的问题解决策略，以及发现看似不同的想法之间的关系等。不同的认知过程在不同的环境中或多或少是重要的，一个人的行为在多大程度上是明智的，取决于当前任务所需的特定认知过程。

有证据表明，成功智力理论的 3 个成分是可以被测量的，这些领域的研究与许多重要的教育结果有关（Sternberg，2010；Sternberg et al.，2014）。此外，神经科学领域的研究表明，类似的过程涉及创造性思维和智力思维（Silvia，2015；Sternberg，2003）。

然而，目前支持原始的 3 个成分的实证研究仍然有限（Kaufman et al.，2013；Roberts & Lipnevich，2012；Sternberg et al.，2014）。尽管如此，成功智力理论提醒我们，学生的智力行为可能会因社会文化背景、先前学习的知识和技能，以及任务涉及的认知过程而有很大差异。

智力的发展观

认知发展理论认为，儿童会随着时间的推移变得越来越聪明。例如，随着年龄和经验的增长，儿童在抽象思维（皮亚杰理论）和有效使用复杂的文化工具（维果茨基理论）方面会更加精通。然而，除了斯腾伯格的理论（指出先前经验的重要性）之外，到目前为止，我们所介绍的智力观点并没有真正考虑到智力在不同的发展阶段是如何以不同的形式出现的（Dai，2010）。

一些研究天赋的学者认为，智力不只限定于某一领域，智力的本质会随着年龄和经验的变化而变化。从这个角度来看，特殊能力和人才的发展历程如下。

1. 最初（通常在童年期），人们在某一领域（如在阅读、数学或音乐方面）表现出特殊的潜力。
2. 通过适当的教学、指导和实践，人们在该领域表现出非凡的成就。
3. 如果人们在很长一段时间内（通常在成年期）继续在特殊领域追求并完成该领域的任务，他们最终可能会获得重要的专长和卓越成就，并得到广泛认可（Dai，2010；Subotnik，Olszewski-Kubilius，& Worrell，2011）。

此外，更普遍的认知能力的提高与上学经历、工作经历和其他生活事件有关（Kyllonen，2015）。在这里，我们看到了一个动态的智力观：虽然它的根源可能是个体在某些领域的天赋，但从长远来看，智力既需要环境的培养，也需要个体的坚持（Dai，2010；Subotnik et al.，2011）。

分布式智力

许多教育工作者开始意识到，支持性环境不

仅可以随着时间的推移提高人们的智力，而且事实上它可以促进当下的智力行为。当人们从物质、文化和社会环境中获得帮助时，他们更善于明智地思考和行动——这种观点有时被称为**分布式智力**（distributed intelligence; Hutchins，1995；Pea，1993；Perkins，1995）。人们可以通过至少三种方式"分布"一项具有挑战性的任务——也就是说，他们可以将一些认知负担分配给某人或某物。第一，他们可以使用物理工具，尤其是技术（如平板电脑、计算器、计算机）来处理和操纵信息。特别是，几乎随时随地都可以使用的智能手机，为学生提供了获取信息和各种工具的机会。第二，他们可以通过使用其文化中的各种符号系统——如文字、图表——来表征和思考他们所遇到的情况。第三，他们可以和其他人一起探索想法和解决问题——正如我们经常听到的，两个人的智慧总比一个人高。事实上，当学生一起解决复杂的、具有挑战性的任务和问题时，他们会互相传授策略和思维方式，这可以帮助他们每个人在未来更明智地思考（Kuhn，2001b；Palincsar & Herrenkohl，1999；Slavin，2011）。

因此，根据分布式智力我们可以得知，智力是一种高度可变的、环境特异性的能力，当有适当环境支持时，该能力就会提高。智力并不是学习者"随身携带"的不可变的特征，也不是可以简单测量并用一个或多个测验分数来概括的能力。然而，也有很多心理学家尝试测量智力，正如我们接下来要介绍的内容一样。

智力的测量

当一个学生总是在学业的某个方面挣扎时，就像本章开篇的个案研究中的提姆所做的那样，心理学家会发现测量学生的一般认知能力的总体水平是有帮助的。这些措施通常被称为**智力测验**（intelligence test）。想了解智力测验是什么样的，请试试下面的练习。

亲身体验

模拟智力测验

请回答以下问题。

1. "penitence"（忏悔）的含义是什么？

2. 山羊和甲虫有什么相似之处？

3. 如果你在大型百货公司和家人走散了，你该怎么办？

4. "A rolling stone gathers no moss"（滚石不生苔）是什么意思？

5. 完成以下类比：

▨ 之于 ▨ 就像 ◖● 之于 ____。

a. ●● b. ◖● c. ○● d. ▷◀

这些测验项目是仿照当代的智力测验项目编写的。通常测验包括言语任务（如第 1 项至第 4 项）和涉及更少言语但更多视觉的任务（如第 5 项）。

智力测验的得分最初是用一个包含除法的公式计算出来的。因此，它被称为**智商分数**（IQ score）。虽然我们现在仍然使用智商这个术语，但智力测验的得分已经不再根据旧的公式来计算，而是通过比较学生在既定考试中的表现和同龄组其他人的表现来决定。这是非常重要的一点——智商分数反映了与同龄学生相比，某个学生在特定年龄的认知能力。100 分表示测验的平均成绩，获得这个分数的学生比一半的同龄人表现更好。分数远低于 100 分表明该学生在测验中的表现低于平均水平，分数远高于 100 分表明该学生在测验中的表现高于平均水平。

图 5.1 显示了学生在不同范围内的智商分数的百分比（例如，12.9% 的学生获得的分数为 100～105 分）。注意，曲线中间高、两端低，这表明 100 分左右的分数远比明显高于或低于 100 分的分数更常见。例如，如果我们将图 5.1 中不同范围内的百分比相加，我们会发现大约有三分之二（68%）的学生的得分在 100±15 分以内（即 85～115 分）。相比之下，只有约 2% 的学生的分数低于 70 分，只有约 2% 的学生的

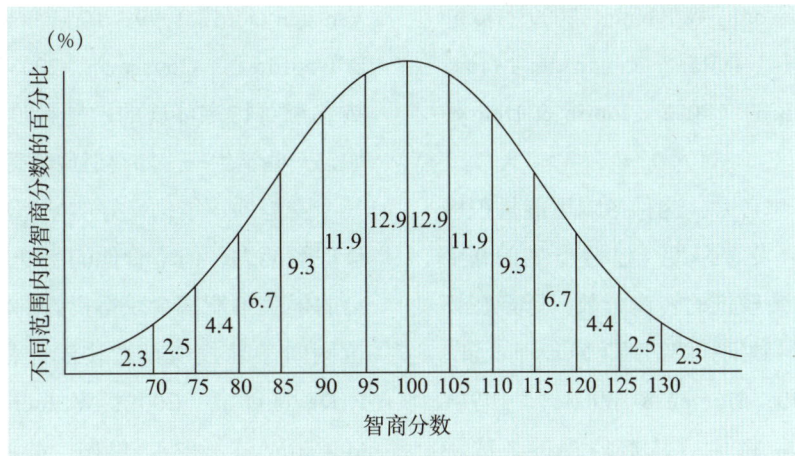

图 5.1 不同范围内的智商分数的百分比

分数高于 130 分。这种中间多而两端少的分数分布可以代表人类特征的多样性。因此，心理学家创造了这种测验智力的方法，有意得出这种相同的分布。

在本章开篇的个案研究中，提姆的智力测验得分为 96 分，我们现在可以对此进行解释。如图 5.1 所示，96 分非常接近 100 分，在平均水平范围内。很多学者依然在研究智力，设计新的智力评估。例如，有研究者正在开发神经心理学评估（Gansler，Varvaris，& Schretlen，2017）。近年来，其他非认知变量（如动机和意志力）与智力的关系变得尤为明显。当前，研究者正在开发新的技术来对此进行解释，一些测验参与者可能会快速完成评估（因此他们会完成更多的评估，但存在因为追求速度而放弃准确率的情况），而其他测验参与者可能会完成得慢而细致，他们有更高的准确性，但完成的项目更少（van der Linden，2007）。

智商分数与学业成绩

研究反复表明，智力测验的分数与学业成绩相关。一般而言，智商分数较高的学生会取得更高的课程成绩，在标准化成就测验中表现更好，完成的教育年限也更长（N. Brody，1997；Duckworth，Quinn，& Tsukayama，2012；Sattler，2001）。数据显示，这些测验也预示着学生在高等教育中的成功（Kuncel & Hezlett，2007）。

关于智商与成就的关系有三个很重要的观点。

第一，智力与成就并不是因果关系，而是相关关系。即使智商分数高的学生通常在学校表现良好，也不能说明他们的高成就是智力的结果。智力可能确实在学业成绩中起重要作用，但其他因素同样会对成绩产生影响，如动机、教学质量、家庭和社区资源、同伴群体的期望等。第二，智商分数和成绩的关系并不总是呈正相关。由于各种各样的原因，一些智商分数高的学生在课堂上表现不佳，而另一些学生取得的成绩比我们根据他们的智商分数所预测的要高。例如，最近有研究表明，智力与成绩之间的关系受到睡眠质量的影响——当学生在某一晚上没有得到充足的睡眠时，其智力与成绩就不像在其他情况下那样密切相关（Erath，Tu，Buckhalt，& El-Sheikh，2015）。第三，也是最重要的一点，智商分数仅反映学生在特定时间、特定测验中的表现——它并不是永久不变的——随着时间的推移，学生的智商分数可能会发生变化。

智力发展中的天性与教养

许多研究表明，遗传在智力中起着重要作用。例如，同卵双胞胎的智商分数往往比异卵双胞胎的智商分数更接近，即使同卵双胞胎在出生时被不同的父母收养，并在不同的家庭长大。然而，这并不是说儿童遗传了决定其智力的特定基因，相反，他们可能继承了影响特定认知能力和天赋的某些因素（O. S. P. Davis, Haworth, & Plomin, 2009；Horn, 2008；Kan, Wicherts, Dolan, & van der Maas, 2013；Kovas & Plomin, 2007；Plomin & Deary, 2015）。

环境同样也会影响智力，这种影响可能是积极的也可能是消极的。发育早期（包括出生前 9 个月）的营养不良会导致较低的智商分数，母亲在怀孕期间过量饮酒也会导致同样的结果（Neisser et al., 1996；Ricciuti, 1993；Sigman & Whaley, 1998；Sneikers et al., 2017）。将儿童从被忽视的、贫困的家庭环境转移到有更多教养的、富有刺激的环境（如通过收养）可以使智商分数提高 15 分或更多（Beckett et al., 2006；Capron & Duyme, 1989；van IJzendoorn & Juffer, 2005）。一些旨在帮助儿童获得基本的认知和学习能力的长期干预计划也是有效的（F. A. Campbell & Burchinal, 2008；Kağitçibaşi, 2007）。一些证据表明，儿童时期阅读技能的获得与儿童智力的提高有关（Ritchie, Bates, & Plomin, 2015）。甚至仅仅是上学也会对智商分数有积极的影响（Ceci, 2003；Ramey, 1992），尽管与一般智力（g 因素）相比，这种影响对特殊智力而言更大（Ritchie, Bates, & Deary, 2015）。尤其是在学风严谨的学校，即使是青春期的学生，其智力的提高也可能与之相关（Becker, Lüdtke, Trautwein, Köller, & Baumert, 2012）。此外，在世界范围内，人们在智力测验中的表现都是缓慢但稳定提高的——这一趋势可能是由更好的营养、更小的家庭规模、更好的学校教育、更多的认知刺激（通过更多地获得信息技术、阅读材料等），以及物理环境的其他改善造成的（Flynn, 2007；E. Hunt, 2008；Neisser, 1998）。

天性和教养分别在多大程度上影响智力一直是争议的源头，但事实上，基因和环境因素对认知发展和智力的影响方式可能永远无法被厘清。第一，基因需要合理的环境支持才能运作。在极度贫困的环境下（缺乏适当的营养和刺激），基因可能与儿童的智力发展关系不大，但在更好的环境下，基因会产生显著的影响（Ceci, 2003；D. C. Rowe, Jacobson, & Van den Oord, 1999；Turkheimer, Haley, Waldron, D'Onofrio, & Gottesman, 2003）。第二，遗传会影响儿童对特定环境的敏感程度（Rutter, 1997）。例如，一些学生——如有遗传障碍的学生——可能需要一个安静的、结构良好的学习环境来获得有效的阅读理解能力，但不管他们所处的环境质量如何，健全的学生可能都会获得良好的阅读技能。第三，儿童倾向于寻找与其遗传能力相匹配的环境（O. S. P. Davis et al., 2009；W. Johnson, 2010；Scarr & McCartney, 1983）。例如，继承了优异的数理逻辑推理能力的儿童会报名参加高等数学课程，或者以其他方式培养他们继承的天赋。而具有一般定量能力的儿童不太会接受这样的挑战，因此其发展数学技能的机会更少。

智力与大脑

智力——至少是可以通过智力测验来测量的智力——在大脑中确实存在生物基础（Karama et al., 2011）。高水平的智力也涉及许多大脑区域之间的持续有效的互动（Jung & Haier, 2007）。神经科学家的研究表明，智力的许多组成部分与大脑及其发育有关，包括幼儿的基本认知技能、记忆、注意、阅读和数学能力（Byrnes, 2012）。虽然遗传在这些差异中发挥了一些作用，但这些差异在多大程度上是天性、教养或天性-教养相互作用的结果仍有待观察（Jung & Haier, 2007）。无论如何，我们必须记住，在整个童年期和成年期，大脑都具有自我重组能力，也就是说，大脑具有可塑性。

智力的文化和种族差异

从历史上看，美国的某些族裔群体在智力测验中的平均成绩比其他族裔群体高。大多数专家认为，智商分数的这种群体差异是由环境差异造成的，更具体地说，是与影响母亲产前和产后营养质量的经济环境、刺激性书籍和玩具的可获得性，以及获得教育机会的差异有关（Brooks-Gunn, Klebanov, & Duncan, 1996；Byrnes, 2003；McLoyd, 1998）。近年来，不同族裔群体的平均智商分数越来越接近——这一趋势可以归因于更公平的环境条件（Dickens & Flynn，2006；Neisser et al.，1996）。

然而，需要注意的是，不同文化群体对智力的看法有所不同，因此可能会培养儿童一些不同的能力（Saklofske et al.，2015）。许多欧洲人的后裔认为，智力主要是一种影响儿童的学习成绩和成年人的职业成功的能力。相比之下，许多其他文化中的人认为，智力包括社交能力和学术能力，如保持和谐的人际关系并合作完成具有挑战性的任务（Greenfield et al.，2006；J. Li & Fischer，2004；Sternberg，2004，2007）。在亚洲的一些国家中，智力还包括获得主流的道德价值观和对社会做贡献（J. Li，2004；Sternberg，2003）。

文化群体在他们认为的体现智力的行为上也有所不同。例如，许多传统的智力测验在一些项目上考虑到了速度：如果儿童的反应既快又正确，他们的分数就会更高。然而，在某些文化中，人们倾向于看重准确性而不是速度，当任务被很快地完成时，他们可能会持怀疑态度（Sternberg，2007）。再如，西方主流文化中的许多人将灵活的语言技能解释为高智商的标志，但对于许多日本人和加拿大魁北克北部的许多因纽特人来说，话很多会被看作不成熟或智力低下（Crago，1988；Minami & McCabe，1996；Sternberg，2003）。一名因纽特教师对一个语言能力强的男孩产生了担忧：

> 你认为他有学习问题吗？一些智商不高的孩子很难学会让自己停下来，他们不知道什么时候该停止说话（Crago，1988）。

因此，作为教师，我们必须注意不要想当然地认为我们关于智力的观点与来自不同文化背景的学生和家庭是相同的。

明智地对待智力和智商分数

无论智力的本质和起源如何，它都是学生在课堂上学习和取得成就的一个重要因素。因此，我们必须很好地掌握培养学生智力发展的最佳策略，以

及如何合理地解释学生在智力测验中的分数，并明智地对待这些信息。以下是一些建议。

■ **把发展智力而不是判定智力置于优先地位。** 正如我们所看到的，智力不是固定的、不可改变的：环境因素，包括学校教育，可以导致儿童智力分数的提高。分布式智力的观点表明，几乎所有的学生都可以在有工具、符号系统和社会群体的帮助的情况下表现得更加聪明。作为教师，我们应该更多地考虑提高和支持学生的智力，而不是测量它（Dai，2010；P. D. Nichols & Mittelholtz，1997；Posner & Rothbart，2007；B. Rhodes，2008）。

■ **将智力测验看作有用但不完备的测量工具。** 智力测验并不是能够决定学习者真实智力的神奇工具——如果"真实"智力实际存在的话。相反，这些测验只是心理学家为了掌握学生在特定时间点的思考、推理和学习能力而开发的关于问题和任务的集合。测验结果与其他信息结合使用，通常可以让我们大致了解学生当前的认知发展水平。然而，为了恰当地解释智商分数，我们必须意识到测验的如下局限性。

- 不同类型的测验可能会产生不同的分数。

- 学生在任何测验中的表现都不可避免地会受到许多临时因素的影响，包括总体健康状况、测量的时间点和分散注意力的环境。这些因素对幼儿的影响尤其大，他们往往精力充沛，注意力持续时间短，没有兴趣静坐几分钟以上。

- 测验项目通常侧重西方主流文化中的重要技能——尤其是在学校环境中——以及可以在一次简短的测验中完成的任务。智力测验不一定会设置在其他文化中更受重视和着重培养的技能，也不一定会涉及需要很长时间的技能（如提前计划、做出明智的决定）或高度特异性领域的技能。

- 一些学生可能不熟悉特定测验项目中涉及

的任务内容或类型，因此可能在这些项目中表现不佳。

- 英语学习者——在非英语环境中成长的英语水平有限的学生——在用英语进行智力测验时处于明显的劣势。因此，他们的智商分数通常不能很好地反映他们在英语水平提高后能做什么（Dirks，1982；Health，1989；Olvera & Gómez-Cerrillo，2014；Perkins，1995；Stanovich，2009；Sternberg，2007；Grigorenko，& Kidd，2005）。

显然，我们必须对来自不同文化背景、英语水平较低或在测验时年龄较小的学生取得的智商分数持怀疑态度。

■ **当你想要评估特殊能力时，请使用更有针对性的测量措施。** 每当我们获得并使用智商分数时，我们都要明白一般智力或 g 因素是学生成绩的基础。考虑到智力的多面性，没有任何单一的测验能够给我们提供学生能力的全貌。因此如果我们想评估一个学生在特定领域——如数学领域——取得成功的潜力，最好使用更有针对性的能力测验（Ackerman & Lohman，2006；Horn，2008；McGrew et al.，1997）。然而，我们希望你只使用正规出版商发布的正版测验工具。你可能会在网上看到一些智力测验——如声称测量加德纳多元智力的测验——这些测验通常很少或没有经过研究审查，因此其测验结果可能是不可信的。同时我们还要清楚，智力测验只能由学校心理学家和其他受过专门培训的专业人员实施。

■ **基于学生的文化背景，发现显示其特殊才能的行为。** 例如，在以非裔美国人为主的社区长大的学生，其特殊才能可能反映在口头语言上，如丰富多彩的演讲、创造性的故事讲述或幽默。对于来自美洲土著文化背景的学生来说，其特殊才能可能体现在人际交往能力、高超的手艺，以及觉察并记住自然环境

中的微妙之处的非凡能力上（Dai，2010；Sternberg，2005；Torrance，1989）。

作为教师，我们必须注意不要把智力仅仅局限于学生在传统的学业任务中取得成功的能力，以及在传统的智力测验中表现良好的能力。一种选择是对学生的能力做动态评估：与其评估学生已经知道的和能做的事情，不如教他们一些新的东西，看看他们掌握得有多快、多容易（Feuerstein，Feuerstein，& Falik，2010；Haywood & Lidz，2007；Sternberg，2007）。

■ **请记住，许多其他因素也会影响学生的学业成就。** 大多数智力测验都聚焦在学生能做的具体事情上，而很少考虑学生可能会做什么。例如，智力测验不会评估学生是否愿意从多个角度看待问题、是否以批判的方式检验数据、是否在即使面对难题时也愿意努力尝试，或者是否会积极掌控自己的学习等。然而，这些特质往往与决定学业和现实任务的成功方面的智力同等重要（Duckworth & Seligman，2005；Kuhn，2001a；Perkins，Tishman，Ritchhart，Donis，& Andrade，2000）。即使是教师对学生的期望，也会对学生的智力测验分数产生微小的影响（Raudenbush，1984）。下面我们将探讨这些认知风格与倾向可能呈现的形式。

认知风格与倾向

5.2 解释学生的认知风格与倾向如何影响他们的课堂表现

智力水平相当的学生通常会以不同的方式对待课堂任务和思考课堂主题。有些个体差异反映了学生各自不同的**认知风格**（cognitive style），学生不一定会对此进行有意识的控制。另一些个体差异反映

了学生不同的倾向（disposition），这些倾向会使学生自愿并有意地努力掌握某一学科。不要为区分这两个概念感到苦恼，因为它们在含义上有很大的重叠。二者不仅都涉及个体特定的认知倾向，还涉及人格特征（Furnham，2012；Messick，1994b；Zhang & Sternberg，2006）。倾向也有动机成分——一种"我想这样做"的特性（Kuhn，2001a；Perkins & Ritchhart，2004；Stanovich，1999）。

没有所谓的学习风格

在过去的几十年里，心理学家和教育学家研究了各种各样的认知风格，有时他们也使用"学习风格"这一术语。你也许听说过教育工作者讨论学生可能是"视觉学习者"或"听觉学习者"。学习风格背后的观点是，如果教师调整教学方式满足学生喜欢的学习风格，那么其学习效率将得到提高。也就是说，如果"视觉学习者"的学生在接触一个新的主题时获得了额外的视觉材料，那么这个学生的学习效率将得到提高。

尽管这种观点在教育工作者中很流行，但实际上没有证据表明，根据学生的学习风格调整教学方式对他们实际的学习有任何影响（Curry，1990；R. E. Mayer & Massa，2003；Nieto & Bode，2008；Rogowsky，Calhoun，& Tallal，2015；Roher & Pashler，2012；Snider，1990）。许多被识别的风格和开发的评估工具经受不住研究人员的检验（Cassidy，2004；Krätzig & Arbuthnott，2006；Messick，1994b）。学习风格在本质上只是个体的学习偏好，一部分学生表示他们更喜欢通过听觉学习，而另一部分学生可能表示他们更喜欢通过视觉学习。然而，这些学习偏好只是偏好，并不表明当信息以其他方式呈现时，偏好某种风格的学生不能学好。

事实上，根据学生偏好的学习风格调整教学方式，甚至告诉学生他们可能具有某种学习风格，反而会对其学习产生消极影响。请思考以下案例：

哈珀是一名 6 年级学生，她在学校表现很

好。她的科学老师在她的期中成绩单上写道："哈珀在课堂上表现很好，但我还是希望她能更多地参与我们的讨论。"当哈珀的父母问她为什么不积极参与课堂讨论时，她回答："辅导员给我们做了一个关于学习风格的测验，她说我是一名视觉学习者。因为我是视觉学习者，所以我不需要通过讨论来学习；我只需要看就够了。"

为什么这种情况有些麻烦？首先，正如之前我们提到的，对学习风格的评估通常没有经过科学验证（这些所谓的"风格"实际上只是偏好）。其次，更令人不安的是哈珀将视觉学习者理解为她不需要通过其他方式进行学习。如果哈珀是一名安静的学生，那么我们可能会建议她进行更多的语言互动，这样她就可以进一步发展她的言语能力。然而，她对视觉学习风格的天真解读会导致她说话更少！

教授学生"右脑"还是"左脑"有意义吗

作为一名教师，你可能会听说一些基于神经科学的最新研究开发的课程和学习材料，有时这被称为"基于脑的学习"或"基于脑的教育"。神经科学是一个持续发展的研究领域，一直有令人激动的新发现。然而，大多数研究者认为，将这些研究结果直接应用于日常的课堂教学还为时过早。

一个备受关注的领域是使教学适应"左脑"或"右脑"的理念。事实上，神经科学家已经反驳了我们可以教授学生"左脑"或"右脑"的观点：即使是最简单的日常思维任务，也需要大脑左右两半球的协同工作（Bressler，2002；Gonsalves & Cohen，2010；Haxby et al.，2001；Kalbfleisch & Gillmarten，2013；Organization for Economic Cooperation and Development，2015）。

分析性思维与整体性思维

认知风格中值得关注的另一个方面是分析性思维与整体性思维的区别。在分析性思维中，学习者倾向于将新的刺激和任务分解成部分，并在一定程

度上独立于情境信息来看待这些部分。在整体性思维中，学习者倾向于将情境信息与任务视为整合的、不可分割的整体。研究者在此方面发现了文化差异：来自西方主流文化的人偏好分析性思维，而来自东亚文化的人更偏好整体性思维（Park & Huang，2010；Varnum, Grossmann, Kitayama, & Nisbett, 2010）。一般来说，逻辑推理和科学推理需要分析性思维，而整体性思维可以帮助学习者发现看似不同的现象之间的联系。例如，偏好整体性思维的中国科学家发现了海洋潮汐的根本原因——月球对所有大型水体的引力——这比狭隘地聚焦于以地球为中心的欧洲科学家早了很多个世纪（Nisbett，2009）。

倾向

与关于认知风格和学习风格的混合研究结果相比，关于倾向的研究已经获得了一致且富有成效的结果。有些倾向对课堂学习显然是有益的：

- **刺激寻求**：积极地与物理和社会环境互动，以获得新经验和新信息；

- **认知需求**：定期寻求并参与具有挑战性的认知任务；

- **批判性思维**：总是根据信息或论点的准确性、可信度和价值来对其进行评估，而不是简单接受；

- **开放的心态**：灵活考虑其他观点和多种来源的证据，推迟判断而不是急于下结论（Cacioppo, Petty, Feinstein, & Jarvis, 1996；DeBacker & Crowson, 2008, 2009；Furnham, 2012；Halpern, 2008；Kang et al., 2009；Raine, Reynolds, & Venables, 2002；Southerland & Sinatra, 2003；Stanovich, 1999；West, Toplak, & Stanovich, 2008）。

上述这些倾向通常与学生的学习表现和学业成就呈正相关，许多心理学家认为这些倾向与学生学了什么和学得怎么样之间存在因果关系。事实上，倾向对个体长期成就的影响比智力的作用要大（Dai & Sternberg, 2004；Kuhn & Franklin, 2006；Perkins &

Ritchhart，2004）。例如，在学龄前期积极寻求物理和社会刺激的儿童长大后会成为更好的学习者，并获得更好的成绩（Raine et al., 2002）。高认知需求的学生会从他们的阅读材料中学到更多，而且更有可能根据可靠的证据和逻辑推理得出结论（Cacioppo et al., 1996；Dai, 2002；P. K. Murphy & Mason, 2006）。批判性地评估新证据，以及以开放的心态听取各种观点的学生也会表现出更高级的推理能力，并更有可能在面对矛盾信息时修正自己的信念（DeBacker & Crowson, 2009；G. Matthews, Zeidner, & Roberts, 2006；Southerland & Sinatra, 2003）。

研究人员尚未系统地探讨产生倾向差异的原因。遗传的气质差异（如在寻求刺激方面）可能与此有关（Raine et al., 2002）。对知识本质的信念——例如，认为知识是固定不变的，或者认为知识是动态且不断发展的——可能也与此有关。（P. M. King & Kitchener, 2002；Kuhn, 2001b；Mason, 2003）。但可以肯定的是，教师的行为和他们营造的课堂氛围——如是否鼓励学生学习有趣的主题、承担学业风险，以及进行批判性思考——发挥着重要作用（Flum & Kaplan, 2006；Gresalfi, 2009；Kuhn, 2001b, 2006）。在下面的课堂互动中，教师实际上没有鼓励学生对课堂材料进行分析性和批判性思考：

不同的儿童对智力刺激和挑战性认知任务的渴望不同。

把这个写在你的纸上……记住这个模式。这里有米、厘米和毫米。假设……写下米、厘米和毫米。要确保我们的度量单位是相同的。如果我给你一个数"0.234 米"（是的，写下来）。为了得出 0.234 米的厘米数，你唯一要做的就是移动小数点。我们如何移动小数点？把它向右移动两个

位置……很简单（Turner，Meyer，et al.，1998）。

毫无疑问，这名教师的想法是好的，但要注意的是，她传达了一种非批判性的态度："写在你的纸上……记住这种模式。""走进课堂——促进建设性的思维倾向"专栏提供了更有效的策略。

走进课堂　•••

促进建设性的思维倾向

■ **表达自己对学习和掌握新知识的渴望。** 在一个有关诗歌的单元中，一名中学英语老师说："在我们的文化中，我们习惯押韵的和节奏稳定的诗歌。但是在许多世纪以前，日本人发明了一种非常不同的诗歌形式。这种形式被叫作'haiku'，它真的很酷。我会给大家举一些例子，然后我们以班为单位创作一些新的'haiku'。"

■ **示范开放、包容地对待不同的观点，并愿意在掌握所有事实之前暂停做出判断。** 在一堂关于空气特征的课程中——尤其是空气会占据空间这一事实——一名 1 年级老师要她的学生预测当杯子被倒扣在一碗水中时，杯子内部是会变湿还是保持干燥。将杯子浸入水中后，学生对杯子内部的湿度或干燥度得出了不同的结论。老师回答："糟了。现在我们有两种不同的观点，我们必须想办法解决这个问题。"她采取了一个简单的方法——把一张揉皱的纸巾塞进杯子里，然后再把杯子浸入水中——以获得更确凿的证据。

■ **鼓励学生以合作的方式进行活动，一起解决有趣而复杂的问题。** 在美国总统选举的前几周，一名高中社会研究老师对他的学生说："我们在电视上看到许多竞选公告都在严厉指责对立的候选人，其中一些内容可能歪曲了事实。在今天的合作小组中，你们将看到三条政治公告的文字转录，分别来自不同候选人的竞选活动。每组至少需要两台能上网的笔记本电脑或平板电脑。你们的工作是做事实核查——在互联网上搜索可信的网站，这些网站上的信息可以证实或反驳候选人关于自己的或竞争对手的说法。明天我们将对比每个小组的调查结果。"

■ **要求学生评估科学证据的可信度，并充分支持他们的努力，以使他们得到恰当的结论。** 5 年级学生两人一组，在计算机程序中进行"实验"，模拟各种因素（降雨量、融雪速度、土壤类型等）对当地洪水的影响。为了引导学生进行探索，该程序要求他们先进行假设，然后进行检验，老师偶尔会询问他们是否某一系列特定的测试控制了其他潜在的影响因素。

资料来源：Strategies based on discussions by de Jong，2011；Gresalfi，2009；Halpern，1998；Kuhn，2001b；Perkins & Ritchhart，2004；vanSledright & Limón，2006.

在普通教育课堂上教育有特殊需要的学生

5.3 了解美国《残障人教育法案》（IDEA）对教师工作的影响

作为教师，我们通常能在单一课程和日常教学的背景下适应学生多样的能力和倾向。但我们也可能遇到有特殊需要的学生（students with special needs）——与同伴差异很大的学生——他们需要专门改编的教学材料和实践来最大限度地促进他们的学习并提高他们的学业成绩。在有特殊需要的学生中，一部分人有认知、人格、社交或身体障碍，这会对他们在普通课堂上的表现产生消极影响。相反，另一部分有特殊需要的学生在某个特定领域具有天赋，这导致他们从年级水平的课堂和实践中收获甚少。

在美国，大多数有特殊教育需要的学生全天或一天的部分时间里在普通教育教室上课——这种做法被称为全纳（inclusion；U.S. Department of Education, National Center for Education Statistics, 2010）。实际上，美国联邦立法规定，残障学生必须在邻近的学校上课，尽可能地在常规课堂接受教育。

94-142 法案：《残障人教育法案》

1975 年美国国会通过了公共法 94-142 法案，也就是众所周知的《残障人教育法案》（Individuals with Disabilities Education Act，IDEA）。IDEA 自颁布以来经过多次修订和重新审定，最近一次是在 2004 年，名为《残障人教育改进法案》。该法案承认从出生到 21 岁的有认知、情绪或身体障碍的人享有教育权。它保证了残障学生的如下权利。

- **免费且适当的教育。**所有残障学生都享有特别设计的免费教育计划，以满足他们的特殊教育需要。

- **公平而无歧视的评价。**一个多学科团队要对任何可能需要特殊服务的学生进行深入评估。这个团队的构成依学生的需要而定，但通常由两名或多名教师、合适的专家，以及学生

家长或监护人组成。学校工作人员需使用各种测验和其他评估工具，对潜在的残障情况进行全面评估。评估程序必须考虑到学生的背景和任何可疑的身体或沟通方面的困难。例如，测验必须以学生的母语进行实施。

- **在最少限制的环境中接受教育。**教师应尽最大可能将残障学生纳入与其同龄的非残障学生的学习环境、课外活动和社会互动中。也就是说，他们必须有最少限制的环境（least restrictive environment），即最典型和标准的教育环境加上充分的辅助和支持服务，这样的环境才能合理地满足他们的需要。只有当他人的安全受到威胁，或者即使有适当的支持和帮助，学生也不能在普通的教育环境中取得进步时，他们才允许被排除在普通教育之外。

- **个性化教育计划。**当年龄在 3 ~ 21 岁的学生被确定为"残障"时，多学科团队就会合作开发一个教学计划，即个性化教育计划（individualized education program，IEP），来适应学生的优势和缺陷（见表 5.2）。IEP 是一份书面声明，会经过多学科团队的不断审查，在适当情况下，IEP 每年至少被修订一次——如果条件允许，会更频繁地被修订。要确保 IEP 会议有效，就必须满足：（1）计划周密；（2）有指定的会议主持人、明确的会议议程，以及会议运行的基本规则；（3）会议参与者要对会议有足够的了解并避免使用行业术语（Diliberto & Brewer，2014）。

- **正当的过程。**IDEA 颁布了几种措施以确保在决策过程中学生和家长的权利得到保护。例如，当学校开始采取改变学生的教育计划的行动之前，必须书面通知家长。如果家长和学校系统对最适合学生的教育计划存在分歧时，可以通过调解或听证会来解决。

IDEA 的设定对特殊教育的本质产生了重大影

表 5.2 个性化教育计划（IEP）的组成要素

在美国，为残障学生设置的 IEP 必须包括以下信息：
· 当前表现：有关学生当前学业成就水平的信息，包括课堂测验和作业、教师和特教专家的观察，以及单个实施的评估的结果
· 年度目标：与学生的学习、社交、行为和 / 或身体需要相关的学年目标或基准
· 特殊教育及相关服务：为帮助学生实现学年目标而提供的特殊服务、辅助和方案修改
· 与非残障学生一起：如果适用，解释学生不能参与常规课堂和课外活动的程度
· 进展测量：关于如何监控学生的进展及如何将此进展告知家长的信息
· 参加州和地区范围内的测验：解释被修改的或被排除的常规测验，如果适用，说明可替代的成就测验
· 日期和地点：关于特殊服务开始的时间、地点，以及持续时长的信息
· 过渡服务：对于任何 14 岁（或更小，如果合适的话）的学生，为满足其毕业目标和准备离开学校提供所需的特殊服务

资料来源：U.S. Department of Education，Office of Special Education and Rehabilitative Services，2000.

响。越来越多的教师意识到，真正的全纳需要对所有学生进行差异化教学，而不仅仅是对有特殊需要的学生。现在，许多特殊教育教师不再在单独的教室里提供专门的教学，而是与普通课堂的教师合作，共同教授所有学生——包括残障学生和非残障学生。

全纳的潜在优点和缺点

尽管有 IDEA 的规定和要求，但针对残障学生的全纳一直存在争议。一些专家认为，当学生充分参与学校生活时，他们会最大限度地发展正常的同伴关系和社交技能。但也有人担心，当有特殊需要的学生整天都在普通教室上课时，他们可能无法获得所需的特殊强化指导。此外，非残障学生可能会羞辱、回避或欺负残障学生（Blake，Lund，Zhou，Kwok，& Benz，2012；Hamovitch，2007）。

研究表明，在学校的部分或全部时间里参加普通教育课程对残障学生有积极影响：

- 他们的学习成绩与参加独立课程的学生的学习成绩相当（或高于参加独立课程的学生）；
- 更恰当的课堂行为、更好的社交技能，以及与非残障同伴之间更频繁的互动；
- 如果学校的所有学生都能够接受和尊重同伴之间的个体差异，他们就可以发展更积极的自我意识（Halvorsen & Sailor，1990；

Hamovitch，2007；Hattie，2009；P. Hunt & Goetz，1997；MacMaster，Donovan，& MacIntyre，2002；Slavin，1987；Soodak & McCarthy，2006；Stainback & Stainback，1992）。

无论是在普通教育课堂上还是在短期的资源教室期间，当学生理解残障的本质且教学和材料适合学生的特殊需要时，我们更有可能看到上述积极结果（H. L. Swanson，Hoskyn，& Lee，1999）。适当的辅助技术（assistive technology）——能够提高学生能力和表现的电子设备和其他设施——对于帮助学生成功地参与普通教育课程和社会生活也十分重要。

非残障学生也经常从全纳教学中获益。例如，他们可以利用为残障学生设计的特殊支持——也许是详细的学习指南或补充性解释（C. M. Cole et al.，2004）。此外，他们会发现有特殊需要的人像他们一样需要他人的尊重（P. Hunt & Goetz，1997；D. Staub，1998）。我们中的一位作者经常想起她的儿子杰夫在 3 年级时与埃文的友谊，埃文有严重的身体和认知障碍。他们的老师想让杰夫成为埃文的特别的朋友，在午餐时和其他可能的时间里与他互动。虽然埃文基本上不会说话，但他总是通过手势和表情明确表达他很高兴能和朋友在一起，这让害羞的杰夫增强了社交自信心。几年后，杰夫回顾起这段友谊：

> 它让我意识到埃文也是一个正常的人，而且我可以和一个残障男孩建立友谊。做让埃文开心的事情，我也很开心。我很清楚埃文知道我们是朋友。

当然，重要的是，非残障学生必须以尊重和支持的态度对待残障学生，最好是可以与他们建立友谊。作为教师，我们可以通过以下几件事来培养学生之间的良好关系：

· 明确指出残障学生的一些优势；
· 请残障学生和非残障学生在其擅长的领域帮助他人；
· 安排需要合作的学习和娱乐活动；
· 鼓励残障学生参加课外活动和社区活动（Bassett et al.，1996；DuPaul，Ervin，Hook，& McGoey，1998；Hamovitch，2007；Madden & Slavin，1983；Turnbull，Pereira，& Blue-Banning，2000）。

全纳对教师来说，既有优点又有缺点。从积极的方面来看，残障学生的纳入可以使其他学生更好地接纳残障人士，并增加学生在不同的群体中工作的机会。然而，将残障学生纳入普通课堂确实会给教师带来一些挑战。例如，教师需要更大程度的差异化教学，为有特殊需要的学生准备替代材料，并额外花时间与残障学生相处。

明确学生的特殊需要

对于如何界定各类特殊需要（尤其是那些不涉及明显身体状况的特殊需要），或者如何更好地确定符合每一类特殊需要的学生，专家并没有完全达成一致。在美国，IDEA 为各种残障提供了具体的鉴别标准。根据 1973 年美国《康复法案》第 504 条（有时简称为第 504 条），某些不符合 IDEA 标准的残障学生也有资格获得特殊教育服务。该法案规定，受益于联邦资助的机构（包括公立学校）不能歧视残障人士。在第 504 条中，评估和接纳残障学生的程序

没有 IDEA 中规定的那么严格——这种情况可能是有利的也可能是不利的，要视具体情况而定。

一种涉及确定干预反应（response to intervention，RTI）的鉴别方法获得了越来越多的支持（2004 年，其在 IDEA 的重新授权中获得认可）。研究证明，常规的整班教学和集中的跟进式小组教学对大多数儿童都有效，但教师还是需要留意在某个领域（如阅读或数学）的基本技能上有特殊困难的学生。这样的学生需要进行各种特征和能力的深入评估。如果评估排除了明显的残障情况（如明显的遗传异常或感觉损伤），学生可能会被认定为患有认知障碍——通常但并不总是属于学习障碍的范畴——因此有资格获得特殊服务（Fletcher & Vaughn，2009；L. S. Fuchs & Fuchs，2009；Mellard & Johnson，2008）。

一种侧重于促进适应性行为的方法被称为积极行为干预和支持（positive behavior intervention and support，PBIS）。当 PBIS 在整个学校开展时，它被称为学校范围的积极行为干预和支持（schoolwide positive behavioral intervention and support，SWPBIS；Ogülmüs & Vuran，2016；Sugai & Horner，2006）。该框架旨在促进积极的或"好"的行为，而非惩罚不良行为。与 RTI 类似，当学生被确定存在无法通过学校努力得到充分解决的特定问题行为时，这些学生将获得个性化的方法来解决其特定的行为问题。我们将在第 13 章讨论营造建设性的学习环境的策略时回到这一点。

教育工作者通常采取更广泛的方法，以同时解决学习和行为问题。多层次支持系统（multi-tiered system of support，MTSS）是一个描述旨在解决影响学生学习的并发问题的干预计划的专业术语（Forman & Crystal，2015；Jimerson，Burns，& VanDer Heyden，2016；Leach & Helf，2016；Sugai，Simonsen，Freeman，& La Salle，2016）。这些方法可能非常有效，因为学校的所有教师都接受过使用循证实践来支持学校所有学生的学习和行为的培训。当所有教职员工齐心协力时，他们就能更好地识别出哪些学生需要更有针对性的、个性化的干预。

然而，每当我们发现一个学生患有特殊障碍时，

我们就有可能把人们的注意力集中在这个学生的缺陷上，而不是他的其他优点和典型年龄特征上。为了最大限度地减少这种消极影响，特殊教育工作者敦促我们在提到残障学生时使用以人为本的话术（people-first language）——换句话说，在提到障碍之前，先提到人。例如，我们可以说"这个学生患有学习障碍"而不是"这是一个患有学习障碍的学生"，或者说"这个学生患有视觉障碍"而不是"这是一个患有视觉障碍的学生"。

在本章接下来的部分，我们将有特殊需要的学生分为五类。表 5.3 列出了每一类特殊需要的具体种类。IDEA 所包含的障碍在表中用绿色字体标出。

有特定认知障碍或学业困难的学生

5.4 解释如何调整教学和课堂实践，以适应不同的残障学生的独特优势和限制

一些有特殊教育需要的学生没有表现出身体残障的外在迹象，但存在妨碍他们学习某些材料或执行某些课堂任务的认知困难。这类学生包括患有学习障碍、注意缺陷 / 多动障碍，以及言语交流障碍的学生。

表 5.3　有特殊需要的学生的一般类别和特殊类别（用蓝色字体的特殊类别是 IDEA 所包含的障碍）

一般类别	特殊类别	倾向
有特定认知障碍或学业困难的学生：这些学生的学业表现不一致；他们在一些任务上存在困难，但在其他任务上可能表现很出色	学习障碍	在特定认知过程（如感知、语言或记忆）上有障碍，并且不能归因于诸如智力发育迟滞、情绪和行为障碍、感觉损伤等其他障碍
	注意缺陷 / 多动障碍（ADHD）（在 IDEA 中没有涵盖，但此种学生可以获得 IDEA 其他健康障碍的特殊服务）	包含以下两种障碍的一种或两种： （1）难以集中和保持注意力 （2）频繁的多动和冲动行为
	言语交流障碍	口语障碍（如特定声音发音错误、口吃或异常的句法模式）或严重干扰课堂表现的语言理解障碍
有社交或行为问题的学生：这些学生表现出严重的社交、情绪或行为困难，并且严重到足以干扰他们的学业表现	情绪和行为障碍	在相当长的一段时间内出现严重干扰学习和学业表现的情绪状态和行为
	自闭症谱系障碍	以社会认知、社会技能和社会互动受损为特征的障碍，以及特定的刻板行为的重复；更温和的表现形式与其他领域的正常发展相关；极端的形式与认知和语言发展迟滞及高度异常行为相关
认知和社会功能普遍滞后的学生：这些学生几乎在所有学科领域都有较低的学业表现，并且不具备同龄儿童的典型的社会技能	智力障碍	明显低于平均水平的一般智力和在适应性行为（即在实践和社交智力）中存在缺陷；缺陷在儿童时期很明显，通常出现在早期
有身体障碍或感知困难的学生：这些学生存在医学可检测到的生理学疾病	身体和健康损伤	身体或医学问题（通常是长期的）干扰在校表现，这可能是由于精力和力量有限、心理警觉性低或肌肉控制不足
	视觉损伤	眼功能或视神经障碍，即使使用矫正镜片也会妨碍正常视物
	听力损失	耳功能或相关神经障碍，妨碍了对正常说话频率范围内的声音的感知
认知发展超前的学生：这些学生在一个或多个领域具有超常的能力	天才（只有表现出障碍，才包含在 IDEA 中）	在一个或多个领域具有超常的能力或天赋，在学业课程中，需要特殊的教育服务来充分发挥潜力

学习障碍

虽然不同的学习障碍的定义各不相同，但患有学习障碍（learning disability）的学生一定在一个或多个特定的认知过程中存在明显的困难，这些困难不能归因于文化或语言多样性，而是由认知发展迟缓、情绪问题、感觉或环境剥夺造成的。这些困难往往与特定的和可能遗传的大脑功能障碍有关（American Psychiatric Association，APA，2013；N. Gregg，2009；K. Pugh & McCardle，2009）。表5.4列出了学习障碍可能存在的几种形式。

共同特征

一般来说，有学习障碍的学生彼此之间的差异比他们相似的地方要多得多。他们通常有很多优势，但也可能面临许多挑战：

- 较差的读写能力；
- 无效的学习和记忆策略；
- 无法集中注意力完成指定任务，尤其是在面对让人分心的事物时；
- 较低的自我意识和学业动机，特别是在困难领域缺乏个性化的帮助时；
- 较差的运动技能；
- 较差的社会技能（Estell et al.，2008；Gathercole，Lamont，& Alloway，2006；N. Gregg，2009；Job & Klassen，2012；K. Pugh & McCardle，

2009；Swanson，2014；Waber，2010）。

并非所有患有学习障碍的学生都具有这样的特征。例如，有些人在课堂上很专心，有些人擅长社交，在同龄人中很受欢迎。

有时学习障碍反映了学生的发展能力和年级水平的期望发展之间的不匹配（Waber，2010）。例如，当学生进入中学时，他们通常被期望在几乎没有监督的情况下学习，然而患有学习障碍的学生并不总是具备完成学习任务所需的时间管理技能（N. Gregg，2009）。在高中课堂上，学习可能需要阅读和研究复杂的教科书，但患有学习障碍的高中生的平均阅读水平仅停留在小学四五年级，而且几乎没有有效的学习策略（Cutting，Eason，Young，& Alberstadt，2009；Meltzer & Krishnan，2007）。

下面的练习可以让你了解这些学生在这种情况下的感受。

亲身体验

阅读作业

仔细阅读下面的短文。本章后面将对你进行有关短文内容的测验。

在某些学习情况下（例如，在课堂讨论中，学生可能支持一个有争议的社会科学问题

表5.4 患有学习障碍的学生的认知加工能力缺陷的示例

形式	示例
知觉困难	学生可能难以理解或记住他们通过某种特定方式（如视觉或听觉）接收到的信息
记忆困难	学生在短时间或长时间内记忆信息的能力可能较差（即他们可能在工作记忆或长时记忆方面存在问题）
元认知困难	学生可能在使用有效的学习策略、监控学习目标的进展、指导自己的学习方面存在困难
口语加工困难	学生可能难以理解口语或记住他们所听到的内容
阅读困难	学生可能难以识别印刷的单词或理解他们所读的内容；极端的形式被称为"诵读困难"
语言书写困难	学生可能在书写、拼写或在纸上连贯地表达方面存在问题；一种极端的形式被称为"书写困难"
数学困难	学生可能在思考或记忆与数字有关的信息方面存在困难；一种极端的形式被称为"计算障碍"
社会认知困难	学生可能难以理解他人的社交暗示和信号，因此可能在社交场合做出不恰当的反应
音乐加工困难	学生可能对音高的差异不太敏感，无法辨认熟悉的曲调；一种极端的形式被称为"失歌症"

中的各种观点），个体可能会表现出一定程度的承诺，以证明他们对某个特定解释的合理判断。然而，在许多学习情况下，合理判断是实验性的，不一定与先前承诺有关。可信度与概率具有很大的相似性（即一种在定义上具有高概率的解释意味着其他选择是低概率的，当个体相信低概率的解释时则不予考虑）（Lombardi，Nussbaum，& Sinatra，2016）。

你认为你会在接下来的关于这篇短文的测验中表现如何？

你刚刚读到的这篇短文是《教育心理学家》（*Educational Psychologist*）中具有代表性的一篇文章。《教育心理学家》是专门写给接受过教育心理学高等教育（如博士学位）的人的专业期刊。因此，它的写作水平远远高于一般大学生的阅读水平。我们不会真的对你进行有关文章内容的测验，但是我们希望这个练习能让你体会到患有学习障碍的高中生可能会体验的挫败感。对许多患有学习障碍的学生来说，完成学校作业似乎总是在进行一场艰苦的战斗。也许正是因为这个原因，患有学习障碍的学生在毕业前辍学的比例高于平均水平（N. Gregg，2009）。

适应性教学

针对患有学习障碍的学生的教学策略必须根据其具体优势和劣势量身定制。如果你成为一名常规的课堂教师，当课堂上有患有学习障碍的学生时，你很可能会和一位特殊教育工作者合作。你将与这位特殊教育工作者合作并调整你的教学策略。以下几种策略可以使学生获益。

- **减少干扰。**因为许多患有学习障碍的学生容易分心，所以我们应该尽量减少其他可能分散他们注意力的刺激物的存在，如当其他班级的学生在外面玩耍时，拉下窗帘，要求学生把手机收起来，或者要求学生保持桌面整洁，清除一些当前不需要的材料（Buchoff，

1990）。

- **以明确且组织良好的方式呈现新信息。**大多数患有学习障碍的学生，当被直接告知需要学什么，而不是自己进行推断和综合时，他们在学习上更容易成功。对重要技能进行频繁且组织良好的练习也是至关重要的（Fletcher，Lyon，Fuchs，& Barnes，2007；J. A. Stein & Krishnan，2007；U.S. Department of Education，2014）。

- **以多通道呈现信息。**因为一些患有学习障碍的学生在通过特定通道进行学习时存在困难，所以我们需要从更广泛的角度考虑信息交流的方式。因此，我们可以结合视频、图形和其他视觉材料进行教学，或者鼓励学生录制讲座。同样，当我们教年幼的儿童认识字母时，我们可能不仅会让他们看字母，还要让他们用手指描绘出大的、有纹理的字母形状（Florence，Gentaz，Pascale，& Sprenger-Charolles，2004；J. A. Stein & Krishnan，2007；J. W. Wood & Rosbe，1985）。

- **提供令人兴奋的、新颖的材料。**这可能特别有助于预防学生感到无聊，并在阅读时保持注意力的集中（Beike & Zentall，2012）。例如，一个令人惊讶的有转折的故事可能有助于患有学习障碍的学生对阅读过程的参与。

- **分析学生的错误，找出加工困难的线索。**作为这一策略的一个例子，请看图 5.2 中 7 岁的丹尼尔试图写的"我相信警察"。丹尼尔准确地捕捉到了几个音，包括"trust"（信任）中的"s"和最后的"t"，以及"policeman"（警察）中的所有辅音。然而，他误写了"trust"的前两个辅音，用"N"取代了"t"和"r"。他也忽视了大多数元音的发音，而且他写的三个元音中有两个（用"I"代替了"a"，用"E"代替了临近"policeman"结尾的"a"）是不正确的。我们可以推测，丹尼尔很难听到口语单词中所有不同的语音，也很难将它

们与在书面语中看到的字母进行匹配。这种困难在患有阅读障碍的学生中是非常普遍的（Goswami，2007；N. Gregg，2009；K. Pugh & McCardle，2009）。

图 5.2　7 岁的丹尼尔试图写的"我相信警察"

■ **教授学习技巧和学习策略。**许多患有学习障碍的学生受益于教给他们的完成作业和记忆课堂主题的特定策略（Joseph & Konrad，2009；Meltzer，2007；Wilder & Williams，2001）。例如，我们可以教他们记笔记和组织家庭作业的具体策略，或者教他们具体的记忆术或记忆技巧，来帮助他们记住特定的事实。

■ **提供纸质或电子脚手架，以支持学生的学习和工作。**我们可以制定学习指南、大纲或图表，帮助学生识别重要的概念和观点，并且将它们相互联系起来。我们可以给学生提供一份同学做的组织良好的课堂笔记。我们还可以教学生如何使用文字处理软件中的语法和拼写检查程序（N. Gregg，2009；Mastropieri & Scruggs，1992；Meltzer，2007）。

注意缺陷 / 多动障碍

事实上，所有学生都可能在某个时间点出现注意力不集中、过度活跃或冲动。但患有注意缺陷 / 多动障碍（ADHD）的学生在这些方面有显著且长期的缺陷，并反映在以下鉴别标准中。

■ **注意力不集中。**学生可能很难在指定任务上集中和保持注意力，特别是当有吸引力的其他事物存在时。他们可能在听从和跟随指示方面存在困难，也可能会粗心地犯错。

■ **多动。**学生看起来有过剩的精力。他们容易烦躁不安，可能会在不适当的时间里在教室走来走去。

■ **冲动。**学生几乎难以抑制不适当的行为。他们可能会将答案脱口而出、过早地开始任务，或者从事冒险的或破坏性的行为，而不考虑潜在的后果（APA，2000；Barkley，2006；Gatzke-Kopp & Beauchaine，2007；N. Gregg，2009）。

患有 ADHD 的学生不一定具备上述所有特征。例如，有些人只是注意力不集中而没有出现多动的情况，就像本章开篇的个案研究中的提姆一样。但所有患有 ADHD 的学生似乎都有一个共同点：无法抑制不恰当的想法或行为，或者二者兼而有之（Barkley，2006，2010；B. J. Casey，2001；Nigg，2010）。例如，当提姆应该集中精力上课时，他很容易被他的想法和白日梦分神。

ADHD 在美国的发生率可能会让你吃惊。首先，男孩被诊断患有 ADHD 的可能性是女孩的两倍。在美国，大约有 640 万学生在某个时间点被诊断患有 ADHD。此外，自 21 世纪初以来，ADHD 的确诊率增加了 53%（National Center for Learning Disabilities，2014）。诊断率的增加是由许多因素造成的，也许是因为对 ADHD 的认识的加深及对 ADHD 的更频繁的诊断。

在很多情况下，ADHD 似乎是大脑异常的结果，它限制了学生集中注意力和控制自己行为的能力（Kadziela-Olech，Cichocki，Chwiesko，Konstantynowicz，& Braszko，2015）。这些异常有时是因为遗传，有时则是因为儿童早期生存环境中的有毒物质，如旧建筑物中的高含铅量油漆灰尘（Accardo，2008；Barkley，2010；Faranoe et al.，2005；Gatzke-Kopp & Beauchaine，2007；Nigg，2010）。

共同特征

除了注意力不集中、多动和冲动外，被确诊为 ADHD 的学生可能还有如下这些特征：

- 非凡的想象力和创造力，尤其是细节记忆能力；
- 某些特定的认知加工困难和较差的学业成绩；
- 计划和时间管理方面的问题；
- 课堂行为问题（如捣乱、不服从）；
- 更多地使用媒体（如看电视或使用计算机）；
- 社交能力较差，人际交往困难；
- 青少年物质滥用的可能性增加（Barkley，2006；GatzkeKopp & Beauchaine，2007；S. Goldstein & Rider，2006；N. Gregg，2009；Hallowell，1996；Nikkelen，Valkenburg，Huizinga，& Bushman，2014；Skowronek，Leichtman，& Pillemer，2008；Tarver，Daley，& Sayal，2014）。

学生的注意力、多动和冲动问题在青春期可能会有所减少，但并不会完全消失，这使得学生很难应付高中时期教师提出的高要求；对许多人来说，ADHD 会持续到成年期，甚至贯穿整个成年期（Tarver，Daley，& Sayal，2014）。因此，患有 ADHD 的学生辍学的风险高于平均水平（Barkley，2006；S. Goldstein & Rider，2006；N. Gregg，2009；E. L. Hart，Lahey，Loeber，Applegate，& Frick，1995）。ADHD 仍是一些人终身面临的问题（Tarver et al.，2014）。

药物治疗与 ADHD

许多被诊断为 ADHD 的儿童和青少年都需要接受药物治疗来减轻症状。尽管当前对于患有 ADHD 的儿童和青少年是否有用药过度的问题存在争议（Corrigan，2012；Pelham，2012），但目前的研究表明，药物在某些情况下是有用的。

- 对一些人来说，这种药的效果很明显；但对其他人来说，其作用是有限的。
- 药物治疗可减轻 ADHD 的症状，但不能治愈它。
- 当剂量被密切监控并根据需要调整时，药物是最有效的。
- 有些药物是兴奋剂，有些药物是非兴奋剂。兴奋剂促进各种脑细胞之间更有效的交流；非兴奋剂包括各种其他药物。
- 药物治疗对学龄前儿童是有效的，特别是当他们不存在其他精神障碍时。
- 在学龄前儿童中，一些行为干预可以成功地取代药物治疗。
- 当 ADHD 的症状是中度时，通常可以在药物治疗前尝试非药物治疗（Kortekaas-Rijlaarsdam，Luman，Sonuga-Barke，& Oosterlaan，2018；National Collaborating Centre for Mental Health，2009；National Resource Center on ADHD，2018；National Institutes of Health，2013；Clinical Guidelines，2009）。

适应性教学

一些患有 ADHD 的学生服用药物来控制他们的症状，但是药物本身不足以使他们在课堂上取得成功，因此量身定制的教育干预很有必要（Purdie，Hattie，& Carroll，2002）。先前列出的针对患有学习障碍的学生的策略通常对患有 ADHD 的学生是有帮助的。研究人员和从业者还提供了一些额外的建议。

- **调整学生的学习环境和时间表。** 患有 ADHD 的学生在一个干扰较小、有一定结构，并且有教师持续监督的学习环境中会表现得更好。在理想情况下，学生应该在上午而不是在下午完成大部分学术课程和具有挑战性的任务，因为 ADHD 的症状会随着一天之内的时间推移而逐渐恶化（Barkley，2006；N. Gregg，2009）。

- **明确地提高学生的注意力和专注水平。** 学生可能会受益于隔音耳机或白噪声机器，它们能屏蔽潜在的分散注意力的声音，或者作为一种低科技的替代选择。如果当前的环境有太多让人分心的东西，我们可以鼓励学生换一个新环境（Buchoff，1990；N. Gregg，2009）。此外，一些计算机应用程序可以让学生练习将注意力集中和保持在特定刺激上（Klingberg，Keonig，& Bilbe，2002；Rueda，Rothbart，McCandliss，Saccomanno，& Posner，2005）。在阅读材料或数学问题中使用彩色标记来指出高相关的信息也可以提高学生的成绩（Kercood，Zentall，Vinh，& Tom-Wright，2012）。

■ **为过剩的精力提供出口。** 为了帮助学生控制过剩的精力，我们应该在安静的学习中穿插频繁的锻炼机会（Pellegrini & Bohn，2005；Pfiffner，Barkley，& DuPaul，2006）。在课间休息和午餐后，当我们要求学生从事安静的、需要专心的活动之前，我们可以给他们一个适应时间——先阅读一本感兴趣的书或一篇文章的节选（Pellegrini & Horvat，1995）。

■ **帮助学生有效地组织和利用时间。** 例如，我们可以向学生展示如何优先安排活动，创建待办事项清单，并建立一个可以在办公桌上张贴的日常日程。我们可以把大任务分解成小任务，并为每项小任务设置时间限制。我们还可以提供一个文件夹，让学生将家庭作业放进去并带回家（Buchoff，1990；N. Gregg，2009；Pfiffner et al.，2006）。

言语交流障碍

言语交流障碍（speech and communication disorder）是指严重影响学习表现的口语或语言理解方面的障碍，如持续的发音问题（见图5.3）、口吃、异常的句法模式，以及难以理解他人讲话。当儿童进入1年级时，大约有5%的儿童有明显的言语障碍（National Institute of Deafness and Other Communication Disorders，2016）。有时，这些儿童在感知和内部加工口语的特定方面存在困难，这是言语交流障碍的一个子类别，

被称为**特殊语言障碍**（specific language impairment）。在通常情况下，这种疾病的根源可以（但并非总是能）追溯到遗传或大脑异常（Bishop，2006；J. L. Locke，1993；National Academies of Sciences，Engineering，& Medicine，2016；Spinath，Price，Dale，& Plomin，2004）。

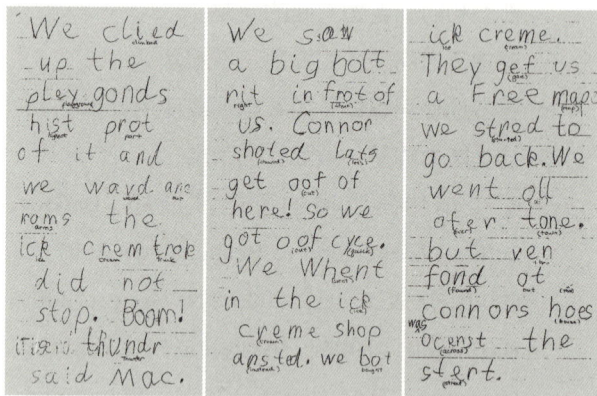

图 5.3　7 岁的艾萨克在学校接受语言治疗以解决他在某些发音（如将"th"发音为"v"）上一贯存在的错误

注：在写作中，他有时会根据自己的发音而不是根据听到的内容来拼写（如将"then"写成"ven"）。图中内容翻译为："我们爬上了游乐场最高的部分，我们挥舞着手臂，冰淇淋车没有停下来。砰！雷声响起，我们看到了一道闪电，要快点离开这里！所以我们离开了，然后前往冰淇淋店。我们买了冰淇淋，他们给了一张免费地图。我们开始往回走，走遍了整个镇子。"

共同特征

虽然一些患有言语交流障碍的学生也有其他类型的障碍，但他们中的许多人在大多数方面只是普通的学生。然而，以下特征是相当普遍的：

· 不愿说话，说话时感到窘迫和害羞；
· 读写困难（Fey，Catts，& Larrivee，1995；Heward，2009；LaBlance，Steckol，& Smith，1994；Rice，Hadley，& Alexander，1993）。

适应性教学

通常，一个训练有素的专家会通过与学生合作来帮助他们提高或克服言语交流障碍。虽然学生可能只在言语的某个明显部分出现障碍，但专家很可能会介入并对其言语的多个方面进行干预（Owens，

Farinella，& Metz，2015）。普通教育教师可以在以下几个方面提供帮助。

- **鼓励常规的口头交流。** 有言语交流障碍的学生需要像他们的同学一样在课堂上进行大量的公众演讲练习。因此，我们应该鼓励他们在课堂上讲话，前提是这样做不会给他们造成额外的压力（Hallahan，Kauffman，& Pullen，2009；Patton，Blackbourn，& Fad，1996）。我们还应该给他们提供容易理解且语法正确的句型和短语的示范（Owens et al.，2015）。

- **耐心倾听。** 当学生在表达上遇到困难时，我们可以试着帮助他们，如帮助他们完成句子。但当我们允许他们完成自己的想法时，我们对他们的帮助实际上是更多的。我们必须鼓励其他学生也同样有耐心（Heward，2009；Patton et al.，1996）。本书的其中一位作者在青春期时有个口吃的朋友。为了帮助这个学生，其他朋友会经常在他努力表达一个想法的时候，帮助他完成句子；然而，当有人指出耐心倾听并让他自己完成句子会更有帮助时，对话就变得容易多了。

- **当信息不清楚时，要求澄清。** 如果我们没有完全理解学生在说什么，我们应该解释我们已经理解的，并要求他们澄清剩余内容。诚实的反馈能够帮助学生了解他们正在进行的交流有多好（Patton et al.，1996）。

- **当学生几乎没有口头语言时，使用辅助沟通系统（AAC）。** 一些 AAC 形式涉及技术。例如，笔记本电脑或平板电脑可能有一个触摸屏，当学生把手指放在特定的单词或符号上时，它就会说话。其他 AAC 形式是非电子的。例如，我们可以给学生一组图片，或者教他们一些可以用来表达思想的手势（Beukelman & Mirenda，2005）。对于那些不容易接触到语言专家的人而言，我们可以利用互联网对其进行评估和干预（Waite，Theodoros，Russell，& Cahill，2010，2012）。

一般建议

除了前面描述的策略外，还有一些通用策略适用于许多有特定认知障碍或学业困难的学生。

- **尽早采取适当的干预措施。** 当学生缺乏未来学习所依赖的基本概念和技能时，加强指导以填补空白——越早越好——通常会对他们的长期成就产生显著影响（L. S. Fuchs et al.，2005；Waber，2010；Wanzek & Vaughn，2007）。

- **布置阅读材料时要考虑学生的技能水平。** 尽管有深入的阅读指导，许多有特定认知障碍或学业困难的学生的阅读能力仍然很差。因此，有时我们可能需要确定标准的年级水平课本的备选课本来呈现学习内容。例如，我们可以减少必读材料的数量，用更简单（但不幼稚）的书写材料来替代，允许学生有额外的时间来完成阅读作业，或者通过一些印刷文本之外的媒介——也许是录音或文本语音转换软件——来呈现信息（N. Gregg，2009；Mastropieri & Scruggs，2007）。当作业要求学生在网上查找和阅读信息时，学生可能还需要额外的指导和支持（Sampson，Szabo，Falk-Ross，Foote，& Linder，2007）。

- **清楚地描述对学生学业表现的期望。** 如果我们具体而准确地告知学生我们期望他们所做的事，他们会更容易完成课堂任务（Meltzer & Krishnan，2007）。例如，在学生开始进行科学实验活动之前，我们可以首先提醒他们仔细遵循实验单上描述的步骤，然后回顾安全预防措施，最后就他们必须包括在实验报告中的细节提供一份书面清单。

- **采取措施来提高学生的自信和动力。** 在学业上经历了长期失败的学生需要看到自己正在取得进步，并在某些事情上做得非常好。例如，我们可以给他们设定他们能够达成的每日目标或每周目标。我们也可以让他们写日记，描述他们每天取得的成功。当然，我们应该给他们机会去做自己擅长的事情（Buchoff，1990；J. A. Stein & Krishnan，2007）。

有社交或行为问题的学生

许多学生在某个时候都有轻微的社交、情绪或行为困难，特别是在遇到不寻常的压力或重大的生活变故时。通常，这些问题都是暂时的，只需要有爱心的成年人和同伴提供一点额外的支持就能克服。有时，问题长期存在，但并不意味着学生患有某方面的障碍。可能是教师的教学策略与学生的气质不相符，例如，一个特别烦躁的孩子可能在要求长时间坐着完成的作业上表现不佳（Keogh，2003；Mehan，1979）。当教师的教学实践或课堂管理策略改变时，学生的问题有可能会减少或消失。

但是，不管教师或课堂环境如何，有些学生表现出的行为模式会始终干扰他们的学习和表现。在这里，我们将考虑属于这个类别下的两个学生群体：患有情绪和行为障碍的学生及患有自闭症谱系障碍的学生。

情绪和行为障碍

患有情绪和行为障碍（emotional and behavioral disorder）的学生被认定为有特殊需要的学生，因此当他们的问题对课堂学习产生实质性的负面影响时，他们就有资格接受特殊教育服务。尽管这些学生占美国学生总数的3%~6%，但接受这类特殊教育服务的学生不到1%（Centers for Disease Control，CDC，2017a；Lane，Menzies，Kalberg，& Oakes，2012）。情绪和行为障碍的症状通常可以分为两大类。外化行为（externalizing behavior）对他人有直接或间接的影响，包括攻击、反抗、偷窃和普遍缺乏自控能力。内化行为（internalizing behavior）主要影响患有障碍的学生，包括严重的焦虑或抑郁、夸张的情绪波动、社交退缩和进食失调。有外化行为的男

生比女生更有可能被转介接受评估和特殊帮助。然而，有内化行为的女生比男生更容易有学业失败的风险（Angold，Worthman，& Costello，2003；Gay，2006；Hayward，2003）。这些障碍需要被认真对待，因为除了学业失败之外，有外化行为和内化行为的学生更有可能出现严重的心理健康问题，包括自杀想法或自杀行为（Peter & Roberts，2010）。

一些情绪和行为障碍是由环境因素造成的，如紧张的生活条件、儿童虐待、家庭酗酒或药物滥用（P. T. Davies & Woitach，2008；D. Glaser，2000；Maughan & Cicchetti，2002）。但是生物学原因（如遗传易感性、化学失衡、脑损伤）也可能参与其中，要么单独起作用，要么与环境产生交互作用（Dodge，2009；Raine，2008；Yeo，Gangestad，& Thoma，2007）。一些有情绪或行为障碍遗传倾向的学生在青春期之前几乎没有表现出任何迹象，如下例所示。

9年级时，柯克是一个品行端正、讨人喜欢的学生，获得了多个A和B的成绩，特别擅长科学和数学。但是到了10年级，他的成绩开始下降，他越来越表现出敌意和违抗行为。当柯克在12年级的秋季有3门课程不及格时，校长与他、他的父母和他的老师开会讨论如何帮助他回到正轨。在会议上，校长描述了柯克有几次表现得非常迷惑和挑衅，而且似乎"嗑了药"。虽然科克非常想在第二年上大学，但他坐在会议现场时，脸上带着微笑（似乎对自己的困境感到高兴），并专注于将会议室桌子上的一个碗里的块状物进行分类。会议结束时，校长非常生气，把他开除了。

在接下来的几个星期里，柯克的精神状况和行为持续恶化，以至于他很快就被捕了，他先是被关进了少年拘留所，后来又被送进了国家精神病院。

柯克最终被诊断患有双相情感障碍，这种疾病通常是遗传的，其特征是过度的情绪波动，在某些

情况下是扭曲的思维过程（如柯克）。双相情感障碍通常直到青春期才出现，即使它的生物学基础自个体出生时就已经存在（Griswold & Pessar, 2000）。

当学生患有情绪障碍或行为障碍时，他们的不良行为不仅会影响学业成绩，还会影响同伴关系，导致社交和学业失败。他们中的一些人可能会寻求少数几个接受他们的同伴的陪伴——这些同伴通常会做出类似的不恰当的行为，并且可能与他们相互推荐毒品、酒精或犯罪活动（J. Snyder et al., 2008; Webber & Plotts, 2008）。可悲的是，许多患有情绪障碍或行为障碍的年轻人没有得到他们所需要的帮助和支持。通常，有外化行为的男生会得到支持，但其他人有时得不到足够的帮助（Hallahan, Kauffman, & Pullen, 2015）。

共同特征

患有情绪和行为障碍的学生在能力和性格上存在显著差异。然而，除了刚刚提到的在维持良好的同伴关系上存在困难之外，你可能会观察到以下一个或多个特征：

- 经常旷课；
- 学习成绩随着年龄的增长而下降；
- 智力通常但并不总是低于平均水平；
- 低自尊；
- 攻击或退缩行为；
- 愤怒或爱争论；
- 违规；
- 不同情他人的痛苦；
- 严重的物质滥用（CDC, 2017a; Grinberg & McLean-Heywood, 1999; Harter, 1999; Kauffman & Landrum, 2013; Leiter & Johnsen, 1997; McGlynn, 1998; Richards, Symons, Greene, & Szuszkiewicz, 1995; Turnbull, Turnbull, & Wehmeyer, 2010; Webber & Plotts, 2008）。

一些患有情绪和行为障碍的学生也患有其他类型的障碍，如学习障碍、ADHD 或天才（Fessler, Rosenberg, & Rosenberg, 1991; Gatzke-Kopp & Beauchaine, 2007; Webber & Plotts, 2008）。

适应性教学

非常有价值的研究表明，一些特定的药物治疗对患有情绪和行为障碍的儿童和青少年非常有帮助（Konopasek & Forness, 2014）；然而，环境支持也很重要。有效的干预措施必须适合每个学生的特殊需要，但以下几种策略可以使大部分这样的学生获益。

- **关注学生的幸福和个人成长。** 帮助患有情绪和行为障碍的学生的第一步就是表明我们关心他们（Chang & Davis, 2009; Clarke et al., 1995; Heward, 2009）。例如，当我们看到他们时，我们可以热情地问候他们；当他们看起来很沮丧或压力过大时，我们可以表达关心；当他们想要分享自己的观点或经历的挫折时，我们可以支持性地倾听。此外，在安排教学和作业时，我们可以考虑学生的个人兴趣（你将在第 11 章中看到，这将增强学生的内部动机）。

- **让学生对环境有一定的掌控感。** 有些学生，尤其是那些经常对抗的学生，通常表现出不恰当的行为来回应外界的控制。对于这样的学生，重要的是要避免只有一个人赢而另一个人输的权力斗争。相反，我们必须创造一种情境，确保学生遵从课堂期望，同时也让他们对发生在自己身上的事情有一定的控制权。例如，我们可以教他们观察和监控自己行为的技术，目的是培养更具有建设性的行为。我们也可以在合理的范围内让他们选择在特定的情况下完成什么任务（Chang & Davis, 2009; Kern, Dunlap, Childs, & Clark, 1994; Lane, Falk, & Wehby, 2006）。

- **确保学生学会基本技能。** 患有情绪和行为障碍的学生通常注意力不集中、心不在焉，因此对学业投入较少。因此，这些学生可能没有发展出一些基本的技能（如基本的阅读或数学技能），而这些技能是未来学习所必需的。重要的是要及早发现这些学生的障碍，并与特殊教育工作者合作，以满足这些学生的社会和学习需要（Nelson, Benner, & Bohaty, 2014）。

■ **警惕学生可能打算自杀的信号。** 在美国，自杀是青少年死亡的第二大原因，有时甚至年龄更小的学生也会自杀（CDC, 2016）。预警信号包括以下内容：

- 突然从社会关系中退缩；
- 越来越忽视个人外表；
- 人格戏剧性地发生变化（如情绪突然高涨）；
- 被死亡和恐怖的想法完全占据；
- 明显的或隐藏的威胁（如"我不会活太久了"）；
- 暗示把自己的事务安排妥当的行为（如分发珍藏的物品）（Granello & Granello, 2006; Wiles & Bondi, 2001）。

作为教师，我们必须认真对待这些预警信号，并立即寻求训练有素的专业人员的帮助，如学校心理学家、学校社会工作者或咨询师。当然，帮助患有情绪和行为障碍的学生获得更恰当的行为也是很重要的。在介绍了自闭症谱系障碍后，我们将进一步描述这些策略。

自闭症谱系障碍

自闭症谱系障碍（autism spectrum disorder）的主要特征是显著受损的社会认知（如观点采择、解读他人的肢体语言）、社会技能、语言使用和社会互动。患有自闭症谱系障碍的学生喜欢独处，与他人仅形成微弱的情感依恋。一些学生发展出有限的语言能力，而另一些学生的语言能力则发展得更加充分。同样常见的还有重复行为（通常是非常古怪的行为，很少在同龄人中看到）和顽固地坚持某些常规或仪式（APA, 2000; Lord, 2010; Pelphrey & Carter, 2007; Tager-Flusberg, 2007）。自闭症谱系

障碍很普遍，在美国，大约每68名儿童中就有1名被确诊为自闭症谱系障碍，男孩的确诊率是女孩的5倍（CDC, 2014）。图5.4代表了一名患有自闭症谱系障碍的学生对"不酷"的描述。请注意，他关注的是社会技能。

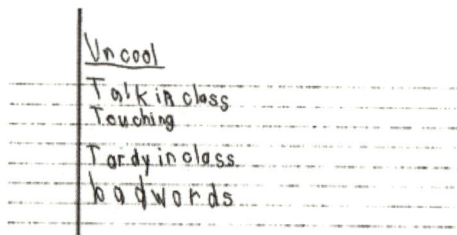

图 5.4　患有自闭症的杰里米写了一些关于"不酷"的描述，请注意，杰里米关注的是不恰当的社会互动

注：图中内容翻译为："不酷：在课堂上讲话，触摸，上课迟到，说脏话。"

除了在社交障碍和重复行为上的相似以外，患有自闭症谱系障碍的个体在情况的严重程度上有很大差异，因此有了"谱系"这个术语。**高功能自闭症**（high functioning autism）是一种比较温和的形式，学生通常有正常的语言技能及中等水平或中等水平以上的智力。在严重的个案中，它们通常被简单地称为自闭症，儿童在认知发展和语言方面有严重的迟滞，并表现出特定的古怪行为——可能是不断摇晃或挥舞手指、不断重复别人说过的话，或者对特定类别的物体表现出不寻常的迷恋（APA, 2000; Carpenter, Soorya, & Halpern, 2009; Lord, 2010）。

患有自闭症谱系障碍的学生可能对环境刺激不够敏感或过于敏感（Ratey, 2001; R. C. Sullivan, 1994; D. Williams, 1996）。坦普尔·格兰丁（Temple Grandin）是一名在国际上享有盛名的畜产设备设计师，她回忆起自闭症儿童的生活：

从我记事起，我就一直讨厌被拥抱。我想体验被拥抱的美好感觉，但那实在太令人难以承受了。这就像一个巨大的、把人整个吞没的海啸，并且我像一只野兽一样做出反应……当我年纪还小的时候，噪声也是个问题，我常常感觉那就像牙医的钻头刺到了我的神经。它们确实造成

了痛苦。气球爆破声也把我吓坏了，因为那声音在我耳朵里就像爆炸一样（Grandin，1995）。

绝大多数自闭症谱系障碍可能都是由大脑异常引起的。一些研究人员观察到镜像神经元的异常，这些神经元可能是人们换位思考能力的基础（Gallese, Gernsbacher, Heyes, Hickok, & Iacoboni, 2011）。其他研究人员已经发现了大脑的不同区域之间的连接异常，如负责逻辑推理和抑制冲动的区域之间的连接异常，以及负责情绪和情绪处理的区域之间的连接异常（Cherkassky, Kana, Keller, & Just, 2006；I. L. Cohen, 2007；Kana, Keller, Minshew, & Just, 2007）。最新的研究表明，大脑的多个区域与自闭症谱系障碍有关（Byrnes, 2012）。尽管尚未被广泛理解，但有证据表明，自闭症有时是通过家族遗传的，因此可能有遗传方面的原因（DiGuiseppi et al., 2010；Talkowski Minikel & Gusella, 2014）。尽管有些人认为自闭症可能是由儿童疫苗引起的，但没有任何证据表明疫苗与自闭症有任何关联（Institute of Medicine, 2011；Jain et al., 2015；Maglione et al., 2014）。

共同特征

除了上述特征外，患有自闭症谱系障碍的学生可能还有以下特征：

- 很强的视觉空间思维能力和对视觉细节的超常注意；
- 在分心时保持注意力和专注的异常能力；
- 难以理解他人的感受；
- 对一组不相关的事实有良好的记忆力；
- 可能避免与他人发生身体接触；
- 在计划和组织未来课程的行动方面有困难；
- 对一致的、可预测的环境的强烈需要（CDC, 2017b；I. L. Cohen, 2007；M. Dawson, Soulières, Gernsbacher, & Mottron, 2007；Gernsbacher, Stevenson, Khandakar, & Goldsmith, 2008；Grandin & Johnson, 2005；Lord, 2010；Meltzer, 2007；Pelphrey & Carter, 2007；Tager-Flusberg, 2007）。

偶尔，患有自闭症的学生会表现出"学者综合征"，即拥有非凡的能力（如特殊的数学、艺术或音乐天赋），这与他们的心理功能的其他方面相比是相当出色的（I. L. Cohen, 2007；Heaton & Wallace, 2004；L. K. Miller, 2005；Treffert & Wallace, 2002）。

适应性教学

患有高功能自闭症的儿童一般在普通教育课堂上课。患有较严重的自闭症的学生有时也可以参加全天或半天的普通教育课，由于让这些学生参与可能很复杂，因此特殊教育者的支持往往是很重要的（Crosland & Dunlap, 2012）。和其他例外情况一样，让父母参与讨论什么是最适合孩子的环境是很重要的。一个患有自闭症的 1 年级学生的母亲主张让孩子待在非特殊教育的课堂上，她指出："如果他参加的是一个只与其他自闭症儿童在一起的项目，他就没有办法学习正常发展的儿童的行为（Crane, 2010）。"

前面描述的许多课堂策略都适用于此类学生。另外，以下两种策略也很有用。

- **将教室布局和每周时间安排表的一致性最大化。** 当环境和时间表可预测时，许多患有自闭症谱系障碍的学生会感觉更舒服。那么，在学年开始的时候，我们应该把教室里的桌椅和设备摆放成整个学年都能使用的样子，然后仅在绝对必要的时候再做调整。在最大限度的范围内，我们应该在每天相同的时间或一周中特定的日子里安排重复性的活动。如果由于某些原因必须更改时间表，我们应该提前告诉学生（Dalrymple, 1995）。

- **使用视觉方法进行教学。** 因为患有自闭症谱系障碍的学生通常有很强的视觉空间能力，但语言能力可能受损，因此重点强调视觉材料可能会有所帮助（Hanley et al., 2017；Ozonoff & Schetter, 2007；C. C. Peterson, 2002；Quill, 1995）。我们可以使用物体、图片、图形组织器和照片来传达关于学术主题的观念，或者使用某种视觉线索来预示一项新活动的开始（Finnegan & Mazin，2016）。

一般建议

尽管情绪和行为障碍的原因与自闭症谱系障碍的原因通常是不同的，但患有这些障碍的学生可以从一些相同的课堂干预中获益。当然，要想促进这些学生在学业上的成功，我们可以使用先前为有特定认知障碍或学业困难的学生提供的教学策略。以下是其他的一些建议。

■ **坚持要求恰当的课堂行为。** 尽管患有某些障碍的学生可能比大多数同龄人更容易产生不恰当的课堂行为，但教师显然可以帮助他们以建设性的方式表现自己，如为他们的行为设定合理的限制，并让他们在超越这些限制时承担一定的后果（Evertson & Weinstein，2006；Webber & Plotts，2008）。"创设富有成效的课堂环境——鼓励有社交或行为问题的

学生的恰当行为"专栏提供了几种有用的策略。

■ **培养社会认知和有效的人际交往技巧。** 有社交或行为问题的学生往往可以从社会认知和观点采择的训练中获益。明确的指导和强化社会技能也很有效。当然，学生需要大量的机会来练习他们习得的新技能（Chan & O'Reilly，2008；Myles & Simpson，2001；Nikopoulos & Keenan，2004；Schrandt，Townsend，& Poulson，2009；Theimann & Goldstein，2004）。

■ **坚持并期待逐步的改善而不是突然的成功。** 许多有社交或行为问题的学生最初会抵制我们对他们的帮助。只有当他们看到自己行为改变的自然结果时——例如，当他们开始结交新朋友或与他们的老师相处得更好时——他们才会开始认识到我们的指导和支持的价值。他们的进步可能是缓慢的，但是通过关注小的进步，我们和学生可能会同时被我们

走进课堂 •••

鼓励有社交或行为问题的学生的恰当行为

■ **让行为期望清晰而具体。** 一名教师提醒学生："你不能在没有得到卡丽许可的情况下借用她的胶水。你首先要问问卡丽，确保你可以借用她的东西。如果卡丽不同意，你就要请求其他人。"

■ **详细说明恰当行为和不恰当行为的结果并贯彻执行。** 一名教师告诉学生："萨姆，你知道某些四个字母的单词，如你刚才用的两个，在这间教室里是不被接受的。你也知道这种行为的后果，所以请你到暂停区待10分钟。"

■ **对特定行为而非一般领域的表现给予反馈。** 一名教师对学生说："你今天在自

习室做得不错。你把注意力集中在作业上，并且当马特在来我办公桌的路上不小心碰了你一下时，你也没有报复他。"

■ **试着预见问题并防患于未然。** 一名学生偶尔会发脾气，扰乱整个班级。虽然这看起来是随机发生的，但教师最终意识到，这名学生在发脾气之前耳朵总是会变红。有了这个认识，她就可以在学生发脾气之前将他的注意力转移到一个沙袋上，从而让他在不分散其他人注意力的情况下释放自己的情绪。

资料来源：Hallahan et al.，2009；Heward，2009；Myles & Simpson，2001；Ormrod & McGuire，2007；Webber & Plotts，2008.

所看到的变化鼓舞，而不会因持续存在的问题而气馁。

认知和社会功能普遍滞后的学生

当我们使用认知和社会功能普遍滞后这个术语时，我们指的是任何表现出持续的发展迟滞模式的学生，无论该学生是否被认定为患有某种障碍。教育工作者有时用"迟钝的学习者"一词来描述那些在智力测验中得 70 多分，以及在大部分或所有课程中都存在明显困难的学生。一个有明显困难的学生可能被认定为患有智力障碍。

智力障碍

毫无疑问，你对智力低下这个词很熟悉；然而，近年来，大多数特殊教育者反而提倡用智力障碍（intellectual disability）一词来指代那些在认知和社会发展的大多数方面都表现出明显迟滞的学生。更具体地说，患有智力障碍的学生具有以下两个特征。

- **明显低于平均水平的一般智力**。这些学生的智力测验分数很低——通常不高于 70 分，这反映出他们在同龄人中处于最后 2% 的水平。此外，这些学生学习缓慢，几乎在所有学科领域都表现得很差。
- **在适应性行为方面存在缺陷**。这些学生以我们对更年幼的儿童所期望的方式行事。他们在适应性行为（adaptive behavior）方面的缺陷包括在管理日常生活中的普通活动方面的实践智力的缺陷，以及在社交情境中恰当地表现自己的社交智力的缺陷。

上述特征在个体童年期就很明显。因此，如果一个人在 18 岁时才开始表现出这些症状，可能是头部严重损伤的结果，而不会被归类为智力障碍。

智力障碍有三个等级。患有轻度至中度智力障碍（mild to moderate intellectual disability）的个体一般能够学会如何照顾自己，他们通常可以旅行和被雇佣。

患有严重智力障碍（severe intellectual disability）的个体发育严重迟滞，需要大量的支持，他们通常能听懂他人讲话，但在讲话方面存在困难。患有重度智力障碍（profound intellectual disability）的个体存在严重的认知障碍，他们通常有严重的身体限制，需要全面的护理（National Academy of Sciences，2015）。

智力障碍常常由遗传条件引起。例如，大多数患有唐氏综合征的儿童的认知和社会发展都比较迟缓。其他病例是由生物学原因但非遗传原因造成的，如母亲在怀孕期间严重营养不良、过度饮酒或分娩时缺氧。在其他情况下，环境因素，如父母忽视、极度贫困和缺乏刺激的家庭环境也是可能的原因（Beirne-Smith，Patton，& Kim，2006）。

共同特征

像任何有特殊需要的学生一样，患有智力障碍的学生也有不同的个性、优势和需要。他们中的许多人会表现出如下特征：

- 好交际，真诚地渴望归属于学校并适应学校；
- 关于世界的常识较少；
- 较差的阅读和语言能力；
- 较小的注意广度；
- 较差的记忆力，几乎没有有效的学习和记忆策略；
- 在推理和理解抽象概念上有困难；
- 难以将在一种情境中学到的事物推广到新情境中；
- 不成熟的游戏行为和人际技能；
- 运动技能发展迟滞，并对体育活动中的表现产生不利影响（Beirne-Smith et al.，2006；Bergeron & Floyd，2006；Carlin et al.，2003；Heward，2009；F. P. Hughes，1998；Tager-Flusberg & Skwerer，2007）。

适应性教学

在适当的支持下，许多患有轻度智力障碍的学生可以学习基本的阅读、写作和数学技能，甚至可能掌握典型的 5 年级或 6 年级课程（Hallahan et al.，

2009；Heward，2009）。许多特殊项目也为患有轻度智力障碍的学生提供服务，有时涉及与当地大学的合作（Nephin，2014）。本章前面描述的大多数策略对这些学生都是有用的。下面是一些需要记住的额外策略。

- **循序渐进，设定短期目标以确保学生成功。** 当与一个患有智力障碍的学生合作时，我们应该以足够慢的速度教授新的主题和任务，并提供足够的支持和重复次数，以便学生最终掌握它们。患有智力障碍的学生往往在学业上有一段很长的失败的历史。因此，他们需要频繁的成功体验来认识到经过努力学习就能在学校获取成功。通过设定短期的、容易达成的目标，学生将更有可能体验成功，并有动力继续从事类似的活动（Feuerstein et al.，2010；Fidler，Hepburn，Mankin，& Rogers，2005；Heward，2009；Sands & Wehmeyer，2005）。

- **提供大量脚手架来促进学生有效的认知过程和期望行为。** 我们可以制定简单的学习指南，告诉学生学习时应该关注什么。我们可以明确地指示各种任务，如"保罗，去办公室给洛根夫人拿一张考勤表，然后回到这里"。我们还可以提供手持式的、由教师编程的提示器，它们会被贴上视觉辅助和数字记忆辅助的标签，以帮助学生记住他们需要做的事情（Beirne-Smith et al.，2006；Mastropieri & Scruggs，1992；Patton et al.，1996；Turnbull et al.，2010）。

- **将职业技能和一般生活技能纳入课程。** 对大多数患有智力障碍的学生来说，生活技能和工作技能的训练是高中课程的重要组成部分。这样的训练最有可能是有效的，尤其是当它发生在现实的环境中时，也就是一种类似于学生离开学校后所处的情境（Beirne-Smith et al.，2006；Turnbull et al.，2010）。一个成功的项目为青少年提供了学习各种农业和农业相关技能的机会。参与者能够学习种植、收获农业零售方面的知识，包括在农场的商店销售农产品的机会（Bacon，2014）。学生报告说，他们享受这些机会、获得这些技能往往会带来未来更多的就业机会。

有身体障碍或感知困难的学生

一些有特殊需要的学生患有明显的身体障碍，这是由医学上可检测到的生理学疾病造成的，包括身体和健康损伤、视觉损伤和听力损失。其中一小部分人患有**多重严重障碍**（severe and multiple disabilities），这需要大量的适应和高度专业化的服务，这些学生在参加普通教育课堂时，通常会有专门的教师助理或其他专家陪同。

身体和健康损伤

身体和健康损伤（physical and health impairment）是指一般的身体或医学疾病（通常是长期的），它在某种程度上干扰了学生的学校表现，以至于需要特殊的教学、课程材料、设备或设施。这类学生可能精力和力量有限，精神警觉性较低或肌肉控制能力差。可能让学生具备接受特殊服务资格的疾病包括创伤性脑损伤、脊髓损伤、大脑性麻痹、癫痫症、癌症和获得性免疫缺陷综合征（AIDS）。

凯瑟琳·柯克帕特里克（Kathryn Kirkpatrick）是一名与接受癌症治疗的儿童和青少年打交道的社会工作者，她描述了她认为所有教师都应该知道的事情：

> 虽然教师经常为满足一个癌症幸存者的需要而感到焦虑，但看到一个健康的儿童回到教室时，他们会感到如释重负，以至于细微的学习困难可以被忽略。与儿童癌症治疗相关的认知迟发效应可能在治疗完成后的3~5年内出现，并取决于所接受的治疗类型。常见的学习困难包括执行功能缺陷、冲动、记忆丧失和加工速

度减慢。由于这些问题可能表现为组织混乱、拖延或拒绝学习，因此教师必须了解这些学生面临的风险，并为其转介到特殊教育或 504 评估设置较低的门槛。教师应该像对待其他学生一样，对儿童癌症幸存者抱有同样的高学术期望，同时也要理解一些幸存者可能需要支持才能完成高质量的作业。

共同特征

你很难对患有身体和健康损伤的学生进行概括，因为他们彼此的情况非常不同。然而，有几个共同特征是值得注意的：

- 低活力且容易疲劳；
- 不同程度的智力功能受损（许多学生的学习能力与正常的同龄人相似），有时学生的智力功能可能暂时受损，尤其是当其经历了化疗时；
- 由于经常缺课，学业成绩较低；
- 以教育中重要的方式体验并与外界互动的机会少（例如，较少使用公共交通工具，较少去音乐会、博物馆和动物园）；
- 可能存在低自尊、缺乏安全感、与同龄人隔绝或严重依赖成年人，这部分取决于父母和其他人对学生损伤的反应（American Cancer Society，2017；Heward，2009；Patton et al.，1996；J. W. Wood，1998；Yeo & Sawyer，2005）。

适应性教学

虽然我们不需要为患有身体和健康损伤的学生修改学术课程，但我们会做出如下安排。

■ **对特定的限制保持敏感，并灵活地适应它们。** 如果学生需要额外的时间写作业，我们就不应该在其作业的整洁性和易读性方面与他人持相同标准。有些人可能需要对测验做出口头回应而非在纸上回应。还有的人可能容易疲劳且需要经常休息。

■ **知道在紧急情况下该怎么做。** 患有急性哮喘的学生可能会出现呼吸困难，患有糖尿病的学生可能会出现胰岛素休克，患有癫痫症的学生可能会突发癫痫，HIV 呈阳性的学生可能会被割伤流血。我们应提前与学校医务人员协商，以便在这种危及生命和健康的情况下，准备好做出冷静和适当的反应。

■ **如果学生及其父母允许，教育全班同学了解这些学生所面临的困难的性质。** 许多学生会善待有身体残障的同龄人，但有些学生却不是这样。有时他们完全不知道残障的本质，因此给他们提供准确的信息可以帮助他们变得更宽容、更接纳（R. White & Cunningham，1991）。

视觉损伤

患有视觉损伤（visual impairment）的学生的眼睛或视神经存在功能障碍，即使佩戴矫正镜片也会妨碍正常视力。有些学生完全失明，有些学生只能看到光亮和黑暗中的模糊图案，还有一些学生视野有限（视野狭窄），这使得他们一次只能看到非常小的区域。视觉损伤是由先天异常的眼部受损或通向脑部的视觉通路受损造成的。视觉对许多认知能力的发展至关重要，包括阅读、理解空间关系和概念（Smith，Polloway，Doughty，Patton，& Dowdy，2016）。当学生患有视觉损伤时，这些能力可能会延迟发展，进而影响学生对所有学科的学习。

共同特征

患有视觉损伤的学生可能具有以下特征：

- 其他感官（听觉、触觉等）的功能正常；
- 一般学习能力类似于没有这种残障的学生，虽然视觉记忆和概念的发展可能会延迟或受损；
- 词汇量、表达性语言和接受性语言，以及对一般世界的知识都比较有限，部分原因是通过重要的教育方式体验外部世界的机会较少（如接触地图、电影和其他视觉材料的机会较少）；
- 运动发育迟滞，模仿他人行为的能力较低；

- 无法观察他人的肢体语言和其他非言语线索，导致偶尔会误解他人的信息及存在不成熟的社会行为；
- 不确定性和焦虑（特别是在混乱的环境中，如餐厅或操场），这是由无法看到正在发生的事导致的；
- 在小学阶段，对书写语言的习惯（印刷方向、标点符号等）了解较少（M. Harris，1992；Heward，2009；Hobson，2004；Patton et al.，1996；Smith et al.，2016；Tompkins & McGee，1986；Turnbull et al.，2010；Tuttle & Tuttle，1996）。

适应性教学

专家通常会给学生提供盲文、定位和能动性方面的训练，以及特别调试过的计算机技术。但通识教育教师也扮演着重要的角色，具体体现在以下策略上。

- **提前引导学生了解教室的布局。**学生应该有机会在其他学生到达之前熟悉教室，最好是在开学之前。这时，我们可以帮助学生定位重要的物品（如废纸篓、卷笔刀），并指出特殊的声音（如挂钟的嘀嗒声），帮助学生确定自己的方位（J. W. Wood，1998）。当教室里的桌椅或物品在学年期间搬到新地点时，我们还需要为学生提供帮助。在学生进入新环境之前，计算机生成的虚拟环境就可以创建它并将它呈现给学生。这种软件的使用可以提高学生的导航技能（Connors, Chrastil, Sánchez, & Merabet，2014）。
- **使用对比强烈的视觉材料。**一些视力不全的学生可以使用具有明显可区分特征的视觉材料，如在计算机屏幕上放大的文件和大多数图书馆里有的大字体的印刷书籍。然而，学生的眼睛可能很快就会疲劳，所以我们应该把视觉材料的使用限制在短时间内（Heward，2009；Patton et al.，1996）。

- **大量依赖其他形式的材料。**打印阅读软件和便携式打印阅读设备可以轻松地将大多数打印文本翻译成口语。许多小说、教科书和出版的课程材料都有盲文版本，许多其他书籍也有有声版本，有时我们还可以招募志愿者将其他书面材料转换成盲文或有声版本。我们可以进行实践性的活动让学生感受和操作物体，也可以让学生参与到有口头陈述的项目中。例如，我们可以使用塑料浮雕地图，在三维空间中描绘山脉、山谷和海岸线，也可以用小针孔来表示国家边界，用小块指甲油来表示主要城市。
- **为学生的学习和学业表现留出额外的时间。**通过听觉进行学习往往比通过视觉进行学习需要更多时间。当学生看到某物时，他们马上能感知到大量信息，从而了解许多常见的关系（例如，猫的图像和它发出的声音之间的关系）。然而，当学生必须听信息时，他们每次只能按序列接受——每次只接受一个信息块——通常这些信息之间没有明显的联系（Ferrell，1996；Heward，2009；M. B. Rowe，1978）。
- **教给学生学习策略。**患有视觉损伤的学生可以从各种策略的明确指导中获益（Smith et al.，2016）。其他学生可以通过观察获得其中一些策略，而患有视觉损伤的学生在学习许多策略时需要额外的支持。此外，一些策略（如在阅读时标出重要的文本）对于患有严重视觉损伤的学生而言是不可能的，然而，替代性的策略往往是有用的。在这些情况下，与特殊教育工作者形成合作伙伴关系尤其有益。

听力损失

患有**听力损失**（hearing loss）的学生的耳朵或相关神经存在功能障碍，这妨碍了其对正常人类语言频率范围内的声音的知觉。在美国，每1000名新生儿中就有2~3人在出生时就被检测出患有听力损失（National Institute on Deafness and Other Communication Disorders，2014）。完全失聪的学生没有足够的听力来理解任何口头语言，即使是借助助听器。听力困难的学生能理解一些语音，但理解过程异常艰难。

共同特征

大多数患有听力损失的学生具有正常的智能（Braden，1992；Schirmer，1994）。他们可能具有如下特征：

- 由于较少接触口语而导致的语言发育迟滞，尤其是这种障碍出现在个体出生时或生命早期；
- 精通手语，如美国手语（ASL）或手指拼写；
- 一定的唇读（读口型）能力；
- 比听力正常的学生使用的口语更少，说话单调、空洞；
- 如果语言发展滞后，就会形成较不发达的阅读技能；
- 由于接触口语的机会较少，缺少一般性世界知识；
- 学业成绩低于平均水平；
- 由于沟通能力较弱，存在社会隔离，社会技能受限，并缺少观点采择能力（American Speech Language Hearing Association，2015；Bassett et al.，1996；Chall，1996；P. L. Harris，2006；Heward，2009；C. C. Peterson，2002；Qi & Mitchell，2012；M. B. Rowe，1978；Schick，de Villiers，de Villiers，& Hoffmeister，2007；Turnbull et al.，2010）。

适应性教学

彼得·保罗（Peter Paul）博士是一名研究人员，他的职业生涯专注于改善患有听力损失的儿童的教育效果。保罗博士指出：

> 患有听力损失的儿童在（学术和社会）成就和（符号和／或言语）交流方面表现出不同的特点。教育工作者面临的主要挑战涉及教授

听力严重受损的儿童，特别是那些主要依靠手语进行接受性交流和表达性交流的儿童。大多数听力受损的儿童使用语言（特别是英语）作为他们交流的主要形式。很大一部分儿童结合使用英语中的语音和手语，只有一小部分儿童（不到 10%）使用手语，如美国手语。在美国，有一个不断发展的群体，很多儿童在开始进行常规教育时要么戴着先进的数字助听器，要么植入人工耳蜗。大多数听力严重受损的儿童应该能够参加通识教育的课堂和课程，尽管有些儿童需要不同程度的支持（如记笔记、口头或手语翻译）。

专家通常根据需要提供沟通技能的培训，如美国手语、手指拼写和演讲阅读。有了这些额外的帮助（可能还有一些阅读和词汇方面的补救指导），一个常规的学校课程就适合大多数患有听力损失的学生了。下面一些方法可以帮助学生在普通教育课堂上取得成功。

- **减少不相关的噪声**。即使学生可以从助听器中获益，他们听到的声音通常也会被减弱或失真，因此，减少教室里潜在的、分散注意力的声音有助于学生的学习。

- **用视觉信息和实践经验补充听觉表象**。我们可以把要点写在黑板上，用图片说明主要观点，提供重复讲课内容的阅读材料，并请助手或学生志愿者为课堂讨论做笔记。我们还可以提供语音转文字软件，使学生能够合理、准确地将口语转换成书写语言。我们可以使用具体的活动（如角色扮演历史事件）使抽象的想法更容易被理解。

- **以有助于学生听和唇读的方式进行交流**。当我们用正常语调说话（不要太大声）、发音清晰时，患有听力损失的学生最有可能理解我们。我们应该避免使用像"这样"或"那样"的通用词来指代教室里的物体。为了帮助学生唇读，我们应该在说话的时候面对他们，而不

是坐在黑暗的角落里，站在窗前或明亮的光线前。在图 5.5 中，布拉德讨论了他和他的聋哑姐妹生活在一起的感觉：请注意他是如何随着时间的推移学会与她们交流的（Gearheart，Weishahn，& Gearheart，1992；Technological Education Center for Deaf and Hard-of-Hearing Students，2018；J. W. Wood，1998）。

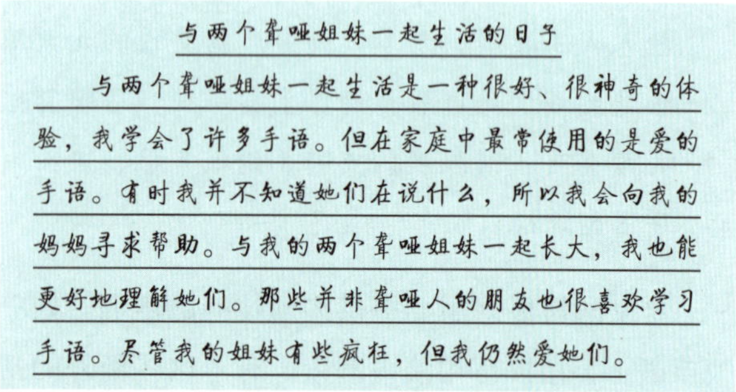
与两个聋哑姐妹一起生活的日子

与两个聋哑姐妹一起生活是一种很好、很神奇的体验，我学会了许多手语。但在家庭中最常使用的是爱的手语。有时我并不知道她们在说什么，所以我会向我的妈妈寻求帮助。与我的两个聋哑姐妹一起长大，我也能更好地理解她们。那些并非聋哑人的朋友也很喜欢学习手语。尽管我的姐妹有些疯狂，但我仍然爱她们。

图 5.5　布拉德描述了他和两个聋哑姐妹的生活

一般建议

除了针对特定身体残障的策略外，还有一些更通用的策略对所有有身体障碍或感知困难的学生都很有用。

- **确保所有学生都能获得重要的教育资源和机会。**这种途径可能包括修改教学材料（如获得大字体的教科书），调整教室的物理布局（如加宽过道、将公告板摆在与眼睛齐平的位置，以适应坐在轮椅上的学生），或者做出特殊安排，让学生参加实践活动或体育活动。
- **只在学生真正需要的时候提供帮助。**一些成年人会热心地帮助有身体障碍或感知困难的学生，在无意中完成了这些学生完全能够独立解决的任务和问题。我们帮助这些学生的目标之一应该是促进他们的独立性，而不是对他人的依赖（Wehmeyer et al.，2007）。
- **使用辅助技术促进学生的学习和学业表现。**我们已经提到了印刷阅读软件和语音转文字软件对于有感知困难的学生的价值。此外，一些打印机可以创建盲文文件，患有视觉损伤的学生可以“阅读”自己的课堂笔记和作文。特别改装的操纵杆和语音识别系统可以补充或替代肌肉控制能力有限的学生的键盘。最后，被称为增强通信设备的机器可以为无法发出正常语音的学生提供合成语音。

认知发展超前的学生

5.5　解释如何培养那些表现出特殊天赋和才能的学生

许多学生倾向于在特定学科领域或整个课程中拥有超前的能力，这值得我们关注和鼓励。一些学生是如此有天赋，以至于需要特殊教育服务。正如我们将看到的，在调整教学以吸引和挑战有天赋的学生时，有许多因素需要我们考虑。

天才

一般来说，**天才**（giftedness）是指在一个或多个领域（如数学、科学、创意写作、音乐）具有非常高的能力或天赋的人，以至于我们需要通过特殊教育服务来帮助其充分发挥潜能。在大多数情况下，天才可能是遗传倾向和环境培养的结果（Dai，2010；Simonton，2001；Winner，2000b）。然而，在某些情况下，特殊的天赋和才能在很大程度上是强化实践和指导的结果（Ericsson，2003；Gladwell，2006）。当家庭为这些能力的发展提供充分的支持和鼓励时，这些天才的出现和发展也会得到促进（Olszewski-Kubilius，Worrell，& Subotnik，2018）。

把一个孩子认定为天才往往反映了一个社会的价值观。因此，一个在雕刻方面有天赋的学生可能不会在一个不重视雕刻（或一般来说，艺术）的社区中被认为是有天赋的（Subotnik，Olszewski-Kubilius，& Worrell，2011）。当学生被老师推荐参加资优项目时，他们被推荐的可能性会受到无关因素的影响。在很多情况下，学生是根据学业成就或考试成绩被认定为有天赋的。作为教育工作者，我们需要将天才项目的选择标准与所提供的实际课程相结合。例如，如果一个被称为"天才教育"的项目实际上只是一个学习高等数学课程的机会，那么选择标准可能应该基于数学成绩（Rothenbusch, Zettler, Voss Lösch, & Trautwein, 2016）。

IDEA 中不包括天才。在美国，1987 年的《雅各布·K. 贾维茨天才学生教育法案》（Jacob K. Javits Gifted and Talented Student Education Act）[在 1994 年、2001 年和 2015 年作为《让每个学生都成功法案》（Every Student Succeeds Act）的一部分被重新批准]鼓励但不强制要求为天才学生提供特殊教育服务。美国许多州政府也鼓励或要求提供此类服务。学区经常使用多种标准——有时包括智力测验分数，有时不包括——来识别那些在一般学术能力、特定学术领域、创造力或艺术方面显示出非凡潜力的学生。目前的一个争论是，天才教育的目标应该是培养卓越和才能，还是为学生提供发展新兴人才的机会（Subotnik & Rickoff, 2010；Subotnik, Stoeger, & Olszewski-Kubilius, 2017）。

共同特征

天才学生在他们的独特优势和才能上有很大差异，那些在某个领域显示出非凡天赋的学生可能在另一个领域只有中等能力（Winner, 2000b）。但是，许多天才学生都具有以下特征：

- 超前的词汇、语言和阅读技能；
- 更全面的关于世界的知识；
- 比同龄人学得更快、更容易，有更独立的能力；
- 更高级和更有效的认知过程和学习策略；
- 在观念和完成任务的方法上有相当大的灵活性；
- 成绩上的高标准（有时达到不健康的完美主义程度）；
- 具有完成挑战性任务的高动机，在简单的任务中感到厌烦；
- 对已确定的优势领域有浓厚兴趣；
- 积极的自我概念，尤其是在学业方面（尽管

他们对自己的外表和运动能力的自我认知较低）；
- 平均水平或高于平均水平的社会发展和情绪调节能力（尽管少数极具天赋的学生可能会在这些方面存在困难，因为他们与同龄人非常不同）（Dai, 2010；Litster & Roberts, 2011；Mendaglio, 2010；Parker, 1997；Shavinina & Ferrari, 2004；Steiner & Carr, 2003；Subotnik et al., 2011；Subotnik, Olszewski-Kubilius, & Worrell, 2012；Winner, 2000a, 2000b）。

天才的本质在某种程度上取决于学生在其发展历程中所处的位置（Dai, 2010；D. J. Matthews, 2009）。在学前期和小学早期，天才可能的表现形式是在某些一般领域早熟。例如，一个 1 年级学生可能正在阅读 6 年级水平的图书，或者在数字方面表现出特殊的能力。到了小学高年级和中学高年级，一些学生可能会在某些特定领域，如创造性写作、计算机技术或音乐，表现出非凡的成就。但是，我们必须知晓，天才学生也可能有一种或多种缺陷。在为这些学生制订教学计划时，我们必须同时考虑他们的缺陷和他们独特的天赋。

适应性教学

杰出的人才和高成就水平通常需要持续的环境培养和支持，其形式包括差异化的指导及获得适当的资源和实践机会。此外，当作业没有挑战性时，许多优秀的学生会变得厌烦或有挫败感，另一些学生则变得习惯于"简单的 A"，以至于很难应对进入新领域时可能犯的错误（Dai, 2010；Mendaglio, 2010；Parker, 1997）。鉴于此，我们提出以下建议。

■ **提供个性化的任务和目标。**不同的学生在不同的领域，如数学、创意写作或艺术，存在对特殊服务的需要。一些有天赋的学生，尤其是那些只有有限的英语背景的学生，可能也需要某些基本技能的训练（C. R. Harris, 1991；Udall, 1989）。

■ **将兴趣和能力相近的学生组成学习小组。**在

某些情况下，一个学习小组可能会比其他学生更深入地探索一个主题，并进行更复杂的分析（一种丰富的方法）；在其他情况下，一个学习小组可能只是简单地以更快的速度完成学校的标准课程（一种加速的方法）。丰富和加速对天才学生都是有益的——这并不相互排斥，课程可以同时是加速的和丰富的（Rogers，2002；Subotnik et al.，2011）。学生会在与有相似兴趣和才能的同龄人的更多接触中获益，无论是在学术方面还是在社会方面（Hattie，2009；J. A. Kulik & Kulik，1997；McGinn，Viernstein，& Hogan，1980）。

■ **在特定的学科领域教授复杂的认知技能。** 旨在提高学生的创造力、批判性思维或其他独立于特定内容领域的复杂技能的课程往往影响有限。在特定主题背景下教授复杂的思维技能，如写作或推理的创造力，以及在科学中解决问题的能力，可能更有效（Dai，2010；M. C. Linn，Clement，Pulos，& Sullivan，1989；Moon，Feldhusen，& Dillon，1994；Stanley，1980）。

■ **提供独立学习和参加服务性学习项目的机会。** 在感兴趣的领域进行独立学习和参加社区服务项目对能力高的学生通常是有益的和具有激励性质的，只要他们具备有效利用时间和资源所需的工作习惯、学习策略和研究技能（Candler-Lotven，Tallent-Runnels，Olivárez，& Hildreth，1994；Terry，2008）。然而，即使学生正在从事这种性质的项目，天才学生有明确的目标，并在朝着这些目标前进的过程中得到持续的反馈也很重要（Callahan，Moon，Oh，Azano，& Hailey，2015）。

■ **寻求外部资源。** 当学生在我们自己的专业以外的领域有很高的能力时，在学区或社区中找到合适的导师通常是有帮助的——也许是在当地大学、政府办公室、私营企业或志愿者社区团体中（Ambrose，Allen，& Huntley，

1994；Piirto，1999；Seeley，1989）。

■ **请记住，具有特殊认知能力的学生在其他方面的发展并不一定超前。** 大多数具有特殊天赋和才能的学生与他们的同龄人有着相同的个人关注和情感关注（D. J. Matthews，2009）。例如，有天赋的 6 年级学生在过渡到中学阶段时可能会有青少年的典型想法和感受：他们能否适应新的同龄人群体，与谁一起吃午饭等。他们可能担心同龄人会认为他们的超常能力水平是很奇怪的，或者在其他方面是不可接受的（Mendaglio，2010）。当发现自己必须付出巨大努力才能掌握具有挑战性的新技能时，他们很可能感到惊讶或焦虑，有时也会在这个过程中犯错误（Mendaglio，2010）。由于这些原因，高能力的学生可能需要和其他学生一样多的情感支持。他们可能偶尔需要温和的提醒：只有新的挑战才能真正帮助他们成长，他们有新的技能需要练习，而这与他们先天的能力水平无关。

当确定和关注特殊需要时考虑多样性

可悲的是，相当多的少数族裔学生被认定为患有某种障碍，尤其是特定的认知障碍、一般智力障碍，以及情绪和行为障碍（McLoyd，1998；National Center for Education Statistics，2017；VanTassel-Baska，2008）。图 5.6 展示了按种族／民族划分的儿童和青少年在 IDEA 项目下接受服务的百分比。许多理论家将这些不同的识别率归因于与之相随的低社会经济地位的环境条件：高于正常水平的环境毒素暴露量、营养不良、医疗保健不足，以及有限的获得丰富教育资源的机会（Dyson，2008；Jacoby & Glauberman，1995；McLoyd，1998）。此外，英语学习者比以英语为母语的人更容易被认定为患有学习障碍或智力障碍，这可能反映了学生在理解和回答基于语言的诊断测验项目方面的困难（A. L.

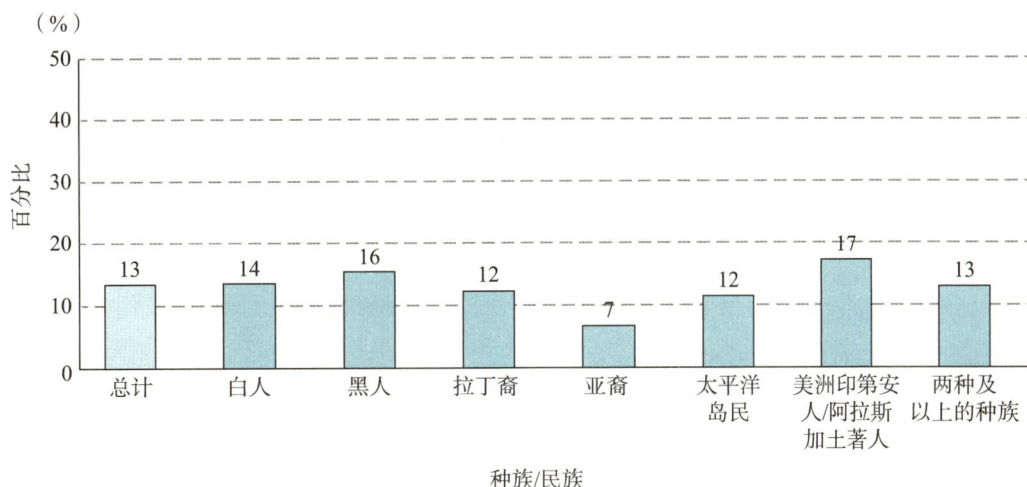

图 5.6 2015—2016 学年根据美国《残障人教育法案》为 3～21 岁学生提供服务的种族／民族百分比

注：资料以公立学校从学前班到 12 年级的总入学率为基础。种族类别不包括西班牙裔。虽然显示的是四舍五入后的数字，但这些数字是根据未进位估计计数计算的。

资料来源：U.S. Department of Education，Office of Special Education Programs，Individuals with Disabilities Education Act（IDEA）database，retrieved July 10，2017；and National Center for Education Statistics，Common Core of Data（CCD），"State Nonfiscal Survey of Public Elementary/Secondary Education"，2015–16. See Digest of Education Statistics 2017.

Sullivan，2008）。

少数族裔群体的高于平均水平的识别率给教育者造成了两难困境。一方面，对待那些在课堂表现和行为方面的问题主要归因于不利的成长环境的学生，我们不能使用像智力落后、情绪和行为障碍这样的分类；另一方面，我们不想剥夺这些学生的特殊教育服务，因为从长远来看，这些服务可能会帮助他们更好地进行学习和获得成功。在这种情况下，我们必须对学生的需要进行公平和非歧视的评估，如果学生符合有特殊需要的类别，我们必须创建 IEP 来满足学生的这些需要。我们应该把这些特殊需要的类别视为临时分类，随着学生课堂表现的提高，这些分类可能不再适用。所有学生，无论其是否被划分为患有障碍的类别，他们的需要都会随着时间的推移而变化，美国联邦法律要求至少每年重新检查一次 IEP。

除了在患有障碍的学生项目中所占比例过高外，一些少数族裔在天才学生项目中代表性可能不足（D. Y. Ford，2012，2014；Graham，2009；VanTassel-Baska，2008）。此外，当来自弱势群体的学生参与

天才教育项目时，教师往往需要仔细地指导和监督他们，以鼓励他们继续参加这些项目（Moore，Ford，& Milner，2011）。平均而言，当使用传统的能力测验来确定天才时，来自一些文化和民族群体的学生处于不利地位——在某些情况下，这是因为他们对这些测验中出现的各种任务缺乏经验（Rogoff，2003）。因此，问题的关键是我们要注意天才的其他迹象，具体包括以下几点：

- 特定领域的特殊才能；
- 从经验中快速学习的能力；
- 非凡的沟通技巧（如清晰的表达、丰富的语言）；
- 在思维和问题解决方面的独创性和机智；
- 将概念和观念推广到新的、看似无关的情境中的能力（Dai，2010；Haywood & Lidz，2007；Winner，1996）。

为了社会的长远发展，我们必须培养来自各种文化和民族背景的有天赋的学生。

对有特殊需要的学生的一般建议

虽然有特殊教育需要的学生在能力和障碍方面存在很大差异，但如下建议适用于所有学生。

- **灵活的教学和评估方法。** 即使学生明显地属于有特殊需要的特定类别，我们也不能预测某种教学方法一定对某个学生是最有效的。如果特定的方法没有成功，我们应该再次尝试，但我们也需要以不同的方式进行尝试。此外，我们必须对如何评估学生的成就持开放态度；根据他们所患的障碍的性质，我们可能需要给他们额外的时间，让他们记录自己的反应，或者根据个性化的课程量身定制评估任务（Royer & Randall，2012）。

- **寻求能促进学生学习和表现的新技术。** 正如我们所看到的，辅助技术采用了各种各样的形式——拼写检查器、手持提示器、语音转文字软件等——而且令人兴奋的新技术每年都会出现。软件也变得易得，使残障学生可以使用那些在学校相当普遍的技术，如 iPad（Chai，Vail，& Ayres，2015）。你可以经常使用互联网检索并了解最近的创新技术（例如，在谷歌或雅虎上搜索"辅助技术设备"）。

- **设计通用教学以满足各种类型的学生的需要。** 通用设计（universal design）是一种原则，它允许信息以学生展示自己所学知识的方式灵活地呈现。通用设计的中心原则是，教学材料的设计应该尽可能地减少学生使用这些材料的障碍（King-Sears，2009；Ralabate，2011；U.S. Department of Education，2008）。当教育者将通用设计原则纳入其中时，他们考虑的是所有可能参与开发材料的学生。我们要从一开始就对材料进行编写和组织，以便尽可能多的学生使用。通用设计应用的一个例子是开发一种教育软件包，该软件包从一开始就被设计用于适应可能遇到困难的学习者。因此，软件可以被设计为提供适当的指导，以及对那些错误使用软件或需要重复软件包中的各种活动的学习者进行反馈和指导（Darrow，2010）。

- **除非有其他方面的原因，否则要对残障学生和其他学生保持同样的期望。** 有时障碍会让学生几乎不能完成某些任务，我们必须相应地调整期望和作业。除了这些情况之外，我们还应该对有特殊需要的学生抱有与其他学生相同的期望。与其想学生不能做某件事的原因，不如想想如何帮助学生做这件事。当与特殊教育者合作时，课堂教师和特殊教育者都需要有类似的高期望，同时进行合作，为学生提供适当的支持。

- **确定并教授学生因为障碍而无法获得的先前知识和技能。** 作为某种障碍的直接或间接结果，一些学生缺乏在学校取得成功所必需的知识和技能。例如，患有视觉损伤的学生无法观察到构成学习科学基础的许多因果关系，如木头燃烧时的外观变化（Ferrell，1996；M. B. Rowe，1978）。学生也可能需要在线文本和材料的使用方面的帮助（Greer，Rowland，& Smith，2014）。那些被医学条件限制了与同龄人的接触的学生，可能很少有机会获得有效的人际交往技能。

- **与专家商讨和协作。** 学区通常会雇用各种专家，包括特殊教育工作者、辅导员、学校心理学家、护士、语言病理学家、物理治疗师和职业治疗师。一些学生会在离开课堂后的一部分时间里与这些人合作。然而，在今天的全纳学校中，许多特殊服务是由教师和专家在常规课堂中通过密切合作来提供的。

- **定期与家长沟通。** 根据 IDEA，家长是多学科团队的一部分，这个团队会为有特殊需要的学生选择最合适的课程。家长通常可以告诉我们什么是有效的，什么是无效的，他们还能提醒我们在家里可能引发问题行为的某些条件或事件。此外，如果我们在学校和家里都有同样的行为期望，我们就可以预期这些期望能带来更有效的行为改变。

■ 让学生参与计划和决策。用于大多数有特殊需要的学生——特别是那些残障学生——的教育计划是非常结构化的，以至于学生对于他们学什么和如何学几乎没有发言权。但是，教育工作者越来越认识到让所有学生对他们的学术目标和课程做出一些选择的重要性（Algozzine，Browder，Karvonen，Test，& Wood，2001；Prout，2009；Wehmeyer et al.，2007）。

■ 留意那些有资格获得特殊服务的学生。我们与特定年龄阶段的学生接触得越多，就越能了解他们的典型能力和行为，这在识别那些非典型的儿童方面非常高效。虽然专家会进行必要的深入评估以确定特定的特殊需要，但将学生转介评估从而使他们获得可能需要的专门服务的工作最终要由普通教师来完成。

■ 与其他学生一起努力以接受和支持有特殊需要的学生。正如我们在本章的其他地方已经提到的，许多残障学生很难被班级里的同龄人接受并发展友谊（de Boer，Pijl，Post，& amp；Minnaert，2013）。在我们的课堂上有一个特殊学生对其他人来说是一个很好的机会。当一个儿童或青少年直接了解各种障碍，并学会尊重和重视这些差异时，这种尊重将会持续一生。

你学到了什么

5.1 描述关于智力本质的各种观点，确定几种培养学生智力的方法

智力包括灵活地运用先前的知识和经验来完成具有挑战性的任务的能力；它在不同的文化中会有不同的表现。一些心理学家认为，智力是单一的、以生物学为基础的实体，它影响学生在各种任务和学科领域的学习和表现，用智商分数作为认知能力的一般评估反映了这种观点。另一些人则不同意这种观点，他们认为智力是由许多在某种程度上独立的能力组成的，或者相反，智力因儿童的年龄和环境支持系统的不同而有很大的差异。作为教师，我们必须记住，人类的智力确实能随着时间的推移而变化，特别是在适当的指导和实践下。

5.2 解释学生的认知风格与倾向如何影响他们的课堂表现

认知风格和倾向是指个体以特定的方式处理任务的一般倾向，如以分析性或整体性的方式思考，或者以开放或封闭的方式处理新想法。我们可以通过提供关于课堂主题的信息（如"关于这个话题，有证据支持科学家的说法吗"）及塑造学生对学习的好奇心和热情来鼓励富有成效的认知风格和倾向。请记住，几乎没有证据表明，用与学生喜欢的学习风格相匹配的方式进行指导能提高他们的学业成绩。

5.3 了解美国《残障人教育法案》（IDEA）对教师工作的影响

有特殊需要的学生是那些与同龄人有很大差异的学生，他们需要特别调整过的教学材料和实践来帮助他们最大限度地发展认知能力和社交能力。越来越多有特殊需要的学生在普通教育教室接受部分或全天的教育，在美国，这种纳入在一定程度上是美国《残障人教育法案》（IDEA）被强制实施的结果。有特殊需要的学生最有可能在通识教育环境中茁壮成长，因为教学和材料是个性化的，它们可以解决任何基本技能的缺失，但同时也提出了不断促进学生智力发展的挑战。

5.4 解释如何调整教学和课堂实践，以适应不同的残障学生的独特优势和限制

有特定认知障碍或学业困难的学生包括患有学习障碍、注意缺陷／多动障碍（ADHD），以及言语交流障碍的学生。许多教学策略必须针对学生特

定的困难领域量身定制，但有些策略
是广泛适用的。例如，几乎所有这类
的学生都受益于早期干预、对表现的
明确期望和对记录持续进步的反馈。

有社交或行为问题的学生包括那
些患有情绪和行为障碍（可能涉及外
化行为或内化行为），以及自闭症谱系
障碍的学生。许多患有这些障碍的学
生受益于人际交往技能的训练。他们
也可能在一个结构化的环境中表现得
更成功，在这个环境中，适当的行为
会被清楚地识别，期望的和不期望的
行为结果也会被一致地管理。

一些学生在认知和社会功能方面
普遍存在滞后，其中一些学生被正式
诊断为智力障碍。对这些学生的有效
指导通常包括缓慢的步伐和大量的脚
手架，以及对职业技能和一般生活技
能的明确训练。

有身体障碍或感知困难的学生包
括患有身体和健康损伤的学生（导致
精力、警觉性或肌肉控制能力下降的
情况）、患有视觉损伤的学生或患有听
力损失的学生。尽管我们所建议的教
学策略因学生的特殊障碍存在很大差
异，但所有这些学生都应该拥有适当
的辅助技术，并获得与非残障同龄人
一样的教育资源和机会。

5.5　解释如何培养那些表现出特殊天赋和才能的学生

大多数天才学生都需要个性化的
指导，以在新的方向上拓展现有的能
力。我们必须对如何识别这些学生持
开放的态度，因为天赋在不同的文化
和民族群体中可能表现为不同的形式。
促进天才学生取得成功的策略包括：
形成特定的课题学习小组、在不同的
学科领域教授复杂的认知技能，以及
在校内或校外提供独立学习和参加服
务性学习项目的机会。

教师资格考试练习

安静的艾米

作为一名经验丰富的幼儿园教师，马奥尼先生知道，许多幼儿园的孩子一开始很难适应学校环境，尤其是如果他们以前没有上过日托或幼儿园的话。但艾米让他十分担心。艾米从不跟他说话，也不跟其他孩子说话，即使是在有人直接跟她说话的情况下。在少数情况下，当她想要交流时，她会通过看和指着房间里的东西或人来完成交流。艾米在理解简单指示上也存在困难，就好像她没有听到自己被要求做什么一样。每天在读故事书和上科学课时，她似乎都心不在焉。唯一能给她带来快乐的活动是艺术创作和手工。她可能会花几个小时的时间来使用图画纸、蜡笔、剪刀和胶水进行创作，而且她的创作往往是课堂上最具创造性也最精细的。

马奥尼先生怀疑艾米可能患有某种障碍，这让这她有资格接受特殊教育服务。为了获得对艾米的能力和需要进行深入评估的许可，他和学校的心理医生拜访了艾米的母亲，她是一位单身女性，还抚养着另外五个孩子。母亲承认："艾米在家也不说话。我做两份工作来维持收支平衡，我不能像我希望的那样花很多时间和她在一起。不过，她的兄弟姐妹把她照顾得很好。他们似乎总是知道她想要什么，并确保可以满足她。"

1. 单项选择题

马奥尼先生认为艾米有资格接受特殊教育服务。如果她有，她最不可能患有下列哪几项障碍？

A. 听力损失

B. 自闭症谱系障碍

C. 言语交流障碍

D. 注意缺陷／多动障碍

2. 建构反应题

对艾米的评估无疑需要花几周时间才能完成。在此期间，马奥尼先生可能使用什么策略来改善艾米的课堂行为和表现？请具体描述至少三件他可能会做的事情。

06

第 6 章

学习、认知与记忆

学习成果

6.1 描述认知学习理论的五个基本假设，并运用这些假设更好地理解各年龄阶段的人如何思考和学习

6.2 描述并说明众多心理学家提出的表征人类记忆系统的关键组成部分

6.3 运用自己关于长时记忆存储的知识找出提高学生学习效率的有效策略

6.4 解释学生的自我建构信念如何妨碍有效学习，找出几种方法帮助学生有效转变这些信念

6.5 描述影响学生回忆以往所学内容的能力的因素，阐明学生遗忘或无法正确回忆的原因

6.6 举例说明你可能在学生身上看到的、在某些情况下源自学生的文化背景或特殊教育需要的认知过程的多样性

个案研究

骨骼

生物课上，卡尼莎一直在努力学习人体骨骼，从头（头骨）到脚（跖骨）。很快，她轻松地掌握了一些关于骨骼的知识。例如，从逻辑上她意识到，鼻骨是鼻子的一部分，她也记得肱骨（上臂骨，英文为"humerus"），因为它的发音与"幽默"（humorous）相似。但她仍然对其他概念感到困惑。例如，胫骨和腓骨发音相似，并且都位于小腿内侧。另外，她一直认为胸骨（在前胸）实际上在身体的后部，就像船尾在船的后部一样。同样她也很难记住名称中不提供位置线索的骨骼名称，如尾骨、尺骨、骶骨、锁骨和髌骨，这些骨骼名称听起来可以在人体的任何部位。

为了准备即将到来的小测验，卡尼莎看着人类骨骼图表，重复默述着每块骨骼的名称，并将它们一一写在纸上。她告诉自己："如果我重复足够多的次数，我就一定能记住。"但是，在测验中，卡尼莎只得到了 70% 的分数。当她回顾自己答错的问题时，她发现自己把胫骨和腓骨弄混了，把尺骨标记为了"锁骨"，把胸骨放错了位置，以及完全忘记了尾骨、骶骨和髌骨。

- 为什么对卡尼莎来说，有些骨骼更容易记住？哪些是你最容易记住的？你的回答对人类学习的本质有何启示？

卡尼莎似乎更容易掌握与已有知识相关的骨骼名称。特别是，她把鼻骨和鼻子、肱骨的发音和"幽默"这个词联系起来。但是她在运用已有知识学习胸骨时，同样的策略却适得其反，这是因为船尾在船的后部，而胸骨在胸腔的前部。卡尼莎也无法记住与已往经验没有关联的骨骼名称。一般来说，人们更容易识记与已有知识和技能产生适度关联的事物。

为了方便讨论，我们将学习（learning）定义为由经验引起的心理表征或联结的长期变化。我们把这个定义分为三个部分：第一，学习是一个长期的变化，也就是说，它不仅仅是对信息的短暂使用——例如，记住一个电话号码的时间仅能维持到拨完电话——但它不一定永远持续下去；第二，学习涉及心理表征或联结，其内核是一种发生在大脑中的现象；第三，学习是一种由经验导致的变化，而不是生理成熟、疲劳、酗酒或吸毒，以及精神疾病发作的结果。

心理学家研究学习的本质已经有一个多世纪了，在这个过程中，他们采用了各种各样的理论观点。表 6.1 总结了四种一般性观点，并且按其在整个心理学领域的影响力大小进行排列。我们有必要提醒读者不要认为这些观点相互排斥。事实上，这些观点往往相辅相成，它们共同为我们提供了一幅更为丰富的人类学习图景，也为我们提供了更多在教学环境中促进学习的策略——这并不是单一视角所能提供的。

在本章，我们主要关注学习者的内部变化。为此，我们将借鉴认知心理学（cognitive psychology），这是一个涉及人类行为背后的各种心理现象的巨大研究体系，其中包括感知、记忆、遗忘和推理。

表 6.1　学习研究的一般理论方法

理论视角	一般描述
行为主义	许多行为主义者认为，对学习的研究必须集中在研究者可以客观观察和测量的两件事情上：个体的行为（反应）及紧随反应前后的环境事件（刺激）。学习是获得和修改刺激和反应之间的联结的过程，主要通过学习者与环境的直接互动来实现。行为主义特别有助于形成有效的策略，来鼓励有效的课堂行为及减少不恰当的行为
社会认知理论	在很大程度上，社会认知理论关注人们在观察他人的基础上产生的学习和思考。人们往往通过模仿来学习，也就是说，人们观察和模仿他人的行为。人们能否成功地习得和表现也取决于他们的自我效能感，即他们相信自己实际能够完成某一特定任务或实现某一特定目标的程度。随着时间的推移，社会认知理论逐渐发展，并越来越多地融入自我调节的概念，自我调节是指人们负责并指导自己的行为。社会认知理论对我们理解人类的动机和学习产生了重大影响
认知心理学	认知心理学家主要关注人们在向周围环境学习和做出反应时，其内部的发生过程。许多认知心理学家会推测人类认知的特定内部机制（如工作记忆和长期记忆），以及促进学习和记忆的各种心理过程，这种方法被称为"信息加工理论"。其他认知理论家（如发展理论家皮亚杰）关注的是学习者如何在与环境的互动中构建知识，这种取向被称为"个人建构主义"
情境理论	情境理论家强调学习者的一般属性、社会和文化环境对思维和学习产生的持续且普遍的影响。有情境理论家（如发展心理学家维果茨基）认为，年轻的学习者最初在社会互动中使用复杂的思维策略，并逐渐将其内化以供自己使用，这种取向被称为"社会文化理论"。其他情境理论家关注两个或多个个体如何通过合作而非单独工作来获得更完整的理解，这种取向被称为"社会建构主义"。还有一些理论家提出，不同的思维方式与特定的物理或社会环境密不可分地联系在一起，这种取向包括情境学习和分布式认知

认知心理学的基本假设

6.1　描述认知学习理论的五个基本假设，并运用这些假设更好地理解各年龄阶段的人如何思考和学习

认知心理学的核心是关于人们如何学习的几个基本假设。

■ 认知过程影响人们学到了什么。当人们试图解释和记忆他们所看到、听到和学到的东西时，他们在心理上发生的具体变化——也就是他们的认知过程（cognitive process）——对学习和记忆有深远影响。例如，在本章开篇的个案研究中，卡尼莎运用帮助她记忆鼻骨和肱骨的方法进行认知。然而，她加工胸骨的方式干扰了她正确记忆它的能力，而且她很少或根本没有想到为什么其他一些骨骼有特定的名称。卡尼莎对学习材料的加工程度及她对材料的看法，都会影响测验结果。

■ 人们的认知过程有时可以从行为中推断出来。历史上的一些心理学家，特别是行为主义者认为，由于我们不能直接观察人们的思维，因此不可能客观、科学地研究它。认知心理学家不赞同这种观点，他们认为，通过观察人们对各种物体和事件的反应，就可能得出合理的推断，从而做出有根据的猜测——也就是这些反应背后的认知过程。为了举例说明我们可以通过观察个体的行为来了解其认知过程，请试试下面的练习。

亲身体验

识记 12 个词

只读一遍以下 12 个词，然后把这页合起来，将词按照你想到的顺序写下来。

衬衫	桌子	帽子
胡萝卜	床	南瓜
长裤	土豆	凳子
椅子	鞋	豆角

你是按照阅读这些词的顺序写下它们的吗？可能不是，如果你跟大多数人一样，你会按类别记住这些词——可能先是衣服，然后是蔬菜，接着是家具。从你写下这些词的顺序中（也就是从你的行为中），我们可以对你在学习这些词时出现的内部认知过程进行推论：你在心理上把它们组织成类别。

■ **人们对自己加工和学习的内容具有选择性。** 人们总是被信息轰炸。思考一下你此刻正在经历的许多刺激，如书上的许多文字、你在阅读时看到的其他物体、传入你耳朵的各种声音，以及摩擦你皮肤的衣服。在我特别要求你回想它们之前，你可能已经忽略了许多这样的刺激。

在感觉（觉察环境中的刺激的能力）和知觉（一个人对刺激的解释）之间做区分是有用的。由于某些原因，稍后你将会发现，个体几乎不可能知觉（解释）身体所感觉到的一切事物。因为在特定的时间内，学习者只能应付一定数量的信息，他们必须选择少量的事物加以关注，而剩下的则会被忽略。

打个比方，想想你每年在信箱和电子邮箱中收到的海量邮件。你是否会打开、检查并回复每一封邮件？也许不会，你可能会处理几个重要邮件，查看其他邮件所需时间太长了，你甚至无需打开就会丢弃它。同样，学生每天都会接触大量新信息——教师的教学传递的信息、教材、公告牌、同学的行为等。他们会不可避免地选择哪些是需要关注的重要信息。他们会选择少数刺激进行检查和深度反应，而只给其他刺激粗略的一瞥，

并将其忽略。

■ **学习者对环境中的现象和事件进行主动建构和解释。** 像卡尼莎一样，人们经常构建自己对事物的独特理解——这些理解可能是准确的，也可能不是。这种建构（construction）过程是众多认知学习理论的核心：学习者接收关于他们所在世界的各个方面的大量孤立的信息，并对它们做出合理的理解与解释。关注这种建构过程本质的学习理论被统称为建构主义（constructivism）。建构主义包括个人建构主义（individual constructivism）这一子范畴，它关注的是学习者如何在几乎没有他人帮助的情况下，自主地建构知识。

为了亲身体验建构过程，请尝试以下练习。

亲身体验

三张面孔

看看下面这三张黑白图片。你在每一张图片上看到了什么？大多数人认为左边的图片呈现的是一个女人，尽管她的许多特征都消失了。其他两张图片中是否有足够的信息来构建另外两张面孔？从右边的图片中构建一张面孔可能需要一段时间，但还是可以做到的。

资料来源：Figures from "Age in the Development of Closure Ability in Children" by C. M. Mooney, 1957, *Canadian Journal of Psychology*, 11. Copyright © 1957 by Canadian Psychological Association. Reprinted with permission.

客观地说，这三张图片中黑色斑点的轮廓给我们留下了很多想象的空间。中间那个

女人缺失了半边脸，而右边那个男人缺失了头顶。然而，知道人类面孔的典型样貌可能已经足够让你在心理上把缺失的特征填补上去，并知觉到完整图像。奇怪的是，一旦你已经从这些图片中构造出面孔，它们似乎就变得显而易见了。假如你现在合上本书，并在一个星期甚至更长时间内不再翻开它，再次翻开本书时你也可能会立即看到这些面孔，哪怕你原来很难才能感知到它们。

作为教师，我们一定要记住，当我们把信息呈现给学生时，他们不一定会正确地学习它。事实上，他们会以各自偏好的方式来解释课堂上的学科主题，并且在一定情况下，他们也会建构错误的信息，就像卡尼莎错误地把胸骨和船的后部联系在一起那样。

■ **随着年龄的增长，大脑的成熟变化使个体的认知加工越来越复杂**。随着研究大脑的新技术的出现，心理学家通过与神经学和医学方面的专家合作，对大脑如何运作及它如何随着年龄和经验而变化的了解得越来越多。这种研究体系被称为**神经心理学**（neuropsychology）和**认知神经科学**（cognitive neuroscience），它们可以帮助认知心理学家检验多种关于人类学习和思考的精确特征的假设。此外，它们还揭示了人类大脑在童年期和青春期发生的重大变化，如更长的注意持续时间、更强的组织和整合信息的能力等。我们几乎可以肯定，这些改变是儿童越来越能够进行有效认知加工的一个关键原因（Atkins，Bunting，Bolger，& Dougherty，2012；C.A. Nelson，Thomas，& de Haan，2006；Plebanek & Sloutsky，2017）。然而大多数认知心理学家并没有提出认知发展的不同阶段（正如早期的发展心理学家让·皮亚杰所做的那样），相反，他们认为将儿童的认知发展描述成渐进的趋势是最佳的。我们将在继续学习这章的过程中，确定儿童认知过程的一些发展趋势。

表 6.2 总结了我们刚才描述的假设，它可以帮助你将这些假设应用到你自己的教学实践中。

表 6.2 认知心理学的基本假设及其教育应用

假设	教育应用	示例
认知过程的影响	鼓励学生以利于自己记忆的方式思考课堂材料	介绍哺乳动物这一概念时，要求学生找出大量哺乳动物的例子
行为作为认知过程的反映	要求学生解释他们的推理，仔细观察他们所做的和所说的，对他们如何思考课程主题做出有根据的猜测	当学生说"16 + 19 = 25"和"27 + 27 = 44"时，假设这个学生忘记了重新组合（也就是说，当她将"7"和"7"相加时，她忘记了把"14"中的"1"进到十位），并提供关于重新组合的额外指导
对学习内容的选择性	帮助学生识别那些对自身学习而言最重要的事，并帮助他们理解为什么这些事最重要	当学生阅读教材时，提出一些让他们尝试性地解决的问题，包括那些要求他们将阅读到的知识应用到自己生活中的问题
意义和理解的建构	提供经验以帮助学生理解他们所学习的主题，并定期监控学生的理解	当学习纳撒尼尔·霍桑的《红字》时，让学生分小组讨论丁梅斯代尔牧师拒绝承认自己是海丝特·白兰的孩子的父亲的可能原因
随着年龄的增长，复杂的认知加工能力将逐渐提高	考虑不同年龄水平的学生的认知加工能力的优势和局限	在教给幼儿园儿童基本的数数技能时，通过简短的口头解释和让他们参加各种积极的、动手的数数活动来适应他们较短的注意持续时间

人类记忆模型

6.2 描述并说明众多心理学家提出的表征人类记忆系统的关键组成部分

关于人们如何在心理上处理和记忆新的信息和事件，认知心理学家提供了许多解释——这些解释都属于信息加工理论（information-processing theory）的一般范畴。一些早期的解释将人类的思维和学习描绘成与计算机的运作方式相似。然而，已经很清楚的是这种计算机类比显然过于简单：人们常常难以用相对简单化的方式来思考和解释信息，"一件事总是导致另一件事"是典型的计算机的通用方式（Hacker, Dunlosky, & Graesser, 2009a；G. Marcus, 2008）。

信息加工理论的核心是记忆（memory）的概念。在某些情况下，我们会用这个术语来指代学习者在一段时间内将以前所学知识或技能存储在头脑中的能力；在另一些情况下，我们会用它来指代学习者"存储"他们学到的东西的特定位置——也许是工作记忆或长时记忆。

把学到的东西存入记忆的过程叫作存储（storage）。例如，每次你去上课时，你会毫无疑问地存储一些在上课或班级讨论时出现过的观念。你也可能会在课堂上存储其他信息，如坐在你旁边的人的名字（乔治），或者教师的衬衫样式（橙色和紫色斑点的糟糕组合）。然而，学习者很少将信息准确地存储为它们被接收时的样子。相反，他们会进行编码（encoding），以一定的方式来修正信息。例如，在听历史讲座时，你可能会想象某些历史人物的样子——将一些语言输入编码为视觉图像。当你看到老师穿着橙色和紫色组合的衬衫时，你可能会想，"这个人迫切需要一次衣橱大改造"——从而为你所看到的事物赋予特殊的意义和解释。

有时，当你已经在记忆中存储了信息后，你会发现需要使用它们。回忆先前存储的信息——即在记忆中找到它们——的过程被称为提取（retrieval）。以下练习说明了这一过程。

亲身体验

检索练习

看看你能多迅速地回答以下问题。

1. 你叫什么名字？
2. 法国的首都在哪儿？
3. 克里斯托弗·哥伦布（Christopher Columbus）第一次横渡大西洋到达新大陆是哪一年？
4. 在宴会上谈论开胃菜时，我们有时会用法语替代"开胃菜"（appetizer）这个词。这个法语单词是什么？怎么拼写？

当你努力回答这些问题时，你可能已经注意到，从记忆中提取某些信息（如你的名字）是快速而简单的。另一些信息——可能是"法国首都巴黎"和"哥伦布第一次横渡大西洋的那一年（1492 年）"——只要稍加思考和努力就能找回来。还有一些信息，即使曾经被存储在你的记忆中，也几乎不可能被提取。也许拼写正确的"开胃菜"的法语单词就属于这一类。

尽管信息加工理论家经常使用诸如存储、编码和提取这样的术语，但他们并没有对人类记忆的确切性质形成一致意见。许多人相信记忆有三个关键组成部分：感觉登记、工作（短时）记忆和长时记忆。图 6.1 呈现了人类记忆的三成分模型，它大致以理查德·阿特金森（Richard Atkinson）和理查德·谢夫林（Richard Shiffrin）在 1968 年提出的一个模型为基础，但为了反映最新的研究成果，该模型被做了一定修改。这个模型一定程度上将记忆的性质过度简化了（稍后我们将详细讨论这一点），但是它为我们提供了一个好的方式来组织我们对记忆如何工作的了解。

请注意，在提到记忆的三个组成部分时，我们不一定指的是大脑的三个独立的部分。我们在这里描述的记忆模型大部分来自对人类行为的研究，而非对大脑的研究。

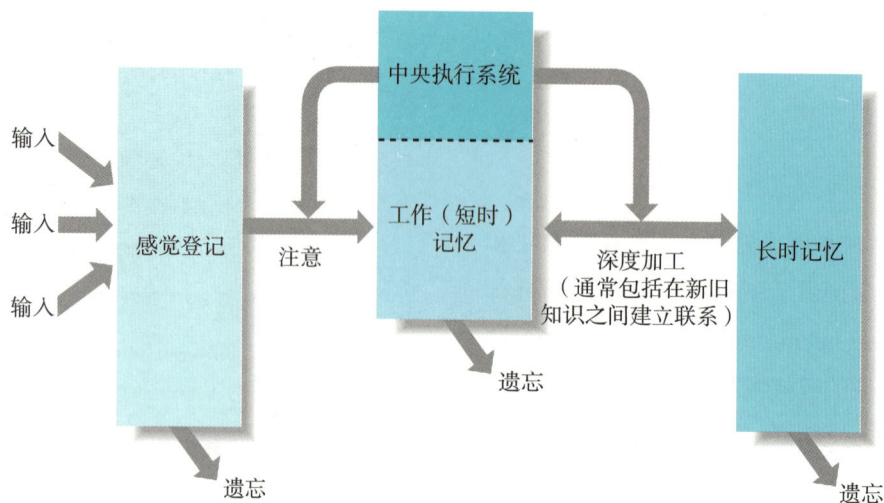

图 6.1　人类记忆的三成分模型

感觉登记的性质

　　假如你在晚上玩过点燃的烟火，当你挥动它时，你会在烟火之间看到光的轨迹。如果你在课堂上做过白日梦，你会注意到，当你的注意力回到课堂上时，你能"听到"在你又一次开始关注教师之前的三四个词。烟火留下的轨迹及那几个犹存的词并没有在环境中出现。取而代之的是，它们被记录在你的感觉登记里。

　　感觉登记（sensory register）是记忆的一个组成部分，它或多或少以原始的、未编码的形式保存着你接收到的信息——也就是输入信息。因此，视觉输入会以视觉形式保存，听觉输入会以听觉形式保存（Coltheart，Lea，& Thompson，1974；Cowan，1995）。感觉登记有很大的容量：它能在任何时间里保存大量的信息。

　　这是好的一面。不好的一面是，保存在感觉登记里的信息不会持续很久（Cowan，1995；Dahan，2010；Wingfield & byrne，1981）。视觉信息（即你所看到的）可能持续不到 1 秒。听觉信息（即你所听到的）可能持续时间稍长一些，为 2～3 秒。为了在任何时间内保存信息，学习者必须把信息转移到工作记忆中。不管是什么信息，不能转移到工作记忆就可能会丢失或被遗忘。

将信息转移到工作记忆：注意的作用

　　无论我们做什么，感觉信息都犹如烟火带来的光亮一样不能维持很长时间。但是我们可以通过一些细微的方式对它进行编码以保存在记忆中。在图 6.1 所示的记忆模型中，这个过程的第一步就是注意（attention）：人们在心理上注意到的任何事物都会进入工作记忆。如果感官登记中的信息没有引起人们的注意，它可能就会从记忆系统中消失。

　　集中注意力不仅包括指引适当的感觉接收器（如眼睛、耳朵等），还要从心理上指向任何需要学习和记忆的东西。假设你正在为一门课读一本教材。你一页一页地往后看，但你同时在考虑一些完全不同的事情——最近和朋友的争吵、网上的高薪职位广告，或者你饥肠辘辘的胃。你会从教材上记住什么呢？绝对什么都记不住。哪怕你的双眼聚焦于教材上的那些词语，但你在心理上并没有注意到它们。

　　幼儿的注意力经常会从一件事迅速转移到另一件事上，他们很容易被与当前任务无关的身边物体和事件吸引。例如，虽然用彩色图片和其他图片装饰墙壁可以使幼儿园的教室对幼儿更有吸引力，但色彩丰富的装饰可能会分散许多幼儿对课程的注意力（Fisher，Godwin，& Seltman，2014）。随着幼儿长大，他们能够更好地将注意力集中在特定的任务上并加以保持，也较少被无关的想法和事件分散注意力。然而，即使是成年学习者也无法在很长时间内将注意力完全集中在一项任务上（S. M. Carlson & Moses，2001；Immordino-Yang，Christodoulou，& Singh，2012；Plebanek & Sloutsky，2017）。

无论何时，即使学习者集中注意力，他们一次也只能注意到少量信息。换句话说，注意只有有限的容量（Cherry，1953；Cowan，2007）。例如，如果你坐在电视机前，把课本放在膝盖上，你能注意到电视上重播的《生活大爆炸》（*Big Bang Theory*）或你的课本，但不能同时注意到它们两个。同样在课堂上，如果你全神贯注于教师糟糕透顶的衣着品味并强烈要求其做样式上的改变，你就不可能把注意力放在讲解内容上。

人类注意的有限容量到底有多有限？人们通常可以同时从事两到三项已习得的、自动化的任务。例如，你可以边走路边嚼口香糖，你也可以边开车边喝咖啡。但是，当一个刺激或事件是详细而复杂的（就像读教材和看电视节目一样），或者当一项任务需要相当多的思考（就像理解演讲和在结冰的山路上开车一样）时，人们通常一次只能注意一件事情。尽管我们尽了最大的努力，人类依然不擅长多任务处理（Lien，ruthie，& Johnston，2006；Ophir，Nass，& Wagner，2009）。

作为教师，我们必须记住，注意不仅仅是一种可观察的行为，它还是一种心理过程。"走进课堂——吸引并维持学生的注意力"专栏介绍了让学生的心神聚焦于课堂主题的几种有效策略。

走进课堂 • • •

吸引并维持学生的注意力

■ **创设学生愿意集中注意的刺激性课堂。** 在不同的阅读小组中，2 年级的学生正在阅读带有幻想元素的短篇故事（如仙女、巨魔、魔法）。当一个小组完成一个故事后，他们会根据这个故事写一个剧本，并在空闲时间里为剧本创造一些简单的道具（如王冠、魔杖），最后为班上的其他人表演这个剧本。

■ **让学生亲身参与课堂主题。** 一名中学历史老师在学年的后期设计了一个活动，让学生"重回"美国内战时期。为了准备这次活动，学生花了几个星期的时间学习盖茨堡战役，研究那个年代的典型服装和膳食，收集合适的衣服和装备，准备小吃和午餐。在"战役"当天，学生扮演各种角色，如联邦或同盟士兵、政府官员、记者、医生、护士、商人和家庭主妇。

■ **在课程中融入多种教学方法。** 在解释了如何计算正方形和长方形的面积后，一名 4 年级教师让学生在一系列逐渐增加挑战性的应用题中练习计算面积。然后，她把班级分成几个合作小组，每组有 3 ~ 4 名成员。教师给每个小组一个卷尺和一个计算器，要求他们计算不规则形状的教室的地板面积。为了完成这项任务，学生必须把房间分成几个小的矩形，分别计算每个矩形的面积，然后将这些面积相加。

■ **让学生在情感上投入课程主题。** 在描述人们在饱受战争摧残的国家遭受的苦难时，一名高中社会学老师展示了被敌人的炸弹彻底摧毁的社区照片。老师选择的照片可以帮助学生同情人们的困境，而不会唤起巨大的痛苦。

■ **经常提问。** 在有关速度、加速度、力和惯性等概念的课程中，一名高中物理老师时不时会提出涉及真实世界场景的多项选择题（如"为什么棒球在离开投手的手之后还在继续向前移动"）。为了确保所有学生都能回答这些问题，老师给他们每人一个手持的电子响片，让他们可以单独提交答案。

■ **为久坐活动提供频繁的休息，特别是在教授低年级学生时。** 为了提供字母表练习，一名幼儿园老师偶尔会让学生用肢体来构成字母。例如，一名女生站在那里，她的手臂向上伸出，形成一个Y形，两名男生弯下腰，手拉着手，组成一个M形。

■ **在初中和高中，鼓励学生记笔记。** 在一堂初中的科学课上，几个不同的合作小组专攻和研究不同的濒危物种。每个小组要面向全班同学做一个关于物种的口头报告，老师要求当听众的学生记下他们想知道的关于动物的问题。除了完成准备好的报告之外，陈述小组的成员还要回答其他同学的问题。

■ **当课程和任务不需要时，限制学生使用电子设备。** 高中语言艺术课堂上的每名学生都有笔记本电脑，他们大部分的写作都是在计算机上进行的。老师知道他们可能很容易被有吸引力的网站（如社交媒体或互动视频游戏）分散注意力，所以只让他们在写作时打开笔记本电脑，她也会经常在学生之间走来走去，回答他们的问题，并监控计算机屏幕上可能出现的非任务活动。

资料来源：Some strategies based on Blanchette & Richards, 2004；Di Vesta & Gray, 1972；Glass & Sinha, 2013；Harmon-Jones, Gable, & Price, 2013；Kiewra, 1989；Ku, Chan, Wu, & Chen, 2008；Pellegrini & Bjorklund, 1997；M. I. Posner & Rothbart, 2007；Ravizza, Uitvlugt, & Fenn, 2017；Szpunar, 2017.

工作（短时）记忆的特征

工作记忆（working memory）是人类记忆的一个组成部分，当我们试图理解信息的意义时，我们会把注意到的信息保存较短的时间。工作记忆也是我们大部分主动的认知加工发生的地方。例如，我们在工作记忆中思考讲座的内容、分析教材中的短文或解决问题。基本上，这是记忆系统中进行大多数心智工作的组成部分——因此它被称为"工作记忆"。

工作记忆不仅是一个独立的实体，它还有多个成分用来保存和加工不同种类的信息，如视觉信息、听觉信息，以及这些信息的潜在含义，还有对多种信息进行整合的成分。如图6.1所示，工作记忆还包括**中央执行系统**（central executive），负责集中注意力，检查信息在整个记忆系统中的流动，选择和控制复杂的主动行为，以及抑制起反作用的思维和行动（Baddeley, 2001；Krakowski et al., 2016；Logie, 2011；H. L. Swanson, 2017）。这些过程被统称为**执行功能**（executive function）——在童年期和青春期逐渐增强（部分是由大脑的成熟引起的），并显著提高学生的学业表现（Atkins et al., 2012；J. R. Best & Miller, 2010；Masten et al., 2012）。

存储在工作记忆中的信息不会维持很长时间（可能最多5~20秒），除非学习者有意识地将其加以利用（Baddeley, 2001；Camos, 2015；W. Zhang & Luck, 2009）。因此，记忆的这个组成部分有时被称为短时记忆。例如，假设你要给一个邻居打电话，并且你在电话簿中找到了这个邻居的电话号码。因为你已经注意到了这串数字，它就出现在了你的工作记忆中。但是你发现你找不到自己的手机，手头也没有纸和笔。为了在找到手机前记住这个电话号码，你会做什么？如果你和大多数人一样，那么你可能会一遍又一遍地重复这个电话号码。这个过程被称为保持性复述（maintenance rehearsal），只要你愿意继续自言自语，信息就会被保存在工作记忆中。然而一旦你停下来，这个电话号码很快就会在你的记忆中消失。

随着年龄的增长，儿童能够保持在工作记忆中的信息量也会有所增加，这可能是大脑成熟和获得更有效的认知加工的结果（Barrouillet & Camos, 2012; Kail, 2007; Sørensen & Kyllingsbæk, 2012）。然而，即使是成年人也只有有限的空间来同时保存和思考信息。为了弄明白我的意思，请尝试以下练习，让你的工作记忆转一会儿。

亲身体验

除法问题

试着在你的大脑中计算出下面的除法运算问题的答案。

$$59\overline{)49\ 383}$$

当你处理其他部分时，你会发现自己在记忆这个问题的某一部分上存在困难吗？你得出了正确答案 837 吗？除非把问题写在纸上，否则大多数人都不能解决这样一个带有这么多数字的除法运算问题。工作记忆没有足够的空间既用于保存全部的信息，又用于执行数学运算。就像注意一样，工作记忆的容量也是有限的——也许只够容纳一个电话号码或一张非常短的购物清单（Cowan, 2010; Logie, 2011; G. A. Miller, 1956）。

实际上，任何学习活动都增强了认知负荷（cognitive load）——学习者必须同时思考一定数量的信息及加工这些信息的方式，以便理解和记住他们正在学习的内容（R. E. Mayer, 2011b; Plass, Moreno, & Brünken, 2010; Sweller, 1988, 2008）。作为教师，当我们设计和实施课程时，一定要考虑在给定的时间内学生的工作记忆可以合理承受的最大限度。例如，我们应该尽量减少与当前主题无关

的信息。我们应该把重要信息的表达速度放慢，让学生有足够的时间来有效处理他们所看到和听到的内容。另外，我们可以把同样的观念重复几遍（也许可以每次改述它），停下来把重要的观点写在黑板上，并提供几个例子和说明。

本书作者经常会听到学生讨论，把教材的内容放到"短时记忆"中，这样他们就能在即将到来的测验中取得好成绩。这种说法反映了一个普遍的错误观念，即这部分记忆可以持续数小时、数天，甚至数周。现在你明白不是这样的。很明显，工作记忆不是用来存放几个星期后的测验所需的信息的，甚至不是用来存放一天中较晚时候的课程的信息的。对于这些信息，存储在长时记忆（记忆系统的最后一个组成部分）中是合适的。

将信息转移到长时记忆：将新信息与先前知识联系起来

在图 6.1 所示的记忆模型中，工作记忆和长时记忆之间的箭头是双向的。在大多数情况下，在长时记忆中有效地存储新信息需要将这些新信息与已经存储在那里的相关信息联系起来——这个过程需要将"旧"信息提取到工作记忆中。下面的练习可以让你了解这种情况是如何发生的。

亲身体验

字母和图片

1. 研究下面的两个字母串，直到你能完全记住每一个字母串。

AIIRODFMLAWRS　AMILIARWORDS

2. 研究下面的图片，直到你能够凭记忆准确地再现它。

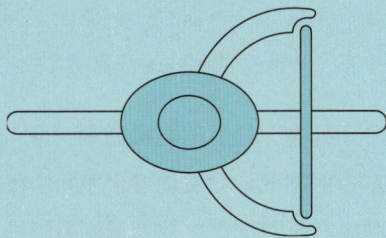

毫无疑问，第二个字母串更容易学习，因为你可以把它和你已经知道的东西——熟悉的单词——联系起来。学习和记忆这张图片容易吗？你认为一周后你能凭记忆将它画出来吗？如果它的标题是"牛仔骑自行车的鸟瞰图"，你会更容易记住它吗？最后一个问题的答案几乎是肯定的，因为标题可以帮助你将图片与熟悉的形状联系起来，如自行车和牛仔帽（Bower，Karlin，& Dueck，1975）。

长时记忆的特征

长时记忆（long-term memory）是学习者存储关于世界的一般知识和信念、在学校中所学的知识（如法国的首都和"hors d'oeuvre"的正确拼写），以及个人生活往事的地方。它也是学习者存储关于如何执行各种活动知识的地方，如如何运球、使用手机和做长除法。

存储在长时记忆中的许多信息是相互关联的。为了弄清我们的意思，请尝试以下练习。

亲身体验

从一匹马开始

当你看到"马"这个字时，首先浮现在你脑海中的词是什么？第二个词是什么？第三个词是什么？从"马"开始，顺着你的思路，让每一个词提醒你回想起另一个，依次下去至少想8个词或短语。按照词出现在头脑中的次序，写下你的单词序列。

你也许发现，自己很容易会顺着"马"的思路走下去，也许就像本书的其中一位作者的思路那样。

马⟶牛仔⟶套索⟶绳子⟶绳结⟶女童子军⟶曲奇甜饼⟶巧克力

在这个序列中，最后的词可能跟"马"几乎没有明显的关系。但你或许会发现这个序列中每对项目之间的逻辑联系。长时记忆中的大量相关信息通常相互关联，可能在一个类似于图6.2所描述的网络中。

很明显，存储在长时记忆中的信息能够比存储在工作记忆中的信息保持更长时间——也许是一天、一周、一个月、一年或一生，这取决于本章后面的内容中提到的各种因素。除了无限长的持续时间外，长时记忆似乎能够容纳学习者需要存储的所有信息。可能根本不存在"空间不够用"这回事。事实上，由于某些原因，你很快就会发现，长时记忆中存储的信息越多，学习新事物就越容易。

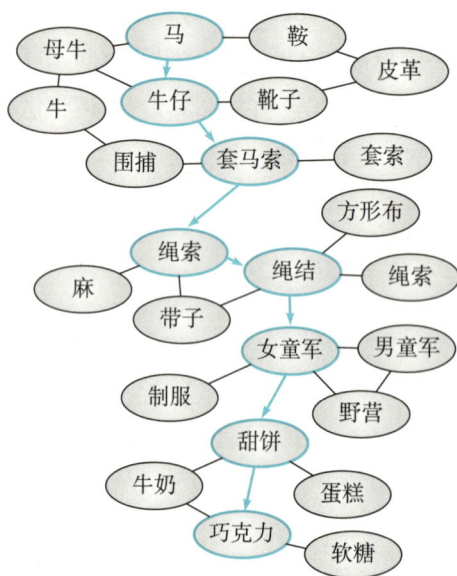

图6.2　从"马"到"巧克力"的思维序列

学习、记忆和大脑

从历史上看，理论家和研究人员一直认为，大多数学习和记忆的生理基础在于神经元之间的相互联系——特别是在形成新突触、加强现有突触或消除反作用突触方面（M. I. Posner & Rothbart，2007；Siegel，2012；Trachtenberg et al.，2002）。此外，一些学习可能涉及新神经元的形成，特别是在大脑两侧中央的小型海马状结构（即海马体）中，或者在大脑皮层的某些区域。新的学习经验似乎提高了年轻的神经元的存活率和成熟度，如果没有这些经验，这些神经元就会慢慢消亡（Kaku，2014；Leuner et al.，2004；Shors，2014；Spalding et al.，2013）。

一些神经科学家提出，在学习和记忆中，大脑中的某些**星形细胞**（即星形胶质细胞，astrocyte）与神经元同样重要，甚至可能更重要。图 6.3 说明了星形细胞的一般特性及其与神经元和局部血液供应的关系。人类的星形细胞的数量远远超过神经元，它们彼此之间及与神经元之间都有许多连接，并且似乎对神经元的活动和静息及神经元之间的交流有着相当大的控制权。正常大脑在其生命周期内会产生许多新的星形细胞（X. Han et al., 2013; Koob, 2009; Oberheim et al., 2009）。

至于学习在哪里发生，答案是：很多地方。这个过程的关键是大脑皮层，它是一个覆盖大脑顶部和两侧的大而凹凸不平的结构。尽管所有大脑皮层在根据以往知识解释新信息时都或多或少地处于活跃状态，但位于前额后方的大脑皮层——前额皮层——似乎是工作记忆及其中央执行系统的主要场所（C. Blair, 2016; Chein & Schneider, 2012; Gonsalves & Cohen, 2010; Nee, Berman, Moore, & Jonides, 2008）。海马体也会积极地参与学习，因为它能将大脑各部分同时接收到的信息汇集在一起（Davachi & Dobbins, 2008; Shohamy &

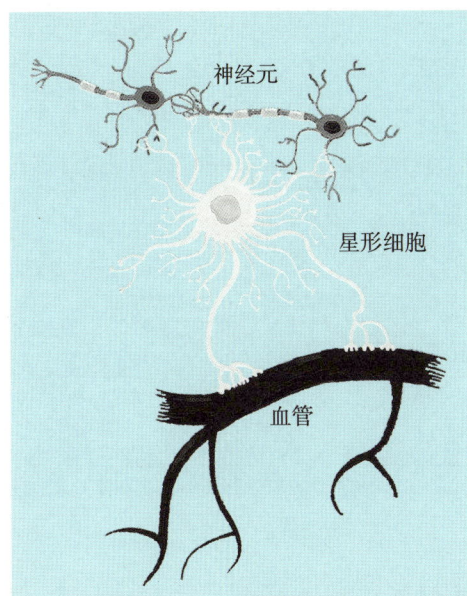

图 6.3　两个神经元、一个星形细胞，以及它们之间的联系

Turk-Browne, 2013; Shors, 2014）。

正如你已经猜到的，一个健康的大脑对于有效的学习而言必不可少。"应用大脑研究——增强学生的大脑功能"专栏提出了四条基于大脑研究的一般性建议。

应用大脑研究 ➡ 增强学生的大脑功能

我们提示你在阅读有关"基于大脑的学习"的书籍、文章和网站时要谨慎，因为其中大多数结论充其量只是推测。以下是在神经心理学领域有深厚基础的四条建议。

- 提供定期的智力刺激。新的挑战和学习机会——当然是适合个体年龄的挑战——似乎可以增强大脑功能，这一部分是通过丰富的现有神经元、突触和星形细胞来达成，另一部分是通过刺激新的神经元的生长来实现（Kaku, 2014; Koob, 2009; Shors, 2014）。

- 牢记大脑也需要时间休息和反思。刺激通常被认为是好事。虽然我们不希望学生在

上学期间感到无聊，但我们应该偶尔给他们精神上的休息时间，让他们的思想漫游一阵子——也许是思考他们最近学到的观点，也许是反思他们对于课堂作业和即将到来的测验的感受。例如，让学生通过写日记来记录他们的成就和感受，可以鼓励定期的自我反思，提高学生的心理健康和学业成绩（Immordino-Yang et al., 2012）。

- 鼓励体育锻炼。体育锻炼有益于大脑健康，尤其是有氧运动可以使心血管系统保持良好的工作秩序。体能锻炼有一个特别的好处是增强中央执行功能——控制注意力、监督整个记忆系统的一般信息流动，以及抑制不利于思维的工作记

忆成分（Bryck & Fisher, 2012；Castelli, Hillman, Buck, & Erwin, 2007；Tomporowski, Davis, Miller, & Naglieri, 2008）。

- 鼓励并帮助学生获得充足的睡眠。遗憾的是，学校的常规时间表，特别是早起时间，与大多数高中生的睡眠模式不匹配。正如你所知道的，良好的睡眠可以提高大脑的清醒度，帮助人们抵御有害病菌。除

此之外，睡眠还有助于巩固或保持新的记忆，使它们被保存更长时间。（Kirby, Maggi, & D'angiulli, 2011；Mazza et al., 2016；Scalise & Felde, 2017）。虽然教师可能无法控制学生每天的上学时间，但可以做一些其他事情来保障学生的睡眠。例如，我们可以给他们至少 2~3 天来完成家庭作业，也可以教授他们克服学业拖延倾向的策略。

对三成分模型的批评

正如我们前面提到的，三成分模型对人类记忆特征的描述过于简单化，甚至过度区分。例如，注意可能是工作记忆不可分割的组成部分，而不是图 6.1 中描述的独立实体（Cowan, 2007；Kiyonaga & Egner, 2014；Oberauer & Hein, 2012）。此外，关于工作记忆和长时记忆是否是明显不同的实体，神经心理学家和其他研究人员得出了混合结果（Nee et al., 2008；Öztekin, Davachi, & McElree, 2010；Talmi, Grady, Goshen-Gottstein, & Moscovitch, 2005）。

一些心理学家提出，工作记忆和长时记忆只是反映了单个记忆的不同激活状态（J. R. Anderson, 2005；Campo et al., 2005；Nee et al., 2008；Postle, 2016）。根据这种观点，所有存储在记忆中的信息不是处于激活状态就是处于非激活状态。处于激活状态的信息包括输入的信息和以前就存储在记忆中的信息，它们是人们正在注意和思考的信息，我们在前面的内容中把这些信息描述为存储在工作记忆中的信息。当注意力转移时，记忆中的其他信息被激活，而先前被激活的信息逐步变为非激活状态。由于存储在记忆中的大量信息处于非激活状态，因此我们不能注意到它们，我们在前面将这种信息描述为存储在长时记忆中的信息。

尽管三成分模型并不完美，但它仍能帮助我们

记住学习和记忆的一些特征，这是教师在备课和教学时需要考虑的。例如，该模型强调注意在学习中的重要作用、注意和工作记忆的有限容量、学习者所获得的知识间的相互联系，以及将新信息和已有知识联系起来的重要性。

长时记忆的存储

6.3 运用自己关于长时记忆存储的知识找出提高学生学习效率的有效策略

不管记忆是否真的存在三个截然不同的组成部分，人类都会在相当长的时间内——甚至是终生——记住大量事情。从这个意义上讲，至少我们知道的和能做的大量事情是处于长时记忆中的。

存储在长时记忆中的信息似乎能以各种形式进行编码。其中很大一部分是以语义的形式进行编码——作为相对抽象的意义和理解。还有一些被编码成言语形式，可能是实际的话语。你逐字逐句记住的事情（如你的名字、你的家乡、歌词）都是言语编码。另外一些信息以知觉形式出现，可能以表象的形式进行编码。例如，在你的脑海中，如果你能"看到"一个亲戚的脸，"听到"那个人的声音，或者回想那个人钟爱的香水或须后水的味道，你就是在提取表象。某些情绪反应常常与记忆中存储的某些事物紧密相连。

例如，一想到心爱的家庭成员或宠物，你就会立即产生微笑或满足感，而你最近看过的关于恐怖电影的记忆可能仍然会让你脊背发凉。

前面所有的例子都是**陈述性知识**（declarative knowledge）——它是指与事物现在是什么样的、事物在过去和将来是什么样的，或者事物可能是什么样的有关的知识。陈述性知识既包括一般性的世界知识（统称为语义记忆），也包括对特定生活经验的回忆（统称为情景记忆）。然而人们也会获得**程序性知识**（procedural knowledge），即人们学会如何做的知识（J. R. Anderson，1983；Phye，1997；Tulving，1983）。你也许知道怎么骑自行车、包装一份生日礼物或三位数和两位数的乘法运算。为了成功执行这些操作，你一定要根据变化的情境来调整自己的行为。例如，当你骑自行车时，一个物体挡住你的去路，你必须能左转或右转，当你到达目的地时，你必须能完全停下来。因此，程序性知识通常包括在不同的情况下如何做出反应的信息——包括知道身体或心理在什么时间做什么事情。在这种情况下，它也被称为**条件性知识**（conditional knowledge）。

大多数陈述性知识都是**外显知识**（explicit knowledge）：一旦我们回忆起它，我们就能清楚地意识到我们所知道的是什么。但是大量的程序性知识是**内隐知识**（implicit knowledge）：我们不能在意识层面回忆或解释它，但它会影响我们的思维和行为（P. A. Alexander，Schallert，& Reynolds，2009；J. R. Anderson，2005；M. I. Posner & Rothbart，2007）。另一个不同之处在于，有时我们能很快学会陈述性知识，可能在一次信息呈现之后就可以；但是我们通常对程序性知识学习得很慢，并且要伴随大量的练习。

如何组织知识

考虑到长时记忆存储的特征，学习者建构他们的知识和理解在很大程度上对记忆十分有益。在构建知识的过程中，学习者常常创建包含特定观念或观念集合的完整实体。例如，从婴儿期开始，人类就形成了对物体和事件进行分类的**概念**（concept）

（G. Mandler，2011；J. M. Mandler，2007；Quinn，2002）。有些概念，如蝴蝶、椅子和仰泳，是指范围比较狭窄的物体或事件。其他概念则是非常一般的概念，包含许多更具体的概念。例如，昆虫的概念包括蚂蚁、蜜蜂和蝴蝶（见图6.4），而游泳的概念包括仰泳、蛙泳和蝶泳。在上述例子中，我们会注意到"蝴蝶"这个词的两个不同的含义如何被分成明显不同的类别，这可能会引导你遵循如下思路。

马→牛仔→套索→绳子→绳结→女童子军→露营→户外→自然→昆虫→蝴蝶→游泳

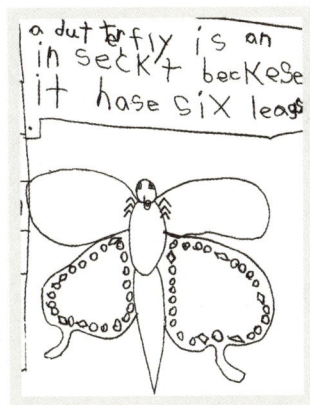

图 6.4　在蝴蝶的分类中，8 岁的诺亚确定了所有昆虫都有同一个特征——六条腿，但没有正确地提到翅膀，翅膀是可供参考的

注：图中内容翻译为："蝴蝶是有六条腿的昆虫。"

通过将许多物体或事件组合成单个实体，概念的形成缓解了工作记忆有限容量的负担（G. Mandler，2011；Oakes & Rakison，2003）。例如，分子的概念在工作记忆中占据的"空间"非常小，尽管我们对它有很多了解，如它的组成和非常小的体积。"走进课堂——概念教学"专栏为教师教授不同学科的概念提供了建议。

学习者还将一些概念组织在一起，形成对事物的典型特征的一般理解。这种理解有时被称为**图式**（schema）（Rumelhart & Ortony，1977；Kalyuga，2010；Schraw，2006）。例如，让我们再次回到马的概念。当然，你知道马长什么样，而且当你看到一匹马的时候，你能认出它。这样你就有了马的概念。但是现在想想你所知道的关于马的诸多信息。它们吃什么？它们是如何打发时间的？你最有可能在哪里看到它们？你也许可以找到很多关于马的信息，可能包括它们对燕麦和胡萝卜的喜爱，对草地和跑步的热爱，以及它们经常出现在牧场和赛马场。在你的长时记忆中，存储的关于马的各种信息都与"马"的图式密切相关。

人们不仅有关于客体的图式，还有关于事件的图式。当图式涉及与特定活动相关的可预测的事件序列时，它有时被称为**脚本**（script）。下面的练习提供了一个示例。

亲身体验
约翰
只读一遍下面的段落。

约翰今天心情不好，所以他决定去看家庭医生。他在接待处进行了登记，然后翻阅了桌子上的几本医学杂志。之后，护士过来要求他脱掉衣服。医生对他很好。他给约翰开了一些药，然后约翰离开了医生的办公室，回到了家中（Bower, Black, & Turner, 1979）。

你可能会毫不费力地理解这段话，因为你去过医生的办公室，并且对问诊如何进行存在一个图式。因此，你可以明白一些文章中没有告诉你的细节。例如，你会推断约翰实际上进入了医生的办公室，虽然故事省略了这一重要步骤。同样，你也会得出结论，约翰在检查室脱衣服，而不是在候诊室，即使这个故事没有告诉你约翰脱衣服的地点。当关键信息丢失时，就像约翰的故事一样，图式和脚本常常使学习者能够以合理的方式填补空白。

走进课堂

概念教学

- **给出明确的定义。**一名高中几何老师将球体定义为"三维空间中与单点等距离的一组点"。
- **突出概念中的绝大多数例子所具有的特征。**一名教师用一条线描绘了昆虫的概念，强调了它身体的三个部分、三对腿和两条黑色粗线条的触角。这幅图淡化了其他可以看到的、无关紧要的特征，如昆虫的颜色和翅膀。
- **举出最好的例子——可以抓住概念关键要素的原型。**为了说明民主的概念，一名社会学老师描述了一个假设的理想政府。
- **在不同的情况下提供广泛的例子。**一名音乐老师分别在钢琴和吉他上演奏主和弦。
- **提出反例，特别是近乎错误的实例，来说明这个概念指的不是什么。**当一名教师描述哺乳动物是什么时，他解释了为什么青蛙和蜥蜴不属于这一类。
- **要求学生从众多的可能性中辨认出正例和反例。**一名语言艺术老师给学生呈现一组句子，要求他们识别包含悬垂分词的句子。
- **要求学生举出与概念相关的自己的例子。**一名教师要求学生想出他们在自己的演讲中经常使用的形容词的例子。
- **向学生展示不同的概念是如何相互关联的——它们的相同点和不同点、它们的等级关系等。**一名科学老师解释说，速度和加速度这两个概念有着稍微不同的含义，尽管它们都涉及速度。

资料来源：R. M. Best, Dockrell, & Braisby, 2006；Brophy, Alleman, & Knighton, 2009；Carmichael & Hayes, 2001；R. G. Cook & Smith, 2006；Gagné, 1985；Ormrod, 2019；Rosch, 1977；B. H. Ross & Spalding, 1994；Tennyson & Cocchiarella, 1986.

在更大的范围内，人类（包括幼儿）对世界的某些特定的方面构建了一般理解和信念体系，或者**个人理论**（personal theory）（Barger & Linnenbrink-Garcia，2017；Gelman，2003；Keil & Newman，2008）。这些理论包括众多概念及它们之间的关系（如相关关系、因果关系）。想知道你自己的一些理论是什么样的，请试试下面的练习。

亲身体验

咖啡壶和浣熊

请思考以下情况。

1. 人们拿了一个看起来像图 A 的咖啡壶。他们拆掉把手，封住顶部，取下顶部旋钮，封住容器的嘴，并将其取下。他们还把底座切下来，接上一块扁平的金属片。他们切出一个窗口，装上一个小棍子，并在容器内装满鸟食。当他们完成后，它看起来就像图 B。发生这些变化后，这是一个咖啡壶还是一个喂鸟器？

2. 医生搬出类似图 C 的浣熊，并且剃掉了它的一些毛。他们把剩下的毛染成黑色，然后沿着背部的中心漂了一条白色的条纹。接着医生通过手术在它的体内放入一个超臭的气味囊，就像臭鼬的气味一样。当一切完成后，这只动物看起来像图 D。那么在手术后，这是一只臭鼬还是一只浣熊？

A   B

C   D

资料来源：Both scenarios based on Keil, F. C.(1989). Concepts, kinds, and cognitive development. Cambridge, MA：MIT Press.

很有可能，你的结论是咖啡壶变成了喂鸟器，但浣熊仍然是浣熊，尽管它进行了整容和臭烘烘的手术。那么，为什么咖啡壶可以做成完全不同的东西，而浣熊却不能呢？即使是幼儿似乎也能区分人造物体（如咖啡壶、喂鸟器）和生物实体（如浣熊、臭鼬）（Gelman & Kalish，2006；Inagaki & Hatano，2006；Keil，1986，1989）。例如，人造物体的定义在很大程度上取决于它们具有的服务功能（如煮咖啡、喂鸟），而生物实体的定义主要取决于它们的起源（如创造它们的父母、DNA）。因此，当咖啡壶被放入鸟食而不是咖啡时，它就变成了喂鸟器，因为它的功能已经改变了。但是，当一只浣熊经过整容和手术，看起来和闻起来都像臭鼬时，它的父母仍然是浣熊，而且它有浣熊的 DNA，所以不可能是臭鼬。

当儿童到了上学的年龄时，他们已经建构了关于物理、生物、社会和心理的基本理论（Flavell，2000；Geary，2005；Gelman，2003；Torney-Purta，1994）。一般来说，自我建构理论可以帮助儿童理解和记忆个人经历、课堂主题和其他新信息。然而，由于儿童的理论往往很少或几乎没有知识更加丰富的个体的指导，因此它们有时也包括干扰新学习的错误概念（在本章后面关于概念转变的讨论中会更多地涉及这一点）。

如何学习陈述性知识

当谈到在学校学习陈述性知识时，学习理论家区分了两种长时记忆存储过程的一般形式——机械学习和意义学习——以及在效果上差别很大的更特定的存储过程（见表 6.3）。

机械学习

进行**机械学习**（rote learning）的学习者在试图学习和记忆某件事情的时候，往往会死记硬背，而不去理解其中的意义。例如，在前面提到的"字母和图片"练习中，如果你试图把字母串"FAMILIARWORDS"简单地当作一个孤立的字母列表来记忆，或者你试图把"牛仔/自行车"图片当作一组随机的、不相关的直线和曲线来记忆，那么你

表 6.3　长时记忆的存储过程

加工	定义	示例	效果
机械学习：学习主要是通过重复和练习，个体很少或根本没有尝试理解正在学的东西			
复述	在内心或出声地逐字重复信息	逐字重复公式或定义	相对无效：存储慢，后续提取困难
意义学习：在新信息和以往知识之间建立联系			
精细加工	在已知的基础上给新信息添加细节	生成历史上的杰出人物做决定的可能原因	如果所做的联想和扩充是精确且有效的，则效果好
内部组织	在各种新信息之间建立联系	思考一个人在戏剧中的台词如何与整体故事情节联系起来	如果组织结构是合理的，并且不仅仅由相互独立的事实组成，就是有效的
视觉表象	通过亲眼所见或想象，形成信息的心理图像	想象一个小说中的各种角色和事件的样子	效果存在个体差异，当它与精细加工或组织结合时更有效

就是在进行机械学习。

　　一种常见的机械学习方式是复述（rehearsal），即在短时间（通常是几分钟或更短时间）内以大声说出来或以不变的、逐字逐句的方式一遍又一遍地重复某件事。前面我们描述了保持性复述（口头上一遍又一遍地重复某件事）是如何帮助我们将信息无限期地保存在工作记忆中的。然而，与许多学生的想法相反，复述并不是一种将信息存储在长时记忆中的有效方法。如果一个学习者足够频繁地重复某件事，那么它最终可能会被"理解"，但是这个过程是缓慢且费力的，并且没有多少乐趣。此外，由于后面我们将讨论到的原因，使用复述和其他机械学习形式的人往往很难记住之前学过的东西（J. R. Anderson，2005；Craik & Watkins，1973；McDermott & Naaz，2014）。

　　口头复述信息可能比根本没有对信息进行加工要好一些，当学生只有很少的先前知识可以用来帮助他们理解新材料时，复述可能是他们可以使用的少数策略之一（E. Wood, Willoughby, Bolger, & Younger，1993）。例如，在本章开篇的个案研究中，卡尼莎在努力记住一些看似荒谬的骨骼名称时，采用了复述的方式，如尾骨、锁骨和髌骨。然而在理想情况下，我们应该鼓励学生在任何时候都进行意义学习。

意义学习

　　与机械学习相反，意义学习（meaningful learning）涉及识别新信息和一个或多个已经存储在长时记忆中的信息之间的关系。每当我们使用诸如理解这样的表达时，我们谈论的就是意义学习。在绝大多数情况下，意义学习可以比机械学习更有效地将信息存储在长时记忆中。当学习者不仅将新观念与他们对世界已有的认识联系起来，还与他们对自己的认识或信念联系起来（如将新观念与自我描述或个人生活经验联系起来）时，这种方法尤其有效（Craik，2006；Heatherton, Macrae, & Kelley，2004；Nairne & Pandeirada，2016）。

　　意义学习有多种形式。研究人员已经深入研究了其中的三种形式：精细加工、内部组织和视觉表象。这三种形式都具有建构性：它们涉及将几个信息组合成一个有意义的整体。

精细加工

　　在精细加工（elaboration）阶段，学习者使用他们先前的知识来阐述新观念，从而存储比实际呈现的更多的信息。例如，当本书的一位作者在高中学习中国普通话课程时，学到了汉语拼音"wǒ men"是"我们"的意思。"啊！"这位作者心想，"我们女孩子用的休息室的牌子上写着'wo men'！"同样，当一名学生得知克里斯托弗·哥伦布第一次横渡大西洋，而船员威胁他要造反时，这个学生可能会推测："我敢打赌，当他们日复一日地向西航行却看不到有陆地的迹象时，他们真的很害怕。"

正如我们将在本章后面所看到的，学习者有时会以不正确的和适得其反的方式对新信息进行精细加工。然而，一般来说，学生对新材料的精细加工越多，也就是说，他们越多地使用自己已知的信息来理解和解释新材料时，他们就会越有效地存储和记忆信息。因此，那些经常对学校所学内容进行精细加工的学生通常比那些仅从表面理解信息的学生有更高的成就（J. R. Anderson，2005；McDaniel & Einstein，1989；Paxton，1999）。

在课堂上鼓励精细加工的一种有效的方法是让学生谈论一个话题或为这个话题写一篇文章。例如，教师可以让他们总结所学到的东西，将新概念与他们的个人经验联系起来，或者让他们就有争议的话题表达立场并进行辩护（Bangert-Drowns，Hurley，& Wilkinson，2004；Shanahan，2004）。另一种有效的方法是提问题，即要求学生从他们刚刚学到的东西中进行推论，或者以其他方式进行扩展，如"你将如何使用……来……"及"如果……你认为会发生什么"（Elleman，2017；A. King，1992；McCrudden & Schraw，2007）。还有一种方法是让学生两人一组或以小组形式来组织并回答他们自己精心设计的问题。不同的研究人员将这种集体提问称为精细提问或有指导的同伴提问（Dunlosky，Rawson，Marsh，Nathan，& Willingham，2013；A. King，1994，1999；Ozgungor & Guthrie，2004）。在下面的对话中，5年级的学生凯蒂和珍妮尔正在一起学习关于潮汐池的课堂材料。凯蒂的任务就是问珍妮尔一些自己精心设计过的问题。

凯蒂：高潮区和低潮区有什么不同？

珍妮尔：两个潮汐区里有不同的动物。处于高潮区和浪花区的动物可以接受暴露——可以利用雨水、沙子、风和阳光——它们不需要那么多水，而低潮区的动物需要。

凯蒂：而且它们可能更柔软，因为不会撞到岩石上。

珍妮尔：还有食肉动物。因为在浪花区有像人类一样可以杀死动物的掠食者和各种各样的其他掠食者，它们无法生存。但在低潮区没有那么多掠食者。

凯蒂：但是，为什么浪花区的动物必须生存下来（A. King，1999）？

请注意，这两个女孩一直将动物的特征与不同潮汐区的生存环境联系起来，最终凯蒂问道，为什么浪花区的动物还需要生存。这样的分析对5年级学生来说是相当复杂的。想象一下，当高中生逐渐可以进行抽象思维和假设性思维时，他们能够做些什么呢？

内部组织

一般来说，当我们以合理的方式将信息整合在一起时，我们更容易学习和记住新信息（McNamara & Magliano，2009；Nesbit & Adesope，2006；D. H. Robinson & Kiewra，1995）。这种内部组织（internal organization）包括在各种新信息之间建立联系，以形成综合的、连贯的结构。例如，学习者可以将信息进行分类，就像你在"识记12个词"练习中看到的那样。

组织信息的一种更好的方法是识别信息的各部分之间的相互联系。例如，在物理课上学习速度、加速度、力和质量时，学生通过领会这些概念间的相互联系来更好地理解这些概念——也许通过学习速度是加速度和时间的乘积（$v = a \times t$），以及物体的力是由其质量和加速度共同决定的（$f = m \times a$）。诀窍不是简单地记住公式（机械学习），而是理解公式所代表的关系。

给学生提供组织信息所用到的特定结构通常十分有用。例如，图6.5展示的网状笔记形式可以帮助小学生组织他们所学的关于狼蛛的知识。另一个有效的结构是二维矩阵或表格，它可以帮助学生根据不同特征比较多个知识点，如不同的地理区域在地形、气候、经济活动和文化习俗方面的差异（R. K. Atkinson et al., 1999；Kiewra, DuBois, Christian, & McShane, 1988；D. H. Robinson & Kiewra, 1995）。第三种方法是教学生创建概念图（concept map）——描述一个单元的概念及其相互关系的图（Hattie, 2009；Nesbit & Adesope, 2006；Novak, 1998）。图6.6展示了两个学生在上完关于大猩猩的课后所建构的不同概念图。这些概念被圈起来，它们之间的相互关系则用带字词或短语的直线表示。一些面向学生的概念图软件程序可以快速且轻松地创建和修改概念图，包括Coggle、Kidspiration和MindMapper Jr。

自我建构的组织结构不仅可以帮助学生有效学习，还可以帮助教师评估学生的学习。例如，图6.6左侧的概念图只显示了零星的、支离破碎的关于大猩猩的知识。此外，这个学生有两个观点需要纠正。首先，与刻板印象相反，大猩猩并不常常会悬挂在树上，尽管年幼的大猩猩偶尔会爬上树来躲避危险。其次，大猩猩并不是特别"凶猛"的生物。在大多数情况下，它们在家族中过着和平的生活，只有当陌生人类、非家族成员的大猩猩或其他潜在的入侵者威胁到它们的领地时，它们才会变得不友好（如捶胸）。

视觉表象

前面我们提到把表象看成信息被编码进入长时记忆的一种可能的方式。许多研究表明，视觉表象（visual imagery）——对物体或观点形成心理图像——是一种很有效的存储信息的方法（Sadoski & Paivio, 2001；D. L. Schwartz & Heiser, 2006；Urgolites & Wood, 2013）。由于它经常涉及利用已有的长时记忆中的其他视觉图像，我们把它归类为一种意义学习的形式。

为了向你展示视觉表象的有效性，下面的练习将教给你一些我们在高中时学过的中文词。

亲身体验

五个中文词

通过我描述的视觉表象，尝试学习这五个中文词（不要担心学习词的拼音上方的声调）。

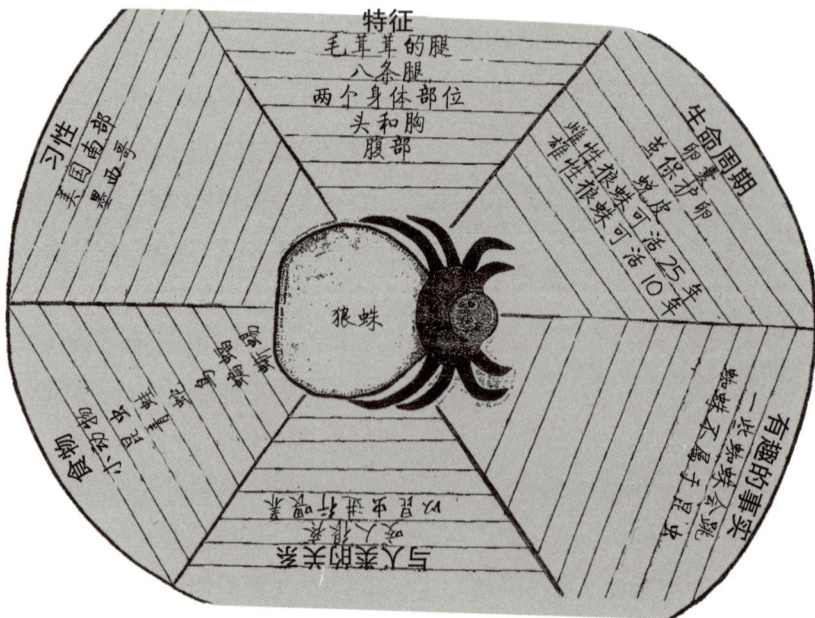

图6.5　7岁的托尼用2年级教师提供的一张图，整理了自己所学到的关于狼蛛的知识

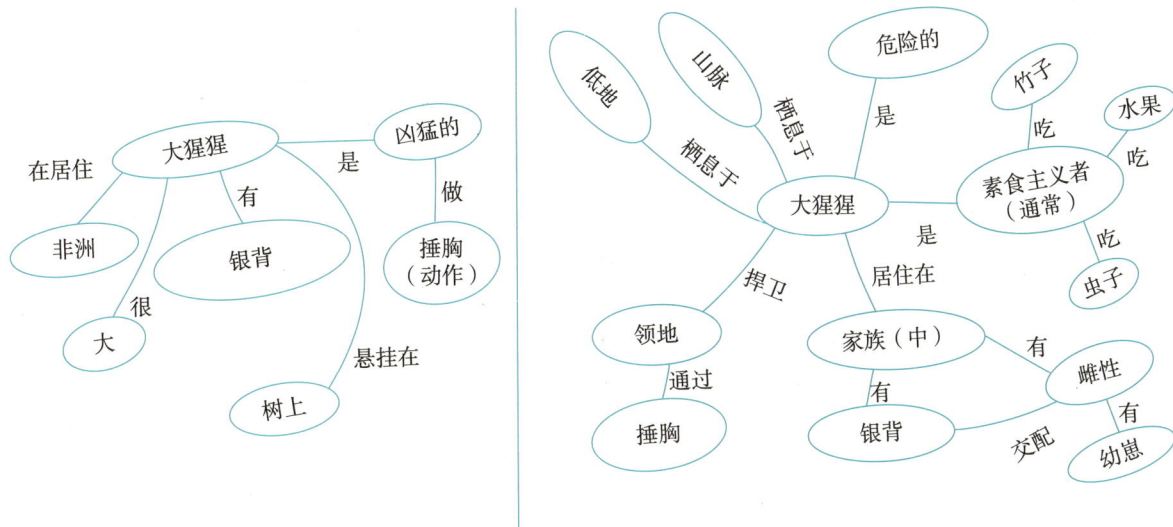

图 6.6　这是两幅关于大猩猩的概念图，其中一幅显示了理解上的错误

中文词	英语意义	表象
房（fáng）	house	想象一座房子，在屋顶和墙上长着尖牙（fang）
门（mén）	door	想象一扇休息室的门，上面喷绘着"MEN"
客（kè）	guest	想象一个人给另一个人（客人，guest）一把房子的钥匙（key）
饭（fàn）	food	想象一盘食物，风扇（fan）在让它冷却
书（shū）	book	想象一只靴子（shoe），一本书（book）从里面露出来

现在花几分钟时间做点其他事情。站起来，伸展一下，喝杯水，或者到休息室休息一下。但是一定要在一两分钟内回来继续阅读。

当你回来时，盖住上面的中文词、英语意义和视觉表象的部分，努力回忆每个词的意义：

客　饭　门　房　书

中文词让你想起了你曾经存储的视觉表象吗？反过来，这些表象帮你记住了它们的英语意义吗？你可能已经很容易地记住了所有词，或者你只记住一两个词。人们在使用视觉表象的能力上存在差异：

有些人能快速而容易地形成表象，其他人则会缓慢而困难地形成表象（Behrmann，2000；J. M. Clark & Paivio，1991；Kosslyn，1985）。

在课堂上，我们可以用几种方式促进学生运用视觉表象。我们可以让学生想象文学或历史中的某些事件可能是什么样子的（Johnson-Glenberg，2000；Sadoski & Paivio，2001）。我们可以提供视觉材料（图、表等）来说明重要但可能抽象的概念（R. K. Atkinson et al.，1999；R. Carlson，Chandler，& Sweller，2003；Verdi，Kulhavy，Stock，ritschof，& Johnson，1996）。我们也可以要求学生为正在学习的东西创建图解或图表，就像 9 岁的特丽莎所做的那样（见图 6.7）（Schwamborn，Mayer，Thillmann，Leopold，& Leutner，2010；Van der Veen，2012；Van Meter & Garner，2005）。

当与其他编码形式结合使用时，视觉表象十分有用。例如，学生更容易学习和记忆既以文字形式（如演讲或课本段落），又以图解形式（如图片、地图或图表）接收的信息（R. E. Mayer，2011b；Moreno，2006；Rau，Aleven，& Rummel，2015）。当学生被明确要求同时以文字和视觉形式回忆信息时，他们也更有可能从中获益。

图 6.7 这幅由 9 岁的特丽莎绘制的图画有效地说明了水循环

陈述性信息存储过程的发展趋势

意义学习——将新信息与先前知识联系起来——可能以某种形式发生在几乎所有的年级水平上。更具体的策略，如复述、内部组织和视觉表象，在小学初期相当有限，但在童年期和青春期的整个历程中，它们被使用的频率和它们的有效性都有所提高。通常直到青春期，精细加工的发生频率（学习者通过有意使用来帮助记忆的过程）才会逐渐提高，并且在高学业成就的学生中更常见。表 6.4 提供了关于不同年级水平的长时记忆存储特征的更加详细的信息。

表 6.4 不同年级水平的典型的长时记忆存储过程

年级水平	典型年龄特征	示例	建议策略
K ~ 2	• 偶尔组织具体的物理对象作为记住它们的一种策略 • 逐渐用复述来记忆言语材料，但并非总是能有效地使用 • 利用视觉表象增强记忆的能力开始出现，特别是在成年人提示的情况下 • 很少有意地采用策略学习新事物	放学后，1 年级教师提醒学生，明天需要带 3 样物品来学校：以字母 W 开头的物品、郊游的签字同意书，以及郊游时穿的保暖夹克。6 岁的凯西对自己喃喃自语了几次"夹克"，她天真地认为自己不需要任何额外的脑力劳动就能记住这 3 样物品	• 让学生积极参与主题（如通过实践活动或幻想游戏），以帮助他们记住新知识 • 将新主题与学生的先前经验联系起来 • 将复述作为短期记忆策略进行示范 • 提供说明文字材料的图片 • 给学生一些可以带回家的简短的笔记，帮助他们及其父母记住需要带到学校的东西
3 ~ 5	• 在短时间内自发地、有意地、逐渐有效地使用复述以记住事物 • 使用组织作为言语信息的意义学习策略的频率逐渐增加 • 视觉表象作为学习策略的有效性逐渐提高	10 岁的乔纳森正在为即将到来的有关云的单元测验做准备，他看着科学书上 4 种不同的云的照片，大声念出每种云的名称。然后他把这 4 种云的名称重复了几次："积云、积云、卷云、层云、积云、积云、卷云、层云……"	• 强调理解而非复述信息的重要性 • 给学生提供可用于组织新信息的可能结构的建议 • 提供各种视觉辅助物以促进视觉表象，并建议学生创建自己的图画或视觉表象
6 ~ 8	• 复述作为学习策略的优势突显 • 用于组织信息的类别更具抽象性和灵活性 • 精细加工作为意义学习的策略开始出现	中学生拉吉和欧文正在准备一个关于岩石的测验。"让我们把它们归为一类，"拉吉说。欧文建议按颜色（灰色、白色、红色等）来进行分类。但是经过进一步的讨论，两人一致认为把它们分成沉积岩、火成岩和变质岩是一种更具策略性的方法	• 建议学生在学习过程中多提问题，尤其是那些能促进精细加工的问题（如"为什么这样做""……和……有什么不同"） • 在作业和测验中，评估真正的理解而不是机械记忆

（续表）

年级水平	典型年龄特征	示例	建议策略
9～12	• 继续依赖复述作为意义学习的策略，特别是低成就青少年 • 越来越多地使用组织和精细加工进行学习，特别是高成就青少年	在高中的世界历史课上，凯特把她的学习重点放在记忆名字、日期和地点上。与此同时，她的同学贾妮卡喜欢推测诸如亚历山大帝、拿破仑、希特勒等历史人物的个性和动机	• 提出引人深思的问题，激发学生的兴趣，并帮助学生看到主题与自己生活的相关性 • 让学生在能力混合的合作小组中学习，高学业成就的学生可以为低学业成就的学生示范有效的学习策略

资料来源：Bjorklund & Coyle, 1995；Bjorklund, Schneider, Cassel, & Ashley, 1994；Cowan, Saults, & Morey, 2006；DeLoache & Todd, 1988；Gaskins & Pressley, 2007；Gathercole & Hitch, 1993；Kosslyn, Margolis, Barrett, Goldknopf, & Daly, 1990；Kunzinger, 1985；Lehmann & Hasselhorn, 2007；Marley, Szabo, Levin, & Glenberg, 2008；L. S. Newman, 1990；P. A. Ornstein, Grammer, & Coffman, 2010；Plumert, 1994；Pressley & Hilden, 2006；Schneider & Pressley, 1989.

如何学习程序性知识

人们学习的一些程序——如烘焙蛋糕、排球发球、开车——主要由外显行为构成。其他许多程序——如写一篇有说服力的文章、在代数方程中求解 x、网上冲浪——还有明显的心理成分。大多数程序可能涉及身体动作和心理活动的结合。

程序性知识的范围从相对简单的动作（如使用剪刀或正确地握住铅笔）到非常复杂的技能。复杂的程序通常不是一下子就能学会的。相反，它们常常只有通过大量的练习，才能在一段时间后被缓慢地学会（Ericsson, 2003；Macnamara, Hambrick, & Oswald, 2014；Proctor & Dutta, 1995）。

人们似乎主要以实际行为的方式学习简单的身体程序，换句话说，具体的行动通过实践得到加强和逐步完善（Ennis & Chen, 2011；Féry & Morizot, 2000；Willingham, 1999）。然而，许多复杂的技能，尤其是那些具有心理成分的技能，也可以作为陈述性知识来学习——换句话说，就是作为如何做某事的信息来学习（J. R. Anderson, 1983；Barody, Eiland, Purpura, & Reid, 2013；Beilock & Carr, 2004）。学习者最初可能会使用陈述性知识来指导自己完成一项新技能，但就他们必须做到的程度而言，他们的表现缓慢而费力，并且需要高度集中注意力——也就是说，它会消耗较大的工作记忆容量。随着学习者继续练习这项技能，他们的陈述性知识会逐渐发展成程序性知识，最终他

们能够快速、高效、毫不费力地完成这项活动（稍后我们将更深入地探讨这种自动性）。在某一特定技能领域（如花样滑冰或弹钢琴）表现出非凡才能的人，通常做了大量的练习，即大概在 10 年或更长时间内每天至少练习 3～4 个小时（Ericsson, 1996；Horn, 2008）。

我们曾经讨论过的一些存储过程在获取程序性知识和陈述性知识方面起着重要作用。例如，口头复述一项运动技能的一系列步骤能提高人们表演该技能的能力（Vintere, Hemmes, Brown, & Poulson, 2004；Weiss & Klint, 1987）。一个程序的说明或现场演示（可能会促进视觉表象）也是有益的（Kitsantas, Zimmerman, & Cleary, 2000；SooHoo, Takemoto, & McCullagh, 2004）。实际上，想象自己练习一项新技能（如练习投篮或体操动作）可以增强人们对该技能的掌握，尽管这种策略显然不如实际练习有效（Feltz, Landers, & Becker, 1988；Kosslyn, 1985；SooHoo et al., 2004）。

也许教授新程序最有效的方法就是为学生树立榜样，包括外在的行为和内在的思维过程。"走进课堂——帮助学生获得新程序"专栏说明了几种促进程序性学习的策略。

走进课堂 ● ● ●

帮助学生获得新程序

■ **帮助学生理解他们正在学习的程序背后的逻辑。**一名教师示范了正确的挥网球拍的方法，她问自己的学生："为什么两脚分开而不是靠在一起很重要？为什么当你挥拍时保持手臂的垂直很重要？"

■ **当技能特别复杂时，把它们分解成学生可以一次练习一个部分的更简单的任务。**教授驾驶技术的老师知道刚开始驾车的任务有多困难，于是他让学生在一个空旷的停车场练习操纵方向盘和踩刹车，然后再开始倒车指导。只有当学生掌握了这些技术后，老师才让他们在城市街道上开车。

■ **提供可以帮助学生记住一系列步骤的记忆术。**一名数学老师向学生演示如何进行以下表达式的乘法运算。

$$(3x+4)(2x+5)$$

她把步骤写在黑板上，并解释她的做法："单词 FOIL 可以帮助你们记住要做的事。首先将两个括号内的第一项（first）相乘，即 $3x \times 2x$，等于 $6x^2$。然后再把外侧（outer）的两项相乘，即 $3x \times 5$，得到 $15x$。接着把内侧（inner）的两项相乘，即 $4 \times 2x$，得到 $8x$。最后，把剩余（last）的两项相乘，即 4×5，等于 20。把所有结果加起来，就得到了 $6x^2+23x+20$。"

■ **给予学生练习新技能的机会，并提供他们所需要的反馈以帮助他们进步。**一名科学老师要求学生在每周的实验活动后写实验报告。当给报告打分时，他还会在空白处写下许多简短的评论。一些评论描述了他看到的闪光点，另一些则提供了可以让报告变得更客观、更简洁、更清晰的建议。

资料来源：P. A. Alexander & Judy，1988；J. R. Anderson，Reder，& Simon，1996；Baroody et al.，2013；Beilock & Carr，2004；Ennis & Chen，2011；Hattie & Timperley，2007；Hecht，Close，& Santisi，2003；Macnamara，Hambrick，& Oswald，2014；Proctor & Dutta，1995；Shute，2008；van Merriënboer & Kester，2008.

先前知识与工作记忆在长时记忆存储中的作用

当学生具有相关的**知识库**（knowledge base），也就是说，当他们所具有的先前知识能够与所学新信息和新技能联系起来时，他们就更有可能进行意义学习。相反，当他们没有相关的知识来构建时，他们会倾向于努力理解新材料，就像卡尼莎在为生物小测验学习骨骼名称时所做的那样。

然而有时，学生的先前知识会干扰新的学习，就像卡尼莎试图记住胸骨的位置那样。但总的来说，相关的知识库会帮助学生更有效地学习和记忆新材料（P. A. Alexander，Kulikowich，& Schulze，1994；Kintsch，2009；P. L. Morgan，Farkas，Hillemeier，& Maczuga，2016）。例如，如果学生已经在个人生活中或课堂上看到了科学原理的实际应用，他们就会更好地理解这些原理，如果他们之前在自然历史博物馆看到过梁龙和霸王龙的骨架，他们就会更好地理解一些恐龙的大小。

儿童对世界的认识每年都在飞速增长，一般来说，年长的学生比年幼的学生拥有更丰富的知识来帮助自己理解和阐述新的想法和事件。当然，并不是所有的儿童都具有相同的知识库，他们拥有的不同知识会导致他们在相同的情况下建构出不同的意义。下面的练习说明了这一点。

亲身体验

洛基

只读一遍下面的段落。

洛基慢慢地从垫子上站起来，计划着逃跑。他犹豫了一会儿，想了想。事情进展得并不顺利。最让他头疼的是被拘留，这主要是因为对他的指控缺乏证据。他考虑了自己目前的处境：锁住他的锁很牢固，但他相信自己可以打开它。然而，他知道，逃跑时机必须完美。洛基意识到，正是由于之前的粗暴行为他才受到了如此严厉的处罚——从他的角度来看，处罚有些过于严厉（R. C. Anderson, Reynolds, Schallert, & Goetz, 1977）。

现在，请用两三句话总结你刚才读到的内容。

你认为这篇文章讲的是什么？越狱？摔跤比赛？或者是其他事情？当这篇文章的较长版本被用于大学生实验时，许多体育专业的学生把它解释为摔跤比赛，但音乐教育专业的学生——他们中的大多数人几乎不懂摔跤——更有可能认为这是一篇关于越狱的文章（R. C. Anderson et al., 1977）。

然而，学生仅拥有理解新材料时所需的知识是不够的。他们还需要意识到现有的知识之间存在关联。他们必须在思考新材料时从长时记忆中提取相关知识，这样，他们的工作记忆中就同时具有新、旧两种知识，以让他们对其建立恰当的联系（Bellezza, 1986; Glanzer & Nolan, 1986; Kalyuga, 2010）。

作为教师，每当我们引入一个新主题时，都应该以学生现有的知识为出发点。此外，我们应该明确地提醒学生他们已有的知识与课堂学习主题直接相关——这是一种被叫作**先前知识的激活**（prior knowledge activation）的教学策略。例如，我们可以

通过要求学生描述父母为了保持花卉和蔬菜的生长所做的事情，来开始 1 年级有关植物单元的教学。在中级英国文学课上，我们可以要求学生讲述他们所知道的罗宾汉的故事，以此来介绍沃尔特·斯各特（Walter Scott）爵士的小说《艾凡赫》（*Ivanhoe*，罗宾汉是其中的主角）。我们也要记住来自不同文化背景的学生可能有不同的知识库，并相应地调整我们的教学起点（E. Fox, 2009; L. E. Matthews, Jones, & Parker, 2013; McIntyre, 2010; Nelson-Barber & Estrin, 1995）。

此外，我们应该鼓励学生在学习过程中自行检索相关知识。一种方法是为学生示范这种策略。例如，我们可以大声朗读课文的一部分，然后偶尔停下来把课文中的某个观点与课堂上讲过的内容或自己的个人经历联系起来。然后，我们可以鼓励学生也这样做，并在他们这样做的过程中给出建议和指导。特别是当教授小学生时，我们可能还会提出一些具体的问题，鼓励他们在阅读和学习时反思自己现有的知识和信念，如让他们问自己"关于这个话题，我已经知道了些什么""我是否发现自己对这个观点的看法不正确"（Baer & Garrett, 2010; Spires & Donley, 1998; H. Thompson & Carr, 1995）。

鼓励意义学习心向和概念理解

当学生采取相对无意义的方法进行学习时，我们不能总是责备他们。在不经意间，一些教师会倾向于鼓励学生以死记硬背的方式学习学校的科目。回想一下你在学校的经历，你在定义单词时有多少次被默许重复词典的定义，而非被要求用你自己的话来解释？事实上，你有多少次是被要求逐字逐句地学习一些东西的？有多少次考试评估你对事实或原则的了解，却没有评估你是否有能力将这些事实和原则与日常生活或以前所学的知识联系起来？当作业和评估需要对孤立事实进行记忆（甚至可能需要逐字逐句地回忆）时，学生倾向于机械学习而非意义学习，这是因为他们认为机械学习会给他们带来更好的成绩（Crooks, 1988; N. Frederiksen, 1984b; L. Shepard, Hammerness, Darling-Hammond, & Rust, 2005）。

教师不应该在无意中鼓励机械学习，而应明确鼓励学生采用**意义学习心向**（meaningful learning set）——认真理解而非简单地记忆课堂材料。例如，我们可能经常要求学生解释他们的推理，我们的作业和评估任务应该要求真正的理解，而不是机械记忆（Ausubel，Novak，& Hanesian，1978；Middleton & Midgley，2002；L. Shepard et al.，2005）。

在理想情况下，学生应该获得对课堂主题的**概念性理解**（conceptual understanding），也就是说，他们应该在相关的概念和原理之间建立逻辑关系。例如，与简单地记住基本的数学计算过程相比，学生更应该学习这些过程如何反映数学的基本原则；学生应该把一些历史事实放在一般的社会和宗教趋势、移民模式、经济状况、人类的个性特征，以及其他相关现象的背景下来研究，而不是把它们当作不相关的人、地点和日期的罗列来学习。学生在他们所学的科目中形成的相互关系越多——换句话说，他们在内部组织得越好——就越容易记住并在日后应用这些知识（Baroody et al.，2013；M. C. Linn & Eylon，2011；J. J. White & Rumsey，1994）。

对任何复杂的主题建立整合理解都需要花费时间。因此，许多专家提倡"少就是多"的原则：深入学习（不是浅层学习）的材料越少，学习就越彻底，理解就越深入。以下是几种促进学生对课堂主题概念理解的具体策略。

- 围绕几个核心观点或主题组织单元，始终将具体内容与核心相关联。
- 深入探讨每个主题，如思考许多例子、考察因果关系，以及发现具体细节如何与更普遍的原则相关联。
- 定期将新想法与学生的个人经历及其以往在学校学到的知识联系起来。
- 强调概念性的理解远比具体事实的知识重要——不仅通过你的陈述，还通过你提出的问题、布置的作业，以及用来评估成绩的标准。
- 让学生把所学知识教给其他人。教授他人知识能鼓励学生以有意义的方式关注和整合主要观点

（Brophy 2004；Brophy et al.，2009；Hatano & Inagaki，1993；Leung，2015；Middleton & Midgley，2002；Perkins & Ritchhart，2004；Roscoe & Chi，2007；VanSledright & Brophy，1992；J. J. White & Rumsey，1994）。

利用技术促进意义学习

不同的学生之间的现有知识和技能的广泛差异往往需要教师对他们进行某种程度的个性化教学。他们在探索新主题时可能需要不同的"起点"，有些学生可能需要比其他学生更多的练习来完全掌握新技能。现在，许多教学软件程序——通常被称为**计算机化教学**（computer-based instruction，CBI）——是为考虑个体差异而专门设计的。有效的计算机化教学程序体现了认知心理学的许多基本原理。例如，它们通过引人入胜的任务和图表来吸引并抓住学生的注意力，鼓励学生将新想法与他们已知的事物联系起来，展示不同的例子和练习，并提供建设性反馈，解释为什么某个学生的反应是好的或不好的。一些形式的CBI被设置于计算机中，其他形式的CBI可以在互联网上获得。

一些教学软件程序提供基本知识和技能的操练和练习（如数学知识、打字、音乐基础）。还有一些教学软件程序被称为**智能导学系统**（intelligent tutoring system），它们能够巧妙地引导学生完成复杂的主题，并能够预见和解决学生各种各样的错误概念和学习困难。智能导学系统的一个很好的例子是"My Science Tutor"，简称MyST，在这个系统中，小学高年级的学生可以与"Marni"进行一对一的对话，Marni是一个计算机动画女性，她不仅能与学生交谈，还能通过软件的语音识别和语言处理组件听懂和理解学生的回答（W. Ward et al.，2013）。Marni通常以激活学生关于该主题的先前知识来开启对话，如"你最近在科学课上学了什么"。接着在课程主题确定之后，Marni会展示一系列插图、动画和交互式模拟，并提出更具体的问题，例如，她可能会问"那么，这里发生了什么""你能对……做什么"（W.

Ward et al.，2013）。她根据学生当前的理解来调整后续的指导，并解决她"认为"学生可能产生的任何错误概念。图 6.8 展示了在电路课和电磁学课上，学生可能在计算机屏幕上看到的内容。

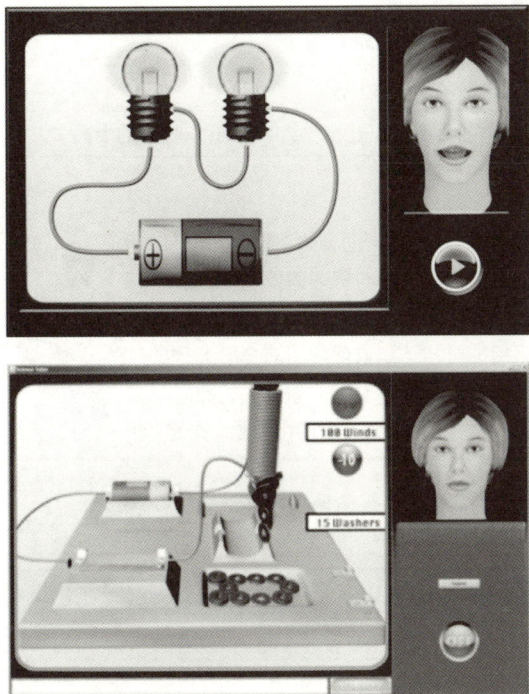

图 6.8 在智能导学系统 MyST 中，小学生与虚拟教师 Marni 进行一对一的交谈，Marni 会提出问题，"聆听"他们的答案，并根据问题的答案进行后续指导

注：上面的截图展示了 Marni 问了一个关于动画电路的问题。下面的截图展示了 Marni 作为一个学生"倾听"关于电磁铁的实验，通过增加或减少线圈缠绕金属的次数，来观察它对磁铁强度可能产生的影响。

精心设计的计算机化教学程序可以十分有效地帮助学生学习各种学业主题（Slavin & Lake，2008；Steenbergen-Hu & Cooper，2013；Tamin et al.，2011；Van der Kleij，Feskens，& Eggen，2015）。它们还可以高度激发学生的兴趣，给予学生偶尔做出选择的机会，并提供各种可以增强学生自信的成功体验（Blumenfeld，Kempler，& Krajcik，2006；Means，Bakia，& Murphy，2014；Swan，Mitrani，Guerrero，Cheung，& Schoener，1990）。但需要注意的是，在一个程序中过多的自主选择会使学生茫然，无法在学习上获得进步。优秀的计算机化教学程序为学生在学习的不同阶段应该做什么提供了许多指导（Kanar &

Bell，2013；Karich，Burns，& Maki，2014）。

计算机化教学程序具有传统教学所没有的优势。首先，计算机化教学程序可以无缝衔接地容纳动画、视频剪辑和语音组件，这是传统教科书和其他印刷材料无法做到的。其次，计算机可以记录和保留每个学生的数据，包括他们在程序中的进步程度、回答问题的速度，以及正确率和错误率。有了这些数据，我们就可以监控每个学生的学习进度，并识别出哪些学生在学习材料上存在困难。最后，当学生无法获得真人教师的帮助时，计算机可以被用来提供指导。例如，在许多在线学习的实例中，学习者接受远距离的或没有真人教师的指导。

在缺乏相关的先前知识时使用记忆术

有些东西很难理解，也就是说，很难进行意义学习。例如，为什么人体骨骼有腓骨、肱骨和尺骨这样的名称？为什么奥古斯塔是缅因州的首府，而波特兰或巴尔港不是？从大多数学生的角度来看，这些事实毫无道理可言。

当学生在寻找新材料与已有知识之间的联系上存在困难时，或者当信息看起来没有组织结构时（许多清单都是如此），被称为记忆术（mnemonic）的特殊记忆技巧可以帮助学生更有效地记住课堂材料。图 6.9 描述了三种常用的记忆术——语言中介、关键词法和添加的意义结构。

研究一致支持记忆术在学生学习中的有效性（R. K. Atkinson et al.，1999；M. S. Jones，Levin，Levin，& Beitzel，2000；Pressley，Levin，& Delaney，1982；Soemer & Schwan，2012）。它们的有效性在于其符合长时记忆存储的基本原则：学习者在原本可能无意义的信息中找到某种意义——即使这种"意义"有点勉强。提供人为的组织结构是记忆术的另一个优点。给一串信息强加节奏（如在歌曲或嘻哈歌词中嵌入信息）是赋予信息结构的一种方式，当音乐是学生文化的重要组成部分时，这种节奏尤其有益（B. A. Allen & Boykin，1991；Barton，Tan，& Rivet，2008；Tyler，Uqdah，et al.，2008）。

言语中介

言语中介（verbal mediator）是在两个信息之间建立逻辑关系或"桥梁"的单词或短语。言语中介可以用于诸如外语单词及其英语意义、国家及其首都、化学元素及其符号等配对信息中。以下是一些示例。

需要学习的信息	言语中介
"handschuh"是"手套"（glove）的德语	手套是手（hand）的鞋子
基多（Quito）是厄瓜多尔（Ecuador）的首都	蚊子（mosquito）在赤道（equator）附近
Au 是金（gold）的符号	哎（ay），你偷了我的金（gold）表
肱骨（humerus bone）是肘部以上的大臂骨	"幽默（humorous）的骨头"正好在"笑（funny）骨"的上面

关键词法

和言语中介一样，关键词法（keyword method）通过在两个事物之间建立联系来帮助个体记忆。在没有逻辑上的言语中介来填补空隙时，这种技术尤其有用。它包括两个步骤，我们可以用西班牙语单词"amor"及其英语意思"love"来说明。

1. 确定一个具体的对象来表示每一条信息。这个对象可以是一个常用的符号（如象征爱情的心形），也可以是一个发音相似的词［如"一套盔甲"（a suit of armor）代表"爱情"（armor）］，这样的对象就是关键词。

2. 同时形成两个对象的心理图像，也就是视觉表象。为了记住"amor"表示"love"，我们可以画一个穿着盔甲的骑士，胸前画一颗大大的红心。

在本章前面的"五个中文词"练习中，当你学习房、门、客、饭和书的意思时，你就使用了关键词法。这里还有两个示例。

需要学习的信息	视觉表象
Augusta（奥古斯塔）是 Maine（缅因州）的首府	想象一阵（gust）大风吹过一匹马的鬃毛（mane）
Tchaikovsky（柴可夫斯基）谱曲了《天鹅湖》	想象一只天鹅（swan）在湖（lake）上游泳，打着领带（tie），咳嗽着（coughing）

添加的意义结构

更大的信息实体（如一份项目清单）经常可以通过在信息上附加一个有意义的视觉或言语组织结构——如熟悉的形状、单词、句子、节奏、诗歌或故事——来进行学习。以下是添加的意义结构（superimposed meaningful structure）的一些示例。

需要学习的信息	添加的意义结构
意大利的形状	一只靴子
五大湖［休伦湖（Huron），安大略湖（Ontario），密歇根湖（Michigan），伊利湖（Erie），苏必利尔湖（Superior）］	HOMES
每个月的天数	9月、4月、6月和11月有30天，其余的……
26 个英文字母的正确顺序	伴随着"一闪一闪亮晶晶，满天都是小星星"的曲调演唱

添加的意义结构既可以用来记忆陈述性知识，也可以用来记忆程序性知识。这里有两个示例。

需要学习的程序	添加的意义结构
打篮球时罚球	BEEF：保持球的平衡（**b**alance），两肘（**e**lbows）收拢，举起（**e**levate）手臂，弧形动作投球（**f**ollow through）
简化复杂的代数表达式	请原谅我亲爱的萨莉姨妈（Please Excuse My Dear Aunt Sally）：首先简化括号（**p**arentheses），然后是有幂次项（**e**xponent），接着相乘（**m**ultiplied）或相除（**d**ivided）项，最后是加法（**a**dded）或减法（**s**ubtracted）项

图 6.9　常用的记忆术

当知识建构出错：纠正学习者的错误概念

6.4　解释学生的自我建构信念如何妨碍有效学习，找出几种方法帮助学生有效转变这些信念

当学习者建构自己的理解时，我们并不能确保他们会形成正确的理解。有时候，他们可能会产生错误概念（misconception），这些概念或信念与已被普遍接受且有效的现象或事件的解释不一致。例如，在科学领域，一些学生的信念可能与几十年或几个世纪的科学研究收集的数据所表明的不一致。在历史上，学生对某些事件的理解可能与现存的历史记载及有关文物不一致。图 6.10 展示了研究人员常常在学生身上观察到的错误概念——它不仅发生在儿童和青少年身上，偶尔也发生在大学生身上。

已有的错误概念有时会严重阻碍新的学习。通常能促进学习的过程是对新信息进行精细加工，因此学生可能会解释或扭曲信息，使其与自己已经"知道"的信息保持一致，从而继续维持错误概念。例如，在 11 年级的物理课上，学生正在学习一个观点，即物体的质量和重量本身不会影响物体下落的速度。教师要求学生建造鸡蛋容器，以防它从三楼的高度下落时摔碎，并且要求学生记录鸡蛋到达地面的时间。一个名叫巴里的学生确信较重的物体下落得更快，于是在鸡蛋容器上加了几颗钉子。然而当他扔下它时，同学计算出下落的时间为 1.49 秒，这个时间与其他学生用的较轻的容器下落的时间非常相似。巴里没有承认轻物体和重物体下落的速度是一样的，而是进行了合理化解释：人们没有记录好时间（Hynd，1998a）。

当学生产生像巴里这样的错误理解时，教师必须努力促进概念转变（conceptual change），这是一个修改或纠正现有理论或信念体系的过程，从而使新的、有差异的信息能得到更好的理解和解释。不要被概念这个词误导：在大多数情况下，我们所说的是改变紧密相连的观念集，而非改变单一的、孤立

的概念。

概念转变的障碍

有些错误概念很容易纠正。然而，即使有大量反驳学生信念的明确教学，任何年龄阶段的学生仍然可能固执地坚持某些关于世界的信念。为什么学生会如此抵制错误概念的改变，理论家提供了几种可能的解释。

■ **学生已有的信念会影响他们对新信息的理解。**鉴于意义学习过程通常是促进学习的过程，学习者更有可能根据与他们已经知道的关于世界的知识一致的方式来解释新信息。例如，一名 4 岁的恐龙爱好者在读了一本关于低温导致恐龙灭绝的书后，推测"恐龙不知道如何穿毛衣"（M. C. Linn & Eylon，2011）。也许他最后会否定自己的"毛衣"假设，但在很多情况下，人们仍然相信他们一直以来所相信的部分或全部事实，尽管有令人信服的相反证据存在（Andiliou，Ramsay，Murphy，& Fast，2012；M. S. Chan，Jones，Jamieson，& Albarracin，2017；Kendeou & van den Broek，2005）。

此外，所有年龄阶段的人（甚至是大学生）都倾向于积极地寻找能证实他们的已有信念的信息，忽视或怀疑矛盾的证据——这种现象被称为证实偏见（confirmation bias）（Chinn & Buckland，2012；Hynd，1998b；P. K. Murphy & Mason，2006）。例如，当高中科学实验室的学生观察到与他们的预期相反的结果时，他们可能会抱怨"我们的设备不能正常工作"或"我无论如何都不能正确地完成它"（Minstrell & Stimpson，1996）。

■ **学生已有的信念可能更多地与他们的日常经历一致。**成熟的科学理论往往相当抽象，有时似乎与日常生活中的现实相矛盾（D. B. Clark，2006；M. C. Linn，2008；Wiser & Smith，2008）。例如，在物理学中，虽然惯

生物学

- 植物利用根部吸收泥土中的"食物"，如水、养分（如果从生物学家的视角来说明"食物"是什么，那就是植物通过光合作用生产自己的食物）。
- 人类的视觉是由某种东西从眼睛向外到达物体而产生的（实际上，情况正好相反：光线从物体上反射到眼睛里）。

天文学

- 太阳绕着地球转，它在早上"升起"，在晚上"落下"，在某一时间点上它"走"到地球的另一边。
- 地球的形状像一个圆盘，上面住着人；又或许它是一个中空的球体，中间是水平的表面，里面住着人。
- 太空有绝对的"上"和"下"；站在南极上的人会跌入太空。

气象学

- 四季由地球与太阳的距离决定；夏天时地球离太阳更近，冬天时地球离太阳更远（事实上，地球与太阳的距离在很大程度上与季节是不相关的；季节是由太阳光线照射到地表的角度决定的）。

物理学

- 任何运动的物体都受到力的作用。例如，被抛向空中的球会继续由抛出的力量推向上方，直至降落（实际上，只有改变物体的方向或速度才需要力，在一般情况下，惯性会发挥作用）。
- 如果一名宇航员在外太空旅行时打开舱门，他（她）会被太空中的真空"吸出来"（实际上，宇航员会被飞船内的空气吹出来）。

数学

- 乘法总会得出一个更大的数（这个原理只有当乘数大于1时才成立）。
- 除法总会得出一个较小的数（这个原理只有在除数大于1时才成立）。
- 平行四边形是倾斜的；矩形的宽度与长度不同（实际上，平行四边形也可以有直角，在这种情况下它们是矩形；矩形可以有四条等边，在这种情况下它们是正方形）。

地理、历史和社会研究

- 国家或地区之间的分界线被标在地球表面。
- 早期人类与恐龙生活在同一时代。
- 人们之所以贫穷是因为他们没有足够的钱来"买"一份工作；给穷人少量的钱会让他们变得富有。

资料来源：Brewer, 2008; Brophy et al., 2009; Chi, 2008; De Corte, Greer, & Verschaffel, 1996; Delval, 1994; diSessa, 1996; H. Gardner, Torff, & Hatch, 1996; Haskell, 2001; Hynd, 2003; V. R. Lee, 2010; Liben & Myers, 2007; M. C. Linn & Eylon, 2011; Mason, Baldi, Di Ronco, Scrimin, Danielson, & Sinatra, 2017; Masters, Russell, Humez, Driscoll, Wing, & Nikula, 2010; Sneider & Pulos, 1983; Tirosh & Graeber, 1990; Vosniadou & Brewer, 1987; Vosniadou, Vamvakoussi, & Skopeliti, 2008; Winer, Cottrell, Gregg, Fournier, & Bica, 2002.

图 6.10 学生常见的信念和错误概念

性定律告诉我们，物体产生运动需要外力，但是保持运动并不需要外力；但从经验中我们知道，如果想在地板上移动一个重物，我们就必须继续推它，直至其到达目的地（Driver, Asoko, Leach, Mortimer, & Scott, 1994）。虽然任何物体都有质量，但我们可能几乎感受不到一小块聚苯乙烯泡沫的重量（C. L. Smith, 2007）。

■ **一些信念被整合成了一个有凝聚力的整体，而且它们之间相互联系**。在这种情况下，改变错误概念需要纠正一系列组织严密的解释（可能是个人建构的理论，也可能是整个世界观），而不是单一的信念（Lewandowsky & Oberauer, 2016; P. K. Murphy & Mason,

2006；Rosengren，Brem，Evans，& Sinatra，2012）。例如，太阳绕着地球转而不是地球绕着太阳转的信念，可能是更普遍的地心说观点的一部分，其中还包括月球、恒星和其他绕着地球转的天体。当然，在现实中，月球绕着地球转，地球绕着太阳转，而其他恒星并不以某种方式与地球直接相关。然而，地心说的观点要更容易让人理解和接受（至少在表面上是这样），而且一切似乎都很好地联系在了一起。

- **学生可能没有注意到新信息与他们已有的信念之间的不一致。** 有时这种情况之所以发生是因为学生机械地学习新信息，而不是将它们与自己已经知道的和相信的事实联系起来。在其他情况下，出现这种情况是因为现有的错误概念是以隐性知识的形式存在的，学生自己并没有意识到这种知识。在这两种情况下，学生都没有发现自己正在学习的材料与当前的理解相矛盾，因此他们可能会在解释新信息时继续使用错误概念（Fernbach，Rogers，Fox，& Sloman，2013；P. K. Murphy，2007；Sinatra，Kienhues，& Hofer，2014；Strike & Posner，1992）。

- **学生可能对自己已有的信念有个人或情感上的投入。** 出于某种原因，学生可能会特别忠于某些信念，以至于即使面对相反的压倒性论点和证据，他们也会顽固地捍卫这些信念。在某些情况下，他们的信念可能是其生活方式、文化或宗教不可分割的一部分。在其他情况下，学生可能会将对他们信念的挑战解释为对自尊和总体幸福感的威胁。在这两种情况下，学生可能会更加坚持他们现有的想法，甚至比遇到更有效且合理的解释前更甚（Hertwig & Engel，2016；Lewandowsky & Oberauer，2016；Kunda，1990；Sinatra et al.，2014）。

促进概念转变

　　由于上述原因，促进概念转变可能是一个相当大的挑战。我们不仅要帮助学生学习新事物，还要帮助他们摒弃——或至少抑制——已有的信念。下面是一些比较有效的策略，尤其是在这些策略被组合使用时。

- **在教学开始前找出已有的错误概念。** 当我们知道学生的错误概念是什么时，我们就更容易处理它们（P. K. Murphy & Alexander，2008）。因此，在开始新主题前，我们应该评估学生当下对这一主题的看法（也许只需要问几个非正式的问题就可以），如果学生最初的解释含糊不清，我们也可以进一步追问。例如，一个 11 岁的学生曾经这样描述雨："当云层蒸发时，雨水从云层中流出。"这种反应具有一定的真实性——蒸发是云形成的基本过程——但并没有完全抓住要点：实际上，由于凝结作用，雨在水循环中的形成时间要晚一些。接下来的一系列问题最终揭示了一种独特的理解："水就像把盐瓶倒过来一样在很短的时间内落下。它不会一下子全部落下，因为（云上）有一些小洞，它需要穿过洞流出来（Stepans，1991）。"这种把云当作盐瓶的概念与科学上有关雨的观点大相径庭，教师应该在教学中明确提出。

　　在你教学的最初几年，对学生的已有信念进行非正式的预先评估极其重要。当你年复一年地积累了教授某个特定主题的经验时，你最终会发现，自己可以预测学生先前对该主题的看法及可能的错误信念。

- **在学生当前的理解中寻找并构建真理的核心。** 在通常情况下，学生现有的理解中有一部分是对的，也有一部分是错的（diSessa，1996，2006；Vosniadou，2008）。例如，11 岁的学生用盐瓶解释了降雨，他确切地知道蒸发在某种程度上参与了水循环，这种知识是深入指导的良好起点。除此之外，教师还可以帮助学生理解蒸发和凝结的过程在本质上是相反的过程，要么从液态变成气态（蒸发），要么反过来（凝结）；教师还可以解释云实际上就是水，而不是盐瓶状的水容器。

■ **说服学生，他们已有的信念需要被纠正。** 当我们帮助学生发现为什么他们现有的概念不合适时，我们就可以更有效地促进概念转变。用让·皮亚杰的话来说，我们需要创造不平衡，具体可以采取如下策略：

- 呈现现象并提出问题，让学生发现自己现有理解的缺陷；
- 让学生做实验来检验各种假设和预测；
- 让学生对令人困惑的现象提出几种可能的解释，并讨论每种解释的利弊；
- 展示一个事件或一种现象的某种解释比其他解释更合理的地方（如更有意义）；
- 让学生将新观念应用到现实生活情境和问题中；
- 让学生阅读两份或两份以上的书面文本或网络帖子，这些资料和论据提供了相互矛盾的信息，在确保所提供观点和证据质量的情况下，要求他们分析和对比这些资料和论据的质量（Beardsley, Bloom, & Wise, 2012；Chinn & Samarapungavan, 2009；D. B. Clark, 2006；Lewandowsky, Ecker, Seifert, Schwarz, & Cook, 2012；M. C. Linn & Eylon, 2011；Lombardi, Nussbaum, & Sinatra, 2016；P. K. Murphy & Mason, 2006；Pine & Messer, 2000；Richter & Maier, 2017；Van Loon, Dunlosky, Van Gog, Van Merriënboer, & De Bruin, 2015；Vosniadou, 2008）。

这些策略可能包括各种各样的教学方法，如示范、动手操作活动、教师讲解、小组或全班讨论及写作作业。所有这些策略都有一个共同点：注重意义学习而非机械记忆。

■ **激励学生学习正确的解释。** 当学生有足够的动机时，他们最有可能从事意义学习，并经历概念转变。这至少需要学生对主题感兴趣，认为它能帮助自己实现个人目标，意图掌握它，并具有认为自己能够掌握它的自信。此外，课堂应该为概念转变提供社会和情感支持。例如，学生必须确信：（1）教师和同学不会因为他们最初的错误或半真半假的想法而嘲笑他们；（2）一节课的最终目标是理解主题，而不是仅仅在测验或作业中表现良好（Hatano & Inagaki, 2003；Pintrich, Marx, & Boyle, 1993；Sinatra & Mason, 2008）。

■ **监控学生的所说所写，找出长期存在的错误概念的迹象。** 尽管我们已经尽了最大努力，一些错误概念和片面的理解仍然会存在。因此，在一节课的整个过程中，我们应该经常检查学生对当前主题的看法，寻找他们理解不完整的细微迹象，并在必要时给予纠正性反馈。例如，想象一个关于人类视觉的课程，其中包括如下一般原则：

- 人眼的视网膜能探测到到达它的光线，眼睛将这些光线的信息发送给大脑进行解释；
- 当光线从太阳或其他光源照射到物体上，物体反射光线，然后反射光线到达视网膜时，人就看到了物体；
- （不透明的）物体反射光线，（透明的）物体被光线穿过。

正如我们之前在图 6.10 中所提到的，一个常见的错误概念就是视觉是某种从眼睛到达物体的东西。这种错误概念是我们在整个课程中都要注意的。例如，我们可以向学生展示如图 6.11 的图画，并询问他们女孩是否能看到汽车。一些人可能会回答"不，她不能透过（墙壁）看"或"这是不透明的"。"看穿"这个短语是人们在提到透明物体时经常使用的词，但它暗示着某种东西正在从眼睛穿过而非到达眼睛。因此，我们会问一些后续的问题以确定缘由："你说她无法透过（墙壁）看是什么意思？""'不透明'是什么意思？""光线在做什么？"

图 6.11 这个女孩能看见车吗？如果不能，为什么

在一节课后对学生的理解能力进行评估也很重要。当我们要求学生解释和应用他们所学的知识，而不是仅仅要求他们回答已经记住的事实、定义和公式时，我们就更有可能发现和纠正错误概念（D. B. Clark，2006；Pine & Messer，2000；K. J. Roth，1990）。即便如此，我们也必须记住，真正持久的概念转变可能需要相当长的时间和教学，特别是如果它涉及彻底改变一套复杂的、由学生自己建构的相互关联的概念时（J. L. McClelland，2013；Vosniadou，2008）。

长时记忆的提取

6.5 描述影响学生回忆以往所学内容的能力的因素，阐明学生遗忘或无法正确回忆的原因

从长时记忆中提取信息似乎是沿着联想的途径进行的，这是一种在心理上沿着记忆通道进行的过程。一个概念会让我们想起另一个概念——也就是说，一个概念会激活另一个概念——第二个概念会让我们想起第三个概念，以此类推。这个过程类似于本章前面的练习——从"马"开始顺着思路延展。如果联想的路径最终把我们引向自己努力记住的东西，我们确实能记住它。如果路径把我们引向其他地方，我们就没那么幸运了。

因此，如果在存储过程中，我们将某件事与长时记忆中的一个或多个事物联系起来，就更有可能在以后的情境下记起它。通过与现有的知识建立联系，也就是说进行意义学习，我们将知道如何在需要时"找到"信息。否则，我们可能永远无法再次提取它。

影响提取的因素

即使人们将新信息连接到现有的知识库，他们也不能总是在需要时找到它。有几个因素会影响人们从长时记忆中成功提取信息的可能性。

与现有知识和多种背景的多重联系

有时，学习者在一个非常受限的环境中习得并实践某些行为和思维方式，如在他们的科学课或公民课上。当这种情况发生时，学习者可能只能将这些行为和思维方式与特定的环境联系起来，以至于无法在其他环境中检索自己所学到的东西（Day & Goldstone，2012；Gresalfi & Lester，2009；Kirsh，2009）。一些反应和认知过程更易于在某些情境而非其他情境下被关联和提取，这种倾向通常被称为**情境学习**（situated learning）或**情境认知**（situated cognition）。例如，如果学生只把几何原理与数学课

联系起来，那么他们可能不会在解决几何问题上有需要时提取这些原理，如当他们试图判断一块 8 美元的 10 英寸比萨是否比一块 6 美元的 8 英寸比萨更有价值时。

一般来说，当学习者有多种途径通达信息时，他们更有可能成功提取信息。换句话说，当他们把信息与目前已知的许多事情及自己可能使用信息的不同情境联系起来时，信息的提取更易发生。例如，我们可以向学生展示课堂主题如何与下列部分或全部内容相关联：

- 同一主题范围内的概念和观点（如显示乘法如何与加法相关）；
- 其他学科领域的概念和观点，我们或许可以通过跨学科教学（interdisciplinary instruction）整合两个或多个学业领域（如讨论各种科学发现如何在历史事件中发挥重要作用）；
- 学生对世界的一般知识（如将惯性的概念与汽车急转弯时乘客受到的影响联系起来）；
- 学生的个人经历［如发现《罗密欧与朱丽叶》（Romeo and Juliet）中的家庭纷争与学生自身的人际冲突有相似之处］；
- 学生在课堂之外的活动和需求（如展示如何运用说服性写作技巧为申请大学写文书）。

独特性

学习者更有可能记住某些独特的东西，如新的、不寻常的或有点奇怪的东西（R. R. Hunt & Worthen，2006）。例如，2 年级的学生更有可能记得他们去过当地的消防站，而不是教师对什么是副词的解释。当美国高中生回忆美国独立战争前夕发生的事件时，他们更有可能记得"波士顿倾茶事件"（Boston Tea party）——这是殖民者对英国税收政策不满的一个独特而丰富多彩的例子——而不是《驻军法案》（the Quartering Act）或托马斯·潘恩（Thomes Paine）出版的《常识》（Common Sense）一书。当然，学习者更有可能注意到特殊信息，从而增加最初将其存储在长时记忆中的可能性。但是即使注意力和最初的

学习是相同的，独特的信息也比普通的信息更容易被提取（Craik，2006；Mather & Sutherland，2011）。

情绪暗示

随着学习者对新信息的关注和思考，他们的思想和记忆有时会变得情绪化，这种现象被称为热认知（hot cognition）。例如，当读到关于治疗癌症、脊髓损伤或精神疾病的有效治疗方法的科学进展时，学习者可能会十分兴奋。或者，当读到世界上某些地区的极度贫困的生活条件时，他们可能会感到悲伤和同情。我们希望，当学生了解美国内战前非裔美国人遭受的暴行，或者在欧洲、非洲和亚洲发生的大规模种族灭绝时，他们会感到愤怒。

当信息以这样的方式饱含情感时，学习者更有可能注意到它，进而长时间思考它并反复对它进行精细加工（Bower，1994；Heuer & Reisberg，1992；Manns & Bass，2016）。从长远来看，相对于非情绪性的信息，学习者往往更容易检索具有高情绪性的内容材料（LaBar & Phelps，1998；Phelps & Sharot，2008；Reisberg & Heuer，1992）。学生对课堂主题的情绪反应似乎已经成为他们的长时记忆联结网络的组成部分（Barrett，2017；Immordino-Yang & Gotlieb，2017）。

学习主题并不一定是枯燥乏味的。除了展示能唤起学生情绪的主题材料外，我们还可以通过表达自己对某个主题的感受来促进热认知。例如，我们可以带来让我们感到兴奋的报纸文章和其他外部材料，或者分享我们自己关心的特定问题和议题（Brophy，2004；R. P. Perry，1985）。

规律的练习和复习

正如我们前面提到的，复述（在几秒钟或几分钟的时间内不加思考地重复信息）是一种将信息转化为长时记忆的相对无效的方法。但这里所说的"规律的练习"指的是长时间的重复：在几周、几个月或几年的时间里，定期回顾和使用信息及技能。当练习以这种方式进行时（理想情况是在各种情境下），所有年龄阶段的人都能学得更好，记得更久

（Lindsey，Shroyer，Pashler，& Mozer，2014；Rohrer & Pashler，2010；Sodorstrom & Bjork，2015）。

当学习者持续练习已经掌握的内容时，他们最终会达到自动化（automaticity）：他们可以迅速且毫不费力地提取已学的东西，并且几乎无需思考就可以使用它们（J. R. Anderson，2005；Pashler，Rohrer，Cepeda，& Carpenter，2007；Proctor & Dutta，1995）。

总的来说，掌握基本知识和技能的自动化是一种优势而不是劣势，因为学习者可以很容易地提取他们需要经常使用的知识。学习知识或技能达到自动化水平还有第二个好处。请记住，工作记忆的容量是有限的：人类记忆系统中被激活的、有意识的"思维"部分一次只能处理那么多信息。当绝大多数工作记忆必须用于回忆孤立的事实或执行简单的程序时，其中就只剩下很小的空间能处理更复杂的情况或任务了。学习某些知识和程序达到自动化程度的一个关键原因，就是释放工作记忆的容量用于完成那些需要更加简单的事实和程序的复杂任务和问题（De La Paz & McCutchen，2011；L. S. Fuchs et al.，2013；Kalyuga，2010）。例如，当 2 年级的学生阅读一个故事时，如果不必非要读出像"以前"和"以后"这样的单词，他们就可以更好地集中精力去理解故事。如果高中化学课的学生不必停下来思考 Na、C 和 O 的符号代表什么时，他们就能更容易地理解 Na_2CO_3（碳酸钠）的意义。

遗憾的是，自动化只能通过一种方式实现：练习、练习、再练习。练习不一定能使知识更完善，但它确实能使知识更持久，更容易被提取。当学习者频繁地使用信息和技能时，他们就基本上为自己铺平了提取的道路——在某些情况下，他们甚至创造了"高速公路"。这并不是说我们应该不断地布置那些包含孤立事实和程序的训练和练习（见图 6.12）。这样的活动促进的是机械学习（而不是意义学习），它通常很枯燥，不太可能使学生相信学科主题的价值（Mac Iver，Reuman，& Main，1995）。一种更有效的方法是将基本的知识和技能常规性地融入各

种有意义的和令人愉快的活动，如解决问题的任务、脑筋急转弯、小组项目及游戏。

图 6.12　这是 5 岁的贡纳练习写的数字 1～9，注意他练习的是倒写的 9

注：尽管偶尔对数字和字母进行机械练习有助于提高自动化程度，但是过多的练习也传达了这样的信息：学习基本技能是枯燥乏味的。

相关的提取线索

如果你在北美洲受过教育，那么你可能听说过五大湖的名称。然而，在某个特定时刻，你可能很难找回关于五大湖的名称的记忆，哪怕它们仍然存储在你的长时记忆中。也许你回想起了其中四大湖，却想不起来密歇根湖。图 6.9 中的 HOMES 记忆术提供了一个提取线索（retrieval cue）——一个关于在长时记忆中的哪个地方寻找它的提示。记忆术会告诉你，一个湖的名称以字母 M 开头，促使你在长时记忆中有 M 的单词里搜索，直到（我们希望）你找到"密歇根"（Michigan）这个词。当相关的提取线索呈现出来，并以正确的方向在长时记忆中进行搜索时，学习者更容易提取信息（Morris，Bransford，& Franks，1977；Tulving & Thomson，1973）。

在课堂上提供提取线索一般是有用的，尤其是当学生在回忆信息遇到困难时——这些信息可能会帮助他们记忆或使用其他信息。这里有一个例子来自杰西·詹森，她是本书的其中一位作者曾经的教师实习生。她的 8 年级历史课上的一名学生一直在写新

奥尔良战役，在这场战役中，美国取得了决定性胜利。杰西和这名学生的对话如下。

> 学生：为什么新奥尔良战役很重要？
>
> 杰西：看看地图，新奥尔良在哪里？
>
> （学生在地图上找到了新奥尔良。）
>
> 杰西：为什么这个地方很重要？
>
> 学生：哦！它在密西西比河口附近。这对控制上下游的交通很重要。

在低年级，教师通常会为学生提供许多提取线索。例如，他们会提醒学生在特定时间内需要完成的任务（"我听到了火灾警报。请记住，在消防演习中，我们都必须安静地行走"）。但随着学生年龄的增长，他们必须发展更强的独立性，更多地依靠自己而不是教师来记住他们需要记住的东西。在各个年级，我们都可以教授学生为自己提供提取线索的方法。例如，如果我们希望1年级学生拿到签字的同意书，我们可能会要求他们在夹克或背包上贴一块写着提醒的胶带。如果我们要求初中生在几周内完成一项重要任务，我们可能会建议他们在床头柜上贴一张写有截止日期的纸条，或者在他们的手机日历上添加一个或多个提醒。一个10年级的学生发展出了几种有效的提取线索，每种线索适用于特定的情况：

> 家庭作业写在我的日程本上。如果回家后我有事要做，我就把它写在手上。如果在接下来的几天里我有事要做，我会把它写在钱包里的便条卡上，每当我拿钱的时候，我都会想到要去做这件事。

等待时间

等待时间（wait time）是指在教师或学生说话之后、教师接话之前允许经过的时间长度。要求学生在一瞬间内做出有见地的创造性反应通常是不合理的。当教师提出问题或学生进行陈述后，留出几秒钟的安静等待时间，这样就会有更多的学生参与课堂活动——对女性和少数族裔来说尤其如此——而且学生更有可能对同学的回答和意见发表评论。此外，

学生更有可能用证据或逻辑来支持他们的推理，并且更有可能在不知道答案的情况下进行推测（Moon，2008；Rowe，1974；Tobin，1987）。

当我们的目标是简单的回忆时——学生需要很快地检索课堂材料，要进行"冷认知"——等待时间应该缩短。学生有时可能会得益于快速操练和练习，从而使习得的信息和技能自动化。但是，当我们的教学目标包括加工更复杂的观点和问题时，更长的等待时间会让学生和我们每个人都进行透彻的思考。

为什么学习者有时会遗忘

幸运的是，我们不需要记住每件事。例如，你可能没有理由记住你昨天浏览过的某个网站的网址、上周某个电视节目的剧情，或者你上学期提交作业的截止日期。学习者遇到的许多信息就像垃圾邮件一样不值得保存，遗忘可以帮助我们除掉无用的杂物。但是有时学习者很难回忆起他们确实需要的信息。在这里，我们来看看学生有时会忘记重要信息的几种可能的解释。

信息在长时记忆中未能被存储或被巩固

正如我们所看到的，学生接触的大量信息从未进入长时记忆。也许学生一开始就没有注意到，因此这些信息从来没有超出感官范围。或者也许是学生在注意到这些信息后，没能继续处理它们，所以它们仅仅进入了工作记忆。

即使信息真的进入长时记忆，它们也需要一些时间在大脑中"加固"——这个过程被称为巩固（consolidation）（Rasch & Born，2008；Wixted，2005）。在学习新知识后好好睡一觉似乎可以促进这一过程（参见前面的应用大脑研究）。因此，"通宵熬夜"——为准备第二天早上的考试而熬夜学习——这种常见做法不太可能有效（Scalise & Felde，2017）。如果一个创伤事件（如严重的脑损伤）干扰了巩固过程，可能会导致某人忘记事件发生前几秒钟、几分钟、几小时甚至更长时间的事情（Bauer，DeBoer, & Lukowski，2007；Wixted，2005）。

衰退

历史上的许多心理学家都认为，一旦信息被存储在长时记忆中，它们就会以某种形式永久地保存在那里（Loftus & Loftus，1980）。然而，最近的一些心理学家得出结论，信息可以慢慢减弱并最终消失——也就是说，信息可以衰退（decay），特别是如果不经常被使用的话（Altmann & Gray，2002；Sadeh，Ozubko，Winocur，& Moscovitch，2016；Schacter，1999）。

在长时记忆中提取失败

超市里的一个男人看起来很眼熟，但是你不记得他是谁或你在哪里见过他。他对你微笑着说："很高兴再次见到你。"你拼命地在长时记忆中搜索他的名字，但显然你已经忘了自己为什么认识这个人。几天后，你在吃晚饭时吃了一碗辣椒。辣椒让你想起了几个月前你为一场慈善晚宴准备的辣椒。当然！那天晚上，你和超市里的那个男人并排站着，为数百人提供辣椒。

像你一样，学生常常存在提取困难：他们只是不能找到存储在长时记忆中的信息（Schacter，1999）。有时他们会在寻找其他信息时偶然发现这些信息。但在其他时候，他们从未成功提取，这或许是因为他们以机械的方式学习它们，或者没有充分的提取线索来引导他们进行记忆搜索。

干扰

有时，人们可以很容易地提取他们已经学到的东西，但是不知道什么跟什么匹配。要亲身体验这种现象，请尝试下面的练习。

亲身体验

六个中文词

下面有六个中文词和它们的英文意思（为了简单起见，我们省略了这些词汇上的拼音）。读两到三遍这些词，并努力把它们存储在长时记忆中。但不要做其他任何事情来记忆这些词。例如，不要有意使用记忆术来记住它们。

中文	英文
中	middle
听	listen
送	deliver
朋	friend
请	please
等	wait

现在把中文词这列遮住，测试一下自己，单词"friend""please""listen""wait"分别用什么中文词来表示？

你发现自己弄混了吗，或者忘记了某个中文词的英文意思？如果是，那么你就是干扰（interference）的受害者。存储在记忆中的各种信息片段会互相干扰——实际上，它们在你的大脑中混杂在一起。当项目之间彼此相似，并且当它们以机械的方式而不是以有意义的或基于记忆术的方式被学会时（Dempster，1985；Lustig，Konkel，& Jacoby，2004；Sadeh et al.，2016），干扰特别容易发生。在本章开篇的个案研究中，当卡尼莎努力记住胫骨和腓骨（小腿中两块听起来很像的骨头）时，干扰可能就发生了。

重构错误

你和你的朋友是否曾对同一件事情有过截然不同的记忆，即使当时你们两个都是同样活跃的参与者？你和你的朋友都确信自己记忆的准确性并确信对方记错了吗？提取的重构过程可以解释这种分歧。提取并非一种全或无的现象。有时候，学习者会成功提取他们正在寻找的部分信息，但不能想起其余的信息。他们可能会使用他们的一般世界知识和假设，以合乎逻辑但不一定正确的方式填补空隙。这种遗忘的形式——更确切地说是记忆错误——被称为重构错误（reconstruction error）（Levstik，2011；Roediger & McDermott，2000；Schacter，1999）。

回忆以往的经历常常会影响我们对这件事情的后续记忆，尤其是当我们口头描述事件并以某种方式为之添枝加叶时（Karpicke，2012；E. J. Marsh，2007；Seligman，Railton，Baumeister，& Sripada，2013）。从神经学的角度来看，回忆事件的同时，我们也在大脑中对它进行修改和重新巩固，也就是说，我们正在用实际接收的信息和对它进行精细加工后的混杂信息来重新巩固它（Schacter，2012；Treanor，Brown，Rissman，& Craske，2017）。

所有关于遗忘的解释都强调了我们前面提及的教学策略的重要性：我们必须确保学生注意力集中，帮助他们将新材料与已知事物联系起来，并给他们频繁的机会来复习、练习和应用这些材料。

认知过程的多样性

6.6 举例说明你可能在学生身上看到的、在某些情况下源自学生的文化背景或特殊教育需要的认知过程的多样性

对儿童和青少年来说，影响他们在课堂上学习和记忆能力的不同因素之间存在很大差异，这些因素包括注意广度、工作记忆容量、执行功能、长时记忆存储过程和先前知识。例如，工作记忆容量相对较小、执行功能发展较差的学生容易在记忆指令、处理复杂任务和专注当前任务方面存在困难，这些都会对他们的学业成就水平产生不利影响（Alloway，Gathercole，Kirkwood，& Elliott，2009；DeMarie & López，2014；Miyake & Friedman，2012）。工作记忆和执行功能障碍在处于慢性压力生活环境中的儿童身上更常见，这通常是生活在极端贫困的环境中的结果（G. W. Evans & Schamberg，2009；Masten et al.，2012；Noble，McCandliss，& Farah，2007）。与此同时，在多语言环境中成长的学生（至少能流利地使用两种不同的语言，即双语学生）往往在工作记忆能力和执行功能方面超过单语同龄人，这可能是因为他们在用另一种语言说话或写作时，在心理上抑制一种语言的知识方面做了大量练习（Bialystok，Craik，& Luk，2008；Grundy & Timmer，2017）。

值得注意的是，文化背景是认知加工多样性的另一原因。不同的文化鼓励不同的看待物理事件和社会事件的方式（即不同的世界观），这影响着学生如何解释课堂主题。例如，那些来自教导他们努力与自然环境和谐相处的文化背景的学生，可能会与要求其以某种方式改变环境的科学课程做斗争（Atran，Medin，& Ross，2005；Medin，2005）。欧裔学生倾向于把17世纪和18世纪欧洲人移民至北美洲看作一种定居过程，而美洲土著学生则可能认为这是一种变本加厉的入侵（Banks，1991；VanSledright & Brophy，1992）。

来自不同文化背景的儿童能够处理不同的学习环境和任务。例如，非裔学生和西班牙裔学生比欧裔学生更容易适应同时进行多项活动的环境，并且更容易将注意力从一项活动转移到另一项活动上（Correa-Chávez，Rogoff，& Mejía Arauz，2005；Tyler，Uqdah et al.，2008）。来自北美、东亚和中东等文化背景的学生更有可能具备机械学习特定的事实和书面材料（可能以乘法表、诗歌或宗教教义的形式）的经验，而来自非洲、澳大利亚和中美洲等特定文化背景的学生可能被鼓励记住口述历史或当地地形的特定地标（L. Chang et al.，2011；Rogoff，2001，2003；Rogoff et al.，2007；Q. Wang & Ross，2007）。

等待时间的重要性也部分取决于学生的文化背景。例如，一些美国土著学生可能会等上几秒钟才回答一个问题，以表示对成年人的尊重（Castagno & Brayboy，2008；Gilliland，1988）。英语学习者——在非英语环境中成长并仍在发展自己的英语能力的学生——比以英语为母语的同龄人需要更多的心理翻译时间（Igoa，2007）。

为了最大限度地提高每个学生在课堂上的学习效率和成绩，我们必须考虑到个体和群体之间的差异。例如，我们应该特别注意培养那些注意力容易分散的学生的兴趣，并尽量减少让他们分心的干扰因素。此外，当我们试图促进意义学习和其他有效的信息存储过程时，应该将课堂主题与学生已有的不同背景经历联系起来。我们还必须在提问和评论

之后留出足够的等待时间，以便所有学生都能积极地思考和阐述我们所讨论的主题。

促进有特殊需要的学生的认知加工

有些学习和认知过程的多样性是某些障碍或天赋的结果。例如，一些残障学生在注意和有效加工课堂主题方面存在特殊困难。这对患有学习障碍的学生来说确实如此（根据定义，他们在特定的认知过程中存在缺陷），对患有注意缺陷／多动障碍（ADHD）和一般智力障碍的学生来说也是如此。相比之下，许多患有自闭症谱系障碍的儿童可能非常专注，有时甚至难以将注意力转移到新的任务上。一般来说，天才学生的注意持续时间更长，能够比他们的同学更快、更精细地处理新的知识。表 6.5列出了在有特殊教育需要的学生中常见的认知加工差异。

作为教师，我们必须记住，残障学生既有优势也有弱点。例如，一些患有注意缺陷／多动障碍的学生对自己亲身经历的事件有着敏锐的记忆力，他们可能会比非残障同学叙述得更为详细（Skowronek, Leichtman, & Pillemer, 2008）。一些患有自闭症谱系障碍的学生会注意并记住事物中的许多细微差别，他们可能会画出非常详细且精致的图画，这在同年龄阶段的人中是很不寻常的（I. L. Cohen, 2007；Kaku, 2014；S. Moran & Gardner, 2006）。

表 6.5 的最右边一列提供了许多有用的策略，可以帮助有特殊教育需要的学生。图 6.13 中 9 岁的尼古拉斯的实验报告说明了策略的第一点——分析学生错误的特征以找出具体的加工困难。尼克对现象的描述可以转化为"我们放了太多立方体，以至于水溢了出来，立方体占满了整个空间"。我们只能推测为什么尼克在杯子的左侧、顶部写字，然后又沿着另一测往下写字。一种可能的解释是，由于语言能力有限，尼克还没有掌握书写英语的传统方向。然而，这个假设似乎不太可能成立，因为尼克的其他作业（这里没有显示）是正确地从页面顶部往下书写的。另一种可能的解释是，尼克在写作时思考着水流的方向（向上和向外），所以有意或无意地遵循了水流的方向进行书写。有限的工作记忆能力可能也在此处构成了一个原因：也许他没有足够的心理"空间"来同时加工自己所观察到的事物、单词的拼写，以及书面英语的惯例。

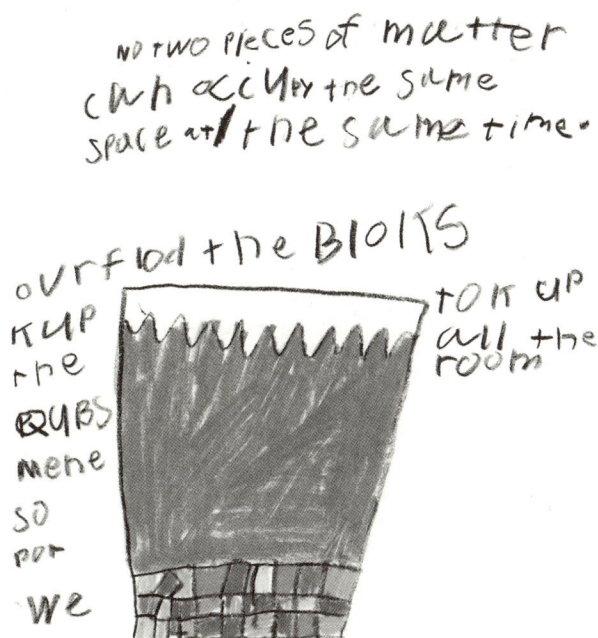

图 6.13　在一次 3 年级的科学活动中，9 岁的尼古拉斯从黑板上抄下了"任何两种物质都不能同时占据同一空间"的原则

注：他和一个同学往杯子里倒了水，并把十几个小金属立方体扔进了杯子。在这里，尼克记录了他的观察。图中内容翻译为"任何两种物质都不能同时占据同一空间"和"我们放了太多立方体，以至于水溢了出来，立方体占满了整个空间"。

几乎所有学生在学习或记忆课堂材料方面或多或少都存在困难。因此，表 6.5 中的许多教学策略不必局限于对有特殊需要的学生使用。所有学生都可以从指导和支持中获益，从而更有效地加工信息。

表 6.5　促进有特殊教育需要的学生的认知加工

类别	可能观察到的特征	建议策略
有特定认知障碍或学业困难的学生	• 在一个或多个特定认知过程上存在缺陷（如知觉、将相关观点组织成一个整体） • 注意力不集中，有些学生不能维持注意力 • 工作记忆容量较小或工作记忆的使用效率较低 • 难以记住多步骤指令 • 对个人经历过的事件有非常详细的记忆（对一些患有注意缺陷/多动障碍的学生而言）	• 分析学生错误的特征以找出具体的加工困难 • 调整教学和作业，使学生能够弥补自身局限 • 把复杂的任务分成几个较简单的部分，分步骤进行教学 • 在需要持续注意的活动中加入体育锻炼的机会 • 鼓励学生在做出反应前进行更多反思——如通过增加准确性而不是速度 • 适当提供具体的记忆辅助手段，提醒学生他们所学到的东西 • 充分利用学生的优势（如对某些主题的广泛知识）
有社交或行为问题的学生	• 受与任务无关的想法和行为影响，无法集中注意力（对患有情绪和行为障碍的学生而言） • 难以迅速转移注意力（对患有自闭症谱系障碍的学生而言） • 专注于细节的异常能力，该能力可能在异常详细的记忆和绘画中反映出来（对患有自闭症谱系障碍的学生而言） • 冲动，抑制不当的社会行为的能力较弱（有时由于神经缺陷） • 其他认知过程中可能存在的困难（如难以诊断的学习障碍）	• 通过将教学与学生的个人兴趣相结合来吸引学生的注意力 • 培养和利用患有自闭症谱系障碍的学生的视觉记忆和艺术方面的优势 • 如果合适，把学生转介给学校心理学家，对可能的学习障碍进行评估和诊断 • 在适当的情况下，使用上面列出的策略来帮助有特定认知障碍或学业困难的学生
认知和社交功能普遍滞后的学生	• 认知加工较慢 • 工作记忆容量较小或工作记忆的使用效率较低 • 执行功能的能力有限（如难以注意与任务有关的信息） • 用于建立新的学习的知识库较少 • 难以长时间保存信息	• 保持教学材料的简洁，强调相关刺激和最小化不相关刺激 • 提供清晰的指示，让学生的注意力集中在期望的行为上（如"听""写""停"） • 配速教学，让学生有充足的时间思考和处理信息（如在提问后提供充足的等待时间） • 假定学生只有少量或没有与新主题有关的先前知识
有身体障碍或感知困难的学生	• 大多数学生有正常的认知加工能力 • 由于外部世界的经验有限，与新信息相关的知识库不够发达 • 回忆抽象图形细节的能力高于平均水平（适用于年龄较大但精通手语的聋哑学生）	• 如果理由不充足，假定学生在获取新知识和新技能方面有相同的能力 • 提供辅助技术，使学生能够避开他们在感知身体上的障碍 • 提供学生可能因为障碍而错失的基本生活体验
认知发展超前的学生	• 更快的认知加工 • 更强的执行功能的能力（如长时间处理任务的能力更强） • 更大的知识库，有些特定内容取决于学生的文化背景 • 长时记忆中的概念之间有更多联系，对课堂教材有更多的概念性理解	• 以更快或更深入的方式学习主题 • 创建跨学科课程，以促进学生对长时记忆中的材料的整合

资料来源：Barkley, 2006；Beirne-Smith, Patton, & Kim, 2006；Cattani, Clibbens, & Perfect, 2007；Chapman, Gamino, & Mudar, 2012；B. Clark, 1997；Courchesne et al., 1994；DeMarie & López, 2014；Fletcher, Lyon, Fuchs, & Barnes, 2018；Gathercole, Lamont, & Alloway, 2006；Geary, Hoard, Byrd-Craven, Nugent, & Bailey, 2012；Grandin & Panek, 2014；Heward, 2009；J. Johnson, Im-Bolter, & Pascual-Leone, 2003；Kaku, 2014；G. R. Lyon & Krasnegor, 1996；Meltzer, 2007；Metcalfe, Harvey, & Laws, 2013；S. Moran & Gardner, 2006；M. I. Posner & Rothbart, 2007；Skowronek, Leichtman, & Pillemer, 2008；H. L. Swanson, Cooney, & O'Shaughnessy, 1998；Turnbull, Turnbull, Wehmeyer, & Shogren, 2016.

你学到了什么

一般来说，学习是由经验造成的心理表征或联结的长期变化。在过去的一个世纪里，心理学家提出了关于人类学习的各种观点，其中许多观点可以被归为四大类：行为主义、社会认知理论、认知心理学和情境理论。作为教师，当我们在理论上兼容并蓄，也就是说，当我们从所有角度来促进学生最大限度的学习和成就时，我们才能发挥最大的作用。

为了总结本章对学习和认知过程的讨论，现在让我们来回顾学习成果。

6.1 描述认知学习理论的五个基本假设，并运用这些假设更好地理解各年龄阶段的人如何思考和学习

认知心理学家认为，学习者在头脑中处理新主题时所发生的事情决定了他们学习和记忆新主题的效率。学习者的认知过程通常可以从显性行为中推断出来，如让学习者回忆自己以往获得信息的方式。学习者必须对不同信息的加工深度有选择性，并且利用他们所关注的信息来建构自己对物理现象和社会现象的与众不同的理解。在某种程度上，学习者的认知过程的发展和复杂程度取决于儿童和青少年时期大脑的成熟程度。

6.2 描述并说明众多心理学家提出的表征人类记忆系统的关键组成部分

许多认知理论家提出人类记忆有三个组成部分。感觉登记为输入信息提供临时存储场所，最多将新信息保存 2~3 秒。通过对信息的注意，学习者将其转移到工作记忆中，在那里他们会积极地思考和理解信息。注意和工作记忆的容量有限，因此，学生在任何时候都只能注意和思考少量信息。而且，存储在工作记忆中的信息的持续时间很短（通常不到半分钟），因此必须被进一步加工才能进入长时记忆。长时记忆具有极大的容量和无限长的持续时间。这一特定的记忆模型有它的缺陷。例如，一些大脑研究表明，工作记忆和长时记忆并不像模型所呈现的那样能被清楚地区分开，但是该模型可以帮助我们理解学习和记忆的许多方面，这些方面是我们在计划和实施教学时应该考虑的。

6.3 运用自己关于长时记忆存储的知识找出提高学生学习效率的有效策略

长时记忆包含信息（陈述性知识）和技能（程序性知识）。其中很大一部分是被组织好的——通常作为概念被整合到更一般的图式、脚本和个人理

论中。为了有效地获得学校课程所教授的陈述性知识，学习者最好进行意义学习，可以通过精细加工或组织新信息，也可以通过视觉表象。在某些情况下，获得程序性知识包括学习和改进各种身体行为；在其他情况下，它也包括将陈述性知识逐渐转化为身体或心理活动。

学习者能成功地存储新信息和新技能，部分取决于他们对当前主题的了解程度；好的教学考虑了不同个体之间的先前知识的差异（如通过精心设计的教学软件程序）。在缺乏相关的先前知识的情况下，记忆术可以提高学习者对重要事物的记忆。

6.4 解释学生的自我建构信念如何妨碍有效学习，找出几种方法帮助学生有效转变这些信念

虽然意义学习通常是有益的，但它偶尔会导致学生曲解课堂教材，特别是当他们对当前研究的课题或现象有错误的或部分正确的信念时。一些错误概念可能会持续存在（尽管课程和活动提供了截然相反的信息），这部分是因为学生在认知和情感上倾向于确认（而不是怀疑）自己所相信的，部分是因为学生当前的信念可能会被整合到不容易解释和修改的聚合理论中。作为教师，当我们在教学开始之前确定学生的错误概念，在学生当前的理解中构建真理的核心，使学生相信更正信念既是必要的，

也是他们能够掌握的，同时监督学生的所说所写以发现持续存在的错误理解时，我们更有可能促进概念转变。

6.5 描述影响学生回忆以往所学内容的能力的因素，阐明学生遗忘或无法正确回忆的原因

从长时记忆中提取信息似乎是一个遵循联想路径的过程。一般来说，如果课堂内容带有情感色彩，或者在其他方面是与众不同的，那么它更容易让人记住。此外，如果学生将所学知识与自己所知道的许多其他事物联系起来并经常使用这些知识（自动化学习），或者所处环境提供了提取线索，使他们沿着正确的记忆"路径"前进，又或者他们有足够的等待时间进行有效的长时记忆搜索，那么他们更有可能成功地回忆所学知识。然而，即使在最好的情况下，学生有时也会忘记或记错已经学过的知识，这可能是由于知识在大脑中巩固不足、缺乏使用（逐渐导致衰退）、记忆搜索受限、竞争性记忆的干扰或重构错误。

6.6 举例说明你可能在学生身上看到的、在某些情况下源自学生的文化背景或特殊教育需要的认知过程的多样性

人类记忆系统的众多组成部分——

包括注意广度、工作记忆容量、执行功能、长时记忆存储过程和先前知识——在不同学生之间存在很大差异，因此，学生学习和记忆课堂主题的能力也各不相同。学生的认知过程之所以不同，部分是因为他们的文化世界观、他们所习惯的学习任务和环境，以及他们对教学语言的熟练程度。此外，一些学习和认知过程的多样性可能是由某些障碍导致的。例如，患有注意缺陷/多动障碍的学生很难长时间集中注意力于任何一项任务，而一些患有自闭症谱系障碍的学生可能很难将注意力从当前的活动转移到新的活动上。然而，在某些时候，每个学生都有可能在理解和掌握特定主题方面存在困难。通过识别和促进有效学习的认知过程，教师可以更好地帮助每一个学生在课堂上取得成功。

教师资格考试练习

视觉单元

康托斯女士正在教授 5 年级学生人类视觉单元。她向学生展示了人眼各部分的示意图，如晶状体、角膜、瞳孔、视网膜和视神经。然后她解释道，人们之所以能看到物体，是因为来自太阳或其他光源的光线从这些物体反射到他们的眼睛里。为了说明这个观点，她向他们展示了图片 A。

A

"你们明白我们的眼睛是怎么工作的吗？"她问道。学生点头表示明白。

第二天，康托斯女士给每个学生一张图片 B。

B

她要求学生在图片上画一个或多个箭头，以说明光线是如何让孩子看见树的。超过一半的学生画出的箭头类似于图片 C。

C

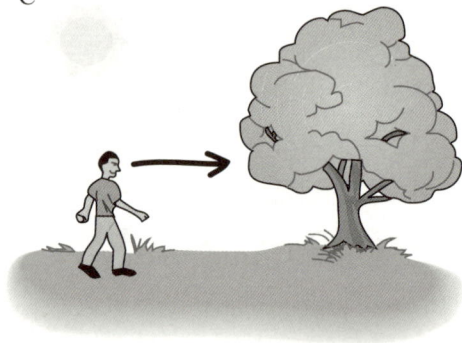

资料来源：Case based on a study by J. F. Eaton，Anderson，and Smith，1984.

1. 建构反应题

显然，康托斯女士的大多数学生并没有学会关于人类视觉的知识。

（1）解释为什么许多学生相信那些与康托斯女士所授知识截然相反的内容。根据当代学习和认知的原则与理论做出回答。

（2）描述改进课程的两种不同的方法，从而帮助学生更准确地理解人类视觉。根据当代学习和认知的原则与理论来制定策略。

2. 单项选择题

许多小学生认为人类视觉就像康托斯女士的 5 年级学生所理解的那样，它是一个起源于眼睛并向外延伸到达被看到的物体的过程。当学生修正自己的思维，使其与普遍接受的科学解释更加一致时，他们被认为：

A. 获得了新的脚本

B. 改变了世界观

C. 正在进行概念转变

D. 获得程序性知识

07

第 7 章

复杂认知过程

学习成果

7.1 解释元认知知识和技能如何影响人们的学习和学业成就，以及怎样促进学生的元认知发展

7.2 描述迁移发生的各种形式及迁移最有可能有效产生的条件，将迁移的研究结果应用于课堂实践

7.3 描述影响问题解决和创造力的一般因素，描述鼓励学生在处理新的任务和问题时进行生产性和创造性思考的教学策略

7.4 识别批判性思维的几种形式，解释如何帮助学生在课堂内外对他们的所见、所闻和所读进行批判性的评估

7.5 举例说明你所看到的由学生的文化背景、障碍或高级认知发展导致的迁移、问题解决、创造力和批判性思维的多样性

个案研究

代课数学

当一名 8 年级数学老师休产假时，代课老师冈特女士接管了她的班级。根据马萨诸塞州的标准，学生要掌握许多数学概念和程序，包括学会指数和无理数、画线性方程，以及应用勾股定理。但是许多学生还没有掌握更基本的概念和运算，如百分数、负数和长除法。还有几名学生甚至没有学会像"6×3=18"和"7×8=56"这样的数字运算事实。冈特女士不久后就发现许多学生持有一些妨碍自身进步的信念和态度。例如，一些学生认为老师的工作就是以学生能立即明白并永远记住的方式呈现材料。因此，他们既不努力理解材料，也不记笔记。大多数学生只对尽可能快地获得正确答案感兴趣。他们依靠计算器来代替自己进行数学思考，当冈特女士坚持让他们用纸和笔而不是计算器解决问题时，他们抱怨不已。学生很少检查他们的解答是否符合逻辑。下面是他们出现的问题中的一个例子：

克里弗德一分钟可以打 35 个字。他需要打出他的英语作文的定稿，作文有 4200 个字。克里弗德需要花多长时间打出他的作文？

一个学生提交的答案是 147 000 分钟，连续不断地打字 100 多天，他丝毫不考虑答案的合理性（实际上克里弗德打出作文要花两个小时）。到四月中旬，随着州数学能力测验的日益临近，冈特女士开始加快课程进度以便她能在学年末教完规定的 9 年级数学课程。"如果学生没有接触教师要求他们掌握的一些概念和程序，他们不可能考好"，她说，"此时掌握是不太可能了，但是我应该至少呈现学生需要知道的内容。这可能会帮助一些学生做出部分测验题目。"

- 为什么学生在掌握马萨诸塞州的 8 年级数学课程的内容上有困难？你能识别出至少三个不同的明显妨碍学生学习的因素吗？

资料来源：Case used courtesy of a friend who wishes to be anonymous; "Ms. Gaunt" is a pseudonym.

当然，妨碍学生学习的一个因素是他们缺乏 8 年级课程所必需的知识和技能。例如，如果学生没有学习基本的数字事实以达到自动化，即使是简单的应用题，也可能给他们的工作记忆造成过大的认知负荷。然而，学生关于学习和问题解决的信念也在起作用。有些学生会认为，如果教师做好了分内工作，学习应该是迅速且容易的。他们似乎没有意识到理解课堂内容是一个需要很多努力的主动建构过程，某些策略（如记笔记）可以促进他们的学习。而且他们将数学问题的解决看作一件快速的、不用思考的事情，只要把数字输入计算器，写下结果就可以，而不是一个需要逻辑推理和频繁的自我检查的循序渐进的过程。

学习技能和问题解决是复杂认知过程（complex cognitive process）的例子。在这一过程中，学习者远远超越了自己所学的具体信息。他们可能会将它应用于一个新的情境、使用它解决一个问题或创造一个产品，或者批判性地评价它。掌握基本的事实和技能肯定非常重要。但是学习者如果不能用他们所学的知识做点什么，他们就会收获甚微。在本章，我们将涉及各种复杂的认知过程，包括迁移、问题解决、创造力和批判性思维。但我们将从一套特定的、影响所有其他过程的复杂过程开始，也就是属于广泛范畴的、被称作"元认知"的过程。

怎样学习：元认知的重要性

7.1 解释元认知知识和技能如何影响人们的学习和学业成就，以及怎样促进学生的元认知发展

元认知（metacognition）的字面意思是"对思维的思考"。它包括对人类认知过程的一般特征的知识和信念、对自己的认知过程的反思，以及有目的地投入促进学习和记忆的行为和思考过程。例如，毫无疑问，你已经获悉到现在为止你能够快速获得的信息容量——你不太可能在一个晚上就吸收整本教材的内容。你也发现如果你将信息放入某种组织框架中，你能更快地学习它们也更容易将它们回忆起来。你也可能发现自己需要阶段性的自我检查以确保自己记住和理解了已读过的内容。

学习者对思维和学习知道得越多，也就是说，他们的元认知意识越强，他们的学习和成就将越好（Hofer & Pintrich，2002；Schneider，2010）。而且，那些对学习和思维有更深入的理解的学生——如那些意识到自己对一个主题的认识会随着时间的推移不断变化的学生——更有可能经历概念转变（Mason，2010；Sinatra & Pintrich，2003）。

随着年龄的增长，儿童会变得越来越了解他们的思维和学习过程，并且逐渐意识到他们在一个给定的时间段内能学会和记住什么（见表 7.1）。随着这种自我意识的变化，更加复杂的学习策略也会随之而来。然而，真正有效的策略的发展相当缓慢，尤其是如果年龄小的学习者没有得到来自教师、父母或其他成年人关于如何学习的明确指导。许多各个年龄阶段的学生，包括大学生，似乎不太了解什么是有效的学习策略（Lovett & Flavell，1990；Schneider，2010；Schommer，1994a；Short，Schatschneider，& Friebert，1993）。

有效的学习策略

元认知的一个重要成分是个体在某种程度上控制自己的思维和学习。这部分归因于大脑的成熟变化，儿童和青少年会逐渐变得更能控制和指导自己在努力学习某些新东西时的认知过程（Chein & Schneider，2012；Eigsti et al.，2006）。当学习者有意使用某种方法学习和记忆某些东西时，他们就是在使用学习策略（learning strategy）。

信息加工理论已经描述了促进长时记忆存储的几个过程，包括精细加工、内部组织和视觉想象。随着儿童长大，他们会逐渐发现这些过程的潜在好处，也会更频繁地使用它们（P. A. Ornstein，Grammer，& Coffman，2010；Pressley & Hilden，2006）。儿童也会逐渐获得其他策略。例如，想象你需要花更多时间学习更难的材料这一简单观点，直到四五年级，儿童才会使用这一显而易见的策略（Schneider，2010）。随着年龄和经验的增长，儿童也会变得越来越能意识到在不同的情境中哪些策略是有效的（Lovett & Flavell，1990；Schneider，2010；Schommer，1994a；Short et al.，1993）。

有些学习策略是外显策略（overt strategy），也就是说，它们是我们实际看到的行为。有些策略则是内隐策略（covert strategy），它们是内在的心理过程，我们常常是看不到的（Kardash & Amlund，1991）。

外显策略

成功的学习和课堂成就在一定程度上是特定行为的结果，如为作业安排时间并设定最后期限、每晚花部分时间在学校任务上，以及在感到困惑时提问。一种特别有效的外显策略是写下关于课堂主题的学习内容。在这里，我们看看两种基于书写的学习策略：记笔记和创建摘要。

记笔记

当学生进入小学高年级或中学时，记笔记的技能会开始在他们的课堂成就中发挥重要作用。一般来说，记笔记更多的学生对课堂主题的学习和记忆更好（Kiewra，1989）。然而，笔记的质量同样重要。

表 7.1　不同年级水平的元认知

年级水平	典型年龄特征	示例	建议策略
K ~ 2	• 意识到自己和他人的思维，尽管是以一种简单的形式；反思自己思维过程的具体特点的能力有限 • 对已经学习的内容和能记住的东西估计过高 • 相信学习是一项比较被动的活动 • 倾向于对容易的任务和更有挑战性的任务投入同等时间 • 相信有关任何主题的绝对真理就在某个地方等着被发现	一个成年人让 6 岁的布伦特读 12 个单词的词表，然后让他预测自己能够记住多少。布伦特预测"8 个或 9 个……也许所有"，但实际上他只回忆出了 6 个。稍后，当成年人问他做了什么去尽力记住单词时，他说就是"思考"和"保持住，保持在大脑中"	• 经常谈论思维过程（如"我想知道……""你怎样记住……"） • 为学生提供对记忆进行实验的机会（如玩"我将进行一次旅行，并且将打包"，每个学生重复前一个人提到的项目，然后增加一个新的项目到清单中） • 介绍简单的学习策略（如练习拼写单词、反复练习动作技能）
3 ~ 5	• 反思自己思维过程的特点的能力日益提高 • 对记忆容量的估计过高 • 逐渐意识到学习是一个主动建构的过程，以及人们可能会错误地解释他们观察到的东西 • 逐渐意识到难的材料比容易的材料需要更多的学习时间 • 继续相信绝对真理就在某个地方	在阅读了古人类如何从亚洲迁到北美洲的竞争性解释后，一个五六年级合并的合作学习小组得出结论，"我们学会的知识越多，我们就越对哪个是真实的、哪个是虚构的感到困惑……我们已经使用自己发现的信息建立了自己的理论，并尽力使它有意义"	• 提供简单的技巧（如自我提问）使学生能够监控自己的学习过程 • 提供关于学生怎样根据学习任务的难易程度分配学习时间的明确指导 • 通过亲身参与活动和试验检验科学现象，让学生对将要发生的事情进行预测，并对他们所观察事物的竞争性解释进行辩论
6 ~ 8	• 很少的、相对无效的学习策略（如较差的记笔记技能、很少或没有理解监控） • 认为关于一个主题的知识主要是由孤立的事实构成的 • 逐渐意识到知识可能是主观的，以及相互冲突的观点可能各有其一定程度的合理性（如"每个人都有发言权"）	在冈特女士的 8 年级数学课堂上，学生很少记笔记以帮助自己记住新的概念和程序，而且大多数学生更关心获得正确答案而不是理解数学运算（见本章开篇的个案研究）	• 在各学科领域的情境中教授和示范有效的策略 • 为学生努力学习提供脚手架（如提供一个做笔记的结构，给学生提供一些问题，让他们在学习时回答） • 明确要求学生反思他们关于各种学科本质的信念（如"一个数学问题有时可能会有两个正确答案吗"）
9 ~ 12	• 关于在不同情境中哪些认知策略是有效的知识在不断增长但不完整，有些学生持续使用复述 • 逐渐掌握内隐学习策略（如有目的地使用精细加工、理解监控） • 越来越认识到知识包括理解不同观点间的相互关系 • 逐渐认识到掌握一个主题或一项技能需要时间和练习（而不是作为先天能力的结果突然发生） • 出现了对冲突的观点应该基于证据和逻辑进行评价的理解（可见于少数高中生）	当 16 岁的希拉里被要求将她所做的事情描述一遍，以帮助她记住学校的课程内容时，她说，"当我在为测验努力学习时，我尽力将学习的知识与熟悉的事物联系起来……对于西班牙语单词，我会试着想起发音像……的英语单词，如果有时我找不到规律，我就必须记住它，就是努力记住它，反复复习它"	• 继续教授和示范有效的学习策略，让学生相互描述他们的学习策略 • 设计强调理解、整合和应用，而不是回忆孤立事实的课堂任务和评估 • 将各学科领域作为随着新的发现和理论而不断发展的动态实体来呈现 • 让学生应用客观标准（如确凿的证据、逻辑推理过程）来测量各种解释的利弊

资料来源：Astington & Pelletier, 1996; Bendixen & Feucht, 2010; Buehl & Alexander, 2006; Flavell, Friedrichs, & Hoyt, 1970; Flavell, Miller, & Miller, 2002; Grammer, Coffman, & Ornstein, 2013; Hatano & Inagaki, 2003; Hewitt, Brett, Scardamalia, Frecker, & Webb, 1995; B. K. Hofer & Pintrich, 2002; Kuhn, 2009; Kuhn, Garcia-Mila, Zohar, & Andersen, 1995; Kuhn & Park, 2005; McCrudden & Schraw, 2007; Meltzer, Pollica, & Barzillai, 2007; P. A. Ornstein, Grammer, & Coffman, 2010; Schneider, 2010; Schommer, 1994a, 1997; Short, Schatschneider, & Friebert, 1993; Wellman, 1985, 1990; J. P. Williams, Stafford, Lauer, Hall, & Pollini, 2009.

有用的笔记一般反映了一节课或一份阅读材料的要点（A. L. Brown, Campione & Day, 1981；Kiewra, 1985；Peverly, Brobst, Graham & Shaw, 2003）。理想的情况就是学生应该理解他们正在记下的信息，可能是以某种方式对其进行精细加工而不仅仅是以机械的、逐字逐句的方式进行抄写（Kiewra, 1989；J. Lee & Shute, 2010；P. A. Mueller & Oppenheimer, 2014）。

尽管记笔记有一些好处，但许多年龄较小的青少年很少记笔记或不记笔记，除非被特别指导（回想一下在冈特女士 8 年级的数学课堂上，学生很少记笔记的情况）。而且他们的笔记在质量上也参差不齐。

当学生第一次学习记课堂笔记时，我们应该告诉他们哪些内容是最重要的、需要包括在内的，从而为他们的努力提供支持一种方法是提供要使用的具体结构，如图 7.1 所示。另一种策略就是偶尔检查他们笔记的准确性和重点，并给予建设性的反馈，尤其是当学生是记笔记的新手时。

创建摘要

对正在学习的内容写下简短的摘要肯定能促进学生的学习和记忆（A. King, 1992；R. E. Mayer, 2010b；Wade-Stein & Kintsch, 2004）。然而，创建一个好的摘要是一个相当复杂的过程。它至少包括区分重要的和不重要的信息、将细节综合成更一般的观点，以及确定各种观念之间的重要关系。因此，许多初中生和高中生在写一个好的摘要方面存在困难也就不足为奇了（Dunlosky, Rawson, Marsh, Nathan, & Willingham, 2013；Hidi & Anderson, 1986）。

帮助学生获得这一策略的最佳方法可能是经常让他们总结自己所听和所读的内容。一开始我们应该对这一过程提供脚手架，如提供比较 / 对比的表格，让他们在阅读时或与同伴合作写摘要时可以填入内容（Spörer & Brunstein, 2009；J. P. Williams et al., 2009）。

内隐策略

学生的外显策略只有在有效的认知过程或内隐

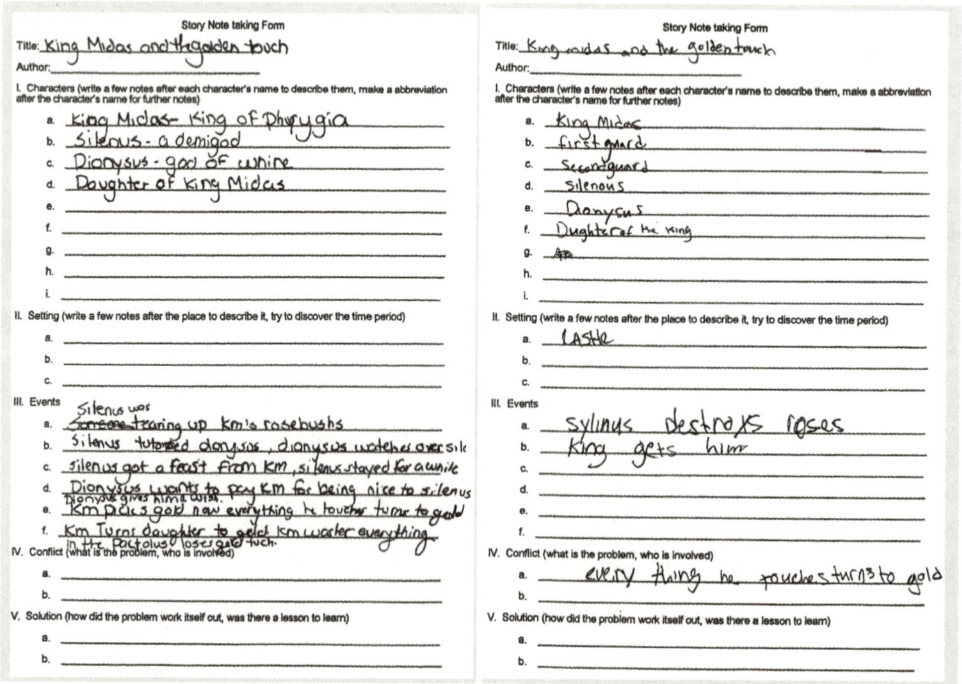

图 7.1　两名学生在 7 年级的语言艺术课上所做的关于古希腊神话单元米达斯王的课堂笔记

策略的基础上才有价值（Kardash & Amlund，1991）。例如，高成就学生可能比低成就学生从记笔记中获益更多，这可能是因为高成就学生更有可能在记笔记时进行意义学习（如精细加工和内部组织；Kiewra，Benton，& Lewis，1987；Ku，Chan，Wu，& Chen，2008）。除了意义学习过程以外，以下两种内隐策略可能对有效的课堂学习和成就特别重要：（1）准确地识别重要信息；（2）有规律地进行自我监控学习。

识别重要信息

人类的记忆系统并不能像录像机或录音机那样接收和保留一堂典型的课所呈现的所有信息。因此，学生对他们要注意和学习什么必须十分有选择性。他们选择学习的事物——无论是主要观点和重要的支持信息，还是孤立的事实和琐碎的细节——必然会影响他们的学习和学业成就。

学生常常在识别一节课或一份阅读材料中最重要的信息方面存在困难，尤其是当他们对正在学习的主题不太了解时。许多学生在选择要关注什么时使用比较表层的策略，如瞄准定义和公式、只对教师写在黑板上的内容做记录，或者只阅读一篇课文中每个段落的第一句话，因而漏掉了非常重要的观点。

作为教师，我们当然可以只告诉他们要学什么。但是我们也可以通过更加微妙的方式强调重要的信息：

- 提供一节课的学习目标清单；
- 把关键概念及其关系写在黑板上；
- 提问题，让学生将注意力集中在重要的观点上。

当我们将这些提示提供给学生时，学生，尤其是低成就学生，更有可能学会一节课的重要观点（McCrudden & Schraw，2007；R. E. Reynolds & Shirey，1988；Schraw，Wade，& Kardash，1993）。当学生变得能够更好地区分重要的信息和不重要的信息时，我们就可以逐步减少指导。

定期监控学习

一种非常有效的学习策略是理解监控（comprehension monitoring），这是一个定期检查自己的记忆力和理解的过程。你对自己的理解监控得如何？下面的练习可以帮助你弄清楚。

> **亲身体验**
>
> 回顾
>
> 停留片刻，问自己一个问题："到现在为止，我从这一章中学到了什么？"迅速写下你能回忆出来的内容。

现在回过头看看这一页前面的几页。你刚刚迅速记下的内容包括了这些页上涉及的大多数或所有要点吗？是否有些内容你认为你理解了，但现在你意识到自己并没有理解？当你的心思在某个完全不同的地方时，你是否发现你正在"读"的某些内容是你从来没有学过的？

成功的学习者会不断地监控自己对知识的理解，既在他们学习某些内容时，也在他们学习之后的某个时刻（Hacker，Dunlosky，& Graesser，2009b；Sodorstrom & Bjork，2015）。而且，当他们意识到自己有不理解的地方时，他们会采取措施调整情境，可能是重读课本中的某个部分或是在课上提问。相反，低成就学生很少自我检查，或者当他们没有理解某些内容时很少采取适当的行动。例如，他们很少重读他们第一次没有完全理解的段落（L. Baker & Brown，1984；Haller，Child & Walberg，1988；Stone，2000）。

许多儿童和青少年很少或没有进行理解监控（McKeown & Beck，2009；Nokes & Dole，2004）。当他们不对自己的学习和理解进行监控时，他们不清楚自己知道什么及不知道什么，结果，当他们实际上还没有掌握某些内容的时候，他们可能会认为自己已经掌握了。虽然这种"知道"的错觉（illusion of knowing）在年幼的儿童身上尤其普遍，但我们依然可以在各年龄水平的学生，甚至大学生身上看到。当纸笔测验在高年级考试中越来越普遍时，"知道"的错觉可能会导致学生高估他们在这些测验中的表现（Hacker，Bol，Horgan，& Rakow，2000；Stone，2000；Sodorstrom & Bjork，2015）。本书作者自己的学生偶尔会到作者这里表达由于低分带来的挫败感。他们可能会说"我对材料非常了解"。但是当作者开始讨论测验内容时，通常会发现学生实际上对一些观点只有模糊的理解，而对另一些观点有错误的理解。

当然，理解监控并不是一项单独的活动。如果学生在小组里学习，他们可以很容易地就正在学习的材料对彼此进行测验，并发现彼此理解中的不足或错误概念（Bol，Hacker，Walck，& Nunnery，2012；Dunning，Heath，& Suls，2004；Vaughn et al.，2011）。理想的情况是，学生之间互相问的问题应该鼓励他们对正在学习的内容进行精细加工而不仅仅是回忆。例如，我们可以教他们在提问时以如下短语开头："解释为什么……""如果……你认为将会发生什么""……和……之间有何差异"（A. King，1992）。

然而要成为真正有效的学习者，学生必须最终学会如何检测自己。一种有效的策略是自我解释（self-explanation），即学生经常停下来向自己解释正在学习的内容（Fonseca & Chi，2011；McNamara & Magliano，2009）。另一种类似的方法是自我提问（self-questioning），即学生不时地停下来问自己问题——这实际上是对他们之前在小组学习时使用的相互提问方法进行了内化（Dunning et al.，2004；Wong，1985）。当然，他们提问自己的问题不仅包括简单的、基于事实的问题，也包括精细加工问题（Bugg & McDaniel，2012；Wong，1985）。

影响策略使用的因素

正如我们所看到的，随着年龄的增长，学生会变得越来越能够使用有效的学习策略，这部分是因为他们能更好地控制和指导自己的认知过程。随着年龄的增长，学生也在持续扩展知识库以支持自己努力进行精细加工、识别重要信息，以及有效地监控自己的理解。其他一些因素也会影响学生对各种策略的选择和使用。这些因素反映在如下原理中。

■ **学习策略部分取决于手头的学习任务。** 在某些情况下，教师可能会布置一些任务，而真正有效的学习策略对这些任务可能起反作用或不起作用。例如，如果我们坚持事实和定义要逐字逐句地学习，学生就不会愿意进行精细加工和其他意义学习过程（J. C. Turner，1995；Van Meter，Yokoi，& Pressley，1994）。如果我们希望学生为考试掌握大量的内容，他们可能不得不将他们有限的时间用于获得每个内容的表面印象，或者只学习他们相信能掌握的简单材料（Son & Schwartz，2002；J. W. Thomas，1993b）。有时工作记忆的有限容量不鼓励元认知加工：如果它强加了严重的认知负荷（cognitive load），学生可能没有足够的工作记忆空间来使用可能有效的策略（Kalyuga，2010；Waters & Kunnmann，2010）。

■ **只有当学生意识到他们现有的策略不能发挥作用时，他们才可能获得和使用新的、更有效的策略。** 只有当学生在过去的学习任务中经常监控自己的理解，并意识到自己的学习困难时，他们才会得出这样的结论。理解监控不仅影响学生对课堂内容的理解，它在其他元认知策略的发展和使用中也起着重要作用（Kuhn，Garcia-Mila，Zohar，& Andersen，1995；Lodico，Ghatala，Levin，Pressley，& Bell，1983）。在有些情况下，当学生还没有掌握一个新主题或一项新技能时，明确的反馈也能促进他们采用更加有效的策略，至少在短时间内是这样（Starr & Lovett，2000）。

■ **学生对知识和学习的本质的信念会影响他们的策略选择。** 本书的其中一位作者曾经与她的儿子杰夫——一名 11 年级学生——就当地一所大学刚刚增加到课程表中的加拿大研究项目进行过一次谈话。杰夫的评论揭示了他对历史是什么的一种过于简单的看法。

杰夫：加拿大人没有我们（美国人）那么多历史。

妈妈：他们当然有。

杰夫：不，他们没有。他们没有那么多的战争。

妈妈：历史不仅仅是战争。

杰夫：对，但是材料的其他部分真的很无聊。

杰夫上了大学后，他发现历史远远比战争和其他实在"无聊的"东西要多得多。实际上，他主修了历史，而且现在就是一名中学的历史老师。但遗憾的是，他必须等到大学才发现历史作为一门学科的真正本质。

儿童和青少年也有一些关于其他学科的错误概念。例如，在本章开篇的个案研究中，冈特女士的学生认为数学只不过是一堆获得唯一正确答案的程序，因此不一定要有意义。此外，学生经常持有对学习的一般特征的错误概念。例如，冈特女士的学生认为只要他们的老师做好她的工作，他们应该不需要付出努力或只需要付出很少的努力就能快速且容易地学会数学概念和程序。

学生关于知识和学习的本质的信念被概括为**认识信念**（epistemic belief，你可能也会看到"认识论信念"这个术语）。这种信念常常影响学生的学习（Hofer & Pintrich，1997；Purdie，Hattie & Douglas，1996；Schommer，1994b，1997）。例如，当学生认为学习以全或无的方式快速发生时（就像冈特女士的学生所认为的那样），他们倾向于在实际学会之前就认为自己已经掌握了某些东西。而且，他们往往会在面临失败时很快放弃正在学习的主题，并表现出受挫或讨厌正在学习的主题。相反，当学习者认为学习是一个渐进的过程，常常需要时间和努力时，他们在学习时就可能使用范围更广的学习策略，并且坚持不懈直至理解材料的意义（D. L. Butler & Winne，1995；Muis，2007；Schommer，1990，1994b）。

另一个有关学生认识信念的可变性的例子是，一些学习者认为当他们读课本时，他们常常是在被动地从书中吸收许多分离的信息片段。相反，另一些学生认为从阅读中学习需要他们通过主动解释、组织、应用新信息来建构自己的意义。意识到阅读是一个建构的、整合的过程的学习者在阅读时更有可能进行意义学习，当遇到与他们现有的理解相矛盾的观点时，他们更有可能经历概念转变（Mason，Gava，& Boldrin，2008；Schommer-Aikins，2002；Sinatra & Pintrich，2003）。

认识信念往往会在个体的童年期和青春期时发生变化（Kuhn & Park，2005；Muis，Bendixen，& Haerle，2006；Schommer，Calvert，Gariglietti，& Bajaj，1997）。小学低年级儿童一般相信知识的确定性：他们认为任何主题都存在绝对真理。当他们上高中时，一些（但绝不是所有）学生开始意识到知识是一个主观实体，并且关于一个主题的不同观点可能同样有效。其他一些变化也会在高中阶段发生。例如，12 年级的学生比 9 年级的学生更有可能认为知识是由复杂的相互关系而不是孤立的事实组成的，而且大多数学习都是随着时间的推移逐渐发生的，而不是快速的、一次性的努力。这种发展趋势反映在表 7.1 的部分条目中。

学习者的认识信念一般会以内隐知识或错误知识的形式存在，它们会远离学习者的意识觉知。因此，教师必须主动、明确地向学生传递关于知识和学习的本质的建设性信念，具体如下：

· 知识不仅包括事实、概念和观点，也包括理解这些事物之间的关系；

· 学习涉及主动地建构知识，而不只是被动地吸收知识；

· 知识并不总是意味着困难的、复杂的问题有明确的答案，在有些情况下，它还包括批判性地评价与一个特定观点相关的可用证据；

· 掌握大量信息或一项复杂的技能常常需要努力和坚持不懈；

· 人类关于任何主题或现象的集体知识是一个

动态的、持续变化的实体，获得这样的知识也必然是一个需要不断付出努力的持续终生的过程。

在传达这种信息时，我们不仅要用我们所说的，也要用我们所做的，如我们提出的问题、布置的任务，以及评估学生的方式。例如，我们可以让学生解决没有明确的正确或错误答案的复杂问题。我们可以教学生收集数据及测试竞争假设的策略。我们可以要求学生比较一个特定现象的几种解释并思考支持每种解释的证据的有效性和强度。我们还可以通过呈现令人困惑的现象来告诉学生，在有些情况下，即使是领域内的那些专家，也不能恰当地解释人类的所有经验。当我们做这些事情时，我们就增加了学生使用有效的学习策略、批判性地评价课堂学习内容，以及适时进行概念转变的可能性（Bendixen & Feucht，2010；Fives，Barnes，Buehl，Mascardri，& Ziegler，2017；Kuhn，2009；Reznitskaya & Gregory，2013）。

然而，我们必须谨慎地采取这些策略。当学生根深蒂固地持有"学习所涉及的事实只能从专家处获得"的信念时，他们一开始可能就会发现那些强调多种观点并提供很少固定答案的课几乎没有什么价值，因此不会有所收获。促进学生转向更加复杂的知识本质的信念需要时间、温和的刺激、坚持，以及学生在质疑自己和他人信念时感到自在的课堂氛围（Andre & Windschitl，2003；Rule & Bendixen，2010）。

■ **不同的动机和目标需要不同的策略。**动机因素明显影响学生使用有效策略进行学习的程度。比起真正掌握课堂材料，有些学生可能对获得及格分数更感兴趣（P. A. Alexander，Graham & Harris，1998；Nolen，1996；Palmer & Goetz，1988）。另一些学生可能认为意义学习的策略需要太多时间和努力，因

此不值得。还有一些学生可能对他们的学习能力几乎没有什么信心，以至于他们认为不管使用什么策略都会做得很差（P. A. Alexander，Graham，& Harris，1998；Mason，2010；Nolen，1996）。

■ **学生可能没有足够的自我调节技能，无法跟上进一步的学习。**自我调节（self-regulation）技能指主动的、有目的的策略。在这个过程中，学习者会设定他们想达成的外显目标，如掌握一个特定的主题，然后投入行为和认知过程，以实现这些目标。对学习者来说，仅仅意识到自己需要更多或更好的学习以填补理解上的差距并达到更高的水平是不够的。他们也必须知道怎样让自己行动以完成进一步的学习，如为学习留出具体的时间、寻求必要的资源和帮助，以及将分心刺激最小化等（Roelle，Schmidt，Buchau，& Berthold，2017；Sussan & Son，2014）。

■ **对有效策略进行持续的教学和指导，以促进学生的学习和成就。**在每次向更高的教育水平过渡的过程中，教师都希望学生学习更多内容，并以更复杂的方式进行思考。因此，儿童在小学获得的简单学习策略（如复述）会随着每一学年的飞逝变得越来越无效。然而，教师常常只教授学科内容（如历史、生物、数学等），却没有教学生如何学习这些学科内容（Hamman，Berthelot，Saia & Crowley，2000；Pressley et al.，1990；E.Wood et al.，1997）。当我们把这项任务留给学生时，大多数学生在发展有效的策略上会非常缓慢，因而在数年内，当他们尝试掌握课堂内容时会遇到越来越多的困难。当他们没有掌握课堂内容时，他们可能并不知道自己已经失败了或怎样提高下一次成功的可能性。

使用有效的学习策略对学生的课堂成就有非常大的影响，因此，我们不应该让这些

策略的发展成为偶然。那么，我们要如何帮助学生学会学习呢？"走进课堂——促进有效的学习策略"专栏呈现了几种基于证据的策略。其中最重要的策略是：在教授学业内容的同时，教授学生如何有效地学习和记住这些内容。当学习策略不是在单独的学习–

技能课堂上被教授，而是以关于具体学业主题的日常教学的组成部分被教授时，学生更有可能使用有效的学习策略（Hattie, Biggs, & Purdie, 1996；Pressley, Harris, & Marks, 1992；Veenman, 2011）。

走进课堂　● ● ●

促进有效的学习策略

■ **使用适合学生年龄的语言，偶尔明确地谈论思维和记忆。** 当学前教师解释学校的重要安全规则时，她停顿了一下，并说道："我们所有人都需要记住这些规则，不是吗？我们要把它们牢牢记在头脑中，这样班上的每个人都可以快乐、健康。我们能做些什么来帮助我们记住这些规则呢？"在接下来的头脑风暴中，学生提出了诸如"讨论很多次"和"把它们画成图"之类的建议。

■ **在教授学业内容的同时，教授学生如何有效地学习和记住这些内容。** 当一名 2 年级教师呈现一周的新的拼写单词时，他要求学生练习书写每个单词及单词例句各一次。他也要求学生思考部分单词在拼写上和他们已经学过的单词有怎样的相似性（如"单词'clown'以字母'o-w-n'结尾，你还学过哪些单词以这几个字母结尾"）。他还教授学生记忆术，如"字母 I 在 E 之前，在 C 之后……"，来帮助他们记住"believe"和"receive"这类单词的拼写。

■ **建议学生广泛采用各种外显策略和内隐策略（如记笔记、思考新例子、创建记忆术和摘要、进行自我检查的小测验），每一种策略在不同情境和不同目**的下都很有用。一名高中社会研究课老师承认地理的有些内容很难记，如欧洲各国的首都的名称。她建议采用关键词记忆术，并以比利时的首都布鲁塞尔为例图解了这一个过程："想象一个有眼睛和嘴巴的大钟，它正在吃孢子甘蓝（编者注：孢子甘蓝的英文为'brussels sprout'，其中第一个英文单词与布鲁塞尔的英文相同）。"但老师又另外指出地理的许多内容是有意义的，应该被理解而不是被记住。例如，某一天，当她呈现一张欧洲地图时，她说："注意有多少欧洲国家的首都在大河边？你认为这是为什么？"

■ **支持学生尝试使用新策略，如示范策略、提供何时使用策略的线索，以及就有效策略和无效策略的使用提供反馈。** 一名 7 年级语言艺术老师给她的学生提供了记笔记的表格，这样他们就可以在关于古希腊神话的单元中用表格记笔记（见图 7.1）。

■ **用适合学生年龄的方式解释各种策略的实用性。** 一名高中历史老师问班里的学生："谁能告诉我为什么美国殖民地的居民对 1765 年的《驻军法案》如此恼怒？上个星期我们讨论过，有谁记得？"没有人做出回应，老师继续问道："许多儿童意识不到，人们经常不能记住他们所听到的事情，除非他们写下那些事情。我们这节课是时候开始记笔记了。"老师就如何及何时记笔记给出了一些要点，并在整个学年的课程中持续支持学生记笔记，有时候只是简单地说："这是一个重要的知识点，因此，你们应该把它记在笔记中。"

■ **要求学生反思他们的学习进展和正在用于掌握课程内容的策略。**一名高中数学老师要求学生定期写学习日志，学生要在日志中阐明一节课的重要观点、在他们正在学习的和已经知道的事物之间建立联系，并计划可能促进他们掌握内容的后续策略。

■ **偶尔要求学生以配对或合作学习小组的形式学习教学材料。**在一个关于人类肌肉系统的单元中，7 年级学生作为"起始者"构想促进精细加工的问题来提问学习伙伴。然后学生会被分成两人一组一起学习。许多学生能构想和提问如下精细加工问题："肌肉为什么重要？""骨骼肌和心肌有哪些相同之处？"

■ **让学生互相分享他们的策略。**在一所有大量面临学业失败风险的少数族裔学生的学校里，教职员工和学生创建了一个少数族裔成就委员会（MAC）项目，旨在将学业成就列为优先事项。该项目的参与者是经过精心挑选的（即学生必须显示对学业进步的承诺），而且是有声望的。在常规的见面会中，11 年级和 12 年级的高成就学生会描述、示范和鼓励许多有效的策略，来帮助在学业上挣扎的低年级学生。

资料来源：P. A. Alexander，Graham，& Harris，1998；Glogger，Schwonke，Holzäpfel，Nückles，& Renkl，2012；Grammer，Coffman，& Ornstein，2013；Hacker，Dunlosky，& Graesser，2009b；Hattie，Biggs，& Purdie，1996；A. King，Staffieri，& Adelgais，1998；Kucan & Beck，1997；McCrudden & Schraw，2007；McGovern，Davis，& Ogbu，2008；Meltzer，Pollica，& Barzillai，2007；Nokes & Dole，2004；Pressley & Hilden，2006；Vaughn et al.，2011；Veenman，2011；C. E. Weinstein & Hume，1998；Wentzel，2009.

数字时代的元认知策略

在许多传统教学模式中——如教师讲课和解释、阅读课本读物等——教师或其他知识渊博的个体掌控着学生学什么，以及以什么样的顺序进行学习。然而，在 21 世纪的数字时代，许多教学材料以超媒体的形式呈现，学生只需点击屏幕上的一个单词、图标或按键，就可以从一个电子页面跳转到另一个他们所选择的页面。超媒体可以在事先打包好的教学软件程序及专家设计的教学网页中找到。当然，互联网本身就是一个无限的超媒体。

从互联网和其他形式的超媒体中获得新信息不仅需要我们之前描述的各种学习策略，还需要一些其他的策略。当有效的学习者使用基于计算机的材料获得新信息时，他们必须做以下大多数或所有事情：

· 识别可能有效的关键词，用于搜索特定信息；

· 就随后的路径和热链接做出明智的选择；

· 确定要实现的具体学习目标，监控目标实现的进展；

· 当新信息出现时，对目标和搜索策略进行调整；

· 批判性地评价在各种网站上找到的信息和可能的错误信息（在后面的批判性思维讨论中有更多关于这个问题的内容）；

比较、对比和综合从两个或多个来源获得的信息（Afflerbach & Cho，2010；P. A. Alexander & the Disciplined Reading and Learning Research Laboratory，2012；Azevedo & Witherspoon，2009；Leu，O'Byrne，Zawilinski，McVerry，& Everett-Cacopardo，2009）。

每个年龄阶段都有人缺少这些技能，特别是如果他们在一个主题上具备的先前知识很少，或者天真地认为互联网上发布的一切事物都是"事实"的话（J. A. Greene，Hutchinson，Costa，& Crompton，2012；P. A. Kirschner & van Merriënboer，2013；Niederhauser，2008）。正如你所猜测的那样，大多数小学生和中学生都需要大量的教师的指导和支持，才能从基于超媒体的教学资源中进行有效的学习。

幸运的是，一些软件程序可以支持学生在基于计算机的教学和在线研究过程中的学习策略。例如，一个程序可能时不时地鼓励学生设定学习目标或要求他们明确不同的概念之间的因果关系。当学生在互联网上搜索某个特定主题的资源时，基于计算机的支持可以时不时地提醒他们做研究的目标或他们

应该用来评价某个特定网站内容的标准（Afflerbach & Cho，2010；Belland，Walker，Kim，& Lefler，2017；Koedinger，Aleven，Roll，& Baker，2009）。

基于技术的元认知脚手架的一个很好的例子是"贝蒂的大脑"——一个基于计算机的学习环境。学生可以在其中阅读诸如身体温度调节或气候变化这类主题的多个材料，然后创建一个概念图来表征他们在材料中发现的因果关系。学生被告知一个名叫"贝蒂"的"儿童"必须学习这个主题，学生作为贝蒂的"老师"可以通过自己创建的概念图来帮助贝蒂学习。就像一名好老师一样，学生也应该用问题或小测验定期评估贝蒂的理解。如果贝蒂表现不好，学生可以想办法提高她的理解能力，在这个过程中，他们自己也对这一主题进行了大量学习。例如，图 7.2 显示了关于气候变化的一个正在进行中的单元。学生 / 老师在概念图上画了一些不太恰当的因果关系，导致贝蒂在评估上表现很差。一个虚拟的"指导老师"（戴维斯先生）已经介入，并就一小部分课文提供关于怎样识别因果关系的指导。学生刚刚正确识别了一个关系——海冰减少了被吸收的光能，

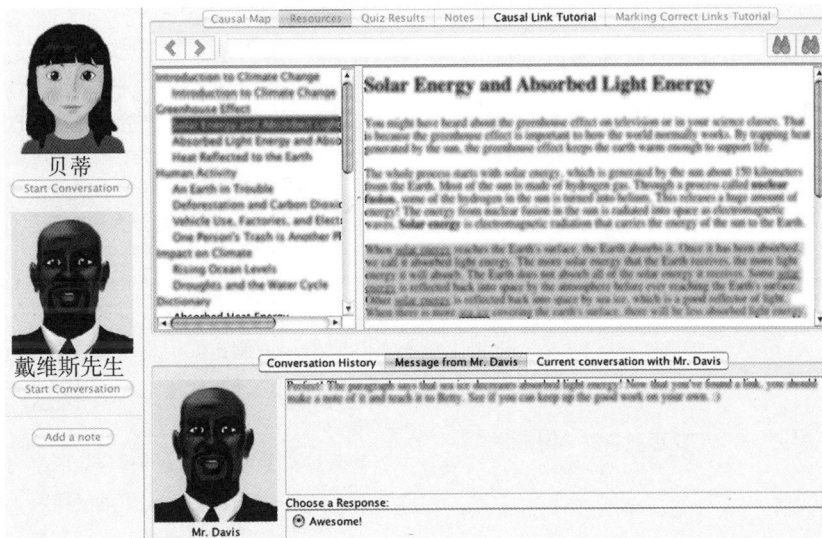

图 7.2　在这个来自"贝蒂的大脑"的截屏中，一名学生在这个点上创建了一个关于影响气候变化的因果关系的不恰当的概念图，"戴维斯先生"已经介入并提供脚手架和反馈来指导该学生

资料来源：The *Betty's Brain* system has been developed by the Teachable Agents Group at Vanderbilt University with financial support from the Institute for Educational Sciences and the National Science Foundation. Used with permission.

而且戴维斯先生已经建议了合理的下一步（Biswas，Segedy，& Bunchongchit，2016；Leelawong & Biswas，2008；Segedy，Kinnebrew，& Biswas，2013）。

元认知中的多样性、障碍和特殊能力

研究者已经观察到不同学生的认识信念之间的文化差异，尤其是他们关于学习意味着什么的信念。从西方主流文化的视角来看，学习主要是一种精神事业：人们学习是为了理解世界、获得新的技能和能力。但对许多中国人来说，学习也有道德和社会维度：它能使个体变得越来越高尚和可敬，进而以有效的方式为改善社会做贡献（J. Li，2005）。

研究者也揭示了不同学生的认识信念之间的其他文化差异。例如，从中学开始，美国的学生更有可能比远东国家的学生质疑一个权威人物言论的有效性。相反，远东国家的学生更有可能相信知识是固定的、能够有效地从权威人物那里获得的（L. Chang et al.，2011；Kuhn & Park，2005；Qian & Pan，2002）。然而，亚裔学生及亚裔美国学生在另一个方面具有优势：与欧裔美国同龄人相比（他们有时期望以很少的工作获得快速的结果），亚裔学生更有可能相信掌握复杂的学术主题常常是一个缓慢而需要努力的过程，要求学习者勤奋、坚持不懈，并结合机械学习和意义学习（L. Chang et al.，2011；Dahlin & Watkins，2000；J. Li，2005；Schommer-Aikins & Easter，2008；Tweed & Lehman，2002）。

适应有特殊需要的学生

我们特别容易看到有特殊需要的学生在元认知上的多样性。表 7.2 呈现了这些学生可能存在的特

表 7.2　促进有特殊教育需要的学生的元认知发展

类别	可能观察到的特征	建议策略
有特定认知障碍或学业困难的学生	· 对学习的元认知意识和控制很少 · 使用很少且相对无效的学习策略 · 在对策略进行明确指导后，对策略的使用增加	· 在关于某个主题的课堂情境中教授有效的学习和阅读策略（如记笔记、使用记忆术、识别一般主题的重要观点） · 示范有效的策略并支持学生使用它们（如提供指导学生记笔记的提纲、问一些鼓励激活先前知识的问题）
有社交或行为问题的学生	· 对加工困难的元认知意识有限（对某些学生而言） · 很少使用有效的学习策略（对某些学生而言）	· 提供使用有效学习策略的指导（如言语示范策略、给学生提供一个指导记笔记的提纲）
认知和社会功能普遍滞后的学生	· 缺乏对学习的元认知意识和控制 · 缺少学习策略，尤其是在没有策略训练的情况下	· 教授学生相对简单的学习策略（如复述、特殊记忆术），让学生进行大量练习以使用它们
有身体障碍或感知困难的学生	· 在元认知知识或策略上没有观察到一致的缺陷，特定缺陷有时源于学生的感觉损伤	· 将你用于非残障学生的教学策略应用于这类学生，并进行适当调整以适应他们的身体和感知局限
认知发展超前的学生	· 使用与同伴相比更复杂的学习策略	· 不要假定学生有着跟成年人类似的学习策略，评估他们现有的策略，适时鼓励更有效的策略（如精细加工、理解监控） · 如果学生明显拥有有效的学习策略并能在教师指导很少的情况下使用这些策略，就给他们提供机会进行自我指导学习

资料来源：Beirne-Smith，Patton，& Kim，2006；J. R. Boyle et al.，2015；B. Clark，1997；Edmonds et al.，2009；E. S. Ellis & Friend，1991；Graham & Harris，1996；N. Gregg，2009；Grodzinsky & Diamond，1992；Heward，2009；Mastropieri & Scruggs，2007；Meltzer，2007；Mercer & Pullen，2005；Piirto，1999；Pressley，1995；H. L. Swanson，1993；Turnbull，Turnbull，Wehmeyer，& Shogren，2016；Waber，2010；Wong，1991.

征。注意许多患有认知障碍的学生，以及一些患有情绪和行为障碍的学生可能表现出对有效学习策略的知识和使用甚少。相比之下，那些特别有天赋的学生比他们的同伴拥有更复杂的学习策略。

对许多残障学生而言，我们可能必须教给他们元认知技能并提供大量脚手架，也就是在他们使用具体的学习策略时提供密切的指导和帮助（J. R. Boyle et al., 2015; Meltzer, 2007）。例如，我们可以提供部分填写的提纲来指导学生记笔记（见图 7.3）。我们也可以告诉学生特定的策略（如精细加工、理解监控）在何时使用是合适的，并用具体的课程学习内容示范这些策略的使用。最后，我们必须给学生机会练习他们新获得的策略，并就他们如何有效地使用每种策略提供反馈。

肌肉

1. 肌肉的数量

　　人体有将近 _____ 块肌肉。

2. 肌肉怎样工作

　　肌肉以以下两种方式进行工作：

　　（1）它们 _____ 或变短。

　　（2）它们 _____ 或变长。

3. 肌肉的类型

　　（1）_____ 肌肉通过 _____ 附着于骨骼。

　　　　①这些肌肉是 _____（随意的 / 不随意的）。

　　　　②这些肌肉的目的是 _____。

　　（2）_____ 肌肉排列于人体的 _____。

　　　　①这些肌肉是 _____（随意的 / 不随意的）。

　　　　②这些肌肉的目的是 _____。

　　（3）_____ 肌肉是它这一类中唯一的一块。

　　　　①这块肌肉是 _____（随意的 / 不随意的）。

　　　　②这块肌肉的目的是 _____。

图 7.3　指导学生记笔记的一个部分填写的提纲样例

作为教师，我们必须记住学生可能会以不同的方式进行学习，而且经常比我们设想的效率更低、成功更少。几乎所有学生都能从对知识和学习的更深刻的理解中获益，通过定期实践有效的策略来掌握课堂主题。

迁移

7.2　描述迁移发生的各种形式及迁移最有可能有效产生的条件，将迁移的研究结果应用于课堂实践

学生怎样思考和学习学校科目，不仅关系到他们理解和记忆的效果，也关系到他们以后如何有效地使用和应用这些科目。这里我们谈论的是迁移（transfer）：一个人在一个情境中获得的知识和技能影响其在后续情境中学习或表现的程度。下面是几个例子。

- 艾琳娜能流利地说英语和西班牙语。当她开始学习高中法语课时，她马上就意识到法语和西班牙语有许多相似之处。"啊，"她想，"我所知道的西班牙语将帮助我学习法语。"

- 斯特拉在她的中学历史课上发现，当她记更多的笔记时，她的测验成绩更好。她决定在科学课上也记更多的笔记，这种策略又一次奏效了。

- 特德的 5 年级班学习小数有几个星期了。他的老师问："哪个数更大，4.4 还是 4.14？"特德回忆起他所知道的关于整数的一些知识：有着三个数字的数比只有两个数字的数大。"更大的数是 4.14"，他做出了错误的推论。

在大多数情况下，当前的知识和技能有助于学生在另一个情境下的学习和表现。当艾琳娜的西班牙语有助于她学习法语，以及当斯特拉将在历史课上记笔记的方法用于提高她的科学课的成绩时，正迁移（positive transfer）就发生了。然而，在某些情况下，当前的知识或技能会阻碍学生后来的学习。特德的例子就属于负迁移（negative transfer）：他将一个与整数相关的原理迁移到一个不适用的情境中：比较小数。

有时，我们看到的是特殊迁移（specific transfer），即原有任务和前一项任务在内容上有重叠。例如，艾琳娜应该可以轻松地学会用法语数数，因为法语的数

（un，deux，trios，quatre，cinq）和她已经知道的西班牙语的数（uno，dos，tres，cuatro，cinco）非常相似。另一些时候，我们可能看到的是一般迁移（general transfer），即在一个情境中的学习影响在不太相似的情境中的学习和表现。例如，思考斯特拉在科学课上记更多笔记的策略，因为她在历史课上记笔记已经取得了成功。历史和科学在内容上并没有太多重叠，但在一门课上获得的策略有助于学生对另一门课的学习。

从历史观点来看，研究已经表明，当涉及学科内容的应用时，特殊迁移发生的频率远高于一般迁移（W. D. Gray & Orasanu，1987）。实际上，一般迁移究竟是否发生，在许多年里一直是一个争议相当大的问题。许多早期的教育者相信某些学科需要学生对精确度和细节给予大量的注意（如数学、拉丁语、希腊语、形式逻辑），它们可能以某种方式增强学生的心智，从而使学生能更容易地处理其他不相关的任务。这种迁移的形式训练说（formal discipline）一直持续到 20 世纪的头几十年。例如，本书的其中一位作者在 20 世纪 60 年代上高中时希望进入一所声望很高的大学，她被建议选修法语和拉丁语——她所在的学校提供的仅有的两种语言。"但是我为什么应该选修拉丁语？"她问道，"我只有在参加天主教集会或偶尔遇到一些诸如'caveat emptor'或'e pluribus unum'的拉丁短语时才会用它。"辅导员撅起嘴，给了这位作者一个她最了解的眼神。"拉丁语将锻炼你的心智，"她告诉这位作者，"它会帮助你学得更好。"

大多数研究在总体上怀疑这种将心智比作肌肉的迁移观。例如，练习记忆诗歌并不一定能使人成为更快的诗歌记忆者。在音乐或围棋方面的大强度训练虽然肯定能提高人们在这些特定领域的能力，但不一定能提高人们更一般的认知能力。而且许多所谓的"头脑训练"项目——尤其是那些私人的、为了盈利而创建和市场化的项目——都基于可疑的研究方法和数据分析（Haskell，2001；James，1890；Sala & Gobet，2017；D. J. Simons et al.，2016）。

当我们将迁移观扩展到包括能被广泛应用于各种主题和情境（如阅读理解、劝说性写作、记笔记）的一般学业技能和学习策略时，我们更有可能看到一般迁移（J. R. Anderson，Greeno，Reder & Simon，2000；S. M. Barnett & Ceci，2002；M. I. Posner & Rothbart，2007）。而且，关于学习和思维的一般信念、态度和倾向——例如，认识到学习常常需要艰苦努力及对各种观点持开放的心态——可能对后续跨领域的学习和成就有深远的影响，从而清晰地阐述学习中的一般迁移（Cornoldi，2010；De Corte，2003；K. J. Pugh & Bergin，2006；D. L. Schwartz，Bransford，& Sears，2005）。有些学生发展出了一种应用他们在课堂上学习的内容的一般愿望——也就是说，他们有一种迁移的"精神"——这在后面的教学情境中还会不断重复地出现（Goldstone & Day，2012；Haskell，2001）。

影响迁移的因素

在理想情况下，向真实情境的正迁移应该是各年级课堂的主要目标。学生往往不会将他们在特定课堂上获得的内容迁移到其他课堂上或学校之外的情境中（Levstik，2011；Perkins & Salomon，2012；Renkl，Mandl，& Gruber，1996）。当然，当学习者带着有意识地应用的目的学习每个课堂主题时，他们更有可能迁移他们在学校所学的知识。但是其他因素也会影响迁移发生的可能性，这通常是因为它们会影响学习者在需要时提取所学内容的能力。

■ **意义学习比机械学习能更好地促进迁移。** 教学时间很明显是影响迁移的一个重要因素：学生学习一个特定主题花的时间越多，他们就越有可能将他们所学的内容迁移到未来情境中。理想的情况是，学生应该获得对一个主题的概念性理解，也就是说，他们应该将自己学到的许多内容在长时记忆中进行适当的组织和相互关联。这里我们看到的是"少就是多"这个普遍原则的一个例子：当学生对少数内容进行深入学习和意义学习，而不是对许多内容进行肤浅的学习时，他们更有可能将在学校学到的内容迁移到新情境中，包括那些课堂以外的情境（Haskell，2001；M. C. Linn，2008；Schmidt & Bjork，1992）。

本章开篇的个案研究很明显地违反了"少就是多"原则。冈特女士认为如果她要涵盖 8 年级数学课程的所有内容，必须讲得快一些，即使这意味着没有几个学生会掌握任何特定的主题或程序。考虑到州数学测验即将来临，她可能没什么选择，但是她正在减少她的学生在将来应用他们所学内容的机会。

■ **当新情境与以往情境看起来相似时，正迁移和负迁移更普遍。** 知觉到相似性增加了新情境提供提取线索的可能性，当学习者在长时记忆中搜索潜在的相关知识和技能时，这些线索会将学习者指向正确的方向（Bassok，2003；Day & Goldstone，2012；Haskell，2001）。例如，当艾琳娜在她的法语课上第一次遇到数字单词（un，deux，trios）时，这些单词应该会迅速触发她对发音相似的西班牙语单词（uno，dos，tres）的回忆。

然而，我们应该注意到，两个情境的相似性虽然通常促进正迁移，但有时也会导致负迁移。试试下面的练习，你就明白我们刚才说的意思了。

亲身体验

除法问题

快速估算出下面这个除法题的答案。

$$60 \div 0.38$$

你的答案是大于 60 还是小于 60？如果你应用整数除法知识，毫无疑问，你会推论出小于 60 的答案。实际上，答案是约 158，一个远大于 60 的数。这个练习是否使你想起了特德的错误结论——4.14 比 4.4 大？甚

至在大学阶段，许多学生仍表现出了将整数原理应用到包含小数和分数情境中的负迁移（M. Carr，2010；Karl & Varma，2010；Ni & Zhou，2005）。学习小数在表面上与学习整数相似。唯一的区别，也是一个非常重要的区别就如它表现的那样，多了一个很小的小数点。

为了尽量减少学生将他们之前所学的某些内容进行负迁移的可能性，我们必须明确指出两个在表面上相似的主题的区别。例如，特德的老师可能已经指出了小数与整数不同的一些具体方面。另一个例子是，我们（本书作者）发现，我们的教育心理学课上的学生在正确理解某些概念（如成熟、社会化、短时记忆）时经常遇到困难，因为这些心理学名词的含义与它们在日常交谈中的含义十分不同。因此当我们第一次介绍这样的概念时，我们要煞费苦心地对比不同的含义。即便如此，这些日常含义还是会经常干扰学生对课程内容的思考，尤其是当学生没有持续监控自己的思维和理解时。

■ **一般的原理和理论比孤立的事实和特定任务式程序更容易迁移。** 一些具体事实和程序的知识是不可或缺的。例如，学生应该知道 2+3 等于多少、在一个地球仪上找到非洲在哪里，以及怎样建构一个直角。然而只靠他们自己的话，具体的事实和程序在新情境中只有有限的用处。一般来说，一般的原理、规则和理论解释比孤立的信息和怎样做某事的具体程序应用更广泛（S. M. Barnett & Ceci，2002；Haskell，2001；Kalyuga，Renkl，& Pass，2010）。我们对一般原理越重视（例如，两个正整数相加总是得到一个更大的数，不同国家的文化受其所在地域和气候的影响，以及剪切、复制和粘贴功能在计算机应用中非常常见），我们就越能促进学生迁移它们所学知识的能力。然而，这并不是说我们应该总是

从教抽象原理开始一个教学单元。在通常情况下，更好的做法是用具体的例子开始一个单元，让学生投入兴趣并进行即时理解，然后在后续课程中引入一般原理（Nathan，2012；D. L. Schwartz, Chase, & Bransford，2012）。

尤其是随着年龄的增长，一些学生获得了将一般原理应用于不同于他们以往所学主题的能力。例如，在一项研究中，5年级学生和大学生被要求为增加他们所在州的一种濒危动物白头海雕的数量制订一个计划（Bransford & Schwartz，1999）。在两个年龄群体中，没有一个学生学习过保护海雕的策略，两个群体制订的计划也非常不适用。然而在制订计划的过程中，大学生比5年级学生提出了更多复杂的问题。5年级学生更多地聚焦于海雕本身（如"它们有多大""它们吃什么"），而大学生看到了更大的图景（如"什么类型的生态系统支持海雕的生存""海雕和海雕宝宝的天敌是什么"）（Bransford & Schwartz，1999）。因此，大学生正在利用他们在多年来的科学学习中获得的一个重要原理：当居住环境支持而不是威胁生物物种的生存时，它们更有可能生存和繁衍。

■ **当信息和技能被看作与不同的学科和现实情境相关联时，迁移更普遍。** 遗憾的是，许多学生倾向于将学习主题看作受情境约束的。也就是说，不同的学科完全相互独立且独立于现实世界存在（S. M. Barnett & Ceci，2002；Perkins & Simmons，1988；Renkl et al.，1996）。例如，在烤蛋糕时，一名11岁的儿童可能会问父母："两个四分之一就是四分之二吗？我知道在数学中是这样，但在烹调中是什么样的（K. J. Pugh & Bergin，2005）？"

某些学校学习的情境约束特征可能会妨碍学生在可能用到他们所学知识的情境中提取它们。针对高中生的一项典型研究（Saljo &

Wyndhamn，1992）提供了一个例子。学生被要求计算出他们应该在有一定重量的信封上贴多少张邮票，并得到了一张邮资表，这样他们就能够判断正确的总额。当研究者在社会研究课上给学生这项任务时，大多数学生都会使用邮资表来寻找答案。但是当研究者在数学课上给出这项任务时，大多数学生忽略了邮资表，而是尝试用某种方式进行计算，有些学生甚至计算到了小数点后几位。因而，在社会研究课上的学生更有可能正确解决这个问题，这可能是因为他们十分习惯于在表和图中寻找信息。相比之下，数学课上的许多学生习惯于使用与数学相关的策略，利用公式进行计算，反而忽略了更有效、更准确的方法。

幸运的是，并不是所有学校的学习都停留在学校或某间教室里。人们经常将他们在学校习得的一些技能，如阅读、算术、解释地图等，应用到日常的实际任务中。通过经常将在学校学习的主题与其他学科及外部世界联系起来，我们就可以增加这些主题的可迁移性（R. E. Clark & Blake，1997；Perkins & Salomon，2012；J. F. Wagner，2010）。例如，我们可以给学生展示人类消化系统是怎样将食物分成几种基本食物群的，或者经济学原理对解决全球变暖有何启示。

■ **大量、多变的练习机会可以增加迁移的可能性。** 学生将他们所学的知识应用于新的任务和问题的练习越多，这些任务和问题越多样，学生在未来的情境（包括课堂之外的情境）中应用这些知识的可能性就越大（Gresalfi & Lester，2009；van Merriënboer & Kirschner，2013；J. F. Wagner，2010）。尤其有用的是**真实性活动**（authentic activity）——与学生最终在真实情境中遇到的那些活动类似或相同的活动。例如，当学生学习基本算术原则时，他们可能会被要求将那些原则应用于决定在一个折扣店买最划算的东西、在朋友中平等地分配物品，以及管理学校书籍的售卖。然后，算术将在长时记忆中与所有这些情况联系起来，当需要确定两种购买行为中哪一种产生的金钱效益最大时，相关的数学程序应该可以被轻而易举地提取出来。理想的情况是，学生应该发现许多他们在学校所学的知识实际上有着广泛的应用，换句话说，课堂主题是情境自由的（A. Collins, Brown, & Newman, 1989; Cox, 1997; Perkins & Salomon, 1989）。

■ **计算机模拟也能够为增加迁移的可能性提供各种手段。** 近几十年来，技术的发展为各种各样的模拟半真实情境做出了贡献。例如，儿童可以利用计算机屏幕上的虚拟操作学习关于分数的许多内容。初中生和高中生可以在计算机模拟世界系统检验关于地震或雪崩的可能原因的各种假设。高中生通过为1968年理查德·尼克松（Richard Nixon）和休伯特·汉弗莱（Hubert Humphrey）的美国总统竞选运动或巴拉克·奥巴马（Barack Obama）和约翰·麦凯恩（John McCain）2008年的竞选运动创建他们自己的电视广告，从而变得更会评论政治竞选广告中的说服性信息和潜在的误导性信息（Baroody, Eiland, Purpura, & Reid, 2013; de Jong, 2011; Kafai & Dede, 2014; Sarama & Clements, 2009）。

策略性地搜索互联网可以揭示许多适合课堂使用的模拟技术。以下是三个例子。

- 血泪之路。初中生可以虚拟体验美国原住民在1838年被迫离开他们在美国东南部的富饶的家乡去往相对荒凉的密西西比河以西地区的恐怖经历。
- 反弹球。高中生可以通过在不同表面虚拟弹起一个球来观察势能和动能如何互相转换。
- 多面体和镶嵌。高中生使用几何知识创造丰富多彩的三维多面体。

真实模拟常常兼具激励性和挑战性，从而让学生在任务上维持更长的时间，因此能显著提高学生理解和应用课堂主题的能力（Barab, Gresalfi, & Ingram-Goble, 2010; de Jong, 2011; Kuhn & Pease, 2008; Tobias & Fletcher, 2011）。

■ **当文化环境鼓励和期望迁移时，迁移就会增加。** 十分常见的情况是，学生似乎被鼓励为一些神秘的目的学习学校里的课程，如"你在大学将需要知道这个"或"它在不久的将来会派上用场"。在理想情况下，我们应该创造一种**迁移的文化**（culture of transfer），即一种将学校课程应用于新情境、跨学科情境和实际问题的学习环境，这既是期望也是标准。例如，我们可以经常鼓励学生在听讲、阅读和学习时问自己："我可能会怎样使用这一信息（R. A. Engle, Lam, Meyer, & Nix, 2012; Haskell, 2001; Perkins & Salomon, 2012; Pea, 1987）？"

问题解决与创造力

7.3 描述影响问题解决和创造力的一般因素，描述鼓励学生在处理新的任务和问题时进行生产性和创造性思考的教学策略

问题解决（problem solving）和**创造力**（creativity）都涉及将已学知识和技能应用或迁移到一个新情境中。在问题解决过程中，人们会使用他们所知道的来处理一个以往没有答案的问题或令人困扰的情境。心理学家已经提出了关于创造力特征的各种观点，但一般来说，它涉及以某种方式产生一个适切的、在某种文化中有价值的产品的新颖、独创的行为。

许多复杂的任务和问题需要问题解决能力和创

造性思维。然而，在某种程度上，问题解决和创造力在包含聚合思维和发散思维的范围上有所不同。图 7.4 说明了两种思维。为了成功地解决一个问题，人们一般会将两个或多个片段的信息串在一起形成一个整体。这种将信息组合成单个观点或产品的方式被称为聚合思维（convergent thinking）。相反，当人们进行创造时，他们经常会从单个观点开始，然后将其引向各个方向，至少其中一个方向会带来新颖的、独特的、文化适当的事物。这个从单个观点开始产生许多不同观点的过程被称为发散思维（divergent thinking）。为了了解二者的差异，请试试下面的练习。

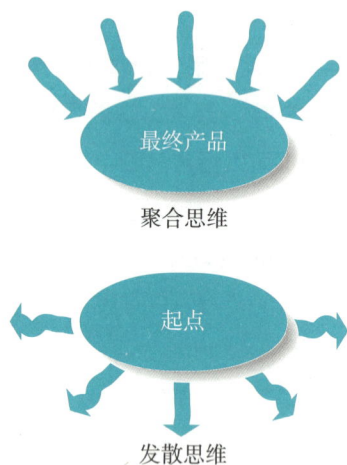

聚合思维

发散思维

图 7.4 聚合思维与发散思维

亲身体验

四个问题

花几分钟时间回答下面的问题。

1. 你买了两个苹果，每个苹果花了 25 美分，你又买了一个梨，花了 40 美分。你给了 1 美元，需要找回多少零钱？

2. 一块砖的可能用途有哪些？尽你所能地想出许多不同的、不寻常的用途。

3. 作为教师，你想举例说明即使金属比水的密度大，金属战舰仍然能浮在水面上。你并没有金属做的玩具船。那么你可以使用什么来替代金属船向学生展示内部空心的金属物体可以浮在水面上？

4. 热带雨林为许多动物和植物物种（包括一些用于现代医学的植物）提供了家，它们有助于缓解地球大气层中二氧化碳的迅速增加。然而，每天都有成千上万亩热带雨林在逐渐消失，这主要是因为农民想通过砍伐树木和燃烧植被来努力建造新的农场（Hosmer，1987）。我们可以采取什么措施减缓砍伐森林的惊人速度？

回答问题 1 只需要聚合思维：你必须将你知道的至少 4 个独立的事物串在一起（$2 \times 25 = 50$，$50 + 40 = 90$，1 美元 = 100 美分，$100 - 90 = 10$），来得到答案"10 美分"。问题 2 需要发散思维：你必须思考单个物体的许多不同的用途，你的有些反应可能是新颖而独特的（例如，砖能用来给台灯做一个有趣的底座）。问题 3 和问题 4 同时需要两种思维。为了回答问题 3，你必须想出一系列可能的战舰替代物（发散思维），并根据你的目的比较它们的相对浮力和实用性（聚合思维）。为了回答问题 4，你必须将你知道的关于不同的植物和动物的生活习性的知识整合在一起（聚合思维），并创造性地进行头脑风暴，找出可能的答案，如教给农民一种或多种在经济上可行的替代砍伐–燃烧的方法（发散思维）。

问题在清晰性和结构化的程度上差别非常大。在清晰性–结构化连续体的一端是定义明确的问题（well-defined problem）。这类问题的目标明确、解决问题需要的所有信息都具备，而且只有一个正确答案。练习中的问题 1 就是一个定义明确的问题。在这个连续体的另一端是定义不明确的问题（ill-defined problem）。在这类问题中，要达成的目标不明确，解决问题所需的信息不全，或者有多个可能答案。练习中的问题 3 在某种程度上是定义不明确的：许多物体可以作为战舰的替代物，有些物体可能比另一些更好。练习中的问题 4 就更加定义不明确了：目标（减少过度砍伐）是模糊的，我们也缺少许多有助于解决这个问题的信息（例如，有什么选择可以替代农民的砍烧耕作行为），而且这个问题没有唯一正确的答案。一般来说，定义不明确的问题比定义明确的问题更难解决，也更有可能需要创造性思维。

大多数在学校情境中呈现的问题是定义明确的。作为一个例子，让我们回到本章开篇的个案研究中的打字问题：

> 克里弗德一分钟可以打 35 个字。他需要打出他的英语作文的定稿，作文有 4200 个字。克里弗德需要花多长时间打出他的作文？

请注意，解决问题所需的所有信息都提供了，也没有无关信息来迷惑学生。如果克里弗德继续以同样的速度打字，就只能产生一个答案。然而，真实世界呈现的定义不明确的问题远多于定义明确的问题，学生需要练习解决它们。而且，当学生经常在学校课程中遇到定义不明确的问题时，他们可能会获得更复杂的认识信念，尤其是他们可能会开始意识到许多主题和问题并没有简单、清晰的正确答案和错误答案（Rule & Bendixen，2010）。

影响问题解决的成功和创造性思维的因素

我们前面提到的影响迁移的因素，如对主题的透彻理解、知觉到新信息和各种情境的相关性，当然也会影响学习者成功地、创造性地解决问题的能力。但其他几个因素也很重要，正如下面的一般原理所反映的那样。

- **学习者的知识深度影响他们解决问题和创造性地思考的能力。** 成功的问题解决者和创造性思考者通常拥有大量的知识及对问题所涉及主题的概念性理解（M. Carr，2010；Simonton，2000；Sweller，2009）。尤其是在创造力方面，这种知识可能也涉及在非常不同的观点和主题领域之间的心理联系（Runco & Chand，1995）。

当学习者在某个主题上只有有限的知识和很少的概念性理解时，他们往往会基于问题的表面特征选择问题解决策略（Chi，Feltovich & Glaser，1981；Schoenfeld & Hermann，1982；Walkington，Sherman，& Petrosino，2012）。例如，当我们中的一位作者上小学时，教师建议应用题中的单词"剩余"（left）意味着要用减法。将一个"剩余"问题编码为减法问题在有些情况下是奏效的，但在另外一些情况下并不合适。请思考下面两个问题。

- 提姆有 7 个苹果。他给萨拉 3 个苹果。他还剩下多少个苹果？
- 在杂货店，提姆买苹果花了 2 美元。当他离开商店时，他还剩下 1.5 美元。提姆在买苹果前有多少钱？

第二个问题需要使用加法，而不是减法。

- **聚合思维和发散思维都受到工作记忆容量的限制。** 请记住，工作记忆的容量有限：它一次只能保存几条信息，也只能容纳有限的认知加工。如果一个问题或一项任务需要学生一次处理许多信息，或者以非常复杂的方式操纵信息，当认知负荷高时，工作记忆容量可能就不足以支持有效的认知加工，问题就不能被解决（K. Lee，Ng，& Ng，2009；Peng，Namkung，Barnes，& Sun，2016；Sweller，2009）。

学生至少可以用两种方式克服工作记忆的限制。一种明显的方式是对需要的信息创建一个外部记录，如将它们写在一张纸上或打在计算机屏幕上。另一种方式是学习一些技能并达到自动化，换句话说，学习它们最终达到能快速且容易地提取它们的程度（R. E. Mayer & Wittrock，2006；Rau，Aleven，& Rummel，2015；Sweller，1994）。但是在自动化的情况下，好事过头可能会反成坏事，就如我们将要看到的那样。

■ **学生编码问题或情境的方式会影响他们的策略和最终的成功。**任何特定问题或情境都可能以各种方式被表征（即编码）在工作记忆中。以下面的练习为例，看看你是否能够解决其中的问题。

某些编码问题的方法比其他方法更能成功地解决问题。

亲身体验

猪和鸡

在进一步阅读之前，请尝试解决下面这个问题。

老麦当劳有满满一院子的猪和鸡。院子里总共有 21 个头和 60 条腿（不包括老麦当劳自己的头和腿）。有多少头猪和多少只鸡在院子里到处跑动？

如果你计算不出答案，请试着思考以下面这个方式呈现的问题。

想象猪只用两条后脚以直立的方式站着，两条前腿被举过头顶。因此，所有动物——猪和鸡——都是用两条腿站立的。计算有多少条腿在地上，有多少条腿在空中。根据这一信息，你能算出老麦当劳的猪和鸡的数量吗？

因为有 21 个头，所有动物的总数肯定是 21，然而，地上必须有 42 条腿（21×2），留下 18 条腿在空中（60−42），因此肯定有 9 头猪（18÷2）和 12 只鸡（21−9）。

你可以有几种方法用来解决猪和鸡的问题。但是如果你在一开始解决它时遇到了困

难——可能你的代数能力生疏了——你可能会一直努力用一种能引导你获得一个简单答案的方式对它进行编码。学生经常在解决数学应用题时遇到困难，因为他们不知道怎样将问题转译成他们学过的程序（K. Lee et al.，2009；R. E. Mayer，1992；Walkington et al.，2012）。

在其他时候，学生可能用一种近乎逻辑的方式对问题进行编码，但不能获得可行的答案。作为一个示例，请看看下面练习中的问题。

亲身体验

蜡烛问题

你怎样将一根蜡烛立在一块挂在墙上的布告板前面？你不能让蜡烛接触布告板，因为火会烧焦布告板。相反，你需要将蜡烛放在离布告板 1 厘米远的地方。使用下面的所有或部分材料来完成这项任务：一根小蜡烛（生日蛋糕蜡烛大小）、一颗金属大头针、火柴、一盒图钉，以及一把 30 厘米的尺子，你将怎样完成这项任务（Duncker, K., 1945. On problem solving. *Psychological Monographs*，58）？

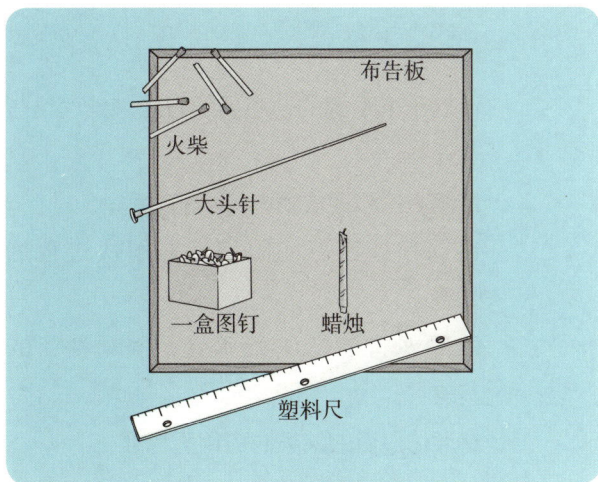

事实证明，尺子和大头针在解决这个问题时是无用的。如果你用大头针刺穿蜡烛，你可能会将蜡烛弄碎。你不太可能幸运地用几颗图钉来使尺子保持平衡（我们中的一位作者从自己的经验谈起，因为她的一些学生尝试过这两种策略，并且都没有成功）。最容易的答案是将图钉盒倒过来或侧过来，用图钉将它钉到布告板上，然后用图钉或一些熔化的蜡将蜡烛固定在盒子的顶部。然而，许多人没有考虑到这种可能性，因为他们将盒子编码为图钉的容器，而忽略了它可用作蜡烛的支撑物。当学习者用一种限制可能答案的方式对问题进行编码时，他们就成了心理定势（mental set）的受害者。

如果学习者在练习解决一种特定类型的问题（如做数学中的减法或应用物理公式 $E=mc^2$）时没有同时练习解决其他类型的问题，就可能会出现心理定势。这种重复练习可能会导致学生用特定的方式编码问题而没有真正思考它们。换句话说，它可能导致编码的自动化。虽然在解决问题时，所需要的基本信息和技能达到自动化会非常有利，因为它释放了工作记忆容量，但是编码问题的自动化可能会导致学生不正确地解决问题（Luchins，1942；Rohrer & Pashler，2010；D. L. Schwartz et al.，2012）。

有几种策略可以帮助学生对问题进行有效编码，而又不至于让他们成为起反作用的心理定势的受害者：

- 用具体的方式呈现问题，如提供学生可以操控的实物，或者呈现一个问题的子成分的视觉图解；
- 鼓励学生自己将问题变得更具体，如鼓励他们画图或表；
- 指出学生能解决的问题的任何方面，当这些要素在不同的问题中再次出现时，指出相同的、能被应用的信息，或者相同的、可被使用的问题解决方法；
- 给学生一些表面上看起来不同，但实际上需要相同或相似的问题解决程序的问题；
- 在任何单一的练习阶段，将学生要解决的不同类型的问题混合在一起——一种被称作交错练习（interleaved practice）的方法；
- 让学生合作确定表征单一问题的几种不同方式，可能是一个公式、一张表、一张图（Anzai，1991；Brenner et al.，1997；Dunlosky et al.，2013；Kalyuga et al.，2010；R. E. Mayer，1992；Prawat，1989；Rohrer，Dedrick，& Stershic，2015；Sherman & Bisanz，2009；J. C. Turner，Meyer et al.，1998）。

■ **问题解决和创造力常常包含能够促进但不保证成功的结果的启发式。** 有些问题可以通过使用算法式（algorithm）成功地得到解决，也就是通过确定一个正确答案的一系列具体的步骤。例如，你可能已经通过"组装说明"顺利地组装了一个新书柜。在本章开篇的个案研究中，冈特女士的学生如果使用纸和笔按照长除法的标准程序进行计算，就可以正确判断克里弗德需要 120 分钟（2 小时）的时间打出作文。

然而，这个世界上的许多问题可能并不存在算法式。没有我们可以遵循的、用来确定一个替代金属战舰的规则。实际上，很少有算法式可用于解决数学和科学领域之外的问题。在没有算法式的情况下，学习者必须使用**启发式**（heuristic）。启发式是一种可能会也可能不会获得成功的结果的一般方法。一些启发式是适合特定领域的，其他启发式可能在以下情境中有用。

- 确定子目标。将一项大而复杂的任务分解成两项或多项具体的、更容易解决的小任务。

- 将部分情境表征在纸上或计算机屏幕上。画一张图，列举问题的组成部分，或者草草记下可能的答案或方法。

- 进行类比。确定一个与问题情境类似的情境，然后从类比中推导出可能的答案。

- 头脑风暴。产生各种可能的方法和答案——包括一些可能一开始看起来古怪或荒唐的答案——不要一开始就其进行评估。在创建了一个长长的答案列表后，再评估每一个答案的潜在相关性和有效性。

- "酝酿"情境。让一个问题在几个小时或几天（如果有必要，甚至更长时间）内保持未解决状态，允许自己花时间在长时记忆中广泛搜索可能的创造性方法（Baer & Garrett，2010；Baird et al.，2012；J. E. Davidson & Sternberg，1998，2003；De Corte，Op't Eynde，Depaepe，& Verschaffel，2010；Zhong，Dijksterhuis，& Galinsky，2008）。

■ **有效的问题解决和创造力在一定程度上是元认知活动。**元认知不仅在有效学习中发挥着重要作用，也在问题解决和创造力方面发挥着重要作用。例如，有效的问题解决者往往会做以下事情：

- 确定一个或多个要努力完成的目标；

- 将复杂的任务分解成两项或多项更简单的小任务；

- 计划一个系统的、序列的方法来处理这些小任务；

- 持续监控和评估朝向目标的过程；

- 识别和处理可能阻碍问题解决进程的障碍；

- 如果现有的方法行不通，换一种新的策略；

- 在评估最后的结果时应用高标准。

这些行动使学习者能够灵活地使用问题解决策略，并且知道何时使用特定的策略合适与否（M. Carr，2010；Csikszentmihalyi，1996；J. E. Davidson & Sternberg，1998；De Corte et al.，2010；Dominowski，1998；Kirsh，2009）。相反，无效的问题解决者往往会不加思索地应用问题解决程序，也没有对他们正在做的事情或做这件事情的原因有真正的理解。在本章开篇的个案研究中，冈特女士的学生很少评估其问题的答案的逻辑意义，因此他们没有意识到打4200个字的论文不可能花100天。

教授学生问题解决的策略

学生偶尔会自己发展出有效的问题解决策略。例如，许多儿童在学校学数学之前就发明了简单的加法和减法策略（Ginsburg，Cannon，Eisenband，& Pappas，2006；Siegler & Jenkins，1989）。但是如果没有关于有效策略的正式教学，即使是最擅长创造的学生，也可能会时不时地求助于无效的试错来解决问题。下面是关于认知和元认知问题解决策略教学的一些循证建议。

关于算法式的教学

- 描述和示范每一种算法式使用的具体程序和情境。

- 提供算法式被应用的工作样例，要求学生解释每一步发生了什么。

- 帮助学生理解为什么特定的算法式在某些情

况下是相关的、有效的。

- 当学生应用算法式获得了不正确的答案时，密切关注学生做了什么，并确定问题所在（见图7.5）。

图7.5　13岁的马里凯错误地将表达式
$6（2x+y）+2（x+4y）$ 简化为 $14x+10y$

注：正确答案是 $14x+14y$。马里凯错在哪里？

关于算法式和启发式的同时教学

- 在具体的学科领域内而不是作为一个独立于学科内容的主题教授学生问题解决的策略。
- 让学生在真实性活动中解决问题。例如，在基于问题的学习中，学生在解决一个类似于可能在外部世界中存在的复杂问题中获得新知识和新技能。
- 与学生进行联合问题解决活动，示范有效的策略，并对学生的初次尝试进行指导。
- 为困难问题提供脚手架，如将它们分解成更小、更简单的问题，对可能的策略给予暗示，或者提供部分答案。
- 让学生配对或在小组中解决富有挑战性的问题、分享关于策略的看法、互相示范各种方法，并讨论每种方法的优点（R. K. Atkinson, Derry, Renkl, Wortham, 2000; Barron, 2000; Chinn, 2006; Crowley & Siegler, 1999; Gauvain, 2001; Kirschner et al., 2006; Mayer, 1985; Reimann & Schult, 1996; Renkl & Atkinson, 2003; Rogoff, 2003）。

关于元认知策略的教学

- 要求学生在解决一个问题时解释他们做了什么及为什么这么做。

- 给学生一些他们在解决问题时可以问自己的问题（如"我离目标更近了吗""为什么这是最佳策略"）。
- 帮助学生识别问题解决中的错误并经常检查这些错误。
- 要求学生反思答案并判断在原有的问题情境中答案是否合情合理（Barron, 2000; Belland, 2011; M. Carr, 2010; Dominowski, 1998; L. S. Fuchs et al., 2016; Hmelo Silver, 2004; Hung, Jonassen, & Liu, 2008; Kapur & Bielaczyc, 2012; Kramarski & Mevarech, 2003; R. E. Mayer, 1985; Nathan, 2012; Renkl, 2011; Retnowati, Ayres, & Sweller, 2017; Rittle-Johnson, 2006; Roditi & Steinberg, 2007）。

培养创造性思维

与流行的观点相反，创造力并不是人们或有或无的单一实体。而且，创造力可能会因特定的情境和内容领域而不同。例如，学生可能在艺术、写作或科学上表现出创造力，但不一定在所有领域都有创造力。

创造性思维需要大量的专业知识和相当复杂的思维过程，随着年龄的增长，学习者会获得各种经验和观点，有各种机会去试验对象和观点，并变得越来越具有创造性（Hatano & Oura, 2003; Leung, Maddux, Galinsky, & Chiu, 2008; Simonton, 2004）。

已有研究提出了几种在课堂情境中培养创造力的策略。

■ **向学生展示创造性的思维和行为是受到重视的。**一种方法是鼓励和奖励不寻常的观点和反应。例如，我们可以分派需要学生产生各种观点的任务，或者当学生以独特的和创造性的方式完成一个项目或评估一项任务时，我们要表现得很激动。我们自己进行创造性的活动也表明我们重视创造力（Beghetto & Kaufman，2010；Lubart & Mouchiroud，2003；Runco，2004）。

■ **将学生的注意力集中在内部奖赏而不是外部奖赏上。** 当学生进行他们喜欢的活动，或者为他们的成就感到自豪时，他们会更具有创造力（Hennessey，2010；Lubart & Mouchiroud，2003；Perkins，1990）。为了培养学生的创造力，我们应该偶尔给他们机会探索他们自己的兴趣——那些他们很乐意坚持而不需要被督促的兴趣。我们也可以通过降低分数的重要性、将学生的注意力指向创造性的努力带来的内在满足上来培养他们的创造力（Hennessey，1995；Perkins，1990）。例如，在艺术课上我们可以告诉学生：

> 请不要过多地担心成绩。只要你使用的材料合适，并尽最大努力完成每一项作业，你就会在这门课上取得好成绩。重要的是找到一种你既喜欢，又能表达你的感知和感受的艺术形式。

■ **问一些发人深省的问题。** 当我们提出高水平问题（higher-level question，即需要学生以新的方式使用以前获得的信息）时，学生更有可能进行创造性的思考。需要发散思维的问题可能尤其有用（Perkins，1990；Sternberg，2010）。例如，在历史课上，我们可以问学生如下问题。

- 在有关19世纪60年代小马快递作为美国的邮件投递方式的单元课上，教师问道："在那时，邮件可能被送达美国各地的不同方式是什么（Feldhusen & Treffinger，1980）？"
- 在一节有关吴哥窟（一座建于12世纪的巨大石砌庙宇，位于现在的柬埔寨）的课上，教师问道："当时的人在没有水泥的情况下是如何使用巨大的石块（每块约

181千克）建造这些庙宇的（Courtesy of Jeffrey Ormrod）？"

■ **教授和鼓励支持学生创造性思维的认知和元认知策略。** 对创造力所需的某些策略进行明确的教学毫无疑问可以产生积极作用（Hattie，2009）。下面是这种策略的几个例子。

- 头脑风暴，可能以与同伴合作的方式；延迟判断，直至产生一个长长的观点列表。
- 关注朝向目标的逐步进展，而不是期待即时解答。
- 确定和处理可能阻碍进展的障碍（Beghetto & Kaufman，2010）。

■ **给学生冒险所需的自由和安全。** 要变得具有创造性，学生必须愿意冒险。如果他们害怕失败，他们不可能去做某些事情（Houtz，1990；Sternberg，2010）。为了鼓励学生冒险，我们可以允许他们进行某些活动，而不对他们的表现做出评价。例如，在对之前呈现的关于12世纪的人怎样建造吴哥窟这座巨型石砌庙宇的问题的反应中，泰国一所英语学校的一名中学生的答案就非常有创意，他的老师是这样描述的：

> 几名学生画了一个长长的木头斜坡，他们要在上面拖动巨大石块。我问他们，当开始拖着石块沿斜坡往上走时可能会发生什么（即斜坡将被石块损坏甚至坍塌）。因此一名学生在斜坡下方画了一些柱子来支撑它。我指出因为这一地区的树木小而不坚固，这种方法只适合非常低的高度。他的下一个想法是，使用木头和竹子让斜坡更坚固，但我指出这个结构仍然不够坚固，不能承受负荷。几分钟后，他带着另一个想法回来了。他仍然使用斜坡，但在斜坡下支撑的是他画的几头大

象。我鼓励他反思这一新想法："即使你能让大象安静地站着，并且放一个斜坡在它们的背上，大象也只有这么高（我用手展示它们的高度）。吴哥窟约 64 米高，你打算怎样支撑大约从 2 米到 64 米之间的斜坡？"他的反应是把大象摞在一起（Example courtesy of Jeffrey Ormrod. Copyright © by Jeffrey Ormrod. Reprinted by permission）。

的确，学生最终的答案不太现实，但他绝对是在以一种创新的、发散的方式进行思考——"跳出固有的思维模式"——他的老师创造了一种让他感觉这么做很舒适的课堂氛围。

我们可以鼓励学生将错误和失败看作创造过程中的一个不可避免的、但通常是暂时的方面，以进一步鼓励他们冒险（Hennessey & Amabile，1987；J. C. Kaufman & Beghetto，2009）。例如，当学生正在写一个短故事时，我们可以在他们提交最终的作品之前给他们几次获得我们或同学的反馈的机会。

■ **提供创造所需的时间和资源。**学生需要时间试验新材料和新观点，进行发散思考或犯错误。在许多情况下，如果他们有各种物理资源和社会资源可以利用——可能是纸和笔、计算机软件、互联网、用于工作的充足空间、同学的想法和支持——他们就会更具有创造力。来自教师的偶尔温和的指导也可能激发学生的创造性思维（Beghetto & Kaufman，2010）。

使用计算机技术促进和支持创造性的问题解决

迄今为止，我们讨论的策略在本质上都是"低技术"的。但是我们也可以利用计算机技术来培养学生问题解决和其他创造性思维的能力。以下是几种可能性。

- 给学生示范如何使用电子表格和画图软件操作和分析大数据。
- 使用基于计算机的**智能导学系统**（intelligent tutoring system）——提供与特定主题和技能相关的个性化教学和指导的软件——来教授数学、科学推理和问题解决（见图 7.6）。
- 使用计算机模拟。它允许学生形成假设、设计实验来检验假设，以及解释虚拟的结果。
- 呈现学生必须解决的模拟真实世界的问题（即真实性活动）（Beal，Arroyo，Cohen，& Woolf，2010；Belland et al.，2017；Kulik & Fletcher，2016；Kuhn & Dean，2005；VanLehn，2011；W. Ward et al.，2013）。

一些模拟技术让学生沉浸在呈现需要他们解决的类似真实世界的任务和问题的三维虚拟"环境"中。例如，学生可能"生活"在他们不得不就工程、农业或城市计划做出复杂决策的社会中。有些时候，基于技术的模拟有着明显的游戏特征，常常包含大量的同伴互动。尽管有明显的游戏要素，被设计用来促进学生投入学业内容的视频游戏和其他高科技游戏可以对学生的学习和学业成就产生显著的促进作用（D. B. Clark，Tanner-Smith，& Killingsworth，2016；Plass，Homer，& Kinzer，2015；Tobias & Fletcher，2011）。例如，在基于互联网的一个叫作"Whyville"的游戏网站中，大龄儿童和青少年成为"公民"，他们在丰富多彩的、多层面的虚拟世界中参与、探索、试验、竞争与合作，并且有着自己的政府、经济和生态系统。在创建了个人身份后，"whyville 的居民"可以挣"clams"（whyville 的虚拟货币），并通过建造节能住宅、开发新疫苗、创建社区回收项目或在当地的珊瑚礁中发现新物种等方式为社区的集体知识和幸福感做贡献（见图 7.7）。在这一虚拟环境中，学生不仅可以学习和应用学科内容，也可以实践亲社会策略和领导技能（Kafai & Fields，2013；Tobias & Fletcher，2011；Wouters，van Nimwegen，van Oostendorp，& van der Spek，2013）。

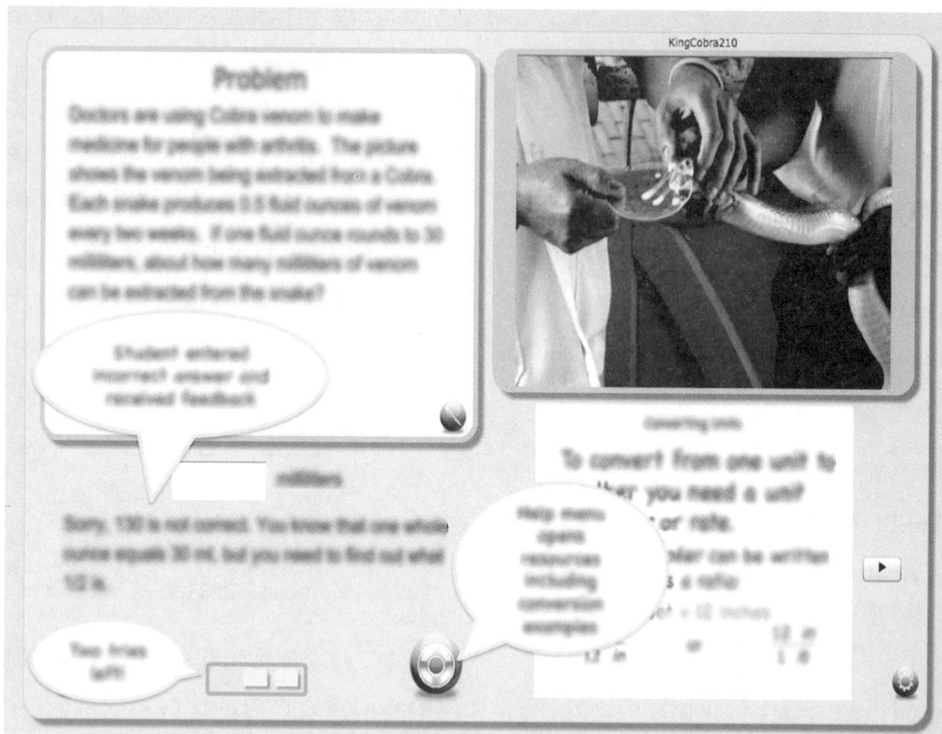

图 7.6　在一个叫作"AnimalWatch"的智能导学系统中，初中生应用数学和科学解决与濒危物种及其环境有关的问题（上面是来自该系统的截图）

资料来源：Screenshot courtesy of Carole Beal. Copyright © by Carole Beal. Reprinted with permission.

图 7.7　在这张来自"whyville"的截图中，学生的化身在虚拟珊瑚礁潜水时遇到了各种珊瑚礁物种，通过识别和计算这些有机生物，学生可以学习珊瑚礁生态系统并记录珊瑚礁的健康状况

资料来源：Screenshot provided courtesy of Numedeon, Inc. the creators of whyville. Copyright © by Numedeon, Inc. Reprinted by permission.

有时基于互联网的模拟技术可能会让许多学生——甚至可能包括许多学校——就共同问题一起工作。例如，在一个叫作"GlobalEd"的模拟技术中，上中学社会研究课的几个班级变成了特定国家的代表（例如，一个班级可能代表法国，另一个班级可能代表尼日利亚），一个班级的不同成员要解决不同的全球性问题（如国际冲突问题、人权问题、环境问题）。学生要研究他们代表的国家和问题，然后与来自"其他国家"（也即其他学校的学生）的代表进行交流、分享观点、商定条约。模拟技术不仅促进了学生对全球性问题的理解，也提高了他们的观点采择能力和对社会研究这门学科的兴趣（Gehlbach et al., 2008; Lawless, Brown, & Boyer, 2016）。

在另一个全球分布式模拟技术"Atlantis Remixed（ARX）"中，学生承担各种角色（如科学家、历史学家、数学家），解决与环境或社会有关的复杂的世界性问题，然后做出决策并采取对长期结果有虚拟"效果"的行动（Barab, Gresalfi, & Arici, 2009;

Barab et al., 2010; Thome, 2015）。图 7.8 展示了被称为"世界游戏"的 ARX 系列游戏。在这个特定的模拟技术中，学生要检测水质以探讨在一个三维的虚构世界中鱼类种族为什么在减少。

理想的情况应该是，学生反思和仔细评估他们在问题解决和创造力的努力下的结果。换句话说，他们应该也投入批判性思维——这是我们的下一个主题。

批判性思维

7.4　识别批判性思维的几种形式，解释如何帮助学生在课堂内外对他们的所见、所闻和所读进行批判性的评估

不同理论家对批判性思维（critical thinking）的定义有所不同，但出于我们的目的，我们将批判性思维定义为对信息和推理的准确性、可信度和价值

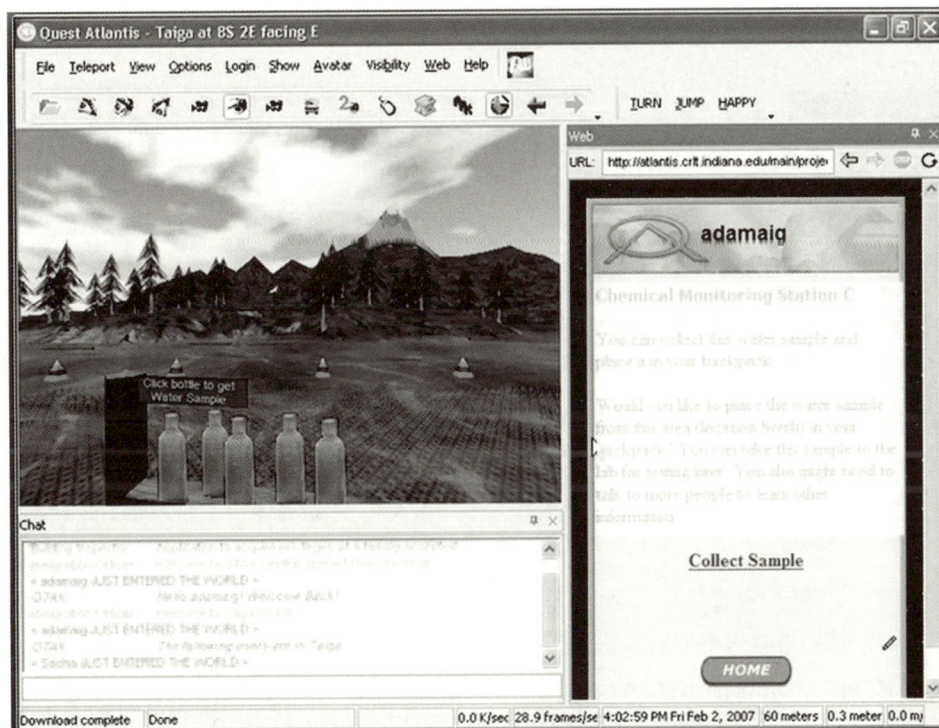

图 7.8　来自"Atlantis Remixed"的截图展示了基于技术的模拟活动，学生在其中检测水质以决定在一个三维的虚构世界中鱼类种族为什么在减少

资料来源：Screenshot provided courtesy of Atlantis Remixed. Copyright © by Atlantis Remixed. Reprinted by permission.

进行评估。批判性思维是反思性的、合乎逻辑的和基于证据的。它也有一个目的性特征，也就是说，学习者进行批判性思考的目的是达成一个特定目标。

批判性思维可能表现为各种形式，这要取决于不同的情境。下面的练习呈现了三种可能性。

亲身体验

冷、机会和幸福

阅读下面的每一种情境，并做出回应。

1. 秋天到了，天气变得越来越冷。你在网上看到了如下广告：

你是不是厌倦了整个冬天都在吸鼻子和流鼻涕？你是否厌烦总是存在的不舒服的感觉？如果你想过一个没有感冒的冬天，请服用 Eradicold 药片吧（R. J. Harris，1977）。

你应该出去买一盒 Eradicold 吗？

2. 在过去的几分钟里，你一直在玩一个六面体骰子（也就是一对骰子中的一个）。你知道骰子没有问题（不是一面比另一面重），然而，在过去的 30 次掷骰子中，你一次也没有掷出 4。你在下一次掷出 4 的可能性有多大？

3. 在发表在广为尊崇的期刊《心理科学》（Psychological Science）上的一篇研究论文中，研究者报告了父母身份与主观幸福感的几个相关性：有孩子的成年人比没有孩子的成年人往往更幸福，而且在生活中找到了更多意义（S. K. Nelson, Kushlev, English, Dunn, & Lyubomirsky, 2013）。这是否意味着成为父母会带来更大的主观幸福感？

在每一种情境中，你都必须评估信息并做出某种判断。在项目 1 中，我们希望你不要被诱惑去购买感冒药 Eradicold，因为广告没有提供任何 Eradicold 能减少感冒症状的证据。它只建议在发生令人讨厌的症状情境下服用 Eradicold——这是说服性广告中常见的策略。

在项目 2 中，用一个各面都平整的骰子掷出 4 的可能性总是六分之一。以前的结果之间是不相关的，因为每次投掷都是独立于其他次的。但是当 30 次投掷中还没出现过一次 4 时，许多人相信 4 迟到太久，因此大大高估了它出现的可能性——一种被称作"赌徒谬误"的错误概念。

现在想想成为父母会带来更大的主观幸福感的可能性是怎样的（项目 3）？"带来"这一表达隐含着因果关系。人们在解释研究结果时常犯的一个错误就是认为两件事之间的联系（相关）就意味着其中一件事必然导致另一件事。有孩子可能是幸福感的一个来源，但也可能是更幸福的人更想要孩子。或者，可能是其他因素，如总体的社会和经济幸福感，导致了个人幸福感和有孩子的愿望。考虑到尼尔森（Nelson）及其同事所做的研究收集到的数据，我们没有办法明确知晓哪个影响哪个，这些研究者也无法做出任何因果关系的推论。

刚刚呈现的三个情境展示了批判性思维可能呈现的三种不同形式（Halpern，1997，1998）。

- **言语推理**：理解和评估在口头和书面言语中出现的说服性技巧。在决定是否购买感冒药时，你进行了言语推理。

- **概率推理**：确定与各种事件相关的可能性和不确定性。当你判断掷出 4 的可能性时，你进行了概率推理。

- **科学推理**：根据获得数据的方法，以及它们与某些结论的潜在相关性对数据和研究结果的价值进行判断。例如，它包含思考如下问题。

  - 是否使用了适当的方法来测量特定的结果？
  - 数据分析技术是否适合所研究的问题？
  - 是否排除了其他可能的解释和结论？
  - 在一种情境中获得的结果能否被合理地推论到其他情境？

当你评估关于幸福感和有孩子的研究时，我们希望你进行了科学推理。

批判性思维的具体特征在不同的领域非常不同。在写作中，批判性思维可能包括阅读一篇议论文的初稿，以寻找逻辑推理方面的错误或没有被充分论证的观点。在科学中，它可能包括修正现有的理论或信念来解释新的证据，也就是说，它可能涉及概念转变。在历史中，它可能包括从历史文献中进行推论，尝试判断是否事情一定是以某种方式发生的，或者只能以那种方式发生。例如，它可能需要区分相对客观的记载（如人口普查数据）和可能有偏向的事件报道（如报纸文章和个人日记）。

在许多内容领域，批判性思维的一个重要组成部分是论据分析（argument analysis）——对支持或不支持特定结论的理由（论据）进行仔细检查和评估（Goldman et al., 2016；Mercier, Boudry, Paglieri, & Trouche, 2017；Nussbaum, 2008）。可靠的论据往往是以可信的证据，合乎逻辑的、可辩护的推理，或者二者的某种结合等形式出现。

正如你可能会猜测的那样，批判性思维能力会在个体的童年期和青春期逐渐显现（Amsterlaw, 2006；Kuhn & Franklin, 2006；Sandoval, Sodian, Koerber, & Wong, 2014）。然而情况常常是，各年级的学生（即使受过良好教育的成年人）都表面地采纳他们在课本、媒体报道、互联网和其他地方看到的信息。换句话说，当考虑所看到的信息的准确性、可信度和价值时，他们很少或没有对信息进行批判性思考（Kuhn, 2009；Marcus, 2008；Metzger, Flanagin, & Zwarun, 2003；Sinatra, Kienhues, & Hofer, 2014）。

学习者是否会进行批判性思考的倾向部分取决于他们的人格特质：一般来说，批判性思考者思想开放、喜欢智力挑战，并且能在情感上接受他们可能偶尔在一个主题上出错的观念（Halpern, 2008；Pennycook, Fugelsang, & Koehler, 2015；West, Toplak, & Stanovich, 2008）。学习者的认识信念也发挥着重要作用。如果学生相信即使专家对一个主题的理解也要随着新证据的积累而变化，那么他们更有可能分析性和批判性地看待新信息。如果他们相信知识是绝对的、不变的实体，那么他们不太可能进行批判性思考（P. M. King & Kitchener, 2002；Kuhn, 2001a；Muis & Franco, 2009）。

我们必须面对一个事实：批判性思维需要大量的心理努力。假定人类在 21 世纪的日常生活中常常遇到许多几乎没有挑战的事情，所有人都会倾向于偶尔走逻辑捷径（Kahneman & Tversky, 1996；Kaku, 2014；Stanovich, 2016）。例如，我们可能会接受看似 "对的" 主张，只是因为：

- 那些主张我们之前已经听过很多次了；
- 那些主张与我们关于一个主题的已有信念一致；
- 那些主张是家庭成员、亲密的朋友或表现得非常自信且知识渊博的专家提出的；
- 那些主张夹杂着准确的信息、不准确的信息和谬误；
- 那些主张为复杂且有争议的问题提供了快速又简单的 "正确" 答案（Asterhan & Schwarz, 2016；Rapp, 2016；Schwarz & Newman, 2017；Stanovich, West, & Toplak, 2012）。

根本问题是，我们中的许多人在认识上有着惊人的懒惰（Mercier et al., 2017）。

促进批判性思维：在课堂上、在外部世界和网络空间中

为了成为终身有效的学习者，学生必须知晓并不是所有来源的信息都是可信的——通过各种媒介呈现的一些信息要么误导人，要么错得离谱。例如，出版了某个主题的书并不一定意味着作者具有与这个主题相关的真正的专业知识。虽然流行网站维基百科上的信息一般来说是准确的，但其中偶尔也包括非专业人士添加的不准确的信息。而且，实际上每个人都能在网上的某个地方发布自己的个人信念和观点——经常将这些事物当作无可争辩的 "事实" 呈现——其他人很容易被骗，还很容易在

网络空间与志趣相投的个体"分享"这些不可信的帖子。许多各年级的学生——甚至许多大学生——也天真地认为，他们在互联网上看到的几乎所有事物都是真实的（Manning, Lawless, Goldman, & Braasch, 2011; Metzger et al., 2003; Wiley, Goldman, Graesser, Sanchez, Ash, & Hemmerich, 2009）。

可能是由于批判性思维包括了如此多的认知技能，因此促进它的策略也是多种多样的。促进元认知、迁移和问题解决的一些因素也可适用于批判性思维的教学。在具体的学科、合作小组任务，以及真实性活动中嵌入思维技能的教学，可以帮助学习者批判性地思考。下面是更多具体的基于理论和实证的建议。

- 教授更少的主题，但要更深入——"少就是多"原则。
- 鼓励一些智力上的怀疑主义——例如，通过鼓励学生提问和挑战他们读到和听到的观点，并传递人们对任何单个课题的知识和理解将随着时间不断改变的认识信念。
- 示范批判性思维。例如，在分析一篇议论论文或科技报告时出声思考。
- 给学生大量的机会练习批判性思维，如识别议论文论据中的错误、评估科学发现的质量和有效性、使用证据和逻辑支持一个具体观点等。
- 让学生从不同角度对有争议的问题进行辩论，并偶尔要求他们为一种与自己截然相反的观点进行辩护。
- 帮助学生理解批判性思维包括相当多的心理努力，但它的益处会使这些努力有价值。
- 将批判性思维技能置于真实的、实际的问题情境中，并以此作为帮助学生日后在工作场所和其他生活情境中提取这些技能的一种方式。
- 偶尔要求学生在课堂评估任务中使用批判性思维（Afflerbach & Cho, 2010; Bonney & Sternberg, 2011; Halpern, 1998; Heyman, 2008; Kuhn, 2015; Monte-Sano, 2008; Moon, 2008; Nussbaum, 2008; Nussbaum & Edwards, 2011; Rapp, 2016; Sandoval, Sodian, Koerber, & Wong, 2014; Schraw & Robinson, 2011; Wissinger & De La Paz, 2016）。

我们可能也会让学生在阅读印刷材料或在互联网上获取信息时思考如下问题。

- 谁创建了这一文档／网站？作者是否具有关于该主题的论证良好的（而不是自诩的）专业知识？作者可能有什么偏见或倾向？
- 作者使用了什么论说技术？它是有效的还是被设计成误导读者的？
- 已呈现的断言或论据以什么假设为基础？
- 什么证据和／或理由支持结论？什么证据和／或理由不支持结论？
- 这些信息与你从其他来源了解的信息一致吗？如果不一致，它在哪些方面不同？你会如何协调这种不一致？
- 你可能采取什么行动来改进这个研究设计（Questions based on suggestions by De La Paz & Felton, 2010; Halpern, 1998; S. A. Stahl & Shanahan, 2004; Wiley et al., 2009）？

"走进课堂——培养批判性思维"专栏呈现了教师在不同的内容领域可以做什么的示例。在这个普遍可以获得多种来源的信息的时代——有些信息是合理的，有些信息是值得怀疑的，有些信息是完全虚假的——批判性思维技能在现在变得比以往任何时候都更重要。

走进课堂 • • •

培养批判性思维

■ **教授批判性思维的组成部分。** 在一个关于说服和论证的单元，一名初中语言艺术老师解释道，一个合理的论证要满足三个条件：（1）证明该论点的论据是正确且一致的；（2）论据与结论相关，而且为结论提供充分的支持；（3）很少或没有会导致相反结论的遗漏信息。然后老师让学生练习将这些标准应用到各种论说文和议论文中。

■ **促进鼓励批判性思维的认识信念。** 一名高中历史老师将历史这门学科描述为知识丰富但不可避免地有偏见的学者解释和理解历史事件的一种尝试，而不是要记忆的事实集合体。有时，他会要求学生阅读历史学家对相同事件的两三种不同解释，然后寻找在每一种解释中有个人偏见或政治偏见的证据。

■ **教授学生为有争议的主题的各种观点有效地呈现和评估论据的技能。** 一名2年级学生正在阅读谢尔·希尔弗斯坦（Shel Silverstein）的《爱心树》（*The Giving Tree*），这是一本关于一个男孩和一棵苹果树结成朋友的儿童书。整个童年期，故事中的男孩经常在树下玩，吃它结的苹果。随着年龄的增长，他的欲望变得更加世俗，慢慢地，他拿走了树的各个部分——首先是它所有的苹果，然后是它的树枝，最后是它的躯干，只留下一个小树墩。读完这本书后，教师就男孩的行为在道德上是否合适组织了一次讨论。一开始，每个学生都要就这个问题陈述一个观点。然后教师会问学生如下问题。

- 你为什么同意那一方？
- 你能肯定你是对的吗？
- 你有可能学到一些新东西使你改变想法吗？
- 如果另一方的某人正试图说服你他或她是对的，这个人会说什么？

■ **将批判性技能嵌入真实性活动的情境中。** 在关于统计和科学推理的单元中，8年级科学课上的学生正在学习与概率、相关和实验控制相关的概念。然后，作为模拟法案听证会的一部分，学生进行了小组合作，展开了一场支持或反对一个关于维生素和其他食品添加物的法律草案的辩论。为了找到支持自己论点的证据，学生在阅读和分析关于营养添加物可能的益处和坏处的杂志文章和政府报告时，应用了他们已经学到的关于统计和实验的知识。

■ **教学生怎样评估发布在互联网上的信息的准确性。** 在一个叫作"一切为了探索者"的教育网站上，小学生在就众所周知的早期探索者进行检索时，练习区分可信的和可疑的信息。例如，当学生寻找关于克里斯托弗·哥伦布的信息时，他们访问了一个虚假网站，该网站介绍哥伦布出生于1951年，但逝于1906年——这很显然是没有意义的一条时间线——而且声称西班牙的国王和王后给哥伦布打了电话。

■ **提醒学生——尤其是初中和高中阶段的学生——注意某些信息构成了"虚假新闻"的事实。** 一名高中老师要求学生仔细审查并批判性地评估专门创建的网站，这些网站被设计用来误导公众看待有争议的问题，包括被那些为了私人利益的、有组织的说客授权的网站。

资料来源：Derry，Levin，Osana，& Jones，1998；Halpern，1997；Paxton，1999；C. M. Walker，Wartenberg，& Winner，2013；Wineburg，McGrew，Breakstone，& Ortega，2016.

迁移、问题解决、创造力和批判性思维的多样性

7.5　举例说明你所看到的由学生的文化背景、障碍或高级认知发展导致的迁移、问题解决、创造力和批判性思维的多样性

我们可以合理地推测，西方学校对意义学习和概念理解的重视提高了学生成为创造性的问题解决者的能力（Schommer-Aikins & Easter，2008）。然而，更重要的是我们已经发现在两种或多种文化中的经验可以增强创造性的思维和行为。十分可能的是，这样一种多文化背景可以让学习者在试着以非传统的方式思考一个主题或问题时，能接触更广范围的概念、观点和视角（Leung，Maddux，Galinsky，& Chiu，2008）。

批判性思维是另一种复杂认知过程，它似乎在一定程度上有赖于学生的文化背景。有些文化非常尊重长者或某些宗教领袖，进而促进"'真理'是最适合从权威人物那里获得的一成不变的实体"这样一种认识信念（Chinn & Buckland，2012；Losh，

2003；Qian & Pan，2002；Tyler，Uqdah，Dillihunt，Beatty-Hazelbaker，Connor，Gadson，...Stevens，2008）。此外，强调维持群体和谐的文化可能不鼓励儿童存在观点上的分歧，而这正是批判性思维所需要的（Asterhan & Schwarz，2016；Kağitçibaşi，2007；Kuhn & Park，2005）。

因此，在有些情况下，我们必须一方面教授学生对说服性论点和科学论据进行批判性的评估，另一方面鼓励学生对他们社区和文化中的群体和谐表现出恰当的尊重，所以，我们需要在这二者之间找到一条中间道路。但即便受某些文化规范和实践的约束，成年人和儿童一样依然能从批判性思维技能的教学中获益。一种可能有效的方法是建议学生以一种非威胁性的方式提出问题，可能像这样："如果某人通过说……批评你的观点，将会怎么样？你可能会怎样回应？"

适应有特殊需要的学生

除了来自文化背景的差异外，研究者还观察到了患有各种障碍的学生及有超前的认知能力的学生在复杂思维技能上的差异。表7.3呈现了你在这些有特殊需要的学生身上可能看到的一些特征。

表7.3　培养有特殊需要的学生的高级思维技能

类别	可能观察到的特征	建议策略
有特定认知障碍或学业困难的学生	• 难以将学到的信息迁移到新情境中 • 在问题解决方面存在困难，可能因为工作记忆容量有限、不能识别问题的重要方面、不能提取适当的问题解决策略，或者元认知问题解决技能有限	• 鼓励和支持学生对学科主题的迁移 • 示范有效的问题解决策略，并支持学生努力使用它们（如指出应用题中的重要信息，教授学生在解决问题时应该问自己的问题） • 先呈现简单的问题，然后随着学生的熟练程度和自信心的提高，逐步转向更复杂的问题 • 教给学生在解决问题时将工作记忆负荷降到最低的技术（如将问题的一部分写在纸上、画出问题的图表）
有社交或行为问题的学生	• 缺乏社会问题解决技能	• 教给学生解决社会问题的技能（例如，采取多步骤方法，包括定义具体的问题、确定几种可能的解决方案、预测每种方案的可能结果）
认知和社会功能普遍滞后的学生	• 难以将信息和技能迁移到新情境中 • 有效的问题解决策略很少 • 缺乏创造性和批判性地思考课堂主题的技能（如果有的话也很少）	• 在学生应该能够使用的特定背景和情境中教授新的信息和技能 • 呈现简单问题并指导学生完成解答的每一步

（续表）

类别	可能观察到的特征	建议策略
有身体障碍或感知困难的学生	• 在复杂认知过程上没有一致的缺陷，缺陷有时源于学生对需要这些思维过程的任务只有有限的经验	• 使用你用于非残障学生的策略，关注这类学生在高级思维技能上的任何不足，进行适当调整以适应他们在身体和感知上的局限
认知发展超前的学生	• 更频繁地将学习迁移到新情境中 • 更有效的问题解决、更复杂的问题解决策略、更灵活的策略使用、更少受心理定势的影响 • 对解决社会普遍问题有兴趣 • 发散思维（如问不同寻常的问题、给出新颖的答案） • 更善于进行批判性思考	• 在课程中更强调复杂认知过程（如迁移、问题解决） • 在特定的课堂主题背景下（而不是孤立于学科内容）教授高级思维技能 • 接受和鼓励发散思维，包括出乎意料但合适的答案 • 鼓励学生对思想、观点和证据进行批判性的分析

资料来源：Beirne-Smith et al.，2006；Brownell，Mellard，& Deshler，1993；B. Clark，1997；DuPaul & Eckert，1994；E. S. Ellis & Friend，1991；N. R. Ellis，1979；S. Goldstein & Rider，2006；Heward，2009；Kercood，Zentall，Vinh，& Tom-Wright，2012；Maker，1993；Mastropieri & Scruggs，2007；Mendaglio，2010；Mercer & Pullen，2005；Piirto，1999；Slife，Weiss，& Bell，1985；Stanley，1980；Torrance，1989；Turnbull et al.，2016.

你学到了什么

如果我们的课堂活动强调学习孤立事实，如果我们使用的评估技术也重视学生关于这些事实的知识，那么学生将自然而然地开始相信学校学习是一个用机械方式吸收并回忆信息的过程。但是如果我们将课堂时间和活动的重点放在用这些信息做一些事情上，如应用、分析和批判性地评估它，那么，学生应该可以获得使他们在课堂之外的世界中可以良好地应用的认知过程和技能。带着这些观点，让我们回到呈现在本章开头的学习成果。

7.1 解释元认知知识和技能如何影响人们的学习和学业成就，以及怎样促进学生的元认知发展

元认知包括学生关于他们自己的认知过程的信念，以及他们尝试策略性地控制这些过程，以将学习和记忆效果最大化的信念。一些有效的学习策略，如记笔记和创建摘要，是容易在学生的行为中看到的外显策略。其他策略，诸如识别重要信息和自我监控学习是内隐策略，主要或完全发生在学生的头脑中。学生使用或没有使用有效的策略一部分取决于手头具体的学习任务，另一部分取决于学生反思以往策略有效性的能力、关于知识和学习的本质的信念（即认识信念），以及学习和课堂表现的最终目标。作

为教师，我们应该在教授学生学业内容的同时促进他们的元认知发展。例如，通过在记笔记、精细加工和总结的过程中提供指导和脚手架，来让学生在小组活动中使用新策略。学生在投入需要大量决策的学习活动（如涉及教学软件或互联网超媒体的活动）时尤其需要指导。

7.2 描述迁移发生的各种形式及迁移最有可能有效产生的条件，将迁移的研究结果应用于课堂实践

当学生在一种情境下学会的某些内容促进或阻碍了其在另一情境下的学习或表现时，迁移就会发生；这两种现象分别被称作正迁移和负迁移。迁移的有些情况涉及将具体事实应用于一个相似的情境，如一个学生可能在西班牙语课堂上应用她的法语词汇知识。另一些情况涉及将知识、技能或态度应用于非常不同的情境，如一个学生可能将在历史课上习得的学习策略应用到科学课上，或者在一门课上获得自信后，将自信带到其他课上。当学生进行意义学习（而不是机械学习）时，当他们看到课程材料与多门学科和现实情境的关联（而不是认为它是受情境约束的）时，以及当他们有许多机会以新的方式使用材料时，他们更有可能迁移他们所学的知识。

7.3 描述影响问题解决和创造力的一般因素，描述鼓励学生在处理新的任务和问题时进行生产性和创造性思考的教学策略

问题解决包括一个人使用自己所知道的解决以前没有回答的问题或处理麻烦的情况。创造力包括产生适合于一个人的文化并在一定程度被文化看重的产品的新颖、独特的行为。虽然问题解决和创造力在一定程度上不同于他们所包括的聚合思维和发散思维，但许多复杂的任务既需要问题解决技能，也需要创造性思维。学校一贯关注定义明确的问题，然而外部世界呈现了许多定义不明确的任务和问题，学生必须学会怎样处理这些问题。为了成为成功的和创造性的问题解决者，学生必须：（1）弥补工作记忆的局限（如学习基本的事实以达到自动化）；（2）采用能导向长时记忆的可能有用的方向的方式编码问题；（3）对于特定情境掌握逐步程序（算法式）；（4）有意识地自我指导和自我监控整个问题解决过程。

作为教师，我们可以通过多种方式帮助学生变成更加有效的问题解决者，如通过支持他们努力解决新的复杂的问题（可能在基于技术的模拟情境中）、在任何一节课或单元中混合我们要求他们解决的各种问题，以及当他们解决一个问题时要求他们解释自己为什么这样做。同时，当我们将学生的注意力集中于内在的而不是外在的奖赏时，我们就可以鼓励学生进行更多的创造性思考、提出发人深省的问题、教授创造性思维所必需的元认知策略、鼓励冒险，以及提供创造性所需的时间和资源。

7.4 识别批判性思维的几种形式，解释如何帮助学生在课堂内外对他们的所见、所闻和所读进行批判性的评估

批判性思维包括对信息和推理的准确性、可信度和价值进行评估。它可能表现为各种形式，这取决于情境，它不仅需要大量的认知技能（如概率推理、科学推理和论点分析），也需要以一种思考性的、评估性的方式接近新观点的一般倾向，以及认为人类并不拥有关于许多重要问题的答案的信念。作为教师，我们应该鼓励和示范一定程度的智力上的怀疑主义，给学生提供大量对有争议的主题进行批判性分析的机会，提出问题鼓励学生仔细检查和评估他们在书面文档、课堂讨论中，以及在互联网上看到的观点。

7.5 举例说明你所看到的由学生的文化背景、障碍或高级认知发展导致的迁移、问题解决、创造力和批判性思维的多样性

学生在复杂的认知思维过程的范

围和特征上表现出非常大的多样性。例如，已经在两种或多种不同的文化中进行过意义体验的学生倾向于在其思维和行为上表现出更大的创造性。然而，来自一些文化背景的学生可能不习惯以发散的、创造性的方式思考复杂的问题。来自其他背景的学生可能不被鼓励对他们的长者告诉他们的内容进行批判性的评估。许多有特殊教育需要的学生可能在将他们所学的知识迁移到新情境和新问题上存在困难，因此，他们可能在有效地应用新知识和新技能上需要大量支持。相比之下，认知发展超前的学生更有可能是在元认知上较为成熟的学习者，他们可能十分擅长解决问题，并可以在没有太多教师的支持下进行批判性的、创造性的思考。

教师资格考试练习

会见查尔斯

17岁的查尔斯在高中的成绩一直是A。现在，到11年级末，他的平均绩点达到了4.0。他对科学和技术特别感兴趣，实际上，除了学校的挑战性课程任务外，查尔斯还在当地的一所社区大学修了几门计算机课程。他的母亲说："他投入了许多时间在项目（写论文、报告等）上，但很少打开一本书来阅读或学习。"

某个下午，查尔斯与一位成年人进行了如下讨论。

成年人：你认为为什么你的成绩这么好？

查尔斯：我会做家庭作业，考试成绩也很好。我并没有真的在学习——我只是确保专注于家庭作业，确保理解它对我有意义……我做什么要依情况而定。对于数学和化学，我只做家庭作业，并在午餐时间与朋友一起复习。这就是我为学习所做的一切。

成年人："确保它对我有意义"是什么意思？

查尔斯：如果我看到这道题，我就知道怎么做，就像在数学和化学中那样。

成年人：例如，老师布置了教材中的一章，要你在接下来三天的某个时间内阅读。当你阅读该章内容的时候，你会做些什么——在你的头脑中？

查尔斯：这取决于课本和课程。我可能只是略读。老师是只让我们读它，还是让我们带着问题去读？我是这么想的。我有一本计算机编程教材。我会浏览该章，阅读一些例子和计算机代码。但我不会看其他内容。

成年人：我没有听你谈及你试图记住任何东西。

查尔斯：我们确实要记忆。如果我写一遍——一个公式或某个内容——而且能够将它应用于几个问题，我就明白了。

成年人：你曾经用过抽认卡吗？

查尔斯：抽认卡对我的学习没什么用。

成年人：你怎么知道你确实学会了某个内容——我的意思是，真的学会了——而且能长时间记住它？

查尔斯：当我做几道题，而它们似乎不难时……当我每次都能够得到正确答案时。

成年人：你的老师可能希望你在课外做许多事情，是吗？你怎么确保它们都能被完成？

查尔斯：将预计要做的每件事列出一个清单真的很有帮助。

成年人：那么你会用清单做什么？

查尔斯：我要么尽快做事，要么拖延，在截止日期的前一天晚上完成。有时我会在一天结束时用一个自由的时间段去完成。或者我会回家马上做化学作业。又或者我可能一直等到最后一刻。这具体取决于我是否要和朋友出去玩。

1. 单项选择题

查尔斯说："我并没有真的在学习——我只是确保专注于家庭作业，确保它对我有意义。"下面哪个术语能最准确地描述这个陈述的本质？

A. 算法式

B. 元认知

C. 批判性思维

D. 发散思维

2. 单项选择题

下面哪个陈述是理解监控的最佳例子？

A. "这取决于课本和课程。我可能只是略读。"

B. "我会浏览该章，阅读一些例子和计算机代码。但我不会看其他内容。"

C. "当我做几道题，而它们似乎不难时……当我每次都能够得到正确答案时。"

D. "我要么尽快做事，要么拖延，在截止日期的前一天晚上完成。有时我会在一天结束时用一个自由的时间段去完成。"

3. 建构反应题

你会将查尔斯的学习策略描述为机械学习还是意义学习？请从访谈中摘录一些内容来支持你的答案。

08

第 8 章

情境中的学习与认知

学习成果

8.1 描述学习的情境理论的五个基本假设，并将这些假设应用于课堂实践

8.2 比较专家－新手互动的益处和同伴互动的益处，解释你会怎样通过两种类型的互动促进学生的学习

8.3 解释学习者的文化背景会怎样影响他们对新信息和新经验的解释，解释新手学习者如何能有效地参与一个或多个实践共同体

8.4 描述社会中影响学习的关键要素，并解释真实性活动如何提高学习者在校外生活中的表现

8.5 描述数字技术和互联网在课堂教学中发挥的独特作用

8.6 将你有关学习、认知和有效的教学实践的知识应用于各个学科领域

个案研究

一切都取决于你如何看待事物

在苏珊·莫斯伯格（Susan Mosborg）的一个研究案例中（Mosborg，2002），12 年级的历史课学生学习了 1996 年的一起法庭案件，该法庭案件涉及一个学区在高中的广播站播放祷告和《圣经》的内容。学生阅读了两篇有关这起法庭案件的报纸文章。其中一篇文章是一篇头版新闻报道，呈现了关于案件的两种相反的观点：一位起诉了学区的母亲认为，该实践侵犯了她女儿的宗教自由权；而学校负责人认为，广播合法地表明了学校言论自由的权利。另一篇文章是一篇社论，它对法庭的判决偏向这位母亲表示失望，并且认为该判决将迫使人们关起门来，隐蔽地从事他们的宗教活动。

当学生根据他们以前所学的美国历史知识对这些文章进行反思时，他们得出了不同的结论。例如，一位名叫雅各布的学生认为判决反映了社会普遍的道德滑坡：

"对我来说，国家的基督教传统意味着我们国家在许多事情上的道德滑坡。尤其是在 20 世纪，道德和信仰的变化非常大，许多群体四分五裂。"

同时，一位名叫霍华德的学生将法庭的判决解释为社会在更大的宗教选择方面的进步：

"尽管政府声称绝不会与教会有关联，但它们在美国的殖民地时期确实有关联……如果你不相信清教主义，如果你做事违反了他们的道德规范，而不是你自己的道德准则，你就会因此被关进监狱……我认为从那时以来，我们已经取得了很大进步。"

- 为什么两个男孩用如此截然不同的方式解释相同的信息？你会利用哪些学习和认知原理来帮助你理解他们的观点？

正如认知心理学家所解释的那样，人类学习通常涉及意义学习——将新信息和新经验与已有的关于世界的知识和信念联系起来。实际上，人们经常会进行精细加工，给新输入的信息添枝加叶，有时还会歪曲新输入的信息，让它更好地匹配他们现有的理解。就不同的人在任何给定的情境下提取不同的知识和信念来看，他们可能会以十分不同的方式解释情境。例如，雅各布可能提取了有关 20 世纪不受欢迎的行为的信息——可能是 20 世纪 20 年代有组织的犯罪的兴起，或者 20 世纪 60 年代末街头毒品的日益盛行。相反，霍华德显然提取了有关 17 世纪马萨诸塞湾殖民地的许多清教徒的刻板偏执的宗教习俗的知识。

然而，为什么两个男孩提取了不同的先前知识并以十分不同的方式进行精细加工？莫斯伯格在她的案例中发现了一个似乎起作用的重要因素：学生成长的更广泛的社会环境。案例中的一些学生，如雅各布，在一所跨宗教派别的学校上学，该学校强调坚持基督教的信条。其他学生，如霍华德，在一所更加非宗教性的私立学校上学，该学校只关注传统的学业科目。据此莫斯伯格推测，学生所在的学校反映了他们父母的优先考虑、信念和价值观——所有这些都是父母想要传递给孩子的。

学习总是发生在特定的情境中，如特定的课堂环境、社会群体、文化或社会。而且，在那些提供正规学校的社会中，教学一般是被分割成分离的内容领域的——如阅读、数学和历史——这些内容领域包括一些特殊的知识和技能。学习的这种社会和内

容 – 特异的情境就是本章的主题。

情境理论的基本假设

8.1 描述学习的情境理论的五个基本假设，并将这些假设应用于课堂实践

学习的认知理论——信息加工理论、个体建构主义及相关的观点告诉了我们许多关于人类怎样学习和发展的知识。但是在最近几十年，心理学家逐渐意识到人们的学习和发展有赖于并受制于各种生理、社会和文化情境。这些心理学家中的许多人都受到心理学家列夫·维果茨基早期的认知发展理论和随后的美国心理学家尤里·布朗芬布伦纳的生态系统理论的影响。

各种学习的情境理论（contextual theory）因它们强调的特定情境而有很大不同。即便如此，它们往往共有如下大多数或全部假设。

■ 大脑通过与身体的其他部分密切合作（而不是孤立于身体的其他部分）来起作用。很显然，没有营养和身体其他部分的健康，大脑就不能发挥作用。但除此之外，思考和学习经常与学习者的身体动作和反应相互交织。例如，当我们考虑投掷棒球时，我们激活了控制投球的手臂和手部肌肉的部分脑区，即使我们并没有实际移动这些肌肉（Spunt, Falk, & Lieberman，2010）。而且，当我们思考复杂情境时——可能是数学问题，或者是空间中各种物体的形状和位置——用手和手臂做手势有时可以促进我们对情境进行更有效的思考和讨论（Goldin-Meadow & Beilock，2010；Kirk & Lewis，2017；Segal, Tversky, & Black，2014）。

■ 获得的知识和技能常常与具体的物理、社会和文化活动及环境紧密相关。人们并不总是在可能相关的情境中使用他们所学的知识——一种被称为情境学习或情境认知的现象。有时，人们仅仅将新信息和新技能与具体的任务或问题类型相关联。例如，他们可能习惯于在数学课上使用代数知识，但不会将它迁移到相关的实际活动中，如建造一栋房子或选择一个明智的贷款计划。在另一些情况下，人们可能只是发现在某些情境下使用新获得的观点或技能更容易，因为这些情境为应用新知识提供了物理、社会或文化支持——就如你在接下来的两个假设的讨论中将要看到的那样。

■ 如果学习者将一些认知负荷转移到其他人或事物上，他们常常能更有效地进行思考和操作。正如你从信息加工理论中回忆出的内容一样，主动的认知加工发生在工作记忆中，而工作记忆本身在任何时候都只能处理少量的信息。因此，对于复杂的任务，将部分认知负荷转移到别处——有时被称为分布式认知（distributed cognition）或分布式智力（distributed intelligence）——会很有帮助（Pea，1993；Salomon，1993；E. R. Smith & Conrey，2009）。

分布认知负荷的第一种方法是使用物体，如在纸上写下问题的一部分或使用计算器进行多步计算。第二种方法是对一个情境中的许多具体事实，也就是"原始数据"，进行组织和解释——使用某个文化群体已经发展用来解决一般问题的概念、原理、策略和其他认知工具。例如，我们可以使用日历记录即将来临的约会和其他承诺，或者我们可以画一幅线图来查看一个特定地区的平均年降雨量在过去的几十年里是持续增加还是减少。

分布认知负荷的第三种方法是与其他个体共享它。当学习者将一项具有挑战性的任务或问题在许多人面前展开时，他们可以利用多种知识库和观点。例如，一群人可以头脑风暴，为一个当地的、国家的或国际的问题提供可能的解决方案。而且，实际上在任

何社会团体中，不同的人拥有不同方面的专长——一些人变成医生，另一些人变成工程师，如此等等——因此其中分布着群体的集体知识库。

■ **当学习者与其他人合作共同建构意义时，他们会学得更有效。** 我们刚刚提到学习者如何通过与其他人共享一项任务或一个问题进而部分地减少他们自己的认知负荷。多学习者合作的一个额外好处是，作为一个群体，他们常常能更好地理解一个情境。例如，想想你与同班同学通过合作学习理解令人困惑的学习材料的那些时刻。通过分享各种可能的解释，你所在的学习小组对学习材料联合建构了一个更好的理解，这胜于你们任何一个人单独建构的理解。不同于个人建构的知识（它们彼此之间可能大相径庭），社会建构的知识是由两个或多个人同时共享的。一种被称为 社会建构主义（social constructivism）的观点关注赋予世界意义的这种集体努力。

　　然而，联合的意义生成并不必然发生在单一的学习阶段。在有些情况下，它会在几天或几周，甚至上百年或几个世纪内逐渐发生。例如，数学、科学、历史、经济学和心理学这样的学科都是许多个体长期合作的结果。通过这些学科，人们发展了概念（如 π、分子、历史意义）和原理（如勾股定理、供需、工作记忆的有限容量）来对世界或其居住者的某些方面进行简化、组织和解释。文学、音乐和美术也帮助我们赋予世界意义——例如，通过努力传递代表人类经验的某些思想或感受。这里我们看到文化在知识建构中发挥了非常重要的作用：在一定程度上，不同群体的人使用不同的概念和原理来解释他们的物理经验，他们会用独特的文学、音乐和艺术来刻画他们的心理体验，也就必然会以不同的方式看待世界。

■ **随着更有知识的个体的帮助和指导，学习者可以从他们所在的文化群体的集体智慧中获益。** 通过持续地建构意义和发展新工具、新策略，任何长期存在的社会群体在处理具有挑战性的任务和问题上都会变得越来越高效。当一个群体获得新成员时——常常通过新生代的到来——它会通过教导新成员用典型的方式对各种情境进行解释和反应来维持其有效性和效率。情境观强调社会和文化在促进学习和发展中的重要性（包括维果茨基的早期认知发展理论），因此被统称为社会文化理论。

　　实际上在任何文化中，成年人和其他经验更加丰富的个体都在不断地帮助成长中的儿童使用该文化认为合适的和有效的方式对新情境进行理解和反应。换句话说，成年人成为儿童与新情境的中介。随着时间的推移，儿童会逐渐内化成年人解释和处理日常事件的方式，直到他们自己变成指导下一代的专家。

　　社会文化观有助于我们理解本章开篇的个案研究中的雅各布和霍华德对学校祷告问题的不同解释。虽然两个男孩都在美国长大——实际上是在这个国家的同一地方长大——他们的父母和学校却传递了一些不同的看待宗教及其在人类社会中的作用的方式。对雅各布来说，祷告和其他宗教传统为人们的总体幸福感提供了重要基础，而对霍华德来说，合法的宗教信念和实践可以以各种形式呈现。

　　表 8.1 总结了 5 个假设及它们对教学的启示。合在一起，5 个假设包括了 3 个一般的情境层次：

　　第 1 层：人们的身体；

　　第 2 层：人们即时的物理环境和社会环境；

　　第 3 层：人们生活的更广泛的文化和社会。

表 8.1　情境理论的基本假设及其教育启示

假设	教育启示	示例
大脑-身体相互依赖	鼓励学生使用他们的身体来帮助他们思考和记住课堂内容	当学生尝试理解皱褶山和断块山之间的差异时，建议他们使用手去模拟地球移动的构造版块是如何形成这两类不同的山脉的
学习和认知的情境特征	让学生将新知识和新技能应用于现实的、真实的问题	要求学生设计和实施实验，并将科学程序（如对变量进行分离和控制）用于与他们的个人生活和兴趣相关的问题上；提供充分的支持使他们能够以科学而合理的方式行动
学习和认知的分布特征	教授学生使用各种物理工具和认知工具（如技术、代数程序）来帮助他们更有效地获得知识、解决新问题；教授他们能有效地与其他人合作及利用专家智慧的技能	教授学生使用诸如 Bing、Google 或 DuckDuckGo 等搜索引擎来查找与特定主题有关的信息；教他们区分呈现有效且论证良好的信息的网站与呈现错误"事实"或有高偏见观点的网站
意义的合作共建	召集小组，让学生讨论没有明显正误答案的复杂问题	将学生分配到四人小组，讨论社区增税的利弊；要求每个小组分成两对，一对分析其利，另一对分析其弊，并综合所有利弊，制定一个兼顾所有利弊的税收政策
经验更丰富的个体的指导	教授新的概念和原理，帮助学生更好地理解复杂且令人困惑的情境	使用化学原理解释为什么水结冰时会膨胀——对食品储存、路桥修建和水生动植物健康有启发的一种现象

然而，请记住，情境的 3 个层次常常相互作用且彼此影响。而且，所有这 3 个层次都会随着时间的推移发生变化。例如，身体的体能改变、有用资源的获得和社会合写作者的变化，以及新的、更先进的技术革新每年都在不断涌现。

我们在本章的其余部分将关注第 2 层和第 3 层，更具体地说，关注思考和学习怎样受到学习者即时的物理环境和社会环境、更广泛的文化和社会的影响，以及怎样受到文化和社会为促进人类表现而创造出来的许多工具和知识库的影响。正如你可能意识到的那样，我们对这些层次的讨论已经明显受到尤里·布朗芬布伦纳在他的生态系统理论中描述的各个层次系统的影响。

然而，当考虑环境对学习者的所知、所思和所做的不同影响时，我们不能将学习者的内在认知过程的知识置于一旁。相反，我们必须一直记住情境因素与学习者的内在认知过程（例如，与长时记忆的存储和提取、元认知和问题解决相关的过程）是在联合发挥作用的（Greeno, 2015; Kirsh, 2009）。

作为情境的社会互动

8.2　比较专家-新手互动的益处和同伴互动的益处，解释你会怎样通过两种类型的互动促进学生的学习

当然，人们有时会自己学习新事物，可能是通过对周围的物体进行试验，也可能只是通过对他们以往观察和学习的事物进行思考和再思考。然而，大多数的人类学习是非常社会化的事业，涉及与更有能力的个体和有同等能力的同伴进行互动，或者二者兼而有之。

与更有能力的个体进行互动

当成年人和其他更有能力的个体与年轻的学习者共享社会已经形成的、用来解释人类经验的生理和心理方面的概念、原理、理论及其他认知工具时，年轻的学习者更有可能建构对世界的有效理解（Driver, 1995; Sweller, Kirschner, & Clark, 2007; Vygotsky, 1934/1986）。例如，如果在课堂上或在田野旅行中进行直接观察时伴有对身边科学现象的解

释，儿童就可以学会大量关于各种生物物种和脆弱生态系统的知识，并获得积极的科学态度（Patrick, Mantzicopoulos, & Samarapungavan, 2009; Zaragoza & Fraser, 2008）。任何帮助学习者将他们所观察到的与特定概念、原理或理论联系起来的解释都属于中介学习经验（mediated learning experience）。

成年人和其他更有能力的个体也以其他重要的方式帮助年轻的学习者：他们在小组教学环境或一对一的教学环境中介绍新的认知和元认知策略，并指导学习者怎样使用这些策略。例如，在小学阶段，教师和学生可以共同建构一条时间线来对人类历史过程中不同形式的交通信息进行组织（Brophy, Alleman, & Knighton, 2009）。图 8.1 就是一条共同建构的时间线。在中学阶段，教师和学生可以合作创建二维图表，以帮助他们比较和对比正在学习的不同国家或地理区域的地形图、气候和经济资源。通过联合讨论和使用策略——一般先是伴随大量成年人的指导和支持——学习者能逐渐内化策略并开始独立使用它们（A. Collins, 2006; Dennen & Burner, 2008; Rogoff, 1990）。

与同伴进行互动

当学习者努力理解新信息和新经验，与有同等能力的同伴分享他们的想法和观点时，他们会以稍微不同的方式获益。

- 他们必须对思维进行澄清和充分组织，以向他人解释和证明其合理性。
- 他们倾向于对他们所学的知识进行精细加工，如通过进行推论、提出假设或形成待回答的问题。
- 他们可以接触到其他人的观点，这些人可能对问题有更准确的理解或存在文化差异，而这些观点可能都有效。
- 他们可能发现自己思维中的错误和不一致。
- 他们可能彼此示范思考和学习学业主题的有效方法。
- 在同伴的支持下，他们可能在更复杂的学习和推理技能上获得锻炼，并最终独自使用它们。
- 他们可能在论证技能上获得锻炼，这些技能是不同学科专家用来发展前沿知识的，如提出支持结论的证据、检查各种解释的优缺点。
- 他们可能会获得更高级的认识信念——对知识和学习的本质有更复杂的看法。例如，他们可能会开始意识到，真正的理解包括获得关于一个主题的一套整合的观点，而且这种知识可能会随着时间的推移而逐渐演变（Andriessen, 2006; Bendixen & Rule, 2004; Chinn, 2006;

很久很久以前　　　　　　很久以前　　　　　　现在

图 8.1　在这条共同建构的时间线上，一名教师提供了总体框架，两名学生创建了描述在人类历史上的不同时期的交通形式的图画

Hatano & Inagaki, 2003；Jadallah et al., 2011；D. W. Johnson & Johnson, 2009b；Kuhn, 2015；Kuhn & Crowell, 2011；P. K. Murphy, Wilkinson, & Soter, 2011；Nussbaum, 2008；Reznitskaya & Gregory, 2013；B. B. Schwarz, Neuman, & Biezuner, 2000；Sinatra & Pintrich, 2003；Slavin, 2011；C. L. Smith, 2007；Wentzel & Watkins, 2011）。

关于学业主题的同伴小组讨论不仅可以为学习者带来社会和动机上的益处，也能带来认知上的益处。与同学讨论一个主题有助于学生获得更有效的人际技能（Certo, 2011；Y. Li et al., 2007）。它还可以对学生产生激励作用，并促进学生对更好地理解一个主题产生由衷的渴望（Hacker & Bol, 2004；P. K. Murphy & Mason, 2006）。如果他们无须疏远彼此就能有效地解决他们之间的差异，有争议的主题就特别能激励他们（Chinn, 2006）。显然，学生有大量机会从定期与他人就课堂主题进行的争论中获益。

创建学习者共同体

以学生之间进行互动的益处为出发点，以促进社会发展的共同意义建构为目标，一些心理学家和教育者建议我们创建学习者共同体（community of learners），即教师和学生合作建构关于某一主题的知识体系并互相帮助进行学习的课堂。一个以学习者共同体形式运作的课堂可能具有如下特点。

- 所有学生都是课堂活动的主动参与者。
- 主要目标是获得一个具体主题的知识体系，学生需要贡献并借助彼此的努力来建构这一知识体系。
- 学生利用书、杂志、互联网及彼此等资源，努力学习相关主题。
- 在两名或多名学生之间的讨论和合作经常发生且在学习中发挥重要作用。
- 学生在兴趣和进步速度上的差异是预料中的且受到尊重。

- 学生和教师同心协力帮助彼此学习，无人需对教授他人负有唯一的责任。
- 每个人都是他人的潜在资源；不同的个体可能在不同的场合下成为资源，这具体取决于所要学的主题和任务。有时，学生会主攻一个特定主题，成为这个主题的专家。有时，课堂之外的人也会分享他们的专长。
- 教师为课堂活动提供一些指导和方向，但学生也可以贡献他们的指导和方向。
- 如果机制是适当的，学生就可以通过这种机制分享他们与他人一起学到的知识。
- 对彼此的工作进行建构性的怀疑和批评是常事。
- 人们对学习过程的重视程度与对最终成果的重视程度不相上下，有时甚至超过对最终成果的重视程度（Bielaczyc & Collins, 2006；A. L. Brown & Campione, 1994；Campione, Shapiro, & Brown, 1995；A. Collins, 2006；R. A. Engle, 2006；Rogoff, Matusov, & White, 1996；Scardamalia & Bereiter, 2006；Wells, 2011）。

学习者共同体背后的指导原则是学生和教师共同为发展集体知识、技能和理解课堂上的所有成员做贡献。实际上，班级进行的知识建构（knowledge building），真正发展了关于一个主题的前沿群体知识，这很像成年研究者努力推动各个学术和专业学科的世界知识的发展。在这一过程中，学生创建的不仅是有形的产品，还有概念产品——理论、图表、计划、问题解决策略，以及他们可以使用、评估、计划，并可能随着时间的推移而改进的其他认知工具（Bielaczyc & Collins, 2006；B. Chen & Hong, 2016；Scardamalia & Bereiter, 2006；Wells, 2011）。

在怎样对学习者共同体进行结构化的一个例子中（A. L. Brown & Campione, 1994），学生被分成若干小组学习一个大主题之下的不同子主题。例如，改变人口数量这个主题的子主题可能是灭绝、濒危、人造、支持和城市化。每个小组会进行研究，准备与各小组的子主题相关的教学材料。然后班级再编成新的小组，每个小组至少包括来自之前各小组的一名代表。在这些新的小组中，学生互相教授他们各自已学的知识。不同的学生掌握不同的主题，然后将所学知识分享给同学的方法有时被称作**拼图技术**（jigsaw technique）。

另一种方法是使用计算机网络来支持学习者共同体（Bereiter & Scardamalia, 2006; G. Stahl, Koschmann, & Suthers, 2006; J. Zhang, Scardamalia, Reeve, & Messina, 2009）。在电子环境中，学生可以创建各种文档——可能是简洁的笔记、冗长的报告、问题的解决方案、图标或短故事——将他们的工作以计算机文件的形式进行展示，他们的同学可以阅读它、对它做出反应，也可以修改或加强它。学生也可能在一间持续进行的基于计算机的聊天室里进行互动。例如，学生可能会共同面对一个令人困惑的学习内容，即热量会融化一些固体，但会燃烧另一些固体，或者他们可能对人类一开始如何迁徙，然后遍及北美洲和南美洲各地的各种理论进行批判（Hewitt, Brett, Scardamalia, Frecker, & Webb, 1995; Hewitt & Scardamalia, 1998）。

在学习者共同体中学习可以给学生一种科学家和其他学者用来发展前沿知识的策略感：他们进行个人研究和合作研究，分享观点，借鉴彼此的发现和结论并进行评论。实际上，参与这种共同体很明显可以长期促进相当复杂的思考和知识建构过程（R. A. Engle, 2006; Scardamalia & Bereiter, 2006; J. Zhang et al., 2009）。参与学习者共同体还可以高度激励学生，即使他们生病也会坚持上学，当暑假开始时，他们反而会感到失望（Rogoff, 1994; Turkanis, 2001）。

除了认知和动机方面的益处，在学习者共同体中学习还可以促进有效的同伴关系和社会技能。它也有助于营造班级的共同体意识——教师和学生共享目标、尊重和支持彼此的努力，并相信每个人都对课堂学习做出了重要贡献。

当我们拥有多样化的学生群体时，学习者共同体尤其有益（Kincheloe, 2009; Ladson-Billings, 1995b; Rothstein-Fisch & Trumbull, 2008）。这样的学习者共同体重视所有学生的贡献，利用每个人的背景、文化视角和独特能力来促进班级总的学习和成就。它也提供了一种情境，学生可以在其中建立跨种族、性别、社会经济地位和障碍的友谊——这对学生的社会性发展和多元文化理解至关重要。

然而，我们也必须注意到学习者共同体和更普遍的同伴小组讨论可能的不足之处。一些学生可能会主导互动，而其他学生（如英语学习者）可能很少或根本没有参与（Walshaw & Anthony, 2008; T. White & Pea, 2011）。此外，一些学生可能会将他们的错误概念和个人偏见传递给同学（A. L. Brown & Campione, 1994; Hynd, 1998b; E. R. Smith & Conrey, 2009）。那么，很显然，当我们实施课堂讨论或将我们的课堂组织成学习者共同体时，我们必须仔细监控学生之间的互动，以确保每个人都有意义地参与，并最终获得对他们所学主题的准确理解。

作为情境的文化

8.3 解释学习者的文化背景会怎样影响他们对新信息和新经验的解释，解释新手学习者如何能有效地参与一个或多个实践共同体

几乎任何一个长期存在的社会群体都会发展出某种文化，其中包括从年长的成员向新成员或从一代向下一代传递的行为和信念。文化是一种主要但并非人类物种独有的现象（M. Cole & Hatano, 2007; de Waal, 2016）。人类社会群体通过文化来保证新一代获得前辈所积累的智慧并从中获益。通过传递集体知识库，文化群体增加了其在较长的时间内生存和发展的机会。

尤其是在大型的复杂社会中，人们一般会同时参与两个或多个文化群体。例如，在世界上的大多数高度发展的社会中，人们至少部分地沉浸在历史上所谓的西方主流文化中，这种文化鼓励人们对读写、各种学科知识，以及21世纪数字技术的掌握。但许多人也主动参与其他文化，如与特定种族或宗教有关的那些文化。

文化知识的有些方面是具体的、易观察的。例如，人们使用纸和笔、方程、图标或计算机来帮助他们分析数据或解决问题。但文化知识的其他方面是如此抽象和普遍，以至于它们被认为是理所当然的、作为影响学习的环境因素很容易被忽视的，如东、西、南和北等概念。你可能会经常使用这些概念来帮助你在乡村附近或地图上找到路。尽管它们看似与大地有明显的关系，但这些概念是一些文化也仅仅是一些文化所提供的创造。你可能会惊讶地发现，不同的文化甚至对情绪的分类也不同，例如，如果某种文化的语言中没有每种情绪的对应词汇，人们不太可能区分快乐、平静和自豪的感受。文化对思维和学习的影响是如此强大，以至于研究者观察到了在大脑组织和功能上的小而微妙的文化差异（Barrett，2017；Kitayama & Salvador，2017；D. C. Park & Huang，2010）。

当文化体验丰富的个体向一个文化群体中的新成员解释各种现象时，他们必然更关注现象的某些方面而不是其他方面。在这一过程中，年轻的学习者会发现某些事物尤其值得思考和记住，这些事物一般反映了该文化群体的看法和优先关注点。例如，在本章开篇的个案研究中，雅各布和霍华德对学校有关祷告的法庭案件给予了不同的解释。人们的宗教信仰往往是他们所处的特定文化环境中不可分割的一部分。

文化不是静态的实体。相反，它们会随着时间的推移而不断变化，因为它们会整合新观点、革新和思考方式，尤其是当它们与其他文化互动时（Y. Hong & Cheon，2017；Kitayama，Duffy，& Uchida，2007；Varnum & Grossman，2017）。而且，任何特定的文化在态度和行为方面的差异往往都很大，个体成员可能会采纳某些文化价值观和实践并拒绝其他价值观和实践（Bang，2015；Markus & Hamedani，2007）。

文化的方方面面：图式、脚本与世界观

正如认知心理学家所主张的那样，发展中的学习者会利用它们的经验建构图式和脚本——对事物通常是什么样的及常识活动通常如何展开的一般理解。许多图式和脚本是特定文化中所特有的。现在，我们呈现如下练习来解释这一观点。

亲身体验

鬼之战

只阅读一遍下面的故事。

一天晚上，两个来自 Egulac 的年轻人跑到河边捕获海豹，当他们到达那里时，河上变得雾蒙蒙的，而且风平浪静。随后他们听到战斗的口号，他们想："这可能是一个战场。"他们逃到岸边，藏在一根圆木后面。这时，几只独木舟出现了，他们听到了划桨的声音，看到一只独木舟正向他们靠近，上面有五个人，他们说：

"你们是怎么想的？我们希望带着你们一起走。我们正沿着河往上走，对人们发动战争。"

其中的一个年轻人说："我没有箭。"

"独木舟上有箭。"他们说。

"我不会和你们一起走。我会被杀死的。我的亲戚不知道我去了哪里。但是你，"他说着，转向另一个人，"可以跟他们一起去。"

于是这个年轻人跟他们去了，另一个年轻人回家了。

战士们沿着河逆流而上，来到 Kalama 另一边的一个小镇。人们下到水里，开始战斗，许多人被杀死了。但不一会儿，年轻人听到一个战士说，"快，我们回家，印第安人已经被击中了。"他想："哦，他们是鬼。"他没有感到不舒服，但他们说他被击中了。

于是独木舟回到 Egulac，年轻人上了岸，回到家，生了火。他告诉每一个人："看，我陪着鬼去打仗了。许多同伴被杀了，许多攻击我们的人也被杀了。他们说我被击中了，但我没有感到不舒服。"

他讲述了整个过程，然后变得平静下来。当太阳升起时，他倒下了。一些黑色的东西从他的嘴里流出来。他的脸变得扭曲。人们突然起立并哭了起来。

他已经死了。

现在把故事遮住，尽可能多地写出你记住的内容。

资料来源：Bartlett, F. C.（1932）. *Remembering: A study in experimental and social psychology*. Cambridge, England: Cambridge University Press. Used with permission.

请将你自己对故事的演绎与原文进行比较。你注意到有什么不同吗？几乎可以肯定的是，你的版本会是两个版本中较短的一个，而且你可能遗漏了很多细节。但你是否也发现自己扭曲了故事的某些部分，以便让它对你更有意义？

作为一个美国土著的鬼故事，"鬼之战"可能与你获得的某些图式和脚本不一致，尤其是如果你成长于非美国土著文化。在一项早期的长时记忆研究中（F. C. Bartlett, 1932），英国剑桥大学的学生被要求读两遍这个故事，然后在后续不同的时间内回忆这个故事。学生对故事的回忆常常包括额外的和歪曲的信息，以使故事与英国文化更一致。例如，英国人很少去河边捕获海豹，因为海豹是咸水动物，而大多数河流的水是淡水。因此，学生可能会说人们去河边捕鱼。类似地，故事中的鬼怪成分与大多数剑桥学生的宗教信仰不一致，因而也经常被修改。当要求一个学生在阅读这个故事六个月后进行回忆时，他提供了如下内容。

四个男人下到水里。他们被要求上船拿武器。他们问："什么武器？"有人回答："战斗武器。"当他们来到战场时，他们听到了巨大的

呐喊声。一个人说："那个黑人死了。"他被带到他们所在的地方，躺在地上。他口吐白沫（F. C. Bartlett, 1932）。

请注意学生版本的故事遗漏了许多更加令人迷惑不解的地方——至少从他自己的文化视角来看是令人迷惑不解的。

来自不同文化背景的学生往往带着不同的图式和脚本来到学校。他们可能对相同的课堂材料或活动有不同的理解，在有些情况下，他们可能在理解特定的课程或阅读作业上存在困难（M. Cole & Cagigas, 2010; Pritchard, 1990; R. E. Reynolds, Taylor, Steffensen, Shirey, & Anderson, 1982）。那么，作为教师，我们需要发现学生是否有合适的图式和脚本来理解我们正在教授的主题。当学生不具备这种知识时，我们有时可能需要在他们继续学习新材料之前，支持和帮助他们获得这种知识。

学习者的图式和脚本往往针对特定的主题。相反，世界观（worldview）——学习者关于现实的一般信念和假设——会影响他们在许多领域的意义形成（Koltko-Rivera, 2004; Lewandowsky, Oberauer, & Gignac, 2013）。以下是世界观可能包含的几个假设：

- 生命和宇宙通过自然的随机形式或作为神的计划或目的的一部分而形成；
- 自然中的物体（岩石、树等）有某种程度的意识或不能进行有意识的思考；
- 人类是自然力量的恩赐，或者人类应该力争掌握自然力量，又或者人类必须学会与自然和谐相处；
- 人类最有可能通过依赖科学原理和逻辑推理过程，或者通过寻求科学和逻辑思维之外的资源的指导和支持来提高他们的幸福感；
- 人类在生活中的成功或失败是他们自己行动的结果、神的干预、命运或随机发生的；
- 人类世界是公平且公正的——善有善报，恶有恶报——或者并不一定是公平且公正的（M. Cole & Hatano, 2007; E. M. Evans,

Rosengren，Lane，& Price，2012；Furnham，2003；Gifford，2011；Hornsey & Fielding，2017；Koltko-Rivera，2004；Medin，2005）。

在很大程度上，这些信念和假设是文化传递的，不同的文化通过外显的词语或内隐的行动来传递不同的信念和假设（Berti，Toneatti，& Rosati，2010；M. Cole & Hatano，2007；Kitayama，2002；Losh，2003）。

世界观常常是日常思考中不可或缺的一部分，人们对之习以为常，通常不一定能意识到它们。因此，在很多时候，世界观涉及内隐知识而不是外显知识。然而，它们会影响学习者对当前事件和课堂主题的解释。例如，如果学生相信世界和它的居住者受到无所不知且仁慈的更伟大的存在的指引和保护，他们就不太可能相信全球气候变化是真实的或会对人类社会产生严重威胁的（Feinberg & Willer，2011）。如果学生的文化始终强调接受自然并与自然和谐相处的重要性，他们可能会在探索人类怎样操纵和控制自然事物的科学课上挣扎（Atran，Medin，& Ross，2005；Medin，2005）。

在有些情况下，学业主题可能与学生的大多数核心信念——他们作为个体最终是谁的本质——相冲突。例如，那些坚信神创造了人类的学生可能会毫不犹豫地拒绝任何认为人类物种是从更原始的物种进化而来的观点（Rosengren，Brem，Evans，& Sinatra，2012）。那些在文化上认为某些历史战争涉及"好人"和"坏人"的学生可能会忽视更加平衡的视角，即每一方都有合理的需要和担忧（K. Jacoby，2008；Levstik，2011；Porat，2004）。因此，学生的世界观有时会妨碍他们进行有效的概念转变的能力。在这种情况下，一个更有可能实现的目标是帮助学生理解（而不是接受）学者的解释和推理路线（Feinberg & Willer，2011；Southerland & Sinatra，2003）。

作为教师，我们必须记住，我们自己也有确定的世界观——经常是内隐的、在表面之下的世界观——它会影响我们对物理和社会世界的看法和方式。例如，我们可能比一些学生更加重视客观的科学调查作为新知识的来源的重要性（Thanukos & Scotchmoor，2012）。我们中的一些人倾向于认为某些文化群体的实践在某种意义上劣于西方主流文化（Banks et al.，2005）。我们必须不断反思自己的文化信念，承认它们影响我们教什么及怎样教（有可能促进或损害学生的学习和发展），尽管有时做到这一点非常难。

作为文化的实践共同体

任何文化群体不仅传递解释世界的特定方式，也传递做事的特定方式。换句话说，不同的文化所传授的程序性知识多少有些不同。有些程序性知识是任务或主题特异性的，是直接的和明确传递的，如"这是怎样写草书 A 的方法"及"让我示范怎样做长除法"。但文化也常常在实践共同体（community of practice）的情境中传递大量程序性知识——一群有着共同兴趣和目标的人，为了追求这些兴趣和目标，经常相互交流和协调他们的努力（R. Hall & Jurow，2015；Lave，1991；R. K. Sawyer & Greeno，2009；Wenger，1998）。实践共同体往往遵从一定的行动和互动标准，这些标准往往是不成文的理解而不是明确规定的规则。例如，在西方主流文化的成人世界中，来自不同职业领域（医学、法律、科学研究等）的人经常相互交流并以特定的方式相互支持。

在大多数情况下，实践共同体中的新成员主要通过主动参加群体来学习合适的做事方式。通常，新手一开始只在群体的边缘参与，可能通过做琐碎的杂务、帮助更有经验的群体成员或做他们的学徒。换句话说，新手是通过合法的边缘性参与（legitimate peripheral participation）被逐渐引导到群体的做事方式上的。合法参与意味着新手以真诚的、真实的方式为群体的总体努力做贡献。边缘性参与是指新成员的行动只涉及外层边缘的少量任务。随着新成员获得更大的能力，他们会在特定活动中慢慢地发挥更核心的作用，直到最终完全参与其中（Lave &

Wenger，1991；Rogoff et al.，2007）。

实践共同体并不局限于成年人的职业群体。例如，志愿者组织（如人道主义住所、美国红十字会）和有组织的年轻人群体（如男童子军、女童子军）也都是实践共同体。学校也是实践共同体，为了实现特定目标，它们有某些预先设定的做事方式——例如，遵循日程、完成作业和在截止日期前完成任务。

教师当然必须帮助学生了解教育共同体的期望。但除此之外，我们还可帮助学生学习各种成年人职业共同体及更一般的成人世界的做事方式，如通过让学生实际参与成年人式的活动——可能是通过鼓励学生在当地商业机构兼职实习或与公共服务组织合作的方式。例如，俄亥俄州一所高中的学生必须花一周的时间聚焦于一个学校常规的学业内容之外的主题。在这所学校上学的某个学生在一家高级餐厅做了一周的学徒。她主要做一些琐碎的工作，如洗菜、切菜，同时也与厨房人员谈论在餐厅全职工作会是怎样的情况（在她的案例中，这段经历使她确信，烹饪可能不是她未来想要的职业）。

作为情境的社会

8.4　描述社会中影响学习的关键要素，并解释真实性活动如何提高学习者在校外生活中的表现

一个与文化相关但又有所不同的概念是社会（society）：一个非常大的、持久的社会群体。它不仅具有相当明确的社会和经济结构，还有集体制度和活动。例如，任何国家实际上都是一个社会，它有一个管理活动的政府、一套判断允许的和不被接受的行为的法律、一个允许成员交换货物和服务的金融系统，以及一套建构良好的成员间的交流手段。

社会以各种方式影响其成员的学习，包括通过其提供的资源、支持的活动和传递的一般信息（Bronfenbrenner，2005；Gauvain & Munroe，2009）。例如，一个社会的基础设施——道路、发电站、电话

和电缆线——使人和货物能够进行远距离移动，并实现居民之间的定期合作。社会中的医院、学校、社会服务项目和图书馆促进了成员的生理和个人成长，以及幸福感。各种媒介（报纸、电视、互联网等）传递了关于所期望行为和群体刻板印象的信息、看法、观点和消息（通常是微妙的信息）。

任何社会的一个值得注意的方面都是其分布式知识（distributed knowledge）。不同的人有不同的专长，因此，社会成员为了将他们的个人成功和群体成功最大化，必须彼此依靠。为了成为真正有效的社会参与者，人们必须学习怎样找出他们有时需要用来处理具有挑战性的问题的专业知识。他们也必须获得知识和批判性思维技能，来区分真正的专家和只是宣称自己是专家的个体（Bromme，Kienhues，& Porsch，2010；Woolley，2015）。

在一个高度发展的社会中，正式的学校教育提供了一种重要手段，社会可以借此将部分集体知识传递给下一代，并为一些成员铺就道路去追求对在特定内容领域获得真正专长来说非常重要的深度学习和实践的机会。理想的情况是，正式的学校教育也教授查找和评论出现在报纸上或以数字形式存在于社会的分布式知识库中的重要信息和观点的技能。学校必须确保学生最终能在成年后的个人生活和职业生活中使用他们所学的知识——例如，让学生参与真实性活动。

真实性活动

真实性活动是指与学生最终在外部世界遇到的活动类似或相同的活动。这种活动有几个好处。第一，通过在自然的情境中学习，使用这类情境中的物理和社会资源（如工具、其他人），学生应该能够比他们在相对人为和简单的课堂任务中进步更多。第二，复杂的真实任务可以促进对新信息和新程序的意义学习而不是机械记忆。第三，因为真实性活动与现实世界中的任务和问题相似，所以它应该有助于学生在学校主题和学校外的情境之间建立心理联系，这些联系会有助于学生提取和应用（也就是

迁移）它们所学的知识到新的情境和问题中。

真实性活动实际上可以被设计用于任何领域的课程。例如，我们可以要学生做如下事情。

- 写一篇社论
- 在音乐会上表演
- 参加一场辩论
- 计划家庭预算
- 设计一个电路
- 用外语交谈
- 做一个实验
- 制作并剪辑一个教学视频
- 写一个计算机程序
- 构思一个展览馆的展览
- 创建和分发班级通讯录
- 开发一个互联网主页

在有些情况下，真实性活动以基于问题的学习（problem-based learning）或基于项目的学习（project-based learning）的形式呈现。在这些学习形式下，当学生完成与他们可能在外部世界遇到的情况类似的复杂问题或项目时，就可以获得新知识和新技能。有时，真实性活动也包括服务学习，即包括旨在直接或间接地提高外部社区生活质量的项目。为了有效地促进学生的学习，使活动成为快乐和成功的来源而不是沮丧和失败的来源，大多数复杂的真实性活动需要教师的大量指导和支持（Hmelo-Silver, Duncan, & Chinn, 2007; Mergendoller, Markham, Ravitz, & Larmer, 2006）。

真实性活动对学生具有高度激励性（M. Barnett, 2005; Marks, 2000; Wirkala & Kuhn, 2011）。下面的内容是一名9年级学生对月亮追踪活动的回忆：

> 在我的记忆中，这是我们第一次在学校做一些课本上没有的事情……就像我们是真正的科学家一样。我们必须记录数据表、在一个月里测量每一天月亮升起的时间和角度。为此，我妈妈简直要疯了，因为有时我们在吃饭时，我会看手表，然后跑出门去！我们必须测量附近

的河流，看它是否受到月亮的影响……我认为自己到河边去的次数比我过去整个人生中去过的次数的总和都多。

> 然后，我们必须进行计算，那是另一个步骤，我们还必须将结果制成图表。这项活动的目的就是要分析结果，并告诉大家关于潮汐和月亮的关系，也就是这些结果意味着什么……我感觉我做了一些真实的事情，而且我能够看到它的好处（Wasley, Hampel, & Clark, 1997）。

通过将课题活动置于真实情境下，我们可以帮助学生发现他们学习学科主题的理由。相应地，真实性活动可能对有学业失败风险的学生而言尤其有用（L. W. Anderson & Pellicer, 1998; Christenson & Thurlow, 2004; Tate, 1995）。

当真实性活动促进复杂思维技能（如综合信息、形成和检验假设或解决问题）时，以及当它们的最终结果是多方面的，并且有点不可预测时，真实性活动可能是最有益的（Newmann & Wehlage, 1993; S. G. Paris & Turner, 1994）。然而，这些活动应该足够简单，不会给学生带来难以管理的认知负荷。换句话说，它们不应该太复杂，以至于学生感到难以应对（Kester, Paas, & van Merriënboer, 2010; Plass, Kalyuga, & Leutner, 2010）。"走进课堂——设计真实性活动"专栏提供了研究者和经验丰富的教育者发现的几种有效策略。

作为情境的数字技术

8.5 描述数字技术和互联网在课堂教学中发挥的独特作用

严格来讲，技术包括任何为达到实际目的而对科学知识进行的人为应用。但这里的重点是数字技术——那些使我们能电子化存储、操纵和传递信息的技术（"数字"一词指信息以许许多多0和1的形式进行的存储，我们统称为"比特"）。计算机硬件和

走进课堂　●●●

设计真实性活动

■ **充分简化任务以适应学生的年龄水平和认知能力。**在华盛顿州西雅图市的一所学校里，学前班及一二年级的学生与研究者合作，在一个重要的分水岭地区的一条自然小路上监控狗的粪便。每两个月，学生和几名成年志愿者会计算他们在小路上及小路的左右 2 米内发现的各种狗的粪便并绘制成地图。在学年中间，学生会在小路附近的各个地点放置塑料袋自取装置，并继续他们两个月一次的监控，以判断自取装置和塑料袋是否发挥了作用。学生不仅获得了污染对自然资源的有害作用的认识，也获得了他们有能力对本地环境的健康发挥积极影响的信心。

■ **选择一项任务，要求学生整合并应用他们在两个或更多学科领域所学到的知识。**一个 3 年级班创建了一家"出版公司"，为全校的活动和表演提供各种印刷材料（公告、节目、横幅等）。学生举办了许多典型的商业活动，如面试公司的各种职位、打销售电话、从其他班级招揽业务、设计客户订单、编辑和校对他们的工作，并进行客户满意度调查。

■ **让学生知道一项任务没有唯一的最好或最正确的方法或答案。**一名高中生活技能课老师给学生一份写有当地杂货店内商品（肉、水果、蔬菜、牛奶等）价格的清单。学生必须使用这份清单、食物金字塔和 200 元的预算，为一个四口之家计划健康的早餐、午餐和晚餐。

■ **鼓励学生试验新的想法和策略。**一个 5 年级班一直在研究许多当地常见的动植物。学生被分成 2 ~ 3 人一组一起工作，为当地博物馆设计几个物种的信息展览。他们的老师帮助每个组就如何向普通大众有效地描述一种特定的植物或动物展开头脑风暴。

■ **与当地社区共同努力。**在当地社区中心的帮助下，一些市中心低收入社区的高中生参加了一个正在进行的"自行车工作坊"，他们利用各种捐献的和废弃的部件组装自己的自行车。在成年人的指导和支持下，十多岁的青少年随后积极主动地参与了一个有意义的大型城市计划项目，该项目旨在提高当地附近的交通网络。项目参与者步行或骑自行车走遍整个区域，使用全球定位系统（GPS）技术收集有关个人偏好和流动性问题的数据。然后，参与者就他们的发现创建了地图。例如，一名 10 年级的学生画出了可能的自行车道，以便她毕业后到城里的大学上学。项目参与者最终与官方和城市规划者共享他们的地图，这些人的后续行动（增加自行车道和有用的街道标志）明显改善了居民的生活。

■ **对学生的表现表达高期望，并提供足够的支持以确保学生获得成功。**一个中学的 92 名 8 年级学生被要求以一种有意义的方式为 8 年级的年度音乐喜剧表演做贡献。一些学生是演出者，另一些学生则承担布景、服装设计或灯光控制。教职员工会监督活动的每一个方面，在需要时提供指导和帮助，但学生对自己活动的质量承担主要责任。当来自不同社交团体的学生在一起工作时，受欢迎的学生和不受欢迎的学生之间的社交障碍和敌意开始瓦解。到演出的那晚，全班学生已经获得了凝聚力和整体的班级精神，而且都为他们的成功演出感到自豪。

资料来源：Edelson & Reiser，2006；Hmelo-Silver et al.，2007；R. Hall & Jurow，2015；Kester et al.，2010；Kornhaber，Fierros，& Veenema，2004；Mergendoller et al.，2006；Newmann & Wehlage，1993；S. G. Paris & Turner，1994；Pickens，2006；Plass et al.，2010；M. Thompson & Grace，2001.

软件、手机、摄像机、视频游戏系统和互联网都是数字技术的例子。

随着这些技术变得越来越广泛可用和可供，它们在现代社会中也变得越来越普遍。例如，在美国，绝大多数高中生都有智能手机，他们中的大多数人能熟练地使用手机发送文本信息、拍照和发送照片、在 Snapchat、Instagram 和 Facebook 等社交网站上发布观点和照片。对大多数青少年来说，使用手机和其他新技术的主要动机是建立和维持社会关系，尤其是与同伴的关系（Ito et al.，2009；National Center for Education Statistics，2018；Pew Research Center，2018；Valkenburg & Peter，2009）。

最近的技术创新逐渐使全世界的人可以利用我们前面提及的分布式知识。过去，要想快速获取重要信息，人们需要有效地将其存储在自己的长时记忆中或个人的书架上，或者去公共图书馆或关于一个特定主题知识的其他地方。而现在，这样的时代已经一去不复返了。相反，人们只需进入诸如 Google、Bing 或 Yahoo! 等互联网搜索引擎进行几下简单的键盘敲击，就可以获取所需的几乎任何主题的信息，有时也会获得错误信息。21 世纪早期的整体学习环境的确与 20 世纪中期的环境大相径庭。

学习和教学中的技术

当学习发生在电子环境中时，它有时被称为**数字化学习**（e-learning）。但不管我们把它称作什么，在 21 世纪的社会中，许多可用的技术都可以以多种方式促进学习。

- **教学可以无缝整合几种媒体和多种教学策略。**例如，教学软件程序常常将书面文本与图表、视频、模拟、练习和评估整合在一起。交互式智能白板是一种挂在墙上的大型展示媒体，它与计算机和投影相连，正日益替代传统的黑板和白板。这些智能白板不仅能展示计算机屏幕的内容（可能是一段视频、一套教学或一个互联网站），而且，课堂成员可以在上面进行电子书写和绘画，所产生的内容又可以传到计算机上并进行存储。

现今许多课本都以数字化形式呈现。数字化课本可能不仅包括传统的文本和图表，也包括视频、音频、练习，以及词汇条目的链接。学生可以在线搜索特定的单词或概念，突出特别感兴趣的或重要的部分，并添加与内容相关的个人笔记。

- **教学可以更轻松地进行个性化，以适应学生的独特需要。**例如，基于互联网的研究项目允许学生深度探索自己感兴趣的主题。智能导学系统通过在学生学习新概念和新程序时给予他们持续的、个性化的指导、暗示和反馈，来帮助他们掌握阅读、数学和科学等不同内容领域的知识技能。

- **教学可以通过互联网远程传送。**例如，当学生因为慢性疾病或严重损伤不能上学时，他们仍可以参与课堂活动。学生也可以学习从当地学区获取不到的课程，可能是高阶的高中课程或适合他们的能力水平的大学课程。总的来说，这些形式的教学被称为"在线学习"。我们会在本章的后面更详细地探讨这一选择。

■ **学习者可以用各种方式操纵数据，同时将认知负荷维持在合理水平上。** 作为教师，我们必须牢记，复杂的思维任务可能给工作记忆增加明显的负担。与分布式认知的观点一致，数字技术可以承载部分认知负荷，释放部分工作记忆容量用于解决问题和创造。例如，学生可以利用计算机上的电子表格和制图软件探索和检验代数方程中 x 的不同取值的影响。他们可以使用诸如 Coggle、Kidspiration 或 MindMapper Jr. 等概念地图软件（有时也被称作"思维导图程序"）来尝试对新材料进行组织和建立相互联系的各种方法。理想的情况是，技术可以提供在线"游乐场"，学生可以在其中试验和扩展观点（J. A. Langer，2011；Spiro & DeSchryver，2009）。

■ **教师和学生可以不费力地相互交流与合作。** 技术当然能促进在一个班级或一所学校内的交流与合作。例如，像 Blackboard 和 Moodle 这样的课程管理系统为教师发布材料和作业、为学生上传作业，以及为全班成员通过班级论坛或聊天室进行常规互动提供了途径。另一个好的资源是谷歌教育（Google for Education），学校可以通过它为每个学生创建电子邮箱账户、将预先安排的活动和截止日期发布在学校和班级日历上，以及上传教师和学生都可以发表意见的文档。此外，教师和学生可以创建一个或多个特定于班级的维基账号，单个班级成员可以在上面增加、编辑或重组之前由其他成员提供的材料。

由于有了互联网，个别学生或整个班级也能与其他地方甚至其他国家的学生或班级更好地交流与合作。Skype 就是一个很好的工具，在两个不同地方的人能通过它在任何装有内置摄像头和麦克风的计算机、平板电脑或智能手机上看到和听到彼此。

最后，教师通过互联网越来越多地相互交流与合作。例如，许多教师会分享教学计划和他们认为有效的其他教学材料。

■ **技术为进行真实性活动提供了多种途径。** 前面提到过的一种策略是创建班级维基账号，这对学生来说是一种十分真实的活动。其他可能的策略包括创建班级内部通讯、视频或视频游戏。学生也可以在线发布他们的诗歌和短文让其他地方的人阅读和评论。通过设计良好的模拟技术，学生可以设计和实施虚拟的科学实验来检测他们关于物质世界中因果关系的理论。

■ **一些基于技术的教学策略有效地模糊了工作和游戏之间的界限。** 设计良好的基于技术的教学是高度交互的，它可以维持学生的动机，让学生长时间投入其中。一些教育者和软件开发者一直在设计具有挑战性的视频游戏，让学生沉浸在模拟的电子环境中，扮演公元前 4000 年的部落首领、墨西哥古玛雅遗迹的现代探险者，或者黄石公园中竭力生存和茁壮成长的狼。在玩这些视频游戏的过程中，学生可以学习很多关于历史、科学和其他学术内容领域的知识。学生也可以通过硬件和软件虚拟地进行舞蹈、网球和棒球活动（有时被称为"运动电玩"的一种活动），以获得运动技能，促进身体健康（Shayne, Fogel, Miltenberger, & Koehler, 2012）。

在教学中有效地使用技术的一般指南

当我们将数字技术和互联网融入教学时，我们必须给予学生有效地使用这些事物的支持和指导。下面是几条一般性建议。

· 不要只因教学包含了技术就认为它更好。相反，教师要确保所使用的技术工具能以某种方式促进学生进行思考和学习。

· 应用你在传统教学中所使用的相同的一般原理，如激活学生的先前知识、鼓励意义学习而不是机械学习、提出需要学生在心理或身体上以某种方式对材料做出反应的问题和任务。

- 对任务进行充分结构化，这样学生就不会轻易受到无关的信息和活动（如点击无效的链接或互联网站、坚持进入个人的 Facebook 页面）的干扰。

- 教授适当的社交礼仪——你可以使用"互动规则"这个术语——并监控学生的登录内容，尤其是警惕欺凌和其他反社会信息。

提高技术素养

我们也必须牢记，数字技术和互联网的使用需要特定的知识技能，这些知识技能被统称为技术素养（technological literacy）。如下是技术素养所包含的一些内容。

- **使用设备特异性的操作系统。** 大多数有手机的学习者都知道一些基本知识：如何打电话、发送一条文本短信或将朋友的联系方式添加到地址簿。但要在 21 世纪变得具有技术素养，学习者也必须搞清楚如何使用个人计算机和平板电脑的各种应用程序。

- **使用常见功能。** 有些功能在使用各种计算机应用程序时是必不可少的。例如，学习者必须知道如何"打开""剪切""粘贴"和"保存"，以及怎样在计算机文件中搜索所需信息。

- **使用特定的计算机应用程序。** 例如，在许多小学和中学课堂上，文字处理软件、电子表格和演示软件是常用的。各种基于互联网的交流应用程序，如电子邮件、聊天室、博客和维基，不仅涉及基本的阅读和写作技能，也涉及特定的有关应用程序的知识。

- **有效搜索相关的、可信的互联网站。** 学习者必须知道如何使用互联网搜索引擎，并确定适当的关键词来启动一次搜索。他们必须能够判断特定的互联网站与特定的任务和问题是相关的还是不相关的。他们必须批判性地评估他们找到的每一个网站，以便对其内容的有效性进行合理判断。他们还必须经常将他们从各种来源学到的内容汇聚在一起形成一个整合的、有组织的整体。

许多学生可能带着过去使用手机、玩视频游戏或使用家用计算机的经验来到学校。然而，其他人可能不具备基本条件。例如，他们可能不知道如何启动一个特定的设备并将音量调节到舒适的水平。显然，教师必须判断和教授学生还没有获得的基本技术知识和程序。

即使学生看似技术熟练，他们也可能缺少从技术中进行有效学习所需的所有认知技能。对他们来说，从互联网站上学习尤其成问题，这有如下几方面原因。第一，为了判断哪个网站是真正与他们的问题和需要相关联的，他们需要对从互联网上搜索获得的成百上千个网站进行分类，但要做到这一点很困难。第二，他们可能不具备辨别网站所需的知识和能力。这些网站包括呈现客观信息的网站和以某种方式提供有偏见的社会宣传和政治宣传的网站。第三，他们不知道如何组织和整合他们在各种网站上找到的孤立信息。第四，他们可能没有坚持不懈的自我动机，难以进行长时间的、偶尔令人受挫的互联网搜索（Afflerbach & Cho, 2010；K. Hartley & Bendixen, 2001；Leu, O'Byrne, Zawilinski, McVerry, & Everett-Cacopardo, 2009；Manning, Lawless, Goldman, & Braasch, 2011）。

很显然，学生在进行课堂主题的在线研究时常常需要大量的支持，尤其是他们在这一过程中应该用到的元认知策略。以下是几条建议。

- 使用限制学生可用网站的数据库或搜索引擎。
- 提供学生阅读时应该努力回答的具体问题。
- 提供学生在评价网站内容可信度时应该考虑的问题（如"是否有声誉良好的组织赞助该网站""什么证据支持这一观点"）。

- 给学生提供结构化练习，比较和对比呈现不同的、甚至可能相反的观点的网站。
- 要求学生就他们从多个网站上学到的知识撰写摘要，可以与同伴合作撰写（Afflerbach & Cho，2010；P. A. Alexander & the Disciplined Reading and Learning Research Laboratory，2012；Bromme et al.，2010；Gil，Bråten，Vidal-Abarca，& Strømsø，2010；Manning et al.，2011；Wiley et al.，2009）。

在做这些事情的过程中，我们提高了学生的一般信息素养（information literacy），即与查找、使用、评价、组织和呈现从各种来源所获得的信息有关的知识和技能。

在线学习

每年都有越来越多的教学在互联网上进行，以补充或替代实体学校里的面对面教学。这类教学被总称为在线学习（online learning）。你也可能见到诸如"远程学习""基于网络的学习"这样的术语。在过去的几十年里，在线学习服务于各种目的，例如，在 K～12 学校，它能：

- 调整教学以适应学生当前的能力水平（例如，与一部分学生一起学习重要的知识和技能，与另一部分学生一起探索高级的内容）；
- 调整教学策略以适应学生的独特需要（例如，基于每个学生的进步程度提供更多或更少的脚手架）；
- 为学生将课堂主题应用到复杂的、半真实的模拟情境中提供机会；
- 营造一个环境，让学生在完成特定的项目和学习活动时可以彼此合作；
- 提供某个学科领域的完整课程；
- 提供低成就学生可以重新修读并通过之前不及格的课程的途径；
- 提供完整的学校课程（为在家上学的学生或居住在遥远地区的学生）。

在线教学的有效性取决于许多因素（Means，Bakia，& Murphy，2014）。学生必须有关于主题的充足的先前知识来理解新材料，具备充分的技术素养来较为轻松地使用互联网和特定的软件系统，以及拥有足够的自我调节技能让自己坚持不懈地完成任务。教学程序应该经常评估学生的进展和困难所在，并据此调整教学，提出建设性的反馈。但最重要的可能是系统应该要求学生经常与系统进行互动（当然是与内容互动，如通过对问题进行反应），可能也要与直播的或虚拟的教师及与一个或多个同伴进行互动（Bernard et al.，2009；Means et al.，2014）。

作为一种传递教学的独立手段，一般来说，在线学习似乎既不比传统教学好，也不比传统教学差。然而，与传统方法相比，面对面教学与在线教学整合良好的混合学习肯定会促进学生的整体成就（Means et al.，2014）。例如，让一些学生在线学习特定主题可以偶尔让我们空出时间与其他学生单独工作或以小组形式一起工作。另外，我们可以为数学和科学的关键概念和程序提供面对面教学，并让学生将这些概念和程序应用到半真实的虚拟任务和问题中。总而言之，让学生同时在课堂上和在线环境中学习使我们能够给个别学生所需的任何支持和鼓励，以最大限度地让他们从在线体验中获益。

作为情境的学业内容领域

8.6　将你有关学习、认知和有效的教学实践的知识应用于各个学科领域

为了使我们不断扩大的集体知识库更易于管理，大多数现代社会和学校已经将这种知识细分成各个学科，如阅读、写作、数学、科学、历史和地理。虽然这些学科之间的界限有点武断，但不同的学科领域在一定程度上确实需要不同的思维技能。例如，有效的阅读需要自动提取一个人的语言中成千上万个单词的意义，而解决数学问题需要精确地思考数量并灵活地操作代表它们的符号。不同的学科领域

在一定程度上也需要形式有所不同的 读写能力（literacy）——对与各领域相关的各种概念和符号（如数学符号≥和 π，音乐符号♩和♪）的熟练性。不同的学科领域似乎或多或少地依赖于大脑的不同部位（Dehaene，2007；Katzir & Paré-Blagoev，2006；Plumert & Spencer，2007；Posner & Rothbart，2007）。

从非常现实的意义上讲，不同的内容领域是学生学习的附加情境，有效地教授教学主题的策略在不同领域之间可能会有很大差异。在接下来的部分，我们将考虑四个一般的内容领域：语言艺术、数学、科学和社会研究。这些领域绝没有涵盖所有的学业课程，例如，体育、音乐、视觉艺术和表演艺术也是有其自己位置的学科，这些学科也以许多方式促进儿童的发展和总体幸福感（J. H. Davis，2008）。

在分别讨论上述四个领域时，我们的意思并不是说每个领域都应该以孤立于其他领域的方式来教授。相反，当教学同时包含两个或多个领域时，往往更有效。例如，跨学科教学可能包括结合科学教授阅读或结合历史教授写作（Martínez，Bannan-Ritland，Kitsantas，& Baek，2008；Monte-Sano，2008）。而且，以下几个一般学习原理适用于所有领域：

- 学习者利用从各个来源接收的信息来建构他们自己的独特理解；
- 学习者对新信息和新事件的解释受到他们有关世界的已有知识和信念的影响；
- 随着年龄的增长和能力的发展，学习者会逐渐获得影响他们在某一领域的思维和表现的元认知策略和认识信念；
- 当学习者与同伴合作时，他们通常会在某一领域获得更好的理解和更大的元认知发展。

表8.2 展示了在接下来的每一个领域，每一个原理是如何被理解的。

语言艺术：阅读与写作

儿童的阅读技能和写作技能显然是建立在他们的口语知识之上的。但除此之外，儿童还必须学习单词的发音及其在讲话中产生的方式，以及单词的外观及其写在纸上的方式之间的关系。儿童也必须掌握在口语中没有对应事物的书写符号系统的细微差别，如标点符号、大小写字母的恰当使用。

通过在家的故事书阅读和其他活动，许多儿童在来到学校时已经对书写有一点了解。例如，他们可能知道口语与书写以一种一致的方式进行表达，阅读的顺序是从左到右、从页面顶端到底端，每个字母都与口语中的特定发音相关联。他们可能会写自己名字的一部分或全部，他们可能认识流行产品和商业机构的标识，如"可口可乐"和"麦当劳"。总之，这样的知识和技能被统称为 早期读写能力（emergent literacy），它们为阅读和写作打下了基础（A. W. Gottfried，Schlackman，Gottfried，& Boutin-Martinez，2015；Serpell，Baker，& Sonnenschein，2005）。反过来，阅读和写作为学习大多数其他学科，尤其是在初中和高中阶段的学习，提供了重要基础（E. Fox & Alexander，2011；Goldman et al.，2016；S. R. Powell & Hebert，2016）。

作为正式教育的一个主题，阅读的教学主要在小学阶段进行。写作的教学会持续至高中的语言艺术课。然而，有效的阅读和写作策略往往在不同学科以不同的形式出现。例如，在数学课上阅读课本与在社会研究课上阅读报纸文章是完全不同的。作为教师，我们应该在各种内容领域教授阅读和写作——不仅在语言艺术课上，也在数学、科学和社会研究课上。

熟练阅读的特征

阅读是一个包含大量知识和能力的多层面的过程。

■ 声音和字母辨认：大量研究表明，语音意识（phonological awareness）——在一个口语单词中听不同的声音或音素（如辨别单词

表 8.2　在不同内容领域应用一般学习原理

原理	语言艺术	数学	科学	社会研究
学习中的建构过程	好的阅读者会超越页面上明确呈现的信息，如进行推论或确定潜在的主题；好的写作者并不只是简单地将他们的知识和信念写在纸上，而是以他人容易理解的方式建构性地重构他们的观点	从对数量、数字、计算的基本理解开始，学习者逐渐建立对数学概念和原理的复杂且具有整合性的理解	当学习者建构一般理论和模型来整合许多与特定主题相关的概念和原理时，他们可以更好地理解和应用科学思想和研究发现	对历史、地理和相关领域的掌握包括阅读地图和历史文献，建构对人、事件和物理环境特征之间的因果关系的整合性理解
先前知识和信念的作用	学习者使用关于一个主题的所知来帮助他们从文本中建构意义，对于理解较好的主题，他们可以更有效地进行写作	数学是一门特殊的、层级分明的学科，许多高级的概念和原理都建立在早期学到的观念上	学习者往往在接受正式教学之前就建构了他们关于自然现象的理论，这些理论有时会阻碍他们学习更加科学的合理解释的能力	当学习者将历史事件和地理现象与他们的个人经验联系起来时，他们学习社会研究的效果会更好
元认知策略和认识信念	好的阅读者知道阅读包括主动的意义生成，他们会监控自己的理解，投入促进理解的过程（如设定目标、提问并在阅读时尽力回答）；好的写作者会为写作设定目标，考虑他们的受众对一个主题的理解程度，当修改已写内容时，他们会集中提高条理性和清晰性	有效的数学问题解决者会监控问题解答的过程，他们也具备有利于成功解决问题的认识信念，如意识到数学程序有逻辑意义，知道自己在得到合理的答案前可能需要尝试不同的方法	学习者关于科学本质的信念影响着他们如何学习科学（例如，那些相信科学是由孤立事实组成的学习者可能会重视无意义记忆）；而且，学习者进行有效实验的能力在一定程度上受到他们对自己的观察和解释提出的问题（如"我是否证实了我的预测"）的影响	对历史的真正理解包括认识到大量的历史"知识"是解释性的而不是事实性的；对地理的真正理解包括认识到各种物质特征和人类创造物的地点不是随机的，相反，人类的定居和活动模式在很大程度上受到当地环境条件的影响
同伴合作	当与同学讨论阅读材料时，学习者可以更有效地从所读内容中建构意义；当同伴阅读和评论他们的作品时，当他们合作完成写作项目时，他们通常能更有效进行写作	当学习者辅导同学或更小的儿童时，他们会对数学有更好的理解；当他们必须向他人解释和证明自己的推理时，他们会对自己解决问题的策略有更好的元认知意识，或者修改不适当的策略	当学习者齐心协力解决令人困惑的研究发现并评论彼此的结论时，他们经常会修正关于科学现象的错误概念，获得更复杂的科学推理过程	当学习者与同伴一起学习时，他们能更有效地练习复杂推理技能（例如，评估和整合呈现在多个文献中的历史信息）

"gate"中的发音"guh""ay""tuh"）——是成功阅读的一个重要成分，尤其是在学习阅读的初始阶段。当然，学习者必须能够识别各种字体及大小写形式的字母表字母（Anthony & Francis，2005；Hulme，Bowyer-Crane，Carroll，Duff，& Snowling，2012）。

■ **单词解码技能**：读者不可避免地会遇到他们不认识的单词。此时他们必须利用字母 – 声

音关系、熟悉的前缀和词根、常见的拼写模式及背景线索来辨认单词（Goswami，2007；Nagy，Berninger，& Abbott，2006；Rayner，Foorman，Perfetti，Pesetsky，& Seidenberg，2001）。

■ **自动化的单词识别**：当学习者必须使用有限的工作记忆容量来解码和解释许多单词时，他们就几乎没有剩余空间来理解他们所读的内容了。最终，单词识别必须通过两种方式

实现自动化：（1）学习者必须能够在一刹那识别大多数单词，而不必逐字解码单词；（2）学习者必须能够迅速提取单词的意义（Klauda & Guthrie，2008；H. L. Swanson & O'Connor，2009）。

- **意义建构**：好的阅读者会远远超越单词本身来确定主要观点、进行推论，以及引申出应用等。成熟的阅读者也会发现小说中的象征主义、评估论说文中的证据的质量，并判断社论背后的假设或哲学观点。当学习者必须整合他们从两个或多个不同文本中所读的内容时，意义建构可能特别具有挑战性，就如本章开篇的个案研究中的雅各布和霍华德所做的那样（Cromley & Azevedo，2007；E. Fox & Alexander，2011；Goldman et al.，2016）。

- **元认知监察**：好的阅读者会对他们自己的阅读进行元认知监察。例如，他们会设定想要学会的目标，将注意力集中在他们认为重要的部分，并持续评估他们对所读内容的理解和记忆。最终，好的阅读者知道阅读包括主动从内容中生成意义而不是漫不经心地"吸收"意义（Bråten，Britt，Strømsø，& Rouet，2011；Gaskins，Satlow，& Pressley，2007；Pressley & Harris，2006）。

学习者已经掌握的关于某个主题的知识提高了他们理解与该主题相关的新材料的能力，这一点应该不会让你感到惊讶（Beck，McKeown，Sinatra，& Loxterman，1991；Britton，Stimson，Stennett，& Gülgöz，1998）。了解各种类型的文学作品普遍遵循的典型结构知识也是有帮助的。例如，小说中描述的事件通常伴随着时间序列，议论文通常以重要观点开头，然后呈现支持证据（Cain，Oakhill，& Bryant，2004；Hebert，Bohaty，Nelson，& Brown，2016；J. P. Williams et al.，2016）。

随着学习者年龄的增长和阅读经验的增加，他们会越来越能够理解他们所读的内容，这部分是因为：（1）他们在单词识别方面达到了自动化；（2）他们获得了有效的学习策略和元认知过程；（3）在阅读时，他们有大量的知识库可以利用。表8.3列举了不同年级水平的读者的典型特征。然而，我们必须牢记任何一个年级水平的学生在阅读技能上都有很大差异。例如，一些高中生的单词解码技能很差，理解所读内容的能力很低。作为教师，我们应该促进所有年级学生的阅读能力的发展。

熟练写作的特征

正如你所猜测的那样，阅读能力更好的学习者往往也是更好的写作者。这种相关性部分是由于一般语言能力（如词汇和语法结构的知识及对它们的有效使用），这为阅读和写作提供了基础。而且，阅读练习可以促进词汇发展及更好的单词拼写意识。定期阅读使学习者熟悉虚构类和非虚构类文本的常见结构（De La Paz & McCutchen，2011；Rayner et al.，2001；T. Shanahan & Tierney，1990）。但有效的写作还包括如下额外的过程。

表8.3　不同年级水平的一般阅读技能

年级水平	典型年龄特征	示例	建议策略
学前	· 在文字社会中，获得初步的读写技能，如认识一些字母、数字和常见的商业标识（如必胜客或麦当劳餐厅的标识） · 一些儿童具备阅读简单的大字体绘本的能力，特别是如果父母经常给他们读或跟他们一起阅读	每当3岁的迈尔斯在一家快餐厅前看到汉堡王的标识时，他都会大声喊出来；迈尔斯能认出他的印刷体的名字，但只有当五个字母都是大写时才行	· 经常与儿童谈论他们可能在印刷品或外面看到的各种标识 · 给儿童提供识别和书写数字和大写字母的练习，尤其是给他们提供识别和书写他们名字的练习

（续表）

年级水平	典型年龄特征	示例	建议策略
K ~ 2	· 入学时，不同儿童的早期读写能力之间的差异很大 · 字母和字母 – 声音对应的知识增长；听单词中单个语音的能力（语音意识）增长 · 逐渐关注从文本中获得意义 · 开始默读（大约在 2 年级时）	当被问及对刚刚读过的内容是否理解时，6 岁的马丽莎回答"我从来没有理解，教师只是给我们书本以便我们练习阅读单词，它们不必有意义"	· 强调书面语言是用来交流观点的，而真正的阅读包括理解印刷字体，如问学生关于他们已读内容的问题 · 一起阅读各种故事书，包括一些包含学生熟悉的故事的书 · 通过故事书、游戏、押韵诗和有趣的写作活动来教字母 – 声音对应 · 让学生在计算机或平板电脑上听或读动画多媒体故事书
3 ~ 5	· 视觉单词词汇量逐渐增加，阅读流畅性大大提高 · 从文本进行推论的能力增加 · 从非虚构类作品中学习的能力提高，但元认知意识和有效学习策略的使用有限 · 倾向于只看印刷文字的表面意义，而不对其内容进行批判性的评估	当 9 岁的格里特阅读课本中有关北美早期欧洲移民的一章时，他关注的是具体事实。显然，他没有把握全局，例如，那个时代大规模的欧洲移民如何不可避免地导致了与不同的美国土著群体之间的冲突	· 鼓励学生为意义而读 · 布置写作精良的、适合学生阅读水平的书（如儿童平装小说） · 提供如何有效地阅读课本的明确指导 · 让学生就他们正在读的内容进行小组或全班讨论，并把注意力集中在解释和推论上 · 对于那些在阅读中持续挣扎的学生，在有意义的阅读活动中明确教授他们单词解码技能
6 ~ 8	· 能自动识别大多数常见单词 · 识别文本中的重要观点的能力提高 · 超越文本的字面意思的能力初现 · 促进理解的元认知过程的参与日益增加（如理解监控）	当 12 岁的多米尼克阅读哈珀·李的《杀死一只知更鸟》时，他对书中一些人物的公然的种族主义态度感到震惊	· 在不同的内容领域分配适合学生年龄的阅读材料，提供脚手架（如需要回答的问题）来引导学生在阅读时进行思考 · 针对有效的阅读策略进行明确的教学，强调元认知过程（如识别重要信息、理解监控） · 开始探讨诗歌和文学等古典名著 · 寻求特教专家的建议和支持，培养低能力阅读者的阅读技能
9 ~ 12	· 能自动识别许多抽象的和学科特有的单词 · 能对一个主题的多个观点进行考虑 · 具备一些批判性地评估文本内容的能力，但往往不具备进行恰当的评估所必要的知识和技能 · 在元认知阅读策略的复杂程度上表现出很大的个体差异	为了完成高中科学作业，16 岁的莉莉在互联网上搜索有关全球气候变暖的网站。她查找的一些网站呈现了相互矛盾的结果：有些网站强调气候变化是非常重要的，而且是人类活动的结果；其他网站则拒绝这样的观点。莉莉知道网站不可能是完全正确的，但她没有区分控制良好的研究和实施很差的研究的专业知识	· 期望许多学生能从课本和其他阅读材料中进行有效的学习，但要持续对阅读任务提供脚手架，尤其是为较差的阅读者提供支持 · 要求学生阅读关于一个主题的多种印刷资料和 / 或互联网资源；指导他们比较、对比和综合所读的内容 · 一起讨论和解释诗歌和文学作品等经典著作

资料来源：Afflerbach & Cho，2010；Anthony & Francis，2005；Chall，1996；Gaskins et al.，2007；Hulme et al.，2012；Jetton & Dole，2004；Nagy，Berninger，Abbott，Vaughan，& Vermeulen，2003；Nokes，Dole，& Hacker，2007；R. E. Owens，2008；Pressley & Harris，2006；Serpell et al.，2005；Slavin，Lake，Chambers，Cheung，& Davis，2009；Stuebing，Barth，Cirino，Francis，& Fletcher，2008；van den Broek，Lynch，Naslund，Ievers-Landis，& Verduin，2003；Verhallen，Bus，& de Jong，2006.

- **目标设定**：好的写作者会确定他们想要在自己的作品中实现什么——可能是娱乐、描述、报告或劝说——而且对他们的受众有一种良好的感觉（Graham，2006；Sitko，1998）。

- **确定和组织相关知识**：无论他们写的是虚构类作品还是非虚构类作品，好的写作者都会确定他们已经知道的关于一个主题的知识，如有必要，他们还会通过额外的研究进行补充。通常，他们也会在开始写之前花相当多的时间对观点进行组织（Benton，1997；Berninger，Fuller，& Whitaker，1996；Y.-S. Kim Otaiba，Wanzek，& Gatlin，2015）。

- **专注于表达而不是技术性细节**：好的写作者通常会学习写作基本的技术性细节（书写、拼写、标点符号等）以达到自动化，从而留出工作记忆空间来专注于有效地传达他们想要表达的信息（Benton，1997；Kent & Wanzek，2016）。在初稿中，熟练的写作者主要以有助于读者轻松领会其意义的方式表达自己的观点。例如，他们会从他们认为读者可能知道的地方开始，并系统地引导读者朝向更好的理解。换句话说，好的写作者会进行**知识转换**（knowledge transforming）。相比之下，不太熟练的写作者会进行**知识讲述**（knowledge telling），即按照他们从长时记忆中提取信息的顺序写下想法，而很少关心如何帮助读者理解和学习（Bereiter & Scardamalia，1987；McCutchen，1996；Olinghouse，Graham，& Gillespie，2015）。

- **修改**：好的写作者几乎总是修改他们所写的内容，而且经常会修改多次。虽然他们会注意拼写和语法问题，但他们更关注提高条理性和清晰性，并一直将写作的总体目标牢记在心（De La Paz & McCutchen，2011；Fitzgerald，1992；K. R. Harris，Santangelo，& Graham，2010）。

- **对总体写作努力进行元认知调节**：在整个写作过程中，好的写作者在元认知上都是很活跃的：他们会监控写作进度和自己所写内容的有效性，并思考以下问题。

  - 我在遵循思维的逻辑序列吗？
  - 我是在举例说明我的观点吗？
  - 我正在用有效的论据支持我的观点吗？

对这些问题的回答会影响他们后续的行动方案（Hacker，Keener，& Kircher，2009；K. R. Harris et al.，2010）。

学生写作的特征和质量在整个小学和中学阶段以多种方式发展。在小学早期，写作项目常常包括叙述：学生撰写他们的个人经历，并创造简短的虚构故事。他们几乎只是在进行简单的知识讲述（而不是知识转换），这部分是因为他们仍然在学习基本的拼写和语法规则，这需要消耗大部分或全部工作记忆容量（Graham，Harris，& Olinghouse，2007；Hemphill & Snow，1996；McCutchen，1996）。

在小学高年级，写作的技术性细节会达到自动化，使学生能够将精力更多地放在有效地表达他们的思想上。而且，学生会开始思考他们的读者可能会对他们所写的内容做出怎样的反应，因此更倾向于校对和修改他们的作品。然而，在这一点上，他们几乎不会在开始写作前做计划，他们的写作仍然涉及更多的知识讲述而不是知识转换（Graham，2006；R. E. Owens，2008）。

在中学阶段，学生在写作时能够更好地分析和综合自己的思想，因此他们更擅长写研究论文和议论文。此时，知识转换也变得更加普遍。学生的元认知会更多地参与写作过程，尤其是当给予他们有效的元认知写作策略的教学和指导时（Graham & Perin，2007；K. R. Harris et al.，2010；Spivey，1997）。

促进阅读能力和写作能力的发展

针对基本阅读技能的明确指导有助于学生阅读能力的发展，特别是对阅读能力较差的学生而言。

为了成为真正高效的阅读者，学生必须掌握阅读最基本的组成部分（如单词识别），并达到自动化的程度，这主要通过练习、练习、再练习来实现。但我们绝不应该因为学生的基本技能没有达到自动化就推迟教授阅读理解技能。如果这么做，我们就会传递一种信息：阅读是无意义的、单调乏味的任务，而不是快乐和启智的源泉（Serpell et al.，2005）。一些教育者建议，几乎所有基本的读写技能（如字母 – 声音关系、词根、常见的拼写模式）都应该在阅读儿童书和其他真实的书面材料的情境中被教授。这种全语言教学法通常在促进诸如识别字母、熟悉书本的特点和目的等早期读写技能方面非常有效。然而，消极的一面是，在严格的全语言教学中，字母 – 声音关系和语音意识常常被忽视。当与新手阅读者一起工作时，我们可能需要在全语言和基本技能活动之间取得平衡（Claessens，Engel，& Curran，2014；Cummins，2007；Rayner et al.，2001；T. A. Roberts & Meiring，2006；Sacks & Mergendoller，1997）。

真实性在写作任务中也很重要。当学生为一个真实的受众（可能是同学，也可能是互联网上的同龄人）写作时，而且当他们对自己的主题感兴趣时，他们常常会以更加有组织的和乐于交流的方式（知识转换）进行写作（Benton，1997；Garner，1998；Graham，2006）。例如，图 8.2 展示了来自 9 岁的库柏在 3 年级课堂上所写的故事节选，他的老师将故事文本和插图装订成一本书，以便库柏的同学和家人阅读。

我们也必须记住，熟练的阅读和写作都是复杂的活动，都需要大量的支持。下面是我们如何做的一些示例。

对阅读而言

- 提醒学生有关一个主题的他们已经知道的事情。
- 让学生两人一组，复述或总结他们刚刚读过的内容。
- 让学生就他们都读过的内容像教师一样互相提问（如"你认为爱丽丝为什么会那么

一个阳光明媚的冬日早晨，一个男孩出去盖圆顶冰屋。他太兴奋了！他决定在他的前院盖一座圆顶冰屋。他从墙开始，把墙建得和他自己一样高。

他对自己说，这将是一座了不起的冰屋。

图 8.2　9 岁的库柏写的《建造冰屋的男孩》一书的节选，这是他为 3 年级班上的一个项目而创作的

做""你认为写作者在下一部分可能会谈论什么"）。
- 明确地教授比较、对比和评估具有竞争性的信息的多个文本的策略（Alfassi，2004；De La Paz，2005；D. Fuchs，Fuchs，Mathes，& Simmons，1997；J. T. Guthrie et al.，2004；Hacker，Dunlosky，& Graesser，2009b；Palincsar & Brown，1984；Spörer & Brunstein，2009）。

对写作而言

- 要求写作技能较差的学生（尤其是年龄较小的儿童）口述故事而不是写故事。
- 要求学生为写作设定具体的目标，并在开始写作前帮助他们组织好思路。
- 帮助学生为有效表达进行头脑风暴。
- 为学生提供明确的结构，以便他们在写作时使用（例如，对于一篇论说文，要求学生写出主要论点、支持性论据，以及针对可能的反对论点的反驳）。
- 建议儿童首先将注意力集中在清晰的表达上，延迟对写作的技术性细节（如拼写、标点）的注意，直至草稿完成。
- 当学生评论自己的写作时，提供具体的、学生应该问自己的问题（如"我的读者会跟随我的思路吗"）。
- 鼓励学生使用文字处理程序、语音识别软件，以及其他写作软件来帮助他们进行有效的写作。

- 让学生进行小组合作，评价彼此的作品，或者共同写故事和短文（Benton，1997；Bouwer，Koster，& van den Bergh，2018；Ferretti，Lewis，& Andrews-Weckerly，2009；Graham，McKeown，Kiuhara，& Harris，2012；Graham & Perin，2007；K. R. Harris et al.，2010；Hoogeveen & van Gelderen，2015；McLane & McNamee，1990；Quinlan，2004；Sitko，1998）。

"走进课堂——提高阅读技能和写作技能"专栏呈现了有效策略的具体例子。

数学

数学包括几个使用不同的方法表征和解决数量问题的分领域（如算术、代数、几何、统计）。所有这些领域的核心包括如下知识和技能。

走进课堂 • • •

提高阅读技能和写作技能

■ **帮助学生发展语音意识。** 一名学前班教师向班级建议："让我们看看我们能想起多少与'gate'押韵的单词。我会把单词写在黑板上。看看我们能否想出至少8个与'gate'押韵的单词。"

■ **帮助学生发展单词的识别和拼写能力以达到自动化，但要尽可能地在真实的阅读和写作活动的情境中进行。** 一名2年级教师让几名阅读能力较差的学生阅读苏斯博士（Dr. Seuss）的《戴帽子的猫》（*The Cat in the Hat*），这是一本重复使用了许多相同单词（如猫、帽子、东西）的书。

■ **在读什么及写什么方面给学生一些选择。** 一名4年级教师给学生提供了可以在自由时间里阅读的平装书的几种选择，并确保书的种类可以满足学生的不同兴趣（如动物、神话、科幻）。

■ **让学生与同伴讨论他们的所读所写。** 一名中学教师让学生分成小组一起阅读他们写的短故事。当每个学生读自己的故事时，其他组员会问一些需要澄清的问题，并提出怎样把故事写得更好的建议。随后，学生会根据同伴的评价修改他们的故事。

■ **当学生从事越来越具有挑战性的阅读和写作任务时，支持他们的努力。** 一名高中英语教师在学生写研究报告时给他们提供了一个需要遵循的格式：一个描述论文主题的开头段落、至少三个涉及论文主题的不同方面的部分（每一部分都以新的标题开头），以及一个总结和整合论文主要观点的结论部分。

■ **在所有课程领域教授阅读技能和写作技能。** 8年级的社会研究课教师给学生一篇《时代》（*Time*）杂志中的文章去阅读。了解到文章的阅读等级可能对许多学生来说太有挑战性，于是她给他们提供了阅读文章时要回答的具体问题。

资料来源：Cromley & Azevedo，2007；Goldman et al.，2016；Graham et al.，2012；J. T. Guthrie et al.，2004；K. R. Harris et al.，2010；Jetton & Dole，2004；Reis，McCoach，Little，Muller，& Kaniskan，2011；Slavin et al.，2009；Stuebing et al.，2008；J. P. Williams，Stafford，Lauer，Hall，& Pollini，2009.

- **理解数量和计算。**显然，学习者必须掌握数量单词、表征它们的书写符号，以及它们的正确顺序。此外，他们必须理解，当计算物体的数量时，每个物体必须计算一次且仅计算一次，直到所有物体都被计算在内。学习者最终会建构一条数轴的心理对应物，在这条数轴上，正整数和负整数以等距间隔排列（见图 8.3）。学习者也必须能够在心理上近似地将分数和小数沿着这一心理数轴排列。这种理解实际上为所有其他的数学概念、原理和程序提供了基础（Booth & Newton, 2012; Case & Okamoto, 1996; A. R. Edwards, Esmonde, & Wagner, 2011; Gersten et al., 2015; Göbel, Watson, Lervåg, & Hulme, 2014）。

图 8.3 对数量和数学的真正理解需要我们建构一条心理数轴

- **理解核心概念和原理。**例如，学习者必须掌握负数、直角和变量这样的概念，以及诸如"负负得正""三角形的三个内角和总是等于 180°"这样的原理。

- **掌握问题解决的程序。**问题解决的许多程序是具体的算法，也就是说，当人们正确应用它们时，总能得到一个精确的答案。例如，做长除法、分数的乘法和除法，以及求解代数方程中的 x 就是这样的例子。但一般的问题解决的启发式（如确定子目标、做图表、向上或向下舍入复数）也经常发挥作用。要成为真正精通的数学家，学习者不能只是以机械的、无意义的方式应用这些程序，而是要理解这些程序，以便在适当的情况下使用它们（Baroody, Eiland, Purpura, & Reid, 2013; Hecht & Vagi, 2010; Rittle-Johnson, Siegler, & Alibali, 2001）。

- **恰当地编码问题。**解决问题的一个重要步骤就是对问题进行编码，也就是将它看作某种类型的问题，然后用相关的数学符号表征它。例如，学习者可能会认为一个问题需要简单加法，而另一个问题需要解出二次方程中的未知变量。理想的情况是，学习者应用数学知识和技能来编码并解决真实世界的问题及他们在学校常常遇到的典型的应用题（L. S. Fuchs et al., 2004; Geary, 2006）。

- **元认知对问题解决的监督和调控。**例如，学习者必须为一个问题解决任务设定一个或多个目标，监控各种问题解决策略的有效性，仔细检查最终的解决方案并确定它们是否具有逻辑意义（M. Carr, 2010; De Corte, Op't Eynde, Depaepe, & Verschaffel, 2010; L. S. Fuchs et al., 2003）。

即使是年幼的婴儿，似乎也具有根据数量和相对比例进行思考的基本能力，我们计算、测量和符号化地操纵数量的系统方法虽是文化创造物，但并不是所有文化群体共有的（Halford & Andrews, 2006; McCrink & Wynn, 2007; Saxe & Esmonde, 2005）。当儿童经常接触数字和计算时，他们中的许多人在来到学校时就已经知道怎样数数（至少数到 10，而且常常超过 10）。他们也可能已经拥有简单的、自我建构的程序来对少量物体进行加减法运算，如通过伸出一定数量的手指，然后根据需要添加或减去手指（Ginsburg, Cannon, Eisenband, & Pappas, 2006）。然而，总的来说，更加复杂的数学知识和技能来自正式的教学，尤其是在学校的教学。

尽管整个小学和中学持续进行数学的教学，但许多学生似乎在数学这一内容领域仍存在特定的困难。在一定程度上，他们的困难可能在于思考比例（如分数、系数）和脱离日常的抽象概念（如 π、无穷）的能力有限（Siegler et al., 2012; Siegler & Lortie-Forgues, 2017）。编码数学问题可能会带来额外的挑战，尤其是如果学生只是以机械的、无意义的方式学习概念和程序（M. Carr, 2010; Geary, 2006）。遗憾的是，许多小学生和中学生并没有在解决数学问题时对他们所做的事情进行元认知反思（M. Carr, 2010; Roditi & Steinberg, 2007）。试试下面的练习，看看当你做数学题时，你的元认知反思能力有多强。

亲身体验

用校车运送乐队

花几秒钟时间解决下面这个问题。如果你手边有计算器，请随意使用。

里弗代尔高中的行进乐队将于周六去希尔赛德高中进行足球比赛的中场表演。希尔赛德学区的校车每次可以运送 32 名乘客。里弗代尔高中的行进乐队有 104 名学生。周六，乐队指挥需要多少辆校车运送乐队成员到希尔赛德？

你的答案是 3.25 吗？如果是，请再思考一会儿。派出 3.25 辆校车有可能吗？为了周六的足球比赛，乐队指挥实际上需要 4 辆校车。你并不是唯一一位落入我们陷阱的读者。许多学生已经养成了仅基于数字解决应用题的习惯，他们往往会忽略所面临的现实情况（De Corte et al., 1996）。

使问题更严重的是学生往往对数学的本质持有相当朴素的认识信念。以下是一些常见的错误概念：

- 数学仅仅是一堆必须记住并在需要时进行回忆的毫无意义的程序的集合；
- 数学问题总是有且只有一个正确答案；
- 任何特定的数学问题只有一种正确的解决方法；
- 数学能力主要是一种遗传天赋：有些人天生擅长数学，有些人则不擅长（De Corte et al., 2010; Muis, 2004; Richland, Stigler, & Holyoak, 2012; Schoenfeld, 1988, 1992）。

促进数学的学习

遗憾的是，许多学生在学习数学时主要将注意力集中在机械地记住概念和程序上（M. Carr, 2010; De Corte et al., 2010）。下面是促进更多意义学习和概念理解的一般策略。

- 当正式介绍加法和减法时，鼓励学生使用他们自己已经建构的有效策略（如用手指计算），但也要促进学生对加法和减法事实的逐渐自动化。
- 让学生在使用具体物体和计算机模拟时，应用基本的概念和程序。
- 使用数轴帮助学生理解整数和分数是怎样相互关联的。
- 将需要不同策略（如减法、乘法）的问题组合成一个习题集。
- 呈现包括无关信息和相关信息的问题。
- 呈现复杂的、现实的、有多个可能答案的问题；让学生以小组形式解答并相互解释他们的推理。
- 鼓励学生使用计算器和计算机辅助他们解决问题，尤其是在掌握了把认知负荷转移到技术上（如将一长列数字相加）的基本技能和程序之后。
- 呈现工作样例解释多步骤问题的解决过程（如求解代数方程中的 x）。
- 教授和支持有效的元认知过程（例如，让学生问自己问题，如"我离我的目标更近了吗""这个答案有意义吗"）（Carbonneau, Marley, & Selig, 2013; M. Carr, 2010; B. Clarke, Gersten, & Newman-Gonchar, 2010; De Corte et al., 2010; L. S. Fuchs, Fuchs, et al., 2008; Geary, 2006; S. Griffin & Case, 1996; Lampert, Rittenhouse, & Crumbaugh, 1996; Renkl & Atkinson, 2010; Rittle-Johnson, 2006; Rittle-Johnson & Star, 2009; Roditi & Steinberg, 2007; Rohrer & Pashler, 2010; Sarama & Clements, 2009）。

科学

作为一门学科，科学有两个主要目标：描述并解释人们在自然界中观察到的现象。它的核心假设是"世界在某种程度上是可预测的",也就是人类观察到的各种物理、生物和社会现象都是普遍模式和因果关系的表现。同样重要的是科学方法,它包括许多更具体的、有着共同要素的认知过程:有意识的获取和评估新知识并进行解释的意图。

科学推理的关键步骤如下。

- **形成和验证假设**。科学家从关于世界的本质、它的居住者及广阔宇宙的试探性的猜想(也就是假设)开始。然后,他们在可能的范围内通过分离和控制可能影响其他变量的变量,来系统地检验他们的假设。优秀的科学家不仅会寻找确证某一特定假设的证据,也会寻找可能不支持该假设的证据。

- **仔细、客观地记录观察结果**。科学家会仔细地记录他们的观察结果。在理想情况下,他们会以一致、客观的方式对所观察到的事物进行分类和测量。

- **建构理论和模型**。科学探究是一个非常具有建设性的过程。它通常包括建构理论——对大量概念和原理进行组织,旨在解释特定现象。它也可能包括建构模型——表明某些实体可能如何相互联系并构成一个更大系统的各个部分的物理或符号表征。例如,你可能已经见过太阳系中的太阳和行星的三维物理模型,毫无疑问,你也在课本上见过各种现象的图表模型。

- **元认知反思**。优秀的科学家不仅会考虑事物的本质,也会考虑他们对事物的思考的本质。例如,他们会不断问自己,他们的观察是否客观、证据是否充分支持假设和结论,他们的理论和模型中哪里可能有明显的缺陷或互相矛盾的地方。

- **关于科学知识本质的高级认识信念**。优秀的科学家明白,理论和模型最多是对现实的不完整的、甚至可能是错误的建构,更普遍的情况是,随着新证据的发现,科学理解必须不断改变和发展(Kuhn,2009;Lombardi, Nussbaum, & Sinatra,2016;Rosengren et al.,2012)。

- **理由正当时进行概念转变**。当可信的新证据和新理论出现时,优秀的科学家会不断修正他们的信念和理解。总的来说,他们对现象的本质和因果关系持开放的心态。

儿童早在到达上学年龄之前就开始建构关于物质和生物世界的理论,但这些早期的、自我建构的理论并不一定与当代的科学思维一致(Goldberg & Thompson-Schill,2009;Vosniadou,2008)。例如,请思考 7 岁的鲍勃关于山体形成的理论。

> 采访者:山是如何形成的?
>
> 鲍勃:从外面拿来一些泥土放在地上,山就形成了。
>
> 采访者:谁造的?
>
> 鲍勃:许多人造了山,至少四个人。他们把泥土给山,然后它们(山)自己造自己。
>
> 采访者:但是如果他们想再造另一座山呢?
>
> 鲍勃:他们把一座山推倒,然后他们就能造一座更好的山了(Piaget,1929)。

有时儿童的早期理论是他们日复一日地观察的结果。例如,鲍勃可能观察到建筑工人将泥土堆放在他生活的环境周围。在另外一些情况下,儿童的理论产生自明确的教学或内隐的文化世界观。在任何情况下,当涉及科学时,儿童几乎不会"空着"脑袋来到学校。通过正式的教学和非正式的学习体验,他们的科学知识会逐渐与成年人的科学共同体一致,但错误概念仍然存在,尤其是当科学家的解释非常抽象或似乎与儿童的个人经验、文化世界观相冲突时。

同样,儿童的科学推理能力也会随着年龄、经验和正式教学的变化而变化。例如,小学生常常可以区分充分或不充分控制变量的实验,然而他们往

如果老师同意，你就会这么做吗？

在这幅铅笔画中，9岁的科里把他的科学实验室描绘成一个他的老师规定要遵循特定步骤的实验室。然而，最终科里必须理解科学的真正本质——它包括一套完整的概念、理论、策略和其他认知工具，用于系统地研究和解释我们所生活的物理、生物和社会世界。

往在控制他们自己实验中的变量上存在困难，这些实验需要他们同时跟踪几个事物，因而占用了他们有限的工作记忆容量（Bullock & Ziegler，1999；Metz，2004，2011）。初中生和高中生比小学生更能分离和控制变量，虽然他们偶尔也会遇到困难。此时，在他们的假设检验中，他们往往聚焦于他们认为正确的假设并检验这些假设，而忽略与他们的假设相反的证据或因为一些其他原因让他们认为难以置信的证据。这种"努力证明我所相信的"思维被称为证实偏见。

你可能会猜到，学生在科学思维中的元认知的复杂程度会随着年龄的增长和教学内容的升级而提高（Kuhn，2009；Kuhn & Franklin，2006；Sandoval, Sodian, Koerber, & Wong，2014）。例如，学生会变得越来越意识到科学的试验性——8年级学生朱莉安娜的解释清楚地表明了这一观点：

> 我们现在可以说它是正确的，但明天另一名科学家可能会说"我发现了另一个证明其他事物的证据"，然后我们就有两种不同的观点，我们不再清楚哪个是真，哪个是假。当原子被发现时，人们认为它是最小的粒子，但现在夸克又被发现了。我们以前所相信的，现在也不

再相信了，因为夸克更小。可能在未来的50年内将会有更小的粒子被发现，那么我们将被告知，我们以前所相信的是错误的。这确实是随着发展而发生的情况（Mason，2003）。

同时，优秀的科学思想家明白，那些站得住脚的理论不是凭空产生的不可信的猜想，相反，它们建立在大量坚实的证据之上（Chinn & Buckland，2012；Sandoval et al.，2014）。

促进科学的学习

当然，科学教学应该给学生介绍各种科学学科的基本概念、原理和理论，这都是为了解释日常经验而建构的。例如，人们为什么会生病，水为什么会在结冰时膨胀，天空为什么会突然在中午变黑（日食）。但除此之外，我们还必须使学生适应动态的、持续变化的科学本质，并培养他们的推理能力，使他们能够从其他人的研究发现中得出恰当的结论并进行有效的研究。受过教育的人都明白，科学并不是无可争议的事实，相反，它只是反映了社会为理解世界所做的最大努力，而且几乎任何人都可以为人类的集体知识库做出重大贡献。

"走进课堂——提高数学和科学推理能力"专栏呈现了几种在数学和科学教学中都很有用的一般策略。下面是研究者在科学教学中发现的几种额外的有效策略。

- 要求学生解释他们关于一个现象的现有信念和理论；仔细倾听，找出可以加强的真理成分和需要修正的无效错误概念。
- 使用现场演示、物理模型、纸笔图解或计算机模拟来解释概念和原理之间的关系。
- 呈现与学生现有的理解不一致的现象，如通过展示一个羊毛毯（学生通常将之与温暖联系起来）实际上可有助于冷饮保持冰爽。
- 让学生设计和实施实验以检验关于因果关系的各种假设。
- 当用真实的物体和事件进行试验不切实际或不太可能时，让学生在计算机模拟环境下检

验他们的假设。

- 支持学生分离和控制变量及得出恰当结论的努力。例如，问一些能使他们集中注意力于正在观察的事物的关键方面的问题，并推动他们的思维朝向合适的方向。
- 让学生进行小组或班级讨论，并在讨论中提出并证明实证研究结果的各种假设。
- 明确地将学生的注意力指向与他们的预测和期待相矛盾的结果，要求学生解释或以其他方式理解这些结果（Chinn & Buckland，2012；D. B. Clark，2006；Clement，2008；Eberbach & Crowley，2009；Furtak, Seidel, Iverson, & Briggs，2012；Kontra, Lyons, Fischer, & Beilock，2015；M. C. Linn & Eylon，2011；Lorch et al.，2014；Sandoval et al.，2014；Siler & Klahr，2016；Snir, Smith, & Raz，2003；T. S. Wright & Gotwals，2017）。

社会研究

社会研究这一术语包含了涉及过去和现在人类社会和社会关系本质的内容领域。我们的关注点将集中于小学和中学课程中非常重要的两个领域：历史和地理。

走进课堂 ● ● ●

提高数学和科学推理能力

- **当教授概念和原理时，考虑学生的一般认知发展。**一名 4 年级教师要求学生做实验，找出什么条件会影响向阳花种子的生长。他知道他的学生在分离和控制变量方面可能只有有限的能力，因此他要求他们只关注两个因素的影响：水量和土壤种类。他让学生把生长中的植物置于窗边的架子上，在那里温度和日照量对所有植物都是相同的。

- **使用具体的操作、类比和计算机模拟来解释抽象的观点。**一名高中物理教师从经验中了解到，即使她的学生在理论上能够进行抽象思考，他们仍然可能在理解原理上有困难：当物体静止在表面上时，物体对表面施加了一个力，表面也对物体施加了一个力。为了解释这一原理，她在一个大弹簧上放了一本书，书把弹簧往下压了一点，但没有压很多。"你们可以看到，"她说，"书向下压弹簧，弹簧向上推书。物体也会作用于一张桌子或其他坚硬的表面——你可能不会注意到这么多——而这个表面又会反作用于物体。"

- **要求学生应用数学和科学解决实际问题。**在当地科学家的帮助下，一个 5 年级班实施了一项城镇饮用水研究，这个班的学生从各种来源抽取小样本，在显微镜下检验内容，将结果制成表格，并将结果与所推荐的安全标准进行比较。

- **提出与学生所在地的环境和文化相关的问题。**在市中心附近，色彩缤纷的街头艺术受到高度重视，一名高中数学教师给合作小组布置了这样一个问题。

  你的姐姐热爱街头艺术。你想在她过生日的时候重新创作一幅她喜欢的作品。你决定创作一幅广告板复制品，即使你不是一名艺术家。突然一个画面深深吸引了你。

  这将很容易！你注意到他的鼻尖在（0，0），下唇在（0，-2）……他的右眼在哪里……他的下颌……那大片草地？

内容和范围是什么？解释你的推理。试着在广告板上创作一幅复制品。

■ **要求学生就一项特定任务或一个问题确定几种策略或假设，并互相解释和证明彼此的观点。** 一名初中教师开始教授分数怎样相除。学生分成小组后，她说："你们已经知道怎样将一个分数与另一个分数相乘。例如，你们学了 1/3 乘以 1/2，等于 1/6。现在假设你想用 1/3 除以 1/2。你认为你会得到一个小于 1/3 的数还是一个大于 1/3 的数？你可能得到什么样的数？请在小组里讨论这些问题。几分钟后我们再回来一起讨论你们提出的想法。"

■ **培养学生的元认知策略，使学生可以运用这些策略来规范他们的试验和问题解决。** 当一名高中科学教师让学生做实验室实验时，他总是让他们记住三个问题。

　　1. 当我检验一个变量的影响时，我是否控制了其他变量的影响？

　　2. 我是否看到了任何支持我假设的事实？

　　3. 我是否看到了任何与我的假设相矛盾的事实？

■ **让学生在其他内容领域使用数学和科学方法。** 一名初中社会研究课的教师要求学生以小组形式一起完成一项关于微笑对他人行为的影响的实验。当各组学生设计实验时，教师会提醒他们分离和控制变量的重要性，并坚持每个小组都要确定一个测量具体行为或试图要研究的行为的客观手段。然后，他让各组学生将结果制成表格，并向班上其余同学报告他们的发现。

资料来源：D. E. Brown & Clement, 1989；M. Carr, 2010；De Corte et al., 2010；Kuhn & Dean, 2005；Lampert et al., 1996；Lehrer & Schauble, 2006；M. C. Linn & Eylon, 2011；L. E. Matthews, Jones, & Parker, 2013；Metz, 2011；Morra, Gobbo, Marini, & Sheese, 2008；Sandoval et al., 2014；Sarama & Clements, 2009；Snir, Smith, & Raz, 2003.

历史知识和思维的特点

从本质上讲，历史在很大程度上是一种社会文化传播的知识体系。而且，正如本章开篇的个案研究所展示的，不同的文化群体可能会以他们各自的方式看待历史，以与他们的信念和世界观一致的方式描述过去的事件。例如，在美国，欧裔美国学生倾向于认为美国历史是由自由和民主的原则主导的，而非裔美国学生更有可能将之看作种族主义和侵犯基本人权的标志（T. Epstein, 2000；T. Epstein & Shiller, 2009）。如此不同的解释当然是处于不同文化群体和更大型的社会中的人和媒体如何描述历史事件的结果（J. M. Hughes, Bigler, & Levy, 2007；Levstik, 2011）。

牢固掌握既作为知识体系，也作为学科的历史，需要以下几种能力和过程。

■ **理解历史时间的本质。** 建构对历史的合理理解需要我们对人类事件可能发生的漫长的时间跨度进行抽象的理解，这一时间跨度远远超越任何个体的个人经验。

■ **观点采择。** 要想真正理解历史，我们就必须认识到即使是十分有影响力且受人尊敬的人也不是完美的：他们有自己的弱点和不完美，他们也会犯错。而且，历史人物生活在特定的文化和社会背景中，这些都深刻影响着他们的思想和行动。优秀的历史学家会设法站在历史人物的角度——以他们感知事件的可能合理的方式来看待事件（P. Lee & Ashby, 2001）。

■ **从历史文献中进行推论**。历史课本常常以实事求是的方式描述历史事件，传递"这就是事实"的信息。然而，实际上，历史学家常常不知道特定事件是如何展开的。相反，他们在查找了各种可能为已发生的事件提供相互矛盾的解释的历史文献后，建构了对事件的合理解释（Goldman et al., 2016; Summerlin, 2015; vanSledright & Limón, 2006）。

■ **确定事件之间可能的因果关系**。对历史的掌握不仅包括对有关事件的了解和解释，也包括对一些事件可能直接或间接导致其他事件的理解，这些事件可能是某些政治决策、宗教运动或经济衰退（van Drie, van Boxtel, & van der Linden, 2006）。

■ **评估各种文献和解释的可信度**。一些历史文献对历史事件和趋势进行了合理、客观、准确的解释，过去数十年的政府人口普查记录就是一个例子。但其他许多历史文献，如报纸文章、个人信件和日记等，则反映了作者的观点和偏见。称职的历史学家在就历史事件做出推论时会考虑这些偏见，但他们也能从元认知角度理解自己和他人的解释都未必是最好的或唯一的（Goldman et al., 2016; Summerlin, 2015; vanSledright & Limón, 2006）。

总的来说，这些能力和过程需要相当多的抽象思维，因此学习者只能在发展过程中逐渐获得它们。例如，在小学低年级，儿童往往对历史时间和历史变化的复杂性了解甚少（Barton & Levstik, 1996; Ormrod, Jackson, Kirby, Davis, & Benson, 1999）。他们可能会提及事件发生在"很久很久以前"或"古老的时代"，但他们对所讨论的时间跨度的真正概念几乎一无所知。

即使到了青春期，其他抽象观念也在不断挑战

着学生。许多高中生很难接受这样的观念，即历史既涉及观点，也涉及事实，历史人物可能受到与自己截然不同的社会和文化因素的影响。如果没有明确的教学和指导，他们往往难以调和各种历史记载产生的相互矛盾的数据（Levstik, 2011; Nokes, Dole, & Hacker, 2007; S. A. Stahl & Shanahan, 2004）。

地理知识和思维的特征

地理学科不仅关注各种自然形态和文化群体位于哪里，也关注它们为何及如何到达那里。例如，地理学家研究河流和山脉如何最终到达它们所在的位置，为什么人们更有可能定居在某些地方而不是其他地方，各地的人们怎样谋生和互动。

下述能力是地理知识和思维中的关键成分。

■ **将地图理解为符号表征**。地理中的一个重要认知工具就是地图。学习者必须理解地图象征性地描述了一个给定的地理区域内各种物理的和 / 或人造的形态之间的空间关系。他们也必须理解不同的地图是根据不同的比例绘制的，反映了图形表征和现实之间的不同比例。

■ **确定人与环境之间的相互关系**。例如，高超的地理学家会认识到人们往往从资源有限或减少的地方移居到资源更丰富的地方。人们更有可能定居在水陆交通便利的地区——可能是沿着可通航的河流或临近有公路的地区。

■ **承认文化差异及其对人类行为模式的影响**。地理学家深刻地认识到文化信仰和实践如何对人们的行为产生广泛的影响。例如，一个群体对禁忌食物的信仰可能会限制农作物种植和牲畜饲养。

儿童理解和使用地图的能力部分取决于他们成长的社会文化背景。地图在某些文化中司空见惯，在另一些文化中则不存在。即使在一个广泛使用地

图的社会中，儿童也有不同程度的地理和地图经验。例如，家庭经常旅游的儿童往往对距离有更好的认识，对各种风景更熟悉，对如何使用地图也有更好的理解（Liben & Myers，2007；Trawick-Smith，2003）。

当小学低年级的儿童看大型地图（可能是描绘一个州或国家的地图）时，他们往往会从表面上理解他们所看到的东西。例如，他们可能会认为把州和国家分隔开来的界线是实际上画在地球上的，或者用一架飞机的图片标记的机场里只有一架飞机。年幼的儿童在解释地图时也会难以维持刻度感和比例感。例如，他们可能会否认地图上的一条路实际上就是一条真实存在的路，因为"它不够两辆车在上面行驶的宽度"，或者坚持认为描绘在三维地形图上的一座山不可能是一座山，因为"它不够高"（Liben & Myers，2007）。随着儿童长大，尤其是进入青春期时，他们会变得越来越擅长处理地图的符号和比例的性质（Forbes，Ormrod，Bernardi，Taylor，& Jackson，1999；Liben & Myers，2007；L. J. Myers & Liben，2008）。

尽管儿童和青少年会对地图的掌握越来越熟练，他们仍在一定程度上对地理学科持有狭隘的认识信念。一般来说，他们会将地理仅仅看作各个国家、首都、河流、山脉等的名称和地点，这可能部分是因为教师经常以此种方式呈现地理（Bochenhauer，1990；Peck & Herriot，2015；vanSledright & Limón，2006）。即使是在高中阶段，学生也很少反思为什么地球上不同地点的物理特征大相径庭（如山脉、干草地、湿地），或者为何不同社会群体的经济和文化活动在一定程度上是群体的特定物理环境的结果。

促进社会研究的学习

"走进课堂——促进历史和地理的学习"专栏呈现了教授这两门学科的一般策略。下面是要牢记的更加具体的教学策略。

关于历史

- 在小学低年级，将教学重点放在学生的个人经历和近期当地发生的事件上。
- 从小学高年级开始，向学生介绍主要的历史来源，如日记、信件和报纸文章。
- 在初中和高中阶段，让学生阅读重要历史事件的多种解释，然后得出关于"什么肯定发生了"及"什么可能发生了"的推论。
- 让学生就发生在重要时期的历史事件进行关键场景和决策过程的角色扮演（例如，让学生扮演美国独立战争之前的美国殖民者和英国士兵）。
- 让学生从一个特定的时代或历史人物的视角来撰写虚构的日记或短篇故事。
- 让学生考虑如果某些事件没有发生，情况会有什么不同（Brophy & Alleman，1996；Brophy et al.，2009；Byrnes，1996；Leinhardt et al.，1994；T. N. Turner，Clabough，& Cole，2015）。

关于地理

- 让学生为学校建筑物或邻近地区设计地图（见图8.4）。
- 提供常见地图符号的明确指导（如罗盘、标明首都城市的特殊点、描绘海拔的等高线）。
- 在小学高年级或初中阶段，介绍地图上的比例尺概念。
- 强调地球的物理特征和人类活动之间的复杂而动态的相互关系（例如，为什么城镇和公路都要建在特定的地点）。
- 安排全球不同文化群体的成员在互联网上进行交流。
- 教学生怎样使用适合自己年龄的绘图网站和软件（如Google Earth）（Brophy et al.，2009；Carano，2015；Enyedy，2005；Gersmehl，2014；Liben & Downs，1989a，1989b）。

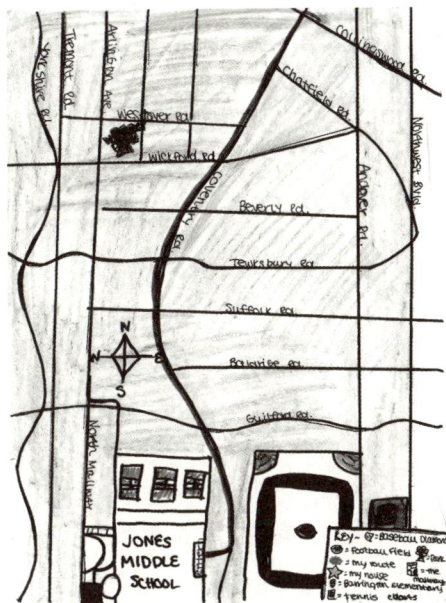

图 8.4　12 岁的玛丽·林恩绘制了这幅当地街道的交通示意图，作为社会研究课的作业

走进课堂　●●●

促进历史和地理的学习

■ **帮助学生组织和整合他们正在学的事物。** 在关于古代文明（如美索不达米亚，埃及、希腊、罗马）的单元中，一名初中社会研究课的老师让学生在一张东半球的地图上标记每种文明的位置。她也让他们设计一条时间轴来描绘各种文明的兴衰。

■ **让学生从地图和历史文献中进行推论，并用证据支持他们的推论。** 一名高中地理老师展示了一幅显示欧洲国家及其首都城市的地图。"请注意，几乎所有的首都城市都位于海港或大河川附近，"他指出，"你们认为这是为什么？"

■ **确定因果关系。** 一名高中历史老师要求学生思考"为什么珍珠港是一个需要控制的重要地点"及"日本人轰炸珍珠港对第二次世界大战的进程和最终结果产生了什么样的影响"。

关于总的社会研究课程

· 关注重要原理——即作为社会研究基础的大观点（例如，人类的基本需要和动机、适应、相互依存、全球化）。

· 将概念和原理与学生的日常经验联系起来。

· 避免将个体和群体看作简单的、单维的人物，并与历史上或当今世界中任何特定群体的刻板印象进行有力的斗争。

· 布置如实描述生活在特定时代和地点的人物的小说作品。

· 让学生进行与他们正在学习的内容有关的真实性活动（如设计一个展览馆的展示）（Brayboy & Searle，2007；Brophy et al.，2009；M. McDevitt & Kiousis，2006；NCSS，2010；T. N. Turner et al.，2015）。

■ **鼓励与来自不同文化和不同时代的人产生共鸣。** 一名 3 年级老师鼓励学生想象他们自己是第一次见到欧洲人的美国土著人。"你见到一些长相奇怪的男人乘着大船驶向海岸，他们的船比你们本国人用的独木舟大得多。当他们下船来到村子时，你看到他们有着颜色非常浅的皮肤，实际上，它几乎是白色的。而且，他们中的一些人有黄色头发和蓝色眼睛。'他们的头发和眼睛的颜色好奇怪'，你暗自思考着。当这些人靠近你时，你会有什么感受？"

■ **支持有效的元认知过程。** 一名 8 年级历史老师让学生阅读几份与 19 世纪 80 年代欧裔美国人在北美的西部扩张有关的历史文献。教师向学生提出一些问题——"每位作者的目的是什么""你有没有发现带有偏见的证据""一个事件在不同文献中的描述是否不同"——并让他们在阅读和比较文献时进行思考。

■ **让学生两人一组或在小组中完成具有挑战性的任务。** 高中的高级历史课上的学生被要求两人一组阅读与某一历史事件相关的多篇文献，然后写一篇短文评估文献的可信性，并为这一事件的特定叙述进行辩护。

资料来源：Brophy et al.，2009；W. G. Cole，2015；Davison，2011；De La Paz，2005；Enyedy，2005；M. Goldman et al.，2016；M. Gregg & Leinhardt，1994；Liben & Downs，1989a；Nokes et al.，2007；van Drie et al.，2006.

考虑学生的多样性

当教授阅读和写作时，我们必须记住不同的学生可能在家已经拥有了不同的书面语言经验。例如，一些学生的生活可能充满了故事书和睡前阅读，而另一些学生的生活可能涉及更多的口头故事。尤其是在小学低年级，我们不能假定儿童已经掌握了字母表的字母和其他书面语言的基本知识。此外，在美国，一些儿童的家庭可能使用的是英语之外的语言，而其他儿童的家庭可能使用的是英语方言，这与在课堂上常用的标准英语大不相同。有效的阅读和写作教学要考虑这些背景（Janzen，2008；Klingner & Vaughn，2004；Serpell et al.，2005）。

当教授数学和科学时，我们必须牢记这两门学科在历史上一直被看作主要是"男性"的领域。即使在21世纪，一般来说，课堂上的男孩更有可能相信他们能在这些领域获得成功。即使与数学和科学有关的能力没有显著的性别差异，情况还是这样（Herbert & Stipek，2005；Hübner et al.，2017；Leaper & Friedman，2007）。我们必须经常传递这些内容领域对女孩和男孩都很重要的信息。我们也应该使用鼓励男孩和女孩同样主动参与讨论、应用并掌握数学和科学的教学策略，如动手活动和小组讨论。

在传统上，历史中的女性也一直被忽视——就像大多数少数群体一样——西方主流文化的历史课本常常主要关注欧裔美国男性的活动和功绩（Berkin，Crocco，& Winslow，2009；Levstik，2011）。

因此，我们可能经常需要用一些材料来补充文本，描绘出一个多元文化遗产的更具包容性的画面。

而且，我们必须记住，学生在社会研究中创造的意义，在某种程度上取决于他们成长的文化和他们早期的家庭经历。当然，有些学生很少或完全没有接触过各种各样的文化环境和遥远的地方。我们中的一位作者的朋友曾经带着来自丹佛市中心的低收入学生到落基山进行了一场游学旅行。尽管这些儿童经常能从丹佛市中心看到落基山，但当他们第一次近距离观看它时，一些儿童惊讶于落基山如此之大。有几个儿童惊讶地发现，山顶的白色东西竟然是雪！

适应有特殊需要的儿童

许多有特殊需要的学生在阅读和写作上存在困难。大多数阅读能力较差的学生——无论他们是否已经被认定为患有学习障碍、注意缺陷/多动障碍（ADHD）或其他障碍——似乎在语音意识上都有明显的缺陷：他们在学习单词中的单个发音及将这些声音与字母联系起来等方面有困难。少数阅读能力较差的学生有其他认知加工缺陷。例如，他们可能在根据看到的页面内容提取单词及理解单词的意义上存在大于平均水平的困难。这种阅读困难的极端形式被称为**阅读障碍**（dyslexia）——一种通常有生物基础的障碍（Goswami，2007；Shaywitz，Mody，& Shaywitz，2006；Stanovich，2000）。

书面语言的长期障碍不仅对个体在其他学科上的成功有影响，对个体的自尊也有广泛的影响。一名2年级学生汤姆描述了他在1年级第一次尽力学习怎样阅读时的感受：

我感觉自己像一个失败者。没人喜欢我。我担心同学会取笑我，因为我学得不好……我不想阅读，我想把书砸向妈妈（Knapp，1995）。

为了最大限度地减少学生在学业和心理上的损害，我们应该尽可能早地干预他们在阅读和写作上的缺陷，理想的情况是，对两类基本技能（如字母识别、语音意识）进行有意的和密集的训练（如阅读中的元认知技能、写作中的组织技能）（Lovett et al.，2017；Meltzer，2007；Vadasy，Sanders，& Peyton，2006）。此外，患有长期读写困难的学生必须在阅读和写作中找到乐趣。例如，雷克·莱尔顿（Rick Riordan）的《波西·杰克逊奥林匹斯英雄系列》（*Percy Jackson and the Olympians*）是一套特别受欢迎的平装小说系列丛书，讲述了一个患有阅读障碍和注意缺陷/多动障碍的男孩的冒险故事，他的障碍实际上在他与古希腊神话中各种神一样的人物的冒险中发挥了作用。

学生在学业主题上的额外困难并不一定局限于阅读和写作。例如，一些患有学习障碍的学生长期在数学的基本概念和程序上挣扎（Geary，Hoard，Nugent，& Bailey，2012；A. J. Wilson & Dehaene，2007）。当与有特殊教育需要的学生一起工作时，我们必须在整个学校课程中做出典型的调整，正如表 8.4 所示的建议那样。

表 8.4　促进有特殊需要的学生在各种内容领域的学习

类别	可能观察到的特征	建议策略
有特定认知障碍或学业困难的学生	• 在书写和拼写上存在困难；在写作技能上也可能存在困难 • 由于读写技能较差，不太善于从互联网上学习 • 在修改写作内容时往往关注机械的方面而不是意义 • 在学习和记忆数学、科学及社会研究的基本事实方面存在较大困难	• 分配适合学生阅读能力的吸引人的阅读材料 • 为基于书本和电子的阅读任务提供额外的支持（如减少任务、确定主要观点、让学生寻找具体问题的答案） • 为写作活动提供额外的支持（如要求学生为写作设定目标、在写作时给学生一个具体的结构、鼓励学生使用带有语法和拼写检查功能的文字处理程序） • 使用具体的操纵物教授数学和科学 • 使用记忆术帮助学生记住重要的基本事实
有社交或行为问题的学生	• 一些学生在一个或多个内容领域的成绩低于年级水平两年或两年以上	• 要求学生将数学、科学和社会研究应用到与个人生活相关的情境中（也可使用为有特定认知障碍或学业困难的学生列举的策略）
认知和社会功能普遍滞后的学生	• 低于平均水平的、可以与新知识产生关联的知识库 • 难以记住基本事实 • 缺少复述或组织等学习策略 • 推理能力发展落后（如在中学阶段不能进行抽象思考）	• 提供支持以帮助此类学生学习那些其他学生可能已经自学掌握的基本知识和技能 • 让学生实施简单的科学实验，并且每次只需要考虑一个或两个变量（也可以使用为有特定认知障碍或学业困难的学生列举的策略）
有身体障碍或感知困难的学生	• 较少意识到书面语言的规范，尤其是有视觉损伤的学生 • 较少的外部经验和较少的一般世界知识，而这些知识都是数学、科学和社会研究的基础	• 当学生在动作协调上存在困难时，允许他们口述故事或作文 • 进行展示和实验来解释基本的科学概念和原理 • 使用戏剧和角色扮演来阐释历史事件 • 如果学生视力受限，可以放大计算机屏幕上的图像；如果他们眼睛失明，可以使用三维浮雕地图，也可以使用干胶和指甲油装饰二维地图
认知发展超前的学生	• 超前的阅读理解能力 • 更复杂的写作能力 • 建构抽象和综合理解的能力更强	• 建立学习小组，让学生可以在特定内容领域研究高级主题

资料来源：Beike & Zentall，2012；Curtis，2004；De La Paz & McCutchen，2011；Ferretti，MacArthur，& Dowdy，2000；Geary et al.，2012；N. Gregg，2009；Hallenbeck，1996；Hulme & Joshi，1998；Lovett et al.，2017；Mastropieri & Scruggs，1992，2000；Page-Voth & Graham，1999；Piirto，1999；Rayner et al.，2001；Salend & Hofstetter，1996；Sampson，Szabo，Falk-Ross，Foote，& Linder，2007；H. L. Swanson，Cooney，& O'Shaughnessy，1998；Tompkins & McGee，1986；Turnbull，Turnbull，Wehmeyer，& Shogren，2016；D. K. Wood，Frank，& Wacker，1998.

你学到了什么

为了复习和总结这一章对多种学习情境的讨论，现在让我们回顾本章的学习成果。

8.1　描述学习的情境理论的五个基本假设，并将这些假设应用于课堂实践

思考和学习总是发生在特定的情境中，尤其是与学习者的身体、当前的物理环境和社会环境，以及更广泛的文化和社会复杂地交织在一起的情境。总的来说，情境理论至少基于如下五个假设。第一，大脑与身体的其他部位（如个体的感觉系统、外在的身体动作及总的身体健康）密切合作。第二，学习者获得的知识和技能常常与具体的活动和环境紧密相联或发生在具体的活动或环境中。第三，当学习者将一些认知负荷转移或分布到其他人或事物上时，他们常常能更有效地思考和操作。第四，当学习者与他人合作进行思考和学习时，他们的学习会更有效。这种合作可以发生在单一的时间点上或在一段较长的时间内。第五，随着拥有更多知识的个体的帮助和指导，学习者可以从他们所在的文化和社会的集体智慧中获益。

8.2　比较专家－新手互动的益处和同伴互动的益处，解释你会怎样通过两种类型的互动促进学生的学习

学习者可以从教师和其他更有能力的个体的指导中获益良多。这些人可以成为学习者与新经验的中介，帮助他们将有意义的概念、原理和其他有效的解释与他们的所见所闻联系起来。这些人也会将学习者引导到新的认知和元认知策略中，并支持学习者有效地使用它们。

与同伴进行互动有各种好处。例如，当能力相当的学习者合作讨论和应用新的主题时，他们必须充分澄清、组织并精细加工所学的内容，以便能够向其他人解释。而且，当他们遇到来自同伴的矛盾观点时，他们可能会重新检验自己的观点，并修改自己的观点，以达到更加精确和完整的理解。对课堂主题的积极讨论为学习者提供了一种观察并获得更高级的思考方式和对世界的本质更加复杂的看法的途径。

一种获得研究支持的教学策略是创建学习者共同体，即教师和学生通过合作建构关于一个主题的知识体系，并帮助彼此学习该主题的课堂。在这种情境下，面对面互动、在线互动及反馈非常普遍，集体努力建构意义也是如此。

8.3 解释学习者的文化背景会怎样影响他们对新信息和新经验的解释，解释新手学习者如何能有效地参与一个或多个实践共同体

任何长期存在的社会群体都有其文化，其中包括年长的、经验更丰富的群体成员向新成员传递的行为和信念。学习者的文化实际上影响着身处其中的学习者思考和解释任何情况的方式。从文化内日复一日的经历和互动中，学习者获得了有关"事物一般是什么样的"及"公共活动通常如何展开"的一般图式和脚本。此外，文化也传递着某种世界观——关于现实和人类存在本质的一套包罗万象的信念和假设。有时，来自某些文化背景的学生可能不具备有效理解课堂材料所需的图式和脚本；有时，学生可能持有某些与科学理论不一致或对历史事件的理解有偏见的世界观。

文化一般包括实践共同体，即由具有相同兴趣和目标（如让病人康复、做关于某个主题的研究、创作艺术品）的人组成的群体。这些群体中的成员会定期互动和协调他们的努力，以追求这些兴趣和目标。一般来说，通过主动参与实践共同体——通常一开始只在群体的边缘参与，然后随着能力的提高越来越多地卷入实践共同体——人们在学习者共同体中的能力可以获得最大提高。

8.4 描述社会中影响学习的关键要素，并解释真实性活动如何提高学习者在校外生活中的表现

社会是一个非常庞大的、持久的社会群体，它有相当明确的社会和经济结构，以及集体制度和活动。任何社会都以许多方式影响着学习——如通过它提供的资源、它支持的活动，以及它传递的常规信息。而且，社会中的不同成员有不同领域的专长，因此为了个人和集体的成功，成员之间必须彼此依赖。

让学生为他们最终参与成年人社会做好准备的一种重要方式是让他们参加真实性活动，也就是那些类似外部世界任务的活动。例如，真实性活动可能包括解决复杂的、实际的问题，从事多方面的项目，或者参与社区服务。这类互动促进了学生对课堂主题的意义学习，增加了学生将他们所学的知识最终应用到学校之外的任务和问题上的可能性。

8.5 描述数字技术和互联网在课堂教学中发挥的独特作用

近年来，数字技术的发展为教学实践提供了诸多好处。它们使多种媒介和教学策略无缝地整合到教学中，同时传递给远在异地的学生，它们为具有独特的能力和需要的不同学生提

供个性化教学。适当设计并提供脚手架的软件为学生提供了机制，让他们可以操作复杂数据集和大量信息而不被认知负荷压垮。互联网使许多主题的信息变得触手可及——如通过在线学习程序——而且允许教师和学生轻松、频繁地交流与合作。有些基于技术的教学程序可以模拟实际的或幻想的环境，让学生投入到具有高度激励性的学习和问题解决任务中。然而，为了成为有效的教学工具，数字技术需要学生有一定程度的关于怎样使用各种硬件和软件工具及怎样进行有效的互联网搜索的技术素养。

8.6 将你有关学习、认知和有效的教学实践的知识应用于各个学科领域

不同的内容领域包含的知识类型有所不同，例如，阅读和写作涉及与口语有关的知识，而数学涉及与计算和测量有关的知识。不同的领域也需要不同类型的思维和推理能力。例如，科学试验需要形成假设并通过仔细分离和控制变量来进行检验，而历史研究涉及对事件的偏向性解释进行批判性的评估和比较，然后为实际上可能发生的事情建构合理的解释。

这一章提供了许多教授语言艺术、数学、科学和社会研究的策略，在许多这些策略之下是一些共同的主题。首先，我们必须支持学生根据各种来源——如从课本、互联网站、历史文献和地图——建构合理意义的努力。其次，我们必须帮助学生获得元认知过程和认识信念，这将提高他们在各种内容领域的能力。例如，学生必须学习怎样设置目标及监控自己在阅读、写作和数学问题解决方面的进展，他们还必须理解科学和社会研究是持续发展的学科，这些学科中的理论（有时甚至是基本的"事实"）可能会随着新证据的出现而不断改变。最后，我们可以通过让学生与同伴合作处理复杂的问题和任务来帮助他们获得复杂的理解、推理过程和元认知技能。

教师资格考试练习

一个国家的诞生

　　杰克逊女士要求她的 2 年级学生写出对下面这个问题的答案：我们居住的大陆已经存在很长时间了，但美国成为一个国家才 200 年多一点。美国是怎样成为一个国家的？下面是学生的回答（编者注：为了让读者更好地理解题中的条目，下面将呈现学生写作样本的原文）。

　　梅格：The United States began around two hundred years ago. The dinosors hav ben around for six taosine years ago. Christfer klumbis salde the May flowr. ［美国诞生于 200 多年前。恐龙大约在 6000 万年前就已经诞生。克里斯托弗·哥伦布驾驶（sailed）五月花（flower）号航行。］

　　苏：The pilgrums we're sailing to some place and a stome came and pushed them off track and they landed we're Amaraca is now and made friends with the indens and coled that spot AMARACA! ［清教徒（pilgrims）航海到达某个地方，突然一块石头出现，把他们推离了航道，着陆在现在的美国，然后他们与印第安人交了朋友，并把此地叫作（called）"美国"！］

　　马特：It all staredid in eginggind they had a wore. Thein they mad a bet howevery wone the wore got a ney country. Called the united states of amarica and amaricins wone the wore. So they got a new country. ［所有的一切都始于（started）一场战争（war）。因此他们打了一个赌，赢得战争的人可以得到一个新的国家。这个国家被叫作"美利坚合众国"，美国人赢得了战争。因此，他们得到了一个新的国家。］

　　丽莎：We wone the saver wore. It was a wore for fradam am and labrt. One cind of labraty is tho stashow of labrt.We got the stashew of labraty from england. Crastaver calbes daskaved Amaraca. ［我们赢得了内战（civil）。这是弗莱德曼和罗伯特的战争。一种民主是释放大量劳工。我们从英国那里得到了大量劳工。克里斯托弗发现了（discovered）美洲。］

1. 建构反应题

　　尽管学生的写作样本有许多错误拼写，但他们很明显已经学会了有关书面语言的一些内容。请确定大多数或所有学生明显已经掌握的书面语言的至少三个方面。

2. 单项选择题

　　下面哪一对单词拼写最能反映可能的语音意识困难，尤其是涉及辅音的语音意识困难？

A. 梅格将 "sailed" 拼写为 "salde"，将 "flower" 拼写为 "flowr"。

B. 苏将 "pilgrims" 拼写为 "pilgrums"，将 "called" 拼写为 "coled"。

C. 马特将 "started" 拼写为 "staredid"，将 "war" 拼写为 "wore"。

D. 丽莎将 "civil" 拼写为 "saver"，将 "discovered" 拼写为 "daskaved"。

3. 单项选择题

　　下面哪几项陈述能代表这些写作样本的内容？

A. 学生为写作设定了清晰的目标。

B. 学生显然对他们为谁写作有良好的受众感。

C. 学生在进行知识讲述而不是知识转换。

D. 学生将他们所学的关于美国历史的内容汇总成了连贯的理解。

教育心理学

EDUCATIONAL

PSYCHOLOGY

09

第 9 章

行为主义学习观

学习成果

9.1 描述行为主义学习观的五个基本假设，并将这些假设应用于课堂实践

9.2 解释人们如何通过经典条件反射获得不随意反应，以及如何帮助学生克服妨碍他们的课堂表现的经典条件性情绪反应

9.3 描述各种不同的结果对行为的影响

9.4 运用行为主义原理鼓励学生在学校做出恰当且有效的行为

9.5 运用行为主义观点描述解决持续性行为问题的四种系统方法

9.6 在运用行为主义原理时，适应学生的个人背景、文化背景和特殊需要

个案研究

需要"注意"的人

詹姆斯家中有九个孩子，他排行第六。他有很多爱好，如听摇滚乐、看漫画书、打篮球、吃草莓和冰淇淋。但更重要的是，詹姆斯喜欢被关注。

詹姆斯是一个善于引起他人注意的学生。为了引起老师的注意，他会在课堂上发表离谱的言论，在教室里扔纸飞机，还拒交作业。为了引起同学的注意，他会戏弄同学，不时戳一戳同学，或者在厕所的墙上写脏话。到了学年中期，詹姆斯由于这些古怪的行为，常被叫到校长助理办公室，每周他至少一次会被校长助理注意到。

· 为什么詹姆斯会用这些不恰当的行为，而不是用有效的行为来引起大家的注意呢？哪种学习原理可以解释他的行为？

当你看到詹姆斯时，请试着回想一下你在小学和中学时的经历。最受关注的是表现好的学生还是表现不好的学生？很有可能，你的老师和同学会更关注那些表现不好的学生。毫无疑问，詹姆斯已经学会了如果想获得关注——在人群中脱颖而出——他必须做出一些让他人难以忽视的行为。

每个人一生中都会习得很多行为。在本章，我们将审视行为主义（behaviorism）的理论观点，它将告诉我们环境如何影响人们的行为。我们也将应用行为主义者的思想来理解，教师应该如何帮助学生获得比他们初入教室时更复杂、更高效、更具社会性的行为。

行为主义的基本假设

9.1 描述行为主义学习观的五个基本假设，并将这些假设应用于课堂实践

与认知和情境学习理论家（他们往往推论不能直接观察到的内在心理过程）不同，行为主义心理学家聚焦于能被轻易观察和客观测量的事情。更具体地说，行为主义心理学家关注以下两个方面：

（1）当地的条件和事件——环境刺激（stimuli，S）；
（2）学习者的行为或反应（response，R）。因此，行为主义有时也被叫作"S-R 心理学"。

研究者和实践者发现，行为主义的概念和原理对于帮助各年龄阶段的个体在教室或其他环境中习得有效行为是非常有用的。行为主义观背后有几个非常重要的假设。

■ 人们的行为主要是他们所经历的即时环境刺激的结果。许多早期的行为主义者认为，除了一些简单的反射外，人在出生时就像一块"白板"，没有做出某种行为的遗传倾向。多年来，环境会在这块白板上刻下痕迹，慢慢塑造或条件作用（conditioning）于个体，使其变成一个具有独特的个性和行为方式的人。

正如我们从其他理论视角所了解到的，儿童的行为和成就既取决于由基因驱动的神经系统的变化，也深受儿童成长所处的一般文化和社会的影响。当然，儿童过去和现在所处的环境也会产生重大影响。教师可以利用这一原则：通过改变儿童所处的环境，来改变他们的行为。

■ 学习涉及行为改变。尽管大多数当代心理学

家认为学习是一种心理现象，但许多行为主义者则把学习定义为一种行为改变，尤其是由经验导致的行为改变。这种学习观在课堂上很实用。请设想以下情景：

当你解释一个复杂的概念时，所有学生都在认真听讲。讲完后，你问"还有问题吗"，你会发现没有一个人举手。这时，你可能认为每个人都听懂了。

但是学生真的都明白了吗？其实你也不确定。只有能直接观察到的行为改变，如考试成绩提高、阅读速度加快，或者任务以外的行为减少，诸如这类的行为改变才能证明学习已经发生了。

■ 学习包括在刺激和反应之间建立联结。例如，本章开篇的个案研究就揭示了行为主义的一个关键原理：人们倾向于学习并展现出会带来某种结果的行为。特别值得一提的是，詹姆斯已经在自己的破坏性行为（反应）与他人的注意（这对詹姆斯来说是一种环境刺激）之间建立了联结。

如果我们严格采用 S-R 的观点，我们就不会关注詹姆斯脑子里在想什么。然而，大多数当代行为主义者都承认，无法观察到的认知过程常常是刺激-反应联结的基础，所以当你阅读本章时，你会发现关于行为主义的讨论中也会涉及个体的内在现象。

■ 当刺激和反应在时间上相继出现时，学习最有可能发生。当两个事件或多或少地在同一时间发生时——或许是两种刺激同时出现，或许是某个反应紧跟在刺激之后——它们之间就具有接近性（contiguity）。下面的例子说明了这种接近性。

• 一名教师（X 教授）在给你发刚刚批改过的考试卷子时皱起了眉头。你拿过卷子后发现自己考了 D，此时你的整个身体都处于紧张状态。下次当 X 教授对你皱起眉头时，这种难受的感觉就会再次出现。

• 每次你举手，另一名教师（Y 教授）都会提问你，尽管你在其他课上都很安静，但你会发现自己在这堂课上举手和发言的次数越来越多。

在第一种情况下，X 教授皱眉和你的考试成绩 D 几乎是同时出现的。在这里我们看到两种刺激的接近性。在第二种情况下，你举手的反应后面立即伴随着 Y 教授请你回答问题。在这里我们看到的是反应和随后的刺激之间的接近性（尽管让你发言是 Y 教授的反应，但对你来说它是一种刺激）。在这两种情况下，你的行为都发生了变化：一种是每当教授皱眉时你就开始肌肉紧张；另一种是你会在教师的课上更频繁地举手和发言。

■ 许多动物（包括人类在内）都以相似的方式进行学习。许多行为主义的原理其实都来自对非人类动物的研究。例如，你稍后将会学到，我们对经典性条件反射的认识最早来源于伊万·巴甫洛夫（Ivan Pavlov）对狗的研究。另一位众所周知的行为主义者 B. F. 斯金纳（B. F. Skinner）的研究对象大多是老鼠和鸽子。与实验室的老鼠相比，我们自己的教育心理学课堂上的学生有时很讨厌将人类的学习与老鼠和鸽子的学习进行比较。但是，事实上，由非人类动物身上所得来的行为主义原理通常对于解释人类行为很有帮助。

表 9.1 总结了我们上面描述的五个假设，并给出了课堂实践的一般启示。

表 9.1　行为主义的基本假设及其教育启示

假设	教育启示	示例
环境的影响	创建一个鼓励和支持学生展现期望行为的课堂环境	当一个学生经常在需要独立进行的学习中遇到困难时，我们要在他每一次未经催促就完成作业的时候不着痕迹地加以表扬
学习是一种行为改变	只有当学生在课堂中表现某种变化时，我们才能判断学习已经发生	定期评估学生在不同内容领域的知识和技能，并关注学生在知识和技能上的持续进步
关注可以观察到的事件（刺激和反应）	确定可能会对学生的行为产生或好或坏影响的特定刺激——包括作为教师的我们自己的行为	如果一个学生经常在课堂上表现出破坏性行为，请反思一下自己是否在他每次出现类似行为时给予了关注，而这种关注鼓励了他的破坏性行为
事件的接近性	如果你希望学生能将两个事件（刺激、反应，或者刺激和反应）联系起来，要确保这两个事件在出现的时间上是接近的	把既有趣又有教育意义的活动安排在每天的课表中，帮助学生将学校的课程与愉快的感觉联系起来
跨物种学习原理的相似性	记住对非人类动物的研究常常与课堂实践相关	通过强化让一个多动的学生能安静地坐越来越长的时间——这个塑造过程就基于对老鼠和鸽子学习的早期研究

建立现有刺激和反应之间的联结：经典条件反射

9.2 解释人们如何通过经典条件反射获得不随意反应，以及如何帮助学生克服妨碍他们的课堂表现的经典条件性情绪反应

请思考以下情景：

艾伦一直很喜欢打棒球，但在去年的一次比赛中，他在击球时被一记暴投重重地砸伤了。现在，虽然他仍然打棒球，但只要轮到他击球，他就会变得非常焦虑，以至于心跳加快，所以他经常回避球而不是挥棒击球。

经典条件反射（classical conditioning）可以解释艾伦的行为，这一理论解释了我们有时是怎样通过两个几乎同时出现的刺激来学习新的反应的。艾伦接受了两种刺激——迎面而来的棒球和被球击中的疼痛感——这两种刺激几乎同时出现的。艾伦目前对投手投过来的球的反应——他的生理反应和回避行为——是他在经历被球击中之前没有表现出来的。因此，学习就这样发生了。

经典条件反射最初是由伊万·巴甫洛夫提出来的（Pavlov, 1927），他是一位生理学家，主要进行唾液分泌方面的研究。巴甫洛夫经常会在研究中用狗做实验，通过给狗吃肉让它分泌唾液。他注意到，当狗听到实验助手从大厅走进来时，就开始频繁地分泌唾液，即使狗还没闻到助手拿来的肉的味道。巴甫洛夫对这一现象非常好奇，于是设计了一项实验，更系统地探究了狗是如何在对新刺激的反应中学会分泌唾液的。他的实验是这样的。

巴甫洛夫首先点亮一盏灯，发现狗不会对灯光刺激分泌唾液，如下图所示。

刺激（灯光）　⟶　没有反应

巴甫洛夫又一次点亮灯，随后立即给狗呈现一块肉。他把这个过程又重复了几次，狗每次都会分泌唾液。这时狗的反应是原始表现——对肉分泌唾液——它仍然没有学会新的行为。我们可以用下图来描述巴甫洛夫的第二次实验。

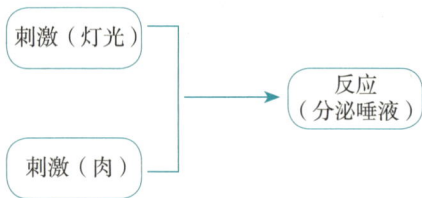

在一系列的灯光和肉同时呈现后，巴甫洛夫只给予灯光刺激，视线或气味中都没有肉这一刺激，结果发现狗仍然在分泌唾液。换句话说，它已经习得了对灯光刺激的新反应。我们同样可以用下图来描述巴甫洛夫的第三次观察结果。

一般来说，经典条件反射的形成需要以下3个步骤（见图9.1）。

1. 它始于一个已经存在的刺激－反应联结——换句话说，是无条件的刺激－反应联结。巴甫洛夫的狗一闻到肉味就会自动分泌唾液，艾伦一遇到疼痛刺激就会感到不安并回避。当一个刺激在没有先前学习的情况下能诱发一个特殊反应时，我们可以称之为**无条件刺激**（unconditioned stimulus，UCS）诱发了**无条件反应**（unconditioned response，UCR）[①]。无条件反应通常是自动的、不随意的，学习者几乎不能控制。

步骤1

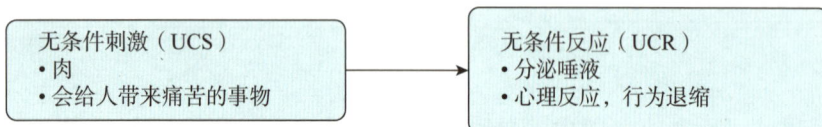

步骤2

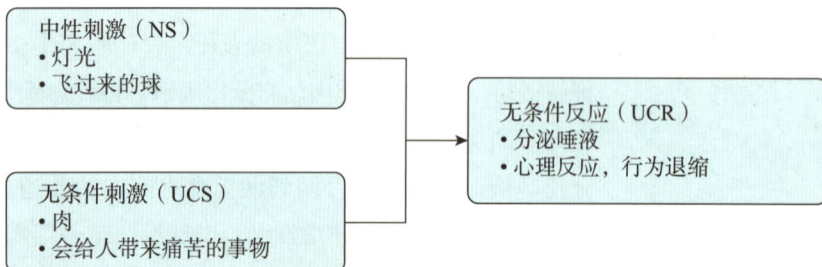

步骤3

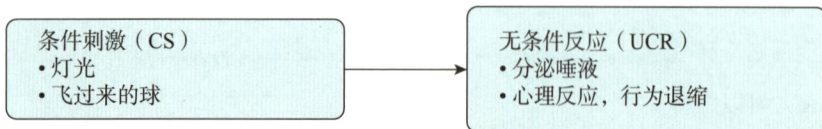

图 9.1　经典条件反射形成的 3 个步骤

[①]　在关于经典条件反射的讨论中，行为主义者经常使用"诱发"这个词，就像我们这里说的一样。这个词的意思是，学习者几乎不能控制他们的经典条件反射。此外，你应该注意到，这里描述的 UCS-UCR 联结可能涉及生物内置的反射或学习者在生命早期获得的联结。

2. 当一个中性刺激（neutral stimulus）——即不会诱发任何不随意反应的刺激——在无条件刺激之前即刻呈现时，条件反射就会发生。例如，在巴甫洛夫对狗的实验中，呈现灯光之后立即出现肉。在艾伦的例子中，出现痛苦的撞击之前棒球被投掷过来。当两种刺激同时出现多次后，即使只呈现中性刺激，也会出现条件反射（R. R. Miller & Barnet，1993；Rachlin，1991）。有时，两种刺激只要同时呈现一次，条件反射就会形成，尤其是当无条件刺激非常痛苦和可怕时。

3. 时间久了，新的刺激也会诱发一种反应，而且这种反应通常与无条件反应类似。这时，中性刺激就变成了条件刺激（conditioned stimulus，CS），对它的反应也变成了条件反应（conditioned response，CR）。

例如，巴甫洛夫的狗获得了一种新的条件刺激（灯光）及一种新的条件反应（分泌唾液）。同样，艾伦也获得了对棒球的条件反应，即心跳加快和回避——这两种行为都反映了他对即将投掷过来的棒球的焦虑。与无条件反应一样，条件反应也是自发产生的：它每次都在条件刺激之后自动产生。

不随意情绪反应的经典条件反射

经典条件反射可以帮助我们理解人们是如何习得各种不随意反应的，特别是与生理过程、情绪和其他相对"无需考虑"的人类功能有关的反应（Mineka & Zinbarg，2006；J. B. Watson & Rayner，1920）。下面我们会呈现两个例子，来解释不愉快的情绪反应是如何通过经典条件反射习得的。要注意在每种情况下，两种刺激都会同时呈现：第一个刺激已经诱发了反应，第二个刺激作为伴随的结果开始诱发类似的反应。

- 鲍比因生病请假一个月没去上课。当他回到学校时，他不知道该怎么做老师布置的长除法作业。在几次失败后，每当他遇到除法任务时，他就会开始焦虑。

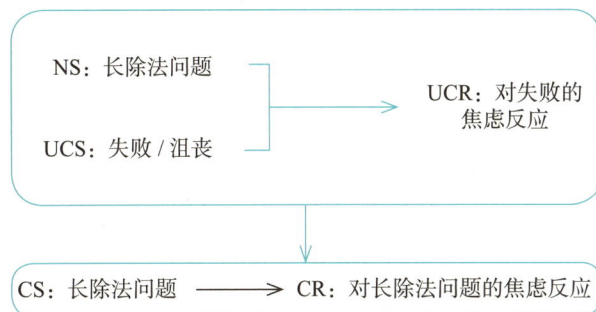

- 贝丝的老师发现她在课堂上给同学写小纸条。老师在全班同学面前读了纸条的内容，其中涉及一些私人信息，这让贝丝特别尴尬。现在每当上这个老师的课时，她都感到非常不舒服。

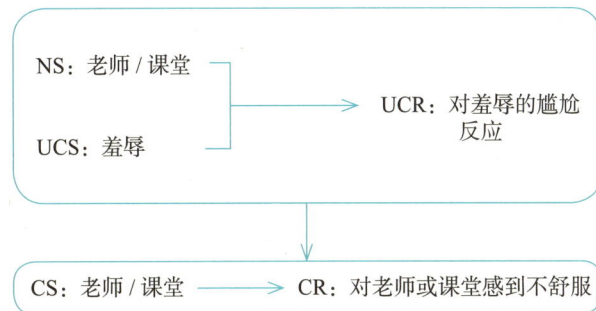

作为教师，我们应该创设这样一种课堂环境：尽可能使刺激——包括我们自己的行为——诱发出学生诸如快乐或兴奋之类的愉快反应，而不是恐惧或焦虑的反应。当学生把学校和愉快的情境联系起来时，他们很快就会发现学校成了他们自己想要去的地方。但是，当他们在学校遭遇一些不愉快的刺激时——如当众受辱或持续的挫折和失败——他们最终可能会害怕或不喜欢某个特定的活动、学科、教师，甚至整个学校。

经典条件反射中的常见现象

经典条件反射中有两种比较常见的现象，即泛化和消退。正如你将在本章的后面看到的，这两种现象也常出现在操作性条件反射中。

泛化

当人们学会对新刺激做出条件反应时，他们可能会对类似的刺激也做出同样的反应——这种现象被称为泛化（generalization）。例如，一个对长除法运算感到焦虑的男孩，很有可能会把焦虑反应泛化到其他类型的数学问题上。一个在课堂上被羞辱的女孩很有可能会把这种尴尬泛化到其他课堂上。因此，我们看到了应该把学生的愉快感觉和学校课程联系起来的第二个原因：学生对某一特殊的主题、活动及情境的反应可能会泛化，也就是说，他们可能将这种反应迁移到类似的主题、活动及情境中。

消退

巴甫洛夫发现，条件反应不会永远持续下去。通过将灯光和肉配对，他让狗仅学会了条件性地对灯光分泌唾液。但后来，当他反复亮灯而不紧接着呈现肉时，狗的唾液分泌得越来越少。最后，狗不再对灯光分泌唾液。当条件刺激不伴随无条件刺激而单独出现时——如数学不再与失败相联系、教师不再与羞辱相联系——条件反应就有可能会减少直至最终消失。换句话说，消退（extinction）发生了。

许多条件反应确实会随着时间的流逝而消失。但不幸的是，也有许多条件反应没有消失。儿童在经历过被狗咬或溺水的痛苦后，对狗或深水的经典条件性恐惧会持续数年。恐惧和焦虑持续存在的原因可能是学习者倾向于逃避那些可能会引起消极情绪反应的情境。但如果他们总是回避那些令人害怕的刺激，他们就没有机会在不存在最初与之配对的无条件刺激的情境中体验那些让他们感到害怕的刺激。结果，他们无法消除恐惧——因为他们没有机会经历消退反应。

减少产生反作用的情绪反应

作为教师，我们应该怎样减少学生可能表现出来的、会产生反作用的条件反应呢？要想消除对特定条件刺激的消极情绪反应，我们应该在学生感到开心和放松时慢慢地、逐渐地引入条件刺激（M. C. Jones，1924；Ricciardi，Luiselli，& Camare，2006；Wolpe & Plaud，1997）。例如，如果贝卡因为曾经溺水而害怕水，那么我们可以在让她感到放松的地方

上游泳课——如在干燥的地面上或在婴儿泳池里——然后在她感觉舒适时再换到深一点的游泳池里。如果鲍比每次遇到数学问题时都会变得过于焦虑，那么我们可以回到那些简单的问题上——那些他比较容易解决的问题——然后当他表现出更强的能力和更多的自信时再逐渐提高作业难度。

没有什么比成功更能让学生在课堂上感觉良好了。推动学生进步的一个方法就是构建一种课堂环境，使好的行为有好的结果，不良行为有不良后果，正如我们将在下一节所看到的那样。

工具性条件反射

9.3　描述各种不同的结果对行为的影响

马克是弗格森女士地理课上的学生。让我们看看他在10月的第一周都做了什么。

- 周一：弗格森女士问全班同学，哥伦比亚在哪里。马克知道哥伦比亚在南美洲的最北端。他微笑着坐在那里，双手放在膝盖上，希望被叫到。然而，弗格森女士叫了另一个学生回答问题。
- 周二：弗格森女士问全班同学，哥伦比亚的名字是从哪里来的。马克知道它是以克里斯托弗·哥伦布的名字命名的，于是他把手举得很高。结果，弗格森女士叫了另一个学生回答问题。
- 周三：弗格森女士问全班同学，为什么哥伦比亚的官方语言是西班牙语而不是英语或法语。马克知道哥伦比亚人讲西班牙语是因为这个国家的许多早期欧洲移民来自西班牙。于是他把手高高地举在空中。然而，弗格森女士叫了另一个学生回答问题。
- 周四：弗格森女士问全班同学，为什么哥伦比亚种植咖啡，而加拿大却不种植。马克知道咖啡只能在特定的气候条件下生长。他高高地举起手并使劲地前后挥动。这次弗格森

女士叫他起来回答了问题。

- 周五：每当弗格森女士问问题时，只要马克能够回答，他就会高高地举起手，并使劲地前后挥动。

马克好几次举手，都没有被叫到。但当他使劲挥手时却得到了想要的结果——在课堂上发言——因此使劲挥手的行为便增加了。

当某种行为带来的结果导致学习者的行为增加或减少时，**工具性条件反射**（instrumental conditioning）便发生了。增加所伴随的行为的结果就是**强化物**（reinforcer），用一个强化物伴随一个特定反应的行为就是**强化**（reinforcement）。相反，减少所伴随的行为的结果就是**惩罚**（punishment）。强化物和惩罚都是影响行为的环境刺激。

一位非常有影响力的早期行为学家斯金纳在他对动物的研究中发现，强化增加了它们的行为，但是几乎没有证据表明，惩罚会对行为产生影响（B. F. Skinner，1938，1953，1954）。斯金纳使用**操作性条件反射**（operant conditioning）一词来指代基于强化的学习——这一术语点明了工具性条件反射定义的一部分，即行为的增加这一半——今天许多行为主义者仍在继续沿用这一术语。然而，其他行为主义者也发现，在某些条件下，惩罚可以非常有效地减少不

教师和同龄人的注意往往是一种强化物——也就是说，它会增加伴随行为的频率——即使教师和同龄人所传达的信息是为了阻止这种行为。

恰当的行为。因此，在本章的其余部分，我们将使用更为广义的工具性条件反射这一术语。

需要注意的是，我们对强化物和惩罚的定义是基于它们对行为的影响，而不是根据它们的相对愉悦性和吸引力。有时候，人们做出某些行为是为了获得某种不愉快的结果，我们肯定不会认为那是"奖励"。在本章开篇的个案研究中，当詹姆斯扔东西、戳同学或写脏话时，我们可以猜想老师应该会责骂或批评他，并认为这是不好的结果。然而，正是这不好的结果导致了詹姆斯的不良行为的增加，因此，对詹姆斯来说，行为得到了强化。无论采取什么方式，其他人的注意对一些学生来说都具有高度强化的作用，这会让他们继续维持不恰当的课堂行为（M. M. Mueller，Nkosi，& Hine，2011；N. M. Rodriguez，Thompson，& Baynham，2010）。

惩罚似乎也来自旁观者的看法。例如，一些我们认为合适的关注方式可能需要避免，如教师的赞扬，因为这对不希望被同龄人视作教师"臂膀"或"宠物"的学生来说就是惩罚（Burnett，2001；Pfiffner，Rosen，& O'Leary，1985）。

对比经典条件反射与工具性条件反射

经典条件反射和工具性条件反射都包括刺激和反应。但与经典条件反射相比，工具性条件反射在以下两个方面有所不同。

- **这种反应是自愿发生的，而不是非自愿的。** 在经典条件反射中，学习者的反应通常不受自己控制：这是对条件刺激的一种自动的、非自愿的反应。然而，在工具性条件反射中，学习者在应对刺激变化方面拥有相当大的决策权。例如，在本章开篇的个案研究中，詹姆斯可以选择是否发表不恰当的评论、扔纸飞机，或者取笑同学；课堂上根本没有任何事物在强迫他做这些事。

在工具性条件反射中，反应的自愿性是教师应该记住的一个重要特征。为了使这种条件反射发生，学习者必须首先做出一个反

应。行为主义原理的诸多教育应用都是为了让学生在身体和心理上积极地参与到课堂学习中。

■ **学习是作为在反应之后而非之前的刺激的结果而发生的。** 经典条件反射是由两个刺激配对产生的，其中一个刺激（无条件刺激）最初引起反应，另一个刺激（条件刺激）开始引起相同或相似的反应。进而，这两个刺激会自动唤醒某些反应。然而，在工具性条件反射中，学习者要先迈出第一步，环境刺激（强化物或惩罚）才会随之而来。在一般情况下，反应和结果之间存在偶联（contingency）：结果几乎总是跟在反应之后，没有反应就很少有结果。例如，一个只有在学生表现好时才表扬学生的教师，是在根据期望的行为进行强化。相反，当可接受的反应没有出现时，一个嘲笑长期行为不当的学生的滑稽动作的教师，其实是在提供一种强化，学生的行为也不太可能得到改善。

不要将"偶联"和本章开头的术语"接近性"相混淆。偶联涉及一种"如果发生了一件事，那么就有可能发生另一件事"的含义。与此相反，接近性涉及两件大约同一时间发生的事。有效的工具性条件反射通常包括接近性和偶联，也就是说，在反应之后结果立即出现（J. A. Kulik & Kulik, 1988; Rachlin, 1991）。在与较小的儿童相处时，反应后的强化和惩罚尤为重要。但对年龄较大的儿童和青少年而言，强化和惩罚就没那么重要了，因为他们能够更好地在现在做的事情和以后发生的事情之间建立联系（稍后我们将详细介绍这一点）。

强化的不同形式

强化物的形式有很多种，不同的强化物适用于不同的个体。我们可以在下面的几个案例中探索一些可能性。

亲身体验

需要什么

1. 想象一下，老师问你是否愿意花一个小时辅导两个在学习课程材料上有困难的同学。在这一个小时的时间里，你确实没有其他事情要做，但有几个朋友正在附近的咖啡馆吃午饭，你真的很想和他们共度时光。什么事会让你将时间花在辅导同学而不是去找朋友上？是老师的认可，还是一个美味的三明治？如果老师给你50元呢？你会仅仅因为帮助别人让你感觉很好而这么做吗？写下一个原因——也许是我们刚刚列出的原因之一，或者是另一个可以说服你去帮助同学的原因。

2. 几周后，老师让你在周六和周日（每天8小时）辅导两个同样在学习上有困难的同学。你会怎么说服自己花时间做这项工作？老师的认可还会起作用吗？两三个很棒的三明治呢？50元？5万元？还是你内心的满足感就够了？再一次写下可能让你愿意帮助同学的原因。

前面的练习没有正确答案或错误答案，不同的人会因为不同的原因选择辅导同学。但也许你能在每种情况下，至少找出一个让你放弃空闲时间去帮助别人的原因。

初级强化物与次级强化物

有些强化物是初级强化物（primary reinforcer），如三明治，因为它们解决了基本的、内在的生理或心理需要。食物、水、温暖和氧气都是初级强化物。从某种程度上讲，身体上的情感和拥抱也能满足个体的内在需要，对一个沉溺于非法药物的青少年来说，下一次的毒品注射也是一个初级强化物（Harlow & Zimmerman, 1959; Lejuez, Schaal, & O'Donnell, 1998; Vollmer & Hackenberg, 2001）。

其他强化物被称为**次级强化物**（secondary reinforcer），它们不能满足生理需要或其他"预先设定"的需要；相反，学习者要学会欣赏它们，如赞美、金钱、好成绩和奖杯。随着时间的推移，这些刺激可能会通过与其他强化物联系在一起从而具有强化作用。例如，如果赞美与母亲给的糖果奖励联系在一起，如果金钱经常与父亲的拥抱一起出现，那么赞美和金钱最终也会具有强化作用。通过这种方式，一些不愉快的刺激也可以成为强化物。例如，如果詹姆斯经常把老师的责骂和他想要的东西（关注）联系起来，那么，责骂本身就可能成为一种强化物。

在课堂上，次级强化物比初级强化物更常见。事实上，将初级强化物（如午餐、休息）与成绩联系起来并不是一种好的教学手段。但是当我们使用次级强化物时，我们也必须记住，它们是习得的强化物，并不是每个人都看重它们。尽管大多数学生都会对表扬和好成绩做出积极的反应，但也有少数学生不会。

正强化和负强化

到目前为止，我们一直都把强化作为某种特定的强化刺激的呈现加以讨论。但在某些情况下，我们也可以通过撤销某种刺激来强化行为。这就是行为主义者提出的正强化和负强化。

正强化

当一个特定刺激出现在一个行为之后，行为随之增加，我们就说这是**正强化**（positive reinforcement）。别被"正"字误导，这里的"正"字并不是说与快乐或积极的体验有关。即使所呈现的刺激是其他人认为不愉快或不必要的，正强化也会发生。这个"正"字仅仅意味着某种行为增加了。例如，有些学生可能会为了得到老师的表扬而做出某种行为，但有些学生（如前面的个案研究中的詹姆斯）却是为了得到老师的责骂而行动。大多数学生都会为了获得 A 而学习，但也有极少数学生宁愿要 C 甚至 F（作为学校心理学家，我们中的一位作者曾有一个学生，这个学生喜欢用获得 F 来作为报复父母过度控制的方

式）。依据个体的不同，这些刺激中的任何一个（表扬、责骂、A 或 F）都可以是正强化物。以下是正强化的一些例子。

- 具体强化物是可以触摸的实际物体（如零食、贴纸、玩具）。
- 社会强化物是一个人给予另一个人的姿势或符号（如微笑、注意、"谢谢你"），这通常是为了表达积极关注。
- 活动强化物是参与喜爱的活动的机会。如果做某事能让学生有机会做自己喜欢的事，那么学生就会做这件事——即使他们并不喜欢。例如，患有注意缺陷/多动障碍（ADHD）的儿童会在课堂上保持安静，如果他们知道这样做能够让他们在课后进行更活跃的身体活动。
- 代币强化物是指小的、无关紧要的东西（如扑克筹码、一张有特别标记的彩色纸），学习者可以用它来"购买"所需的物品或特权。它通常用于代币制，后面我们会更加详细地介绍这种策略。
- 有时，一个简单的信息就足以充当强化物，如正确答案或圆满完成任务之类的积极反馈。事实上，如果整体信息是积极的，部分消极的反馈也能起到强化作用。"创设富有成效的课堂环境——利用反馈改善学生的学习和行为"专栏根据行为主义者和认知心理学家的研究提出了几点建议。

上面列出的强化物大多是外部环境（通常是他人）提供的**外部强化物**（extrinsic reinforcer）。然而，一些正强化物通常是**内部强化物**（intrinsic reinforcer）——来自学习者自身或正在完成的任务本身。当学生在没有任何明显可见的强化物的情况下从事某种活动时——当他们一口气读完整本书、在未被要求的情况下做额外的功课，或者与当地的摇滚乐队练习到凌晨时——他们可能在为这些活动本身带来的内部强化而努力。内部强化物并不是可观察

创设富有成效的课堂环境

利用反馈改善学生的学习和行为

- **明确告诉学生他们在哪些方面表现得好，最好是在他们正在做某事的时候。** 当表扬学生在课堂上的恰当行为时，一名2年级教师称赞了学生的具体行为，如"我喜欢你安静学习的样子""瑞奇真有礼貌，谢谢你，瑞奇，没有打扰到其他同学"。

- **使用响片或类似的设备提供即时的听觉信息，对长时间的、复杂的运动技能中的期望行为进行强化。** 当舞蹈老师教三个9岁的儿童几个复杂的舞蹈动作时，她会用手持式响片让他们知道他们什么时候将某个动作完成得特别好。

- **就学生如何提高成绩给予具体指导。** 高中体育老师告诉一个学生："你的100米短跑成绩可能没有达到应有的水平。不过，现在是赛季初，如果你努力锻炼耐力，我知道你一定会进步的。如果你在起点出发的时候能保持低重心，可能会更快一点。"

- **传递"学生可以提高"的乐观情绪。** 在一堂中学地理课上，朱莉做了一个关于墨西哥的口头报告，她详细讲述了她的家庭最近去巴亚尔塔港的旅行，展示了许多照片、明信片和纪念品。但其他学生很快就厌倦了，他们开始通过肢体语言或偶尔在过道上低语来表达不满。下课时，朱莉很惊讶，自己的报告效果竟然这么差。老师把她拉到一边，温柔地说："朱莉，你的报告中有许多有趣的事实，你的报告、照片和纪念品真的帮助我们更好地了解了墨西哥文化。但是你知道有时青少年的注意持续时间会比较短。下学期我还会分配口头报告的任务。在你展示之前，我们可以好好计划一下，让同学觉得'哇！真是太有趣了'。"

- **不用给学生太多反馈，只要告诉他们当时应该注意和记住什么。** 当幼儿园教师看一个学生练习书写字母时，他帮助学生握住铅笔，以便其更好地控制它。但他没有提及学生写的B和D是反的，他会等学生学会握铅笔后，再关注这些。

- **在学生已经知道自己做得好或坏的情况下，尽量减少反馈。** 一名高中数学老师有一个学生成绩不好，这在很大程度上是因为学生不够努力。当学生开始全力以赴，定期做家庭作业后，他的测验成绩大大提高了。老师发现他新交回来的第一个测验得了96分，于是笑着对他竖起了大拇指。

- **教给学生适当地向教师征求反馈的策略。** 一名4年级教师班上有两个患有智力障碍的学生。她知道这两个学生可能比其他学生需要更多的反馈。于是，她教他们采取三个步骤来寻求反馈：（1）他们应该举手或安静地走到她的座位；（2）他们应该耐心地等待，直到她有时间去和他们交谈；（3）他们应该让自己的需要被他人知晓（如"我做得怎么样""我下一步应该做什么"）。

资料来源：Bangert-Drowns, Kulik, Kulik, & Morgan, 1991；Boyanton, 2010；D. L. Butler & Winne, 1995；Craft, Alberg, & Heward, 1998；Feltz, Chase, Moritz, & Sullivan, 1999；Hattie & Gan, 2011；Hattie & Timperley, 2007；Narciss, 2008；M. J. Quinn, Miltenberger, & Fogel, 2015；Schunk & Pajares, 2005；Shute, 2008；Stokes, Luiselli, Reed, & Fleming, 2010.

到的事件，因此不完全适用于传统的行为主义理论。然而，学生参与某些行为确实仅仅是因为行为本身带来的内在满足。例如，在前面的"亲身体验——需要什么"练习中，如果你帮助同学仅仅是因为这样做会让你感觉良好，那就是内部强化物在起作用。

在课堂环境中，积极反馈（外部强化）和这种反馈带来的愉悦感和满足感（内部强化）可能是最理想的强化形式。但是我们必须记住，只有当教学经过仔细设计以适应个人的技能和能力时，只有当学生学会重视学业成就时，利用这些强化形式的课堂才会有效。如果学生出于某种原因没有追求学业成就的动力，那么社会强化物、活动强化物、有时甚至是具体强化物都可以用来增加期望行为。

负强化

正强化是通过呈现刺激来增加行为发生的频率，负强化（negative reinforcement）则是通过去除刺激（通常是不愉快的事情，至少从学习者的角度来看是这样）来增加行为发生的频率。这里的"负"字并不是一种价值判断，它仅仅指消除而不是增加一个刺激[①]。当人们为了摆脱某种东西而做出反应，而反应出现的频率也随之增加时，负强化就发生了。

例如，假设你要完成某门课程中一项比较困难的任务。因为你不喜欢总是被这项任务困扰，所以你赶在截止日期前就将它完成并交给了老师。然后，你感觉轻松多了，因为你不再需要担心它。如果你发现自己在做之后的任务时也会提前完成，那么你在截止日期前完成任务的行为就受到了负强化。

在前面的个案研究中，我们可以看到负强化的另外一个例子。当詹姆斯行为不当时，他的老师有时会把他带到校长助理办公室。教师这样做可能会负强化他的不良行为。特别是詹姆斯离开了教室，因而消除了一个刺激——也就是课堂环境的某些方面——那可能正是他所讨厌的（如果詹姆斯喜欢和校长助理待在一起的话，那么他也得到了正强化）。

虽然有些学生在课堂上做出不良行为是为了引起注意（正强化物），但也有一些学生做出不良行为是为了逃避他们不想要的某些东西，如困难的学习任务，这种逃避行为就是负强化（Metsäpelto et al.，2015；M. M. Mueller et al.，2011；S. W. Payne & Dozier，2013）。学生也有可能学会其他许多逃避行为，正如一名患有学习障碍的学生所说的那样。

> 每当要读书时，我都会做一件天底下任何可以让我逃避读书的事，因为读书对我来说简直就像噩梦。我会说我要去洗手间，或者我不舒服，得马上去看医生。老师不知道我其实是在校园里闲逛。她以为我要去洗手间，或者不管那蹩脚的借口是什么。其实我所做的一切都是为了逃避读书（Zambo & Brem，2004）。

作为教师，如果可以的话，我们应该尽量少使用负强化。在理想情况下，我们应该创设一种课堂环境，在这种环境中几乎没有学生想要逃避的刺激。然而，我们也应该认识到负强化对行为的作用。有些学生完成作业可能更多地是为了摆脱它，而不是为了完成作业带来的内在满足感。另一些学生可能会做出各种反应——也许是不良行为或是为了离开教室而编造理由——作为逃避作业的手段。当某些反应能够使学生消除或避免不愉快的刺激时，这些反应出现的频率就会增加。

从发展的角度看强化

儿童对各种强化物的偏好会随着年龄的增长而变化。例如，具体强化物（如描绘流行卡通人物的贴纸、小饰品）对幼儿更有效，而青少年更珍惜与朋友互动的机会。表 9.2 给出了适用于不同年级水平的有效强化物。

第二个值得注意的发展趋势在表 9.2 中也有所体现：随着年龄的增长，儿童能够更好地处理延迟满足（delay of gratification）。也就是说，他们可以

---

① 你可以在正、负强化和正、负数之间做一个类比。正数和正强化都会给事物增添一些东西。负数和负强化都会从事物中减去一些东西。

表 9.2　适用于不同年级水平的有效强化物

年级水平	典型年龄特征	示例	建议策略
K ~ 2	• 喜欢小的、即时的强化物，而不是较大的、延时的强化物 • 有效强化物的例子： 　✓ 具体强化物（如贴纸、新的蜡笔） 　✓ 教师的认可（如微笑、表扬） 　✓ 特权（如可以先吃午饭） 　✓ "成年人"职责（如记录主要事件）	当幼儿园教师问孩子，是要在早间休息前吃小点心还是休息后吃更大的零食时，大多数孩子都选择立刻吃小点心	• 对恰当行为给予即时表扬 • 描述可能紧随当前行为的令人愉快的结果 • 使用贴纸、手画笑脸及类似物来肯定学生在书面作业上的努力 • 基于期望行为（如安静），让学生排队吃午饭或解散 • 让学生轮换着进行愉快的课堂任务（如喂金鱼、给植物浇水），使这类任务与恰当行为产生偶联
3 ~ 5	• 提高延迟满足的能力 • 有效强化物的例子： 　✓ 具体强化物（如零食、铅笔、小玩具） 　✓ 教师的认可和积极反馈 　✓ "好公民"证书 　✓ 自由时间（画画或玩游戏）	李梅9岁了，当教师表扬她帮助同学完成了一项具有挑战性的书面作业时，她感到很自豪	• 偶尔使用具体强化物，可能会增加课堂活动的新奇感 • 给本周表现最好的学生颁发"好公民"证书，明确说明他做得最好的事情，确保每个学生每学年至少获得一次证书 • 为有良好出勤记录的学生计划一次当地游乐园之旅（这对有学业风险的学生来说特别有效）
6 ~ 8	• 增加与同龄人的交往时间 • 有效强化物的例子： 　✓ 与朋友相处的自由时间 　✓ 同龄人的接受和认可 　✓ 教师的认可和情感支持（在进入初中时尤其重要） 　✓ 对表现提供具体的、积极的反馈（最好私下提供）	科学课上，6年级的学生努力完成分配的实验任务，因为他们知道，早一点完成还可以有几分钟时间和同学谈论别的事情	• 根据是否完成所分配的任务，来决定是否给予学生与同伴相处的时间 • 花时间与学生进行一对一交流，特别是那些明显被社交孤立的学生 • 对学生做得好的事情提供明确的反馈（如他们在散文中使用了精彩的语句或他们对同学的亲社会行为）
9 ~ 12	• 为了获得期望的长期效果，延迟满足能力日益提高 • 关注好成绩（尤其是正在申请上大学的学生） • 有效强化物的例子： 　✓ 与朋友互动的机会 　✓ 对学业表现的具体而积极的反馈 　✓ 对团队成绩的公开认可 　✓ 责任职位（如做教职员理事会的学生代表）	16岁的迪恩被朋友邀请周四晚上去看电影，但是他拒绝了。他说："我必须为明天的历史考试做准备，如果我能一直保持好成绩，就有更多机会获得大学奖学金"	• 承认学生对渴望取得好成绩的关注，但要将他们的注意力引导到学习学校科目的价值本身上 • 确保好成绩与学生自身的努力相匹配，采取防范措施确保作弊和剽窃等行为不被强化 • 在当地媒体上宣传课外小组和运动队的成就 • 为学生提供独立决策和承担责任的机会，特别是当学生表现出做明智决定的能力时

资料来源：E. M. Anderman & Mueller, 2010；L. H. Anderman, Patrick, Hruda, & Linnenbrink, 2002；Atance, 2008；Cizek, 2003；S. A. Fowler & Baer, 1981；L. Green, Fry, & Myerson, 1994；Hine & Fraser, 2002；Krumboltz & Krumboltz, 1972；Rimm & Masters, 1974；Rotenberg & Mayer, 1990；M. G. Sanders, 1996；Steinberg, Graham, et al., 2009；Urdan & Mestas, 2006；M.-T. Wang & Holcombe, 2010.

放弃小的、即时的强化物，愿意通过长期的努力在将来得到更大的强化物（Atance, 2008；L. Green, Fry, & Myerson, 1994；Steinberg, Graham, et al., 2009）。相反，学龄前儿童或幼儿则倾向于选择小的、立即可得的强化物，而不是选择未来可得的、更大的、更具吸引力的强化物。例如，一个8岁的儿童可能愿意为一个喜欢的事物等上一两天，而许多青少年可以延迟满足几个星期甚至更长时间。

有些儿童和青少年比其他同龄人更能延迟满足，因此他们更经得起诱惑，更能仔细地计划自己未来的行动，并在学校里获得更高的成就（Bembenutty & Karabenick，2004；Rothbart，2011；Shoda，Mischel，& Peake，1990）。然而，即使是四五岁的幼儿也能学会延迟满足几个小时，如果教师告诉他们，期望行为（如与同龄人分享玩具）的奖励会在当天的晚些时候到来，并且他们在此之前进行了愉快的活动的话（S. A. Fowler & Baer，1981；Ghaemmaghami，Hanley，& Jessel，2016；Newquist，Dozier，& Neidert，2012）。此外，教授学生有效的等待策略也可以提高他们的延迟满足能力，如让学生在延迟满足的过程中将注意力转移到别的事情上，或是用"如果我再等一下，我会得到更好的东西"这样的话来暗示自己（Binder，Dixon，& Ghezzi，2000）。当然，学生也必须相信教师会履行承诺（Kidd，Palmieri，& Aslin，2013）。

惩罚的不同形式

以往，在学校中使用惩罚一直是有争议的。事实上，一些惩罚确实会造成很大伤害。但在一定条件下，惩罚的结果可能是有效且恰当的，尤其是当学生似乎没有动力去改变他们的行为时。

惩罚的结果分为两类。呈现性惩罚（presentation punishment）是指呈现一种让学习者不愉快和不想要的刺激。例如，教师的责骂和怒容会导致学生当前行为的减少，这就是呈现性惩罚的例子。撤除性惩罚（removal punishment）是指撤除现有的（可能是学习者喜爱的、不想失去的）刺激或状态。例如，失去某种权利、被罚款或被处罚（如损失金钱或曾经获得的分数），以及失去机会（如被限制参加感兴趣的户外活动），都是撤除性惩罚的例子。

我们经常会看到或听到人们在谈论惩罚时，使用"负强化"这个词。记住，负强化是强化，它增加了反应，而惩罚却相反。表 9.3 可以帮助你理解二者的区别。

有效的惩罚方式

一般来说，我们在课堂上应该只使用温和的惩罚方式。以下是几种可以有效减少课堂上的不良行为的方法。

- 口头训斥或责骂是一种简短的声明，传递的信息是某一特定行为是不可接受的，必须停止。虽然有些学生喜欢由责骂带来的关注（就像本章开篇的个案研究中的詹姆斯所做的那样），但大多数学生认为口头训斥是令人不

表 9.3 区分正强化、负强化和惩罚

概念	效果	示例
正强化	当呈现一个新刺激（假定学习者发现这是期望刺激）后，反应增加	• 一个学生因用草书写作业而受到表扬，于是他开始用草书写其他作业 • 一个学生通过欺负女生、让她屈服的方式得到了买午饭的钱，于是他开始更频繁地欺负其他同学
负强化	当移除先前存在的刺激（假定学习者发现这是不期望刺激）后，反应增加	• 一个学生在截止日期前几天完成论文后就不再担心这件事了，后来他无论何时都会尽可能地提前完成任务 • 一个学生为了逃避校长的责骂，撒谎隐瞒了最近在学校做的搞破坏行为，这件事发生后，每当他处于不利境地时，都会对老师撒谎
呈现性惩罚	当呈现一个新刺激（假定学习者发现这是不期望刺激）后，反应减少	• 一个学生因嘲弄其他学生而受到责骂，在那之后她就很少嘲弄别人 • 一个学生在课上问了一个在同学看来很"愚蠢"的问题而被嘲笑，结果他再也不在课堂上提问了
撤除性惩罚	当先前存在的刺激被去除（假定学习者发现这是期望刺激）后，反应减少	• 一个学生因运动道德风尚不佳而被惩罚离开垒球队一周，在后来的比赛中，他就很少如此表现了 • 一个学生在测验中由于使用了创造性的、不寻常的方法答题而失分，结果在后来的测验中他就很少冒险了

愉快的，是一种惩罚。一般来说，即时的、简短的和不带情绪的责骂（在理想情况下）在私底下悄悄地进行时，是最有效的。

- 逻辑结果是指由学生的不良行为自然引起的、逻辑上必然出现的结果，换句话说，惩罚是与错误相符的。例如，如果一个学生损坏了同学的财产，合理的结果就是这个学生要负责更换它或赔一个新的。

- 隔离（time-out）是指学生在一段时间内没有机会获得其他同学可以接触到的各种强化。例如，它可能涉及让学生坐在远离其他同学的地方，静静地观看其他同学参与愉快的活动。对于更严重的违规行为，隔离可能是让学生在一个单独且无聊的地方待一小段时间，也许是教室或操场的一个偏僻的角落。

- 校内停课（in-school suspension）是把学生安排在一个单独的房间里，在一天或几天中由成年人密切监督。这个学生每天都要完成常规的课堂任务，但几乎没有机会与同伴互动——对大多数学生而言，这是起到强化作用的一个方面。

另一个值得注意的结果是反应代价（response cost），即失去先前获得的强化物或失去获得强化物的机会。当反应代价与恰当行为的强化联结在一起时，或者当学习者在理想的模式中仅仅犯了一些只会让自己损失一点点的小错误时，反应代价尤其有效（J. M. Donaldson, DeLeon, Fisher, & Kahng, 2014；Hirst, Dozier, & Payne, 2016；Landrum & Kauffman, 2006）。

可能破坏期望行为转变的惩罚方式

有几种惩罚方式通常不被推荐，因为它们会产生副作用，传递适得其反的信息，或者实际上成为一些学生的强化物。例如，大多数专家建议不要对学龄儿童进行体罚，在教室里或许多地方，它是非法的。即使是轻微的体罚，如打屁股或用尺子打手心，也会导致一些不良后果，如学生对教师产生怨恨、逃避学校

的任务、撒谎、攻击他人、故意破坏及逃课等。采用极端的体罚会构成儿童虐待，可能造成长期的身体伤害与心理伤害，或者二者兼而有之。

我们绝对不应该使用的另一种惩罚方式是心理惩罚（psychological punishment）——这会严重威胁学生的自尊。恐吓、让人难堪的评论、公开羞辱和社会排斥（如长期受到群体排斥）都可能会导致一些与体罚类似的副作用——如怨恨、在课上走神、逃课——并造成长期的心理伤害。通过削弱学生的自我意识，心理惩罚也会降低他们对课堂的兴趣和对自己在未来的表现的期望（Brendgen, Wanner, Vitaro, Bukowski, & Tremblay, 2007；J. Ellis, Fitzsimmons, & Small-McGinley, 2010；Hyman et al., 2006；Uskul & Over, 2017）。

第三种导致适得其反的结果的惩罚方式是布置额外的课堂作业或家庭作业，以惩罚学生的不良行为（H. Cooper, 1989；Corno, 1996）。这种惩罚方式有一个独特的副作用：它传达了这样一个信息，即学校作业是令人不愉快的。

最后，校外停课几乎不会带来期望行为的转变。因为一件事被停课也许正是学生想要的结果，在这种情况下，不良行为是受到强化而非惩罚的。还有，许多有习惯性行为问题的学生往往在学业上表现不佳，停课意味着他们会失去宝贵的教学时间，降低他们对学校的心理依恋。因此，这进一步减少了学生获得学业成功和社会成功的机会，也增加了学生辍学的可能性（American Psychological Association Zero Tolerance Task Force, 2008；Christenson & Thurlow, 2004；Gregory, Skiba, & Noguera, 2010；Osher, Bear, Sprague, & Doyle, 2010）。

褒贬不一的惩罚方式

另外两种惩罚方式的有效性获得了褒贬不一的评价。在某些情况下，对于那些因为与学习无关的行为导致在规定的课堂时间内未能完成学校作业的学生来说，失去休息时间是必然结果。然而，研究表明，当学生偶尔能从学校任务中脱离出来，有机会释放被压抑的能量时，特别是在小学阶段，他们

可以更有效地进行学习（Jarrett，2015；Pellegrini & Bohn，2005）。尽管很多学校会在放学时把有严重不良行为的学生留下来，但有些学生确实不能在课后留校，这也许是因为交通问题或学生必须在家照顾弟弟妹妹，又或者是因为学生害怕摸黑走过某些地方（J. D. Nichols，Ludwin，& Iadicola，1999）。除非我们能够处理好这些顾虑，否则课后留校在逻辑上是不合理的。

鼓励恰当行为、阻止不恰当行为的策略

9.4 运用行为主义原理鼓励学生在学校做出恰当且有效的行为

尽管一些不愉快的结果确实能减少不良行为，但大多数当代行为主义者仍认为，我们应该关注积极的方面，寻找和强化学生的合理行为。例如，作为教师，我们必须确保学生的有效行为（如按时完成作业、与同伴合作）得到内在或外在的强化。同时，我们应该注意不要强化不恰当的行为。如果我们反复允许卡罗尔因为"忘记"家庭作业而迟交作业，如果我们经常让凯勒布以欺负同龄人的方式达到目的，那么我们就是在强化卡罗尔的不负责任和凯勒布的攻击性。

在接下来的内容中，我们将把行为主义原理转化为各种鼓励课堂行为的策略，并间接地减少不恰当的行为。

有效使用强化

以下策略符合行为主义的原理和研究发现。

■ **一开始就明确说明期望行为。** 行为主义者建议我们在开始上课之前要用明确的、具体的、可观察的术语确定期望行为。在这个过程中，我们可以给自己和学生设定要完成的目标，并且更好地判断每个人是否在努力朝着目标前进。例如，我们不谈论学生学习世界历史的必要性，而是要求学生描述第二次世界大战的前因后果。我们不说学生要学会负责任，而是谈论学生认真听讲、每天带上必需的学习用品及按时交作业的必要性。

然而，请记住，只有在可接受的最低水平上完成某项任务时，强化才有可能使学生的注意力和努力更多地集中在完成某项活动上，而不是从强化中学习。出于这个原因，我们可能经常需要指定期望行为的质量。特别是如果我们希望学生参与复杂的认知过程——例如，对一个主题进行批判性的和创造性的思考——那么仅仅为了完成任务而进行外在强化可能会适得其反（E. M. Anderman & Anderman，2014；Deci & Ryan，1985；McCaslin & Good，1996）。

教育工作者逐渐认识到提前明确学生应该学习和完成的最重要的事情是多么重要。你会很容易看到与这个想法有关的各种术语，如教学目标、目的、结果、能力、基准和标准。

■ **确保所有学生都能定期获得期望行为的强化。** 在本章开篇的个案研究中，詹姆斯做出了各种不恰当的行为来引起别人的注意。我们有理由猜测詹姆斯更喜欢与成年人和同龄人进行愉快的互动，但无论出于何种原因，他很少有这样的互动——也许是因为他的学业表现很少能得到老师的表扬，也许是因为他缺乏建立和维持友谊的社交技能。对于詹姆斯这类学生，老师应该找出他在学习和社交技能方面可能存在的缺陷，帮助他掌握这些技能，然后强化他对这些技能的使用。

然而，我们在试图改善一些学生的行为时，必须注意不要在无意中轻视了其他同样值得尊重的学生。此外，我们必须记住，有些学生可能会由于一些与己无关的原因无法表现出特定的行为。想想一个移民学生的例子，他必须非常迅速地从越南的10：00到17：00的上学时间调整到美国的7：45到15：45的上学时间：

每周五放学后，老师都会给一周内表现不错的学生送礼物。如果你迟到了，你就得不到礼物……我永远也不会得到礼物，因为我总是迟到，从一开始就这样。我过得很糟糕。我不期待去上学（Igoa，1995）。

总之，学校应该是一个可以通过这样或那样的方式来强化每一个学生的恰当行为和学业进步的地方。

■ **只有当期望行为没有以任何方式出现时才使用外部强化物**。对每一个好行为都加以强化既不可能也没必要，而且，反复使用会让许多外部强化物失去作用（Michael，2000；E. S. Murphy，McSweeney，Smith，& McComas，2003）。其实最好的强化物是内部强化物，如从阅读中获得的乐趣、完成一项具有挑战性的任务后的自豪感，以及在帮助他人的过程中感受到的内在的满足感。学生非常愿意参与那些令人开心的或激发好奇心的活动，他们也乐于表现出那些能带来成功、掌控感和成就感的行为。

你也应该意识到，对学生已经感受到内部强化的活动再进行外部强化可能会破坏他们的乐趣。一些研究表明，令人愉快的活动可以通过外部强化来增加，然而一旦去除强化物，令人愉快的活动就会减少到很低的水平。当学生认为外部强化物是一种控制或操纵而不是促进改善和掌握时，这种不利影响最有可能产生（Deci & Moller，2005；Lepper & Hodell，1989；Reeve，2006）。

然而，学生在学校要完成的许多任务——也许是写一篇有说服力的文章，解决一个复杂的单词问题，或者学习如何演奏单簧管——都是很难且令人沮丧的，尤其是在一开始的时候。当学生努力完成学习任务并频繁遭遇失败时，我们应该为他们取得的微小进步提供一些外部强化（如表扬、自由时

为什么我的数学老师会给解难题加分？见鬼，我喜欢做这些难题，因为它们富有挑战性，而且很有趣。我不应该喜欢它们吗？

对学生已经感受到内部强化的活动再进行外部强化可能会破坏他们的乐趣。

间）。而当我们发现，把一项复杂的任务分解成若干易于完成的小任务（如促进基本数学知识自动化的训练和练习活动）后，学生仍难以完成时，我们可能需要强化很多小的、看似微不足道的进步。然而，一旦学生对任务和技能的掌握给他们带来了成功和真正的成就感时，外部强化可能就不再需要了（J. Cameron，2001；Deci，Koestner，& Ryan，2001；Hidi & Harackiewicz，2000）。

■ **明确特定的"强化物"是否真的对学生起到了强化作用**。不同的学生有不同的需要和愿望（这些因素是他们学习动机的基础），这些需要和愿望可能会影响各种强化物的效果。因此，当强化物是为个别学生量身定制的时候，使用强化物会更有效。在某些情况下，我们可以让学生自己选择强化物，也许可以选择在不同的场合使用不同的强化物。学生似乎更喜欢自己选择强化物（Brandt，Dozier，Juanico，Laudont，& Mick，2015；Sran & Borrero，2010；Ulke-Kurcuoglu & Kircaali-Iftar，2010）。

对于一个有许多长期行为不当的学生的班级来说，一种有用的策略是**代币制**（token economy），所谓代币制就是表现出期望行为

的学生都可以得到代币（可能是特别印制的"班级纸币"或有教师签名的纸），他们可以收集这些纸以便后续"购买"其他各种强化物——也许是小小的款待、在阅读中心自由阅读，或者等候午餐的最佳位置。通常，代币本身就是有效的强化物。也许它们通过与其他强化物或强化事件反复联结在一起而变成了次级强化物，或者它们之所以有效，仅仅是因为它们向学习者提供了他们把某件事做得很好的反馈。

然而，总的来说，我们应该尽量远离具体强化物。这样的强化物可能价格昂贵，而且容易将学生的注意力从学校的功课转移到强化物上。幸运的是，许多非实物强化物——如积极的反馈、特殊的权利或最爱的活动——以及在家里对学校行为的强化都对学龄儿童和青少年非常有效（Feltz, Chase, Moritz, & Sullivan, 1999；Homme, deBaca, Devine, Steinhorst, & Rickert, 1963；Kelley & Carper, 1988）。"创设富有成效的课堂环境——为不同的学生提供有效的强化物"专栏提供了一些有用的策略。

创设富有成效的课堂环境 • • •

为不同的学生提供有效的强化物

■ **让学生在两个或多个选项中进行选择。** 一名高中教师正在给一个有严重智力障碍和慢性行为问题的男孩上课。在不同的场合下，教师会给出不同的建议让他选择。例如，她可能会提出如下建议：（1）和她一起玩，或者单独玩他最喜欢的东西；（2）和她一起完成指定的任务，或者自己一个人坐看无事可做；（3）和她一起完成任务，或者单独玩他喜爱的东西。根据学生的选择，教师总结道，自己的关注对这个学生来说是一种有效的强化物。

■ **询问学生（或他们的父母）他们认为特别有吸引力的结果。** 1 年级教师总是让学生一起参加家长会。在会上，教师对一个学生在过去的几周里取得的进步表示了祝贺，并补充道："我也看到珍妮有很多不一致之处，有时她很努力，在功课上下了很大功夫，但有时她也不怎么努力，偶尔无法完成作业。"教师、珍妮和她的父母都同意如果完成作业，她将获得可以兑换一直想向父母要的自行车的积分。

■ **将十分令人愉快的活动与重要但可能不太令人愉快的任务进行偶联。** 一天下课后，一名 9 年级教师表扬了一个学生，因为他使别人发笑。然后教师指出了他的幽默感的缺点："遗憾的是，你的笑话会让同学从应该做的事情上分散注意力，有时我很难让课堂讨论回到主题上来。"她向这个学生保证，如果他能把注意力和言论集中在课堂主题上，她会让他在下课前的 2~3 分钟时间里讲一两个笑话。

■ **将少量的自由时间与期望行为进行偶联。** 5 年级教师允许学生在他们每天的自由时间里进行最喜欢的活动。一些学生会在教室的计算机上工作，另一些学生会从事艺术项目，还有一些学生会玩可以练习基本的数学或识字技能的棋盘游戏。

■ **观察学生的行为和书面作业，留心学生看起来喜欢的活动和结果。** 在家的一天晚上，11岁的埃米在她和教师经常用来交流的课堂日志中写下了几个条目。上面显示埃米喜欢踢足球，换言之，足球对她是一种强化。看起来，埃米也很喜欢教练的关注，这可能是因为教练让她多比赛，并且她希望获得自己做得不错的方面及如何提高技能的反馈。

> 今天我们有一场争夺决赛名额的足球比赛。遗憾的是，我们输了。我非常失望，不是因为我们输了，而是因为我的教练只让我参加了10分钟的比赛，我觉得教练忽视了我，他只关注赢球。我希望教练能够注意到我，而不仅仅是关注比赛胜利。

资料来源：Berg, W. K., Wacker, D. P., Cigrand, K., Merkle, S., Wade J., Henry, K., & Wang, Y.-C.（2007）. Comparing functional analysis and paired-choice assessment results in classroom settings. Journal of Applied Behavior Analysis.

■ **使反应－结果偶联明确。** 当学生确切地知道什么行为会导致什么结果时，强化通常更有效。例如，如果幼儿园的学生被告知"最安静的那组小朋友能最先排队休息"，他们就有可能做出恰当的反应；如果高中生知道定期完成西班牙语作业可以让他们在当地的五月节进行实地考察旅行，他们就更有可能完成西班牙语作业。

表达对行为和反应－强化偶联期望的一种具体方式就是偶联契约（contingency contract）。为了发展这样的契约，教师要和学生一起讨论问题行为（例如，在独立完成课堂作业时和同学讲话、以粗鲁的方式跟同学说话）。然后教师要和学生一起确定学生应该表现出的期望行为，并达成一致（例如，在一定时间内完成课堂作业，以友好、尊重的方式与同学交谈）。同时，教师和学生也要一致同意这些行为可以有一个或多个强化物（例如，对获得某一分数给予特定的奖励或特权）。接着，教师和学生要一起草拟并签署合同，其中涉及期望表现的行为和相关的强化物。偶联契约在促进各种学业和社会行为方面有良好效果（Kehle, Bray, Theodore, Jenson, & Clark, 2000; K. L. Lane, Menzies, Bruhn, & Crnobori, 2011; Wilkinson, 2003）。

■ **创造条件，使学生能够相互强化学业成就和有效的课堂行为。** 在真正有效的课堂上，同伴的努力和成就也会强化学生。也许最有效的策略是教会学生如何称赞对方的好的表现——如通过互相击掌或碰拳（Beaulieu, Hanley, & Roberson, 2013）。

在某些情况下，同伴强化可能是群体偶联（group contingency）的好处之一，只有当特定群体中的每一个人——甚至整个班级——都达到一定水平或表现恰当时，学生才能得到强化。以下是整个班级偶联的两个例子。

- 一个由 32 名 4 年级学生组成的班级在周拼写测验中表现不佳，在每周的拼写测验中，平均只有 12 名学生（38%）的成绩比较好。为了提高成绩，教师宣布：任何一个获得好的测验成绩的学生都可以在本周的晚些时候获得自由时间，结果在拼写测验中得到好成绩的人数上升到了 25 个人（78%）。但随后教师增加了一个群体偶联：到周五为止，只要整个班级在拼写测验中获得好成绩，全班同学就可以听 15 分钟的广播节目。结果群体偶联产生了，平均每周有 30 个人（94%）在拼写测验中获得好成绩（Lovitt，Guppy，& Blattner，1969）。

- 另一名 4 年级教师正在对付一个特别难以控制的班级：几乎每分钟都有一名或多名学生抢着发言或离开座位。陷入困境的教师不得不把班级分成两个小组进行良好行为比赛。如果哪名学生有抢着发言或离开座位的现象，教师就会在黑板上用粉笔给这名学生所在的小组做个记号。在每次课上被做记号较少的小组就能得到一项特殊权利（如一些自由时间或排在午餐队伍的前面）。如果两个小组的记号都只有 5 个甚至更少，班上的所有学生都能得到奖励。结果，班上不良行为发生的频率很快下降到开始时的 20% 以下（Barrish，Saunders，& Wolf，1969；Flower，McKenna，Bunuan，Muething，& Vega，2014）。

如果小组中的每个人都能做出预期的反应，群体偶联就可以有效地提高学业成绩和改善课堂行为（Cariveau & Kodak，2017；Heck，Collins，& Peterson，2001；Pigott，Fantuzzo，& Clement，1986；S. L. Robinson & Griesemer，2006）。除了教师明确提供的强化物，同辈压力、社会强化物和同伴支持似乎也在发挥着作用。许多学生会鼓励行为不当

的同学改变他们的行为，然后对做出这些行为的同学进行强化。此外，当学生将自身的成功和其他同学的成功捆绑在一起时，那些已经掌握了所学知识的学生就会去辅导那些正在努力的学生。然而，每当使用群体偶联时，我们必须密切关注学生的行为，以确保同辈压力是合适的——例如，没有人嘲笑或欺负表现较差的同学。

■ 监控学生的进展。每当我们把强化作为主要的策略来增加期望行为时——尤其是对那些以往表现不佳的学生而言——我们最好确定我们自身的努力是否正在带来期望的结果。行为主义者建议我们在尝试增加期望行为之前及增加期望行为期间评估期望行为发生的频率。在我们有意开始实施强化之前的行为的发生频率被称为基线（baseline）水平。有些行为甚至在没有明确受到强化时就会频繁发生，相反，有些行为则很少发生或根本没有发生。

通过比较反应的基线频率和系统实施强化之后的频率，我们就能确定我们的策略是否真的有效。关于这方面的例子，让我们再来看看本章开篇的个案研究中的詹姆斯的情况。他很少交课堂作业，这是一种低基线行为。对詹姆斯所用的一个明显的强化物就是注意——结果直到现在，诸如在课堂上发表不当评论、在教室里扔东西等无效行为仍受到有效强化。当我们把注意和詹姆斯的交作业行为偶联在一起，而不是和他的拒交作业行为偶联在一起时，我们可能会看到詹姆斯交作业的次数立即增加。但如果我们看不到詹姆斯的行为有显著变化，则可能需要考虑其他强化物。我们还应该思考和确定使他难以完成作业的可能原因——也许是阅读能力差。

■ 考虑使用机械或数字技术作为管理强化和监

测强化效果的手段。许多小型数字设备和手机应用程序使教师能够强化有习惯性行为问题的学生的生产性行为（你能在互联网上使用关键词，如"移动电话行为管理应用程序"，找到例子）。简单的机械响片可以帮助教师和学生监控学生表现出特定期望反应的频率。当学生在获得基本学业技能上取得进步时，一些基于互联网的教学软件会提供虚拟强化物。

■ **持续实施强化直到期望行为以期望的频率出现为止。**正如你所猜测的，每当期望反应出现都能得到强化时，也就是说，当期望反应得到连续强化（continuous reinforcement）时，期望反应就会更迅速增加。当学生第一次学习新行为时，也许是当他们开始新的学年，或者必须处理一项具有挑战性的新任务时，连续强化是非常重要的。在某些情况下，我们可能需要从强化努力（如学习时间）开始，只有在学生获得一定熟练度后才能转向强化准确性（Lannie & Martens，2004）。

■ **一旦一种行为被很好地建立起来，我们就要断绝对学生的外部强化——但需要逐渐减弱。**正如被强化的行为出现的频率会增加一样，没有被强化的行为出现的频率通常会降低，最终可能会完全消失。就像经典条件反射中条件反应的消失一样，工具性条件反射中没有被强化的行为的减少或完全消失被称为消退。

当然，内部强化可以长期维持学生在校内外的许多有效行为。但正如前面提到的，学生并不一定会发现所有期望行为的令人愉快之处。当某些行为没有内在吸引力时，间歇强化（intermittent reinforcement）——对某一行为有时给予强化有时却不给予强化——是一种可行的选择。

举个例子，让我们想想莫莉和玛丽亚，她们是两个很少参加课堂讨论的学生。她们

的老师奥利弗先生决定强化这两个学生的举手行为。每次莫莉举手时，奥利弗先生都会叫她回答问题并夸赞她的反应。但当玛丽亚举手时，奥利弗先生并不总是注意到她。因此，莫莉得到了连续强化，玛丽亚则得到了间歇强化。在其他条件相同的情况下，莫莉的举手行为应该比玛丽亚增加得更快。

现在让我们看几个星期后的情形。由于奥利弗先生对莫莉和玛丽亚的关注，现在两个女孩在班上经常主动举手。因此，奥利弗先生开始把注意力转向其他几个安静的学生身上，不再强化莫莉和玛丽亚的举手行为。正如你所料，两个女孩的举手行为开始减少，换句话说，我们看到了消退的迹象。但是哪个女孩的举手行为会消退得更快一些呢？

如果你预测莫莉举手行为的减少要比玛丽亚更快，那你就猜对了。一旦强化停止，先前持续得到强化的反应就会迅速消退。但因为玛丽亚得到的是间歇强化，她习惯于偶尔被忽略，并且可能没有意识到强化已经停止。一旦强化停止，先前断断续续地被强化的行为就会慢慢减少（如果有的话）。换言之，间歇强化的行为更能抵抗消退（Freeland & Noell，1999；Pipkin & Vollmer，2009）。

一旦学生掌握了期望行为并经常应用这些期望行为，我们就应该继续给予间歇强化，特别是如果这个行为并没有以任何方式得到内部强化。奥利弗先生不需要每次都夸赞莫莉和玛丽亚的举手行为，但他一定要偶尔叫她们一次。类似地，即使是对于那些好学生而言，我们也可能偶尔需要强化他们勤奋学习的习惯、完成家庭作业的行为，以及亲社会行为等，用这种方式鼓励他们将好的行为持续下去。

当教师有目的且系统地使用强化时，强化可以成为一种鼓励良好行为的非常有效的方法，前提是

学生具备执行行为所需的生理、认知和神经功能。例如，一些患有身体障碍的儿童可能没有足够的体力参加长时间的课堂活动。在本章开篇的个案研究中，也许詹姆斯的阅读能力很差，但由于羞愧或尴尬，他想瞒着老师和同学。如果是这样的话，他有时可能会用不恰当的行为来逃避自己认为不可能完成的任务。在某些情况下，我们可能需要通过个别指导、脚手架或其他方法来配合强化使用——通常是将基于学习的认知、情境或社会认知理论的策略纳入其中。

塑造新行为

如果期望行为的基线水平为零呢？我们怎样才能鼓励一个学生做出从未表现出的行为，或者至少没有以理想的形式表现出的行为？在这种情况下，行为主义者建议逐步塑造（shaping）学生的行为：强化一系列反应的过程（被称为"连续接近"）使其越来越类似于目标行为。为了塑造新行为，我们需要遵循以下步骤：

1. 强化任何一个在某种程度上与目标行为类似的反应；
2. 强化更接近于目标行为的反应（同时不再强化先前所强化的反应）；
3. 强化更进一步类似于目标行为的反应；
4. 持续强化越来越接近目标行为的反应；
5. 只强化目标行为。

在这个顺序中的每一个反应都要持续受到强化，直到它们有规律地出现。只有到那个时候我们才能开始强化更接近目标的行为。举个例子，假设我们有一个 2 年级的学生，她好像无法安静地坐着完成很多事情。我们实际上是想让她安静地坐 20 分钟，但我们可能首先会对她在座位上坐 2 分钟进行强化，然后随着她的进步，逐渐增加要求她坐定的时间。

我们经常会使用塑造来帮助学生获得复杂的身体和心理运动技能。例如，在小学低年级，教师会逐渐塑造学生的书写技能——例如，期望学生书写的

字母越来越小，形状越来越好（见图 9.2）。在中学阶段，体育老师和教练可能会教授运动技能，并且期望学生的运动技能越来越熟练（Harrison & Pyles，2013；Stokes，Luiselli，& Reed，2010）。

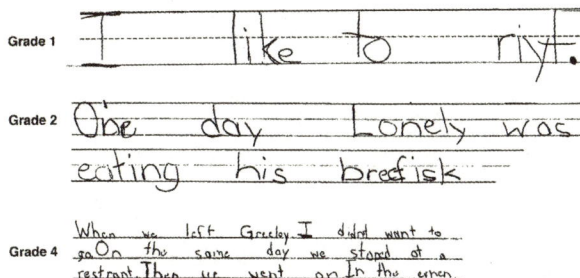

图 9.2　随着杰夫在小学各年级的学习，他的老师逐渐改变了书写要求，先是缩小线与线的间距，后来又省略了一些线

同样，我们可以用塑造的方法让学生独立完成作业。我们可以先给 1 年级学生安排一些结构化的任务，这些任务可能只需要 5 ~ 10 分钟就能完成。随着学生在小学阶段的学习，我们会希望他们能独立学习更长的时间，并开始给他们布置少量的家庭作业。当学生上高中时，他们就要扩展学习空间，用课后几个小时来独立完成大量作业。在大学里，学生的作业需要更多的独立性和自我指导。

通过先行刺激和反应鼓励期望行为

到目前为止，我们对强化的讨论更多关注的是行为结果。但是在期望行为之前的刺激和反应——即先行刺激（antecedent stimulus）和先行反应（antecedent response）——也会起作用。这里我们来观察几个包含先行刺激的现象和一个包含先行反应（行为动量）的现象。

暗示

当学生收到一些提示时，他们更有可能表现出合适的或预期的行为，这通常被称为暗示（cueing）或提示。这种暗示有时涉及非言语信号，如打开或关闭头顶的灯来提醒学生小声说话。但有时它也涉及口头提醒学生应该做什么。微妙的暗示通常对年龄大一点的学生有效（如"我看到一些艺术用品还需要放好"），而对于年幼的儿童，明确的提示是必

要的（如"第3桌的学生在去吃午饭之前需要清理艺术用品"）。

背景事件

在暗示中，我们会使用特定的刺激来促使学生以特定的方式行事。另一种方法是创建一个整体环境——背景事件（setting event），即易于产生期望行为的环境。例如，在自由玩耍的时间里，如果年幼的儿童在相对小的空间玩耍，并且他们得到的玩具（如球、木偶）鼓励他们合作并进行小组活动，那么他们更有可能与同伴进行互动（W. H. Brown, Fox, & Brady, 1987；Frost, Shin, & Jacobs, 1998；S. S. Martin, Brady, & Williams, 1991）。同样，要求儿童参与的游戏的特征也会影响他们的行为表现：合作游戏促进合作行为，而竞争游戏促进攻击行为（Bay-Hinitz, Peterson, & Quilitch, 1994）。

泛化

一旦儿童知道一个反应可能会在一系列环境（作为先行刺激）中被强化，他们就会倾向于在类似的环境中做出相同的反应。用行为主义的术语来说，儿童表现出了泛化；用认知心理学的语言来说，他们表现出了迁移。例如，如果一个特别烦躁的学生在2年级的课堂上学会了安静而专心地坐20分钟后，她就可以把这种行为泛化到3年级的课堂上。正如其他认知形式的迁移一样，当学生有机会在不同的情境中练习新习得的行为时，泛化最有可能发生（Alberto & Troutman, 2017；Haring & Liberty, 1990；B. M. Johnson et al., 2006）。

从某种意义上说，工具性条件反射中的泛化可能会让你想起经典条件反射中的泛化：在这两种情况下，个体都会学习对某个刺激的反应，然后以同样的方式对类似的刺激做出反应。二者最关键的区别是学习者对反应的控制：泛化在经典条件反射中涉及自动的、不随意的反应，而在工具性条件反射中涉及自发的反应。

分化

有时，只有当特定的环境条件（即特定的先行刺激）存在时，反应才会受到强化。这种区分特定行为是否将会受到强化的能力被称为分化（discrimination）。例如，十几岁的男孩应该知道，在和队友庆祝体育比赛的胜利时，拍打同伴的屁股是可以接受的，但在大厅和女同学打招呼时是不可以接受的。有些学生可能需要明确的指导，以了解具体行为是否会受到强化的情境。

在帮助学生确定哪些行为被允许时，使用暗示是有用的。例如，在一项研究中，三个小学生无法确定他们什么时候可以/不可以请求教师的帮助。于是，教师开始在不同的时候戴绿色或红色的花环，并对他们说："当我戴绿色花环时，我将能够回答你的问题。当我戴红色花环时，我将无法回答你的问题。"这个简单的程序将学生不合时宜的请求减至最少（Cammilleri, Tiger, & Hanley, 2008；Nava, Vargo, & Babino, 2016）。

行为动量

在某些情况下，如果学生已经做过类似期望的反应，他们更有可能做出期望的反应——这种现象被称为行为动量（behavioral momentum）。例如，一些常常拒绝做数学作业的低成就青少年学生，可能更愿意在第一次解决了几个简单的一位数乘法问题后，尝试解决困难的三位数乘法问题（Belfiore, Lee, Vargas, & Skinner, 1997）。同样，我们可能会要求学生在清理完自己的桌面后再打扫凌乱的教室，或者在成功地完成前滚翻后再试着做后滚翻。总之，我们可以要求学生完成相对容易的或有趣的任务来激发他们的行为动量，而完成这些任务又可以自然地引导他们去做更复杂的、可能会受挫的任务。

创造消退条件

一种减少不恰当的反应出现的频率的方法就是确保该反应绝不会受到强化。例如，忽略班上那些捣蛋分子的滑稽动作可以避免其他学生分心，永远不让一个孩子通过侮辱他人得到自己想要的东西，可能会让他说话更有礼貌。

然而，关于消退有几点需要我们记住。首先，一旦停止强化，先前被强化的反应可能会在短时间内增加（Lerman & Iwata，1995；McGill，1999）。例如，假设你有一台电视机，只有当你敲打它一两次时，它才会正常工作。在某个时刻，电视内部的工作系统发生了一些变化，以至于敲打不再有效；你一开始没意识到这一点，所以你会使劲敲打它多次，直到最终放弃。同样，对于那些存在不适当行为却被强化的学生，一旦其最初的行为无法继续得到强化，不恰当的行为就会明显增加。幸运的是，这种不恰当行为的增加通常是暂时的，但他们可能会试探我们的耐心，并诱使我们在无意中强化这些不恰当的行为。

其次，如果我们为了消除学生的不良行为而忽视它，我们必须确保没有完全忽视这个学生。相反，我们应该关注行为不当的学生做得好的地方，或者会在学校随机出现的行为（Austin & Soeda，2008；Richman，Barnard-Brak，Grubb，Bosch，& Abby，2015）。

最后，我们有时可能会遇到撤除强化物对学生的不良行为没有明显效果的情况。也许这种行为以前只是间歇性地得到强化，因此它可以抵抗消退（回想一下前面莫莉和玛丽亚的例子）。或者，这种行为正在以其他方式得到强化——如通过同学的关注或被压抑的能量的释放。在这种情况下，接下来的一种或多种策略可能是适用的。

暗示不恰当的行为

正如我们可以使用暗示提醒学生应该做什么一样，我们也可以暗示他们不应该做什么。例如，我们可以用身体语言——可能是眼神交流、扬眉——来暗示学生，或者慢慢靠近学生，然后站在那儿直到学生的问题行为停止。当微妙的暗示不起作用时，简短的言语提示可能是有用的，如叫学生的名字（如果有必要），或者提醒学生正确的行为（如"露西，收起你的手机"）。

强化不相容行为

我们经常会通过强化另一个行为来减少不恰当行为的发生频率。在理想情况下，这两种行为是不相容行为（incompatible behavior），即两个行为不能同时完成。为了更好地理解不相容行为，请试着做下面的练习。

> ### 亲身体验
>
> #### 站着睡觉
>
> 你曾经试过站着睡觉吗？马就是站着睡觉的，但绝大多数人无法做到这一点。事实上，有许多成对的反应是无法同时完成的。当你做下面的活动时，花点时间确定你可能无法同时完成的一些事。
>
> | 当你……时 | 你不能同时…… |
> | --- | --- |
> | 坐下 | _____ |
> | 吃饼干 | _____ |
> | 查看手机信息 | _____ |

显然，练习中没有唯一的正确答案。例如，坐下与站着是不相容的；吃饼干和唱歌是不相容的——至少和唱得好是不相容的；查看手机信息与专心听讲座是不相容的。在每种情况下，我们都不可能在同一时间完成两个活动。

当消退或暗示都不奏效时，强化一个或多个与问题行为不相容的行为是非常有效的（K. Lane，Falk，& Wehby，2006；S. W. Payne & Dozier，2013；Pipkin，Vollmer，& Sloman，2010）。这就是我们在强化一个多动的学生安静地坐下来时所使用的方法：坐着与离开座位、围着教室闲逛等行为是不相容的。我们也可以用这种方法来处理健忘（当学生记得去做他们该做的事情时就给予强化）、不做作业（强化做作业），以及说脏话（强化亲社会言语）。下面请思考我们该如何应对习惯乱扔垃圾的人（Krumboltz & Krumboltz，1972）。

沃尔特经常把香蕉皮、葵花籽壳和其他垃圾丢在学校大楼里或大楼外。当学校教职员工成立了反乱扔垃圾委员会时，他们把沃尔特招进了委员会，最后委员会还推选他担任主席。在沃尔特的领导下，委员会举办了大规模的反乱扔垃圾运动，开展了张贴标语和监测餐厅卫生等活动，而沃尔特也因为活动搞得成功而获得了大量认可。随后，学校教职员工再也没有发现沃尔特把垃圾扔在大楼里或学校的操场上了。

必要时使用惩罚

有些不良行为需要立即被纠正，因为它可能会明显干扰课堂学习或从整体上反映出对其他人的权利和幸福的漠视。请思考下面这个例子。

邦妮不能很好地应对挫折。每当她遇到不能立即克服的障碍时，她就会做出捶、打、踢或摔东西的反应。有一次，在班级情人节聚会上，她不小心把纸杯蛋糕掉在了地上。当她发现蛋糕已经不能食用时，她就把牛奶盒扔到了房间的另一边，刚好打到了另一个孩子的头。

邦妮的问题行为很难消除，因为它不是被强化的——至少不是被外部强化的。这些行为也没有明显的可被强化的不相容行为。但我们有理由假设邦妮的老师曾经在很多场合暗示过她有不良行为。当其他策略都不适用或无效时，惩罚也许是一种可行的选择。

人们经常批评惩罚是不人道的，或者是残忍且野蛮的。事实上，某些形式的惩罚，如身体虐待和公开羞辱，确实是不人道的。我们在班级使用惩罚时必须非常小心。然而，如果运用得当，一些形式温和、不会造成生理或心理上的伤害的惩罚能迅速减少不良行为。当我们能够迅速且有效地减少课堂上的不良行为时——尤其是当这些行为对自己或对他人有害时——惩罚可能是我们能采取的最人道的一种手段（Lerman & Vorndran，2002）。以下是既有效又人性地使用惩罚的几个准则。

- **选择一种不会伴随非常严重的后果的惩罚方式。** 任何不愉快的结果都必须足够强烈才能阻止学生进一步从事被惩罚的行为。但不必要的严厉惩罚——那些远远超过错误的严重程度的惩罚——很可能会导致一些我们不期望看到的副作用，如怨恨、敌意、攻击和逃避。而且，尽管严厉的惩罚可能会迅速抑制一种反应，可一旦惩罚者离开现场，这种反应可能就会以原来的水平再次出现。实施惩罚的最终目的是，告诉学生可接受行为的界限已经被超越了，而不是进行复仇和报复。

- **提前告知学生某些行为将受到惩罚，并解释将受到怎样的惩罚。** 当学生提前知晓了反应－惩罚偶联时，他们很少做那些被禁止的行为，并且当必须实施惩罚时，他们也很少感到惊讶或愤怒（Boyanton，2010；Moles，1990）。最终，学生必须明白，他们的行为会影响他们将要体验的结果，也就是说在一定程度上，他们可以控制发生在自己身上的事。

- **执行指定的结果。** 有些教师常犯的一个错误就是经常警告要惩罚学生，却从来没有执行过。一个警告是有效的，但反复警告就没有效果了。请思考一名教师说的话："如果你再把那条橡皮蛇带进教室，我就把它拿走！"但他从没有拿走过。这名教师给学生的信息是，反应－惩罚偶联其实不存在。

- **私下实施惩罚，尤其是当其他学生并不知道有人犯错时。** 通过私下惩罚，我们可以不让学生在公众面前感到尴尬和羞耻。我们也消除了惩罚会引起同学注意的可能性——我们试图要消除的这个行为的潜在强化物。

- **强调不可接受的是行为而不是学生，并解释行为不可接受的原因。** 我们必须准确地解释为什么某一行为在课堂上不能被容忍——也许是因为它干扰了同学的学习，威胁了他人的安全和自尊，或者损害了学校财产。换句话说，惩罚应该伴随着引导（induction）。当伴随一个或多个说明被惩罚的行为不可接受的理由时，惩罚会有效得多（Hoffman，2000；Parke，1974；D. G. Perry & Perry，1983）。

■ 在一个温暖、支持的人际环境中实施惩罚。当施以惩罚的人之前已经与学生建立了良好的关系时，惩罚会更有效（Landrum & Kauffman，2006；Nucci，2001）。惩罚传递的信息最终应该是这样的："我很关心你，希望你成功，而你现在的行为正在妨碍你成功。"

■ 同时教授和强化可选择的期望行为。当可接受的行为同时被强化时，教师对不良行为的惩罚几乎总是更有效的。例如，良好的校内停课计划包括对适当行为和缺失的学业技能的指导，指导教师是资源支持者而不是惩罚者（Gootman，1998；Pfiffner，Barkley，& DuPaul，2006；J. S. Sullivan，1989）。此外，通过强化期望的反应、惩罚不期望的反应，我们要给学生呈现积极、乐观的信息：是的，行为可以有所改善。最终，我们创造的整个课堂氛围必须是重视学生做好事的积极氛围。

■ 监控惩罚的有效性。请记住，惩罚是由其对行为的作用界定的。真正的惩罚可以降低它

一些温和的惩罚形式，如在远离同龄人的安静角落里短暂休息，可以减少不良行为，但我们必须监控它们对不同学生的有效性。

所伴随的反应，而且较为迅速（R. V. Hall et al.，1971；Landrum & Kauffman，2006）。如果一个给定的后果不能降低它要惩罚的反应，那么这个后果对于被"惩罚"的个体来说就不是令人厌恶的。事实上，它甚至可能是一种强化。

反思你有意或无意施加的结果

我们偶尔会提到这样一种观点，即我们施加的结果并不总是能产生预期的效果。现在我们更明确地指出：我们必须经常审视并批判性地反思我们自己的行为可能对学生产生的影响。例如，我们应该经常自我提问并回答以下问题。

· 当学生只需要一点指导和帮助，就有能力轻松地完成更具挑战性的任务时，我是否强化了他们轻松获得的成就？

· 我的训斥和其他所谓的"惩罚"后果是否真的强化了一些学生，因为这些学生一直都渴望得到我的关注？

· 一些所谓的"惩罚"后果是否会让学生逃脱或逃避他们不愿意做的任务——通过让学生从一个不愉快的环境中脱离出去而对他们的不良行为进行了负强化？

我们必须时刻牢记我们的最终目标：创设一种课堂环境，让所有学生都在学业知识、技能和行为上取得显著进步。这能帮助他们在未来的学校生活和校外生活中更好地生存。

应对特别棘手的课堂行为

9.5 运用行为主义观点描述解决持续性行为问题的四种系统方法

行为主义原理在处理棘手的行为问题和习惯性行为问题方面非常有用。在本节，我们将考虑处理特别有挑战性的行为的四种相关方法。这些方法通

常是由一名或多名教师与学校心理学家或其他特教
专家共同商讨后计划并执行的。

应用行为分析

应用行为分析（applied behavior analysis, ABA）
是一组系统地将行为主义的原理应用于一致的、预
先计划好的、改变一个或多个个体的行为的程序
（你可能还看到过这样的术语：行为矫正、行为治疗、
偶联管理）。应用行为分析基于以下假设：（1）行为
问题起源于过去和现在的环境条件；（2）通过矫正
学习者目前的环境可以促进更有效的行为。

与传统行为主义者一致，使用 ABA 的教师和
治疗师也关注具体的反应，他们称之为目标行为
（target behavior）。有时，干预旨在增加某些是可取
的目标行为。在其他时候，干预可能旨在减少某些
不受欢迎的目标行为。

当教师和治疗师使用 ABA 帮助学生获得更多恰
当的课堂行为时，他们所使用的比较有代表性的策
略如下：

- 用客观且可测量的术语描述目标行为；
- 识别一种或多种有效的强化物；
- 设计一个具体的干预或处理计划，计划中应
  包括对期望行为的强化、塑造、消退、对不
  相容行为的强化、惩罚，或者这些策略的
  结合；
- 给出与期望行为相关的明确指示；
- 在干预前测量目标行为发生的频率（即基线
  水平），并在干预中测量目标行为发生的频率
  以监测干预的有效性，必要时改进程序；
- 采取措施促进新行为的泛化（如在各种现实
  情境中练习）；
- 在期望行为获得后逐渐停止治疗（如通过间
  歇强化的方式）。

系统地使用行为主义原理能显著改善学生的学
习成绩和课堂行为。例如，当我们强化学生的学业
成就时，我们会倾向于关注诸如阅读、拼写、创造
性写作和数学等方面比较显著的进步。当我们有规

律地强化那些适当的课堂行为时——可能是对教学
内容的关注、与同学合作，或者对他人的攻击行为
做出建设性的反应等——不良行为就会减少（S. N.
Elliott & Busse, 1991; Evertson & Weinstein, 2006;
Greer et al., 2013; Piersel, 1987）。

ABA 比较有效的一个可能的原因是，它给予学
生清晰、一致的信息，告诉学生哪些行为可以接受、
哪些行为不可以接受。另一个可能的原因是在逐步
塑造的过程中，学生只有在真正准备好获得新行为
时，才开始练习新行为，因此，他们获得学业成功
和得到强化的可能性非常高。

功能分析

传统的 ABA 主要关注的是改变反应 - 强化偶联
以引发更多的恰当行为。一些行为主义者建议我们
也要考虑学生的不恰当行为的目的或功能——人们把
这种方法称为功能分析（functional analysis, 也叫功
能评定或功能行为评定）。功能分析包括收集关于特
定条件（即先行刺激）的数据（在这些特定的条件
下，学生倾向于做出不恰当的行为），以及伴随的一
些结果（即强化、惩罚或二者兼而有之）。因此，我
们要收集与刺激 - 反应 - 刺激序列三个部分相关的一
些数据，如下图所示。

前因 → 行为 → 结果

例如，我们推测在本章开篇的个案研究中，詹
姆斯做出不恰当的行为是为了获得他似乎无法用其
他任何方法获得的关注，也可能是为了逃避课堂作
业。功能分析表明，有习惯性课堂行为问题的学生
经常在被要求做困难的或不愉快的任务（这是前因）
并且其不恰当的行为要么能让其逃避这些任务，要
么能让其得到别人的关注（这些是可能的结果）时，
做出不恰当的行为（Austin, Groves, Reynish, &
Francis, 2015; M. M. Mueller et al., 2011）。

积极行为干预和支持

一种被称为积极行为干预和支持（PBIS）的方

法进一步推进了下面这个过程：在确定了不恰当行为的目的后，一名教师——更常见的是教师和其他由专家组成的团队——会制订并执行鼓励恰当行为的计划。PBIS 具体包括如下策略：

- 教导能达到同样目的的行为（因此可以替代不恰当行为）；
- 改善学校环境，尽量减少可能引发不恰当行为的条件；
- 建立一个可预测的每日常规，作为最大限度地减少焦虑，让学生感到更舒适、更安全的一种方式；
- 给学生选择的机会，这样，学生就不必采取不恰当的行为来获得期望的结果；
- 对课程、教学或二者进行调整，最大限度地提高学生获得学业成功的可能性（例如，根据学生的兴趣，以更慢的步调呈现学习材料，或者在比较容易且有趣的活动中穿插一些具有挑战性的任务）；
- 监控各种行为发生的频率，以确定干预是否有效或是否需要调整（Crone & Horner，2003；Ruef，Higgins，Glaeser，& Patnode，1998；Scheuermann & Hall，2016；Wheeler & Richey，2014）。

下面是如何将功能分析和 PBIS 结合使用的示例（DeVault，Krug，& Fake，1996）。

　　9 岁的萨曼莎被诊断患有轻度自闭症和中度语言障碍。她经常跑出 3 年级教室，在奔跑中损坏学校财产和同学的财物。当成年人试图阻止她时，她会用咬人、打人、踢人或抓头发的方式反击。在这种情况下，学校经常请她的家长来把她领回家。

通过系统地收集萨曼莎的课堂表现，老师和专家发现她的不良行为常常发生在她被布置较难的作业或她预期要做这样的作业时。偏离常规课程表或没有喜爱的老师上课都会进一步增加她的不良行为

出现的频率。

专家组假设萨曼莎做出不恰当的行为有两个目的：（1）帮助她逃避不愉快的学业任务；（2）使她获得重要他人的关注。专家组也认为，当萨曼莎觉得自己几乎不能控制课堂活动时，她就渴望和老师、同学有更多的社会互动。

根据这一信息，专家组采取了如下措施。

- 给萨曼莎的一个稳定的、可预测的每日时刻表，其中包括频繁离开潜在的、具有挑战性的学业任务，以及大量与他人互动的机会。
- 给萨曼莎一份目标清单，她可以从中选择自己想完成的学业任务、进行任务的时间长度，以及当她达成每个目标时想要的强化物。
- 教萨曼莎学会如何在具有挑战性的任务上寻求帮助。
- 当萨曼莎觉得她需要在学习中休息一下时，她可以去"放松室"里待一段时间，在这个安静且私密的空间里，她可以坐在椅子上听舒缓的音乐。
- 如果萨曼莎想离开教室，成年人应立即把她带到"放松室"，在那里她不需要很多成年人的关注也可以平静下来。
- 明确地教萨曼莎学会如何有效地和同学交往。最初，她会通过恰当的社交行为来获得奖励分，还可以用这些奖励分来换取一些特定的东西（如冰雪皇后的家庭旅行）。最终，她获得的新的社交技能会带来自然的结果——与同伴友好相处——这是一个不需要外在强化物的结果。

萨曼莎的问题行为并没有在一夜之间消失，但在随后的几个月里出现了戏剧性的减少。到萨曼莎 12 岁上 6 年级时，她的成绩为她在荣誉榜上赢得了一席之地，她也结识了一群和她一起参加课外活动的朋友。她的老师形容她是善于交际的、好奇的和富有创造力的。校长称她为"模范生"（DeVault et al.，1996）。

学校范围的积极行为干预和支持

近年来，一些学校成功实施了学校范围的积极行为干预和支持（SWPBIS）计划，以鼓励学生的恰当行为（Freeman, Simonsen, McCoach, Sugai, Lombardi, & Horner, 2016；Muscott, Mann, & LeBrun, 2008）。该计划的程序通常包括以下大部分或全部内容：

- 明确定义和教授恰当的行为，包括获得所期望结果的有效方法；
- 根据学生当前的需要和能力水平设计课程并进行教学实践；
- 给学生选择的机会；
- 定期强化学生的恰当行为，可以总是使用表扬，也可以经常使用代币强化物，以交换特别奖赏和特权；
- 根据学生的需要提供大量的指导和支持（有时包括个性化的干预措施）；
- 通过查看校长办公室转送、纪律处分和其他相关数据，持续监控项目的有效性。

上述措施往往能让学生的行为发生快速的变化，对以往有许多纪律问题的学校尤其有效。教师也变得更加乐观，因为他们认为能够在提高学生的课堂行为和成绩方面真正有所作为（C. P. Bradshaw, Waasdorp, & Leaf, 2015；Ihlo & Nantais, 2010；Osher et al., 2010；J. S. Warren et al., 2006）。

许多SWPBIS采取了多层次方法，即根据学生不同的问题行为和需要，提供不同种类和强度的干预和支持。这种方法通常被称为多层次支持系统（MTSS）。通常，该计划共提供三级支持。

- **第一级：**为所有学生提供基本的教学和行为支持机制。例如，一所学校可能有一个具体而系统的方法来明确地强化所有学生的期望行为（如良好的出勤记录、掌握特定的技能）。
- **第二级：**让那些有学业或社交失败风险的学生接受个性化的干预措施，以帮助他们在学校获得更大的成功。
- **第三级：**对那些处于退学边缘的学生，或者具有严重问题行为（如严重暴力）的学生进行一对一强化指导，必要时，可进行社会服务或精神治疗以外的指导。

然而在MTSS中，学生很难被分类；他们可以从一级转移到另一级，因为他们的学业成就水平和学校行为需要或多或少的干预和支持。

PBIS显然具有行为主义的元素，关注的重点是构建一个强化期望行为、消退不期望行为的环境。同时，PBIS也结合了当代动机理论，这反映在他们尝试减少焦虑、提供选择的机会，以及促进课堂任务的掌握等方面所做的努力。

学生的行为及对结果的反应的多样性

9.6　在运用行为主义原理时，适应学生的个人背景、文化背景和特殊需要

当采取行为主义的视角时，我们应当认识到每个学生都带着一段有关先前的环境和课堂体验的独特历史来到教室，毫无疑问，这样的差异正是我们所看到的不同行为模式的关键原因。一些学生可能会将特定刺激与唤起焦虑的事件联系起来（经典条件反射）。毋庸置疑，每个学生都因不同的行为受到了父母、教师、同龄人和其他社区成员的强化和惩罚（工具性条件反射）。例如，一些学生可能因为细心、准确地完成作业而被强化，另一些学生却因为迅速但马虎地完成作业而被强化。同样，有些学生因为主动与同龄人交往而被强化，另一些学生却因为类似的外向行为而被惩罚（也许是遭到同龄人的嘲笑或拒绝）。在某些情况下，学生行为的多样性也要归因于不同的文化群体所鼓励（即强化）和阻止（即惩罚）的不同行为。

在某种程度上，由于成长的文化环境不同，学生获得强化的结果也存在差异。例如，尽管来自西方主流文化的学生更喜欢对他们个人的赞扬，然而，许多来自亚洲文化的学生可能不习惯教师公开表扬自己。相反，他们更喜欢私下的简单赞美及可以帮助他们改善弱点的反馈。许多美洲土著学生在受到

单独表扬时会很不自在，但当他们因为集体成就而受到赞扬时，他们会感到十分自豪——这种对集体表扬的偏好可能和大多数美洲土著群体的合作精神有关（Fuller，2001；Hattie & Gan，2011；Jiang，2010；Kitayama，Duffy，& Uchida，2007）。

在一些文化群体中，训斥可以用来表达关切和喜爱。例如，有一次海地的一名教师训斥学生在自己不在场的情况下穿过停车场。

教师：我叫你们走了吗？

学生：没有。

教师：你们能自己穿过这个停车场吗？

学生：不能。

教师：没错，这里有车，很危险，我不想让你们单独走。知道我为什么要你们等我吗？

克劳迪特：知道……因为你喜欢我们（Ballenger，1992）。

适应有特殊需要的学生

行为主义原理的结构化、系统化的运用——如前面提到的积极行为干预和支持——对有认知、社交或行为障碍的学生尤其有效。表 9.4 提供了与有各种特殊需要的学生合作的具体建议。行为主义策略通常是个性化教育计划（IEP）的重要组成部分。

表 9.4　鼓励有特殊需要的学生的恰当行为

类别	可能观察到的特征	建议策略
有特定认知障碍或学业困难的学生	• 不恰当的课堂行为（某些学生） • 延迟满足的能力较低（患有注意缺陷/多动障碍的学生） • 经常逃避具有挑战性的任务	• 促进新反应的泛化（如指出不同情况的相似性、在现实情境中教授技能） • 让学生和那些发挥良好的榜样角色并能鼓励任务行为的同学一起学习
有社交或行为问题的学生	• 不恰当的反应，尤其是在社交情境中，难以确定某个特定的行为在何时、何地是恰当的 • 有不恰当行为被强化的历史（如内部强化或教师的关注） • 对教师私下给予的表扬很敏感（患有情绪和行为障碍的学生） • 对别人的赞扬或社会互动毫无感激之情（某些患有自闭症的学生）	• 明确而具体地描述期望行为 • 利用教师的注意、私下表扬、活动强化物和群体偶联来强化期望行为（针对患有情绪和行为障碍的学生） • 使用具体强化物、活动强化物立即强化成绩，将这些强化物与表扬相结合，以使表扬最终具有强化作用（针对患有严重自闭症的学生） • 随着时间的推移塑造期望行为，期待学生逐渐改善而不是立即表现完美 • 惩罚不恰当的行为（如使用隔离或反应代价），实施积极行为干预和支持，以鼓励持续性的挑战行为
认知和社会功能普遍滞后的学生	• 能对外部强化物进行评价和反应 • 难以延迟满足，行为更有可能因即时强化而非延时强化而得到改善 • 在社会情境中有不恰当的反应 • 难以将期望行为从一种情境泛化到另一种情境	• 明确地教导和提示恰当行为，目的在于让学生最终在没有外部强化的条件下做出这些行为 • 随着时间的推移慢慢塑造复杂的行为，期待学生逐渐改善而不是立即表现完美 • 责备较轻的不良行为，对于较严重的或习惯性的不良行为使用隔离或反应代价 • 促进新反应的泛化（如在真实情境中教授技能、强化泛化）
有身体障碍或感知困难的学生	• 如果学生有创伤性脑损伤，就会丧失一些已学到的行为	• 随着时间的推移塑造期望行为，期待学生逐渐改善而不是立即表现完美
认知发展超前的学生	• 对课堂任务有不同寻常的、有时甚至是具有创造性的反应	• 鼓励和强化具有创造性的反应

资料来源：Barbetta, 1990; Beirne-Smith, Patton, & Kim, 2006; J. O. Cooper, Heron, & Heward, 2007; Cuskelly, Zhang, & Hayes, 2003; E. S. Ellis & Friend, 1991; S. Goldstein & Rider, 2006; Hausman, Ingvarsson, & Kahng, 2014; Heward, 2009; Hobson, 2004; Leaf et al., 2016; Mercer & Pullen, 2005; M. M. Mueller et al., 2011; Neef et al., 2005; Pfiffner et al., 2006; Piirto, 1999; Turnbull, Turnbull, Wehmeyer, & Shogren, 2016.

你学到了什么

现在让我们回顾本章的学习成果，作为对行为主义原理讨论的总结。

9.1　描述行为主义学习观的五个基本假设，并将这些假设应用于课堂实践

行为主义者主要关注他们可以直接观察和测量的两件事：（1）学习者当前和最近经历的环境刺激；（2）学习者对那些刺激的反应。许多行为主义者把学习看作行为上的改变（而不是心理上的改变），并用具体的刺激–反应联结来解释它。形成这种联结的关键是刺激和反应在时间上的邻近（接近性）。许多行为主义者的学习原理同样适用于人和其他动物种类。

9.2　解释人们如何通过经典条件反射获得不随意反应，以及如何帮助学生克服妨碍他们的课堂表现的经典条件性情绪反应

经典条件反射发生在：（1）一个刺激（非条件刺激）已经引起一个特定的反应（无条件反应）；（2）这个刺激与另一个刺激同时出现多次。在这种情况下，第二个刺激（现在是条件刺激）开始引起（条件性）反应。经典条件反射可以解释为什么学生在某些学习环境及过程中会产生不恰当的情绪反应——如在数学课上或在运动场上。作为教师，我们应该努力创设一种使学生对新任务产生愉悦和放松的反应而不是引起恐惧和焦虑的教学环境。

9.3　描述各种不同的结果对行为的影响

顾名思义，强化刺激会增加它所伴随的行为，而惩罚刺激会减少这一行为。综合起来，这两种效应被称为工具性条件反射，当然你也会看到操作性条件反射这一术语，它用于指强化物的效果。

当出现特定刺激或事件后，伴随的反应增加，就说明正强化在起作用（如一个赞赏或一次参与最喜爱的活动的机会）。当一种反应在撤除不愉快的刺激后增加时，负强化就在起作用（如令人沮丧的任务或焦虑的感受）。

负强化也会增加行为反应，不应该与惩罚混为一谈，它可能包括呈现一种刺激（可能是学习者期望的刺激）或消除一种刺激（可能是学习者想要摆脱的刺激）。一些形式的惩罚（如温和的训斥、隔离）如果使用得当，可能会非常有效，而其他形式的惩罚（如公开羞辱、校外停学）通常会有适得其反的效果。

9.4 运用行为主义原理鼓励学生在学校做出恰当且有效的行为

我们可以增加学生期望行为出现的频率，无论是在这类行为出现时强化这些行为，还是随着时间的推移逐步塑造这些行为。当我们做出明确的反应 – 结果偶联，并且使用个性化的强化物以匹配学生的偏好时，使用强化可能更有效。然而，只有在学生具备身体和认知能力的情况下，强化才能引起行为本身的改变。

学生的行为不仅受行为结果的影响，也受先行事件的影响。例如，一旦学生学会了对特定的刺激做出特定的反应，他们可能就会对相似的刺激也做出相似的反应。然而，看似相似的情况有时会要求不同的行为，因此我们必须帮助学生区分在不同的场合下，哪些行为是恰当的，哪些行为是不恰当的。同样重要的是，我们要创建一种容易激发学生期望行为的环境，并且只有当学生能熟练地完成类似的但稍微简单的任务后，才引入具有挑战性的任务。

行为主义原理也提供了几种策略，可以用来减少无效的或与期望相反的课堂行为。作为教师，我们可以避免强化不期望的行为（可能导致消退），温和地提醒（暗示）学生他们目前的一些不可接受的行为，或者强化与想要消除的行为不相容的反应。在某些情况下，我们可能需要借助惩罚，特别是如果学生的行为严重干扰了课堂学习，或者损害了一个或多个同学的利益。我们可以在使用惩罚时遵守某些准则，最大限度地提高惩罚的有效性。例如，我们应该提前告诉学生，什么样的行为是不可接受的，以及它会引发的具体后果，我们应该在一种温暖的、支持性的环境中实施惩罚，传达出真正关心学生幸福的意愿。

9.5 运用行为主义观点描述解决持续性行为问题的四种系统方法

应用行为分析（ABA）、功能分析、积极行为干预和支持（PBIS）是三种相互重叠的方法，是将行为主义原理系统地应用于一个或多个学生的方法。这些技术通常能有效地促进学生的学业成就和恰当的课堂行为，即使其他方法都不奏效。PBIS也可以在全校范围内被有效地应用——全校范围的积极行为干预和支持（SWPBIS）——以减少整个学校的纪律问题，提高学生的学业成就。

9.6 在运用行为主义原理时，适应学生的个人背景、文化背景和特殊需要

任何一个课堂上的学生都必然有着不同的强化历史，以及由在学校感受到的各种刺激带来的不同的先前经验，因此，他们对特定的任务和情境

也有不同的反应。学生的文化背景也造成了他们的多样性。例如，有些学生可能只欣赏私下里的赞美，另一些学生可能更喜欢对集体成就而不是个人成就的强化。

患有认知、社交或行为障碍的学生可以从行为主义者所倡导的结构化的、一致的学习环境中获益。例如，功能分析有助于我们理解为什么某个学生常常具有攻击性或不服从要求，使我们能够制定干预方案以促进更有效的课堂行为。通过使用一致的、明确的和即时的强化来塑造越来越复杂的行为，我们可以帮助患有认知障碍的学生获得许多新技能。

教师资格考试练习

敌对的海伦

华盛顿先生在他的高中职业教育课上有一群关系密切的朋友。他很关心该朋友群体中的一个特别的学生：一个名叫海伦的女孩。海伦经常在课堂上使用污言秽语。她对华盛顿先生也很粗鲁无礼，而且她总是嘲笑和侮辱自己的朋友圈子之外的同学。此外，海伦也会损害学校财产。例如，她有时会弄脏桌椅、踢设备、捶打墙壁。

起初，华盛顿先生试图无视海伦的敌意和攻击行为，但这种策略并没有让她的行为得到任何改善。然后，他试图在海伦行为得体的时候表扬她，但这种策略似乎也不管用。

1. 单项选择题

华盛顿先生起初试图忽视海伦的不良行为。这种方法最能反映下列哪个行为主义的概念?

A. 消退

B. 反应代价

C. 功能分析

D. 负强化

2. 单项选择题

后来，华盛顿先生试图称赞海伦的得体行为。这种方法最能反映出下列哪个行为主义的概念?

A. 背景事件

B. 分化

C. 强化不相容行为

D. 积极行为干预和支持

3. 建构反应题

许多研究表明，行为主义原理在改善学生的课堂行为上非常有效，但华盛顿先生的两种策略都没有对海伦的课堂行为产生影响。

（1）提出至少三个不同的理由，来说明为什么华盛顿先生的策略没有发挥作用。

（2）描述你会如何使用行为主义原理来改变海伦的行为，你具体会做什么。

教育心理学

EDUCATIONAL

PSYCHOLOGY

第 10 章

社会认知学习观

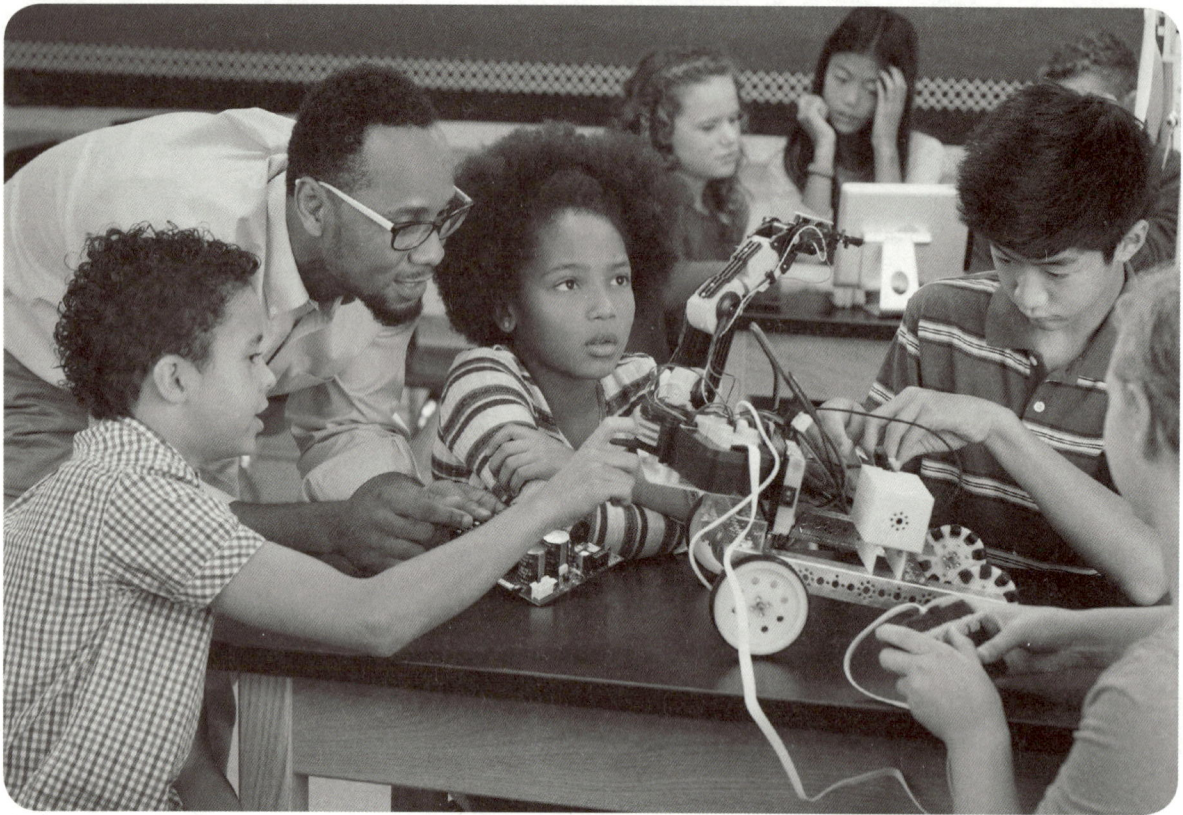

学习成果

10.1 描述社会认知理论的五个基本假设及其课堂启示

10.2 以社会认知视角来解释心理过程如何影响强化和惩罚的效果

10.3 描述示范对学习者行为的潜在影响，并解释如何在教学中有效地使用示范

10.4 描述自我效能感的特征和来源，并解释如何提高发展中的学习者和教师的自我效能感

10.5 确定自我调节行为和自我调节学习的重要组成部分，应用自我调节的知识帮助学习者有效控制自己的行为，掌握学业科目，解决人际问题

10.6 比较和对比认知心理学、情境理论、行为主义和社会认知理论的学习观

""

个案研究

两个学生，相同的问题

科迪上 4 年级了。他喜欢所有学科，但真的不喜欢体育课。在过去的几周里，他们班一直在学习如何打篮球。学生有很多打篮球的自由时间。科迪很少能把球投进篮筐。他的同学开始嘲笑他。当学生准备好组队比赛时，没有人想让科迪加入他们的队伍。现在，科迪丧失了信心，认为自己不具备打篮球的能力，他想不出有任何提高篮球技术的方法。他还假装生病了几次，因为这样他就能在打篮球的日子待在家里。他很伤心，因为他觉得班上的同学不想和他一起玩。

凯莉是一名 10 年级的学生。今年她正在学代数。她在解方程上一直存在困难。她做了很多练习，但还是总犯错。最近的两次考试她都没及格。凯莉开始怀疑自己学习高中数学的能力，并开始在课堂上做白日梦。她的父母提出请家教来帮助她，但她现在觉得自己就是学不会代数。她告诉妈妈："有什么用？我就是不会做，请家教是在浪费时间和金钱。"

科迪和凯莉有什么共同点？以下几个相似之处应该是显而易见的。

- 他们都缺乏完成特定任务的信心（如科迪把球投进篮筐，凯莉解决代数问题）。
- 随着时间的推移，他们会越来越缺乏信心。
- 他们都会变得沮丧，并在某种程度上屈从于自己的处境。

尽管科迪上 4 年级，凯莉上 10 年级，但他们都对自己在特定领域缺乏能力感到失望。学生对自己学习能力的信心是非常重要的。当学生感到自信时，他们会愿意参与复杂的问题和作业；但当他们感到沮丧时（就像科迪和凯莉那样），他们更有可能放弃，而不是更努力地尝试。

在本章，我们将探讨**社会认知理论**（social cognitive theory），这一理论可以帮助我们理解学生如何通过观察他人来学习、如何在特定活动中培养对自己能力的信心，以及在此过程中，如何控制自己的行为。社会认知理论在很大程度上是通过斯坦福大学奥尔波特·班杜拉（Albert Bandura）的研究发展起来的。你会在本章找到关于班杜拉和其他基于他的观点的参考文献。

社会认知理论的基本假设

10.1 描述社会认知理论的五个基本假设及其课堂启示

社会认知理论有以下几个基本假设。

- **人们能够通过观察他人来学习**。从行为主义的观点来看，学习通常是一个试错的过程：学习者尝试许多不同的反应，保留那些能带来期望结果的反应，抛弃那些无效的反应。社会认知理论家则认为，学习者并不一定要通过试错的方式去体验。相反，学习者仅仅通过观察其他个体或榜样的行为就可以获得许多新的反应。例如，学生首先可以仅通过观察别人就可以学会怎样去解决长除法问题，或者在老师面前保持安静。

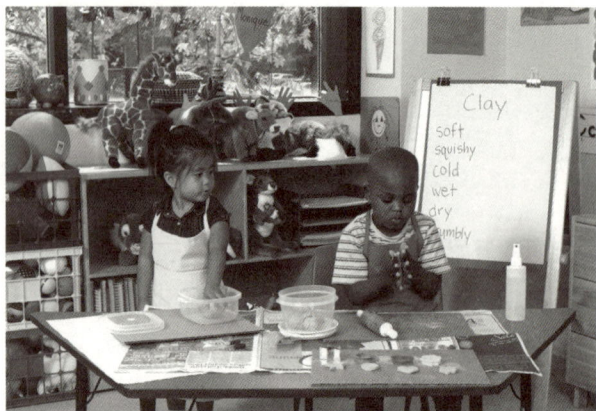

仅仅通过观察成年人或同龄人成功的表现，儿童就能学习许多新的行为。

资料来源：Pearson Learning Group.

■ **学习是一个可能导致行为改变，也可能不导致行为改变的内部过程。** 许多行为主义学家将学习界定为行为改变，而社会认知理论家（像认知心理学家那样）将学习视为一种心理变化，这个过程可能在学习者当前或未来的行为中反映出来，也可能不反映出来。例如，当你看到别人运球时，你可能会尝试运球。而无论你见过多少次别人裸体走进校园，你都不会这么做。

■ **认知过程影响动机和学习。** 和认知心理学家一样，社会认知理论家也意识到认知过程（如注意、编码）对学习和记忆新信息的重要性。但他们指出，认知也是动机的一个重要组成部分。例如，人们会设定心理目标并将自己的行为指向该目标，而他们的目标在某种程度上基于对自己可能合理完成它的预期。人们对自己执行特定行为或达成某个目标的能力的信念——自我效能感——会影响他们努力的程度、在具有挑战性的任务中坚持的时间，以及最终他们学到和收获了多少。在本章开篇的个案研究中，科迪在打篮球方面的自我效能感很低，而凯莉在解决代数问题方面的自我效能感很低。

■ **人与环境是相互影响的。** 一些学习理论家，特别是行为主义者，主要关注环境变量如何影响学习者。但反过来也一样：学习者往往也会有意地影响其所处的环境。在某种程度上，学习者会通过自己的行为影响其所处的环境。例如，他们的反应（如他们选择的课程、他们的同伴）会影响他们所拥有的学习机会和所经历的结果。心理过程、人格特质，以及学习者具有的其他特征——社会认知理论家称之为"个体变量"——也会起作用。

最后，所有这三个因素——环境、行为和个体——都会以图 10.1 中呈现的方式相互影响。社会认知理论家用术语**互为因果**（reciprocal causation）来指代环境、行为和个体变量间这种持续不断的相互影响（Bandura，1989，2008）。

■ **行为逐渐变为自我调节。** 在人生的头几年里，儿童的行为在很大程度上是被他人（父母、哥哥姐姐、照顾者、老师等）控制和指导的。但随着儿童慢慢长大，他们中的绝大多数会逐渐掌控自己的生活，不仅会为自己确定特定的目标，也会指导和监控自己的行为及实现目标的思维过程。换句话说，绝大多数儿童会逐渐进行自我调节。

图 10.1　在社会认知理论中，环境、行为和个体变量相互影响

表 10.1 总结了刚才列出的假设，并提供了它们对课堂实践的启示的示例。

强化与惩罚的社会认知观

10.2　以社会认知视角来解释心理过程如何影响强化和惩罚的效果

强化和惩罚在社会认知理论中不如它们在行为

表 10.1　社会认知理论的基本假设及其教育意义

假设	教育启示	示例
通过观察来学习	通过你的示范行为帮助学生更迅速地获得新行为	示范处理和解决人际冲突的恰当方式，然后请学生在小组中通过角色扮演的方式练习解决冲突，并表扬那些使用亲社会策略的学生
学习是一个内部过程，它可能通过行为反映出来，也可能不通过行为反映出来	记住，新的行为并不总是立即显现出来，它可能在学生后来的行动中才反映出来	当某个学生表现出破坏课堂的行为时，要采取适当的步骤来阻止他，否则，那些目睹了不恰当行为的学生就有可能在将来表现出类似的破坏行为
动机中的认知过程	鼓励学生为自己设定短期目标，特别是那些具有挑战性但可以实现的目标	当教授美国手语以帮助学生与聋哑同学进行交流时，要求他们设定每周能学习多少新的单词和短语的目标
环境、行为和个体变量相互影响	鼓励学生考虑个体、行为和环境变量，以便有效地学习	讲述在图书馆而不是在朋友家做作业的好处；如果一个学生知道她在安静的环境下学习更有效率，她可能会从这个策略中获益
随着年龄的增长，自我调节的能力提高	教授学生策略，使他们能更好地控制自己的行为并指导自己的学习	给学生具体的建议，告诉他们如何提醒自己每天带必需品到学校

主义中那么重要，但它们确实对学习和行为有一些间接影响（Bandura，1977，1986；T. L Rosenthal & Zimmerman，1978）。而在这些间接影响中，认知因素也会发挥作用，正如下面的观点所反映的那样。

■ 只有在学习者意识到反应－结果偶联时，结果才会对行为有影响。从社会认知角度来看，只有在学习者将这些结果与他们所完成的具体事件联系起来时，强化和惩罚才会影响学习者的行为（Bandura，1986）。那么，作为教师，我们要非常清楚我们正在强化和惩罚的是什么，以便学生知道课堂上所操作的真正的反应－强化偶联。例如，如果我们给萨姆的一篇文章打了 A，但我们没有告诉他为什么他得到了 A，他就不一定知道下次如何得到 A。因此，我们可能会在给出评分 A 时附上一些反馈，如"你遵循了思维的逻辑序列并给出了三个很好的例子"。

■ 学习者会对未来行动的可能结果形成预期，然后按照他们所认为的可以最大化期望结果的方式行事。学习者往往将这种结果期望（outcome expectation）建立在当前的强化、非强化和惩罚模式的基础上。例如，也许你修

了一门课程，它的所有测验题都来自教材，没有一个问题是来自课堂讲授内容的。在第一次测验后，你是否发现自己很仔细地阅读了课本的内容却遗漏课堂讲授的内容？或者你修了一门课程，它的测验题几乎全部来自课堂讲授内容或课堂活动。在这种情况下，你会经常关注课堂讲授内容却很少阅读课本吗？当一个特定的反应每次都得到强化时，学习者通常会期望在将来做出相同的反应时能得到强化。同样，当一个反应经常会导致惩罚时——如冒犯了教师或在考试日逃课——学习者可能就会认为在以后的场合中相同的反应还是会受到惩罚。

然而，有时候学习者会在很少或没有缘由的基础上形成对未来结果的预期。例如，一个高中生可能错误地认为吹嘘完美的考试成绩会得到同学的羡慕（强化物）。而另一个学生可能会相信她的同学会因为她的聪明而嘲笑她、拒绝她，即使他们实际上不会这样做。

对未来事件的预期肯定会影响学习者的行为。它们可能会影响学习本身，也可能不

会，正如下面的练习所展示的那样。

亲身体验

X 先生

想想你正在上或最近上过的一门课——不是在线课程，而是一门老师和学生定期在一个房间里上课的课程。关于你的老师，我们称他为"X 先生"，看看你能回答以下问题中的几个。

1. X 先生是右利手还是左利手？

2. X 先生是一个衣着新潮的人还是一个衣着保守的人？

3. X 先生通常穿什么样的鞋来上课？

4. X 先生戴结婚戒指吗？

5. X 先生每天带公文包来上课吗？

如果你经常去上课，你可能至少可以回答两个关于 X 先生的问题。然而，你可能从未向别人提及你学到的关于 X 先生的事情，因为你没有理由相信你会因为展示这些知识而得到强化。当学习者希望通过展示这些知识而得到强化时，它就会突然浮出水面。

学生会在课堂上学到很多东西。他们会学习事实和数字，学习获得教师注意的方法，甚至还学习教师上课穿什么样的鞋。在他们所学的所有东西中，他们最有可能展示他们认为会带来强化的东西。

当学习者选择采取某种可能会带来未来强化的方式行动时，他们是为了**诱因**（incentive）而学习，而这个诱因是无法确定的。例如，当学生为了在测验中获得 A 而学习时，他们并不知道自己一定能得 A，或者当他们竞选学生会的一个席位时，他们并不知道自己一定能赢得这个职位。诱因是一个

预期的或希望的结果，一个实际上可能会出现也可能不会出现的结果。

■ **学习者的预期会受到发生在别人身上及自己身上的事情的影响。** 在本书的作者珍妮读 3 年级时，她打扮得像"幸福的牙齿"一样参加了一个万圣节前夕的服装比赛，这是当时几个牙膏广告中的角色。她并没有赢得比赛，一个"巫婆"获得了第一名。所以在第二年，她打扮成"巫婆"参加了同样的比赛，心想自己肯定能得第一名。在这种情况下，她并没有亲身体验到强化，而是替代性地（也就是通过观察发生在别人身上的事情）体验到强化。

学习者在观察他人的某个特定行为被强化后，自己也可能更频繁地表现出这种行为的现象被称为**替代性强化**（vicarious reinforcement）。例如，通过观察同学的经历所带来的结果，学生可能就懂得了努力学习可以获得好成绩，成为大学运动队的一员能带来地位和声望，或者整洁干净很重要。相反，当学习者看到他人因为某个行为受到惩罚时，他们就不太可能那样做——这种现象被称为**替代性惩罚**（vicarious punishment）。例如，当教师发现一个学生在考试中作弊并让他不及格时，其他学生就不太可能在这门课上作弊。遗憾的是，替代性惩罚既抑制期望行为，也抑制不期望行为。例如，当教师因为学生问了一个"愚蠢"的问题而轻视他时，其他学生可能就不会愿意说出自己的问题[1]。作为教师，我们必须非常谨慎，确保我们没有替代性强化不期望行为或替代性惩罚期望行为。

■ **对未来结果的预期会影响学习者怎样深入地及采取哪种方式对新信息进行认知加工。** 为了了解这是如何发生的，让我们试着做下面的练习。

---

[1] 替代性强化效应和替代性惩罚效应有时分别被称为"反应促进效应"和"反应抑制效应"。

亲身体验

提前计划

快速浏览下一节关于示范的内容，理解它包含的主题。当你这样做时，请想象自己正处于以下情况之一。

1. 你的老师宣布："关于示范的内容不会出现在测验中，但不管怎样大家还是要阅读它。"你会怎样深入、仔细地阅读那部分内容？

2. 第二天你的老师宣布："昨天我欺骗了你们。事实上，下周测验中的一半内容都是关于示范的。"现在你会怎样深入、仔细地阅读那部分内容？

如果你不希望因为了解示范的内容而得到强化，那么你很可能不会好好阅读本章的这一部分。相反，如果你发现你在测验中获得 A 取决于你真的很了解示范的内容，那么你可能会慢慢地、聚精会神地阅读材料，并可能尝试记住每一个细节。

当学习者相信他们会因为学习某些东西而得到强化时，他们就更有可能注意它并参与精细加工、理解监控和其他有效的认知过程。当他们预期自己不会因为学习某个知识而得到强化时，他们就不太可能用有效的方式来思考和加工它。作为后一种情形的一个例证，让我们回到本章开篇的个案研究。凯莉相信她无法学会如何解决代数问题。结果就是她不再专心上课。她的低预期几乎证实了她糟糕的表现——一个自证预言。

■ **一个期望的结果没有出现（不管是因为自身还是因为他人）本身就具有强化或惩罚的作用。** 当学习者的预期没有得到满足时——当一个期望的强化从来没有出现时——会发生

什么？作为一个 4 年级的学生，珍妮打扮成"巫婆"参加了万圣节前夕的服装比赛，结果又一次失败了——第一名被一个头戴金属过滤器的女孩夺走了，她打扮成了"一颗人造卫星"，就像当时发射到太空的第一颗人造卫星一样。那是珍妮最后一次参加万圣节前夕的服装比赛。她期望得到强化却感觉自己被骗了，因为她没有得到第一名。社会认知理论认为，期望的强化没有出现就是一种惩罚（Bandura，1986）。当人们认为某种反应将要得到强化却没有得到强化时，他们就不太可能在将来表现出这种反应。

正如强化没有出现是惩罚的一种形式一样，惩罚没有出现也是强化的一种形式（Bandura，1986）。也许你会想到这样的时刻：你违反了规则并以为自己会受到惩罚，但你逃脱了罪责；或者你曾看到一个同学在考试中作弊，却没有被抓到。当一个被禁止的行为出现之后，却什么坏事也没有发生时，人们也许会感到这个行为似乎已经被强化了。

因此，当学生努力学习以达到某个期望的最终结果（也许是一个表扬、一个高分，或者一个特殊的权利），而期望的结果没有变为现实时，他们下一次就不太可能那么努力了。而当学生违反了学校规则却没有因此而受到惩罚时，他们就更有可能再次违反规则——其他意识到这种行为没有受到惩罚的学生也一样①。作为教师，我们要对所期望的学生行为及时给予所承诺的强化，这一点是非常重要的。同样重要的是，我们也要对学生的不良行为给予合理的惩罚。

---

① 当学习者看到其他人的行为不会产生不良后果时，他们会倾向于从事被禁止的行为，这被称为"反应解除抑制效应"。在这种情况下，学习者可能已经掌握了该行为，但惩罚的预期先前抑制了它。随着期望不再出现，行为就会被解除抑制，行为发生的频率可能也会增加。

示范

10.3 描述示范对学习者行为的潜在影响，并解释如何在教学中有效地使用示范

从婴儿期开始，人就具有模仿他人的能力（S. S. Jones, 2007; Meltzoff, 2005; Nielse & Tomaselli, 2010）。事实上，人的大脑似乎有某种特殊的模仿装置。大脑中的某些神经元——即镜像神经元——在学习者观察到别人从事某种特定行为时，或者在学习者自己从事同一行为时，会变得活跃。这样看来，我们的大脑天生就会将观察到的和正在做的事情联系起来，从而提高我们在社会和文化环境中学习新技能的能力（Arbib, 2005; Gallese, Gernsbacher, Heyes, Hickok, & Iacoboni, 2011; Hunter, Hurley, & Taber, 2013）。

一般来说，榜样（model）可以有三种形式（Bandura, 1977, 1986）。当然，一种形式是真实榜样——一个真实的人展示一个特定的行为。但我们也可以通过象征性榜样——书、电影、电视节目、电子游戏或其他媒介中描绘的一个人或角色——来学习。例如，许多儿童模仿运动员、音乐家，或者哈利·波特和凯特尼斯·伊夫狄恩等虚构人物的行为。现在的年轻人接触榜样的频率比过去高；很多学生会花大量时间使用YouTube和其他形式的社交媒体，这些信息可以通过平板电脑、智能手机和智能手表随时随地获得。最后，我们还可以在没有另一个（真实的或象征性的）人存在的情况下，从言语指令（描述如何成功地执行某些行为）中学习。

社会认知理论有时使用术语示范（modeling）来描述榜样所做的事（即示范行为），另一些时候也会用这一术语来描述观察者所做的事（即模仿行为）。为了将这种混淆降至最低程度，我们在提到观察者所做的事时，会使用动词模仿而不是示范。

能够通过示范习得的行为和技能

当然，通过观察他人的行为，学习者可以习

得大量的心理运动技能——从相当简单的动作（如刷牙）到非常复杂的动作（如表演舞蹈或体操）（Boyer, Miltenberger, Batsche, & Fogel, 2009; Vintere, Hemmes, Brown, & Poulson, 2004）。但观察他人也可以使个体获得许多带有认知成分或情感成分的行为。例如，学习者倾向于做以下事情：

- 当其他人展示更复杂的绘画技能时（无论是面对面还是通过视频），发展出这些技能（Geiger, LeBlanc, Dillon, & Bates, 2010）；
- 学会害怕特定的刺激或情境，如果其他人在这些情境中表现出恐惧的话（Mineka & Zinbarg, 2006）；
- 当同伴示范了抵制策略时，更好地抗拒陌生人的诱惑（Poche, Yoder, & Miltenberger, 1988）；
- 不太可能容忍种族主义者的说法，如果周围的人拒绝容忍这种说法的话（Blanchard, Lilly, & Vaughn, 1991）。

在学校社团中表现突出的学生可以成为许多同龄人强有力的榜样——也许是好的，也许是坏的，这取决于被模仿的具体行为。

已有大量研究探查了榜样在以下三个领域中的作用：学业技能、攻击性和有效的人际行为。

学业技能

在学生学到的许多学业技能中，至少有部分是学生通过观察他人的行为获得的。例如，他们可能会部分地通过观察成年人或同伴的行为学会如何

计算百分比或写一篇前后连贯的作文（Braaksma，Rijlaarsdam，& van den Bergh，2002；K. R. Harris，Graham，Brindle，& Sandmel，2009；Schunk & Hanson，1985）。当榜样不仅示范如何完成任务，还示范如何对任务进行思考，也就是进行认知示范（cognitive modeling）时，学业技能示范特别有效（Schunk，1998；Zimmerman，2004，2013）。例如，请思考教师可能会怎样示范一个长除法问题的思考过程。

> 首先我要决定 4 能被哪个数整除。我取 276 这个数，从这个数的左边开始，然后向右边移动，直到我找到一个和 4 相等或比 4 大的数。2 比 4 大吗？不。27 比 4 大吗？是的。所以我首先会用 4 去除 27。现在我需要找一个数，使其与 4 相乘所得的结果等于或稍稍小于 27。5 怎么样？5×4=20。不行，大小了。6 怎么样。6×4=24。也许可以。我再试试 7。7×4=28。不行，太大了。所以 6 是正确的。[①]

如果学生看到那些努力工作并在遇到困难的问题或任务时不放弃的榜样，其学业技能也可以得到提高（Lin-Siegler，Ahn，Chen，Fang，& Luna-Lucero，2016）。例如，展示科学家如何努力坚持解决复杂问题的视频可能会增强学生对自己坚持解决困难问题的能力的信心。

攻击性

大量研究已经表明，当儿童观察到具有攻击性的或暴力的榜样时，他们会变得更具有攻击性（Bandura，1965；Ebesutani，Kim，& Young，2014；Guerra，Huesmann，& Spindler，2003）。儿童不仅从真实榜样和电影、YouTube 或录像游戏中的象征性榜样身上学习攻击行为，也从他们在音乐中听到的攻击性歌词中学习攻击行为（C. A. Anderson et al.，2003；Carnagey，Anderson，& Bartholow，2007；Friedlander，Connolly，Pepler，& Craig，2013）。此外，年轻的学习者所采取的攻击行为往往与他们所看到的攻击行为有相同的形式。男孩特别容易模仿他人的攻击行为（Bandura，Ross，& Ross，1963；Bushman & Anderson，2001；Lowry，Sleet，Duncan，Powell，& Kolbe，1995）。

由班杜拉等人（Bandura，Ross，& Ross，1961）所做的一项经典研究说明了示范对于鼓励和阻止攻击行为的力量。当学龄前儿童看到一个成年人榜样具有攻击性地玩充气娃娃时，他们在玩同样的玩具时也会模仿这些行为。相比之下，观察到没有攻击性的成年人榜样的儿童比没有成年人榜样的对照组儿童具有更少的攻击性。那么，关于攻击性，榜样可以产生两种影响：具有攻击性的榜样导致儿童的攻击行为增加，而没有攻击性的榜样导致儿童的攻击行为减少。

有效的人际行为

学习者能通过观察和模仿他人获得许多人际交往技能。例如，当儿童在小组中谈论文学时，他们可能会采用彼此的策略进行讨论，也许会学习如何征求他人的意见（"你在想什么，佳丽莎"）、如何表达赞同或反对（"我赞同科德尔的观点，因为……"），以及如何证明自己的观点（"我认为这不应该得到允许，因为……"）（R. C. Anderson et al.，2001）。而患有轻度或中度自闭症谱系障碍的儿童，在观看了一盘非残障同伴在游戏活动中使用良好的社交技能的录像带后，更有可能有效地与同伴玩耍（Nikopoulos & Keenan，2004）。

学习者在某种程度上也可以通过观察和模仿获得亲社会行为（R. Elliott & Vasta，1970；Jordan，2003）。在一项研究中（Rushton，1980），儿童观察到一个成年人在玩一个游戏并用代币强化自己的出色表现。

---

① 资料来源："Teaching Elementary Students to Self-Regulate Practice of Mathematical Skills with Modeling" by Dale H. Schunk，from Self-Regulated Learning：From Teaching to Self-Reflective Practice，edited by Dale H. Schunk and Barry J. Zimmerman. Copyright © 1998 by Guilford Publications，Inc.

其中一部分儿童看到这个成年人把一半的代币赠送给了一个海报上名叫博比的穷男孩；另一部分儿童则观察到这个成年人把所有的代币归为己有。然后儿童被要求玩游戏，并可以用代币奖励自己。他们赚得代币越多，可以购买的奖品就越好。他们可以捐给博比，但这样做意味着他们的购买力会降低。结果，那些观察到慷慨榜样的儿童要比那些观察到自私榜样的儿童更有可能把自己的一部分代币赠送给博比。这种差异不仅在最初的实验研究中存在，在两个月后的追踪研究中也存在。

大众媒体中的慈善榜样也可以产生积极的影响。书籍、电视节目和其他流行媒体中的一些人物不鼓励攻击性，而是提倡亲社会行为——那些旨在帮助他人而不是增进个人福祉的行为——这样的榜样可以促使儿童和青少年做出类似的行为（D. R. Anderson，2003；Gladding & Villalba，2014；Jordan，2003；Nucci，2001；Prot et al.，2014；Rushton，1980）。

有效榜样的特征

学习者并不总是模仿他们周围的人或媒体中的人。有影响力的榜样通常有几个特征（Bandura，1986；T. L. Rosenthal & Bandura，1978；Schunk，1987）。第一，他们能胜任相关的行为或技能。学习者通常希望自己表现得像那些事情做得好的人，而不是那些事情做得不好的人。例如，儿童可能会试图模仿职业篮球运动员而不是自己球队中的同龄人的篮球技能。甚至学龄前儿童也有一定的能力辨别有能力的榜样和无能力的榜样（Hermes，Behne，& Rakoczy，2015；P. L. Harris & Want，2005）。

第二，有影响力的榜样通常具有声望和权威性。一些有效的榜样——世界级领袖、著名运动员、流行音乐明星——在国家或世界水平上都非常有名。另一些榜样——啦啦队队长、行进乐队指挥、帮派头目，他们的声望和权威性也许会更地方化。这种影响的一个恰当的例子就是，当学生看到那些受欢迎的同学主动和那些残障同学交往时，他们也会和那些残障同学交往。

第三，有影响力的榜样会表现出与学习者自身的环境相关的行为。学习者最有可能采取对其有帮助且在其能力范围内的行为（Braaksma et al.，2002；Schunk & Hanson，1985）。学习者必须相信某一特定行为适合自己的性别，因为不同的人对哪些活动是"性别合适"的有不同的看法（Grace，David，& Ryan，2008；Leaper & Friedman，2007）。

作为教师，我们很可能被大多数学生认为是有能力且有一定权威性的，也就是说，我们很可能是有影响力的榜样。因此，我们不仅要通过我们所说的，还要通过我们所做的来"教"学生。因此，至关重要的是，我们应该示范恰当的行为，如示范对课堂主题的热情、示范公平地对待所有学生，而不应该示范不恰当的行为（J. H. Bryan，1975）。

然而，学生并不总是认为我们的行为与他们所处的环境有关。例如，来自与我们截然不同的文化和社会经济群体的学生可能会认为某些内容在他们的生活和社区中没有什么价值。男女学生都有可能认为某些学科和职业只适合男性或女性。残障学生可能认为他们没有能力实现非残障教师展示的技能。在理想情况下，学生需要看到在种族、文化背景、社会经济地位、性别及（如果适用的）残障等明显的方面与自己相似的成功榜样（C. L. Martin & Ruble，2004；Pang，1995；L. E. Powers，Sowers，& Stevens，1995）。

成功示范的必要条件

然而，即使存在有影响力的榜样，学习者也并不总是能获得他们所看到的其他人展示的行为和技能。以下四个条件对成功学习榜样行为必不可少：注意、保持、运动再现和动机（Bandura，1986）。

注意

为了有效地学习，学习者必须将注意力集中在榜样身上，尤其是示范行为的关键方面。例如，当我们在科学实验室演示正确的实验过程或教授仰泳的基础动作时，学生必须仔细观察，当我们在西班牙语课上发出"Cómo está usted"的读音时，他们必须聚精会神地听。

保持

在注意之后，学习者还必须记住榜样做了什么。学习者更有可能回忆他们已经用多种方法编码到记忆中的信息——可能是同时用视觉表象和言语表征的方式（R. E. Mayer，2011b；Moreno，2006）。

作为教师，当我们演示一些行为时，我们可能经常想要描述我们正在做什么。对于一些复杂的行为，我们可能也需要给出一些描述性标签，否则学生就难以记住（Vintere et al.，2004；Ziegler，1987）。例如，在游泳教学中，让学生记住游泳时手臂姿势的顺序的一个比较容易的方法就是教给他们一些说明的标签：小鸡、飞机和士兵（见图 10.2）。

小鸡　　　　　　飞机　　　　　　士兵

图 10.2　当复杂的行为有描述性标签时，学生常常会很容易记住这些复杂的行为，如游泳时的手臂动作

运动再现

除了注意和记住示范行为以外，学习者还必须能够在身体上再现示范行为。当学生缺乏再现所观察行为的能力时，运动再现就不会发生。例如，看到一个青少年扔垒球的 1 年级学生还不具备模仿扔垒球的肌肉协调能力。而那些还没有学会卷舌头的高中生就难以重复西班牙语老师说的绕口令。

让学生在看到一个期望行为被示范后立即模仿这个行为，并且给他们指导和反馈通常是有用的，这可以帮助他们提高表现。这种方法——有时被称为"训练"——通常比单独的示范更有效（S. N. Elliott & Busse，1991；Kitsantas，Zimmerman，&

Cleary，2000；Schunk & Swartz，1993）。因此，西班牙语老师可以让学生马上重复这个绕口令，并承认刚开始发这个音会感觉很奇怪，但会通过练习而有所进步。然而，在考虑这种方法时，我们必须记住一些学生可能更喜欢先在私下里练习新的行为，只有当他们适度掌握后，才会向我们展示他们所学到的东西（Castagno & Brayboy，2008；Suina & Smolkin，1994）。

运动再现也可以通过技术来示范。例如，学生可以通过 YouTube 等各种网站即时获得视频演示。关于通过技术学习此类技能的研究目前还很有限，而且使用技术的最佳实践仍在发展中。例如，一些研究表明，当展示技能的视频是从完成任务的人的角度拍摄的，而不是从观看任务的人的角度拍摄时，学生可能会更好地再现通过技术示范的行为（Fiorella，van Gog，Hoogerheide，& Mayer，2017）。

动机

学习者必须有动机去展示他们所模仿的行为。有些儿童可能急于展示他们已经观察到并记住的行为。例如，他们可能已经看到榜样因某个行为而受到强化，因此他们被替代性地强化了。请想象以下场景：两兄弟里克和查德的卧室都非常凌乱。一天，查德决定花整个下午打扫他的房间。父母很高兴，不断地表扬查德，并在那天晚上给了他额外的甜点。里克注意到哥哥得到了表扬和额外的甜点，于是第二天下午，他就把自己的卧室打扫得干干净净。然而，其他儿童可能没有任何动机去展示他们所看到的榜样所做的事情，也许是因为他们认为榜样的行为不适合自己。

当所有这四个条件——注意、保持、运动再现和动机——都具备时，示范就能成为一种非常有效的教学技术。"走进课堂——通过示范促进学生的学习"专栏提供了几种策略，可以最大限度地提高示范的有效性。

走进课堂 •••

通过示范促进学生的学习

■ **当你示范一个期望行为时，确保自己能引起学生的注意。** 一名中学科学老师想向他的班级展示如何准备一张沼泽水的玻片，以便在显微镜下检查。他与3~4人为一组的学生小组见面，这样每个人都能密切观察到他做了什么，并确保他们的注意力集中在他身上。

■ **当你示范一个期望行为时，描述你在做什么。** 当一名4年级教师向学生展示如何使用文字处理软件编辑作文时，她解释了插入新文本、删除不需要的文本、使用同义词词典和拼写检查等功能的每一步。她还分发了一份讲义，介绍了如何一步一步地执行这些过程，并向他们展示了在屏幕上的哪里可以找到重要的命令和功能。

■ **当教授一个复杂的行为、序列或多个行为时，为学生提供可以自我重复的描述性标签，以帮助他们记住需要做什么。** 为了帮助学生记住新舞步，一名舞蹈老师指导他们在表演这些舞步时说"一，二，奔驰，奔驰"和"一条腿，另一条腿，转身，转身"。

■ **让学生在你示范之后立即执行期望行为；给他们提供指导和反馈，帮助他们提高表现。** 一名小学美术老师在向学生展示如何有效地使用水彩颜料后，给了他们一个使用颜料的机会。当他们试着用水彩画画时，她在教室里走来走去，指点着如何将颜色调和成想要的色调，以及如何防止不同颜色的区域互相渗透。

■ **向学生展示你所示范的技能如何在生活中帮助他们。** 在演示了如何使用四舍五入来估计总数之后，一名中学数学老师给出了如何快速计算出在当地折扣店买几件商品的总价的例子。

■ **邀请受人尊敬的专业人士到课堂上展示**他们在专业领域的技能。一名高中新闻课的老师邀请了一名当地报社的记者向学生展示他是如何决定一篇文章中信息的呈现顺序的。

■ **展示专业人士表演复杂的心理运动技能的视频。** 一名体操教练向一名有抱负的年轻体操运动员展示了一段视频，视频里的一位专家表演了一项特殊的体操技能。教练还录下了儿童执行这项技能的视频。然后，教练会和儿童一起观看这两段视频，教练有时会在特定帧暂停视频，以确定儿童可以从进一步的练习中获益的技能。

■ **让学生在书籍和电影等媒体中阅读或观察积极的角色榜样。** 在一个关于公民责任和社区服务的单元中，一名高中社会研究课的老师让学生阅读巴拉克·奥巴马的《源自父亲的梦想》（*Dreams from My Father*）的节选。

■ **向学生介绍在某些职业中成功跨越传统性别界限的榜样。** 一名2年级教师在本学年探索各种职业时，邀请了社区里的几个成年人——包括一名女警官和一名男护士——来课上描述他们的工作内容。

■ **将有能力的儿童和成年人都作为你呈现的榜样。** 一名幼儿园老师每周都会邀请1~2名3年级学生来他的班上读故事书。大一点的学生喜欢展示自己的阅读能力，他们会努力使故事生动有趣。

资料来源：Boyer et al.，2009；R. L. Cohen，1989；S. N. Elliott & Busse，1991；Féry & Morizot，2000；Gerst，1971；Kitsantas et al.，2000；Mace，Belfiore，& Shea，1989；Obama，2004；T. L. Rosenthal，Alford，& Rasp，1972；Schunk，1989c；Schunk & Hanson，1985；Schunk & Swartz，1993；Shute，2008；Vintere et al.，2004；Ziegler，1987.

自我效能感

10.4 描述自我效能感的特征和来源，并解释如何提高发展中的学习者和教师的自我效能感

第四个条件——动机——的一个重要方面是自我效能感，而在这个方面，不同的学习者之间的差异往往很大。一般来说，自我效能感是学习者自我建构的关于自己执行某些行为或达成某些目标的能力的判断。为了获得你对各种活动的自我效能感，请试着做下面的练习。

亲身体验

自我评估

请花点时间回答下面的问题。

1. 你相信自己能够通过阅读这本书并仔细思考其内容的方式来理解并应用教育心理学的知识吗？或者你相信不管你学了多少，你在运用这些知识时还是会存在困难吗？

2. 你认为如果有人向你演示如何从较高的跳水台上用优美的天鹅姿势跳水并给你时间练习，你就可以做到吗？或者你怀疑自己能否学会，不管训练和练习了多少次？

3. 你认为你能毫无损伤地赤脚从灼热的煤炭上走过去吗？或者你会认为你的脚底会被烤成薯片吗？

当学习者认为自己能够成功地执行某一行为时，即当他们对该行为具有较高的自我效能感时（Bandura，1997），他们更有可能从事这一行为。例如，我们希望你在学习教育心理学方面有较高的自我效能感，相信通过仔细思考你所读的内容，你就能够理解并运用其关键原理。你可能会怀疑自己是否能赤脚走在灼热的煤炭上，所以我们猜测你在这方面的自我效能感很低。显然，自我效能感在学习

者对各种行动方案的结果期望（即对特定行为可能产生的结果的预测）中起关键作用。

让我们来看一个例子。许多学生在小学时喜欢学习数学，他们中的许多人在高中开始渴望学习代数（Greene，2018）。然而，代数与学生以前学过的数学有很大不同。当学生在代数上取得成功时，他们通常会继续对数学感到兴奋；但是很多学生会在学习代数时遇到困难。成功的学生在数学上的自我效能感可能会在第一堂代数课后有所提升，而不成功的学生在数学上的自我效能感则很可能会降低。此外，许多学生不明白为什么代数在他们未来的职业生涯中很重要。因此，对许多学生来说，这是一个双重打击：他们的自我效能感降低了，他们还质疑学习代数的必要性。这就造成了一场"完美的风暴"，让学生将涉及数学技能的职业排除在外。

自我效能感是一个人的整体自我感觉的组成部分。它看起来与自我概念和自尊这类概念相似，但在一些重要方面又与这两个概念不同（Bong & Skaalvik，2003；Jansen，Scherer，& Schroeders，2015；Marsh，Xu，& Martin，2012）。当心理学家谈论自我概念和自尊（或自我价值）时，他们通常描述的是一种相当普遍的自我观点，这种观点渗透进很多活动中（如"我是一个好学生吗"），可能包含感觉和信念（如"我对自己的表现有多自豪"）。相较而言，自我效能感是更具有任务特异性或情境特异性的，几乎只涉及判断（如"我能学会如何解二次方程吗"），而不是感觉。

表 10.2 提供了本章讨论的几个"自我"相关概念的比较。

自我效能感如何影响认知和行为

学习者的自我效能感会影响他们的活动选择、目标，以及努力与坚持。最终，它也会影响他们的学习与学业成就（Bandura，1982，2000；Lee，Lee，& Bong，2014；Pajares，2009；Schunk & Pajares，2005；Zimmerman & Labuhn，2012）。

表10.2 "自我"相关概念的比较

术语	定义	示例
自我效能感	一个人有能力实施某种行为或达成某种目标的信念："我可以这样做吗"	当莉莉的数学老师演示如何把小数转换成分数时，莉莉相信自己能准确地完成一组练习
自尊或自我价值	作为一个有价值的和受人重视的个体的判断和感受："我觉得自己怎么样"	虽然乔治因没能获得竞争激烈的奖学金而感到失望，但他仍然觉得自己是一个受老师重视的好人
自我概念	这是一种涵盖了广泛特征且多维度的自我观，包括优点和缺点："我是一个怎样的人"	"我是一个非常善于分析的人，"安托瓦内特沉思道，"数学和物理对我来说很有意义，但我必须在学习外语方面更加努力"
自我调节	为自己设定目标并投入导致目标达成的行为和认知过程中："我想要达成什么目标及我需要做什么"	索菲亚想跑一次半程马拉松，她制订了一个训练计划，那就是随着时间的推移逐渐增加跑步的距离，并记录自己的进步
自我调节学习	自我调节尤其与学习机会有关	以利亚给自己设定了一个目标，那就是在他的科学项目上得A；他仔细阅读评分标准，并将项目分成几个小步骤，以确保他按时完成所有事项；当他对项目有疑问时，他就会约科学老师见面

活动选择

想象一下，在开学注册的那天，你仔细阅读了学期课程表上的几百种课程。你用必修课填满了你的大部分课程表，但仍然有选修课的空间。目前只有两门选修课可供你选择。你是报名由世界著名的乔西亚·S.卡伯里（Josiah S. Carberry）博士执教的、具有挑战性的高级心理陶瓷学①这门研讨课呢？还是报名整个校园都知道的、很容易得A的英语文学这门课呢？学习者倾向于选择他们认为可以成功的任务和活动，而避免那些他们认为会失败的任务和活动。最终，他们也会更重视那些他们认为会做得很好的活动（Bandura，1986；Pajares，2009）。

目标

当人们对某个领域有较高的自我效能感时，他们就会为自己设定较高的目标。例如，青少年的职业选择和职业水平往往反映了他们自我效能感较高而非较低的学科领域。通常来说，他们的选择与传统的性别刻板印象相一致：男孩更可能在科学和技术领域的职业中拥有较高的自我效能感（因此也会选择这些职业），而女孩更可能对教育、健康和社会服务有较高的自我效能感（因此会选择从事这些方面的职业）（Bandura，Barbaranelli，Caprara，& Pastorelli，2001；Hand，Rice，& Greenlee，2017；Plante & O'Keefe，2010）。

努力与坚持

高自我效能感的学习者在尝试新任务时更有可能努力学习，遇到阻碍时也更有可能坚持下去。相反，那些有较低的自我效能感的学习者在面对任务时可能会付出较少的努力，在面对困难时也会很快放弃。例如，在本章开篇的个案研究中，科迪坚信他学不会打篮球，于是假装生病，这样他就不用在"篮球日"上学了。

学习与成就

高自我效能感的学习者往往要比低自我效能感的学习者学得更多、成就更高。即使当他们的实际能力水平差不多时也是如此（Bandura，1986；Fast et al.，2010；Klassen，2002；T. Williams & Williams，2010）。高自我效能感的学生能够达到更高的成就水平，这部分是因为他们执行了促进学习的认知过程——注意、精细加工、内部组织等（Berger & Karabenick，2010；Bong & Skaalvik，2003；Liem，Lau，& Nie，2008；Schunk & Pajares，2005）。

---

① 译者注：心理陶瓷学的原文为"psychoceramics"，意思是研究"疯子"的学科。

有一点点过度的自信——但不要太多——是有益的

大多数 4~6 岁的儿童对自己完成各种任务的能力相当有信心（R. Butler，1990，2005；Eccles，Wigfield，& Schiefele，1998）。然而，随着他们进入小学阶段，他们能更好地回忆起过去的成功和失败，越来越能意识到并关注自己的表现相比于同龄人如何。推测一下，这些变化的结果是学生对自己能做什么和不能做什么逐渐变得不那么自信——通常会更加现实（R. Butler，2005；Dijkstra，Kuyper，van der Werf，Buunk，& van der Zee，2008；Wigfield & Wagner，2005）。

在理想情况下，学习者应该对自己能完成什么和不能完成什么有一种合理、准确的感觉，以使自己处于一个良好的位置，充分利用自己的优势并克服自己的弱点（P. P. Chen，2003；Försterling & Morgenstern，2002；J. Wang & Lin，2005）。然而，有一点点过度的自信是有益的，因为它可能会吸引学习者参加具有挑战性的活动，从而发展新的技能和能力（Assor & Connell，1992；Bandura，1997；Pajares，2009）。在这种情况下，区分学习的自我效能感（"如果我用心去做，我就能学会"）和表现的自我效能感（"我已经知道怎么做了"）是很有用的（Lodewyk & Winne，2005；Schunk & Pajares，2004）。学习的自我效能感——即个人通过努力最终能做什么——应该是乐观的，而表现的自我效能感应该更符合当前的能力水平。

有时候，学生——尤其是女生——会低估自己成功的可能性，这也许是因为他们有过一些糟糕的经历，或者习惯于自己的表现不如同龄人（D. A. Cole，Martin，Peeke，Seroczynski，& Fier，1999；Dijkstra，Kuyper，van der Werf，Buunk，& van der Zee，2008；Schunk & Pajares，2005）。例如，一个女生在科学课上从一个有着特别严格的评分标准的教师那里得到了 C，她可能会错误地认为她"就是不会"科学。在这种情况下，学生会为自己设定不必要的低目标，面对小障碍时就很容易放弃。

但好事情也有可能过了头。当学习者过于自信时，他们可能会形成不切实际的高期望或因努力不足而失败。此外，学生将很难克服自己没有意识到的弱点（Bandura，1997；Sinatra & Mason，2008；Sticca，Goetz，Nett，Hubbard，& Haag，2017；Sweeny，Carroll，& Shepperd，2006；Zimmerman & Moylan，2009）。

自我效能感发展中的因素

影响学习者自我效能感的因素至少有五个：以往的成功与失败、当前的情绪状态、他人传达的信息、他人的成功与失败，以及学习者作为特定群体成员所经历的成功与失败（Bandura，1986，1997；Joët，Usher，& Bressoux，2011；Usher & Pajares，2009）。

以往的成功与失败

影响学习者对某项活动的自我效能感的最重要因素是他们以前在该活动或类似活动中取得成功的程度（Bandura，1986；Butz & Usher，2015；Usher & Pajares，2008；T. Williams & Williams，2010）。例如，如果爱德华已经掌握了分数的乘法，那么他就更有可能相信自己能掌握分数的除法。然而，学生也表现出在思考自己以往的成功与失败时能回忆出多少这方面的个体差异。也许是因为受到更有限的认知能力的影响，低年级学生在预测未来成功的可能性时，只能回忆最近的经历。相对而言，年龄较大的儿童和青少年则倾向于考虑以往的成功与失败的长期模式（Eccles et al.，1998）。

那么，如你所见，提高学生自我效能感的一种重要策略就是帮助他们在不同内容领域的各种任务中获得成功。在理想情况下，我们应该根据学生当前的自我效能感的水平为其量身定制任务难度：就那些对自己完成某个特定领域任务的能力感到信心不足或没有信心的学生而言，如果我们给他们布置几乎肯定能做好的任务，他们可能一开始就会更顺利地做出回应。最终，当学生能够成功地完成具有挑战性的任务时，他们会发展出更高的自我效能感，或许一开始我们就应该提供某种程度的结构——即脚手架——来增加学生成功表现的可能性（Falco，2008；Lodewyk & Winne，2005）。

但是，掌握那些重要的甚至是相当基础的知识和技能，常常只能随着时间的推移慢慢进行。因此，用"提高"而不是"掌握"来界定成功通常就变得非常重要了（R. Butler，1998a；M.-T. Wang & Holcombe，2010）。在这种情况下，我们可能需要提供一个强调每日进展的具体机制——例如，给学生提供可以自己填写的进度表（见图10.3），设定合理的、可实现的短期目标，并对学生掌握的每一件小事提供频繁的口头或书面反馈。

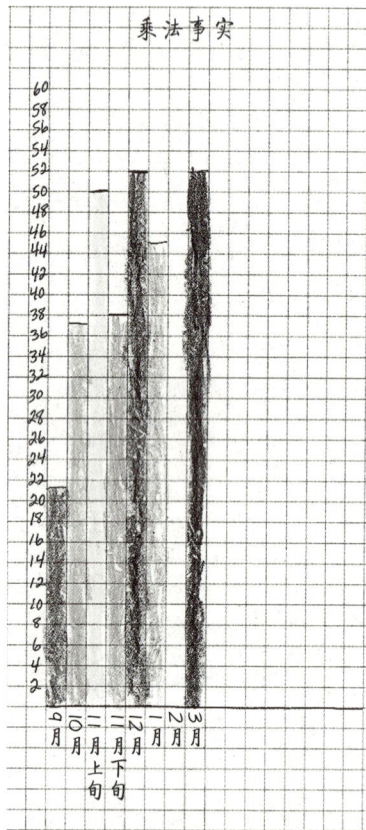

图10.3　9岁的苏菲一直在记录她每个月在乘法事实上的进步，虽然她遇到过一些小挫折，但总体上进步很大（她没有参加2月的评估）

一旦学生在某一特定领域发展出了高度的自我效能感，偶尔的失败就不太可能极大地挫伤他们的乐观精神。事实上，当这些学生遇到小挫折时，他

们知道只要尝试就能成功，他们也会形成关于失败的现实态度——最坏的情况是失败带来了暂时的挫折，最好的情况是失败可以带给他们一些关于怎样改进自身表现的有用信息。换句话说，学生形成了有弹性的自我效能感（resilient self-efficacy）（Bandura，1989，2008；Dweck，2000）。

以往的成功与失败对患有各种障碍（如注意缺陷/多动障碍、学习障碍）的学生自我效能感的发展的影响尤为显著（Girli & Öztürk，2017；Martin，Burns，& Collie，2016）。这些学生通常需要额外的学业支持，正如我们在第5章中讨论的那样，他们通常会有一个个性化教育计划，里面明确了将要提供的服务。作为教师，我们是个性化教育计划实施过程的一部分，我们可以与家长和同事合作，支持学生产生持续的自我效能感。

当前的情绪状态

学习者当前的情绪状态——例如，他们的一般心境及感到焦虑或压力的程度——会显著影响他们对手头任务的自我效能感。例如，如果一个学生在一项重要的学术任务中过度焦虑不安，他可能会将这种感觉解读为完成任务的能力低下，即使这种感觉来自一个不相关的因素（Bandura，1997；Schunk & Pajares，2005；Usher & Pajares，2009）。当然，由此产生的自我效能感会削弱学生的表现。

他人传达的信息

当学习者的成功不明显时，我们可以通过明确地指出他们以前做得好或现在做得好时所使用的方法来提升他们的自我效能感。有时，我们也可以通过给学生一些让他们相信自己能够在未来获得成功的理由来提升他们的自我效能感（Usher & Pajares，2008）。像"如果你愿意尝试，你就能解决这个问题"或"我打赌如果你向朱迪发出邀请，她一定会和你玩"这样的陈述可能会使学生的自我效能感得到微弱的提升。我们也可以鼓励学生利用目前在各种在线和基于计算机的学习环境中通过技术提供的反馈（Miller，Doering，& Scharber，2010）。然而，除非学习者在某项任务上付出努力并最终获得成功，否则乐观的预测效果将是有限且短暂的（Schunk，1989a；Valentine，DuBois，& Cooper，2004）。

即使是消极的反馈，如果能提供如何提高的指导并传达出有可能增强信心的信息，也能提升学生的自我效能感（Deci & Ryan，1985；Narciss，2008）。例如，请思考以下陈述。

> 在你的研究论文的第一稿中，许多段落并没有在逻辑上引出接下来的段落。增加几个标题和过渡句就会大不一样。让我们找个时间来讨论一下你应该如何使用这些技巧来提高论文的流畅性。

这种陈述间接传达的信息是："只要付出一点努力，采取一些新的策略，你就能做得更好。"

在某些情况下，我们通过行动而非语言来传达我们对学习者的能力的信念。例如，如果我们为那些费力掌握某一特定数学程序或音乐技能的学生提供课后辅导，我们就是在告诉他们，只要稍加坚持，就有可能取得进步。然而，我们必须小心不要做过头了。如果我们给那些正在挣扎的学生提供的辅导超过了他们真正需要的帮助，我们就有可能在无意中传达了这样的信息："我认为你不能靠自己的力量来完成这项任务（Schunk，1989b）。"我们还需要注意，不要针对个别学生提供额外的帮助，从而在无意中让他们感到尴尬。例如，如果你想鼓励一个特定的学生放学后来寻求额外的帮助，可以私下提出建议，而不是当着其他学生的面。

他人的成功与失败

我们经常通过观察他人，特别是那些能力水平与我们相似的人的成功和失败来形成对自己成功的概率的看法（Dijkstra et al.，2008；Usher & Pajares，2008；Zeldin & Pajares，2000），例如，如果你的大多数朋友在卡伯里的高级心理陶瓷学这门课上学得很好，你就很有可能会选这门课。但如果你那些选修了这门课的朋友沮丧地放弃了它，那么你可能也会假定你学好这门课的可能性是非常小的。

提升学习者的自我效能感的另一种方法就是

指出与他们相仿的其他人已经掌握了知识和技能（Schunk，1983，1989c）。例如，化学课堂的学生似乎被他们必须学习的许多化学符号弄得不知所措，下面的说法可能会让他们感到心安。

> 我知道在这么短的时间内学会这么多符号看起来有点难。我去年的学生也这么认为，但他们发现，如果他们每天学习几个新符号，三个星期内他们就能学会这些符号。

但对学生来说，他人的成功往往是"耳听为虚，眼见为实"的。那些真正观察到拥有相似能力的同龄人达成目标的学习者更有可能相信自己也能做到。因此，当学生看到同学示范某一行为时，相比于看到教师示范，他们能形成更强的自我效能感。在一项研究中（Schunk & Hanson，1985），研究者要求一些在减法运算上存在困难的小学生完成 25 道减法运算题。那些看到同龄人成功地完成运算题的学生平均答对了 19 道题，那些看到教师完成运算题的学生只答对了 13 道题，而那些根本没有看到任何示范的学生只答对了 8 道题！看到一个或多个同伴费力地尝试解决任务和问题（就像他们自己所做的那样），并最终解决了这些任务和问题，对学生而言会更有益（Kitsantas et al.，2000；Schunk，Hanson，& Cox，1987；Schunk & Pajares，2005）。据推测，观察这种 **应对榜样**（coping model）可以让学习者明白，成功不一定来得容易（他们必须通过学习和练习才能获得成功），并让他们看到该榜样为了达到熟练程度所使用的策略。

然而，我们不能做的事情就是将学生的表现和他们的同龄人的表现进行比较来定义成功，如发现"最好的"作家、科学家或篮球运动员。虽然张贴榜单展示谁读的书最多、谁表现最好，或者谁在体育课上跑得最快是很有吸引力的，但是这样的比较建立了一种竞争环境，而大多数学生必然会输。如果不以与他人比较的方式来评价自己的表现，大多数学生的自我效能感会更高，成绩也会更好（Graham & Golen，1991；Shih & Alexander，2000；Stipek，1996）。

在团体内的成功与失败

当学习者为了掌握和应用正在学习的知识而与同伴合作时，他们通常可以更聪明地思考，获得对一个主题的更复杂的理解（D. W. Johnson & Johnson，2009a；Pea，1993；Slavin，2011）。与同伴合作可能还有一个额外的好处：当学习者在团体中学习时，他们的自我效能感可能比单独学习时更高。这种集体自我效能感（collective self-efficacy）不仅取决于学生对自己和他人能力的感知，还取决于他们对如何有效地合作及协调他们的角色和责任的感知（Bandura，1997，2000；Jiang & Guo，2002；Klassen & Usher，2010）。

不管是要求学生单独完成任务，还是在小团体中解决具有挑战性的任务，我们都必须牢记的一点就是，学校的学习并非一个接一个的挑战。那会让人筋疲力尽，也可能会让人非常沮丧。相反，我们应当在有利于学生在短期内提升自我效能感的简单任务和有利于学生长期乐观的自我效能感形成的挑战性任务之间取得平衡（Spaulding，1992；Stipek，1996）。"走进课堂——提高有效的自我效能感"专栏提供了几种基于研究的策略。

走进课堂 •••

提高有效的自我效能感

■ **传授学生需要掌握的基本知识和技能。** 生物老师在讲授细胞有丝分裂和减数分裂之前必须确定所有同学都清楚地理解了 DNA 的基本结构，因为这两部分内容都需要 DNA 结构的知识作为基础。

■ **向学生保证他们能够成功地完成具有挑战性的任务，并指出与他们相仿的其他人之前已获得了成功。** 年初，初级乐队班的学生纷纷诉说自己在学习演奏乐器时所遭受的挫折。老师提醒他们：就像他们一样，去年的初级乐队班的学生也是从零基础开始，但最终都掌握了乐器的演奏。几周后，初级乐队班参加了一场音乐会，其中学校的高级乐队班（去年的初级乐队班）演奏了一首《哈利·波特》（Harry Potter）系列电影中的混音曲。

■ **让学生看到有相似能力的同龄人成功地完成具有挑战性的任务。** 为了让来自低收入家庭、少数族裔家庭的学生相信，只要用心，他们几乎可以做任何事情，

一名高中数学老师给学生播放了电影《为人师表》（Stand and Deliver）。这部电影描述了洛杉矶东部的低收入社区的 18 名墨西哥裔美国高中生的真实故事，他们通过努力和坚持，参加了美国大学预修课程（AP）的微积分考试，并获得了大学学分。

■ **帮助学生追踪他们在具有挑战性的任务上的进展。** 当 1 年级学生正在学习如何在小型圆织机上织布时，一名学生沮丧地哭着去找她的老师，因为她织的头几行全是错的。老师回答道："看，凯蒂，这就是历史，你自己学习编织的历史。你可以看着这个，然后说'为什么，我知道我是怎么开始的，这里我不知道怎么办才好，我走了两步而不是一步；但我学会了，然后——它从头到尾就都是完美的了'。"那名学生回到自己的座位上，觉得很舒服，然后完成了她的作品。接着，她又完成了另一幅完美无瑕的作品，并骄傲地把它拿给老师看。

■ **在学生掌握了基本技能后，呈现一些只有通过努力和坚持才能成功的任务。** 一

名体育教师告诉他的学生："今天我们来看看你们每个人能跳多远。我们将以正确的姿势持续每周练习一点。这些努力将来会让你们比其他人更成功，让我们看看在月底测试时，你们是否都能多跳 5 厘米。"

■ **让学生以小组合作的方式处理特别具有挑战性的任务。** 一名 5 年级教师让学生以三人为一组写关于北美早期殖民生活的研究论文。教师确保每个小组的学生都具备完成任务所必需的图书资料收集、写作、文字处理和艺术方面的技能。她还确保每个学生都有一些独特的技能来为小组做贡献。

■ **让学生设定短期（近期）目标，这样他们就能体验成功。** 一名西班牙语教师意识到他的学生很沮丧，并且觉得他们不能学会很好地说或理解西班牙语。于是他要求学生设定每周的短期目标，而不是专注于学习西班牙语的长期目标。周一，他告诉他的学生："我们接下来两周的目标是学习如何用西班牙语数到20；到两周结束时，你们将能够用西班牙语进行正向数数、反向数数、数奇数和数偶数，甚至做简单的数学题。"到两周结束时，学生真的做到了这一点，他们对已学到的内容感觉很好。图 10.4 是一个首字母缩略词示例，我们可以张贴在教室里，提醒学生在设定自己的目标时要考虑的一些事情。

■ **如果学生不切实际地过度自信——以至于他们没有付出必要的努力和策略去掌握材料——那么可以帮助他们学习如何准确地评估当前的知识和技能水平。** 尽管吉福德女士班上的许多学生的成绩一直很差，但他们都非常自信，相信自己

能正确地解决数学问题。为了帮助学生更现实地评估自己当前的理解，吉福德女士开始频繁地给学生做简短的测验，让他们在真正尝试解决问题之前预测自己正确解决问题的能力，并评估解决问题的准确性。然后，当他们拿回带有评分的小测验时，他们会因为分析自己在具体问题上的自我评估的准确性及解释和纠正错误而得到额外的分数。然后，这个班的学生开始取得更高水平的成就。

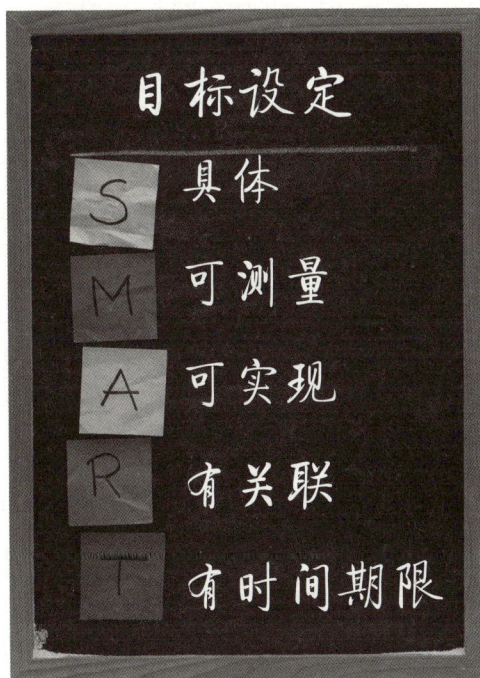

图 10.4 "SMART" 是一个有用的工具，可以帮助学生记住如何为自己设定适当的目标

资料来源：Bandura，1986，1989，1997，2000；R. Butler，1998a；Eccles et al.，1998；Friedel，Cortina，Turner，& Midgley，2010；Hawkins，1997；Lodewyk & Winne，2005；Mathews，1988；Menéndez，1988；Schunk，1983，1984，1989a，1989c；Usher & Pajares，2008；Zeldin & Pajares，2000；Zimmerman & Moylan，2009.

教师自我效能感

不仅学生要对自己获得学业成功的能力有较高的自我效能感，教师也应当对自己帮助学生获得成功的能力有较高的自我效能感。当教师相信他们能够帮助学生掌握课堂主题时，学生就更有可能达到较高的学业水平（Skaalvik & Skaalvik, 2008；Tschannen-Moran, Woolfolk Hoy, & Hoy, 1998；Ware & Kitsantas, 2007）。事实上，教师的自我效能感与有效表现（根据独立观察者的判断）的关系比教师的个性特征（例如，教师是外向的还是害羞的）更密切（Klassen & Tze, 2014）。教师的自我效能感会随着时间和情境的变化而变化。毫无疑问，新手教师在教学实践中往往会对自己的能力越来越有信心，但在第一年的教学中会有所下降。在第一年突然失去信心是很正常的，随着经验的积累，教师的自我效能感会再次提高。如果这种情况发生在你身上，知道这一点可以帮助你妥善应对（L. Anderman & Klassen, 2016）。

教师的信心一部分可能表现为集体教师自我效能感：同一所学校的教师相信，作为一个集体，他们可以显著改变儿童和青少年的生活，他们的学生本身也有较高的自我效能感，更有可能取得高水平的学业成就（Goddard, 2001；Goddard, Hoy, & Woolfolk Hoy, 2000；Goddard, Skrla, & Salloum, 2017；Tschannen-Moran et al., 1998）。当教师对自己的课堂教学效果有较高的自我效能感（不论是个人的还是集体的）时，他们都会在如下几个方面影响学生的成就：

- 他们更愿意尝试那些能更好地帮助学生学习的新的教学策略；
- 他们会为学生的表现设定更高的目标；
- 他们会在教学中倾注更多心血，并坚持不懈地帮助学生学习；
- 他们会管理问题行为（如欺凌），更有效地为更积极的学校文化做贡献（Anderman & Klassen, 2016；Bandura, 1997；Guskey, 1988；Klassen & Chiu, 2010；Skaalvik & Skaalvik, 2008；Sørlie & Torsheim, 2011；

Tschannen-Moran et al., 1998；Veenstra, Lindenberg, Huitsing, Sainio, & Salmivalli, 2014）。

这些效果看起来应该是相似的：正如自我效能感会影响学生的活动选择、目标、努力和坚持性一样，它也会影响教师的活动选择、目标、努力和坚持性。当教师的自我效能感较高时（尤其是在指导和行为管理方面），他们对工作也会更满意（Klassen & Chiu, 2010）！

作为教师，我们可以做如下事情来提高自我效能感。

- **与其他教师合作。**当许多教师一起工作时（如做教学计划），他们可以创造有凝聚力的学习环境，并巩固彼此在课堂上教授的材料。这既增强了我们对自己教学技能的信心，也增强了我们对共同成就的信念。此外，最近的研究表明，在教师集体效能感较高的学校里，教师更善于合作，黑人和白人学生之间的成绩差距也更小。

- **寻求建设性的反馈。**作为教师，我们有时每年只能从管理者那里获得一两次关于我们教学的反馈；实际上，我们可以更频繁地获得反馈。当我们定期收到反馈，并相应地改变我们的教学实践时，学生会注意到这些变化，进而改善自己的态度，改进自己的学习。我们可以请其他教师来观察我们的教学并给予反馈。我们也可以向学生寻求反馈。一种简单的方法是对自己的学生实施一个简短的匿名调查，学生可以通过纸笔形式完成，也可以通过现成的网站或应用程序轻松完成。

- **让你的学生参与进来。**当教师确保学生专注于自己的任务时，学生不太可能行为不当而更有可能学习。因此，在学生高度投入和表现良好的课堂中，教师会感觉更有效率。我们将在第11章更多地讨论动机和投入，在第13章更多地讨论行为管理。

■ **乐于审查和改变你的实践**。作为教师，我们总是在学习。教师不断面临着新的挑战。当我们接受这些挑战作为学习经验，并从中发现更有效的方法来改变我们的教学实践时，我们的自我效能感将会提高，我们的学生也会学到更多。专业发展工作坊、课程及坚持阅读专业期刊有助于教师持续地发展他们的专业知识，更新他们的实践（Goddard, Goddard, Kim, & Miller, 2015; Goddard & Kim, 2018; Goddard, Skrla, & Salloum, 2017; Guskey, 1988; Malmberg, Hagger, & Webster, 2014; Pas, Bradshaw, & Hershfeldt, 2012）。

自我调节

10.5 确定自我调节行为和自我调节学习的重要组成部分，应用自我调节的知识帮助学习者有效控制自己的行为，掌握学业科目，解决人际问题

虽然较高的自我效能感能促进学生的学习，但它并不是影响学生表现的唯一因素。"只要相信自己，就足以带来成功"是一个流行的观点，但这种观点实际上并没有得到研究的大力支持。正如我们将看到的，学生还必须掌握知识和技能，使高水平的表现成为可能。有些知识和技能是针对特定的主题和学业领域的，但有一套技能——与自我调节（self-regulation）相关的技能——可以对学生的整体成就产生普遍的影响。为了了解你自己的自我调节能力，请试试下面的练习。

亲身体验

关于自我调节的自我反思

对于下面的每一种情况，选出最能正确描述你作为一名大学生的态度、思想和行为的选项。除了你之外，没有人会看到你的答案，请诚实作答！

1. 关于我的期末成绩，我非常努力地试图要 _____。
   A. 所有都得 A
   B. 所有都得 A 和 B
   C. 在大学期间让我的总平均绩点保持在或高于最低的可接受水平

2. 当我阅读和学习课本时，_____。
   A. 我经常能注意到我的注意力不集中，并立即让我的注意力回到学习上
   B. 我有时能注意到我的注意力不集中，但并不总是这样
   C. 我经常会迷失在白日梦中，以至于浪费了很多时间

3. 每当我完成学习任务时，_____。
   A. 我会记下我完成学习任务所花费的时间
   B. 我会在头脑中记住我完成学习任务所花费的时间
   C. 我真的不太会注意我完成学习任务所花费的时间

4. 当我上交作业时，_____。
   A. 我经常认为我会获得好成绩
   D. 我经常会对所获得的成绩感到惊讶
   C. 我对所完成作业的质量不太在意

5. 当我意外地在作业中获得好成绩时，_____。
   A. 我会为自己的表现感到高兴，可能还会用某种方式来奖励自己
   B. 我会为自己的表现感到高兴，但我不会为自己做一些特别的事情
   C. 我的感觉和获得好成绩之前相比没有太大的变化

不管你如何回答项目 1，你都可能会为自己设定一个正在努力实现的特定目标。你对项目 2 的回答会

让你了解到，当你学习时你会在多大程度上监控或尝试控制自己的思想。你对项目3和项目4的回答则说明了你评估自我表现的频率和准确性等方面的事情。而你对项目5的回答象征着你是否可能会为了期望的行为而强化自己。只要我们能建立自己的优先事项和目标，对自己的思想和行动负责，反思和评估自己的行为，我们就是自我调节的个体（Bandura，2008）。

在某种程度上，由于大脑的成熟，大多数学习者会随着年龄的增长变得越来越有自我调节能力（这一点在本章后面的"应用大脑研究"专栏中会有更多介绍）。表10.3显示了学生在小学和中学阶段的典型进步。表中的一些条目，如自我指导和行为的自我评估，反映了行为中的自我调节；其他条目，如控制注意力和自我激励的能力，反映了学习中的自我调节。我们将在这里研究自我调节行为和自我调节学习，以及自我调节的问题解决。

表10.3　不同年级水平的自我调节

年级水平	典型年龄特征	示例	建议策略
学前	• 自我调节行为的习得在学龄前期会有所差异：有些儿童在进入幼儿园时变得非常自律，另一些儿童则不然；这些技能通常需要2~3年的时间来发展，一旦出现，就会发展得很快	3岁的亚当开始意识到，有时他在操场上和朋友玩得太过头了	• 利用旨在帮助学生练习自我调节能力的课程
K~2	• 成年人行为标准的部分内化 • 设定自我选择目标和自我评价行动的能力出现 • 部分儿童使用自我指导（自我对话）来指导自己的行为 • 在冲动、情绪及注意力的自我控制方面存在个体差异	幼儿园里的大多数儿童都能安静地坐着听教师讲故事，但也有少数儿童坐立不安，偶尔会分散同学的注意力	• 讨论课堂规则的设置理由 • 向学生展示某些行为如何帮助他们实现目标而另一些行为如何妨碍他们实现目标 • 对课堂加以组织，以便学生能够自主开展活动 • 当学生表现出冲动或较弱的情绪控制能力时，为他们的行为提供指导和一致的后果
3~5	• 自我评价能力提高 • 对不满意的表现及道德违背会有内疚感和羞愧感 • 出现自我调节学习策略（如有意识地尝试集中注意力） • 有些学生在自我控制方面持续存在困难	每周四晚上，8岁的洛根都会为每周的拼写测验做准备，教师第二天会考查。有时他会让父亲考他一些较难的单词	• 让学生设定具体的目标 • 鼓励学生评估自己的表现，为他们提供用于评估自身学习的标准 • 要求学生完成一些简单的、自我调节的学习任务（如简短的家庭作业），提供一些结构来指导学生努力学习 • 鼓励学生在需要帮助时，利用同伴作为资源 • 如果学生在自我控制方面持续存在困难，教给他们一些能够帮助他们控制行为的自我指导的方法
6~8	• 计划未来行动的能力逐渐提高 • 对一些自我调节学习策略的掌握逐渐提高，特别是那些涉及比较明显行为的自我调节策略（如在表格上记录作业及完成的时间） • 自我动机策略（如尽量减少分心） • 在困惑的时候，尤其是当教师看起来不支持的时候，寻求帮助的行为减少	当玛丽开始上中学时，她让父母给她买了一个计划簿，因为她想记录作业，也想为考试和测验做计划	• 布置一些与年龄相适应的、需要独立学习才能完成的家庭作业和其他学习任务 • 提供记录学习任务及作业的具体策略（如给学生提供每月日历，学生可以在上面写下约定日期） • 提供有关如何有效学习的具体指导 • 给学生机会评估自己的学习，并让他们将自己的评估与你的评估进行比较

（续表）

年级水平	典型年龄特征	示例	建议策略
9~12	· 更长远的目标设定 · 情绪调节策略的持续发展，特别是在能够唤起强烈情绪的情况下（如运动） · 自我调节学习能力的多样性，尤其是当校外作业与休闲活动相冲突时；自我调节学习策略在许多成绩差的学生身上很少见 · 一小部分年龄较大的青少年在自我控制方面持续存在困难	从规模较小的初中升入规模大得多的高中后，有些学生每天晚上都很努力地完成家庭作业，但另一些学生很容易受到与朋友一起参加的有趣活动的吸引，结果他们的成绩下降了	· 将学习任务与学生长远的个人目标和职业目标关联起来 · 鼓励学生通过角色扮演尝试各种情绪控制策略 · 布置复杂的独立学习任务，为那些尚未成为"自我调节的学习者"的学生提供必要的结构和指导

资料来源：Abrami, Venkatesh, Meyer, & Wade, 2013；Bronson, 2000；Brunstein & Glaser, 2011；Corno & Mandinach, 2004；Damon, 1988；Dunning, Heath, & Suls, 2004；Eccles, Wigfield, & Schiefele, 1998；Fries, Dietz, & Schmid, 2008；Hampson, 2008；M. Hofer, 2010；M. H. Jones, Estell, & Alexander, 2008；Kochanska, Gross, Lin, & Nichols, 2002；Larson & Brown, 2007；Loni-gan, Allan, & Phillips, 2017；Marchand & Skinner, 2007；J. S. Matthews, Ponitz, & Morrison, 2009；Meichenbaum & Goodman, 1971；Meltzer et al., 2007；S. D. Miller et al., 2003；S. G. Paris & Paris, 2001；Posner & Rothbart, 2007；Schneider, 2010；Valiente, Lemery-Calfant, Swanson, & Reiser, 2008；Wolters & Rosenthal, 2000.

自我调节行为

当我们采取某些特定的方式行动并观察周围环境如何做出反应时——强化某些行为并惩罚一些令人沮丧的行为——我们就开始区分有效的行为和无效的行为，而且我们中的大多数人会越来越多地控制和监控自己的行为（Bandura, 1986, 2008）。换句话说，我们在进行自我调节行为（self-regulated behavior）。自我调节行为至少有六个重要的组成部分，如图 10.5 所示。如你所见，这六个组成部分都有认知要素和行为要素。

自我决定标准与目标

我们倾向于对自己的行为有一个普遍的标准，即我们在特定情境下对自己的表现进行评价的标准。我们也会设定特定的目标来指导自己对行动和活动的选择。满足标准和达成目标会给我们带来相当大的自我满足感和自我效能感，并激励我们达到更高的高度（Bandura, 1986, 2008）。

不同的个体会为自己设定不同的标准和目标。当然，他们的标准和目标经常出现在别人对标准和目标的设定的示范之后（Fitzsimmons & Finkel, 2010；E. A. Locke & Latham, 1990；R. B. Miller &

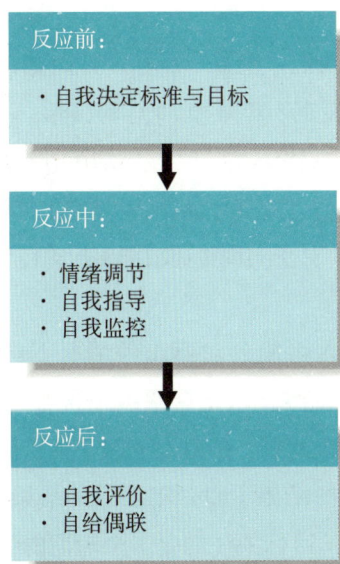

反应前：
· 自我决定标准与目标

反应中：
· 情绪调节
· 自我指导
· 自我监控

反应后：
· 自我评价
· 自给偶联

图 10.5　自我调节行为的组成部分

Brickman, 2004）。例如，在一些高中，许多学生都希望到他们能考上的最好的大学去上学，而且他们的学术抱负非常具有感染力。但在另一些高中，毕业后找一份工作——或者肄业——可能是更普遍的目标。

当学生为自己设立目标而不是别人将目标强加给他们时，他们通常会更有动力朝着目标努力前进（Deci & Ryan, 1992；Fitzsimmons & Finkel, 2010；

M. E. Ford，1992）。帮助学生发展自我效能感的一种方式就是为他们提供自己设立目标的环境。例如，我们可以让学生自己决定，他们打算到周五时学会多少额外的内容，或者他们想掌握哪种体育技能。

理想的情况是，我们应该鼓励学生设定一些具有挑战性但又现实的标准和目标。

亲身体验

设定目标

假设你决定节食，目标是在一年内减掉 50 斤。你给自己制定了食谱，在一周结束时，你称体重时发现自己瘦了 1 斤。然后你继续坚持节食，在第二周结束时，你称体重时发现自己又瘦了 1 斤。对于实现一年内减掉 50 斤的目标，你是怎么看的？

现在让我们"重置"目标，开始制订新的节食计划。与其设定一年减掉 50 斤的目标，不如设定每周减掉 1 斤的目标。你在第一周结束时称体重时发现自己瘦了 1 斤；你在第二周结束时称体重时发现自己又瘦了 1 斤。对于实现每周减掉 1 斤的目标，你是怎么看的？

大多数人可能会对第二种情况下自己的成功感觉更好。但实际上，这两种情况唯一的区别就是设定的目标类型。在第一个例子中，目标关注的是一个长期的结果（即一年之后的结果），而在第二个例子中，目标关注的是一个短期的结果（即一周之后的结果）。短期目标即近期目标。**近期目标**（proximal goal）是指在短时间内能独立完成或者在得到一些支持后可以实现的短期目标。相比之下，长期目标被称为**远期目标**（distal goal）。学生在追求近期目标时，会体验到成功的感觉，从而提升自我效能感；当学生继续在短期（近期）目标上取得成功时，他们更有可能最终实现长期（远期）目标（Schunk，1983）。图 10.6 是一个中学生对一些目标的描述，这些目标是他在努力成为一个更好的读者

时可以设定的。我们可以看到，这些目标都很模糊、遥远；他的老师可以利用这个机会来支持他的长期目标，但也要帮助他设定一些短期的、可达成的目标（例如，"我将在接下来的两周每晚写一段话，而且要每天从我的老师那里寻求对这段话的反馈"）。

对某一特定科目（如阅读）的自我效能感较高的学生，更有可能把在该科目取得好成绩作为目标；这个目标通常会鼓励他们使用自我调节策略，最终带来更高的成就（Lee et al.，2014）。与此同时，我们必须提醒学生，恒定的完美不是一个现实的目标——在追求新的和困难的任务时，偶尔的错误是不可避免的。只满足于表现完美的学生不可能达到这样一个不可能的标准，因此，他们可能会变得过度焦虑或抑郁（Bandura，1986；Covington，1992；Stoeber，Schneider，Hussain，& Matthews，2014）。

> 这个季度的目标和自我评价
>
> 我希望在阅读方面有更多进步，成为一个更高级的写作者。我的写作能力可以更好。我应该拿出更多的东西，想出更好的想法写在我的作品集中。总的来说，我认为我做得很好，但我还希望可以更加热爱写作和阅读。

图 10.6　一个中学生的阅读和写作目标

情绪调节

自我调节行为的第二个重要方面是**情绪调节**（emotion regulation）——持续检查或修正任何导致无效反应的感受——也许是愤怒、憎恨或过度兴奋。有效的情绪调节通常包括两种不同的手段（Buckley & Saarni，2009；Pekrun，2006；J. M. Richards，2004）。首先，学习者要控制他们表达情绪的程度。其次，自我调节的个体常常能够重新解释所经历的事件，以便对那些会导致愤怒或悲伤的情况进行积极的转变。例如，一个意外获得很低成绩的学生可能会把这个成绩看作提醒自己将来要更努力学习的警钟。而一个没有进入大学足球队的学生可能会想："也许这是因祸得福，因为它让我在课后有更多时间给青年俱乐部的人帮忙。"

一般而言，能够有效控制自己情绪的儿童和青少年会有更多的朋友和更好的社会技能，学习也更轻松（Aikins & Litwack，2011；Davis，2016；Eisenberg，Vaughan，& Hofer，2009；Raver，2014）。相比之下，那些难以控制自己情绪的人很可能会感到孤独和抑郁；一些人会在学校表现出行为问题，另一些人则成为校园欺凌的长期受害者（Buckley & Saarni，2009；Silk，Steinberg，& Morris，2003）。

自我指导

有时，学习者只是需要别人提醒他们在特定情况下应该如何表现。我们可以为他们提供一种方法，通过教他们使用自我指导（self-instruction）来引导自己处理复杂的情境，做出适当的反应。这种有效的方法包括如下步骤（Meichenbaum，1977）：

1. 认知示范：教师通过在执行活动的同时大声重复指导的方式示范自我指导；

2. 展开的外部指导：教师在学习者执行活动时大声重复指导；

3. 展开的自我指导：学习者在执行活动时大声重复指导；

4. 渐弱地展开的自我指导：学习者在执行活动时小声说出指导；

5. 隐蔽的自我指导：学习者在执行活动时默想指导。

正如你在这些步骤中看到的，教师最初是作为行为和自我指导的榜样，然后逐渐将责任转移给学习者的。这个过程的第 3 步到第 5 步可能会让你想起维果茨基的自我对话和内部言语等概念。

教授自我指导在帮助学生获得和提高复杂的运动技能方面非常有效（Hatzigeorgiadis，Zourbanos，Galanis，& Theodorakis，2011）。对于那些经常表现出长期行为问题的学生（如长期冲动或不诚实的学生），教授自我指导也会非常有效（Carter & Doyle，2006；W. M. Casey & Burton，1982；Meichenbaum，1985）。

自我监控

自我调节的另一个重要方面就是观察行动中的自己——这个过程被称为自我监控（self-monitoring）或自我观察。为了在重要的目标上取得进步，学习者必须知道他们当前做得怎么样。而当他们看到自己朝着目标取得进步时，他们就更有可能继续努力（Schunk & Zimmerman，1997）。

然而，学习者并不总是能对自己的行为进行敏锐的监控（Karpicke，Butler，& Roediger，2009；Winne & Haldwin，1998）。例如，他们可能没有意识到他们经常做错某些事情或做事情比较低效，又或者为何很少能把事情做好。特定的、具体的机制往往可以提高他们的自我监控能力。例如，如果雷蒙德经常乱发言，我们可以要求他在每次发现自己在不恰当的时间乱发言时，就在纸上做个记号。如果希拉里在坚持做作业上存在困难，我们可以要求她每隔几分钟就停下来思考一下自己的行为（也许可以借助计时器或手机），以确定她在每个间隔期间是否正在坚持学习。图 10.7 举例说明了我们可能给希拉里提供的用于记录自己的自我监控表。

希拉里的自我监控记录

每隔 10 分钟，做个记号来显示你正在坚持学习。

+ 代表你总在学习
1/2 代表你有一半的时间在学习
− 代表你几乎没有学习

9:00-9:10	9:10-9:20	9:20-9:30	9:30-9:40	9:40-9:50	9:50-10:00
+	+	−	+	1/2	−
10:00-10:10	10:10-10:20	10:20-10:30	10:30-10:40	10:40-10:50	10:50-11:00
1/2	−	休息	休息	+	1/2
11:00-11:10	11:10-11:20	11:20-11:30	11:30-11:40	11:40-11:50	11:50-12:00

图 10.7　一个用于坚持学习的自我监控表

这种自我聚焦的观察和记录可以给学习者的行为带来明显的变化——有时甚至是非常显著的变化。例如，自我监控可以用来增加学生的课堂参与度和完成作业的勤奋程度。它还能有效地减少攻击性及乱说话和离开座位等破坏性行为（Belfiore & Hornyak, 1998; Plavnick, Ferreri, & Maupin, 2010; Prater, Carter, Hitchcock, & Dowrick, 2011; Reid, Trout, & Schartz, 2005; Webber, Scheuermann, McCall, & Coleman, 1993）。

技术的使用可以进一步提高学习者的自我监控能力（Bear, Torgerson, & Dubois-Gerchak, 2010; Hitchcock, Dowrick, & Prater, 2003; Prater, Carter, Hitchcock, & Dowrick, 2011）。甚至学龄前儿童在使用 iPad 和其他平板电脑开发的一些教育应用程序时，也可以监控自己，避免分心（Axelsson, Andersson, & Gulz, 2016）。以查尔斯为例，他是一个高智商的 5 年级学生，他在课堂上的行为——攻击他人、爱发脾气、经常拒绝完成作业——完全激怒了她的父母和老师。传统的行为主义方法（如系统的表扬、隔离、代币制）、咨询，或者纸笔自我监控表对查尔斯一点用都没有。但当他的特殊教育老师开始录制他的行为视频，并在数学课上展示他的行为时，他被眼前的景象惊呆了："我真的是这样的吗？我真的这样说过吗？把它关掉！"查尔斯表达了想要变得"正常"的强烈愿望，他的课堂行为明显变得更加顺从和尊重，他也开始重视表扬、代币和其他之前他回避的强化物（Bear et al., 2010）。

自我评价

要做到真正的自我调节，学习者不仅要监控自己的行为，还要判断自己的行为，就像查尔斯在观看视频时所做的那样。换句话说，他们必须进行自我评价（self-evaluation）。当然，合理、准确的自我评价既取决于适当的行为标准，也取决于对自己的行为有相对客观的自我监控技术。当学习者有这样的先决条件时，我们可以使用以下策略：

- 让学生写日记或周记，指出自己的优点和缺点；
- 安排小组会议，让几个学生讨论他们对彼此作品的反应；
- 让学生将他们认为最好的作品组合成作品集，并对每一个作品进行自我评价（S. G. Paris &

Ayres, 1994; S. G. Paris & Paris, 2001）。

此外，我们可以提供自我评价工具，告诉学生在评价自己的作业时应该寻找什么，我们可以偶尔让他们将自我评价与他人对他们表现的独立判断进行比较（DuPaul & Hoff, 1998; Mitchem & Young, 2001; Reid et al., 2005; D. J. Smith, Young, West, Morgan, & Rhode, 1988）。

自给偶联

自给偶联（self-imposed contingency）涉及对自己的行为给予自我强化或自我惩罚。例如，当你完成一项困难的任务，如在一门具有挑战性的课程中获得 A，或者在一场篮球比赛中投中一个三分球时，你会有什么感觉？当你失败了，如考试得了 D，或者在无意中伤害了朋友的感情时，你会有什么感觉？当你完成了你设定的任务，尤其是当任务既复杂又很有挑战性时，你可能会为自己感到自豪，并给自己一个精神奖励。相反，当你没能完成一项任务时，你很可能会对自己的表现不满意，也可能会感到内疚、后悔或羞愧（Harter, 1999; Krebs, 2008）。

当儿童和青少年变得越来越能进行自我调节并成功地完成目标时，他们也开始进行自我强化——可能是感到自豪或告诉自己做得很好。当他们做了一些没有达到自己表现标准的事情时，他们可能会惩罚自己——感到抱歉、内疚或羞愧。但自给偶联并不一定局限于情绪反应。当许多自我调节的个体把事情做好时，他们经常会用很多具体的方法进行自我强化（Bandura, 1977）。

因此，帮助学生变得更善于自我调节的另一种方法就是教他们进行自我强化。当学生开始对一些恰当行为进行自我强化时——也许是给自己一些自由的时间、允许自己进行喜欢的活动，或者仅仅是表扬自己——他们的学习习惯和课堂行为就会得到显著改善（K. R. Harris, 1986; Hayes et al., 1985; Reid et al., 2005）。在一项研究中，一些算术学得不好的学生被告知，当他们的作业做得好时，就可以给自己一些绩点，以后他们可以用这些绩点"购买"各种项目和特权。短短几个星期之后，这些学生无论是在课堂作业上还是在家庭作业上都和他们的同学做得一样好（H. C. Stevenson & Fantuzzo，1986）。

在课堂、运动场和其他地方，最勤奋的员工和成就最高的人往往是那些能够有效地进行自我调节的人（Duckworth & Seligman，2005；Trautwein，Lüdtke，Kastens，& Köller，2006；Zimmerman & Kitsantas，2005）。但我们不能听任自我调节行为的发展。当教授学生一些控制自己行为的策略时，我们应当牢记以下几点：

- 学生必须具备实现既定目标的身体能力和认知能力；
- 学生必须有动力改变自己的行为；
- 学生对改变的期望必须是现实的、实际的，戏剧化的一夜之间的改进是很少见的；
- 学生必须对做出必要的改变有较高的自我效能感。

获得有效的自我调节技能常常是一个缓慢的、渐进的过程，但在合理的指导和帮助下，几乎所有学生都能掌握这些技能。

自我调节学习

要做到真正的自我调节，学习者必须指导和监控自己的学习和行为。具体来说，自我调节学习（self-regulated learning）包括以下过程，其中许多过程涉及元认知。

- **目标设定**。在阅读和学习时，自我调节的学习者知道自己想要完成什么，也许是为了学会具体的事实，对某一主题获得广泛的概念性理解，或者仅仅是为了在课堂测验中取得好成绩而去学习足够的知识。通常，他们会把某个特定的学习活动的目标与长期目标及抱负紧密联系在一起（Nolen，1996；Winne & Hadwin，1998；Wolters，1998；Zimmerman & Moylan，2009）。

- **计划**。自我调节的学习者会提前决定如何最佳地利用可用的时间和资源完成学习任务（Zimmerman & Moylan，2009）。

- **自我动机**。自我调节的学习者通常对自己成功完成学习任务的能力具有较高的自我效能感。他们会使用各种策略使自己坚持完成学习任务——也许是提醒自己把事情做好的重要性，或者自我承诺当完成任务时给自己奖励（Pajares，2009；Usher，2009；Wolters，2003）。

- **控制注意力**。自我调节的学习者会设法将注意力集中在当前的学习主题上，并清除自己头脑中可能干扰学习的想法和情绪（Harnishfeger，1995；J. Kuhl，1985；Winne，1995）。

- **灵活运用学习策略**。自我调节的学习者会根据他们希望实现的特定目标选择不同的学习策略。例如，他们怎样阅读一篇杂志文章取决于他们是为了娱乐还是为了考试而阅读（Meltzer，Pollica，& Barzillai，2007；van den Broek，Lorch，Linderholm，& Gustafson，2001；Winne，1995）。

- **自我监控**。自我调节的学习者会持续地监控自己朝向学习目标的进展——例如，通过频繁地检查自己对所读内容的理解和记忆（即监控理解情况）。此外，他们还会根据需要改变自己的学习策略或调整目标（D. L. Butler & Winne，1995；Carver & Scheier，1990；Zimmerman & Moylan，2009）。

- **适当地寻求帮助**。真正的自我调节学习者并不一定要独立完成每一件事情。相反，当他们需要别人的帮助时，他们能够意识到并寻求这样的帮助。他们尤其有可能去寻求那种使他们能够在未来更加独立地学习的帮助（R. Butler，1998b；J. Lee & Shute，2010；R. S. Newman，2008；Zusho & Barnett，2011）。

- **自我评价**。自我调节的学习者会判断他们已学的知识是否帮助他们实现了最初的目标。

理想的情况是，他们也能在未来的情境中运用自我评价来调整自己对各种学习策略的使用（Schraw & Moshman，1995；Winne & Hadwin，1998；Zimmerman & Moylan，2009）。

如表 10.3 所示，自我调节学习的少数组成部分（如有意识地集中注意力和独立完成短期学习任务）出现在小学高年级，而其他组成部分（如计划、自我激励）则出现在初中和高中阶段。从某种程度上讲，自我调节学习可能是在从事与年龄相符的独立学习活动，以及观察别人所示范的有效的自我调节策略的各种机会中发展而来的（S. G. Paris & Paris，2001；Zimmerman，2004）。但如果我们采用维果茨基的观点，我们可能会假设自我调节学习也是根植于社会调节学习的（Stright，Neitzel，Sears，& Hoke-Sinex，2001；Vygotsky，1934/1986；Zimmerman，1998）。首先，教师和父母可能会通过设定学习活动目标、使儿童的注意力集中在学习任务上、建议有效的学习策略，以及监控学习过程来帮助儿童学习。然后，在共同调节学习（co-regulated learning）中，成年人和儿童会共同承担指导学习过程的各个方面的责任（McCaslin & Good，1996；McCaslin & Hickey，2001；Zimmerman，2004）。例如，教师和学生可能会就学习的特定目标达成一致意见，或者教师可能会提供一些标准，让学生用来评价自己的表现。最开始，教师可能会为学生的努力学习提供相当多的脚手架，然后随着学生变成更熟练的自我调节者而逐步撤掉它。或者，几个能力相同的学习者可以集体调节学习任务，也许是在一个合作的小组活动中（Hickey，2011；Volet，Vaura，& Salonen，2009）。在这种情况下，不同的学习者可以承担不同的责任，并监督彼此的进步。

当儿童和青少年是自我调节的学习者时，他们会为自己设定更有抱负的学业目标，更有效地学习，并在课堂上及基于计算机的学习环境中达到更高的学业水平（D. L. Butler & Winne，1995；Corno et al.，2002；Greene & Azevedo，2009；Mega，Ronconi &

De Beni，2014）。在青春期及成年期，自我调节学习逐渐变得越来越重要，这时候许多学习活动——阅读、做家庭作业、在互联网上寻找所需资源等——都需要独立于他人进行，因此需要相当多的自我指导（Trautwein et al.，2006；Winne，1995；Zimmerman & Kitsantas，2005）。然而，即使到了高年级，许多学生也很少有自我调节学习技能，这也许部分是因为传统的教学实践很少鼓励他们这样学习（S. G. Paris & Ayres，1994；Winters，Greene，& Costich，2008；Zimmerman & Risemberg，1997）。

促进自我调节学习

为了促进学生的自我调节学习，我们必须教会学生多种促进学习和记忆的认知过程——理解监控、精细的自我提问等。此外，研究者还建议采取以下策略：

- 鼓励学生设定自己的学习目标并监控自己朝向这些目标的进展；
- 给学生机会，让他们在没有教师指导或帮助的情况下学习，这些情况包括学生自己独立完成的学习活动（如课堂作业和家庭作业）、学生互相帮助学习的小组活动（如同伴指导、合作学习），以及提供脚手架的技术促进课程；
- 偶尔布置一些作业（如研究论文或创造性的项目），在这些作业中，学生在目标、时间利用上有相当大的余地；
- 教授时间管理策略（如留出在家学习的具体时间、根据难度和截止日期排列任务的优先级）；
- 提供学生获得自我调节能力所需的脚手架（例如，向他们展示如何运用检查表确定自己每天需要做什么、决定什么时候完成教师布置的所有任务）；
- 通过出声思考正在使用的认知过程的方式向学生示范自我调节的认知过程，然后当学生进行类似的认知过程时给予建设性的反馈；
- 鼓励学生寻求短期的、有重点的帮助，以克服暂时的理解上的困难；

- 给学生演示如何将干扰从他们当前的环境中移除（例如，提醒他们把智能手机放在视线之外）；

- 持续要求学生评价自己的表现，并让他们将自我评价与教师的评价进行比较（Belfiore & Hornyak，1998；Bronson，2000；Duckworth，White，Matteucci，Shearer，& Gross，2016；Falco，2008；Kitsantas，Dabbagh，Hiller，& Mandell，2015；McCaslin & Good，1996；McMillan，2010；Meltzer et al.，2007；Muis，Psaradellis，Chevrier，Di Leo，& Lajoie，2016；R. S. Newman，2008；S. G. Paris & Paris，2001；N. E. Perry，1998；N. E. Perry，VandeKamp，Mercer，& Nordby，2002；Schunk & Zimmerman，1997；Stoeger，Sontag，& Ziegler，2014；Winne & Hadwin，1998；Wong，Hoskyn，Jai，Ellis，& Watson，2008；Zimmerman & Risemberg，1997）。

自我调节的问题解决

在处理复杂问题时有效地指导自己的努力——即自我调节的问题解决（self-regulated problem solving）——包含许多和自我调节学习相同的成分：目标设定、自我动机、注意控制、自我监控及自我评价等（Zimmerman & Campillo，2003）。就像教师脚手架能促进自我调节学习能力的发展一样，它也可以促进自我调节的问题解决策略的获得。

当学生解决复杂的问题时，我们可以为他们提供一个一般结构——例如，鼓励他们问自己"为什么我要使用这种策略"和"我确定这个答案有意义吗"（BerardiColetta，Buyer，Dominowski，& Rellinger，1995；Desoete，Roeyers，& De Clercq，2003）。

自我调节的问题解决不仅对解决学业问题很重要，对解决社会问题也很重要。例如，为了帮助学生更有效地处理人际冲突，我们可以教他们采取以下步骤：

1. 界定问题；

2. 确定几种可能的解决方案；

3. 预测每种解决方案的可能结果；

4. 选择最佳解决方案；

5. 确定执行这种最佳方案所需的步骤；

6. 执行这些步骤；

7. 评价结果（S. N. Elliott & Busse，1991；Meichenbaum，1977；Weissberg，1985；Yell，Robinson，& Drasgow，2001）。

遵循这些步骤通常能帮助那些有人际问题的学生——例如，那些在社交上退缩或过于好斗的学生——发展更有效的社会技能（K. R. Harris，1982；Meichenbaum，1977；Yell et al.，2001）。

另一种方法就是提供同伴调解（peer mediation）的训练，在同伴调解中，学生能够帮助彼此解决人际问题。这种方法能教会学生怎样让发生冲突的双方表达各自的观点，并一起设计合理的解决方案来调解同学之间的冲突（Beaulieu，Hanley，& Roberson，2013；M. Deutsch，1993；D. W. Johnson & Johnson，1996，2006）。在一项以几个 2～5 年级班级为被试的研究中（D. W. Johnson，Johnson，Dudley，Ward，& Magnuson，1995），学生接受训练去帮助同伴解决人际冲突，主要通过要求发生冲突的双方做以下事情：

1. 界定冲突（问题）；

2. 解释自己的观点和需要；

3. 解释他人的观点和需要；

4. 确定至少三种可能的解决冲突的方法；

5. 就满足双方的需要达成一致意见。

学生轮流为同学做调解者，以便每个人都能体验如何为别人解决冲突。结果，训练组的学生能更频繁地使用满足双方需要的方法去解决自己的人际冲突，他们比未经训练的控制组的学生更少要求成年人的介入。

在同伴调解中，我们还能看到维果茨基关于有效的认知过程通常根植于社会互动的观点的另一个例子。在同伴调解环节，学生为彼此示范有效的冲突解决技能，最终他们可能会将那些用来解决他人问题的技能加以内化并用于解决自己的问题。

当不同的民族、社会经济群体及成就水平的学生都来做调解人时，同伴调解是最有效的（Casella，2001a；K. M. Williams，2001b）。它主要适用于小的、短期的人际冲突，如情感伤害或因使用有限的学习资源而产生的冲突。即使是最熟练的同伴调节者，也不太可能很好地处理那些根深蒂固的、被情绪掌控的态度和行为（Casella，2001a）。在这种情况下，成年人的指导和干预将是必要的。

在线学习环境中的自我调节

当我们还是学生的时候，我们未曾听说过在线学习；但现在，在线学习已经相当普遍了。作为一名学生，你很可能参与过某种在线学习。随着技术的不断发展和越来越容易获得，学生和教师可以更有规律地使用各种形式的在线学习。

当你思考在线学习时，你首先想到的是什么？对很多人来说，在线学习是一门完全在线教授和学习的课程。但实际上，在线学习包括更广泛的学习体验。

亲身体验

什么是在线学习

你是否在上大学时或上大学前在课程中学习过以下内容？

- 参与在线讨论
- 使用通过计算机交付的模拟活动
- 在线听讲座
- 在线观看演示
- 使用共享文档在线完成项目
- 直接在线进行测验或考试
- 在线完成并提交家庭作业

如果你的回答是肯定的，那么你已经参与了在线学习。在线学习不仅仅是学生在网上学习一门完整的课程，它常常被整合到我们的教学中。

作为一名教师，你可能会被要求在线讲授一小部分课程，或者大部分或全部课程。我们的许多学生经常在生活中的许多方面使用技术，他们可能会觉得使用技术学习比听教师讲授更有效。

然而，在线学习也需要学习者的自我调节。虽然你的学生可能会觉得使用技术是有效的，但这并不意味着他们会使用有效的自我调节策略成功地通过这种技术学习。

在线学习可以是同步的（synchronous），也可以是异步的（asynchronous）。同步的在线学习是指在特定时间内进行活动；异步的在线学习更典型——通过异步的在线学习，学生可以在空闲时间完成任务。异步的在线学习对许多学生的吸引力在于，学生几乎可以随时访问课程材料和活动。尽管这很方便，但对那些没有很强的自我调节策略的学生来说也是一种挑战。当学生出现在你的课堂上时，你可以帮助他们集中注意力并专心学习，因为你就在他们身边。但是在线学习经常发生在教师职权范围之外——图书馆、食堂、家或任何地方。因此，你的学生必须能够避免其他干扰，并专注于在线作业。

作为教师，我们需要了解在线学习的一些独特之处，这样我们就可以帮助学生在在线学习时进行自我调节。以下是一些问题和建议。

- 从定义上讲，在线学习环境是通过技术（如计算机、平板电脑或智能手机）来管理的，因此，许多干扰（如短信、电子邮件、各种社交应用程序）会吸引学生远离在线学习材料。我们需要提醒学生，他们会面临这些干扰，所以为了准确、高效地完成在线作业，他们应该暂时关闭一些干扰。实际演示如何避免这些干扰特别有帮助。例如，教师可以在课堂上投影在线单元的一部分，然后演示如何关闭计算机上打开的其他可能会让人分心的窗口。事实上，学生、教师和家长甚至可以在笔记本电脑、手机和平板电脑上安装可以暂时禁用这些干扰的程序（Duckworth et al.，2016）。

- 在异步的学习环境中，学生可以自己做决定——决定什么时候、以什么顺序，以及花多少时间使用在线材料。我们需要帮助学生对如何完成在线任务做出适当的决定。为了让学生在临近的截止日期前完成任务，我们可以帮助学生制定日历以适当地安排在线学习。许多在线学习系统允许教师将日历或提醒等应用程序添加进来，帮助学生合理安排参与时间。你甚至可以对在线学习进行结构化，让一些活动（如看视频和对其进行评论）只能在限定的时间内进行（如一周）。这可以帮助学生更有效地管理自己的时间——如果他们没有在那一周中有可用视频的时候观看视频，他们就不能完成这项活动。

- 鼓励学生记录他们在在线学习中的进步。尽管在线学习非常方便，而且减少了用纸，但我们的一些学生将受益于他们记录下（如在笔记本上）已经取得的进步及他们接下来在在线环境中需要做的事情。

- 学生仍然可以在在线学习中提问，但我们需要确保学生知道如何提问。一些在线学习环境允许学生给教师发短信，另一些在线学习环境提供了一个在线论坛，学生可以在这里互相商讨或与教师进行交流，还有一些在线学习环境甚至内置了音频和视频会议功能，这样学生就可以实时向教师寻求帮助。然而，这对学生来说是新兴事物，因此我们必须向他们展示如何有效地使用这些工具。

- 利用技术本身来提醒学生使用自我调节策略。许多学习管理系统允许教师将信息构建到在线材料中。例如，当学生进行在线模拟时，教师可以插入提示，提醒学生关闭其他打开的窗口（如访问电子邮件或社交媒体的窗口）。

- 有些通用的自我调节学习策略适用于在线学习，但这些策略的使用在不同学科领域也存在差异。所有在线学习者都会从鼓励他们管理好自己的时间或避免在线干扰的自我调节策略中获益，但我们需要认识到，有些策略将在特定的学科领域特别有用。例如，在线学习历史的学生可能需要质疑历史事件的各种信息来源的真实性和准确性，而在线学习数学的学生可能不需要使用这种策略（Greene et al.，2015；Liu & Hmelo-Silver，2009；Singh，2004；Wandler & Imbriale，2017）。

自我调节的多样性

一些自我调节的多样性——特别是与努力控制（effortful control）相关的多样性——是大脑成熟变化的结果（参见"应用大脑研究——理解和适应自我调节的个体差异"专栏）。在某种程度上，女性的大脑发育比男性快，这一趋势可能部分地解释了早在幼儿园时，女孩就比男孩有更高的自我调节能力的倾向。

但文化似乎也能造成差异。一些文化群体，如许多东亚文化，特别重视情感的克制和自律。在这些文化中成长起来的儿童容易成为能够集中注意力，并长时间独立完成所分配任务的勤奋学习者（X. Chen & Wang，2010；P. M. Cole，Tamang，& Shrestha，2006；Morelli & Rothbaum，2007；Trommsdorff，2009）。此外，还有一些差异是由环境造成的。例如，在极度贫困的家庭长大的儿童有时会经历自我调节能力的迟缓发展（Roy，McCoy，& Raver，2014）。

促进有风险的学生的自我调节

有些学生很少具备有效学习习惯的外部角色榜样，即在他们的校外生活中，几乎没有能示范如何获得在高中和大学教育取得成功所必需的自我调节学习技能的人（J. Chen & Morris，2008）。因此，这些学生可能不知道如何实现诸如从高中毕业、上大学，以及最终成为成功的专业人士等目标（Belfiore & Hornyak，1998；B. L. Wilson & Corbett，2001）。例如，在一项针对低收入的市中心初中生的研究中（B.

L. Wilson & Corbett，2001），研究者发现许多学生都追求专业的职业（医生、律师、教师等），但他们在课堂上表现不佳，经常不完成作业，甚至逃课。正如对其中一名学生的采访所揭示的那样，他们不知道怎样才能取得好成绩。

访谈者：你是否正按计划实现自己的目标？

学生：没有。我还要更努力地学习。

访谈者：你是怎么知道这一点的？

学生：我只是通过我的一些成绩知道的（绝大多数都是 C ）。

访谈者：为什么你认为你需要在高中更努力地学习？

学生：我不想高中毕业后回家，我想上大学。

访谈者：要想取得更好的成绩，你需要做什么？

学生：就是做更多作业。到学年结束时，我再休息。①

应用大脑研究　⟹　理解和适应自我调节的个体差异

学习者调节自己的行为和情绪的能力在很大程度上有赖于大脑前部的两个区域——前额皮层和前扣带皮层——这两个区域在童年期、青春期和成年早期持续发展（Velanova，Wheeler，& Luna，2008）。在正常的大脑发育过程中，这两个区域会逐渐获得对大脑中部一系列结构的控制，包括杏仁核，这些结构与情绪密切相关。因此，在某种程度上，有效的自我调节需要随着发展而缓慢到来的成熟变化（M. D. Lewis & Stieben，2004；Rothbart，2011；Steinberg，2009；Wisner Fries & Pollak，2007）。

对青少年来说，伴随青春期而来的激素水平的变化会提高他们对高压力环境的敏感度和反应能力。例如，十几岁男孩体内的睾丸素水平的不断增加，使他们中的一些人特别容易做出冲动的攻击性反应（S. Moore & Rosenthal，2006；E. Walker，Shapiro，Esterberg，& Trotman，2010）。

然而，在任何单一的年龄组中，学习者似乎都在调节行为、情绪和认知过程的能力上存在很大差异。这种差异在某种程度上是因为在气质中被称为"努力控制"的部分的差异，努力控制似乎有它的大脑基础。尤其是，当其他非主导反应可能更有效时，一些学习者比其他人更能有意识地克制自己不做出冲动的反应（Bates & Pettit，2007；Rothbart，2011；Rothbart，Sheese，& Posner，2007）。表现出高度努力控制的学生可以更好地提前计划，将注意力集中在需要的地方，并控制不恰当的情绪反应。这样的学生往往比自制力较差的同学在课堂上表现更好，成绩更高，更有可能进入四年制大学甚至研究生院（Blair & Razza，2007；Liew，McTigue，Barrois，& Hughes，2008；Valiente，Lemery-Calfant，Swanson，& Reiser，2008；Véronneau，Hiatt Racer，Fosco，& Dishion，2014）。

---

① 　Dialogue from *Listening to Urban Kids：School Reform and the Teachers They Want*，by Bruce L. Wilson and Dick Corbett. Copyright © 2001 by the State University of New York Press. State University of New York. Reprinted with permission. All rights reserved.

如你所见，一些学生可能比其他学生需要更多的指导和支持来获得自我调节能力。考虑到这一点，我们提出两点建议。

- 个性化学生所需的脚手架来规范学生的行为。一些学生可能需要相当多的结构来帮助他们控制无效的行为。例如，对许多被鉴定为患有情绪和行为障碍的学生来说就是如此。清晰的行为规则、明确的反应–结果偶联、具体的自我监控，以及自我评价机制往往是合适的。同样有用的是一些简单的技术设备，如教师或其他成年人可以远程激活小型蜂鸣器，它可以提醒学生应该做的事情，或者给他们反馈，告诉他们做得很好（J. O. Cooper, Heron, & Heward, 2007）。

- 教授控制消极情绪的策略。特别是当与那些情绪容易波动的学生一起工作时，我们可以提供具体的指导，告诉他们如何控制那些会导致他们做出事后会后悔的行为的情绪。例如，我们可能会建议他们在操场上对挑衅做出反应前，先数到 10 并做几次深呼吸，以便冷静下来。我们也可以帮助他们在令人失望的情况下进行头脑风暴，寻找可能的一线希望（K. L. Fletcher & Cassady, 2010; Silk et al., 2003）。

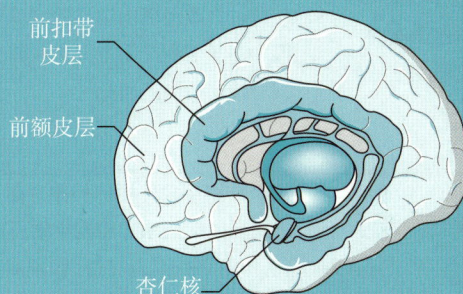

前扣带皮层
前额皮层
杏仁核

动机和努力固然重要，但计划、时间管理、定期的自我监督和自我评价，以及适当的求助，似乎都是这个学生知之甚少的东西（B. L. Wilson & Corbett, 2001）。

幸运的是，自我调节策略的明确指导可以帮助有风险的学生培养更有效的学习习惯（Cosden, Morrison, Albanese, & Macias, 2001; Eilam, 2001; Graham & Harris, 1996; S. D. Miller, Heafner, Massey, & Strahan, 2003）。有时，指导可以发生在结构化的课后作业项目中，在这些项目中，学生有相当多的脚手架来获得基础技能，如追踪家庭作业和截止日期、制订计划以便及时完成作业，以及找到有用的资源。但我们也可以在常规的学校时间内为学生的自我调节活动提供脚手架——如分发表格，学生可以使用它来跟踪自己已经做了什么和仍然需要做什么。

有时，我们也需要促进学生的自我调节，以帮助他们实现长期目标。例如，一些学生可能会认为，他们不能上大学是因为经济拮据，或者是因为他们家里的其他人之前没有上过大学。我们可以把这些学生介绍给特定的人（如学校辅导员），他们可以告诉学生奖学金的情况，并帮助他们制订包括自我调节策略的短期计划和长期计划。此外，还有一些项目可以帮助父母发展与大学费用计划相关的自我调节能力，并帮助学生为大学的学习做准备。

支持有特殊需要的学生

有障碍的学生常常是在被牢牢控制和结构化的环境中长大的。他们中的一些人由于大脑异常而使自我调节变得困难。因此，这些学生中的许多人可能特别受益于明确的自我调节策略的指导及调节自己的部分活动的支持性机会（Coch, Dawson, & Fischer, 2007; Wehmeyer, Agran, Hughes, Martin, Mithaug, & Palmer, 2007）。例如，我们可以鼓励残障学生设定自己的目标，尤其是具体的、特定的、短时间内可以完成的目标。当我们教授他们自我监控、自我强化和自我调节的问题解决的技能时，这些学生也得到了很好的服务（Butler & Schnellert，2015；Cunningham & Cunningham，2006；Reid et al.，2005；J. R. Sullivan & Conoley，2004）。

表10.4呈现了在社会认知的视角下，有特殊需要的学生身上常见的特征及促进这些学生取得学业成功和社会成功的策略。

表10.4 社会认知理论在有特殊教育需要的学生身上的应用

分类	可能观察到的特征	建议策略
有特定认知障碍或学业困难的学生	• 预测特定行为的结果有困难 • 在有过失败经历的学科领域有较低的自我效能感 • 很少对学习和行为进行自我调节 • 很难设定适当的目标	• 帮助学生对自己行为的结果形成更现实的预期 • 为学生努力完成学习任务提供脚手架，以增加其成功的可能性 • 确定学生的优势领域，并给学生提供在这些领域指导同伴的机会 • 教授自我调节策略（如目标的设定和计划、自我监控）
有社交或行为问题的学生	• 从榜样和社会环境的其他方面进行学习（对许多患有自闭症谱系障碍的学生而言）存在异常困难 • 在计划有效的行动过程和预测特定行为可能产生的结果方面存在困难 • 与那些缺乏有效的社会技能和亲社会行为的同伴建立友谊（对一些患有情绪和行为障碍的学生而言） • 很少对情绪和行为进行自我调节 • 缺乏社会问题解决能力	• 示范恰当的课堂行为，将示范与明确的言语指导结合在一起，并使用视觉辅助工具来传达期望行为 • 当社会冲突发生时，讨论各种行为过程的可能结果 • 给学生提供机会与那些能示范有效行为的同伴交往 • 教授、示范和实践自我调节策略（如自我监控、自我调节的问题解决） • 帮助学生识别和理解他人的肢体语言及其他社交线索
认知和社会功能普遍滞后的学生	• 在学业任务上具有低自我效能感 • 往往为得到行动指导而去观察别人 • 低成就目标（可能是作为避免失败的一种方式） • 极少甚至没有对学习和行为的自我调节	• 为学生努力完成学习任务提供脚手架，以增加其成功的可能性 • 示范期望行为，确定那些能充当良好榜样的同伴 • 鼓励学生为成就设定现实但有挑战性的目标 • 促进自我调节（如教授自我监控、自我指导）
有身体障碍或感知困难的学生	• 很少有机会发展自我调节技能，因为健康状况的限制和/或严格控制的环境	• 教授学生自给自足和独立的技能 • 教授学生进行积极的自我暗示（如"我一定能做到"）以提高他们对独立行动的自我效能感
认知发展超前的学生	• 对学习任务的高自我效能感 • 追求成绩的高目标 • 更有效的自我调节学习 • 很容易获得成功的经历，因此，有效应对失败的经验不足（对某些学生而言）	• 为那些需要实现高目标的学生提供学业支持 • 提供独立学习的机会 • 提供具有挑战性的任务，包括一些学生一开始可能会失败的任务；教授应对失败的建设性策略（如用错误来指导未来的实践）

资料来源：Asaro-Saddler & Bak，2014；Bandura，1989；Bear et al.，2010；Beirne-Smith, Patton, & Kim，2006；Biemiller, Shany, Inglis, & Meichenbaum，1998；Coch et al.，2007；Cunningham & Cunningham，2006；Dapretto, Davies, Pfeifer, Scott, Sigman, Bookheimer, & Iacoboni，2006；E. S. Ellis & Friend，1991；Fletcher, Lyon, Fuchs, & Barnes，2007；Kehle, Clark, Jenson, & Wampold，1986；Meltzer，2007；Mercer & Pullen，2005；J. R. Nelson, Smith, Young, & Dodd，1991；Nikopoulos & Keenan，2004；Piirto，1999；Reid et al.，2005；Sands & Wehmeyer，1996；Schumaker & Hazel，1984；Schunk et al.，1987；Silk et al.，2003；J. R. Sullivan & Conoley，2004；Turnbull, Turnbull, & Wehmeyer，2010；Usher & Pajares，2008；Webber & Plotts，2008；Yell et al.，2001；Zimmerman，2004.

重温互为因果

现在让我们回到本章开头介绍的一个概念：互为因果。随着对社会认知理论的探索，我们已经确定了环境因素（如强化、教师脚手架）是如何影响学习者的行为的。我们还发现了学习者在完成新任务时所涉及的个体因素（如自我效能感、自我决定的标准和目标），这些因素也会影响学习者的行为。从社会认知的角度来看，环境、行为和个体这三个因素是相互影响的（Bandura，2008）。表 10.5 中的"一般情况"一列列举了交互影响的几个示例。

作为对环境、行为及个体因素是如何持续地相互影响的一个具体描述，让我们一起来思考场景一中罗莉的情况。

场景一

罗莉经常在布罗德瑞克先生的 7 年级社会研究课上迟到，而且她通常对当天的活动准备不足。在课堂上，她会花更多的时间与朋友交流（如窃窃私语、递纸条），而不是参与所分配任务。罗莉在大多数的测验和作业中的表现都不令人满意——这时候，她的学习已经完全落后了。

10 月中旬的一天，布罗德瑞克先生把罗莉叫到一旁，表达了他对罗莉学习不够努力的担忧。他建议如果罗莉能够把注意力多放一点在课堂上，她一定能做得更好。他也会每周两次在课后指导罗莉，以帮助她理解课堂学习的内容。罗莉却不太乐观，用她自己的话说就是"我不聪明，学不会这些内容"。

在罗莉和布罗德瑞克先生谈话后的一个星期左右，她似乎有所改变，也努力了些，但她从不会在课后留下来接受额外的帮助。不久后，罗莉又恢复成了老样子。布罗德瑞克先生最终认定罗莉已没有学习动力，并决定把自己的时间和努力用来帮助那些更有动力的学生。

罗莉的低自我效能感（个体）可能是她花费过多的课堂时间从事与学习无关的活动（行为）的一个原因。她把注意力（个体）放在同学身上而不是教师身上的事实影响了她所体验到的特定刺激（环境）。罗莉的非自我调节行为及由此导致的作业和测验中的糟糕表现（行为）影响了她的自我效能感（个体），以及布罗德瑞克先生对她的态度（环境）。

最终布罗德瑞克先生认定罗莉本身是她失败的原因，并开始忽略她（环境），这导致她进一步的失败

表 10.5　环境、行为和个体间的相互影响（互为因果）

		一般情况	罗莉个案中的情况：场景一	罗莉个案中的情况：场景二
环境的作用	对行为	强化和惩罚影响未来的行为	教师对罗莉的忽视导致她未来的失败	新的教学方法导致罗莉学业表现的提高
	对个体	他人的反馈影响自我效能感	教师对罗莉的忽视使她的低自我效能感长期存在	新的教学方法吸引了罗莉的兴趣和注意
行为的作用	对环境	特定的行为影响所获得的强化和惩罚的数量	罗莉糟糕的课堂表现使教师私下找她谈话，最终又忽视她	不断提高的自我效能感和更好的学业表现使罗莉从教师那里得到更多的强化
	对个体	成功和失败影响了对未来表现的期望	罗莉糟糕的课堂表现导致低自我效能感	不断提高的自我调节能力和更好的学业表现导致更高的自我效能感
个体的作用	对环境	自我效能感影响活动的选择，进而影响所遇到的特定环境	对同学而不是对课堂活动的注意影响了她所知觉到和体验到的特定环境刺激	对课堂活动的注意导致罗莉从教师的教学中获益良多
	对行为	注意、保持和动机影响学习者模仿他人的示范行为的程度	对同学而不是对课堂活动的注意导致罗莉学业失败	更高的自我效能感和更强的动机导致罗莉养成坚持不懈的学习习惯

（行为）和更低的自我效能感（个体）。表10.5中的"罗莉个案中的情况：场景一"一列列举了这种交互影响的例子。一般来说，布罗德瑞克先生正在传达这样一个信号：罗莉将会面临长期学业失败的风险。

现在请设想一下，布罗德里克先生读了几篇描述关于与罗莉这样的学生工作的有效策略的研究文章，在学年的中间，他在课堂上做出了如下改变。

- 他清晰、一贯地表示他希望所有学生都能取得成功。
- 他把学生的个人经验和兴趣融入他的社会研究课的学习中。
- 他确定了一些学生每周都要完成的明确而具体的任务。
- 他为学生完成每项任务提供明确的指导。
- 为了教授学生一些简单的自我调节策略，他要求学生给每一项学习任务设定目标并建议他们在完成一个家庭作业后进行15分钟自己喜爱的活动来奖励自己，还教会他们如何在图表上跟踪自己的进步。
- 在咨询了学校的阅读特教专家及学校心理学家后，他帮助学生发展了更有效的阅读和学习策略。
- 他每周五都会做一个小测验，这样学生就可以对每周所学的内容进行自我评价。
- 当学生在每周测验中表现良好时，他提醒学生对自己的表现负责。当他们做得不好时，他就会为特定的自我调节策略提供具体的建议，这些策略可以融入下一周的学习。

当我们思考场景二时，让我们看看接下来发生了什么事情。

场景二

通过将学生的个人经验和兴趣融入日常教学计划，布罗德瑞克先生开始能够吸引罗莉的兴趣和注意了。她开始认识到社会研究课与她的个人生活是有关联的，并变得更愿意参与课堂活动。随着结构性更强的作业的完成、有关如何学习课堂内容方面的更好的指导，以及频繁的小测验，罗莉发现她在以前只体验到失败的这门课程上获得了成功。布罗德瑞克先生也对她的表现很满意，他经常通过面部表情、言语反馈，以及无论何时都愿意为她提供她所需要的帮助等方式来表达他的喜悦。

到学年末时，罗莉能更有效地学习并经常完成作业。事实上她非常盼望下一学年的社会研究课，并相信自己能够继续把这门课学好。

在这里，我们又一次看到了环境、行为和个人之间的相互作用。布罗德瑞克先生的新的教学方法（环境）吸引了罗莉的注意（个体），培养了她的自我调节能力，并提高了她的学业表现（行为）。反过来，罗莉不断提高的课堂表现又影响了布罗德瑞克先生对待她的方式（环境）及罗莉的自我效能感（个体）。她不断提高的自我效能感、对课堂活动的更多关注，以及不断提高的获得成功的动机（所有的个体变量）都影响了她从布罗德瑞克先生的教学（环境）中获益的能力及学业的成功（行为）。表10.5中的"罗莉个案中的情况：场景二"一列列举了这种交互影响的例子。

比较学习理论

10.6 比较和对比认知心理学、情境理论、行为主义和社会认知理论的学习观

在学习的这个阶段，你可能已经审视了四种一般理论观点：认知心理学、情境理论、行为主义和社会认知理论。表10.6确定了这些理论的相似和不同之处。但我们敦促你记住一点：不同的学习观往往是互补的而不是相互矛盾的，它们共同为我们提供了一个比任何单一观点更丰富、更多面的人类学习图景。所有这四种观点都得到了研究的支持，并为我们如何帮助学生在课堂环境中取得成就提供了有价值的指导。

表 10.6 比较四种学习理论

比较内容	认知心理学	情境理论	行为主义	社会认知理论
学习的定义	一种内在的心理现象,可能通过行为反映出来,也可能不通过行为反映出来	通常发生在特定的物理环境或社会情境中的一种现象	行为改变	一种内在的心理现象,可能通过行为反映出来,也可能不通过行为反映出来
研究的侧重点	认知过程	支持学习和发展的不同层次的环境(如小团体、文化、社会)	易于观察到的刺激和反应	包括行为和认知过程
如何描述学习原理	人们对新信息进行心理加工并根据自身经验建构知识	物理、社会和文化机制影响学习和认知	人们的行为受周围环境刺激的影响	人们对其周围人的观察会影响其行为及认知过程
行为结果	不是考虑的重点	不是考虑的重点	如果要影响学习必须被人们直接体验	可以被直接或替代性地体验
学习及行为被影响的方式	主要通过个体内部的认知过程	既有局部的环境条件,也有更广泛的文化因素和社会因素	主要通过局部的环境条件	部分受环境影响,部分受认知过程影响(人们逐渐变得能进行自我调节,因此随着时间的推移越来越少受到环境的控制)
教育意义(强调我们如何才能帮助学生)	用有效的方式加工信息并建构准确、完整的有关课堂主题的知识	在真实的、现实的环境中获得复杂的知识和技能	获得更有效的课堂行为	通过观察他人来学习,培养学习任务的自我效能感,并获得有效的自我调节技能

你学到了什么

现在让我们回顾本章的学习成果，总结社会认知理论的关键概念、原理和应用。

10.1　描述社会认知理论的五个基本假设及其课堂启示

作为一种关注人们如何通过观察他人来学习的观点，社会认知理论建立在行为主义和认知心理学的基础上。社会认知理论家认为，学习是一个内部心理过程（正如认知心理学家所说的那样），但他们也强调反应－结果偶联的重要影响（正如行为主义者所说的那样）。此外，心理过程和环境结果的相互作用不仅影响学习，还影响动机。最终，环境、行为和个体因素在学习中相互作用，形成三种相互依赖的关系，即互为因果关系。随着年龄的增长、经验的积累和适当的脚手架的支持，许多学习者可以越来越多地对自己的行为、学业和人际问题负责。

10.2　以社会认知视角来解释心理过程如何影响强化和惩罚的效果

社会认知理论家关于强化如何影响学习和行为的信念与行为主义者截然不同。从社会认知的视角来看，强化和惩罚对学习的影响不是直接的，而是间接的，一个学习者的结果也会替代性地影响其他学习者的行为。例如，如果学生观察到一个同学因某一特定行为而受到强化或惩罚，他们可能会由此推论：做出那种行为将给自己带来类似的结果。此外，预期强化的不发生就是一种惩罚，预期惩罚的不发生就是一种强化。作为教师，我们应该认识到，学生行为的结果可能会影响学生的期望、他们处理信息的方式及他们做出的选择。

10.3　描述示范对学习者行为的潜在影响，并解释如何在教学中有效地使用示范

有效的榜样有以下三种形式：真实的人、各种媒体中描绘的真实或虚构的人物，或者关于如何成功地执行期望行为的言语。这样的榜样既可以鼓励有效的行为和技能（如数学和写作能力、人际交往能力），也可以鼓励不恰当的行为和技能（如攻击行为）。如果学生要从榜样身上学习，以下四个条件是必不可少的：对榜样的注意、对榜样所做事情的保持（记忆）、对榜样行为的运动再现能力，以及展示榜样行为的动机。学生不仅可以从那些有能力和声望的榜样身上获益，而且能在文化背景、社会经济地位、性别，以及（如果适用）障碍方面与自己相似的榜样那里获益更多。

10.4　描述自我效能感的特征和来源，并解释如何提高发展中的学习者和教师的自我效能感

当学习者认为自己能够成功地完成或学习某项活动时，即当他们具有较高的自我效能感时，他们更有可能参与并坚持这项活动。作为教师，我们可以通过让他们相信自己可以掌握学校的学习材料（例如，通过让他们观察成功的同伴榜样），以及通过提供许多机会让他们体验作为个人或群体的一部分进行学习并获得成功，来提高学生的自我效能感。与此同时，我们必须记住，作为教师，我们的自我效能感——通过努力和有效的教学策略，我们可以对学生的生活产生影响的信念——是学生成功的一个重要因素。

10.5　确定自我调节行为和自我调节学习的重要组成部分，应用自我调节的知识帮助学习者有效控制自己的行为，掌握学业科目，解决人际问题

随着年龄的增长，大多数儿童会变得越来越能进行自我调节。例如，他们开始为自己设定标准和目标，试图控制适得其反的情绪，并监控和评价自己的行为。随着成长，许多儿童也逐渐掌握了调节自己努力学习的策略。例如，他们可以认真计划如何最好地利用时间和资源、激励自己在学习时保持投入、应用和评估各种学习策略，并在需要时寻求帮助。在处理人际问题时，他们同样可以进行自我调节、识别各种可能的解决方案，并评价所选择的任意解决方案的最终结果。

作为教师，我们可以通过许多方式促进学生的自我调节能力的发展——例如，要求学生设定一些目标、提供明确的标准以供他们评价自己的表现，以及在各种情境和任务中给予适合他们年龄的独立完成的机会。然而，我们必须记住，任何年龄组的学生在控制自己的行为和情绪的能力上都存在很大差异，这部分源自大脑成熟度和气质的不同。此外，一些学生可能很少具备培养有效学习习惯的外部角色榜样。因此，我们的一些学生可能需要大量的指导和支持以发展他们的自我调节能力。

10.6　比较和对比认知心理学、情境理论、行为主义和社会认知理论的学习观

认知心理学、情境理论、行为主义和社会认知理论有时会分享并建立在彼此的观点上，但在其他方面，它们提供了关于我们如何学习的相互竞争的观点。这四种观点的主要区别在于它们对学习的定义，它们强调在一个人的直接环境或更广泛的社会和文化背景下的心理过程、刺激的影响和结果，以及它们从中得到的对教学的具体启示。作为教师，我们必须牢记这四种视角在课堂实践中都有应用价值。

教师资格考试练习

教师的哀叹

6年级教师亚当斯抱怨道："教师有时候就是赢不了。在学年开始时，我告诉我的学生，家庭作业占他们成绩的20%。然而，有些学生几乎从不交作业，即使我不断地提醒他们该做什么作业。在重新考虑了情况后，我决定不把家庭作业作为评分的标准。毕竟，在这个低收入社区，许多孩子在家里没有一个安静的学习场所。"

"所以在11月，我告诉我的学生，当我计算第一张成绩单的分数时，我不会把家庭作业计算在内。当然，一些学生——那些没有做作业的学生——似乎松了口气。但是那些一直在做这件事的学生非常愤怒！现在几乎没人交作业了。"

1. 单项选择题

下面哪个说法运用了社会认知理论的原理来解释为什么经常做作业的学生会如此沮丧？

A. 就像亚当斯先生所做的那样，中途改变评分政策是一种消极的强化形式。

B. 完成家庭作业时没有期望的强化发生是一种惩罚。

C. 由于不给家庭作业评分，亚当斯先生大大降低了学生在学科方面的自我效能感。

D. 互为因果关系在起作用：学生本质上是在报复教师，因为他意外地改变了评分政策。

2. 建构反应题

亚当斯先生可以怎样鼓励和帮助所有学生完成家庭作业？基于你对自我调节原理的讨论，具体描述至少三种不同的策略。

11

第11章

动机与情感

学习成果

11.1 运用不同的理论观点描述动机的多面性

11.2 解释学习者的需要、认知过程和社会文化环境如何影响他们的动机，并将这些知识应用于课堂实践

11.3 描述教师的信念和行为如何影响学生的动机

11.4 描述各种形式的情感是如何与动机、学习和认知交织在一起的，并解释如何促进学生的有效情感状态

个案研究

通过代数考试

14 岁的迈克尔的 8 年级代数课的成绩一直不及格，这促使他的家人请研究生瓦列里·塔克来辅导他。在第一次辅导课上，迈克尔告诉塔克女士，他是没有希望通过这门课程的，因为他没有数学天赋，而且他的老师也教得不好。在迈克尔看来，他既无力改变自己的能力，也无法改变老师的教学策略，因此，接连的失败是无法避免的。

在塔克对迈克尔接下来几周的辅导中，她鼓励他多想想自己能做些什么来掌握代数，而不是老想着老师可不可以做些什么来帮助他。她指出，他早些年的数学成绩不错，所以如果他用心的话，肯定有能力学好代数。她还教他一些理解和运用代数原理的策略。当迈克尔终于意识到自己的努力对自己的学业成功发挥了作用时，他向前迈出了一大步："也许我可以更努力一点……老师还是很糟糕，但也许其他一些东西能奏效。"

当迈克尔看到他在代数作业和测验上的成绩逐渐提高时，他越来越意识到自己所使用的特定策略和所付出的努力同等重要："我认识到在记住信息之前，我需要先理解这些信息……现在我会在数学学习上一步步来，并仔细听懂每一个步骤。我意识到，即使我不喜欢数学老师，或者认

为他不是一名好老师，听讲仍然是我自己的责任。我现在在听课有进步了，而且提问也更多了。"

在接下来的几周，随着迈克尔的代数成绩持续提高，他对自己最终能够掌握代数有了更大的信心，也开始认识到他在课堂上的成功归根结底是取决于他自己的："老师尽了他的大部分职责，但如果我不做好自己的本分，这些对我是不起作用的……现在我努力去理解、提问并思考老师是怎么得出答案的……过去我只是听一听，甚至都不记笔记。我总是告诉自己我会记得，但我似乎总是忘记。现在我会记笔记，而且即使没有家庭作业，我也会每天在家学习，除了周五之外。如今我学习是为了掌握知识，而不仅仅是希望自己记得而已。"[①]

- 迈克尔最初把自己的失败归因于哪些因素？他后来把自己的成功归因于哪些因素？他在信念上的转变是如何对他的学习策略产生影响的？
- 你可以从这个案例中得出与动机相关的什么推论？学习者的认知过程如何影响他们的动机？教师的行为又会产生怎样的影响？

最初，迈克尔认为自己的代数不及格是因为自己不能控制两件事——老师糟糕的指导和自己较差的能力，因此他在课堂上很少努力。但是在塔克女士的指导下，他发现更多的努力和更好的策略能够促进他的课堂表现，从而产生巨大的变化。迈克尔突然发现，是他自己，而不是他的老师或他身上潜在的某些由基因决定的能力在控制着整个局面，于是他的信心猛增。

① This and preceding extracts from "Cycles of Learning: Demonstrating the Interplay Between Motivation, Self-Regulation, and Cognition," by Valerie G. Tucker and Lynley H. Anderman, paper presented at the annual meeting of the American Educational Research Association, April 1999, pp. 5–6. Copyright © 1999 by Valerie G. Tucker and Lynley H. Anderman. Reprinted with permission of the authors.

在本章，我们将发现学生的信念、目标和过去的经历在他们掌握课堂内容的动机（或明显缺乏动机）上扮演着关键角色。我们还将发现，教师的行为、信念和态度既可以增强学习者的动机（可能就像塔克女士所做的那样，通过提高学生的掌控力），也可以阻碍学习者的动机（可能就像迈克尔的老师所做的那样，通过使用无效的教学策略）。我们也将了解到，受教师控制的课堂环境中的许多方面都会影响动机。最后，我们将研究情感的本质，并思考情感如何在学习和动机中发挥作用。

动机的本质

11.1　运用不同的理论观点描述动机的多面性

在本章的第一部分，我们将关注研究者看待动机的不同方式。动机（motivation）是一个被广泛使用的术语。一般来说，动机可以激励、引导和维持人们的行为；它让人们前进，指向一个特定的方向，并让人们持续地在这个方向上前进。更具体地说，动机对人们有以下影响。

- 动机引导行为指向某个特定目标。
- 动机导致人们在追求这些目标时付出更多的努力和精力。
- 动机可以促进某些活动的发起与持续，即使是在活动偶尔受阻或中断的情况下。
- 动机影响认知加工过程，如影响学习者的注意内容，以及他们思考和阐述学业内容的程度。

我们经常看到学生的动机反映在他们的个人投入，以及他们对某些活动的认知、情绪和行为方面的投入上。总的来说，动机增加了学生在身体和认知上的任务时间（time on task），这是影响他们在特定领域的学习和成就的一个重要因素（Fredricks，Blumenfeld，& Paris，2004；Ladd & Dinella，2009；J. Lee & Shute，2010；Mahr & McInerney，2004；E.

Skinner，Furrer，Marchand，& Kindermann，2008）。让我们首先思考一下，教师在试图理解缺乏学习动机的学生时可能会问的问题。

亲身体验

为什么有些学生缺乏学习动机

朱迪今年14岁，她的科学老师沃尔特斯先生觉得她缺乏学习动机。

沃尔特斯先生作为同事来找你，让你试着弄清楚为什么朱迪缺乏学习动机。你会问朱迪什么问题以了解她缺乏学习动机的原因呢？保留你的问题清单，因为我们将在本章后面的部分探讨这些问题。

正如你从朱迪的情况中所了解到的那样，教师可以有很多种方案来最大限度地激励他们的学生。研究人员已经从几个理论框架着手研究动机，我们将在本章考察这些理论框架。这些理论观点中的每一个都是动机"谜题"的一部分，为我们如何在课堂环境中激励学生提供了有用的建议，所以我们在后面的讲述中将从这些理论中汲取一些内容。

动机的三个基本原则构成了我们大部分讨论的基础。

■ **所有儿童和青少年都有这样或那样的动机。** 我们偶尔会听到教育工作者、政策制定者或公众谈论"没有动机"的学生。事实上，所有学生都是被激励去参加一些活动的。有的学生可能对课堂主题有强烈的兴趣，寻求具有挑战性的课程作业，积极参与课堂讨论，并在项目中获得高分；有的学生可能更关心学校中的社交内容，经常与同学互动，参加许多课外活动，可能还会去竞选学生会的一个职位；有的学生可能关注体育运动，能在体育课上取得优异成绩，在大部分的下午和周末都会观看或参加体育运动；还有的学生可能由于未被发现的学习障碍、害羞的性情或看似不协调的身体而被激励着去避免参与学习活动、社交活动或体育活动。

■ **学生在学校表现良好的动机建立在各种认知和社会文化因素的基础上，这些因素会随着时间的推移而演变。** 一个常见的误解是，学生可以随意"开启"或"关闭"他们的动机，就像人们按下电灯开关一样。事实上，学生对传统学业课程成就的追求（或不追求）是由许多因素造成的，而这些因素不可能在一夜之间就轻易改变。其中一些因素本质上是认知的，如学生的短期目标和长期目标，以及他们学习学术主题的自我效能感。另一些因素则有社会或文化根源，如学生的家庭和当地社区所认可的活动和价值观。在本章开篇的个案研究中，迈克尔在掌握数学方面的自我效能感有所提高（但只能是逐渐地），因为他发现通过努力和良好的策略，他就可以在课堂上取得成功。

■ **教室和学校的条件对学生的学习动机和成就动机起重要作用。** 动机不一定是学习者带到学校的东西，它也可能来自学校的环境条件。正如你将在本章中看到的，教师可以做很多事情来支持学生的学习动机和成就动机，并以促进他们的长期成功和生产力的方式帮助他们实现目标。即使我们所做的看似是"小"事情——如真诚地关心学生的学业和个人健康，确保他们受到同龄人的尊重——也会产生重大的长期影响（Yeager & Walton，2011）。

思考动机的方式有很多种。作为教师，我们需要明白学生的动机并不简单，有很多不同的因素影响着我们的学生。在接下来的内容中，我们将介绍一些重要的观点，并讨论教师如何才能为学生塑造积极的动机信念。

内部动机与外部动机

一个具有**内部动机**（intrinsic motivation）的学生参与一项活动是因为这项活动令人愉快且有趣，也就是说，他的动机源自活动本身。相反，一个具有**外部动机**（extrinsic motivation）的学生参加活动是为了获得奖励（如好成绩）或避免来自活动之外的惩罚。

让我们来看一所重点高中的两名学生在写作课上的表现。

- 谢尔乐选这门课的唯一原因是：如果她在这门课上的成绩达到 A 或 B，她就能获得州立大学的奖学金，实现她上州立大学的梦想。
- 香农一直爱好写作。在课堂上表现好肯定会帮助她获得州立大学的奖学金，但更重要的是，她想成为一名更好的写作者。她的理想是当一名记者，她认为写作对于实现她未来当一名记者的理想是非常重要的。除此之外，香农正在学习一些新的写作技巧，使她的文章读起来更加生动感人。

谢尔乐表现出了外部动机：她的行为受外部因素影响，与她正在完成的任务无关。受外部动机影响的学习者将任务当作达到目的的手段——可能是获得好的成绩、金钱，或者获得由特定活动和成就带来的认可，而不是目的本身。相反，香农表现出了内部动机：她的行为受自身因素驱动，而这些因素内化在她正在完成的任务中。受内部动机影响的学习者可能会热衷于某项活动，因为它可以给他们带来快乐和成就感。一些具有高水平的内部动机的学习者会因全神贯注地投入到活动中而忘记时间，并完全忽略其他任务——这就是所谓的**心流**（flow）现象（Csikszentmihalyi，1996；Csikszentmihalyi，Abuhamdeh， & Nakamura，2005；Shernoff & Csikszentmihalyi，2009）。

当学习者被内部动机激发而积极参与课堂活动时，他们最有可能体验到动机的有利影响。具有内部动机的学习者，乐意完成所分配的任务，渴望学习更多的课堂知识，更有可能进行有效的信息加工（如进行意义学习），也更有可能取得高水平的成就。相反，具有外部动机的学习者可能不得不被动地去做某事，进行肤浅的信息加工，通常只对简单的任务感兴趣，并且只要求自己达到最低的教学标准（M. Becker，McElvany，& Kortenbruck，2010；Reeve，2006；Schiefele，1991；Taylor et al.，2014）。

在小学低年级，大多数学生都渴望在学校学习新事物。但在3～9年级，他们对学习和掌握教学内容的内部动机会逐渐下降（A. E. Gottfried，Fleming，& Gottfried，2001；Lepper，Corpus，& Iyengar，2005；Otis，Grouzet，& Pelletier，2005）。这种下降可能是由多种原因导致的。随着年龄的增长，学生会逐渐意识到高分（外部动机）对升学、毕业及大学申请的重要性，这导致他们更努力地去获得高分。而且，随着认知能力的发展，他们能设定并追求更长远的目标，并根据学校课程与这些目标的相关性来对学校课程进行评估（想象一名高中生正在学习化学，但她学习化学的主要原因是她想成为一名医生——在这里，她学习化学的动机显然是外部动机）。另外，对于学生在学校经常遇到的过于结构化、重复而枯燥的活动，他们会逐渐失去耐心（Battistich，Solomon，Kim，Watson，& Schaps，1995；Garon-Carrier et al.，2016；Larson，2000；Shernoff，Csikszentmihalyi，Schneider，& Shernoff，2003）。

许多新教师认为内部动机和外部动机位于一个连续体的两端，这绝对不是事实！学习者往往同时受到内在因素和外在因素的激励（J. Cameron & Pierce，1994；Covington，2000；Lepper et al.2005）。例如，尽管香农喜欢她的写作课程，她也知道取得

好成绩将帮助她获得美国的奖学金，好成绩和其他一些对高成就的外部奖励也可以证明她掌握了这门课程（Hynd，2003）。此外，在某些情况下，外部动机也许就是对学业成就或创造性行为的一种外部强化形式，它可能是使某些学生朝着成功的学习及创造性行为之路前进的唯一动力。但内部动机最终决定了行为的持续时间。

让我们看看表11.1。"列"代表低和高的外部动机，"行"代表低和高的内部动机。你认为这四个学生中的哪一个在课堂教学中对于教师而言最具挑战性？大多数人可能会同意，教史蒂夫是相当困难的。史蒂夫是那种没有内部动机的学生，也不受外部动机的激励。史蒂夫基本上是一个自我放弃的学生，像史蒂夫这样的学生未来很有可能会面临许多学业困难（Corpus，Wormington，& Haimovitz，2016）。约翰不喜欢数学，但他仍然受到外部奖励的激励。艾达喜欢数学，但并不在乎任何激励。珍妮特是典型的高成就学生——她喜欢数学，但也会被成绩激励。许多专注于考上大学的学生可能与珍妮特的情况很相似。

外在强化物在没有预期的情况下（例如，当学生在社区服务项目中得到特别的认可时），或者不取决于特定行为时（例如，当它们只是用来使某项活动更有趣时），似乎不会产生任何负面影响。如果外在强化物不仅被用来鼓励学生做某事，还要求学生把它做好，它们甚至可以是有益的。当奖励向学生传递为什么他们做得好或取得了相当大的进步的信息时（例如，奖励一个使用适当策略的学生），它可以提高学生的自我效能感，并将学生的注意力集中在更好地掌握课堂内容上（E. M. Anderman &

表11.1　内部动机和外部动机是两种截然不同的动机类型，而不是一个连续体上对立的两端

		外部动机	
		低	高
内部动机	低	史蒂夫不喜欢数学，奖励也不会让他更喜欢数学（他不在乎自己是否取得好成绩）	约翰不喜欢数学，但是他在数学课上很有动力，因为他想得 A，这样他就能进一所好大学
	高	艾达喜欢数学，觉得它很有趣，但她真的不在乎她在数学课上的成绩	珍妮特喜欢数学，觉得它很有趣，但她也关心自己的成绩，希望得 A，这样她就可以进入一所好大学

Dawson，2011；J. Cameron，2001；Deci & Moller，2005；Reeve，2006）。

有时，学生一开始可能会发现一个新的话题或一项新的技能枯燥且令人沮丧，因此可能需要外部奖励来维持学习它的动力（J. Cameron，2001；Deci，Koestner，& Ryan，2001；Hidi & Harackiewicz，2000）。在这种情况下，用既能传达信息又不表现出控制行为意图的方式来表扬学生是一种有效的策略（Deci，1992；R. M. Ryan，Mims & Koestner，1983）。例如：

- "在你的短篇小说中，你对主角的描述是如此生动翔实！就好像让她活过来了一样。"
- "你的海报清楚地描述了你在实验中采取的每一步行动。条形图的使用使你的结果更易于观看和解释。"

另一种策略是教会学生为自己的成就进行自我激励，这种做法显然让学生掌握了主动权。

在理想情况下，我们应该尽可能多地依靠内部强化因素——如学生对自己成就的自豪感和满足感。外部强化因素（如表扬、好成绩）的一个问题是，它会削弱内部动机，尤其是当学生认为它是在控制他们的行为并限制他们的选择时（Deci & Moller，2005；Lepper & Hodell，1989；Reeve，2006）。外部强化也可能传出这样的信息：课堂任务是令人不快的，不然为什么需要强化因素呢（B. A. Hennessey，1995；Stipek，1993）。当学生开始期待做他们已经喜欢的事情会得到外部强化时，他们实际上可能会更少做这些事情！尽管大量研究表明，外部强化通常会伤害内部动机，但许多人非常不愿意相信外部强化是有问题的（Murayama，Kitagami，Tanaka，& Raw，2016）。在这方面最重要的原则是审慎地使用强化物，并意识到这里提供的指导原则。

人类的基本需要

在考虑动机的一般过程时，除了具体的学业动机以外，我们要记住学生有一些他们必须解决的基本需要，这些基本需要与他们的生存有关，例如，他们必须定期有食物和水，并且有稳定的住所。

亚伯拉罕·马斯洛（Abraham Maslow）提出的人类需要的早期模型认为，人类会以相当一致的方式组织自己的需要（Maslow，1943，1973，1987）。马斯洛确定了人类的基本需要的 5 个层次：

1. 生理需要：维持生存的需要（食物、水、住所等）；
2. 安全需要：在环境中感到安全的需要；
3. 爱与归属的需要：与他人建立亲密关系及被团体接纳的需要；
4. 尊重需要：自我尊重和受人尊重的需要；
5. 自我实现的需要：实现个体的全部潜能，达到至高人生境界的需要。

马斯洛还指出，这些基本需要组成了一个梯状等级结构（见图 11.1）。具体来说，人们试图首先满足生理需要，然后才是安全需要，接着是爱与归属的需要及尊重需要。只有当这些需要都得到满足后，人们才会追求自我实现的需要，探索他们感兴趣的领域，单纯地为了乐趣而学习。例如，我们中的一位作者曾经认识一个住在费城犹太区的男孩，他非常渴望上学，但常常为了躲避在街角出没的暴力团伙而待在家里。这个男孩的安全需要优先于任何一种他可能有的自我实现的需要。

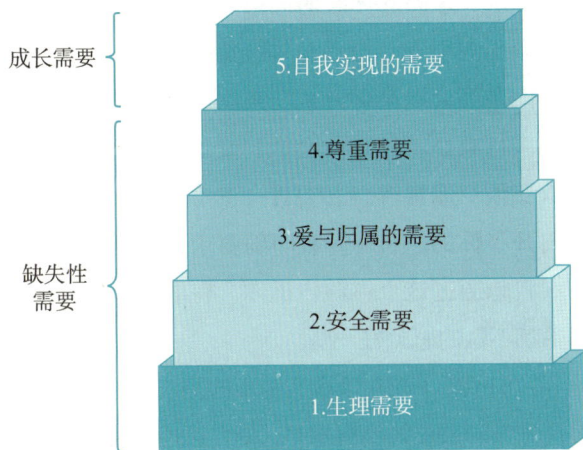

图 11.1　马斯洛的需要层次理论

遗憾的是，马斯洛的需要层次理论缺少实证研究的支持，因此，许多研究者认为他的理论更多的是猜测而非事实。然而，马斯洛理论的某些方面显然有可取之处。在尝试满足更多的社交需要之前，学习者会先考虑自己的身体健康和人身安全，这是有道理的（Kenrick, Griskevicius, Neuberg, & Schaller, 2010）。许多人似乎确实渴望获得智慧或创造性地表达自我，这与马斯洛的自我实现理念是一致的（Kesebir, Graham, & Oishi, 2010; C. Peterson & Park, 2010）。

唤醒

人类似乎有唤醒需要（need for arousal）——需要某种程度的刺激（E. M. Anderman, Noar, Zimmerman, & Donohew, 2004; Berlyne, 1960; Heron, 1957; Labouvie-Vef & González, 2004）。作为一个例子，请尝试下面的练习。

亲身体验

休息 5 分钟

在接下来的 5 分钟，你将是一个无事可做的学生，请保持这种状态，把你的书本放在一边，不做任何事情。至少花 5 分钟时间来完成这项任务。

在这 5 分钟的休息时间里，你有什么反应？你是否会坐立不安，扭动身体疲惫的部位，或者挠痒痒？你是否会以某种方式与某物或某人交流，如大声地敲打桌子、打开收音机，或者与房间里的另一个人交谈？你觉得有必要看一下手机吗？你是否完全离开了你的座位——我明确要求你不要去做的事情？我想通过这个体验告诉你，有事情做要比任何事情都不做的感觉好一些。

人们似乎不仅对唤醒有基本的需求，他们也在努力达到某种最佳的唤醒水平，使自己达到最舒服的状态（E. M. Anderman et al., 2004; Berlyne, 1960; Hsee, Yang, & Wang, 2010）。刺激太少或刺激太多都令人不快。你可能喜欢看电视节目或听音乐，但你可能不希望三台电视机和一支现场摇滚乐队同时出现在你面前。不同的人有不同的最佳唤醒水平：一些人是感觉寻求者，他们渴望寻求和享受使自己在生理上极度兴奋并具有潜在危险性的体验（Cveland, Gibbons, Gerrard, Pomery, & Brody, 2005; V. F. Reyna & Farley, 2006）；另一些人喜欢安静。你永远也找不到一个对感觉需求不高的人（如不喜欢滑翔或蹦极的人）。然而，即使一个人不是高度感觉寻求者，他也仍然可能喜欢以经常接触新观点或偶尔与同事辩论有争议的问题等形式接受大量认知刺激（Cacioppo, Petty, Feinstein, & Jarvis, 1996）。

唤醒需要解释了我们的学生在课堂上的一些行为动机。例如，它解释了为什么当许多学生在其他同学之前完成了一项课堂作业时，会高兴地拿出一本喜欢的书来阅读。它也解释了为什么学生有时会做与任务无关的事情——例如，在他们觉得枯燥的课堂上传递纸条和搞恶作剧（Pekrun, Goetz, Daniels, Stupnisky, & Perry, 2010）。显然，当课堂活动充分满足了学生的唤醒需求，使他们不需要从其他地方寻找刺激时，学生最有可能集中精力完成学习任务。

动机中的认知与社会文化因素

11.2 解释学习者的需要、认知过程和社会文化环境如何影响他们的动机，并将这些知识应用于课堂实践

在本章开篇的个案研究中，迈克尔从一个代数不及格的学生变成了一个在课堂上专心听讲、按时做作业、在不理解的时候寻求帮助的学生。迈克尔最初对自己的数学能力的看法（即自我效能感），以及他对自己的糟糕表现的解释（低能力和糟糕的教学）导致了一种消极、倦怠的应对方法：他只是希望自己能记住（但通常会忘记）教师的讲解。后来，当迈克尔对现状的评估发生变化时，他会更投入、更积极主动地学习。

迈克尔的戏剧性转变既表明认知过程会影响动机，也表明动机会影响认知过程。然而，这种转变需要迈克尔的社会环境发生重大变化——特别是需要一名新的辅导老师，帮助他以更有效的方式重新思考作为一个内容领域的数学学科，以及他是否有能力在这方面表现出色。当我们在接下来的内容中探索动机的各种要素时，我们将看到认知和动机在对学习和行为的影响中是如何相互作用的，以及众多社会文化因素是如何进入这一作用机制的。所有这些观点的关键是，学生对自己及自身经历的信念和看法（即使与老师、父母和其他成年人的看法不同）在塑造他们未来的动机和行为方面至关重要。我们还将看到，一些关于动机的认知和社会文化视角着眼于学生的各种需要。正如你将看到的，这些较新的"需要"概念比一些较早的需要概念更与社会环境和认知过程相关。

期望与价值观

许多与动机相关的信念和看法都可以被归类为与对成功的期望（"我能做到这一点吗"）或价值观（"我为什么要这样做"）有关。当我们讨论不同的理论观点时，我们将参考这两个关键类别。首先，我们将讨论那些专注于期望和价值观的理论家，以解释个体执行特定任务时的动机（Nagengast, Marsh, Scalas, Xu, Hau, & Trautwein, 2011; Wigfield & Eccles, 2000; Wigfield & Karpathian, 1991）。

这一观点表明，学习者必须首先对自己的成功有很高的期待或期望（expectancy）。当然，他们以前在特定任务上的成功与失败的经历——在此基础上产生了自我效能感——对他们有很强的影响。但是，还有其他一些因素也影响着期望的水平：知觉到的任务的难度、资源与支持的可利用性、教学质量（回想一下迈克尔对其代数老师的看法），以及必要的努力程度（Dweck & Elliott, 1983; Wigfield & Eccles, 1992; Zimmerman, Bandura, & Martinez-Pons, 1992）。从这些因素中，学习者可以对他们成功的机会得出或正确或错误的结论。

与期望同样重要，也同样具有主观性的是任务价值（task value）：学习者必须相信一项任务的完成会给他们带来直接或间接的利益。学业任务的价值可以根据感知到的任务的效用、重要性、趣味性及成本来考虑（Eccles, 2009; Wigfield & Eccles, 2000）。某些活动之所以被认为是有价值的，是因为它们被看作实现预期目标的一种手段，也就是说，它们是有效用的。例如，我们中的一位作者的女儿认为，数学令人困惑和沮丧，但她挣扎着读完了4年的高中数学，因为许多大学的录取都需要数学成绩。其他活动之所以有价值，是因为它们与理想的个人品质有关，也就是说，它们对个人很重要（请注意，这与觉得成绩或其他目标很重要的想法不同）。例如，一个认为自己有同理心的男孩可能会从事"助人职业"。还有一些活动有价值是因为它们能给人带来愉快的体验和欢乐，类似于我们之前讨论的内部动机（我们将在后面更详细地讨论与兴趣相关的研究）。

尽管有这些不同类型的价值观，我们仍可以预见这样一种情况：学习者可能不会非常重视一项活动，通常是因为他们感知到这项活动的效用不高。有些活动可能需要与它们的价值相比更多的努力。例如，尽管你最终可能成为某个鲜为人知的话题（如伊洛瓦底江河豚）的专家，但获得专业知识所花费的时间和精力，可能比你想象中的多得多。其他活动则可能因为与不良情绪联系在一起而显得代价不菲。例如，如果学习者在努力理解化学的过程中经常感到沮丧，他们最终可能会尽可能地避免学习化学。最后，有些活动可能看似有价值，但却与其他有价值的活动相冲突。例如，一个高中生可能认为备考历史很有用，但又想参加朋友的聚会，于是学习就是以牺牲自己喜欢的活动为代价的。

只有当学生对成功抱有一些期望，并在某种行为中发现了一些价值时，他们才有可能继续做这种特定的行为。虽然期望和价值观都与成就相关，但价值会影响学生的选择，如他们选择哪些课程及是否参加课外活动（Durik，Vida，& Eccles，2006；Mac Iver，Stipek，& Daniels，1991；Wigfield，Tonks，& Eccles，2004）。

在小学低年级，学生常从事那些他们觉得有趣且令人愉快的活动，而不考虑自己对成功的期望（Wigfield，1994）。但是随着年龄的增长，他们的价值观和期望会开始变得相互依赖。特别是，他们会越来越重视那些有较高成功期望的活动，以及他们认为能帮助自己实现长期目标的活动。同时，他们开始贬低自己做得不好的事情的价值（Jacobs，Lanza，Osgood，Eccles，& Wigfield，2002；Wigfield，1994）。可悲的是，学生在许多学校课程中发现的价值会随着学年的增长而显著下降（Archambault，Eccles，& Vida，2010；Jacobs，Lanza，Osgood，Eccles，& Wigfield，2002；Wigfield et al.，2004）。就像一个 16 岁的学生所说的那样："学校之所以很有趣，是因为你可以和你的朋友待在一起，但我知道当我离开这里时，大部分的课程内容我都用不上（Valente，2001）。"

在课堂上培养期望和价值观

作为教师，我们当然应该让学生有理由期待他们会在课堂任务上获得成功。例如，我们可以为他们提供必要的资源、支持和策略，就像本章开篇的个案研究中的塔克女士所做的那样。但我们也必须帮助学生发现学校活动的价值。我们再怎么强调这一点也不为过——当学生对成功产生积极的期望，并开始重视特定的学科领域时，他们更有可能在以后的生活中从事这些领域的职业（Lauermann，Tsai，& Eccles，2017）。因此，在你从事教师工作的时候，如果你能帮助学生接触特定的学科领域，并帮助学生在学习该内容领域时体验到成功，他们就更有可能考虑从事该领域的职业；相反，负面经历可能会导致学生过早地（并永久地）将这个领域从职业道路的考虑中剔除。以下是培养学生对学术主题的真正鉴赏力的一些建议。

- 明确学生将从课程中学到的特定知识和技能。
- 向学生传达信息，使其了解某些观念和原则

能够帮助他们对身边的世界有更好的理解。

- 让学生写下他们所学的材料与他们的生活是如何相互联系的。图 11.2 显示了一名 4 年级学生写的一篇短文，内容是"我们为什么要学习历史"。
- 帮助学生将信息和新技能与他们当前的关注点和长远的目标联系起来。
- 将新技能的使用寓于现实世界和对个人有意义的活动的背景中。
- 示范你自己如何重视学业活动——例如，描述你是如何应用你在学校学到的知识的。
- 举例说明那些发现某一特定内容领域在自己的生活中很有价值的人（如通过分享语录或录像视频），并让学生反思自己的例子。
- 向家长传达课堂材料的价值，并鼓励家长在家中强化这些信息。
- 最重要的是，批判性地审查课程活动，避免让学生参与收益有限的活动——如毫无意义地记忆琐碎的事实、阅读明显超出学生理解水平的材料（Ames，1992；Brophy，Alleman，& Knighton，2009；G. L. Cohen，Garcia，Purdie-Vaughns，Apfel，& Brzustoski，2009；

图 11.2　让学生相信他们所学的东西是有用且重要的，这一点很重要；在本图中，一名 4 年级学生阐述了学习历史很重要的原因

Eccles, 2009; Gaspard et al., 2015a; Hulleman, Godes, Hendricks, & Harackiewicz, 2010; Hulleman, Kosovich, Barron, &Daniel, 2017; Rozek, Hyde, Svoboda, Hulleman, & Harackiewicz, 2015; Ruiz-Alfonso & León, 2017; Stefanou, Perencevich, DiCintio, & Turner, 2004; Wooley, Rose, Orthner, Akos, & Jones-Sanpei, 2013)。

兴趣

学生看重一个话题或一项活动的原因之一是他们觉得它很有趣。当我们说学习者对某个特定的话题感兴趣时，我们的意思是他们觉得这个话题使人感到好奇，能吸引人的注意。因此，兴趣（interest）是内部动机的一种表现形式。兴趣通常伴随着认知唤醒，以及愉快和兴奋等感觉（Ainley & Ainley, 2011; M. Hofer, 2010; Renninger, 2009 ）。

对某一话题感兴趣的学习者会投入更多的时间和注意力，并在认知上变得更加投入——通常在学校内外都是如此（Barron, 2006; Hidi & Renninger, 2006; M. A. McDaniel, Waddill, Finstad, & Bourg, 2000 ）。这些学生也更可能有意义地学习知识，如通过将各种想法相互联系起来，得出推论，并确定潜在的应用场景（Schraw & Lehman, 2001; Tobias, 1994 ）。除非学习者在情感上依附于他们目前的信念，否则对正在学习的内容感兴趣的学习者更有可能在必要时经历概念转变（Andre & Windschitl, 2003; Linnenbrink & Pintrich, 2003; Mason, Gava, & Boldrin, 2008 ）。因此，正如你可能猜到的那样，对所学学科感兴趣的学生会表现出更高的学业成就，使用更多有用的自我调节策略，并且更有可能长时间记住学科内容（Garner, Brown, Sanders & Menke, 1992; Hidi & Harackiewicz, 2000; Jansen, Lüdtke, & Schroeders, 2016; Lee, Lee, & Bong, 2014; Renninger, Hidi, & Krapp, 1992 ）；事实上，

兴趣与学业成就之间的正向关系在学前期便开始了（Fisher, Dobbs-Oates, Doctoroff, & Arnold, 2012 ）。

研究者区分了两种基本的兴趣类型。情境兴趣（situational interest）是被即时环境中的事物引起的。那些新的、不同的、出乎意料的或特别鲜明的事物常常引发情境兴趣，一些涉及高活动水平或能引起强烈情绪体验的事物也会产生同样的效果。儿童和青少年也往往对与人和文化（如疾病、节日）、自然（如恐龙、气候变化）、流行媒体（如电视节目、游戏、当代音乐）有关的话题感兴趣。当小说和奇幻作品中包含读者可以亲身感受到的话题和人物时，它们就更吸引人了。教材和其他一些非虚构类的作品使人感兴趣的原因则在于它们易于理解，并且各个观点之间的关系清晰。具有中等挑战性的任务通常比简单的任务更有趣——如果正如维果茨基所提出的那样，挑战能促进认知发展，那么这将是幸运的（Ainley, 2006; J. M. Alexander, Johnson, Leibham, & Kelley, 2008; Hidi & Renninger, 2006; M. Hofer, 2010; Schraw & Lehman, 2001; Shernoff & Csikszentmihalyi, 2009; Zahorik, 1994 ）。

如果学习者倾向于对其追求的话题和参与的活动表现出个人偏好，这些就是个人兴趣（personal interest）。个人兴趣一般相对稳定，并且会导致学生所做的选择之间出现一致的模式（J. M. Alexander, Johnson, Leibham, & Kelley, 2008; Nolen, 2007; Y.-M. Tsai, Kunter, Lüdtke, Trautwein, & Ryan, 2008; Wijnia, Loyens, Derous, & Schmidt, 2014 ）。即使是在小学低年级，许多儿童也有特定的兴趣（可能是关于爬行动物或芭蕾舞），这种兴趣会随着时间的推移而持续下去。个人兴趣和知识往往相辅相成：对一个话题的兴趣激发了对更多知识的追求，而知识和技能的增加反过来又促进了更大的兴趣（Barron, 2006; Blumenfeld, Kempler, & Krajcik, 2006; Nolen, 2007 ）。尤其是在青春期，长期存在的个人兴趣可能是学习者认同感的重要组成部分（Barron, 2006; M. Hofer, 2010 ）。总的来说，个人兴趣比情境兴趣更有益，因为它能在较长的一段时

间内维持学习者的参与性、有效的认知加工和学习的改善。但是，情境兴趣也很重要，因为它能吸引学习者的注意并常常为个人兴趣的发展"播下种子"（P. A. Alexander, Kulikowich, & Schulze, 1994; Durik & Harackiewicz, 2007; Hidi & Renninger, 2006; M. Mitchell, 1993; Rotgans & Schmidt, 2017）。

促进学生对课堂主题的兴趣

作为教师，我们可以通过开展课堂活动和呈现信息的方式来暂时激发学生的兴趣，也许这样就可以激发学生发展更加持久的个人兴趣。我们还可以通过在有关学生阅读、学习、写作和研究的话题上允许某些变通性和灵活性，来对学生的个人兴趣加以利用。然而，我们需要让学生在选择进一步探索有趣的新话题和选择他们的先前的知识经验之间进行权衡（Patall, 2013）。以下是常常用来唤起学生对课堂主题兴趣的几种策略。

- 传达学习材料令人兴奋、热情和有用的信息。
- 偶尔将新奇性、多样性、幻想性或神秘性与课程和程序结合起来。
- 鼓励学生认同历史人物或虚构的角色，并让他们想象这些人可能会想些什么或有怎样的感觉。
- 将学生的个人兴趣直接纳入作业（例如，如果学生喜欢滑板，可以试着将滑板融入一些物理问题）。
- 为学生提供机会，让他们积极地对主题做出反应——例如，让他们对实物进行操作和实验、创作新的作品、对有争议的问题进行辩论、在艺术或戏剧中表达想法，或者将已学得的知识教给同伴等（Ainley, 2006; Brophy, Alleman, & Knighton, 2009; Certo, Cauley, & Chafin, 2003; Chinn, 2006; Hidi & Renninger, 2006; Hidi, Weiss, Berndorff, & Nolan, 1998; Kunter, Frenzel, Nagy, Baumert, & Pekrun, 2011; Pool, Dittrich, & Pool, 2011; Radel, Sarrazin, Legrain, & Wild, 2010; Walkington, 2013; Wu, Anderson, Nguyen-Jahiel, & Miller, 2013; Zahorik, 1994）。

图 11.3 展示了我们如何在不同的内容领域促进学生的内部动机的例子。

艺术课：让学生用他们在学校建筑物周围搜寻到的物品制作一个镶嵌图案。	**数学课**：让学生在计算机软件程序中应用他们的数学技能，使他们能够创造梦幻运动队或解决现实问题。
生物课：就有关在动物身上进行医学研究的伦理意义进行一场课堂辩论。	**音乐课**：在有关乐器的单元中，让学生尝试操作各种简单的乐器。
地理课：展示当地没有的日常物品，并让学生猜想这些物品可能来自哪里。	**体育课**：将街舞、摇摆舞和乡村队列舞的舞步与有氧练习相结合。
健康教育课：在有关酒精饮料的课堂上，让学生进行角色扮演，想象自己在一个聚会中面临喝啤酒或冰镇葡萄酒的诱惑。	**物理课**：让学生设计并建造模型飞机（用薄的轻木条）。
历史课：让学生阅读儿童对历史事件的看法（例如，安妮·弗兰克在第二次世界大战中的日记，泽拉塔·菲利坡维克在波斯尼亚战争中的日记等）。	**阅读课**：将短篇故事改编成短剧，让每个学生都参与表演。
语言艺术课：研究流行嘻哈音乐的歌词，寻找语法结构和文学主题。	**拼写课**：偶尔偏离标准的单词表，让学生学着拼写最喜爱的电视节目的名称或班上同学的姓氏。
	写作课：让学生根据个人兴趣和经历创作儿童故事书。

图 11.3 在不同的内容领域激发兴趣的策略举例

资料来源：Alim, 2007; Barab, Gresalfi, Ingram-Goble, 2010; Botelho, Cohen, Leoni, Chow, & Sastri, 2010; Brophy, 1986; A. Collins Halverson, 2009; Lepper & Hodell, 1989; W.-M. Roth, 2011; Spaulding, 1992; Stipek, 1993; Wlodkowski, 1978.

自我决定

自我决定理论解释了学生可能会深入参与活动的原因（除了对成功的期望以外）。这些理论家认为，人们有额外的需要，包括对胜任、自主性和相依的需要。

胜任需要

人类似乎有胜任需要（need for competence）——一种相信自己能够有效地应对环境的需要（Boggiano & Pittman, 1992; Elliot & Dweck, 2005; Reeve, Deci, & Ryan, 2004; R. White, 1959）。为了获得这种胜任感，儿童花了大量时间探索并试图掌握他们世界中的方方面面。

对大多数人来说，他们有一种认为自己很好、很有能力的信念，并把保护这种信念放在第一位，这种信念被称为自我价值（self-worth）（Covington, 1992）。有时，人们似乎更关心维持自我知觉的一致性，即使这些自我知觉是消极的（J. Cassidy, Ziv, Mehta, & Feeney, 2003; Hay, Ashman, van Kraayenoord, & Stewart, 1999）。然而，总的来说，良好地看待自己和向他人展示自己的能力似乎是优先考虑的事情（Rhodewalt & Vohs, 2005; Sedikides & Gregg, 2008; T. D. Wilson & Gilbert, 2008）。

他人的判断和认可对儿童的胜任感和自我价值感的发展起关键作用，特别是在童年早期（Harter, 1999; Rudolph, Caldwell, & Conley, 2005）。定期在新的、具有挑战性的活动中取得成功——就像迈克尔最终在本章开篇的个案研究中所做的那样——是保持、甚至增强胜任感和自我价值感的另一种重要方式（Deci & Moller, 2005; N. E. Perry, Turner, & Meyer, 2006; Reeve et al., 2004）。

但是，不断地获得成功是不可能的，特别是当学习者必须承担特别困难的任务时。面对这样的任务，避免失败是维持自我价值感的另一种选择，因为失败会给人留下能力低下的印象（Covington & Müeller, 2001; Urdan & Midgley, 2001）。避免失败会通过以下方式表现出来：学习者可能会拒绝参与一项任务、最小化任务的重要性，或者对自己的表现设定过低的期望（Covington, 1992; Rhodewalt & Vohs, 2005）。

当学习者不能逃避自己预期会做得很差的任务时，他们会想出很多策略去应对。他们可能会为拙劣的成绩找看似合理的借口（Covington, 1992; Urdan & Midgley, 2001）。他们也可能做一些真正阻碍自己成功的事情——这就是自我妨碍（self-handicapping）。自我妨碍包括如下几种形式：

- **减少努力**：成功所需要的努力程度明显不足；
- **设定不可实现的高目标**：设定的目标过高，连最有能力的人都无法完成；
- **承担过多任务**：承担的责任太多，以至于没有一个人能全部完成；
- **拖延**：把任务放在一边直到没有成功的可能；
- **饮酒或吸毒**：摄入一些必然会降低成绩的物质（Covington, 1992; Hattie, 2008; Riggs, 1992; Urdan, Ryan, Anderman, & Gheen, 2002）。

学习者渴望成功，但又采取行动阻碍成功，这似乎是自相矛盾的。但是，如果他们认为无论做什么都不可能成功，尤其是如果失败会对他们的智力和能力产生负面影响，那么这种行为就有助于他们掩饰失败，从而保护他们的自我价值。自我妨碍早在小学阶段就被认为是常见的，在高中和大学阶段就变得越来越普遍了（Urdan, 2004; Urdan & Midgley, 2001; Wolters, 2003）。

提高学生的胜任感

当然，提高学生的一般自我意识和更具领域特异性的自我效能感的策略，应该可以增加他们的胜任感和自我价值感。以下是三种被广泛推荐的策略。

- 帮助学生取得真正的成功（而不是给予他们空洞的赞扬），尤其是在具有挑战性的任务上；确保学生理解他们为什么会成功（特别是他们的工作有哪些值得注意的地方）。

- 给学生提供具体的机制，让他们可以通过这些机制来追踪自己随着时间的推移而取得的进展，如设定短期目标并评估这些目标是否已经实现。

- 尽量减少竞争和其他可能会在与同龄人的比较下做出对自己不利的评价的情况。

在理想情况下，学习者的能力意识应该建立在对他们能完成什么和不能完成什么的合理、准确的评估的基础上。低估自己能力的学习者会为自己设定不必要的低目标，并在经历了很小的挫折后轻易放弃。那些高估自己能力的人——可能是因为家长或老师经常称赞他们，或者是因为学校作业一直都很容易且不具有挑战性——可能会因为抱有不切实际的过高期望、努力不够或没有正视自己的弱点，最终自食其果（Försterling & Morgenstein，2002；Hattie & Gan，2011；S. G. Paris & Cunningham，1996；H. W. Stevenson，Chen，& Uttal，1990）。

作为教师，我们更有可能鼓励学生处理具有现实挑战性的任务，从而提高他们的能力意识和内部动机——当我们创造一个让他们对冒险和犯错感到安全的环境时（Clifford，1990；Fredricks et al.，2004）。一旦学生有了内部动机，他们就会更喜欢挑战而不是简单的任务（Csikszentmihalyi et al.，2005；Reeve，2006；Shernoff & Csikszentmihalyi，2009）。总体而言，挑战和内部动机相互促进，形成了一个正循环。

到目前为止，大多数关于胜任感、自我价值和自我妨碍的研究都集中在学业任务和成就上。然而，我们必须记住，学业成绩并不总是影响学生的能力和自我价值感的最重要因素。对许多学生来说，外表、同伴认可和社会成功等因素更具有影响力（Eccles，Wigfield，& Schiefele，1998；Rudolph et al.，2005）。那么，在我们能做到的范围内，我们应该像在学业方面所做的那样，支持学生在非学业方面取得成功。

自主需要

自主需要（need for autonomy）反映了学生对所做的事情和所学的课程进行自我指导的愿望（d'Ailly，

2003；deCharms，1972；Reeve et al.，2004；R. M. Ryan & Deci，2000）。当我们想"我做这件事是因为我想做"或"因为我选择要做"时，我们就有了一种高度的自主感。相反，当我们认为"我必须"或"我应该"时，我们就是在告诉自己，某人或某事正在为我们做决定。下面的练习提供了一个示例。

亲身体验

依据规则画画

请想象这样一个情景，我们给你一把画笔、一套水彩颜料、两张纸（一张相当小的纸黏在一张大纸上）和一些纸巾。我们要求你画一幅关于你的房子、公寓或宿舍的画，然后向你提供如下说明。

你必须保持画面的清洁。你只能在这张小纸上作画，所以不要把颜料洒在大纸上。在你换一种颜色的颜料之前，你必须把刷子洗干净并用纸巾擦拭，以免颜色混合。总之，不要把颜料弄得乱七八糟（Koestner，Ryan，Bernieri，& Holt，1984）。

你觉得这项任务会多有趣？在听完我们的规则以后，你有多大的热情作画呢？

我们关于作画的规则有一定的限制性，它们很可能会破坏你作画的任何内部动机，而且你可能会比没有作画规则时更缺乏创造力（Amabile & Hennessey，1992；Koestner et al.，1984；Reeve，2006）。

具有学习自主感的学生更有可能在参与课堂活动时持有内部动机，取得高水平成就并完成高中教育（Hardré & Reeve，2003；Reeve, Bolt, & Cai，1999；Shernoff，Knauth，& Makris，2000；Vansteenkiste，Lens，& Deci，2006）。即使是幼儿园的儿童，似乎也更喜欢自主选择的课堂活动（E. J. Langer，1997）。

增强学生的自主感

作为教师，我们不能也不应该在课堂上给学生完全的自由，让他们自己决定做什么或不做什么。尽管如此，我们依旧可以运用一些策略来增强学生在学校的自主感。

■ **提供独立学习和决策的机会。** 习惯于简单地告诉学生做什么及什么时候做，是很容易的。我们鼓励你思考在哪些情况下你可以真正让学生做出决定，而不是仅仅告诉他们应该做什么。例如，假设你计划在两周的时间内，在你的课堂上讲述两个短篇小说。我们大多数人可能会选择一个短篇故事，并在第一周让全班同学阅读和讨论这个故事，然后我们可能会在第二周继续讲第二个故事。然而，我们可以换一种方式来思考这个问题。教师可以说："我们在接下来的两周内要读两个故事，我要为你们讲述每一个故事。然后我想让你们决定第一周要读哪个故事，第二周要读哪个故事。我会根据你们的选择来安排日程，这样你们就可以按照自己喜欢的顺序阅读这些内容了。"你当然需要在某些方面重新思考如何在你的计划中组织这一活动，但最终，所有学生都会读完这两个故事；不同的是，他们能够在这个过程中表现出一定的自主性。现在让我们更进一步，假设你给学生提供了三个故事，告诉他们可以选择其中的两个，第一周读一个，第二周再读一个。如果这三个故事都是高质量的，而且是适合课程的，那么学生会有更高的自主权，因为他们可以选择最感兴趣的两个故事。我们还可以在课外活动中给予学生相当大的自主权（Larson，2000；Stefanou，Perencevich，DiCintio，& Turner，2004；Swan，Mitrani，Guerrero，Cheung，& Schoener，1990）。

然而，在活动中提供自主权并不意味着移除所有的活动结构。一些脚手架——当然是根据学生的发展水平量身定制的——可以进一步提高学生的自主感。例如，我们可以制定学生在工作时应该遵循的一般惯例和程序，从而最大限度地减少对每项作业给

予明确指示的需要。我们应该提前告知学生评估标准，这样他们才能确切地知道自己需要做什么才能获得成功（Ciani，Middleton，Summers，& Sheldon，2010；Jang，Reeve，& Deci，2010；Spaulding，1992；M.-T. Wang & Holcombe，2010）。

给予学生自主权的一种方式是允许他们选择在考试中回答哪些问题。我们中的一位作者曾给学生进行多项选择题测试，但并没有给学生提供任何选择。因此，他的说明应该是这样的："请回答以下 30 个问题。"然而，另一种选择是给学生提供 30 个问题，并指导他们"回答下面 30 个问题中的任何 25 个"。因此，学生可以选择跳过 5 个问题（他们不会因为回答额外的 5 个问题而获得额外的学分）。学生非常希望能够选择要回答的题目。有趣的是，学生似乎对错误答案也有更多自主权，当学生回答错误时，他们知道自己是主动选择回答这些问题的，而且他们往往会把这个错误视为学习的机会。然而，尽管这种方法可能会增强动机，但它也降低了测验的标准化，当测验的目的是总结性评估时，标准化是很重要的。

我们可以允许学生做出选择的其他一些示例包括：

- 使课程运行更顺畅的规则和程序；
- 阅读或写作项目的特定主题；
- 指定任务的顺序或截止日期；
- 实现或展示掌握一项特定技能的方法（见图 11.4 和图 11.5）；
- 评估某些作业的标准（Ciani，Middleton，Summers，& Sheldon，2010；Fairweather & Cramond，2010；Meece，1994；Patall，Cooper，& Wynn，2010；Reed，Schallert，Beth，& Woodruff，2004；A. C. Schmidt，Hanley，& Layer，2009）。

选一个

科幻书项目

- 写一封题为"亲爱的艾比"的信，在信中为他或她正在解决的主要问题征求建议，然后写一封回信。
- 为这本书的主要事件绘制一条时间线。
- 创作一本连环漫画册或为某本书的主要场景创作一页连环漫画。
- 制作一张粘贴画并印上报纸和杂志上的文字，让读者感受到这本书的情绪色彩。
- 你书中的故事可能发生在一个不寻常的或奇异的地方，所以请写一本旅行小册子描述那个地方。
- 把自己想象成一名科学家，解释书中的不寻常的事件，用科学的风格写一篇报道。
- 和已经读过同一本书的其他同学一起设计一个展览；写一个情节的摘要、人物和地点的描述，以及对特殊章节的讨论；小组中的每个成员都必须贡献一幅艺术作品，如新书封面、书签、海报、横幅，以及关于这些艺术作品的一些想法；在宣传这本书的彩色标题下排列这些写作内容和艺术作品。

图 11.4　在这份作业中，一名 6 年级的语言艺术老师为学生展示了其对一本科幻小说的理解，并提供了几个选项，从而增强了学生的自主感

我的数字谜语

1000 大于 2017

图 11.5　在这项活动中，一名 1 年级老师要求学生想出自己的数字谜语来练习数学技能，学生可以选择任何类型的数学问题来表达他们的谜语

当学生可以对这些事情做出选择时，他们就会对课堂活动产生主人翁意识，更有可能对自己正在做的事情感兴趣和投入，并对自己的学习真正感到自豪（Deci & Ryan，1992；Nolen，2011；Patall，Cooper，& Wynn，2010；Schraw，Flowerday，& Lehman，2001；Stefanou et al.，2004）。

■ **以信息性而不是控制性的方式展示规则和程序**。几乎每个班都需要一些规则和程序，以确保学生行动得体，活动得以顺利进行。挑战在于如何在不传达控制信息的情况下展示这些规则和程序。我们可以将它们作为信息来呈现，如作为帮助学生实现目标的条件（Deci，1992；Koestner et al，1984；Reeve，2009）。这里有两个例子。

- **信息性**："如果我们在倾听时不打断别人，参与讨论时举手，我们就可以确保每个人都有平等的发言机会和被倾听的机会。"
- **控制性**："我会给你们一种特定的格式，你们在做数学作业的时候要遵循它。如果你们使用这种格式，我将更容易找到你们的答案，并找出帮助你们提高的方法。"

我们还应该承认学生对他们必须做而不愿做的事情的感受，从而传达出他们的观点很重要这一信息（Deci & Ryan，1985；Reeve，2009）。

■ **以非控制性的方式评价学生的表现**。作为教师，我们必须定期评价学生的进步。然而，外部评价可能会削弱学生的内部动机，特别是当教师以控制性的方式与他们进行交流时（E. M. Anderman & Dawson，2011；Deci & Moller，2005）。理论上讲，我们不应该以一种评判性的、让学生觉得他们应该怎样表现的方式呈现我们对学生的评价，它应该能传递这样一种信息：评价可以帮助学生增长知识和提高技能。另外，我们还可以为学生提供一些自我评价的标准。

相依需要

相依需要（need for relatedness）反映了感受到社会性联结及获得他人的爱和尊重的需要（Connell & Wellborn，1991；Fiske & Fiske，2007；Reeve et al.，2004；R. M. Ryan & Deci，2000）。相依需要在青春期似乎尤其强烈：大多数青少年会花大量时间与同龄人互动，可能是通过面对面的活动，也可能是通过社交媒体（Barron，2006；Ito et al.，2009；A. M. Ryan & Patrick，2001；Valkenburg & Peter，2009）。

在学校里，相依需要以各种形式表现出来。一些学生把与朋友互动放在比完成学业更重要的位置上（Dowson & McInerney，2001；W. Doyle，1986a；Wigfield，Eccles，Mac Iver，Reuman & Midgley，1991）。他们可能也关心如何塑造一个良好的公众形象，即看起来聪明、受欢迎、健壮或很酷。通过在别人眼中看起来很好，学生不仅满足了相依需要，也增强了自我价值感（Harter，1999；Juvonen，2000）。他们还可以通过另一种方式来解决相依需要，那就是为他人谋福祉，如帮助那些在作业中苦苦挣扎的同学（Dowson & McInerney，2001；Lawlor & Schonert-Reichl，2008；Thorkildsen，Golant，& Cambray-Engstrom，2008）。

当相依需要得到满足时，学生在学校时就会有一种归属（belonging）感。学校归属感与许多重要的学业结果有关，包括持续的学业投入、学业动机和学业完成率（L. Anderman & Freeman，2004；Neel & Fuligni，2013；Niehaus，Irvin，& Rogelberg，2016）。对少数族裔学生来说，学校归属感尤其重要，当少数族裔学生感觉自己属于学校时，他们就不太可能旷课，并且可能会付出更多努力（Sanchez，Colon，& Esparza，2005）。

提高学生的相依感和学校归属感

当学生相信周围的同龄人和教师喜欢和尊重他们，并关心他们的学习时，他们更有可能在学习上产生动机并取得成功，并选择留在学校而不是辍学（Christenson & Thurlow，2004；Furrer & Skinner，2003；Patrick，Anderman，& Ryan，2002；Roorda，Koomen，Spilt，& Oort，2011）。在理想的情况下，我们应该找到方法来帮助学生学习，并满足他们与同伴互动的需求。基于集体的活动——如合作学习任务、角色扮演，以及两个或以上能力相同的团队之间进行的有趣的游戏竞赛——可以提供一些方法，学生能通过它们满足自己的相依需要，同时获得新的知识和技能（Blumenfeld，Kempler，& Krajcik，2006；D. W. Johnson & Johnson，2009a；Wentzel & Wigfield，1998）。

学生与教师的关系同样重要。因此，我们应该向学生展示我们享受与他们待在一起，并关心他们的学业成就和个人幸福（M.-L. Chang & Davis，2009；D. K. Meyer & Turner，2006；Roorda et al.，2011）。教师可以以多种方式传达对学生的喜爱和关注，例如，对他们的外部活动表达兴趣，在他们有需要时提供额外的帮助，并在他们有压力的时候倾听他们的心声。这种表示关怀的举动对于面临学业失败和辍学风险的学生而言尤为重要（Anderman，Andrzejewski，& Allen，2011；Christenson & Thurlow，2004；Hamre & Pianta，2005；Pianta，1999）。

对我们的学生展示学业（或"教学"）关怀是特别重要的（Wentzel，1997）。当学生相信教师关心他们的学习时，他们的动机可以大大提高。学业关怀可以传达给任何学生，甚至是高学业成就的学生，虽然教师对这类学生的关怀通常被视为理所当然的。本书的一位作者的数学成绩一直很好，他想起有一次高中数学老师把他拉到一边并说道："你在单元测验上只得了 90 分，你怎么了，出了什么事吗？我知道你可以做得更好。"虽然此类说法可能看起来微不足道，但这可以证明作为教师的我们，真的注意到每个学生身上发生了什么。

解决需要的多样性

本章前面描述的基本需要（如马斯洛的需要层次理论和唤醒需要）可能在世界各地的人群中都是普遍存在的（Bao & Lam，2008；Berlyne，1960；Deci & Moller，2005；Fiske & Fiske，2007）。然而，研究人员发现，人们在努力满足自我决定理论中明确包含的三种社会认知需要方面，存在明显的文化差异。

获得胜任感

在西方主流文化中，获得自我价值感的方式通常涉及擅长某些事情，同时认为自己擅长这些事情。在这种情况下，学习者有时会进行自我妨碍，以此来证明自己成绩差是理所当然的。但并非所有文化都强调积极自我评价的重要性。例如，在东亚文化中，许多人更重视在别人眼中自己是否符合社会行为标准。在这种文化中，人们可能更关注的是纠正现有的缺点——即自我提升——而不是展示现有的优势（Heine，2007；J. Li，2005；Sedikides & Gregg，2008）。

获得自主感

不同群体的自主程度和形式之间可能有很大不同（d'Ailly，2003；Fiske & Fiske，2007；Rogoff，2003）。例如，与西方主流文化中的许多成年人相比，一些美洲土著群体（如生活在美国西南部的纳瓦霍族）中的成年人给予儿童更多的自主权和控制权（Deyhle & LeCompte，1999）。相比之下，许多亚裔和非裔美国父母给孩子的自主权比其他美国成年人少，这在某些情况下是为了确保孩子的安全（McLoyd，1998；L. Qin，Pomerantz，& Wang，2009；Tamis-Lemonda & McFadden，2010）。

有关自主性的文化差异也包括另一个重要方面：做出选择的机会。值得一提的是，尽管世界各地的年轻人都对自己有做出选择的机会充满向往，但一些来自亚洲文化的学生更喜欢让他们信任的人（如父母、老师、受人尊敬的同龄人）为他们做选择（Bao & Lam，2008；Hufton，Elliott，& Illushin，2002；Iyengar & Lepper，1999）。

获得相依感

研究人员发现，儿童和青少年在解决他们的相依需要方面存在文化差异。例如，来自许多文化和民族群体的学生对家庭有着特别强烈的忠诚感，他们在成长的过程中可能被教导要为各自的社区取得成就，而不仅仅是为了自己。激励性的陈述，如"想想你的家人会多么自豪"和"如果你接受过大学教育，那么你真的可以帮助你的社区"可能对这些学生特别有效（C.-Y. Chiu & Hong，2005；Fiske & Fiske，2007；Kağitçibaşi，2007；Timm & Borman，1997）。

相依需要有时与自主需要不一致。特别是，获得相依感涉及做别人想让自己做的事情，而获得自主感则涉及做自己想做的事情。许多来自亚洲文化的人

通过自愿调整个人行为和目标以满足社会需求并保持群体和谐，来解决这种明显的冲突（Iyengar & Lepper，1999；Kağitçibaşi，2007；J. Li & Fischer，2004；Savani，Markus，Naidu，Kumar，& Berlia，2010）。

内化所处社会和文化群体的价值观和动机信念

随着年龄的增长，儿童会逐渐接受他们在家庭、学校、同龄人和更广阔的文化交往中遇到的价值观和信念。这种内化动机（internalized motivation）通常是在童年期和青春期逐渐发展起来的，其发展顺序可能如图 11.6 所示（Deci & Moller，2005；Deci & Ryan，1995；R. M. Ryan & Deci，2000）。最初，儿童之所以会参与某些活动，主要是因为由此产生的外部结果。例如，他们可能会通过做功课来赢得表扬或避免因成绩不佳而受到惩罚。随着时间的推移，他人的认可对儿童的自我意识会越来越重要。最终，儿童开始将执行某些活动的压力内化，并认为这些

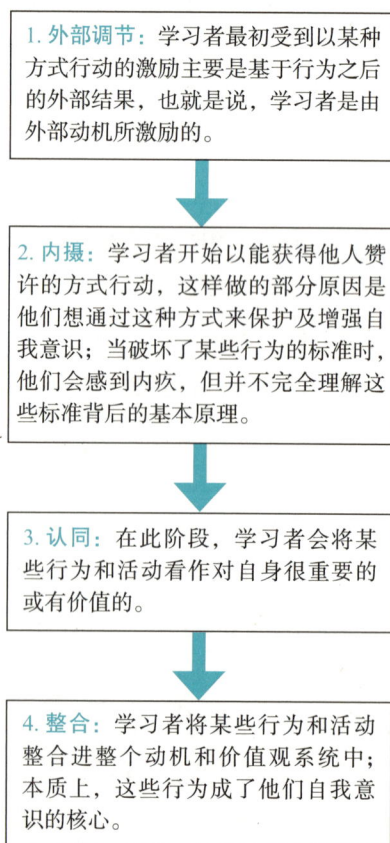

1. **外部调节**：学习者最初受到以某种方式行动的激励主要是基于行为之后的外部结果，也就是说，学习者是由外部动机所激励的。

2. **内摄**：学习者开始以能获得他人赞许的方式行动，这样做的部分原因是他们想通过这种方式来保护及增强自我意识；当破坏了某些行为的标准时，他们会感到内疚，但并不完全理解这些标准背后的基本原理。

3. **认同**：在此阶段，学习者会将某些行为和活动看作对自身很重要的或有价值的。

4. **整合**：学习者将某些行为和活动整合进整个动机和价值观系统中；本质上，这些行为成了他们自我意识的核心。

图 11.6　内化动机发展的过程

活动对他们来说很重要。如果信奉这些价值观的成年人（父母、教师等）采取以下行动，这种价值观内化最有可能发生：

- 参与有价值的活动，并以此为榜样；
- 提供一个温暖的、反应迅速的、支持性的环境（满足儿童的相依需要）；
- 在决策中允许一定程度的自主权（满足儿童的自主需要）；
- 为行为设置合理的限制，并解释为什么某些行为很重要（Deci & Moller, 2005; Eccles, 2007; Gniewosz & Noack, 2012; Jacobs, Davis-Kean, Bleeker, Eccles, & Malanchuk, 2005; R. M. Ryan, Connell, & Grolnick, 1992; R. M. Ryan & Deci, 2000）。

因此，培养内化动机的发展，需要教师在给学生体验自主的机会和提供所需行为的指导之间取得微妙的平衡。

学生对学习和学业成功的价值内化越多，他们的认知投入就越多，学生的整体成绩可能就越好。内化动机也是自我调节学习的一个重要方面：它是一般职业道德的基础，在这种职业道德中，学习者会自发地参与一些活动，尽管这些活动并不总是有趣的或能立即令人满意的，但对于实现长期目标却是必不可少的（Assor, Vansteenkiste, & Kaplan, 2009; La Guardia, 2009; Ratelle, Guay, Vallerand, Larose, & Senécal, 2007; R. M. Ryan, et al., 1992; Walls & Little, 2005）。事实上，当少数族裔学生内化了与特定职业相关的价值观时，他们在未来更有可能进入该职业领域（Estrada, Woodcock, Hernandez, & Schultz, 2011）。

学生也可能会内化那些破坏他们的动机和成就的刻板印象。例如，学生可能会内化关于性别差异的刻板印象（如男生擅长数学、女生擅长语言艺术），从而降低对成功的期望和对任务的重视。因此，一个女生可能会听到关于男生比女生更擅长数学的社会信息，然而，只有当这种信息导致她的动机信念发生变化时，这种刻板印象才会损害她的成就（Plante, de la Sablonnière, Aronson, & Théorêt, 2013）。

归因

归因（attribution）是学习者对自身的成功和失败的自我构建的解释，是关于他们对生活中什么导致什么的信念。学习者往往急于找出事情发生在他们身上的可能原因，特别是当事件是意想不到的时候——例如，当他们认为自己做得很好，却在一次课堂作业中得了低分时（Stupnisky, Stewart, Daniels, & Perry, 2011; Tollefson, 2000; Weiner, 1986, 2000）。

我们每个人都会对日常生活中的许多事件形成归因，例如，为什么我们在学校成绩好或不好，为什么我们在同龄人中受欢迎或不受欢迎，为什么我们是熟练的运动员或十足的笨蛋等。要深入了解你自己可能形成的归因类型，请尝试下面的练习。

亲身体验

体验一：第一次约会

想象一下，你邀请了一个你非常喜欢的人出去约会。你玩得很开心，决定第二天跟他打电话聊天。虽然你期待通话会很顺利，但你的"约会对象"说话很笨拙，突然就结束了谈话。

你猜想为什么会这样？记下你的约会对象可能不想再出去的几个原因。

以下是你可能考虑过的一些原因：

- 我的约会对象认为我没有吸引力；
- 我的约会对象不喜欢我的个性；
- 我肯定说了什么蠢话；
- 餐厅太吵了，把约会搞砸了；
- 我的约会对象是个怪人，我要往前看了。

你对"为什么约会不顺利"的看法可能会影响你以后和别人出去约会的感觉。如果你认为约会对象不想再和你约会是因为你的性格沉闷，那么你可能不愿意再约别人出去；但如果你认为这是因为餐厅太吵了，那么你可能会觉得，只要下次准备好了，你就可以马上约别人出去。现在让我们来看看归因在课堂上会怎么发挥作用。

体验二：卡伯里和塞维勒（1）

1. 在高级心理陶瓷学课上，卡伯里教授刚刚拿回了第一次测验后已评好分的试卷。你发现自己是全班得到高分的少数学生之一：一个 A–。在班上大多数同学都没考好的时候，为什么你却得了高分？将你认为在卡伯里先生的课上得高分的几个可能的原因写在一张纸上。

2. 一个小时后，你得到了塞维勒教授的社会美容课（sociocosmetology）的第一次测验结果，并得知自己不及格。为什么你考得这么差？写下你在社会科学测验中不及格的几个可能的原因。

3. 大概三周后，你将参加这两门课的第二次测验，你打算分别为这两门测验花费多少学习时间？

下面是你在卡伯里教授的课上得 A– 的一些可能的解释。

- 你学习很努力。
- 你很聪明。
- 你在心理陶瓷学方面特别有天赋。
- 你很幸运，卡伯里教授选的都是你会的问题。
- 你在卡伯里教授的办公室里花了很多时间奉承他，问他有关心理陶瓷学的问题，索要他写的文章的副本（实际上你从未认真研读过），这些真的是有回报的。

相反，以下是你在塞维勒教授的课上测验不及格的一些可能原因。

- 你学习不够努力。

- 你学习的内容不对。
- 你从来没有掌握学习社会美容课的诀窍。
- 你旁边的同学生病了，他一直在喘息和咳嗽，分散了你的注意力。
- 你的运气不好。塞维勒所问的问题你都没有准备，如果她问的是不同的问题，你会做得更好。
- 这是一次糟糕的测验：问题含糊不清，考的都是些琐碎的知识。

在某种程度上，你为即将来临的考试所花费的学习时间，取决于你对自己先前的测验成绩的解释。让我们先来考虑一下你在卡伯里教授的测验中所得的 A– 吧。如果你认为自己取得好成绩是因为学习努力，那么你可能还会花大量的时间为第二次测验做准备。如果你认为考得好的原因是你很聪明或在这门课上你是一个天才，那么你可能就不会过多地努力了。如果你相信自己的成功只是因为运气好，那么你可能根本不会再努力，而是在参加下一次测验时穿上你的幸运毛衣。如果你认为 A– 的好成绩反映了卡伯里教授有多么喜欢你的话，那么你可能就会认为花时间讨好他比花时间学习更重要。

现在让我们来看看你在塞维勒教授的测验中失败的例子。同样，你为自己的测验成绩所找出的原因会影响你为下一次测验做准备的方式——如果你会准备的话。如果你认为自己学习不够努力或学习的内容不对，那么下次你可能会花费更多时间来学习。如果你觉得自己的低分数是由一些暂时的情境因素导致的——坐在你旁边的学生让你分心了——那么你可能还会像从前那样学习，并希望下一次能考得更好。如果你认为你的失败是因为你能力低下，或者是因为塞维勒教授的测验题出得很糟糕，你可能会比从前更不努力学习。当糟糕的测验成绩是在你的控制范围之外时，学习又有什么用呢？

归因主要有以下三个方面（Weiner，1986，2000，2004，2005）。

- **控制点：内部与外部。**[1] 有时，学习者会将结果归因于内部因素——他们自身的因素。认为成绩好是因为学习努力，或者认为成绩差是因为缺乏能力，都是内部归因的例子。有时，学习者会将事件归因于外部因素——在他们自身之外的因素，并得出这样的结论：你获得奖学金是因为你很幸运。这是外部归因的例子。

- **稳定性：稳定与不稳定。** 有时，学习者会将结果归因于稳定的因素——这些因素在不久的将来是不会有太大改变的。例如，如果你认为你在科学课上的成绩好是因为你天生聪明，或者你很难交到朋友是因为你没有吸引力，那么你就会将这些事件归因于稳定的、相对持久的因素。有时，学习者会将结果归因于不稳定的因素——这些因素可能会一次又一次地发生变化。例如，你认为你赢得了一场网球比赛是因为你的竞争对手身体不舒服，或者你认为你考试成绩不好是因为你在参加考试时太疲劳了，这些都是不稳定因素的归因。

- **可控性：可控与不可控。** 有时，学习者会将结果归因于可控因素——他们可以影响和改变的内在因素。例如，如果你认为一位同学邀请你参加聚会是因为你经常对他微笑，或者如果你认为你考试不及格是因为你没有学习到正确的知识，那么你就是将结果归因于可控因素了。有时，学习者会将结果归因于不可控因素——他们无能为力的事情。如果你认为你被选为学校话剧的主角只是因为外表正好看起来"合适"，或者如果你认为你是因为生病才在篮球赛中发挥失常的，那么你就是将结果归因于不可控因素。

总的来说，学习者倾向于将成功归因于内部因素（如高能力、勤奋），而将失败归因于外部因素（如运气、他人的行为）（Mezulis, Abramson, Hyde, & Hankin, 2004; Rhodewalt & Vohs, 2005）。通过将自己当作成功背后的原因，并将糟糕的表现归咎于别处，学习者可以维持自我价值感。但是，当学习者在任务中不断失败时——特别是当他们看到同伴在相同的任务中取得成功时——他们往往会将原因归咎于一个稳定且无法控制的内部因素：他们自己的能力低下（Covington, 1987; Y. Hong, Chiu, & Dweck, 1995; Schunk, 1990; Weiner, 1984）。

归因如何影响情绪、认知和行为

归因影响着许多因素，这些因素会直接或间接地影响学习者的动机。第一，归因会影响学习者对成败的情绪反应。只有当学习者将这些结果归因于内部因素时，如将成败归因于他们自己做的事情或个人特征，他们才会容易对自己的成功感到自豪，对自己的失败感到内疚和羞愧。尽管内疚和羞耻可能会让人感到不快，但这样的情绪往往会促使学习者克服自己的缺点。相反，如果学习者认为其他人应该为不理想的结果负责，他们就很容易生气——这种情绪不太可能导致具有建设性的后续行为（Hareli & Weiner, 2002; Pekrun, 2006）。

第二，归因会影响学习者对未来成败的预期。当学习者将他们的成败归因于稳定的因素时——也许是与生俱来的能力——他们会期望自己未来的表现与现在的表现相似。相比之下，当他们将成败归因于不稳定的因素时——如努力或运气——他们目前的成功率对未来的预期几乎没有影响。最乐观的学习者——那些对未来的成功有最高期望值的人——会将自己的成功归因于稳定的、可靠的（通常是内部）因素，如持久的职业道德，并将失败归因于不稳定的因素，如缺乏努力或策略不当（Dweck, 2000; S. J. Lopez, Rose, Robinson, Marques, & Pais-Ribeiro, 2009; McClure, Meyer, Garisch, Fischer, Weir, & Walkey, 2011; Pomerantz & Saxon, 2001）。

---

[1] 正如你在这里的讨论中所看到的，"点"和"控制"是两个截然不同的维度（Weiner, 1986, 2000）。

第三，归因会影响学习者的努力和毅力。如果学习者认为他们失败是因为自己缺乏努力（可控因素），那么他们往往会更加努力，在困难面前坚持下去。相反，那些将失败归因于缺乏先天能力（不可控因素）的学习者很容易放弃，有时甚至无法完成他们之前能成功完成的任务（Dweck, 2000; Feather, 1982; McClure et al., 2011; Weiner, 1984）。

第四，归因会影响学习者的学习策略和课堂表现。那些期望在课堂上取得成功，并认为学业成功是自己行为的结果的学习者，更有可能使用有效的学习策略和自我调节策略，特别是当他们被教授过这些策略后。相反，那些预期自己会失败并认为自己的学习成绩在很大程度上不受控制的学习者，往往拒绝采用有效的学习策略，转而采用死记硬背的学习方法（Mangels, 2004; D. J. Palmer & Goetz, 1988; Zimmerman, 1998）。当你了解拥有内部可控的学业成功归因的学生更有可能取得好成绩并从高中毕业时，你应该不会感到惊讶（L. E. Davis, Ajzen, Saunders, & Williams, 2002; Dweck, Mangels, & Good, 2004; McClure et al., 2011; Pinterich, 2003）。

第五，归因也会受到各种环境线索的影响。当一项课堂任务看起来很复杂且非常具有挑战性时——尤其是当同学也在努力学习时——失败很容易被归因于任务的难度，而不是内部因素。但是如果同龄人轻松地完成了任务，学习者就很有可能将自己的失败归因于能力低下（Schunk, 1990; Weiner, 1984）。

让我们思考一下上述讨论的这些因素在本章开篇的个案研究中是如何发挥作用的。迈克尔最初将他在代数上的失败归因于自己的能力低下和老师糟糕的教学——这些归因可能会让人感到羞愧和愤怒。此外，由于他认为自己失败的原因是稳定的，而且不是他所能控制的，因此无论他做什么，他都会预料到未来的失败，所以他没什么理由要付出太多努力。随着迈克尔获得新的学习技能，并对代数和检验程序有了更好的理解，他取得了更大的成功，并

意识到他的成功是自己努力学习的直接结果。新的内部归因和可控归因让他使用了有效的策略，并成为一个更擅长自我调节的学习者：

> 现在我在代数课上逐渐进步并认真听讲……过去我只是听一听，甚至都不记笔记。我总是告诉自己我会记得，但我似乎总是忘记。现在我会记笔记，而且即使没有家庭作业，我也会每天在家学习，除了周五之外。如今我学习是为了掌握知识，而不希望自己仅仅是记得而已。

归因的发展趋势

儿童会越来越能够区分他们成功和失败的各种可能原因：努力、能力、运气、任务难度等（Dweck & Elliott, 1983; Eccles et al., 1998; Nicholls, 1990）。他们会逐渐明白努力和能力之间的区别。在小学的早期阶段，儿童会认为努力和能力呈正相关：越努力的人越有能力。因此，他们倾向于将自己的成功归因于努力学习，而且通常对自己只要努力就能取得成功的可能性持乐观态度。到了 9 岁左右，他们会开始明白努力和能力往往是相辅相成的，能力较差的人可能需要付出更多的努力。许多人会开始将他们的成功和失败归因于一种遗传能力，如智力，他们认为这种能力相当稳定，不受他们的控制。如果他们经常在学校任务中取得成功，他们就会对这些任务有很高的自我效能感，但如果他们经常失败，他们的自我效能感很可能就会直线下降 [Dweck, 1986; Eccles（Parsons）et al., 1983; Schunk, 1990]。下面的练习展示了学生在小学阶段对自己能力的信念的变化过程。

亲身体验

我该怎么比较

想象自己在纸上展示一张有 30 个圆圈的图片，这些圆圈从纸的顶部到底部等间距分布。现在，想象自己向一名学生提出以下问题："这些圆圈代表你班上的所有学生。最上面的圆圈

代表班上最好的朗读者，最下面的圆圈代表班上最差的朗读者。哪个圆圈代表你？"你认为1 年级的学生会有什么反应？5 年级的学生呢？

最常见的情况是，无论能力如何，1 年级的学生都会把自己放在最上面（或接近最上面）的圆圈位置上，而 5 年级的学生通常会思考这个问题，并相当准确地将自己放在合适的位置上（Nichols，1978）。

目标理论

人类的许多行为都是针对特定目标的。有些目标是短期的、暂时的（如"我想读完那本关于恐龙的书"），有些目标是长期的、相对持久的（如"我想成为一名古生物学家"）。儿童和青少年通常有各种各样的目标：快乐和健康、在学校表现良好、在同龄人中获得人气，以及赢得体育比赛，这些只是众多可能性中的一小部分（M. E. Ford & Smith，2007；Schutz，1994）。下面，我们将看到一些与目标相关的研究，特别是与教学环境相关的研究。

成就目标

早期的动机理论家认为，成就动机是学习者在各种不同的情境中持续表现出来的一种普遍特征。相比之下，大多数当代理论家认为，成就动机在某种程度上因特定任务和情景的不同而不同。成就目标可能还会有不同的形式，这取决于学习者的具体目标。例如，让我们一起来看看，在韦瑟洛夫斯基先生的体育课上，四个不同的男孩在篮球单元的第一天可能会想些什么。

乔丹：我想让大家看看我是多么伟大的篮球运动员。如果我站在篮筐附近，特拉维斯和托尼就会不停地传球给我，我就能投进很多球。

特拉维斯：我希望我不会把事情搞砸。如果我投篮未中，我会看起来像个十足的傻子。也许我应该待在三分线外，继续传球给蒂姆和托尼。

托尼：我真的很想成为一名更好的篮球运

动员。我会让韦瑟洛夫斯基先生给我一些反馈，告诉我如何提高我的比赛水平。也许我的一些朋友也会给我提供建议。

奥利弗：我一直都是一名伟大的篮球运动员，打球的时候我总是尽力做到最好，但是我身材变差了，我担心达不到我平时的标准。

四个男孩都想打好篮球，也就是说，他们都有成就目标。但是他们想打好比赛的原因各不相同。乔丹最关心的是给他的老师和同学留下好印象，所以他想最大限度地展示自己的球技。特拉维斯也很关注他给别人留下的印象，但他只想确保自己看起来不那么糟糕。相比之下，托尼并没有考虑他的表现在别人眼中是什么样的。相反，他主要对提高自己的篮球技术感兴趣，也并不指望取得即刻的成功。对托尼来说，犯错是学习一项新技能不可避免的一部分，这并不意味着尴尬或羞耻。奥利弗并没有考虑他人的看法，但他担心自己的表现不会像他所认为的那样好。

乔丹和特拉维斯两个人都持有表现目标（performance goal），希望自己在别人眼中是有能力的。更具体地说，乔丹持有一个表现－接近目标（performance-approach goal）：他希望自己的形象良好，并从其他人那里得到赞赏。相比之下，特拉维斯持有一个表现－回避目标（performance-avoidance goal）：他希望避免自己看起来很糟糕，也不想得到令人不快的评价。这两种类型的表现目标都有社会比较的因素，即学习者关心自己的成就与同龄人的成就相比如何。托尼和奥利弗对篮球的态度表明他们持有的是掌握目标（mastery goal）。托尼持有一个掌握－接近目标（mastery-approach goal）：他想成为一名更好的篮球运动员，他愿意为此努力。相比之下，奥利弗持有一个掌握－回避目标（mastery-avoidance goal）：他担心自己无法达到平时的标准。托尼和奥利弗都不关心自己在别人眼中的样子——他们都更关心自己的个人目标（Elliot & McGregor，2001；Elliot，Murayama，& Pekrun，2011；Régner，

Escribe, & Dupeyrat, 2007; Senko, Hulleman, & Harackiewicz, 2011）。

这四个目标不一定是相互排斥的。学习者可能同时拥有其中几个目标（Luo, Paris, Hogan, & Luo, 2011; Murayama, Elliot, & Yamagata, 2011; Senko et al., 2011）。回到我们的篮球例子，我们可以想象可能有第五个男孩，哈维尔，他既想提高自己的篮球技能，又想在同学面前有良好的形象，而不是让人觉得他是一个笨蛋，但他也担心达不到自己的标准。

掌握目标和表现目标的影响

在大多数情况下，拥有掌握目标是最好的。如表11.2所示，具有掌握目标的学习者倾向于参加那些有助于他们学习的活动：他们能在课堂上集中注意

表 11.2　持掌握目标与表现目标的学生之间的典型区别

持掌握目标的学习者（尤其是掌握–接近目标）	持表现目标的学习者（尤其是表现–回避目标）
更有可能积极参与活动，并对学习材料有内部动机	更有可能有外部动机，可能会通过作弊来取得好成绩
相信能力是通过不断的练习和努力而得到发展的；在困难面前坚持不懈	相信能力是一个稳定的特征（人们要么有天赋，要么没有）
选择能最大限度地增加学习机会的任务；寻找挑战	选择能最大限度地展示能力的任务；避免可能看上去无能的任务和行动（如寻求帮助）
表现出较多的自我调节学习和自我调节行为	表现出较少的自我调节
使用促进理解和复杂认知过程的学习策略（如精细加工、理解监控）	使用促进死记硬背的学习策略（如逐字记忆）；可能会拖延完成作业
面对与当前信念不一致的证据时，更有可能经历概念转变	不太可能经历概念转变，部分原因是他们不太可能注意到新信息和现有信念之间的差异
对简单的任务感到无聊或失望	对在简单任务上取得的成功感到自豪或安慰
寻求能帮助他们改进的反馈	寻求奉承性的反馈
有经常合作解决学业或社会问题的朋友	只有在可以让他们看起来有能力或提高他们的社会地位时，才与同伴合作
根据自身取得的进步来评价自己的表现	根据自己与他人的比较来评价自己的表现
把错误视为学习过程中正常且有用的一部分；利用错误来提高能力	把错误看作失败和无能的标志；利用自我妨碍，为错误和失败找理由
如果付出了努力并取得了进步，就会对自己的表现感到满意	只有在成功的时候才会对自己的表现感到满意；如果失败了，往往会感到羞愧和沮丧
把教师看作帮助他们学习的资源和引导者	把教师看作裁判及奖赏或惩罚的实施者
在测验和其他课堂评估中保持相对平静	常常在测验和其他评估中感到非常焦虑
更有可能热衷于或积极参与学校活动	更有可能与学校环境保持距离
更有可能为了更好地理解他们所学到的东西而寻求帮助	更有可能为了尽快完成学业任务而寻求帮助

资料来源：Ablard & Lipschultz, 1998; E. M. Anderman & Maehr, 1994; L. H. Anderman & Anderman, 2009; Corpus, McClintic-Gilbert, & Hayenga, 2009; Dweck, 1986; Dweck, Mangels, & Good, 2004; Elliot et al., 2011; Gabriele, 2007; Graham & Weiner, 1996; Hardré, Crowson, DeBacker, & White, 2007; Kaplan & Midgley, 1999; Lau & Nie, 2008; Levy-Tossman, Kaplan, & Assor, 2007; Liem, Lau, & Nie, 2008; Linnenbrink & Pintrich, 2002, 2003; McGregor & Elliot, 2002; Middleton & Midgley, 1997; P. K. Murphy & Alexander, 2000; Nolen, 1996; Pekrun, Elliot, & Maier, 2006; Poortvliet & Darnon, 2010; Pugh & Bergin, 2006; Rawsthorne & Elliot, 1999; A. M. Ryan & Shim, 2012; Senko et al., 2011; Shim, Ryan, & Anderson, 2008; Sideridis, 2005; Sins et al., 2008; Skaalvik, 1997; Steuer & Dresel, 2011; Turner et al., 1998; Urdan, 2004; Urdan, Midgley, & Anderman, 1998; Wolters, 2004.

力，用能有效促进长时记忆的方式加工信息，并从错误中吸取教训。此外，他们对学习、努力和失败有良好的看法：他们认识到，学习是一个需要努力并在面对暂时的挫折时坚持不懈的过程。因此，这些学习者是最有可能坚持完成任务的人。掌握目标似乎也有助于学生以有效的方式应对不利的社会比较（Chatzisarantis，Ada，Bing，Papaioannou，Prpa，& Hagger，2016）。掌握 – 接近目标与学业成功呈正相关，而且掌握 – 接近目标的好处似乎在众多文化中都是一致的（King，McInerney，& Nasser，2017）。掌握 – 接近目标与成就有关，尽管一些研究没有发现这种结果。掌握目标在与自主性支持一起被个体经历（前面讨论过）时尤其有益（Benita，Roth，& Deci，2014；Elliot et al.，2011；Keys，Conley，Duncan，& Domina，2012；Kumar，Gheen，& Kaplan，2002；Sins，van Joolingen，Savelsbergh，& van Hout-Wolters，2008）。关于掌握 – 回避目标的研究有限，但这些有限的研究表明，掌握 – 回避目标与适应不良的结果有关，如焦虑和对失败的恐惧增加（Sideridis，2008）。

相比之下，持表现目标的学习者——尤其是那些持表现 – 回避目标的学习者——倾向于回避挑战，在面临失败时很容易放弃，在预期成绩不佳时容易进行自我妨碍。表现目标有好有坏：它有时会产生积极的影响，特别是与掌握 – 接近目标相结合时，它能刺激学习者实现高水平的目标（Linnenbrink，2005；Rawsthorne & Elliot，1999；Wolters，2004）。然而，表现目标本身可能不如掌握目标有益：学习者可能只会花最少的努力，使用相对肤浅的学习策略（如死记硬背），有时还会在评估中作弊。表现 – 接近目标在学习者年龄较小时（如小学阶段）似乎是最有害的，并且持表现 – 接近目标的学习者对课堂任务的自我效能感较低（E. M. Anderman，Griesinger，& Westerfield，1998；Midgley，Kaplan，& Middleton，2001；M.-T. Wang & Holcombe，2010）。当教师花费大量的时间强调成绩的重要性时，表现目标在学生的脑海中是最突出的；当教师诱导

学生形成表现 – 回避目标时，这一问题尤其显著（Pulfrey，Buchs，& Butera，2011）。

成就目标的发展趋势

在学前期和小学早期，儿童似乎主要持掌握目标，但在更高年级时，表现目标会变得越来越普遍（Bong，2009；Dweck & Elliott，1983；Harter，1992）。到学生上高中时，他们可能会从学习新事物中找到乐趣，但许多人主要关心的是取得好成绩，他们更喜欢简短的、容易的任务，而不是更长的、更具挑战性的任务。表现目标在团队运动中也很常见，在团队运动中，学生往往将重点更多地放在赢得公众认可上，而不是发展技能上（G. C. Roberts，Treasure，& Kavussanu，1997）。

当儿童在 5 岁或 6 岁开始上学时，有两件事会逐渐使他们更倾向于表现目标（Dweck & Elliott，1983）。首先，很多同龄人可以和他们进行比较，有时他们可能会发现自己做得不够好。其次，儿童可能难以评估他们在复杂学业技能方面的进步，因此必须依赖他人（如教师）来判断他们的能力。随着儿童进入青春期，另外两个因素也开始起作用：他们越来越关心别人对他们的看法，他们也意识到高水平的表现——如取得好成绩——对他们未来的教育和就业机会至关重要（Anderman & Mueller，2010；Covington & Müeller，2001；Juvonen，2000；Midgley，1993）。

许多教学和指导实践也有助于表现目标的发展。以下是一些常见做法：

- 只有在学生得出正确答案时才进行表扬；
- 只在公告栏或班级网站上张贴"最好的"作品；
- 以图表形式报告测验结果；
- 不断提醒学生好成绩对大学录取的重要性；
- 对经常击败对手的运动队给予特别表彰。

所有这些策略无疑都是出于好意，但它们都鼓励学生将注意力更多地放在展示能力上，而不是获得能力上（E. M. Anderman & Mueller，2010；

Midgley，2002）。

培养具有建设性的成就目标

在当今的学校和整个社会中，表现目标（表现 – 接近目标和表现 – 回避目标）在某种程度上可能是不可避免的。学习者可能会相当合理地将同龄人的表现作为评估自己能力的标准，许多大学在筛选申请者时会考虑平均绩点和测验成绩，而成人世界的许多方面本质上就具有竞争性。然而，从长远来看，掌握目标才是最有可能导向有效的学习和表现的目标。

有时掌握目标来自学生内部，特别是当学生对学习某一主题既重视又有很高的自我效能感时（Liem，Lau，& Nie，2008；P. K. Murphy & Alexander，2000；Pajares，2009）。但是，下面的课堂实践也可以促进掌握 – 接近目标。

- 展示对某些主题的掌握是如何与学生长期的个人目标和职业目标相关的。
- 要求学生理解课堂材料，而不是简单地背诵课堂材料。
- 传播这样一种信念，即有效的学习需要努力和试错（不要因为冒险和犯错而惩罚学生）。然而，你应该小心地推断学生没有付出努力。特别是对青少年来说，那些花了很大力气但仍然没有成功的人可能会认为你把他们当作"蠢蛋"（Amemiya & Wang，2018）。提出有助于提高效率的替代策略可能更有帮助。
- 给学生设定短期的、具体的目标，也就是所谓的近期目标，设定那些具有挑战性但只要付出合理的努力就能实现的目标。
- 定期提供反馈，使学生能够评估他们在实现目标方面的进展。给学生提供如何提高的具体建议。
- 表扬要聚焦于学生知识的掌握，而不是与同学的比较。
- 鼓励学生不要将同龄人当作自己进步的参照点，而是当作想法和帮助的来源（E. M. Anderman & Maehr，1994；Brophy，2004；

Corpus，Tomlinson，& Stanton，2004；E. A. Locke & Latham，2006；Middleton & Midgley，2002；R. B. Miller & Brickman，2004；Page-Voth & Graham，1999；N. E. Perry & Winne，2004；Schunk & Pajares，2005；Turner，Meyer，Cox，Logan，DiCintio，& Thomas，1998；Urdan et al.，2002；M.-T. Wang & Holcombe，2010）。

工作 – 回避目标

正如我们所看到的，学习者有时希望避免自己看起来很糟糕。但在其他情况下，他们可能想要完全避免做课堂任务，或者至少要尽可能少地投入精力。换句话说，学习者可能会持有一个工作 – 回避目标（work-avoidance goal），这通常是因为他们对完成手头任务的自我效能感很低（Coddington & Guthrie，2008；Dowson & McInerney，2001；Urdan et al.，2002）。学生会使用各种策略来逃避工作，例如，他们可能从事破坏性的行为或拒绝参与小组活动（Dowson & McInerney，2001；Gallini，2000；Hemmings，2004）。工作 – 回避目标与认知投入差、低成绩和负面情绪有关（King & McInerney，2014）。

社会目标

前面我们提到过人们有一种联结的需要—— 一种与他人有社交联结的需要。与这种需要相一致的是，儿童和青少年往往有各种各样的社会目标。此类目标通常包括如下部分或全部内容：

- 建立并维持友好或亲密的社会关系；
- 获得他人的认可；
- 在"融入"和"脱颖而出"之间建立平衡；
- 在同龄人中取得相应的地位、受欢迎度和威信；
- 成为一个有凝聚力的、相互支持的团体中的一员，在班级中获得归属感；
- 遵守团体的规则和惯例（如做一个好的"班级公民"）；
- 履行社会义务并信守人际承诺；

- 帮助并支持他人，确保他人的利益（Dowson & McInerney，2001；M. E. Ford & Smith，2007；Gray，2014；Hinkley，McInerney，& Marsh，2001；Kiefer & Ellerbrock，2011；Patrick，Anderman，& Ryan，2002；Schutz，1994；Wentzel，Filisetti，& Looney，2007）。

学生的社会目标的具体性质会影响他们的行为和学习成绩——有时会变得更好，有时会变得更糟。如果学生正在寻求与同学友好相处的机会或关心他人的利益，他们可能会热衷于参与合作学习和同伴辅导等活动（Dowson & McInerney，2001；Wentzel et al.，2007）。但是，如果他们更希望获得同龄人的认可，他们可能会不遗余力地按照自己认为能取悦他人的方式行事，可能会在这个过程中损害自己的行为标准，也可能会疏远同龄人，因为他们过于努力地想要被喜欢（M. Bartlett，Rudolph，Flynn，Abaied，& Koerber，2007；Boyatzis，1973；Rudolph et al.，2005）。

当然，与此同时，许多学生也渴望与教师建立有益的社会关系。在理想情况下，我们希望他们将教师视为提供支持和指导的首要来源。但有些人可能更关心获得教师的认可，在这种情况下，他们可能会努力实现表现目标，并可能在他们预期表现不佳的活动中进行自我妨碍（H. A. Davis，2003；Hinkley et al.，2001；S. C. Rose & Thornburg，1984）。

长期生活目标

许多儿童和青少年会对他们想要过的生活类型进行深思熟虑，并设定与自己所期望的生活一致的目标（J. Q. Lee，McInerney，Liem，& Ortiga，2010；Mouratidis，Vansteenkiste，Lens，Michou，& Soenens，2013；Oyserman，2008）。当然，在这些长期生活目标中，最关键的就是职业目标。幼儿在设定这样的目标时几乎不假思索，而且经常改变目标。例如，一个6岁的孩子可能这一周想成为一名消防员，下一周就想成为一名职业棒球运动员。但到了青春期晚期，许多年轻人已经对他们想要追求的职业道路做

出了试探性的、相对稳定的选择（Lapan，Tucker，Kim，& Kosciulek，2003；Marcia，1980）。通常，他们的选择是基于在特定领域的强烈胜任感，以及关于重要人生追求的个人和文化价值观（Plante & O'Keefe，2010）。一些青少年还会考虑更广泛的长期生活目标，如一个人如何才能对世界产生积极的影响；当学生同时考虑职业目标和这些更广泛的目标时，他们可能会感到自己的生活有更大的目的感和意义（Yeager，Bundick，& Johnson，2012）。

学生的长期生活目标可以引导他们参加特定的课程和课外活动，也许是科学、音乐或体育运动。以下三种教学策略可以利用这些目标：

- 让学生集思广益，思考可能需要哪些知识和能力来实现他们的目标，以及他们将如何获得和掌握这些知识；
- 让学生集思广益，讨论他们在追求目标时可能遇到的障碍，以及他们能克服这些障碍的具体方法；
- 定期将你所教的内容与学生的目标联系起来，如开展一些活动，让他们能够真正地将所学知识应用到与职业相关的任务中（Gay，2010；Nolen，2011；Oyserman，2008）。

但除此之外，我们必须记住，许多学生不具备自我调节能力，无法使自己朝着实现长期生活目标的方向前进，这可能是因为他们的生活中几乎没有自我调节的榜样（R. B. Miller & Brickman，2004；Oyserman，2008；B. L. Wilson & Corbett，2001）。因此，另一个关键的策略是教授和培养这些技能、安排足够的学习时间，以及对有吸引力但没有成效的休闲活动说"不"。同时，如果学生也把愉快的休闲活动纳入他们的时间表，他们可能会坚持追求自己的目标。期望他们完全否定自己生活中的小乐趣，既没有效果也不现实（M. Hofer，2010）。

协调多种目标

大多数学生都有许多目标，并使用各种策略来实现它们（Conley，2012；Covington，2000；Damon，

Dompnier, Gilliéron, & Butera, 2010; Dodge, Asher, & Parkhurst, 1989; Urdan & Maehr, 1995）。有时，学生会发现一些活动可以让他们同时实现两个或多个目标。例如，他们可以组建一个学习小组为考试做准备，同时实现成就目标和社会目标。有时，学生会为了追求一个目标而暂时搁置其他目标。例如，他们可能会为了完成一份教师要求的阅读作业，而忽略了更多有趣但未布置的材料。有时，学生可能会改变有关实现特定目标意味着什么的想法。例如，一名雄心勃勃的高中生最初希望在三门高级课程中获得全A，但最终他可能会承认，在其中两门课程中获得B可能更现实。

在其他情况下，学生可能会为了实现一个目标而完全放弃另一个与之相冲突的目标（M. Hofer, 2010; McCaslin & Good, 1996; Phelan, Yu, & Davidson, 1994）。例如，想要在学校取得好成绩的学生可能会为了维持与不看重学业成绩的同龄人的关系，而选择不展现自己的最佳状态（B. B. Brown, 1993; Ogbu, 2008b）。在特定的内容领域，掌握目标的学生可能会发现，学校的多重要求会迫使他们将注意力集中在表现目标（如取得好成绩）上，而不是像他们所希望的那样完全将注意力集中在学习学科内容上。

思维模式

随着儿童和青少年的发展，他们会在学校里有更多的成败经历，并对自己的能力和个人智力形成某种信念。有些学生可能会认为自己可以成功地完成一项艰巨的任务，因为他们相信自己的思维或大脑有能力获得新的信息和技能；但有些学生可能会觉得自己的智力在某种程度上是固定的，他们可能只是不具备学好某些学科的能力（或者更广泛地说，为了学习而学习）。让我们通过一个简短的练习来探索一下这会是一种什么样的感受。

亲身体验

探索思维模式

想一想你在生活中的一个非常成功的领域（如打网球、学习外语、演奏乐器）。写下你对自己在这一领域的潜力的看法，这些潜力包括更加了解这一领域并发展新的、复杂的技能。现在想一想你在生活中的一个完全没有天赋的领域（如作家、面包师、田径明星）。写下你对自己在这一领域的潜力的看法，这些潜力包括更加了解这一领域并发展你在这一领域的技能。

现在来看看你的回答。你可能会写道，你觉得自己确实有潜力在之前成功过的领域学到更多，但在那些你认为缺乏天赋的领域却不是这样。当我们相信自己可能拥有学习的能力，并且提高技能的潜力很大时，我们就有了所谓的**成长型思维**（growth mindset）。这意味着，我们真的相信，我们能够在这一领域学习、成长和出类拔萃，我们的大脑在生理上能够掌握新的话题和技能——这种练习将带来学习上的进步。

此外，你可能写了一些缺乏信心的东西，你认为自己在没有天赋的领域缺乏出类拔萃的能力。当我们认为自己的学习能力有限时，我们就有了所谓的**固定型思维**（fixed mindset）。这意味着，我们认为自己根本没有能力在某个特定的学业领域出类拔萃，即使经过练习，我们的智力也无法提高。这意味着我们相信自己的大脑就是没有能力在某些领域进行学习，正如萨拉在描述她的数学问题时所揭示的那样：

> 爸爸数学很好，妈妈、哥哥和我数学都不好，我们从妈妈那里继承了"不擅长数学的基因"。我英语很好，但我数学就是不行（K. E. Ryan, Ryan, Arbuthnot, & Samuels, 2007）。

具有成长型思维的学生可能会持掌握－接近目

标，努力学习，并获得高分和标准化的测验成绩。相比之下，具有固定型思维的学生通常会持表现目标，他们很快就会对自己不容易理解的话题失去兴趣，在失败面前进行自我妨碍，其成绩也会随着时间的推移越来越低（Blackwell，Trzesniewski，& Dweck，2007；J. A. Chen & Pajares，2010；Dweck & Leggett，1988；Dweck & Molden，2005；Good，Aronson，& Inzlicht，2003）。

我们的一些学生可能有一种普遍的成长型思维，这意味着，他们相信只要努力学习，就可以学会任何东西。我们需要记住，尽管我们的一些学生在总体上呈现成长型思维，但他们可能仍然不想学习那些他们不感兴趣或不重视的内容。在其他情况下，我们的学生可能只在某些领域有成长型思维（例如，一个学生可能在数学上有成长型思维，但在阅读方面没有成长型思维）。

上述情况也适用于固定型思维。我们需要特别注意那些持有普遍的固定型思维的学生。如果一个学生认为不管怎样，她都不可能成为一个好的学习者（例如，因为她没有一个"聪明的大脑"），这种信念可能会对这个学生在所有学习领域的动机和成就产生有害的影响。

幸运的是，教师可以使用一些策略来促进学生的成长型思维的发展。

- 设定短期的、容易实现的目标（近期目标），这样学生即使在他们认为有挑战性的领域也能体验到成功。这样做将提高他们的自我效能感，并鼓励他们拥有成长型思维。

- 告诉学生一些大脑是如何工作的知识。帮助他们理解，当学习任何东西时，脑内都会建立新的神经连接，这对每个人来说都是如此，因此，每个人都有学习的潜力。

- 告诉学生智力实际上是可塑的——我们通常可以简单地让学生意识到成长型思维的好处，以消除他们关于智力是恒定不变的信念。

- 避免使用以成绩为导向的教学实践（例如，鼓励学生公开展示他们学到了多少）（Park，

Gunderson，Tsukayama，Levine，& Beilock，2016）。

- 尽可能避免按能力对学生进行分组。当我们使用能力进行分组时，我们是在向学生传达我们对他们的能力的信念。一个总是处于低水平阅读群体的学生很可能会对阅读形成一种固定型思维。替代方案包括允许学生根据兴趣选择小组，或者定期改变组建小组的基础，而不是仅仅根据能力分配小组。

习得性无助

随着年龄的增长，儿童会逐渐发展出可预测的归因模式和对未来表现的期望。看看下面这两个学生，请记住他们的实际能力水平是相同的。

- 贾里德是一个热情的、精力充沛的学习者。他在学校的活动中很努力，也会因为做得好而高兴。他喜欢挑战，尤其是他的老师每天布置的、可以获得额外学分的脑筋急转弯。他并不能解决所有问题，但他能从容不迫地面对失败，并渴望第二天可以遇到更多问题。

- 杰瑞是一个焦虑的学生，他对自己完成作业的能力没有多大信心。事实上，他经常低估自己的能力：即使成功了，他也怀疑自己能否再成功一次。他更喜欢通过填写"训练与练习表"来练习这些他已经掌握的技能，而不是尝试新的任务和问题。至于贾里德非常喜欢的那些脑筋急转弯，杰瑞有时会试一试，但如果答案不明显，他会很快就放弃。

随着时间的推移，像贾里德这样的学习者，会形成一种"我能行"的态度——一种普遍的乐观精神，相信自己可以掌握新的技能并通过各种努力取得成功。而像杰瑞这样的学习者，会形成一种"我不行"的态度，这种态度也被称为习得性无助（learned helplessness）——一种对自己未来成功的可能性的无力感。你可能会认为这种区别与乐观主义者和悲观主义者之间的区别相类似，实际上这种区别反映了一个连续体，而不是非此即彼的二分法

（Boman, Furlong, Shochet, Lilles, & Jones, 2009；C. Peterson, 1990, 2006；Seligman, 1991）。

像贾里德这种学生的行为方式会带来更高的成绩。特别是，他们会设定雄心勃勃的目标，寻求具有挑战性的任务，具有成长型思维，并在失败面前坚持不懈。习得性无助的学生会因低估自己的能力而设定可以轻松完成的目标，回避可能有利于自己学习和认知发展的挑战，具有固定型思维，并以一种无效的方式（如迅速放弃）应对失败，这几乎注定了未来的失败（Dweck, 2000；Graham, 1989；S. J. Lopez et al., 2009；C. Peterson, 2006；Seligman, 1991）。

到五六岁时，一些儿童开始表现出一种始终如一的倾向，要么在一项任务中坚持下来并表现出能够掌握该任务的自信，要么迅速放弃一项任务并声称自己没有能力完成（Burhans & Dweck, 1995；Ziegert, Kistner, Castro & Robertson, 2001）。然而，一般来说，8岁以下的儿童很少表现出极端的习得性无助，这可能是因为他们仍然相信，成功在很大程度上是由于他们自己的努力（Eccles et al., 1998；Lockhart, Chang, & Story, 2002；S. G. Paris & Cunningham, 1996）。到了青春期早期，习得性无助就变得更加普遍了，一些中学生会认为他们无法控制发生在他们身上的事情，并且对于如何避免未来的失败束手无策（Dweck, 2000；S. G. Paris & Cunningham, 1996；C. Peterson, Maier, & Seligman, 1993）。在本章开篇的个案研究中，迈克尔在代数课上最初的悲观情绪就表明，他有一定程度的习得性无助，至少在数学方面是这样。

我们之前指出的能提高自我效能感、成长型思维和胜任感的策略（如监测短期目标的成功）也可以促进掌握定向的形成。此外，学生应该知道，他们有各种各样的资源——教师、同龄人、计算机软件、志愿者导师——可以让他们在遇到困难的时候进行求助。一般来说，学生必须有足够的学业支持才能相信"只要我愿意，我就一定能做到"。

短期动机干预

在过去的几年里，研究人员一直在开发和测试短期动机干预措施，并且已经验证了一些有希望的结果。其中许多干预措施旨在证明学业内容与学生的相关性。这样做的目的是向学生证明，他们在课堂上学习的材料与日常生活有关，并且可能与未来的职业有关。另一些干预措施则是为了帮助学习者培养成长型思维。

这些干预措施可能对那些对自己的学业能力缺乏信心和内部学习动机的学生特别有用。如果学生确信他们正在学习的一个主题（如化学）与他们的生活或未来的工作机会有关，他们可能会更加关注、努力和投入，并增加他们对某项任务或某个学科领域的兴趣（Hulleman & Harackiewicz, 2009）。

尽管人们很容易将这些干预措施视为快速解决学生难题的方法，但我们还是要提醒你谨慎使用。作为补充活动的这些干预措施可能对你有所帮助，但它们不应取代我们在本章回顾的那些循证实践。关于这些干预措施的研究很少，而且它们没有在不同年级或不同文化中被广泛复制，因此，虽然研究结果可能是有效的，但在不同的情况下可能不会出现相同的结果。此外，不同的研究人员之间对其中一些干预措施的长期有效性仍存在争议（Sisk, Burgoyne, Sun, Butler, & Macnamara, 2018）。

表11.3列出了其中三种干预措施的示例。

影响动机的认知和社会文化因素的多样性

在前面的内容中，我们已经看到了个人兴趣、价值观、成就目标和一般归因风格方面的个体差异。在这里，我们将重点关注不同文化和种族背景、性别、家庭收入水平的学生，以及有特殊教育需求的学生的多样性。表11.4总结了归因和动机的其他方面的发展趋势。

文化和种族差异

大多数文化和民族群体高度重视获得良好的教育（P. J. Cook & Ludwig, 2008；Fuligni & Hardway,

表 11.3　关注学业内容相关性的短期干预示例

干预	结果
德国 9 年级学生首先听了一场关于数学相关性的 90 分钟的演讲，然后完成了两项写作作业中的一项；他们要么阅读并写下年轻人关于数学与他们生活的相关性的引语，要么向他们认识的人解释为什么数学是与生活相关的	评论引语与增强自我概念、提高做作业的自我效能感、努力及数学考试成绩有关；书面解释仅与提高做作业的自我效能感有关
美国 9 年级学生写了一篇关于科学课程材料对他们的个人生活有用的文章	最初对成功预期较低的学生对科学更感兴趣，科学成绩更高
美国高中生的父母收到了两本小册子：第一本是关于 STEM 在日常生活中的用处，第二本是关于 STEM 与大学和未来职业的相关性；第二本小册子还提供了有关父母如何谈论 STEM 与孩子的相关性的信息	关于 STEM 价值的亲子对话增多；母亲对 STEM 课程的重视程度提高；高中 STEM 课程数量增加；学生对 STEM 的重视程度提高

资料来源：Brisson et al. 2017；Hulleman & Harackiewicz，2009；Harackiewicz，Rozek，Hulleman，& Hyde，2012.

表 11.4　不同年级水平的动机

年级水平	典型年龄特征	示例	建议策略
K ~ 2	• 更注重获得能力，而不是自我评价 • 对许多学生来说，兴趣瞬息万变 • 不顾成功的期望，追求有趣且令人愉快的活动 • 倾向于将成功归因于努力和实践，对可以完成的事情持乐观态度	6 岁的雅各布喜欢学习关于猫的知识，他经常在空闲时间画猫，当他去学校图书馆时，他总是找关于猫的书；有一天，在老师的允许下，他的父母带着他的宠物猫来上课，雅各布说明了为了照顾它必须做的事情	• 通过动手的、类似游戏的活动来激发学生对主题的兴趣 • 通过高趣味度的书籍和主题（如动物、超级英雄）来吸引学生阅读、写作和学习其他基本技能 • 向学生展示他们是如何随着时间的推移而进步的；指出他们的努力和练习是如何促成了他们的进步的
3 ~ 5	• 越来越倾向于自我评价，部分是通过观察自己的表现与同龄人相比如何 • 出现了相当稳定的个人兴趣 • 越来越关注表现目标 • 越来越相信与生俱来的能力是一个重要的、不可控制的因素 • 越来越意识到能引起他人的积极反应的归因类型（如"我在考试时感觉不舒服"）	在体操课上，9 岁的玛尔塔看着她的同学表演前滚翻和后滚翻、倒立及侧翻，她心甘情愿地执行前滚翻和后滚翻的动作，但当她在倒立着地这个动作上遇到困难时，她很快就放弃了，并说"我不像杰西那样会做倒立和侧翻"	• 允许学生在阅读和写作任务中追求个人兴趣 • 鼓励学生根据自己的进步来判断自己的表现，而不是根据与同龄人的比较 • 展示你对主题的兴趣和热情；说明为什么很多主题都值得学习 • 找出每个学生的长处；提供足够的支持，使学生能够熟练掌握薄弱环节
6 ~ 8	• 对许多学科的一般能力感（相对于同龄人）下降 • 作为在困难任务中维持自我价值感的一种方式，自我妨碍的倾向越来越大 • 对刻板印象中"性别适合"的活动的兴趣越来越大 • 越来越重视与长期目标和对成功的高期望相关的活动 • 对许多人来说，一些内容领域（如英语、数学、音乐、体育）的感知价值下降 • 越来越关注社会目标（如与同龄人互动）	13 岁的雷吉娜一直很喜欢数学，但现在她在 8 年级的高级数学课上，开始担心同龄人可能会认为她是一个"数学极客"；她每天晚上都勤奋地做数学作业，她的成绩很好，但她很少举手提问或回答问题，当她的朋友问她关于这门课的事时，她翻了个白眼，说她来上课只是因为"爸爸让我来的"	• 通过呈现令人困惑的现象和培养学生的个人兴趣来提高学生对主题的兴趣 • 将学生的注意力集中在他们的进步上；尽量减少他们将自己的表现与同学进行比较的机会 • 将主题与学生的长期目标联系起来（如通过真实性活动） • 在学生学习和进行研究时提供社交互动的机会（如通过角色扮演活动或辩论）

（续表）

年级水平	典型年龄特征	示例	建议策略
9～12	• 越来越多地将某些兴趣和价值观融入一个人的整体自我意识 • 表现目标（如取得好成绩）而不是掌握目标开始盛行 • 作弊行为增加 • 越来越关注毕业后的目标（如大学、职业）；一些学生没有足够的自我调节策略来实现这些目标	兰德尔今年16岁，他想成为一名儿科肿瘤学家——用他的话说就是"一名能像我姐姐那样帮助白血病儿童的治疗癌症的医生"；他知道他必须有好成绩才能进入名牌大学和医学院，但当他的朋友在一场重要的生物考试的前一天晚上邀请他去看篮球比赛时，他没有拒绝，比赛结束回家后，他花了一个小时在Snapchat上，而不是在学习上	• 通过课外项目和课外活动提供满足学生的兴趣和价值观的机会 • 通过合理的努力和有效的策略，使学生取得好成绩；尽量减少竞争性评分，如给学生的成绩排名 • 不鼓励作弊（例如，通过布置个性化的作业和在课堂评估期间监控学生的行为），并在作弊发生时施加适当的惩罚 • 教授能够帮助学生实现长期目标的自我调节策略

资料来源：J. M. Alexander et al.，2008；Archambault et al.，2010；Blumenfeld et al.，2006；Bong，2009；Brophy，2008；Cizek，2003；Corpus et al.，2009；Dijkstra, Kuyper, van der Werf, Buunk, & van der Zee，2008；Dotterer, McHale, & Crouter，2009；Eccles et al.，1998；Hidi, Renninger, & Krapp，2004；Jacobs, Davis-Kean, Bleeker, Eccles, & Malanchuk，2005；Jacobs et al.，2002；Juvonen，2000；LaFontana & Cillessen，2010；Lepper et al.，2005；Nolen，2007；Patrick et al.，2002；Shute，2008；Urdan，2004；Wigfield，1994；Wigfield, Byrnes, & Eccles，2006；Wigfield et al.，1991；B. L. Wilson & Corbett，2001；Wolters，2003；Youniss & Yates，1999.

2004；Phalet, Andriessen, & Lens，2004；Spera，2005），但研究人员观察到了与学校学习相关的更具体的价值观差异。例如，许多亚洲文化强调为学习而学习：知识能带来个人的成长、对世界的更好的理解，以及为社会做贡献的更大的潜力。对这些文化来说，努力学习和坚持学术研究同样重要，即使学习内容本身并不令人愉快（Hufton et al.，2002；J. Li，2006；Morelli & Rothbaum，2007）。当课堂主题没有什么内在吸引力时，来自欧美背景的学生不太可能勤奋地学习，但是他们经常能在激发他们好奇心的学业主题，以及需要创造力、独立思考或批判性分析的作业中找到价值（Hess & Azuma，1991；Kuhn & Park，2005；Nisbett，2009）。

来自不同背景的学习者对学业成功的定义可能不同，因此可能会设定不同的成就目标。例如，平均而言，亚裔美国学生的目标是比其他族裔的学生取得更好的成绩，这部分是为了赢得父母的认可，部分是为了给家人带来荣誉（Nisbett，2009；Steinberg，1996）。即便如此，亚裔美国学生和非裔美国学生往往比欧裔美国学生更注重掌握－接

近目标（即真正理解他们所学的东西）（Freeman, Gutman, & Midgley，2002；Qian & Pan，2002；Shim & Ryan，2006）。此外，在重视集体成就而非个人成就的文化（如许多亚洲文化、美洲土著文化、墨西哥裔美国人文化和太平洋岛屿文化）中长大的学生不会将掌握－接近目标聚焦于他们自己能提高多少，而是聚焦于他们和同龄人能提高多少，或者在某些情况下，他们的个人行动能对更大的社会集体或社会的进步做多大贡献（C.-Y. Chiu & Hong，2005；Kağitçibaşi，2007；J. Li，2005，2006）。

学习者的文化和种族背景也会影响他们的归因。例如，来自亚洲传统文化家庭的学生比来自西方主流文化的学生更有可能将课堂上的成功和失败归因于不稳定因素——学业成就方面的努力，以及在恰当的或不恰当的行为方面的暂时性情境因素（J. Li & Fischer，2004；Lillard，1997；Weiner，2004）。此外，一些研究发现，非裔美国学生更容易对自己取得学业成功的能力产生习得性无助。在某种程度上，种族偏见可能会导致他们产生习得性无助：学生可能会开始相信，由于他们的肤色，无论他们做

什么，都几乎没有成功的机会（G. H. Brody et al.，2006；Graham，1989；van Laar，2000）。

性别差异

总体而言，女孩比男孩更关心自己能否在学校取得好成绩：她们往往在作业上更加努力，获得更高的分数，高中毕业率也更高（Elmore & Oyserman，2012；Marsh, Martin, & Cheng，2008；McCall，1994；J. P. Robinson & Lubienski，2011）。但是一些学生认为某些领域（如写作、音乐）是"属于女孩"的，而另一些领域（如数学、科学）是"属于男孩"的，这降低了他们对那些似乎属于异性的内容领域的兴趣和自我效能感，从而限制了他们的职业选择（Eccles，2005；Gaspard et al.，2015b；Jacobs et al.，2002；Leaper & Friedman，2007；Plante et al.，2013；Weisgram, Bigler, & Liben，2010）。学生的长期生活目标也被考虑在内：女孩比男孩更有可能在职业选择上考虑工作如何与家庭相结合（Diekman, Brown, Johnston, & Clark，2010；Eccles，2009）。

另一个普遍观察到的性别差异是女孩（尤其是成绩优异的女孩）比男孩更容易因失败而气馁（Dweck，1986，2000）。至少在一定程度上，我们可以通过观察归因中的性别差异来解释这种现象。一些研究表明，男孩倾向于将成功归因于相对稳定的能力，而将失败归因于缺乏努力，从而显示出一种"我知道我能做到"的态度。女孩有时会表现出相反的模式：她们会将成功归因于努力，将失败归因于能力不足，认为"我不知道自己能不能坚持下去，因为我不太擅长这类事情"。这种差异在刻板的男性领域（如数学、体育）中最常见，即使男孩和女孩之前在这些领域的成就水平相当，这种差异也会出现（Leaper & Friedman，2007；McClure et al.，2011；Stipek，1984；Vermeer, Boekaerts & Seegers，2000）。

社会经济水平差异

许多来自低收入家庭的学生希望在学校取得好成绩（Payne，2005；Shernoff, Schneider, & Csikszentmihalyi，2001；B. L. Wilson & Corbett，2001）。

然而，教师的态度、教学实践，以及教师与学生的关系对这些学生是否选择追求学业成功有着重要影响，尤其是对于学业失败风险较高的学生而言（L. W. Anderson & Pellicer，1998；Kumar et al.，2002；Maehr & Anderman，1993；Murdock，1999）。来自低收入家庭的学生倾向于在以下这类学校取得成功：教师对成绩有很高的期望，让学生参与高趣味度的活动和主题，强调掌握 - 接近目标而不是表现目标，并让学生觉得自己是班集体中有价值的一员（Hom & Battistich，1995；Juvonen，2006；Osterman，2000；Patrick, Ryan, & Kaplan，2007）。

同样重要的是，我们通过使学校活动与学生的个人生活和需求相关来增加学生对学校活动的感知价值（P. A. Alexander et al.，1994；Knapp, Turnbull, & Shields，1990；Wlodkowski & Ginsberg，1995）。在低收入社区的学校，学生经常会遇到注重基本技能和死记硬背的教学，因此即使是最忠诚的学生也不太可能被这些教学吸引（B. E. Becker & Luthar，2002；Pianta & Hamre，2009）。这样的指导不仅枯燥乏味，而且不太可能使学生准备好应对具有挑战性的高中课程或大学课程（Ogbu，2003；Suskind，1998）。

我们必须帮助学生掌握实现长期高等教育目标和职业发展目标所需的技能和策略。此外，如果学生很少直接接触大学生活或高收入的职业，我们就必须促进他们对大学成就和职业成功的现状的了解。当与一群希望上大学的中学生交谈时，一位研究人员听到了他们对大学生活的相当天真的看法：

> 我问他们觉得大学是什么样的。他们的反应几乎是一致的——都是关于聚会的。从来没有人想到他们会上课或做作业。大学意味着狂欢，这就是他们想去上大学的原因（K. M. Williams，2001a）。

如果我们考虑到电视和电影中经常描绘的大学生活，那么这样的误解或许并不令人惊讶。对青少年观众来说，大学派对肯定比去上课和在图书馆学习更能产生有趣的情节。

适应有特殊需要的学生

有特殊教育需要的学生通常是那些在动机方面表现出最大多样性的学生。例如，患有学习障碍或一般智力障碍的学生可能会被具有挑战性的任务劝阻；如果努力总是导致失败，有些人甚至会表现出习得性无助的迹象（Jacobsen, Lowery, & Ducette, 1986; Mercer & Pullen, 2005; Seligman, 1975）。相反，如果课堂活动不能挑战天才学生的能力，他们就很容易感到无聊或愤怒（Bleske-Rechek, Lubinski, & Benbow, 2004; Winner, 2000b）。表 11.5 列出了有特殊需要的学生的动机特征。

教师的归因与期望对学生动机的影响

11.3 描述教师的信念和行为如何影响学生的动机

学生并不是唯一做出归因的人。教师也会对学生的行为和成绩进行归因。教师的这些信念与他们随后跟学生的互动密切相关（M.-L. Chang & Davis, 2009; Turner, Warzon, & Christensen, 2011）。想象一下，一个名叫琳达的学生没能按时完成一项作业。她的老师史密斯先生可能会得出结论，琳达没

表 11.5 增强有特殊教育需要的学生的学习动机

类别	可能观察到的特征	建议策略
有特定认知障碍或学业困难的学生	• 缺乏在学业上取得成功的内部动机，部分原因是自我效能感较低 • 不愿意提出问题或寻求帮助，尤其是在中学阶段 • 面对困难的任务时很少坚持下去或根本不坚持 • 倾向于将成绩不佳归因于能力低下，而不是更可控的因素；对于一些课堂任务的习得性无助	• 使用外部强化物鼓励学生的努力和成就；当学生表现出内部动机的迹象时，逐步撤除强化物 • 设定学生认为具有挑战性但可以实现的短期目标 • 在你认为学生可能真的需要帮助的时候提供帮助，但当你知道学生有能力靠自己取得成功时，不要提供帮助 • 教授有效的学习策略，并鼓励学生将他们的成功归功于这些策略
有社交或行为问题的学生	• 渴望成功，尽管行为看起来缺乏动力 • 倾向于将表扬解读为对他们的控制（对那些表现出敌对或反抗行为的学生而言） • 控制同学的欲望强于建立友谊的渴望（对一些患有情绪和行为障碍的学生而言） • 对社交几乎没有兴趣或没有明显的兴趣（对一些患有自闭症谱系障碍的学生而言） • 认为课堂任务与个人需求和目标几乎没有相关性 • 倾向于将负面结果归因于无法控制的因素（事情"就这样发生了"）	• 为学生完成学业任务提供必要的指导和支持 • 使用微妙的强化物（例如，留下赞扬富有成效的行为的便条），而不是更明显的和看起来更有控制力的强化物 • 提供一些关于活动和强化物的选择，以增加学生的自主感 • 帮助学生发现与同龄人进行平等的、亲社会的互动的益处 • 将课程与学生的具体需要和兴趣联系起来 • 教授带来预期结果的行为；强调行为和结果之间的因果关系
认知和社会功能普遍滞后的学生	• 一般而言，与非残障同龄人相比，内部动机较少；偶尔对特定话题感到好奇 • 对外部激励因素的反应敏感 • 面对困难时容易放弃 • 对长期目标的概念化能力有限或没有能力 • 倾向于将糟糕的结果归因于能力低下或外部因素，而不是更可控的因素；在某些情况下会产生习得性无助	• 使用外部强化物来鼓励有效行为；当学生表现出内部动机的迹象时，逐步撤除强化物 • 在成功的同时提高意志力 • 设定具体的短期（近期）目标；让学生也设定一些他们自己的目标 • 帮助学生认识到他们的行为和由此产生的结果之间的关系
有身体障碍或感官困难的学生	• 对自己的人生道路缺乏自我决定感 • 满足相依需要的机会较少，尤其是在与同伴的关系中	• 教授自我调节行为和独立技能 • 找出可以作为"学习伙伴"的同学；帮助学生完成作业或在午餐和休息时提供陪伴 • 与家长合作，促进学生与同伴在校外的互动

（续表）

类别	可能观察到的特征	建议策略
认知发展水平超前的学生	• 高自我效能感和胜任感 • 渴望挑战；当任务无法挑战他们的能力时感到无聊 • 面对失败时坚持不懈（尽管有些人可能会因不习惯失败而轻易放弃） • 如果有强烈的愿望与成绩不佳的同龄人交往，可能会进行自我妨碍 • 社会孤立（对一些天才学生而言） • 兴趣广泛，有时充满激情 • 高于平均水平的目标导向 • 内在的、乐观的成就归因 • 倾向于持能力实体观；如果在早期的一系列成功之后遭遇失败，可能会产生习得性无助（特别是对女孩而言）	• 为学生提供长期从事复杂任务和活动的机会 • 布置学生觉得具有启发性和挑战性的作业 • 如果学生的朋友不看重他们的最高成就，要对他们的优异成绩保密 • 提供学生追求个人兴趣的机会，学生可以和其他有相似兴趣的学生一起，也可以和外面的导师一起 • 鼓励学生设定高目标，但不要苛求完美

资料来源：Beirne-Smith, Patton, & Kim, 2006；Brophy, 2004；B. Clark, 1997；Covington, 1992；Dai, 2010；G. Dawson & Bernier, 2007；Dunlap et al., 1994；Dweck, 2000；Foster-Johnson, Ferro, & Dunlap, 1994；S. Goldstein & Rider, 2006；T. L. Good & Brophy, 1994；D. A. Greenspan, Solomon, & Gardner, 2004；Heward, 2009；Jacobsen et al., 1986；Knowlton, 1995；Mendaglio, 2010；Mercer & Pullen, 2005；Patrick, 1997；Patton, Blackbourn, & Fad, 1996；Piirto, 1999；S. Powell & Nelson, 1997；Prout, 2009；Robertson, 2000；G. F. Schultz & Switzky, 1990；Shavinina & Ferrari, 2004；Turnbull, Turnbull, & Wehmeyer, 2010；Ulke-Kurcuoglu & Kircaali-Iftar, 2010；Wehmeyer et al., 2007；Winner, 1997, 2000a, 2000b；Wong, 1991.

有很努力、没有好好利用时间，或者没有能力完成任务。他得出的结论将取决于他之前对琳达的看法：（1）他是否认为她很懒惰且没有动力；（2）他是否认为她既有动力又有能力做作业，只是还没有获得有效的自我调节技能；（3）他是否认为她天生没有学习能力。

教师对学生当前行为的归因会影响他们对学生未来表现的期望，这些期望反过来又会影响教师未来的归因（Weiner, 2000）。此外，他们的归因和期望会影响他们对特定学生所使用的教学策略。例如，如果史密斯先生认为琳达"没有动力"，他可能会采取某种激励措施——也许是在当天晚些时候提供空闲时间——来促使她按时完成任务。相反，如果他认为琳达缺乏自我调节技能，他可能会努力教她这些技能。但如果他认为琳达没有足够的智力来掌握课堂主题，他可能会很少支持她的学习。因此，我们对学生形成的信念与我们随后跟学生的互动有关。

教师通常会在一学年的早期对学生做出判断，形成对每个学生的优势、劣势及学业成功潜力的看法。在许多情况下，教师对学生的评价相当准确：他们知道哪些学生在阅读方面需要帮助，哪些学生注意力持续时间短，然后相应地调整教学（Goldenberg, 1992；T. L. Good & Brophy, 1994；T. L. Good & Nichols, 2001）。然而，即使是最好的教师，也会在判断上犯错误。例如，教师经常低估来自某些少数族裔或低收入家庭的学生的能力（Ready & Wright, 2011；Rubie-Davies, Hattie, & Hamilton, 2006；Sirin & Ryce, 2010；van den Bergh, Denessen, Hornstra, Voeten, & Holland, 2010）。此外，教师经常相信社会上的刻板印象，认为女孩比男孩更擅长阅读；当男孩的老师持有这样的信念时，随着时间的推移，这些男孩可能就会对自己的阅读能力不那么自信了（Retelsdorf, Schwartz, & Asbrock, 2015）。

此外，许多教师对学生作为学习者的能力有一种固定型思维：他们认为学生的成就通常取决于相对持久的、不可控的能力水平（Dweck & Molden, 2005；Oakes & Guiton, 1995；C. Reyna, 2000）。因此，他们会对学生的表现形成相当稳定的预期，这反过来又会导致他们对待学生的态度有所不同。当教师对学生有很高的期望时，他们会提出更具有挑战性的任务和话题，更频繁地与学生进行互动，并给予更积极、更具体的反馈。相比之下，当教师对某些学生的期望值较低时，他们会提出简单的任务，很少给学生提供在课堂上发言的机会，并且只提供有限的反馈（Babad, 1993；T. L. Good & Brophy, 1994；Graham, 1990；R. Rosenthal, 1994, 2002）。

教师对学生表现的归因常常体现在他们对学生说的话中（Dweck & Molden, 2005；Weiner, 2000）。看看下面教师对学生成功的解释。

- "你做到了！你真聪明！"
- "你的努力得到了回报，不是吗？"
- "很明显你真的知道怎么学习。"
- "太棒了！今天真是你的幸运日！"

现在，我们来看看教师对学生失败的解释。
- "这可能不是你擅长的。也许我们应该尝试其他活动。"
- "你为什么不多练习一会儿，然后再试一次呢？"
- "让我们来看看有哪些对你而言更有效的策略。"
- "也许今天是你的倒霉日。"

假定以上这些评论的原意都是想让学生感觉心里好受些。但是，请注意它们所包含的不同归因——有时是稳定且不可控的能力因素（天生聪明或无能），有时是可控的、能够改变的行为因素（努力、缺乏练习、有效或无效的学习策略），有时是外部的、不可控的因素（幸运、倒霉）。

教师还会用一些更微妙的方式——如通过他们的情绪——传达他们对学生成败的归因（M.-L. Chang & Davis, 2009；C. Reyna & Weiner, 2001；Weiner, 2005）。当儿童因为无法控制的原因（疾病、能力不足等）而失败时，教师往往会表示同情和宽容。但当儿童仅仅因为不努力而失败时，他们经常会生气。作为一个例子，让我们再次回到本章开篇的个案研究，在这个案例中，迈克尔最初在代数课上表现很差。试想一下，如果你是迈克尔的老师，并且你认为迈克尔的能力很低——他就是没有数学"天赋"，那么当你看到他在作业和测验中总是得到 D 和 F 时，你可能会合理地推断，他的糟糕表现不是他所能控制的，因此你在与他的互动中会传达出你对他的同情和怜悯。但现在，想象一下，如果你相信迈克尔有很高的数学能力——他绝对具备在你的班上表现出色的条件，那么当你看到他在作业和测验上的低分时，你自然会推测他不是很努力。因为在你的眼里，迈克尔完全可以控制他所付出的努力，所以，当他成绩不好的时候，你可能会表现出愤怒或恼怒。有了这样的归因，一些老师甚至可能会因为迈克尔糟糕的表现而惩罚他（C. Reyna & Weiner, 2001）。

教师的归因和期望对学生成绩的影响

大多数学生很容易领会教师对自己和他人能力的微妙暗示（R. Butler, 1994；T. L. Good & Nichols, 2001；R. S. Weinstein, 2002）。当教师反复传达学生能力低下的信息时，学生可能会开始像教师看待他们那样来看待自己，并做出相应的行为（Marachi, Friedel, & Midgley, 2001；Murdock, 1999；van den Bergh et al., 2010）。在这种情况下，教师的归因和期望可能会导致一种自证预言（self-fulfilling prophecy）：教师期望学生实现的，变成了学生实际实现的东西。

罗森塔尔和雅各布森（Rosenthal & Jacobson, 1968）的经典研究提供了一个例子。临近学年结束时，研究人员对来自低收入社区的小学生进行了他们所谓的"哈佛习得变化测验"。就在第二年秋天开学之前，研究人员给了老师一些学生的名字，根据测验结果，这些学生可能会在学年中取得更大的成就。事实上，这些学术"黑马"是研究人员随机选出来的。尽管研究人员的预测是错误的，但被选中的学生在学年期间比未被选中的学生取得了更大的成就，老师对这些学生的评价也更高（例如，他们的求知欲更强）。这一结果对 1 年级和 2 年级的学生来说尤为显著。

当然，教师的期望并不总是导致自证预言的产生。在某些情况下，教师会在最初对学生的能力评价较低的情况下，提供学生改进表现的指导和帮助，学生也的确有所改进。在其他情况下，学生可能会形成一种"我会展示给你看"的态度，这种态度会促使他们表现得比教师所预期的更努力，获得更多成就。在另一些案例中，自信的父母会参与进来，并提供证据证明他们的孩子比教师最初所预期的更有能力（Dweck & Molden，2005；Goldenberg，1992；T. L. Good & Nichols，2001）。

当我们中的一位作者还是一名新任教师时，他的同事和他一起浏览了所有的班级名单，并事先向他提供了许多关于学生的信息。他被告知了学生之前的成就、行为、家庭背景，以及同事能想到的任何事情。提供这些信息对教育工作者是有帮助的，但这也会影响教师的期望。例如，如果一个新教师被告知"约翰尼在考试中作弊"，那么他可能从一开始就认为约翰尼不诚实；如果约翰尼决定改过自新，他可能也很难摆脱以前的名声。因此，是否向同事提供此类信息是难以决定的，我们需要权衡提供信息的影响，并谨慎地做出决定。

研究表明，教师的期望——无论是对个别学生还是对整个班级的期望——确实会对学生的成绩产生影响（Hattie，2009；R. Rosenthal，2002）。平均而言，女孩、来自低收入家庭的学生，以及来自少数族裔群体的学生比来自欧美背景的男孩更容易受到教师期望的影响。在小学低年级，教师的期望对来自低收入家庭的儿童的成绩有特别大的影响；这些影响在学生上高中时仍然可见（Sorhagen，2013）。在小学低年级（1 年级和 2 年级）和初中 1 年级，更普遍地说，在学生进入新的和不熟悉的学校环境时，教师的期望对学生似乎有更大的影响（de Boer，Bosker，& van der Werf，2010；Hinnant，O'Brien，& Ghazarian，2009；Jussim，Eccles，& Madon，1996；

Kuklinski & Weinstein，2001）。

作为教师，当我们把学生的成败归因于他们或我们能够控制的事情，并对他们的表现有现实的乐观预期时，我们最有可能激励学生取得高水平的成绩。"走进课堂——形成对学生表现的有效归因和期望"专栏提供了几种基于研究的策略。然而，当我们把学生的成败归因于他们的努力时，我们必须谨慎。至少在两种情况下，努力归因可能会适得其反。要了解我们的意思，请尝试下面的练习。

亲身体验

卡伯里和塞维勒（2）

1. 试想一下，卡伯里教授想让你学会正确地拼写单词"psychoceramics"，他给了你 10 分钟的时间集中练习拼写这个单词，然后，在你能正确拼写后，他给了你极大的赞扬。对此，你最有可能出现下列哪一种反应？

　A. 你很高兴他对你的表现表示赞许。

　B. 你很自豪地告诉他，你还学会了如何拼写单词"sociocosmetology"。

　C. 你很疑惑："嘿，他是不是以为我只能做这个啊？"

2. 现在再试想一下：你去塞维勒教授的办公室，想让她帮你分析你在她的社会美容课的测验中失败的原因。塞维勒教授是一个热情的人，她很支持你，并建议你下次只要多努力就行。但事实上，你这次已经尽了很大的努力了。你最有可能得出下列哪一种结论呢？

　A. 下次你还需要更加努力。

　B. 下次你还需要付出同样的努力，同时祈祷好运降临。

　C. 也许她根本就没指望你成为一名社会美容学家。

很有可能你在两个问题上的答案都是"C"。让我们先来看看卡伯里教授花了 10 分钟教你如何拼写

"psychoceramics"的情况。当学生在一项非常简单的任务上取得成功，并因为自己的努力而受到表扬时，他们可能会获得一个意想不到的信息：教师对他们的能力不是很有信心（Graham，1991；Schunk & Pajares，2004）。

只有当学生实际上付出了很大努力时，将学生的成功归因于努力才是有益的。

现在想一想第二种情况，塞维勒教授鼓励你更加努力，尽管你以前确实非常努力。当学生在一项他们花费了大量努力的任务上失败，并被告知没有尽足够的努力时，他们很可能会得出如下结论：他们根本没有成功完成任务的能力（Curtis & Graham，1991；Robertson，2000；Stipek，1996）。在这种情况下，更好的做法通常是将他们的失败归因于无效的策略。随着时间的推移，学生能够且确实会掌握更有效的学习策略，特别是当他们接受了使用这些策略的专门训练时。通过教授有效的策略，我们不仅推动了学生的学业成功，还培养了他们能够掌控自己的成功的信念（Miranda，Villaescusa，& Vidal-Abarca，1997；C. E. Weinstein，Hagen，& Meyer，1991）。

走进课堂 ••••

形成对学生表现的有效归因和期望

- **记住，教师绝对可以发挥作用。** 在一个贫穷的市中心社区，一所成绩历来较差的中学的老师每月开会一次，学习对来自低收入家庭的学生而言特别有效的教学策略。他们在自己的教室里试验各种策略，并在会议上分享他们成功的经验。

- **寻找每个学生的长处。** 一名住在流浪汉收容所的9岁女孩似乎对标点符号和大写字母一无所知，她的拼写更像1年级学生的拼写，而不是4年级学生的拼写。尽管如此，她写的故事往往有不同寻常的情节转折和创造性的结局。她的老师怀疑由于她频繁地从一所学校搬到另一所学校，以至于她的书面语言知识有很大的空白，所以老师找到了一位家长志愿者，每周与她一起进行几次写作练习。

- **考虑对学生成绩不佳和课堂行为不当的多种可能的解释。** 几名7年级教师正在与一名8岁学生分享他们的经历，这名学生在8岁时从厨房柜台上摔了下来，头部着地，造成了创伤性脑损伤。他的艺术老师和音乐老师表示他经常在课堂上捣乱，并认为他故意做出不恰当的行为，以引起人们的注意。相比之下，他的数学老师和科学老师发现，只要他们为作业和课堂行为提供合理的结构，他就可以轻松地沉浸在任务中，而且经常可以获得平均水平或高于平均水平的成绩。他们还意识到，一些脑损伤的儿童在抑制不恰当的行为方面存在困难，这并不是他们的过错。

- **对学生所能完成的事情表达乐观的态度。** 9月，一名高中教师告诉他的学生："明年春天我会让你们写一篇15页的研究报告。15页现在看起来可能很多，但在接下来的几个月里，我们将学习研究和撰写论文所需的各种技能。到了4月，15页就根本不是什么大不了的事了！"

- **客观地评估学生的进步，对与你最初对学生能力的评估相矛盾的证据持开放的**

态度。一名幼儿园教师最初对移民工的女儿露皮塔抱有很低的期望，她以前几乎没有机会接触书籍、玩具和其他教育资源。当摄像机捕捉到露皮塔强大的领导能力和拼图技巧时，教师意识到她有相当大的潜力，并努力帮助她获得在 1 年级取得成功所需的数学和识字技能。

■ **将学生的成功归因于能力和可控因素的结合，如努力和学习策略。** 在一门关于篮球的课程中，一名中学体育老师告诉学生："据我所知，你们都有能力打好篮球。而且看起来你们中的很多人在放学后都经常练习。"

■ **只有当学生真正付出了相当大的努力时，才将他们的成功归因于努力。** 一名教师观察到他的学生比他所预期的更快、更容易地完成了一项特定的任务。他简短地承认了学生的成功，然后将他们转向一项更具挑战性的任务。

■ **将学生的失败归因于可控的和容易补救的因素。** 一名高中生就如何在教师的课程上提高自己的表现来征求教师的建议。"我知道你可以做得比以前更好，弗兰克，"她回答，"我怀疑问题的部分原因可能是你的兼职工作和所有的课外活动，你就是没有足够的时间学习。明天开学前我们来看看你都做了些什么，为课程做了多少准备。"

■ **如果学生做出了明显的努力却失败了，将他们的失败归因于缺乏有效的策略，并帮助他们获得这样的策略。** 高级理科班的一名学生在教师的每周挑战性测验中遇到了困难。这名学生每天晚上都努力学习科学知识，并参加了教师提供的课后辅导课程，但都无济于事。这名教师注意到，学生试图死记硬背——这种策略对回答测验中通常会出现的高级问题是无效的——于是，教师教授学生策略，以促进更有意义的学习。

■ **明确地教授学生对成败形成有效的归因。** 一名患有学习障碍的男孩在数学方面存在特殊困难。当他的特殊教育老师与他一起努力提高数学解题技能时，老师要告诉他，失败是暂时的挫折，他可以通过更多的努力和不同的策略来克服这些挫折，并要求他进行自我对话，例如，"我不能放弃，我需要使用一种不同的方法，看看这种方法能否更好地发挥作用"。

资料来源：Brophy，2006；Carrasco，1981；Curtis，1992；Dweck，2000，2009；J. W. Fowler & Peterson，1981；Hattie，2009；Hawley，2005；J. A. Langer，2000；Pressley，Borkowski，& Schneider，1987；Robertson，2000；Roeser，Marachi，& Gehlbach，2002；Skaalvik & Skaalvik，2008；R. S. Weinstein，Madison，& Kuklinski，1995.

目标：动机策略的记忆法

许多增强学生动机的策略可以被归结为七个词或短语：任务（task）、自主（autonomy）、认可（recognition）、分组（grouping）、评价（evaluation）、时间（time）和社会支持（social support）（L. H. Anderman & Anderman，2009；J. L. Epstein，1989；Maehr & Anderman，1993）。这种多方面的动机的 TARGETS 原则如表 11.6 所示。如果你仔细察看表中的条目，你会发现它们反映了我们在前面几节讨论的许多概念。特别是如果你看了表的第二列，你就会像我们一样相信，教师在促进学生的学习方面及

表 11.6 动机的 TARGETS 原则

原则	教育意义	示例
任务： 课堂任务会影响动机	• 通过学生觉得有趣和引人入胜的任务来呈现新主题 • 鼓励意义学习，而不是死记硬背 • 将活动与学生的生活和目标联系起来 • 提供足够的支持，使学生取得成功 • 帮助家长了解课堂任务对孩子未来的学业成功和职业生涯有何帮助	让学生就与他们有关的问题进行科学调查
自主性： 学生的自主性会影响动机，尤其是内部动机	• 给学生一些他们学习什么和如何学习的选择 • 征求学生对练习和规则的意见 • 让学生在某些活动中发挥领导作用	让学生在完成教学目标的多种方法中进行选择，确保对每一种选择都提供了足够的支持，使学生的成功成为可能
认可： 学生获得认可的数量和性质会影响动机	• 不仅要承认学生在学术上的成功，还要承认他们的个人成功和社会成功 • 表扬学生的进步和掌握情况 • 只有当学生没有内部动机时，才为他们的成就提供具体的强化物 • 向学生展示他们自己的努力和策略如何直接促成了他们的成功	让学生用学习词汇表记录他们的学习进展，并表扬那些表现有进步的学生
分组： 课堂上的分组程序会影响动机	• 实施一系列参与结构，包括个人活动、全班活动和小组活动（如合作学习活动、同伴辅导） • 设置所有学生都可以做出重大贡献的小组活动 • 教授学生与同龄人有效互动所需的社交技能 • 保持分组灵活；只有当你有充分的理由时，才按能力分组	让学生在混合能力的小组中学习，以解决具有两种或更多合理解决方案的、具有挑战性的问题或难题
评价： 课堂上的评价形式会影响动机	• 明确评价标准；提前制定这些标准 • 尽量减少或消除学生对成绩的竞争（如不要给学生的成绩进行排名） • 在学生做得好的时候给予具体反馈 • 就学生如何改进提出具体建议 • 教学生如何评价自己的作品	给学生具体的标准，让他们可以评价自己的写作质量
时间： 教师安排时间的方式会影响动机	• 给学生足够的时间来掌握主题和技能 • 在学校生活中增加多样性（例如，在更久坐的活动中穿插高能量的活动） • 给予学生独立学习的机会	在解释完一个新概念后，为学生分配足够的时间进行动手活动，让他们深入探索这个概念
社会支持： 学生认为他们在课堂上获得的社会支持的数量会影响动机	• 在所有班级成员之间营造充满关怀、尊重和支持的氛围 • 表达对每个学生的喜爱和尊重，并真诚地渴望帮助每个学生取得成功 • 创造让所有学生（包括害羞的学生、学业能力有限的学生、残障学生等）都乐于积极参与的情境	当与那些似乎长期不听课的学生一起工作时，要特别努力地单独了解他们并监控他们与同龄人之间的互动

资料来源：L. H. Anderman & Anderman, 2009；L. H. Anderman, Andrzejewski, & Allen, 2011；L. H. Anderman, Patrick, Hruda, & Linnenbrink, 2002；J. L. Epstein, 1989；Maehr & Anderman, 1993；Patrick et al., 1997；Rozek et al., 2015.

在增强他们的动机方面，都可以发挥作用（事实上，是非常大的作用）。

情感及其影响

11.4　描述各种形式的情感是如何与动机、学习和认知交织在一起的，并解释如何促进学生的有效情感状态

动机的亲密伙伴是情感（affect）：学习者对任务产生的情绪和一般心境。实际上，任何形式的情感都同时具有心理因素（主观感受）和生理因素（心率变化、出汗、肌肉紧张等）。某些形式的情感——如快乐、兴奋和自豪——在心理和生理上都会让人感到愉悦，并且与成就的提高有关。其他形式的情感——如恐惧、愤怒和羞耻——在心理和生理上都会让人感到厌恶，并可能阻碍个体的成功（Pekrun，Lichtenfeld，Marsh，Murayama，& Goetz，2017）。情感在个体的生命早期开始发展，并在整个童年期持续发展（Easterbrooks，Bartlett，Beeghly，& Thomson，2013）。图 11.7 显示了两个幼儿园学生完成的工作表，请注意，即使在这个年龄阶段，儿童也能理解各种情绪之间的差异。

当然，情感的基础是大脑。"应用大脑研究——了解情绪为何及如何影响学习"专栏提供了更多详细的信息。

此外，每种形式的情感可能都有特定的功能（Izard，2007；Minsky，2006；Tamir，2009）。例如，当我们面对危险的情况时，我们的恐惧反应（包括心率加快和肌肉紧张）会促使我们采取行动，选择战斗或逃跑。相比之下，当我们发现自己很享受他人的陪伴时，我们倾向于微笑、大笑，并以其他方式培养人际关系。

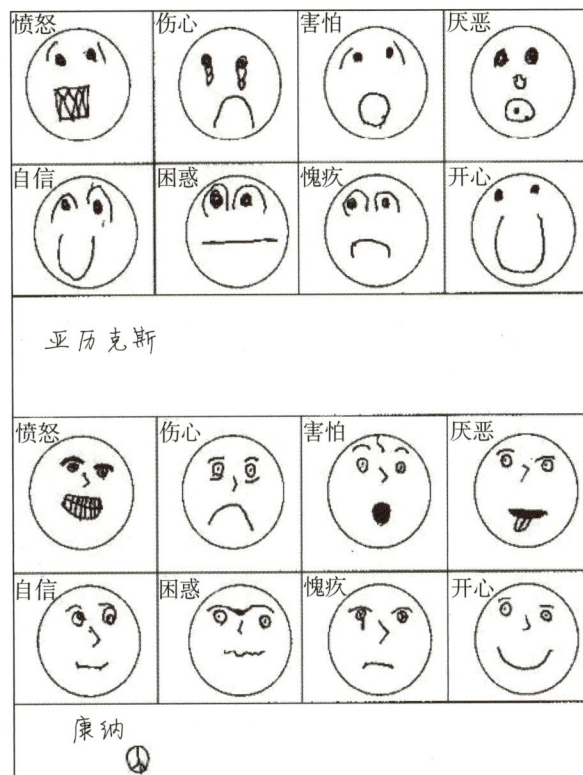

图 11.7　幼儿园的亚历克斯和康纳被要求画出代表各种情绪的面孔

应用大脑研究 ⟹ 了解情绪为何及如何影响学习

影响大脑的一个关键结构是杏仁核，它是边缘系统中的一个杏仁状的部分，位于大脑中部。人有两个杏仁核，左右半球各一个。杏仁核在不愉快的感觉（如恐惧、压力、愤怒及抑郁）和自发情绪反应（如冲动攻击）中特别活跃。

杏仁核与包括海马体、前扣带皮层和前额皮层在内的支持学习与认知的大脑结构之间有许多相互联系。一方面，杏仁核提醒我们注意环境中可能以某种方式威胁个体生存的刺激。另一方面，它使我们能够将特定的情绪与特定的刺激或

记忆联系起来。因此，情感反应通常与人类的思维和学习密切相关（Adolphs & Damasio，2001；Kuhbandner，Spitzer，& Pekrun，2011；Phelps & Sharot，2008；M. I. Posner & Rothbart，2007）。

很多基于情绪的学习都是以内隐知识的形式进行的——我们很少或根本没有意识到，也不能控制。例如，这种意识外的知识可能会导致我们在某些情况下感到焦虑，我们却不知道为什么会感到焦虑，有时它也会导致我们做出既不理性，也没有效果的决定（Damasio，1994；Marcus，2008；Minsky，2006；Sapolsky，2005）。

考虑到情绪和认知之间的密切联系，我们提出两个一般性的建议。

- 记住，无论好坏，学习往往都包括获得情感、知识和技能。学生的感受是他们"了解"各种话题和事件的组成部分（Bower & Forgas，2001；Clore，Gasper，& Garvin，2001；Minsky，2006）。有时这些知识是有益的，有时它们却会损害学生的最大利益。例如，我们当然想让学生知道，读一本好书可以是一种快乐的源泉，但让他们"了解"数学可能只会引起沮丧和焦虑，这对他们来说没有任何帮助。
- 在不产生非必要的压力的情况下创造条件，促进唤醒和注意力。在本章的开

头，我们提出，人类可能对唤醒有基本需要——对身体或认知刺激的基本需要——但我们也希望唤醒处于一个让人感觉良好的最佳水平。唤醒也有情绪因素，在非常高的水平上，它可能会让人感觉相当不愉快。高压力唤醒水平会增加杏仁核的活跃度，从而干扰更"理性"的结构（如海马体和前额皮层）的功能。此外，长期生活在危险条件下的人，可能会有长期的高压力，而这可能会对前额皮层造成永久性损伤（Nisbett，2009；Sapolsky，2005）。

在课堂上，激发学生的兴趣和参与可以有效地利用唤醒"好"的一面。相反，不断制造学习压力——不断提醒学生学习不好的负面结果——会对学生的学习、发展和整体幸福感产生负面影响，而这种影响很可能是长期的。

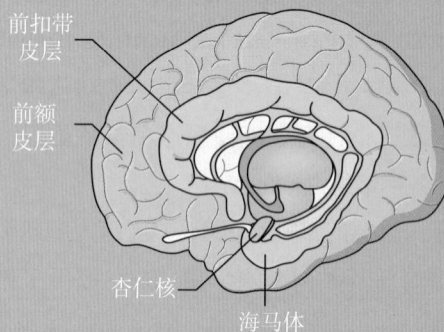

情感与动机是如何相互联系的

毫无疑问，人们对某些事件的自发情绪反应——例如，面对挥舞着枪或刀的人时快速而恐惧地撤退——是为了让自己活下来。但情感在人类动机中更有计划性的、目标导向的方面也起着重要作用。一般来说，人们的行为方式会帮助他们感到快乐和舒适，而不是悲伤、困惑或愤怒，尽管他们偶尔会让自己陷入愤怒的疯狂中，以此来帮助自己实现特定的结果（Mellers & McGraw，2001；Tamir，2009；J. L. Tsai，2007）。

有些情绪被称为自我意识情绪（self-conscious emotion），它们与人们的自我评估密切相关，从而影响他们的自我价值感（M. Lewis & Sullivan，2005；Pekrun，2006）。当人们评估自己的行为和成就符合

他们所处的文化中恰当且令人满意的行为标准时，他们往往会感到自豪。相反，当他们认为自己没有达到这些标准时——例如，当他们粗心大意地伤害了别人时——他们往往会感到内疚和羞耻。

情感和动机在其他方面也是相互关联的。例如，内部动机与快乐和享受密切相关。当学习者享受他们正在做的事情时，他们会更愿意、更有效地处理具有挑战性的任务，他们为成功所做的努力往往会带来兴奋和自豪（Linnenbrink & Pintrich，2004；Pekrun，Goetz，Titz & Perry，2002；Shernoff & Csikszentmihalyi，2009）。如果学习者没有预料到自己会成功，他们可能就会对自己的成功感到特别兴奋，但如果他们没有预料到自己会失败，他们就会对自己的失败和正在讨论的活动产生更强烈的负面情绪（Bower & Forgas，2001；Sepperd & McNulty，2002）。他们的具体反应将取决于他们如何解释事件的发生，尤其是他们是否认为自己、他人、环境状况或其他因素对所发生的事情负有责任（回想一下早先关于归因的讨论）。

我们不能忽视的另一种情绪是无聊（boredom）——一种由于缺乏刺激和唤醒而产生的普遍不愉快的感觉（Pekrun et al.，2010）。导致无聊的活动可以有多种形式：对学习者当前的能力水平来说，这些活动可能太容易或太难，或者这些活动可能涉及单调、重复的任务，这些任务似乎与学习者的生活没有什么关系。在当前的环境中感到无聊的学习者要么会试图逃避，要么会给自己创造刺激——可能是通过传纸条或看手机上的短信。对手头的话题感到无聊的学生不太可能关注教学活动或从中获益。此外，当学生感到无聊时，其成绩也会受到影响，而成绩的降低又会导致无聊的增加（Daschmann，Nett，Wimmer，Goetz，& Stupnisky，2010；Nett，Goetz，& Hall，2011；Pekrun et al.，2010；Pekrun，Hall，Goetz，& Perry，2014）。一个既没有内部动机也没有外部动机的学生很可能会感到无聊（见表 11.1）。

情感是如何与学习和认知相关的

正如"应用大脑研究——了解情绪为何及如何影响学习"专栏所揭示的那样，支持情感的大脑结构和支持认知的大脑结构是紧密相连的。因此，学习者的情感反应往往与他们的思维和学习密不可分，这一点不足为奇（Damasio，1994；D. K. Meyer & Turner，2002）。例如，学生在学习如何执行一项任务的同时，也会知道他们是否喜欢做这件事（Zajonc，1980）。而那些在努力掌握新材料时感到沮丧和焦虑的学生（正如本章开篇的个案研究中的迈克尔最初所做的那样），可能会对这个话题感到厌恶（Carver & Scheier，1990；Goetz，Frenzel，Hall，& Pekrun，2008；Stodolsky，Salk，& Glaessner，1991）。虽然情感对所有学生都很重要，但我们需要特别关注幼儿对早期学校经历的初始情绪反应，因为当幼儿开始将上学与负面情绪联系在一起时，他们之后的学习表现可能会受到影响（Hernandez et al.，2018）。

学习者还可以将特定话题和信息片段与某些情绪联系起来——这一现象被称为"热认知"。一般而言，学习者更有可能关注、积极思考并记住情绪性的信息（Bower，1994；Heuer & Reisberg，1992；Zeelenberg，Wagenmakers，& Rotteveel，2006）。有时，一个话题本身的性质会引发热认知，这也许是因为它唤起了人对处于困境中的人的同情，或者是对公然侵犯某人的基本人权的愤慨之情。与学习者目前知道或相信的知识相冲突的信息也会引发热认知。特别是，这样的信息可能会给学习者带来相当大的心理不适，皮亚杰称之为"不平衡"，但许多当代理论家称之为认知失调（cognitive dissonance）。这种失调通常会导致学习者试图以某种方式解决不一致，可能是经历概念转变，也可能是忽视或诋毁新信息（Buehl & Alexander，2001；Harmon-Jones，2001；Zohar & Aharon Kraversky，2005）。一个当代的例子是人们关于气候变化的激烈辩论。虽然科学家普遍认为地球气候正在变化，但关于这个问题存在很多争论，导致了各种情绪的表达（Muis et al.，2015；Sinatra，Kardash，Taasoobshirazi，& Lombardi，2012）。

学习者思考和理解新信息的效率还取决于他们学习时的整体情感状态——他们的一般心境。如果他们的情绪比较积极，他们就很有可能进行意义学习并创造性地思考某一话题。相反，如果他们普遍感到悲伤、沮丧或无聊，他们就倾向于以浅显、固化的方式（例如，通过无意识的练习）处理新信息（Ahmed, van der Werf, Kuyper, & Minnaert, 2013；Efklides, 2011；Fredrickson, 2009；Pekrun, 2006；R. E. Snow, Corno, & Jackson, 1996）。作为教师，我们应该提醒学生，他们的心境会影响他们的学习能力。因此我们可以告诉学生，如果他们心情非常糟糕，可以按照自己的意愿推迟学习（但不要无限期地推迟）。

当然，在课堂上促进积极情感的一个关键方法是满足学生的需要（如胜任需要、相依需要等）。研究人员还提出了其他几种可以增加积极情感的方法：

- 偶尔在任务和活动中加入类似游戏的功能（如用于练习新拼写单词的纵横字谜，或者用于复习历史的电视游戏节目形式）；
- 将任务难度调整到学生认为自己可以处理的水平；
- 鼓励父母在家中提供情感支持；
- 让学生问自己一些问题，帮助他们关注课堂活动和学校的积极方面（如"＿＿＿ 的什么让我兴奋""我为什么喜欢 ＿＿＿"）（Brophy, 2004；Pekrun, 2006；Song, Bong, Lee, & Kim, 2015；Townsend, 2008）。

情感的其中一种形式——焦虑——可以对学习和认知产生积极或消极的影响，而这取决于学生所处的环境。由于许多学生在学校经历过焦虑，而教学实践和课堂环境也会对学生的焦虑水平有很大影响，因此我们将更详细地研究情感的这种特殊形式。

课堂上的焦虑

想象一下，作为一名选了卡伯里教授的高级心理陶瓷学课程的大学生，你今天必须做一个半小时的关于心理陶瓷学的演讲。你已经读过几本相关主题的书和大量的文章，毫无疑问，你比任何同学都更了解心理陶瓷学。此外，你已经精心准备了笔记，你可以在演讲时参考这些笔记。当你坐在教室里等待发言时，你应该感到平静和自信。但你的精神却崩溃了：你心跳加速，手心冒汗，心里七上八下的。当你最终被叫到讲台上时，你已经记不清自己打算说什么，也无法阅读笔记，因为你的手抖得太厉害了。这并不是说你想在全班面前发言时感到紧张，而且你想不出一个你应该紧张的理由。你在这个话题上是专家，这一天你过得也并不糟糕，如果你犯了错误，同学也不太可能会嘲笑你。那么，到底有什么大不了的？

你是焦虑（anxiety）的受害者：你对不确定的事有一种不安和恐惧的感觉，因为你不确定它的结果会是什么。焦虑既有认知方面的，也有情感方面的（R. Carter, Williams, & Silverman, 2008；E. Hong, O'Neil, & Feldon, 2005；Tryon, 1980）。它在认知方面包括担忧（糟糕的想法）和信念（即是否可以有效地处理某种情况）。它在情感方面涉及情绪性，包括生理变化（如肌肉紧张、心跳加快、出汗增多）及焦躁不安和踱步等行为反应。焦虑与恐惧相似，从某种意义上说，二者都涉及高水平的唤醒。但这两种情绪在一个重要的方面是不同的：尽管我们经常害怕一些特定的事物（如咆哮的狮子或强烈的雷阵雨），但我们通常不知道自己为什么会焦虑（Lazarus, 1991）。

几乎每个人都有感到焦虑的时候。许多学生在知道会有一场很难的考试前就会变得焦虑，大多数人在一大群人面前讲话也会感到焦虑。这种暂时的焦虑感就是状态焦虑（state anxiety）。然而，一些学生在很多时候都很焦虑，即使情况并不特别危险或具有威胁性。例如，一些学生甚至会在非常容易的考试前变得过度紧张，而另一些学生可能对数学感到非常焦虑，以至于他们无法集中精力完成最简单的作业。即使在不具有威胁性的情况下，学习者也会表现出焦虑的反应模式，这就是特质焦虑（trait anxiety），它是一种经常影响学业表现的慢性疾病。

焦虑如何影响学习和表现

想象一下，你对自己在卡伯里教授的心理陶瓷学课程上的成绩一点都不焦虑。你会为他的考试复习吗？你会上交作业吗？

少量的焦虑通常会提高表现：这是促进型焦虑（facilitating anxiety）。少量的焦虑会促使学习者采取行动，如让他们去上课、完成作业及备考（见图 11.8）。相比之下，高水平的焦虑通常会干扰有效的表现：这是妨碍型焦虑（debilitating anxiety）。过度焦虑会分散学习者的注意力，并且干扰他们对手头任务的注意力。

一个充满焦虑的情景

曾经，我有一个科学考试，老师在考试前两天告诉了我们考试时间。当然，在这之前我没有想过读那一章，所以现在我必须阅读和学习它。我感到紧张并开始痉挛。我觉得我无法一遍又一遍地重复它。

最终，我做了几个深呼吸并尽我所能地去学习。第二天，我参加了考试并得到了 96 分。我感到很意外、很欣慰。

图 11.8　这是 14 岁的洛雷塔写的作文，它说明了焦虑有时会提高学习效率和成绩

焦虑在什么时候会停止促进学生的表现并开始影响它呢？非常简单的任务——那些学习者几乎不用思考就能完成的任务（如跑步）——通常是由高度焦虑推动的。但更困难的任务——那些需要大量思考和精神努力的任务——只有在少量或中等程度的焦虑下，才能被最好地完成（Landers，2007；Sapolsky，2005；Yerkes & Dodson，1908）。困难任务下的高焦虑会干扰认知加工活动的多个方面，而这些认知加工活动对成功的学习和表现十分重要：

· 关注需要学习的内容并有效利用工作记忆；

· 有效的信息加工（如对信息进行组织或精细加工）；

· 复述和使用以前学到的信息和技能（Eysenck，1992；K. L. Fletcher & Cassady，2010；Hagtvet & Johnsen，1992；Sarason，1980；Vukovic，Kieffer，Bailey，& Harari，2013）。

当一项任务对工作记忆或长时记忆有很大要

求时，例如，当一项任务涉及问题解决或需要创造力时，焦虑的干扰作用会尤其明显。在这种情况下，学习者可能会聚焦于成绩不好的可能性，以至于他们无法将注意力集中在他们需要完成的事情上（Ashcraft，2002；Beilock，2008；K. L. Fletcher & Cassady，2010；Turner，Thorpe，& Meyer，1998；Zeidner & Matthews，2005）。

焦虑的来源

学习者有时会在经典条件反射的过程中对特定情景产生焦虑。当他们面临威胁（threat）时，他们也更有可能体验到焦虑，尤其是妨碍型焦虑，在这种情况下，他们认为自己几乎或根本没有机会成功。相比之下，学习者在面临挑战（challenge）时会体验到促进型焦虑——他们相信自己可以通过合理的努力取得成功。鉴于不同的学习者的能力水平不相同，对某些人来说会引发促进型焦虑的任务可能会引发其他人的妨碍型焦虑（E. M. Anderman & Dawson，2011；Combs，Richards，& Richards，1976；Csikszentmihalyi & Nakamura，1989；Deci & Ryan，1992）。

在以下许多情况下，儿童和青少年容易产生某种程度的焦虑——可能是促进型的，也可能是妨碍型的：

■ 人身安全受到威胁——例如，经常在学校或社区遭受暴力侵害；

■ 自我价值受到威胁——例如，听到有人对自己的种族或性别做出不友好的评论；

■ 对外表的关注——例如，感觉自己太胖或太瘦，或者比同龄人过早或晚进入青春期；

■ 新环境——例如，在学年中途转学到一所新的学校；

■ 他人的判断或评价——例如，被老师打了低分或遭到同伴的排斥；

■ 课程学习受挫——例如，在一个或多个内容领域有过困难的经历（对许多患有学习障碍的学生来说确实如此）；

■ 技术——例如，不知道如何使用任务所需的硬件或软件；

- **过多的课堂要求**——例如，被期望在很短的时间内学习大量材料；

- **测验**——例如，面对高难度的、影响升职或毕业的考试；

- **身体挑战**——例如，被要求在同学面前做俯卧撑；

- **担忧未来**——例如，不知道毕业后如何谋生（Benner & Graham，2009；Cassady，2004，2010a；Chabrán，2003；Covington，1992；DuBois，Burk-Braxton，Swenson，Tevendale，& Hardesty，2002；N. J. King & Ollendick，1989；Martinez & Huberty，2010；G. Matthews，Zeidner，& Roberts，2006；Phelan，Yu，& Davidson，1994；Stipek，1993；Walton & Cohen，2007；K. M. Williams，2001a；Zeidner & Matthews，2005）。

随着年龄的增长，学习者的关注点会有所改变。表 11.7 描述了童年期和青春期的焦虑和情绪的更普遍的发展趋势。对许多儿童来说，一个高度焦虑的时期是从小学到中学的过渡期——通常是从小学升入初中或从初中升入高中。接下来我们将对此进行讨论。

多重打击：从小学升入初中

小学的班级是很温暖的、被悉心照料的地方，教师对班上的学生都非常了解和关心。小学课堂的学生彼此也十分了解：他们经常一起完成学习任务并把自己当作班级这个"小家庭"中的一员。但在 5～7 年级，当学生从小学升入初中时，他们会面临一系列由学校本身的改变带来的挑战。

- 学校更大，学生更多。
- 学生有很多老师，一个老师也有很多学生。因此，师生关系表面化，不像小学那样有人

表 11.7　不同年级水平的情感状态

年级水平	典型年龄特征	示例	建议策略
K～2	• 开始上学时可能会出现文化冲击和强烈的焦虑，特别是那些很少或没有正式的学前教育经验的学生 • 当父母第一次离开教室时，可能会出现分离焦虑（尤其是进幼儿园的头几天） • 当老师和其他成年人给予温暖和支持时，焦虑会减少 • 仅能有限地控制明显的情绪化的行为（例如，如果感到痛苦，可能会容易哭泣，或者如果感到沮丧，可能会冲动行事）	虽然莎拉从 2 岁起就上学前班，但她对上幼儿园感到很紧张，在"大孩子学校"的第一天，她不愿与妈妈告别，当妈妈最终告诉她，自己必须离开时，她泪流满面——这种反应会让她的一些同学嘲笑她好几年	• 询问父母家中的规则，并在课堂上适当地利用这些规则 • 如果有可能，让学生在上学前的几天或几个星期内见到你 • 温暖、关心、支持所有学生（但要注意学校有关拥抱及其他身体接触的政策） • 温和而坚定地处理那些不恰当的行为
3～5	• 逐渐加强对明显的情绪化的行为的控制 • 一些学生出现数学焦虑 • 亲密朋友（尤其是女孩）之间倾向于谈论和反思消极情绪事件；这种情况会持续到青春期 • 由于他人的种族主义和性别歧视行为（如种族诽谤、对新出现的第二性征的不友好言论）而感到有压力；这种情况会持续到青春期	对 9 岁的缇娜来说，整数的基本算术过程很容易理解，但是她在学习分数方面存在困难——如何找到公分母，如何将一个分数除以另一个分数等；当她试图解决分数问题，却计算不出正确答案时，她变得越来越沮丧，她对数学的厌恶很快使她在学校内外尽可能地避免学习这门学科	• 在讲解新的复杂知识前要确保学生已经掌握了与之相关的基本概念和解题步骤（这在教数学时尤其重要，数学领域的高级知识和技能都必须依靠基础学科） • 对学生严重的焦虑和沮丧行为要特别关注，如果他们看起来焦虑或烦躁，要私下和他们交流，必要时同学校辅导员商量 • 坚持尊重每个学生的个性、感受和文化背景，坚决抵制种族歧视或性别歧视的言论或行为

（续表）

年级水平	典型年龄特征	示例	建议策略
6 ~ 8	· 积极情绪普遍减少；极端的情绪波动，部分是由于青春期伴随的荷尔蒙变化 · 随着升入中学，焦虑和潜在的抑郁增加 · 对学校的喜爱程度减少（尤其是男孩） · 对同伴关系和社会接纳的焦虑增加	7 年级刚开始时，12 岁的珍妮从一所熟悉的小型小学搬到了一所大型中学，在那里她每个班级只认识几个学生，而她的老师则表现得像一个冷酷、严肃的纪律管理者；珍妮努力结交新朋友，当她偶尔不得不独自坐在自助餐厅时，她感到很尴尬，不久之后，她经常抱怨胃痛，这样她就可以不去上学了	· 预料到学生的偏激情绪，但要监控那些长期感到抑郁的学生及其行为 · 与每个学生都建立紧密的关系，让他们相信能通过自己的努力取得成功，并为他们提供一定的支持和帮助 · 在课堂上设计一些学生感兴趣的活动，将学习的主题与学生的个人生活和目标联系起来 · 为学生提供与同学建立友谊的机会（如布置小组合作任务）
9 ~ 12	· 持续的情绪波动（尤其是 9 年级和10 年级） · 反思和控制极端情绪反应的能力日益提高，部分原因是大脑在不断成熟 · 如果转学，则会对学校产生相当高的焦虑 · 面对巨大压力时容易出现严重抑郁 · 对考试，尤其是对高难度考试的焦虑越来越普遍 · 对毕业后的生活感到不确定	在给同学发送的短信中，15岁的乔纳森透露了他对一位受欢迎的啦啦队长的迷恋，这位同学觉得这条消息很有趣（"我不敢相信失败者竟然认为他有机会和首席啦啦队长在一起"），并转发给了50 多个同学；乔纳森不知如何应对自己的屈辱，并认为自杀是解决问题的唯一办法（教师应立即向能够有效干预的学校工作人员报告任何计划自杀的迹象）	· 给那些刚刚从小学转入初中的学生给予特别的支持（表达自己对学生的幸福感的关注，教他们一些有效的学习技能） · 高度关注那些有自杀倾向的学生（如公开或隐藏的威胁——"我不会再待在这里了"；表明"把自己的事情安排妥当"的行为，如赠送贵重物品） · 经常对课程进行评估，让学生知道单次考试分数并不是"致命的"，帮助学生为高难度的考试做准备 · 为学生毕业之后的职业道路提供多种选择

资料来源：Arnett, 1999；Ashcraft, 2002；Benes, 2007；Benner & Graham, 2009；Chabrán, 2003；DuBois et al., 2002；Eccles & Midgley, 1989；Elkind, 1981；Gentry, Gable, & Rizza, 2002；K. T. Hill & Sarason, 1966；Hine & Fraser, 2002；Kerns & Lieberman, 1993；Kuhl & Kraska, 1989；Lapsley, 1993；Larson & Brown, 2007；Larson, Moneta, Richards, & Wilson, 2002；D. K. Meyer & Turner, 2006；Midgley, Middleton, Gheen, & Kumar, 2002；Roderick & Camburn, 1999；A. J. Rose, 2002；Rudolph, Lambert, Clark, & Kurlakowsky, 2001；Seiffge-Krenke, Aunola, & Nurmi, 2009；R. E. Snow et al., 1996；Spear, 2000；R. M. Thomas, 2005；Tomback, Williams, & Wentzel, 2005；Wiles & Bondi, 2001.

情味，老师也很少关注单个学生对课程内容的理解和掌握。

· 整班教学更多，针对每个学生学业需要的个别指导减少。

· 班级的凝聚力降低。学生之间也许了解不深，学生也不愿意向同伴寻求帮助。

· 学生对学习的独立性和责任心增强。例如，老师可能会布置一些非结构化的任务，要求他们在两三个星期内完成，当学生陷入困境时，必须自己主动寻求帮助。

· 老师更强调学生能力的展示（而非获得），这反映出从掌握目标向表现目标的转变。因此，学生犯错误的代价更大。

· 评分标准更加严格，学生的分数会比小学时低。老师会在竞争和比较的基础上评分，只有高成就的学生才能得到 A 或 B。

· 班级间能力分组的使用有所增加。因此，学生更有可能在不同的学科领域给彼此贴上"聪明"或"不聪明"的标签。

· 高难度的考试——那些影响学生升入下一年级

的考试越来越普遍（E. M. Anderman & Mueller, 2010；H. A. Davis, 2003；Dijkstra, Kuyper, van der Werf, Buunk, & van der Zee, 2008；Eccles & Midgley, 1989；Hine & Fraser, 2002；Midgley, Middleton, Gheen, & Kumar, 2002；Wentzel & Wigfield, 1998；Wigfield, Byrnes, & Eccles, 2006；Yeung, Lau, & Nie, 2011）。

此外，当学生搬到新的（也许是不同的）学校时，先前形成的友谊关系可能会被破坏（Pellegrini & Long, 2004；Wentzel, 1999）。当然，学生也要应对伴随青春期而来的巨大生理变化。

这种多重变化往往会导致学生自信心下降、自我价值感降低、内部动机减少，并产生相当大的焦虑。他们对同伴关系的关注会增加，而学业成绩会下降。一些学生会变得非常沮丧或在情感上脱离学校环境，这最终增加了他们中途辍学的概率（E. M. Anderman & Mueller, 2010；G. L. Cohen & Garcia, 2008；Danner, 2011；Eccles & Midgley, 1989；Gentry, Gable, & Rizza, 2002；Urdan & Maehr, 1995）。

如果学生进入青春期早期时在上小学，而不是上初中或高中，他们的情绪和动机更有可能保持在健康和积极的状态（E. M. Anderman, 1998, 2002；Midgley et al., 2002；Rudolph, Lambert, Clark, & Kurlakowsky, 2001）。然而，当他们读到 9 年级时，他们几乎将不可避免地过渡到高中，在那里他们将面临许多变化，而其他地方的同龄人早在几个年级之前就经历过这些变化了（Benner & Graham, 2009；Hine & Fraser, 2002；Midgley et al., 2002；Tomback, Williams, & Wentzel, 2005）。

能顺利过渡到中学的学生更有可能取得成功，因此更有可能完成高中学业。作为教师，我们为青少年创造的独特学校环境可以为他们的个人、社会和学业幸福感带来巨大的影响（E. M. Anderman & Mueller, 2010；M.-T. Wang & Holcombe, 2010）。"走进课堂——轻松过渡到初中和高中"专栏为初高中教师提供了几种策略。

将学生的焦虑维持在促进水平

即使学生没有从一种教育环境过渡到另一种教育环境的重大转变，他们在学校也可能会感到焦虑。我们可以通过教授社交技能，或者设计一些促进同学之间频繁的、有效互动的活动，来解决他们对社交问题的担忧（如对同伴关系的担忧）。我们可以通过传授一些实用的谋生技能并为他们的大学申请提供帮助，来减少他们对不确定的未来的担忧。

但最重要的可能是，我们必须采取措施确保学生不会对课堂任务和内容感到过度焦虑。因为焦虑——就像所有情绪一样——在很大程度上超出了学生的直接控制范围，简单地告诉他们冷静是没有用的。关键是要预防而不是"治疗"妨碍型焦虑。下面是一些将学生的焦虑保持在促进水平的策略。

- 把对成绩的期望表达得非常清楚、具体且符合实际。
- 将教学与学生的认知水平和能力相匹配（例如，当学生尚未具备抽象思维能力时，数学老师要用具体的材料来进行教学）。
- 当学生有高度的特质焦虑时，提供一些结构来引导学生的活动。
- 当学生学习具有挑战性的主题和技能时，提供补充资源，直到学生掌握为止（如提供一些补充练习、个别指导或计算机指导，或者提供记笔记的框架）。
- 传授一些能提高学生整体的学习效率和成绩的策略（如有效的学习技巧和自我调节策略）。
- 在不与他人比较的前提下，评估学生的表现，并鼓励学生也以这种方式评估自己的表现。
- 对具体的行为给予反馈，而不是对表现进行笼统的评估。
- 提醒学生，有时对学习任务的生理反应（如心跳加快或出汗）可能是积极参与的迹象（"当你真正享受学习时，你的心跳有时会加快"），而不是妨碍型焦虑的迹象。
- 给学生改正错误的机会，这样任何一个错误都不会成为"致命的"错误。

情绪的多样性

有些人似乎总是比其他人在情绪上更乐观，这是由个体差异造成的，可能在某种程度上源于生物学（Costa & McCrae，1992；C. Peterson，2006）。此外，研究人员还观察到，不同的文化和种族背景、性别及社会经济水平的学生在情感方面存在一些一致的差异。

走进课堂 • • •

轻松过渡到初中和高中

- **提供一种方法，让每个学生都能感觉到自己是一个紧密联系的小组中的一员。** 在开学的第一个星期，一名 9 年级教师让学生以三四个人为一组，在整个学年里互相支持与帮助。每节课开始或结束时，他会给小组成员 5 分钟的时间，让他们就课程内容和家庭作业的问题互相帮助。

- **找时间和每个学生单独交流。** 开学之初，当班级正在进行各种合作学习活动时，一名中学社会研究课的老师就制定了与每个学生单独约见的时间表。通过这种约见，他寻找和学生共同的兴趣，并鼓励学生在任何学习问题或个人问题上需要帮助时都可以找他。整个学年，他都坚持与每个学生接触（通常是在午餐时间、上课前或放学后），从而了解他们的生活。

- **努力与学生建立积极的关系。** 一所学校的所有老师都是在第一节课开始前 15 分钟到达教室，在一天结束时至少在教室里待 15 分钟，这样学生就可以与老师一起聊天了。所有老师都在食堂和学生一起吃午饭，并且每天吃午饭时都和学生坐在一起聊天。

- **教授学生成为一个成功且独立的学习者所需的技能。** 在发现没有几个学生知道怎样有效地记录课堂笔记后，一名高中科学老师发给学生一份每日笔记"大纲"，指导他们如何记笔记。笔记的框架包括"课堂主题""定义""重要观点"和"举例"。经过一学年，当学生记课堂笔记的能力提高之后，她就逐渐简化了她提供的结构。

- **根据学生的掌握程度（而不是与他人的比较）打分，提供合理的改进机会。** 一名高中语言艺术老师要求学生上交两篇文章：一篇散文，一篇短篇故事。学生也可以上交其他文章。他以四个标准来评价文章：连贯性、用词、语法和拼写。他对每个标准都进行了解释说明，并对每个学生的文章给予了详细的反馈。

- **观察那些不能融入群体和被排除在群体之外的学生。** 一些中学老师注意到，有几个学生似乎没有什么朋友，经常独自坐在食堂里。这些老师决定在自助餐厅里形成"讨论桌"，学生可以在那里加入一个小组，在午餐时讨论各种话题（如时事、体育、电子游戏等）。这些老师还会走近那些总是自己吃饭的学生，邀请他们加入其中一个讨论桌。

文化和种族差异

一般而言，不同的文化群体在行为和面部表情上表达情感的程度不同。例如，美国人和墨西哥人通常很喜欢表达，但来自东亚文化的人往往比较保守，在悲伤或痛苦的时候不愿意向别人倾诉（Camras, Chen, Bakeman, Norris, & Cain, 2006; P. M. Cole & Tan, 2007; H. S. Kim, Sherman, & Taylor, 2008）。不同的文化在公开表达愤怒的容忍度上可能差异最大。西方主流文化鼓励儿童在有人侵犯他们的权利和需要时挺身而出，用非暴力的方式表达愤怒。然而，在许多东南亚文化中，任何愤怒的表达都被视为潜在地破坏成年人的权威或扰乱社会秩序（Adam, Shirako, & Maddux, 2010; Mesquita & Leu, 2007; J. L. Tsai, 2007）。

即使看似"积极"的情绪也并不总是被看好。一些高度重视遵守社会秩序的文化不鼓励儿童对个人成就感到自豪，因为这种情绪会将注意力集中在个人而不是整个群体上（Eid & Diener, 2001）。而对一些文化群体来说，快乐和幸福有时并不是越多越好。例如，许多亚洲人提倡追求满足和宁静——一种相对平静的情绪——而不是快乐（Kagan, 2010; Mesquita & Leu, 2007; J. L. Tsai, 2007）。

最后，来自不同文化背景的学生，可能会有不同的焦虑来源。例如，一些来自亚裔美国家庭的儿童和青少年可能会感到家庭压力，他们会被要求在学校表现出色，从而导致考试焦虑（Pang, 1995）。在学校里明显属于少数族裔或种族的学生——如在一所以欧裔美国人为主的学校里的非裔美国学生，或者反之——可能会特别担心他们的多数群体同学是否会毫无偏见地接受他们（G. L. Cohen & Garcia, 2008）。新移民往往对他们的新国家的各种事情——如何表现，如何解释别人的行为，如何结交朋友，或者更普遍地说，如何理解他们现在所处的陌生的新文化——感到焦虑（P. M. Cole & Tan, 2007; Dien, 1998; Igoa, 1995）。

焦虑可能源于**刻板印象威胁**（stereotype threat），那些一直被看作低水平群体中的学生，在课程评估中要表现得比他们的实际水平更差，这仅仅是因为他们意识到了这种刻板印象（J. Aronson & Steele, 2005; K. E. Ryan & Ryan, 2005; J. L. Smith, 2004）。当学生具有负面的刻板印象时，尤其是当他们知道自己正在完成的任务反映了他们在一个重要领域的能力时，他们的心跳就会加速，其他一些与焦虑相关的生理反应也会被唤起，从而导致表现降低（McKown & Weinstein, 2003; Osborne & Simmons, 2002; Walton & Spencer, 2009）。当学生不把他们在任务上的表现当作对能力和自我价值的评价时，我们就很少能看到刻板印象威胁的消极作用（P. G. Davies & Spencer, 2005; Huguet & Régner, 2007; McKown & Weinstein, 2003）。此外，当学生持有固定型思维时，刻板印象威胁更有可能出现（Dweck et al., 2004; Good et al., 2003; Osborne, Tillman, & Holland, 2010）。

性别差异

一般来说，女孩会比男孩更公开地表达情绪。然而，女孩有时会隐藏愤怒的情绪，以维护人际关系的和谐，而男孩往往非常愿意显示出他们的愤怒（Eisenberg, Martin, & Fabes, 1996; Lippa, 2002; Sadker & Sadker, 1994）。女孩对自己的课堂表现也更加焦虑，这可能部分解释了她们在学业上更加勤奋的原因（Marsh et al., 2008; Pomerantz, Altermatt, & Saxon, 2002）。例如，女孩比男孩更容易出现考试焦虑，一些女孩会成为刻板印象威胁的受害者，她们在数学等"男性"领域的考试中获得的分数往往低于她们应有的分数（Ben-Zeev et al., 2005; E. Hong et al., 2005; Huguet & Régner, 2007）。当女孩经历焦虑时，其视觉空间工作记忆可能会受到特别的影响（Ganley & Vasilyeva, 2014）。但是女孩和男孩在学校都会经历相当大的压力（学业上的挣扎、友谊的破裂或恋爱关系），尤其是在青春期，但他们并不总是能采取实用、有效的策略来应对令人失望的事情（Frydenberg & Lewis, 2000; Seiffge-Krenke, Aunola, & Nurmi, 2009）。显然，不论男孩还是女孩，有时都需要额外的社会支持和情感支持。

社会经济水平差异

一般而言，来自低收入家庭的学生比来自

高收入家庭的学生更容易焦虑和抑郁（Ashiabi &
O'Neal，2008；G. W. Evans, Gonnella, Marcynyszyn,
Gentile, & Salpekar，2005；Morales & Guerra，2006）。
此外，来自低收入学区的学生从小学到初中的过渡
将会异常艰难（Ogbu，2003；Roderick & Camburn,
1999）。因此，社会经济水平较低的学生对教师的情
感支持和社会支持的需求往往高于平均水平，他们最
有可能受益于持续的温暖和精心培育的课堂环境（B. E.
Becker & Luthar，2002；Masten，2001；Milner，2006）。

在结束我们关于动机与情感的讨论时，我们必
须再次强调一个重要的观点：教师能够且应该为儿
童和青少年的生活带来重大改变。通过教给他们学业
技能和社交技能，为他们营造课堂氛围，以及给予他
们个性化的教学和情感支持，我们可以极大地提高他
们的能力，让他们既学有所成，又幸福快乐。

在多种环境中激励学生

我们如何利用上述这些信息呢？教师经常面临
的问题之一就是，一些动机理论之间似乎是互相矛
盾的。你可能想知道，如何在一所奖励丰厚或需要
大量考试的学校的工作中，提高学生的内部动机并
降低他们的考试焦虑。

这些都是正常的担忧，那些最能有效激励学生
的教师明白，他们需要使用平衡的方法。很少有教

育工作者可以保证自己在这样一种环境中工作，即
课堂环境允许他们只需要重视动机理论的适应性成
分。让我们来看看这种两难处境的一个例子。

亲身体验

促进积极的动机信念

墨菲先生是一名中学社会学教师，他在一
所学校工作，那里有很多规定的考试。许多家
长都将注意力集中在让孩子为进入有竞争力的
大学做准备。此外，学校还设有荣誉社团，加
入荣誉社团可以提高学生的社会地位。尽管如
此，墨菲先生有时会感到沮丧，因为他想在所
有学生中推广积极的动机信念，但他经常觉得
学校的环境限制了他的努力。墨菲先生能做些
什么来促进积极的动机信念呢？

墨菲先生的问题并非个例。在大多数教育工作
者所工作的环境中，学校政策和当地环境都难以培
养积极的动机信念。作为教师，我们需要在这种情
况下促进理想的动机信念。这似乎不可能，但实际
上并非如此。如果我们尽可能多地宣扬有效的动机
信念，我们就能真正帮助有困难的学生。表 11.8 提
供了一些关于如何促进积极的动机氛围的建议，即
使其他因素可能会阻碍你的努力。

表 11.8　在多种环境中促进积极的动机氛围的策略

如何促进……	可用于任何环境的策略
高期望	· 设定短期目标，让学生体验成功 · 保持很高的期望，同时提供支持，以便学生能够达到你的期望
成就价值	· 举例说明你所教授的内容在现实世界的重要性 · 举例说明学生所学内容在重要职业中发挥的作用 · 让学生探索自己感兴趣的主题 · 当学生感到沮丧时，给他们提供具体的例子，说明他们为什么值得花时间坚持完成一项任务
适应性归因	· 当学生成绩不好时，仔细思考你要提供给他们何种反馈 · 传达所有学习者必须坚持和努力的信息 · 当学生做出非适应性归因时（如"我失败了，因为我很愚蠢"），通过将他们转向更合适的归因来纠正这些信念（如"你失败是因为你没有为考试进行有效的学习，让我们制订一个学习计划，以免再次发生这种情况"）

（续表）

如何促进……	可用于任何环境的策略
对掌握－接近目标的认可	• 在可能的情况下，消除时间限制和严格的截止日期 • 允许尚未掌握学习内容且作业成绩不佳的学生重做作业并重新对其评分 • 鼓励和奖励学生承担具有挑战性的任务
低焦虑	• 不要过多地谈论考试 • 当学生处理困难的任务时，鼓励他们休息一下 • 在学生从事具有挑战性的任务时提供积极的反馈，以向他们表明他们正在取得进步 • 如果学生对特定的考试或作业感到过度的压力，请考虑采用替代的评估方法（例如，课堂上的限时测验可以替换为让学生在放学后参加测验，并且有更多的时间完成测验）
归属感	• 使用合作学习技术，或者其他让所有小组成员都发挥重要作用的小组活动 • 如果你看到任何欺凌或社会排斥的迹象，请立即处理（见第 13 章） • 如果学生似乎不与他人互动，请巧妙地找到让该学生参与集体活动的方法 • 鼓励班干部与你一起创造积极的课堂环境 • 使用各种各样的评估来决定学生的成绩（即不要只关注一些高难度的考试）

你学到了什么

现在让我们回顾本章的学习成果，并确定与每个成果相关的一些关键点。

回想一下本章开头的练习，你提出了一系列问题，试图找出朱迪对科学不感兴趣的原因。你写了多少个问题？既然我们已经讨论了学业动机的多方面问题，你可能会发现你最初的清单不够全面。根据我们研究的主题，以下是一些可能会被问到的问题。

- 科学有趣吗？
- 你喜欢科学吗？
- 科学有用吗？
- 花时间做科学作业值得吗？
- 为什么会发生科学作业的成绩不佳这种情况？
- 你在参加科学考试时会感到焦虑吗？
- 你认为你今年会在科学课上取得成功吗？
- 你是否觉得自己与科学课上的其他学生相处融洽？

11.1 运用不同的理论观点描述动机的多面性

动机会激励、指导和维持行为。例如，它会将学习者的注意力集中在某些目标上，在认知上影响学习者处理信息的内容和方式，并决定可能被强化的具体结果。外部动机是基于学习者的外在因素，它与手头的任务无关，而内部动机则来自学习者自身的状况或任务中的内在因素。在大多数情况下，内部动机会带来短期和长期

的更有效的学习（Taylor et al., 2014）。

11.2 解释学习者的需要、认知过程和社会文化环境如何影响他们的动机，并将这些知识应用于课堂实践

人类有基本的生存需要（如食物和水），但也有其他几种与心理健康相关的需要。人们有唤醒需要——对一定程度的身体和认知刺激的需要。人们还有对胜任感和自我价值感的需要——相信自己能够有效地应对周围的环境，并且认为自己在总体上是一个优秀的、有能力的人。此外，人们还有自主需要——相信他们对自己的生活进程有一定的自主权和掌控感。最后，人们似乎有相依需要——一种感觉被爱、被尊重和与他人联结的需要。作为教师，当我们满足学生的需要时，我们最有可能培养学生的内部动机——例如，通过开展和同伴互动的刺激性活动，允许他们在任务中拥有与年龄相适应的自主性，以及为他们在具有挑战性的任务上付出的努力提供支持。

动机既有认知因素，也有社会文化因素。例如，学习者对某些主题的兴趣——无论是暂时的情境兴趣还是长期的个人兴趣——可能来自学习者自身的求知欲，也可能来自不寻常的或令人费解的事件。学习者还应该在

某些活动中发现价值，并期望自己能在这些活动中取得成功。学习者的价值观尤其受到他们的社会文化环境的影响：当条件合适时——当周围环境令人温暖而具有反应性，并在自主和指导之间达到与年龄相适应的平衡时——学习者将逐渐内化他们周围人的一些价值观。

学习者对各种事情发生在他们身上的原因的自我解释——他们的归因——也会影响他们的学习和表现。随着学生年级的升高，他们中的许多人会越发地将自己的成功和失败归因于相对固定的、不可控的能力；相比之下，那些相信通过努力学习和更有效的策略可以提高成绩的学生，从长远来看可以在更高的水平上取得成功。

学习者通常有许多目标，包括成就目标（也许是为了掌握特定的主题和技能）、工作－回避目标、社会目标和长期生活目标。有时，学习者可以同时完成多个目标，但在其他情况下，他们不能。例如，学习者可以为一门具有挑战性的课程组建一个学习小组，以实现他们的成就目标和社会目标，但要掌握一个课题，同时避免艰苦的学习是相当困难的。作为教师，我们应该尽可能地鼓励掌握目标——例如，通过注重对材料的真正理解，以及传达学习包括付出努力和犯错的信念——但我们也必须帮助学生实现其他对他们的幸福感很重要的目标，如某些表现目标、社会目标和长期生活目标。

学习者也会以不同的思维方式处理学习任务。当学生拥有成长型思维时，他们会相信，只要努力学习和实践，他们就会有能力学习新的信息（甚至是复杂的信息）。相比之下，当学生拥有固定型思维时，他们会认为自己的能力是有限的，有些课题他们根本就学不会。作为教师，我们可以通过让学生体验成功并提醒他们作为学习者具有很大的潜力，来鼓励他们采取成长型思维。

11.3　描述教师的信念和行为如何影响学生的动机

作为教师，我们会形成这样的信念（即归因）：为什么我们的学生会有不同水平的成就，并表现出不同的能力。这些归因会影响我们与学生之间的互动，最终影响学生未来的动机和成就。我们会直接（例如，通过我们对学生的评论）和间接（例如，通过我们的情绪或非语言交流）地向学生传达我们的信念。如果我们反复向学生传达我们认为他们的能力是有限的，我们可能就会造成自证预言，即我们对学生的期望真的会影响他们的学习表现。作为教师，我们可以培养学生更乐观和更有成效的归因，部分是通过传达这样一个信息（通过我们的语言和行动）：即学生确实可以在相当大的程度上掌握自己的命运。

11.4 描述各种形式的情感是如何与动机、学习和认知交织在一起的，并解释如何促进学生的有效情感状态

学习者在一项任务中表现出的情绪和一般心境——统称为情感——与动机紧密交织在一起。情感也与学习和认知密切相关。例如，当学习者在情绪和认知上参与课堂话题时，他们通常会学到更多东西，记住更多东西。

作为情感的形式之一的焦虑对学习有特殊影响。少量的焦虑通常有助于学生的学习和表现，但大量的焦虑通常会阻碍学生的学习和表现，尤其是涉及困难任务时。在大多数情况下，我们应该努力使学生的焦虑保持在较低到中等的水平——例如，通过清楚地传达对成就的期望，以及确保学生有通过合理的努力取得成功的机会。

教师资格考试练习

"完美"有时并不好

加斯基尔夫人的2年级学生刚刚开始学习如何用草书写字母。每天，加斯基尔夫人都会介绍一个新的草书字母，并向她的学生展示如何正确地书写。她还向他们展示了写草书字母时的一些常见错误——例如，她声称她会写出完美的"f"，但后来又把它写得过短，并把横线写错了地方——学生也很乐于发现她的错误。在全班探索了字母的形状后，加斯基尔夫人要求学生练习写草书字母，首先通过大幅度的手臂动作在空中书写，然后在横格纸上多次书写。

与此同时，加斯基尔夫人决定比较两种表扬对学生表现的影响。她在每个学生的桌子上贴了一张彩色小贴纸，把他们分成两组。当第一组学生写了一个标准的草书字母时，她要么给他们一个笑脸标志，并说"太好了"或"完美"，要么对他们微笑，并拍拍他们的背。当第二组学生至少写了一个标准的草书字母时，她会给他们一个笑脸标志，并说"你肯定很努力""你的草书写得很好"或"你在这方面很有天赋"。当两组学生都没有达到她的草书标准时，她会给他们任何所需的纠正反馈。

因此，加斯基尔夫人对待这两个组的唯一区别就是，当他们做得好时，她要么给他们相当隐晦的反馈（对于第一组），要么说他们很努力或有很高的能力（对于第二组）。尽管只有如此微小的差异，加斯基尔夫人仍然发现，第二组学生表示他们更喜欢草书，并且他们在拼写测试和其

他写作任务中会更频繁地使用草书。同样奇怪的是，当第一组学生收到看似积极的反馈时，他们往往显得很失望。例如，有一次，一个草书字母写得很漂亮但不幸被排在第一组的女孩问："我是天生就擅长这个吗？"尽管该女孩的草书书写一直获得"＋"的评分，但在加斯基尔夫人进行实验的三周时间里，她从未自愿使用草书进行书写（Gaskill，2001）。

1. 单项选择题

以下哪一项观察结果最能支持第二组学生比第一组学生有更大的内部动机的结论？

A. 第二组学生得到了更详细的反馈。

B. 当加斯基尔夫人进行强化时，第二组学生似乎更快乐。

C. 第一组学生似乎对他们得到的反馈感到失望。

D. 第二组学生在其他作业中更频繁地使用草书。

2. 建构反应题

解释为什么教师对第二组的表扬可能比对第一组的表扬更有动力。请基于当代的动机理论进行解释。

3. 建构反应题

如果加斯基尔夫人将给予第一组的反馈（如"太棒了""完美"）用于她的所有学生而不是部分学生，那么这种反馈是否会更有效？请阐述你的理由。

第 12 章

教学策略

学习成果

12.1 解释指导你的计划和教学策略的一般原则

12.2 描述教案的重要元素，解释计划和教学必须紧密结合的方式和原因

12.3 解释如何通过教师主导的教学策略有效地促进学生的学习

12.4 解释如何通过更以学习者为主导的策略促进学生的学习

12.5 针对不同的教学目标和不同类型的学生选择适当的教学策略

个案研究

向西部迁移

奎恩先生的 6 年级班正在学习 19 世纪中叶北美的西进运动。今天的课程是关于乘坐大篷马车向西部迁移的一次典型旅程。奎恩先生首先在屏幕上投影了一幅 19 世纪的美国地图。"许多人乘坐蒸汽船沿密苏里河逆流而上，来到独立镇，"他一边说，一边用教鞭在地图上追踪路线，"之后他们乘坐大篷马车继续向西，直至到达最终的目的地——可能是科罗拉多州或加利福尼亚州。"接着他展示了几张人们乘坐大篷马车旅行的旧照片，并说道："一辆典型的大篷马车大概有 1 米宽，并且可能有 3 米或 3.6 米长。"他让两名学生用胶带在地毯上标出一个 1 米 ×3 米的长方形。"这种尺寸的马车能给你的家人和日用品提供多少空间呢？"所有学生一致认为，人们在向西的旅程中必须对携带的物品相当挑剔。

"好吧，"奎恩先生继续说，"让我们想想你需要在你的马车里装什么东西。让我们先从你想带的食物种类及每种食物应该带的数量开始。"他把学生分成 3～4 人一组，让他们头脑风暴合理的购物清单可能是什么。几分钟后，他把每一组的建议写在了黑板上。

这时，奎恩先生点开了一个网络链接，并且投影出约翰·莱尔·坎贝尔（John Lyle Campbell）在 1864 年出版的小册子《爱达荷州：新黄金地区的六个月之移民指南》（*Idaho: Six Months in the New Gold Regions: The Emigrant's Guide*）的电子版。"这本小册子为一个由四名男子组成的小团体提供了建议，他们可能会前往西部，在爱达荷州的石英开采热潮中寻找财富。"这本小册子列出了许多学生没有考虑到的东西，并且建议的食物数量比学生估计的要多得多。例如，它建议带上 12 袋面粉、180 千克培根、45 千克咖啡、65 升醋、20 千克猪油和"一头用来挤奶的奶牛"。

"你们觉得这份清单怎么样？"奎恩先生问，"它有意义吗？"学生的看法不一："20 千克猪油——真恶心！那东西不是对你的动脉之类的不好吗？""我们大大低估了我们的面粉。""我不明白为什么他们需要带这么多咖啡。""不过，奶牛真是个好主意。"

奎恩先生的下一个问题是："为什么人们需要所有这些东西呢？让我们来讨论一下吧。"

- 奎恩先生具体用了什么教学策略，来吸引和激励他的学生？他用了什么策略帮助他们学习和记住这堂课的内容？

为了吸引和激励他的学生，奎恩先生通过一项身体活动来激发情境兴趣（学生在地毯上标出一辆"马车"），制造认知失调（小册子上的清单和学生列出的那些清单并不完全匹配），并使这堂课变成了一堂非常社会化的互动课。在某种程度上，他通过鼓励学生进行视觉表象和精细加工来促进学习和理解——例如，让课程生动化和具体化（通过旧照片和胶带马车），并要求学生推测为什么像猪油和咖啡这样的东西可能很重要。他还利用技术展示了 1864 年的一本真实的小册子中的图像。

有效的教学需要教师了解及使用循证实践——那些一直被研究证明能够成功地帮助学生学习和达成目标的方法和策略。有效的教学还需要大量的计划：我们必须事先决定需要完成什么及如何最佳地完成它，我们还必须随着课程或单元的进行，至少在心理上持续修改我们的计划。计划和教学不仅彼此紧密相连，还和课堂实践的另外两个关键方面交织在一起：创造有效的学习环境及评估学生的表现。此外，计划、教学、课堂环境和课堂评估都会与学生的特征和行为相互影响（见图 12.1）。当我们在课堂上做日常决策时，我们必须始终考虑到我们对每个学生的了解。

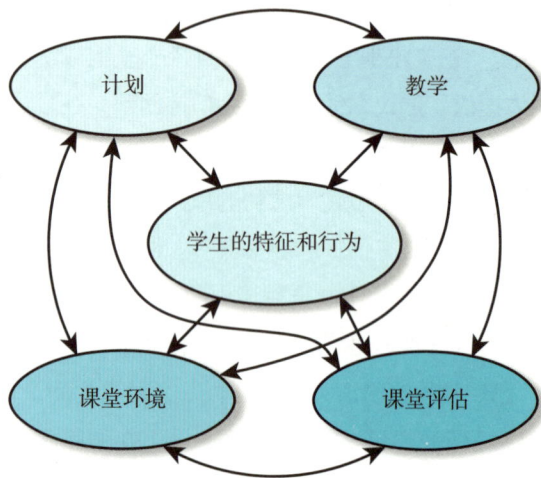

图 12.1 计划、教学、课堂环境、课堂评估，以及学生的特征和行为都是紧密交织在一起的

指导教学的一般原则

12.1 解释指导你的计划和教学策略的一般原则

历史上，许多理论家和实践家一直在寻找教育儿童和青少年的最佳方式，并且有时候他们相信自己已经找到了。事实上，并没有唯一的最佳教学方式。相反，高效的教师在计划和实施教学时，坚持几个一般原则。

■ **高效教师通过确定他们希望学生最终知道什么及能够做什么来开始他们的教学计划。** 一种越来越受欢迎的方法是**逆向设计**（backward design），在这种方法中，教师会按以下顺序进行教学（Tomlinson & McTighe，2006；

Wiggins & McTighe，2011）。

1. 根据学生应该获得的知识和技能，来确定期望的最终结果——在理想情况下，包括意义学习、概念理解，以及复杂的认知过程。
2. 确定可接受的证据——以各种评估任务的表现形式——来验证学生已经获得了那些结果。
3. 计划学习体验和教学活动，使学生能够掌握步骤 1 和 2 中确定的知识和技能。

使用这种方法，我们基本上是从结果开始，然后选择与该结果特别相关的评估任务和教学策略（见图 12.2）。举个例子，如果加法单元的目标是快速提取数字事实，那么我们可以创建一个计时测验来评估学生轻松、快速地回忆事实的能力，并且采用类似游戏的软件来加强学生对事实的自动化程度。但是，如果我们的目标是应用数字事实，那么我们可能会将我们的评估方法和教学策略集中在应用题上，或者更好的是，集中在涉及真实物品和动手测量的活动上。

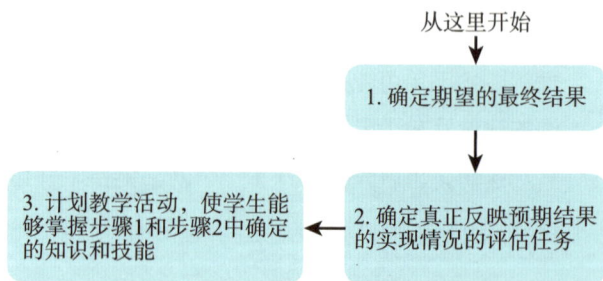

图 12.2 在教学计划的逆向设计方法中，教师的思维在时间上"逆向"旅行

■ **高效教师通常在一堂课中使用多种教学策略。** 本章开篇的个案研究中的课程包括使用科技展示图表、身体活动、小组合作任务及引人入胜的问题。教学策略的这种结合吸引了学生的兴趣和注意，并帮助他们理解了 19 世纪美国西进所涉及的内容。大部分课程反映了教师主导的教学（teacher-directed instruction）模式，在这种模式下，教师会掌握大部分主动权，选择要讨论的话题，组织学生活动。然而，奎恩先生的策略之一——让学生以小组形式拟定购物清单——反映了学习者主导的教学（learner-directed instruction）模式。在这种模式下，学生对自己的行为和学习有相当大的控制权。一些教育者在提到这种区别时会使用"以教师为中心"和"以学生为中心"的术语，但如图 12.1 所示，几乎所有的教学策略都应该关注学生的特点和行为——例如，考虑学生现在知道什么和不知道什么，他们的需求和动机是什么，以及教学怎样才能最佳地支持他们参与有效的认知过程。①

无论使用何种具体的术语，我们都必须记住，这里所做的区分实际上反映了一个连续体，而不是一种非此即彼的情况，因为教学策略可以在教师和学生主导事件进程的程度上有很大不同。教师和学生主导教学的相对量甚至可以在一节课内有所变化。例如，尽管奎恩先生提出了具体的问题让学生回答——一种教师主导的策略——但问题是足够开放的，学生的回答会影响后续讨论的性质。

■ 高效教师会帮助学生理解、记忆并应用他们所学的知识。只有当教学引发学生积极思考主题，促进意义学习和适当的概念转变，鼓励问题解决、批判性思维和其他复杂的认知过程时（见第 7 章），教学才是有效的。好的教学还能使学生的认知负荷保持在一个可控的水平上：在任何特定时刻，信息和认知加工的需求都不应该超出学生有限的工作记忆容量（R. E. Mayer，2011a；Sweller，2010）。

要想了解这一原则的实际效果，请尝试下面的练习。

亲身体验

在你的教科书中找到教学法

1. 看看本书，或者你近期读过的其他教科书中的两三章。找出作者在哪些地方做了具体的事情来帮助你更有效地学习和记忆材料。作者用了哪些具体的策略来促进你的认知加工？

2. 在同样的这三章中，你能找到你在理解书中所提出的观点时遇到困难的地方吗？如果有的话，作者在这些情况下可能有哪些不同的做法？

如果你选择了我们编写的书中的一章或多章，我们希望"亲身体验"练习能够帮助你将新主题与你的知识和经验联系起来。我们同样希望，"个案研究"能够使抽象的观点变得更具体、更容易理解。也许有些表格和图片已经帮助你对概念和原则进行了组织。

■ 高效教师关注那些最有可能促进学生在校内和校外的长期成功的知识和技能。例如，比起让学生记住琐碎的事实，高效教师更重视能适用于许多主题的一般主题、原理和技能——有时被称作"大观点"（Brophy，Alleman，& Knighton，2009；Wiggins & McTighe，2011）。高效教师不是简单地责备学生没有完成家庭作业，而是培养学生对自主学习和独立学习至关重要的元认知策略和自我调节能力。比起用传统的操练和练习来填满整个教学日，高效教师通常会安排真实性活动——在某些程度上类似于学生在外部世界可能会遇到的活动，从而通过让学生看到教师所教信息的

---

① 美国心理学会（APA）已经确定了 14 条以学习者为中心的心理学原则，这些原则包含了人类学习、动机和发展的许多基本原则。

价值来激励他们。

- **高效教师会为活动和作业提供一些结构和脚手架。** 即使课堂在很大程度上是学习者主导的，学生通常也需要结构和指导，尤其是面对新的、具有挑战性的任务时（Wise & O'Neill，2009）。脚手架的概念在这里很有用：我们可以在一学年的早些时候（或者在一个新单元的开始时）提供大量的任务脚手架，随着学生变得越来越有能力自己建构任务，再逐渐移除脚手架。例如，当学生第一次参与合作学习活动时，我们可能会把每个小组任务分解成几项子任务，对每项子任务应该怎样实施给予清晰的指导，并给每个小组成员分配一个特定的角色来为小组服务。随着时间的推移，当学生变得更善于合作时，我们可以渐渐减少关于怎样完成小组任务的指导。

- **高效教师会利用技术创新来促进学生的学习和表现。** 交互式白板、基本的计算机工具（如文字处理软件、电子表格）、专题教学软件、教育网站及各种应用程序——所有这些创新都有可能帮助学生更好地理解和应用课堂主题。然而，与更传统的"低科技"教学手段一样，这种创新只有在鼓励创造性的认知过程、培养持久的动机，以及提供足够的脚手架以促进学生的成功时，才是有效的。此外，当它们与更传统的师生面对面互动的方法结合使用，而不是作为替代时，往往会产生更大的作用（Azevedo & Witherspoon，2009；P. A. Kirschner & van Merriënboer，2013；Tamin，Bernard，Borokhovski，Abrami，& Schmid，2011）。

- **高效教师在计划和实施教学时会考虑学生的多样性。** 我们对教学策略的选择必须适合学生现有的能力水平、与主题相关的现有知识及可利用的技能。我们还必须考虑气质和动机的特征。例如，一些儿童和青少年在冗长的课堂上难以静坐和集中精力，许多学生发现动手活动比抽象的文本阅读更有吸引力。有特殊教育需要的学生通常需要为其独特的能力和障碍量身定制的便利。在理想情况下，教学是为所有学生量身定制的，这种做法被称为**差异化教学**（differentiated instruction）。

- **高效教师会定期评估学生的进步并提供反馈。** 评估并不只是我们在教学结束时才做的事情。评估也是我们在整个教学过程中都必须做的事情——这一过程被称为**形成性评估**（formative assessment）。定期确定学生不断发展的理解和技能水平——他们理解和误解了什么，他们能做什么和不能做什么——让我们能够修改我们的教学策略，最大限度地提高学生的学习能力。它还使我们能够为学生提供可能需要的建设性反馈，让学生利用他们的优势，克服他们的弱点，提高他们的自我效能感，并且在总体上，乐观地认为他们最终能够达到高水平的成就（Hattie & Gan，2011；Narciss，2008）。

教学计划

12.2　描述教案的重要元素，解释计划和教学必须紧密结合的方式和原因

优秀的教师会提前进行大量的计划：他们会确定希望学生获得的信息和技能，考虑学生先前的知识和生活经验，确定适当的授课顺序，并制定能最大化学习效果、维持学生的积极性和在任务中的坚持性的课程和活动。在理想情况下，教师还会与同事协商他们的计划——例如，确定每个人都将努力达成的共同目标，发展涉及两门或多门课程及学科领域的跨学科单元，以及为学生将来升入更高年级时要学习的内容做好准备。高效教师会定期与学生分享他们的计划和目标。特别是当这些策略被结合

使用时，它们可以对学生的长期学习和发展产生重大影响（Hattie，2009；Konstantopoulos & Chung，2011；Pianta，Barnett，Burchinal，& Thornburg，2009；Wagner et al.，2016）。

确定教学目标

计划教学的一个重要步骤是确定学生在一节课或一个单元中应该完成的具体事情，以及他们在一个学期或学年内应该完成的事情。教育工作者使用各种术语，包括目标、目的、结果、能力、基准和标准，来描述这些最终结果。例如，本书的每一章都从学习成果开始，它不仅能指导我们的写作，也能帮助读者预测和组织每一章的主题。然而，在这里的讨论中，我们通常会使用术语教学目标（instructional goal）来指代我们所期望的一般的、长期的教学成果。我们将使用术语教学目的（instructional objective）来指代特定课程或单元的更具体的教学成果。

与逆向设计的概念一致，确定教学目标和目的应该是教学计划过程中的第一步。我们的教学策略必须以我们为学生设定的学习的短期目标和长期目标为导向。学生也能从了解我们的目标和目的中获益。当学生知道我们希望他们能完成什么时，他们可以对如何集中精力和分配学习时间做出更明智的决定，更有效地监控自己的理解，并使用适当的策略（Gronlund & Brookhart，2009）。例如，如果我们要求学生将数学概念和程序应用到实际的、真实的环境中，他们对数学的思考和学习可能会与我们告诉他们（或以某种方式暗示他们）应该死记硬背定义和公式（本书作者当然不推荐这种学习策略）时截然不同。

使教学目标与地方、国家和国际标准保持一致

人们对学生在中小学应该学什么有不同的看法。一些事实知识对于学生长期的学业成功和职业成功至关重要。但同样重要的是复杂的认知过程（如问题解决、批判性思维）、一般思维习惯（如科学推理、从历史文献中推断）和"21世纪技能"（如适应性、复杂的沟通技能和解决非常规问题的能力），它们都是各个学科的核心（Brophy et al.，2009；M. C. Linn，2008；Monte-Sano，2008；National Research Council，2010；R. K. Sawyer，2006）。

一个重要的指导来源是国家和国际特定学科专业群体确定的内容领域标准（content-area standard）。这些标准通常是关于学生在不同年级应该掌握的知识和技能，以及他们的成就应反映的特征的一般性陈述。

此外，在美国，州教育部门及一些当地的学区已经建立了阅读、写作、数学、科学和社会研究的综合标准清单，有时还包括艺术、音乐、外语和体育方面的标准。教师被期望帮助学生在这些标准方面取得重大进步。表12.1介绍了英语语言艺术标准中确定的阅读技能示例，以及可能有助于促进学生获得这些技能的教学策略。

考虑到内容领域标准的重要性，让我们将逆向设计的第一步分成两个子步骤，如图12.3所示。具体来说，我们会明确地确定我们希望学生达到的一个或多个标准（步骤1a），然后确定我们希望一个教学单元达到的更具体的结果（步骤1b）。只有在这两件事都完成后，我们才能确定合适的评估任务（步骤2），最后计划我们的教学策略，使学生能够掌握知识，并相信自己有能力达到预期的结果（步骤3）。

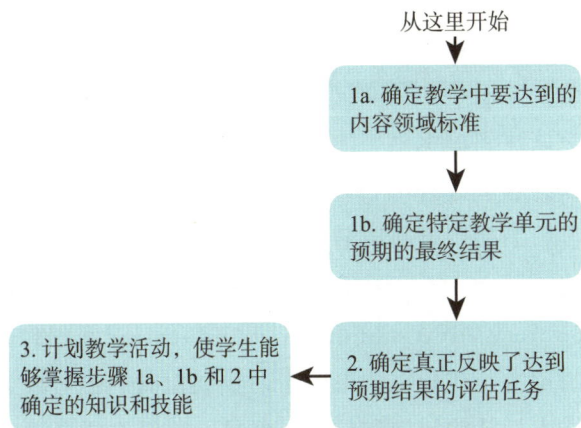

图 12.3　在逆向设计中添加内容区域标准

表 12.1　如何将教学策略与不同年级水平的标准相匹配的示例

年级水平	英语语言艺术标准示例	针对这些标准的教学策略示例
2	通过问并且回答谁、什么、在哪里、何时、为什么、怎样这一类的问题，来判断学生对课文中的关键信息是否理解（RL.2.1）*	在午饭后的"静下心来"时间里，读一本有趣的儿童小说中的一章，时不时停下来问一些需要学生跳出文本的问题（例如，让学生猜测一个人物可能会有什么感觉）
	讲述故事，包括来自不同文化的寓言故事和民间故事，并确定它们的中心思想、教训或寓意（RL.2.2）	让几个学生为他们最近读到的故事制作道具并表演出来，其他学生作为观众；接着讨论一个或多个角色可能从其所面临的挑战中学到的重要经验
4	在解释文本明确表达的内容及从文本中得出推论时，引用文本中的细节和示例（RL.4.1）	当一个阅读小组讨论卡尔·希尔森（Carl Hiaasen）的《拯救猫头鹰》（Hoot）时，让学生推测剧情可能会如何发展，并在课文中找出支持他们的预测的线索
	基于文本中的具体信息解释历史、科学或技术文本中的事件、程序、想法或概念，包括发生了什么及发生的原因（RI.4.3）**	当学生阅读历史教科书中的某一章时，问一些鼓励学生建立因果关系的"为什么"问题（如"为什么哥伦布的船员在公海上航行了几周后想要回到欧洲"）
7	分析作者用来组织文本的结构，包括主体部分如何对整体及思想的发展做出贡献（RI.7.5）	在学生阅读科学教科书中的某一章之前，让他们利用该章的标题和小标题创建这一章的概要，并生成他们在阅读这一章时希望回答的问题；然后，作为家庭作业，让他们阅读并记下这一章的笔记，用提纲和自我提问作为做笔记的指导
	追踪和评估课文中的论点和具体主张，评估推理是否合理，证据是否相关及是否足以支持这些主张（RI.7.8）	给学生一个自我提升产品的广告（如体育器材），让他们在合作学习小组中工作，以识别广告商的动机并评估产品有效性的证据的质量
11～12	分析和评估作者在他或她的立场或论点中使用的结构的有效性，包括结构是否使观点清晰、令人信服和吸引人（RI.11–12.5）	描述说服性写作的常用技巧，并让学生识别报纸社论中使用的各种说服性技巧
	在修辞特别有效的文本中确定作者的观点或目的，分析风格和内容如何对文本的力量、说服力或美感做出贡献（RI.11–12.6）	让学生找出两本新闻杂志对同一事件的描述中隐含的未陈述的假设（例如，假设一组是好的或正确的，另一组是坏的或错误的）

注：* 字母"RL"表示与阅读文学作品有关的标准；** 字母"RI"表示与阅读信息性文本有关的标准。最后一个句点前的一个或多个数字表示年级，句点后的数字表示该年级的特定标准——例如，这里显示的第一个条目被标识为"RL.2.1"，意思是 2 年级阅读文学的第一个标准。

资料来源：Entries in the column "Examples of Standards for English Language Arts" are from *Common Core State Standards*. © Copyright 2010. National Governors Association for Best Practices and Council of Chief State School Officers.

我们应该记住，现有的内容领域标准几乎完全集中于学生在阅读、写作及各种学术内容领域应该达到的水平。他们在很大程度上忽略了特定内容领域之外的目标——如与技术素养、有效的学习策略、自我调节技巧、创造力及社交技能相关的目标。美国国际教育技术学会（International Society for Technology in Education，ISTE）制定的一些标准，可以帮助我们提高学生与数字技术相关的知识和技能。但是，着眼于提高学生在学校和外部世界的长期的学业成功和社会成功，我们也必须为学生在课堂上的这段时间设定一些我们自己的目标。

写下有用的目标和目的

我们的目标和目的只有在为我们的计划教学活动和评估程序提供具体指导的情况下才是有用的。"走进课堂——确定合适的目标和目的"专栏为编写有用的条目提供了建议。

在"走进课堂——确定合适的目标和目的"专栏中，一个特别重要的建议是"包含不同复杂程度的目标和目的"。有一个工具可以帮助我们对学生应该学什么及应该能做到什么保持开阔的视野，那就是布鲁姆分类法（Bloom's taxonomy）的 2021 年修订版，它列出了 6 种复杂程度不同的一般认知过程。

1. 记忆（remember）：识别或回忆早期学到的并储存在长时记忆中的信息。

2. 理解（understand）：从教学材料和信息中建构意义（如做出推断、辨别新的例子、总结）。

3. 应用（apply）：在熟悉的情境或新情境中使用知识。

4. 分析（analyze）：将信息分解为各个组成部分，也许还可以确定这几个部分之间的相互关系。

5. 评价（evaluate）：用一定的准则或标准对信息进行评价。

6. 创造（create）：将知识、程序或二者结合起来，形成一个连贯的、有结构的、可能具有独创性的整体（L. W. Anderson & Krathwohl, 2001）。[①]

另一种有用的分类法可以在"通过设计来理解"中找到（Wiggins & McTighe, 2005, 2011; McTighe, Wiggins, & ASCD, 2012），这是一个指导教师完成逆向设计过程的资源。这种分类法确定了学生对主题的理解可能采取的 6 种形式（"方面"）。

1. 说明：将各种信息整合成有意义的整体（例如，了解各种事实和原则是怎样的及为什么

走进课堂 •••

确定合适的目标和目的

■ **参考州、国家和国际标准，但不要完全依赖它们。**在确定本年度的教学目标时，一名中学科学老师参考了新一代科学教育标准，她所在的州已将其作为指导学校科学课程的框架。此外，她还确定了与两个问题相关的具体目标，这两个问题（营养不良和空气污染）直接影响到她所在的市中心学区的许多学生。

■ **现实地考虑在给定的时间框架内可以完成什么；留出时间深入研究重要的主题。**一名 2 年级教师并不指望学生记住社会研究课上的许多孤立的事实，而是指出了学生在一年中应该掌握的几个"大观点"：（1）所有人都有影响他们行为的特定需求和愿望；（2）不同的文化群体可能会以不同的方式努力满足这些需求和愿望。

■ **短期目标和长期目标都要确定。**一名 10 年级法语老师希望学生每周至少学习 20 个新单词。他还希望他们在年底前写出连贯的、语法正确的段落。

■ **除了与具体主题和内容领域相关的目标之外，还要确定与学生总体的、长期的学业成功相关的目标。**一名中学教师知道，青春期早期是发展高中和大学所需的学习和研究策略的重要时期。在整个学年中，他都坚持介绍学习和记忆课堂主题的新策略——如组织课堂笔记的有效方法、记忆重要事实的记忆术——并定期评估学生在使用这些策略方面的进展。

■ **包含不同复杂程度的目标和目的。**一名

---

① 布鲁姆的原始分类法用的是名词而不是动词：知识（knowledge）、理解（comprehension）、应用（application）、分析（analysis）、综合（synthesis）、评价（evaluation）。在这里显示的修订版中，"创造"替换并包含了"综合"，并且"评价"从第六移动到了第五。

高中物理教师希望学生不仅能理解不同类型的机械工具（如杠杆、楔子），还能识别自己生活中的例子（如撬棍、铲子），并用这些工具解决现实世界中的问题。

■ **考虑生理、社会、动机和情感结果，以及认知结果。**一名体育老师希望她的学生了解篮球的基本规则，并正确运球和传球。她还希望他们获得对篮球的热爱、与队友合作的有效方式及对保持身体健康的普遍愿望。

■ **根据学生在教学结束时应该能做什么（而不是根据教师会在课堂上做什么）来描述目标和目的——在理想情况下，还应该以指向适当评估任务的方式来描述。**一名西班牙语老师知道，学生经常混淆动词"estar"和"ser"，因为这两个词都被翻译成英语中的"to be"。她为学生设定了这一目标："学生将正确地变化'estar'和'ser'的现在时态，并在适当的上下文中使用它们。"她通过纸笔测验和课堂对话来评估学生正确使用这两个动词的能力。

■ **在设定短期目标时，要确定能反映目标完成情况的具体行为。**在食物金字塔的一个单元中，一名健康课的老师为学生设定了这一目标："学生将制作早餐、午餐和晚餐的菜单，它们结合起来要包含金字塔中的所有元素，并且比例适当。"

■ **在设定涉及复杂主题或技能的长期目标时，列出几个结果，并举例说明反映每一个结果的具体行为。**一所中学的全体教职员工为他们学校的所有学生设定了如下教学目标："学生将通过以下行为表现出有效的听课技能，如做详细而准确的笔记、正确回答问题，以及在他们不理解的时候试图澄清。"

■ **为学生提供确定自己的目标和目的的机会。**一名高中美术老师要求学生选择一种他们每个人都想在学期中关注的特定材料（如蜡笔、油画颜料、陶土），并确定至少三种他们在使用所选材料时想要提高的技能。他帮助学生设定他们将努力实现的具体目标，以及他们可以用来评估自己进步的具体标准。

资料来源：Brophy，2008；Brophy et al.，2009；N. S. Cole，1990；Gronlund & Brookhart，2009；M. D. Miller，Linn，& Gronlund，2009；Pellegrino，Chudowsky，& Glaser，2001；Popham，2014；Wiggins & McTighe，2011.

是这样的），进行适当的推论，并帮助其他人理解主题。

2. **理解：**理解和识别事件、数据、文档，以及艺术和文学作品的潜在含义。

3. **应用及调整：**在新情境和不同背景下使用所获得的知识。

4. **多角度思考：**考虑关于某一问题的不同观点；尽量减少自己分析问题时的偏见。

5. **共情：**从特定的个人或群体的角度来看待情况或问题，可能是基于个人或群体的感受或普遍的世界观。

6. **自知之明：**找出自己理解中的缺漏，以及可能扭曲自己的观点和解释的个人偏见。

上述两种分类法都没有提供学生在学习时应该能做什么的详尽列表（例如，它们不包括心理运动技能）。项目的特定序列也不一定反映了从简单到复杂的过程（L. W. Anderson & Krathwohl，2001；Iran-Nejad & Stewart，2010；Marzano & Kendall，2007）。尽管如此，这些分类法肯定会提醒我们，学习和取得成就远远高于仅记住孤立的事实。更详细、更全面的分类法可以提供额外的指导，但因其过于复杂，我们无法在这里介绍（Marzano & Kendall，2007）。

进行任务分析

除了确定教学目标和目的外，我们还需要决定如何最好地将复杂的主题和技能分解为易于处理的模块。请思考以下四名教师的案例。

- 贝格女士是一名 3 年级教师，她想帮助她的学生更有效地学习如何阅读材料。
- 马里诺先生是一名中学体育教师，他希望他的学生在篮球方面十分熟练，从而让他们都在有组织的篮球队或社区的临时比赛中感到轻松。
- 吴先生是一名初中音乐教师，他希望在新年游行前教新来的学长号的学生演奏《铃儿响叮当》（*Jingle Bell Rock*）。
- 弗洛雷斯女士是一名高中社会研究课教师，她将向学生介绍美国联邦司法体系的复杂性。

这四名教师都想教授复杂的主题或技能。他们每个人都可以进行任务分析（task analysis），确定掌握某一特定主题或技能的重要的认知成分或行为成分。然后，任务分析可以指导教师选择适当的方法和顺序来教授这些主题。

图 12.4 说明了任务分析的三种方法（Jonassen，Hannum，& Tessmer，1989；R. E. Clark，Feldon，van Merriënboer，Yates，& Early，2008）。

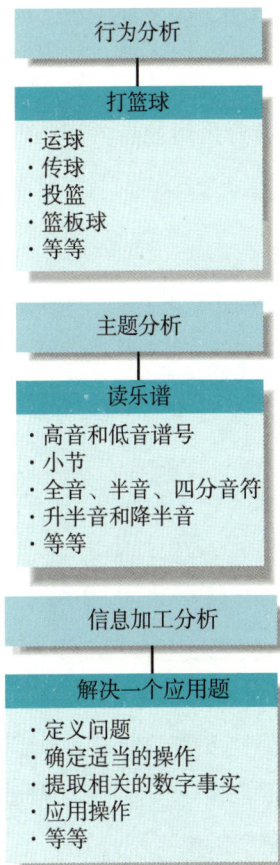

图 12.4　任务分析的三种方法

- **行为分析**。分析复杂任务的一种方法是确定执行该任务所需的具体行为（就像行为主义者可能做的那样）。例如，马里诺先生可以识别运球、传球和投篮的具体身体动作。

- **主题分析**。分析复杂任务的另一种方法是将主题内容分解为具体的主题、概念和原则。例如，弗洛雷斯女士可以识别司法系统的各个方面（无罪推定、合理怀疑的概念，以及法官和陪审团的作用等）及其相互关系。吴先生能够识别出学长号的学生能够理解的乐谱的基本元素，如低音谱号、全音、半音及四分音符。当所教的主题包括许多相互关联的概念和观点，并需要学生进行意义学习和概念性理解时，主题分析尤其重要。

- **信息加工分析**。分析复杂任务的第三种方法是详细说明任务中涉及的认知过程。例如，贝格女士可以确定在阅读理解中有用的特定元认知策略，如发现主旨、精细加工和自我提问。

要了解任务分析可能包含哪些内容，请尝试下面的练习。

亲身体验

花生酱三明治

请对制作花生酱三明治的过程进行任务分析，内容如下。

1. 决定你的方法应该是行为分析、主题分析还是信息加工分析。
2. 使用你选择的方法，将制作三明治的任务分解成若干可教授的小步骤。
3. （任选）如果你饿了，手边又有必要的材料，那就按照你确定的步骤做一个真正的三明治吧。你最初的分析是否遗漏了一些重要的步骤？

你很有可能选择了行为分析，因为制作花生酱三明治在很大程度上是一项行为任务，而不是心理任务。例如，你必须知道如何拧开一个花生酱罐的盖子，在你的刀上放上适量的花生酱，然后足够轻柔地涂抹花生酱，以免把面包弄破。

对复杂的技能和主题进行任务分析在教学计划中至少有四个重要的功能（Jonassen et al.，1989；R. E. Mayer，2011a；Stokes, Luiselli, & Reed, 2010；van Merriënboer & Kester, 2008）。第一，当我们确定一项任务的具体成分时——无论是行为、概念和想法，还是认知过程——我们就能更好地理解学生需要学习的内容，以及最有效地学习它们的顺序。第二，任务分析帮助我们选择合适的教学策略。例如，如果从长时记忆中快速检索数学事实是解决算术应用题的一个必要成分，那么反复练习这些事实可能是发展自动化的关键。如果解决这类问题的另一个方面是确定相关的运算程序（加、减等），那么我们必须促进学生对数学概念和原理的真正理解，也许可

以通过使用具体可操作的或真实的活动。

第三，确定一项新任务可能会给学生带来的认知负荷——特别是，任务的某些方面是否会在一开始就对学生有限的工作记忆容量造成压力。有时，任务的某些部分应该被分开教授，一次教一个。例如，吴老师最初可能要求他的长号初学者练习正确地向吹嘴吹气，而不管发出的具体音调。但在其他情况下，教师在综合的任务背景下完整地教授所需的知识和行为既是可能的，也是可取的，这部分是因为这样做会使主题对学生有意义。例如，我们几乎可以肯定，贝格女士应该主要在真实阅读活动的背景下，教授学生有效的阅读元认知过程。

任务分析的第四个功能通常不被考虑，那就是学生的动机。一些任务（例如，学习如何用长号演奏《铃儿响叮当》）可能具有内在的激励作用，并受到学生的高度重视；然而，学生可能对其他任务（例如，了解美国联邦司法体系的复杂性）没什么兴趣。当我们向学生介绍任务时，我们需要考虑学生的动机。当弗洛雷斯女士准备关于司法体系的课程时，她可能会考虑如何让她的学生更重视这一课，也许是通过考虑以对学生有意义的方式呈现一些需要理解的信息（如"无罪推定"），如将这些信息与时事或电视、电影的情节联系起来。

制定一节课的教案

在确定了具体的教学目标（部分是通过考虑任何强制的或推荐的内容领域标准），并进行了一种或多种任务分析后，高效的教师会制订一项或多项教学计划（或教案，lesson plan）以在教学过程中指导自己。教案通常包括以下内容：

- 课程的一个或多个目标和目的，以及（如果适用的话）相关的内容领域标准；
- 所需的教学材料（如教科书、讲义、软件）和设备；
- 具体的教学策略及其使用顺序；
- 计划的评估方法。

任何教学计划都应该考虑到将要学习的特定学生的发展水平、先前知识、文化背景，以及（如果适用的话）障碍和其他特殊教育需要。

作为一名新任教师，你最初需要制定相当详细的教案，描述你将如何帮助学生学习相关主题（Calderhead，1996；Corno，2008；Sternberg & Horvath，1995）。例如，当我们第一次开始进行教学时，我们每周会花好几个小时，写下接下来的一周里我们在课堂上要使用的信息、例子、问题和活动。但是，随着你获得教授特定主题的经验，你会了解哪些策略有效，哪些策略无效，而且你可能会频繁地使用一些有效的策略，这样你就可以快速而轻松地从长期记忆中检索到它们。因此，随着时间的推移，你会发现设计教案的用时少了很多，而且大部分都变成了脑力计划，而不是在纸上或计算机屏幕上计划。

在备课时，教师有许多可供支配的资源，包括书本上、互联网上的经验丰富的教师的教案，以及同事分享的教案。例如，以下网站提供了涉及广泛主题的教案和相关材料。

- 史密森尼学会
- 教育者参考咨询台
- 发现教育
- 学者网

然而，在利用这些资源时，我们必须始终牢记，课程应该与针对学生的教学目标和目的紧密联系在一起。

教案可以并应该随着事件的展开而进行调整。例如，在一节课中，我们可能会发现，我们需要返回去教授我们误认为学生已经掌握的材料。如果学生对某一特定主题表现出相当大的好奇心，或者有耐人寻味的深刻见解，我们可能想要利用这个独特的机会——这一 可教育的时刻（teachable moment）——并花费比最初计划的更多的时间来探索这个主题。如果学生似乎厌倦了某一节课，我们可能会想办法让其内容更有趣或与他们更相关。

随着学年的持续进行，我们的长期计划可能也会在一定程度上发生变化。例如，我们可能会发现我们最初对某些主题的任务分析过于简单化，或者我们最初对学生成绩的期望不是高得不切实际，就是低得没有必要。那么，无论是短期的还是长期的教学计划，都必须持续进行。

创建一个班级网站，在整个学年中分享目标并促进交流

从历史上看，高中和大学的传统做法是给学生一份打印出来的教学大纲，列出课程主题、教学目标、家庭作业、截止日期和预定的评估。但越来越多的各年级教师在学校总网站或学习管理系统的特定班级网站上分享此类信息及更多的信息。在 K ~ 12 年级，学生的家长通常也可以访问班级网站。

班级网站为我们提供了一种与学生及其家长定期交流的简单方式。然而，它不能是唯一的途径。并不是所有的学生和家长都能在家里方便地使用计算机和互联网。有些人——尤其是父母——可能根本不具备访问和浏览网站所需的技术素养。因此，我们还应该提供我们想让学生完成的家庭作业的纸质材料，以及我们想让家长知晓的信息的纸质材料。

教师主导的教学策略

12.3 解释如何通过教师主导的教学策略有效地促进学生的学习

教师主导的教学可以包括多种策略。其中大部分涉及 讲解式教学（expository instruction），在这种教学中，信息的呈现（即暴露）形式与教师希望学生所学信息的形式在本质上是相同的。在本章开篇的个案研究中，奎恩先生课堂上的一些元素——特别是他展示的事实和他在屏幕上呈现的事物——在本质上是讲解性的。

然而，正如我们将在接下来的几节中所看到的那样，教师还可以通过其他方式指导学生的学

习——例如，通过提一些需要学生以特定的方式思考的问题，或者通过布置要求学生练习和应用新技能的任务。

通过传统的解释性手段呈现新材料：讲座和教材

一些理论家批评讲座和教材把学生放在了被动的位置上（B. F. Skinner，1968）。但认知心理学家认为，学生在听和读这样看似被动的活动中，其思维往往是活跃的（Ausubel，Novak，& Hanesian，1978；R. E. Mayer，2011a；Weinert & Helmke，1995）。学生从讲解式教学中学习的程度取决于他们所使用的特定认知过程——例如，他们的注意力集中程度、专注于意义学习而不是死记硬背的学习的程度，以及监控自己的理解的程度。

不幸的是，讲座和教材并不总是以促进学习的方式呈现信息。例如，你可能会想到高中或大学的一些讲课枯燥、没有条理、令人困惑，或者在其他方面缺乏激励和缺乏信息的教师。我们在分析不同学科（如历史、地理和科学等）的学校教材时发现，许多教材关注的是教授具体的事实，而很少关注如何帮助学生以一种有意义的方式学习事实（I. L. Beck &

McKeown，1994，2001；Brophy et al.，2009；M. C. Linn & Eylon，2011）。然而，一些教科书现在有了电子版本，这使教科书有了更多的功能和更高的互动性（见图 12.5）。

图12.5　许多教科书现在都可以在网上找到，可以通过计算机、平板电脑甚至智能手机访问

讲解式教学有一个明显的优势：它使我们能够快速、有效地呈现信息。然而，仅靠讲解式教学本身，并不能让我们评估学生在学习某一学科上的进步。只要有可能，我们使用它时就应该和其他教学策略相结合——也许是提问或让学生应用在课堂上和家庭作业中学到的东西。"走进课堂——有效使用讲解式教学"专栏提供了几种基于研究的策略，通过解释、讲座和其他讲解式的方法来促进有效的认知过程。

走进课堂 ● ● ●

有效使用讲解式教学

■ **使用先行组织者**，也就是使用口头介绍或图形介绍，列出即将学习的材料的大体组织框架，进而帮助学生在他们所学的事物之间建立有意义的联系。一名高中数学老师在介绍描述性统计单元时说道："描述性统计是用数字来描述和分类信息的方法。首先我们将讨论一些你已经熟悉的描述性统计，如频率和平均值；然后我们将介绍一些不太为人所知的统计数据，如中位数、全距和众数；

最后，我们将讨论一种新的统计量——标准差，并比较与对比平均值和标准差所提供的不同类型的信息。"

■ **在新信息和学生已经知道的事物之间建立持续的联系**，也许可以通过在抽象概念和学生的日常经验之间进行类比来实现。一名中学地理老师将冰川生长的方式与煎饼面糊倒入煎锅时的运动方式进行类比："随着越来越多的物质被倒入中心，边缘也会向外扩展得越来越远。"

■ **非正式地评估学生对主题的现有理解**，以确定他们是否存在需要从概念上改正的错误概念。当开始学习太阳系单元时，一名 4 年级教师问她的学生："我们说日落是什么意思？太阳真的会在一天结束时落山吗？"几名学生回答，太阳确实落山了，然后又去了世界的另一边。这名教师并不惊讶——他们的误解是常见的——但她使用行星模型向学生展示，实际上恰恰相反，是地球的自转导致了太阳围着地球旋转的假象。

■ **以符合逻辑的、有组织的方式提出新想法，使学生能够建立适当的相互联系。** 在描述各种维生素和矿物质对人们的健康和幸福的影响时，一名 9 年级的健康课老师在黑板上的一个两栏列表上写下了每种营养物质及其益处。

■ **通过培养积极的成就价值观来考虑学生的动机。** 在高中 3 年级的法语课上，教师布置了一个项目，要求学生选择一首流行歌曲并将其翻译成法语。然后，学生可以写出歌词的翻译，或者（如果他们想的话）给全班同学唱这首歌（用法语）。

■ **给学生学习和记忆最重要的信息提供大量信号。** 在开始一个关于美国政府的单元时，　名高中政治老师在黑板上写下了"制衡"一词，并用大而粗的线条在下面划线。"这是指导制宪会议代表起草宪法的关键原则。我们来看看美国政府的三个分支——行政、立法和司法——是如何限制其他两个分支的权力的。要确保在你今天的课堂笔记中包含至少四个制衡的例子。"

■ **使用视觉辅助工具帮助学生在视觉和语言上对材料进行编码。** 在一节关于 19 世纪北美西进运动的课上，一名 6 年级教师展示了一些典型的大篷马车和马车队的照片，来帮助学生了解许多拓荒家庭向西部迁移的艰辛。

■ **让你的展示节奏足够慢，给学生足够的时间思考并有意义地处理信息。** 为了演示如何用黏土球制作手捏盆，一名小学美术老师缓慢而谨慎地完成了每一步，并解释了他每一步都在做什么："首先，我把粘土团成一个漂亮的圆球——尽可能地圆，没有裂缝，也没有粗糙的边缘……好的，看看我是怎么做到的？现在我用双手拿着球，轻轻地把两个大拇指推到球的中间，慢慢地把它们推得越来越远，但要确保我不会把它们推到球的另一边……然后我慢慢地把球的边缘向外推，不断地转动球，这样我就可以让我的盆的边缘都变得一样厚。"

■ **在讲座或阅读作业结束时，以一种有助于学生组织材料并识别其主要观点的方式总结要点。** 一名高中英语老师描述了使艾米莉·狄金森（Emily Dickinson）的诗歌如此独特有力的特点，以此总结关于艾米莉·狄金森的诗歌的这一节课。

资料来源：Bulgren, Deshler, Schumaker, & Lenz, 2000；Carney & Levin, 2002；Clement, 2008；Corkill, 1992；Dansereau, 1995；Edmonds et al., 2009；E. L. Ferguson & Hegarty, 1995；J. Hartley & Trueman, 1982；Ku, Chan, Wu, & Chen, 2008；J. R. Levin & Mayer, 1993；M. C. Linn & Eylon, 2011；Lorch, Lorch, & Inman, 1993；R. E. Mayer, 2010a；R. E. Mayer & Gallini, 1990；M. A. McDaniel & Einstein, 1989；Moreno, 2006；Newby, Ertmer, & Stepich, 1994；Pittman & Beth-Halachmy, 1997；R. E. Reynolds & Shirey, 1988；Sadoski & Paivio, 2001；Scevak, Moore, & Kirby, 1993；M. Y. Small, Lovett, & Scher, 1993；Verdi & Kulhavy, 2002；Wade, 1992；P. T. Wilson & Anderson, 1986；Winn, 1991；Wittwer & Renkl, 2008；Zook, 1991.

提问与反馈

有些教师提出的问题是低水平问题（lower-level question），即要求学生在现有的知识库中检索信息。这样的问题有几个好处：

- 它们可以让我们很好地了解学生关于某一主题的现有理解和错误概念；
- 它们有助于维持学生在课堂上的注意力，特别是当它们以某种方式要求所有学生回答每一个问题时；
- 它们可以帮助我们评估，学生是在顺利地学习课程材料，还是对特定要点感到疑惑；
- 它们让学生有机会监控自己的理解——判断自己是否理解所呈现的信息，或者是否应该寻求帮助或解释；
- 当学生被问到有关他们早先所学材料的问题时，他们必须复习这些材料，这将促进他们以后对这些材料的回忆（Airasian，1994；Brophy，2006；F. W. Connolly & Eisenberg，1990；P. W. Fox & LeCount，1991；Lambert，Cartledge，Heward，& Lo，2006；Wixson，1984）。

以下是一名8年级教师如何通过提问来促进学生对一节古埃及课进行复习的例子。

> 教师：埃及人认为尸体必须保存起来。他们最早是怎么保存尸体的？
>
> 学生：他们把尸体弄干并将尸体内部塞满东西。
>
> 教师：我是说最早他们做了什么？凯利？
>
> 凯利：他们把尸体埋在热沙里。
>
> 教师：对。他们把尸体埋在热沙里。沙子非常干燥，尸体就可以自然地保存很多年。至少和这里相比，尸体的腐烂速度会更慢。在此之后他们是怎样做的？
>
> 学生：他们开始取出重要的器官。
>
> 教师：对。被他们称作"重要器官"的是

什么？

> 诺曼：除了心脏和大脑的所有器官。
>
> 教师：对，胴腔里的所有器官。肠子、肝脏，等等，这些是最容易拿出来的部位。
>
> 教师：大家还有什么问题吗？
>
> 学生：大多数国王的埋葬地距离尼罗河有多远（Aulls，1998）？

在这段对话的最后，一名学生提出了一个问题，要求教师提供更多的信息。这名学生显然是在尝试对这些材料进行精细加工，也许是在推测，只有距离尼罗河相当远的地方才足够干燥，以便长时间保存尸体。我们可以通过提出高水平问题（higher-level question）——在某种程度上要求学生扩展他们所学信息的问题——来鼓励这样的精细加工及更复杂的认知过程（Brophy，2006；Jensen，McDaniel，Woodward，& Kummer，2014；Minstrell & Stimpson，1996；Redfield & Rousseau，1981）。例如，一个高水平问题可能会要求学生自己想出一个概念的例子，使用新学到的原理解决问题，或者推测对一个因果关系的可能解释。在本章开篇的个案研究中，奎恩先生提出了这样一个问题："为什么人们需要所有这些东西？"另一个例子是，当学生在科学课上学习不同海拔的气压的特点时，教师可能会问关于落基山国家公园的以下情景的问题（那里的海拔在海平面以上2.4千米到超过3千米之间）：

> 一群女童子军在落基山国家公园徒步旅行。她们注意到，在山里徒步旅行比在家乡徒步旅行时呼吸更困难。在徒步旅行中，一个女孩打开了她在家乡买的一管防晒霜。当她打开它时，空气和乳液从里面喷了出来。

- 为什么女孩呼吸困难？
- 为什么空气和乳液会从管子里喷出来（Pugh，Schmidt，& Russell，2010）？

通常我们可以同时向所有学生提出问题。例如，我们可能会问一个选择题，让学生通过举手、举起

事先准备好的答题卡，或者使用向教室的计算机发送信号的手持式电子响片，来对各种答案进行"投票评选"（Glass & Sinha，2013；Lambert et al.，2006；Munro & Stephenson，2009）。然而，我们必须给学生足够的时间来思考问题，并检索与可能的答案相关的信息。我们也必须记住，来自某些文化和民族背景的学生在回答之前可能会有意地留出几秒钟的时间，以表示对说话者的礼貌和尊重（Castagno & Brayboy，2008；M. B. Rowe，1987；Tharp，1989）。

除非我们特别想让学生在很长的一段时间内仔细思考特定的问题，否则我们当然应该就学生对我们问题的回答给予反馈。此外，当学生最初的回答不正确时，我们必须帮助他们挽回颜面，或许可以通过温和地鼓励他们转向更好的答案的方式。例如，在小学的一堂关于食物金字塔的课上，一名学生错误地回答橙汁是"牛奶"组的一员，他的老师用以下提示语把他引导到了正确的方向。

> "牛奶"组里的所有东西都来自奶牛。橙汁是从哪里来的？……橙汁来自橙子。如果它来自橙子，哪一组是"橙子"组？……它是水果还是面包（Brophy et al.，2009）？

通过课堂作业提供练习

当我们为学生选择或创建作业时，我们的首要标准必须是帮助学生完成教学目标。在布鲁姆的分类法中，有些目标可能位于记忆或理解水平，例如，正确地变化法语动词"être"（"to be"）的词形，或者显示出对自己所在社区的时事的了解。其他目标将是更高层次的，例如，写一篇条理清晰的说服性短文，或者能够解释为什么重力在其他行星上的作用不同。

特别是当涉及更高层次的目标时，我们应该布置那些帮助学生以有意义的、综合的方式学习课堂材料的任务。我们通常会分配真实性活动（这些活动可能会在合作小组的背景下），学生可以在小组中分享想法、相互提问，并对他们的想法提供解释。

由于真实性活动通常比传统的课堂任务更加复杂和缺乏结构，它们往往需要教师的大量支持（Hmelo-Silver，2006；Mergendoller，Markham，Ravitz，& Larmer，2006；van Merriënboer，Kirschner，& Kester，2003）

然而，在整个课程中排满真实任务通常不是一个好主意。一方面，当学生将基本技能从更复杂的活动中分离出来，相对孤立地进行练习时，他们往往可以更有效地掌握基本技能（J. R. Anderson，Reder，& Simon，1996）。例如，在学习拉小提琴时，学生需要先掌握指法才能加入管弦乐队。另一方面，一些真实任务太昂贵、太耗时，不能保证在课堂上被经常使用（Bereiter & Scardamalia，2006；M. M. Griffin & Griffin，1994）。也许最重要的是，这些任务可以促进有效的认知加工（如组织、精细加工），并且让学生理解他们正在学习的知识与他们之后将要面临的更大任务的相关性（J. R. Anderson et al.，1996；Bransford et al.，2006）。

无论作业是真实的还是更为传统的，当我们做到以下这些事情时，我们最有可能促进学生的学习和成就。

- 明确定义每项任务及其目的。
- 激发学生对任务的兴趣和认知投入（见图12.6）。
- 从适当的难度水平开始，理想的做法是布置可以促进学生"拓展"他们现有知识和技能的具有挑战性的任务；适应学生的能力和需要的多样性（维果茨基关于最近发展区的概念在这里很有帮助）。
- 随着学生熟练程度的提高，增加难度和复杂性，或者逐渐减少脚手架。
- 经常监控学生的进步，并给出促进学生进一步成长的反馈。
- 在评估学生的作业时，既要奖励高质量，又要允许学生进行一些试验和冒险活动。
- 鼓励学生对他们自己的学习进行反思和评价（Brophy et al.，2009；W. Doyle，1983；

Dymond，Renzaglia，& Chun，2007；Edelson & Reiser，2006）。

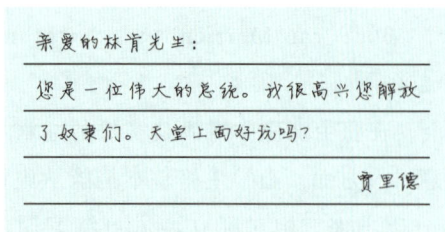

亲爱的林肯先生：
您是一位伟大的总统。我很高兴您解放了奴隶们。天堂上面好玩吗？
贾里德

图12.6　4年级学生贾里德被要求给亚伯拉罕·林肯写一封简短的信

在给学生分配在校完成的任务时，我们可能会偶尔要求他们使用一个或多个计算机工具，如下所述。

- 文字处理程序可以提高学生的文章和短篇故事的质量。
- 数据库可以帮助学生组织有关树木或行星的信息。
- 电子表格可以让学生预测天气模式的变化。
- 在学生准备考试或撰写研究论文时，概念图和头脑风暴软件可以帮助他们产生和组织观点。
- 音乐软件允许学生创作音乐作品，并尝试不同的音调、器乐声音和拍号。
- 学生可以使用地理制图软件（又被称作地理信息系统软件或GIS），来绘制污染物或环境湿地的数据。Google Earth很容易获得，它几乎可以让学生探索地球上的任何地方（Egbert，2009；Guinee，2003；Merrill，Hammons，Vincent，Reynolds，Christensen，& Tolman，1996；Sitko，1998）。

然而我们必须记住，当学生已经掌握了键盘输入和其他一些基本的计算机技能时，这些工具才最有可能发挥作用。

布置家庭作业

学生能在课堂上完成的任务有限，而家庭作业提供了一种手段，通过它我们可以延长学校时间。在有些情况下，我们可能想用家庭作业让学生对熟悉的信息或程序进行额外的练习（也许是作为一种促进复习和自动化的方式），或者向他们介绍新的但简单的材料（H. Cooper，1989）。在其他情况下，我们可能会布置家庭作业，要求学生将课堂材料应用到他们的生活中。例如，在面积单元中，我们可以要求学生计算家中两个房间的面积。我们也可以鼓励学生从家里带来物品（如附近的小生物样本）或想法，并将其作为课堂活动的基础（Alleman et al.，2010；Corno，1996）。当我们要求学生通过家庭作业将课堂材料和外部世界联系起来时，我们就有可能促进迁移。

比起小学阶段，初中和高中阶段的家庭作业对成绩的影响似乎更大（H. Cooper，Robinson，& Patall，2006）。虽然在小学阶段，家庭作业可能无法明显地提高学生的成绩，但它可以帮助学生发展一些他们在未来的几年内需要的学习策略和自我调节技能（H. Cooper & Valentine，2001；Zimmerman，1998）。毫无疑问，家庭作业的质量——例如，是鼓励死记硬背的学习还是意义学习，学生觉得作业是无聊还是有趣——对学生学习的内容和数量，以及他们发展出的学习策略和自我调节策略都有很大的影响（Dettmers，Trautwein，Lüdtke，Kunter，& Baumert，2010；Rawson，Stahovich，& Mayer，2017；Trautwein，Lüdtke，Kastens，& Köller，2006）。

在布置家庭作业时，我们必须记住，学生在家里拥有的时间和资源（如参考书、互联网）、从父母和其他家庭成员那里获得的帮助的数量和质量，以及他们在完成任务上拥有的动力和自我调节策略的程度（Dumont et al.，2012；Eilam，2001；Fries，Dietz，& Schmid，2008；Xu，2008），都有很大差异。考虑到这些问题，我们提供了如下指导方针。

- 主要为了教学和诊断的目的使用家庭作业；尽量少用家庭作业评估学生的学习和确定最终的课程分数。
- 让作业足够有趣和富有挑战性，使学生想要完成它。例如，布置真实的、现实的家庭作业，但不要让作业太难，使学生感到困惑和沮丧。

- 给学生提供完成作业所需的信息和结构，使学生可以在很少或根本没有他人帮助的情况下完成。

- 坚持提供高质量的家庭作业，但请记住，作业的质量比学生在一项作业上所花费的时间重要得多。

- 允许学生偶尔做出选择（例如，如果你提供三个问题作为家庭作业，允许他们从三个问题中选择两个问题来解决）。

- 布置必做和选做相结合的作业（自愿的学习有助于给学生提供一种自主感和控制感，增强他们的内部动机）。

- 向家长提供有关家庭作业原则的信息（见图12.7）。

- 第二天在课堂上对家庭作业进行讨论，或者尽快进行讨论。

- 当学生的自我调节能力较差或家中资源有限时，建立课后家庭作业监督程序（Alleman et al.，2010；Belfiore & Hornyak，1998；H. Cooper，1989；Cosden，Morrison，Albanese，& Macias，2001；Dettmers，Trautwein，Lüdtke，Goetz，Frenzel，& Pekrun，2011；Fernández-Alonso，Suárez-Álvarez，& Muñiz，2015；Garbe & Guy，2006；Patall，Cooper，& Wynn，2010；Rosário et al.，2015；Trautwein et al.，2006；Trautwein，Niggli，Schnyder，& Lüdtke，2009）。

我们还应该记住，家庭作业只适用于帮助学生实现重要的教育目标——用于惩罚行为不当的学生是绝对不合适的。

家庭作业

作业将于下周开始。这周的所有作业都将在周一下午放在绿色文件夹里送到您的家中。请在周五上午将完成的作业装订在封面上，并放在同一文件夹中送回。

家庭作业是孩子的责任。请为他/她设定一个固定的时间，提供一个安静的地方，在必要时提供帮助，并帮助他/她养成良好的习惯。家庭作业每晚只需要花20~30分钟就能完成。如果它花费了您的孩子更长的时间，请联系我，我会调整期望值。

有时由于家庭责任、疾病或其他合理的原因，孩子不能完成作业。请写一张便条并把它和封面一起退回，那样我就能知道您的孩子正在经历什么。我更希望未完成的作业不要拖得太久，在孩子的心中挥之不去。之后的每周都会有另一个文件夹，通常作业都是孩子能够完成的，所以不用因一些被错过的作业而烦恼。

我布置的作业对大多数2年级学生而言是合适的。然而，一些孩子和父母会喜欢更多的作业。除了指定的夜间阅读外，您还可以每天晚上和孩子一起阅读并填写阅读记录表，作为补充。然而，我从不希望家庭作业干扰家庭时光。我认为讨论、拥抱、玩棋盘游戏、烹饪、阅读和听故事、在树林中散步、看星星比单独完成一份作业单更有助于促进孩子的认知和语言发展。（请注意这里不包括电视或玩任天堂游戏）。我建议您限制电视时间，和您的孩子共度尽可能多的时间。我想等孩子离开之后，您会有时间洗个泡泡浴的。我就讲这么多！祝您开心！

请记住，我每天会检查三次电子邮件。如果您有疑问或担忧，我在教室里用计算机的速度要比我离开房间打电话的速度快得多。这是我那长得不可思议的电子邮件的地址。

图12.7 一名2年级教师给所有家长发送了一封信，描述家庭作业的原则

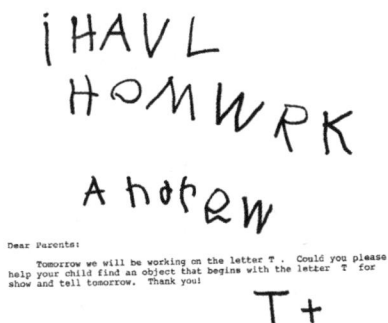

幼儿并不总是具备独立完成作业所需的自我调节技能。6岁的安德鲁和他的老师共同构建了作业提醒。

进行直接教学

直接教学（direct instruction）结合了上述的所有策略——讲解式教学、提问、提供反馈、布置课堂作业和家庭作业——以保持学生持续地、积极地参与学习和应用课堂内容。在某种程度上，直接教学基于行为主义的思想：它要求学习者不断地做出反应，并通过教师的反馈来强化正确的反应。但它也利用了认知心理学的原理，包括强调注意和长时记忆存储过程在学习中的重要性、工作记忆容量的有限性，以及学习基本技能达到自动化的重要性。社会文化理论也发挥了作用，因为教师可以提供相当多的支持（特别是在一开始），并可能将小组活动纳入学生的练习阶段。

不同的专家对直接教学的描述和实施略有不同。但一般而言，直接教学通常涉及以下大部分或全部元素（Rosenshine，2009；Rosenshine & Stevens，1986）。

1. **复习以前学过的材料**。教师会复习之前课程中的相关内容，检查涉及该内容的家庭作业，并重新教授学生尚未掌握的任何信息或技能。

2. **陈述这节课的目标**。教师会描述学生在这节课上应该掌握的一个或多个概念或技能。

3. **用小的但是有逻辑顺序的步骤呈现新材料**。教师可能会通过口头解释、示范，或者使用一个或多个例子来展示少量的信息或具体技能。教师也可以提供**先行组织者**（advance organizer）、提问，或者以其他方式来支持学生加工和记忆材料。

4. **在每一步骤之后指导学生练习并进行评估**。学生有很多机会练习他们正在学习的内容，可能是通过回答问题和解决问题，或者使用模拟程序。教师要对学生的早期反应给予提示，对学生的表现给予即时的反馈，对如何改进提出建议，并根据需要提供额外的指导。在学生完成有指导的练习后，教师可能会让学生总结所学内容或回答一系列后续问题来对学生进行检查，以确保学生掌握了相关的信息或技能。

5. **独立练习**。一旦学生表现出一定程度的能力，就让他们独立或以小组合作的方式进行进一步的练习。他们可以通过这种方式向学习材料的自动化不断迈进。

6. **频繁的跟踪检查**。在整个学年，教师可以通过家庭作业、写作任务或测验等方式，给学生提供许多机会复习以前学过的材料。

教师可以根据需要在这些步骤中往返，以确保所有学生都真正掌握了主题内容。

直接教学最适合教授定义明确的信息和技能，教师最好按照顺序进行教授（Rosenshine & Stevens，1986；Spiro & DeSchryver，2009）。由于师生间的互动程度很高，因此直接教学通常在小组或一对一辅导中更容易实施。特别是在这两种情况下，它可以带来成就上的显著收获（Rittle-Johnson，2006；Watkins，1997；Weinert & Helmke，1995）。然而，完全使用直接教学可能过犹不及，因为学生可能会感到无聊（例如，如果我们只是一个接一个地展示练习工作表的话）（Mac Iver，Reuman，& Main，1995；Wasley，Hampel，& Clark，1997）。

促进掌握

想象一下，如果一个有27人的班级（见图12.8）要开始学习关于分数的单元，课程会通过以下几节课进行。

第一节课：全班学习了一个基本概念，分数代表整体的一部分：分母表示整体被等分成多少等份，分子就是指有多少等份呈现。到这节课结束时，23名学生理解了分数是什么。但莎拉、拉肖恩、詹森·K.和詹森·M.却一知半解或感到困惑。

第二节课：全班学习了分数化简的过程（例如，12/20可以化简为3/5）。到这节课结束时，20名学生理解了这个过程。但是爱丽森、瑞奇和詹森·S.还没有掌握这个原理，即要把分母和分子除以同一个数。莎拉、拉肖恩和两位詹森仍然不理解分数是什么，因此对这节课的学习也感到困惑。

第三节课：全班学习了两个同分母的分数相加的过程（例如，1/20+11/20=12/20）。到这节课结束时，19 名学生学会了分母相同的分数的加法。然而，马特、查理、玛丽亚·F.和玛丽亚·W.却总是将分母和分子都相加（例如，算成 1/20+11/20=12/40）。莎拉、拉肖恩、詹森·K.和詹森·M.仍然对分数的一般性质感到困惑。

第四节课：全班将分数加法和分数化简的过程结合起来学习。他们必须先将两个分数相加，然后如果有必要的话，再把总和化简（例如，在 1/20+11/20 相加之后，必须将总和 12/20 化简为 3/5）。爱瑞萨、克伦没能掌握这节课内容，因为他们总是忘记把总和化简。当然，莎莉、拉肖恩、爱丽森、瑞奇、马特、查理、两位玛丽亚和三位詹森已经因为没能掌握前面的知识而无法听懂这节课的内容。现在，在这 27 名学生中，只有 13 名学生完全理解了他们在做什么——还不到班级人数的一半（见图 12.8 的最右边一列）！

掌握学习（mastery learning）是直接教学的一种变体，指的是学生在继续下一个主题之前必须展示其能力，这样就可以最大限度地降低我们在向更有挑战性的知识前进时，将一些学生落在后面的可能性（Bloom，1981；Fuchs，Compton，Fuchs，Paulsen，Bryant，& Hamlett，2005；Guskey，1985，2010；Guskey & Anderman，2013；Zimmerman & Didenedetto，2008）。此方法基于以下三个假设：

- 几乎每个学生都能掌握一个特定的主题；
- 有些学生需要比其他学生花更多时间来掌握一个主题；
- 有些学生比其他学生需要更多帮助。

可见，掌握学习代表了一种非常乐观的教学方

学生	第一节课：分数的概念	第二节课：分数化简（基于第一节课）	第三节课：分数的加法（基于第一节课）	第四节课：分数的加法及化简（基于第二和第三节课）
莎拉	⇢	⇢	⇢	⇢
拉肖恩	⇢	⇢	⇢	⇢
詹森·K.	⇢	⇢	⇢	⇢
詹森·M.	⇢	⇢	⇢	⇢
爱丽森	→	→	→	→
瑞奇	→	→	→	→
詹森·S.	→	⇢	⇢	⇢
马特	→	→	⇢	⇢
查理	→	→	⇢	⇢
玛丽亚·F.	→	→	⇢	⇢
玛丽亚·W.	→	→	⇢	⇢
穆罕默德	→	→	→	→
爱瑞萨	→	→	→	⇢
克伦	→	→	→	⇢
凯文	→	→	→	→
诺里	→	→	→	→
玛西	→	→	→	→
詹妮尔	→	→	→	→
乔伊斯	→	→	→	→
唐明	→	→	→	→
乔吉特	→	→	→	→
拉维达	→	→	→	→
马克	→	→	→	→
塞思	→	→	→	→
乔安妮	→	→	→	→
丽塔	→	→	→	→
肖娜	→	→	→	→

图 12.8 分数知识的顺序性和层次性如何影响学生的学习

法，它假设如果教师给予足够的时间和指导，大多数学生都能掌握学校的学科内容。[1]

一般来说，掌握学习包括以下几个成分。

1. **小的、不连续的单元。**一个主题会被分解为许多节课，每节课都覆盖一小部分知识，每节课的目的只是完成很少的教学目标。

2. **逻辑顺序。**单元会被排序，以便基本的、基础的概念和程序会在更复杂的概念和程序之前被学生学习。

3. **在每个单元结束时展示对主题的掌握。**只有在掌握了前一个单元后（如通过测验），学生才

---

① 不要混淆掌握学习和掌握目标。在这里，我们讨论的是一种教学策略。相比之下，掌握目标是动机的一个方面：它反映出学生关注的是获得某一学科的能力，而不是简单地取得好成绩。

会进入新的单元。掌握是用具体而详细的术语来定义的（例如，答对至少90%的测验题目）。

4. 为需要额外的帮助或练习以达到掌握标准的学生提供额外的活动。 支持和资源是根据个人需要定制的，可能包括替代性的教学方法、不同的材料、特别定制的作业、学习小组或个人指导。

进行掌握学习的学生经常会根据自己的学习速度学习不同的单元，因此，不同的学生可能会在任何给定的时间内学习不同的单元。但是，整个班级也有可能以相同的进度进行学习：比其他同学更快地掌握某一单元的学生可以探索更丰富的活动，或者成为还在学习这一单元的学生的指导者（Block，1980；Guskey，1985）。

掌握学习的各种要素与几种理论观点是一致的。行为主义者告诉我们，复杂的行为往往更容易通过行为塑造来获得，即先通过塑造强化一个简单的反应，直到它频繁地出现（也就是说，直到它被掌握），然后再强化一个稍微难一点的反应，以此类推。认知心理学家指出，那些需要在复杂的问题解决的情况下迅速提取或使用的信息和技能必须得到充分的练习，才能达到自动化。正如社会认知理论家所指出的，轻松且成功地完成一项特定任务的能力可能会提高学生在完成类似任务时的自我效能感。

相比于其他教学方法，掌握学习有一些优势。特别是，学生往往对主题有更好的态度，学得更多，在并课堂评估中表现出更高的水平。对能力较低的学生来说，这些优势尤其明显（Guskey，2010；Hattie，2009；C. C. Kulik, Kulik, & Bangert-Drowns，1990；Shuell，1996）。

当学习内容具有层次性时，也就是说，当某些概念和技能为将来的学习和真正的概念性理解提供基础时，掌握学习是最合适的。当教学目标涉及单词再认、语法规则、算术或关键的科学概念等基础知识时，旨在促进掌握学习的教学可能是合适的。然而，掌握这些概念可能与一些长期的教学目标无

关。例如，与批判性思维、科学推理和创造性写作相关的能力可能会在学生的整个童年期和青春期持续发展，但永远不会被完全掌握。

有效利用教学网站

谷歌、必应和雅虎等互联网搜索引擎使学生和教师能够找到几乎任何主题的教学网站。许多网站采用**超媒体**（hypermedia）的形式，这样的形式使学生能够按照自己选择的顺序查看一系列特定主题的多媒体材料。许多政府机关、公共机构和私人协会都有网站，上面会提供信息、迷你课程和其他相关网站的链接。以下只是无数可能性中的一小部分。

- 美国地质调查局
- 美国人口调查局
- 美国国家航空航天局
- 美国国家自然历史博物馆
- 知识出现
- 可汗学院
- 基于网络的科学查询平台（WISE）
- 美国国家教育统计中心（NCES）

上述内容中一个特别值得注意的网站是"可汗学院"，该网站提供了大量且不断增长的教学视频，内容涉及数学、科学、经济、历史、艺术、音乐和计算机等领域的主题。此外，许多美国高中生可能会发现，通过iTunes大学和其他在线分享者获得的在线课程非常有用。

然而，请记住，在探索互联网所提供的众多资源时，学生并不总是拥有有效学习所需的自我调节技能和技术素养（Azevedo & Witherspoon，2009；Warschauer，2011；Winters, Greene, & Costich，2008）。此外，互联网没有良好的质量监控机制来确保信息的准确性，特别是由个人发布的，而不是由政府机构或专业组织发布的信息。例如，YouTube上有许多教学视频，但这些视频中的信息可能并不完全准确。另一个令人担忧的问题是，一些学生可能会冒险进入不良领域，如查找论文并冒充是自己的（这是抄袭），偶然发现鼓吹种族主义态度或提供色情图片的网站，或者与

可能危及他们幸福的人分享个人信息（Nixon，2005；Schofield，2006）。

显然，学生在网上学习特定主题时往往需要大量的支持，他们进入网络空间的旅程需要受到密切监控。即使是在中学阶段，学生也往往需要相当多的指导来区分有用的和无用的网站，从堆积如山的信息中筛选出与他们自己的目的最相关的内容，批判性地评估他们所发现的信息的质量，并将他们发现的东西综合成一个紧密结合的、有意义的整体。作为一名教师，你不可避免地会被学生告知，"我在网上查过了"。这对你来说是一个机会，让你和这样的学生就这些问题进行一些深入的对话（Afflerbach & Cho，2010；Egbert，2009；P. A. Kirschner & van Merriënboer，2013；Leu，O'Byrne，Zawilinski，McVerry，& Everett-Cacopardo，2009）。

将学生的网络搜索集中在一起的一个有效方法是，在班级网站上发布合适的网站链接。或者，我们可以使用或创建一个网络探究式教学（webquest）活动，当学生解决一项有趣的、具有挑战性的、需要更高水平的思维技能的任务时，可以使用一些预先确定的网站。在使用这些策略时，我们应该给学生提出明确的、在进行搜索时需要达成的教学目标——例如，通过给他们一些需要找到答案的特定问题（Niederhauser，2008）。

此外，许多学校的计算机系统现在都有远程桌面功能，它可以帮助我们支持并监控学生对互联网的使用。有了这个功能，我们就可以与学生共享我们自己的屏幕，并向他们演示如何进行在线活动。这个功能还可以让我们远程查看每个学生的计算机屏幕。如果某个学生陷入误区，我们可以锁定该学生的屏幕并发送适当的信息。

促进刻意练习

我们都听过"熟能生巧"这个词。很少有人会对明星运动员、音乐家及作家花时间练习技巧这一事实提出异议。然而，一般的学生没有成千上万个小时的时间来练习在学校学到的所有技能。

刻意练习（deliberate practice）是一种教学技巧，教师可以用它来促进学生进行他们所教授的技能的简短而有效的练习。刻意练习有四个重要特征。第一，学习者需要有一个明确的目标；第二，在学生练习的过程中，用于练习的问题应该稍微超过学习者目前的技能水平；第三，学习者应该收到即时的反馈；第四，教师应该鼓励学习者把重点放在纠正前进过程中出现的错误上（Eskreis-Winkler，Shulman，Young，Tsukayama，Brunwasser，Duckworth et al.，2016）。刻意练习与提高成就、增强期望和价值信念有关（Eskreis-Winkler et al.，2016）。

让我们来思考一个例子，看看它可能是什么样的。奥斯汀先生正在教他的 6 年级学生如何解一个简单的代数方程。他从自己的经验中得知，对某些学生来说，这是一个困难的概念。例如，如果学生被要求解下面这个方程。

$$14 - x = 6$$

乍一看，学生可能不会理解为什么一个字母（"x"）会出现在一道数学题中。虽然这对年龄较大的学生和成年人来说是显而易见的，但对年龄较小的学生来说，这可能相当令人费解。奥斯汀先生意识到，经过一些刻意练习，这对他的学生来说将不再是一项令人生畏的任务。

为了鼓励刻意练习，奥斯汀先生可能会这样做：（1）他会确保每个学生都知道这节课的目标是学习如何找出一道数学题中缺失的数字，他可能会通过提示字母"x"表示这个缺失的数字，来引入变量的概念，然后学生会练习一系列的方程；（2）奥斯丁先生会从简单的方程开始，并把这些方程排好序，这样接下来的每一个方程都可能比前一个方程稍微难一点；（3）学生还会收到他们在每个方程上的表现的即时反馈，并有机会在错误出现时纠正它们（而不是在所有的问题都完成之后）。

帮助学生学会如何学习

作为教师，当我们备课时，我们可以结合各种方法，来教学生怎样成为更好的学习者。这些课程不一定是相互独立的；相反，如果我们提前计划的话，我们可以在常规课程中教授有效的认知策略。在下面的例子中，学生被要求写一篇五段的短文，描述《杀死一只知更鸟》一书中他们最喜欢的角色。这名教师知道她的学生以前从来没有写过这样的文章，所以她在课堂上加入了一些策略指导。以下是她如何向她的班级介绍这一课的陈述。

> 我希望你喜欢《杀死一只知更鸟》这本书。正如我们所讨论的，这本书中有几个非常有趣的人物。我想请你写一篇五段的短文，描述一下你最喜欢的角色。你需要解释为什么这是你最喜欢的角色。你还需要写出至少三个书中的具体例子，来帮助你解释为什么你选择这个角色。所以你应该想想这个角色做了什么让你印象深刻的事情。既然你以前从来没有写过这样的文章，那么请让我给你一些关于如何选择这三个例子的建议。我建议你回顾一下你为每一章写的总结笔记，并思考你所选择的角色在每一章中是否做了一些值得注意的事情。请制作一张表，在页面的一侧留下章或节的编号，并留出一片空白，用于简要总结角色所做的、给你留下深刻印象的事情。如果角色在某些章或节中没有出现，或者在某一章或节中没有做任何值得注意的事情，那就让它空着。这样你就会有一个例子列表，你可以回顾你的列表，选择对你来说最有意义的三个例子。

在这个例子中，这个班级正在学习一本特定的小说。教师也利用了这一机会，来指导学生使用认知策略（即回顾总结笔记，找出写文章时可以使用的具体例子）。高效教师可能会在这一年的晚些时候，当学生需要写一篇关于另一部小说的短文时，再次提醒他们这一策略。

花时间在你的课程中加入策略指导可能看起来很麻烦。然而，与其将它看作额外的内容，不如试着把它融入你的日常课程。图12.9所示的例子是为4年级学生设计的写作作业。请注意，教师已将具体

的写作策略直接纳入了作业表中，这样学生在写作时，就可以很容易地参考这些策略，教师也可以不费力地提醒学生注意这些策略。

写作练习提示

假设你有一天的时间可以做任何你想做的事情。想一想你可以做哪些事情，如做运动或玩游戏，阅读书籍或拜访朋友，玩雪或骑自行车。选择三件你想在一天之中做的事情并写下来。

你在写作的时候要记住一些事情：

- 试着将你的文章组织成段落，每个活动都用一个段落来描述；
- 试着写出一个起始句和一个结尾句；
- 写出为什么这项活动是你喜欢的，并用描述性的语言来描述你的选择，使用有趣的词语，并尝试给出与5种感觉相关的描述。

当你写完时：

1. 给每一个段落编号；
2. 找出3处你用5种感觉描述的地方，并圈出它们；
3. 找出3处你使用了描述性的语言的地方，并在下面划线；
4. 在拼写、大写字母和标点符号方面，你是否尽了最大努力，请检查你的作品；
5. 把所有内容都读给自己听。它有意义吗？读起来有趣吗？你想读你写的东西吗？

图12.9 在这个写作活动中，注意教师是如何在实际作业中纳入关于有效的写作策略的提醒的

高效教师会将认知策略指导纳入他们的常规计划。我们已经在第7章确定了其中的一些策略。现在重要的是，要考虑如何将一些策略指导融入你的课程。表12.2列出了我们在前面的内容中提出的一些策略，并举例说明了教师应该如何备课，以包含这些策略指导。

学习者主导的教学策略

12.4 解释如何通过更以学习者为主导的策略促进学生的学习

根据定义，学习者主导的教学主要将学习活动的控制权交给学生。然而，对于除了那些最能自我调节的学生之外的所有学生来说，学习者主导的教学仍然需要教师提供一些控制和指导，就像我们将

表 12.2 将认知策略融入教学

策略	将策略融入教学的示例
掌握必备技能	在开始教授除法之前，帕特里克先生为他的学生提供了大量的机会让他们练习乘法表并掌握得非常熟练；在整整一个月的时间里，他在每天的课程中都加入了练习时间，并单独与每个学生合作以确保他们取得进步
将复杂问题分解为一系列较小的子问题	希金斯女士的科学课上的学生正在为他们的课程项目制作迷你瀑布，她向学生展示了如何列出他们完成这个项目需要采取的所有步骤；在五天的时间里，她每天给学生 20 分钟的时间让他们做计划，然后她会检查计划，并在学生确定了所有必要的步骤后，允许他们继续进行实际的项目
监控理解	奥克斯女士的生物课上的学生正在学习光合作用，她布置了课本中一个描述光合作用过程的内容；她知道这是一个复杂的话题，所以她要求学生在这一章的每一节结束时停下来，并对这一节所涵盖的要点写一个简短的总结（不超过三句话）；她首先安排了一些课堂时间向学生演示这一策略，然后在接下来的一周内与他们一起工作，确保他们有效地使用这一策略
集中注意力	威尔逊先生为他的学生提供了一系列建议，以帮助他们专注于手头的任务；这份建议清单在教室前后都有张贴，并且他在给学生布置的每一份作业上都附上了这份清单；他每周至少花两次时间让学生在课堂上做作业的同时复习并练习这些策略；清单内容如下： • 放下手机并关掉声音 • 不要听音乐或看电视 • 当你分心时，稍作休息 • 一次只完成一项任务 • 不要和朋友进行不必要的对话

资料来源：Dunlosky, Rawson, Marsh, Nathan, & Wilingham, 2013；Fonseca & Chi, 2011；Pressley & Woloshyn, 1999；VanderStoep & Pintrich, 2008.

在接下来的内容中看到的。

激发和指导课堂讨论

当学生在全班或小组讨论中互相交换想法时，他们必须详细阐述并组织自己的观点，这样他们可能会发现自己理解中的缺漏和矛盾之处，也可能会遇到比自己更准确、更有用的解释（D. W. Johnson & Johnson, 2009b；Reznitskaya & Gregory, 2013；Sinatra & Mason, 2008）。课堂讨论在任何学科中几乎都很有成效。例如，在语言艺术课上，学生可能会讨论对经典文学作品的各种解释，解决一些并不简单或没有明确的正确答案的问题（Applebee, Langer, Nystrand, & Gamoran, 2003；McGee, 1992；Wu, Anderson, Nguyen-Jahiel, & Miller, 2013）。在社会研究课上，讨论有争议的话题（如非暴力反抗、死刑）可以帮助学生理解，关于一个问题的不同观点可能各自有其合理性（D. W. Johnson & Johnson, 2009b；Kuhn & Crowell, 2011；Kuhn, Shaw, & Felton,

1997）。在科学课上，对观察到的各种各样的、有相互矛盾的解释的现象进行讨论可以提高学生的科学推理能力，促进概念转变，并帮助学生理解科学是动态的、不断发展的一组概念和原理，而不仅仅是孤立事实的集合（P. Bell & Linn, 2002；K. Hogan, Nastasi, & Pressley, 2000；M. C. Linn, 2008）。

尽管学生通常在课堂讨论中进行绝大多数的发言，教师仍然扮演着重要角色，如以下指导中所展示的那样。

■ **集中于那些可以引出多种观点、解释或方法的主题**。这样的主题似乎有几个好处：学生更有可能表达自己的观点，寻找可以解决那些看似矛盾的数据的新信息，重新评估他们在问题上的立场，并对主题形成有意义的、完整的理解（Applebee et al., 2003；Jadallah et al., 2011；Sinatra & Mason, 2008；C. L. Smith, 2007）。

■ **确保学生有足够的关于某个主题的先前知**

识，以便其明智地讨论它。这种知识可能来自先前的课堂学习，也可能来自学生的个人经历。它通常源于学生对某一特定主题的深入研究（Bruning，Schraw，& Ronning，1995；Onosko，1996）。

■ **营造一种有利于开展公开辩论和对观点进行建设性的评估的课堂气氛。** 如果教师支持多种观点并与学生意见不同是社会可以接受的，在心理上是"安全的"，学生就更有可能分享自己的想法和观点（A.-M. Clark et al.，2003；Hadjioannou，2007；Walshaw & Anthony，2008）。以下策略可以促进这种氛围。

- 让学生知道在讨论结束时理解一个主题比在讨论一开始就得出一个正确答案更重要。

- 让学生知道提问反映了好奇心，对一个有争议的问题持有不同的观点是不可避免的、正常的，对一个问题改变想法是有思想的体现。

- 鼓励学生解释和证明他们的推理，并设法理解彼此的解释。

- 建议学生在任何可能的时候改进彼此的想法。

- 鼓励学生在与同学一致或不一致的意见上保持开放的态度，也就是接受分歧，对观点而不是对人持批判性的态度。

- 当学生的观点反映出错误概念或错误推理时，温和地引导他们走向更有效的理解。

- 以第三人称的方式来提问，使对学生的推理思路的挑战去个人化。例如，"如果一个人说……来回应你的观点，你会怎么办"。

- 偶尔要求学生为他坚信的观点的相反立场进行辩护。

- 要求学生考虑相反的观点，得出折中的解决方案（Cobb & Yackel，1996；Hadjioannou，2007；Hatano & Inagaki，1993，2003；Herrenkohl & Guerra，1998；K. Hogan

et al.，2000；D. W. Johnson & Johnson，2009b；Kuhn，2015；Lampert，Rittenhouse，& Crumbaugh，1996；Nussbaum，2008；Staples，2007；Walshaw & Anthony，2008；Webb et al.，2008）。

当学生适应了以一种适当的方式来表示不同的意见时，他们通常会发现这种互动极具激励作用（Certo，2011；A.-M. Clark，Anderson，Kuo，Kim，Archodidou，& Nguyen-Jahiel，2003；Hadjioannou，2007）。一名4年级学生的班级经常有关于文学的小组讨论，他是这样说的：

> 我很喜欢我们争辩的时候，因为有时候我话很多，我喜欢在课堂上讨论，我真的厌倦了把手举在空中。我们以前只有在课间休息的时候才会彼此交谈，这项活动给了我们一个以友好的方式进行辩论的机会（A.-M. Clark et al.，2003）。

■ **创建一个班级讨论区或聊天室，让学生在校内和校外都能就一个话题或问题进行讨论。** 这样的线上机制可以成为班级网站不可或缺的一部分，并且（如果学生在家里可以上网的话）很容易地延长学校时间。然而，学生应该明白，课堂讨论的规则也适用于线上讨论。例如，学生必须接受不同的观点也是受欢迎的、被期待的，尽管他们可以评论同学的想法，但他们这样做时必须保持尊重，不能嘲笑同学（Bellanca & Stirling，2011）。

■ **采用小组讨论的方式鼓励所有学生参与。** 学生在积极参与课堂讨论时可以从中学到更多（Lotan，2006；P. K. Murphy，Wilkinson，Soter，Hennessey，& Alexander，2009；A. M. O'Donnell，1999）。当他们的听众是少数同学而不是整个班级时，他们更有可能公开发言——这一差异在女孩和残障学生身上尤其明显（A.-M. Clark et al.，2003；Théberge，

1994）。在某些情况下，我们可能希望学生首先以小组形式讨论一个问题——从而允许学生在相对私密的情境下对自己的观点进行检验，并获得支持——然后再把自己的观点带到全班同学的面前进行讨论（Onosko，1996）。

■ **提供一定的结构来指导讨论。** 当讨论有一定的结构时，会更有成效。例如，我们可以这样做。

- 为学生设定一个具体的学习目标。

- 为不同的班级成员分派不同的角色（例如，一些人可能充当小组讨论的"记录员"，另一些人可能会评估所呈现证据的质量，还有一些人可能会评估结论的有效性）。

- 在进行让全班同学观看的实验之前，要求学生对将要发生的事情做出预测并为之辩护；之后，要求他们解释实际发生了什么及为什么这样的事情会发生（I. L. Beck & McKeown，2001；Calfee, Dunlap, & Wat，1994；Hatano & Inagaki，1991；Herrenkohl & Guerra，1998；Nolen，2011；Palincsar & Herrenkohl，1999；C. L. Smith，2007；B. Y. White & Frederiksen，1998）。

与此同时，我们必须认识到，最有效的小组讨论往往是那些学生对讨论方向有一定控制的讨论——可能是提出自己的问题、提出与主题有关的新问题，或者采取一种具有创造性但存在风险的方法或观点（Aulls，1998；M. M. Chiu，2008；K. Hogan et al.，2000）。学习者主导的讨论也更有可能鼓励学生发展有效的小组互动技能（R. C. Anderson et al.，2001）。例如，当小学生聚集在一个自我主导的小组中讨论儿童文学时，他们可以发展并模仿诸如表达同意（"我同意科德尔，因为……"）、巧妙地表示反对（"是的，但是

他们可以看到狐狸偷偷溜了进来"）、证明一个观点（"我认为这不应该被允许，因为如果他当上了国王，谁知道他会对王国做什么呢"），以及寻求每个人的参与（"嘘！安静点！让泽克说话"）等技能（R. C. Anderson et al.，2001；Certo，2011；A.-M. Clark et al.，2003）。

最终，我们提供的结构的数量必须取决于学生进行有效讨论时所需的支持数量。例如，相对于那些学生正在有效表达、评论并以彼此的想法为基础的小组，我们可能希望对那些看起来没有讨论重点且正在挣扎的讨论小组给予更多指导（K. Hogan et al.，2000）。

■ **在讨论结束时提供结语。** 即使讨论的主题没有单一的正确答案，课堂讨论也应该有某种形式的结语，帮助学生将不同的想法联系在一起。例如，当我们在自己的课堂上就有争议的话题引导讨论时，我们经常会在课堂结束时花几分钟时间总结学生已经确定了的重要观点。另一种更以学习者为主导的方法是让学生自己总结关键问题，并把他们的想法上传到课堂网站上。

实施交互式教学

讨论不仅能鼓励学生更深入地思考和加工主题，还可以促进学生在阅读和听讲的活动中发展更加有效的元认知策略（A. L. Brown & Reeve，1987；P. K. Murphy, Wilkinson, & Soter，2011；Nussbaum，2008）。**交互式教学**（reciprocal teaching）是讨论的一种形式，它在这方面特别有效。交互式教学着重于在阅读过程中促进四种元认知策略。

■ **总结：** 确定阅读文章的主要思想。

■ **提问：** 问自己一些问题以确保自己对阅读内容的理解，也就是说，进行理解监控。

■ **澄清：** 采取积极的步骤来理解文章中令人困

惑的或模棱两可的部分（可以通过重新阅读）。

■ **预测**：根据文章中的线索（如标题）和已经提到的观点来预测接下来可能发生的事情（Palincsar，2013；A. L. Brown & Palincsar，1987；Palincsar & Brown，1984，1989；Palincsar & Herrenkohl，1999）。

在一个典型的交互式教学中，一名教师和几名学生会聚在一起阅读一篇文章，偶尔停下来讨论他们正在阅读的内容。一开始教师会引导讨论，提出关于文章的问题，以促进总结、提问、澄清和预测。但渐渐地，"教师"的角色会被移交给不同的学生，他们负责讨论，并相互提问教师示范过的问题。最终，学生基本上就可以不依赖教师来对文章进行阅读和讨论了：他们会一起努力建构意义，检查彼此对文章的理解和可能存在的误解，并且在如何应用新学到的策略方面变得越来越灵活（A. L. Brown & Palincsar，1987；Palincsar & Herrenkohl，1999）。学生通常会轮流阅读正在讨论的文章选段。然而，有时教师会负责阅读文章，特别是在与新手读者一起工作时。交互式教学提供了一种机制，通过这种机制，教师和学生都可以建立有效的阅读和思考策略。因此，这种教学方法具有社会认知理论的成分。但当我们考虑到让学生在小组讨论中大声练习可以鼓励有效的认知过程时，我们意识到社会文化理论在这里也起了作用：学生最终应该内化他们在与他人讨论时首次使用的策略。此外，交互式教学课堂的结构化性质有助于学生理解他们所读和所听的内容。

交互式教学能促进各年级学生、英语学习者，以及以英语为母语的人获得更有效的阅读技能和听力理解技能（Alfassi，2004；Johnson-Glenberg，2000；Palincsar & Brown，1989；Rosenshine & Meister，1994；Slater，2004）。例如，在一项关于交互式教学的早期研究中（Palincsar & Brown，1984），6名曾有阅读理解困难的7年级学生参加了20次交互式教学课程，每次课程持续约30分钟。尽管干预时间相对较短，学生的阅读理解能力仍有显著提高。此外，他们还将新的阅读策略拓展到其他课程，他们的成绩有时甚至超过了他们的同学。

我们不应该把交互式教学看作只有阅读教师才会使用的策略。它已经被成功应用于科学课堂（教师使用交互式教学，全班讨论科学教科书中的段落）和数学课堂（教师使用交互式教学，以帮助学生理解复杂的应用题）（A. L. Brown & Palincsar，1987；van Garderen，2004）。此外，交互式教学既可以在网上进行，也可以在课堂上进行（Reinking & Leu，2008）。然而，交互式教学可能需要一些练习才能有效。事实上，这可能还需要教师和学生的共同努力，以确保学生确实生成并模仿了高水平问题和低水平问题（Hacker & Tenent，2002）。

开展发现和探究活动

在**发现学习**（discovery learning）中，学生可以通过随机地探索和操作物品或进行系统的实验来为自己获取信息。通过实际动手发现的经验通常可以传达出仅靠语言无法完全表达的想法。

皮亚杰在他的认知发展理论中提出，发现学习之所以有效在很大程度上是因为它由儿童发起和主导。然而，研究人员发现在课堂环境中，学生通常从精心计划的、结构化的活动中获益更多，因为这些活动有助于他们建构适当的解释（Alfieri，Brooks，Aldrich，& Tenenbaum，2011；M. C. Brown，McNeil，& Glenberg，2009；Hardy，Jonen，Möller，& Stern，2006；R. E. Mayer，2004）。

探究学习（inquiry learning）是发现学习的一种变体，通常它的目标不是帮助学生获取新的信息，或者说除了帮助学生获取新信息之外，更重要的是帮助学生获得更有效的推理过程。例如，为了帮助学生学习如何在科学调查中分离和控制变量，我们可能会让他们设计和实施与钟摆摆动速率或与球滚下斜面之后的移动距离的影响因素相关的实验。我们还可以培养学生在历史上的批判性思维能力，让他们带着一种他们在阅读有关历史的解释而不是历史事实的心态来阅读历史文献，因此他们必须寻找证据来支持或否定这些解释。这些活动通常可以促进更高级的推理技能，特别是当它与适当的指导和脚手架相结合时（Furtak，Seidel，Iverson，& Briggs，2012；Levstik，2011；Lorch et al.，2010；Monte-Sano，2008）。

发现和探究活动不必局限于课堂上可获得的材料。当我们可以访问互联网时，我们对发现活动和探究活动的选择几乎是无限的。例如，我们中的一位作者和她的学生曾经使用美国地质调查局网站追踪飓风穿过加勒比海并沿大西洋海岸向上移动的路径。同样，美国人口调查局提供的数据让学生可以探索与人口增长和贫困相关的问题。来自疾病控制和预防中心的数据可以让学生深入研究与癌症、空气污染和其他威胁健康的环境有关的问题。图 12.10 显示了另一项基于技术的模拟活动，在这项活动中，学生要检查水质，试图确定三维虚拟世界中的鱼类数量下降的原因。

同时，我们必须注意发现学习和探究学习中存在的一些潜在问题。首先，学生并不总是有足够的推理技能和元认知技能来有效地指导他们的探索和监控他们的发现（de Jong，2011；Plass，Kalyuga，& Leutner，2010；B. Y. White，Frederiksen，& Collins，2009）。其次，学生可能会被他们观察到的许多方面及其子方面淹没——一个认知负荷的问题——以至于他们无法充分思考和整理所有可用的数据（Moreno & Park，2010）。再次，学生可能会在他们的发现和探究活动中建构错误的理解。例如，他们可能会误解或曲解他们在实验中收集的证据，使其似乎"支持"他们现有的错误概念（de Jong & van Joolingen，1998；Karpov，2003）。最后，这样的活动通常比讲解式教学花费的时间多得多，教师可能会在提供实践经验和涵盖学校规定课程中的所有主题之间左右为难（Klahr，2009；M. C. Linn，2008）。

在我们自己的经验中，我们发现，有时学生记住他们在动手实践活动中学到的东西会比记住仅仅

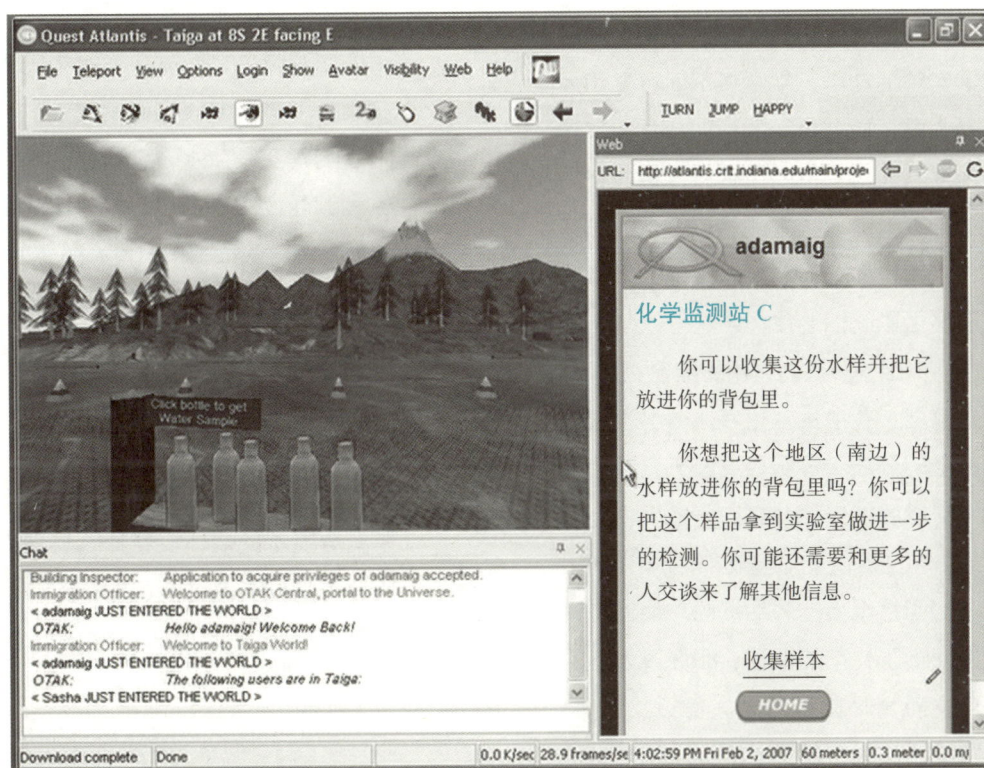

图 12.10　这张来自 Atlantis Remixed 的截图展示了一项基于技术的模拟活动，在这项活动中，学生要检查水质，试图确定为什么三维虚拟世界中的鱼类数量正在下降，屏幕截图的使用获得了 Atlantis Remixed 许可

通过讲解式教学学到的东西更有效，因此我们偶尔花在这些活动上的额外时间是值得的——这是"少就是多"原则的一个例子。"走进课堂——有效使用发现和探究学习活动"专栏提供了几条建议，以将这些方法的优势最大化，将其潜在的缺点最小化。

开展合作学习活动

在你多年的学生生涯中，毫无疑问，你会有各

走进课堂 • • •

有效使用发现和探究学习活动

■ **确定一个概念或原理：学生能够通过与周边的物理环境或社会环境相互作用，来学习一些重要的东西。** 在一个关于侵蚀的单元中，一名6年级教师在教室前面放了一个1米长的托盘，托盘略有倾斜。托盘的较高端装了相当多的沙子。在一系列实验中，学生将水倒入托盘的较高端，观察不同的水压和水量如何对沙子的运动产生不同的影响。

■ **确保学生有必要的先前知识来理解他们观察到的东西。** 学生在高中物理课上学习速度、加速度和力的基本原理。在后续的实验活动中，学生将不同重量和大小的金属球放在斜面的顶部，并观察每个球从斜坡上滚下的过程。连接在平面上的计算机能使学生测量每个球的加速度，从而也使他们能够确定球的重量或大小是否影响加速度。学生可以从这些数据中得出关于重力作用的结论。

■ **明确教授相关的推理过程，如科学课上对变量的分离和控制，或者历史课上对历史文献的批判性分析。** 一名高中历史老师给学生提供了12幅越南战争期间出现在美国报纸上的政治漫画。他首先让学生回忆了先前的课程，即许多人造的历史文献背后隐藏着个人偏见。然后，他解释了政治漫画的象征性质和其中使用的常见符号。最后，他要求学生以小组的形式合作，识别漫画中的亲战或反战信息，以及漫画家的观点随着时间的推移而变化的可能趋势。

■ **展示令人困惑的结果，制造不平衡，引起好奇心。** 一名科学老师给学生展示了两杯水，一杯水里的鸡蛋漂浮在水面上，另一杯水里的鸡蛋沉在水底。学生假设其中一个鸡蛋里面由于有更多的空气，因此更轻。但是之后老师把鸡蛋换到了对面的水杯里。原本学生认为较重的鸡蛋现在浮了起来，而本应较轻的鸡蛋则沉到了水底。学生感到非常惊讶，想知道发生了什么事（在通常情况下，水的密度比鸡蛋小，所以放在水中的鸡蛋很快就会下沉。但在这种情况下，一杯水里装的其实是盐水——一种比鸡蛋密度更大的混合物——因此能够让鸡蛋浮在水面上）。

■ **简化、组织并充分引导学生体验，使他们能够合乎逻辑地朝着你希望让他们发现的方向前进。** 为了演示热量在蒸发中的作用，一名7年级科学老师把她的班级分成四个小组，并给了每个小组一个装有等量水的烧杯。老师随机将每个小组分配到以下四种情况之一：（1）把烧杯放进冰箱；（2）把烧杯留在教室的室温下；（3）用一个弱热源加热烧杯；（4）用一个非常热的强热源加热烧杯。15分钟后，教师让每个小组测量烧杯里剩余的水量。教师让学生分享他们的发

现，并解释为什么有的烧杯里现在剩余的水更少。

- **让学生记录他们的发现。** 生物课上的学生从当地的小河里收集数据，并使用手持无线设备将他们的发现发送到一台班级的中央计算机上。一回到教室，学生就会将数据整合起来并绘制成图表，寻找大致的模式和趋势。

- **帮助学生将他们的发现与他们正在学习的学科中的概念和原理联系起来。** 当社会研究课上的学生收集了他们所在州的不同镇的平均收入和投票的数据后，教师问道："鉴于我们了解到的美国两大主要政党成员的相对财富，我们如何解释这些数据呢？"

- **积极处理并纠正学生从观察中得出的任何错误结论。** 在一项关于空气性质的发现活动中，一名 1 年级教师将杯子装满

了水，并在杯子的顶部放了一张索引卡。当她把杯子上下倒置，然后轻轻地移开她的手时，卡片依然让水留在杯中。所有学生都很惊讶，有些学生认为水就像"胶水"一样把卡片固定在原位。教师轻轻地把学生引向了一个更好的解释：是空气在支撑着这张卡片。然后她把学生分成小组，让他们自己探索这一现象。

资料来源：Boxerman，2009；Bruner，1966；de Jong & van Joolingen，1998；N. Frederiksen，1984a；Furtak et al.，2012；Hardy et al.，2006；P. A. Kirschner，Sweller，& Clark，2006；Klahr，2009；Leach & Scott，2008；M. C. Linn & Eylon，2011；Minstrell & Stimpson，1996；Monte-Sano，2008；Moreno，2006；E. L. Palmer，1965；Pea & Maldonado，2006；Schwartz & Martin，2004；B. Y. White & Frederiksen，1998，2005.

种各样的动机在课堂上表现出色。在下面的练习中，你要考虑三种可能性。

亲身体验

落石乐队

想象你自己是下面描述的三个课堂上的学生。在每种情况下，你会怎么做？

1. 舒尔茨先生告诉你们："让我们看看在本周关于人类神经系统的单元中，哪些学生能学到最多。在周五的测验中得分最高的三名学生将获得周六落石乐队演唱会的门票。"落石乐队是一个很受欢迎的乐队，你真的很想到现场去看这个乐队的演出，但演唱会门票已经售罄好几个月了。

2. 巴顿女士这样介绍她的课堂："我希望你

们所有人都能在本周掌握人类神经系统的基本知识。如果谁在周五的测验中得到至少 **90%** 的分数，我就给谁一张落石乐队演唱会的门票。"

3. 艾伦先生这样开始了同样的课堂："从今天开始，你们将以三人为一组，研究人类神经系统。周五我会给你们做个小测验，看看你们学到了多少。如果你们小组的三名成员在测验中的得分都在 90% 以上，你们小组中的每个人都将获得落石乐队演唱会的门票。"

在哪个（些）课堂上，你有可能会为了得到落石乐队演唱会的门票而努力学习？在这三种情况下，你的学习方式会有什么不同？

第一个课堂（舒尔茨先生的课堂）显然竞争非常激烈：只有成绩最好的三名学生才能拿到演唱会

的门票。你会尝试赢得其中一张门票吗？ 这完全取决于你认为你有多大的可能性成为周五的测验中得分最高的人。如果在整个学年中你的测验成绩都很好，你无疑会在这周的单元学习中比以往任何时候都更加努力。相反，如果你在这门课上无论多么努力都表现得很差，那么你可能就不会为自己不太可能得到的东西去努力了。但不管是哪种情况，你愿意帮助你的同学学习神经系统吗？如果你想自己去听演唱会的话，那么答案可能就是否定的。

巴顿女士的课上没有对演唱会门票的竞争。只要你在测验中得到至少 90% 的分数，你就会得到一张门票。但你会帮助你的同学了解什么是神经递质吗？也许吧——如果你有时间，并且觉得自己是在做好事的话。

现在请想想艾伦先生的课堂。你能否得到一张演唱会门票取决于你和另外两名学生在周五的测验中得分如何。你会帮助那两名学生学习神经元和树突吗？反过来，你会指望他们帮助你了解脊髓在整个系统中的地位吗？绝对会！

在合作学习（cooperative learning）[①]中，学生会以小组的形式学习，来达成共同的目标。不同于巴顿女士的个人化学习课堂（在这种课堂中，一个学生的成功与同伴的成绩没有关系）和舒尔茨先生的竞争性课堂（在这种课堂中，一个学生的成功部分取决于其他同学的失败），在像艾伦先生的课堂这样的合作学习环境中，学生会共同学习，以取得共同的成功。在某些情况下，合作小组是在短期的基础上组成的，目的是完成特定的任务——可能是学习新的材料、解决一个问题或完成分派的项目。在其他情况下，组成小组是为了实现长期的课堂目标（D. W. Johnson & Johnson，1991）。

当学生参与到合作学习中时，他们就会收获很多学生间对话的益处，包括更好地理解和整合主题知识、接触新的策略、提高观点采择能力。而且，

当学生在学习上互相帮助时，他们会为彼此的努力提供支持，会有更高的自我效能感去完成具有挑战性的任务。当然，合作学习活动还可以为合作和谈判技巧提供重要的体验，这往往是在成人世界取得成功所需要的（Good，McCaslin，& Reys，1992；D. W. Johnson & Johnson，2009a；A. M. O'Donnell & O'Kelly，1994；Webb & Palincsar，1996；J. R. White & McVeigh，2010）。

当设计和结构适当时，合作学习活动可以促进所有能力水平的学生取得高成就，包括许多在过去有过学业失败风险的学生。它们特别适用于复杂的、具有挑战性的任务和问题，在这些任务中，小组成员可以分担认知负荷，并为彼此示范有效学习和问题解决的策略。当在合作小组中工作时，学生也可以参与协作推理（collaborative reasoning）：小组中的学生在一个问题上采取不同的立场，然后提出允许他们为自己的立场进行辩护的证据（Baker et al.，2017；Chinn，Anderson，& Waggoner，2001；Lin et al.，2012）。学生（而不是教师）在管理这些讨论中起主导作用。这里的目标不是得出一个全面的结论；相反，目标是要进行丰富的讨论（Chinn & Anderson，1998；Wu et al.，2013）。

学生还可以获得其他想要的结果，如提高学业成功所需的自我效能感，以及与来自不同民族群体和社会经济背景的同学建立更有效的关系（Ginsburg-Block，Rohrbeck，& Fantuzzo，2006；F. Kirschner，Paas，& Kirschner，2009；Lou，Abrami，& d'Apollonia，2001；Pfeifer，Brown，& Juvonen，2007；Qin，Johnson，& Johnson，1995；R. J. Stevens & Slavin，1995；Vaughn et al.，2011）。

然而，我们应该注意到合作学习的一些潜在缺点。有的学生可能对实现社会目标和表现目标（如给人留下好印象、快速得到正确答案）更感兴趣，而不是掌握学习材料；因此，他们可能不愿意寻求

① 一些理论家对合作学习和协作学习进行了区分，不同的理论家对这二者的区分略有不同。在本章，我们将广泛地使用"合作学习"这一术语，将协作学习的方法也包含在内。

帮助或帮助他们的同学（Levy，Kaplan，& Patrick，2000；Moje & Shepardson，1998；Wentzel，2009）。此外，做工作最多和发言最多的学生可能比其他小组成员学到的更多（Gayford，1992；Lotan，2006；Webb，1989）。而且，学生可能偶尔会采纳某个小组成员提出的错误策略或方法，或者他们可能会分享有关正在学习的主题的错误概念（Good et al.，1992；Stacey，1992）。在某些情况下，学生根本不具备帮助他人学习的技能（Ladd，Kochenderfer-Ladd，Visconti，Ettekal，Sechler，& Cortes，2014；Webb & Mastergeorge，2003）。那么显然，我们必须密切关注协作小组，在必要时提供结构和指导。

以下是几种可以提高小组合作学习的有效性的策略。

■ **在了解哪些学生可能有效合作的基础上形成小组。** 合作小组通常由 2 ~ 6 名成员组成，由 3 ~ 4 名学生组成的小组尤其有效（Hatano & Inagaki，1991；Lou et al.，1996）。在大多数情况下，教师应该对学生进行分组，以确定学生的组合将是富有成效的（D. W. Johnson & Johnson，1991；Lotan，2006）。一些合作学习的提倡者认为，小组成员应该是异质的，每个小组都应该包括高成就者和低成就者、男孩和女孩，以及不同民族背景的学生。另一些人则持不同意见，认为太过异质会使学生之间的能力水平差异明显，进而阻碍低能力学生的积极参与（Lotan，2006；Moje & Shepardson，1998；A. M. O'Donnell & O'Kelly，1994；Webb，Nemer，& Zuniga，2002）。

关于异质合作小组效果的研究得到了混合结果。一些研究表明，异质小组对高成就学生（他们可以通过向同伴解释材料来加深自己对知识的理解）和低成就学生（他们可以从听这些解释中获益）都有益处（Lou et al.，1996；Murphy et al.，2017；R. J. Stevens & Slavin，1995；Webb，Nemer，Chizhik，&

Sugrue，1998；Webb & Palincsar，1996）。然而，另一些研究表明，高成就学生并不总是能从与低成就学生的共同学习中获益，有时他们甚至会退步（D. M. Hogan & Tudge，1999；Lou et al.，1996；Webb et al.，2002）。在理想情况下，合作小组活动需要足够广泛的才能和技能，这样每个团队成员都有一些独特且有用的东西来为团队的整体成功做贡献（E. G. Cohen，1994；Esmonde，2009；Lotan，2006）。

■ **给小组成员设定一个或多个要完成的共同目标。** 有效的合作学习活动对每个小组应该完成的任务有明确而具体的目标（Crook，1995；Slavin，Hurley，& Chamberlain，2003）。例如，外语老师可以把学生分成几个小组，然后让每个小组用西班牙语写一篇类似《周六夜现场》（*Saturday Night Live*）的幽默短剧。学生知道，最终他们将穿着戏服表演这些短剧并被录像，这些短剧将被合并成一集《周六夜现场》节目，并与其他西班牙语班级分享。

■ **提供明确的行动指导。** 当学生互相尊重、互相帮助时，合作学习就会更成功。以下是可能提供的指导。

• 礼貌、专心地倾听小组其他成员的意见。

• 当你不理解的时候，提出问题。

• 鼓励其他小组成员的努力，并在需要时提供帮助。

• 以尊重和建设性的方式处理意见上的分歧（例如，"我很好奇你为什么选择这样开头……"）。

• 当别人提出有说服力的论点和证据时，改变你的想法。

• 只要有可能，找出能将不同观点结合在一起的折中方案（Berger，2003；Deutsch，1993；Gillies & Ashman，1998；Lotan，2006；Lou et al.，1996；A. M. O'Donnell &

O'Kelly，1994；Webb & Farivar，1999 ）。

■ **组织任务，使小组成员必须相互依赖才能成功。**学生必须相信，合作并帮助其他小组成员学习对他们是有利的。在某些情况下，每个学生在小组中可能都有独特而重要的功能，可能是作为小组领导、批评家、记录者、和平维护者或总结者（Esmonde，2009；D. W. Johnson & Johnson，1991；Lotan，2006 ）。在其他情况下，拼图技术会很有用：新的信息在所有小组成员中进行均等分配，每个学生都必须将他所负责的那部分教给其他同学。只要学生能在他们所学的内容上给彼此提供足够的指导，拼图教学法就会非常有效（E. Aronson & Patnoe，1997；Slavin，2011 ）。

如果学生是合作学习的新手，那么你需要给学生一系列步骤（也就是要遵循的脚本，并指导他们进行互动，这对小组学习常常是有帮助的（Gillies，2003；Ginsburg-Block et al.，2006；A. M. O'Donnell，2006 ）。在一种被称为**脚本合作**（scripted cooperation ）的简单方法中，学生两人一组一起阅读和学习说明文。其中一名学生扮演回忆者来总结课文的内容，另一名学生则充当倾听者，纠正回忆者出现的错误，并回忆其他重要信息。然后两名学生互换角色，进行下一段文章的学习。这种学习方法可以帮助学生改进精细加工、总结和理解监控这样的学习策略（Dansereau，1988；A. M. O'Donnell，1999 ）。

■ **主要担任资源提供者和监督者。**每当我们进行合作学习活动时，我们应该提供任何必要的帮助和支持，以使团队朝着实现目标的方向前进（S. M. Williams，2010 ）。我们还必须监控群体互动，确保其是高效的、社交适当的（D. W. Johnson & Johnson，1991 ）。例如，当学生似乎相信某个同学对某个话题的错误概念时，温和的干预可以引导讨论朝着更有效的方向发展（例如，"娜塔莎是这样认为的，

你们其他人同意吗"）。如果学生对同学发表了伤人的评论，教师要提醒他注意行为规范——在某些情况下还应要求他道歉——可能是合适的。然而，太多的干预可能会适得其反：当教师参与小组讨论时，学生往往会减少交谈（E. G. Cohen，1994 ）。

■ **让学生为自己的成就负责，同时强化他们对小组成功的意识。**当学生知道他们必须展示个人对小组目标的掌握或成就时，如在课堂上回答问题、参加一个小测验，或者为整个小组的产品做出独特且很容易辨别的贡献，他们就更有可能在合作学习活动中学习分配给他们的主题。这种方法将一些学生完成大部分或全部作业，而另一些学生贡献很少或什么都不做的可能性降至最低（Finn，Pannozzo，& Achilles，2003；Ginsburg-Block et al.，2006；D. W. Johnson & Johnson，2009a ）。

但除此之外，我们可能也会为了整个小组的成功而强化小组成员——行动上的群体偶联（Lou et al.，1996；Slavin，2011 ）。这样的小组奖励通常会促进更高的整体成就，这也许是因为学生对彼此的表现有一种既得利益，因此他们会共同努力帮助小组成员理解主题（R. J. Stevens & Slavin，1995 ）。一种常用的方法是让学生对他们在合作学习小组中学习过的材料进行测验，如果所有小组成员的表现达到或超过某个水平，就可以加1 ~ 2分。

■ **在活动的最后，让小组对自己的有效性进行评估。**在合作小组完成他们的目标之后，我们应该让他们分析性、批判性地（也许是在我们的帮助下）审视他们已经有效运用的方法及待改进的方法（E. G. Cohen，1994；Deutsch，1993；D. W. Johnson & Johnson，2009a ）。此外，你还可以就学生参与集体活动的情况向学生的父母提供反馈。有关示例，请参见图 12.11。

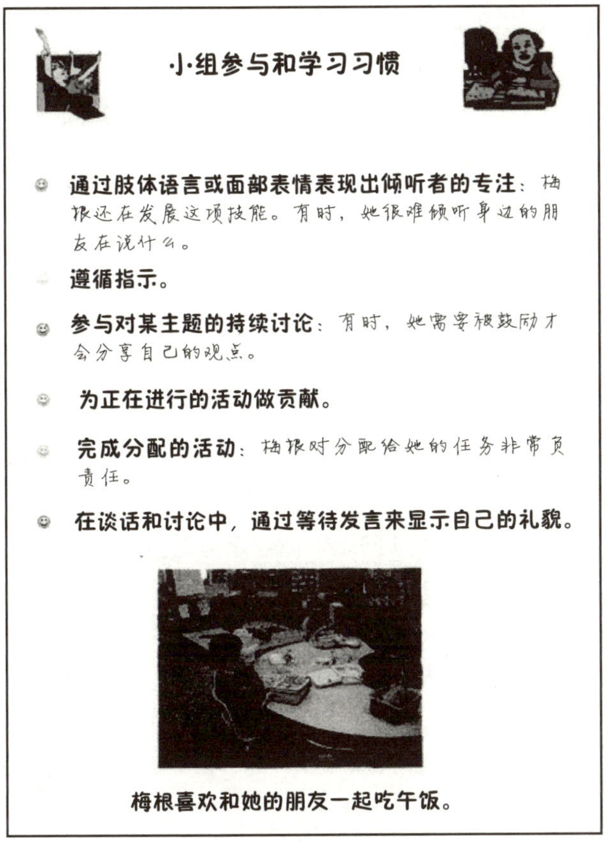

小·组参与和学习习惯

- **通过肢体语言或面部表情表现出倾听者的专注**：梅根还在发展这项技能。有时，她很难倾听身边的朋友在说什么。
- **遵循指示**。
- **参与对某主题的持续讨论**：有时，她需要被鼓励才会分享自己的观点。
- **为正在进行的活动做贡献**。
- **完成分配的活动**：梅根对分配给她的任务非常负责任。
- **在谈话和讨论中，通过等待发言来显示自己的礼貌**。

梅根喜欢和她的朋友一起吃午饭。

图 12.11　梅根的 1 年级老师向梅根的父母反馈她参与小组活动的情况

组织同伴指导课程

在同伴指导（peer tutoring）中，掌握了某一主题的学生要指导那些没有掌握该主题的学生。同伴指导有时会在合作学习活动中自发地发生，但我们也可以把它作为一种教学策略。在某些情况下，我们可能会让同一班级的学生互相指导；在其他情况下，我们可能会让较年长的学生指导较年幼的学生——可能是高中生指导幼儿园或 1 年级的学生。我们中的一位作者运行了这样一个项目，在这个项目中，高中西班牙语课程高级班的学生在附近的一所小学指导 1 年级学生西班牙语会话。此外，我们可能会创建一个全校范围的指导项目。

同伴指导课程可以提供一种环境，在这种环境中，有困难的学生可以更容易地提出问题，并得到关于他们表现的即时反馈。但指导者也经常获益，部分原因是他们可以练习使用和精细加工他们新获

得的知识和技能。此外，在指导和引导其他学生学习和解决问题的过程中，指导者可以内化这些过程（正如社会文化理论家所预测的那样），从而更好地指导和引导自己的学习和问题解决。换句话说，同伴指导可以培养指导者更强的自我调节能力。因此，指导者和他们指导的学生都有可能表现出显著的学业进步（A. M. O'Donnell, 2006; Graesser, D'Mello, & Cade, 2011; D. R. Robinson, Schofield, & Steers-Wentzell, 2005; Roscoe & Chi, 2007; J. R. Sullivan & Conoley, 2004）。

同伴指导也有非学术方面的好处，如提高合作能力和其他社会能力、减少行为问题，以及在不同民族群体的学生之间、在残障学生和非残障学生之间建立友谊（Cushing & Kennedy, 1997; DuPaul, Ervin, Hook, & McGoey, 1998; Greenwood, Carta, & Hall, 1988; D. R. Robinson et al., 2005）。

以下是一些基于研究的、关于提高同伴指导的有效性的建议。

■ **确保指导者已经掌握了他们正在教授的材料，并且使用合理的教学技巧**。在大多数情况下，好的指导者对他们所教的主题有扎实的理解，并且可以提供聚焦于意义学习（而不是死记硬背）的解释。好的指导者也会使用可能促进学习的教学策略。例如，他们会提出问题、给出提示、在必要时对回应给予支持，并提供建设性的反馈（L. S. Fuchs et al., 1996; Lepper, Aspinwall, Mumme, & Chabay, 1990; Roscoe & Chi, 2007）。

特别是在小学阶段，详细的培训指导技能可能会有所帮助，例如，给指导者示范如何与他们要指导的学生建立良好的关系，如何将任务分解为简单的步骤，如何及何时给出反馈（Fueyo & Bushell, 1998; Graesser et al., 2011; Inglis & Biemiller, 1997; D. R. Robinson et al., 2005）。

■ **为学生之间的互动提供结构**。为同伴指导提

供结构常常可以帮助学生促进他们同学的学习（Fantuzzo, King, & Heller, 1992; L. S. Fuchs et al., 1996; Leung, 2015; Mathes, Torgesen, & Allor, 2001; Spörer & Brunstein, 2009）。你甚至可能在大学或研究生的课堂上体验过结构化的同伴辅导（Berghmans, Michiels, Salmon, Dochy, & Struyven, 2014）。例如，在一项针对小学生的研究中（D. Fuchs, Fuchs, Mathes, & Simmons, 1997），能力较高的读者被要求与能力较低的读者配对；然后，学生要阅读以能力较低的读者的水平为准的一些材料，并参与以下活动。

- 同伴阅读和复述。阅读能力较高的学生先大声阅读一篇文章五分钟，然后阅读能力较低的学生再读同一篇文章。阅读能力较高的学生刚刚读过的内容，可能会使阅读能力较低的学生能够轻松地阅读材料。在两次阅读之后，阅读能力较低的学生要描述刚才所读的材料。

- 段落总结。所有学生都读一篇文章，一次读一段。然后，在阅读能力较高的学生的帮助下，阅读能力较低的学生要试着确定段落的主题和主要观点。

- 预测接力。两名学生都读一页文章，然后，在阅读能力较高的学生的帮助下，阅读能力较低的学生对文章进行总结，并预测下一页文章会说些什么。然后，两名学生接着阅读下一页，阅读能力较低的学生会确认或否定预测，对这一页做出总结，并对接下来的一页做出新的预测。

与接受传统阅读教学的学生相比，这一过程使学生在阅读方面取得了更显著的进步，尽管两组用于阅读的课堂时间相似。研究人员推测，这些学生的更优表现可能是因为他们有更多的机会对他们所阅读的内容做出回应，更频繁地获得对他们表现的反馈，总的

来说，他们也获得了更多的支持来使用有效的阅读策略。

在中学阶段，通过教授学生在共同学习科学、社会研究课和其他课程时可以相互提问的几种问题类型，我们可以将指导成分融合到配对学习中。一种方法是，给学生提供问题"开始项"，来帮助他们提出更高水平的问题（如"＿＿和＿＿的区别是什么""如果＿＿发生了，你认为会发生什么"）（A. King, 1997, 1999）。在下面的对话中，两名7年级学生在共同学习关于肌肉的知识时，使用了开始项问题，他们之前对肌肉这个知识点知之甚少。

乔恩：肌肉系统是如何工作的，凯勒？

凯勒：嗯……在你运动的时候，它们会收缩。

乔恩：你能讲得详细点吗？……嗯，为什么肌肉很重要，凯勒？

凯勒：它们很重要是因为如果没有肌肉，我们就不能运动了。

乔恩：但是……它们是怎么工作的？请详细地解释一下。

凯勒：嗯，肌肉里面有肌腱。有的肌肉被叫作骨骼肌。它们在肌肉里面（就像在你的胳膊里面），肌腱会把你的肌肉和骨头连接起来——使得它们前后运动，等等。这样你就可以走路和吃东西了。

乔恩：好，非常正确！骨骼肌和心肌在哪些方面相同？

凯勒：它们都是肌肉。并且它们都很强壮。它们都支撑东西，但我并不认为它们有多少相同的地方。

约翰：好的。你为什么认为它们没有多少相同的地方？

凯勒：因为平滑肌——我的意思是，骨骼肌是随意肌，而心肌是不随意。好的，那

么我问你，如果我们没有平滑肌会怎么样？

约翰：我们会很难咀嚼，并且我们要花费很长时间来消化食物。我们要考虑一下消化，因为平滑肌——像肠道和胃——是不随意肌……

凯勒：是的。但是，你认为如果你没有平滑肌，你会受到伤害吗？

约翰：是的，因为你没有肌肉来推动食物进入肠道和胃，你就会被堵住！也许你就不得不喝液体——只喝液体食物，哈哈（A. King，Staffieri，& Adelgais，1998）。

注意这两个男孩是如何相互问一些促进精细加工及元认知自我反省的问题的（如"你为什么认为它们没有多少相同的地方""你认为如果你没有平滑肌，你会受到伤害吗"）。通过这种结构化的互动，年级和水平相当的学生可以互相为对方的学习提供宝贵的支持（A. King et al.，1998）。

■ **请注意，让高成就学生来指导低成就学生并不多余，也不是剥削。** 正如我们所知道的，指导者在指导的过程中和被指导者的收获是一样多的。然而，我们不能假设成绩优异的学生总能从指导过程中学习。相反，我们应该定期监控同伴指导过程的效果，以确保所有学生都能从中获益。

■ **给所有学生指导同学的机会。** 这通常说起来容易做起来难，因为少数学生的成绩可能持续表现得比大多数同学要差。一个有效的方法是让能力低的学生指导残障学生（Cushing & Kennedy，1997；DuPaul et al.，1998；D. Fuchs et al.，1997）。另一种可能是教授低成就学生具体的任务或程序，使他们能够和高成就学生进行分享，但这应该是在高成就学生不知情的情况下（E. G. Cohen，Lockheed，& Lohman，1976；Webb & Palincsar，1996）。还有一种方法是让学生向更年幼的孩子传授

基本技能（Inglis & Biemiller，1997）。事实上，如果有明显的社交或行为问题（如自闭症谱系障碍、情绪和行为障碍）的学生有机会辅导比他们小几岁的孩子，他们就可以在学业和社交技能方面取得显著进步（J. R. Sullivan & Conoley，2004）。然而，我们需要小心，不要反复将低成就学生置于突出他们在某个学业领域的弱势的同伴指导情境中。

开展基于技术的协作学习活动

有效的 合作与协作活动（cooperative and collaborative activity）不一定必须是面对面的。通过电子邮件、聊天软件、班级网站和博客、电子公告板和 Skype 等机制，技术使学生能够与（本地的或来自世界各地的）同龄人交流、交换观点、头脑风暴，并以彼此的想法为基础进行发展，偶尔还能将专家拉到对话中。然而，学生必须理解，课堂讨论的规则也适用于线上讨论。例如，学生必须接受，不同的观点都是受欢迎的和令人期待的，虽然他们也可以批判别人的想法，但他们在那样做时必须保持尊重，不能嘲笑他人（Bellanca & Stirling，2011；Kreijns，Kirschner，& Vermeulen，2013）。

学习管理系统和各种网络浏览器为学生提供了虚拟空间，让他们能在网络环境中以协作小组的方式进行互动。学生可以以文本、音频或视频的形式分享信息，构建一个关于特定主题（可能是气体力学、光学或种族灭绝等）的共享知识体系。在这些线上环境中，学生可以以报告、问题解决方案、图表、流程图、短篇故事等形式发布他们的作业。他们的同学会定期回复，可能是通过给出反馈、改进想法、提供不同的观点，或者综合小组所学的东西等方式；有时教师也会参与到对话中。互动的线上性质给了学生可能需要的时间来反思彼此的想法，这对于那些害羞或因为其他原因对同龄人之间更公开的交流感到不适的学生来说可能特别受欢迎。实际上，这些平台为基于计算机的学习者共同

体提供了基础，大多数学生都在此感到舒适和心理上的"安全"（Hewitt & Scardamalia，1996，1998；Lamon，Chan，Scardamalia，Burtis，& Brett，1993；Scardamalia & Bereiter，2006）。

基于技术的协作学习的一个选择是 GLOBE 计划，来自世界各地的学生团体可以通过该计划，在有关环境和地球科学的探究项目上进行合作。参与的各学校和班级的学生会收集并分析各种环境主题（如气候变化、流域动力学）的数据、撰写报告，并与其他地方的学生和科学家分享他们的发现。

随着世界各地的学习者越来越容易触及互联网，我们不仅有可以利用的无限的信息来源，也有与远方的其他人就共同感兴趣的问题进行交流和合作的无限机制。跨国的学生–学生合作是让年轻的学习者以全球公民及特定社区和国家公民的身份进行思考和行动的绝佳方式。

考虑教学目标和学生的多样性

12.5 针对不同的教学目标和不同类型的学生选择适当的教学策略

让我们回到本章开头介绍的第一个一般原则：高效教师通过确定他们最终希望学生知道什么，以及能够做什么来开始他们的教学计划。表 12.3 列出了我们可能有的几个一般教学目标，以及实现每个目标的有效教学策略。请注意，我们在本章提出的许多策略都在表中出现了两次或多次，这反映了它们可以被灵活地用于多种目的。

在一定程度上，我们选择的教学策略也必须考虑学生的年龄和发展水平。例如，涉及大量积极回应和频繁反馈的策略（如直接教学、掌握学习）可能特别适合更年幼的学生（Brophy et al.，2009；Rosenshine & Stevens，1986）。讲座（通常有些抽

表 12.3 选择一种教学策略

当你的目标是帮助学生……	考虑使用……
掌握和复习基本技能	• 直接教学 • 低水平问题 • 课堂作业 • 学生在家庭作业中练习他们之前在课堂上学到的技能 • 掌握学习 • 教学网站 • 基于计算机的教学（部分课程） • 合作学习 • 同伴指导
就特定主题获得第一手的、具体的经验	• 真实性活动 • 发现和探究学习 • 计算机模拟
就某一主题获得一般性的、相对抽象的知识体系	• 讲座 • 教科书和其他指定阅读材料 • 教学网站 • 智能指导系统
将学习主题与现实情境和问题联系起来	• 真实性活动 • 设计合理的、支持性的家庭作业 • 探究学习 • 计算机模拟 • 基于技术的协作学习

（续表）

当你的目标是帮助学生……	考虑使用……
获得对一个主题的高级理解和/或发展复杂的认知过程（如问题解决、批判性思维、科学推理）	• 高水平问题 • 真实性活动 • 基于计算机的教学（部分课程） • 课堂讨论 • 探究学习 • 智能指导系统 • 合作学习 • 基于技术的协作学习
获得更高的元认知意识及更有效的阅读理解策略和自我调节策略	• 适合学生年龄的家庭作业，培养独立学习习惯并支持元认知过程（如自我提问、自我监控） • 基于计算机的教学（部分课程） • 交互教学 • 合作学习 • 同伴指导（可以提高指导者的自我调节能力）
获得技术素养	• 经常使用班级网站 • 教学网站 • 基于计算机的教学 • 计算机模拟 • 基于技术的协作学习
获得与他人互动和合作的有效策略	• 课堂讨论 • 交互教学 • 小组探究学习 • 多人计算机模拟和游戏 • 合作学习 • 同伴指导 • 基于技术的协作学习

象）和复杂的家庭作业往往对较年长的学生更有效（Ausubel et al.，1978；H. Cooper et al.，2006）。

学生对某一主题的原有知识和技能也必须考虑在内。当学生对主题知之甚少或一无所知时，结构化的、教师主导的方法可能是最合适的。但当学生掌握了基本知识和技能后——尤其是当他们是自我调节的学习者时——学生应该开始指导自己学习的某些方面，可能是在使用智能导学系统时，或者是在参与基于技术的协作活动或小组讨论时。

然而，一般来说，所有学生都应该体验各种各样的教学方法。例如，虽然有的学生可能需要大量的直接教学来学习和练习基本技能，真实性活动——可能是在合作小组的背景下——可以让他们更好地了解学业内容的相互关联性和意义。此外，在结构化的、教师主导的活动中花费太多时间，会减少学生选择学什么、怎样学的机会，进而阻碍学生（对内部动机十分重要的）自主感的发展（Battistich, Solomon, Kim, Watson, & Schaps, 1995；Reeve, 2009）。

考虑群体差异

学生的文化和民族背景有时可能会影响我们对教学策略的选择。例如，来自高度重视人际合作的文化背景（例如，许多西班牙裔和美洲土著社区）的学生，更容易在有许多互动和合作活动的课堂上取得高水平的成就（Castagno & Brayboy, 2008；

García，1994，1995；Webb & Palincsar，1996）。相比之下，来自某些亚洲国家的新移民可能更习惯于教师主导的教学，而不是学生主导的课堂活动，而且英语水平有限的学生可能不愿在课堂讨论中发言（Walshaw & Anthony，2008）。在与英语学习者合作时，技术通常可以为我们提供帮助，可能是教授基本技能的双语软件、英语语言教程，以及带有拼写检查器和语法检查器的文字处理程序（Egbert，2009；Merrill et al.，1996）。

我们还必须考虑性别差异。例如，让学生参与模拟现实世界中的问题的电子游戏，往往能吸引那些没有动力掌握学业技能的男孩（Carr-Chellman，2012）。同时，尽管许多男孩喜欢竞争，但当教学活动具有互动性和合作性时，女孩往往表现得更好。然而，一些研究表明，女孩在全班讨论中可能会怯场；当讨论和活动以小组形式进行时，她们更有可能参与（Théberge，1994）。因为男孩有时会主导小组活动，所以我们可能偶尔想要组成全女孩小组。通过这样的做法，我们可能就会增加女孩在团体活动中的参与度，并鼓励她们担任领导角色（Fennema，1987；Slavin et al.，2003）。

当我们在低收入社区、市中心周边社区的学校工作时，我们对教学策略的选择可能尤为关键。在这样的学校里，学生经常得到大量的基本技能的训练和练习——这些工作对培养学生对学业主题的热情几乎没有益处（R. Ferguson，1998；Pianta & Hamre，2009；Portes，1996）。当然，掌握基本信息和技能是必不可少的，但我们可以经常将它们融入真实性活动及基于计算机的模拟技术和游戏，在这些活动中，学生可以将所学知识应用到个人兴趣和现实情境中（Eccles，2007；Squire，2011）。例如，在学习选举时，根据年级的不同，学生可能会进行自己的模拟选举，分析候选人对竞争对手的攻击，或者在选举投票时就特定主张发表演讲。通过这种性质的真实性活动来学习选举过程的学生，之后更有可能了解并与他人讨论选举（M. McDevitt & Chaffee，1998），这可能是因为他们已经形成了积极的成就价值观（Wigfield & Eccles，2000）。

当我们的教学目标包括促进社会发展和学业成就时，互动和合作策略是特别有价值的。正如我们所看到的，合作学习和同伴指导等互动方式鼓励不同的民族群体之间的友好关系。此外，合作活动——特别是当它需要多种技能和能力时——可以培养学生对来自不同背景的同学可以贡献的各种才能的欣赏（E. G. Cohen，1994；E. G. Cohen & Lotan，1995）。

适应有特殊需要的学生

对于那些有特定认知能力或障碍的学生，我们必须经常修改我们的教学目标和策略——这是本章前面提到的差异化教学的一个例子。例如，为了确保所有学生都能完成适合他们当前的技能水平的任务（即在每个学生最近发展区内的任务），我们可能需要为一些学生（如患有智力障碍的学生）确定更基础的教学目标，为另一些学生（如天才学生）确定更具挑战性的目标。此外，不同的教学策略对有不同特殊需要的学生的用处可能会更大也可能会更小。例如，严格的讲解式教学（如讲座或教科书的内容）可以提供一种快速、有效的方法，向能够快速、抽象地处理信息的学生呈现新的想法，但这对认知能力较低的学生来说，可能是无法理解和难以承受的。同样，探究学习和以讨论为基础的学习方法往往能有效地提升高能力学生的学业成绩，但对尚未掌握基本概念和技能的低能力学生的成绩却是不利的（Corno & Snow，1986；Lorch et al.，2010）。相反，掌握学习和直接教学已被证明对患有学习障碍的学生是有效的，但这些方法可能会阻止学得快的学生以与其潜力相称的速度进步（Arlin，1984；Rosenshine & Stevens，1986；J. A. Stein & Krishnan，2007）。表12.4列出了有特殊需要的学生可能影响教学决策的一些特征。

表 12.4 为有特殊教育需要的学生确定适当的教学目标和策略

种类	可能观察到的特征	建议策略
有特定认知障碍或学业困难的学生	• 不均衡的成绩模式 • 在某些内容领域的复杂认知任务上存在困难 • 难以加工或记忆以特定形式呈现的信息 • 较低的听力或阅读能力，或者二者兼而有之 • 在完成家庭作业上存在高于平均水平的困难	• 根据每个学生的优点和缺点设定目标 • 识别复杂任务中涉及的具体认知技能；考虑单独教授每项技能 • 使用直接教学、掌握学习、基于计算机的教学、合作学习和同伴指导来帮助学生掌握基本的知识和技能 • 通过多种形式（如视频、录音、图表材料）提供信息；提供先行组织者和学习指导 • 让学生使用计算机工具（如语法和拼写检查器）来弥补弱项 • 布置基本技能的额外练习作为家庭作业；提供额外的支持（例如，请求家长的帮助，明确教授有效的学习习惯） • 使用交互式教学来提高学生的听力理解和阅读理解的策略
有社交或行为问题的学生	• 频繁脱离任务的行为 • 不能长时间独立学习 • 较差的社会技能	• 用小组直接教学和同伴指导作为提供一对一关注的方法 • 尽量减少无人监督的课堂作业 • 使用合作学习来培养社会技能和友谊 • 对于学生在交互活动中如何表现提供清楚的指导；密切监督学生在小组中的行为 • 在适当的情况下，使用先前列出的针对有特定认知障碍或学业困难的学生的策略
认知和社交功能普遍滞后的学生	• 难以完成复杂的任务 • 难以进行抽象思考 • 学习基本信息和技能需要大量的重复和练习 • 将信息和技能迁移到新情境的能力有限	• 在学业和社交领域内确定可以实现的目标 • 把复杂的行为分解为学生易于学习的更简单的反应 • 用具体的形式呈现信息（例如，通过让学生亲身体验） • 提供基本技能的额外练习 • 将技能嵌入简单的真实性活动，以促进其向现实世界的转移 • 使用同伴指导来促进残障学生与非残障的同学之间的友谊；确定这些学生可以教给同学或比自己小的学生的技能
有身体障碍或感知困难的学生	• 在大多数情况下有平均水平的智力 • 很容易疲劳（部分学生） • 有限的运动技能（部分学生） • 言语障碍（部分学生）	• 设定和非残障学生类似的目标，除非有强制性的原因 • 允许学生在激烈和紧张的活动中有频繁的中断 • 使用教学软件（做出任何必要的调整）来进行个性化教学 • 当学生出现言语困难时，提供辅助技术，使他们能积极参与小组活动
认知发展超前的学生	• 快速学习 • 对布鲁姆分类表中的高水平问题回答较多（如分析、评价） • 很强的抽象思考能力；更早出现抽象思维 • 对课堂材料有更好的概念理解 • 有独立学习的能力	• 设定可以挑战学生的目标和目的来激发学生充分发展自己的潜能 • 使用讲解式教学（如讲座、高级阅读材料、教学网站）作为一种快速、有效地传递有关特定主题的抽象信息的方式 • 提供深入探讨主题的机会（例如，通过指定的阅读材料或万维网进行研究） • 教授使学生能够自主学习的策略（例如，教授图书馆技能、科学探究的方法） • 主要问高水平问题 • 介绍学生到安全的，可以和其兴趣、能力相似的其他人进行交流的网络窗口 • 在确保指导者和被指导者都能获益的情况下，让高水平的学生做其同伴的指导者

资料来源：T. Bryan，Burstein，& Bryan，2001；Carnine，1989；Connor，2006；DuNann & Weber，1976；Egbert，2009；Fiedler，Lange，& Winebrenner，1993；Fletcher，Lyon，Fuchs，& Barnes，2007；Greenwood et al.，1988；Heward，2009；C. C. Kulik et al.，1990；Mercer & Pullen，2005；Merrill et al.，1996；Morgan & Jenson，1988；Piirto，1999；A. Robinson，1991；Ruef，Higgins，Glaeser，& Patnode，1998；Schiffman，Tobin，& Buchanan，1984；Spicker，1992；R. J. Stevens & Slavin，1995；J. R. Sullivan & Conoley，2004；Tarver，1992；Turnbull，Turnbull，& Wehmeyer，2010；J. W. Wood & Rosbe，1985.

你学到了什么

为了总结本章的关键思想，现在让我们回顾本章的学习成果。

12.1　解释指导你的计划和教学策略的一般原则

作为教师，我们必须根据我们的教学目标和目的、我们要教的具体主题及学生的特点来选择我们的策略。更具体地说，我们应该：

- 以我们最终希望学生实现的目标来开始我们的计划，然后选择相应的教学策略；
- 灵活地将多种策略组合到每堂课或每个单元中；
- 鼓励和支持能让学生有效地理解和应用课堂主题的认知过程；
- 关注对学生的长期成功最重要的知识和技能；
- 提供适合学生的能力水平的结构和支持；
- 利用能够提高学生表现的技术创新；
- 在教学决策中考虑个体差异和群体差异；
- 定期评估学生的进度，并据此修改课程计划、提供建设性的反馈。

12.2　描述教案的重要元素，解释计划和教学必须紧密结合的方式和原因

高效的教师会进行大量的提前计划，并不断评估和修改他们的计划。他们会确定希望学生完成的一般教学目标和更具体的教学目的，并相应地计划他们的课程和教学策略。他们会进行任务分析，将复杂的任务分解为更小的、更简单的部分，并制订教学计划，详细说明他们每天将使用的教学活动和评估。随着技术的日益普及，现在许多教师创建了班级专用网站，使他们能够与学生和家长进行有效的沟通。

12.3　解释如何通过教师主导的教学策略有效地促进学生的学习

在教师主导的教学中，教师在很大程度上控制着课程的内容和进程。教师主导的策略有多种形式，但它们通常包含一定程度的讲解式教学，也就是说，教师会或多或少地以期望学生学习的形式呈现（暴露）信息。当我们应用认知心理学的基本原理时，讲座、教科书和其他以讲解为主的方法是最有效的——例如，当我们向学生展示新材料是如何与他们之前的知识相联系，并帮助他们以多种方式对观点进行编码时。许多教师主导的策略包括持续的师生互动。例如，我们可以鼓励学生通过我们提出的问题和我们给出的反馈对他们所学的东西进行精细加工；我们也可以提供练习，

并通过课堂作业和家庭作业鼓励复杂的认知过程（如迁移、问题解决、批判性思维）；我们还可以将一些教师主导的策略结合到直接教学和／或掌握学习中。教学网站和基于技术的教学——通常处于"教师主导－学习者主导"这一连续体的中间——为教授各种学术主题和技能提供了额外的选择。

12.4　解释如何通过更以学习者为主导的策略促进学生的学习

学习者主导的教学是指学生对自己的学习有相当大的控制权的教学。就像教师主导的教学一样，它可以有多种形式。例如，课堂讨论和基于技术的协作学习为学生提供了一个舞台，在这个舞台上，学生可以面对复杂的或有争议的话题的多种视角，并改进彼此的想法。交互式教学通过榜样和有效阅读策略的练习，来鼓励更复杂的元认知和学习技能。结构化的发现学习活动和探究学习活动为学生提供了通过深入观察和／或数据分析，来自我建构新知识或发展高级推理技能的机会。合作学习活动鼓励学生在具有挑战性的任务上进行合作，并为彼此学习和取得成就所做的努力给予支持。而同伴指导课程可以帮助指导者和被指导者双方更好地理解主题。

12.5　针对不同的教学目标和不同类型的学生选择适当的教学策略

不同的教学目标和目的往往需要略微不同的教学策略。例如，虽然讲解式的方法在教授基本知识和技能方面可能相当有用，但学习者主导的方法往往更有利于促进复杂的认知过程，如问题解决和批判性思维。学生的特点、能力和环境也是重要的考虑因素。例如，对那些文化背景鼓励合作而不是竞争的学生来说，合作学习活动可能特别有效，而真实性活动和计算机模拟对来自低收入背景的学生而言可能非常有激励作用。

教师资格考试练习

合作学习项目

在一个周一的早晨，米哈拉女士开始了她的4年级课程的"其他国家的风俗"单元。她让学生选择两三名愿意一起学习的同学，来研究一个特定的国家。在全班学生组成了六个小组后，她给每个小组分配了一个国家：新西兰、哥伦比亚、爱尔兰、希腊、柬埔寨或南非。她告诉学生："今天我们要去学校图书馆，你们可以在那里找到有关国家风俗的信息，请打印出你在互联网上找到的相关材料，并查看你认为可能有用的书籍和杂志。在接下来的两周里，你们每天都有时间和你们的小组一起工作。从周五开始，每个小组都将给全班做一次口头报告。"

在接下来的几堂课上，米哈拉女士遇到的问题比她预料的更多。她意识到高成就的学生已经聚集在一起组成了一个团体，许多在社交上"受欢迎"的学生也与另外两人结伴了。其他两组则由剩下的学生组成。一些小组立即就开始工作了，另一些小组则把小组时间用来开玩笑和胡侃，还有一些小组在学业和社交上都没有成效。

随着课程的推进，米哈拉女士听到了越来越多的学生对他们任务的抱怨："珍妮特和我在做所有的工作；凯伦和玫琳凯根本帮不上忙。""梅森觉得他可以指使我们，因为我们在研究爱尔兰，而他是爱尔兰人。""我们花了这么多时间，但似乎就是没有任何进展！"在本单元结束时，小组报告在质量上也有明显的差异：有些报告经过了精心计划且信息丰富，有些报告则杂乱无章，几乎没什么实质内容。

1. 建构反应题

描述你为了改进米哈拉女士的合作学习活动可能会做的两件事情。你的改进要基于与合作学习相关的研究成果，或者基于当代的学习、发展或动机的原理和理论。

2. 单项选择题

米哈拉女士从没为"其他国家的风俗"单元确定过教学目标。下列哪一项陈述反映了应该如何制定教学目标和目的的建议？

A. 教师应该让学生接触存在于不同文化中的行为和信仰的差异（如饮食习惯、礼仪习惯、宗教信仰、道德价值观）。

B. 教师应该运用多种教学实践，包括（但不限于）讲座、直接教学、课本阅读和合作学习活动。

C. 学生应该学习多种文化行为和信仰，包括世界各地的国家的文化行为和信仰。

D. 学生应该展示对不同文化实践的了解，例如，描述另一种文化与自己文化的三个不同之处。

13

第 13 章

营造建设性的学习环境

学习成果

13.1 描述营造有利于学生的学业成就和个人幸福感的课堂环境的多种策略

13.3 确定处理学生的不良行为的六种一般方法及每种方法可能适用的环境和文化背景

13.2 解释教师如何与同事、社区机构和家长共同努力，以充分促进学生的学业发展和个人发展

13.4 描述可以有效减少整个学校集体中的攻击性和暴力的三层级方法，以及可以用来解决与帮派相关的敌对行为的其他策略

个案研究

一个具有感染力的环境

在 5 月获得教师资格证书后，康奈尔女士谋得了一份 5 年级教师的职位。整个暑假她都在制定教学目标，并计划课程来帮助学生达成这些目标。在开学的第一天，康奈尔女士便一头扎进了她准备好的课程中，但是班里很快就出现了三个问题学生——艾丽、杰克和凡妮莎。

这三个学生似乎决定寻找各种机会来扰乱课堂。他们不经过允许就在教室里随意走动；利用削铅笔和倒垃圾的机会故意惹恼别人；随意讲话，有时甚至对教师和同学很不尊敬且粗鲁。他们很少做课堂作业，总是开一些胡闹的玩笑，并且特别容易在日常安排的课余时间做出不恰当

的行为——例如，在一天的开始和结束、午饭前后，以及只要康奈尔女士全神贯注于其他同学时，他们都会制造麻烦。

康奈尔女士没有管这几个问题学生，继续按照她的计划进行日常教学，希望他们自己会改进。可是他们的破坏行为丝毫不减，三个人互相打闹，而且开始影响其他同学。到 10 月中旬，康奈尔女士的课堂已经完全失控，试图想学点东西的极少数学生也无法专心学习。

- 康奈尔女士是怎样规划她的课堂的？她还有哪些方面没有计划到位？

作为一名新教师，康奈尔女士在一些方面做了精心的准备，但并不是在各方面都做足了准备：她仔细制定了教学目标，并计划了相关课程。但她忽视了如何让学生专注于要学习的任务，以及如何根据学生的进步调整她的课程，并且她没有考虑到怎样在学生的不良行为开始干扰教学和其他学生的学习之前将其制止。如果没有计划到这些，任何课程都不会有效——即使是牢固地建立在当代学习、发展和动机理论基础上的课程也不行。

学习总是发生在特定的环境中，如特定的物理环境、社会群体和文化。课堂是用来进行学习的重要环境。教学技能娴熟的教师不仅会选择能促进有效学习的教学策略，还会营造一个让学生忙于学习的课堂环境。他们当然会处理学生的不良行为，但重点是预防此类行为。当我们在本章探索课堂管理策略时，我们的重点也将放在预防上。我们会经常回顾本章开篇的个案研究，并考虑康奈尔女士如何才能让这一学年有一个更好的开始。

营造一个有利于学习的环境

13.1　描述营造有利于学生的学业成就和个人幸福感的课堂环境的多种策略

课堂管理（classroom management）涉及营造和维护有利于学生的学习和学业成就的课堂环境。学生在一些课堂上明显比在其他课堂上学得更好。我们以如下这四种课堂为例。

- 安瑞根先生的课堂安静而有序。所有学生都各自坐在自己的座位上专注于自己的任务。偶尔有一些学生会去找安瑞根先生确认作业内容或给他看自己刚完成的作业，安瑞根先生会给他们提供反馈，和他们小声讨论。
- 波特诺先生的课堂乱哄哄的。只有少数学生在做作业，大多数学生都在做一些与学习无关的事。一名女生在涂指甲油，旁边的一名男生正在用手机玩游戏，还有一群男生正在

用纸团和橡皮头重演滑铁卢战役。

- 卡威里尼先生的课堂和波特诺先生的课堂一样吵闹，但学生并不是在玩手机，而是在大声且充满激情地讨论气候变化的原因。经过 20 分钟的热烈讨论，卡威里尼先生让他们停下来，把他们的各种观点都写在黑板上，然后向他们解释为什么这个问题没有简单的正确的"解决办法"。

- 杜诺切先生相信，当学生明确知道行为规范时，他们的学习是最有效的。因此他列出了 53 条规则，几乎涵盖了所有他能想到的场合："始终使用蓝色或黑色的圆珠笔""不要用从活页本上撕下来的纸交作业""不要问与课程无关的问题"等。他对每一次违规都给予足够严厉的惩罚，以至于所有学生都不得不严格遵守规则。结果，他的学生安静且听话，但他们的成绩水平仍然低得令人沮丧。

这四种课堂里面有两种课堂是安静而有序的、有两种课堂是活跃且吵闹的。但正如我们所看到的，活跃和吵闹的程度并不能很好地反映学生的学习情况。在安瑞根先生的安静的课堂上，学生在认真学习；在卡威里尼先生的吵闹的课堂上，学生也在投入地学习。相反，无论是波特诺先生的吵闹、混乱的课堂上的学生，还是杜诺切先生的和平独裁统治下的学生，好像都没有学到很多东西。一个管理良好的课堂能使学生始终如一地从事有益的学习活动，学生的行为也很少干扰教学目标的实现（Brophy，2006；W. Doyle，1990；Emmer & Evertson，1981），这样的课堂不会严格控制学生的一举一动。

创建和维持一个使学生始终从事有益的学习活动的学习环境的确是一项富有挑战性的任务。毕竟，我们必须兼顾不同学生的独特需要，有时必须同时协调多项活动，对于无法预料的事情，我们也必须很快地做出如何应对的决定。此外，我们必须根据教学过程中应用的教学策略改变管理技巧，例如，直接指导、实践活动和合作学习都需要不同的管理

技巧。所以许多新教师把课堂管理放在首要位置也就不足为奇了（Evertson & Weinstein，2006；V. Jones，1996；Veenman，1984），而一些在管理行为方面遇到困难的教师可能会考虑离开该行业（Marsh，2015）。

有效的课堂管理的一般模式是权威型教养，权威型父母倾向于这样做：

- 提供一个充满爱和支持性的家庭环境；
- 对孩子的行为抱有高标准和高期望；
- 解释为什么一些行为是可以接受的，而另一些行为是不可以接受的；
- 一如既往地执行合理的行为规则；
- 和孩子一起做决定；
- 提供适合孩子年龄的独立机会。

当我们探讨课堂管理策略时，我们经常会看到这些特征中的一个或多个发挥作用。对于预防性课堂管理策略，我主要围绕 8 个总策略进行讨论：

- 制订一个使学生的注意力集中于课程及与学习有关的活动的作息计划；
- 与学生建立和保持良好的学习关系；
- 营造一个使学生有安全感和激发学生的内部学习动机的心理氛围；
- 对学生的行为进行合理的限制；
- 规划让学生专注于任务和实践的活动；
- 持续监控学生的行为；
- 必要时修正教学策略；
- 管理课堂时考虑发展上的差异和学生的多样性。

我们将在接下来的内容中确定执行这些策略的具体方法。

布置教室

教师对如何安排教室的座位有许多不同的偏好（Gremmen，van den Berg，Segers，& Cillessen，2016）。好的管理开始于第一天上课之前，当我们安排桌椅怎么摆放、在哪个地方放教学材料和设备、考虑每个学生坐在什么位置的时候，必须考虑到不

同的安排对学生的行为所产生的影响。例如，我们可能会让学生自己选择座位，但我们需要做好准备的是，学生肯定会坐在他的朋友附近！下面的策略是比较有帮助的。

- **以鼓励学生在合适的时候进行有益交流的方式来安排座位，而不鼓励互相干扰。** 过去，学生的桌椅通常被整齐地固定在地板上，这种安排对于传统的授课形式是非常适宜的。幸运的是，现在大部分教室都有活动桌椅，为我们布置教室提供了很大的灵活性。把桌椅分小组摆放，让每个小组成员面对面坐着，这对于小组合作是很有利的。但如果我们需要学生独立完成作业任务时，传统的座位安排是最能使学生集中注意力的（K. Carter & Doyle，2006），它将帮助我们减少会分散学生注意力的过多聊天和吵闹（Bronzaft & Dobrow，1988）。然而，我们应当对这里的文化差异保持敏感：习惯于与同学定期合作的学生（如，许多来自美国土著社区的学生）觉得每个人都面对着教师这样的安排是很奇怪和令人不安的（Lipka，1994）。我们可能需要制订灵活的计划，以便学生移动到不同的位置参加不同类型的活动。

- **尽量减少可能的干扰。** 我们当然想让教室在视觉上吸引人——例如，通过在墙壁和公告板上张贴五颜六色的信息和海报——但我们不应该用太多的视觉刺激来"轰炸"学生，导致他们难以集中精力完成学业。我们应该在布置教室时将任务外的行为出现的可能性减少到最小——例如，通过建立交通模式，允许学生在房间里走动而不会互相打扰，以及让爱讲话的学生坐在教室的两侧。如果教室的门上有可以看到走廊的窗户，我们可能会考虑把窗户盖起来，这样学生就不会被路过的人分散注意力。我们应该将有趣的材料放在学生看不到的地方，直到要用时才把它拿出来，并且我们应该始终预览所有材

料，以确保其内容合适（Emmer & Evertson，2009；Hanley，Khairat，Taylor，Wilson，Cole-Fletcher，& Riby，2017；Hanley，Tiger，Ingvarsson，& Cammilleri，2009；Sabers，Cushing，& Berliner，1991）。

在理想情况下，教室的桌椅摆放和物理布局应支持各种教学策略，不仅包括全组讲座和基于计算机的演示，还包括小组作业、独立作业和实践活动。教室也应该井井有条，在视觉上吸引人，但不要出现不必要的干扰。

- **教室的布置应便于学生之间的互动。** 我们对桌椅的布置应该使我们能够轻松地与所有学生交谈。将长期行为不当的学生或不参与的学生安排在离我们较近的位置比较好：离教师较近的学生更有可能集中注意力，与教师进行互动，更能积极地投入课堂活动。除了重新安排学生的座位外，我们还可以在有需要时移动我们的桌子、书架、计算机和其他摆设（G. A. Davis & Thomas，1989；Strother，1991；Woolfolk & Brooks，1985）。

- **位置的安排要有利于教师监控学生的行为。** 我们在上每一门课或进行各种教学活动（即使是面对一个人或小组）时，最好都能看到所有学生（Emmer & Evertson，2009；Gettinger & Kohler，2006）。通过对课堂上偶尔出现的混乱、沮丧、厌烦等信号的观察，我们可以更容易地在它们还没有发展成严重问题之前探查到少数学生的轻微困难和不良行为。

- **为全班的技术使用做出适当的改变。** 如果学

生单独使用笔记本电脑或平板电脑，我们应该以能够监控每个学生的屏幕上的内容的方式安排桌椅的位置。此外，当我们自己使用课堂技术时，我们应该确保可以继续观察学生的行为。

建立和保持良好的师生关系

研究一致表明，师生关系的质量是影响学生的情绪状态、动机和学习的重要因素——也许是最重要的因素。当学生与教师具有积极的、支持性的关系时，学生会有更高的内部学习动机，会进行更多的自我调节学习，行为更恰当，不太可能受到朋友的影响去做破坏性的行为，并达到更高的成就水平（E. M. Anderman, Lane, Zimmerman, Cupp, & Phebus, 2009; Berg & Aber, 2015; J. N. Hughes, 2011; J. N. Hughes, Luo, Kwok, & Loyd, 2008; Pakarinen, Aunola, Kiuru, Lerkkanen, Poikkeus, Siekkinen, & Nurmi, 2014; Roorda, Koomen, Spilt, & Oort, 2011; Shin & Ryan, 2017; Vitaro, Boivin, Brendgen, Girard, & Dionne, 2012）。

尽管有些学生可能会为了引起我们的注意而做出一些不好的行为（这对于本章开篇的个案研究中的艾丽、杰克和凡妮莎来说可能是真的），但就我们作为家长、教师和学校心理学家的经验，我们从未遇到过在内心深处不想与教师建立积极、有效的关系的儿童或青少年。此外，我们也受益于与学生的良好关系；事实上，当教师与学生建立有效的关系时，教师会体验到更多的积极情绪，也会更投入教学（Klassen, Perry, & Frenzel, 2012）。

当我们努力与学生建立富有成效的工作关系时，以下这些策略是非常重要的。

- **经常关心学生，把学生作为独立的个体予以尊重。** 在一定程度上，我们可以通过我们每天做的一些细微的事情向学生传达情感和尊重（Allday, Bush, Ticknor, & Walker, 2011; Allday & Pakurar, 2007; L. H. Anderman, Andrzejewski, & Allen, 2011; Certo,

Cauley, & Chafin, 2003）。例如，我们可以在一天的开始时，给学生一个微笑和一句温暖的问候。当他们生气或气恼地来到学校时，我们可以做个好听众。我们应当在开学的头几天内记住每个学生的名字。一个高年级学生是这样描述充满关爱的教师的：

> 你可能会在走廊里看到他们，他们会问你过得怎么样，最近的成绩怎么样，还有别的什么需要吗？或者，也许有一天你看起来有点沮丧。他们会把你拉到一边问你怎么了，有什么是他们能做的（Certo, Cauley, & Chafin, 2002）。

这种关心的姿态对于那些在家里几乎没有支持性关系的学生而言尤其重要（Juvonen, 2006; E. O'Connor, Dearing, & Collins, 2011; Reese, Jensen, & Ramirez, 2014）。

- **记住，关心和尊重比简单的关爱所包含的内容多得多。** 一些新教师会错误地认为，好的教学只是表明他们真的很喜欢他们的学生——换句话说，就是对学生"温暖且平易近人"（L. H. Anderman, Patrick, Hruda, & Linnenbrink, 2002; Goldstein & Lake, 2000; Patrick & Pintrich, 2001）。事实上，为了向学生表示我们是真的关心和尊重他们，我们必须采取如下措施：

  - 认真备课，并且在其他许多方面都表现出对教学的热爱；
  - 对学生的表现抱有较高的但切合实际的期望，并能给学生提供必要的支持；
  - 让学生参与决策和对作业的评价；
  - 包容学生偶尔的状态不佳（Certo, Cauley & Chafin, 2003; M.-L. Chang & Davis, 2009; H. A. Davis, 2003; Patrick, Kaplan, & Ryan, 2011; Wentzel, Battle, Russell, & Looney, 2010）。

另一种重要的策略是建立学生与我们私下交流的方式。此类交流可以使用电子邮件或短信，尤其是与青春期的学生的交流。一个低技术含量的替代方案是"发生了什么事"，学生可能偶尔会在上面写下并提交有关他们的个人生活中特别值得注意或具有挑战性的事件的信息（A. K. Smith, 2009）。还有一种可能性是使用双向对话日志：学生和教师每周写一次或多次日志，这些日志可以写在传统的纸质日记本上，也可以通过在线私人对话完成。图 13.1 呈现了 6 岁的马特在日记中写下的几个条目，每个条目后面都有他的 1 年级教师的回复。请注意，马特可以在教师面前很自在地展示自己的独门绝技（"我可以比你走得更快"）。尽管他的写作技巧并不完美，但这些文字足以表达他的想法。教师没有纠正他的拼写错误。她的主要目的是鼓励他写作并打开沟通的大门，在日记中给出关于拼写的负面反馈可能会干扰这两个目标的达成。

■ **努力改善开始时不是很顺的关系。** 有时，学生会带着明显的创伤来到我们面前，因为以前与其他成年人的不愉快的关系，他们从一开始就不信任我们（H. A. Davis, 2003；Hyman,

Kay, Tabori, Weber, Mahon, & Cohen, 2006；Pianta, 1999）。有时，我们自己的行为也会使我们和学生之间的关系一开始就很糟糕——可能是因为我们错误地将学习成绩不好归因于学生不努力而不是缺乏相应的技能，或者可能是因为我们批评一个天生好动的学生故意不遵守规则（M.-L. Chang & Davis, 2009；B. K. Keogh, 2003；Silverberg, 2003）。有时，学生也可能会误解我们所说的或所做的事情。例如，8 岁的达西在新学校上 3 年级的第一天，不小心把鸡蛋弄到了头发上。她的教师惠利夫人带她去护士办公室洗掉了鸡蛋。正如图 13.2 的日记条目中所说的那样，达西最初误解了惠利夫人对这种情况的评论。直到五天后，她才更准确地理解了惠利夫人所说的话。

不幸的是，与教师关系最差的学生往往最需要好教师（Juvonen, 2006；Stipek & Miles, 2008；Wentzel, Donlan, Morrison, Russell, & Baker, 2009）。因此，不管造成糟糕关系的原因是什么，我们都必须努力改善与学生的关系。当然，第一步是通过识别以下信号确认不良的关系：

• 我们是否对某个学生有敌意（如不喜欢或

我是一个极为懒惰的人？你是吗？

有时我也是！我喜欢蜷缩在毛毯里，一直阅读到我睡觉。你还喜欢做什么？

我热爱足球。我很擅长射门。

我看到你在课间休息时一直在踢足球。去年秋天我在伍德里奇球场看到过你。你真的很棒！你还参加其他运动吗？

我喜欢打篮球和游泳，你经常运动吗？

我喜欢打篮球。我曾经在高中参加过一个球队。我是个很厉害的滑雪者，我还喜欢游泳和潜水。

我喜欢滑雪，你擅长滑雪吗？

我是个非常厉害的滑雪者，我滑得很快。你觉得你能跟得上我吗？我们曾经在后院有自己的滑雪缆车！

我可以比你滑得更快。

我们有时间去比赛吧！你通常去哪里滑雪？而且，你说你是一个极为懒惰的人。我相信我可以打败一个极为懒惰的人！

图 13.1 双向对话日记提供了一种与所有学生保持一对一交流的有效方式；在 6 岁的马特的日记摘录中，马特和他的 1 年级教师发现了共同的外部兴趣

10月22日

今天我去了一所新学校。我老师的名字是惠利夫人。我不小心把鸡蛋弄碎了。惠利夫人告诉护士，我是一个爱炫耀且讨厌的人。我真的很难过，我想逃离学校，但我没有离开。

. . .

10月27日

今天我们介绍了读书报告。我是最后一个提交读书报告的人。每当我做读书报告时，他们都嘲笑我，但老师说他们在和我一起笑。我问老师为什么她第一天说我讨厌。她说："达西，我没有说你讨厌。"我对拉尔森夫人说，从头至尾上洗掉鸡蛋是一件很麻烦的事。

图13.2　正如日记条目所示，8岁的达西最初以一种与老师的本意大相径庭的方式来解释老师对学校护士随意说的话，好在几天后，老师解开了误会

感到愤怒）；

- 我们很少和某个学生交流；
- 我们对某个学生的反馈大多是批评或挑刺；
- 对于与某个学生合作的能力，我们有一种习得性无助的感觉（Houts, Caspi, Pianta, Arseneault, & Moffitt, 2010; Pianta, 1999; Sutherland & Morgan, 2003）。

一旦认识到了这种不良的关系，我们就可以采取以下这些策略来改善这种关系：

- 与学生一对一地见面，讨论此类问题和解决问题的办法（详细的方法本章后面还会讲到）；
- 积极思考——例如，与一个或多个同事利用头脑风暴对某个学生的行为提出多种假设，并且相信每一种假设都提供了潜在的解决办法；
- 在轻松的环境中与学生共度时光——也许只是在上学前或放学后与学生聊天——让更多的积极情绪浮现出来（M.-L. Chang & Davis,

2009; Pianta, 1999, 2006; Silverberg, 2003; Sutton & Wheatley, 2003）。

营造有效的心理氛围

充满关爱和支持的师生关系对于总体的**课堂氛围**（classroom climate）的营造非常重要，这种心理环境渗透在课堂的互动过程中。最终，我们需要有这样一个课堂，它能让学生感到安全和有保障、重视学习、敢于冒险、敢于犯对学习至关重要的错误（Hamre & Pianta, 2005; Hattie & Gan, 2011）。这样的环境可以使纪律问题最小化，对有学业失败或辍学风险的学生来说尤其重要（Gregory, Cornell, Fan, Sheras, Shih, & Huang, 2010; V. E. Lee & Burkam, 2003; Pianta, 1999）。下面是一些重要的策略。

■ **营造一种目标导向的、有条不紊的、但不具有威胁性的氛围。**我们和我们的学生都必须认识到我们到学校来是要完成特定的事情的（G. A. Davis & Thomas, 1989）。有效的课堂活动和任务应该是有趣的和吸引人的——有时甚至是令人振奋的——而不是令人乏味的和厌烦的。当你规划一项活动时，你可能要问自己："如果我是我的学生之一，我会觉得这项活动有趣或吸引人吗？"但是娱乐和兴奋不应该是目标本身，只是达成更重要的目标（掌握学业内容）的手段。

尽管我们的重点是学习，但课堂氛围不应该是不舒适的和令人恐惧的。过度焦虑的学生不可能展现出最高的学习水平（Cassady, 2010a; Sapolsky, 2005）。以下策略能使我们在不构成威胁的情况下表现得有条理。

- 让学生对实现教学目标负责，而不是长期处于监督之下。
- 在突出学生的优势（如好奇心、批判性思维能力）和持续的进步的信息背景下指出学生的错误和误解；当指出错误时，我们也应该提出替代策略,这样学生就不会将其归因于能力低下。

- 训诫学生的不良行为,但不要对他们怀恨在心(K. L. Fletcher & Cassady,2010; Narciss,2008; C. R. Rogers,1983; Spaulding,1992)。

■ **跟学生交流并向学生展示学校任务和课堂主题是有价值的。**作为教师,我们要通过我们所说的和所做的向学生传达关于学校主题的有价值的信息(L. Anderman, Andrzejewski, & Allen,2011; Brophy,2008; W. Doyle, 1983)。例如,如果我们让学生每天花费大量时间在看起来毫无意义的事情上,并且我们主要依靠鼓励死记硬背的考试来评价学生,我们就间接地向学生传达了这样一个信息:学习就是一项需要应付的任务(E. H. Hiebert & Raphael,1996; Stodolsky, Salk, & Glaessner,1991)。此外,如果我们不断地让学生关注成绩——他们的成绩与其他人相比如何——我们就增加了学生对学校课程的学习焦虑,并间接增加了学生的破坏性行为发生的频率(Kumar, Gheen, & Kaplan, 2002; Marachi, Friedel, & Midgley, 2001; Patrick et al., 2011)。相反,如果我们不断地向学生传达课堂主题可以帮助他们更好地了解世界,以需要意义学习的方式评估他们的学习,并且把关注的重点放在学生随着时间的推移所取得的进步上,我们将向学生表明掌握某一主题能潜在地提高他们的生活质量(Pugh, Linnenbrink-Garcia, Koskey, Stewart, & Manzey, 2010)。

■ **让学生在课堂活动中有一定的控制权。**为了确保学生能完成预期的学习目标,我们必须在一定程度上指导课堂活动的进程。尽管如此,我们可以使用以下策略让学生控制课堂生活的某些方面:

- 创建完成作业的常规程序,使学生能够在最少的指导下完成作业;
- 允许学生自己确定一些作业完成的期限,让学生自己建立一个易于管理的时间表;
- 偶尔让学生选择如何完成某些教学目标,使他们能够设置自己的一些优先事项(Patall, Cooper, & Wynn, 2010; Spaulding, 1992)。

通过这些策略,我们就促进了对内部动机非常重要的自主感,以及对学生的长期学业成功必不可少的自我调节能力的发展。

■ **提高学生的集体感和归属感。**一种越来越流行的教学策略是创建一个学习者社区。在课堂上,一名或多名教师与他们的学生会合作建立一个知识体系,并在学习上互相帮助。最终,我们还希望在课堂上营造一种普遍的**集体感**(sense of community)——我们和我们的学生有共同的目标,互相尊重和支持彼此的努力,并相信每个人都为课堂学习做出了重要贡献(Ciani, Middleton, Summers, & Sheldon, 2010; Hom & Battistich, 1995; Osterman, 2000)。我们还要创造一种充满**归属感**(belongingness)的集体感:每位学生都把自己看作班级中重要且有价值的一员(E. M. Anderman, 2002; L. Anderman & Freeman, 2004; J. Ellis, Fitzsimmons, & Small-McGinley, 2010)。

当学生分享集体感时,他们更有可能表现出亲社会行为、坚持完成任务、对课堂活动充满热情并取得高水平的成就。此外,课堂集体感与较少的情绪困扰和破坏性的课堂行为、较低的逃学率和辍学率有关(Hom & Battistich, 1995; Juvonen, 2006; Osterman, 2000; Patrick, Ryan, & Kaplan, 2007)。持续在课堂集体中体验到关怀和公平能够帮助学生内化成功的民主社会必不可少的态度,包括对每个人的公平和正义的承诺(C. A. Flanagan, Cumsille, Gill, & Gallay, 2007)。

也许课堂集体感最重要的特征是学生总是以友善和尊重的态度对待彼此。即使学生必须对他们的同学说过的或做过的事情提出异议，他们也可以委婉地表达出来（见图13.3）。当同学不友善和不尊重他人时——例如，当他们嘲笑或欺负某些班级成员时——受害者很容易在身体或精神上退出课堂活动（Swearer, Espelage, Vaillancourt, & Hymel, 2010）。

要使用的词	与同伴合作
当 _____ 时，我不喜欢。 你能不做 _____ 吗？ 你能停止 _____ 吗？ 我需要休息一下，然后再回来说这件事。	讲礼貌。 互相帮助。 分享。 倾听同伴。 有一项良好的运动。 轮流。 讨论问题。 尊重同伴。

图 13.3　在小学阶段，许多学生受益于有关如何与同学互动的视觉提示，如 2 年级教室中展示的这两张海报所示

我们还需要在学校层面促进归属感。特别是当学生上初中或高中时，他们可能会在一个班级里感受到归属感，在另一个班级里却感受不到。但学生仍然可以感受到对学校的整体归属感，特别是如果学生感到安全，有一群支持他的朋友，并且参与学校内的学习、社交或体育团体。当学生对学校有归属感时，他们更有可能取得高水平的成就，学习更有效率，心理也更加健康（Anderman, 2002; Chipuer, Bramston, & Pretty, 2003; Gillen-O'Neel & Fuligni, 2013; McMahon, Wernsman, & Rose, 2009）。在学校的归属感对少数族裔学生来说尤为重要（Gray, Hope, & Matthews, 2018）。事实上，虽然平均而言黑人学生比白人学生更有可能在学校受到纪律处分，但在黑人学生对学校有强烈归属感的学校中，黑人学生被开除的可能性要小得多（Bottiani, Bradshaw, & Mendelson, 2017; Gregory, Skiba, & Noguera, 2008）。

作为教师，我们必须明确，任何嘲笑或诋毁其他班级成员的言论或行为都是完全不可以接受的，无论是在课堂内还是在课堂外。"创设富有成效的课堂环境——创建和增强班级集体感"专栏提供了多种策略，可以增强学生对自己是课堂中重要且有价值的成员的感觉。

创设富有成效的课堂环境　• • •

创建和增强班级集体感

■ **始终如一地传达这样的信息，即所有学生都应该得到同学的尊重，并且是课堂团体的重要成员。**一个中学语言艺术班上有三名患有阅读障碍的学生。教师没有公开确认残障学生的身份，因为这样做会侵犯他们对其情况的保密权。然而，她经常传达这样一个信息，即任何一个班级的学生之间的读写能力的差别都很大——这通常不是他们的错——并不断强调，帮助每个人提高读写能力是全班的责任。

■ **创建一些机制，通过这些机制，学生可以帮助教师使课堂顺利、有效地运行下去。**幼儿园教师创造了几个"助手"角色（他们的任务是分发美术用品、喂金鱼等），并开发了一个跟踪系统，以确保自己将这些角色轮流分配给不同的学生。

■ **强调分享、合作等亲社会价值观，为学**

生提供互相帮助的机会。当学生做课堂作业时，一名7年级的数学教师经常问："谁需要其他人的帮助来解决问题？"

■ **经常使用互动式和协作式的教学策略。** 在将学生分配到合作学习小组时，高中社会研究课的教师通常会将一名社交技能较差的学生安排在由两到三名社交能力较好的学生组成的小组中。在小组开始工作之前，教师会提醒学生合作小组的规则，如"礼貌而专心地倾听他人讲话"和"以尊重他人的和建设性的方式解决意见上的分歧"。

■ **征求学生的想法和意见，并将其纳入课堂讨论和活动。** 一名1年级教师经常让学生在每天午饭后的休息时间里就她应该阅读的故事书进行投票。她会先阅读得票最多的书，但她向给其他书投票的学生保证，她将在本周的晚些时候阅读他们选择的那些书，并说道："每个人对我们所阅读的内容都有发言权。"

■ **只有当所有学生都有平等的获胜机会时，才可以使用竞争来营造课堂上偶尔的游戏感。** 一名高中西班牙语教师安排了一个长期合作的小组项目，学生要在这个项目中为西班牙肥皂剧（电视剧）写文章和制作视频。几周后，教师举办了"学院颁奖晚宴"——为学生和他们的家人准备了便餐。在宴会上，教师展

示了所有的视频，并颁发了各种"奥斯卡奖"。她为每组学生都颁发了奥斯卡奖，以表彰他们在某些方面的表现。

■ **鼓励学生在正在进行的活动外围寻找同学（可能是残障学生），并邀请这些同学加入。** 小学教师在操场上都遵守并执行同样的不排斥政策：想参与游戏活动的任何学生都可以参与。

■ **与那些人际行为可能伤害或疏远他人的学生一起学习社交技能。** 一名3年级学生经常对那些有她想要的东西的同学表现得咄咄逼人。例如，当她在计算机前排队等待轮到她时，她可能会大喊"我现在需要用它"，或者相反，将当前正在用计算机的同学从椅子上推开。在一次私人会议上，教师指出了耐心和轮流的重要性，并建议她可以礼貌地表达需求（如"你什么时候可以用完计算机？我可以在你完成后使用它吗"）。教师还让学生在各种角色扮演场景中练习这些策略。

资料来源：C. Ames, 1984; M.-L. Chang & Davis, 2009; Evertson & Emmer, 2009; Hamovitch, 2007; D. Kim, Solomon, & Roberts, 1995; Lickona, 1991; Osterman, 2000; A. M. Ryan & Patrick, 2001; Sapon-Shevin, Dobbelaere, Corrigan, Goodman, & Mastin, 1998; Stipek, 1996; Turnbull, Pereira, & Blue-Banning, 2000; M.-T. Wang & Holcombe, 2010; Wentzel et al., 2010.

制定约束机制

在本章开篇的个案研究中，康奈尔女士没有给学生提供一个应该在开学第一周就给出的行为规范。学生必须明白一些行为是不被容忍的，尤其是那些导致他人身体和心理上的伤害、损害学校财产、干扰其他人学习和表现的行为。从长远来看，对课堂行为设定合理的限制有利于学生发展为一个对社会有益的成员。

当我们制定规范时，我们必须记住，如果我们能保护学生的自主感，他们就更有可能通过内部动

机来学习主题。考虑到这一点，我们提出以下建议。

■ **在学年初制定规则和程序。**有效的课堂管理者会从一开始就制定并传达规则和程序。例如，他们会明确可接受的和不可接受的行为，并描述违规的后果。他们会为完成课堂作业和交作业等事情制定一致的程序和常规。他们会为非日常事务（如晨会和消防演习）制定适当的常规。在当今这个高科技的世界上，教师需要制定关于使用手机和其他手持设备的明确政策。因为小学低年级学生可能不熟悉学校的典型做法，所以花时间对他们澄清规则和程序似乎尤其重要（K. Carter & Doyle，2006；W. Doyle，1990；Gettinger & Kohler，2006；K. L. Lane，Menzies，Bruhn，& Crnobori，2011）。

在理想情况下，学生应该明白这些规则和程序不是教师的突发奇想，而是为了课堂顺利运行而精心设计的。增强学生对这种规则的理解的一个方法就是让学生参与到有关规则和程序的制定中。例如，我们可能会征求学生的建议，以确保将不必要的干扰降至最低，并且每个学生都有机会在讨论中发言。通过吸取学生的想法和认真听取他们对制定规范的建议，我们就可以帮助学生理解制定这些规范的原因并提高他们的主人翁意识（Evertson & Emmer，2009；Fuller，2001；M. Watson，2008）。

请记住，如果规则和程序相对简单且数量较少，学生会更容易记住，也更容易遵循（W. Doyle，1986a；Emmer & Gerwels，2006；K. L. Lane et al.，2011）。高效的课堂管理者更倾向于在开学初就强调最重要的规则和程序，其他规章制度则在随后有需要时加以介绍。在只有少数（通常是严格的）规则且规则被公平地执行，并且教师与学生保持积极关系的课堂上，欺凌等潜在的严重违规行为才会较少发生（Cornell，Shukla，& Konold，2015）。图 13.4 是一名高中教师开发的易于记

忆的首字母缩略词示例。你还应该记住，尽管一定程度的秩序和可预测性对于学生的学习效率至关重要，但过多的秩序会使课堂成为例行公事的、无聊的地方——没有任何乐趣和自发性的地方。我们不必为每件事都制定规章制度。

> "记住，我们班不允许有SOOT！"
>
> S = 不按顺序说话或在安静的时间说话
>
> O = 不在座位上
>
> O = 做与学习无关的事
>
> T = 迟到

图 13.4　在处理了一年的行为问题后，一名新的高中教师开发了这个首字母缩写词来帮助学生记住他的课堂规则

■ **以信息而非控制的方式呈现规则和程序。**如果我们将规则和程序作为一种信息而不是一种控制的方式呈现，我们就更有可能保持学生的自主感（Deci，1992；Koestner，Ryan，Bernieri，& Holt，1984；Reeve，2009）。这需要一些计划和事先考虑，但值得我们付出努力。我们自然会从控制学生的角度考虑规则和程序，但我们需要仔细平衡行为管理与参与度和动机的问题。图 13.5 提供了一些以信息方式上呈现的规则和程序示例。这些声明中的每一个都包含了实施某些指导方针的原因——一种可能会提高学生依从性的策略。以下场景提供了一个简单的说明，展示了教师给出实施某些规则的原因是如何产生显著的效果的。

杰瑞德是一个挫折容忍度比较低的男孩，每当他向多娜利女士寻求帮助时，他都希望能立即得到帮助。如果多娜利女士不能马上帮助他，他就会大叫"你很坏"或"你不关心我"，而且当他回到自己的座位时还会猛推同学的课桌。

我们可以这样说（信息方式）：	而不是这样说（控制方式）：
"如果你能正确地学习，你会更快地完成你的独立作业。"	"安静，做你自己的作业。"
"在进行消防训练时，很重要的一点是我们要立刻排成队并保持安静，以便听清指令，知道自己该怎么做。"	"当消防警报响起时，迅速排好队并保持安静，等待进一步的指示。"
"这个作业可以帮助你培养毕业后所需的写作技巧。一字一句地照抄别人的文章对作者是不公平的，因此我们要练习用自己的语言表达观点，并标明我们借用了哪位作者的观点。如果将别人写的东西或观点冒充是自己的，可能会导致被学校停学收到商业诉讼。"	"在课堂上，欺骗和剽窃是不被允许的。"
"上课铃响时，每个人都需要就座。上课时有很多事情要做，当你坐在座位上时，你可以立即开始学习，我可以快速点名。然后我们会在课堂上取得更大的成就，而且你不太可能有家庭作业。"	"当铃声响起时，你需要坐下并保持安静。"

图 13.5　如果我们将这些规则和程序作为信息进行交流，而不表达施加大量控制的愿望，我们就更有可能激励学生遵守课堂规则和程序

在学年的教学计划中，有一个关于人际交往能力的课程单元。这个单元中有一节课就是寻找时机——利用最合适和最有效的时间寻求别人的帮助。这节课上完一个星期以后，杰瑞德去问多娜利女士一道数学题，当时她正在和另一个学生说话，但她停下来简短地和杰瑞德说道："稍等一会儿。"多娜利女士正等着杰瑞德像往常一样尖叫，然而，他回答："多娜利女士，我明白了，我另找个时间问你。"于是他笑着回到了自己的座位上（Sullivan-DeCarlo, DeFalco, & Roberts, 1998）。

■ **定期审查现有规则和程序的有效性。** 随着时间的推移，我们可能会发现一些规则和程序需要修改。例如，我们可能会发现，关于学生何时可以在教室里走动的规则过于严格，或者交作业的规定不适合那些必须提前下课去看医生或参加某些课外活动的学生。

定期的班会给我们和学生定期回顾课堂规则和程序提供了机会（D. E. Campbell,

1996；Glasser, 1969；Striepling-Goldstein, 2004）。以下面这个场景为例：

每个周五的下午，奥伊塔女士的学生都会把他们的桌子摆成一个圆形，参加每周的班会。班会的第一个议题是回顾自己这一周取得的成就，包括学习成绩和社会实践活动。接下来，学生要找出本周出现的问题，并集思广益，以便在未来避免此类问题。最后，学生要讨论现有的规则和程序是否为他们的目的服务，如果没有，就要修改现有的规则和程序，或者建立新的规则和程序。在最初的几次班会上，奥伊塔女士会带领大家讨论，一旦学生熟悉并适应了这个过程，她就将会议的控制权交给学生。

通过频繁地为学生回顾班级规则提供机会，我们找到了另一种让学生对班级规则有主人翁意识的方法。此外，更高级的道德推理可能会逐渐出现，这可能是学生必须与偶尔的道德困境搏斗的结果（Milner，2006；Nucci，2006，2009；Power，Higgins，& Kohlberg，1989）。

■ **承认学生对要求的感受。**有时，我们必须要求学生做他们不愿意做的事。与其假装学生渴望做我们所要求的事，不如承认他们的不满和缺乏动力。例如，我们可以告诉学生，我们理解在班会期间安静地坐着或花费一整晚做作业有多么困难。同时，我们可以向学生解释，我们要求他们做的事可以帮助他们实现自己的长期目标。通过承认学生对他们不愿做的任务的感受，同时指出这些事的有利方面，我们就可以增加学生愿意遵守要求的可能性（Jang，Reeve，& Deci，2010；Reeve，2009）。

■ **一致且平等地执行班规。**课堂规则只有在持续执行的情况下才可能有效。让我们看看它是如何发挥作用的。

亲身体验

不一致的规则

想象一下，你在当地的超市担任收银员。在培训期间，你被告知超市的政策要求，即使没有顾客排队，收银员在值班时也不应与其他收银员交谈。然而，当超市内不拥挤且收银台没有顾客时，你偶尔会与位于下一个收银台的收银员小声聊天。你的经理在看到你聊天时总是过来找你，并说："你需要专注于你的工作；你应该知道规矩，即使没有顾客在场，也请不要与其他收银员交谈。"但是，你注意到另一位收银员李经常与其他收银员交谈；经理偶尔会因为李聊天而训斥李，但更多时候，她不理会也不干预李聊天。

这让你感觉如何？

因为经理并没有一致地对李和你执行"不说话"政策，所以你可能会感到有些沮丧（也许有点生气）。如果你没有一致地执行规则，你课堂上的学生就会有和你刚才一样的感受；这些规则只有在被一致且公平地执行时才有效。在本章开篇的个案研究中，康奈尔女士没有给她的三名麻烦学生的捣乱行为强加一些后果。他们不仅还会继续做滑稽的动作，其他同学也会意识到在康奈尔女士的教室里"怎么做都行"，因此纷纷效仿。正如社会认知理论家所指出的那样，不对不良行为施加后果——尤其是当该后果已被事先阐明时——实际上是对不良行为的一种强化（Bandura，1986）。

一致地执行班规不仅要在不同场合执行，也要对不同的学生一视同仁地执行。作为教师，我们也不可避免地会偏爱某些学生，但是我们必须克制我们的偏爱。学生可能会对教师给予一些喜欢的学生特殊的恩惠并忽视他们的违规行为这种做法非常反感（Babad，1995；Babad，Avni-Babad，& Rosenthal，2003；J. Baker，1999）。那些被不公正地批评或惩罚了的学生当然会更加不满，以下是一名高中生的自白。

如果你过去有不良记录，或者如果你在上中学时惹过麻烦，他们就会认为你是一名麻烦制造者，如果你再次陷入麻烦，他们会一直……如果某个地方发生了不好的事或某个人违反了班规，他们第一个就会想到你，因为你有不良的过去。因此他们不喜欢那些过去表现不好的学生（Certo et al.，2002）。

因此，一致且平等地对待所有学生（或缺乏这样的对待）对于师生关系和整体的课堂氛围有非常重要的影响（Babad et al.，2003；Peter & Dalbert，2010；Wentzel et al.，2010）。

设计一些让学生专注于任务的活动

当高效的教师计划他们的课程时，他们不仅要考虑如何促进学生的学习，还要考虑如何让学生始终如一地完成任务。当我们为学生提供充足的时间和有组织的、反应灵敏的和支持性的环境时，最佳学习就会发生（Connor et al.，2014）。当然，一种关键的策略是激发学生想要掌握课堂主题的愿望，但有经验的教育者也提供了其他一些建议。

■ **保证学生一直高效地投入有价值的活动**。所有人都有唤醒需要——对某种程度的身体刺激或认知刺激的需要。在学校，学生应该在正在进行的任务和活动中得到刺激。相反，如果他们有很多空闲时间，他们就会自己制造刺激，如表现出一些不恰当的行为。

有效的课堂管理者会保证学生很少有无所事事的时候，以下是保持学生高效参与课堂的几种策略。

- 让学生每天做一些特定的事情，即使是在上课的第一天。

- 在课前把材料准备好，并调试好设备。

- 策划能保证所有学生都投入和参与的活动。

- 每一堂课都保持轻快的节奏，但不要太快以致学生跟不上。

- 在每天或每节课开始时介绍预先组织者。具体来说，列出当天的活动，并在可能的情况下，为每个活动分配时间（尽管有时活动花费的时间可能比计划的长，你需要允许一些灵活性）。在一天或一节课结束时，简要回顾自己的完成情况。

- 保证学生的发言是与课堂内容相关的、有帮助的，但又不过分冗长，例如，可以把长期占用时间的事放在私下讨论，给其他学生发言的机会。

- 在课堂上只花很短的时间来帮助个别学生，除非其他学生有能力在此期间独立学习。

- 确保那些快速完成任务的学生有其他事情可做（如读书、写课堂日记）（W. Doyle，1986a；Emmer & Evertson，2009；Emmer & Gerwels，2006；Gettinger，1988；Lane，Menzies，Bruhn，& Crnobori，2011；Munn，Johnstone，& Chalmers，1990）。

■ **根据的学生知识和技能选择适当难度的任务**。当学生有适合他们现有知识和技能的活动和作业时，他们更有可能勤奋地学习——这可能包括具有挑战性的任务，但挑战需要合理，教师需要提供适当的脚手架，以便学生体验成功（Mac Iver，Reuman，& Main，1995；J. W. Moore & Edwards，2003；S. L. Robinson & Griesemer，2006）。当他们被要求做他们认为（无论准确与否）非常困难的事情时，他们很容易做出不恰当的行为。因此，课堂上的不恰当行为在那些过去就为学习苦苦挣扎的学生身上更容易看到（W. Doyle，1986a；Miles & Stipek，2006）。在本章开篇的个案研究中，艾丽、杰克和凡妮莎很有可能就有这样的过去。

避免过难的任务并不意味着我们就要安排很简单的、没有一点挑战性的、不能学到什么新东西的任务。一个可行的方法就是在学年初布置一些学生比较容易完成的、相对容易的任务，这些任务能使学生练习日常的课堂规范和程序，并在课堂活动中体会到成功和喜悦。一旦我们营造了支持性的课堂氛围，并使学生对我们的程序感到满意，我们就可以逐渐引入更困难的和更具挑战性的作业（W. Doyle，1990；Emmer & Evertson，2009）。

■ **为活动和作业提供一些结构**。从下面这个练习中我们可以看到结构是多么重要。

亲身体验

突击测验

在纸上或在计算机上完成以下两项任务。

任务 A：用几个单词或短语列出有效教师的六个特征。

任务 B：解释上学对儿童生活的一般作用。

不要继续往下读，除非你完成了每项任务，或者在完成这两项任务上至少花费了 5 分钟的时间。完成这两项任务后，请回答以下问题。

1. 你对被要求执行的任务有更深入的了解吗？
2. 在做哪一项任务的过程中，你更容易走神？
3. 在做哪一项任务的过程中，你更频繁地做其他无关的事，如环顾房屋四周、乱写乱画、离开座位？

我猜你会觉得任务 A 相对来说更直接，而任务 B 一点都不明确。任务 B 的模糊性有没有使你更易分心并做一些无关的事呢？当活动的结构很松散，学生对于他要做什么没有一个明确的了解时，学生就更容易做出一些与任务无关的行为。

高效教师往往会给出一些结构化的任务，也会对如何开展任务给予明确的指导。尤其是在学年的头几个星期（W. Doyle，1990；Evertson & Emmer，1982；Gettinger & Kohler，2006）。然而，我们需要在这里找到一个令人满意的折中方案：我们不想将任务安排到只需要基本技能而不让学生做决定的地步。除了让学生完成任务外，我们还希望他们有自主感，练习自我调节技能，并发展和应用复杂的认知过程——例如，分析性、批判性、创造性地进行思考（W. Doyle，1986a；J. D. Nichols，2004；Weinert & Helmke，1995）。

■ **为在校的过渡时间做好安排。** 在本章开篇的个案研究中，艾丽、杰克和凡妮莎在课前、课后、休息时间及午饭前后经常做一些不恰当的行为。不恰当的行为经常发生在过渡时间——当学生结束一项活动并开始另一项活动时，或者从一间教室转到另一间教室时。有效的课堂管理者会采取措施确保学生快速过渡，以免削减他们的学习兴趣（W. Doyle，1984；Gettinger & Kohler，2006）。例如，他们会为从一项活动转移到下一项活动专门制定一套程序，确保过渡时间很短，学生什么也做不了。回想一下我们建议每天为学生提供的"预先组织者"；当这些组织者每天都发挥作用时，他们可用于促进过渡。尤其是在中学阶段，当学生每隔一小时左右换一节课时，有效的课堂管理者一般会让学生一进入教室就完成一项任务。请思考下面这些例子。

- 一名小学教师要求学生每天在午饭时间遵循这样的安排：（1）把做完的作业放在教师的收文篮里；（2）收拾好学习用具；（3）取出自带的午餐；（4）安静地在门口排队。

- 一名中学数学教师要求学生一进教室就抄写他布置的家庭作业。

- 当学生第一次进入教室时，中学社会研究课的教师总会给他们布置一个简短的"立即做"的作业。例如，有一次，他分发了一张美国各州和各州首府的地图，并指导学生识别可能有美洲原住民名字的地名和可能有欧洲根源的地名——这是一项引起了一场关于地名起源的课堂讨论的任务。

- 在每节课开始之前，9 年级的创意写作教师都会在黑板上写下一个主题或问题（如"最令我烦恼的事"）。学生知道，当他们来到教室时，他们应该立即着手写当天的主题或问题。

- 一名高中体育教师要求学生在每节课开始前做 5 分钟的伸展运动。

所有这些策略，尽管本质上各不相同，但都有一个共同的目标，那就是让学生从事一些建设性的行为。当此类策略被持续使用时，行为问题就不太可能出现。

一些学生在从一项活动转到另一项活动时可能会遇到相当大的困难，尤其是当他对当前所从事的活动很投入时。因此，在转换任务前给学生一些提示，描述将要进行的活动是什么，并提醒学生从一项任务转到另一项任务的常用程序是比较有帮助的（K. Carter & Doyle，2006；Emmer & Gerwels，2006）。

监控学生正在做什么

高效教师会传达一种被称为明察秋毫（withitness）的信息：他们知道——他们的学生也知道他们知道——学生每时每刻都在做什么。这些教师会有规律地扫视教室，经常与一些学生进行目光接触。当一些违规行为发生时，他们知道发生了什么，而且知道是谁正在违规。尤其是在学年初，当教师表现出这种明察秋毫时，学生更有可能专心于任务并表现出适当的课堂行为。毫无疑问，他们也更有可能获得较好的成绩（Gettinger & Kohler，2006；T. Hogan, Rabinowitz, & Craven, 2003；Kounin, 1970；Vollet, Kindermann, & Skinner, 2017）。在繁忙的教室里，你似乎很难培养出"明察秋毫"的感觉。这需要时间和练习。在学生的教学过程和后期经验中制作关于你自己的视频并分析这些视频，是培养这一重要技能的有效方法（Snoeyink，2010）。

修正教学策略

现在你应该清楚了，有效的课堂管理的原则与学习和动机的原则是齐头并进的。当学生努力学习并取得成功，并且明确地想要实现教学目标时，他们往往会在实践活动中投入更多的时间和努力。相反，当他们无法理解课堂主题或对学习没有什么兴趣时，他们更有可能表现出由于沮丧或无聊而导致的一些破坏性的或无效的课堂行为（W. Doyle, 1990；Pekrun, Goetz, Daniels, Stupnisky, & Perry,

2010）。

当学生行为不当时，初级教师通常会考虑学生做错了什么。相比之下，有经验的教师更容易思考他们可以做些什么不同的事情来让学生专注于任务，并相应地修改他们的计划（Emmer & Stough, 2001；Sabers et al., 1991；H. L. Swanson, O'Connor, & Cooney, 1990）。因此，当行为问题出现时，我们应该像专家一样思考，并考虑以下问题。

- 我该怎样修改我的教学计划以激发学生的兴趣？
- 教学材料是不是太难了或太抽象了，以至于学生有挫败感？或者，教学材料是不是太容易或太被动了，以至于学生感到厌烦？
- 学生真正关心的是什么？例如，他们是否更关心和同伴的互动而不是获得新的知识和技能？在帮助自己达成课堂目标的同时，我要怎样满足他们的动机和目标？
- 学生的问题行为是否在社会上得到强化？换句话说，一个学生行为不当是不是因为他想引起别人的注意？

回答这些问题，能使我们把精力集中在终极目标上：帮助学生学习。

有时，学生会理所当然地被当地或全国的时事吸引——也许是一场发生在同班同学身上的交通事故或有争议的新闻事件——以至于他们无法专注于课堂主题。在这种情况下，我们可能会想要完全放弃我们的课程计划，至少在短时间内是这样。

考虑发展差异

在某种程度上，学生的年龄水平一定会影响我们的课堂管理决策。行为管理对所有年龄段的学生都很重要，包括学龄前的学生（Bulotsky-Shearer, Dominguez, & Bell, 2012）。许多小学低年级的学生没有接受过足够的正规教育，所以无法了解管理课堂互动的所有不成文的规则：当教师或其他成年人说话时，学生应该保持安静，只有被点到名字的学生才能回答问题等（Mehan, 1979；R. K. Payne,

2005）。此外，刚开始上幼儿园或 1 年级的儿童可能会对新的学校环境感到不安和焦虑，正如一些青少年在进入中学和大学时那样。儿童的社会技能——影响他们与他人有效互动的能力——会随着年龄的增长

而持续发展。表 13.1 列出了有关学生发展方面的考虑事项，以及教师在课堂实践中怎么适应这些方面的建议。

表 13.1　不同年级水平的有效课堂管理

年级水平	典型年龄特征	示例	建议策略
K ~ 2	• 在学校有些焦虑，尤其是开学初的几个星期，那些没有上过学前班的学生更是如此 • 对不成文的恰当的课堂行为规则不熟悉 • 注意保持时间短，注意力容易分散 • 很少进行自我调节 • 渴望得到教师的喜爱和认可 • 社会技能方面存在明显的个体差异	开学第一天，1 年级教师在吃完午饭后就立即召集学生在教室前面读故事书，在她开始阅读之前，她解释了安静坐着的重要性，这样每个人都可以听到故事，当学生偶尔做出可能会分散他人注意力的行为时，她会轻轻地提醒他们应该怎么做	• 在开学之前邀请学生和家长参观教室 • 优先考虑与学生建立温暖和支持性的关系 • 明确可接受的行为；温和但始终如一地纠正不良行为 • 保持任务相对短而集中 • 创建一个聚会的地方（如地毯），让学生可以坐在一起进行全班活动 • 让学生经常有机会释放被压抑的能量 • 创建学生可以独立完成任务的区域
3 ~ 5	• 渴望得到教师和同伴的认可 • 对情绪比较外露的教师（如经常微笑的教师）更加关注 • 自我调节技能 • 对自己和他人的思想和动机进行反思的能力日益提高 • 如果持续遭遇学习和社交方面的失败，逃学的可能性就会增加	9 岁的贝利经常在课堂上做出具有破坏性的和不适合社交的事情，以至于同学都尽可能地避开她。有几次，她的教师把她拉到一边，温和地要求她做一些有益的行为，例如，教师说"贝利，我很高兴有你在我的班级，但如果你在回答问题之前先举手，它真的对我很有帮助，我想这对你也是如此，这样，其他孩子也有机会回答问题"	• 利用双向日志定期和学生交流 • 在语言和行为方面经常向学生表明你关心他们的学业进步和情绪健康 • 给学生提供更多独立完成任务的机会，同时给他们提供充分的指导 • 在有不同意见和分歧的时候，让学生反思彼此的想法和感受 • 尝试与不参与课堂的孩子建立亲密的、支持性的关系
6 ~ 8	• 对进入中学非常焦虑 • 学习的内部动机下降 • 越来越倾向于挑战传统的学校行为规范（如关于服装和发型的规范） • 作弊行为增加；如果学生觉得教师尊重他们并尽力帮助他们，作弊行为就会减少 • 非常关心自身能力的提高和是否被同伴接纳 • 欺凌行为日益增加	14 岁的 D. J.（一个忽视型的母亲的儿子）经常从一个亲戚家搬到另一个亲戚家，他现在在上 7 年级的第二年，在学校他总是做一些破坏性的和不尊重他人的行为，当他叫同学"混蛋"时，教师会把他拉到一边说："我不会容忍那个带有冒犯性的词，但我知道你在家里经历了很多，我真的希望你在学校取得成功，我可以怎么帮你？" D. J. 开始在作业上向教师寻求帮助	• 找机会在课外和学生接触（如一起参加体育活动） • 使课程与学生的生活相关并紧密相连 • 禁止一切可能威胁学生安全和健康的着装方式（如种族主义 T 恤、性暗示的服装），但在其他方面给予学生一些表达自由的着装方式 • 提供学习上足够的支持，使学生没有理由作弊 • 不要容忍欺凌和其他形式的攻击，并强调不能容忍的原因 • 多接触那些不太爱与人交往的学生（如邀请他们和你一起在教室吃午饭）

（续表）

年级水平	典型年龄特征	示例	建议策略
9 ~ 12	• 对进入高中感到焦虑 • 社交和恋爱关系会分散注意力 • 一些学生的自我调节能力很强 • 作弊率高，部分原因是同龄人认为这是可以接受的 • 鄙视努力争取教师认可的同学（即"马屁精"） • 有些人倾向于认为不良行为会赢得同龄人的钦佩 • 暴力行为增加，尤其是在低收入地区的学校	当教师看到 16 岁的杰罗德独自站在舞会上时，他走近这个男孩以表示同情。"记得我第一次参加学校舞会时，"教师告诉他，"我也觉得特别别扭，我太害羞了，不敢请女孩跳舞，又怕出丑。你认为我们可以做些什么来让这些事件不那么可怕？"杰罗德微笑着承认他也有同样的感觉，他们集思广益，一起讨论在跳舞时如何让自己感觉更舒服	• 请记住，即使是在高中，学生在与教师建立支持性的关系时也会取得更高的学业成就 • 定期开展涉及社交互动的活动 • 当学生缺乏自我调节能力时，提供指导和支持以帮助他们完成任务 • 描述什么是作弊及为什么它是不被接受的 • 私下表扬而不是公开表扬 • 积极应对暴力行为

资料来源：Blanton & Burkley，2008；Blugental，Lyon，Lin，McGrath，& Bimbela，1999；K. Carter & Doyle，2006；Castagno & Brayboy，2008；Cizek，2003；Cook & Coley，2017；Emmer & Gerwels，2006；Espinoza & Juvonen，2011；Fingerhut & Christoffel，2002；Hamre & Pianta，2005；J. N. Hughes，Luo，Kwok，& Loyd，2008；Ladd，Herald-Brown，& Reiser，2008；Mehan，1979；Murdock，Hale，& Weber，2001；E. O'Connor & McCartney，2007；Pellegrini，2002.

考虑个体差异和群体差异

前面我们提到了教师要一致且平等地执行班规。但在阻止一些任务外的行为和支持更有成效的行为时，最佳策略可能会因人而异。例如，当学生在各自的座位上独立完成作业时，一些人即使与同学挨得很近也能做好，另一些同学则可能因为容易被打扰而需要一个安静的地方才能做好，如靠近教师的讲台。在小组作业中，一些小组可以独立、有效地完成任务，另一些小组则可能需要大量的指导和监督。

影响课堂行为的一个重要的因素是气质：学生天生倾向于精力充沛、易怒、冲动等特质的程度。要想成为真正有效的课堂管理者，我们必须认识到，学生在课堂上的不同行为部分是由于不可控制的生物倾向性。认识到这一点会影响我们对学生为什么会这样做的信念——也就是说，他会影响我们的归因——这些信念反过来也会影响我们调整课堂策略以促进有效的课堂行为的意愿（W. Johnson，McGue，& Iacono，2005；B. K. Keogh，2003；A. Miller，2006；Rothbart，2011）。

文化和种族差异

在不同文化和民族群体中长大的学生可能并不熟悉西方学校不成文的行为标准（Igoa，1995；Tyler et al.，2008）。此外，一些学生可能不熟悉那些只是间接地告诉他们应该如何做的问题和提示，如"莎莉，你愿意坐下吗"。如果我们的要求更加明确，学生往往会表现得更好（也不会感到困惑），如"莎莉，请坐下来专注于你的学习"（Adger，Wolfram，& Christian，2007；Woolfolk Hoy & Weinstein，2006）。此外，有些学生可能会因为母语不同，而遇到语言上的挑战；由于语言上的经验有限，这些学生可能根本无法理解规则和程序。

但对于来自不同背景的学生来说，最重要的还是温暖、支持性的课堂氛围（Castagno & Brayboy，2008；García，1995；Meehan，Hughes，& Cavell，2003）。例如，8 年级社会研究课上的非裔美国学生解释了为什么他们如此喜欢他们的老师。

"她让我们发表意见！"

"她会在和我们说话时看着我们的眼睛！"

"她对我们微笑！"

"当她在大厅或自助餐厅看到我们时，她会和我们说话（Ladson-Billings，1994a）！"

诸如此类的简单动作对建立师生关系和创设富有成就的学习环境大有帮助。当然，在课堂上营造一种集体感也很重要——我们和学生有共同的目标，并且在实现这些目标时相互支持。这种集体意识与许多西班牙裔、美洲原住民和非裔美国人群体中的合作精神是一致的。对于那些认为自己明显与众不同，特别担心无法融入同龄人群体的学生来说，这种集体感也可以让他们安心（G. L. Cohen & Garcia，2008；Ladson-Billings，1994a；Tyler et al.，2008）。

性别差异

平均而言，女孩与教师的关系比男孩与教师的关系更密切、更有效（Hughes，Wu，Kwok，Villarreal，& Johnson，2012；Tutwiler，2007；Wentzel et al.，2010）。一些男孩与教师的非建设性的关系可能是由多种原因造成的。男孩比女孩更容易进行身体攻击，当被要求做他们不愿做的任务时，他们比女孩更有可能表现出反对和挑衅的态度。总的来说，男孩在气质上更活跃，自制力更差，以至于他们可能无法长时间坐着不动（W. O. Eaton & Enns，1986；Rothbart，2011）。作为教师，如果我们对学生的攻击倾向及学生之间的社会关系有所了解，我们就可以阻止学生的攻击行为，尤其是男孩的攻击行为（Ahn & Rodkin，2014）。回到"明察秋毫"这个概念，我们不仅要了解课堂上发生的所有学习事件，也要了解课堂上发生的社会互动。请注意，当一名教师将一名4年级学生（现在是一名成功的大学教授）的气质考虑在内时发生了什么。

有一天，我特别焦躁……我看到里肯布罗德小姐在教室后面徘徊……几分钟后，她俯身在我耳边小声说："汤姆，你想不想出去跑步？"

我愣住了。出去跑步？我自己？在这个不是休息的时间里？是什么让这个女人无视所有学校规则并允许我跑步？我说想，然后悄悄地穿上了我的外套。我记得，我并没有在操场上跑步（别人会从大楼里看到），而是站在门外，在寒冷中，惊叹于我的自由。大约10分钟后，我回到教室，并安排好了今天剩下的时间（Newkirk，2002）。

社会经济差异

对于在家中面临特殊困难（贫困、暴力、无家可归等）的学生来说，获得教师的喜爱、尊重和支持更为重要。这些学生中的一些人可能会容易生气和不尊重课堂行为，这无疑是由他们在校外的困难环境造成的（R. K. Payne，2005）。然而，当经济贫困的学生在他们的生活中有一个或多个有爱心、值得信赖的成年人时——并且当他们经常来到温暖的、可预测的和可靠的教室时——他们通常会有强烈的自我价值感和自主感。因此，他们更有能力在学校和外部世界取得成功。换句话说，他们更有可能具有超越不利环境的心理韧性（Abelev，2009；B. E. Becker & Luthar，2002；Masten，2001；Polakow，2007）。

适应有特殊需要的学生

如果课堂有序且结构合理，大多数有特殊需要的学生可以更容易地适应普通的教育环境。与非残障的同龄人相比，残障学生从课堂中获益更多。在这些课堂上，执行特定任务的程序是清晰的，对学生行为的期望是明确的，对不恰当行为的处理是一致的（Heward，2009；Pfiffner，Barkley，& DuPaul，2006；Scruggs & Mastropieri，1994）。尽管一些残障学生可能需要大量的指导和支持才能表现得体，但是除非存在情有可原的特殊原因，残障学生在违规时必须和其他学生承担同样的后果。表13.2为容纳有特殊需要的学生提供了许多建议。

表 13.2　为有特殊教育需要的学生创建富有成效的课堂环境

类别	可能观察到的特征	建议策略
有特定认知障碍或学业困难的学生	· 难以将注意力集中在任务上 · 不恰当的行为，如多动、冲动、破坏和注意力不集中（部分学生） · 时间管理能力差和 / 或完成任务的方法混乱（部分学生）	· 在学生独立做作业时进行密切监督 · 确保学生理解他们的任务，给他们额外的时间完成任务 · 明确你对行为的期望并始终如一地执行规则 · 对良好行为予以立即强化（如表扬）；具体说明你正在强化的行为 · 对于多动的学生，计划一些短期活动，帮助他们在体育活动后（如休息后）安定下来 · 对于冲动的学生，教给他们自我调节的策略（如适当行为的口头自我提醒） · 教给学生组织时间和学习的策略（例如，将日常活动的时间表贴在课桌上，提供一个方便学生在学校和家庭之间携带作业的文件夹）
有社交和行为问题的学生	· 经常明显地表现出不恰当的行为，如行为过激、攻击、不守纪律、破坏或偷盗（部分学生） · 难以控制冲动 · 由于环境变化、习惯被打破或感官上的刺激过度而诱发不恰当的行为（那些患有自闭症谱系障碍的学生） · 难以与同伴有效互动 · 将注意力集中在学习任务上存在困难 · 有和教师进行权力斗争的倾向（部分学生）	· 明确表达哪些行为是可以接受的，哪些行为是不可以接受的；制定并执行行为规则 · 制定一个可预见的时间表；在学生要打破常规之前提醒他们 · 明确地教授社会技能 · 在学生独立做作业时密切监控他们 · 在课堂生活的某些方面给学生自主感；尽量少应用强制技术 · 付出更多努力让学生觉得你把他当成独立的个体来关心
认知和社会功能普遍滞后的学生	· 偶尔有破坏课堂的行为（部分学生） · 如何行动要依靠别人的指导 · 当要求很明确时表现出更多适宜的课堂行为	· 对课堂行为建立清晰、具体的规则 · 必要时提醒学生什么是适当的行为，使指导简单化 · 用结构化的行为主义方法促进期望行为 · 对于学生的哪些行为合适、哪些行为不合适，给予清晰的反馈
有身体障碍或感知困难的学生	· 与同学的社交隔离（部分学生） · 难以像其他学生一样快速完成任务 · 理解口头暗示、指导和其他口语信息存在困难（针对患有听力损失的学生）	· 在班级建立强烈的集体感 · 在适当的时候，给予学生额外的时间来完成任务 · 如果课堂上有一个或多个患有听力损失的学生，应尽量减少不必要的噪声
认知发展超前的学生	· 一些学生表现出与任务无关的行为，经常由于很简单的作业或活动感到厌烦	· 布置一些与学生的认知能力相匹配的任务

资源来源：Barkley, 2006; Beirne-Smith, Patton, & Kim, 2006; Buchoff, 1990; M.-L. Chang & Davis, 2009; B. Clark, 1997; Dai, 2010; Dempster & Corkill, 1999; S. C. Diamond, 1991; D. A. Granger, Whalen, Henker, & Cantwell, 1996; N. Gregg, 2009; Heward, 2009; Koegel, Koegel, & Dunlap, 1996; Mendaglio, 2010; Mercer & Pullen, 2005; Morgan & Jenson, 1988; Patton, Black-bourn, & Fad, 1996; Pellegrini & Horvat, 1995; Turnbull, Turnbull, & Wehmeyer, 2010; Winner, 1997.

拓展课堂之外的集体意识

13.2　解释教师如何与同事、社区机构和家长共同努力，以充分促进学生的学业发展和个人发展

学生的学习和发展不仅取决于课堂内发生的事情，还取决于学校的其他地方、社区及家里发生的事情。为了最有效地促进学生的学业发展和个人发展，我们应该与学生生活中的其他有影响力的人——学校的其他教职员工、社区机构的专业人员，尤其是学生的家长或其他主要照顾者——协调我们的努力。在理想情况下，我们应该将这种共同努力视为伙伴关系，在这种伙伴关系中，每个人都在努力促进学生的长期发展和学习。

与其他教职员工合作

所有学校教职员工都要使用以下策略传达一致的信息和期望。

- 关于学生将要学会什么和达到什么样的成就形成共同目标。
- 一起努力，找出并克服阻碍学生取得成就的障碍。
- 建立一套通用的学生行为标准，以及系统的、全校范围的程序，以鼓励有益的和尊重他人的行为。
- 做出集体承诺，促进平等和多元文化敏感性（Battistich，Solomon，Watson，& Schaps，1997；K. L. Lane，Kalberg，& Menzies，2009；J. Lee & Shute，2010；Levine & Lezotte，1995；T. J. Lewis，Newcomer，Trussell，& Richter，2006）。

一种越来越流行的方法是全校范围的积极行为干预和支持，其中学校教职员工会联合起来，明确地定义、教授和强化适当的行为，并根据学生的需求提供不同级别的支持（Ihlo & Nantais，2010；Osher，Bear，Sprague，& Doyle，2010；J. S. Warren et al.，2006）。

比较理想的情况是，我们不仅要在自己的班级内建立一种集体感，而且要在校园内建立一种**学校集体感**（sense of school community）——一种共同的信念，即学校内的所有教师和学生共同努力，帮助每个人学习并取得成功（Battistich，Solomon，Kim，Watson，& Schaps，1995；Battistich，Solomon，Watson，& Schaps，1997；M. Watson & Battistich，2006）。当一所学校具有真正的集体感时，学生通常会收到两个非常重要的信息：（1）所有教职员工都在努力，帮助学生成为知识渊博且有益的公民；（2）学生可以且应该互相帮助。学校集体感的意义不仅包括在个别教室内，而且包括跨教室和年级之间的密切的学生－学生关系。跨班同伴辅导、课外活动、学生参与学校决策、学校吉祥物的频繁使用和其他传统学校标志——所有这些都有助于营造一种学生是相互支持的学校这个"家庭"中的成员的感觉（Juvonen，2006；Nucci，2009；D. R. Robinson，Schofield，& Steers-Wentzell，2005）。

当教师和学生都有一种学校集体感时，学生对学校的态度会更加积极，获得较高水平成功的动机也会更加强烈，还能表现出更多的亲社会行为，以及更倾向于与来自不同文化背景的同伴交往。教师也会对他们的学生有更高的期望，并对他们的教学有效性持有更高的自我效能感（Battistich et al.，1995，1997；J. A. Langer，2000）。事实上，当教师共同合作时，他们将有更高的集体效能感——一种相信通过团队合作肯定能对学生的学习和成绩产生影响的信念，这种集体自信实际上是与学生的学业成绩相关的（Goddard，Hoy，& Woolfolk Hoy，2000；J. Lee & Shute，2010；Sørlie & Torsheim，2011）。这样的团队精神对新教师更有利：它能给他们提供支持结构（脚手架），尤其是当他们的学生中存在面临学业失败风险的学生时。当新教师与他们的同事进行定期合作时，他们对自己帮助学生学习和取得较好的成绩的能力更有信心（Chester & Beaudin，1996）。

与社区充分合作

学生几乎总是与学校以外的其他机构保持定期联系，这些机构可能包括青年团体、社区组织、社会服务机构、教堂、医院、心理健康诊所和当地司法系统。有些学生生活在与我们截然不同的文化环境中。作为教师，如果我们了解学生生活的环境，并且将自己视为促进儿童和青少年长期发展的更大社区中不可或缺的成员，我们的效率就会提高。例如，我们必须通过学习课程和参与当地社区活动来帮助我们了解学生的文化背景（Castagno & Brayboy，2008；McIntyre，2010）。我们还必须与在学生生活中发挥重要作用的其他人和机构保持联系，让他们在任何可能的情况下协调我们的努力（J. L. Epstein，1996；Kincheloe，2009）。

与家长合作

作为教师，我们必须与学生的家长和其他主要监护人合作。在与来自不同文化背景的学生一起工作时，建设性的家长－教师关系可能尤其重要，而在与患有身体、认知或行为障碍的学生一起工作时，这种关系是必不可少的（Hidalgo，Siu，Bright，Swap，& Epstein，1995；Iruka，Winn，Kingsley，& Orthodoxou，2011；Reschly & Christenson，2009；Waasdorp，Bradshaw，& Duong，2011）。

我们必须记住，家庭有各种形式，并且学生的主要监护人并不都是父母。例如，在一些少数族裔社区中，祖母担负着抚养孩子的重要责任（Dantas & Manyak，2010；Stack & Burton，1993）。为了让我们的讨论更简单，在接下来的内容中，我们会使用"家长"一词，来指代所有的主要监护人。

与家长沟通

我们应该在开课后立即与家长建立联系——甚至可能在此之前——并在整个学年与他们保持定期联系。我们应该将学生的成就告知他们，并让他们了解任何持续干扰学生学习和取得成就的行为。定期沟通也是家长给我们提供信息的一个重要渠道，这可能会激发关于我们如何最有效地与学生一起工作的新想法。此外，定期沟通使我们能够将课堂策略与家长在家中使用的策略相协调。与家长的沟通不应该只发生在学生行为不当时；事实上，当我们与学生建立了良好的关系时，交流会特别有益（McCormick，Cappella，O'Connor，& McClowry，2013）。以下是加强学校与家庭沟通的几种常见机制。

家长－教师商讨会

大多数学校每年都会安排一次或多次正式的家长－教师商讨会。我们可能经常想让学生参加会议——基本上就是形成家长－教师－学生会议——在某些情况下，我们甚至可能会要求学生主导会议。通过学生主导会议，我们可以提高家长参会的概率，鼓励学生反思自己的学业进步，并锻炼学生的沟通能力和领导能力。此外，教师、学生和家长都倾向于在离开此类会议时对已经取得的进展和需要采取的后续措施达成共识。然而，即使学生确实主导了会议，教师发挥积极作用仍然很重要，因为家长希望得到教师的反馈！图 13.6 提供了有效召开会议的建议。

书面交流

书面交流可以采取多种形式。它可以是在学年开始前发送给学生和家长的一封欢迎信。它可以是记录学生进步的每周清单。它可以是快速的、非正式的一张便条或一封电子邮件，用来确认一项重要的成就。它可以是一封致家长的信，解释你如何与学生一起渡过困难时期（如同学的意外死亡）。它也可以是描述课堂活动、家庭作业期望等的实时通讯。所有这些都有两个共同点：既让家长知道学校所发生的事情，又表达了一种想长期与家长保持联系的意愿。

班级网站

现在有许多教师创建班级网站，在上面发布教学目标、作业等。事实上，有些学校现在要求使用此类网站。通常，家长和学生都可以访问班级网站，但与电子邮件一样，它最适合经常使用计算机和互

对家长－教师商讨会的建议

- 在不影响家长的工作和其他职务的时间安排会议。
- 包容文化差异。例如，邀请在照顾孩子方面发挥关键作用的大家庭成员，以及一个值得信赖的、为非英语母语人士翻译会议内容的人。
- 提前做好准备。例如，回顾你对学生的了解（如学业进步、课堂行为）、组织你的想法、为会议制定议程，并提供学生手头作业的示例。
- 营造温暖的、不带偏见的氛围。例如，对家长的到来表示感谢，并鼓励他们表达自己的想法和观点。请记住，你的目标是与家长进行合作和建设性的工作，为学生创造最好的教育计划。你也要记住，有些家长在学生时代可能有过糟糕的个人经历，因此他们可能以为自己在参加会议时会遇到困难。
- 描述你对学生的总体目标和期望。
- 避免使用家长可能不熟悉的教育术语；以非教育工作者可以理解的方式描述学生的表现，如果你向家长报告标准化测验成绩，请确保你可以向他们解释测验分数，而不仅仅是报告看起来毫无意义的数字。
- 寻求积极信息。例如，请家长描述学生的强项和最喜欢的活动。
- 和家长共同探索可以支持彼此促进学生发展的可能方式。
- 用积极的语言结束会议——可以是以总结学生的优点或取得的进步来结束会谈。
- 说到做到。

对学生主导的商讨会的附加建议

- 提前和学生见面，就适宜的工作模式达成一致意见。
- 在课堂上示范和角色扮演有效的商讨会形式，给学生时间与同学练习。
- 当家长不能参加会议时，安排一个替代观众（如学生以前的教师或可信赖的朋友）旁听。
- 如果家长很希望的话，可以提供额外的时间，找个学生不在场的机会和家长见面。
- 会后和学生讨论哪些部分做得好，以及你们二人可以如何改进下一次会议。

图 13.6　对召开家长－教师商讨会的建议

联网的家长。

电话交流

在小学，电话是教师开学前做自我介绍和跟进家长错过的会议的有效方式（C. Davis & Yang, 2005; Striepling-Goldstein, 2004）。不管在哪个年级，当不寻常的事情发生时，电话都是常用且适宜的联系方式——当学生取得了重要的进步，或者最近的表现意外地下降时。在通常情况下，家长会在有不好的事情发生时接到教师的电话——学生成绩很低或行为不当；当有好事发生时，教师也应试着给家长打电话，如告诉家长学生的表现有进步或为他人做了好事，或者只是"签到"并说一切顺利。当家长意识到孩子的成功并对孩子的能力产生积极的看法时，孩子的学业成绩就会提高（Gut, Reimann, & Grob, 2013）。同样，教师也要让家长感觉到他们可以随时给教师打电话，因为许多家长在孩子上课期间都在工作，所以教师和家长在晚上的早些时候进行电话交流会比较合适。

家长讨论小组

在某些情况下，我们可能希望召集一群家长来讨论共同感兴趣的议题——也许是课程中包含的特定主题，也许是家长可以用来促进孩子的学业、人格和社交发展的有效策略（J. L. Epstein, 1996；Fosnot, 1996；Rudman, 1993）。一些教师成功地利用家长"咖啡之夜"或"咖啡之晨"，向家长解释一种新的教学策略，在此期间，学生也可以读他们写的诗或短篇故事。

请家长参与学校活动

归根结底，与家长沟通和合作的最佳方式是让他们积极参与学校生活和孩子的学习，也许还可以让其他家庭成员参与进来。那些参与学校活动的家长的孩子出勤记录更好、成绩更高、对学校的态度也更积极。虽然这些相关性的原因我们并不完全清楚，但它们似乎部分是由于积极参与学校活动的家长可以更有效地协调他们在家中的努力和教师在课堂上的努力（N. E. Hill & Taylor, 2004；Hindman & Morrison, 2011；Lam, Chow-Yeung, Wong, Lau, & Tse, 2013；Monti, Pomerantz, & Roisman, 2014）。

家长参与学校活动的形式多种多样。例如，我们可以：

- 邀请家长参加家庭开放日或晚上的音乐表演；
- 邀请家长在周末的募捐活动上帮忙；
- 在上学期间，征集家长做实地考察、特殊项目或个人指导的志愿者；
- 把家长和其他社区成员作为了解当地多元文化观念的重要资源（C. Davis & Yang, 2005；McCarty & Watahomigie, 1998；McIntyre, 2010；Minami & Ovando, 1995）。

许多家长只有在收到特定邀请，并且知道学校的工作人员真正希望他们参与时，才倾向于参与此类活动（C. L. Green, Walker, Hoover-Dempsey, & Sandler, 2007；Serpell, Baker, & Sonnenschein, 2005）。一些家长——尤其是来自某些少数群体或低收入家庭的家长——可能不会认真对待一般的、开放式的邀请。个人的邀请就完全不一样了，正如下面这位母亲所描述的。

> 问题是，如果没有人走到我这里并明确地跟我说，我是不会举手说"我来做"的。你总是把家长叫来，黑人家长可能很愿意，但也有点害羞，不会说："我的确愿意参加这项活动。"你可以把表格发给我，但我可能永远都填不完，或者我会考虑一下这个事情但不交回表格，但你知道如果是校长、某位教师、我儿子的数学老师打电话问我是否愿意……（A. A. Carr, 1997）。

来自不同的低收入家庭的家长的参与程度有所不同，这具体取决于所考虑的家长参与类型。当孩子在学校表现不佳或表现出攻击性时，家长会在家庭作业方面提供更多的帮助，并且更有可能主动与教师见面。相比之下，当孩子在学业上表现良好且不表现出攻击性时，家长更有可能真正来到学校并在学校环境中为他们的孩子提供支持（Hoglund, Brown, Jones, & Aber, 2015）。

家长在帮助孩子做家庭作业方面也发挥着不可估量的作用。即使家长本身没有什么学习技能，也可以提供有价值的支持——例如，告诉孩子做好家庭作业的重要性、提供一个安静的学习场所，以及根据家庭作业的完成情况确定孩子看电视的时长。家长做这样的事情越多，孩子取得的成绩可能就越好。此外，许多家长都很乐意接受教师提出的关于如何更好地帮助孩子的建议。因此，你可以帮助家长了解，当他们被视为支持时，参与家庭作业将特别有益；与家庭作业有关的冲突和干扰实际上可能不利于孩子成绩的提高（Dumont, Trautwein, Lüdtke, Neumann, Niggli, & Schnyder, 2012；Dumont, Trautwein, Nagy, & Nagengast, 2014；S. Hong & Ho, 2005；J. Lee & Shute, 2010；J.-S. Lee & Bowen, 2006；Patall, Cooper, & Robinson, 2008；J. M. T. Walker & Hoover-Dempsey, 2006）。

鼓励积极性不高的家长

尽管我们尽了最大努力，仍有少数家长不参与孩子的教育，例如，一些家长几乎从不参加学校定期举行的家长–教师商讨会。但是在我们过早地得出这些家长对孩子的教育不感兴趣的结论之前，我们必须确认是否存在他们不愿意和我们联系的可能原因。有些人可能工作非常忙或一直没有时间照顾自己的孩子；有些人可能不太会用学校系统，或者认为因为自己的担忧去打扰教师是不合适的；还有一些人在他们自己还是学生时可能有过糟糕的经历，以至于他们在学校里感觉不舒服。一些家长可能是精神疾病或物质滥用的受害者，这限制了他们在经济、学业或其他方面支持孩子的能力（Bornstein & Cote，2010；Carbrera，Shannon，West，& Brooks-Gunn，2006；Cazden，2001；Dantas & Manyak，2010；J.-S. Lee & Bowen，2006；Ogbu，2003）。

经验丰富的教育工作者提供了许多建议，让积极性不高的家长更多地参与孩子的教育：

- 付出额外的努力来获得家长的信任和信心——例如，通过证明他们的贡献既有帮助又值得赞赏；
- 当家长有顾虑时，鼓励他们表达出来；
- 邀请其他重要的家庭成员（如祖父母、姨母、叔叔）参加学校活动，尤其是在学生生活的文化背景很看重大家庭的情况下；
- 提供有关家长可以轻松在家与孩子一起进行的学习活动的建议；
- 了解家长是否有某些方面的专长（如木工、烹饪），并请他们和学生分享他们的本领；
- 提供一些不需要他们离开家就可以完成的志愿者工作（例如，如果学生不能确定布置的作业时，可以打电话给他们）；
- 确定一些能帮忙翻译的特定家长（如双语者）；
- 如果欢迎，可以进行家访；
- 在学校大楼为家长提供资源——例如，与社会和卫生服务部门联系，或者提供英语、识字、家庭维修和手工艺课程（Castagno & Brayboy，2008；Dantas & Manyak，2010；C. Davis & Yang，2005；J. L. Epstein，1996；Finders & Lewis，1994；Hidalgo et al.，1995；G. R. López，2001；Salend & Taylor，1993；M. G. Sanders，1996；J. M. T. Walker & Hoover-Dempsey，2006）。

另一种潜在的有效策略是当学生在学校表现好的时候，给予家长和学生积极的强化。一名为很多移民学生服务的学校管理者是这样做的：

> 我们要做的一件事是……找出那些全勤的学生，以及那些参加州范围内所有领域的考试并通过的学生，我们不表扬这些学生，我们表扬他们的家长，我们给这些家长颁发证书。因为，我们要告诉他们："正是因为你们的努力和辛苦工作，你们的孩子才取得了这样的成绩（G. R. López，2001）。"

一些家长可能会抵制我们让他们参与孩子的学习所做的所有努力。尤其是在这样的情况下，我们不能因为家长的行为或不作为来惩罚学生，我们必须认识到，作为教师，我们是这些学生生活中最重要的学业资源和情感资源。

在与家长合作时考虑文化差异

在与学生的家长合作时，我们必须意识到，来自不同文化和民族群体的人有时对如何及在多大程度上控制孩子的行为有着截然不同的想法。例如，许多来自亚洲文化的家长希望孩子毫无疑问地服从权威，这些家长通常认为西方教师对学生过于宽容（Dien，1998；Hidalgo et al.，1995；Kağitçibaşi，2007；Tamis-Lemonda & McFadden，2010）。相比之下，一些美洲土著家长认为孩子有权自己做决定，从他们的角度来看，良好的养育方式包括提供温和的建议和指导，而不是坚持让孩子以某种方式行事（Deyhle & LeCompte，1999）。一些文化和宗教团体使用排斥来使孩子遵守规则：忽视儿童——如给予"沉默对待"——很长一段时间（K. D. Williams，2001）。我们需要警惕一些暗示来自某些文化群体的家长不想参与学校教育的刻板评论；大多数家长确实希望以某种方式参与其中（J. T. M. Walker, Ice, Hoover-Dempsey, & Sandler, 2011）。

我们必须意识到，绝大多数家长都希望他们的孩子得到最好的东西，并认识到良好教育的价值。因此，当我们担心学生在学校的表现时，我们不能让家长置身事外，这一点至关重要。当我们与他们交谈时，我们必须以开放的心态倾听他们的态度和意见，并尝试找到共同点来制定帮助孩子在课堂上茁壮成长的策略。

处理不良行为

13.3　确定处理学生的不良行为的六种一般方法及每种方法可能适用的环境和文化背景

尽管我们尽了最大努力来创造促进学生学习的课堂环境，仍然有一个或多个学生偶尔会出现不良行为。为了方便讨论，我们将**不良行为**（misbehavior）定义为打扰课堂学习和计划好的教学活动，损害同学的身体安全或心理幸福感，或者违背基本的道德和伦理规范的行为。一些不良行为的严重程度相对较轻，对学生的成绩几乎没有长期影响。诸如乱说话、在课堂上给同学写小纸条，以及在截止日期之后提交家庭作业等行为——特别是如果这些行为不经常出现——通常属于这一类。其他不良行为要严重得多，因为它们肯定会干扰一个或多个学生的学习或生活。例如，当学生对教师大喊大叫、殴打同学或习惯性地拒绝参加学习活动时，课堂学习——当然是有罪一方的学习，有时也包括其他学生的学习——可能会受到不利影响，进而影响整体的课堂氛围。

在任何一个班级中，通常都只有少数学生要为绝大多数不良行为负责（W. Doyle, 2006）。这些学生往往是我们面临的最大挑战之一，我们很容易将这些不良行为视为他们失败的原因。然而，我们必须积极、努力地使他们朝着更有成效的方向发展：如果没有教师和其他有爱心的成年人的积极干预，那些在低年级一直捣乱或以其他方式偏离学习任务的学生可能会在以后继续表现出行为问题（Dishion, Piehler, & Myers, 2008; Emmer & Gerwels, 2006; Vitaro, Brendgen, Larose, & Tremblay, 2005）。此外，当新教师感到自己可以有效地管理学生的行为时，他们会更喜欢自己的工作，并且对工作感觉更好（Dicke, Parker, Marsh, Kunter, Schmeck, & Leutner, 2014）。作为教师，我们需要提前计划如何解决学生的不良行为。我们还需要为课堂上的行为管理承担个人责任——有时学生的学习成绩受到影响更多地是因为教师不了解有效的管理技巧，而非学生的实际行为（Hochweber, Hosenfeld, & Klieme, 2014）。

尽管我们必须在公然违反规则的后果上保持一致（回想一下我们之前对一致性和公平的讨论），但从长远来看，许多策略对于减少破坏性的行为都是有用的。我们需要始终如一地向学生提供各种干预措施。例如，低收入的非裔美国男孩，以及女同性恋者、男同性恋者、双性恋者和问题青年，往往比其他学生更容易受到更多的纪律处分（Petras, Masyn, Buckley, Ialongo, & Kellam, 2011; Poteat, Scheer, & Chong, 2016）。

在这里，我们将研究几种一般策略及其适当的应用：忽略某些行为、暗示学生、和学生私下讨论问题行为、教授学生自我调节的策略、与家长协商，以及进行有计划的、系统的干预。我们还将讨论如何识别微攻击。

忽略某些行为

有时，最好的行动就是不行动，或者至少是不采取惩罚性的行动。请思考以下情境。

- 迪米特瑞很少违纪，但有一次，你刚给学生布置完任务，要他们安静地在各自的座位上做作业，就发现她和旁边的女生讲了一会儿话，其他同学似乎没注意到她暂时没有服从你的指令。

- 亨利粗心大意，在化学实验室里不小心打翻了一个液体容器——很幸运的是该液体对人体没有伤害，他很快道歉并收拾了残局。

这些行为会影响迪米特瑞和亨利的学业成绩吗？他们会像康奈尔女士课堂上的那三个问题学生那样将具有"传染性"的行为传播给其他学生吗？这两个问题的答案都是"可能不会"。

每当我们为了处理不良行为而暂停教学活动时，即使只有几秒钟，都可以扰乱活动的势头，并将学生的注意力吸引到行为不当的同学身上。此外，通过将其他学生的注意力吸引到特定的不良行为上，我们可能在无意中强化了它。

在下列情况下，忽略不良行为通常是合理的：
- 当这种行为很少出现且可能不会重复出现时；
- 当这种行为不太可能传播给其他学生时；
- 当这种行为由异常的和临时的情况（例如，放假前的最后一天上学、学生的个人生活中令人不安的事件）造成时；
- 当这种行为是该年龄段的典型行为时（例如，幼儿园的儿童久坐后变得焦躁不安；在进行舞蹈训练时，6 年级的男生和女生拒绝手拉手）；
- 当这种行为的自然结果令人不快，以至于阻止学生重复它时；
- 当这种行为不干扰课堂学习时（G. A. Davis & Thomas, 1989; W. Doyle, 1986a, 2006; Dreikurs, 1998; Munn et al., 1990; Silberman & Wheelan, 1980; Wynne, 1990）。

迪米特瑞的行为——在独立作业时和旁边的同学私语了几句——不太可能传播给其他同学（他们没有看到她这样做），也不可能是在作弊（发生在她开始做作业之前）。亨利的行为——在化学实验室打翻了一个液体容器——本身就导致了一个令人不快的结果：他必须收拾残局。在这两种情况下，忽略不良行为是最好的办法。

暗示学生

某些与学习无关的行为，尽管本质上不严重，但会干扰其他同学的学习，因此必须予以制止，以下这些情境就是例证。

- 你正在讲解一个很难的概念，马杰里正在忙着写什么。一开始你以为他在记笔记，但是后来你发现他把纸条传给过道那边的康。几分钟后，你看到康又把同样的纸条传回给马杰里，很显然这两个学生在应该听课的时候传纸条。
- 当你把学生分成几个小组进行合作时，有一组学生总是做与任务无关的事情，如果这组学生不立即投入到任务中，他们可能就无法完成任务。

高效的课堂管理者会尽可能不引人注目地处理这些小的行为问题：他们不会停止讲课、打扰其他学生，或者把学生的注意力吸引到要制止的行为上。在许多情况下，他们会使用暗示（cueing）的方法——给出一个简短的信号（可能是一个严厉的表情或一个简单的口头指示）——来传达错误行为已经被注意到，并且应该停止。在理想情况下，这种暗示将学生的注意力集中在应该做的事情上，而不是没有做的事情上（Evertson & Emmer, 2009; K. L. Lane et al., 2011）。例如，与其责备学生在合作小组活动中过于吵闹，不如说"请大家在交换意见时小点儿声，以免分散其他小组的注意力"。

与学生私下讨论问题

有时简短的暗示不足以纠正一个学生的不良行为。请思考以下情境。

- 阿隆佐在第三节课（你的代数课）时老是迟到。当他最终到达时，他又要花费更多的时间从书包里掏出教材和其他科目的材料。你经常提醒他准时上课的重要性，但他还是迟到。
- 塔拉很少完成课堂任务；事实上她经常不做。

在以前的许多场合中，你都尝试温和地让她完成任务，但都没有成功。今天当你用眼睛看着塔拉，直截了当地叫她投入到学习中时，她挑衅地说："我不想做，你管不着。"

在这些情境下，私下找学生谈话是比较合适的。谈话必须是在私下进行的，有几个原因：第一，正如我们以前所提到的，吸引同学注意到一个问题行为，实际上会增加而不是减少该行为的发生频率；第二，同学的关注将使该学生感到过度尴尬或羞耻——这些感受会使他未来在学校时感到很焦虑；第三，当我们花费过多的时间处理一个不良行为时，其他学生也容易脱离当前的任务（W. Doyle，2006；Emmer & Gerwels，2006；Scott & Bushell，1974）。

私下谈话给了教师一个机会向学生解释为什么一些行为是不被接受且必须禁止的。它们也让学生有机会解释他们为什么会这么做。例如，阿隆佐将会解释说他有糖尿病，必须在第二节课到第三节课之间检查自己的血糖，所以他才会长期迟到。他能自己完成这一切，但他更愿意去学校护士办公室做检查。同时，塔拉可能会描述由于无法理解的主题和任务而带来的长期挫败感。一名患有阅读障碍的男孩曾在接受研究人员的采访时表达了这样的沮丧。

> 他们（老师）过去常常在星期一发给我们作业本。有一天，我的老师递给我一摞约 30 厘米厚的东西，当我走出教室时，那儿有个大的垃圾箱，我当着大家的面（包括老师）把这摞东西扔进垃圾箱，然后走了出去。我这样做是因为我看不懂她给我的东西。我希望老师明白这一点。当我这么做的时候，它像是一种伤害。因为我真的想这么做，但我做不到，所以事情并不像我说的那样：我走到垃圾桶把它扔进去（Zambo & Brem，2004）。

从长远来看，学生的解释通常会为教师提供如何最好地处理他们的行为的线索。例如，考虑到阿隆佐的糖尿病，他持续地上课迟到可能是不可避免

的。或许我们可以给他重新分配一个靠门的座位，让他可以不引人注目地走进教室上课，我们也可以让他旁边的学生安静地告诉他正在进行的课程。塔拉对自己的学业感到沮丧，这表明她需要额外的脚手架来帮助她取得成功。它也暗示了可能存在的、没有被诊断的学习障碍，我们可能需要将其转介给学校心理学家或其他诊断专家。

然而，学生并不总是能做出合乎逻辑的解释。例如，也许阿隆佐迟到的原因只是他喜欢和朋友在大厅里玩耍，也许塔拉不想做课堂任务是因为（正如她所说的）"我厌倦了别人总是告诉我该做什么"。在这种情况下，我们不能与学生发生权力斗争——一个人通过某种方式控制另一个人而获胜。以下几种策略可以减少这种权力斗争发生的可能性：

- 以冷静的、实事求是的方式描述你所看到的问题（"在过去的三周里，你没有交过一次作业，你和我都希望你在课堂上表现好，但除非我们都努力做到这一点，否则这是不可能实现的"）；
- 将问题视为涉及非建设性行为的问题，而不是人格缺陷（"这个月你几乎每天都迟到"）；
- 共情式地倾听学生所说的话，公开接受他或她的感受和意见（"我觉得你不太喜欢我的课；我真的很想听听你的担忧"）；
- 总结你对学生所说的话的看法，必要时进行澄清（"听起来你好像不想让同学知道你在学习上遇到了麻烦，是这样吗，还是有什么其他问题"）；
- 使用**"我"信息**（I-message）：也就是说，以一种平静的、非指责性的方式描述问题行为的影响，包括你个人对它的反应（"你每天上课迟到，我担心你越来越落后，而且我感觉你似乎不珍惜在我课堂上的时间"）；
- 让学生从两个或多个可接受的选项中进行选择（"你是愿意在你的小组里安静地工作，还是自己找个地方完成学习呢"）；
- 在与青少年合作时，一定要努力确定一种方

法使学生在同龄人眼中保持可信度（"我猜你可能是担心如果你按照我说的去做，同学会看轻你，我们怎么做才能解决这个问题呢"）（Colvin，Ainge，& Nelson，1997；Emmer & Evertson，2009；Henley，2010；Keller & Tapasak，2004；K. Lane，Falk，& Wehby，2006）。

最终，我们必须传达以下信息：（1）我们对学生长期的学业成绩的兴趣；（2）我们担心不良行为会干扰学生的学业成绩；（3）我们承诺与学生合作以减轻不良行为的影响。

识别微攻击

有时，学生可能会发表一些对他们来说似乎无害但可能被他人视为有害的言论或行为。此类事件被称为**微攻击**（microaggression）。微攻击在幼儿和青少年中都有发生，并且涉及的范围很广：它可能与各种问题有关，包括种族、社会经济地位、民族、性取向、能力和其他个人属性（Wintner，Almeida，& Hamilton-Mason，2017）。微攻击一般具有以下特点（Suárez-Orozco et al.，2015；Sue，2017；Sue et al.，2007；Wintner et al.，2017）：

- 它是短暂的、微妙的，并且经常有规律地发生；
- 它可以是有意的，也可以是无意的；
- 它往往不被攻击者认为是有害的；
- 它可以通过口头陈述、行为或环境线索发生；
- 它被视为侮辱或贬损；
- 它通常针对少数群体。

除非我们密切关注，否则我们可能不会注意到课堂上何时发生了微攻击。我们也可能会注意到这些事件，但不会考虑这些事件对我们课堂上的一些学生的影响。虽然每个单独的微攻击似乎都微不足道，但我们必须记住，随着时间的推移，许多微攻击的发生叠加起来可能会造成极大的创伤（Suarez-Orozco et al.，2015）。随着时间的推移，微攻击会对一个人的整体幸福感、自尊、压力水平和身体健康产生不利影响（Keels，Durkee，& Hope，2017；Nadal，Griffin，Wong，Davidoff，& Davis，2017；Ong et al.，2013；Rivera，Campón，& Herbert，2016；Wong-Padoongpatt，Zane，Okazaki，& Saw，2017）。

表 13.3 列出了一些微攻击的例子。当你阅读这些例子时，请想一想它们是如何被一些学生视为微攻击，而另被一些学生认为是无害的行为的。

教师可以使用多种策略来识别、纠正和预防微

表 13.3 微攻击的例子

微攻击	为什么这是微攻击
马克是一名 14 岁的非裔美国人，当他和他的朋友凯瑞（他是白人）到糖果店时，他觉得自己被售货员监视了，凯瑞说"你这是偏执"	马克经常在逛商店时遭受监视，凯瑞的评论让马克觉得他的体验似乎不合理，也没有被尊重
艾米对杰夫（被收养的人）说，"你认识你的亲生父母吗"	这句话对艾米来说似乎是一个简单的问题，但杰夫可能会觉得这是带有侮辱性的、尴尬的或刻薄的，这意味着他的养父母不是他"真正的"父母
弗莱彻高中的学生被允许提前离校参加附近教堂的基督教集会，非基督教学生（仅占学生总数的 10%）必须留在学校，那些学生觉得自己好像受到了惩罚	虽然大多数学生和教师可能并不认为这是有问题的，但必须留在学校的学生可能会觉得他们因为不属于主流宗教团体而受到惩罚
詹姆斯是一名带有波多黎各血统的学生，他就读于一所以白人为主的小学；当全班学生学习讲西班牙语的国家时，教师会先问詹姆斯几个关于波多黎各的问题，然后再将这些问题转给班上的其他学生	詹姆斯一直生活在美国，他觉得他被挑出来仅仅是因为他的民族传统使他具备这个主题的专业知识

资料来源：Baden，2016；Carter Andrews，2012；Dupper，Forrest-Bank，& Lowry-Carusillo，2015；Sue，2017.

攻击的发生。第一，如果课堂上发生了微攻击，请尝试关注微攻击的内容，而不是攻击者。例如，在关于艾米和杰夫的例子中，教师可能会把艾米拉到一边，专注于她的问题的内容，指出杰夫一生只认识他的养父母，对于被收养的孩子来说，养父母通常被认为是被收养者的真正父母。

第二，花时间了解班级中的不同学生。这既包括了解不同的学生群体的经历（例如，残障学生与非残障学生一起待在教室里的经历），也包括了解学生的独特经历。当教师真正花时间了解学生的生活时，他们不太可能有意或无意地关注学生的独特地位（例如，当詹姆斯的教师认为他对波多黎各很了解并渴望分享这些信息时）。

第三，不要代表微攻击的受害者与攻击者或其他学生交谈。如果班上的一个学生对另一个学生（托尼）的肥胖发表了不恰当但看似无害的评论，请不要代表托尼说话，并告诉攻击者托尼的感受；相反，你要关注微攻击的内容及它如何被视为伤害。

第四，如果你意识到你对你的学生（或同事、父母）进行了微攻击，你应该向受害者道歉。此外，你应该花时间反思该事件，并思考为什么你可能会在无意中做出微攻击行为，以及你如何避免将来再次这样做（Clay，2017）。

教授学生自我调节策略

有时，学生只需要一些如何更好地控制自己的行为的指导。请思考以下示例。

- 布拉德利在分配的任务上的表现通常很差。你知道他有能力做得更好，因为他偶尔会提交高质量的作业。布拉德利的问题的根源好像是他的大多数心思和时间都没花在学习上——他也许是在勾画跑车的草图、漫不经心地摆弄他在地板上发现的物体，或者做白日梦。布拉德利真的很想提高自己的学业成绩，但他似乎不知道该怎么做。

- 乔治娅通常未经允许就说话，例如，脱口而出问题的答案、打断正在讲话的同学，以及在不合时宜的时候发起任务外的谈话。你曾多次与她讨论这个问题，她总是发誓将来要加强自我控制。她的行为会在一两天内有所改善，但之后她又会因管不住自己的嘴而再犯。

布拉德利的分心行为干扰了他自己的学习，乔治娅的喋喋不休干扰了其他同学的学习。暗示和私下讨论并没有带来任何改善。但布拉德利和乔治娅都有自己的目标：他们想改变自己的行为。

当学生对他们的问题行为表示担忧时，教给他们自我调节技能可能会有所帮助。一项宝贵的技能是自我监控，尤其是当学生需要对问题的严重性进行现实检验时。例如，布拉德利可能认为自己花在学习上的时间比实际情况要多，因此，我们可以给他一个设置为每5分钟发出一次哔哔声的计时器，并让他在每次听到哔哔声时写下他是否在学习。同样，乔治娅可能没有意识到她经常打断同学说话，因此，我们可以让她在每次未经允许就讲话时在计数表上做一个复选标记。

如果仅靠自我监控不能奏效，自我指导可能会帮助乔治娅在课堂讨论中获得一些自我约束：

1. 闭紧我的嘴（把上下嘴唇紧紧地合在一起）；
2. 举起我的手；
3. 等我被叫到时再说话。

此外，这两名学生都可能使用自给偶联来激励自己。例如，如果布拉德利把精力放在学习任务上，每隔15分钟他就可以给自己奖励1分。乔治娅可能会在每天上课开始时给自己5分，每次违反规定就减1分。通过积累一定数量的积分，两名学生都可以获得参与喜欢的活动的机会。

自我调节策略有几个优势。首先，它帮助我们避免与学生在谁该负责的问题上发生权力斗争。其次，它增加了学生的自主感，进而增强了他们在课堂学习和取得成就上的内部动机。当学生注意到自己的行为有所改善时，自我调节策略会得到积极强化，从而增加学生在未来继续使用这些策略的可能性。当我们教学生监控和改变自己的行为，而不是依赖我们为他们做这件事时，我们就可以自由地做其他事情——如教学！图 13.7 是教师可以提供给学生的工具示例，以便学生练习监控自己的行为。

与家长协商

我们有时可能需要就严重或长期的行为问题咨询学生的父母或其他主要监护人。请思考以下情境。

- 你每天晚上都给你的学生布置一点家庭作业。卡罗琳仅仅交了三分之一的作业，你知道她有能力完成这些作业，而且你也从过去与她家长的交流中了解到，家长给了她充足的时间，也很支持她完成作业，你已经和卡罗琳谈了好几次，但她都不以为然地搪塞你，好像她并不在乎自己在你课堂上的表现。

- 学生发现，只要罗杰来过他们的附近之后，他们的书桌上和个人储物箱里的东西就会不翼而飞。几个学生还告诉你，他们看到罗杰拿别人的东西，许多丢失的物品后来都出现在罗杰那儿。当你质问他是否从同学那里偷东西时，他坚决否认。他说他不知道卡米的手套或马文的棒球交易卡是如何出现在他的书桌里的。

当学生的行为问题随着时间的推移表现出一种模式并对学生长期的学业成功或社会成功产生严重的影响时，与家长协商就显得尤为重要。在某些情况下，一通简单的电话就足够了。例如，卡罗琳的父母可能不知道她没有做家庭作业（她一直告诉他们她没有作业），但是他们能够采取必要的方法保证她完成作业。在其他情况下，我们可能需要召开会议。例如，你可能想与罗杰及其父母一起讨论他的偷窃习惯——当你们面对面坐在同一个房间里商量时，这样做会更有效。

与家长交谈的某些方式远比其他方式有效。在下面的练习中，请站在家长的立场上思考问题。

亲身体验

站在家长的立场上思考问题

想象一下，你是一个名叫汤米的 7 年级学生的父母。一天晚上，当你和汤米正在吃晚饭时，你接到了一个电话。

你：喂？

约翰逊女士：我是汤米的老师约翰逊女士。我可以和你聊几分钟吗？

你：当然。我能做什么呢？

约翰逊女士：我担心你儿子出现了一些问题，我觉得你应该知道此事。

你：真的吗？什么问题？

约翰逊女士：汤米几乎从不准时上课。当他到教室时，他大部分时间都在与朋友聊天，而不是关注我在讲什么。我每天都要提醒他三四次不要这样做。

分数： 25 分 = 很努力 15 分 = 较努力 5 分 = 需要更加努力	9：00—10：30	11：00—12：30	1：30—3：00
当教师或其他成年人讲话时，我是否在听？			
我是否尽了我最大的努力，并保持积极的态度？			
在听课和做作业时，我是否一直待在座位上？			
总分			

图 13.7 帮助学生监控自己的课堂行为的工具

你：这种现象持续多久了？

约翰逊女士：几个星期了。而且变得越来越严重。如果你能和汤米谈谈这个情况，我会非常高兴。

你：谢谢你让我知道这件事，约翰逊女士。

约翰逊女士：不客气。晚安。

你：晚安，约翰逊女士。

花几分钟时间写下作为家长的你在这次谈话后可能会想到的一些事情。

你或许有多种想法，可能包括以下这些。

· 为什么汤米没有更认真地对待他的学业？

· 汤米做得不对吗？

· 除了谴责汤米的行为外，约翰逊女士还尝试过其他方法吗？　或者她把这一切都推给我来承担吗？

· 汤米是个好孩子。我知道的，因为我养大了他。约翰逊女士因为某些原因不喜欢他，所以对他所做的任何事情都很挑剔。

在这四种反应中，只有第一种才有可能让你做出有效的回应。

请注意约翰逊女士是如何严格关注汤米的课堂表现的消极方面的。因此，你（作为汤米的家长）可能会对儿子感到愤怒，或者对你无效的养育技巧感到内疚。或者，如果你对儿子的学习能力和你作为家长的能力充满信心，你可能已经开始怀疑约翰逊女士教导和激励 7 年级学生的能力。可悲的是，太多的教师联系家长只是为了谈论学生的缺点——而不是他们的优势——正如下面的贾马尔在采访中所说的那样。

采访人：你的爷爷（贾马尔的主要监护人）去学校吗？

贾马尔：去，当老师找他来的时候。

采访人：他们找他来干什么呢？

贾马尔：他们唯一给他打电话的时候是我表现不好的时候，老师会给他打电话，他会过

来和老师见面。

采访人：如果你表现得好，老师会打电话找他来吗？

贾马尔：不会（Kumar et al.，2002）。

在理想情况下，教师和家长关于问题行为的讨论是在以相互信任、尊重，以及共同关注学生的学习和健康为特征的持续关系的背景下发起的。例如，如果我们已经与家长建立了良好的工作关系，并且确信他们不会对严厉的、过度的惩罚做出过激的反应，那么给家长打电话最有可能产生富有成效的结果。此外，在与家长沟通时，我们汇报的有关学生的整体信息应该是积极且乐观的。例如，我们可能会在学生做得好的许多事情的背景下描述学生的课堂表现的消极方面。（约翰逊女士与其一开始抱怨汤米的行为，不如先说汤米是一个聪明的、有能力的年轻人，有很多朋友，而且很有幽默感。）而且，我们必须清楚我们承诺要和家长一起帮助学生在课堂上获得好成绩。"走进课堂——与家长谈论学生的不良行为"专栏提供了几种有效地与家长接触以解决学生的具有挑战性的行为问题的策略。

进行有计划的、系统的干预

有时，问题行为是如此具有破坏性和持久性，以至于需要系统的努力来改变它们。请思考以下情境。

· 塔克找到了很多在房间里闲逛的理由——他"必须"削铅笔，"必须"从背包里取出作业，"必须"喝水等。结果，塔克完成的工作很少，而且经常用他那没完没了的动作分散同学的注意力。

· 阿米莉亚的辱骂行为已经失控了。她经常用露骨的性语言冒犯你和其他学生。当她对别人很好时，你尝试过赞美她，她似乎很赞同你的观点，但她的辱骂仍在继续。

想象一下，塔克和阿米莉亚都在你的班上。你已经和他们每个人谈过他们不被接受的行为，但你没

有看到任何改善。你提出了一些自我调节技巧，但两个学生都对变得更好没有兴趣。你已经尝试让他们停止他们的行为，但阿米莉亚似乎很享受远离学业的时光，而塔克有时也有离开座位的正当理由。虽然两个学生的家长都知道并关心孩子的课堂行为，但他们在家里的努力并没有产生效果。毕竟，这些主要是学校问题而不是家庭问题。那么你现在该怎么办？

当更简单的短期干预策略没有成效时，个性化定制的行为主义方法可能会非常有用（以应用行为分析或积极行为干预和支持的形式）。当与其他策略相结合时，这些方法会特别有效，如培养观点采择、教授有效的社交技能和提供自我调节的脚手架。将行为主义原则与其他面向认知的技术相结合的方法有时被称为**认知行为疗法**（cognitive behavioral therapy）（Forman & Barakat，2011；Platts & Williamson，2000）。

走进课堂 • • •

与家长谈论学生的不良行为

■ **如果多方努力能引发所期望的行为改变的话，请与家长协商。** 在家长－教师－学生会议上，一名高中数学老师对学生经常在课堂上打瞌睡表示担忧。由于该学生的房间里有一台计算机、一个电缆插座及一部智能手机，她的父亲推测她可能在应该睡觉的时候上网了。他好奇地看着女儿，女儿愧疚的表情印证了他的猜想。在教师的提示下，父亲和学生就家用计算机和手机的使用制定了一个政策——包括将计算机搬到另一个房间，在那里父亲可以更密切地监控其使用情况。

■ **从描述孩子的许多优点开始。** 在与学生的母亲的电话交谈中，教师先描述了学生在几个方面取得的巨大进步，然后询问了帮助学生完成任务并更加认真学习的策略的建议。

■ **用不良行为而不是不良的人格特征来描述问题。** 在描述学生交作业的糟糕记录时，教师说："卡罗琳今年只交给了我所布置的作业的三分之一。她的出勤记录非常好，所以我知道她一直很健康，她肯定有能力完成这项任务。"教师并没有暗示卡罗琳懒惰、没有动力或固执。

■ **不要责怪家长；相反，要承认抚养孩子并不容易。** 在与一名中学生的母亲交谈时，一名教师提到该学生似乎更喜欢与朋友交谈，而不是完成作业。这位母亲描述了该学生在家里的一个类似的问题："玛妮一直是一个比我更善于交际的女孩。这就像有时我让她挂断电话去做作业，然后我们会吵得不可开交一样！"教师同情地回答："学生在进入青春期后似乎会变得特别关心社交问题。你、玛妮和我哪天放学后见个面，讨论一下这个问题怎么样？或许我们三个人一起努力，就能找到解决问题的办法。"

■ **询问相关信息，并表达你希望和家长共同努力解决问题。** 当教师发现学生经常从同学的个人储物柜里拿东西时，她安排了一个时间与学生和他的祖母（学生的主要监护人）见面。"我非常喜欢罗杰，"她说，"他很有幽默感，他的微笑经常让我感到愉快。我不明白为什么他在没有事先询问同学的情况下从他们那里'借'东西。他的行为使他失去了好几段友谊。你对如何解决这个问题有什么想法吗？我想尽我所能帮助罗杰修复他在同龄人中的声誉。"

■ **就策略达成一致。** 一名小学教师在家长 – 教师会议上回顾学生的学业进展时说道:"马克总是喜欢在应该完成作业的时候摆弄他桌上的东西——拧回形针、玩橡皮筋或制作纸飞机。结果,他经常完不成任务。"学生的父亲回答:"我在他做作业的时候也注意到了同样的现象,但我每天晚上会从办公室带很多文件回家看,没有时间一直看着他做

作业。"教师和父亲就这个问题展开了更多的讨论,并同意对已完成的作业进行强化可能会有所帮助。如果马克获得了高分,他就有机会购买他一直想要的新自行车。

资料来源:Christenson & Sheridan, 2001;C. Davis & Yang, 2005;Emmer & Evertson, 2009;Evertson & Emmer, 2009;A. Miller, 2006;Woolfolk Hoy, Davis, & Pape, 2006.

我们如何使用行为主义技术来改善塔克的课堂行为呢? 一种方法是确定一种或多种有效的强化物——考虑到塔克经常坐立不安,身体活动的机会可能会是有效的强化物——然后逐渐塑造更多的久坐行为。我们也可以给塔克合理分配的"门票",他可以用此来"购买"在课堂活动中离开座位的许可。另一种策略可能是进行功能分析,以判断塔克离开座位这一行为的特定目的。也许塔克这样做是为了逃避困难的任务或消耗过剩的体力。如果我们发现塔克只在他期望完成有挑战性的任务时才会表现出问题行为,我们就应该为他提供成功完成这些任务所需的指导和支持——例如,教授他有效的学习策略。然而,如果我们发现他的多动会不分场合地经常出现,那么我们可能会怀疑这是生理方面的原因,并给他很多机会在上学期间释放被压抑的能量。最后,塔克可能会从有关一般组织技能的指导和支持中获益——如在上课前准备好必要的用品(笔记本、削尖的铅笔、已完成的家庭作业等)。

认知行为疗法也可能对阿米莉亚有所帮助。在这种情况下,我们可能会认为阿米莉亚缺乏与他人有效互动所需的社会技能;因此,我们可以通过建模、角色扮演等方式教授这些技能。一旦阿米莉亚在人际交往方面获得了一些技能,我们就可以开始强化她对这些技能的应用能力(也许是通过表扬,

因为她过去对表扬有积极的反应)。同时,教师还应该惩罚任何旧的、辱骂行为的再次出现(隔离策略之前从没有被用在阿米莉亚身上,但也许让她给被冒犯的一方写封道歉信是一个合乎逻辑的结果,这将有助于传达这样的信息:她的一些语言是不合适的)。

表 13.4 总结了我们为解决学生的不良行为而研究的六种一般策略,以及每种策略可能适用的情况。

考虑学生的文化背景

当我们确定哪些行为在我们的课堂上是真的不被接受的时候,我们必须记住,一些在我们自己的文化中被认为不合适的行为在另一种文化中可能是非常合适的。请看下面的练习中的一些例子。

⫶ 亲身体验

确定不良行为

阅读下面的场景并思考如下问题。

- 你是否会把这些行为界定为不良行为?
- 哪些文化群体会认为这些行为是合适的?
- 你将如何对待这些行为?

场景：

1. 一名学生经常迟到，有时在上课铃响了一个多小时后才到。
2. 在一个小测验中，两名学生正在对答案。
3. 几名学生正在互相辱骂、贬损对方。

迟到（场景1）会干扰学习，因为学生失去了接受指导的宝贵时间；因此，它可能会被合理地解释为一种不良行为。然而，长期迟到的学生可能生活在一个不严格遵守时间的集体里——这种模式在一些西班牙裔社区和美洲土著社区中很常见。此外，到校的时间可能也不能完全由学生自己控制，例如，也许学生有家务要做或交通不便等实际情况，这些情况使得他们很难准时到达学校，和学生私下谈话或找他的家庭成员开会是找到问题的根源和确定解决办法的最有效途径。

如果学生被特别要求独立完成任务，那么在测验（场景2）中对答案就是一种不良行为。由于测验可以帮助我们确定学生掌握了哪些知识和没有掌握哪些知识，因此不准确的测验分数会影响我们的教学计划，从而间接影响学生未来的学习。虽然这种行为对很多人来说代表作弊，但它可能反映了许多美洲原住民和墨西哥裔美国学生的文化中明显的合作精神和对集体成就的重视。如果我们之前已经以

表 13.4　处理不良行为的策略

策略	适用的情境	示例
忽略某些行为	• 这种不良行为不太可能再次出现 • 这种不良行为不太可能传播给其他学生 • 不寻常的情况暂时引发了不良行为 • 不良行为不会严重干扰学习	• 一名学生在下课前小心翼翼地将一张便条传给另一名学生 • 一名学生不小心把一本书掉在地上，吓到了其他学生并暂时分散了他们的注意力 • 整个班级在春节假期前的下午都非常活跃
暗示学生	• 不良行为是轻微的违规行为，但肯定会干扰学生的学习 • 通过微妙的提醒，行为可能会有所改善	• 一名学生在考试开始时忘记收起他的笔记本 • 合作学习小组的成员说话声音太大，分散了其他小组成员的注意力 • 几名学生在独立作业中互相开玩笑
与学生私下讨论问题	• 暗示在改变行为方面是无效的 • 如果明确不良行为的原因，它会为解决问题提供可能的策略	• 一名学生上课经常迟到 • 一名学生拒绝做某些作业 • 一名学生无缘无故地表现出积极性的下降
教授学生自我调节策略	• 学生有强烈的愿望改善自己的行为	• 一名学生没有意识到她打断同学的频率有多高 • 一名学生在学习控制自己的愤怒方面寻求帮助 • 一名学生承认，他无法坚持完成任务，这对他的成绩产生了不利影响
与家长协商	• 长期的行为问题可能会影响长期的成功 • 问题的根源可能在学校之外 • 家长可能会与学校教职员工合作，以改变学生的行为	• 一名学生在课堂上表现得很好，但很少交作业 • 一名学生几乎每天都在课堂上打瞌睡 • 一名学生被抓到偷同学的午餐
进行有计划的、系统的干预	• 不良行为持续了一段时间，严重干扰了学习 • 其他不那么强烈的方法（如暗示、私下讨论）是无效的 • 学生似乎不愿意或无法使用自我调节策略	• 一名学生在符合其年龄要求的时间段内很难保持静坐 • 一名学生仍然在说淫秽言论，尽管她的教师曾多次与她就这种行为进行交谈 • 一名足球队员突然非常愤怒并伴有攻击行为，这对其他球员来说是潜在的危险

学生能够理解的方式解释了什么是作弊，并且清楚地描述了适合和不适合合作的情况，换句话说，如果学生完全知道他们的行为违反了课堂政策，那就会是另外一种结果。但是如果我们没有做这些基础工作，我们就必须把它视为一种意外，并做些什么来阻止这些行为再次出现。

互相辱骂（场景 3）可能对学生来说是一种心理上的伤害，还有可能影响整体的课堂氛围。然而在一些非裔美国人社区，这可能仅仅是一种比较普遍的、有趣的言语互动（playing the dozens）游戏。我们如何处理这种情况将取决于学生对交流的看法。他们的肢体语言，无论是微笑还是皱眉、看起来是放松还是紧张，都会告诉我们很多信息。如果他们的辱骂是敌意升级的信号，那么立即干预是必要的，例如，把他们分开进行私下谈话或同伴调解。但是如果这种互动仅反映了一种创造性的口头竞赛游戏，我们就只需要制定一个合理的边界就可以了（例如，请使用"室内声音"，不能进行种族和民族诽谤等）。

处理学校中的攻击行为和暴力行为

13.4 描述可以有效减少整个学校集体中的攻击性和暴力的三层级方法，以及可以用来解决与帮派相关的敌对行为的其他策略

近年来，美国新闻媒体非常关注校园暴力犯罪，尤其是校园枪击事件，这导致很多人认为学校的攻击行为正在上升，学校普遍不安全。尽管如此，美国疾病控制与预防中心（Centers for Disease Control and Prevention，CDC）的数据表明，1992 年至 2010 年间，学校暴力致死的发生率有所下降（CDC，2018）。学校中的大多数攻击行为涉及轻微的身体伤害、心理伤害（如性骚扰或种族骚扰）或财产破坏（如破坏学生的储物柜）（Borum, Cornell, Modzeleski, & Jimerson, 2010; CDC, 2015a; M. J. Mayer & Furlong, 2010; Robers, Zhang, Truman, &

Snyder, 2012; U.S. Department of Education, 2014）。

如果我们只考虑造成严重伤害或死亡的暴力事件，那么学校可能是对年轻人来说最安全的地方了（DeVoe, Peter, Noonan, Snyder, & Baum, 2005; Garbarino, Bradshaw, & Vorrasi, 2002）。尽管较大的学校可能会发生更多事件，但此类事件的实际发生率与学校规模没有密切关系（Klein & Cornell, 2010）。此外，大多数学校现在控制外人进入；最近的数据表明，美国有 88% 的公立学校控制外人访问，64%的学校使用了安全摄像头（Robers et al., 2014）。根据美国国家教育统计中心（National Center for Education Statistics，NCES）的数据，2010—2011 学年发生在学龄青少年中的 1336 起凶杀案中，只有 11 起发生在学校里（NCES，2014）。但是，如果我们考虑所有形式的攻击（轻度的和重度的），那么儿童和青少年在学校中进行的攻击行为比在其他任何地方都更频繁，尤其是在成年人监管最少的地方（如走廊、洗手间、停车场）（Astor, Meyer, & Behre, 1999; Casella, 2001b; Finkelhor & Ormrod, 2000）。此外，教师在学校有时也会成为受害者，尽管伤害并不总是涉及身体伤害（通常涉及恐吓、欺凌或威胁）（Anderman et al., 2018; Espelage et al., 2013）。攻击行为之所以在学校比较普遍，主要有两个直接原因：第一，除了家以外，儿童和青少年待得时间最长的地方就是学校；第二，即使是最小的学校，学生数量也是非常多的，人际冲突几乎不可避免。

校园攻击和校园暴力的根源多种多样。各种各样的认知因素（缺乏观点采择能力、对社会线索的错误解释、较差的社交问题解决技能、学业成绩差）使一些学生容易出现攻击行为（Coie & Dodge, 1998; Dodge et al., 2003; Savage, Ferguson, & Flores, 2017; Troop-Gordon & Asher, 2005）。而且，一些学校或社区特有的文化认可这样一种信念，即在面对个人侮辱或轻蔑时捍卫自己的声誉是一种"荣誉"，需要采取具有攻击性的行动（R. P. Brown, Osterman, & Barnes, 2009; K. M. Williams, 2001a）。发展性因素也起到了一定的作用，例如，许

多年幼的儿童和少数青少年的冲动控制能力较差。在青春期早期，向中学过渡的不安会导致有些学生把欺负弱小作为在同伴中获得地位的手段（Espelage, Holt, & Henkel, 2003；NCES, 2007；Pellegrini, 2002）。一些学生不能容忍同性恋或双性恋倾向，并且可能由于恐同症而对其他人采取具有攻击性或威胁性的行为（Poteat, O'Dwyer, & Mereish, 2012）。最后，攻击也是对挫折的一种普遍反应，一些在学校的学业和社交方面屡遭挫折的学生，也容易出现攻击行为（G. Bender, 2001；Casella, 2001b；Miles & Stipek, 2006）。

欺凌和网络欺凌

美国教育部及美国疾病控制与预防中心将校园欺凌定义为一个或多个年轻人（既不是兄弟姐妹，也不是约会对象）对另一个人采取的不受欢迎的攻击行为，并且涉及某种类型的权力失衡；这些不受欢迎的行为要么反复出现，要么可能再次出现，并且造成了身体、心理、社交或教育方面的伤害（Espelage & Colbert, 2016）。因为不同的教育工作者对欺凌的界定不同，而且有些学生在欺凌发生时没有报告，所以欺凌和网络欺凌的发生率有点难以确定。在美国，大约15%的4年级学生（国际上这一比例为16%）和7%的8年级学生（国际上这一比例为8%）报告每月至少被欺凌一次（NCES, 2017）。在年龄较大的美国青少年中，20%的高中生报告在过去的12个月内曾在学校遭受欺凌（CDC, 2015b）。尽管欺凌在美国仍然是一个严重的问题，但其对欺凌的关注可能已经产生了影响，因为在2007年至2015年间，12～18岁的学生报告在学校遭受欺凌的比例下降了10%以上，向教师或成年人报告欺凌行为的学生比例增加了6%（Camera, 2018）。尽管任何学生都可能被欺凌，但特别存在被欺凌的风险的学生是那些在文化背景或性别/性别认同方面与大多数人不同的学生，以及残障（包括患有学习障碍的）学生（CDC, 2014）。

网络欺凌（cyberbullying）是通过使用技术（如社交媒体）发生的欺凌。据估计，约有三分之一的12～17岁的青少年遭受过网络欺凌，约17%的人报告在过去的30天内遭受过网络欺凌（Cyberbullying Research Center, 2016）。尽管网络欺凌与一般的欺凌非常相似，但有一些值得注意的差异使网络欺凌尤其严重（Englander, Donnerstein, Kowalski, Lin, & Parti, 2017；Gámez-Guadix, Orue, Smith, & Calvete, 2013；Gini & Espelage, 2014；Mirsky & Omar, 2015）。

- 网络欺凌可以匿名进行；学生可以在不暴露欺凌者身份的情况下张贴关于另一个学生的令人尴尬的照片或伤人的言论。
- 传统的欺凌经常（但不总是）发生在学校，而网络欺凌可能发生在任何地方。作为教师，我们可能没有意识到网络欺凌正在发生，因为它发生在我们可能无法访问的虚拟社区中。
- 网络欺凌对学生尤其有害。事实上，网络欺凌可能比传统的欺凌更容易导致抑郁、物质滥用、自杀意念和自杀企图。

预防网络欺凌的研究正在兴起。目前有许多预防计划和网站可用，但作为教育工作者，我们需要意识到这些计划并非都有效。当前的研究表明，有效的网络欺凌预防计划通常会促进互联网安全和负责任地使用技术；它们强调家长对技术使用的监控；它们提倡有关网络欺凌的强有力的学校政策，并与家长建立伙伴关系以防止网络欺凌（Espelage & Hong, 2017）。作为教师，我们必须尽我们所能防止网络欺凌，并在发生网络欺凌时为学生提供支持。

无论欺凌的原因是什么，我们都不能容忍校园里或社交媒体上任何形式的攻击行为或暴力行为。只有当学生知道他们在学校里和网络上的身体和心理都是安全的，他们才能安心学习并达到最佳水平。如果他们感到不安全，那么他们在高中毕业前辍学的风险就会增加（Filax, 2007；Peguero & Bracy, 2014）。为了真正有效地制止攻击行为和暴力行为，我们必须在三个层级应对这些挑战（Dwyer & Osher,

2000；Hyman et al.，2006；Ihlo & Nantais，2010；
H. M. Walker et al.，1996）。这三个层级基本上与促进积极行为的系统方法的核心组成部分是平行的，这些方法被称为积极行为干预和支持（PBIS）或全校范围的积极行为干预和支持（SWPBIS），我们曾在第 5 章有关特殊需要学生的讨论中介绍过这些方法。三个层级如图 13.8 所示。研究表明，这种分层方法在促进积极行为方面非常有效（Freeman，Simonsen，McCoach，Sugai，Lombardi，& Horner，2015；Öğülmüş & Vuran，2016；Sprague & Horner，2006；Sugai & Horner，2002）。这种方法目前在美国的数千所学校中得到了广泛使用（Bradshaw，Mitchell，& Leaf，2010；PBIS Technical Assistance Center，2018a）。PBIS 和 SWPBIS 可以在所有级别的学校实施，并且在存在严重欺凌问题的高中学校中工作的教育工作者似乎会坚持采用 PBIS 来预防欺凌（Bradshaw，Pas，Debnam，& Johnson，2015）。

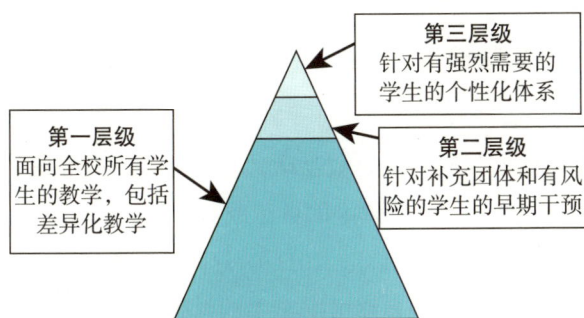

图 13.8　在学校中促进积极行为的三层级方法

第一层级：在小学／全校范围内努力防止不良行为

一次性的"反暴力"运动对减少暴力和攻击的持续效应很小（Burstyn & Stevens，2001）。相反，创造一个和平的、非暴力的学校环境是一个需要长期努力的过程，其中包括许多策略。

- 在全校范围内承诺支持所有学生的学业成功和社会成功。
- 提供具有挑战性和吸引力的课程——始终关注学习；及时处理脱离学习的事件。
- 形成充满关怀和信任的师生关系。

- 坚持对不同背景、种族和民族群体的学生和教职员工给予真诚和尊重。
- 强调亲社会行为（如分享、助人、合作），图 13.9 描绘了一个在全校范围内促进良好行为的奖励系统的示例。
- 建立特定班级和全校范围的政策并实践这些政策，以促进适当的行为（例如，为行为提供明确的指导、对违纪行为给予持续一致的惩罚、为有效的社交互动和问题解决技能提供指导，以及实施明确的禁止网络欺凌的政策）。
- 确保班级政策和学校政策保持一致。
- 教授学生在目睹欺凌行为（当面或通过社交媒体）时可以用来干预的特定技能。
- 建立机制，让学生可以公开表达他们对攻击和受害的担忧，而不必担心遭到报复。
- 让学生参与学校决策。
- 采用有可靠的研究支持的暴力和欺凌预防计划。
- 与社区机构和家庭建立密切的工作关系。
- 公开讨论安全问题（Burstyn & Stevens，2001；Dwyer & Osher，2000；Learning First Alliance，2001；Meehan et al.，2003；G. M. Morrison，Furlong，DIncau，& Morrison，2004；Pellegrini，2002；S. W. Ross & Horner，2009；Savage et al.，2017；Syvertsen，Flanagan，& Stout，2009；J. S. Warren et al.，2006）。

这里面的大多数策略应该看起来很熟悉，因为我们在本章和其他章经常提到它们。最后一种策略——公开讨论安全问题——包含各种更具体的策略，例如：

- 解释什么是欺凌和网络欺凌（例如，它们涉及骚扰和恐吓那些不能轻易保护自己的同龄人），以及为什么它们是不可接受的；
- 征求学生对需要更多教师监督的潜在的不安全区域的意见（例如，不常使用的洗手间或

冰淇淋！！！

5月1日星期一下午3点将举办冰淇淋派对，表彰良好行为！

如果在4月你没有发生以下行为：

- 收到任何留校或转介
- 任何无故缺勤
- 上课迟到

你就可以来参加！

图 13.9　支持积极行为的全校奖励制度

楼梯井）；

- 表达自己愿意倾听学生对麻烦同学的抱怨（此类抱怨可以提供有关哪些学生最需要帮助和干预的重要线索）；
- 最重要的是，采取积极的措施解决学生的安全问题。

第二层级：对有风险的学生尽早进行针对性干预

通常，教育工作者口中的"有风险的学生"是指有学业失败风险的学生。但学生也有可能面临社交失败的风险。例如，他们很少或没有朋友，被许多同龄人公然欺负或拒绝，或者在其他方面发现自己被排斥在学校的社交生活之外。有社交失败风险的学生还包括那些施暴和欺凌的学生，他们也可以从干预中获益。

大约10%～15%的学生需要某种轻微的干预来帮助他们与同龄人有效互动，与教师建立良好的关系，并成为学校群体中的真正成员（Ihlo & Nantais, 2010；K. L. Lane et al., 2011）。这种干预不能是一刀切的方法，而是必须根据学生的特殊优势和需要量身定制。对一些学生来说，它可能是教授有效的社会技能。对另一些学生来说，它可能意味着让他们积极参与学校俱乐部或课外活动。对其他学生来说，它可能是应用行为分析或积极行为干预和支持来鼓励和强化有效的行为，这可能需要精心计划的、系统的努力。无论哪种类型的干预，在学生走上反社会行为的道路之前实施是最有效的。当干预是一个由教师和其他专业人员组成的多学科团队开发的，并将各个领域的专业知识带到规划表中时，干预也最有效（Crone，Horner，& Hawken，2004；Dwyer & Osher，2000；Osher，Bear et al.，2010）。

第三层级：为陷入困境的学生提供强化干预（高等教育支持）

由于各种原因，对一小部分容易出现攻击和暴力倾向的学生来说，轻微的干预并不总是能很好地解决问题。例如，一些学生患有严重的精神疾病，这会干扰他们理性思考、妥善应对日常挫折和控制冲动的能力。通常，学校必须与其他社区团体（可能是心理健康诊所、警察和缓刑官及社会服务机构）密切合作，以帮助处于攻击和暴力风险中的学生（Dwyer & Osher, 2000；Greenberg et al., 2003；Hyman et al., 2006）。

作为教师，我们与学生的频繁互动使我们处于一个理想的位置。在这个位置上，我们可以识别那些最需要强化干预的儿童和青少年，并让他们重回学业成功和社交成功的正轨。当你具备一些教学经验时，你将能够很好地了解一个特定年龄组的哪些特征是正常的，哪些特征是不正常的。请特别注意图 13.10 中出现的暴力预警信号。

尽管我们必须对那些发出将要实施暴力行为的信号的学生保持高度警惕，但有几点我们必须时刻铭记在心。第一，正如我们前面提到的，极端暴力在学校中非常罕见；对潜在校园暴力的非理性担忧将阻止我们与学生有效地合作。第二，表现出图 13.10 中列出的一个或几个预警信号的学生大多不会变得暴力（U.S. Secret Service National Threat Assessment Center, 2000）。最重要的是，我们绝不能把预警信号作为不公平地指责、孤立或惩罚学生的理由（Dwyer, Osher, & Warger, 1998）。这些信号提供了一个在必要时给学生提供帮助的有效途径，但不能作为把它们排除在所有儿童和青少年都必须接受的教育之外的理由。

处理与帮派相关的问题

在一些学校，发生攻击行为的主要原因是帮派对立。尽管帮派在一些市内学校的低收入群体中更普遍，但在城郊和农村的学校中，这种情况也会出现（Howell & Lynch, 2000；Kodluboy, 2004）。重要的是要记住，加入帮派并不一定意味着这些学生会在学校表现出暴力行为或仅与其他帮派成员进行互动（Estrada, Gilreath, Astor, & Benbenishty, 2014；Gebo & Sullivan, 2014）。

前面提到的对付校园攻击和校园暴力的三层级法可以在很大程度上压制暴力团伙的帮派活动，但我们通常也需要采取额外的措施。我们推荐如下几种策略。

- 针对其他学生安全的潜在威胁，制定、沟通并执行明确的政策。
- 确定学生群体中的帮派活动的具体性质和范围。
- 与学校和社区支持服务机构协商调解帮派间和帮派内的纠纷。
- 禁止穿着、佩戴和进行与特定帮派成员身份有关的衣服、珠宝和行为（如头巾、代表帮派颜色的鞋带、某些手势）。[1]

在本章的讨论中，我们可以明显看出，帮助儿童和青少年成长为成功的、有益的成年人有时也是一个相当大的挑战。但根据我们自己的经验，我们发现你真的可以改变学生的生活——包括一些有学业或社交失败风险的学生的生活——这是作为教师最有价值的部分之一。

---

[1] 这种策略的一个潜在问题是，它可能会侵犯学生的公民自由。有关如何在确保学生安全和给予他们合理的言论自由之间进行取舍的指导，请参考以下文献：Kodluboy, 2004；Rozalski & Yell, 2004；Warnick, 2012.

专家已经确认了学生可能会考虑对其他人实施暴力的预警信号。单个信号本身不太可能预示有暴力行动，但如果几个信号都出现了，我们就需要向学校管理者或受过专门培训的专家报告。

- 社交退缩。随着时间的推移，学生与教师、所有或大部分同伴互动的频率越来越少。

- 过度的孤独感、被拒绝感或被迫害感：学生直接或间接表达了这样的感受：他或她没有朋友、不受欢迎或被不公正地对待；这种感觉有时是长期遭受同龄人的身体欺凌或心理欺凌的结果。

- 学习成绩急剧下降。学生在学习成绩方面出现了急剧变化，而且似乎并不关心学习成绩的好坏。认知因素和生理因素（如学习障碍、无效的学习策略、脑损伤）都排除在外。

- 糟糕的应对能力。学生缺乏有效应对挫折的能力、不能容忍很小的侮辱，并且在某件令人失望的事情发生之后很难重振旗鼓。

- 缺乏控制愤怒的能力：学生经常对一个小小的不公平表现出无法控制的愤怒并可能将愤怒错误地指向无辜的旁观者。

- 有明显的优越感、以自我为中心和缺乏同理心。学生认为自己比别人聪明或比同龄人强，专注于自己的需求，很少考虑别人的需求。这些特征的基础可能是自卑和抑郁。

- 长期怀恨在心。即使过了相当长的时间，学生也不能原谅别人的错误。

- 绘画或书面作品中的暴力主题。暴力在学生的艺术作品、故事或日记中占主导地位，并且在这些虚构作品中，某一特定的人（如父母或某个同学）是常见的目标（请注意，在艺术和书面作品中偶尔出现暴力是正常的，尤其对男孩来说）。

- 不能容忍个体和群体之间的差异：学生对某一种族、民族、性别、性取向、地区或有某种缺陷的人表现出非常强烈的厌恶和偏见。

- 有过暴力、攻击他人或其他纪律问题的历史：学生有多年的严重行为不当的记录。

- 与暴力的同龄人有联系：学生经常与一个团伙或其他反社会群体来往。

- 不良的角色榜样：学生经常带着钦佩的口吻谈论希特勒、本·拉登或其他一些暴力的人物。

- 过度饮酒或滥用药物：学生经常酗酒或滥用药物导致自控力低下，在一些个案中药物滥用是有心理疾病的明显信号。

- 暴力威胁：一名学生公开表达了伤害他人的意图，可能是明确地表达，也可能是通过模棱两可的方式提及在学校某天发生的"壮观的事件"。对于这个预警信号，我们需要立即采取措施。

资料来源：Dwyer et al.，1998；O'Toole，2000；U.S. Secret Service National Threat Assessment Center，2000；M. W. Watson，Andreas，Fischer，& Smith，2005.

图13.10 潜在暴力行为的早期预警信号

你学到了什么

现在，让我们回到本章的学习成果，来回顾本章的一些关键思想。

13.1 描述营造有利于学生的学业成就和个人幸福感的课堂环境的多种策略

高效教师营造了一个让学生定期参与有计划的任务和活动的环境，很少有学生的行为会干扰这些任务和活动。不同的课堂的物理布置固然会有所不同，但更重要的是心理环境——课堂氛围——在这种环境中，学生会感到安全，把学习放在首位，愿意承担学习上的风险和错误。这种氛围的核心是：（1）师生关系传达出真正地关心和关注每个学生；（2）课堂和学校的集体感——一种教师和学生有共同的目标，相互尊重和支持，并相信每个人都对学习做出了重要贡献的信念。对于少数族裔和文化群体的学生、来自较低社会经济背景的学生和残障学生来说，营造一种温暖的、支持性的氛围和课堂集体感可能尤为重要。同时，教师必须在一定程度上负起责任，制定规则，规划适合学生年龄的活动，确保学生不断地朝着教学目标努力。

13.2 解释教师如何与同事、社区机构和家长共同努力，以充分促进学生的学业发展和个人发展

作为教师，当我们与其他教师、机构和家长合作，促进学生的学习、发展和成就时，我们将是最有价值的。尤其重要的是，我们要与家长保持定期联系，分享有关学生进展的信息，并努力协调学生在学校和在家的学习。我们可以通过各种机制来保持沟通方式的开放——例如，通过会议、实时通讯、网站、短信和学校活动。我们可能需要付出额外的努力，与那些表面上似乎不愿意参与孩子教育的家长建立有效的关系。

13.3 确定处理学生的不良行为的六种一般方法及每种方法可能适用的环境和文化背景

尽管我们已经尽了最大的努力来管理学生，但学生有时还是会做出扰乱学习的行为，并可能损害一个或多个学生的身体安全或心理健康，或者违反基本的道德和伦理标准。我们最好忽略一些轻微的不良行为，包括那些可能不会重复发生的行为，那些不太可能被其他学生模仿的行为，以及那些只在异常情况下暂时发生的行为。

其他轻微的违规行为也可以简单而快速地通过暗示学生或与他们私下交谈来处理。更严重的和长期的行为问题可能需要自我调节技能的指导，与家长协商，或者高强度的、多方面的干预。无论采用什么方法来处理学生的不良行为，我们都必须考虑到这样一个事实，即其中一些行为可能是某种文化教养的产物或特定障碍的结果。

13.4 描述可以有效减少整个学校集体中的攻击性和暴力的三层级方法，以及可以用来解决与帮派相关的敌对行为的其他策略

虽然学校中的暴力犯罪正在减少，但较温和的攻击形式（如轻微的身体伤害、心理伤害、财产破坏）在学校和学校周围仍然很常见。一些专家建议采取三层级法来对付学校中的攻击行为和暴力行为。首先，我们必须通过合作创造一个不太可能发生攻击和暴力的学校环境——例如，通过建立相互信任的师生关系，对来自不同背景的学生表示关心和尊重。其次，我们必须尽早对那些可能有学业或社交失败风险的学生进行干预，为他们提供成功所需的认知技能和社会技能。最后，我们必须对少数有暴力倾向、患有致残精神疾病或以其他方式出现严重问题的学生进行强化干预。如果组织良好的帮派在学校占据重要地位，我们可能也需要采取额外的措施。

教师资格考试练习

好孩子

从记事起，沙洛克先生就想当一名好教师。多年来，他做了许多志愿者活动——给女生篮球队当教练，在童子军部队做助理，在主日学校教授课程——在这些活动中，他发现他很喜欢和学生在一起。学生也很乐于和他交往：很多时候，学生会给他打电话或到他家去打篮球、叙旧，或者只是打个招呼。有些学生甚至直呼其名。

现在，沙洛克先生已经完成了他的大学学业并获得了教师资格证，他接受了家乡一所中学的教职工作。他兴奋地发现大多数学生他都认识，在开学初的几天，他和他们重新联络了一下感情。但是到了周末，他发现学生在他的课堂上几乎没有取得什么进步。

沙洛克先生发誓在接下来的周一要动真格的了。每五堂课，他都会从描述未来几周的教学目标开始，然后开始第一堂课。不幸的是，他的许多学生都不愿安静下来学习。他们想到处串座位、和朋友讲话、玩手机、在教室里折纸团当篮球扔，除了沙洛克先生关注的学习之外的任何事情，他们都想做。在沙洛克先生刚刚成为教师的第二周，他的课堂就完全失控制了。

1. 建构反应题

沙洛克先生在安排他的课程时遇到了相当大的困难。

（1）确定沙洛克先生没能使他的班级有一个好的开始的两个最主要的原因。

（2）描述沙洛克先生现在可以用来补救这种局面的两种策略。

2. 单项选择题

沙洛克先生显然已经意识到了好的教师必须关心和尊重他们的学生。下面哪一种关于师生关系类型的描述最有利于促进学生的学习和成就？

A. 教师对学生成功的潜力传达出乐观的态度，并给他们的成功提供必要的支持。

B. 在课后和周末，教师花大量时间和学生一起进行娱乐活动。

C. 教师只关注学生做得好的方面，忽略或不重视他们做得不好的方面。

D. 教师耐心听取学生的意见，但要提醒他们，教师将最终决定在课堂上做什么。

教育心理学

EDUCATIONAL

PSYCHOLOGY

14

第 14 章

促进学习的课堂评估策略

学习成果

14.1 描述课堂评估可以采取的各种形式，以及它可以为教师和学生服务的各种目的

14.2 解释你如何通过频繁的形成性评估和反馈来提高学生的学习成绩

14.3 定义并应用良好评估的 RSVP 特征：信度、标准化、效度和实用性

14.4 解释如何进行非正式评估、纸笔评估和表现性评估，并以合理的信度和效度评估学生的学习和表现

14.5 描述对课堂评估实践有影响的个体差异和群体差异

个案研究

数学测验

福特女士正在给成绩较差的学生上中学数学课。她刚刚拿着一套已评分的试卷，与学生进行了如下讨论。

福特女士：我批改这些试卷时，对其中的一些分数感到非常震惊，我想你们也会的。在我看来，有些成绩很一般，有些很糟糕。

学生：（噪声增加）能发给我们吗？

福特女士：我会发给你们的。我想让你们做的是，在今晚和明天的作业中，把你们做错的每一道数学题改正后交上来。事实上，我想说的是，我希望你们至少在周三之前交回试卷。改正这些错误并交回试卷是你们的责任。

学生：有人得 100 分吗？

福特女士：没有。

学生：没人得 100 分吗？

福特女士：好了，孩子们，嘘。我想说的

是，在这次测验中，如果你们的成绩低于 75 分，你们肯定要努力了。我希望你们交回的试卷上能有妈妈或爸爸的签名。我想让他们知道你们的表现。

学生：不！

学生：我们必须让他们知道吗？ 不交回试卷的话，这门课就不能通过了吗？

福特女士：如果交回的试卷上没有（父母的）签名，我会打电话到你们家里（Turner, Meyer, Cox, Logan, DiCintio, & Thomas, 1998）。

- 测验结果给了福特女士哪些信息？福特女士根据这些信息做出了什么样的推论？
- 关于糟糕的测验成绩，福特女士传达了哪些潜在信息？这些信息会如何影响学生的动机和课堂氛围？

福特女士唯一确定的是，她的学生在测验中表现很差。由此，她推断他们还没有掌握测验所评估的知识和技能。只有当测验能很好地测量学生实际学到了什么时，这种推断才是合适的。当她告诉学生必须将改正错误答案作为家庭作业时，她也把分数低完全归因于学生。此外，她坚持让学生的父母在试卷上签名，把他们的注意力集中在表现目标而不是掌握目标上，即强调展示能力，而不是获得能力，这潜在地增加了学生的焦虑感。

课堂评估实践与课堂功能的几乎所有方面交织在一起。它们共同影响了教师未来的计划和教学（例如，教什么和如何教）、学生的动机和情感（例如，他们采用什么样的成就目标及是否自信或焦

虑），以及整个课堂氛围（例如，在心理上感觉安全还是有威胁）。只有当我们考虑到评估在课堂上扮演的重要角色时，我们才能真正利用它来帮助学生实现重要的教学目标。因此，至关重要的是，无论是通过对他们的行为进行非正式的日常观察，还是通过预先计划好的评估工具和程序进行更正式的评估，我们都应该认真考虑如何评估学生的学习和成就。

评估的多种形式和目的

14.1　描述课堂评估可以采取的各种形式，以及它可以为教师和学生服务的各种目的

我们通过定义评估来开始我们的讨论：

评估（assessment）是一个观察学生的行为样本，并对学生的知识和能力做出推断的过程。

这个定义中有三个词特别重要。首先，评估包括对行为的观察。正如行为主义者所提出的，要透过学生的头脑看到潜伏在那里的知识是不可能的。我们只能看到学生在特定情况下的表现。其次，评估通常只涉及一个行为样本。我们当然不可能观察和跟踪每个学生在学校和家里做的每一件事。最后，评估涉及从观察到的行为中推断出对学生整体成绩和能力的判断，这是一件棘手的事情。因此，选择能够合理、准确地估计学生的知识和能力的行为是至关重要的。

要注意的是，这个定义没有包含任何关于决策的内容。就其本身而言，教育评估仅仅是帮助人们对学生（有时对教师）、教学项目和学校做出决定的工具。当人们出于错误的目的使用这些工具时，或者当人们以一种不应该的解释方式来解释评估结果时，受到责备的应该是人而不是评估工具。

课堂评估有六种不同的主要形式，如图 14.1 所示。现在，让我们更仔细地看看不同形式之间的区别。

形成性评估与总结性评估

形成性评估（formative assessment）涉及在教学前或教学期间确定学生知道什么和能做什么。持续的形成性评估可以帮助我们确定学生对某个主题的知识和信念，以及他们是否需要在特定技能上进一步练习，据此我们可以制订或修改课程计划。相比之下，总结性评估（summative assessment）是指在教学结束后进行评估，确定学生最终取得了什么样的成就。总结性评估是用来确定学生是否掌握了一节课或一个单元的内容，我们应该给他们定什么样的期末成绩，以及哪些学生有资格上更高级的课等。

正式评估与非正式评估

非正式评估（informal assessment）涉及对学生所说或所做的事情的自发的、计划外的观察。例如，当温迪问："为什么澳大利亚人不会掉到太空里去？"她揭示了一个关于重力的误解。图 14.2 提供了一个非正式评估的示例。在这个例子中，一名教师让这个 3 年级学生解答一道数学题，并用文字写出她思考减法问题的过程。相比之下，正式评估（formal assessment）是事先计划好的，并用于特定的目的，例如，确定学生从地理单元中学到了什么，或者他们能否将勾股定理应用于现实世界的几何问题。正

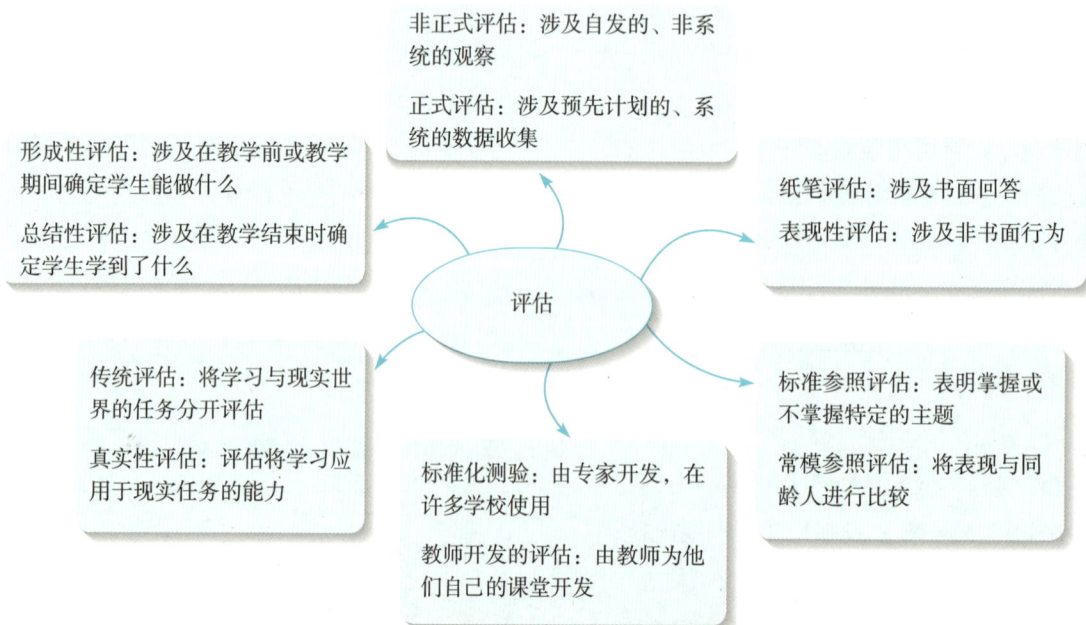

非正式评估：涉及自发的、非系统的观察

正式评估：涉及预先计划的、系统的数据收集

形成性评估：涉及在教学前或教学期间确定学生能做什么

总结性评估：涉及在教学结束时确定学生学到了什么

纸笔评估：涉及书面回答

表现性评估：涉及非书面行为

评估

传统评估：将学习与现实世界的任务分开评估

真实性评估：评估将学习应用于现实任务的能力

标准参照评估：表明掌握或不掌握特定的主题

常模参照评估：将表现与同龄人进行比较

标准化测验：由专家开发，在许多学校使用

教师开发的评估：由教师为他们自己的课堂开发

图 14.1　课堂评估可以采取的各种形式

式评估在以下几个方面是正式的：为它留出了特定的时间，学生可以提前准备，它的目的是产生关于特定教学目标或内容领域标准的信息。

形成性评估和正式评估相似的英文名称有时会让读者产生混淆，但正如你刚才所看到的，这两个术语指的是不同的东西。当然，形成性评估也可以是正式的，因为它们可以被提前规划，以评估学生的进步，并指导教师未来的教学。但并不是所有的形成性评估都是正式的，而且许多正式评估是用于总结而非形成性的目的。

354-298：4 减 8 不行，要从 5 那里借 10 变成 14，因此，用 14 减 8 得到 6。接着应该是 5 减 9，但是我不能那样做。因此，我要从 3 那里借 10，得到 14 才能减 9，最后得到 5，因此我的答案是 56。

图 14.2　关于学生如何解决减法问题的非正式评估示例

纸笔评估与表现性评估

作为教师，我们有时会选择纸笔评估（paper-pencil assessment），即学生必须在纸上或类似的电子测验（如在线测验）上回答我们提出的问题。但我们可能会发现使用表现性评估（performance assessment）也是有帮助的，在这种评估中，学生可以用身体来展示他们的能力，例如，在语言艺术课上做口头演讲，在音乐会上唱歌，或者在化学实验室采取规定的安全措施。

传统评估与真实性评估

历史上的大多数教育评估都侧重于测量知识和技能，而与现实世界的任务相隔离。拼写测验和数学应用题就是这种传统评估（traditional assessment）的例子。然而，学生最终必须能够将他们的知识和技能运用到课堂之外的复杂情况中。真实性评估（authentic assessment）是指在现实生活环境中测量学生的知识和技能，这种评估在近年来相当流行。但

是，我们要记住，传统评估和真实性评估之间的区别实际上代表的是一个连续体，而不是非此即彼的情况：评估任务可以在不同程度上和现实世界的情况一致。

一些真实性评估任务涉及纸和笔，或者一个文字处理项目。例如，我们可能会要求学生给朋友写一封信或创办一份校报。但在许多情况下，真实性评估基于非书面的表现，并与教学紧密结合。例如，我们可以要求学生用外语交谈，或者成功地把车开进一个平行停车位。通常教师会要求学生制作档案袋，以展示他们所创作的真实作品——可能是短篇故事、报纸社论、口头录音或音乐表演的录音，或者戏剧表演的录像。[1]

标准化测验与教师开发的评估

有时，课堂评估包括由测验编制专家编制的测验，供许多不同的学校和班级使用。这种测验通常被称为标准化测验（standardized test），它可以帮助我们评估学生的总体成就和能力水平。但是，当我们想要评估学生的学习和成就是否与特定的教学目标相关时——例如，学生是否掌握了长除法，或者他们是否可以应用他们在社会研究课上学到的东西——我们通常想要自己编制教师开发的评估（teacher-developed assessment）。

标准参照评估与常模参照评估

有些评估被称为标准参照评估（criterion-referenced assessment），旨在告诉我们相对于预先确定的标准，学生已经完成了什么，以及还没有完成什么。举个简单的例子，一个 4 年级班级在一周内完成了 20 个拼写单词的测验：20 分满分，15 分表示有 15 个单词拼写正确。通过这样的测验，我们可以准确地知道每个学生是否掌握了这些单词。

相比之下，常模参照评估（norm-referenced assessment）显示了每个学生的表现与同龄人（可能是同学，也可能是全国各地的同龄人）的表现相

---

[1]　教育工作者对表现性评估和真实性评估的使用意见不完全一致；许多人把它们当作同义词。然而，我们发现区分评估是否涉及物理表现（而不是纸和笔）和是否涉及复杂的、真实的任务是有用的。因此，我们不能将这两个术语互换。

比有多好。例如，4 年级的学生可能会参加一个全国性的数学测验，得出百分比排名，以表明每个学生与全国其他 9 年级学生相比表现如何。这样的分数并不能明确地告诉我们学生在数学上学到了什么、没学到什么，相反，它们告诉我们每个学生与同龄人或同年级的其他学生相比有多好。

严格地说，任何评估都有可能告诉我们学生学到了什么，以及他们与同龄人的比较情况。然而，在现实中，经验丰富的教育工作者倾向于稍有区别地编制两种类型的评估。在理想情况下，标准参照评估与课程、特定的知识和技能紧密联系，即我们希望的是学生能掌握知识，而不注重排名。如果所有学生对这门学科的掌握程度都相同，那么他们完全有可能获得相同的分数。如果我们想知道学生之间的差异——我们很快就会确定一些我们想知道的情况——我们必须有一种测验工具让学生在分数上产生差异。在这样的工具中，我们一般会设置在难度上差异很大的问题和任务，包括一些只有少数学生能正确回答的问题。

考虑到各种各样的评估，现在我们要考虑如何将教育评估用于五个相互关联的目的。

指导教学决策

形成性评估可以帮助我们确定一个从哪里开始教学的合适位置，并持续为我们提供关于教学目标的适当性和教学策略的有效性等信息。例如，如果我们发现几乎所有的学生都能轻松、快速地完成作业，我们可能就会把短期目标定得高一点。或者如果我们发现很多学生对我们仅仅通过口头解释所呈现的重要材料感到吃力，我们就可以考虑尝试一种不同的教学方法——也许是一种更具体的、动手实践的方法。

然而，总结性评估也必须在某种程度上能够指导我们的决策。例如，任何在特定内容领域的规定性标准化测验都必须对我们教学的主题内容和技能产生好的或坏的影响。我们自己的教师开发的评估也应该影响我们的教学决策，正如我们将在本章后面有关逆向设计的讨论中所看到的那样。

确定学生从教学中学到了什么

在大多数情况下，我们需要使用计划好的正式评估——而不是更随意的、非正式的评估——来确定学生是否达到了教学目标或某些内容领域的标准。对成绩的正式评估在任何掌握式教学方法中都很重要，也是决定学生最终成绩的关键。学校的辅导员和管理人员也会通过对学生成绩的评估来做出安置决策，例如，哪些学生最有可能在高阶课程上表现出色，哪些学生可能需要在基本技能方面进行额外的学习。

评估教学质量

学生成绩的最终测量标准也有助于教师评估教学的有效性。当大多数学生在一个教学单元结束后表现不佳时，就像在本章开篇的个案研究中福特女士的学生所做的那样，我们不仅要考虑学生可能会有什么不同的做法，还要考虑我们作为教师可能会有什么不同的做法，例如，也许我们对材料的讲解太快了，或者没有给学生提供足够的机会来练习关键技能。在任何情况下，持续偏低的评估结果都在告诉我们，对教学做一些调整是适当的。

诊断学习问题和表现问题

为什么布雷特在学习阅读方面有困难？为什么每次我们分配一项具有挑战性的任务时，帕蒂总是表现不佳？当我们怀疑某些学生的学习方式可能与他们的同学不同，并且可能需要特殊的教育服务时，我们就会问这样的问题。为了确定一些学生独特的学业需要和个人需要，我们专门设计了各种标准化测验。这些测验在使用时大多需要明确的训练，因此往往由专家（学校心理学家、语言病理学家等）进行管理和解释。作为一般原则，这些测验倾向于常模参照而不是标准参照，以确定在某些能力或特点方面远高于或远低于其年龄组的学生。

教师开发的评估也可以提供大量诊断信息，特别是当它们能揭示一些一致的错误模式和困难领域时（见图14.3）。换句话说，教师开发的评估在理想情况下应该能给我们提供帮助学生改进的信息。越来越多的教师使用简短的形成性评估来确定某些学生是否有特殊的教育需要。在这种被称为干预反应的方法中，尽管教师在整个班级的指导和后续的小组工作中进行了循据实践，定期评估学生的进步，但他们仍要注意那些在获得某些基本技能（如阅读或数学）方面有异常困难的学生。请注意循证实践的重要性：教师必须使用经过研究表明对大多数学生有效的教学策略。RTI 作为一种识别患有学习障碍的学生的方法特别受欢迎，但对其他学生也有潜在效用（T. A. Glover & Vaughn，2010；J. J. Hoover，2009；Mellard & Johnson，2008）。

促进学习

当我们使用形成性评估来帮助我们制定或修改教案时，我们显然是在利用评估来促进学生的学习。但是总结性评估也会在以下几个方面影响学习。

■ 评估可以激励学生进行研究和学习。通常，当学生知道他们将会以测验或其他方式对学习内容负责，而不是被简单地告知要学习时，他们学习课堂材料的时间会更长，复习的时间会更有规律，学得也会更好（Dempster，1991；Haertel，2013；Rohrer & Pashler，2010）。然而，如何评估学生与是否评估学生同样重要。当评估是标准参照评估，与教学目标和目

的紧密一致，并激励学生尽自己的最大努力时，评估是特别有效的激励因素（Mac Iver，Reuman，& Main，1995；Maehr & Anderman，1993；L. H. Meyer，Weir，McClure，& Walkey，2008）。当然，学生的自我效能感和归因也会影响他对挑战的感知：学生必须相信，如果付出合理的努力并使用适当的策略，他们就有可能成功完成所分配的任务。

虽然定期的课堂评估可以起到激励作用，但它们通常是外在的激励因素。因此，它们可能会把学生的注意力引向表现目标，削弱他们的内部学习动机，特别是当学生认为这些评估针对的是他们的表现，而不是帮助他们掌握有用的主题和技能时（Danner，2008；Grolnick & Ryan，1987；S. G. Paris & Turner，1994；Shernoff，2013）。

考虑到课堂评估的潜在激励作用，让我们回到本章开篇的个案研究。通过关注学生的测验成绩和父母的赞同或反对，福特女士正在培养表现目标和外部动机。此外，请注意她的一些言论是多么具有控制欲，甚至是威胁性："纠正这些错误并交回试卷是你们的责任……把你们做错的每一道数学题改正后交回来……如果交回的试卷上没有（父母的）签名，我会打电话到你们家里。"这样的评论可能会削弱学生的自主意识，也很难让学生

这是我的"妹妹"

这是飞翔的"排球"

图 14.3　在上述图示中，7 岁的凯西表现出了他在所听到的声音和在写作中所表达的声音之间建立联系方面的持续困难，这种困难反映了一种被称为"阅读障碍"的学习障碍

喜欢数学。

■ **评估可以影响学生学习时的认知过程。** 不同的评估任务可以让学生以不同的方式进行研究和学习（Carpenter，2012；Corliss & Linn，2011；N. Frederiksen，1984b）。例如，学生通常会花更多的时间去学习他们认为会在考试中出现的知识，而不去学习考试不会涉及的知识。此外，他们对学习任务的期待，即学习这个内容是为了表现自己还是为了解决问题，会影响他们学习的深度，如只是死记硬背还是结合自身经验对问题进行深入分析。

作为一个例子，请看图 14.4 所示的 6 年级的地质测验。模块 A（识别展示在教室前面的岩石）可能是评估基础知识或对新情境的应用（迁移），这取决于学生以前是否见过这些特定的岩石标本。测验的其余模块显然侧重于熟记的事实，很可能会鼓励学生在为未来的考试做准备时进行机械学习。例如，最后一项"每块石头都有一个_____"，学生只有在一字不差地学习了课本材料之后才能正确回答这个问题。这里缺少的词是"故事"。

课堂评估应该与重要的教学目标紧密结合，而不是对琐碎、孤立的事实进行测量。

课堂评估也会影响学生对各学科性质的看法，也就是说，它们会影响学生的认识信念。例如，如果我们对特定事实的知识进行测验，学生可能会得出这样的结论：这门学科就是一些无可争议的事实的集合。相反，如果我们要求学生在一个有争议的问题上表明自己的立场，并用证据和逻辑证明自己的立场，他们得到的就是一个非常不同的信息：这门学科涉及一套完整的理解，必须有推理的支持，并且会随着时间的推移而变化。

■ **评估可以提供关于学生学习进展的有价值的反馈。** 为了促进学生的学习和成就，也为了提高学生在学习上的自我效能感，评估反馈必须包括学生在哪些方面取得了成功、在哪些方面遇到了困难，以及如何改进等具体信息（Andrade & Cizek，2010；Hattie & Gan，2011）。我们在表 14.1 中列出了关于如何提供有效反馈的建议。

■ **评估本身可以作为学习经验。** 一般来说，完成课堂材料评估的过程有助于学生复习材料并更好地学习。如果评估任务要求学生以一种新的方式详细阐述或应用材料，那么评估任务就特别有价值（Dunlosky，Rawson，Marsh，Nathan，& Willingham，2013；Foos & Fisher，1988；Rohrer & Pashler，2010）。

总之，良好的评估实践与教学密切相关：它反映了教学目标和内容领域的标准，指导了教学策略，并提供了一种跟踪学生在课程中进步的方法。从非常实际的意义上说，评估是一种指导：它给学生提供明确的信息，告诉他们什么事情对他们来说最重要，以及如何最好地完成这些事情。

A. 写出教室前面呈现的每一块岩石是沉积岩、火成岩还是变质岩。

　　1. _____

　　2. _____

　　3. _____

B. 以下是岩石周期的不同阶段。从 1 到 9 对它们发生的顺序进行排序。

　　____ 高温和高压

　　____ 结晶和冷却

　　____ 火成岩形成

　　____ 岩浆

　　____ 风化和侵蚀，形成沉积物

　　____ 熔化

　　____ 沉积岩形成

　　____ 压力和胶结

　　____ 变质岩形成

C. 在每类岩石前面写下表示其正确定义的字母。

　　1. ____ 火成岩　　　　a. 由被侵蚀的岩石微粒沉积并胶结在一起而形成

　　2. ____ 沉积岩　　　　b. 由于地表下的高压或高温而产生

　　3. ____ 变质岩　　　　c. 由地球内部的熔岩材料冷却形成

D. 给每个句子填空。

　　1. 通过水、冰、植被、动物和化学变化的作用形成的分解岩石的过程被称为 _____。

　　2. 所有的岩石都是由 _____ 组成的。

　　3. 岩石的坚硬程度是由 _____ 决定的。

　　4. 持续风化的岩石将最终产生 _____。

　　5. 每块岩石都有一个 _____。

　　（测验后面还会有几道额外的填空题和简答题）

图 14.4　6 年级的地质测验中关于岩石的信息主要集中于具体事实的知识，并且可能会鼓励学生死记硬背，而不是理解

表 14.1　提供有效反馈的建议

反馈技术	示例
在你的反馈中提供尽可能多的细节	"这道数学题你解得很好，我很清楚，你得出错误答案的唯一原因是，你似乎匆忙地完成了一些部分，并犯了一些非常小的计算错误"
对你的反馈提供具体的实施建议	"你的文章写得很棒，但是我觉得段落之间的过渡可以更流畅一些，我的建议是，写完每一段后，想想下一段的内容，然后再回过头来重读一遍这一段，以确保其最后一句为接下来的内容做好了准备"
分配一些没有正式评分、只涉及评论的作业；如果非要给分数，至少要确保包含一些具体的评论	当一名学生的化学实验作业得到了 B 时，教师会附上以下注释："做得很好，你清楚地陈述了你的假设，然后非常清楚地解释了你是如何检验这个假设的；一个需要改进的地方是你的讨论部分，你需要回到最初的假设，重新陈述它，并谈谈你是如何及为何确证它的"

（续表）

反馈技术	示例
反馈应该关注学生随着时间的推移所取得的进步，而不应该将一个学生的表现与另一个学生的表现进行比较	"今天那首钢琴曲你弹得很好，自上周以来，我看到你在节奏上有了很大的进步"
不要把考试成绩的分布情况分享给你的学生，不要说"你们中只有 5 个人得了 A"，或者"你们中有 2 个人考试不及格，这让我很难过"	——
对学生使用他们能控制的策略进行表扬；不要夸他们聪明	"就该这么做！今天下午我在图书馆看到你在为考试做准备，这是有回报的，你的表现与你在上周考试中的表现相比进步了很多"
表扬努力学习的学生，但要注意表扬那些尽管尽了最大努力但仍然表现不佳的学生	"你能坚持做那个项目，我真为你感到骄傲……这是一个真正的挑战，但你坚持了下来，结果非常棒"
定期（而不是偶尔）提供反馈	——

资料来源：Graham，Hebert，& Harris，2015；Henderlong & Lepper，2002；Koenka，2017；Mueller & Dweck，1998；Pekrun，Cusak，Murayama，Elliot，& Thomas，2014；Winstone et al.，2017.

通过持续的评估和定期的反馈来提高学生的学习成绩

14.2　解释你如何通过频繁的形成性评估和反馈来提高学生的学习成绩

正如我们在前面所看到的，与总结性评估相关的某些实践可以对学生的学习产生显著的积极影响。但毫无疑问，形成性评估是在教学前或教学期间进行的，而不是在教学后进行的，它最有可能提高学生的学习成绩（Andrade & Cizek，2010；Kingston & Nash，2011；Wiliam，2011）。

以下是通过形成性评估和总结性评估来促进学生的学习和成就的一些关键策略：

- 为学生制定明确而具体的评估标准；
- 定期给学生反馈他们的进步情况；
- 建议具体的和现实的步骤，让学生通过这些步骤提高学习成绩。

通常，我们可以或至少部分地通过识别理想的表现的关键成分来完成这些事情。在某些情况下，我们可以使用一张简明的核查表（checklist），列出学生作业中的明显特征。例如，图 14.5 显示了一名 4 年级教师在给学生的数学应用题评分时使用的核查表。请注意，核查表既包括客观的评分标准（如正确答案），也包括定性的、主观的评分标准（如作业的整洁程度、对问题解决方案的解释）。

当教学的重点是一个复杂的、多方面的主题或技能时，我们可能会使用评估量规（rubric）——一个二维矩阵，用来确定评估学生表现的不同部分的标准，以及与每个部分相关的不同水平的表现的具体描述。作为一个示例，表 14.2 显示了一份用于评估互联网上的维基百科的评估量规。当它具有以下特征时，可能是最有用的。

- 只关注技能表现的几个关键属性，并以清晰、具体的术语描述这些属性。
- 提供关于学生的表现如何随着时间的推移而提升的信息。
- 关注学生通过适当的指导和实践能够实际获得的属性。
- 适用于内容领域内的许多任务（Arter & Chappuis，2006；Popham，2006，2014；Wollenschläger，Hattie，Machts，Möller，& Harms，2016）。

核查表和评估量规至少有三个好处。第一，它们给学生明确的目标。第二，如果构建得好，它们使我们能够合理、客观、一致地评估学生的表现（关于这一点，我们将在接下来的内容中进一步讨

要素	可能的得分	得分	
		自己	教师
1. 你突出显示了要解决的问题	2	————	————
2. 你选择了合适的策略	2	————	————
3. 卷面整洁有条理	2	————	————
4. 计算准确	2	————	————
5. 有解答	2	————	————
6. 用文字解释了解题过程	5	————	————
总分	————	————	————

图 14.5 在这张核查表中，教师和学生都对学生各个方面的表现进行了评估

表 14.2 维基百科表现成分评估

标准	满意（3分）	一般（2分）	待改进（1分）
目的和主题	有明确的目的和主题；上面的每一页都与目的明显相关	目的和主题有些模糊；有几页与主题不太相关	缺乏明确的目的和主题；页面与主题无关
组织	信息被很好地组织到相关的页面中，这些页面在侧边栏中列出，并有指向所有页面的链接	信息被组织成页面；侧边栏中可能缺少一些页面或页面的链接不工作	无组织；侧边栏不列出页面或页面的链接不起作用
内容	内容完全针对主题，内容是准确且平衡的	内容充分地阐述了某一主题；有一些不准确的或片面的信息	只有很少的信息和/或信息是不准确的、片面的
高阶思维	对信息的解释和分析都基于清晰的原始结论	信息通常被解释；有几个结论与信息没有明确的关联	没有试图解释或分析信息，亦或得出结论
多媒体	包含高质量的图像、声音和视频，与主题相关，可以激发兴趣或促进理解	图像、声音或视频的质量一般，与主题相关，但不能激发读者的兴趣或促进理解	不使用多媒体或质量差，与主题无关，分散读者的注意力
资料来源	包含了大量高质量的、可靠的、被正确引用的资料来源	包括各种各样的资料来源，尽管有一些质量不高或引用不正确	只收录了一些质量较差且未被引用的资料来源
链接	所有链接都正确连接到适龄的、高质量的相关主题的网站上	大多数链接连接到适龄的、高质量的相关主题的网站上	没有链接，或者这些链接是不合适的或与主题无关的
惯例	没有拼写或语法错误	有一些拼写或语法错误，但并不影响读者的理解	有许多妨碍读者理解的拼写和语法错误
协作	目的是促进团队中每个学生的交流和协作	目的是促进交流和协作，但目前还不清楚这将如何实现	目的不是促进学生的交流和协作

论）。第三，它们提供了一种方法，通过这种方法，我们可以给学生关于他们表现的优势和局限的详细反馈，这些反馈在理想情况下可以帮助他们取得进步。

使用核查表或评估量规当然不是通过课堂评估实践提高学生的学习成绩的唯一方法。其他关键策略如下：

- 用清晰易懂的语言描述被评估的教学目标；

- 经常评估学生的进步；

- 在进行评估时，要传达出增进理解和促进掌握的愿望，而不是只进行评判；

- 帮助学生认识到真正掌握的知识和更肤浅的知识之间的重要（但可能是微妙的）区别；

- 让学生对彼此的作业进行建设性的讨论，重点关注改进的想法；

- 给学生机会来根据反馈修改他们的作业（Andrade & Cizek，2010；Chappuis，2009；Hattie & Gan，2011；McDaniel，Agarwal，Huelser，McDermott，& Roediger，2011；Rohrer & Pashler，2010；Szpunar，Jing，& Schacter，2014）。

当与面临学业失败风险的学生合作时，这些策略尤其重要（G. B. Hughes，2010；Wiliam，2011）。

还有一种形成性评估策略是动态评估（dynamic assessment），在这种评估中，教师通常在一对一的情况下评估学生学习新知识的能力，评估过程中包含指导、帮助或其他形式的脚手架。这种方法反映了维果茨基的"最近发展区"，并让我们了解在适当的结构和指导下，学生可以完成什么。动态评估可以提供大量关于儿童的能力、认知策略和学习方法的信息。例如，它可以让我们了解以下内容：

- 学生对特定主题和技能的指导的准备情况；
- 学生的动机和情感模式（如自我效能感、成就目标、归因、焦虑）；
- 学生的工作习惯（如冲动、坚持不懈、对挫折和失败的反应）；
- 学生学习的潜在障碍（如注意力分散、阅读理解能力差、缺乏有效的自我监控和自我评估技能）（Feuerstein，Feuerstein，& Falik，2010；L. S. Fuchs，Compton，Fuchs，Hollenbeck，Craddock，& Hamlett，2008；Hamers & Ruijssenaars，1997；Haywood & Lidz，2007；Seethaler，Fuchs，Fuchs，& Compton，2012；Tzuriel，2000）。

将学生纳入评估过程

当学生参与学业评估时，他们会受益匪浅（Sanchez，Atkinson，Koenka，Moshontz，& Cooper，2017）。如前所述，课堂评估是典型的外部动机，只提供学习学校科目的外部强加的原因。然而，当学生受到内在激

励时，他们会更有效地学习，而且如果他们有一些自主性，他们更有可能会受到内在激励。此外，如果学生要成为自我调节的学习者，他们必须掌握自我监控和自我评估的技能。出于这些原因，我们应该把评估看作与学生一起做的事情，而不是对他们做的事情（Andrade，2010；Panadero & Jonsson，2013；Reeve，Deci，& Ryan，2004；L. Shepard，Hammerness，Darling-Hammond，& Rust，2005）。

随着年龄的增长，学生在自我评估方面会变得越来越熟练（van Kraayenoord & Paris，1997），但即使是小学的学生，也有一定的能力来评估自己的表现。以下是一些让学生参与评估过程并帮助他们发展重要的自我监控和自我评估技能的策略。

- 征求学生对评估标准和评估量规的设计意见。
- 提供好的和不那么好的产品的例子，并要求学生根据几个标准来比较它们。
- 让学生了解反省的重要性并坦诚地对待自己的优缺点，这样教师的帮助才会最有效。
- 让学生将他们的自我评估与教师的评估进行比较（例如，请注意图 14.5 中的"自己"和"教师"两栏）。
- 要求学生写出类似于即将到来的纸笔测验中的练习问题。
- 让学生持续记录他们的表现和进步。
- 如果学生因为心不在焉而无法在课堂上完成作业，让他们思考一下为什么自己没有完成作业，下次如何才能做得更好。
- 让学生在每日或每周的日志中反思自己的学习，这样他们就可以记录他们已经掌握的和没有掌握的知识、技能，以及有效的学习策略。
- 让学生把自己的作业编成一本作业集，作业集中还要包括对自己的学习和成就进行的反思性解释。
- 要求学生主导家长会（Andrade，2010；A. L. Brown & Campione，1996；Chappuis，2009；McMillan，2010；S. G. Paris & Ayres，1994；

L. Shepard，2000；Stiggins & Chappuis，2012）。

鼓励卓有成效的归因也很重要，例如，学生应该真诚地相信他们可以通过合理的努力和良好的策略克服现有的缺点（Andrade，2010）。我们应该要求学生根据他们的评估结果制订一个后续行动计划，明确地解决以下问题：我现在需要做什么？这样的行动计划可能包括找出如下更具体问题的答案。

- 我需要做哪些具体的事情来改进？
- 我需要什么资源和帮助来帮助我提高？
- 我怎样才能知道自己达成了目标（Chappuis，2009）？

数字技术在形成性评估中的应用

由于硬件和软件的进步，技术使我们持续地评估学生的进步和成就变得越来越容易和有效。技术增强的评估可以以各种形式实现。允许学生与被测验的主题和技术进行互动、充分利用技术的评估软件可能对评估科学等领域的复杂知识特别有效（Quellmaz et al.，2013）。例如，一些基于互联网的资源提供了简短的形成性评估，通过这些评估，我们可以定期监测学生在读写、数学或科学方面的进步。

这些资源提供了一些方法，通过这些方法，我们可以立即将学生的回答输入手持数字设备，如平板电脑。有些程序是学生自己在笔记本电脑或台式计算机上完成的简短评估。该程序会随着时间的推移跟踪学生的表现，并在我们的要求下，快速生成关于个别学生和整个班级的报告和图表。因此，它们在评估的干预反应方法（前面描述过）和基于课程的测量（稍后在内容效度部分进行描述）中特别有用。

许多软件程序可以帮助学生评估自己的作业。例如，一些基于网络的程序是专门为帮助学生评估他们的写作质量而设计的。这类程序通过电子方式对学生写的论文、短篇故事和其他作文进行快速分

析，如学生是否使用了合理的词组、适当的语法结构等。大多数文字处理程序也在某种程度上通过语法检查器提供这种服务。当然，我们不应该让这些项目取代教师来评估学生的书面作业。最终，只有人才能合理地评估学生所写内容的准确性、组织性和逻辑性。然而，当学生为形成性评估的目的使用这些程序时，他们可以获得实质性的反馈，提高写作质量（Russell，2010）。

其他数字技术也可以提高学生的自我评估能力。例如，班级网站或基于云端的服务器提供了一个很好的机制，学生可以通过这个机制自愿上传他们的初稿，以便获得同龄人的建设性的反馈和建议。在某些情况下，我们可能会使用摄像机、平板电脑或带有内置录像机的智能手机。例如，我们可以让学生制作一个视频，记录自己如何执行一个复杂的行为，并让学生应用某些标准来评估自己的表现（Stokes，Luiselli，Reed，& Fleming，2010）。在一所中学，学生设计并建造了木桥的小模型，并在上面放了一块砖的时候录制了视频。通过逐帧分析视频，他们可以发现桥梁设计中可能存在的缺陷（Warschauer，2011）。

良好评估的重要品质

14.3 定义并应用良好评估的 RSVP 特征：信度、标准化、效度和实用性

作为一名学生，你是否被你认为不公平的方式评估过？如果是，为什么你认为评估方式不公平？

1. 教师对学生反应的评估前后不一致吗？
2. 某些学生是否在更有利的条件下接受评估？
3. 评估工具对你所学知识的评估是否很糟糕？
4. 评估是否很耗时，以至于过了一段时间你就不再关心自己的表现了？

根据你的经验，什么样的特征对于良好的课堂评估工具和实践是必不可少的？

刚才的四个问题分别反映了信度、标准化、效度和实用性，即良好的课堂评估的 RSVP 特征。对任何评估活动来说，这些特征都是重要的考虑因素。当我们使用总结性评估做出可能改变人生的决定时，它尤其重要，例如，根据最终的班级成绩决定哪些学生进入高阶班级，以及如何为残障学生提供适当的服务。

信度

评估工具或评估程序的信度（reliability）是指它在多大程度上获得了关于我们想要评估的知识、技能或个性特征的一致性信息。要了解信度包括什么，请尝试下面的练习。

亲身体验

看医生

假设你去看医生，因为你感觉不舒服。护士测量了你的体温，读数是 37℃，护士说："看起来很好！"两分钟后，医生来给你测量体温，读数是 39℃；医生说："你发高烧了。"我们最好弄清楚中间发生了什么。几分钟后，护士又回来给你测量体温，这次你的体温是 36.5℃。如果你是病人，你会怎么想？无论你病得多重，你的体温都不可能变化得这么快。那么为什么医生和护士会得到不一样的读数呢？一种可能性是温度计有问题，如果温度计不能提供准确的测量数据，那么它就是不可靠的。我们相当肯定，在这样的事件之后，你对温度计（也许对那个医疗机构）的信心不会很高。现在让我们看另外一个例子，这次是在学校里。

禽类进化

以下是生物老师福勒女士生活中的一系列事件。

星期一：在完成一节关于鸟类和恐龙骨骼结构的课程后，福勒女士要求学生写一篇作文来解释为什么许多科学家认为鸟类是从恐龙进化而来的。放学后，她把那堆论文扔在她那辆乱糟糟的雪佛兰汽车的后座上。

- 星期二：福勒女士在家里和教室里到处找作文，但就是找不到。
- 星期三：因为福勒女士想用学生的作文来确定他们学到了什么，她要求学生再写一篇同样的作文。
- 星期四：福勒女士终于在她的汽车后座上发现了学生星期一上交的作文。
- 星期五：福勒女士为每个学生的两篇作文打分。她惊讶地发现，它们之间几乎没有什么一致性：星期一的作文写得最好的学生不一定在星期三表现得很好，而星期一表现最差的一些学生在星期三表现得相当好。

福勒女士应该使用哪一天的结果：星期一的还是星期三的？为什么？

我们当然希望医生在办公室里准确地评估我们的健康状况。同样，当我们评估学生的学习和成就时，我们必须相信，无论是星期一还是星期三、天气是晴还是阴、是我们还是他人评估学生的反应、我们的心情是好还是坏，评估结果都是基本相同的。福勒女士的评估工具可靠性很差，因为它得出的结果是完全不同的。那么她应该用哪一天的结果呢？你刚刚被问到一个有技巧的问题：我们没有办法知道哪一组更准确。

任何单一的评估工具都很少会在不同的情况下对同一名学生产生完全相同的结果，即使被评估的知识或能力保持不变。许多与所测知识或能力无关的临时条件容易影响学生的表现，这几乎不可避免地导致评估结果出现一些波动。例如，福勒女士的学生的两组作文上的不一致可能是由以下临时因素导致的。

- 学生的日常变化，如健康、动机和精力水平的变化。

一场 24 小时的流感在福勒女士的学生中传播。

· 物理环境的变化，如室温和外界干扰的变化。

星期一，在福勒女士的课堂上，靠窗的学生享受着宁静和安宁，但到了星期三他们写作文的时候，嘈杂的施工机械正在外面铲除路面。

· 评估管理的变化，如指令、时间及教师对学生的问题的回答的变化。

星期一，一些学生必须在放学后写这篇作文，因为他们在上课时间参加了学校话剧的彩排。福勒女士比她在课堂上更清楚地向他们解释了任务，并且给了他们足够的时间来完成任务。星期三，另一些学生必须在放学后写这篇作文，因为他们在上课时间有一场乐队演唱会。福勒女士非常匆忙地解释了任务，并在学生完成之前把作文收了起来。

· 评估工具的特点，如任务的长度、清晰度和难度（模棱两可的和非常困难的任务会增加学生随机猜测的倾向）。

这篇作文的题目是"解释为什么许多科学家认为鸟类是由恐龙进化而来的"，这是一个模棱两可的题目，学生对此的解释会随着时间的推移而有所不同。

· 评分的主观性，如基于模糊的、不精确的标准做出的判断。

星期五晚上，福勒女士一边看《电锯杀人案》（*Chainsaw Murders at Central High*）的电视节目，一边给两篇作文打分。她在看接吻场景时给出了较高的分数，在看跟踪场景时给出了较低的分数。

上面列出的所有因素都会导致学生的考试成绩和其他评估结果出现一定程度的误差。评估结果很少能准确地测量学生学到了什么、能做什么。心理学家区分了不同种类的信度，这些信度考虑了不同的误差因素。重测信度（test-retest reliability）是指评估工具

在短时间的间隔内产生类似结果的程度。评分者信度（scorer reliability）是指两个或两个以上的学生表现的独立评估者在他们的判断上达成一致的程度。内部一致性信度（internal consistency reliability）是指单一工具的不同部分都测量同一特征的程度。

我们在对学生的学习和成就得出结论时，必须确信我们所依据的信息不会被暂时的、无关的因素过度扭曲。有几种策略可以增加评估产生可靠结果的可能性。

· 包含各种各样的任务，并寻找学生在不同类型的任务上的表现的一致性。

· 明确地定义每项任务，让学生确切地知道他们被要求做什么。

· 使用核查表或评估量规来确定具体的标准，进而评估学生的表现。

· 不要让教师对学生表现的期望影响对学生实际表现的判断。

· 避免在学生不可能给出最好的表现时评估他们的成就，如当他们生病时。

· 在相似的条件下，以相似的方式对所有学生进行评估。

最后一种策略指出，评估程序也应该标准化，尤其是当我们出于某种原因需要对学生进行比较时。现在让我们回到 RSVP 特征上。

标准化

标准化（standardization）是指评估的内容和格式相似，对每个人的管理和评分都相同的程度。特别是在常模参照的总结性评估中，学生应该得到相同的指导，完成相同或相似的任务，有相同的时间限制，并且在相同的约束下工作。此外，所有学生的回答都应该使用相同的条件和标准进行评分。

在本章的开头，我们提到许多由测验专家编制和发布的测验被称为标准化测验。这个标签表明，这些测验有明确的管理和评分程序，无论我们在何处使用这些测验，都必须一致地使用它们。然而，标准化在教师开发的评估中也很重要：它减少了评

估结果中的错误，特别是由评估管理的变化或评分的主观性造成的错误。一个评估越是标准化，它的信度就越高。

此外，在大多数情况下，要求所有学生在类似的条件下进行评估是公平的。在评估有特殊教育需要的学生时，我们发现了一个明显的例外情况。我们将在本章末尾为这些学生考虑适当的关照条件。

亲身体验

大头智力测验

我们中的一位作者最近开发了一种测验，叫作大头智力测验（Bighead Test of Intelligence，BTOI）。它只包括一个卷尺和一张显示不同年龄阶段的儿童和成年人在测验中的典型表现的标准表。BTOI 的管理是快速而简单的。你只需测量一个人眉毛上方的头围（准确但不要太紧），然后将你的测量结果与这个人所处的年龄阶段的平均头围进行比较。头大的人（相对来说）得到高智商分数。头小的人得到低智商分数。

BTOI 的信度高吗？请在你继续阅读之前回答这个问题。

效度

前面你学习了信度。下面的内容可以帮助你确定对信度的理解程度。

不管你对一个人的头围测量多少次，你都会得到一个相似的分数：大头的人将继续是大头人，而小头的人将永远是小头人。因此，问题的答案是肯定的：BTOI 具有高信度，因为它产生了一致的结果。如果你的回答是否定的，你可能在想 BTOI 不是一个很好的测量智力的方法。但这是工具的效度问题，而不是它的信度问题。

评估工具的效度（validity）是指它能在多大程度上测量它想要测量的东西，并允许我们对问题中

的特征或能力做出适当的推论。BTOI 是测量智力的吗？标准化的多项选择成就测验的分数是否能很好地表明学生掌握了基本的阅读和写作技能？当我们的评估不能很好地完成这些事情时，当它们不能很好地测量学生的知识和能力时，我们就可以说测量工具存在效度问题。

如前所述，许多不相关的因素会影响学生在评估中的表现。其中一些因素，如学生的健康状况、课堂分心，以及分数的不一致都是暂时性的，会导致评估结果在时间上的波动，从而降低信度。但是其他不相关的因素，如阅读能力或慢性考试焦虑则更为稳定，因此它们对评估结果的影响也相对稳定。例如，如果乔的阅读能力很差，那么无论他在科学、数学或社会研究方面学了多少知识，他在多项选择题上的分数可能总是很低。当评估结果继续受到相同的无关变量的影响时，结果的有效性是值得怀疑的。

教育者和其他实践者特别感兴趣的三种效度分别是内容效度、预测效度和结构效度。

内容效度

教师通常最关心的是内容效度（content validity），它是指评估问题和任务在多大程度上代表了被评估的知识和技能。高内容效度的评估，就像有效的指导一样，与教学目标和任何相关的内容领域标准紧密结合。不同的目标和标准往往需要不同的评估策略。在某些情况下，例如，当我们期望学生掌握一些再认性的事实时，我们可能会让学生回答一系列选择题或简答题。在其他情况下，例如，当目标是批判文学作品或使用物理原理来解释日常现象时，要求学生做遵循逻辑推理的论文任务可能是合适的。对于某些技能，如大声朗读或从双杠前摆下，只有表现性评估才能给我们提供合理的内容效度。最后，我们可能会发现，将纸笔评估和表现性评估相结合，可以最好地评估学生的成绩。

确保你的评估包含有效的问题是很有挑战性的，但如果你真想确保学生学到了你想让他们学的东西，这就是必不可少的（smith，2017）。在美国，教师通

常必须考虑各州和专业组织提出的各种标准。为了说明这一点，表 14.3 列出了英语语言艺术标准中确定的阅读技能的示例，以及相关的教学课程和任务（第三列）、评估策略（第四列）。第四列中的一些条目可以作为正式的总结性评估任务。但请注意，第三列的条目也要求学生做、说或写一些东西，进而为非正式评估或对学生当前的知识和正在进行的项目或形成性评估提供机会。

表 14.3　将课堂评估与不同的年级水平的标准和教学相结合的示例

年级水平	英语语言文学标准示例	教学策略示例：针对这些标准提供一种非正式的手段评估学生的学习进展	与标准和课堂教学相一致的评估示例
2	提问并回答这样的问题，如谁、什么、在哪里、何时、为什么，以及如何展示对文章关键细节的理解（RL.2.1）*	在每天午饭后的"静心"时间里，阅读一本有趣的儿童小说中的一章，经常停下来问一些要求学生超越文本本身的问题（例如，让学生推测一个角色的感受）	以小组形式与学生见面，要求每个学生用自己的话描述一个故事，并问一些问题，如"接下来发生了什么"及"为什么（一个角色）要这么做"，来确定每个学生对故事的理解程度
	讲述故事，包括来自不同文化的故事，并确定其核心信息、教训或寓意（RL.2.2）	让几个学生为他们最近读的故事制造道具并表演出来，接着讨论一个或多个故事角色可能从他们面临的事件或挑战中学到的经验与教训	让一个阅读小组阅读几个适龄的民间故事，然后问学生"你认为这些故事告诉了我们什么"，并告诉他们没有标准答案
4	在解释文本详细阐述的内容，并从文本中得出推论时，参考文本的细节和例子（RL.4.1）	在一个阅读小组讨论卡尔·希尔森的《拯救猫头鹰》时，要求学生推测故事的情节和进展，以及识别文本中的线索，以支持自己的预测	在学生读了娜塔莉·巴比特（Natalie Babbitt）的《塔克永恒》（Tuck Everlasting）的前几章（塔克一家从一口赋予人永生的井里喝了酒）后，请他们写一篇文章，推测塔克的不朽可能会为他们带来的问题，在他们得知梅·塔克杀了一个人后，让他们推测她被捕的含义，并用文本中的线索来支持自己的预测
	根据文本中的具体信息，解释历史、科学或技术中的事件、过程、想法或概念，包括发生了什么及为什么发生（RI.4.3）	当学生阅读历史课本的某一章时，问一些鼓励因果关系的问题（如"为什么哥伦布的船员们在海上航行几周后想回到欧洲"）	要求学生创建概念图，显示历史上某一特定时期发生的不同事件之间的相互关系（包括原因和结果）
7	对作者用来组织一篇文章的结构进行分析，包括文章的主要部分是如何对整体和思想的发展做出贡献的（RI.7.5）	在学生阅读科学课本的每一章之前，让他们使用这一章的标题和副标题列出这一章的大纲，并提出他们希望回答的问题；然后，作为家庭作业，要求他们阅读并做笔记，使用大纲和自我提问作为做笔记的指导	让学生为他们的科学书中的某一章写一个两页的摘要，使用章标题和副标题来组织他们讨论
	追踪和评估文章中的论点和重要思想，评估其推理是否合理、论据是否相关并足以支持论点（RI.7.8）	给学生发一则自我提升产品的广告（如训练设备）；让他们组成小组确定广告商的动机并评估产品有效性的证据的质量	让学生检查一个宣传所谓促进健康的产品的网站，请他们口头或书面确认网站用来说服人们购买产品的证据和逻辑中可能存在的缺陷

（续表）

年级水平	英语语言文学标准示例	教学策略示例：针对这些标准提供一种非正式的手段评估学生的学习进展	与标准和课堂教学相一致的评估示例
12	分析和评估作者在其立场或论点中所使用的结构的有效性，包括该结构是否使观点清晰、令人信服和吸引人（RI11–12.5）	描述议论文写作的常见技巧，并让学生识别报纸社论中使用的各种说服技巧	让学生确定美国《独立宣言》（*Declaration of Independence*）中使用的三种特定的说服技巧，并解释它们在1776年美国殖民地的特殊目的和可能的效力
	在修辞特别有效的文本中确定作者的观点或目的，分析其风格和内容是如何对文章的说服力或美感贡献力量的（RI.11–12.6）	要求学生确定两本杂志对同一事件的描述背后未陈述的假设（如假设一个群体是好的或对的，另一个群体是坏的或错的）	给学生一篇描述最近事件的杂志文章，让他们在揭示作者的文化和／或政治偏见的五句话下面划线，并写一篇两页的文章描述这些偏见

注：*字母"RL"表示与阅读文学作品相关的标准；字母"RI"表示与阅读信息文本相关的标准，前面的数字表示等级级别，后面的数字表示该等级级别的特定标准；例如，这里显示的第一个条目，被标识为"RL.2.1"，是二年级阅读文学作品的第一个标准。

资料来源：Entries in the column "Examples of Common Core Standards for English Language Arts" are from *Common Core State Standards*. Copyright © 2010 by National Governors Association Center for Best Practices and Council of Chief State School Officers.

对于具有良好的内容效度的评估规划，一个有用的框架是逆向设计，如图14.6所示。更具体地说，我们要从我们最终希望学生在课堂上实现的目标开始：考虑任何适用的内容和标准，并确定更具体的教学目标（步骤1）。然后，我们要确定一种或多种合适的方法来评估学生的预期成绩（步骤2）。最后，我们要计划教学策略，使学生能够掌握我们所确定的重要的知识和技能（步骤3）。

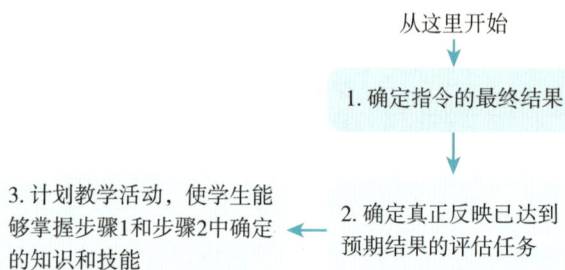

从这里开始

1. 确定指令的最终结果

3. 计划教学活动，使学生能够掌握步骤1和步骤2中确定的知识和技能

2. 确定真正反映已达到预期结果的评估任务

图14.6 使用逆向设计来计划评估任务

另一种增强形成性评估的内容效度的策略是基于课程的测量（curriculum-based measurement，CBM），这在指导基本技能和识别持续的学习问题的干预反应方法中都特别有用。在这种方法中，教师可以定期管理评估，每项评估都集中于课程中的某项特定技能（如阅读中的单词识别、两位数的加法），作为跟踪学生的个人进步的一种手段。每项评估通常都很短（可能只有1~4分钟），但同样可以帮助教师确定那些可能需要某项技能的额外指导才能继续学习的学生。

当然，每当我们使用评估工具进行总结性评估（即确定学生最终从教学中获得了什么知识和技能）时，高内容效度很重要。当总结性评估涉及多个主题、概念和技能时，我们不一定要将它们都包括在评估中。但从总体上看，我们要求学生在评估中所做的事情应该由我们所评估内容的代表性样本组成。最广泛的推荐策略是构建一个蓝图，以确定我们想要评估的具体事情，以及解决每一个问题或每一项任务的比例。这个蓝图通常采用双向细目表（table of specification）的形式：一个双向网格，表明应该涵盖哪些主题，以及学生应该如何处理每个主题。网格中的每个单元格都表明了一个主题－行为组合的相对重要性，也许是作为特定的数量或百分比的任务被包括在总体评估中。图14.7显示了两个示例。左边的表格是为30项纸笔测验构建的，它为不同的主题－行为组合分配不同的权重（即不同数量的测验项目），有些组合故意不被评估。右边的表是为高中物理单元经典力学构建的，它使用百分比来确定分配给不同主题－行为组合的相对权重，它所包含的三种行为大致基于布鲁姆分类法中的前三个过程（识记、理解、应用）。图 14.7 中的两张表都有意强调某些主题 – 行为组合，但在其他情况下，总体上权重相等可能是相当合适的。

内容效度不仅对教师开发的评估很重要，对任何已发表的成就测验也很重要。在这种情况下，双向细目表也可以帮助我们。但这一次我们从测验开始，然后确定它与课程相匹配的程度。更具体地说，我们会创建一个二维表，其中包括主题和想要评估的行为。我们会仔细查看测验中的项，并计算落入表中每个单元格的项数量（有时测验发布者会提供这样的表）。然后，我们可以决定该考试是否与课程非常匹配，其内容是否适合特定情况，也就是说，它是否反映了我们在课堂上实际做的事情。

对于具体情况，前段最后一句中的"特定情况"特别重要。我们永远不能说某个成就测验的内容效度一般较高或较低。测验可能对一些学校和课堂的课程具有良好的内容效度，但在其他情况下几乎没有内容效度。

预测效度

尚特尔正在考虑从事数学方面的职业。尽管她在 8 年级的数学课上成绩不错，但她仍担心自己最终会在三角学和微积分的高级课程上遇到困难。为了了解自己未来在数学上取得成功的可能性，尚特尔参加了学校辅导员给她提供的数学能力测验（Mathematics Aptitude Test，MAT）。尚特尔在 MAT 中表现得很好，这增强了她在数学事业中取得成功的信心。但是，MAT 真的能测量学生成为数学家的潜力吗？这是预测效度（predictive validity）的问题——评估工具在某一领域准确预测未来表现的程度。

标准化的、常模参照的能力测验我的发布者通常从数学上确定测验分数预测某些领域未来成功的准确性。但是，请记住，与内容效度一样，测验并没有单一的预测效度。它在特定情况下的有效性取决于被预测的特定行为、被评估的年龄组（例如，许多测验对较年长的学生具有更大的预测效度），以及测验和预测表现之间的时间间隔。

结构效度

在心理学中，构想是一种不能直接观察到的内部特征，它必须从人们行为的一致性中推断出来。动机、自我效能感和智力都是构想，我们看不到这些东西，必须从学生所做的和不做的事情中得出结论。例如，我们可以利用我们对学生在任务内和任

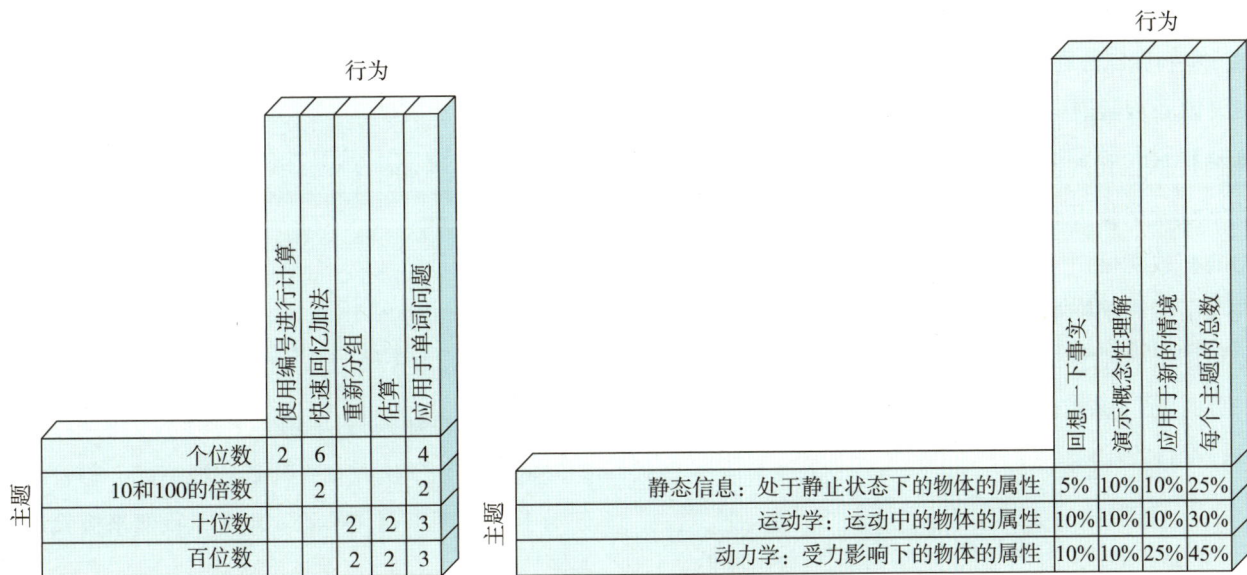

主题	使用编号进行计算	快速回忆加法	重新分组	估算	应用于单词问题
个位数	2	6			4
10和100的倍数		2			2
十位数			2	2	3
百位数			2	2	3

主题	回想一下事实	演示概念性理解	应用于新的情境	每个主题的总数
静态信息：处于静止状态下的物体的属性	5%	10%	10%	25%
运动学：运动中的物体的属性	10%	10%	10%	30%
动力学：受力影响下的物体的属性	10%	10%	25%	45%

图 14.7 双向细目表的两个示例

务外的行为的观察来推断他们对各种主题和技能的自我效能感。同样，我们也可以利用学生在抽象推理任务上的表现作为他们一般智力的证据。

结构效度（construct validity）是指评估工具实际测量一个抽象的、不可观察的特征的程度。当我们试图就学生的特征和能力得出一般结论时——也许当我们试图确定某些可能需要专门指导和支持系统的人——结构效度是最令人关注的。前面描述的大头智力测验（BTOI）的问题在于它的结构效度较差：尽管它的信度很高，但它所得出的分数与智力无关。

我们如何确定测验或其他评估工具是否测量了我们实际看不到的东西？评估专家已经制定了各种策略。例如，他们可能会确定评估结果与同一特征的其他指标的相关程度（例如，某种智力测验的分数与其他智力测验的分数相关吗）。他们可能还会发现，年龄较大的学生是否比年龄较小的学生在测量随年龄变化的特征的工具上的表现更好（例如，12岁的学生在智力测验中回答的问题比6岁的孩子多吗）。或者，他们可能会比较两组已知在相关特征方面不同的人的表现（例如，在智力测验中被认定为"健康"的12岁学生比被认定为"智力障碍"的12岁学生表现更好吗）。当来自不同来源的数据与我们所期望的测量工具（该工具可以很好地测量我们所讨论的特征）一致时，我们就可以得出结论，它可能确实具有较好的结构效度。

有一项原则适用于所有三种效度形式：实际上，任何评估工具对某些目的都比对其他目的更有效。数学成就测验可能是测量学生解决算术应用题的能力的有效指标，但也是测量他们将算术能力应用于现实情况的糟糕指标。一个关于网球规则的纸笔测验可以准确地评估学生知道一盘比赛中有多少局、"平局"是什么意思，但它可能不会告诉我们学生到底打得有多好。

实用性

RSVP的最后一个特征是实用性（practicality），即评估工具和程序易于使用的程度。实用性包含以下问题。

- 设计要管理的问题或任务需要多少时间？
- 是可以同时对许多学生进行评估，还是需要一对一进行评估？
- 是否涉及昂贵的材料？
- 评估需要占用教学活动多长时间？
- 评估学生的成绩所花费的时间和容易程度如何？

实用性、效度和信度等特征之间经常存在着权衡。例如，关于网球的真假测验更容易建构和管理。尽管一个真正展示学生网球技能的表现性评估需要花费更多的时间和精力，但它无疑是测量学生掌握这项运动的程度的更有效的工具。

表14.4总结了良好评估的RSVP特征。其中，效度是最重要的：我们必须使用评估技术，有效地评估学生实现教学目标的情况。然而，我们应该记住，信度是有效性的必要条件，特别是当涉及总结性评估时。然而，信度并不能保证效度，正如前面的"亲身体验——大头智力测验"中所说明的那样。标准化与总结性评估（特别是标准参照评估）最相关，在这种评估中，每个学生的表现都是通过与同龄人的比较进行评估的。此外，标准化可以提高评估结果的信度，从而间接提高其效度。只有在此过程中不失去效度时，我们才应该考虑实用性。

正式和非正式地评估学生的进步和成就

14.4　解释如何进行非正式评估、纸笔评估和表现性评估，并以合理的信度和效度评估学生的学习和表现

高效的教师经常从他们对学生行为的持续的、自发的观察和学生在预先计划的纸笔任务和表现性任务上的表现来得出推论。现在，我们来检验这些策略。

表 14.4　良好评估的 RSVP 特征

特征	定义	需要考虑的相关问题	评估
信度	评估工具或程序对每个学生产生一致结果的程度	• 学生的分数在多大程度上受到与所评估特征无关的临时条件的影响（重测信度） • 不同的人对学生表现的评分是否相似（评分者信度） • 单一评估工具的不同部分是否会对学生的成绩得出相似的结论（内部一致性信度）	信度是效度的必要条件，在总结性评估中尤为重要，在仅用于短期指导的形成性评估中不那么重要
标准化	评估工具或程序对所有学生产生一致结果的程度	• 所有学生是否都被评估为相同或相似的内容 • 所有学生是否都被要求执行相同类型的任务 • 所有学生是否都得到了同样的指示 • 所有学生是否都有相同的时间限制 • 是否使用相同的标准评估所有学生的成绩	标准化对于学生之间合法且公平的比较至关重要（如在标准参照测验中）；当评估被用来指导和进行个性化教学时，它就不那么重要了；此外，它还必须为残障学生提供适当的条件
效度	评估工具或程序实际能测量它想要评估的东西并能做出适当推论的程度	• 评估是否利用了被评估内容领域的代表性样本（内容效度） • 学生的分数能否预测他们在某一领域的成功（预测效度） • 评估是否准确测量了特定的心理或教育特征（结构效度）	效度必须是所有课堂评估中最核心的关注点，除非课堂评估与教学目标和学术课程紧密一致，否则评估结果没有意义
实用性	评估工具或程序易于使用且不昂贵的程度	• 评估需要多长时间 • 反应的速度和容易程度 • 是否需要特殊培训来管理或给评估打分 • 评估是否需要购买专业材料	特别是当使用总结性评估做出可能改变生活的决定时，只能在效度不会受到严重损害的情况下考虑实用性；简短的形成性评估应该非常实用，这样就不会占用太多的教学时间

非正式地观察学生的行为

从对学生行为的日常观察中，我们可以发现很多学生学到和没有学到的东西，使我们能够对未来的教学应该如何进行做出合理的决定。例如，我们可以：

- 在课程中提出问题（见"走进课堂——提出问题，以非正式地评估学生的学习和成就"专栏）；
- 倾听学生对整个课堂和小组讨论做出了哪些贡献，并记下他们问的问题；
- 让学生每日或每周写个人日志；
- 观察学生在体力任务上的表现；
- 确定学生自愿参与的活动类型；
- 注意可能反映学生对特定课堂任务的感受的肢体语言；
- 观察学生在课堂上、午餐时和操场上与同学的互动；
- 看看任务内行为和任务外行为的相对频率；寻找学生偏离任务的模式。

非正式评估有几个优势。首先，它向我们提供了关于当天的教学任务和活动的有效性的反馈。其次，它可以被随时调整。例如，当学生表达出对某个主题的误解时，我们可以问后续问题来探究他们的信念和推理过程。再次，非正式评估提供的信息可能支持或质疑我们从更正式的评估中获得的数据，如纸笔测验和小测验。例如，它可能会对英语学习者提供更乐观的评估。最后，对学生行为的持续观察提供了有关影响学生的课堂表现的社会、情感和动机因素的线索，这可能是我们评估"表现礼貌"和"享受阅读"等目标的唯一实用的手段。

走进课堂 •••

提出问题，以非正式地评估学生的学习和成绩

- **直接向整个班级提问，而不是只向一些似乎渴望回答的学生提问。** 高中科学课上的女孩很少在老师提问时主动发言。虽然老师经常提问那些举手的学生，但他偶尔也会提问不举手的学生，他确保每周至少提问每个学生一次。

- **当一个问题有几个可能的答案时，让学生对他们认为正确的特定答案进行投票。** 当讲授一堂有关分数的课时，一名中学数学老师把这个问题写在了黑板上。

  （3/4 ÷ 1/2）= ？

  她问："在我们讨论如何解决这个问题之前，你们中有多少人认为答案小于 1？有多少人认为答案大于 1？有多少人认为答案是 1？"她计算了每个问题后举手的人数，然后说道："嗯，你们中的大多数人认为答案小于 1。让我们来看看如何解决这样的问题。然后你们就会知道自己是对还是错了。"

- **询问后续问题，以探究学生的推理。** 在一堂关于加拿大的地理课上，一名 4 年级老师指着地图上的圣劳伦斯河问道："水是流向海洋还是远离海洋？"一个学生喊道："远离它！""你为什么这么想？"老师问道。这名学生的解释揭示了一个普遍的误解：河流只能从北向南流，而不能从南向北流。

非正式评估的 RSVP 特征

当我们通过非正式的方式获得有关学生的特征和成就的信息时，我们必须了解这种方法在信度、标准化、效度和实用性方面的优势和局限。

信度

大多数非正式评估都很短，而且学生的这些行为片段并不总是测量他们总体的成就和性格的可靠指标。也许我们碰巧问了曼纽尔一个他不知道答案的问题。也许我们碰巧注意到娜奥米在唯一一次脱离任务时最终没能完成任务。当我们使用非正式评估得出学生知道什么和能做什么的结论时，我们应该根据长期以来的观察结果得出结论。鉴于我们的长时记忆永远不可能是完全准确的、可靠的观测记录，我们应该持续地记录我们所看到和听到的东西（M. D. Miller，Linn，& Gronlund，2009；Stiggins & Chappuis，2012）。

标准化

非正式评估很少能被标准化。例如，我们倾向于向不同的学生提出不同的问题，我们可能会观察每个学生在不同背景下的行为。因此，这样的评估绝对不会给每个学生提供相同的信息。在大多数情况下，我们无法仅仅依据一些偶然的观察就对学生进行合理的比较。

效度

即使学生的行为会随着时间的推移而保持一致，它也不会总是给我们关于学生知道什么和能做什么的准确数据。例如，汤姆可能会故意错误地回答问题，这样他就不会给人留下无所不知的印象，而玛格特可能会因为慢性口吃问题而不愿说话。一般来说，当我们使用课堂问题来评估学生的学习情况时，我们必须记住，一些学生，尤其是来自某些少数族裔的学生，比其他学生更不太可能做出反应。与此同时，一些学生可能会非常自信，让我们相信他们

所知道的比他们实际知道的多（Castagno & Brayboy，2008；Rogoff，2003；Stiggins & Chappuis，2012；Wentzel，2009）。

个人偏见和期望也可以在非正式评估中发挥作用（Carbonneau & Selig，2011；Ritts, Patterson, & Tubbs，1992；J. P. Robinson & Lubienski，2011）。我们通常会根据已经知道或相信的事实来对我们所看到和听到的东西赋予意义。例如，我们倾向于期望自己喜欢或欣赏的学生具有学业能力或社交能力，因此我们会以过于积极的态度看待他们的行为，这种现象被称为晕轮效应（halo effect）。同样，我们可能会认为有不良行为历史的学生会做出不良行为（Zimmermann, Schütte, Taskinen, & Köller，2013）。因此，我们的观察可能是有偏差的，这种现象被恰当地称为尖角效应（horns effect）。尽管我们努力成为公正的裁判，但我们基于学生的种族背景或社会经济地位对他们做出的任何期望都可能会不公平地影响我们对他们表现的判断（Ready & Wright，2011；van den Bergh, Denessen, Hornstra, Voeten, & Holland，2010）。

教师倾向于评估表现好的学生会比表现不好的学生取得更高的成绩，即使学生的实际学业成绩水平是一样的。

实用性

非正式评估的最大优势在于它的实用性。它很少涉及或根本不涉及评估之前或之后的时间，除非我们把我们的观察记录下来。它也非常灵活：我们可以根据情况的变化，实时调整评估程序。

尽管非正式评估很实用，但我们已经注意到它在信度、标准化和效度方面的严重问题。因此，我们只能把得出的任何结论当作假设来看待，并通过其他方式确认或否定这些假设。最后，我们必须更多地依赖预先计划好的、正式的评估技术来确定学生是否实现了教学目标，是否达到了学习内容领域的标准。

使用纸笔评估

当我们需要进行正式的评估时，纸笔评估通常比表现性评估更容易、更快，因此更具实用性。要求简短回答的问题，如多项选择题和简答题，通常适合评估学生对单一的、孤立的事实知识的掌握情况。纸笔任务中要求较长的时间回答的问题，如作文题和几何题，更容易评估复杂的认知过程，如逻辑推理和问题解决。然而，单凭项目类型，我们无法确定问题是在评估简单的思维技能还是在评估复杂的思维技能。例如，一道作文题很有可能（也很常见）只要求学生检索和解释教师以前教过的东西，一些教师在编写选择题时会很有创意，要求学生将主题应用到新的情境中。

对于不同的纸笔项目格式，我们需要考虑的一个区别是它们是否涉及再认或回忆。一项再认任务（recogonition task，如选择题、是非题或匹配题）要求学生在有不正确的陈述或不相关的信息的背景下找出正确答案。相比之下，回忆任务（recall task，如简答题、应用题或论文题）要求学生自己生成正确答案。当回忆任务需要长时间的反应，特别是当它还涉及详细描述、分析、综合或以新的方式应用信息时，它有时被称为建构反应任务（constructed-response task）。

再认任务有两个主要优势。首先，我们通常可以在单个评估中包含相对大量的问题和任务，使我们能够获得广泛内容领域的代表性样本，从而潜在地提高内容效度。其次，我们可以快速且一致地对学生的反应进行评分，从而满足我们对实用性和信度的需求。然而，再认任务倾向于高估学生的成绩：学生有时可以在不太了解材料的情况下做出正确的猜测。

在有些情况下，回忆任务通常比再认任务更有效，例如，当我们的教学目标是提取知识和技能，而不是在分散注意力的信息中找出正确答案，特别是当我们想检查学生的推理过程（如在有争议的话题中证明特定观点的能力）时。而且，当学生准备做回忆题而不是再认题时，他们往往会更深入地学习，更好地记住材料（D'Ydewalle，Swerts，& De Corte，1983；Roediger & Karpicke，2006；Rohrer & Pashler，2010）。

但由于学生可能需要相当长的时间来对每道回忆题做出反应，因此我们可能会在单个评估环节呈现更少的项目（对信度产生不利影响），并挖掘内容领域里更有限的样本（可能影响内容效度）。此外，我们通常会花更长的时间来给这些项目打分（一个实用性问题），在打分时也会犯更多错误（另一个信度问题）。

构建纸笔评估

大多数再认评估项目采取以下三种基本形式之一：

- 备选回答题是指一个系列中的所有问题只有两到三个可能的答案（如对与错、事实与观点）的题；
- 单项选择题包括一个问题或不完整的陈述（题干），紧跟着一个正确答案和几个不正确的选项（干扰项）；
- 匹配题有两列信息，学生必须将第一列中的每一项与第二列中相应的项相匹配。

在这三种形式中，大多数评估专家推荐多项选择题。单项选择题相对于其他再认题有两个优势。首先，学生通过简单猜测能够正确回答的项目的数量相对较少，特别是与备选回答题相比（例如，当单项选择题有5个可能的答案时，学生仅通过猜测只

有20%的概率答对）。其次，在其他条件相同的情况下，单项选择题的形式最适合用来测量复杂的思维技能。

回忆题的形式范围很广，基本上只受限于我们的想象力。有些题很简单直接，如"二加二等于几""法国的首都是哪里"。另一些问题可能需要深思熟虑。例如，我们可能会要求学生操作或综合数据，并开发一个解决方案。或者，我们可以给学生一些新的材料（如一张表格、图、地图或一段文本），让他们分析并从中得出结论。

考虑到良好评估的RSVP特征，我们为编制纸笔评估提供以下一般性建议。

■ **在单个评估中组合多种形式**。我们通常想要评估学生的综合能力、评价能力或以其他方式详细阐述所学知识的能力，建构反应任务更容易做到这一点。然而，仅仅由一两个冗长的建构反应题组成的评估并不总是能提供被评估的主题和技能的代表性样本，在单个项目上的任何评分错误都有可能严重影响学生的整体分数。一个可行的折中方案是将快速反应再认和回忆题（允许广泛的取样），以及较长的建构反应题（更好地检验学生的推理能力）结合起来，用于纸笔评估。此外，我们必须记住，纸笔评估不需要完全是语言性质的，它们还可以包括视觉材料。

■ **在评估基础知识时，重新表述课堂上或阅读材料中的观点**。如果我们想鼓励学生在准备正式评估时进行意义学习而不是机械学习，就必须创造一些条目，让逐字逐句的死记硬背适得其反。举个例子，一名中学语言艺术教师用简短的单项选择测验来评估学生对每周新词汇的理解程度。测验项目不应该包括给予学生确切的定义。也许学生对"渴望"有这样的定义：非常想要或向往某物。那么，问题可能是这样的：

下列哪个单词或短语的意思和"渴望"

最接近?

　　A. 做饭

　　B. 希望

　　C. 隐藏

　　D. 沉思

　　（正确答案是 B）

■ **为了评估复杂的认知过程，要求学生将他们所学到的知识应用到新的情境中。**当我们向学生呈现以前学过的情境或问题时，学生可能仅仅因为记住了答案就能做出正确的回答。只有当我们要求学生在新的情境中使用他们的知识和技能时，也就是当他们必须迁移他们所学的知识时，我们才能真正地评估问题解决、批判性思维和其他复杂的认知过程。例如，我们可能会要求学生:

- 评论研究人员从一项研究中得出的结论;
- 确定作者在争论一个特定观点时的潜在假设;
- 评估网站上的信息的可信度（Nitko & Brookhart，2011）。

　　虽然建构反应任务通常更适合评估迁移能力，但凭借思维和创造力，我们甚至可以创建评估迁移的再认项目。下面是一道关于科学单元中的简单机械内容的单项选择题。

　　一位发明家刚刚设计了一种新型切纸装置。以下哪个简单机械是这个装置最有可能包括的?

　　A. 杠杆

　　B. 动滑轮

　　C. 斜面

　　D. 楔

　　（正确答案是 D）

■ **清晰、明确地定义任务。**不管学生是否知道如何正确地应对评估任务，他们至少应该理解我们要求他们做什么。下面的练习可以告诉你我们的意思。

亲身体验

评估你关于评估的知识

　　你的教育心理学指导教师给你做了一个测验，其中包括以下几个问题。

　　1. 列出一个良好的课堂评估的四个特征。

　　2. 总结课堂评估的目的。

　　花几分钟想想如何回答每个问题。写下在你的回答中应该包含的内容。

　　你对问题 1 的回答是否像"信度、标准化、效度和实用性"这么简单? 你认为你需要解释 RSVP 特征的每一个吗? 除了 RSVP 特征外，你是否确定了"良好"的性质? 那么问题 2 呢? 你关注的目的是什么? 你认为你的总结可能会有多长? 像列表、品质和总结这样的词很难解释，而且可能会引起误解。

■ **为学生的回答提供指导和结构。**在某种程度上，我们应该通过明确地定义评估任务来做到这一点。例如，为了评估学生对 18 世纪美国历史的了解程度，与其要求他们列出美国独立战争的三个原因，不如让他们这样做:

　　确定 18 世纪 60 年代和 / 或 70 年代导致美国独立战争爆发的三项政策或事件。每一项用三到五句话解释它是如何加剧英国和美洲殖民地之间的紧张关系的。

　　或者，为了评估学生分离和控制变量的能力，我们可以给他们一个这样的问题:

　　一个物理专业的学生想研究球在斜面上滚动的速率。这个学生想知道是斜面的坡度还是球的重量影响了球的速率。描述学生可以进行的一项实验。实验一定要包括:（1）学生在实验中应该使用的材料;（2）学生可能会做出的至少两个假设;（3）学生检验这些假设应该采取的步骤（R. L. Johnson，Penny，&

Gordon，2009）。

当大量信息可能与建构反应任务相关时，这种清晰性和结构尤其重要。否则，学生的回答可能会有很多不同的方向，对他们的回答进行持续、可靠的评分几乎是不可能的。

■ **当学生不知道答案时，尽量减少他们猜对的可能性。** 评估任务只有在能够帮助我们准确判断学生是否掌握了被评估的知识和技能的情况下才具有内容效度。编写得不好的题有时会提供逻辑线索，即使是无知的学生也能正确回答。

在编写单项选择题和其他再认任务时，我们应该注意，所有的选项都应该在以下两个方面符合逻辑：（1）它们在语法上彼此平行，并与词干一致；（2）它们中只有一个选项是正确的。因此在一道单项选择题中，许多专家建议我们不使用"上述所有"作为一个选项：如果这个选项是正确答案（它往往出现在教师编写的测验中），那么其他选项也必须是正确的，而被告知要选择正确答案的学生可能会感到困惑。一种更好的策略是使用一个或多个常见的错误概念作为干扰项，就像下面关于季节的题所做的那样。

冬天比夏天冷的原因是什么？

A. 因为地球在其轨道上离太阳最远

B. 因为地上的雪反射而不是吸收太阳光

C. 因为太阳光在地球的照射角度更大

D. 因为风更有可能来自两极之一而不是赤道

（正确答案是 C，选项 A 是一个常见的干扰项）

另一种在建构反应任务中最小化正确猜测的特别有用的策略是加入与答案无关的信息。例如，在你上学的某个时候，你肯定学过如何计算平行四边形的面积。如果有，你

能快速计算出平行四边形的面积吗？

如果你能回忆起公式（面积＝底×高），你应该很容易得到答案（8cm×4cm，或者32cm²）。但是，如果你忘记了计算过程，你可能会被下图中提供的一些信息误导。加入与答案无关的信息的另一个好处是，它通常会增强评估任务的真实性质。外部世界通常会呈现大量信息，而这些信息与手头的任务几乎没有关系，学生最终必须能够确定他们真正需要的是什么信息。

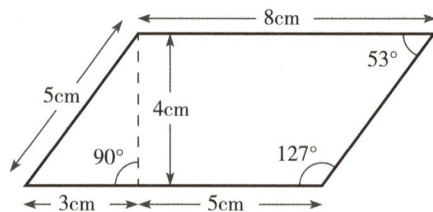

■ **考虑让学生接触参考资料。** 在某些情况下，我们可能希望学生在完成一项评估时只用一种资源——长时记忆。但在其他情况下，让他们在学习时使用参考材料可能是合适的，如字典、地图、文章、公式列表或课堂笔记。当我们的目标是让学生寻找、分析或应用信息，而不是记住信息时，允许学生查阅参考资料的评估任务就特别合适。例如，我们中的一位作者教了多年的统计学入门课程，他会在考试时给学生提供公式，而不是让他们死记硬背，这样他们就可以专注于应用公式。

■ **把较短、较简单的项目放在更有挑战性的项目之前。** 一些学生会有策略地进行纸笔评估，先回答快速且简单的问题，而不考虑这些问题的顺序。但是其他学生倾向于按照问题出现的顺序来解决它们，有时他们会在一个问题上花费过多的时间（如一篇很长的文章），以至于他们没有多少时间去解决其他更短的问题。通过以简短的、相对简单的项目开始评估，我们可以减少学生的焦虑，并确保他们在陷入特别具有挑战性的任务之前展示他

们所学到的一些知识。

- **提前确定评分标准。** 在编制评估任务时，我们应该确定一个正确答案，或者至少是一个好的回答的组成部分。如果学生的回答需要一些专业的判断，我们可能会制定一个或多个核查表或评估量规来指导评分，并确保我们对学生作业的评估是一致的。我们也应该制定政策评估以下情况：学生给出了部分正确答案、回答正确但包含额外的不正确信息，或者答案有许多语法和拼写错误（关于最后一个问题，我们稍后会详细介绍）。

- **考虑用电子设备代替纸和笔。** 一些在线资源和软件使我们能够创建、管理和评分传统的纸笔评估工具。一个例子是 Quia，在那里我们可以使用各种传统的纸笔项目形式（如选择题、判断题、简答题）来设计测验，如果我们愿意，我们还可以在一个或多个项目中加入图形或音频信息。学生在计算机或平板电脑上进行评估，并立即得到反馈。Quia 还为我们在班级数据库中记录学生的成绩。在使用 Quia 这样的资源时，我们必须记住，它们主要局限于具有明确的正确或错误反应的评估任务，可能不适合那些技术能力有限或因其他原因觉得技术很难的学生。

进行纸笔评估

课堂评估工具的有效性不仅取决于我们如何构建它们，还取决于我们如何对它们进行管理。当我们进行纸笔评估时，以下三种一般性策略应该会提高结果的有效性。

- **提供安静、舒适的环境。** 当有足够的照明、合理的工作空间和最小的干扰时，学生更有可能发挥最佳水平。这些因素对那些容易分心、不习惯正式评估或对付出太多努力不感兴趣的学生（如那些面临学业失败和辍学风险的学生）尤其重要（Popham，2006；Shriner & Spicuzza，1995）。

- **当任务不明确时，鼓励学生提出问题。** 当学生对我们要求他们做的事情不确定时，我们应该鼓励他们寻求澄清。如果没有这样的鼓励，包括许多少数族裔学生在内的一些学生可能不愿意在正式评估期间提出问题（C. A. Grant & Gomez，2001；J. Li & Fischer，2004；Karabenick & Gonida，2018）。

- **采取合理措施防止作弊。** 由于种种原因，随着学生年龄的增长，作弊现象也越来越普遍。有些学生可能对在评估中取得好成绩更感兴趣，而不是真正学习某一科目。对他们来说，表现目标高于掌握目标。其他人可能认为教师或家长对他们的表现期望过高，除非他们作弊，否则不可能成功。此外，学生可能会认为某些评估，特别是纸笔测验结构不合理，评分武断，或者在其他某些方面不能很好地反映他们所学的知识。通常，学生之间也会通过言语或行为传达这样的信息：作弊是可以接受的（E. M. Anderman & Koenka，2017；L. H. Anderman，Freeman，& Mueller，2007；Cizek，2003；Danner，2008；Lenski，Husemann，Trautwein，& Lüdtke，2010；Murdock，Miller，& Kohlhardt，2004）。

当学生作弊时，他们的评估分数并不能准确地反映他们所知道和能做的事情，因此，这些分数的有效性很低或根本没有有效性。此外，如果学生发现作弊能使他们以最小的努力获得好成绩，作弊可能就会变成一种习惯（Cizek，2003）。最好的方法是通过以下策略防止学生作弊。

在评估前的几周或几天里

- 将学生的注意力集中在掌握目标上，而不是表现目标或外在结果（如考试分数）上。

- 让学生做好准备，使不通过作弊获得成功成为现实。

- 对重要的教学目标使用有效性明显的评估工具。

- 创造两个或多个形式和内容相同但答案不同的工具（例如，以两种不同的顺序排列同一套单项选择题）。

- 解释什么是作弊，为什么它是不可接受的，如解释作弊包括抄袭、逐字复制材料而没有给出适当的出处。

- 描述在考试期间作弊的后果。

在评估期间

- 坚持让智能手机和其他电子设备（如智能手表）保持关闭，并在教室门口登记。

- 在任何需要单独考核而不是小组考核的评估中分配座位。

- 在整个评估过程中，注意学生在做什么，但不要盯着特定的学生。

不幸的是，数字技术让如今的学生更方便作弊，而这在几十年前是不可能的。在测验期间，一些准备不足的学生可能会尝试通过电子的方式来分享答案（请注意前面关于在门口登记智能手机的建议）。当考试需要在无人监督的环境下独立进行时，一些学生可能会试图将从互联网上获得的文件冒充为自己的答案。我们发现有两种策略有助于减少网络剽窃。首先，我们可以设计非常具体的评估任务，这些任务与特定的教学目标联系非常紧密，以至于在互联网上找到的文件无法满足任务要求。其次，我们要一直对那些指向抄袭者的线索保持警惕，如我们不能经常在学生的作品中看到的复杂的知识、词汇和句子结构等。也有一些数据库可以用来评估学生的文章是否是抄袭的。

尽管有合理的预防措施，但如果作弊还是发生了，我们必须执行前面描述的任何惩罚。其后果应该严重到足以阻止学生再次作弊，但从长远来看又不能严重到影响学生的动机和学业成功的可能性。让学生诚实地重做任务是一个适当的结果。我们也可以要求学生写一篇关于学术欺诈的道德意蕴和负

面影响的论文（K. O'Connor，2011）。总的来说，我们必须记住，学生的最终成绩应该反映出他们实际学到了什么。

根据学生对纸笔评估的回答进行评分

当根据评估任务进行评分时，我们必须继续关注 RSVP 特征。此外，我们必须记住，最重要的目标不是评估学生，而是帮助学生学习。以下每一种策略对于实现其中一个或两个目标都是有价值的。

- **追求客观。** 有些评估任务有明确的正确和错误答案，但其他评估任务（如论文和实验报告）可能需要教师对质量进行判断。当评分涉及相当多的决策时，核查表和评估量规可以帮助我们在评估中保持合理的客观和一致性。为了最大限度地发挥作用，评估量规应该包括对各种级别的回答的具体描述，而不是简单的、从"差"到"优秀"的**等级评定量表**（rating scale）。每个级别还可能包括说明学生回答的水平的例子。许多在线学习管理系统现在都包含创建评估量规，这样教师就可以在线评估这些类型的作业，并保持一致性。

- **在可能的情况下，将语法和拼写与学生回答的内容分开评分，除非专门评估写作技能。** 这一建议在评估写作能力有限的学生时尤为重要，如英语学习者和残障学习者（Hamp-Lyons，1992；Scarcella，1990；Valdés，Bunch，Snow，& Lee，2005）。

- **在开始评分前，浏览一些学生的回答，寻找意外的回答，并在必要时修改标准。** 一般来说，我们应该在评估前告诉学生将要使用的标准。然而，我们可能偶尔需要调整一个或多个标准，或者增加或减少一两个标准以适应意外的回答，并提高我们对所有回答进行一致、公平和可靠的评分的能力。任何调整都应该在我们开始评分前进行，而不是批改了一半试卷后再调整。

- **逐项评分，而不是逐卷评分。** 当评分涉及主

观决策时，我们可以更可靠地对学生的回答进行评分，即先对第一个问题的所有回答进行评分，然后再对第二个问题的所有回答进行评分，以此类推。

- **不要让我们先前对学生表现的期望影响对他们实际表现的判断。** 前面描述的晕轮效应和尖角效应既可以在正式评估中发挥作用，也可以在非正式评估中发挥作用。在纸笔测验中，学生的回答越多变、越复杂，我们就越难以客观、可靠地给他们的回答评分。一些策略可以防止我们的期望影响我们的判断，如在给一个问题评分后把试卷混排、用小贴纸盖住学生的名字。

- **将任何整体分数与具体反馈结合起来。** 我们必须牢记，所有的评估，包括总结性评估，要能够且应该促进学生未来的成就。因此，我们应该提供详细的评论，告诉学生他们在哪些方面做得好、他们的弱点在哪里，以及他们应该如何改进。让学生提高能力是特别重要的，因为仅仅给他们反馈而没有指导他们如何使用反馈，可能不会让他们改变学习策略（Winstone, Nash, Parker, & Rowntree, 2017）。当学生在一次评估中只得到一个分数或等级，而没有相应的解释（为什么他们的表现会被这样评估）时，他们很可能会将评估归因于一些无法控制的因素：也许是自己的先天能力不足或无能，也许是教师的高度主观和武断的判断。因此他们会朝着表现目标而不是掌握目标努力（E. M. Anderman & Dawson, 2011; Stupnisky, Stewart, Daniels, & Perry, 2011）。

纸笔评估的 RSVP 特征

纸笔评估是如何满足 RSVP 特征的？让我们依次来看一下这四个特征。

信度

当纸笔评估有明确的正确和错误答案时，我们通常可以以高度的一致性来评估答案。当我们必须对学生的相对正确或错误的答案做出主观判断时，信度就会不可避免地降低。

标准化

一般来说，纸笔工具很容易标准化。我们可以给所有学生类似的任务和指导，提供类似的时间限制和考试条件，并以基本相同的方式给每个人的回答评分。然而，我们必须在对标准化的需要和其他考虑之间取得平衡。例如，我们可能需要针对有特殊需要的学生的特殊能力和障碍量身定制评估任务。在评估学生的写作技能时，为了增强他们的自主性，我们有时会让学生选择写作主题。

效度

当我们问的问题只要求简短的回答时，我们可以在短时间内对学生掌握的许多主题的知识进行抽样。在这个意义上，这样的问题可以给我们更大的内容效度。然而，这些项目并不总是反映我们的教学目标。为了评估学生将所学知识应用于新情境和复杂的现实世界问题的能力，我们可能要满足于一些需要长时间回答的任务，即使这些任务提供的内容领域的样本有限。

实用性

纸笔评估通常比表现性评估更实用。例如，它可以同时评估所有学生，在许多情况下，我们可以在短时间内对学生的回答进行评分。因此，如果纸笔评估能产生有效的测量学生知道什么和能做什么的结果，它应该是我们选择的方法。但我们已经知道，当纸笔任务不能很好地反映学生掌握了什么时，我们就可能需要牺牲实用性来获得表现性评估可以提供的更大的效度。

利用表现性评估

各种各样的表现性任务可以用来评估学生对课堂主题的掌握程度。以下只是众多可能性中的一小部分。

- 弹奏乐器
- 用外语交谈

- 参与有关社会问题的辩论
- 修理有故障的机器
- 角色扮演面试工作
- 向一群同龄人展示研究成果

表现性评估尤其适合评估复杂的成就，如那些需要同时使用多项技能的成就。在评估诸如问题解决、创造力和批判性思维等复杂的认知过程时，它也很有帮助。此外，表现性任务通常比纸笔任务更有意义、更发人深思、更真实，因此往往更具有激励作用（Darling-Hammond，Ancess，& Falk，1995；DiMartino & Castaneda，2007；R. L. Johnson et al.，2009；Khattri & Sweet，1996；S. G. Paris & Paris，2001）。

选择合适的表现性评估任务

就像任何评估一样，我们选择的表现性评估任务必须与我们的教学目标和宗旨紧密结合。我们还必须考虑一个特定的任务是否能够使我们对学生在相关内容领域中知道什么和可以做什么做出合理的概括。以下三个区别可以帮助我们集中于最适合我们的目的的任务。

产品与过程

一些表现性评估关注学生创造的有形产品，如一幅画或一张海报。另一些表现性评估关注学生展示的具体过程和行为，可能是口头陈述、演示如何运球或表演乐器独奏。有时，我们可能会对学生的思维过程感兴趣。例如，如果我们想确定学生是否获得了一定的逻辑思维能力（如守恒、分离和控制变量），我们可能会提出类似皮亚杰所使用的任务，并通过一系列探索性的问题，要求学生解释他们的推理。当我们要求学生操作实物（如物理课上的电路），预测在不同情况下会发生什么，并解释他们的结果时，我们通常也能学到很多关于学生如何对科学现象进行概念化和推理的知识（Baxter，Elder，& Glaser，1996；diSessa，2007；Magnusson，Boyle，& Templin，1994；Quellmalz & Hoskyn，1997）。

个体表现与团体表现

许多表现性任务需要个别学生在很少有或没有帮助的情况下完成。还有一些任务则非常复杂，最好由一群学生来完成。例如，在高中的社会研究课上，我们可能会通过使用图 14.8 所示的基于实地的合作小组项目来评估学生对某些概念和技能的掌握程度。诸如此类的任务要求学生系统地收集数据，利用数据得出结论并做出预测，一般来说，要像当地政府官员和城市规划者那样思考（Newmann，1997）。

1. 使用你所在城市或城镇的地图，选择距学校 6~8 个街区的社区。

2. 利用实地研究和 Google Earth 来确定这个社区的住房、企业、公共空间和服务（如公园、学校、医疗设施）的类型，并确定常见的交通方式，如步行、骑自行车、驾驶私家车，以及使用交通工具系统（如公共汽车、地铁）。

3. 对社区内至少五名居民和 / 或业主进行采访，询问他们认为这个社区有哪些优点和哪些缺点。

4. 使用你在步骤 2 和步骤 3 中收集的信息，确定这个社区可能存在的问题。例如，建筑物或道路是否年久失修或在其他方面不安全？人们从这个社区到你的城市或城镇的其他地方有困难吗？这个社区犯罪率高吗？

5. 作为一个合作小组，写一份报告，描述你的发现，并提出至少三个改善社区的建议。

图 14.8　高中社会研究课上的小组表现性评估任务示例

利用小组任务进行评估的一个挑战是确定如何评估每个学生的贡献。教师通常会考虑个别学生的行为和成就。例如，一个学生对团队的贡献是什么、有多少，以及到项目结束时，除了整个团队的成就之外，学生学到了多少（Lester，Lambdin，& Preston，1997；Stiggins & Chappuis，2012）。

有限表现与扩展表现

有些表现性任务非常短，也就是说，它们涉及有限表现。例如，我们可能会要求乐器入门课上的每个学生在简短的一对一课程中演奏一个大调音阶。

当我们想要确定学生在几天或几周内的能力时，我们会评估他们的扩展表现。扩展表现任务可能为学生提供收集数据、参与协作解决问题，以及编辑和修改任务的机会。许多扩展表现任务体现了真实性评估：它们非常类似于学生最终可能在外部世界遇到的真实情况和问题。因为扩展表现任务需要花费大量时间，我们应该主要用它们来评估与最重要的、核心的教学目标相关的成就（Lester et al.，1997；Wiggins & McTighe，2007）。

规划和管理表现性评估

前面提出的许多关于纸笔评估的准则也同样适用于表现性评估。以下几点尤其重要：

· 清晰、明确地定义任务；

· 提前通知学生将有一个表现性评估，特别是如果他们不习惯这种评估方式；

· 提前确定评分标准；

· 当任务不明确时，鼓励学生提出问题。

另外三项准则主要与表现性评估有关。

■ **考虑将评估纳入正常的教学活动**。如果我们把教学和评估结合到一个活动中，我们有时可以更有效地利用课堂时间（Baxter，Elder，& Glaser，1996；Baxter et al.，1996；Boschee & Baron，1993）。例如，在柱状图单元中，一名 1 年级教师给每个学生一个二维表，表的最左边的一列写着一年的月份。她让学生在自己的生日月对应的单元格上写下自己的名字，并在教室里来回走动，让每个学生在相应的单元格上签名。理想的情况是，这一程序将生成一个柱状图，描绘出每个月出生的学生的数量。如图 14.9 所示，一些学生（但不是所有学生）理解了简单柱状图的本质。许多学生把他们的名字写在表的同一个单元格内。然而，少数学生使用两个单元格来写他们的名字，这或许是因为他们要么还没有掌握一个人等于一个单元格的规则，要么无法把自己的名字写得足够小，不知道如何解决这个

问题。还有一个学生还不知道她必须从左到右写自己的名字和其他单词。

当我们将表现性评估纳入教学活动时必须记住，我们不可能完全标准化所有学生的条件，也不一定能看到学生的最佳表现。此外，尽管在教学过程中给予学生帮助或反馈是很合适的，但在对学生所取得的成绩进行总结性评估时，这样做可能是不合适的。在某些情况下，我们可能想要进行一个独立于教学活动的评估，这时，我们要提前宣布将有这样的评估，并指导学生如何使他们的表现最大化。

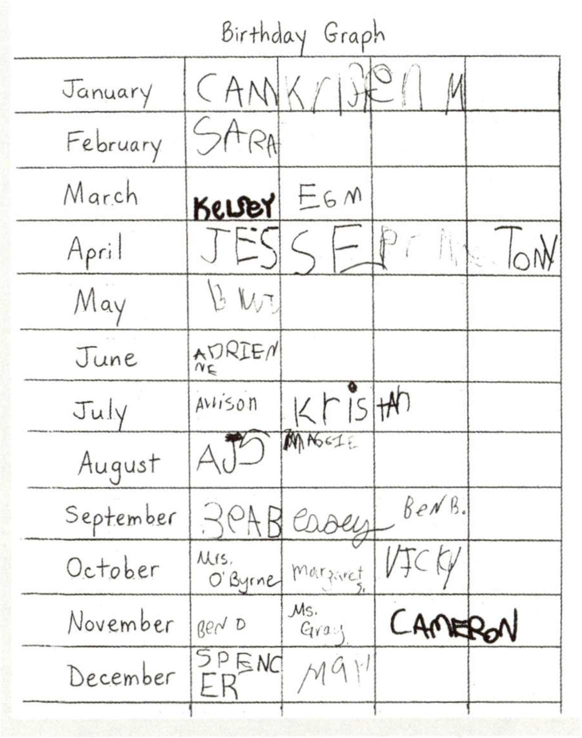

图 14.9 在这个"生日表"练习中，1 年级教师苏珊·伯恩获得了关于学生写作和制图技能的信息

■ **提供一些结构来指导学生的努力，不要提供太多结构，以免降低任务的真实性**。当我们正在进行一个总结性评估时，我们可能应该在某种程度上组织表现性评估。例如，我们可以就学生应该完成什么来提供详细的指导，包括他们可以使用什么材料和设备，以及他们需要多长时间来完成任务（Gronlund &

Waugh，2009；E. H. Hiebert，Valencia，& Afflerbach，1994）。这样的结构有助于将评估标准化，使我们能够更可靠地评估学生的表现。

然而，太多的结构会降低表现性任务的效度。当我们想要完成真实的、类似于现实世界的任务时，强加大量的结构是特别有问题的，因为现实世界通常没有太多的结构。

■ **为评估活动制定课堂管理策略**。当我们进行表现性评估时，应该将课堂管理的两个重要原则付诸实践：有经验的教师会不断地了解学生在做什么（"明察秋毫"），以及他们会确保学生总是有效地参与。当我们只能评估学生的个人表现或小组表现时，必须确保其他学生积极参与到学习活动中（L. M. Carey，1994）。例如，在一个关于足球的单元中，当一些学生展示他们在球场上运球和传球的能力时，我们可能会让其他学生两人一组练习他们的步法。

在表现性评估中给学生的回答评分

有时，学生对表现性评估任务的回答是可以被客观地评分的。例如，我们可以很容易地计算学生在100米短跑中的表现，或者计算学生在打字测验中的错误。但更多时候，我们会发现自己在评估学生的表现时做出了主观的决定。当学生做口头报告、创作泥塑或就有争议的问题进行激烈辩论时，没有明确的正确或错误的答案。因此，如果我们不谨慎，我们的判断可能会过度地受到对每个学生的期望的影响。

特别是对于总结性的表现性评估，我们应该创建某种结构化的记录形式，它可以在评估过程中指导我们，并在之后作为我们观察到的情况的书面记录。接下来的四个建议可以帮助我们设计记录表，以确保表现性评估有合理的效度和信度。

■ **当使用几个标准来评估学生的表现时，具体描述每一个标准，并制定一张核查表或一份评估量规来指导评分**。一些表现性任务很适合用核查表来进行评估，而另一些任务用评估量规进行评估更有效。图 14.10 显示了三个简单的示例。左边的两个示例，一个用于清漆的使用，另一个用于一般的学习习惯，显然属于核查表。右边的这个示例包含了两个简单的类似于评估量规的等级评定量表，用于评估学生在科学实验室的表现。也就是说，它在两个连续体上给各个点分配数字。这两种方法都可以提高评分的信度，也有教学上的好处：它们可以识别特定的困难领域，从而给学生关于如何提高成绩的反馈。

■ **决定是分析性评分还是整体评分更符合你的目的**。当我们需要关于学生表现的详细信息时，我们可能想要使用**分析评分法**（analytic scoring），即可以使用核查表或多个等级评定量表来分别评估学生表现的各个方面。相比之下，当我们需要用一个分数来总结学生的表现时，应该使用**整体评分法**（holistic scoring），即我们考虑所有相关的标准，但只做出一个判断。例如，我们可能有一个单一的等级评定量表，从"1"到"5"或从"差"到"精通"，并在连续体的每个点上对学生的表现进行具体描述。分析性评分在进行形成性评估和促进学生学习方面更有用，而整体评分通常用于期末评估和总结性评估。

■ **将评分标准限制在期望反应的最重要方面**。评分标准应集中在能体现熟练程度的关键指标和与教学目标最相关的表现上（M. D. Miller et al.，2009；Wiggins，1992）。标准也应该在数量上相对较少（也许是 5 个或 6 个），这样我们在观察每个学生时就可以持续跟踪他们的表现（Gronlund & Waugh，2009；Popham，2014）。请记住，工作记忆的容量是有限的：所有人类（包括教师）都一样！一次只能想这么多事情。

■ **记录评分指南中没有提到的学生表现的其他重要方面**。每当我们把学生在一项复杂任务上的表现分解成离散的行为时，我们就在过程中丢失了有价值的信息（Delandshere &

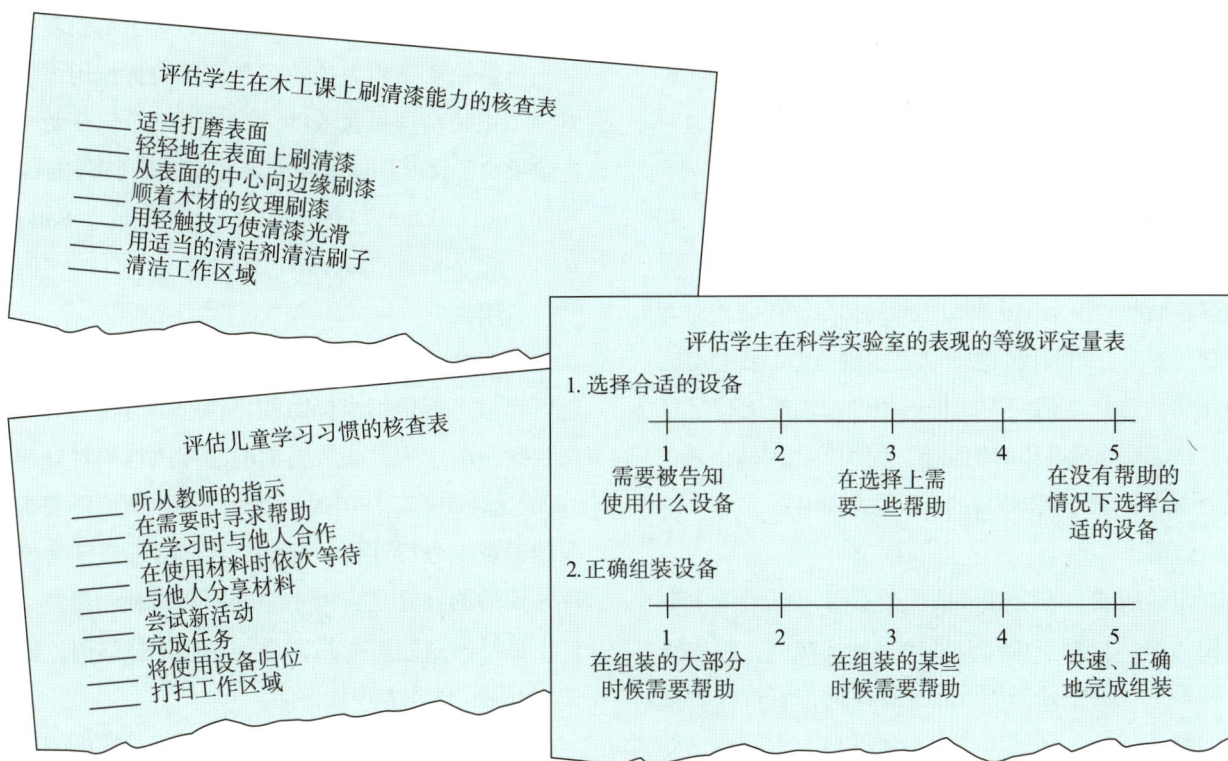

图 14.10　任务特异性评分指南的示例

资料来源：Checklists from *Measurement and Assessment in Teaching*, 9th edition, by Robert L. Linn and M. David Miller. Copyright © 2005 by Pearson Education, Inc. Printed and electronically reproduced by permission of Pearson Education, Inc. Upper Saddle River, New Jersey. Scales from *Writing Instructional Objectives for Teaching and Assessment*, 7th edition, by Norman E. Gronlund. Copyright © 2011 by Pearson Education, Inc. Printed and electronically reproduced by permission of Pearson Education, Inc. Upper Saddle River, New Jersey.

Petrosky，1998）。当我使用评分指南来评估学生的成就水平时，我们可能偶尔想要记录学生的其他值得注意的表现。当然，评分过程的这一方面既未标准化也不可靠，但它有时可以帮助我们识别学生的独特优势和需要，从而帮助我们制订未来的教学计划。

表现性评估的 RSVP 特征

与传统的纸笔评估相比，许多表现性评估技术相对较新，教育工作者仍在努力解决与信度、标准化、效度和实用性相关的问题。

信度

研究人员在表现性评估中报告了不同程度的信度。随着时间的推移，评估结果往往是不一致的，不同的教师可能会对同一表现做出不同的评估（Crehan，2001；P. J. Hay，2008；Haywood & Lidz，2007；R. L. Johnson et al.，2009）。

许多表现性评估的信度低很可能有几个原因。首先，学生的行为并不总是一致的。即使是像投篮这样简单的任务，学生也可能在某些情况下投中，在其他情况下投不中。其次，我们有时需要快速地评估复杂行为的各个方面。事情可能发生得太快，以至于我们错过了学生表现中的重要部分。最后，信度的一种形式——内部一致性（见表 14.3）——在很大程度上是无关紧要的（L. M. Carey，1994；Parkes，2001；Wiley & Haertel，1996）。

鉴于这些限制，单一的表现性评估很可能不是测量学生成绩的可靠指标。因此，我们应该要求学生在不止一项场合下展示与重要的教学目标相关的行为。当涉及一项重要的总结性评估任务时，我们应该有一个以上的评分者来评估每个学生的表现（R. L. Johnson et al.，2009；M. D. Miller et al.，2009）。

标准化

有些表现性评估很容易标准化，有些则不然。如果我们想评估学生敲击键盘的速度和准确性，我们可以很容易地为每个学生判定相同的指令、任务和时间限制。相反，如果我们想评估艺术创造力，我们可能想让学生选择他们使用的材料和他们创造的特定产品。在这种非标准化的情况下，使用多重评估，并在多个场合下寻找学生表现的一致性尤为重要。

效度

如前所述，表现性评估任务有时可以给学生提供相对教学目标来说更有效的指标。然而，学生对单项表现性评估任务的反应往往不能很好地反映他们的整体成就。在这里，内容效度是一个问题：如果我们有时间让学生只完成一到两项复杂的任务，我们可能得不到他们所学到的和能做的具有代表性的样本。此外，任何影响判断的偏见（如对特定学

生的能力的信念）都可能扭曲我们对学生表现的评估——晕轮效应和尖角效应会再次发挥作用。为了确保结论是合理且有效的，我们通常希望在两个或多个场合下管理几项不同的表现性任务（S. Klassen，2006；R. L. Linn，1994；Messick，1994a；Parkes，2001；Stiggins & Chappuis，2012）。

实用性

表现性评估通常不像传统的纸笔评估那样实用。进行评估可能是相当耗时的，特别是当我们必须一次观察一个学生，或者当他们必须执行相对复杂的（可能是真实的）任务时。此外，我们可能需要相当多的设备来进行评估。显然，我们必须仔细考虑表现性评估的好处是否大于它的不可行性。最终，总体上最好的策略可能是在总结学生的成绩时，同时使用纸笔评估和表现性评估。

表14.5总结了对非正式评估、正式的纸笔评估和正式的表现性评估的 RSVP 分析。

表 14.5　不同类型的总结性评估的 RSVP 特征

评估类型	信度	标准	效度	实用性
非正式评估	单一的、简短的评估不是测量成就的可靠指标，我们必须寻找学生在不同的时间和背景下的表现的一致性	非正式的观察很少是标准化的，因此，我们不应该仅基于非正式评估来比较一个学生和另一个学生	学生在课堂上的公共行为并不总是其成就的有效指标（例如，一些学生可能会试图向同龄人隐瞒他们的高成就）	非正式评估绝对是实用的：它是灵活的、可以在教学过程中自发进行的
正式的纸笔评估	客观评分项目具有高信度，我们可以通过具体的评分标准来提高主观评分项目的信度	在大多数情况下，纸笔评估很容易标准化，给学生选择（如关于要写的主题或要回答的问题）可能会增加学生的动机，但会降低标准化	许多问题需要简短的回答，这样可以提供更有代表性的内容样本，但需要长时间回答的任务有时可能更符合教学目标	纸笔评估通常是实用的：所有学生都可以同时进行评估，不需要特殊材料
正式的表现性评估	表现性评估任务通常很难得到可靠的评分，我们可以通过指定具体的评分标准来提高可靠性（如使用核查表或评估量规）	一些表现性评估任务很容易标准化，另一些则不然	表现性任务有时可能比纸笔任务更符合教学目标，但是，单个表现性任务可能不能提供内容的代表性样本；为了确保足够的内容效度，学生可能需要执行几项任务	表现性评估通常不像其他方法那样实用：它可能涉及特殊的材料，可能需要相当长的课堂时间，特别是在学生必须逐一接受评估的情况下

正式评估中的附加考虑

到目前为止，在对正式评估的讨论中，我们的重点一直是特定的纸笔评估和表现性评估的设计、管理和评分。现在让我们退一步来看看与正式评估相关的更一般的问题。

应试技巧

应试技巧（testwiseness）包括如下策略。

- 明确要完成的任务，例如，仔细阅读说明和每个问题。

- 有效利用时间，例如，为每项任务分配足够的时间，把困难的题留到最后。

- 演绎推理，例如，排除两个表述相同内容的选项，用一个问题的信息来回答另一个问题。

- 避免马虎，例如，检查两遍答案，擦掉数字扫描答题卡上零星的铅笔痕迹。

- 有策略地猜测，例如，排除明显错误的选项，然后猜测其他选项中的一个，或者如果时间到了，就进行随机猜测，反正猜测不会被惩罚（Hong, Sas, & Sas, 2006; Millman, Bishop, & Ebel, 1965; L. Shepard et al., 2005）。

应试技巧的某些方面，如策略性地猜测和擦掉零星的铅笔痕迹，主要适用于纸笔再认项目（如单项选择题）。但其他的一些方法，如明确地分配任务和仔细地管理时间，几乎可以在任何形式的正式评估中发挥作用。

作为教师，我们必须记住，许多学生，特别是年龄较小的学生，以及那些以前在不同的文化中接受教育的学生，可能需要关于一般的题目形式和有用的应试技巧方面的明确指导。与此同时，我们应该记住，应试技巧通常对学生的评估分数只有很小的影响。此外，应试技巧与学生的成绩呈正相关：应试技巧较多的学生会比应试技巧较少的学生能取得更高的成绩。但是，很少有学生考试分数低，是因为他们不懂应试技巧。因此，在大多数情况下，我们可以通过教授学生评估所要考察的知识和技能来为学生提供最好的服务，而不是花大量的时间教他们如何参加考试（J. R.

Frederiksen & Collins, 1989; Geiger, 1997; Scruggs & Lifson, 1985; L. Shepard et al., 2005）。

控制考试焦虑

学生对考试和其他重要评估的少量焦虑可以提高其表现。但是一些学生在考试时会变得极度焦虑，这就形成了考试焦虑（test anxiety），以至于他们的考试分数明显不能反映他们所学到的东西。这些学生似乎主要关心别人对自己成绩的评估，担心有人会发现他们很愚蠢或在其他方面不称职。考试焦虑不仅会影响学生在考试时的检索和表现，还会影响学生在准备考试时的编码和存储。因此，拥有高度考试焦虑的学生不仅考试成绩差，其学习能力也很差（Cassady, 2010b; Zeidner & Matthews, 2005）。

过度的、使人衰弱的考试焦虑在一些少数族裔学生和残障学生中尤其常见（R. Carter, Williams, & Silverman, 2008; Putwain, 2007; Whitaker Sena, Lowe, & Lee, 2007）。平均而言，考试焦虑程度最高的学生是那些过去在学校表现不佳的学生。帮助学生克服考试焦虑的一种重要策略是，首先帮助他们获得掌握课程材料所需的技能，包括良好的学习策略和自我调节技能。此外，我们必须以激励学生做到最好的评估方式，而不是用令学生焦虑的评估方式做出课堂评估。一个名叫贾马尔的中学生解释了他的数学教师是如何帮助他控制对评估的焦虑的。

> 惠勒女士不把它叫作测验。她说："这是一个智力游戏测验，一个小练习，它是你想要的任何东西。你只要确保自己尽了最大努力。"在大多数测验中，她甚至不会在上面写"测验"这个词，或者她不会告诉你这是一个测验。这会减轻你的压力，这样你就可以更多地思考自己在做什么。

表 14.6 给出了一些将学生的考试焦虑保持在适度水平的注意事项。

鼓励学业冒险

只有当学生敢于冒险、敢于犯错时，他们才会去处理那些能够最大限度地提高他们的学习和认知

表 14.6 在课堂评估中将学生的焦虑保持在有利于学生的水平

要做什么	不要做什么
指出评估作为改善学习的反馈机制的价值	不要强调学生的能力正在被评估这一事实
进行实践评估或预试，让学生了解最终的评估工具是什么样的	不要对评估的性质保密，直到实施评估的那一天才告诉学生
鼓励学生尽最大努力，但不必苛求完美，如说"学习是不可能不犯错的"	不要提醒学生，不及格的话可能会有可怕的后果
当教学目标不要求学生将信息存入记忆时，提供或允许使用记忆辅助工具（如一列公式或一张包含关键事实的卡片）	不要坚持让学生记住琐碎的事实
取消时间限制，除非速度是被测量的技能的重要组成部分	不要在规定的时间内给学生过多的问题或任务
不断地巡视教室，回答学生的问题	不要盯着学生或在他们完成评估时密切关注他们
仅在形成性评估中使用事先未宣布的评估（即突击测验）（如确定适当的教学起点）	不要偶尔进行突击测验来激励学生进行有规律的学习，如果有学生很少学习的话，也不要惩罚他们
利用几次评估的结果来做决定（如分配等级）	不要根据单一的评估来评价学生

资料来源：Agarwal，D'Antonio，Roediger，McDermott，& McDaniel，2014；Brophy，1986，2004；Cassady，2010b；Cizek，2003；Gaudry & Bradshaw，1971；K. T. Hill，1984；K. T. Hill & Wigfield，1984；Sieber，Kameya，& Paulson，1970；Spaulding，1992；Stipek，1993.

发展的具有挑战性的任务。当我们的评估策略给学生一些余地，让他们不会因犯错而受到惩罚时，我们就是在鼓励冒险和降低学生的焦虑水平（Clifford，1990；McMillan，2010）。当然，任何一项评估都不应该是低分学生的"末日"。以下是鼓励学生在课堂评估中冒险的三个建议策略。

■ 经常评估学生的成就。当然，定期评估是跟踪学生的进步和解决需要注意的薄弱环节的关键手段。但是频繁的评估比不频繁的评估有一些额外的好处。第一，如果学生完成大量评估，而每项评估在他们的最终成绩中只占很小的一部分，那么他们就不太可能经历使人衰弱的焦虑。第二，频繁的评估能激励学生，尤其是能激励那些成绩较差的学生有规律地学习。第三，当学生不再有在每一次测验和作业中表现出色的压力时，他们就不太可能为了取得好成绩而作弊。最后也是最重要的一点，经常被评估的学生能比不经常被评估的学生达到更高的学业水平（Anderman & Koenka，2017；Crooks，1988；J. A. Glover，1989；McDaniel et al.，2011；Roediger & Karpicke，2006；Rohrer & Pashler，2010；Sax，2010）。

■ 提供改正错误的机会。当一项评估包含了大部分或所有的问题内容领域时，并且当学生被要求纠正之前在评估任务中犯的错误时，学生通常可以增加对主题的理解。例如，在一种被称为掌握改革（mastery reform）的方法中，一些数学教师让学生按以下方法纠正他们的错误。

1. 错误的识别。学生用一段简短的文字描述他们不知道如何去做的事情。

2. 过程的说明。学生用文字而不是用数学符号来解释他们试图掌握的过程所涉及的步骤。

3. 练习。学生用三个新问题来展示他们对这个过程的掌握，这三个问题与他们之前错误地解决的问题相似。

4. 掌握的声明。学生用一两句话说明他们已经掌握了这个过程。

通过完成这些步骤，学生可以用新的、更高的评估来取代以前的评估。一名高中数学教师曾经告诉我们中的一位作者，这种方法对他的学生也有更普遍、更长远的好处：许多学生最终将这四个步骤纳入了他们常规的、内化的学习策略。

■ **在适当的时候，允许学生重新参加评估**。有些学生总是比其他学生需要更多的时间来掌握一个主题，因此我们可能需要对相同的材料进行多次评估。此外，如果学生知道他们可以在需要的时候再试一次，他们就不太可能出现考试焦虑。重新参加评估显然适合大多数形成性评估，但对于总结性评估有一定的缺点。当学生知道如果他们第一次得到较低的分数，可以重新参加总结性评估时，他们可能会比之前准备得更差。此外，如果他们被允许第二次参加相同的评估，他们可能只会学习那些评估涵盖的具体内容，而忽略同样重要但不在评估范围内的材料（请记住，大多数评估任务只能涵盖问题内容的一小部分。）

如果我们真的想让学生掌握课程材料，并愿意在学习和课堂表现上冒险，我们可能需要定期进行重考。为了鼓励学生认真对待第一次评估，并防止他们在复习时只专注于特定的测验项目，我们可以为相同的内容领域构建两个评估工具，一个作为初始评估，另一个用于重考。如果这种策略太耗时而不实用，我们可能会允许学生重新做一次同样的评估，并将两次获得的分数取平均值。

事后评估：项目分析

我们不仅要评估学生的学习和成就，也要评估测验本身。在评估学生表现的过程中，我们可能会发现有些项目或任务根本没有提供我们所希望的信息。例如，一个项目很显然没有测量我们想要测量的知识或技能（效度问题），而另一个项目的得分很难有一致性（信度问题，也间接影响效度）。

我们不能总是预测哪些项目好，哪些项目不好。因此，评估专家经常建议在实施评估和完成评分后进行项目分析（item analysis）。这种分析通常包括对每个项目的难度水平和辨别能力的检查。

项目难度

一个评估项目的项目难度（item difficulty，p）

简单来说就是回答正确的学生占参加评估的学生总数的比例。

$$p = \frac{\text{答对某项目的学生人数}}{\text{参加评估的学生人数}}$$

这个公式会得到一个介于 0 和 1 之间的数字。p 值越高，说明该题对学生来说越容易。例如，$p = 0.85$ 意味着 85% 的学生正确回答了这个问题。p 值越低，表示该题的难度越大。例如，$p = 0.10$ 意味着只有 10% 的人给出了正确答案。

在标准参照评估中，p 值可以帮助我们确定学生完成教学目标的程度。如果大多数学生都正确回答了一个问题，我们就可以排除猜测和其他可能导致高成功率的因素，并得出结论，多数学生已经掌握了该项目所代表的知识或技能。较低的 p 值告诉我们，要么学生没有学到我们正在评估的东西，要么该项目没有准确地反映学生所学的东西。

对于常模参照评估，p 值的用处是非常不同的：它帮助我们确定哪些项目的难度级别最适合比较个别学生的表现。在这种情况下，理想的 p 值介于 0.30 和 0.70 之间，这表明项目难度足够大，以至于有些学生（但不是所有学生）会做错。相反，当几乎所有的学生都以同样的方式回答一个问题时，无论这种方式是正确的（p 值很高）还是错误的（p 值很低），我们得到的关于学生之间差异的信息都会很少或根本没有。

项目区分度

假设你正在为你刚刚给你的班级进行的一项包含 30 道单项选择题的测验打分。你注意到那些最优秀的学生，也就是那些在大部分测验中都表现得很好的学生，都答错了第 13 题。你还注意到，有几个测验分数很低的学生答对了第 13 题。这是没有道理的：你会期望在任何一个项目上表现出色的学生在整个测验中也同样表现出色。当"错误"的学生答对了一个项目，也就是说，当项目不能准确地识别出会的学生和不会的学生时，就出现了项目区分度（item discrimination，D）的问题。

为了确定项目区分度，我们将使用上面描述的方法。首先，确定两组学生：那些总分最高的学生和那些总分最低的学生，每组学生约占学生总数的 20%～30%。然后我们用下面的公式比较两组学生正确回答每个项目的比例。

$$D = \frac{\text{答对某项目的高分学生人数}}{\text{高分学生的总人数}} - \frac{\text{答对某项目的低分学生人数}}{\text{低分学生的总人数}}$$

D 公式得出的数字范围从 −1.0 到 +1.0。正 D 值告诉我们，高分学生比低分学生在某一项目上做得更好。换句话说，这个项目区分了知识渊博的学生和知识贫乏的学生，这正是我们想要的。相反，负 D 值反映的情况与我们假设的第 13 题的情况相似：低分学生答对了题目，而高分学生没有答对。也许它误导了知识渊博的学生做了错误的选择，或者也许我们在评分指南上标记了一个错误答案。

让我们回到我们在第 13 题的情境中所做的一个假设：在任何一个项目上表现出色的学生在整个测验中也同样表现出色。这里我们讨论的是内部一致性信度，即一个评估工具的不同部分或多或少地测量同一事物的程度。然而，当一个评估工具上的项目或任务都被设计用来测量非常不同的事情，像表现性评估那样，D 值在评估项目的有效性方面就不那么有用了。

许多教师会将好的评估项目保存起来以备将来使用，也许是将它们放在计算机上标有适当标签的文件或文件夹中。随着教师多年的积累，他们最终会有一个足够大的题库，所以他们不需要经常使用题库中的每一个项目。

在课堂评估中考虑学生的多样性

14.5　描述对课堂评估实践有影响的个体差异和群体差异

正如我们所见，评估工具和程序的标准化对于评估结果的公平性、可靠性和（间接）有效性非常重要。然而，标准化也有缺点：它限制了我们容纳不同背景和需要的学生、利用他们的个人优势及帮助他们弥补缺点的能力。

如果出于某种原因，我们需要将一个学生的表现与其他学生进行比较，那么课堂评估实践的标准化就至关重要。但在其他许多情况下，例如，当我们试图确定一个适当的教学起点或每个学生需要解决的特定弱点时，标准化就不那么重要了。事实上，在某些情况下，我们可能会发现评估一个学生学习的最好方法是评估另一个学生学习的相对无效的方法。

考虑群体间差异

让我们来提醒一下自己一些观察到的常见差异，请记住，这些只是平均差异。

- 男孩在课堂上说的话比女孩多。
- 女孩在课堂作业上比男孩更努力。
- 许多在西方主流文化中长大的学生更重视个人成就，但来自其他一些文化背景的学生可能更习惯于集体合作。
- 许多在西方主流文化中长大的学生习惯于向别人展示他们知道什么和能做什么，但来自某些文化背景的学生可能更习惯于在私下练习技能，直到他们掌握了这些技能。
- 英语学习者需要相当长的时间——可能需要 5～7 年——来掌握英语词汇和语法，以充分理解和学习以英语为基础的教学。
- 一些来自低收入家庭的学生缺乏足够的营养和医疗保健，无法在学校取得最好的成绩。
- 有学业失败风险的学生可能会认为学业科目与他们自己的生活没有多大关系。

当然，所有这些因素都可能影响学生在课堂上学习和取得成就的能力。但它们也可能会影响学生在非正式评估和正式评估中的表现，而不依赖于他们的学习和成就。这只是我们在分配分数和做其他重要的决定时应该考虑多重评估，以及几种不同类型的评估的众多原因之一。此外，我们应该仔细检查评估任务，以确保它们不会因为学生生活经历的多样性而不公平地把一些学生置于不利地位——这种不利地位被称为文化偏见，或者更笼统地说是评估偏见。最终，我们的评估实践必须对来自所有群体和背景的学生公平公正。

考虑有特殊需要的学生

在美国，《残障人教育法案》（IDEA）要求学校为在身体、智力、社交或情感上有障碍的学生提供适当的帮助。这项任务不仅适用于教学，也适用于评估实践。因此，我们有时可能不得不忽视对标准化的关注，以便获得了解某些残障学生知道什么和能做什么的更有效的评估。例如，我们可能必须因为那些个性化教育计划（IEP）确定的教学目标为特殊学生编制专门的总结性评估。此外，有时我们可能不得不为一些学生提供额外的时间来完成评估。表 14.7 列出了为有特殊教育需要的学生提供额外帮助的建议。

表 14.7　对有特殊教育需要的学生进行课堂评估

种类	可能观察到的特点	建议策略
有特定认知障碍或学业困难的学生	• 听力、阅读和 / 或写作能力较差 • 由于任务外行为导致的表现不稳定（对一些患有学习障碍或注意缺陷 / 多动障碍的学生而言） • 难以处理特定类型的信息 • 高于平均水平的考试焦虑	• 使纸笔评估易于阅读和作答，例如，把测验项目分隔得远一些，让学生直接在试卷上（而不是在单独的答题纸上）回答单项选择题 • 如果要适合残障人士作答，就要为学生提供额外的时间来完成评估任务和 / 或减少对读写能力的依赖（例如，大声朗读纸笔测验项目，并让学生口头回答） • 当学生的注意力持续时间有限时，把冗长的作业分成几项较短的任务 • 提供额外的脚手架来指导学生，明确指导学生应该做什么 • 确保学生有动力尽自己最大的努力，但不要过度焦虑 • 根据写作的内容和质量分别进行评分 • 从学生的错误中寻找关于特定认知加工困难的线索 • 使用非正式评估来确认或否定正式评估的结果
有社交或行为问题的学生	• 由于任务外行为或缺乏动力，课堂评估表现不一致（对部分学生而言）	• 必要时对评估程序进行修改（参考为有特定认知障碍或学业困难的学生提供的策略） • 使用非正式评估（如行为观察）来确认或否定正式评估的结果
认知和社会功能普遍滞后的学生	• 学习和认知加工缓慢 • 阅读能力有限 • 倾听能力较差	• 要求学生做的事情要非常明确和具体 • 根据学生的阅读水平调整任何书面评估项目 • 使用很少需要阅读或写作的表现性评估 • 给学生足够的时间去完成指定的任务
有身体障碍或感知困难的学生	• 行动障碍（对一些患有身体障碍的学生而言） • 容易疲劳（对一些患有身体障碍的学生而言） • 语言能力不发达（对一些患有听力损失的学生而言）	• 使用书面的而不是口头的评估（对患有听力损失的学生而言） • 减少对视觉材料的依赖（对患有视觉障碍的学生而言） • 使用适当的技术促进学生的表现 • 为学生提供额外的时间来完成评估 • 将评估时间限制在较短的时间内，并给予频繁的休息 • 如果学生有语言困难，使用简单的语言
认知发展超前的学生	• 更强的执行异常复杂的任务的能力 • 对评估有着不寻常的，有时是创造性的回答 • 倾向于隐藏自己的天赋，以避免被同龄人嘲笑（在一些学生中）	• 使用表现性评估来评估复杂的活动 • 建立评分标准，允许不寻常的和创造性的回答 • 为学生提供机会来私下展示他们的成就，特别是当他们担心同龄人可能不赞同他们的特殊能力时

资料来源：Barkley，2006；Beirne-Smith，Patton，& Kim，2006；D. Y. Ford & Harris，1992；N. Gregg，2009；R. L. Johnson et al.，2009；B. J. Lovett，2010；Mercer & Pullen，2005；D. P. Morgan & Jenson，1988；Piirto，1999；Sireci，Scarpati，& Li，2005；Stein & Krishnan，2007；Turnbull，Turnbull，& Wehmeyer，2010；Whitaker Sena et al.，2007.

你学到了什么

对学生进步的持续评估必须是我们作为教师角色的一个关键部分。现在让我们回顾本章的学习成果，重温课堂评估的关键思想。

14.1　描述课堂评估可以采取的各种形式，以及它可以为教师和学生服务的各种目的

一般来说，评估是一个观察学生的行为样本并对他们的知识和能力做出推断的过程。它可以采取任何形式：可能是形成性的或总结性的，非正式的或正式的，纸笔的或表现性的，传统的或真实性的，常模参照的或标准参照的。有时，它会采用标准化测验的形式，但更多的时候它由教师开发的工具或程序组成。

课堂评估服务于多种相互关联的目的——指导教学决策、在教学结束时确定学生的成绩水平、评估教学质量、诊断学习和表现问题，或者促进学生的短期和长期的学习和发展。无论我们评估学生的知识和技能的主要目的是什么，我们必须记住评估工具的性质将告诉学生他们的学习重点应该是什么，以及他们应该如何思考和学习课堂主题。如果我们总是谈论评估及其重要性，那么学生可能会认为他们上学的主要原因是为了考试（而不是去学校学习）。评估不仅与教学紧密相连，而且从真正意义上说，它就是教学。

14.2　解释你如何通过频繁的形成性评估和反馈来提高学生的学习成绩

形成性评估是指在教学前或教学期间进行的评估，其目的是：（1）指导教学决策；（2）促进学生朝着教学目标前进。为了具有实用性，形成性评估必须密切反映学生所掌握的主题（即，它们应该具有内容效度），并得出关于学生目前能做什么和不能做什么的信息。一个关键的策略是构建一份评估量规，这样的标准为学习提供了明确的目标。从长远来看，为了最有效地促进学生的学习和成就，我们应该定期让学生参与评估过程，例如，征求他们对评估标准的意见，并让他们建设性地批评自己和他人的工作。我们也应该考虑各种数字技术如何有助于评估学生在课程中的进步。

14.3　定义并应用良好评估的RSVP特征：信度、标准化、效度和实用性

当我们确定课堂评估的任务和程序时，应该牢记四个特征，特别是在进行总结性评估时。第一，良好的评估具有良好的信度，无论我们在什么

情况下进行管理和评分，都会产生一致的结果。第二，它是标准化的，在某种意义上，它具有相似的内容，并以相似的方式对每个学生进行管理和评分（除了有某些特殊情况的学生）。第三，它是有效的，因为它准确地反映了我们试图评估的知识或技能。第四，它是实用的，在合理的成本和时间限制内。然而，无论我们计划和执行得多么好，任何单一的评估几乎总是在这些特征中的一个或多个方面存在局限。因此，我们必须把课堂评估看作有用的工具——但至多是不完美的工具——来指导我们做出决策。

14.4 解释如何进行非正式评估、纸笔评估和表现性评估，并以合理的信度和效度评估学生的学习和表现

我们有时可以通过非正式的方式来评估学生的成就，也许只是通过观察学生的言行。非正式评估是灵活的，几乎不需要提前计划，但不幸的是，它没有给我们有关学生所学知识的代表性样本，我们的判断将不可避免地受到我们对不同学生的现有信念的影响。

当我们分配最终分数时，我们的结论应该主要基于合理、有效且可靠的正式评估，例如，每当我们必须对学生取得了什么样的成绩和没有取得什么样的成绩得出明确的结论时。在

这种情况下，特别重要的是内容效度：我们的评估任务应该提供一个代表性样本，说明学生在教学目标方面所取得的成就。

纸笔评估任务的形式多种多样。例如，它可能是单项选择题、应用题或作文题。不同的格式适用于评估不同的教学目标，每种格式都有其优缺点。表现性评估任务通常更适合评估需要综合许多技能的复杂成就，而某些教学目标的完成情况只能通过直接观察学生的实际行动来评估。当学生清楚地知道他们应该做什么，并且他们的回答被尽可能客观地评估时，纸笔测验和表现性评估任务同样会产生更有效的、可靠的结果。

其他一些策略可以以各种方式影响课堂评估的质量。首先，我们必须确保学生具备一定的应试技巧。例如，他们应该知道如何在正式的评估任务中管理自己的时间。其次，我们应该让学生的焦虑保持在适度的、具有促进性的水平，例如，强调学习是一个持续的过程，在这个过程中，我们会不可避免地犯错误。再次，评估实践必须给学生留有余地，让他们在从事具有挑战性的话题和活动时承担必要的风险。最后，在开发和使用了特定的评估之后，项目分析可以帮助我们确定评估结果是否合理地代表了学生所学的知识。

14.5　描述对课堂评估实践有影响的个体差异和群体差异

尽管评估工具和程序的标准化对公平性和可靠性很重要，但它也有缺点：它限制了我们对学生的不同特点、背景和能力的适应。当我们需要以常模参照的方式比较学生之间的表现时，标准化是必不可少的。当我们试图确定适当的教学起点或学生需要解决的特定弱点时，标准化就不那么重要了。当我们的工作对象是残障学生时，标准化有时会适得其反。

在 RSVP 的四个特征中，效度是最关键的，当我们灵活、开放地以多种方式评估学生的知识和技能时，我们通常可以更好地掌握学生知道什么和能做什么。

教师资格考试练习

两次科学测验

布洛斯卡斯先生知道，频繁的纸笔测验将鼓励学生定期学习和复习课堂材料，因此他告诉他的中学科学课的学生，他们将在每周五进行测验。作为一名新教师，他几乎没有编制试题的经验。因此，他决定使用课堂教科书附带的测验手册中的问题。在第一次测验的前一晚，布洛斯卡斯先生从手册中选择了 30 道题（包括选择题和是非题），确保它们涵盖了他在课堂上讨论过的特定主题。

布洛斯卡斯先生的学生抱怨这些题太"刁钻"了。当他仔细看他的试卷时，他意识到他们是对的：这个测验只测量了对琐碎细节的记忆。因此，当他准备第二次测验时，他把测验手册放在一边，写了两道问答题，要求学生将所学到的原则应用到新的现实生活中。

在接下来的星期五，学生对第二次测验的抱怨更加强烈了："太难了！我们从来没学过这些东西！我更喜欢第一次测验！"后来，当布洛斯卡斯先生给作文评分时，他震惊地发现他的学生表现得如此糟糕。

1. 建构反应题

教师在确定课堂评估任务时，必须确保任务具有效度，特别是内容效度。

（1）比较布洛斯卡斯先生的两次测验的内容效度。

（2）描述一种合理的方法，这种方法可能会让布洛斯卡斯先生使用它来创建对他的课程有良好的内容效度的测验。

2. 单项选择题

以下选项为学生对第二次测验的消极反应提供了四种可能的解释。请根据当代学习和动机理论，选择最可能的解释。

A. 选择题和是非题比作文题更容易提高学生的自主意识。

B. 学习者最有可能以他们预期会得到强化的方式进行表现和学习。

C. 选择题和是非题更容易培养掌握目标，而作文题更容易培养表现目标。

D. 选择题和是非题几乎总是评估工作记忆中的信息，而作文题通常评估长时记忆中的信息。

教育心理学

EDUCATIONAL

PSYCHOLOGY

15

第 15 章

总结学生的成就与能力

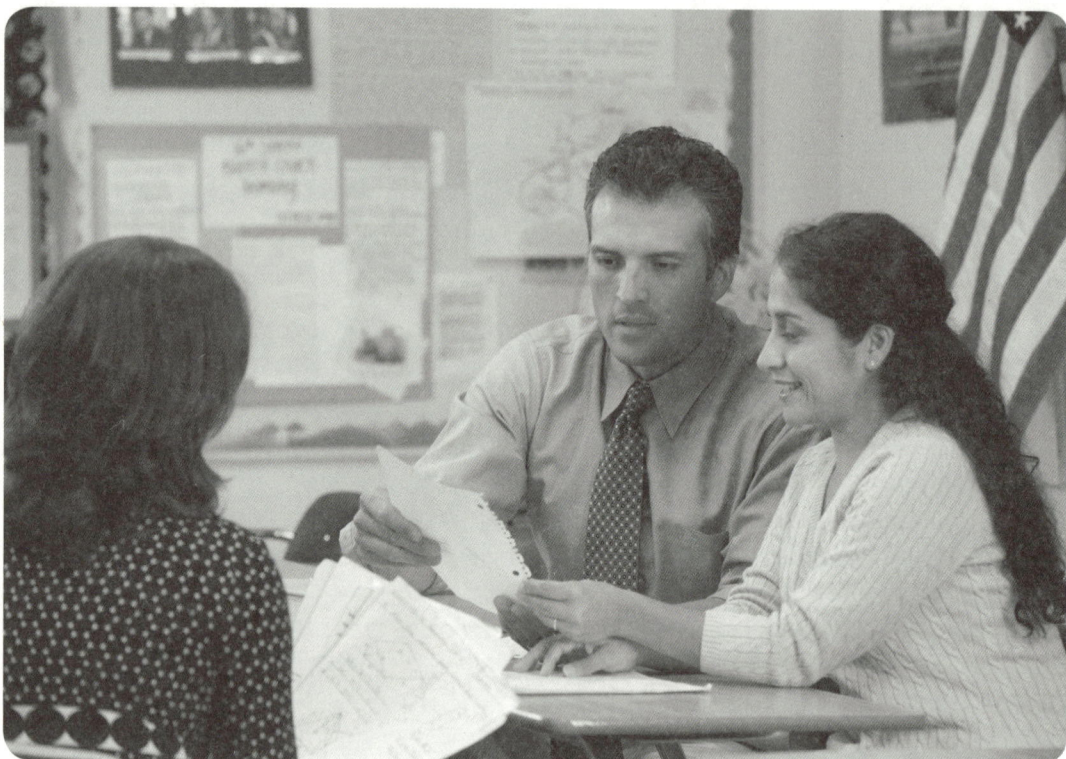

学习成果

15.1 描述原始分数、标准参照分数和常模参照分数三种测验分数的性质、优点和缺点

15.2 确定以最终成绩和档案袋总结学生的成就时应遵循的重要指导原则

15.3 描述四种通用的标准化测验，并解释如何恰当地使用和解释这些测验

15.4 解释高风险测验和教师问责制如何影响教学和课堂学习，并提出若干策略以提高这些做法的效益

15.5 解释如何在总结学生的成就时考虑群体差异和特殊教育需要

15.6 区分应该和不应该公布学生评估结果的情况，并解释如何有效地将这些结果传达给学生和家长

个案研究

历史成绩 B

艾莉是戴维森女士 6 年级班上的尖子学生。她聪明、积极，认真完成功课，在过去的几年里，她的成绩单上一直都是 A。在一个星期五的最后一节课上，戴维森女士告诉她的学生："如你们所知，我们上个星期结束了第一季度的评分。今天的成绩单需要你们带回家给父母。我特别为一个学生感到骄傲，她总是尽自己最大的努力，她的成绩几乎是完美的。"她明显地对着艾莉微笑，并递给她一张成绩单："给你，只有历史成绩是 B，艾莉。我相信下个季度你能把成绩提高到 A。"尽管受到了赞扬，艾莉还是伤心欲绝。B 让她措手不及，她不知道自己会得 B，尴尬得说不出话来。戴维森女士分发其他成绩单的时候，艾莉一直低头看着自己的桌子。当放学铃响时，艾莉迅速收拾完书包，她没有像往常一样放学后和朋友道别。

- 艾莉的父母不太可能关心她的单科成绩是 B 这件事，他们更担心的是艾莉的弟弟，他上 2 年级，但仍然不会阅读，可能还患有未确诊的学习障碍。艾莉为何会如此难过呢？你能想出至少两种可能的解释吗？
- 戴维森女士在全班学生面前宣布埃莉的成绩合适吗？为什么？

虽然艾丽知道自己在历史考试中偶尔会犯错误，但她显然没有意识到这些错误加起来会让她的历史成绩得 B 而不是 A。鉴于她过去的成绩都是 A，她为自己设定了一个极高的标准。只有达到完美才足够好，这是一个不切实际的标准，大约有 25% 的 6 年级学生都以这种标准要求自己（Parker，1997）。此外，戴维森女士还在全班学生面前宣布了艾莉的不完美之处。作为一个青少年，艾莉不知道哪个更糟：是同学知道她的成绩是全班最好的，还是他们知道她在历史方面并不完美？戴维森女士的声明不仅让艾莉感到非常不舒服，还侵犯了艾莉的隐私权。事实上，正如我们将在本章后面所看到的那样，像戴维森女士这样公开学生的成绩是非法的，至少在美国是这样。

作为教师，我们必须最终确定学生在一个学期或一学年里学到了什么。在这样做的时候，我们必须牢记良好评估的 RSVP 特征，具体指任何成就的总指标都应是可靠的，反映一种连贯的成就模式，而不是一个罕见的偶然事件。它还应该是标准化的：除了情有可原的情况（如一些患有障碍的学生）以外，同样的评估标准应该适用于所有人。此外，任何成就总结都应该是有效的。也就是说，它应该准确地反映学生的学习和成就。最后，在所需的时间和精力方面，它必须具有现实可操作性。

在本章，我们首先要考虑的是如何用单一的评估工具来总结学生的表现；之后，我们将考虑如何在更广泛的范围内评估学生的成绩。

总结单一评估的结果

15.1 描述原始分数、标准参照分数和常模参照分数三种测验分数的性质、优点和缺点

在某些情况下，我们可能会发现用书面形式详细描述学生在特定评估中的表现是合适的，但这种

方法极其耗时。更多的时候，我们需要一些简单的方法（如使用数字或字母等级）来总结学生在个人评估中的表现。在这里我们将主要集中在数字上，我们称之为分数。无论是教师开发的工具还是标准化工具，个人评估的分数通常采取以下三种形式之一：原始分数、标准参照分数和常模参照分数。

原始分数

原始分数（raw score）是一个仅仅基于得分或回答正确的项目的数量或百分比得到的分数。例如，一个学生在一份有 20 道单项选择题的测试中正确回答了 15 道题，得到总分的 75%。一个学生在两道问答题和一道表现题上分别得到 3 分、5 分和 8 分，共得到 16 分。原始分数很容易计算，而且看起来也很容易理解。但事实上，我们有时很难理解原始分数的真正含义。总分的 75% 和 16 分是好还是坏？如果不知道评估包括哪些任务，我们就无法解释原始分数。

标准参照分数

正如你可能猜到的，标准参照分数（criterion-referenced score）和常模参照分数（norm-referenced score）分别用于标准参照和常模参照的评估。更具体地说，标准参照分数表明学生已经达到了相对特定的教学目标或掌握特定内容的标准。一些标准参照分数表示学生是否掌握一项技能、达成一个目标、通过单元测试。图 15.1 说明了这种方法在游泳课上的应用。如果我们想给学生的表现打分，就可以给学生掌握的技能打 1 分，未掌握的技能打 0 分。

游泳初学者课程
斯普林赛德公园和康乐部

游泳初学者必须熟练掌握以下每一项技能：

☐ 跳进齐胸深的水中
☐ 在水下屏住呼吸8秒
☐ 俯卧漂浮10秒
☐ 以俯卧的姿势滑行并踢水
☐ 仰面漂浮10秒
☐ 通过踢腿向前划行
☐ 在齐胸深的水中示范自由泳和有节奏的呼吸
☐ 了解基本的游泳安全规则

图 15.1　游泳初学者课程标准参照核查表示例

其他标准参照分数表明了不同的能力或成就水平，在这种情况下，我们可以使用评分量表或评估准则。例如，表 15.1 展示了评估优秀非虚构类写作的六种因素的摘要：正确的拼写，正确的标点符号和大写，完整的句子，清晰的主旨，逻辑思维，有说服力的陈述或论点。为了简单起见，表中只显示了两种：（1）正确的标点符号和大写；（2）清晰的主旨。如果我们想给学生的作品打分，可以使用"3"表示熟练，"2"表示发展中，"1"表示开始发展。这种策略非常普遍，可以为复杂的、多样的学生表现打分。然而，正如我们稍后将会看到的那样，它的使用是有问题的。

有时（我们需要强调"有时"），我们可以把学生在个别标准上的分数加起来得到单一的、整体的标准参照分数。例如，我们可以使用图 15.1 所示的核查表来实现这一点，得 8 分的学生已经准备好进入更高级的课程。但是如果我们把学生在非虚构类写作的

表 15.1　评价学生非虚构写作的六个评价标准中的两个

特征	熟练	发展中	开始发展
正确的标点符号和大写	作者只在适当的地方使用标点符号和大写字母	作者偶尔省略标点符号，不恰当地使用标点符号，或者不恰当地使用大写 / 小写字母	作者有许多标点符号和 / 或大写错误
清晰的主旨	作者清楚地陈述中心思想；所有的句子都与中心思想相关，并表达了一个连贯的信息	作者只暗示中心思想；大多数句子都与中心思想有关；有几句话是不必要的题外话	作家东拉西扯，没有一个明确的中心思想，或者作者经常出人意料地跑题

所有标准上的得分加起来呢？在这种情况下，有两个问题与获得的总分数的效度有关。首先，回想一下我们刚才是如何给标题中提到的三个水平的表现分配3分、2分和1分的。我们不能说"熟练"的标准是"开始发展"的三倍，也不能说"发展中"是其他两个水平之间的中间水平；我们使用的数字完全是任意的。其次，把所有的分数加起来得到一个单一分数是基于一个假设，即在评分规则细目表中的所有标准都是同等重要的，例如，"能使用正确的标点符号和大写字母"和"有一个明确的重点"是同等重要的，这一假设并不一定正确。对于这两个问题，作者没有立竿见影的补救办法。我们只是指出，使用评估准则获得单一的标准参照分数并不总是有意义（Humphry & Heldsinger，2014；Reddy & Andrade，2010）。

常模参照分数

常模参照分数是通过将一个学生的表现与其他学生的表现——可能是其同学的表现，也可能是全国常模组（norm group）的学生的表现——进行比较得出的。常模（norm）组的得分构成了评估的标准。一个常模参照的分数可能不能告诉我们太多关于一个学生具体知道什么和能做什么的信息，相反，它能告诉我们一个学生的表现在其年龄阶段或年级水平中是典型的还是不寻常的。

许多已公布的标准化测验都有对应的标准分数。在某些情况下，分数是通过将学生的表现与不同年级或年龄水平的学生进行比较得出的。在这样的比较下，相同年级或年龄的学生的分数相等。在其他情况下，分数只基于同年龄或同年级学生之间的比较。这些比较体现了百分位数或标准分数。作为教师，我们需要意识到，当向学生或家长报告标准分数时，我们可能会鼓励学生采用表现目标，正如我们在第11章中讨论的，这有时可能会对动机和学业表现产生负面影响，尤其是当学生收到的信息表明他们的能力不如许多同龄人时（Meece，Anderman，& Anderman，2006）。

年级当量分数和年龄当量分数

想象一下，肖恩参加了一个标准化测验——阅读成就测验（RAT）。他答对了60道题中的46道，因此，46分是他的原始分数。我们查阅了手册中的报告标准，并找到了不同年级和年龄水平的学生的原始平均分数，如图15.2所示。肖恩的原始分数46分与常模组11年级学生的平均分数相同，所以他的年级当量分数（grade-equivalent score）是11分。他的成绩也位于16岁和17岁的学生的平均成绩的中间，所以他的年龄当量分数（age-equivalent score）是16.5分。肖恩现在是13岁，所以在8年级时他显然做得很好。

以年级为常模		以年龄为常模	
年级	原始平均分数	年龄	原始平均分数
5	19	10	18
6	25	11	24
7	30	12	28
8	34	13	33
9	39	14	37
10	43	15	41
11	46	16	44
12	50	17	48

图 15.2　阅读成就测验（RAT）的假想常模组数据

一般来说，年级当量分数和年龄当量分数是通过将学生的原始分数与常模组中特定年级或年龄水平的分数相匹配来确定的。一个学生如果在阅读中表现得和普通2年级学生一样好，那么无论学生的实际年级水平如何，他将获得与2年级对应的2分。一个在体能测验中获得与10岁孩子的平均成绩相同的学生，无论他是5岁、10岁还是15岁，都会得到与年龄相当的10分。

年级当量分数和年龄当量分数似乎很简单和直接。但它们有一个严重的缺点：我们无法了解某个年级或年龄的学生的典型表现范围。例如，RAT的原始分数是34分，这给了我们一个与8年级相等的8分，但显然，不是所有8年级学生的原始分数都是34分。有可能（事实上很有可能），许多8年级学生的原始分数会高于或低于34分，获得与年级相当的9分或7分，甚至可能获得10分及以上，或者6分及以下。然而，与年级相等的分数经常被不恰当地用作学生表现的标准：家长、学校工作人员、政府官员和广大群众可能会认为，所有学生的成绩都应该达到年级水平。考虑到学生在大多数课堂上的能力差异很大，而且从统计学上讲，学生不可能都达到平均水平或高于平均水平，这个目标实际上是不可能实现的。

百分位数

百分位数（percentile score）有时也被称为百分位排名，或者更简单地说，百分位（percentile）是某个学生在同一年龄或同一年级群体中获得的原始分数小于或等于学生原始分数的百分比。为了说明这一点，让我们再次考虑肖恩在 RAT 上的表现。因为肖恩是 8 年级的学生，所以我们会参考 RAT 手册中的 8 年级标准。如果我们发现 8 年级学生的原始分数 46 分是第 98 个百分位，我们就知道肖恩的成绩和正常组中98% 的 8 年级学生一样好，甚至更好。与之类似，一个百分位数为 25 分的学生的表现比正常组 25% 的人要好，一个百分位数为 60 分的学生的表现比正常组 60% 的人要好。值得注意的是，百分位数指的是一个人在所在群体得分名次的百分比，而不是测验中正确项目的百分比，教师和学生有时会对此产生误解。

百分位数相对容易理解，因此经常被用于报告结果。大学录取考试的百分位数，如 SAT 和 ACT，有时会被大学用来决定录取人数和奖学金分配。但它们有一个主要的缺点：它们扭曲了学生之间的实际差异。例如，考虑这四个学生的 RAT 百分位数。

学生	百分位数
欧内斯特	45
弗兰克	55
乔治	89
韦恩	99

尽管欧内斯特和弗兰克相差 10 个百分位，但他们在实际成就方面可能非常相似。然而，10 个百分位的区别在顶端可能反映了很大的成就差异：乔治的 89 分告诉我们，他知道很多知识（与他的同伴相比），但韦恩的 99 分告诉我们，他知道相当多的知识。

一般来说，百分位数倾向于高估被测量特征的中间范围的差异：分数相差几分实际反映了相似的成就或能力。与此同时，百分位数低估了上、下两个极端的差异：仅相差几分往往就能反映出成就或能力的显著差异。我们可以通过使用标准分数来避免这些问题。

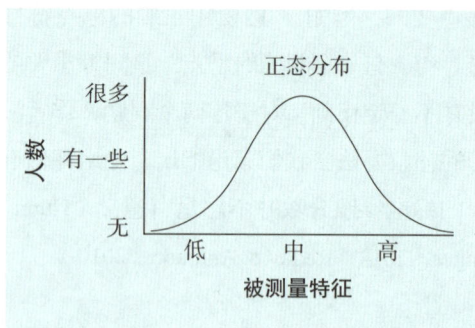

标准分

许多教育特征和心理特征，包括许多学业能力，似乎显示出我们在身高方面看到的大致相同的模式：大多数人接近平均水平，随着离平均水平越远，被计算在内的人就越少。这种模式被称为正态分布［normal distribution（或正态曲线，normal curve）］。标准分数基于正态分布：许多学生的分数处于中间范围，只有少数学生的分数非常高或非常低，处在边缘位置。

在我们更仔细地研究标准分数之前，我们需要理解两个用来得出这些分数的数据：平均值和标准差。平均值（mean，M）是一组分数的平均数：我们把所有的分数加在一起，然后除以集合中的总个数（或总人数）。

标准差（standard deviation，SD）表示一组分数的变异。一般来说，SD 很小意味着这些分数很接近，SD 很大则意味着它们分散得很远。例如，3 年级学生的身高往往比 8 年级学生的身高更接近。因此，3 年级学生身高的标准差小于 8 年级学生身高的标准差。计算标准差的公式有些复杂，我们不需要知道公式才能理解标准差在标准分数中所起的作用。

用平均值和标准差可以将正态分布分成几个部分，如图 15.3 所示。曲线正中间的那条粗的垂直线表示平均值，对正态分布来说，它是曲线的中点和最高点。两边较细的垂直线反映了标准差：我们找出高于和低于平均值的 1 个标准差，用垂直线标记这两个点；然后我们在两边再找 1 个标准差，再画两条垂直线。当我们这样划分一个真实的正态分布时，每一部分的学生获得分数的百分比总是相同的。大约三分之二（68%）的得分在平均值 1 个标准差范围内（两边各占 34%）。离平均值越远，学生就越少，28% 的学生在 1 到 2 个标准差之间（两边各占 14%），只有 4% 的学生在 2 个标准差以上（两边各占 2%）。

现在我们更好地理解了正态分布和描述它的两个统计数据，让我们回到标准分数。**标准分数**（standard score）反映了个体在正态分布中的位置：它告诉我们这个人的表现离平均值有多少个标准差。不幸的是，并非所有的标准分数都使用相同的尺度：不同的分数有不同的平均值和标准差。如图 15.4 所示，以下是 4 种常用的标准分数。

- **智商分数**（IQ score）经常被用来报告学生在智力方面的表现，平均值是 100，大多数测验的标准差是 15。

- **标准九分**（Stanine）常用于报告标准化成就测验的结果，平均值是 5，标准差是 2。因为它们总是以整数的形式报告，所以每个分数反映了测验成绩的范围，由图 15.4 中右上方曲线的阴影部分和非阴影部分表示。

- **正态曲线当量分数**（或 NCE 分数；normal-curve-equivalent score，NCE score）越来越多地用于报告标准化成就测验的结果，平均值是 50，标准差是 21.06。然而，你不可能得到 0 分及以下的分数，也不可能得到 100 分及以上的分数。

- **z 分数**（z-score）是统计学家最常用的标准分数，平均值是 0，标准差是 1。

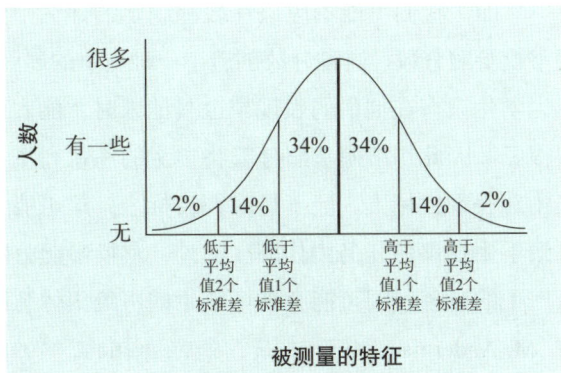

图 15.3　一个被平均值和标准差划分的正态分布

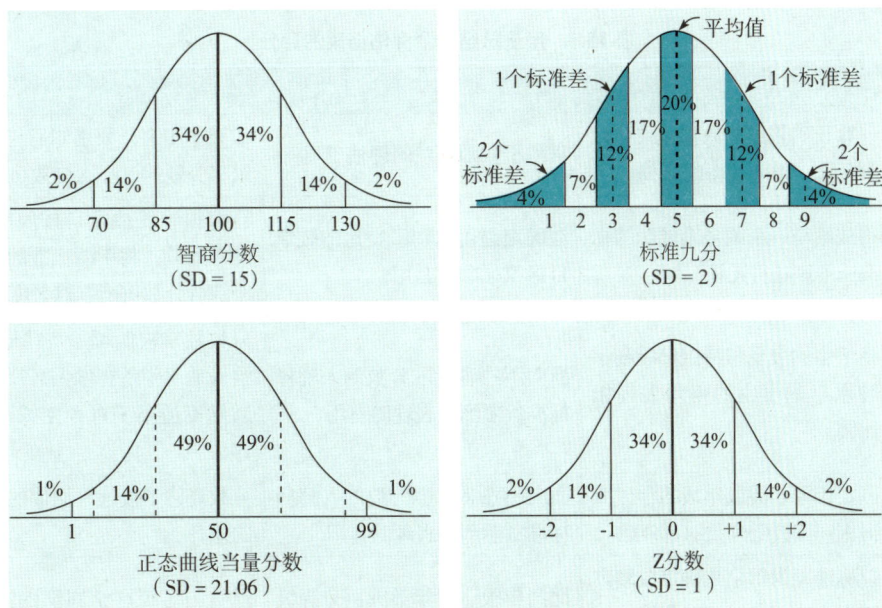

图 15.4　4 种类型的标准分数

NCE 的标准差（21.06）很奇怪，这需要进一步解释一下。在这个标准偏差下，NCE 的 1 分相当于百分位数 1，同样，NCE 的 99 分相当于百分位数 99。当然，NCE 的 50 分（作为曲线的平均值和中点）也是百分位数 50。因此，NCE 分数与百分位数有相同的总体范围。

标准化成就测验的发布者通常使用两种或两种以上的分数（如总分和百分比）报告学生的测验结果。一名学生的 SAT 总分为 1010 分，在一个具有全美代表性的样本中，这个分数在第 50 个百分位，但在参加 SAT 考试的学生中，这个分数只在第 36 个百分位。这意味着什么？这意味着 50% 的美国学生的总分比这名学生低；但这也意味着在参加 SAT 考试的学生中，只有 36% 的学生的分数低于这名学生。因此，相同的总分（1010 分）会有不同的含义，这取决于比较组（The College Board，2017）。

表 15.2 提供了原始分数、标准参照分数和常模参照分数的汇总。

在课堂中使用标准参照分数和常模参照分数

在大多数情况下，标准参照分数传达了我们和学生最需要知道的东西：是否达到教学目标和内容

的标准。标准参照分数还可以将学生的注意力集中在掌握目标上，并通过展示随着时间的推移获得的进步来提升他们学习的自我效能感。当标准参照分数很难确定时，可能是因为一个评估同时涉及许多教学目标和目的（我们通常不建议这样做），原始分数通常是教师制定评估的现代选择。但是我们必须记住关于原始分数的一点：它们经常不能告诉我们学生学到了什么和具体没有学到什么。

如果我们真的需要知道学生之间的相对表现，用常模参照分数有时可能是合适的。例如，我们可能会发现这些分数在指定器乐课的第一名（最佳小提琴手）或选择一个地区科学展览的最佳参赛作品时很有帮助。

然而，我们可能不应该在教师制定的评估中使用常模参照分数。这种分数创造了一种竞争的局面，因为学生只有在他们的表现超过其他人时才能表现得很好。因此，常模参照分数将学生的注意力主要集中在表现目标上，而不是掌握目标上，这可能会导致学生在评估任务中作弊。此外，常模参照分数所产生的竞争氛围可能会破坏学生的班级集体意识（E. M. Anderman, Griesinger, & Westerfield, 1998; Brophy, 2004; M.-T. Wang & Holcombe, 2010）。

表 15.2　用于总结单个评估结果的评分

分数类型	评分方法	运用	潜在的缺点
原始分数	计算正确答案的数量（或计算百分比）或所获得的分数	常用于教师开发的评估工具	如果不知道分数是如何与特定的标准或参照组相关联的，那么分数可能很难解释
标准参照分数	将成绩与一个或多个成功的标准或准则进行比较	在确定是否达到了特定的教学目标或标准时有用	有时很难评估复杂技能掌握程度的具体标准；此外，将不同标准的单独分数合并为一个综合分数可能会对效度产生严重影响
年级当量分数或年龄当量分数（常模参照）	将学生的表现与特定年级或年龄水平的学生的平均表现相比较	当向不熟悉标准分数的人解释标准参照测验表现时有用	分数经常被曲解（尤其是家长），可能被不恰当地用作所有学生必须达到的标准，并且通常不适用于青春期或成年期学生的成绩评估
百分等级（常模参照）	确定相同年龄或年级的学生取得相同或较低分数的百分比	当向不熟悉标准分数的人解释标准参照测验表现时有用	分数高估了接近平均值的差异，低估了极端的差异
标准分数（常模参照）	以标准差为单位来确定成绩离平均水平有多远（就年级或年龄水平而言）	比同年级、同年龄或百分等级更准确地描述学生的能力差异	没有一定统计学知识的人不容易理解标准分数

利用最终成绩和档案袋来确定学生的成就

15.2　确定以最终成绩和档案袋总结学生的成就时应遵循的重要指导原则

大多数学校使用字母或数字来确定学生的成绩，特别是在小学和中学时期。这样的成绩有几个局限。首先，不同的老师倾向于使用不同的标准打分。例如，有些老师比其他人更宽容，有些老师强调死记硬背，有些老师则强调复杂的认知技能。其次，不同的学生可能正在努力完成不同的教学目标，特别是在包含不同背景和需要的学生的课堂上。再次，典型的评分实践通常会促进成就目标，而不是掌握目标，并可能鼓励学生选择"简单的 A"，而不是冒险尝试。最后，在压力下想要获得高分的学生可能会作弊（如抄袭他人的作品）（Anderman & Koenka，2017；Cizek，2003；K. O'Connor，2011；Pulfrey，Buchs，& Butera，2011）。

尽管存在缺点，但期末成绩仍然是评估学生课堂成绩最常见的方法。以下建议可以提高其效度和实用性。

- **认真对待评分的工作。** 请考虑到以下情况。
  - 一名高中数学教师在计算学生的最终成绩时犯了许多错误。结果，一些学生的成绩比他们应得的要低。
  - 一名中学西班牙语教师让自己十几岁的儿子计算学生的最终成绩。在线成绩单上有些栏只显示重考成绩，所以不需要重考的学生的这一栏都是空白。儿子把所有的空格都当成 0 分，因此给一些成绩好的学生打了 D 或 F。

    一名数学教师会犯数学错误？一名西班牙语教师会让他的儿子决定学生的最终成绩？这荒谬吗？实际上，这两种情况都真实发生过。学生的最终成绩通常是他们在校记录中的唯一数据，所以我们必须花时间和精力来确保它们是准确的。不正确的成绩计算

方式将影响学生的总体平均绩点，并可能影响他们被一些大学录取的竞争力、获得某些奖学金的资格和参加某些项目的权利。

许多程序、应用程序和网站都提供电子成绩单，可以帮助我们记录和评分。除了帮助我们掌握大量的评估信息外，电子成绩单还可以让学生和他们的父母随时了解学生在校的表现和进步。然而，我们不能盲目地使用这些成绩单。

- **成绩要以成就为基础。** 虽然给表现良好、愿意合作的学生一个好成绩以示鼓励，同时作为惩罚给长期行为不当的学生 D 或 F 等级可能很有吸引力，但成绩最终应该反映学生学到了多少东西。仅仅因为良好的行为而给予好成绩可能会误导学生和家长，让他们相信学生的进步比实际情况要好。作为对学生的破坏性行为的惩罚而给予其低分，也许会让学生有理由得出这样的结论，即教师的评分系统是武断的和毫无意义的（Brookhart，2004；Cizek，2003；K. O'Connor，2011；L. Shepard et al.，2005）。

- **基于硬数据来评分。** 我们对学生当前成绩水平的非正式判断充其量是不完善的评估，它们很容易受到我们对学生的其他方面的了解的影响，例如，他们在课堂上表现不佳的频率，以及他们过去的成绩水平（Carbonneau & Selig，2011；J. P. Robinson & Lubienski，2011；Südkamp，Kaiser，& Möller，2012）。出于这个原因，也为了学生，当我们告诉他们我们的具体期望时，学生会学得更多，取得更高的水平。我们应该把成绩建立在正式评估获得的客观信息上，而不是学生似乎知道的主观印象上。

- **使用多重评估来确定成绩，但不要将所有事都计入评分。** 使用多重评估来确定最终成绩可以帮助我们弥补任何单一评估任务的不完善的信度和效度。与此同时，我们可

能不想把学生做的每一件事都计入评分，部分原因是我们想让他们安心地承担风险和犯错误，并从错误中学习而不是受到惩罚。因此，我们可能不希望把学生在完成任务方面的早期努力包括在内，因为这可能涉及大量的尝试和错误。许多评估更适用于形成性评估（而不是总结性评估）目的，以帮助学生学习（Frisbie & Waltman, 1992; Nitko & Brookhart, 2011; L. Shepard et al., 2005）。

■ **除非有令人信服的理由，否则就按照标准打分。** 许多专家建议，最终成绩反映了学生对课堂内容和教学目标的掌握程度，换句话说，最终成绩要有标准参照。标准参照的成绩尤其适用于小学阶段：小学的大部分课程都是由学生已掌握或未掌握的基本技能组成的，没有必要把成绩作为学生之间进行比较的基础。

　　这个问题在中学阶段变得更加复杂：学生的成绩有时被用作选择大学申请者、颁发奖学金和做出其他比较的决定。从历史上看，一些中学教师使用常模参照评分，例如，给每个班级前 10% 的学生 A，给随后 20% 的学生 B，给中间 40% 的学生 C，以此类推。我们建议尽可能参照高中成绩。关于晋升和毕业的决定应该基于学生对学校课程的掌握程度，而不是他们相对于他人的位置。此外，由于不同班级的学生的能力水平往往不同，严格参照常模的方法可能会让教师给学生在一个优秀班级的表现赋予 C，而同样的表现在一个普通班级可能会得到 A（在这种情况下，一个努力争取高平均绩点的学生进入优秀班级是愚蠢的）。最后，只有少数学生（即最高成就者）会发现常模参照评分系统的激励作用，而大多数学生很快就会接受自己充其量

只能达到一般水平这一事实（Ames, 1984; Graham & Golen, 1991; Shih & Alexander, 2000; Stipek, 1996）。[1]

你的课堂成绩将基于大量的作业和测验，我会因为你在课堂上做的任何愚蠢的事情而扣分……

尽管整个班级的成绩应该基于多个数据源，但并不是所有的东西都需要评分。此外，学生必须确信他们有一定的空间可以去冒险和犯错误。

　　在建立标准参照的评分体系时，我们应该尽可能具体地确定希望每个等级传达的内容。例如，如果要分配传统的字母等级，我们可能会使用表 15.3 中的标准。

　　只有当最终成绩反映了这些标准，并基于可测量的学生成绩（而不仅仅是我们的意见）来确定时，才能被合理地用于教学决策。

■ **确定一个合理的评分系统并坚持下去。** 请考虑这种情况：

　　在新学年开始时，吉鲁女士宣布，最终的班级成绩将完全基于学生的测验成绩。但几周后，她意识到，如果她只依靠测验成绩，大多数学生在这个学期将得到 D 或 F。为了帮助学生提高成绩，她要求他们上交之前所有的家庭作业，这对最终成绩的贡献最高可

---

① 在过去的几十年里，教师逐渐从常模参照的评分（即曲线评分）转向标准参照的评分。这种专注于学生对教学目标和目的的掌握，而不是学生之间的相互比较，部分解释了一些公众人物抱怨的平均绩点的提高（如"分数膨胀"）。事实上，根据学生的绝对成就水平而不是与同龄人之间的比较来分配成绩的发展趋势可能提高了学生最终成绩的效度（Pattison, Grodsky, & Muller, 2013）。

表 15.3　评分标准

等级	标准
A	学生牢固掌握了内容领域的基本的和高级的知识和技能，为未来的学习任务做了充分的准备
B	学生掌握了所有的基本知识和技能，在某些领域掌握更高水平的技能，在大多数方面为未来的学习任务做好了准备
C	学生掌握了基本的知识和技能，但在更深入的方面有困难，缺乏一些对未来学习任务至关重要的先决条件
D	学生掌握了内容领域的一些但不是所有的基础知识，对未来的学习任务缺乏许多先决条件
F	学生很少或没有掌握教学目标，不能展示最基本的知识和技能，缺乏在未来的学习任务中取得成功所必需的大部分先决条件（Based on criteria described by Frisbie & Waltman, 1992）

达 20 个百分点。学生愤怒地大声抗议：他们认为自己没有理由继续完成作业，许多学生已经把它们丢掉了。

如果大多数学生的成绩都是 D 和 F，那肯定是有什么地方出了问题。也许吉鲁女士的教学方法没有其他方法那么有效。也许她的课程进度太快了，学生根本没有时间掌握一个主题。

作为教师，我们不能总是预测如何最好地教授一个新主题，或者学生在特定的评估中表现如何。然而，如果我们想让学生觉得他们可以控制自己的成绩，也就是说，如果我们想让他们对自己的课堂表现有内在的、可控的归因，就必须在学年或学期初告诉他们评分标准是什么。此外，通过提供如何打分的具体信息，我们可以避免当学生实际收到他们的分数时发生的不愉快的意外（回想在本章开篇的个案研究中艾莉的挫败感）。如果我们发现初始标准过于严格，可能需要以某种方式放宽标准，也许是调整临界值或允许重新进行关键评估，但是决不能在中途改变标准，如不公平地惩罚学生或强加额外的、意想不到的要求。

■ 在评分时附上关于学生表现的定性信息。无论最终成绩是以字母还是数字的形式呈现，它们充其量只是学生所学某些知识数量的一般指标。因此，将成绩与定性信息相结合通

常很有帮助，如对学生特定的学术优势、学习习惯、态度、社交技能和对班级的独特贡献的评论。例如，考虑一下老师对学生写作的评论：我喜欢你的幽默感，你的谜语和笑话让我开怀大笑。学生和家长经常发现这样的评论和期末成绩一样有价值，有时甚至更有价值。此外，这样的评论向学生传达了你真的阅读并思考了他们的作品，关心他们的学习，通过表达这种关心，我们可以提高学生在课堂上的参与度（Quin, 2017）。然而，反馈应该很明确，诸如"很高兴在课堂上交流"之类的评论效果甚微（Brookhart, 2004）。

在评分时是否考虑其他因素

作为教师，我们需要考虑的是，除了成绩之外，还有哪些因素应该包括在我们给出的最终成绩中（Pope, Green, Johnson, & Mitchell, 2009）。一些教育工作者建议，至少在一定程度上要根据学生的进步程度、努力程度、额外工作量或是否晚交作业（如果有的话）来评分。正如我们现在看到的，大多数评估专家不同意这种观点。

考虑改进

许多动机理论家强调，将学生的注意力更多地集中在其自身进步上（而不是集中在与同龄人相比的表现上）的重要性，因为这样学生更有可能掌握目标。尽管我们鼓励教师考虑改进，但有一些注意

事项需要记住。首先，那些已经达成某些年度教学目标的学生可能比他们的同学有更小的进步空间。通过让学生努力达成额外的或更高层次的目标，这种情况可以得到缓解。其次，当我们把进步作为一个标准时，一些试图打破系统的学生可能会很快意识到，他们可以在新学年开始时表现得尽可能差来获得高分（Airasian，1994；M. D. Miller，Linn，& Gronlund，2009；Sax，2010）。

如何平衡动机领域研究者的建议和评估专家的警告？以下是几种可能的策略：

- 在所有学生都有合理的机会实现教学目标后，给学期或学年结束时的评估赋予更高的权重；
- 给学生一个改正错误的机会，这样可以证明他们已经掌握了目标；
- 重新评估，可以使用不同于第一次呈现的项目或任务；
- 以其他方式加强改进，如利用空闲时间或特别许可（Lester，Lambdin，& Preston，1997；K. O'Connor，2011；L. Shepard et al.，2005）。

考虑努力程度

大多数评估专家敦促我们不要把最终成绩建立在学生学习的努力程度上。一方面，那些一开始就表现优异的学生可能会因为他们不需要像掌握知识较少的同学那样努力学习而受到惩罚。然而，这种情况是可以避免的，如为学生设定个性化的目标。如果课程规定学生必须用西班牙语学习星期、年、月，而且学生掌握得很快，那么我们就没有理由不让学生学习季节和其他相关词汇。此外，我们最多只能主观地、不精确地评估学生的努力程度。当考虑努力程度时，我们需要确保学生知道为什么他们的努力会带来成功，仅仅给努力"加分"，却不让学生知道他们使用特定策略的努力是如何提高成绩的，这是不可取的（Amemiya & Wang，2018；Brookhart，2004；K. O'Connor，2011；L. Shepard et al.，2005）。

另一种选择是让学生为适合自己现有能力水平的个性化教学目标而努力。这样的方法是可行的，当我们报告学生的最终成绩时，也报告作为成绩基础的教学目标。事实上，这种方法被广泛用于有特殊教育需要的学生，他们的目标在个性化教育计划（IEP）中被描述。

显然，当我们明确承认学生的努力时，也会增强他们的动机。一些学校系统有多维评分系统，允许教师对学生课堂表现的各个方面分别打分。给家长的简短书面记录、家长会和给大学的推荐信等机制提供了额外的方式，通过这些方式，我们可以描述学生课堂表现的多面性。

给予额外的学分

作为大学教授，我们偶尔会遇到学生出现在我们的办公室门口，在最后一刻要求我们提供通过完成课外项目来提高成绩的机会。我们的回答始终是否定的，理由也很充分：课程成绩基于学生达到课程教学目标的程度，由他们在评估中的表现来决定，这些评估对所有学生来说都是一样的或同等的（因此是标准化的和公平的）。课外项目只分配给一两个学生（尤其是成绩水平低的学生）不足以证明学生对主题的掌握，对整个班级来说也不是标准化的。

课外项目有时是合适的，前提是：（1）该项目与教学目标有关；（2）所有学生都有相同的机会完成该项目（Padila-Walker，2006；L. Shepard et al.，2005）。当它的唯一目的是帮助一个不及格的学生获得及格的分数时，那就不合适了。

解决作业迟交和未交的问题

我们希望学生学会准时提交作业，一部分原因是他们很难在最后一刻完成所有的作业——在赶作业时，学生学到的东西会很少；另一部分原因是养成按时完成任务的习惯对他们在成年后职场上的成功非常重要。尽管如此，学生偶尔也会有合理的推迟提交作业的理由，可能是长时间生病、家里突发危机情况或对作业要求感到困惑。一些学生可能会一直不交作业，特别是那些要求在课外完成的作业。

其中一些学生可能认为这些作业毫无意义，与他们的生活和需求无关。另一些学生可能不愿意承认自己没有基本的知识和技能来完成作业。还有一些学生可能自我调节能力较差。一旦离开教学楼，他们可能很容易被吸引到非学业活动上。考虑到这些问题，专家建议我们不要因为学生迟交作业或未交作业而扣分，并将其计入最终的成绩。记住，最终成绩应该反映与教学目标相关的实际成就。以下策略可能更有效。

- 解释为什么守时对学生的长期成功很重要。
- 征求学生对合理的作业期限的意见。
- 给学生及时完成作业提供可能需要的额外指导和支持。
- 如果学校的评分制度允许，将学生的成绩记录为"不完整"，并描述学生为获得及格成绩必须完成的工作。
- 根据总结性评估结果的子集来确定所有学生的最终成绩。只有当子集足够有效和可靠地反映所有的教学目标时，这个最后的策略才奏效（Brookhart，2004；Nitko & Brookhart，2011；K. O'Connor，2011）。

将学生纳入评分过程

让我们回到本章开篇的个案研究，在这个案例中，艾莉被她的历史成绩 B 吓到了。虽然艾莉在评分期间被告知了她在各种评估中的成绩，但她显然不知道这些成绩是如何被合并成一个综合成绩的。戴维森女士可能一直在跟踪艾莉的进展，艾莉自己却没有这样做。

在之前的内容中，我们已经多次看到自我评估对自我调节和动机的好处。然而最后，教师必须是决定学生的最终成绩的人，因为大多数学生给自己打分的依据是他们喜欢什么，而不是他们客观获得的成绩（见图 15.5）。然而，最终成绩不应该是凭空出现的。学生必须事先以具体的方式了解评分标准，因此我们必须经常更新学生的学习进度，或许可以

使用之前提到的电子成绩单。在这种情况下，学生可以通过努力学习掌握课堂内容，并在成绩上有发言权。

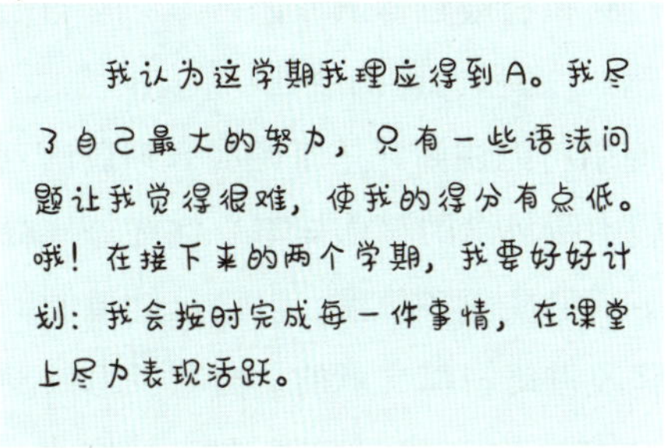

图 15.5　15 岁的莱克西在这学期获得 A 的原因是，她关注的是努力、守时和课堂参与，而不是成绩

利用档案袋

每当我们把学生的成绩归结为单个字母或数字等级时，我们就失去了有关学生的具体的优点和缺点、倾向和厌恶等有价值的信息。相比之下，长期、系统的档案袋（portfolio）收集工作可以捕捉学生成就和兴趣的复杂多样的本质。档案袋可能包括写作样本、学生创作的作品（如雕塑、发明）、照片、音频或视频记录、基于技术的创作（如 PowerPoint 演示文稿、学生创作的视频游戏），或者上述的某些组合。

传统上，大多数档案袋都是物理实体，其中包括学生作品的各种例子。但是这样的集合有时会很麻烦，而且很难从一个地方运输到另一个地方。另一种选择是电子档案袋（electronic portfolio，有时被简称为 e-folio），其中的内容可能包括写作样本、视听材料或作品的照片，通过便携式电子存储设备（如闪存驱动器）、服务器或基于互联网的存储服务（如云存储）（Zecker，2015）进行存储和呈现。

档案袋中包含的项目通常被称为作品。学生通常会在教师的指导下自己决定档案袋中要包含哪些作品。这种决策过程可以让学生对自己的资料组合有一种自主感，这会增强他们的自主性，以及获取

新知识和新技能的内部动机。

除了特定的作品外，大多数档案袋中还包括学生的反思：（1）确定档案袋的目的和目标；（2）描述每个作品和它被包含的原因；（3）总结档案袋揭示了关于学生哪些方面的成就。例如，在图15.6中，14岁的库尔特描述并评估了他在8年级语言艺术课的档案袋中所包含的写作样本。他在每一篇文章中都加入了两份或更多草稿，以显示他是如何随着时间的推移改进每一篇文章的。自我反思鼓励学生以教师常用的方式来审视和判断自己的作业，进而提升对于自我调节学习非常重要的自我监控技能和自我评估技能（Arter & Spandel，1992；R. S. Johnson, Mims-Cox, & Doyle-Nichols，2006；Vucko & Hadwin，2004）。

档案袋的类型和用途

档案袋有多种形式。以下是学校设置中常用的四种类型。

- **工作档案袋**——显示到目前为止获得的能力；其内容是动态的，显示更高熟练度的新作品会逐渐取代旧的、不太成熟的作品。
- **发展性档案袋**——包括一些与特定技能相关的作品，显示一个学生是如何随着时间的推移而进步的。
- **课程档案袋**——包括单一课程的作业和反思，通常还包括总结反思，涉及学生明确自己在课程中取得的一般成就。
- **最佳作品档案袋**——包括旨在展示学生的特殊成就和独特才能的作品（R. S. Johnson et al.，2006；Spandel，1997）。

这些类型并不一定相互排斥。例如，一个课程档案袋可能有发展成分，显示学生在过去一年中如何提高说服性写作或平面设计的能力。最佳作品档案袋可能包含一个持续很长时间的未完成的作品，因此它具有工作档案袋的动态特性。

一些档案袋最适用于形成性评估，另一些档案袋则适用于总结性评估。发展性档案袋可以显示学生是否在长期的教学目标上取得了合理的进步。因此，它通常最适用于形成性评估。最佳作品档案袋

自我评估

在我的档案袋里，最能代表我的三篇文章是：（1）《作者本·霍夫》，这是以本·霍夫的口吻讲述的故事；（2）《小熊维尼语录》；（3）《歧视》。

《作者本·霍夫》展示了我作为一个学习者或作者的能力，那就是能够分析和吸收作者的类型和风格，然后把我学到的东西转换到纸上，形成一篇好的、最终可理解的文章。这篇文章有良好的叙述和情节线，很清楚地表达了观点，有一个基本的设定，很容易理解。除了标点、语法和拼写外，从一稿到下一稿我没有改动太多。不过，我还是引用了《小熊维尼语录》里的一句话。

《小熊维尼语录》显示了我能够从一本书中抽出好的和有意义的语句，理解它们，并把它们变成我自己的语言。这样我就能让别人理解它们了。这篇文章很好地表达了观点，很容易理解。从一稿到下一稿，我只是更正了拼写和标点符号。

《歧视》让我知道，我正在更多地了解歧视，以及它可能带来的感受（尽管我从未经历过真正严重的歧视）。我发现我可以通过现实主义的写作来表达我的想法。这篇文章有很好的叙述，很适合这个作业。除了修改一些标点符号和拼写外，我还修改了一些措辞，使故事更加清晰。

对于所有这三篇文章，我的第一稿的写作技巧都相当差，但那是因为我在根据脑海中的想法进行写作，而不是专注于语法细节。然后，当我得到评论时，我的最终稿变得更好了，我可以把注意力转向写作的细节。

作为作者，我能做的最重要的四件事是：（1）将想法融入故事；（2）让故事可以理解，让读者从中得到一些东西；（3）让读者记住这是一篇好文章；（4）我自己也喜欢这篇文章。

图15.6 在这个自我反思中，14岁的库尔特解释了为什么他选择了一些作品来组成他的8年级语言艺术课档案袋

更适用于总结性评估。例如，它可以用来向家长、学校管理人员、大学招生人员或潜在雇主传达学生最终的成绩。

档案袋的优缺点

档案袋有一些优点，其中一些我们已经确定了：

- 它捕捉到了学生成就的多面性，特别强调了复杂的技能；
- 随着时间的推移，它可以展示学生的成长，这是单次评估无法做到的；
- 它可以展示学生在真实世界活动（如科学实验、服务学习项目）中的表现；
- 它提供自我监督和自我评估的练习，从而提高学生的自我调节能力；
- 它让学生对已经掌握的领域有一种成就感和自我效能感，同时也可能提醒学生需要改进的领域；
- 它提供了一种机制，通过这种机制，教师可以很容易地将评估与教学结合起来：学生的作品通常会包括教师出于教学目的而指定的内容；
- 因为档案袋的重点是复杂的技能，教师更有可能教授这些技能（Banta，2003；Darling-Hammond，Ancess，& Falk，1995；DiMartino & Castaneda，2007；R. S. Johnson et al.，2006；Paulson，Paulson，& Meyer，1991；Spandel，1997）。

然而，在档案袋中，RSVP 特征往往是一个值得关注的问题，尤其是当它被用于评估（而不是简单地交流）学生的学习和成就时（Arter & Spandel，1992；Banta，2003；Haertel & Linn，1996；R. S. Johnson et al.，2006）。当教师必须对档案袋进行全面评分时，评分往往是缺乏信度的，因为不同教师的评分标准不同。此外，档案袋还有一个明显的标准化问题，因为档案袋中包含的内容可能因学生而异。效度可能是一个问题，也可能不

是：一些档案袋可能包含足够的工作样本，以充分代表学生所完成的与教学目标相关的内容，但其他档案袋可能不具有代表性。而且，由于档案袋的评估工作需要教师花费大量的时间，因此不如其他评估成就的方法实用。所有这些并不是说我们应该避免使用档案袋，而是说我们应该在明确潜在的好处大于坏处时才使用档案袋。此外，如果我们把它当作学生所取得成就的总结性反思，必须谨慎地解释它。

帮助学生创建档案袋

创建档案袋通常是一个漫长的过程，可能会持续几周或几个月。一些最佳作品档案袋可能要持续几年才能完成。为了不让学生被如此复杂的任务压垮，通常将档案袋的创建过程分解成一系列步骤，并在每个步骤上为学生的努力提供支持是有帮助的。

1. 计划：决定档案袋即将服务的目的（例如，它将处理哪些教学目标和/或内容领域的标准，它将主要用于形成性评估还是总结性评估）；确定创建档案袋的初步计划。
2. 收集：保存展示进展或特定目标和标准的现实作品。
3. 选择：检查保存的作品，并选择那些最好地反映了指定目标和标准的作品。
4. 反思：写下对每个作品的解释和自我评价；描述作品如何体现当前的能力和随时间增长的能力；将成就与先前确定的目标和标准联系起来。
5. 预测：确定新的奋斗目标。
6. 展示：与适当的观众（如同学、家长、大学招生人员）分享档案袋（R. S. Johnson et al.，2006）。

"走进课堂——用档案袋总结学生的成就"专栏为支持学生努力创建档案袋提供了一些建议。

走进课堂 •••

用档案袋总结学生的成就

- **事先确定档案袋的具体使用目的。**一名3年级教师和她的学生决定创建档案袋，以向家长和其他家庭成员展示他们在这一学年的写作技能有了多大的提高。整个学年，学生都保存着他们的虚构类作品和非虚构类作品，最终他们会选择那些最能证明他们掌握了某些写作技巧并在其他技巧上有所进步的作品。学生在年底的家长会上自豪地展示他们的档案袋。

- **使档案袋的内容与重要的教学目标和/或内容领域的标准保持一致。**在俄亥俄州的一所高中，12年级学生完成包含三个部分的毕业档案袋，每个部分都反映了学校对所有毕业生的一个或多个教学目标。

  - 终身学习技能部分显示了学生在写作、数学、科学和至少一个其他内容领域的关键技能的掌握情况。
  - 民主公民部分提供了学生如何积极地参加与当地社区或更广泛的社会有关的问题的具体示例（例如，通过参与公共服务活动）。
  - 职业准备部分包含了简历、来自教师或其他成年人的推荐信，以及其他证明学生为高等教育或工作做好准备的文件。

- **让学生自己选择档案袋的内容，**为他们提供做出明智选择所需的脚手架。一名5年级教师与他的学生一一会面，帮助他们选择最能反映他们今年成就的作品。为了让学生知道自己要选择纳入什么，教师向他们展示了几份学生前几年创建的档案袋。他只分享那些以前的学生和家长允许他分享的档案袋。

- **指导学生选择的具体标准，并让学生参与标准鉴定过程。**一名中学地理老师带领他的班级讨论可能使用的标准，以此来确定纳入课程档案袋的作品。在回顾了课程的指导性目标之后，学生同意档案袋中应该包括至少一个展示以下要点的作品：

  - 地图的解读能力；
  - 地图的建构能力；
  - 理解自然环境和社会经济实践之间的相互关系；
  - 了解国家内部的文化差异；
  - 认识到所有文化都有许多积极的品质。

- **让学生对他们纳入的作品进行反思。**在新学年开始的时候，一名9年级的新闻课老师告诉学生，他们将在本学期创建展示自己在新闻写作方面的进步的档案袋。她要求他们保留所有的草稿，甚至是简单的笔记和粗略的提纲。在这学期的晚些时候，当学生开始编辑他们的档案袋时，她要求学生查看每一篇文章的不同草稿，并描述从一份草稿到下一份草稿的过程是如何显示他们逐渐掌握新闻技能的。她偶尔会把这些反思作为家庭作业，这样学生就可以在4周的时间内完成档案袋的创建任务，不会把所有东西都留到最后一刻才做。

- **给学生一个大致的组织方案。**当一所高中要求学生完成档案袋，并以此作为毕业要求之一时，学生会得到班主任的大量指导。这些教师还提供了一份讲义，描述了每个档案袋应该包括的元素：标题页、目录、档案袋内容的介绍和指导作品选择的标准、包含的每个内容领域的不同部分，以及总结成就的最终反思。

■ **确定是实物形式还是电子形式更适合具体情况。** 在一所特别注重视觉艺术和表演艺术的高中，学生创建电子档案袋来展示他们在艺术、戏剧、舞蹈和 / 或器乐方面的天赋。他们会拍摄数码照片，为他们的项目和表演录制音频和视频，并创建文件来描述和评估每一个项目。然后他们会把电子文档分成几个逻辑类别，并将每个类别都保存起来（如保存在电子文件夹中，保存在学校的服务器上，或者保存在网站或云服务上）。

■ **当使用档案袋进行总结性评估时，创建一份评估量规指导评估。** 在纽约市的一所高中，一个关键的教学目标是让学生在学习生活中获得某种倾向和思维过程，学校统称其为思维习惯。这些思维习惯之一是使用可信的、令人信服的证据来支持自己的陈述和立场。学校开发了一个四分制的评分表来评估学生在这一标准上的表现。如果作品反映了由具体的、相关且准确的信息支持的梗概和观点，并有适当的深度，那么该作品将得到 4 分。如果作品与主题相关的具体证据很少且主要是一般性陈述，那么该作品将得到 1 分。

资料来源：Darling-Hammond et al.，1995；DiMartino & Castaneda，2007；R. L. Johnson，Penny，& Gordon，2009；R. S. Johnson et al.，2006；Paulson et al.，1991；Popham，2014；Spandel，1997；Stiggins & Chappuis，2012.

标准化测验

15.3　描述四种通用的标准化测验，并解释如何恰当地使用和解释这些测验

标准化测验（standardized test）是由测验专家设计开发的，并在许多不同的学校和课堂中使用的测验。标准化测验在几个方面是标准化的：所有学生都接受相同的指导，有相同的时间限制，回答相同的（或非常相似的）问题，并根据相同的标准评估他们的回答。这些测验通常附带手册，其中包括给学生的说明、实施的时间限制，以及明确的评分标准。如果这些测验是常模参照的——其中许多确实是常模参照的——那么其手册通常会提供不同年龄或不同等级的标准。此外，这些手册经常提供关于不同人群和年龄组的测验信度的信息，以及我们可以根据自己的情况和目的推断测验效度的信息。

标准化测验的种类

学校相当频繁地采用四种标准化测验：成就测验、一般学业能力倾向与智力测验、特殊能力倾向与能力测验，以及入学准备测验。

成就测验

标准化成就测验是为了评估学生从他们所学的知识中学到了多少东西。测验项目旨在反映大多数学校的共同课程。例如，历史测验将重点放在国家或世界历史上，而不是某个特定的省或州的历史。这些测验中有许多会生成常模参照分数，尽管现在有些测验也会生成标准参照分数，它们与特定的国家或州的标准有关。综合测验分数从广义上反映了学生的成绩：它们告诉我们一个学生在数学或语言机制等方面的总体学习情况，也许还会告诉我们这个学生是否掌握了某些基本技能领域，但不一定会给予我们与特定教学目标相关的信息（例如，分数的乘法、大写字母和小写

字母的正确用法）。

标准化成就测验主要有两个方面的用处。首先，它告诉我们，我们的学生的成绩与其他地方的学生相比有多好，这些信息可能间接地告诉我们教学的有效性。其次，它帮助我们跟踪学生的总体进步情况，并提醒我们潜在的问题。例如，想象一下，卡特每年的成绩都处于平均水平，但突然他在9年级的成绩低于平均水平，尽管测验和常模组与前几年一样。在这一点上，我们想要确定的是，低表现是暂时的巧合（也许卡特在测验当天生病了）还是由于更持久的因素，这需要注意。

大多数标准化成就测验都非常可靠。也就是说，他们对每个学生都产生了相当一致的结果，特别是对小学高年级学生和中学高年级学生而言。然而，当我们评估成就时，我们主要关注的是内容效度，这需要根据我们自己的情况来确定。我们可以通过比较测验手册中提供的双向细目表或通过分析测验项目自己创建的双向细目表来确定标准化成就测验的内容效度。一个测验只有在其所强调的主题和思维能力与我们的课程、教学目标和内容领域的标准相匹配时，才具有高的内容效度。

一般学业能力倾向与智力测验

成就测验的目的是评估学生从他们所学的知识中学到了多少东西，而学业能力倾向测验（scholastic aptitude test）的目的是评估学生的一般学习能力。传统上，这些测验被称为智力测验。然而，一些专家回避后一种说法，一部分原因是研究人员对智力的定义并不一致，另一部分原因是许多人错误地认为智商分数几乎只反映了遗传能力。其他常用的术语有一般能力倾向测验、学校能力测验和认知能力测验。

不管我们怎么称呼它们，这类测验主要是用于预测的，也就是说，这类测验的目的是评估学生在未来的学术环境中表现如何。通常，这些测验的目的是评估学生从他们的日常经验中学到了多少知识，并得出了多少结论。例如，测验可能会评估大多数学生对曾经可能遇到过的词汇的理解能力。它们可

能包括类比项目，旨在评估学生在已知关系中识别相似点的能力。大多数测验都包括对一般知识的测量，以及需要演绎推理和问题解决能力的任务。

与标准化成就测验一样，学业能力倾向测验往往相当可靠，尤其是对年龄较大的学生而言。然而，更值得关注的是它的预测效度，即帮助我们估计学生未来成就水平的准确性。学业能力倾向测验对未来学业成功的预测效度因环境和人群的不同而有很大差异，但总的来说，你应该认为这些测验只能提供学生在未来2~3年内在学校表现的粗略估计。在预测学生长期的学业成功和职业成功方面，他们甚至更不准确。我们也要记住，这些测验没有测量的许多影响因素，如动机、自我调节能力和教学质量，也会影响学生的学习和课堂表现（Dai，2010；Duckworth & Seligman，2005；Kuhn，2001；Perkins，Tishman，Ritchhart，Donis，& Andrade，2000）。

特殊能力倾向与能力测验

当我们想预测整体的学业表现时，一般学习能力测验是有用的。但如果我们想知道学生在某一特定领域（如数学、音乐或汽车机械）的表现如何，那么专门的能力倾向测验就更有用了。一些能力倾向测验用来预测学生在一个内容领域的未来表现。另一些被称为"多重能力倾向测验"，可以同时生成多个领域的子分数。

特殊能力倾向测验（specific aptitude test）有时可以用于确定哪些学生最有可能从特定领域的教学项目（如高等数学课程或科学课程）中获益，有时也可以用来对学生未来的教育计划和职业选择提供咨询。但是，在将这些测验用于此类目的时，我们必须记住两个重要的注意事项。首先，它们在学业背景下的预测效度往往低于一般的学业能力倾向测验，也就是说，它们只能对学生未来在相关领域的学业表现做出非常粗略的估计。其次，它们基于一个假设，即被测量的能力是相当稳定的，这个假设可能准确也可能不准确。因此，一些教育工作者认为，我们应该更多地关注发展所有学生的能力，而

不是试图找出在特定学科领域具有高天赋的学生（Boykin，1994；P. D. Nichols & Mittelholtz，1997；Sternberg，2002）。因此，在如今大规模的学校测验项目中，特殊能力倾向测验出现的频率要比以前低。

入学准备测验

入学准备测验（school readiness test）旨在确定儿童是否获得了在幼儿园或 1 年级取得成功所必需的知识和技能，如有关颜色、形状、字母和数字的知识。如果我们要寻找显著发育迟滞的儿童，入学准备测验在与其他信息结合使用时是有帮助的（Bracken & Walker，1997；Lidz，1991）。然而，就其本身而言，它的预测效度有限：它生成的分数通常只与儿童一年左右的学习成绩有一定的相关性（Duncan et al.，2007；La Paro & Pianta，2000；C. E. Sanders，1997；Stipek，2002）。

入学准备测验通常可以让我们知道从哪里开始对特定的儿童进行教育。但一般来说，我们不应该用它来确定哪些儿童应该推迟接受正规教育。到 5 岁时，几乎所有的儿童都已经准备好接受某种形式的结构化教育了。当我们决定如何使课程和环境适应每个儿童的发展进程和特殊需要时，与其将重点放在鉴别哪些儿童可能在特定的教育课程和环境中有

困难，不如更好地为儿童服务（Farran，2001；Lidz，1991；Stipek，2002）。

表 15.4 总结了我们刚才描述的四类标准化测验。

标准化测验的个人管理与群体管理

一些标准化测验是一对一进行的。这样的测验使考官能够观察学生的注意力持续时间、学习动机，以及其他可能影响学习成绩的因素。因此，在确定认知障碍和其他特殊教育需要时，教师通常使用单独实施的测验。

当环境要求教师对所有学生进行标准化测验时，将他们作为一个群体进行测验通常是唯一可行的方法。幸运的是，计算机技术可以通过两种不同的方式为我们提供帮助。首先，计算机通常被用来为小组测验评分，并生成关于每个学生表现的报告。此外，有些测验采用的是计算机或平板电脑的形式，而不是纸笔形式。基于计算机的标准化测验可以提供以下几种选择，这些选择在纸笔测验中要么是不切实际的，要么是不可能实现的。

- 它允许自适应测验（adaptive testing），即它可以根据现有的测验调整项目的难度水平，从而很快地锁定学生具体的优势和劣势。

表 15.4 常用标准化测验

测验种类	目的	建议
成就测验	评估学生从他们所学的知识中学到了多少东西	· 这些测验主要用于评估广泛领域的成就，而不是特定的知识和技能
一般学业能力倾向与智力测验	评估学生的综合学习能力，预测他们在短时间内的学业成就	· 将测验分数作为近期表现的粗略预测指标，而不是作为长期学习潜力的预测指标 · 如果学生的语言能力有限，被怀疑有特殊天赋或严重障碍，或者在测验过程中没有足够的自我调节能力，无法坚持完成任务，则使用一对一管理的测验
特殊能力倾向与能力测验	预测学生在特定内容领域学习的容易程度	· 将测验分数作为近期表现的粗略预测指标，而不是作为长期学习潜力的预测指标 · 因为这些测验的预测效度都很低，所以只能将测验分数与学生的其他信息结合起来使用
入学准备测验	确定幼儿是否具备在典型的幼儿园或小学 1 年级课程中取得成功的必备技能	· 仅将测验结果与其他信息结合使用 · 将测验结果用于教学计划，而不是用来决定学生是否准备好开始正式的学校教育

- 它可以包括动画、模拟、视频和音频信息，所有这些都可以扩展测验项目所评估的知识和技能的种类。
- 它可以评估学生如何解决特定问题，以及他们完成特定任务的速度。
- 它允许教师在不同的支持水平上评估学生的能力（例如，根据需要提供一个或多个提示来指导学生的推理）。
- 它可以提供现场评分和学生表现分析。

基于计算机的标准化测验往往具有与传统的纸笔测验相似的信度和效度，尽管一些研究表明，与基于计算机的标准化测验相比，学生在纸笔测验中的表现更好（Bennett, Braswell, Oranje, Sandene, Kaplan, & Yan, 2008; Herold, 2016）。当然，基于计算机的标准化测验的使用应该仅限于那些熟悉计算机并有足够的键盘输入技能的学生（Gullen, 2014）。

选择和使用标准化测验的指导原则

作为教师，我们有时会参与所在学区的标准化测验的选择，也会经常参与管理这些测验。以下是适当选择和使用标准化测验的指导原则。

- **为你的特定目的选择效度高的测验，为与你自己类似的学生选择信度高的测验。** 我们考察了四类标准化测验，仿佛它们是四个截然不同的实体，但实际上，它们之间的差异并不总是明确的。在某种程度上，所有这些测验都评估了学生已经学到了哪些知识，并且都可以用来预测学生未来的表现。最好的是选择对特定目的具有最大效度的测验，而不管该测验可能被称为什么。我们还想要一个在与相似的人群中被证明具有高信度的测验。

- **确保测验的常模组与当前的学生相关。** 仔细研究测验手册中对用于测验的常模组的描述，并记住以下问题。
  - 常模组是否包括男女学生，以及与你的学生的年龄、教育水平和文化背景相同的学生？
  - 它是在总体上具有代表性的样本，还是以其他方式适用于你计划进行的比较？
  - 最近收集的规范性数据是否足以反映学生在本学年的典型表现？

当我们通过将学生与不合适的常模组进行比较来确定常模参照测验的分数时，这些分数是没有意义的。例如，我们中的一位作者回忆了这样一种情况：在一所大学里，接受教师教育的学生被要求参加语言和数学的基本技能测验。因为测验的对象是高中生，所以大学生的成绩被拿来和高中生的成绩做比较，这种做法是完全没有意义的。

- **考虑学生的年龄和发展水平。** 各种因素，如动机、自我调节能力和总体精力水平会影响学生在测验和其他评估中的表现。当这些因素是相对稳定的特征时，它们会影响测验的效度。当它们是临时的和变化的（也许每天甚至每小时都在变化）时，它们会影响测验的信度，因此也间接影响效度。在学生的测验成绩和其他评估结果中，这种错误来源在年幼的儿童中尤其常见，他们可能语言技能有限，注意力持续时间短，没有动力付出全部努力，对挫折的容忍度低。此外，年幼儿童不稳定的行为可能使其难以维持标准化的测验条件（Bracken & Walker, 1997; Messick, 1983; Wodtke, Harper, & Schommer, 1989）。

在青春期阶段，其他变量也会影响标准化测验分数的效度。特别是在高中，一些学生对标准化纸笔测验的有效性和有用性持怀疑态度。因此，他们可能只是肤浅地阅读试题，也有少数人可能只是简单地按照某种模式完成答题卡（例如，在 A 和 B 之间交替写答案），或者在答题框中涂鸦（S. G. Paris, Lawton, Turner, & Roth, 1991）。表 15.5 描述了影响学生在标准化测验中的表现的发展差异。

表 15.5 影响不同年级水平的标准化测验成绩的特征

年级水平	典型年龄特征	示例	建议策略
K ~ 2	• 短暂的注意力；专注于测验项目的能力存在显著的个体差异 • 在测验中表现出色的内部动机很少 • 从一个场合到另一个场合的测验表现不一致	每年春天，一所小学都会举办一场"幼儿园综合日"，收集秋季入学的儿童的信息，在家长的陪同下，每个儿童都会去体育馆的不同摊位，在那里教师会对儿童的基本知识和新兴读写技能进行各种简短的评估，一些儿童愿意遵从教师的指示，但另一些儿童很有活力，很难坚持完成任务	• 不要用入学准备测验来确定哪些儿童已经为上小学做好了准备；相反，为学生早期的学校体验做好计划，可以为学生未来的学业学习做好准备 • 把诊断评估（例如，确定有特殊需要的学生）交给在评估幼儿方面有经验的、训练有素的专业人士进行 • 不要根据标准化测验的分数对学生的成绩做出长期预测 • 在对学生的教育计划做出重要决定时，使用多种测量标准
3 ~ 5	• 毫无疑问地接受标准化测验作为有效的测量 • 专注于测验问题的能力有所提高 • 在计算机评分的答题卡上答题的熟练度增加 • 在知识和有效的应试策略的使用上有相当大的差异	在一个 4 年级的班级里，学生安静而勤奋地在州成就测验中答题，他们中的大多数都是按照题目出现在试卷上的顺序来回答问题的，有些学生在特别难的题目上花了太多的时间，以至于在规定的时间内，他们还有许多问题没有回答	• 强调标准化测验在跟踪学生的进步和确定学生可能需要的额外指导和支持等方面的价值 • 让学生使用计算机评分的答题卡进行大量的练习 • 明确教授基本的应试策略（例如，跳过困难的测验项目，如果时间允许，再回头做）
6 ~ 8	• 让人头疼的考试焦虑增加（对一些学生而言） • 应试技巧的持续变化 • 对标准化测验价值的怀疑开始出现（对一些学生而言）	当一名中学教师宣布即将举行全国成就测验时，一些成绩差的学生争辩道，这完全是在浪费时间，并坚称他们不会认真对待	• 向学生解释，标准化测验只提供了他们知道什么和能做什么的大致概念；让学生放心，考试成绩不会是影响教学决策的唯一因素 • 鼓励学生在测验中尽最大努力；向他们保证，考试成绩不是用来评判他们的，而是用来帮助他们更有效地学习的 • 提供一些应试技巧的练习，但要记住，学生的表现更多地取决于他们在内容领域的知识和能力，而不是他们的应试能力
9 ~ 12	• 越来越多的人怀疑标准化测验的有效性和实用性（尤其是在成绩差的学生中） • 降低学生在标准化测验中取得好成绩的动机；在某些情况下，自我防碍可能是为糟糕表现进行辩护的一种方式	一名高中教师发了试卷，看了说明，并开始计时，一名学生放下铅笔，懒散地坐在椅子上，心不在焉地望向窗外，几分钟后，他拿起铅笔，在答题卡上拼出了他的名字"JESSE"	• 承认标准化测验并不完美，但解释它们可以帮助教师和管理人员评估学校的有效性和规划未来的教学 • 警惕学生可能故意破坏评估的迹象；私下与学生谈谈他或她的担忧，并为提高学生的成绩提供支持

资料来源：Bracken & Walker, 1997；S. M. Carver, 2006；Dempster & Corkill, 1999；R. L. Johnson et al., 2009；Lidz, 1991；Messick, 1983；S. G. Paris et al., 1991；Petersen, Sudweeks, & Baird, 1990；Sarason, 1980；Scruggs & Lifson, 1985；Stipek, 2002.

■ **确保学生为测验做了充分的准备。** 在大多数情况下，我们会让学生提前为标准化测验做好准备。下面是一些更具体的、被广泛推荐的策略。

- 解释测验的一般性质和涉及的任务（例如，如果可以的话，提示学生不需要知道所有的答案，因为很多学生没有足够的时间回答所有的问题）。

- 鼓励学生尽最大努力，但不要把测验描述为生死攸关的问题。

- 让学生练习测验的形式和项目类型（如演示如何填写电子答题卡）。

- 提出有效的应试策略建议。换句话说，培养应试技巧，但不要过度。请记住，你的时间最好用在帮助学生掌握被评估的内容领域上。

- 鼓励学生在测验前睡个好觉，吃好早餐。

■ **在进行测验时，要严格遵循说明，并报告任何异常情况。** 测验开始后，我们应严格按照测验管理程序，按要求分发测验手册，要求学生完成所提供的练习项目，遵守测验的时间，并按照规定的方式回答问题。如果不复制常模组参加测验的条件，那么从该测验得到的任何常模参照分数都将毫无意义。当预料之外的事件显著地改变了测验环境时（例如，当电力意外中断时），它们会危及测验结果的有效性，我们必须报告。我们还应该记下那些表现得不太可能取得最佳成绩（如异常紧张、长时间盯着窗外、随意地修改答案等）的学生（Miller, Linn, & Gronlund, 2009）。

标准化测验分数的解释

由于越来越复杂的软件程序，计算机生成的、学生在标准化测验中的表现报告可以非常详细和复杂。例如，斯坦福系列成就测验给出的分数与学生在各种内容领域和子领域的总体成就相关，这种多领域测验通常被称为成套测验；奥提斯－勒农学习能力测验旨在评估学生在语言任务（严重依赖语言技能的任务）和非语言任务（涉及数字、图片或图形结构的任务）上的一般认知能力。

尽管标准化测验可以得出许多分数，但我们必须记住，学生在这些测验中的分数充其量只是对学生总体知识和能力的不精确估计，而且这些分数对一些学生而言可能根本没有效度。我们在解释学生的标准化测验成绩时必须非常谨慎，有时甚至要持彻底的怀疑态度，我们也不应该过分相信测验产生的确切分数。以下是在解释和使用标准化测验分数时需要记住的三条额外的指导原则。

■ **为可接受的成绩设定界限时要有一个明确且合理的理由。** 如果我们想要用测验成绩来做二选一的决定，例如，决定一个学生是否应该上更高阶的数学课或不上基本的写作技能课，我们必须对我们所使用的分数线有一个明确的理由。对标准参照分数来说，这个过程相对容易，只要它们真实地反映了学生对该科目的掌握情况。对常模参照分数来说，这要难得多：在什么情况下，学生的成绩才能被接受？在第 20 个百分位？还是在标准九分的 6 分？如果没有更多关于分数所代表的知识和技能的信息，我们就很难确定可接受分数的临界值。

■ **只有当两个标准化测验分数来自相同或相等的常模组时，才进行比较。** 不同的标准化成就成套测验几乎总是有不同的常模组。例如，斯坦福系列成就测验的分数来自与一个特定的常模组的比较，另一个被广泛使用的伍德考克－约翰逊成就测验的分数则基于另一个常模组。只有当两个成就测验是同一套测验的一部分（如阅读测验和数学测验）时，我们才可以比较学生在这两个测验中的表现。

■ **永远不要用单一的测验成绩来做重要的决定。** 任何一种测验，无论如何被精心设计和广泛使用，都不具有完美的信度和效度。每个测验都有可能出错，学生也可能因为各种各样的原因在测验中表现不佳。因此，请注意"永远不要"这个词，我们永远不要使用单一的评估工具或单一的测验分数来对每个学生做出重要的决定。我们也不应该用单一的测验成绩来对一大群学生或教授他们的教师做出重要决定，其中的原因我们将在接下来的内容中说明。

高风险测验和教师问责制

15.4 解释高风险测验和教师问责制如何影响教学和课堂学习，并提出若干策略以提高这些做法的效益

近几十年来，人们对学生在标准化成就测验中的表现强调得太多了。许多政策制定者、商业领袖和其他有影响力的个人经常引用标准化测验的低分数作为公立学校的低成就水平的证据。

有些学生确实在没有掌握基本的阅读、写作和数学技能的情况下，升了几个年级；一些没有这些技能的学生也高中毕业了。为了解决这些问题，美国许多州和学区现在使用学生在测验或其他评估中的表现作为将学生升入更高的年级或给学生颁发高中文凭的基础。通常，教育工作者首先要确定学生的最终成绩应该能反映的某些教学目标或标准。然后，他们要在教学结束时评估学生的表现水平，只有那些表现达到预定目标和标准的学生才能继续学习。你可能会看到这种方法通常被称作"最低能力测验"和"基于结果的教育"。

每当我们使用单一的评估工具来对学生做出重大决定时，我们都是在使用高风险测验（high-stakes testing）。因为高风险测验通常被用于判断学生对学校科目的掌握程度，所以它们要求的是标准参照分数，而不是常模参照分数。例如，高风险测验可

能会根据学生在特定领域的知识和技能得出"进展中""熟练"或"高级"等分数。

有时，学生在高风险测验中的成绩不仅被用来做出有关学生的重要决定，也被用来做出有关教师的重要决定。例如，如果学生在学年结束时得分特别高，那么教师可能会比他们的同事获得更多的加薪。如果学生表现不佳，非终身教职教师可能会发现自己在下一年失去教学工作。当对教师的评估是以学生在成就测验中的表现为基础时，我们就是在谈论教师问责制（teacher accountability）。

《让每个学生都成功法案》

在美国，有关学生学习的测验和问责制在很大程度上是由 2001 年的《不让一个孩子掉队法案》（No Child Left Behind Act）决定的，直到 2015 年《让每个学生都成功法案》（ESSA）通过。ESSA 有一些亮点：

- 实施教育实践、策略和项目的授权，以满足立法的要求，已被证明是有效的；
- 要求所有学生都接受高质量的教育，为他们的高等教育和未来的职业生涯做准备；
- 每年要求全州范围的评估，以确保学生达到学业标准，这些评估的控制权主要掌握在各个州手中；
- 需要问责制和实施变革策略，以改善表现最差的学校（Center for Research and Reform in Education，2018；U.S. Department of Education，2018）。

高风险测验的问题

专家已经发现了使用高风险测验对学生、教师和学校做出决策存在的几个问题。

■ **测验并不总是反映重要的教学目标。** 高风险成就测验在它们被使用的环境中并不总是具有良好的内容效度。即使测验被编制得很好，也只能反映学校课程和教学目标的一小部分。在许多标准化测验中，单项选择题和其他客

观评分题的大量使用限制了这些测验在评估复杂认知技能和真实世界任务中的表现的程度（Hursh，2007；M. G. Jones, Jones, & Hargrove，2003；Leu, O'Byrne, Zawilinski, McVerry, & Everett-Cacopardo，2009；Mintrop & Sunderman，2009；R. M. Thomas，2005）。

■ **教师花了大量的时间教学生应试。** 当教师要对学生在某项测验中的表现负责时，他们中的许多人会花很多时间在测验所评估的主题和技能上，学生也会相应地集中精力学习这些主题和技能。结果往往是，学生在高风险测验中表现得更好，但在总体上并没有提高成就和能力。如果一项测验真正测量了学生需要学习的最重要的东西，包括问题解决、批判性思维和其他复杂的思维技能，那么把重点放在这些东西上是相当合适的。但如果测验主要评估的是死记硬背的知识和简单的技能，它可能会破坏我们真正希望看到的学生成就的获得（W. Au，2007；A. S. Finn et al.，2014；Jennings & Bearak，2014；Quellmalz et al.，2013）。

有时，高风险测验基于一长串规定的能力或标准，对大多数学生来说，在一个学年内掌握这些能力或标准实在太多了。因此，教师可能会试图快速涵盖许多主题，而没有给学生足够的时间和指导来掌握它们。就像一名8年级数学老师在她的班级面临美国全州数学能力测验时所说的那样，"在这一点上让学生熟练掌握是不太可能的，但我至少应该呈现学生需要知道的东西。也许这对他们中的一些人在测验项目上是有帮助的"。当提高学生在高风险测验中的成绩必须是教师优先考虑的事情时，这种浅显的涵盖是常见的（W. Au，2007；La Guardia，2009；Plank & Condliffe，2013；Valli & Buese，2007）。

■ **教师和学校可能会将大部分注意力集中在帮助一些学生上，而忽视另一些学生。** 美国许多州和地区级的评估政策的重点是使达到成绩最低标准的学生数量最大化。在这样的背景下，做好一所学校的关键是让尽可能多的成绩不好的学生越过成功的最低门槛。在这个过程中，那些分数远远低于标准和远远高于标准的学生可能会被忽视。例如，学校可能会把很少的教学时间或资源花在最需要的学生身上（Balfanz, Legters, West, & Weber，2007；A. D. Ho，2008；Porter & Polikoff，2007）。

■ **学校的工作人员不愿意遵循标准化的测验程序，也不愿意评估长期表现不佳的学生的成绩。** 在高风险的情况下，教师和管理人员有时会得出结论，不诚实是最好的政策。想象一下，作为一名教师或学校管理人员，你想要最大限度地提高学校的平均测验成绩。你是否会给学生超过规定的时间来完成测验？你是否会提供关于正确答案的提示，甚至告诉学生正确答案？你是否会找一些理由让某些学生免考、让他们进入特殊教育项目，或者让他们停留在不会被评估的等级？这是教师和管理人员在受到提高平均成绩的压力时才会发生的事情（Hursh，2007；Mintrop & Sunderman，2009；R. M. Ryan & Brown，2005；R. M. Thomas，2005）。

■ **对于哪些学生和学校表现优异，不同的标准会得出不同的结论。** 当我们将教师留任、加薪、学校资助和其他激励措施建立在学生成绩的基础上时，我们使用的具体标准是什么？一个预定的、绝对的成就水平？随着时间推移的进展？优于其他学区的表现？这个问题没有简单的答案。但是，根据我们使用的标准，对于学生、教师、学校的表现好坏与否，我们会得出不同的结论。使问题更加复杂的是，低收入社区学生的平均成绩低于高收入社区的学生，即使这两个群体都有优秀的教师和教学项目（E. M. Anderman, Gimbert, O'Connell, & Riegel, 2015; Ballou, Sanders, & Wright, 2004; Mintrop & Sunderman, 2009）。

■ **过分强调对表现不佳的教师和学校的惩罚，在帮助他们提高方面做得还不够。** 许多学校改革的倡导者认为，解决低成就水平的捷径就是奖励那些表现好的学生的老师和学校，惩罚那些表现不好的学生的老师和学校。这种策略不太可能有效，特别是当影响学生学习成绩的一些因素（健康、家庭支持、同伴群体规范等）超出教师和管理人员的控制时。事实上，没有令人信服的证据表明，不提供足够的支持，仅仅让学校教师对学生在高风险评估中的表现负责这一方法，无法对教师的教学策略或学生的学习和成就产生显著的积极影响。此外，学生的成绩没有提高的严重后果可能会影响教师的士气，并导致一些教师，包括一些非常优秀的教师，完全脱离教学工作（A. B. Brown & Clift, 2010; Finnigan & Gross, 2007; Forte, 2010; Stringfield & Yakimowski-Srebnick, 2005）。

■ **学生的动机影响他们在测验中的表现，而持续的低测验成绩反过来又会影响他们的学习动机。** 由于各种各样的原因——可能是低自我效能感，或者是外部的、无法控制的学业成就归因——一些学生没有动力在高风险测验中取得好成绩，另一些学生则变得非常焦虑，以至于他们无法取得应有的成绩（Chabrán, 2003; Siskin, 2003）。此外，当学生的成绩一直很低时，尤其是当他们的成绩成为升学和毕业的障碍时，他们可能会觉得留在学校没有什么意义。因此，在学生高中毕业时使用高风险测验并不一定会提高他们的成就水平。相反，它会提高辍学率，特别是某些少数族裔和低收入社区的学生（Holme, Richards, Jimerson, & Cohen, 2010; M. G. Jones et al., 2003; Kumar, Gheen, & Kaplan, 2002; Plunk,

Tate, Bierut, & Grucza, 2014; R. M. Ryan & Brown, 2005）。

提升高风险测验有效性的步骤

公众对中小学学生成绩的担忧不会很快消失，也不应该消失。许多学生的成就水平很低，特别是那些低收入学区的学生、某些少数群体的学生和有特殊教育需要的学生。因此，我们提供了几个潜在的解决方案，这些方案如果结合起来使用，可能有助于解决我们刚刚提出的高风险测验的问题。

■ **评估那些对学生来说最重要的事情。** 如果我们要根据评估结果对学生、教师和学校做出重要决定，必须确保我们评估的是对学生在学校和成人世界中的长期成功来说最重要的成就。例如，学生不仅应该掌握读写、数学和科学的基本技能，还应该对政府是如何运作的、哪些社会因素会影响同胞的福祉和行为，以及如何有效地利用闲暇时间为社会的整体改善做出贡献等问题有深刻的理解（R. M. Thomas, 2005）。我们不能假装评估这些事情很容易，但如果我们要根据评估结果来判断学校是否真正满足了学生的长期需求，就必须这样做。

■ **向公众普及标准化测验能为我们做什么，不能为我们做什么。** 最近在美国媒体上的所见所闻让我们认为，许多公众人物和政策制定者高估了标准化成就测验能告诉我们的东西：他们认为，这些工具对学生的知识和能力有着高度准确、全面的测量。诚然，这些测验通常是由测验编制方面的专家开发的，但没有一个测验是完全可靠的，它的效度将在很大程度上取决于使用它的环境。无论我们是教师、学校管理者、家长还是普通大众，我们都有义务了解标准化测验的局限性，并向我们的同胞进行相应的普及。

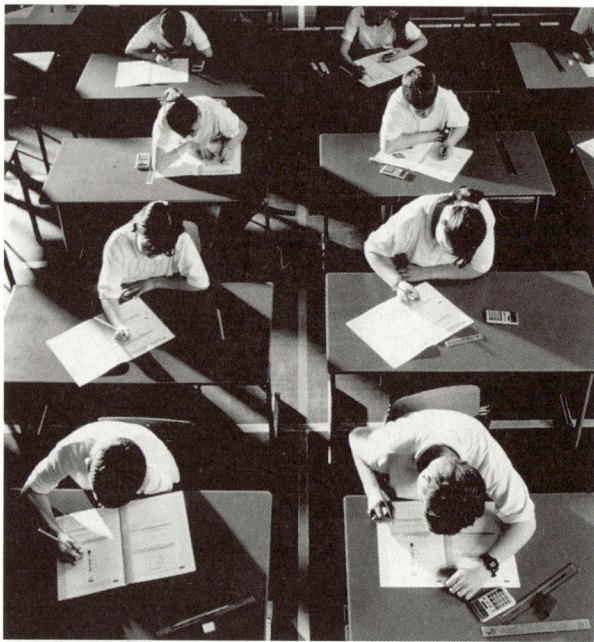

作为教师，我们必须让公众了解标准化测验的局限性，特别是那些用于对学生和教学项目做出重要决定的测验。

■ **考虑替换传统的机器评分纸笔测验。** 当一个测验同时对许多学生进行施测时，它很可能主要由单项选择题等由机器评分再认项目组成。结构完善的单项选择题测验当然能够评估复杂的认知技能，但它们不可避免地限制了我们评估某些技能领域（如写作）的效率。因此，一些专家认为，我们应该使用真实的评估来代替或补充更传统的纸笔测验（E. L. Baker，2007；DiMartino，2007；L. Shepard et al.，2005）。然而，我们应该意识到，美国大规模使用真实的、基于表现的评估的州和学区在信度和效度方面遇到了问题。因此，作为一个社会，我们在朝这个方向前进时必须谨慎行事。

■ **提倡在有关学生的任何高风险决策中使用多种测量方法。** 不管使用什么样的评估方法，没有一种单一的方法能够让我们全面了解学生学到了什么，取得了什么样的成就。即使一个单一的评估可以给我们展示上述画面，完美的信度也是一个难以实现的目标：学生的测验结果不可避免地受到动机、注意力、情绪、健康和其他因素的暂时波动的影响。将改变学生一生的决策建立在一次考试成绩上是不合情理的。

■ **如果测验被用来测量教师的工作效率，那么我们就应该提倡把重点放在学生的学业进步上，而不是年龄组的平均水平上。** 如果测验结果将被用来测量教师和学校的有效性，那么评估每个学生在学年中取得进步的程度可能是一个合理的方法。有时你会看到**增值评估**（value-added assessment）这个术语被用来指代教师和学校的基于进步的评估。

不幸的是，评估学生在一个学年的进步并不像看起来那么容易，特别是当我们使用标准化成就测验时。我们不能只是找出年初测验和年末测验的成绩差异，就说："弗伦奇老师的学生的成绩比安德森老师的学生的成绩好，所以弗伦奇老师一定是更好的老师。"首先，如果我们计算信度和效度不完美的两个测验分数之间的数字上的差异，将得到更低的信度和效度。其次，不同学生的进步速度也有很大差异，来自低收入家庭的学生的进步速度（平均水平）比经济条件较好的同龄人慢。再次，教师所在的学校也会产生重大影响。例如，弗伦奇可能在一个新建的设施中进行教学，那里有很多资源，学生的积极性很高，而安德森可能在一个破旧的老建筑物中进行教学，那里的资源供应不足，学生和教师对学校社区的认识很少或根本没有。统计学家已经开发了多种数学方法，在计算进步分数时将这些因素考虑在内，但还没有一种方法能够成为测量教师效率的可靠方法（American Statistical Association，2014；E. M. Anderman et al.，2015；Ballou et al.，2004；McCaffrey，Lockwood，Koretz，& Hamilton，2003）。

那么，在教师问责制方面，这一切给我们留下了什么启示呢？在这一点上，我们强烈敦促拥有决策权的教育工作者不要总是依赖大规模的成就测验作为测量学生进步和教师效率的主要指标。在理想情况下，教育工作者应该在一个学年为学生确定具体的、现实的教学目标，或许可以根据当地学生的优势和需求，将这些目标细分为更具体的、更易于管理的短期目标，并创建合理的标准参照任务，来评估目标的完成情况（E. M. Anderman et al., 2015）。

考虑学生的多样性

15.5　解释如何在总结学生的成就时考虑群体差异和特殊教育需要

每当学生参加标准化测验时，他们的表现可能都会受到一些因素的影响，这些因素不一定与测验要评估的特征有关。如果两个学生学得差不多，但在评估中的表现不同，那么所获得的信息就会存在**评估偏差**（assessment bias）和有效性问题。当项目的具体内容或表现良好所需的一般行为和技能给一些学生带来了不公平的优势时，我们的评估就会有偏差。

测验内容中的文化偏见

一个特别值得注意的评估偏差形式是**文化偏见**（cultural bias）。如果评估工具的任何项目在种族、性别、社会经济地位、宗教或者其他群体成员身份方面冒犯了或不公平地惩罚了一些学生，那么该评估工具就存在文化偏见（Buck, Kostin, & Morgan, 2002；Popham, 2014）。要了解这种现象，请尝试下面的练习。

亲身体验

你会有多高效

想象一下，你正在参加一项旨在评估你对所处社会做出建设性贡献的一般能力的测验。以下是测验的前三个问题。

1. 当你进入木屋时，你应该绕着火朝哪个方向移动？

2. 为什么绿松石经常系于婴儿的摇篮板上？
3. 如果你需要黑色的羊毛来编织地毯，下列哪个选项会给你最黑的颜色？
   A. 用漆树、赭石和树胶的混合物给羊毛染色
   B. 用靛蓝、地衣和豆科植物的混合物给羊毛染色
   C. 使用特殊培育的黑羊的未染色羊毛

在进一步阅读之前，请试着回答这些问题。

你在回答部分或全部问题时有困难吗？这三个问题都是从纳瓦霍人的文化角度出发的。除非你对这种文化有相当的了解，否则你可能会表现得很差。这三个问题的答案分别是"顺时针""辟邪"和"选项 A——用漆树、赭石和树胶的混合物给羊毛染色"（Gilpin, 1968；Nez, 2011）。

测验是否存在文化偏见？那得看情况。如果测验的目的是评估你在纳瓦霍社区中取得成功的能力，那么这些问题可能是非常合适的。但如果它是为了评估你完成与纳瓦霍文化无关的任务的能力而设计的，那么这些问题就带有文化偏见。

关于文化偏见，有两点很重要。首先，这个词包含了与性别、社会经济地位及文化和种族有关的偏见。请考虑以下两个假设的评估项目，一个用于数学测验，另一个用于写作技能测验。

1. 作为高中棒球队的一员，今年马克在 36 次击球中击中了 17 次。在这些命中次数中，只有 12 次让他安全抵达基地，其他 5 次要么是飞球，要么是未能成功的短打，最终导致出局。在马克的 3 次击球中，糟糕的投球让马克走上了一垒。请以此为基础计算马克今年以来的击球率。

2. 你喜欢在海里、湖里，还是在游泳池里游泳？写一篇两页的文章为你的选择提供理由。

问题 1 假设一些学生（尤其是男孩）比其他学

生更有可能掌握相当数量的棒球知识。显然，问题2对于那些在上述三种情况下都没有游过泳的学生来说会很困难，对于从来没有游泳过的学生来说，会更困难。来自低收入家庭和市中心家庭的学生很容易被归入这两类。

第二个要点是，如果一种评估工具冒犯了某个特定群体，那么它就具有文化偏见。例如，想象一个暗示女孩比男孩更聪明的测验项目，并想象另一个以一种不讨人喜欢的方式描绘某个国家的人的测验项目。这类问题带有文化偏见，因为一些学生可能会被这些题目激怒，进而分心，无法全力以赴。这些学生也可能会把刻板印象记在心里，这将对他们的自我意识产生负面影响。

仅仅因为一组人得到了比另一组人更高的得分，就认为评估工具带有偏见是不合适的。只有当两组被试参与测验的内容相同，但得出的测验分数不同时，或者当相同的测量工具对两组群体具有不同的预测效度时，我们才能说该测验带有偏见。是的，我们有时可以看到学生在特定评估工具上的分数存在群体差异，但这些差异往往反映出学生背景的不平等对他们未来的学业表现的影响。例如，如果平均而言，高中男生比女生更有可能在标准化数学测验上获得极高的分数，那么造成这种差异的部分原因可能是，相比于女生，父母会更积极地鼓励男生学习数学（Bleeker & Jacobs, 2004; Halpern, Benbow, Geary, Gur, Hyde, & Gernsbacher, 2007; Valla & Ceci, 2011）。同样，如果来自低收入家庭的学生很少有机会走出他们的社区（去科学博物馆的机会更少，去其他州或国家的教育旅行更少等），他们在不同环境中的有限接触可能会影响他们的课堂成绩和他们在测验中的表现。

大多数大规模标准化测验的发布者雇佣了各种具有代表性的少数群体的人，通过积极筛选测验项目来寻找可能的文化偏见的来源。此外，大多数学业能力倾向测验对不同的民族和文化群体显示出类似的预测效度，前提是这些群体的成员是以英语为母语的（R. T. Brown, Reynolds, & Whitaker, 1999;

Sattler, 2001; Zwick & Sklar, 2005）。然而，任何标准化测验都应仔细审查可能冒犯性别或文化群体的项目，以及由于与所测量的特征无关的原因对一个群体（相比另一个群体）而言更难的项目。当然，在我们自己构建的课堂评估工具中，我们应该不断地关注任何无意的文化偏见。

文化和种族差异

即使测验内容没有文化偏见，传统的群体管理的标准化测验——纸笔测验，有时间限制和电子评分答题纸——也会使来自某些文化和种族背景的学生处于不利地位。例如，要求快速回答许多问题的限时测验对美国土著学生来说可能会很麻烦，因为他们的社区文化支持他们在回答问题之前仔细思考和反思（Tyler, Uqdah, et al., 2008）。来自某些文化背景的儿童可能对成年人已经知道答案的问题没有什么经验（Adger, Wolfram, & Christian, 2007; Heath, 1989; Rogoff, 2003）。此外，考试焦虑在少数族裔和文化群体的学生中更为常见（R. Carter, Williams, & Silverman, 2008; G. E. García & Pearson, 1994; Putwain, 2007）。造成这种焦虑的一个可能因素是一种被称为"刻板印象威胁"的现象，在这种现象中，来自刻板印象中成绩较差的群体的学生在课堂评估中的表现更差，这仅仅是因为他们意识到自己的群体在传统上表现较差（J. Aronson & Steele, 2005; Osborne, Tillman, & Holland, 2010; J. L. Smith, 2004; Walton & Spencer, 2009）。

由于这些原因，不那么传统的评估方法，如动态评估或档案袋，往往可以为少数群体学生的成就和能力提供更乐观的图景（Feuerstein, Feuerstein, & Falik, 2010; Haywood & Lidz, 2007; R. S. Johnson et al., 2006）。当情况需要传统的纸笔测验时，学生应该有大量的提前练习。为了缓解学生的焦虑，我们应该鼓励他们把考试看作对能力的粗略测量，而这些能力几乎肯定是会随着未来的学习和努力而提高的（C. Good, Aronson, & Inzlicht, 2003）。

语言差异与英语学习者

前面关于文化偏见的部分提到，大多数学业能力测验对不同群体显示出了相似的预测效度，前提是这些群体的成员是以英语为母语的。毫无疑问，学生的英语经验和熟练程度会影响他们在以英语为基础的成就和能力评估中的表现（Kieffer, Lesaux, Rivera, & Francis, 2009; Solórzano, 2008）。糟糕的阅读和写作技能可能会影响学生在纸笔测验上的成功，糟糕的口语技能可能会对学生在口语测验中的表现产生不利影响。例如，以西班牙语为母语的学生在用西班牙语进行的数学测验中的表现要好于用英语进行的数学测验（J. P. Robinson, 2010）。尤其是对移民学生来说，"任何用英语呈现的测验都是测验他们的英语语言的"（E. E. Garcia, 2005）。

特别值得关注的是对英语学习者使用高风险测验。当儿童在家里学习母语以外的语言时，他们通常需要相当长的时间（也许是 5 ~ 7 年）才能熟练掌握英语，以便在英语课堂上发挥最佳水平（Cummins, 2008; Dixon et al., 2012; Padilla, 2006）。然而，许多学区要求这些对英语只有浅显理解的学生参加高风险的英语考试。很明显，这种做法导致了对英语学习者学业成就的严重低估，换句话说，这些学生的考试成绩可能具有很低的内容效度（Carhill, Suárez-Orozco, & Páez, 2008; Forte, 2010; Solórzano, 2008）。

以下是我们推荐的一些针对英语学习者的实践示例，尤其是在高风险测验的情况下：

- 把试题翻译成学生的母语；
- 让学生使用字典或其他适当的参考工具；
- 进行一对一的测验，也许可以取消时间限制，口头提出问题，并允许学生用他们的母语回答；
- 使用替代的评估方法（如动态评估、档案袋）来记录成绩；
- 在计算反映学校或学校内特定小组的整体成绩的平均分时，要排除学生的考试成绩

（Haywood & Lidz, 2007; R. S. Johnson et al., 2006; Kieffer et al., 2009; Solórzano, 2008; W. E. Wright, 2006）。

满足有特殊教育需要的学生

当评估学生的能力和成就时，我们必须考虑到学生独特的需要和缺陷。例如，如果患有学习障碍的学生的教学目标与没有学习障碍的学生的教学目标不同，那么我们的评分标准应该相应地改变，即与学生的 IEP 相一致。然而，单凭等级类的成绩，很难说明学生具体学到了什么，取得了什么样的成就。如果我们改变一个特定学生的标准，分数可能传达的信息会更少。档案袋——可能包括教师清单、照片、录音带和录像带，以及学生的书面作业——对传达有各种障碍和特殊教育需要的学生的进步和成就非常有帮助（Mastropieri & Scruggs, 2007; Venn, 2000）。

我们可能还必须修改标准化测验的程序，以适应有特殊教育需要的学生。在美国，《残障人教育法案》（IDEA）规定为残障学生提供适当的帮助。这种调整可能涉及以下一项或多项内容：

- 对于英语能力有限的学生，用他们的母语进行评估；
- 修改评估的陈述格式（例如，使用盲文或手语来陈述测验项目和其他评估任务）；
- 修改回答的形式（如口述答案、允许使用文字处理器）；
- 调整时间安排（如增加时间或经常休息）；
- 修改评估设置（例如，让学生在一个安静的房间里单独进行标准化纸笔测验）；
- 只执行部分评估；
- 使用不同于给正常学生使用的工具，以适应学生的能力水平和需要（American Educational Research Association, American Psychological Association, & National Council on Measurement in Education, 1999）。

我们可以经常使用 IEP 作为参考，为每个学生提

供适当的支持。表 15.6 提供了对有特殊教育需要的学生使用标准化测验的额外建议。

每当我们为有特殊教育需要的学生修改评估工具或程序时，我们必须认识到，在 RSVP 的其中两个特征之间存在一种权衡。一方面，我们违背了评估应该在内容、管理和评分标准方面进行标准化的想法。另一方面，如果我们不能包容部分学生的障碍，就会得到没有效力的结果。对有特殊教育需要的学生来说，

表 15.6 对有特殊教育需要的学生进行标准化测验

类别	可能观察到的特征	建议策略
有特定认知障碍或学业困难的学生	• 倾听、阅读和 / 或写作能力差（对一些学生而言） • 因考试成绩而低估整体成就水平的倾向（如果学生的阅读能力较差的话） • 由于任务外行为导致的表现不一致，影响成绩的信度和效度（适用于部分患有学习障碍或注意缺陷 / 多动障碍的学生） • 高于平均水平的考试焦虑	• 修改测验管理程序，以适应学生的特定障碍（例如，在执行地区范围的作文测验时，允许患有写作障碍的学生使用文字处理器和拼写检查器） • 让学生在一个干扰最少的房间里考试 • 确保学生明白他们被要求做什么 • 确保学生有动力做到最好，但不要对自己的表现过于焦虑 • 使用课堂评估（正式的和非正式的）来确认或否定标准化测验的结果 • 记录和报告所有对标准化程序的修改
有社交或行为问题的学生	• 由于任务外行为或缺乏动机导致表现不一致，影响成绩的信度和效度（对一些学生而言）	• 修改测验管理程序，以适应学生的特定障碍（例如，当学生容易分心时，在一个安静的房间里单独施测） • 让学生相信，尽最大努力可以在某种程度上提高他们的长期幸福感 • 使用课堂评估（正式的和非正式的）来确认或否定标准化测验的结果 • 记录和报告所有对标准化程序的修改
认知和社会功能普遍滞后的学生	• 学习和认知加工缓慢 • 阅读能力有限或根本没有阅读能力 • 倾听能力差	• 选择适合学生的认知能力和读写能力的评估 • 尽量减少对整个班级同时进行的评估，更多地运用于一对一的评估 • 确保学生明白他们被要求做什么
有身体障碍或认知困难的学生	• 行动不便（对部分患有身体障碍的学生而言） • 容易疲劳（对部分患有身体障碍的学生而言） • 语言能力发展较差，影响阅读和写作能力（对部分患有听力损失的学生而言）	• 为有视觉损伤的学生获取修改过的测验材料（如大字或盲文测验手册） • 修改测验管理程序，以满足学生的特殊需要 • 如果学生的读写能力受损，请给学生读测验项目 • 将冗长的评估分解成可以在不同场合进行施测的部分 • 把测验安排在学生感觉放松和精力充沛的时候 • 记录和报告所有对标准化程序的修改 • 如果在改变标准化程序后，学生的成绩有很大的变化，不要将其与正常组进行比较
认知发展超常的学生	• 对具有挑战性的测验有更大的兴趣和投入度 • 一些学生倾向于隐藏自己的天赋，以避免被同龄人嘲笑 • 在某些情况下，学生的能力水平超出了其所在年级的典型测验范围	• 对评估结果保密 • 当学生持续获得完美或接近完美的成绩（例如，百分位排名 99）时，要进行个性化测验，以更准确地评估他们的高能力水平 • 使用动态评估作为传统能力测验的替代方法，以识别来自不同文化或语言背景的学生的天赋

资料来源：Barkley，2006；Beirne-Smith，Patton，& Kim，2006；D. Y. Ford & Harris，1992；A. E. Gottfried，Fleming，& Gottfried，1994；N. Gregg，2009；Haywood & Lidz，2007；Mastropieri & Scruggs，2007；Mercer & Pullen，2005；M. S. Meyer，2000；B. N. Phillips，Pitcher，Worsham，& Miller，1980；Piirto，1999；Pitoniak & Royer，2001；J. A. Stein & Krishnan，2007；Turnbull，Turnbull，& Wehmeyer，2010；Venn，2000；Whitaker Sena，Lowe，& Lee，2007.

没有什么神奇的公式可以在标准化和有效性之间找到正确的平衡。作为教师，我们必须运用最好的专业判断，并在必要的情况下寻求专家的建议。

我们还必须记住，修改标准化测验的评估工具或程序可能会使标准化测验的规范变得无关紧要。因此，我们得出的任何标准参照分数都可能是无法解释的。当我们的目的是确定学生的学习和表现困难时，标准化的测验程序和常模参照分数通常是非常合适的。但是，当我们关心如何修改教学方法和材料来解决这些困难时，标准参照分数和对学生在特定任务和项目上的反应的仔细检查可能会更有帮助。

关于评估结果的保密和沟通

15.6　区分应该和不应该公布学生评估结果的情况，并解释如何有效地将这些结果传达给学生和家长

学生的考试成绩、班级成绩和其他评估结果应该是保密的，下面的练习可以说明这一点。

> ### 亲身体验
>
> #### 你会怎么想
>
> 如果你的老师做了以下事情，你会怎么想?
> - 按照学生成绩的顺序退回试卷，成绩最高的学生先收到试卷，你最后收到。
> - 告诉其他老师你考得有多差，这样他们就会注意到你可能做的其他蠢事。
> - 查看你的学校记录，发现你去年参加的一次智商测验得了 87 分，以及你在不知情的情况下被邀请参加了一次全校范围的性格测验，结果显示你有一些不寻常的性幻想。

如果你的老师做了这些事情，你可能会愤怒。

但是，学生的评估结果究竟应该被保密到什么程度呢? 人们应该在什么时候知道学生评估的结果，谁又应该知道这些结果呢? 在美国，我们从 1974 年美国国会通过的《家庭教育权利和隐私法案》(Family Educational Rights and Privacy Act, FERPA) 中得到了关于这些问题的法律指导。该法案将正常的学校考试限制在成绩和学习能力的评估上，这两项显然属于学校的管辖范围。此外，它将学生的评估结果的获取限制在少数真正需要知道这些结果的人身上: 获得这些结果的学生、他们的家长，以及直接参与学生的教育和福祉的学校工作人员。只有在学生 (至少 18 岁) 或家长给予书面同意的情况下，评估结果才能与其他个人 (如家庭医生或个人执业的心理咨询师) 分享。以下是这一立法授权对课堂实践的影响。

- 我们不能要求学生透露他们的政治立场、性态度、违法行为、潜在的令人尴尬的心理问题或家庭收入 (一个例外: 我们被允许询问有关收入的问题，以确定学生是否有资格获得经济援助)。
- 我们不能以互相学习的方式公开考试成绩 (例如，我们不能按字母顺序、生日或社会保险号公布分数)。
- 我们不能以互相观察成绩的方式分发试卷 (例如，我们不能让学生在一堆试卷中寻找自己的试卷)。

最初，很多教育工作者认为，FERPA 禁止教师让学生互相打分。但是，2002 年，美国最高法院裁定，这种做法并不违反 FERPA，因为学生获得的成绩还不是学生永久的学校记录的一部分。[1] 尽管如此，虽然学生可以就形成性评估的任务互相反馈，我们还是强烈建议不要让学生对测验或其他能得出明显高分和低分的评估进行交换评分。

对学生的评估结果保密不仅具有教育意义，而且具有法律意义。低分会让学生感到羞愧和尴

---

① 资料来源: *Owasso Independent School District v. Falvo*, 534 U.S. 426.

尬——如果同学知道了，情况会更糟——进而增加学生对未来评估的焦虑程度。得高分的学生也会因为结果被公开而受到影响：在许多学校，聪明并不酷，得高分的学生可能会表现得较差，以避免被同龄人排斥。此外，公布学生的评估结果会让学生关注自己的表现目标——在别人眼中的形象——而不是对主题的掌握。即使只是把你班上学生的考试成绩（如5个A，12个B，4个C，3个D，1个F）公布出来也会给学生带来不必要的压力，甚至会鼓励他们为了避免看起来很"愚蠢"而作弊（Anderman & Koenka，2017）。

在本章开篇的个案研究中，戴维森女士向全班公布了艾莉的成绩。该教师的发言违反了适用于最终成绩和个人评估的FERPA。此外，公开艾莉的成绩也不符合艾莉的最佳利益。这非但没有激励她更努力地学习（她已经很有动力了），反而让她感到痛苦，以至于她在戴维森女士的教室里感到不舒服。

FERPA的另一项规定是，家长和学生（如果年满18岁）有权查看考试成绩和其他学校记录。学校工作人员必须以家长和学生能够理解的方式来呈现和解释这些信息。

与学生及家长沟通评估结果

想想看，当福特女士的中学数学课上的学生得知，他们中的许多人在最近的一次测验中表现很差时，会发生什么。

> 福特女士：如果你们的成绩低于75分，那你就得好好努力了。我确实希望这个测验能有你们父母的签字。我想让他们知道我们在做什么。
>
> 学生：不！
>
> 学生：我们要给父母看吗？通过这门课是必要条件吗？
>
> 福特女士：如果你们不让父母签字，我就给他们打电话（Turner，Meyer，Cox，Logan，DiCintio，& Thomas，1998）。

福特女士希望家长知道，他们的孩子在她的课上表现不好。这种方法有三个缺点。第一，许多学生可能会发现，伪造父母签字比将坏消息告诉父母更容易。第二，即使看到了孩子的试卷，父母也没有太多的信息来帮助他们理解考试结果。（分数低是因为不努力，较差的学习策略，还是因为教学水平差呢？）第三，福特女士把重点完全放在了"低成就"的问题上，没有提出解决问题的建议。

作为教师，我们必须认为自己与学生和家长合作是为了每个人都想要的东西：学生的学业成功。我们交流课堂评估结果的主要目标是分享有助于实现这一目标的信息，而这正是福特女士所忽略的。此外，由于许多学生在测验中表现很差，福特女士应该考虑自己是否做过或没做过什么导致了低分的情况。例如，她可能没有为某些概念和技能分配足够的课堂时间，在教学中使用了无效的策略，或者编制了一个异常困难的测验。

当我们需要报告标准化测验的结果时，我们面临着一个不同的挑战：如何向对这类测验及其得出的分数种类知之甚少的学生和家长解释这些结果？以下是评估专家多年前提供的一些指导原则（Durost，1961；Ricks，1959），这些指导原则至今仍然非常有效。

- **确保你自己理解结果。** 在传递标准化测验结果的信息时，我们需要知道测验在我们使用它的情况下的信度和效度。我们还需要了解测验的一般性质，例如，它们是标准参照的还是常模参照的，如果是常模参照的，我们如何解释它们。我们中的一位作者回忆起这样一个场景：在一次会议上，教师向学生的父亲报告了学生的成绩是在第85个百分位上，但当父亲问教师这是什么意思时，教师根本无法回答，因为教师根本不知道百分位数是什么。

- **记住，在许多情况下，用宽泛的、一般的术语来描述测验和学生的表现就足够了。** 为了说明这一点，我们可以将成就测验描述为一种测量学生在科学方面所学到的知识与全国其他学生所学到的知识相比表现如何的一般标准，或者我们可以将学业能力倾向测验描述为提供一个学生在某一特定教学项目中可能表现如何的粗略概念。有时，描述学生的表现甚至不需要参考具体的分数。例如，我们可能会说，你女儿的成绩就像在大学数学课上表现优异的学生的成绩一样好，或者你儿子在拼写测验上的表现低于平均水平，在接下来的几年里，他可能需要额外的帮助。但是在美国，如果家长想知道具体的分数，根据 FERPA 的规定，我们必须公布这些分数，并让家长了解它们的含义。

■ **当报告具体的测验分数时，要强调那些最不可能被误解的分数。** 许多家长错误地认为，孩子的等级分反映了其实际所在的年级水平。因此，他们可能会主张让成绩好的孩子升入更高的年级，或者为成绩差的孩子没有能力而感到苦恼。许多父母认为 IQ 分数反映的是一种永久的、不可改变的能力，而不是对孩子目前的认知能力的粗略估计。通过报告其他类型的分数，如百分位数、标准九分或 NCE，我们就不太可能让家长过早地得出这样的错误结论。很多家长对百分位数很熟悉，也有很多家长很容易理解百分位数的概念（如果我们向他们解释的话）。但由于百分位数错误地反映了学生之间的实际差异（即高估了中间范围内的实际能力差异，低估了极端范围内的实际能力差异），我们可能也想提供标准九分或 NCE。虽然大多数家长一般

不熟悉标准分数，但我们可以用一个具体的图或表来帮助他们理解，如图 15.7 所示。

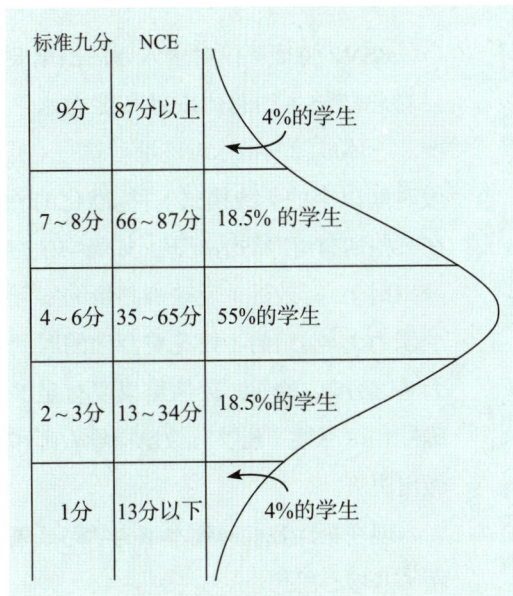

图 15.7 帮助家长理解标准九分和 NCE 的图表

同样，当测验结果包括置信区间（confidence interval）时，解释它们的一般性质是很有帮助的。通过报告置信区间和具体的测验分数，我们传达了课堂评估的一个重要的观点：任何测验分数都有一些误差。

每当评估学生的成就和能力时，我们都必须记住，我们的主要目的是帮助学生更有效地学习并取得学业成就。当学生在课堂评估和标准化测验中表现出色时，我们有理由庆祝，因为我们知道教学策略发挥了它应有的作用。但当学生表现不佳时，作为教师的我们，以及学生、家长、学校管理人员和政策制定者首要关注的应该是如何改善这种情况。

你学到了什么

RSVP 特征不仅对个人评估很重要，而且对总结学生的总体成就和能力水平很重要。总体成绩的指标应该是可靠的（反映一段时间以来的一致模式）、标准化的（除了在某些情有可原的情况下，如当学生有特定障碍时）、有效的（反映被测量的实际成绩或能力）、实用的（只花费合理的时间和精力）。最重要的是，评估结果要有足够的准确性和可靠性，能够有效地指导教师和学校做出决策。

现在，让我们回到本章的学习成果，回顾一些核心思想。

15.1 描述原始分数、标准参照分数和常模参照分数三种测验分数的性质、优点和缺点

评估分数有多种形式，不同的分数有明显不同的含义。基于正确回答问题的数量、百分比或累计分数来计算的原始分数只有有限的效用，除非它们可以与表现标准或标准组的表现进行比较。标准参照分数明确地告诉我们学生知道什么，能做什么。常模参照分数——年龄当量分数和年级当量分数、百分位数和标准分数——使我们能够将自己学生的表现与其他学生的表现进行比较。因为年龄当量分数和年级当量分数经常被误解，百分位数容易扭曲学生之间的实际能力差异，所以当我们需要比较学生和他们

的同龄人时，标准分数更可取。

15.2 确定以最终成绩和档案袋总结学生的成就时应遵循的重要指导原则

大多数教师最终需要将课堂评估的结果归结为学生所学知识的一般指标。最常见的程序是分配最终的成绩，总结学生在学期或学年的课程中取得的成绩。在通常情况下，最终的成绩应该反映学生的实际成就（而不是努力或其他主观品质），并基于硬数据。

最终成绩的一个显著缺陷是，他们很少提供学生具体学到了什么、能做什么的信息。作为评分的另一种选择，档案袋提供了一种代表学生成就的多面性和复杂性的方法。当用来总结学生的成就时，档案袋的内容应该与重要的教学目标和标准紧密相联，学生应该在选择作品和组织最终产品方面得到教师的指导。

15.3 描述四种通用的标准化测验，并解释如何恰当地使用和解释这些测验

我们可以在课堂上使用各种各样的标准化测验，包括成就测验、一般学业能力倾向与智力测验、特殊能力倾向与能力测验，以及入学准备测验。作为教师，我们必须确保我们使用的

任何标准化测验都符合 RSVP 特征，如果是常模参照的，我们就可以将其与我们的学生进行比较。此外，在解释标准化测验的结果时，我们必须考虑发展因素。例如，幼儿的语言能力有限，注意力持续时间短，这使得我们对他们能力的有效评估变得更加困难，一些青少年可能对标准化测验的价值持怀疑态度，以至于他们很少考虑在测验中付出努力。

15.4 解释高风险测验和教师问责制如何影响教学和课堂学习，并提出若干策略以提高这些做法的效益

标准化成就测验越来越多地被用作对学生做出重要决定的依据，并让学校和个别教师对学生的成就水平负责。许多专家认为，这种高风险测验和问责制所产生的问题与它们解决的问题一样多，但这些做法将继续存在，至少在短期内是如此。因此，教育工作者必须积极倡导合理、有效的方法来评估学生的整体进步和成就，评估教师的工作效率，强调加强教学和学习，而不是惩罚表现不佳的学生、教师和学校。

15.5 解释如何在总结学生的成就时考虑群体差异和特殊教育需要

学生的测验分数和其他评估结果可能会受到他们的种族和文化群体成员身份、性别，以及社会经济背景的影响，从而影响分数的信度和效度。此外，有限的英语能力可能会干扰一些学生的表现，例如，一些问题或任务中会出现文化偏见。当我们怀疑这些因素可能会影响学生的表现时，我们应该谨慎地解释评估结果，并寻找其他可能证实或否定这些结果的信息。此外，我们在对学生施测时，应该对残障学生做出合理的安排。这样的调整将增加评估产生有用信息的可能性。

15.6 区分应该和不应该公布学生评估结果的情况，并解释如何有效地将这些结果传达给学生和家长

出于法律和教学方面的原因，我们必须对学生的评估结果保密，只向学生本人、家长和直接参与学生的教育和福祉的学校人员公布评估分数和其他信息。我们还必须以学生和家长能够理解的方式来描述评估结果，例如，使用图或表来说明各种标准参照分数的性质。我们必须记住，任何评估的最终目的都是帮助学生更有效地学习并取得学业成就。

教师资格考试练习

约翰尼能阅读吗

博德里女士在她所在学区的一个研究阅读课程委员会中任职。作为委员会工作的一部分，她计划对 6 年级学生实施一项标准化阅读成就测验，以确定他们是否掌握了她今年一直试图教授的阅读技能。她有机会从所在学区批准购买的三项测验中选择测验工具。她仔细查看了测验手册，当她看到其中一项测验有较差的重测信度时，她就删除了这项测验。她仔细查看了其他两项测验，最终选择了综合阅读测验（CRT）作为她自己班级最可靠和最有效的测验工具。

博德里女士严格按照规定的施测程序对她的班级进行测验。因为测验全部都是单项选择题，所以她当天晚上就轻松、快速地评了分。她计算了每个学生的原始分数，然后根据测验手册中的标准得出标准九分。学生的分数从 3 分到 8 分不等。"嗯，现在要做什么呢？"她问自己。"在经历了这一切之后，我仍然不知道我的学生是否学到了我一直试图教授他们的东西。"

1. 建构反应题

博德里女士为了自己的目的选择了错误的测验。她具体做错了什么？

2. 单项选择题

博德里女士根据自己的情况使用双向细目表来确定其中两项测验的有效性。以下哪一项陈述最好地描述了一个典型的双向细目表？

A. 它描述了特定内容领域和年级水平的理想课程。

B. 它提供了具体的、逐项的评分标准，以实现客观的、可靠的评分。

C. 它表明了评估所涵盖的主题，以及学生应该能够做的、与每个主题相关的事情。

D. 它显示了不同年级和年龄水平的学生的平均成绩，从而可以将一个原始分数转换为一个或多个标准参照分数。

致谢
Acknowledgments

很幸运，我们在写这本书时得到了大量的帮助。首先，如果没有与凯文·戴维斯（Kevin Davis）的长期合作，这本书就不会是今天的样子。凯文在 1989 年首次加入这本书的编辑工作，与珍妮一起担任本书的内容编辑，除了在培生担任其他职务时有过两年时间的耽搁之外，他一直在指导本书的更新。虽然凯文没有撰写文字，但他的影响渗透进每一页的文字上。他的想法、建议，以及偶尔提出的温和要求，不断推动和延伸着我们的工作，使我们在为读者创造最佳的教学体验方面达到新的高度。

我们也深深地感谢内容编辑帕姆·贝内特（Pam Bennett），她使我们三个人都能保持正确的方向，提醒我们达成短期目标和长期目标。帕姆温和地鼓励我们坚持下去，并在整本书中努力追求卓越和质量。项目经理凯西·史密斯（Kathy Smith）专业地组织和监督了将我们的文字手稿和草图转化为你们面前的成品所涉及的无数步骤。在这个高科技的时代，出版一本书是一个非常复杂的过程，我们很感谢她的专业知识。

此外，全国各地的许多同事通过审查本书的一个或多个先前版本，不断完善了这本书。前八个版本的审稿人分别是：弗吉尼亚理工大学的简·亚伯拉罕（Jane Abraham）；印第安纳大学的乔伊斯·亚历山大（Joyce Alexander）；当时在肯塔基大学的埃里克·M. 安德曼（Eric M. Anderman）；密歇根州立大学的琳达·M. 安德森（Linda M. Anderson）；纽约州立大学科特兰分校的玛格丽特·D. 安德森（Margaret D. Anderson）；北亚利桑那大学的辛迪·巴兰坦（Cindy Ballantyne）；田纳西理工大学的 J. C. 巴顿（J. C. Barton）；西南密苏里州立大学的蒂莫西·A. 本德（Timothy A. Bender）；堪萨斯州立大学的斯蒂芬·L. 本顿（Stephen L. Benton）；匹兹堡大学的卡伦·L. 布洛克（Karen L. Block）；加州州立大学弗雷斯诺分校的凯瑟琳·J. 比亚辛多（Kathryn J. Biacindo）；东新墨西哥大学的芭芭拉·毕晓普（Barbara Bishop）；宾州加利福尼亚大学的安杰拉·布卢姆奎斯特（Angela Bloomquist）；密歇根大学的菲莉丝·布卢门菲尔德（Phyllis Blumenfeld）；伊利诺伊州立大学的格雷戈里·布拉斯韦尔（Gregory Braswell）；俄克拉何马州中部大学的罗伯特·布拉斯韦尔（Robert Braswell）、温思罗普·考利治（Winthrop College）和凯西·布朗（Kathy Brown）；俄克拉何马州中部大学的兰迪·L. 布朗（Randy L. Brown）；俄克拉何马州立大学的凯·S. 布尔（Kay S. Bull）；乔治亚州立大学的 E. 纳米亚斯·奇伦古（E. Namisi Chilungu）；密苏里大学圣路易斯分校的玛格丽特·W. 科恩（Margaret W. Cohen）；缅因大学的西奥多·科拉达尔奇（Theodore Coladarci）；罗恩州立社区学院的沙龙·科德尔（Sharon

Cordell）；威斯康星大学密尔沃基分校的罗伯塔·科里根（Roberta Corrigan）；托森州立大学的理查德·D. 克雷格（Richard D. Craig）；俄亥俄州立大学的何塞·克鲁兹，Jr.（José Cruz，Jr.）；纽约州立大学奥尔巴尼分校的戴维·云·戴（David Yun Dai）；南佛罗里达大学的达琳·德马利（Darlene DeMarie）；堪萨斯州立大学的佩姬·德特默（Peggy Dettmer）；冈萨加大学的琼·狄克逊（Joan Dixon）；蒙特瓦罗大学的利兰·K. 德布勒（Leland K. Doebler）；南卡罗来纳大学的凯利拉·埃登斯（Kellah Edens）；纽约州立大学布法罗分校的凯瑟琳·埃米尔霍维奇（Catherine Emilhovich）；俄勒冈州立大学的乔安妮·B. 恩格尔（Joanne B. Engel）；鲍林格林州立大学的凯西·法伯（Kathy Farber）；克莱姆森大学的威廉·R. 菲斯克（William R. Fisk）；俄亥俄州迈阿密大学的维多利亚·弗莱明（Victoria Fleming）；西密西根大学的 M. 阿瑟·加尔蒙（M. Arthur Garmon）；泛美大学 - 布朗斯维尔的罗伯塔·J. 加尔扎（Roberta J. Garza）；加州大学河滨分校的马里·高文（Mary Gauvain）；圣约瑟夫学院的西斯特·南希·吉尔克里斯特（Sister Nancy Gilchriest）；纽约州立大学安尼昂塔分校的内森·戈尼亚（Nathan Gonyea）；北卡罗来纳大学格林斯伯勒分校的谢里尔·格林伯格（Cheryl Greenberg）；休斯顿大学的理查德·汉密尔顿（Richard Hamilton）；扬斯敦州立大学的珍妮弗·米斯特雷塔·汉普斯滕（Jennifer Mistretta Hampston）；印第安纳大学的肯·海（Ken Hay）；德克萨斯大学圣安东尼奥分校的阿瑟·埃尔南德斯（Arthur Hernandez）；密苏里大学堪萨斯分校的林利·希克斯（Lynley Hicks）；北卡罗来纳大学格林斯伯勒分校的希瑟·希金斯（Heather Higgins）；布法罗州立学院的弗雷德里克·C. 豪（Frederick C. Howe）；得克萨斯大学圣安东尼奥分校的佩姬·谢（Peggy Hsieh）；北科罗拉多大学的黛娜·杰克逊（Dinah Jackson）；宾州克莱瑞恩大学的珍妮·M. 乔利（Janina M. Jolley）；克利夫兰州立大学的卡罗林·卡兹阿拉（Caroline Kaczala）；

密苏里大学哥伦比亚分校的卡罗安妮·M. 卡达什（CarolAnne M. Kardash）；阿巴拉契亚州立大学的帕梅拉·基德尔 - 阿什利（Pamela Kidder-Ashley）；内布拉斯加林肯大学的肯尼思·基瓦拉（Kenneth Kiewra）；乔治亚大学的南希·F. 纳普（Nancy F. Knapp）；佛罗里达大学的马里·卢·科兰（Mary Lou Koran）；北科罗拉多大学的兰迪·伦农（Randy Lennon）；肯塔基大学的霍华德·劳埃德（Howard Lloyd）；佛罗里达州立大学的苏珊·C. 洛沙（Susan C. Losh）；特洛伊州立大学的帕梅拉·曼纳斯（Pamela Manners）；洛杉矶州立大学的黑尔米尼·H. 马歇尔（Hermine H. Marshall）；北科罗拉多大学的特蕾莎·麦克德维特（Teresa McDevitt）；北卡罗来纳大学夏洛特分校的贝弗利·K. 麦金泰尔（Beverly K. McIntyre）；东北伊利诺伊大学的沙龙·麦克尼利（Sharon McNeely）；科罗拉多大学博尔德分校的迈克尔·梅洛什（Michael Meloth）；密歇根州立大学的凯利·S. 米克斯（Kelly S. Mix）；路易斯安那州立大学的布鲁斯·P. 莫滕森（Bruce P. Mortenson）；俄勒冈州大学的珍妮特·穆森德（Janet Moursund）；宾夕法尼亚州立大学的 P. 卡伦·墨菲（P. Karen Murphy）；加利福尼亚州立大学的加里·A. 内金（Gary A. Negin）；南密西西比大学的乔伊·奥尔米（Joe Olmi）；康科迪亚大学的海伦娜·奥桑娜（Helena Osana）；恩波利亚州立大学的詹姆斯·珀辛格（James Persinger）；西肯塔基大学的朱迪·皮尔斯（Judy Pierce）；罗文大学的约瑟夫·皮齐罗（Joseph Pizzillo）；中央密苏里州立大学的詹姆斯·R. 普伦（James R. Pullen）；怀俄明大学的加里·F. 伦德尔（Gary F. Render）；西伊利诺斯大学的罗伯特·S. 里斯托（Robert S. Ristow）；路易斯安那大学拉斐特分校的杰夫·桑多兹（Jeff Sandoz）；加州州立大学洛杉矶分校的罗兰多·桑托斯（Rolando Santos）；纽约州立大学布法罗分校的托马斯·R. 谢伊拉（Thomas R. Scheira）；内布拉斯加林肯大学的格雷格·施劳（Gregg Schraw）；北卡罗来纳大学格林斯伯勒分校的戴尔·H. 申克（Dale H. Schunk）；得克萨斯

大学的马克·森（Mark Seng）；加州大学戴维斯分校的约翰娜·夏皮罗（Johnna Shapiro）；坦普尔大学格伦·E.斯奈尔贝克（Glenn E. Snelbecker）；南美以美大学的肯尼思·斯普林格（Kenneth Springer）；博伊斯州立大学的哈里·L.斯蒂格（Harry L. Steger）；霍夫斯特拉大学的布鲁斯·托尔夫（Bruce Torff）；堪萨斯大学的安·特恩布尔（Ann Turnbull）；圣母大学的朱莉安娜·C.特纳（Julianne C. Turner）；哈特兰社区学院的蒂娜·范·普罗耶恩（Tina Van Prooyen）；新墨西州州立大学的埃内迪纳·瓦茨奎兹（Enedina Vazquez）；明尼苏达商学院的考特尼·沃勒尔（Courtney Vorell）；纽约州立大学科特兰分校的爱丽丝·A.沃克（Alice A. Walker）；罗德岛学院的马里·韦尔曼（Mary Wellman）；鲍林格林州立大学的简·A.沃尔弗利（Jane A. Wolfle）；内布拉斯加林肯大学的杨舒娅（Ya-Shu Yang）；拉马尔大学的朱莉亚·尤（Julia Yoo）；还有乔治亚州立大学的卡伦·扎布罗基（Karen Zabrucky）。

北卡罗来纳大学夏洛特分校的卡伦·克罗斯（Karen Cross）和俄亥俄州立大学的埃琳·麦克卢尔（Erin McClure）也加入了第10版的审阅，并提供了有益的建议，我们根据他们的建议修改了本书。我们自己的一些学生和实习教师——特别是珍妮·布雷斯勒（Jenny Bressler）、凯瑟琳·布罗德黑德（Kathryn Broadhead）、瑞安·弗朗克尔（Ryan Francoeur）、格里·霍利（Gerry Holly）、米歇尔·米尼契耶罗（Michel Minichiello）、谢利·兰姆（Shelly Lamb）、金·桑德曼（Kim Sandman）、梅莉萨·蒂尔曼（Melissa Tillman）、尼克·瓦伦特（Nick Valente）和布赖恩·佐托利（Brian Zottoli）——曾一度同意让我们使用他们的采访、文章和经验作为例子。国内和国外学校的教师和管理人员（包括珍妮的两个孩子，他们现在也是教师）允许我们与读者分享他们的策略；此外，感谢利兹·伯纳姆（Liz Birnam）、伯宁·布拉特（Berneen Bratt）、汤姆·卡罗尔（Tom Carroll）、芭芭拉·迪伊（Barbara Dee）、杰基·菲利恩（Jackie Filion）、蒂

纳·奥姆罗德·福克斯（Tina Ormrod Fox）、萨拉·加尼翁（Sarah Gagnon）、黛娜·杰克逊（Dinah Jackson）、希拉·约翰逊（Sheila Johnson）、唐·拉弗蒂（Don Lafferty）、加里·麦克唐纳（Gary MacDonald）、沙龙·麦克马纳斯（Sharon McManus）、琳达·门格斯（Linda Mengers）、马克·尼科尔斯（Mark Nichols）、杰夫·奥姆罗德（Jeff Ormrod）、安·莱利（Ann Reilly）和格温·罗斯（Gwen Ross）。特别感谢安德曼夫妇的三位现任和前任研究生，包括梅甘·桑德斯（Megan Sanders）、阿莉萨·埃默里（Alyssa Emery）和伊丽莎白·克拉茨（Elizabeth Kraatz），以及他们的研究生助教，这些研究生助教在编写内容的过程中协助安德曼夫妇完成了行政工作。也十分感谢奈玛·汉达克（Naima Khandaker）、伊丽莎白·克拉茨和克里斯蒂·亨卡林（Kristin Henkaline），他们在对自己的学生使用本书时提供了宝贵的反馈。

感谢许多年轻人让我们使用他们的作品。特别是，感谢以下现在的和以前的中小学学生的贡献。他们是：安德鲁·贝尔彻（Andrew Belcher）、凯蒂·贝尔彻（Katie Belcher）、诺亚·戴维斯（Noah Davis）、谢伊·戴维斯（Shea Davis）、扎卡里·德尔（Zachary Derr）、艾玛尔什·加斯（Amaryth Gass）、安德鲁·加斯（Andrew Gass）、安东尼·加斯（Anthony Gass）、本·赫劳德（Ben Geraud）、达西·赫劳德（Darcy Geraud）、达纳·戈林（Dana Gogolin）、科林·赫奇斯（Colin Hedges）、埃琳·伊斯洛（Erin Islo）、夏洛特·杰普森（Charlotte Jeppsen）、劳拉·林顿（Laura Linton）、迈克尔·麦克沙恩（Michael McShane）、弗雷德里克·迈斯纳（Frederik Meissner）、亚历克斯·奥默罗德（Alex Ormrod）、杰夫·奥默罗德（Jeff Ormrod）、蒂纳·奥默罗德（Tina Ormrod）、帕特里克·帕多克（Patrick Paddock）、伊莎贝尔·彼得斯（Isabelle Peters）、库珀·雷米尼安蒂（Cooper Remignanti）、伊恩·罗兹（Ian Rhoads）、戴维·里尔登（David Riordan）、劳拉·里尔登（Laura Riordan）、科里·罗斯（Corey Ross）、特里

沙·罗斯（Trisha Ross）、阿什顿·拉索（Ashton Russo）、黑利·拉索（Haley Russo）、亚历克斯·希恩（Alex Sheehan）、康纳·希恩（Connor Sheehan），马特·舒普（Matt Shump）、梅琳达·舒普（Melinda Shump）、安德鲁·特普利茨（Andrew Teplitz）、埃玛·汤普森（Emma Thompson）、格雷丝·托伯（Grace Tober）、格兰特·瓦伦丁（Grant Valentine）、卡罗琳·威尔逊（Caroline Wilson）、汗纳·威尔逊（Hannah Wilson），以及杰夫·魏尔曼（Geoff Wuehrmann）。

最后，必须感谢我们的家人，他们原谅了我们将无数的时间花在书本和日记上，以及一直坐在计算机跟前。如果没有他们持续的理解和支持，第10版将永远不可能面世。

accommodation 顺应 通过改变已有图式或建立新的图式对新的事物或事件做出反应或思考的过程。

acculturation 文化适应 逐渐接受一种新文化的价值观和习俗的过程。

action research 行动研究 教师和其他学校人员针对学校和课堂中存在的问题所进行的研究。

activation 激活 记忆中的信息得到积极注意和心理加工的程度。

actual developmental level 实际发展水平 学生能够成功地独立完成学习任务的上限。

adaptive testing 自适应测验 以计算机为辅助的评估测验，学生早期的项目表现决定了接下来所呈现的项目。

advance organizer 先行组织者 为课程提供整体组织架构的介绍。

affect 情感 学习者在完成一项任务时的感觉、情绪和心境。

African American English 非裔美式英语 某些非裔美国社区的方言，与标准英语的发音、习语和语法结构有所不同。

age-equivalent score 年龄当量分数 将特定学生的成绩与某一特定年龄阶段学生的平均成绩相匹配所得的测验分数。

aggression 攻击 故意伤害他人身体或心理的行为。

algorithm 算法式 保证正确的解决问题所规定的步骤序列。

analytic scoring 分析评分法 对学生在评估中的各个方面分别进行打分。

antecedent response 先行反应 影响另一种反应随后出现的可能性的反应。

antecedent stimulus 先行刺激 影响特定反应随后出现的可能性的刺激。

anxiety 焦虑 对情境中不确定的结果的不安感和忧虑感。

applied behavior analysis（ABA） 应用行为分析 行为主义原则在教育和治疗中的系统应用。

apprenticeship 学徒制 初学者与专家一起工作一段时间，学习如何在特定领域内完成日益复杂的任务。

appropriation 挪用 文化中的认知工具为自己所用的内化和适应的过程。

argument analysis 论据分析 对支持或不支持某一特定结论的理由（论点）进行仔细审查和评价；是批判性思维的一种形式。

assessment 评估 观察学生的行为样本并推断其知识和能力的过程。

assessment bias 评估偏差 一个与测量特征无关的评估工具或程序中的因素，持续且有差异地对学生的表现产生影响；降低评估结果的有效性。

assimilation 同化 以与现有图式一致的方式对一个物体或事件做出反应或思考的过程。

assistive technology 辅助技术 可以提高残障学生的某些能力或在某领域内的表现的电子或非电子设备。

astrocyte 星形细胞 星形脑细胞可能参与学习和记忆；利用化学介质与其他星形细胞和神经元建立联系。

attachment 依恋 儿童与看护者之间形成的一种强烈的感情联系。

attention 注意 将心理资源集中于特定的刺激加工。

attention-deficit hyperactivity disorder（ADHD） 注意缺陷/多动障碍 以注意力不集中、多动、冲动性行为或以上特点的某种综合为标志的障碍。

attribution 归因 由个体自我建构的对特定事件（如自己或他人的成功或失败）的原因的解释。

authentic activity 真实性活动 与学生在外部世界可能遇到的活动相类似的课堂活动。

authentic assessment 真实性评估 在与外部世界相似的情境中对学生的知识和技能水平进行评估。

authoritarian parenting 专制型教养 一种家庭教养模式，其特点是：设置严格的规则并希望孩子无条件遵循自己的期望。

authoritative parenting 权威型教养 一种家庭教养模式，其特点是：情感上的温暖、行为上的高标准、对规则的解释和实施的一致性，以及让孩子参与决策。

autism spectrum disorder 自闭症谱系障碍 一种以社会认知、社会技能和社会互动受损为特征的障碍，可能由大脑异常所致；极端形式通常与严重的认知和语言发育迟滞，以及高度不寻常的行为有关。

automaticity　自动化　对任务进行心理加工或身体操作时迅速而有效地进行反应的能力。

backward design　逆向设计　教学设计的一种方法，在这种方法中，教师首先确定期望的最终结果（即学生应该获得什么样的知识和技能），然后确定恰当的评估，最后确定恰当的教学策略。

baseline　基线　行为反应在被系统强化之前出现的频率。

basic interpersonal communication skill（BICS）　基本的人际沟通技能　英语熟练程度足以与说英语的人进行日常对话，但不足以在全英语课程中获得学业成就。

behavioral momentum　行为动量　学习者在做出相似反应后立即做出某个特定反应的趋势增加。

behaviorism　行为主义　从刺激 - 反应关系的角度来描述与解释学习和行为的理论观点。

belonging　归属　个体感知自己是一个群体中重要且有价值的成员。

belongingness　归属感　个体对自己是班级或学校中重要的、有价值的成员的一般意识。

between-group difference　群体间差异　一个群体的成员与另一个群体的成员普遍存在的具体差异。

bilingual education　双语教育　一种第二语言教学方式，用学生的母语进行学科教学，同时教他们用第二语言说话和写作。

bioecological systems theory　生态系统理论　该理论认为，儿童的日常环境与更广泛的社会和文化背景相互作用，共同对儿童的发展产生影响。

Bloom's taxonomy　布鲁姆分类法　根据复杂程度的不同，布鲁姆将认知过程分为六个水平。课程设计中应考虑这些分类以促进学习。

boredom　无聊　由于缺乏刺激和唤醒而导致的不愉快的情感状态。

bully　欺凌者　经常威胁、骚扰或伤害特定同龄人的人。

central executive　中央执行系统　人类记忆的组成部分，监督整个记忆系统的信息流。

challenge　挑战　学习者相信通过充分的努力有可能取得成功的情境。

checklist　核查表　在评估任务中表现良好应具备的特征列表。

child maltreatment　儿童虐待　持续地忽视或虐待儿童，危及儿童的身心健康。

class inclusion　类包含　认识到一个物体同时属于一个特定范畴及其子范畴。

classical conditioning　经典条件反射　一种学习方式，在两种刺激同时呈现的作用下出现的一种新的、不自觉的反应。

classroom climate　课堂氛围　课堂的整体心理氛围。

classroom management　课堂管理　营造和维护有利于学生的学习和成就的课堂环境。

clinical method　临床方法　指成年人提出一项任务或一个问题，然后问儿童一系列问题，并根据儿童先前的回答来调整后面的问题的过程。

clique　小团体　3 ~ 10 人组成的较稳定的朋友团体。

co-regulated learning　共同调节学习　成年人和儿童共同承担指导儿童学习的各方面责任的过程；或者一个或多个学习者共同支持和监督彼此学习进展的协作过程。

code-switching　语码转换　有意地从一种语言切换到另一种语言。

cognitive academic language proficiency（CALP）　认知学术语言能力　掌握足以让英语学习者在只使用英语的课程中取得学业成功的英语词汇和句法。

cognitive apprenticeship　认知学徒制　专家和新手一起完成具有挑战性的任务，并且专家就如何思考该任务提供指导。

cognitive behavioral therapy　认知行为疗法　有计划、系统地将行为主义技巧和基于认知的策略（如示范、自我调节技巧）结合起来，以此引发期望行为的一种治疗方法。

cognitive development　认知发展　随着年龄的增长，思维、推理和语言日趋成熟的过程。

cognitive dissonance　认知失调　由于新信息与现有的知识或信念相冲突而产生的心理不适感。

cognitive load　认知负荷　某一特定学习活动对工作记忆造成的认知负担；既包括学习者必须同时思考的信息量，也包括学习者为了理解所学内容而必须投入的特定认知过程。

cognitive modeling　认知示范　对如何思考并完成一项任务进行演示。

cognitive neuroscience　认知神经科学　研究不同的大脑结构和功能与人类学习和行为的关系；也被称为神经心理学。

cognitive process　认知过程　对某一事件或信息的特定思维方式和心理反应方式。

cognitive psychology　认知心理学　关注学习和行为背后的心理过程的一般理论观点；包括信息加工理论、个人建构主义和相关观点。

cognitive style　认知风格　学习者思考任务和加工新信息的特有方式；通常是一个自动化而非有意选择的过程。

cognitive tool　认知工具　帮助人们更有效地对情境进行思考和应对的概念、符号、策略、程序或其他一些文化建构的机制。

collective self-efficacy　集体自我效能感　当人们共同完成一项任务时，对他们自己是否具有取得成功的能力的一种信念。

community of learners　学习者共同体　教师和学生积极合作、共同努力创造知识并帮助彼此进行学习的课堂。

community of practice　实践共同体　拥有共同兴趣和目标，并经常互动、共同努力追求这些兴趣和目标的一群人。

complex cognitive process　复杂认知过程　涉及超出特定的所学信息的认知过程；例如，分析、应用或评价信息。

comprehension monitoring　理解监控　自我检查以确定对新获得信息的理解和记忆的过程。

computer-based instruction（CBI）　计算机化教学　通过专门设计的计算机软件和 / 或互联网网站提供的学业指导。

concept　概念　有许多共性的物体和事件的心理集合。

concept map　概念图　概念及其相互关系的图示，能促进对某一主题的学习和记忆。

conceptual change　概念转变　为更好地理解和解释新的、不一致的信息而对现有的关于一个主题的信念所做的重大修正。

conceptual understanding　概念性理解　关于一个主题的有意义学习和整合良好的知识，包括具体概念和观点之间的许多逻辑联系。

concrete operations stage 具体运算阶段 皮亚杰提出的认知发展的第三个阶段。在此阶段出现了类似成年人的逻辑思维，但主要局限于具体的物体和事件。

conditional knowledge 条件性知识 关于在不同情况下做出身体或心理反应的恰当方式的知识。

conditioned response（CR） 条件反应 通过经典条件反射，由一个特定的（条件）刺激引发的反应。

conditioned stimulus（CS） 条件刺激 通过经典条件反射，与另一个非条件刺激共同引发特定反应的刺激。

conditioning 条件作用 行为主义者常用于指"学习"的术语；通常涉及导致特定反应的特定环境事件。

confidence interval 置信区间 评估分数的范围，反映了可能影响学生在特定情境下的表现的误差的大小（反映了评估工具在信度上可能存在局限）。

confirmation bias 证实偏见 寻求能证实而不是证伪当前信念的信息的一种倾向。

conservation 守恒 认识到如果物体既无增加也无减少，即使在形状和排列上有所变化，物体的量仍保持不变。

consolidation 巩固 新获得的知识在大脑中得到加强的神经过程，通常需要几个小时，有时甚至需要更长时间。

construct validity 结构效度 一种评估工具准确测量无法观察到的教育特征或心理特征的程度。

constructed-response task 建构反应任务 需要长时间反应的回忆评估任务，通常还需要详细阐述、分析、综合和／或应用所学的信息。

construction 建构 学习者将许多分散的信息整合在一起，形成一个整体的理解或解释的心理过程。

constructivism 建构主义 一种假定学习者从其经验中主动建构而非被动吸收知识的理论观点。

content-area standard 内容领域标准 关于学生应该获得的知识和技能，以及他们的成就应该反映某一特定学科特点的一般性陈述。

content validity 内容效度 一个评估包括被评估内容领域内任务的代表性样本的程度。

contextual theory 情境理论 一种关于人们的身体、社会和／或文化环境如何支持他们的学习、发展和行为的理论观点。

contiguity 接近性 两个或多个事件（例如，两个刺激或一个刺激和一个反应）大约同一时间发生。

contingency 偶联 一个事件仅在另一个事件发生后才发生的情况，即一个事件的发生要依另一个事件的发生而定。

contingency contract 偶联契约 教师与学生之间形成的一种正式的协议，用以明确学生要表现的行为和随之而来的强化物。

continuous reinforcement 连续强化 对每次发生的反应进行强化。

control group 控制组 一项研究中不施予任何处理或只施予对因变量不会产生效应的处理（如安慰剂）的组别。

controversial student 有争议的学生 一些同龄人非常喜欢，而另一些同龄人非常不喜欢的学生。

conventional morality 习俗道德 对有关对与错的行为的社会习俗不加批判地接受。

conventional transgression 习俗违背 违反一种文化对社会恰当行为的普遍期望的行为。

convergent thinking 聚合思维 综合各部分信息得出结论或解决问题的过程。

cooperative learning 合作学习 学生与一小群同龄人合作，在学习上互相帮助，以达成共同目标的教学方式。

coping model 应对榜样 一开始在任务上遇到困难，但成功克服障碍的榜样。

correlation 相关性 两个变量相关联的程度，即当一个变量增加时，另一个变量在一定程度上会可预测地增加或减少。

correlation coefficient 相关系数 表示两个变量间相关联的强度和方向的统计量。

correlational study 相关研究 一种探究两个或多个变量间相互关系的研究。

cortex 皮层 大脑最表层的部分，是复杂的、有意识思维活动的主要区域。

covert strategy 内隐策略 严格意义上的心理（而非行为）学习策略，因此不能被他人直接观察到。

creativity 创造力 能产生有效且文化适切的新的、原创的行为。

criterion-referenced assessment 标准参照评估 通过对照预先设立的标准来确定学生知道什么、能做什么的一种评估手段。

criterion-referenced score 标准参照分数 具体显示学生知道什么、能做什么的测验分数。

critical thinking 批判性思维 评估信息及推理思路的准确性、可信度和价值的过程。

crowd 集群 拥有共同兴趣和态度的大型的、联结松散的社会群体。

crystallized intelligence 晶体智力 因以前的经验、教育和文化而积累起来的知识与技能。

cueing 暗示 使用言语或非言语信号来表示对某种行为的赞许或某种行为应该停止。

cultural bias 文化偏见 由于学生的种族、性别和社会经济地位，评估任务冒犯某些学生或将之置于不利地位的程度。

cultural mismatch 文化失调 家庭文化和学校文化对儿童行为的期望相互冲突的情境。

culturally responsive teaching 文化回应式教学 使用建立在学生现有的知识和技能上的教学策略，并适应他们习惯的行为和学习方式。

culture 文化 一个长期存在的社会群体的成员共享并代代相传的行为和信仰体系。

culture of transfer 迁移的文化 将学科内容应用到新情境、跨学科情境和现实问题作为期望和规范的学习环境。

culture shock 文化冲击 当学生所遇到的文化对其行为的期待与其之前所习得的文化不同时所出现的困惑感。

curriculum-based measurement（CBM） 基于课程的测量 使用高频率的评估来跟踪学生在掌握基本技能方面的进展；评估时间通常很短（如 1～4 分钟），每次关注一项特定的技能。

cyberbullying 网络欺凌 通过无线技术、社交媒体或互联网进行心理攻击。

debilitating anxiety 妨碍型焦虑 强度足以对成绩或表现产生影响的焦虑。

decay　衰退　存储在长时记忆中的信息由于时间过久，特别是当这些信息不常使用或根本没有得到使用时逐渐衰减的现象。

declarative knowledge　陈述性知识　关于事物现在、过去、将来或可能的本质的知识。

delay of gratification　延迟满足　一种为了在以后获得更大的强化物而放弃小的、即时的强化物的能力。

descriptive study　描述性研究　研究者可以获得有关事物当前状态的信息，但不能做出相关或因果关系推论的一种研究。

developmental milestone　发展里程碑　标志儿童发展的重大进步的一种新的、更为高级的行为的出现。

dialect　方言　具有特定的发音、习语和语法结构，并具有特定地区或民族的特点的一种语言形式。

differentiated instruction　差异化教学　实践个性化的教学方法（可能还包括个性化的具体内容和教学目标），以适应每个学生现有的知识、技能和需求。

direct instruction　直接教学　使用各种技术（如解释、提问、指导和独立实践）来促进基本知识和技能的学习的结构化教学方法。

discovery learning　发现学习　学生直接与环境互动来建构自己关于某个学习主题的知识的教学方式。

discrimination　分化　学生了解到，当一个刺激而非另一个相似的刺激出现时，一个反应才会得到强化的现象。

disequilibrium　不平衡　无法用已有的图式解决新问题的状态，该状态常常伴有某种心理不适感。

disposition　倾向　以一种特定的方式处理和思考学习并解决问题的一般倾向；除了认知成分外，通常还有动机成分。

distal goal　远期目标　学生希望在较长一段时间内达成的长期目标。

distributed cognition（distributed intelligence）　分布式认知（分布式智力）　通过使用实物和技术、个体文化中的概念和符号，以及 / 或者社会协作和支持来增强思维。

distributed knowledge　分布式知识　将专业知识分布在社会群体的不同成员身上，群体成员必须相互依赖以最大化个人和集体的成功。

divergent thinking　发散思维　从各种角度或方向思考同一个问题的过程。

dynamic assessment　动态评估　对学生获得新知识或新技能的难易程度和方式进行的系统考察；通常是在有指导或脚手架的情境下进行。

dyslexia　阅读障碍　尽管接受了正常的阅读指导，但不能在发展的常规时间段内掌握基本的阅读技能，通常有生物学根源。

e-learning　数字化学习　主要或全部在数字技术情境下完成的教学和学习。

educational psychology　教育心理学　系统地研究学习的本质、儿童的发展、动机和相关主题，并将其研究结果应用于识别和发展有效的教学实践的一门学科。

effortful control　努力控制　为了有效地思考和行动而抑制即时冲动的一般能力，是气质的独特方面，并在大脑中存在生物学基础。

elaboration　精细加工　学习者在已有知识和信念的基础上扩展新信息的认知过程。

electronic portfolio（e-folio）　电子档案袋　经过汇编，并可在 CD、DVD、闪存驱动器、基于互联网的存储服务或其他电子存储设备上进行查阅的档案袋。

emergent literacy　早期读写能力　为读写打下基础的知识和技能，通常由早期的书面语言经验发展而来。

emotion regulation　情绪调节　有意识地控制或改变可能导致不利行为的感受的过程。

emotional and behavioral disorder　情绪和行为障碍　持续而显著地干扰学生的学习和表现的情绪状态和行为。

empathy　共情　当他人处于不利情境时，能体验到与其相同的感受。

encoding　编码　为了更容易思考或记住新信息而在心理上改变其格式。

English language learner（ELL）　英语学习者　在进入说英语的学校前，由于接触英语有限而不能流利地说英语的学龄儿童。

epistemic belief　认识信念　关于知识本质或知识获取的信念。

equilibration　平衡化　从平衡到不平衡，再回到平衡的活动，是一个促进更复杂的思维和理解的过程。

equilibrium　平衡　能用现有的图式处理新事物的一种状态。

ethnic group　民族群体　有着共同的历史根源、价值观、信仰和行为，并且有相互依赖感的人。

ethnic identity　族群认同　个体对自己在特定民族或文化群体中的成员身份的意识，以及采用该群体所特有的行为方式的意愿。

Every Student Succeeds Act（ESSA）《让每个学生都成功法案》　2015 年通过的法案，取代《不让一个孩子掉队法案》，要求使用有效的教学实践，为学生的未来做好准备，还要求学校进行全州范围内的评估和改进。

evidence-based practice　循证实践　研究一致显示为学生的发展和 / 或学业成就带来显著收益的教学方法或其他课堂策略。

executive function　执行功能　人类用来控制自己所注意、思考和学习的事物的一般心理过程，发生在工作记忆中。

expectancy　期望　在当前能力水平及可能有利于或不利于表现的外部环境的条件下，对某项活动成功的可能性所持的信念。

experimental study（experiment）　实验研究（实验）　操纵一个变量以确定其对另一个变量的可能影响，并控制可能对结果产生潜在影响的其他变量的研究；允许关于因果关系的推论。

explicit knowledge　外显知识　能够被人清楚地意识到并用言语表述出来的知识。

expository instruction　讲解式教学　信息的呈现方式与所期望的学生学习的过程相契合的一种教学。

externalizing behavior　外化行为　对他人有直接影响的情绪或行为障碍的症状（如攻击、缺乏自控）。

extinction　消退　已习得反应的逐渐消失。在经典条件反射中，消退是由于反复单独呈现条件刺激，而不呈现无条件刺激；在工具性条件反射中，消退是由于屡次缺少强化。

extrinsic motivation　外部动机　由个体外部的与所执行任务无关的因素引起的动机。

extrinsic reinforcer　外部强化物　来自外部环境而非学习者内部的强化物。

facilitating anxiety　促进型焦虑　能促进表现的焦虑，通常是相对较低水平的焦虑。

Family Educational Rights and Privacy Act（FERPA）《家庭教育权利和隐私法案》 美国于 1974 年通过的一项法案，允许学生和家长查阅学校记录，而限制其他人查阅这些记录。

fixed mindset 固定型思维 认为一个人在某些领域根本没有学习能力的信念。

flow 心流 一种强烈的内部动机表现形式，指在进行具有挑战性的工作时，完全投入和集中注意力的一种状态。

fluid intelligence 流体智力 快速获取知识并将其有效迁移到新情境中的能力。

formal assessment 正式评估 有计划地、系统地确定学生所掌握的知识与技能的评估。

formal discipline 形式训练说 一种迁移的观点，主张对困难科目的学习会增强学习者学习其他不相关事物的能力。

formal operational egocentrism 形式运算的自我中心主义 在皮亚杰的形式运算阶段，青少年无法将自己的抽象逻辑从他人的观点和实际的考虑中区分出来。

formal operations stage 形式运算阶段 皮亚杰提出的认知发展过程的第四个也是最后一个阶段。在这一阶段中，逻辑推理过程既用于具体的事物，也用于抽象的观念。

formative assessment 形成性评估 在教学前或教学过程中进行评估，以协助制订教学计划和促进学生的学习。

functional analysis 功能分析 考查学生的不良行为及其前因和后果，从而判断该行为对学习者所起的作用。

g g 因素 智力中存在的一种普遍因素，影响个体在广泛领域的学习与表现的能力。

gang 帮派 以入会仪式、独特的颜色和象征符号、领域范围和与敌对群体的争斗为特征的有凝聚力的社会群体。

gender schema 性别图式 自我构建与组织起来的有关男性或女性的特点和行为的整体信念。

general transfer 一般迁移 一种迁移形式，表现为原来学习的任务和迁移的任务在内容上不同。

generalization 泛化 当个体学会对某种特殊刺激做出反应之后，对类似的刺激也做出相同反应的现象。在经典条件反射中，它表现为个体对一个与条件刺激相似的刺激做出条件反应，而在工具性条件反射中，它表现为个体对一个与之前的反应 - 强化偶联相关联的刺激相似的刺激做出自动反应。

giftedness 天才 在某个或某些领域具有超常的能力或天赋，需要特殊教育的帮助才能发挥全部潜能的学生。

glial cell 神经胶质细胞 大脑中支持神经元或一般大脑功能的细胞。

goodness of fit 拟合优度 课堂条件和期望与学生的气质和人格特征相适应的情境。

grade-equivalent score 年级当量分数 将某个特定学生的表现与某一年级学生的平均表现相比较得出的测验分数。

group contingency 群体偶联 在强化出现之前，群体中的每一个体都必须做出某个特殊反应的情境。

group difference 群体差异 在不同群体的学生（如不同性别或不同民族背景的学生）中持续观察到的差异（平均而言）。

growth mindset 成长型思维 认为一个人有能力学习，即使是复杂的主题，只要多练习和努力就能取得成就的信念。

guided participation 指导性参与 儿童通过与成年人或更有经验的同伴密切合作来完成复杂而有意义的任务，从而获得新技能的过程。

guilt 内疚 因给他人造成痛苦或悲伤的感受而体验到的一种不适感。

halo effect 晕轮效应 人们更有可能在他们喜欢或钦佩的人身上看到积极行为的现象。

hearing loss 听力损失 耳朵或相应神经的功能障碍，干扰了对正常人类语言频率范围内的声音的知觉。

heuristic 启发式 可以促进问题解决但不一定总能产生问题的答案的一般策略。

high-stakes testing 高风险测验 仅根据学生在单一评估中的表现就做出有关学生、学校人员或整体学校质量的重大决策。

higher-level question 高水平问题 要求学生以新的方式运用之前学到的信息解决的问题，也就是要进行一个或多个复杂认知加工的问题。

holistic scoring 整体评分法 采用一个分数概括学生在一项评估中的表现。

horns effect 尖角效应 对于自己不喜欢或不尊敬的人，人们更倾向于看到其消极行为的现象。

hostile attributional bias 敌意归因偏差 将他人的行为解释为出于敌意或攻击意图的倾向。

hot cognition 热认知 受情绪影响的学习或认知加工。

hypermedia 超媒体 基于计算机和电子链接的多媒体材料（如文字、图片、声音、动画）的集合，学生可以按照自己选择的顺序进行学习。

I-message "我"信息 以冷静而非指责的方式传达学生的不良行为的不良影响的信息，包括自己对行为的反应，它的目的是传达信息，而不是指责。

identity 同一性 个体关于自己是谁及什么是生活中重要的问题的自我建构的定义。

ill-defined problem 定义不明确的问题 目标不明确、解决问题所需的信息缺失，以及 / 或可能存在多个解决方案的问题。

illusion of knowing "知道"的错觉 以为自己知道一些自己实际上不知道的事情。

imaginary audience 假想观众 认为自己在任何社会情境中都是关注的中心的信念。

immersion 沉浸 一种外语教学方式，规定学生在课堂上只听和说该种语言。

implicit knowledge 内隐知识 个体不能有意识地回忆或解释，但会影响其思想和行为的一种知识。

in-school suspension 校内停课 一种不良行为的后果，通常让学生待在教学楼的安静、单调的教室里，在成年人的严密监督下完成学校的作业。

incentive 诱因 对行为的未来结果的期望，但不能保证行为发生。

inclusion 全纳 在社区学校和普通课堂中教育所有学生，包括多重严重障碍的学生。

incompatible behavior 不相容行为 不能同时执行的两个或多个行为。

individual constructivism 个人建构主义 关注学习者如何从他

们的经验中构建自己的独特意义的一种理论观点。

individual difference 个体差异 处于某个特殊年龄、性别和文化群体中的学生在能力和特征（智力、人格等）方面的差异。

individualized education program（IEP） 个性化教育计划 一种适合有特殊需要的学生的教学方案。

Individuals with Disabilities Education Act（IDEA）《残障人教育法案》 属于美国联邦立法，规定有认知、情绪或身体障碍的人享有从出生到21岁的受教育权利。

induction 引导 对于某些行为为什么不被接受的解释，通常关注个体给他人造成的痛苦和悲伤。

informal assessment 非正式评估 由教师自发的、通过每天观察学生在课堂上的表现而产生的评估。

information literacy 信息素养 帮助学习者发现、使用、评估、组织和呈现特定主题信息的知识和技能。

information-processing theory 信息加工理论 关注学习者思考或加工新信息和新事件的具体方式的理论。

inner speech 内部言语 在心中不出声地对自己"说"，从而在思维上进行自我引导的过程。

inquiry learning 探究学习 一种教学方法，在这种教学方法中，学生应用复杂的推理技能来检验和解释新的现象和数据资源。

instructional goal 教学目标 期望实现的长期教学结果。

instructional objective 教学目的 期望实现的一次课程或一个学习单元的教学结果。

instrumental conditioning 工具性条件反射 一种学习过程，在这种学习过程中，一种反应由于受到强化而增加或由于受到惩罚而减少。

intellectual disability 智力障碍 以明显低于平均水平的智力和适应行为缺陷这两种在婴儿期或儿童期首次出现的症状为特征的障碍。

intelligence 智力 灵活运用已有的知识和经验完成具有挑战性的新任务的能力。

intelligence test 智力测验 对当前认知功能的一般测量，通常用来预测短期内的学业成就。

intelligent tutoring system 智能导学系统 提供与特定主题和技能相关的个性化指导和实践，并辅以持续的指导和反馈的计算机软件程序。

interdisciplinary instruction 跨学科教学 将两个或多个不同学科领域（如科学和写作，或数学和社会研究）的概念和思想融合在一节课中，或者更普遍性地贯穿整个课程。

interest 兴趣 认为某一活动有趣且吸引人的知觉，常常伴有认知投入和积极的情感。

interference 干扰 存储在长时记忆中的信息阻碍了个体正确记忆其他事物的能力的现象。

interleaved practice 交错练习 教师在单一学习活动中混合几种不同类型的问题，从而要求学生有意识地思考适用于每种问题的有效问题解决策略的教学手段；可以最大限度地减少活动期间无效思维的影响。

intermittent reinforcement 间歇强化 对于反应的强化是随机的，有一些反应出现了却没有得到强化。

internal consistency reliability 内部一致性信度 一种评估工具的不同部分都评估同一特征的程度。

internal organization 内部组织 学习者将需要学习的各种信息联系起来的认知过程（如形成类别、识别等级、确定因果关系）。

internalization 内化 学习者逐渐将社会活动整合到其内在认知过程的过程。

internalized motivation 内化动机 采纳他人推崇的行为和价值观并将其视作自己的。

internalizing behavior 内化行为 情绪或行为障碍的症状，主要影响学生本人而对他人影响很小或没有直接影响（如抑郁、社交退缩）。

intersectionality 交叉性 对学生身份的复杂性和多样性的考虑。

intrinsic motivation 内部动机 由个体内部特征或正在执行的任务所固有的特点激发的动机。

intrinsic reinforcer 内部强化物 由学习者提供的强化物，或者正在执行的任务所固有的强化物。

IQ score 智商分数 智力测验得分，通过将某学生在该测验上的表现与同年龄组其他人的表现相比较而获得，在多数测验中，是一个平均值为100，标准差为15的标准分数。

IRE cycle IRE循环 一种成年人-儿童互动模式，以成年人发起（通常是提出一个问题）、儿童做出反应、成年人评价的循环过程为标志。

item analysis 项目分析 关于学生对评估中各个项目的反应模式的事后分析。

item difficulty（p） 项目难度 在某一特定评估项目上回答正确的学生的百分比。

item discrimination（D） 项目区分度 反映得高分的学生和得低分的学生答对某一特定评估项目的相对比例的指标。

jigsaw technique 拼图技术 将教学材料分配给合作小组成员，不同的学生负责学习不同内容并将其教给其他成员的一种教学技术。

keyword method 关键词法 学习者通过形成一个或多个具体物体（关键词）的视觉表象，在心理上将两个观念联系起来的一种记忆技巧，这些物体要么听起来与这些观念相似，要么象征性地代表了这些观念。

knowledge base 知识库 一个人关于某些主题的具体知识和关于世界的一般知识的集合。

knowledge building 知识建构 在这个过程中，学生共同努力构建对某一特定主题的深度理解。学生贡献自己的想法、批判彼此的想法，又以彼此的想法为基础进行建构，创造与主题相关的有形产品，并提供各种理论、问题解决的策略和其他认知工具，以此增强彼此对主题的思考。

knowledge telling 知识讲述 按照脑海中出现的顺序把想法写下来，而不考虑如何有效地传达这些想法。

knowledge transforming 知识转换 以一种有意帮助读者理解的方式写一些观点。

learned helplessness 习得性无助 一个人不能完成任务、不能或几乎不能控制环境的一种全面的、弥散性的信念。

learner-directed instruction 学习者主导的教学 学生对他们学习的内容和方式有相当多控制的一种教学方法。

learning 学习 由经验引起的在心理表征或心理联系上的长期变化。

learning disability　学习障碍　在一种或几种特定认知过程而非整个认知功能上存在缺陷。

learning strategy　学习策略　为了某种特定的学习任务而有意采用的一种或多种认知过程。

least restrictive environment　最少限制的环境　一种能适度满足残障学生需要的最典型的、标准的教育环境。

legitimate peripheral participation　合法的边缘性参与　通过在外围参与实践共同体，获取与该团体的典型做事方式相关的知识和技能。

lesson plan　教学计划（或教案）　教师预先构建的课程指导手册，以确定其教学目标、所需的教学材料、教学策略，以及一种或多种评估方法。

level of potential development　潜在发展水平　在更有能力的个体的帮助下，学习者能够成功地完成学习任务的最高程度。

literacy　读写能力　一般是指对与某一特定知识领域（如书面语言、数学或音乐）相关的各种概念和符号的熟练程度。

long-term memory　长时记忆　存储知识、技能的时间相对较长的一种记忆成分。

lower-level question　低水平问题　要求学生用与当初学习时基本相同的方式提取和叙述所学知识的问题。

maintenance rehearsal　保持性复述　对少量的信息进行快速重复以将其保持在工作记忆中。

mastery-approach goal　掌握－接近目标　获得新知识和掌握新技能的愿望。

mastery-avoidance goal　掌握－回避目标　回避难以理解的学习内容的愿望。

mastery goal　掌握目标　理解并掌握自己正在学习的东西的愿望。

mastery learning　掌握学习　学生在进入下一个主题之前必须完全掌握当前主题知识的一种教学方法。

maturation　成熟　在儿童期和青春期，个体受基因驱动获得更高级的身体和神经能力。

mean（M）　平均值　一组分数的算术平均数。

meaningful learning　意义学习　学习者将新信息与他们已经知道的事物联系起来的认知过程。

meaningful learning set　意义学习心向　一个人认真、持续努力地理解正在学习的信息的一种状态。

mediated learning experience　中介学习经验　成年人帮助儿童理解双方共同经历的事件的一种发生在成年人和儿童之间的讨论。

memory　记忆　在心理上存储先前所学信息的能力，也指信息存储的心理位置。

mental set　心理定势　倾向于以排除潜在解决方案的方式对问题进行编码。

metacognition　元认知　有关人类的（包括自己的）认知过程的知识和信念，以及有意识地尝试促进学习和记忆的行为和思考过程。

metalinguistic awareness　元语言意识　有意识地思考语言的特征和功能的能力。

microaggression　微攻击　对一些人没有伤害，但对另一些人是侮辱或贬损的简短陈述或行为。

mirror neuron　镜像神经元　大脑中的神经元。当一个人在执行某一特定行为或看到他人在执行该行为时，镜像神经元就会被激活。

misbehavior　不良行为　扰乱学习和有计划的课堂活动，危及学生的身体安全或心理健康，或者违反基本道德标准的行为。

misconception　错误概念　与普遍被接受的充分验证现象或事件的解释不一致的信念。

mixed-methods study　混合方法研究　包括定量研究和定性研究要素的研究。

mnemonic　记忆术　设计用来帮助学生学习和记忆一个或多个具体信息片段的记忆方法或记忆技巧。

model　榜样（或模型）　在科学上，指用来描述某一现象的关键成分及其重要关系的物质性或象征性表征；在社会认知理论中，指为他人示范一行为的个体（现实的或象征性的）；或者，指一组成功执行行为的指令。

modeling　示范（或模仿）　为他人演示一种行为，或者观察和效仿他人的行为。

moral dilemma　道德两难　双方或多方的权利或需求可能发生冲突，而在道德上正确的行为尚未得到明确划定的一种情境。

moral transgression　道德违背　对他人的需要或权利造成伤害或侵犯的行为。

morality　道德　个体对正确行为和错误行为的普遍标准。

motivation　动机　发动、引导和维持行为的一种内在状态。

multi-tiered system of support（MTSS）　多层次支持系统　一种系统地在全校范围内开展的方法。学生的学业和／或行为困难通过三个或三个以上不同层次的干预和支持来解决，个别学生根据他们当前的能力和需要从一个层次转移到另一个层次。

multicultural education　多元文化教育　在整个课程中整合多个文化群体的观点和经验的教学。

myelination　髓鞘化　神经元轴突周围髓鞘（髓磷脂）的生长，可使信息更快速地传递。

normal-curve-equivalent score（NCE score）　正态曲线当量分数（NCE 分数）　标准分平均值为 50，标准差为 21.06；NCE 分数 1 相当于百分位数 1，而 NCE 分数 99 相当于百分位数 99。

need for arousal　唤醒需要　对生理或认知刺激的持续需求。

need for autonomy　自主需要　相信自己对自己的人生有一定控制的一种基本需要。

need for competence　胜任需要　相信自己能有效应对整个环境的一种基本需要。

need for relatedness　相依需要　感受到与他人的社会联结、获得他人的爱与尊重的一种基本需要。

negative reinforcement　负强化　通过移除（而非呈现）刺激导致行为增加的一种结果。

negative transfer　负迁移　个体曾经所学的知识阻碍个体后来的学习或表现的现象。

neglected student　被忽视的学生　大多数同学对其没有强烈的情感（无论是积极的还是消极的）的一类学生。

neo-Piagetian theory　新皮亚杰理论　将皮亚杰理论的元素与更现代的研究和理论相结合的理论观点，该理论认为在特定的内容领域的发展通常呈阶段性。

neuron　神经元　大脑或神经系统中向其他细胞传递信息的一种

细胞组织。

neuropsychology　神经心理学　研究不同的大脑结构和功能与人类学习和行为的关系，也被称为认知神经科学。

neurotransmitter　神经递质　神经元之间传递信息所用的化学物质。

neutral stimulus　中性刺激　不会引起任何特殊反应的刺激。

No Child Left Behind Act　《不让一个孩子掉队法案》　美国在2001年通过的一项立法，规定对学生的基本技能进行定期评估，以确定学生在阅读、数学和科学方面的年度进步与国家规定的标准相一致。

norm　常模　在评估中，指描述不同组别的学生在标准化测验或有关某种特征或能力的其他种类的常模参照测验中的典型表现的数据。

norm group　常模组　在评估学生表现时进行参照的一组人，理想状态是由许多人组成，他们共同代表了国家人口的多样性。

norm-referenced assessment　常模参照评估　通过与其他同龄人群体相比较来确定学生表现水平的一种评估手段。

norm-referenced score　常模参照分数　通过与其他同龄人群体相比较来确定学生表现水平的一种评估分数。

normal distribution（normal curve）　正态分布（正态曲线）　教育特征和心理特征的理论分布模式，其中大部分个体的分数处于中间段，只有极少数个体的分数处于两个极端位置。

online learning　在线学习　学生在互联网上进行交互性学习活动的一种教学方法。

operant conditioning　操作性条件反射　伴随而来的强化使某种反应增加的学习过程，是工具性条件反射的一种形式。

outcome expectation　结果期望　对某一特定行为可能产生的结果的预测。

overt strategy　外显策略　至少部分表现在学习者行为中的学习策略（如在讲课时做笔记）。

paper-pencil assessment　纸笔评估　学生对书面题目做出书面反应的一种评估。

pedagogical content knowledge　教学法内容知识　关于特定主题或内容领域的有效教学方法的知识。

peer contagion　同伴感染　某些行为、态度和/或价值观从一个儿童或青少年传播到另一个儿童或青少年的现象，可能是通过模仿、同伴强化、社会制裁或自我社会化等方式。

peer mediation　同伴调解　一种解决冲突的手段。一名作为调解者的学生让处于冲突中的同伴各自表达其不同的观点，然后一起确定一个恰当的解决方案。

peer tutoring　同伴指导　一名学生提供教学帮助另一名学生掌握课堂主题的教学方法。

people-first language　以人为本的话术　学生的障碍在学生被指名之后的一种语言表达方式，即在提到障碍前先提到人。

percentile score（percentile）　百分位数（或百分位）　一种测验分数，用来表示在常模组中的同龄人所获得的原始分数小于或等于特定学生的原始分数的百分比。

performance-approach goal　表现-接近目标　让自己看起来不错并从他人那里获得好的评价的一种愿望。

performance assessment　表现性评估　学生以非书面的形式展现其知识、技能的一种评估。

performance-avoidance goal　表现-回避目标　避免使自己看起来很糟糕或从他人那里得到不好的评价的一种愿望。

performance goal　表现目标　证明自己的能力超过他人的愿望。

personal development　个人发展　随着年龄的增长，个体在独特的行为方式和日趋复杂的自我理解上的发展。

personal fable　个人神话　认为自己与他人完全不同，因此不能为别人所理解的一种想法。

personal interest　个人兴趣　对某一主题或活动的长期的、相对稳定的兴趣。

personal space　个人空间　由于个人偏好或文化倾向所形成的两个人在人际交往中的空间距离。

personality　人格　特定的个体在各种情境中特有的举止、思考和感受的方式。

perspective taking　观点采择　从他人的视角出发看待一个情境的能力。

phonological awareness　语音意识　听出口语单词中不同发音成分的能力。

physical aggression　身体攻击　可能导致躯体伤害的行为。

physical and health impairment　身体和健康损伤　指一般的身体或医学疾病（通常是长期的），它严重干扰学生的在校表现，以至于需要特殊的措施。

plasticity　可塑性　为了适应不断变化的环境而进行调整的能力，通常用来描述人类大脑。

popular student　受欢迎的学生　被许多同龄人喜爱，并被认为是友善的、值得信赖的一类学生。

portfolio　档案袋　对学生在相当长的一段时间内的作品的系统收集与整理。

positive behavioral interventions and supports（PBIS）　积极行为干预和支持　传统应用行为分析的变体，包括找出学生不受欢迎的行为背后的目的，并鼓励更恰当的实现相同目的的替代行为。

positive reinforcement　正强化　通过刺激的呈现（而非移除）增加行为出现的频率的一种结果。

positive transfer　正迁移　个体曾经所学的知识促进其后来的学习或表现的现象。

postconventional morality　后习俗道德　与自我建构的有关行为对错的抽象原则相一致的思维。

practicality　实用性　评估工具或程序便宜好用且易于施测与评分的程度。

preconventional morality　前习俗道德　对行为的对错缺乏内化标准，仅仅根据某事物是否对自己最有利来做决定。

predictive validity　预测效度　评估结果对个体在某一特定领域的未来表现的预测程度，有时被称为效标效度。

preoperational egocentrism　前运算自我中心主义　在皮亚杰的理论中，处于前运算阶段的儿童不能从他人的角度看待一个情境；反映的是认知上的局限，并非人格上的缺陷。

preoperational stage　前运算阶段　皮亚杰认知发展理论中的第二个阶段，这一阶段的儿童可以超越对物体或事件的直接观察来对其进行思考，但还不能像成年人那样进行逻辑推理。

presentation punishment　呈现性惩罚　呈现一种新的、假定能让学习者感到不愉快的刺激作为惩罚。

primary reinforcer 初级强化物 满足基本的生理或心理需要的刺激（或结果）。

principle 原理 对某一特定现象的因果关系的一致性发现的陈述。

prior knowledge activation 先前知识的激活 唤起学生对有关新主题的先前知识的记忆的过程。

proactive aggression 主动攻击 为达到预期目的而故意攻击他人的行为。

problem-based learning 基于问题的学习 学生通过解决复杂的、类似真实外部世界的问题获得新知识和新技能的一类课堂活动。

problem solving 问题解决 运用已有知识和技能来解决未解答的问题或摆脱使人烦恼的情境。

procedural knowledge 程序性知识 关于如何"做事情"的知识（如一项技能）。

professional learning community 专业学习共同体 是指在学校范围内的协作努力中，教师和管理者对学生的学习和成就有着共同的愿景，并共同努力为学生带来理想的结果。

project-based learning 基于项目的学习 在课堂活动中，学生在完成复杂的、多层面的、能产生具体的最终产品的项目中获得新知识和新技能的课堂活动。

prosocial behavior 亲社会行为 目的在于促进他人的幸福而不是自己的幸福的行为。

proximal goal 近期目标 在短时间内能够达成的具体目标，是达成长期目标的其中一步。

psychological aggression 心理攻击 有意造成精神痛苦或降低自尊的行为。

psychological punishment 心理惩罚 严重威胁学生的自尊和总的心理幸福感的后果（刺激）。

punishment 惩罚 减少所伴随反应的发生频率的后果（刺激）。

qualitative research 质性研究 获得的信息无法轻易简化为数字的研究，通常涉及对复杂现象的深度探究。

quantitative research 量化研究 获得的信息在本质上是数字的或很容易被简化为数字的研究。

quasi-experimental study 准实验研究 对一个变量进行操纵以确定其对另一个变量的可能影响，但对可能影响结果的其他变量没有完全控制的一种研究。

rating scale 等级评定量表 在一项评估中根据学生表现的不同质量给予不同数字等级的评分指南。

raw score 原始分数 仅以正确回答的项目个数或分值为基础的一种评估分数。

reactive aggression 反应性攻击 对挫折或挑衅的一种攻击性反应。

recall task 回忆任务 个体用最少的提取线索从长时记忆中提取信息的评估任务。

reciprocal causation 互为因果 环境、行为和个体变量在影响学习和发展时的相互因果关系。

reciprocal teaching 交互教学 学生之间轮流进行教师式提问以培养阅读和听力理解技能的一种教学方法。

recognition task 再认任务 在无关或不正确的信息中区分出正确信息的一种评估任务。

reconstruction error 重构错误 通过将在长时记忆中提取的信息与个体有关世界的一般知识和信念相结合而构建出的一个符合逻辑却不正确的"错误"。

recursive thinking 递归思维 通过多次迭代思考别人对自己的想法。

reflective teaching 反思性教学 定期、不间断地对自己的设想和教学策略进行的审查和批评，并进行必要的修正，以促进学生的学习和发展。

rehearsal 复述 为学习和记忆某信息而在短时间内（几分钟或更短）多次重复背诵的一种认知过程。

reinforcer 强化物 引起反应的发生频率增加的一种反应的结果（刺激）；用一个强化物紧随一个反应的行为被称为强化。

rejected student 被排斥的学生 被许多同龄人认为是不受欢迎的社交同伴的一类学生。

relational aggression 关系攻击 对人际关系产生不利影响的行为，是一种心理攻击。

reliability 信度 一种评估工具在测量知识、技能或心理特征时所得信息的一致性程度。

removal punishment 撤除性惩罚 通过移除一个当前存在的、假定为学习者所喜爱且不愿失去的刺激而进行的惩罚。

resilient self-efficacy 有弹性的自我效能感 即使经历挫折也能成功完成任务的信念。

resilient student 适应性强的学生 即使家庭环境艰辛，仍能在学校和生活中取得成功的学生。

response（R） 反应 个体表现出的特定行为。

response cost 反应代价 失去先前获得的强化物或以后得到强化的机会。

response to intervention（RTI） 干预反应 诊断明显学习困难的一种方法，当学生在循证的全班和小组教学实践中未能掌握某些基本技能时，对之进行深入评估的方法。

retrieval 提取 找到先前存储在记忆中的信息的心理过程。

retrieval cue 提取线索 在长时记忆中的某个地方找到某个信息的提示。

rote learning 机械学习 当学习某个尚未得到解释的信息时，对之既不加以理解也不赋予任何意义的一种学习方式。

rubric 评估量规 在一个维度上包含两个或多个特征，在另一个维度上涉及对它们进行评定的具体标准的二维表；用于评估多方面的表现或产品。

scaffolding 脚手架 帮助学习者成功完成其最近发展区内的具有挑战性的任务的支持机制。

schema 图式 有关某一特定主题的一套紧密组织的事实。

scheme 图式 在皮亚杰的理论中，指个体反复用来对环境进行反应的一组有组织的相似行为或观念。

scholastic aptitude test 学业能力倾向测验 用来评估学生的一般学习能力并可预测学生未来学业成就的一种测验。

school readiness test 入学准备测验 用来评估在幼儿园或小学1年级的课程学习中起重要作用的认知能力的测验。

schoolwide positive behavioral intervention and support（SWPBIS） 学校范围的积极行为干预和支持 系统地运用行为主义原理鼓励和强化所有学生的有益行为；通常包括多层次的支持，从而适应不同学生的不同需要和行为模式。

scorer reliability　评分者信度　不同的人对评估中学生表现的评价上的一致性程度，有时被称为评分者间信度。

script　脚本　一种图式，包括与日常活动有关的一系列可预测事件。

scripted cooperation　脚本合作　合作学习小组遵循一系列步骤或脚本进行合作的技术。

secondary reinforcer　次级强化物　通过与另一个强化物多次结合而成为强化物的一种刺激。

self-conscious emotion　自我意识情绪　一种基于自我评价的情感状态，这种自我评价是关于一个人的行为在多大程度上符合社会对适当的期望行为的标准；例如，骄傲、内疚和羞耻。

self-efficacy　自我效能感　对自己有能力实施某些行为或达成某些目标的信念。

self-evaluation　自我评价　个体对自己的表现或行为进行评价的过程。

self-explanation　自我解释　不时地停下来对正在阅读或学习的材料进行自言自语的表达，以便更好地理解这些材料的过程。

self-fulfilling prophecy　自证预言　对某一结果的期望直接或间接地导致该结果出现的情形。

self-handicapping　自我妨碍　在完成有潜在困难的任务时，破坏自己的成功来保护自我价值感的一种行为。

self-imposed contingency　自给偶联　伴随行为之后的自我强化或自我惩罚。

self-instruction　自我指导　完成一项复杂任务时学生自己给自己的指导。

self-monitoring　自我监控　观察和记录自己行为的过程。

self-questioning　自我提问　为检查自己对某一主题的理解而向自己提问的过程。

self-regulated behavior　自我调节行为　能实现个人设定的标准和目标的自我选择和自我导向的行为。

self-regulated learning　自我调节学习　为成功地学习而对自己的认知加工和学习行为进行调节的过程。

self-regulated problem solving　自我调节的问题解决　使用自我指导的策略解决复杂的问题。

self-regulation　自我调节　为自己设定目标，并进行行为和认知加工活动来实现这些目标的过程。

self-socialization　自我社会化　整合个人观察和他人的意见，形成自我建构的行为标准并选择与此相一致的行动的倾向。

self-talk　自我对话　为指导自己完成一项任务而自己对自己说话的过程。

self-worth　自我价值　认为自己是一个好的、有能力的个体的一般信念。

sense of community　集体感　教师与学生有共同的目标，相互尊重与支持，并且都在为课堂学习做出重要贡献的一种共同信念。

sense of school community　学校集体感　学校中的教职员工与学生一起努力，以帮助每个学生学习并获得成功的一种共同信念。

sense of self　自我意识　有关自己作为一个人的知觉、信念、判断和感受；包括自我概念和自尊。

sensitive period　敏感期　儿童发展的某个方面对环境条件特别敏感的某个年龄范围（有时也被称为关键期）。

sensory register　感觉登记　记忆的一个组成部分，指对输入的信息以一种未经分析的形式保持一个非常短暂的时间（最长 2～3 秒，依据信息的形式而定）。

service learning　服务学习　通过帮助改善他人及大众的生活来促进学习和发展的一种活动。

setting event　背景事件　最有可能引发某一特定行为的复杂环境条件。

severe and multiple disability　多重严重障碍　学生身上存在两种或两种以上的障碍，因此要求教师提供有效的课题适应计划和高度专业化的教育服务。

shame　羞耻　因未能达到成年人设定的道德行为标准而感到困窘与羞辱的一种情绪。

shaping　塑造　对越来越接近所期望的最终目标的行为进行连续强化的过程。

situated learning（situated cognition）　情境学习（情境认知）　主要在某些情境中获得和运用，不能或仅能有限地提取和应用其他情境中的知识、行为和思维技能；有时需依赖仅在某些情境下可用的物理或社会支持机制。

situational interest　情境兴趣　由环境中的事物暂时激发的兴趣。

social cognition　社会认知　对于他人是如何进行思考、行动和反应的思维过程。

social cognitive theory　社会认知理论　关注人们如何通过观察他人进行学习，以及他们如何最终对自己的行为进行控制的一种理论观点。

social constructivism　社会建构主义　关注人们共同努力赋予周围世界以意义的一种理论观点。

social development　社会性发展　随着年龄的增长，对他人与社会整体的日趋成熟的理解，以及越来越有效的人际技能和更加内化的行为标准的发展。

social information processing　社会信息加工　有关社会事件的理解与反应的心理加工过程。

socialization　社会化　对儿童的行为、信念加以塑造使之适应儿童所在文化群体的过程。

society　社会　庞大且持久的社会群体，存在明确的社会和经济结构，以及集体制度和活动。

sociocognitive conflict　社会认知冲突　遇到与自己不一致的想法和观点并与之做斗争的情况。

sociocultural theory　社会文化理论　强调社会和文化在促进学习和发展中的重要性的理论观点。

socioeconomic status（SES）　社会经济地位　一个人在社会中所处的总的社会、经济地位，包括家庭收入、职业和受教育水平。

specific aptitude test　特殊能力倾向测验　设计用来预测学生未来在某一特定领域中取得成功的能力的一种测验。

specific language impairment　特殊语言障碍　以口语表达或理解方面的异常为特征的障碍，需要特殊的教育服务。

specific transfer　特殊迁移　先前所学的任务与迁移的任务在内容上有所重叠的一种迁移。

speech and communication disorder　言语交流障碍　严重影响学生课堂表现的口语或语言理解方面的障碍。

standard deviation（SD） 标准差 用来反应一组分数离散程度的统计量。

standard English 标准英语 被美国学校普遍接受的一种英语形式，主要反映在课本和语法教学中。

standard score 标准分数 将学生的表现与平均水平之间的距离以标准差为单位显示出来的测验分数。

standardization 标准化 一种评估工具包含相似内容和形式的程度，以及对每个人施测和评分的一致性程度。

standardized test 标准化测验 由测验开发专家编制的，出版后在许多不同的学校、课堂中使用的测验。

stanine 标准九分 平均值为 5，标准差为 2 的一种标准分数，总是以 1 到 9 之间的一个整数出现。

state anxiety 状态焦虑 由威胁情境引发的暂时性的焦虑。

stereotype 刻板印象 对一个特定群体的人形成的机械的、过分简单的、错误的认识。

stereotype threat 刻板印象威胁 因为意识到有关自己群体的负面刻板印象，担心自己的低水平表现会证实刻板印象而导致实际表现降低（通常是无意的）。

stimulus（S） 刺激 影响个体的学习或行为的具体事物或事件。

storage 存储 将新信息"存入"记忆的过程。

students with special needs 有特殊需要的学生 与同龄人很不相同的一类学生，他们需要特别改编的适应性学习材料和活动。

subculture 亚文化群 抵制主流文化并采用自己的行为规范的群体。

subtractive bilingualism 消减性双语 完全沉浸在新的语言环境中导致儿童母语能力不足的现象。

summative assessment 总结性评估 在教学后对学生的最终成就进行的评估。

superimposed meaningful structure 添加的意义结构 附加于信息之上以促进回忆的熟悉的形状、单词、句子、诗或故事等。

sympathy 同情 关心他人的幸福，为他人的痛苦和麻烦感到悲伤和遗憾的一种情绪。

synapse 突触 神经元之间的联结，可使信息从一个神经元传到另一个神经元。

synaptic pruning 突触修剪 大脑发育的一个普遍过程，在这一过程中，许多以前形成但很少使用的突触逐渐衰弱并消失。

synaptogenesis 突触发生 大脑发育的一个普遍过程，在这一过程中，许多新突触会自然地出现。

table of specifications 双向细目表 显示某评估所包含的主题，以及学生能够用这些主题做到的事情的一种双向表格。

target behavior 目标行为 教师或治疗师想通过系统的干预来增加或减少特定的、具体的反应。

task analysis 任务分析 识别掌握特定主题或技能所需的特定行为、知识或认知过程的过程。

task value 任务价值 对某种活动有直接或间接益处的认识程度。

teachable moment 可教育的时刻 学生特别倾向于获得特定知识或技能的情况境或事件（通常是未计划的）。

teacher accountability 教师问责制 用学生的成就测试分数来衡量教师在课堂上的实践的有效性。

teacher-developed assessment 教师开发的评估 教师个人编制的在自己课堂上使用的评估。

teacher-directed instruction 教师主导的教学 课程内容和过程主要由教师来控制的一种教学方式。

technological literacy 技术素养 关于如何有效地使用计算机应用程序、其他数字技术和互联网的通用知识。

temperament 气质 个体以特定方式对其物理和社会环境做出反应的一种遗传倾向。

test anxiety 考试焦虑 对特定的考试或一般性评估感到过度焦虑。

testwiseness 应试技巧 能促进测验成绩的有关如何考试的知识。

test-retest reliability 重测信度 某一特定评估工具在短时间内测量出相似结果的程度。

theory 理论 为解释某一特定现象而发展起来的一整套概念和原理；它可以由很多研究者长时间共同构建，也可以由单个学习者单独构建；在科学领域，理论通常有大量的实证支持。

theory of mind 心理理论 对自己和他人的精神和心理状态（思维、感受等）的一般理解。

threat 威胁 学习者相信成功的机会很小或完全没有可能成功的一种情境。

time on task 任务时间 学生积极地参与一项学习活动的总时间。

time-out 隔离 一种惩罚的方式，将学生置于一个单调、枯燥的环境中，使其没有机会得到强化和社会交流。

token economy 代币制 用小的、不重要的物品（代币）来强化所期望行为的一种技术，学生可用代币"购买"各种其他的强化物。

traditional assessment 传统评估 强调测量基本的知识和技能的一种评估。这类知识和技能相对独立于外部世界的典型任务。

trait anxiety 特质焦虑 即使在不具威胁性的情境中也会感到焦虑的反应模式。

transfer 迁移 学生先前所学的知识影响其在后来情境中的学习和表现的现象。

treatment group 实验组 研究中被给予特殊实验处理（如某种特殊的教学方法）的组别。

unconditioned response（UCR） 无条件反射 之前没有学习而由某种特定的（无条件）刺激引发的反应。

unconditioned stimulus（UCS） 无条件刺激 之前没有学习而能引发某种特殊反应的刺激。

validity 效度 一种评估工具确实测量到其所要测量的事物的程度，以及允许对所考察的心理特征或能力进行适当推论的程度。

value-added assessment 增值评估 基于学生的学业进步而不是绝对的成就水平来评估教师和学校的成效的方法。

verbal mediator 言语中介 在信息之间形成逻辑联系或"桥梁"的词或短语。

vicarious punishment 替代性惩罚 当观察到他人因为某个反应而受到惩罚时，该反应出现的频率下降的一种现象。

vicarious reinforcement 替代性强化 当观察到他人因为某个反应而受到强化时，该反应出现的频率增加的一种现象。

visual imagery 视觉表象 对物体或思想形成心理图像的过程。

visual impairment 视觉损伤 眼睛或视觉神经障碍，使得学生即使佩戴矫正镜也不能正常视物。

visual-spatial ability 视觉空间能力 想象并在心理上操作二维或三维图形的能力。

wait time 等待时间 教师提问或听完学生的意见后，在发表自己的看法之前的一段停顿时间。

webquest 网络探究式教学 一种结构化活动，学生使用教师或专家选择的网站来完成一个吸引人的、具有挑战性的任务，这一过程需要复杂的认知加工（如问题解决、批判性思维）。

well-defined problem 定义明确的问题 目标陈述清晰，解决问题需要的信息都已具备，并且只存在一个正确答案的一类问题。

within-group difference 群体内差异 某一特定群体（如特定性别或文化群体）在特定特征和 / 或行为方面的变异性。

withitness 明察秋毫 一种课堂管理策略，在这种策略中，教师会给学生一种知道他们在任何时候做任何事的印象。

work-avoidance goal 工作－回避目标 期望能逃避课堂任务或只用最少的努力就完成这些任务的想法。

working memory 工作记忆 一种保持并积极地思考和加工有限信息的记忆成分。

worldview 世界观 一种有关现实的、以文化为基础的普遍性假设，这些假设会影响个体对各种现象的理解。

z-score z 分数 平均值为 0，标准差为 1 的一种标准分数。

zone of proximal development（ZPD） 最近发展区 学习者尚不能独立完成，但在他人的帮助和指导下能够完成的任务范围。

参考文献

为了节省纸张、降低图书定价，本书编辑制作了电子版参考文献。用手机扫描下方二维码，即可下载。

关于教学课件

本书为教学人员提供课堂教学课件，如有需要，请发邮件申请。

编辑联系方式：puhuabook892@126.com

010-81055636

010-81055657

动态勘误表

请扫描下方二维码查看。

策划编辑： 杨楠

封面设计： 1601836961@qq.com